南宁年鉴

NANNING NIANJIAN

2018

南宁市地方志编纂委员会　编

图书在版编目（CIP）数据

南宁年鉴．2018／南宁市地方志编纂委员会编．—
北京：方志出版社，2018.9
ISBN 978-7-5144-3273-2

Ⅰ．①南… Ⅱ．①南… Ⅲ．①南宁—2018—年鉴
Ⅳ．①Z526.71

中国版本图书馆 CIP 数据核字（2018）第 214415 号

南宁年鉴(2018)

编　　者：南宁市地方志编纂委员会
责任编辑：李志瑜
出 版 人：冀祥德
出 版 者：方志出版社
　　　　　地址　北京市朝阳区潘家园东里 9 号（国家方志馆 4 层）
　　　　　邮编　100021
　　　　　网址　http://www.fzph.org
发　　行：方志出版社图书经销中心
　　　　　电话（010）67110500
经　　销：各地新华书店
印　　刷：广西发展改革委机关服务中心印刷厂
开　　本：890mm×1240mm　1/16
印　　张：36
字　　数：1607 千字
版　　次：2018 年 9 月第 1 版　2018 年 9 月第 1 次印刷
印　　数：0001 ～ 1200 册
ISBN 978-7-5144-3273-2　定价：198.00 元

《南宁年鉴》编写人员（编写组）

中共南宁市纪律检查委员会、南宁市监察委员会
林世才
中共南宁市委办公厅
编写组
南宁市人民代表大会常务委员会办公厅
韦杉娜
南宁市人民政府办公厅
编写组
中国人民政治协商会议南宁市委员会办公厅
编写组
中共南宁市委组织部
编写组
中共南宁市委宣传部
刘贵成
中共南宁市委统一战线工作部
温从进
中共南宁市委政法委员会
傅荣华
南宁市绩效考评领导小组办公室
编写组
中共南宁市委老干部局
阳著闻
中共南宁市委政策研究室
周建华
南宁市机构编制委员会办公室
路　焕
中共南宁市直属机关工作委员会
张　英
中共南宁市委台湾工作办公室
黄旭升　伦俊芝
中共南宁市委、市人民政府信访局
范淑强
中共南宁市委党校
雷火剑
南宁市档案局（南宁市国家档案馆）
覃　聪
中共南宁市委党史研究室
于　杨
南宁市中级人民法院
潘伟坚

南宁市人民检察院
蒙　旗
南宁市发展和改革委员会
陈明海　陈昱坊　陈　燕　邓德春
梁春华　刘　静　刘　杰　林良文
刘　巧　卢　珊　陆兆强　阮　珊
宋学梅　韦　欢　韦雨亭　吴紫薇
许　俊　杨　松　易支宝　赵良刚
朱培麟　钟　娟
南宁市工业和信息化委员会
王　艳　曹春晓　曾小妮　农　湉
农　抗　莫逸云　刘巧稚　唐亚亚
朱丹江　白国盛　农　刚　张　倬
林　琪　乔　可　黎平平　谢彦博
李沅洺　黄　琦　张夏芸
南宁市教育局
叶　康
南宁市科学技术局
吕　阳
南宁市民族宗教事务委员会
刘建安
南宁市公安局
黄静洁
南宁市民政局
李春明　胡小民　兰西萍　李群峰
涂豫湘　梁玉军　王　敏　刘倩倩
庞俊琳　梁　敏　肖国兴
南宁市司法局
易　莉
南宁市财政局
马利芳
南宁市人力资源和社会保障局
谢　伟
南宁市国土资源局
莫厚杰
南宁市环境保护局
张　心　曾　宇
南宁市城乡建设委员会
陈　琳　涂　欢　肖志刚　兰青怡
覃文虹
南宁市规划管理局
黄剑兰
南宁市城市管理局
董　强

南宁市住房保障和房产管理局
宁怀庆　何宁祖　曹　婧
南宁市交通运输局
侯宗豪
南宁市水利局
卢明发
南宁市农业委员会
梁克非　廖锦鹏　马　战　黄　萍
胡君高　韦燕珍　苏洁霞　田乙凤
钟月英　黄兰芳　谭雅中　粟继军
黄丽红　陆琬佳　朱　琳　农珍玉
粟学军　尹桂芳　蔡　珏　林为兵
黄　琦　李开鹏　何姝祯　林　贤
韦悦妮　李亦菁　李欣怡　宋桂荣
黄剑峰
南宁市林业和园林局
易贝贝
南宁市商务局
滕翠映　徐万东　黄明明　曾维一
潘贤新　廖翠彬　尹　钊　冯立芳
朱　婕　莫荣旭　梁　槟　高　斯
兰　贞　周　旻　钟　彤
南宁市文化新闻出版广电局
郭李宏茜　梁　娟　葛应俊
吴朝霞　黎　炼　赵　璐　姚　彧
许燕滨　韦思私　杨立彬　李舒琳
周　明　黎　慧　周梅清　梁　敏
陆彩红　张震宇　夏启伟　区柱北
黄国丽　张　婷　刘　峰　廖　斌
孙焕盈　谢　榭
南宁市卫生和计划生育委员会
肖裕翰
南宁市食品药品监督管理局
严晔炜
南宁市审计局
吴丽霞
南宁市工商行政管理局
张　鲁
南宁市质量技术监督局
谢应辉
南宁市体育局
严　明　谢昆宇　黄佳思　黄永铁
南宁市安全生产监督管理局
马　瑛

南宁市统计局
赵　旭
南宁市旅游发展委员会
周思伶
南宁市投资促进局
王书荣　古　璇　李珍珍　何伟洁
张　剑　杨　琼　程曼婷
南宁市行政审批局
肖　瑛
南宁市金融工作办公室
陈　威
南宁市外事侨务办公室
唐若溪
南宁市法制办公室
黄莉莉
南宁市人民防空办公室
乐清林
南宁市扶贫开发办公室
谭春兰
南宁市人民政府国有资产监督管理委员会
秦　庆
南宁市老龄工作委员会办公室
蒋罗阑
南宁市精神文明建设委员会办公室
编写组
南宁市大型活动协调办公室
何　涛
南宁市重点项目建设办公室
梁善锋
南宁市"美丽南宁"乡村建设领导小组办公室
编写组
南宁市"美丽南宁·整洁畅通有序大行动"指挥部办公室
廖茜茜
南宁市爱国卫生运动委员会办公室
苏　熹
南宁市总工会
师　吕　赵振奎
共青团南宁市委员会
冯媛媛
南宁市妇女联合会
黄家玉　周燕丽
南宁市文学艺术界联合会
李　雁
南宁市科学技术协会
肖重虎
南宁市归国华侨联合会
廖嗣松
南宁市工商业联合会
李照刚
中国国际贸易促进委员会南宁市支会
王颖谊
南宁市残疾人联合会
谢长伟
南宁市红十字会
郑　静
南宁市社会科学界联合会
李国燕
南宁市关心下一代工作委员会
潘美玉
中国国民党革命委员会南宁市委员会
刁男男
中国民主同盟南宁市委员会
覃紫斌
中国民主建国会南宁市委员会
邓　行
中国民主促进会南宁市委员会
刘瀚钟
中国农工民主党南宁市委员会
严用明
中国致公党南宁市委员会
李　茜
九三学社南宁市委员会
刘潇潇
中国人民解放军广西南宁警备区
凌才弢　林　猛
广西陆军预备役步兵师高炮团
卢　雄
中国人民武装警察部队南宁市支队
编写组
南宁市公安消防支队
刘清云
广西南宁五象新区规划建设管理委员会
韦　钰
南宁高新技术产业开发区管理委员会
黄　敏
南宁经济技术开发区管理委员会
冯梅丽
广西—东盟经济技术开发区管理委员会
张向新
南宁青秀山风景名胜旅游区管理委员会
何晓吟
南宁市城市应急联动中心
黄　晟
南宁市人民政府发展研究中心
李雅欣
南宁市城市管理监督评价中心
编写组
南宁市地震局
蒙泳杉
南宁市机关事务管理局
李雄杰
南宁住房公积金管理中心
覃雨冰
南宁市人民政府地方志编纂办公室
王德宾　许杨群　陆玉金　孙贵寿
李志楠　陈洪毅　李敬江　周　红
梁　坤　覃庆梅　谢萍萍　陆　靖
方　明　卢景林　姚宗秀　温燕聪
梁富鑫　唐　娟　唐柯杰　唐祯麟
钟婉悦　李　康　覃涓铌　班　铭
郑小娟
南宁市二轻集体工业联社
张夏芸
南宁市社会科学院
谢强强
南宁昆仑关战役遗址保护管理委员会
杜　芳
南宁市政府集中采购中心
唐　铭　周发华
广西大明山国家级自然保护区管理局
邓金春
南宁市海绵城市与水城建设工作领导小组办公室
蒋　宁
南宁市邕江防洪排涝工程管理处
蒋　蓉
南宁市供销合作联社
覃著辉
南宁日报社
邓家全
南宁市国家税务局
韦馨菲
南宁市地方税务局
黄舒爽

南宁市邮政管理局
钟　哲
南宁市水文水资源局
卢　静
广西电网有限责任公司南宁供电局
李沅洺
南宁市烟草专卖局(公司)
黄建超
广西中烟工业有限责任公司
莫　止
南宁市气象局
谢宗圣　马　艺　黄增俊　阳　擎
蓝长贵
国家统计局南宁调查队
申智慧　杨桂苏　周伟明　施杨勇
周延松　罗　莎
南宁城市建设投资集团有限责任公司
梁宗政
南宁威宁投资集团有限责任公司
毛　雄
南宁建宁水务投资集团有限责任公司
黄汉宜
南宁交通投资集团有限责任公司
蒋欣静
南宁轨道交通集团有限责任公司
编写组
南宁产业投资集团有限责任公司
尤志婷
南宁大地飞歌文化产业集团有限责任公司
杨青林
南宁农工商集团有限责任公司
陆锡健
南宁金融投资集团有限责任公司
编写组
南宁国际会议展览有限责任公司
黄　锴
南宁市新华书店有限责任公司
谭继来
南宁职业技术学院
李东升
南宁学院
黎　丹
中国国际贸易促进委员会广西分会
聂新宇
广西国际博览事务局
黄　革

南宁海关
黄伟文
南宁出入境检验检疫局
卢晓云
南宁吴圩国际机场
劳润夏
中国铁路南宁局集团有限公司
徐海涛
南宁海事局
韦志平
广西工业和信息化委员会南宁市无线电管理处
覃　巍
广西盐业公司南宁分公司(广西南宁盐务管理局)
蓝雪萍
中国石化销售有限公司广西南宁石油分公司
梁春微
中国石油天然气股份有限公司广西南宁销售分公司
李庆璇
中国邮政集团公司南宁市分公司
李培正
中国电信股份有限公司南宁分公司
许辉坚
中国移动通信集团广西有限公司南宁分公司
杨　眉
中国联合网络通信有限公司南宁市分公司
李　蕊
中国人民银行南宁中心支行
唐明知
中国银行业监督管理委员会广西监管局
颜　峻
中国证券监督管理委员会广西监管局
陈慧娴
中国保险监督管理委员会广西监管局
中国工商银行股份有限公司南宁分行
尹湘竹
中国农业银行股份有限公司广西分行营业部
曾　敬

中国银行广西区分行
潘知营
中国建设银行股份有限公司广西分行
刘轶菲
广西北部湾银行
卢宣蓉
南宁市区农村信用合作联社
廖英奇
何腾华
南宁六景工业园区管理委员会
阮玲玲
广西良庆经济开发区管理委员会
蒋　惠
南宁江南工业园区管理委员会
黎崖英　陈建璋
南宁仙葫经济开发区管理委员会
吴堂军
横县地方志编纂委员会办公室
袁业铀
宾阳县地方志编纂委员会办公室
卓家林
上林县地方志编纂委员会办公室
樊守辉
马山县志编纂委员会办公室
陆惠华　黄凤香
隆安县地方志编纂委员会办公室
黄东明
南宁市兴宁区地方志编纂委员会办公室
潘宇素
南宁市江南区地方志编纂委员会办公室
梁尚家
南宁市青秀区地方志编纂委员会办公室
李　影　陆克强
南宁市西乡塘区地方志办公室
张增清　唐建华　黄　源
南宁市邕宁区人民政府地方志编纂委员会办公室
覃燕萍
南宁市良庆区人民政府地方志编纂办公室
潘艳明
南宁市武鸣区史志办公室
潘星环
南宁市勘察测绘地理信息院
莫惠荃
南宁市城市建设档案馆
韦金良

编 辑 说 明

一、《南宁年鉴》是南宁市人民政府主办的地方综合年鉴，是以马克思列宁主义、毛泽东思想、邓小平理论、"三个代表"重要思想、科学发展观、习近平新时代中国特色社会主义思想为指导，系统地记述南宁市自然、政治、经济、文化、社会等方面情况的年度资料性文献，是社会各界和海外人士认知南宁的窗口、成就事业的助手。

二、《南宁年鉴》1996年创刊，每年出版一卷。本年鉴为2018年卷（总第23卷），着重记载2017年南宁市的基本情况。由南宁市地方志编纂委员会主持编纂，编辑部（设在南宁市人民政府地方志编纂办公室）负责编纂出版。载录内容主要由南宁市各有关部门、区县、开发区及驻市有关单位供稿并审核。

三、本年鉴的内容分为综合情况、动态信息、辅助资料三大部分。综合情况设特载、大事记、南宁概貌3个专栏。动态信息设中国－东盟博览会·商务与投资峰会、南宁与东盟、脱贫攻坚、经济、产业、新区开发区、城市规划建设与管理、政治、法治、军事、教育、科学、文化体育、卫生计生、社会民生、生态、区县、人物18个类目。辅助资料设图片专辑、专题调研与经济分析、统计资料、附录4个类目。各类目中穿插相关小知识、小资料、图表及彩色照片；图片专辑以彩色照片集中反映全市物质文明、政治文明、精神文明、社会文明、生态文明建设重大成就。内容层次设置，利于读者分类系统阅读和检索，并表示类目与条目之间的层次关系，不反映严格的科学分类体系，机构、企事业单位等排序和层次一般不表示地位和规模。

四、本年鉴采用分类编辑法，按类目、分目、条目3个层次的体例编辑，以不同字体、字号及版式设计区分不同层次，条目标题均加【 】表示。

五、本年鉴所记述的"自治区"或"广西"指广西壮族自治区；"自治区党委"指中国共产党广西壮族自治区委员会；"市委"指中国共产党南宁市委员会；"市政府"指南宁市人民政府；"邕"指南宁市；"七城区五县"指南宁市辖兴宁、江南、青秀、西乡塘、邕宁、良庆、武鸣7个城区和横县、宾阳、上林、马山、隆安5个县；"两会"指第14届中国－东盟博览会、第14届中国－东盟商务与投资峰会；相关单位名称在各类目首次出现时用全称，以后均用简称，如"南宁市安全生产监督管理局"简称"市安监局"。

六、本年鉴涉及历史纪年，清及清以前使用朝代帝王纪年，括注公元纪年；民国纪年使用阿拉伯数字，括注公元纪年。数字、计量用法按国家法定规定书写，面积单位由于记述需要有的地方使用"亩"。

七、本年鉴主要数据以市统计局编印的《南宁统计年鉴》《南宁市情统计手册》所公布的数据为准；其他数据以供稿部门提供的为准；少数数据由于部门之间统计口径不尽一致，数值也不尽相同。

八、本年鉴图片专辑、特载、附录所记述的内容不受年度限制；为保持年鉴内容的连贯性和完整性，个别条目记述时间适当上溯或下延。

九、本年鉴所载录的地图，由南宁市勘察测绘地理信息院绘制。

十、本年鉴配备双重检索系统：书前刊有中英文目录，书后备有索引。索引采用内容分析法，款目按汉语拼音字母顺序（同音字按声调）排列，索引范围详及条目、文献、图片、表格等。使用方法详见索引说明。

十一、本年鉴配有随书电子版（光盘），采用先进的多媒体和全文检索技术；主要内容在南宁地情网（www.nndqw.com）推出。

十二、2018年卷《南宁年鉴》编纂出版得到社会各界的大力支持，编委会表示衷心感谢。由于编辑水平有限，本年鉴的差错和疏漏之处，恳请读者批评指正，以利改正提高。

南宁市政区图

至河池
南贵高铁
东庙
都安瑶族自治县
澄江
地苏
河
池
市
青盛
百林
江南
那拔
古河
百马
三弄
龙湾
古文
六也
百龙滩
朔良
黎明
同老
达洪江水库
榜圩
大化
大化瑶族自治县
百
色
市
凤梧
白山
马山县
古寨
古零
那沙水库
贡川
乔利
海城
至百色、昆明
祥周
田东县
林逢
共和
马
山
县
永州
周鹿
旧城
敢怀水库
联合水库
太平
思林
林圩
印茶
布见水库
果化
南昆铁路
南百高铁
坡造
府城
两江
四塘
灵马
仙湖
江城
那马水库
平果县
马头
东平
新安
武
锣圩
进远
进结
雁江
都结
隆安县
城厢
隆
鸣
宁干
武鸣区
城厢
南圩
安
丁当
宁武
都康
布泉
区
天等县
县
乔建
双桥
那桐
西
小山
五山
福隆
昌明
古潭
双定
乡
甘圩
屏山
全茗
龙门
坛洛
金陵
塘
大新县
新安水库
中东
区
西乡塘区
崇
左
市
那隆
江西
广西壮族自治区政府
江南区
良庆区
恩城
榄圩
左州
昌平
江
驮卢
龙头
南
新宁
扶绥县
那马
南宁吴圩国际机场
吴圩
区
良
新和
渠黎
苏圩
渠旧
汪庄水库
岜盆
响水
濑湍
湘桂铁路
山圩
那陈
庆
崇左市
太平
延安
东罗
江州
罗白
东门
区
南凭高铁
板利
柳桥
那江水库
至凭祥、越南
那琴
防
城
港
市
至凭祥、越南
至钦州
至钦州

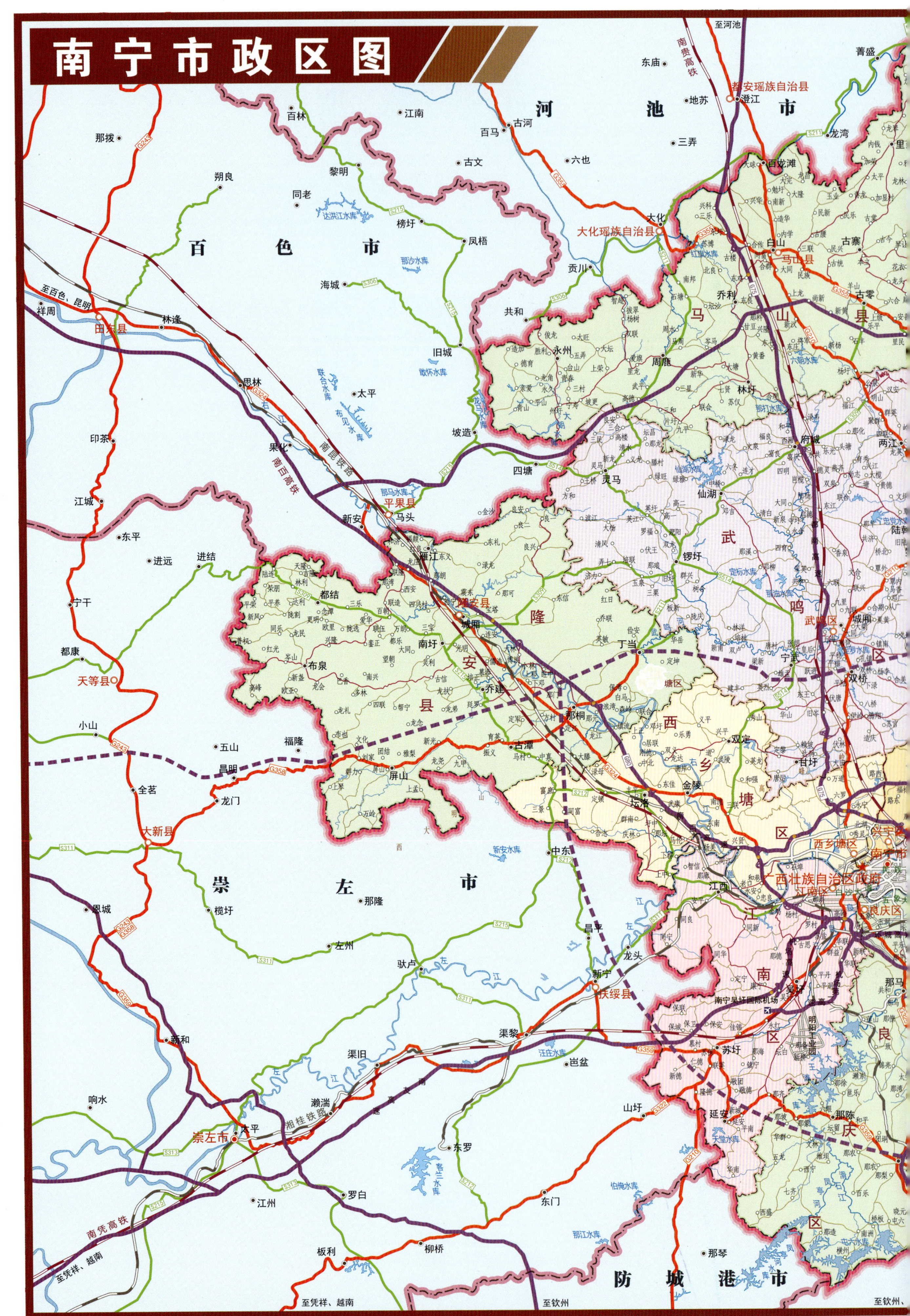

来宾市
柳州市
贵港市
玉林市
钦州市
宾阳县
横县
上林县
青秀区
邕宁区
来宾市
合山市
武宣县
贵港市
灵山县
浦北县
至柳州、河池
至柳州
至梧州
至广州
至钦州
思练
安东
七洞
穿山
马坪
寺村
红渡
遂意
新圩
果遂
良塘
凤凰
妙皇
大樟
古蓬
北更
岭南
北泗
大湾
石龙
金鸡
城厢
正龙
高安
黄茆
河里
侨巩
平阳
迁江
良江
南泗
蒙村
武宣
东乡
三里
三五
寺山
禄新
马步
石陵
陶邓
小平阳
五山
石牙
思灵
桐岭
通挽
古樟
山北
东龙
石龙
蒙公
中里
庆丰
厚禄
大圩
黄练
覃塘
根竹
武乐
贵城街道办
东津
三里
五里
新塘
石卡
瓦塘
大岭
山心
木梓
葵阳
城隍
寨圩
乐民
平山
灵城
佛子
新圩
檀圩
那隆
三合
三隆
陆屋
旧州
板城
青塘
长滩
小董
新棠
太平
烟墩
平南
丰塘
黎塘
甘棠
古辣
武陵
大桥
王灵
新桥
思陇
昆仑
陈平
露圩
镇龙
六景
石塘
峦城
陶圩
校椅
马岭
云表
横州
那阳
百合
马山
平马
莲塘
平朗
新福
沙坪
南乡
伶俐
长塘
南阳
刘圩
中和
那楼
百济
五塘
澄泰
大丰
明亮
白圩
巷贤
乔贤
塘红
木山
邹圩
南广高铁
黎湛铁路
黎钦铁路
南钦高铁
南防铁路
柳南高铁
南宁市勘察测绘地理信息院
审图号：桂S(2018)25号
2018年2月
图例
自治区政府
自治区首府
地级市政府
县、区政府
乡、镇、街道办
行政村
机场
山峰
水系
桥
高速路及出入口
规划高速路
铁路及车站
规划电气化铁路
国道及编号
省道及编号
市区内道路
县道
乡村路
地市界
县区界
本图现势资料截止为2017年底.
本图界线不作权属划界依据.
比例尺 1：700000

南宁市中心城区街道图

武鸣区
西乡塘区
江南区
南宁绕城高速
南百高速
水南高速
机场高速
机场第二高速
云桂铁路
大学西路
大学东路
秀厢大道
高新大道
安武大道
民族大道
江南大道
白沙大道
五象大道
南站大道
壮锦大道
五一中路
五一西路
江北大道
罗文大道
明秀东路
友爱北立交
西乡塘区政府
江南区政府
区政府
区人大
区政协
南宁市动物园
人民公园
良凤江国家森林公园
至武鸣
至机场、凭祥
大王滩水库
天雹水库
龙门水库

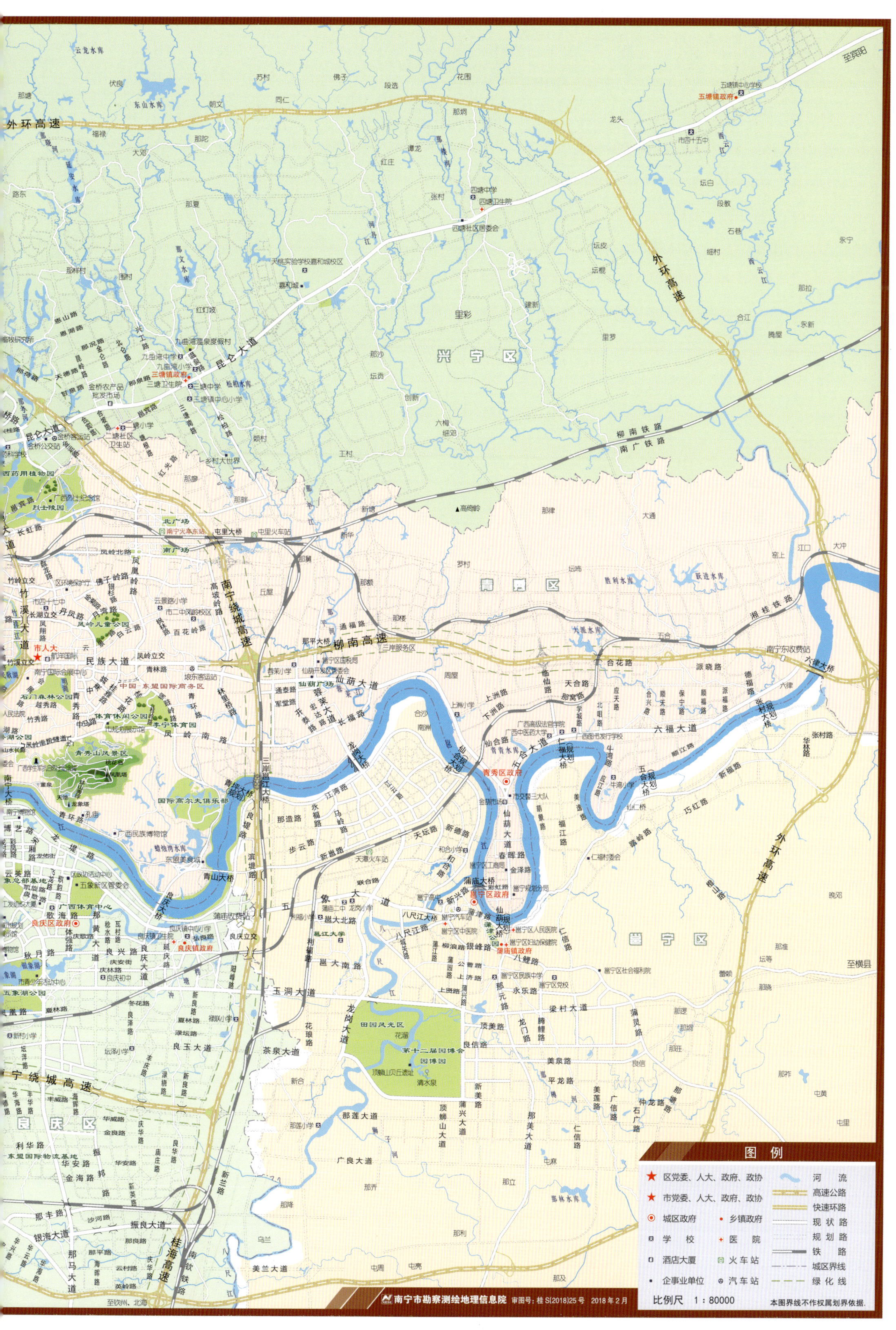
图 例
区党委、人大、政府、政协
市党委、人大、政府、政协
城区政府
乡镇政府
学 校
医 院
酒店大厦
火车站
企事业单位
汽车站
河 流
高速公路
快速环路
现 状 路
规 划 路
铁 路
城区界线
绿 化 线
比例尺 1：80000
本图界线不作权属划界依据.
南宁市勘察测绘地理信息院 审图号：桂 S(2018)25 号 2018 年 2 月
兴 宁 区
青 秀 区
邕 宁 区
良 庆 区
外环高速
南宁绕城高速
柳南高速
桂海高速
昆仑大道
柳南铁路
南广铁路
湘桂铁路
民族大道
五象大道
玉洞大道
良玉大道
那莲大道
广良大道
美兰大道
银海大道
振良大道
那马大道
蒲庙大桥
六律大桥
三岸大桥
青山大桥
五塘镇政府
三塘镇政府
青秀区政府
邕宁区政府
蒲庙镇政府
良庆区政府
良庆镇政府
市人大
南宁火车东站
南宁东收费站
青秀山风景区
国际高尔夫俱乐部
田园风光区
第十二届园博会
至宾阳
至横县
至钦州、北海

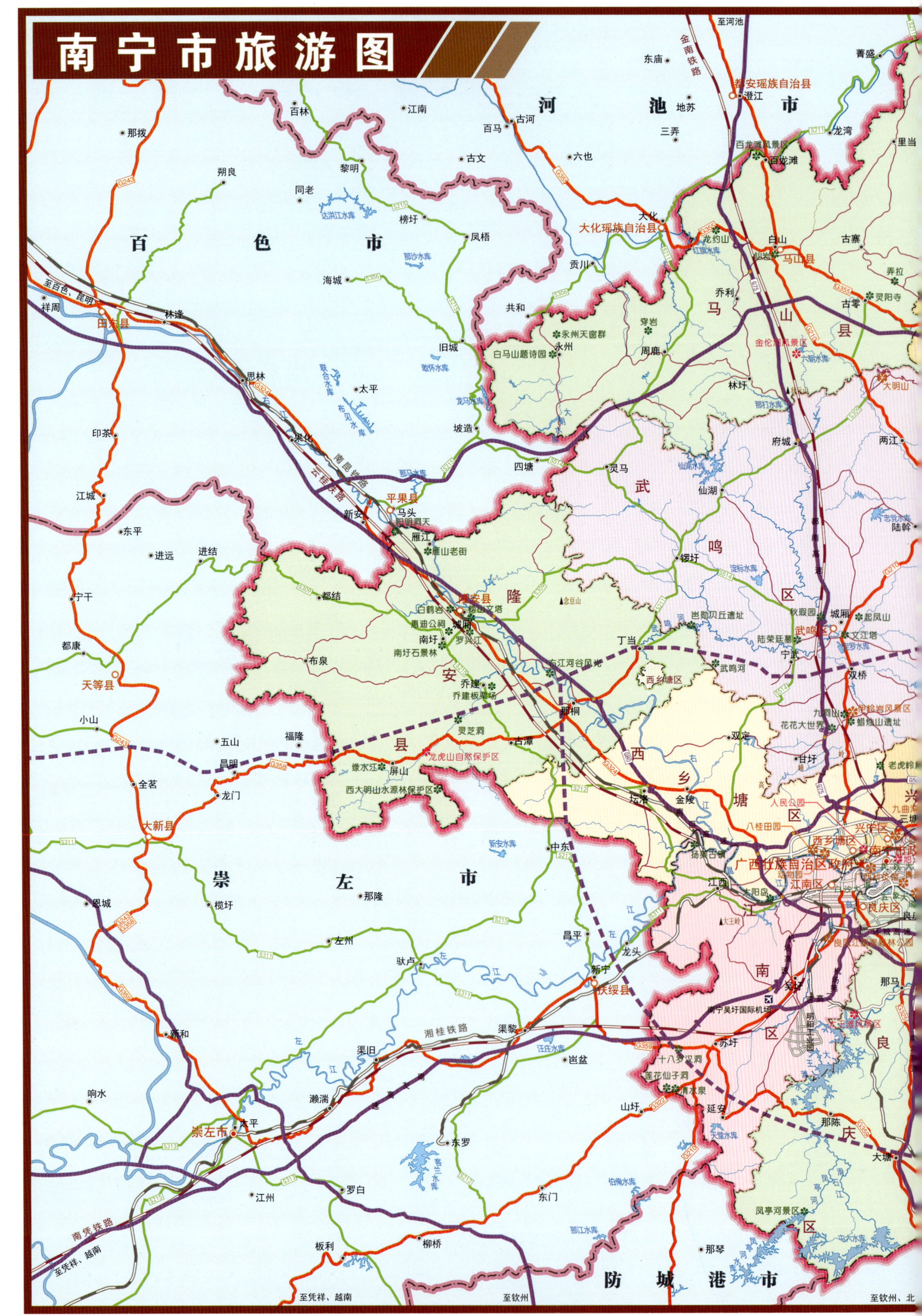

南宁市旅游图
至河池
金南铁路
东庙
都安瑶族自治县
澄江
河池市
地苏
三弄
菁盛
百林
江南
百马
古河
古文
六也
龙湾
那拨
黎明
百龙滩风景区
百龙滩
里当
朔良
同老
达洪江水库
榜圩
大化
大化瑶族自治县
龙约山
白山
马山县
古寨
百色市
凤梧
那沙水库
贡川
乔利
弄拉
至百色、昆明
海城
古零
灵阳寺
祥周
田东县
林逢
共和
永州天窗群
穿岩
马山县
白马山题诗园
永州
周鹿
金伦洞风景区
六朝水库
旧城
敢怀水库
太平
联合水库
布贝水库
思林
林圩
大明山
那汀水库
龙马水库
坡造
府城
两江
印茶
果化
灵马
四塘
南昆铁路
云桂铁路
那哥水库
仙湖
武鸣区
江城
平果县
马头
阳明洞天
新安
东平
雁江
雁山老街
陆斡
进远
进结
锣圩
淀标水库
宁干
都结
隆安县
白鹤岩
榜山文塔
念豆山
秋暇园
城厢
起凤山
布泉
南圩
罗兴江
岜勋贝丘遗址
武鸣区
文江塔
南圩石景林
丁当
陆荣庄园
都康
安
宁武
东江河谷风光
西乡塘区
武鸣河
双桥
天等县
乔建
乔建板栗场
那桐
九曲山
盘龙岩风景区
小山
灵芝洞
双定
五山
福隆
古潭
县
花花大世界
蜡烛山遗址
昌明
龙虎山自然保护区
西
甘圩
老虎岭
全茗
缘水江
屏山
乡
西大明山水源林保护区
坛洛
金陵
塘
人民公园
兴宁区
龙门
八桂田园
区
九曲湾
三塘
大新县
兴宁区
中东
西乡塘区
新安水库
扬美古镇
广西壮族自治区政府
南宁市
崇左市
江西
江南区
那隆
太阳岛
良庆区
恩城
榄圩
大王岭
江
左州
昌平
良凤江国家森林公园
驮卢
龙头
南
新宁
扶绥县
吴圩
那马
南宁吴圩国际机场
明阳工业园
大王滩风景区
湘桂铁路
渠黎
新和
苏圩
区
良
渠旧
汪庄水库
岜盆
十八岁汉洞
莲花仙子洞
清水泉
响水
濑湍
山圩
延安
太平
崇左市
天堂水库
那陈
庆
东罗
客兰水库
大塘
江州
罗白
东门
怕佛水库
凤亭河景区
南凭铁路
那江水库
区
板利
柳桥
那琴
屯六水库
至凭祥、越南
防城港市
至凭祥、越南
至钦州
至钦州、北

至柳州、河池
思练
安东
七洞
至柳州
柳州市
穿山
马坪
寺村
红渡
遂意
新圩
凤凰
柳南铁路
丰收水库
妙皇
大樟
果遂
良塘
大湾
石龙
金鸡
古蓬
岭南
北泗
合山市
北更
来宾市
城厢
高安
黄茆
河里
来宾市
侨巩
正龙
乔贤
木山
塘红
平阳
高境水库
南泗
良江
清潭水库
陈寺水库
迁江
蒙村
武宣县
武宣
东乡
上林县
大龙洞风景区
南宁高速
三五
武宣高速
马步
三里
千里洋渡
摩崖石刻群
三里
寺山
禄新
智城碑
六合堡固大宅赐碑
石陵
陶邓
石牙
思灵
桐岭
上林县
大丰
澄泰
白圩
敢当寺
小平阳
五山
三利水库
莲花水库
明亮
邹圩
新圩
通挽
达开水库
石龙
至梧州
洋桥
古樟
马坪水库
山北
东龙
寡霸岩
回风塔
和吉
巷贤
宾阳县
龙岩
中里
庆丰
厚禄
新桥
宾州
南街
大桥
秀峰塔
黎塘
蒙公
贵港市
白沙水库
大圩
思陇
程思远故居
王灵
南广铁路
相思棠风景区
黄练
覃塘
根竹
贵港市
武乐
武陵
中华
宾阳县
昆仑关风景区
古辣
贵城街道办
洛湛铁路
古辣蔡氏书香古宅
百合水库
九龙瀑布群森林公园
镇龙
东津
昆仑
三里
陈平
露圩
新塘
陈平漂流
甘棠
六蓝水库
五里
九凌水库
石卡
五塘
六景泥盆系标准地质剖面保护区
云表
大岭
瓦塘
石塘
青秀区
伶俐
长塘
天窝遗址
六景
陶圩
校椅
至广州
南阳
峦城
横县
马岭
伏波庙
马鞍神风景区
山心
青龙岩
北渠水库
木梓
承露塔
大圣山
刘圩
五圣宫
平马
莲塘
横州
那阳
李萼楼庄园
葵阳
玉林市
平朗
西津湖风景区
横县茉莉花基地
百合
马山
中和
西津水库
宝华山风景区
乐民
城隍
那楼
横虎山
丰塘
寨圩
新福
南乡
平南
平山
百济
沙坪
烟墩
太平
灵城
佛子
石鼓水库
新棠
旧州
灵山县
新圩
钦州市
檀圩
三合
长滩
板城
石梯水库
那隆
青塘
陆屋
三隆
浦北县
小江
南钦铁路
南防铁路
小董
北通
至钦州
南宁市勘察测绘地理信息院 审图号：桂S(2018)25号 2018年2月
比例尺 1：700000 本图界线不作权属划界依据。
图例
自治区政府
自治区首府
地级市政府
县、区政府
乡、镇、街道办
机场
山峰
水系
国家4A旅游景区
国家3A旅游景区
其他旅游景点
高速路及出入口
规划高速路
铁路及车站
规划电气化铁路
国道及编号
省道及编号
市区内道路
县道
地市界
县区界

魅力南宁

城市荣誉 CHENGSHIRONGYU

“全国质量强市示范城市”创建城市
（国家质量监督检验检疫总局，2017 年 1 月）

2016 年全国厕所革命先进市
（国家旅游局，2017 年 2 月）

全国第二批城市设计试点城市
（住房和城乡建设部，2017 年 7 月）

全国创新驱动助力工程示范市
（中国科学技术协会，2017 年 8 月）

全国首批中医药健康旅游示范区创建单位
（国家旅游局、国家中医药管理局，2017 年 9 月）

全国文明城市
（中央精神文明建设指导委员会，2017 年 11 月）

全国创建幸福家庭活动示范市
（国家卫生和计划生育委员会，2017 年 12 月）

城市定位：中国面向东盟开放合作的区域性国际城市

"一带一路"有机衔接的重要门户城市

对全区经济社会发展具有较强支撑带动作用的首府城市

具有浓郁壮乡特色和亚热带风情的生态宜居城市

城市名片：中国绿城　中国－东盟博览会举办地　天下民歌眷恋的地方

联合国人居奖城市　北部湾城市群核心城市　全国文明城市

市　　树：扁桃树

市　　花：朱槿花

城市数字 CHENGSHISHUZI

土地面积：22099 平方千米

城市建成区面积：315.22 平方千米

年末户籍人口 756.87 万人，增长 0.7%

地区生产总值 4118.83 亿元，增长 8%

第一产业增加值 404.18 亿元，增长 4.1%

第二产业增加值 1599.50 亿元，增长 8.6%

第三产业增加值 2115.15 亿元，增长 8.4%

人均地区生产总值 57948 元，增长 6.7%

万元地区生产总值能耗下降 5.04%

全社会固定资产投资 4307.95 亿元，增长 12.6%

全社会消费品零售总额 2204.16 亿元，增长 11.3%

外贸进出口总额 607.09 亿元，增长 48.8%

外商直接投资 9.58 亿美元，增长 24.4%

财政收入 687.98 亿元，增长 12%

一般公共预算收入 332.15 亿元，增长 6.2%

全体居民人均可支配收入 24984 元，增长 9.3%

城镇居民人均可支配收入 33217 元，增长 8.1%

农村居民人均可支配收入 12515 元，增长 9.8%

脱贫人口 83662 人，脱贫摘帽贫困村 101 个

每万人口发明专利拥有量 8.35 件，增长 24.32%

接待旅游总人数 1.11 亿人次，增长 15.75%

旅游总消费 1127.35 亿元，增长 22.72%

城镇化率（按常住人口）61.35%

建成区绿化覆盖率 43.39%

城市环境空气质量（AQI）指数优良率 92.3%

金融机构存款余额 9367.53 亿元，增长 5.2%

住户存款余额 3176.69 亿元，增长 8.6%

金融机构贷款余额 10470.44 亿元，增长 11.1%

住户贷款余额 2816.32 亿元，增长 22.6%

重要论坛

ZHONGYAOLUNTAN

2017 年 9 月 12 日，文莱苏丹哈桑纳尔 · 博尔基亚陛下与中国企业 CEO 圆桌对话会在南宁荔园饭店召开

广西贸促会提供

与投资峰会

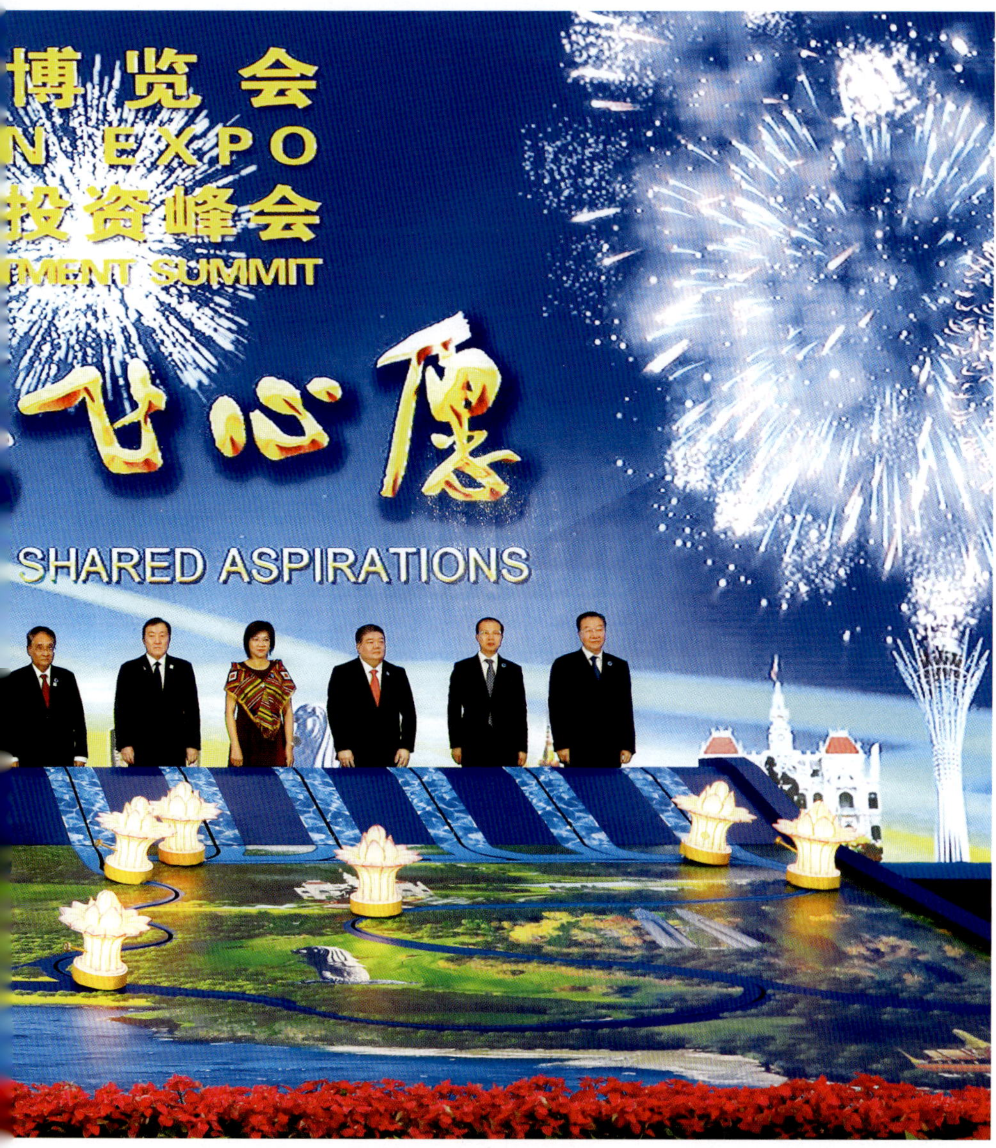

2017 年 9 月 12 日，第 14 届中国 – 东盟博览会、第 14 届中国 – 东盟商务与投资峰会开幕大会在南宁举行

广西贸促会提供

2017 年 9 月 12 日，第 14 届中国 – 东盟博览会澳大利亚维多利亚州投资、文化交流推介会在南宁国际会展中心举行

中国 – 东盟博览会秘书处提供

2017 年 9 月 12 日，2017 中国 – 东盟信息港论坛 · 电子商务峰会举行高端对话活动

中国 – 东盟博览会秘书处提供

2017 年 9 月 12 日第 14 届中国－东盟博览会期间，南宁市举办 2017 南宁投资贸易洽谈会暨重大项目签约仪式　　陈卓凡　摄

2017 年 9 月 13 日，第 14 届中国－东盟博览会签约仪式现场　　陈　峰　摄

2017 年 9 月 13 日，第 14 届中国－东盟博览会越南采购商专场贸易对接会在南宁国际会展中心举办　　彭　寰　摄

2017 年，第 14 届中国 – 东盟博览会首次设广西参与"一带一路"建设图片展。图为群众观看图片展 杨素颜 摄

2017 年第 14 届中国 – 东盟博览会期间，市民在先进技术展区体验车联网 潘浩 摄

2017 年 9 月 12 日，第 14 届中国 – 东盟博览会参观者在印度展区前了解商品 陈卓凡 摄

泰国展区演示泰式按摩　　赖有光　摄

新加坡展区展示娘惹文化　　赖有光　摄

文莱展区展示特色物产　　　　赖有光　摄

菲律宾展区展示民族打击乐　　　　赖有光　摄

宁波展区展示“萌”系列机器人　　赖有光　摄

柬埔寨展区演出民族舞蹈　　潘　浩　摄

马来西亚展区开展旅游推介　　中国－东盟博览会秘书处提供

越南展区展出越南玫瑰花茶　　赖有光　摄

第 19 届南宁国际民歌艺术节

2017 年 9 月 13 日，第 19 届南宁国际民歌艺术节“丝路山水 · 画里民歌”晚会在广西体育中心举行　　陈卓凡　摄

THE NANN

2017 年 9 月 13 日，“大地飞歌 · 2017”晚会歌舞表演《大地之约》　　骆文刚　摄

2017 年 9 月 13 日，英国爱丁堡演团、南宁市艺术剧院表演者为歌曲《广西尼的呀》伴奏、伴舞　　市委宣传部提供

INTERNATIONAL FOLK SONG ARTS FESTIVAL

2017年9月13日，斯洛文尼亚KATJA SULC乐队在“绿城歌台”开幕式晚会上演唱歌曲《茉莉花》

市委宣传部提供

2017年9月17日，中国－东盟（南宁）戏剧周开幕，市民族文化艺术研究院演出大型邕剧《玄奘西行》

潘　浩　摄

脱贫攻坚

2017 年 8 月 4 日，南宁市召开市重点企业与深度贫困村产业扶贫座谈会

市扶贫办提供

2017 年 12 月 21 日，南宁市在广东省茂名市举行南宁市国家扶贫开发工作重点县产业扶贫对口招商推介会

市扶贫办提供

2017 年，马山县推行“卖山水”扶贫模式。图为马山县古零镇小都百屯乡村旅游区　　马山县志办提供

2017 年，隆安县实施易地搬迁扶贫。图为贫困户入住安置点新房　　市扶贫办提供

2017 年，上林县光伏发电助力贫困村脱贫摘帽

上林县志办提供

2017 年，横县通过“村邮乐购”电商平台带动贫困户增收

韦立锋　摄

2017 年，宾阳县邹圩镇扶贫产业火龙果标准化种植基地

宾阳县邹圩镇政府提供

2017 年，青秀区刘圩镇推行“公司 + 产业链担保融资 + 合作社 + 贫困户”产业发展模式。图为农户领取养牛分红款

何运斌　摄

2017 年，贫困大学生在邕宁区学生资助管理办公室办理生源地信用助学贷款

黄新兰　摄

海绵城市

2017年，南宁市那考河流域综合整治项目获“中国人居环境奖”范例奖。图为那考河湿地公园风光

潘　浩　摄

2017年，市民在环南湖“海绵跑道”锻炼

赖有光　摄

2017 年，五象湖配套工程入选国家海绵城市建设典型案例。图为五象湖美景　　黄佩强　摄

2017 年，五象湖公园海绵化设施

市海绵水城办提供

2017 年，石门森林公园海绵化改造实景

市海绵水城办提供

宜居乡村

2017 年，横县校椅镇获批为第二批全国特色小镇（茉莉小镇） 黄汝德 摄

2017 年，隆安县那桐镇定江村获评第五届全国文明村镇 黄 登 摄

2017 年，良

屯道路工程，乡村

新村村貌

2017 年，马山县入选全国休闲农业和乡村旅游示范县。下图为马山田园风光 市乡村办提供

实施贫困村村内通
改善。图为坛板坡
谭 毅 摄

2017 年，宾阳县古辣镇水丽新村快乐奔跑的儿童　　市乡村办提供

2017 年，上林县大丰镇云城村农民在村服务中心办理社保卡业务　　市乡村办提供

社会民生

2017年12月28日，南宁地铁2号线开通，首日运客12万人次，南宁地铁进入换乘时代

南宁日报社提供

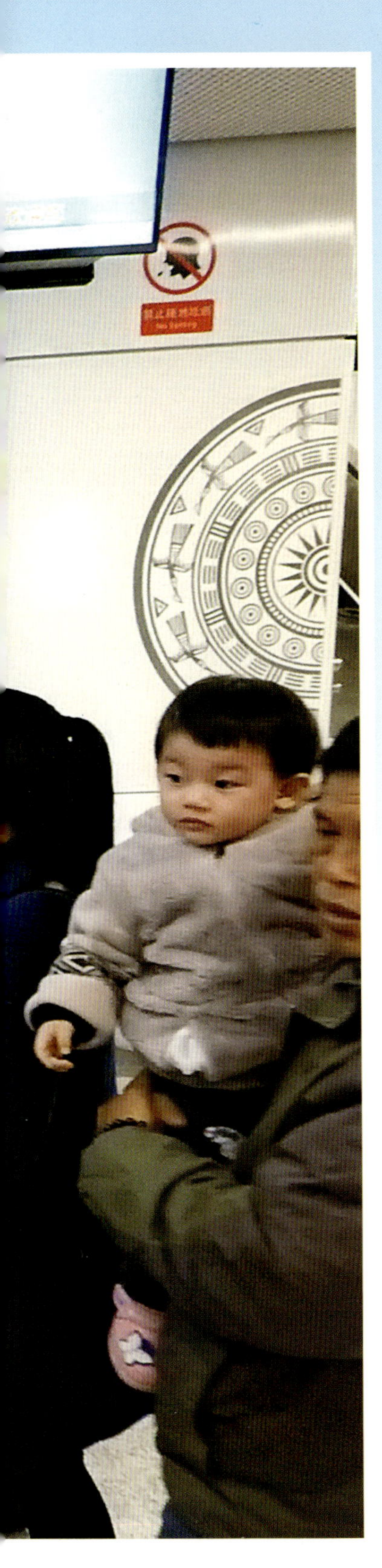

2017 年，南宁市继续实施农村义务教育营养改善计划。图为学生在饭堂吃饭　　市教育局提供

2017 年 8 月 1 日，南宁经济技术开发区居民在进行人脸识别结算医疗费用　　市人社局提供

2017 年 12 月 3 日，首次升格为“全程马拉松”的第十二届南宁国际马拉松比赛暨第三十五届南宁解放日长跑活动在民族广场起跑

市体育局提供

2017 年 1 月 25 日，南宁市首条快速公交(BRT)线路 1 号线开通试运营

段柳健　摄

2017 年，南宁市推进医养结合，广西首家智慧社区健康小屋——新竹社区幸福颐养小屋投入使用

赵　敏　摄

重点改革

2017年，广西南南铝加工有限公司获评国家技术创新示范企业。图为南南铝加工航空航天热轧中厚板生产线

江南区经信局提供

2017年6月，广西源正新能源汽车有限公司的新能源汽车生产线

五象新区管委会提供

2017年，南宁市新认定五象新区总部基地金融街等10个现代服务业集聚区。图为建设中的五象新区总部基地金融街　　五象新区管委会提供

2017年，南宁市推进农业供给侧结构性改革，特优产品火龙果实现果品优化　　段柳健　摄

2017年6月21日，南宁高新技术产业开发区被国务院办公厅确定第二批双创示范基地，为自治区首个。图为高新区南宁·中关村双创示范基地全景

南宁高新区管委会提供

2017 年 6 月 30 日，南宁市公共资产负债管理智能云平台上线运行。自治区党委常委、市委书记王小东（右三），平安集团董事长兼首席执行官马明哲（左三），市长周红波（右二）等共同见证平台上线　　陈卓凡　摄

2017 年，南宁市推行行政审批“一站式”服务。图为市地税局工作人员指导纳税人使用自助办税终端

市地税局提供

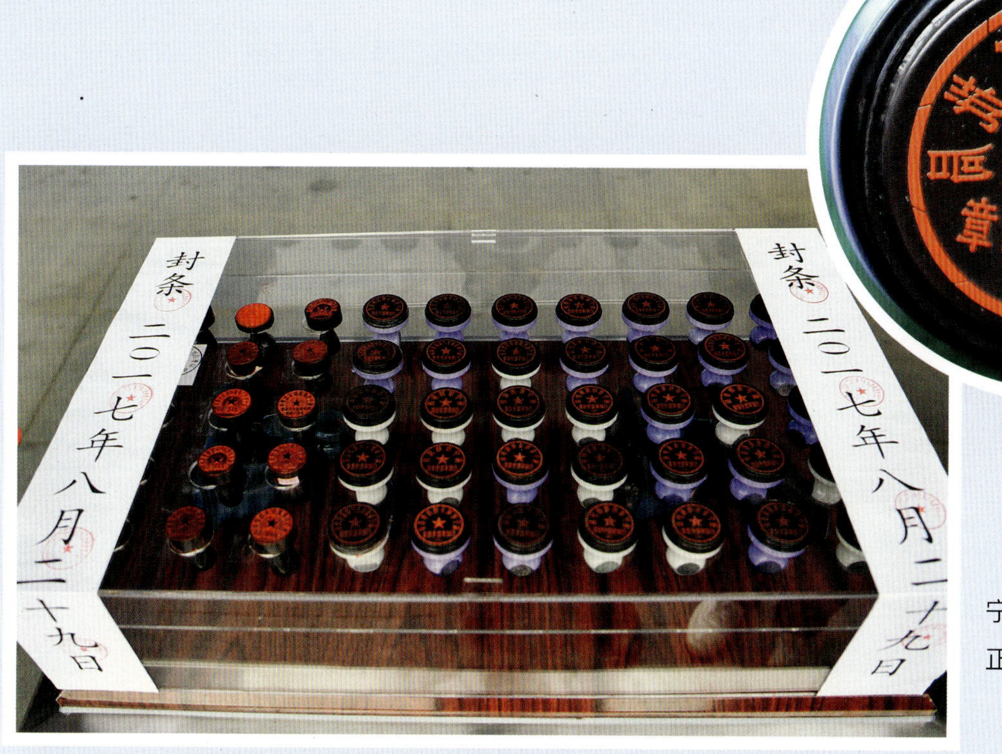

2017 年 8 月 29 日，南宁市行政审批局审批专用章正式启用　　梁　枫　摄

2017 年 8 月 30 日，广西鹏赫投资咨询有限公司代表领取南宁首张“39 证合一”营业执照

程勇可　摄

重点项目

2017年12月4日，首批12艘千吨级货船安全通过邕宁水利枢纽船闸　　尹海明　摄

2017 年 5 月 1 日，青山大桥建成通车

黄维业　摄

2017 年，南宁五象新区路网建设不断完善

周　军　摄

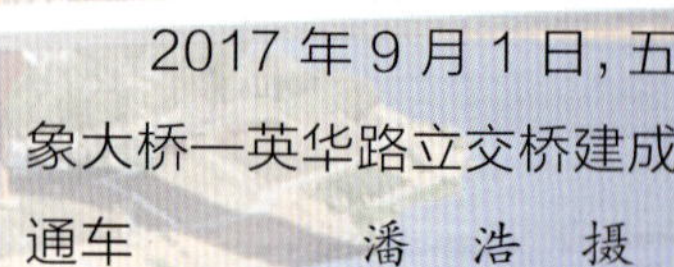

2017年9月1日，五象大桥—英华路立交桥建成通车　　潘　浩　摄

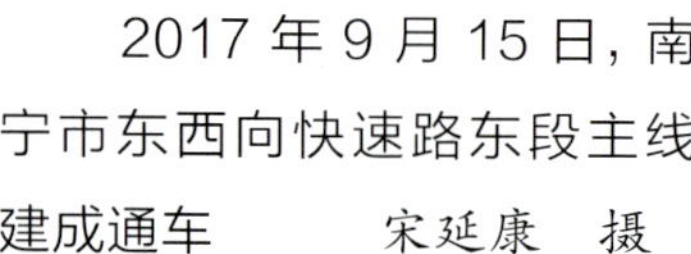

2017年9月15日，南宁市东西向快速路东段主线建成通车　　宋延康　摄

2017年12月28日，广西文化艺术中心竣工

五象新区管委会提供

2017 年，南宁市持续打造“百里秀美邕江”景观带。图为邕江沿岸整治后设置的运动场　　黄维业　摄

2017 年 6 月 17 日，万达茂城市综合体开业运营　　市商务局提供

2017 年 5 月，广西国际壮医医院项目主体结构封顶　　周　军　摄

目　录

特　　载

大　事　记

南宁概貌

中国－东盟博览会·商务与投资峰会

南宁与东盟

脱贫攻坚

经　济

产 业

新区　开发区

城市规划建设与管理

政　治

法 治

军　事

教　育

科 学

文化　体育

卫生 计生

社会民生

生　态

区 县

人　物

专题调研与经济分析

统计资料

附　录

索　引

CONTENTS

Special Issue

Chronologies

Introduction to Nanning

China-ASEAN EXPO·China-ASEAN Business and Investment Summit

Nanning and ASEAN Countries

Poverty Alleviation

Economy

Industries

New Districts and Development Zones

Urban Planning Construction and Management

Politics

Rule of Law

Military Affairs

Education

Science

Figures

Special Research and Economic Analysis

Statistical Materials

Appendix

Index

习近平在广西考察工作时强调
扎实推动经济社会持续健康发展以优异成绩迎接党的十九大胜利召开

新华社南宁4月21日电中共中央总书记、国家主席、中央军委主席习近平近日在广西考察时强调，全面建成小康社会任务艰巨，要统筹推进“五位一体”总体布局和协调推进“四个全面”战略布局，坚持稳中求进工作总基调，全面做好稳增长、促改革、调结构、惠民生、防风险各项工作，稳扎稳打，善作善成，扎实推动经济社会持续健康发展，以优异成绩迎接党的十九大胜利召开。

4月的八桂大地，春风和煦，万紫千红。4月19日至21日，习近平在广西壮族自治区党委书记彭清华、自治区政府主席陈武陪同下，来到北海、南宁等地，深入港口、企业、重点项目、创新示范基地和文化单位，考察调研经济社会发展情况，实地了解基层干部群众对党的十九大的建议和期待。

习近平19日上午从北京乘专机到达北海市，下午首先来到合浦县汉代文化博物馆考察。习近平详细了解汉代合浦港口情况，步入青铜之光、土火之韵、碧海丝路等展厅，察看合浦汉墓出土的我国古代青铜器、陶器和域外陶器、琥珀、琉璃等文物，了解汉代北部湾地区对外通商交往史。他指出，中华民族历史悠久，中华文明源远流长，中华文化博大精深，一个博物馆就是一所大学校。博物馆建设要注重特色。向海之路是一个国家发展的重要途径，这里围绕古代海上丝绸之路陈列的文物都是历史、是文化。要让文物说话，让历史说话，让文化说话。要加强文物保护和利用，加强历史研究和传承，使中华优秀传统文化不断发扬光大。要增强文化自信，在传承中华优秀传统文化基础上发展社会主义先进文化，加快建设社会主义文化强国。

离开博物馆，习近平乘车来到铁山港公用码头，察看码头运营，听取北部湾港口规划建设和北部湾经济区发展建设情况介绍，详细了解通过港口、经济区同东盟开展经贸合作及人文交流的做法和成效。得知铁山港短短几年货物年吞吐量由100多万吨增加到2000多万吨，习近平很高兴，称这里区位条件好、前景广阔。他强调，写好海上丝绸之路新篇章，港口建设和港口经济很重要，一定要把北部湾港口建设好、管理好、运营好，以一流的设施、一流的技术、一流的管理、一流的服务，为广西发展、为“一带一路”建设、为扩大开放合作多作贡献。

正在现场作业的码头工人看到总书记来了，激动地围拢过来向总书记问好。习近平同他们亲切握手，勉励他们爱岗敬业、争创一流，树立和展示当代工人阶级良好形象。习近平指出，“一带一路”建设是人心所向，我们要在这个框架下推动大开放大开发，进而推动实现“两个一百年”奋斗目标、实现中华民族伟大复兴。大家要携手同心，共圆中国梦。总书记热情洋溢的话语，使在场每个人都深受感染。

夕阳辉映下的红树林格外壮观，习近平踏着晚霞考察了北海金海湾红树林生态保护区。红树林是热带、亚热带海岸潮间带特有的胎生木本植物群落，素有“海上森林”、“海洋卫士”之称。习近平听介绍、看实景，详细了解红树林生长习性以及对海洋生态的调节作用。他指出，保护珍稀植物是保护生态环境的重要内容，一定要尊重科学、落实责任，把红树林保护好。

20日上午，习近平来到南宁，考察了广西南南铝加工有限公司。他到热轧中厚板制造中心、高端铝合金新材料部件区、冷轧制造中心、中车厂房、高端铝合金新材料应用区，了解企业发展航空航天、轨道交通、海洋船舶等领域高性能铝材产业情况，察看热轧中厚板生产线、初轧操作控制室和高铁车厢、超大直径铝合金圆锭、全铝工业厂房、全铝人行天桥、全铝新能源客车等大部件产品。习近平对公司勇于创新创造给予肯定。他指出，一个国家一定要有正确的战略选择，我国是个大国，必须发展实体经济，不断推进工业现代化、提高制造业水平，不能脱实向虚。创新是引领发展的第一动力，要加强知识、人才积累，不断突破难题、攀登高峰，国有企业要做落实新发展理念的排头兵、做创新驱动发展的排头兵、做实施国家重大战略的排头兵。

20日下午，习近平在南宁考察了那考河生态综合整治项目和南宁·中关村创新示范基地。在那考河湿地公园，习近平听取南宁市内河水系分布、“海绵城市”建设等情况介绍，实地察看整治成效。他对南宁市整治城市内河河道，形成水畅水清、岸绿景美的休闲滨水景观带的做法表示肯定，希望他们探索更多经验。习近平指出，顺应自然、追求天人合一，是中华民族自古以来的理念，也是今天现代化建设的重要遵循。广西生态优势金不换，要坚持把节约优先、保护

南宁年鉴

优先、自然恢复作为基本方针，把人与自然和谐相处作为基本目标，使八桂大地青山常在、清水长流、空气常新，让良好生态环境成为人民生活质量的增长点、成为展现美丽形象的发力点。习近平同正在这里休闲的居民群众亲切交谈，祝他们生活幸福。

在南宁·中关村创新示范基地，习近平听取基地总体规划和营运介绍，视察基地入驻企业在智能制造、信息技术、生命健康、创新之星、孵化加速、国际合作等方面的成果展示，了解基地推动外地企业同本土企业协同创新发展和“中国－东盟信息港”建设情况。他强调，开展区域合作和经济技术合作，重在互利双赢。创新和创业相连一体、共生共存。建设创新示范基地，要遵循创新发展规律，以高效的政府服务、有机的产业配套、先进的技术支撑，构建富有吸引力的创新生态系统，让适宜的种子在适宜的环境中开花结果。

随后，习近平主持召开基层代表座谈会。来自农村、企业、机关、学校、科研单位的基层代表鼓掌欢迎总书记，习近平同他们一一握手。习近平对大家说，请一些不同行业的基层代表来座谈，主要是想听听大家对开好党的十九大的建议和期待，大家可以敞开思想、畅所欲言。与会基层代表联系实际，从不同角度谈变化论发展、讲成绩摆问题、提建议表期待，心系大局，言辞恳切。习近平边听边记，不时插话交流，并就改善人才区域布局、促进教育资源均衡化、加快边境地区脱贫攻坚、加快科技成果转化、推广农业先进适用技术、做好民营企业党建工作、加强群众卫生健康工作、做好高校思想政治工作、提高宣传思想工作水平等发表了重要意见。

在听取了14位代表发言后，习近平发表重要讲话指出，党的历次全国代表大会，都制定大政方针和行动纲领，对党和人民事业产生重大影响。改革开放以来的7次党的全国代表大会，逐步绘就了中国特色社会主义发展蓝图，集中彰显了中国特色社会主义道路自信、理论自信、制度自信、文化自信。筹备党的十九大，必须充分发扬民主，以多种方式广泛吸取全党全国各族人民智慧。基层的同志处在改革开放前沿和生产工作一线，参与经济社会生活最直接，同人民群众联系最经常，对党的路线方针政策落地见效感知最真切，往往能提出很多朴实、具体、反映群众心声的意见和建议。我们发扬民主、筹备党的十九大，要高度重视基层同志的参与和作用。广大党员、干部要注意把各方面新情况新问题新期待，特别是贯彻落实党的路线方针政策的意见和建议、社会各方面关注的热点焦点问题收集起来，通过合适渠道反映上来，多建睿智之言，多献务实之策，为党中央决策提供依据。会后，习近平同基层代表合影留念。

考察期间，习近平听取了广西壮族自治区党委和政府工作汇报，对广西经济社会发展取得的成绩和各项工作给予肯定。他希望广西广大干部群众进一步解放思想、改革开放、真抓实干，把富民兴桂各项工作做得更好，不断开创改革发展新局面。

习近平指出，保持经济持续健康发展，要在推动产业优化升级上下功夫，在转变发展方式上下功夫，在提高创新能力上下功夫，在深化改革开放上下功夫。供给侧结构性改革是我国经济发展进入新常态的必然选择，要在已有工作和成效的基础上再接再厉，在目标、任务、方式、政策、路径、举措等方面进一步前进。特别要突出定向、精准、有度，深化“三去一降一补”，着力振兴实体经济，深入实施质量战略，推动创新驱动发展，加快形成新的增长动力源。广西有条件在“一带一路”建设中发挥更大作用。要立足独特区位，释放“海”的潜力，激发“江”的活力，做足“边”的文章，全力实施开放带动战略，推进关键项目落地，夯实提升中国－东盟开放平台，构建全方位开放发展新格局。

习近平指出，解决好十几亿人口的吃饭问题，始终是我们党治国理政的头等大事。要以构建现代农业产业体系、生产体系、经营体系为抓手，加强农田水利等农业基础设施建设，严格落实耕地保护制度，加强农业科技创新和推广，夯实粮食安全基础，延伸农业产业链，着力发展高附加值、高品质农产品，提高农业综合素质、效益、竞争力。要扶持新型农业经营主体，培养造就新型农民队伍，把现代特色农业这篇文章做好。

习近平强调，广西是革命老区，是贫困地区，也是边境地区、民族地区。脱贫攻坚工作做好了，边疆稳定、民族团结就有了坚实基础；边境建设搞好了，民族事业发展了，对打赢脱贫攻坚战也是极大促进。这几项工作是一个有机整体，要一并研究、同步推进。当前，脱贫攻坚形势依然严峻，必须倒排工期，落实精准扶贫精准脱贫方略。要针对致贫原因分类施策，戒搞形式，戒做虚功，下一番绣花的功夫。对贫中之贫、困中之困，要采取超常规措施。要加快老区建设和发展，让老区人民尽快摆脱贫困，过上幸福日子。

习近平指出，领导班子是一个地方、一个单位的“火车头”，建设好领导班子是夯实党执政的组织基础的关键，也是抓好改革发展稳定各项工作的关键。特别要提高领导班子思想政治水平、专业化水平、贯彻执行民主集中制水平，强化领导班子整体功能。各级领导干部要干一行爱一行、钻一行精一行、管一行像一行，在勤学苦干、多思善悟中尽快成为行家里手，全面取得领导工作主动权。要注重加强民主集中制教育培训，使各级领导班子都立好规矩，形成既激发个人又依靠集体、既信任鼓励又批评监督、既包容失误又及时纠错、既团结协作又不违原则的良好政治生态。

王沪宁、栗战书和中央有关部门负责同志陪同考察。

政府工作报告

——2018年1月13日在南宁市第十四届人民代表大会第三次会议上讲话(摘要)

市长 周红波

一、2017年工作回顾

2017年,是南宁发展历程中极不平凡、砥砺奋进的一年。全市各级各部门认真学习贯彻党的十九大精神,坚持以习近平新时代中国特色社会主义思想为指导,贯彻落实习近平总书记视察广西重要讲话精神,不折不扣落实中央、自治区和市委的决策部署,牢固树立和践行新发展理念,真抓实干,攻坚克难,加快推进“六大升级”工程,经济发展稳中有进、稳中向好,社会保持和谐稳定,全面完成市十四届人大二次会议确定的主要目标任务。

——经济发展实现新跨越。预计,全市地区生产总值、固定资产投资、全部工业总产值均突破4000亿元,分别增长8%、12%和14%;社会消费品零售总额突破2000亿元,增长11%;财政收入687.98亿元,增长11.95%;农林牧渔业总产值716亿元,增长4%,主要经济指标超额完成全年目标,好于预期,好于全国全区。

——“南宁渠道”影响力持续提升。圆满服务第14届中国－东盟博览会和商务与投资峰会,成功举办环广西公路自行车世界巡回赛(南宁站)、南宁国际马拉松比赛等重大赛事(活动),与东盟及其他“一带一路”沿线国家和地区的经贸、科技、文化等交流合作不断深化。预计,全市外贸进出口总值584.79亿元、增长40.5%,成为全国外贸百强城市;第二轮加工贸易倍增计划实现“开门红”,加工贸易进出口增长47%,总量占全区比重达49%。

——“绿城”品质魅力彰显。轨道交通2号线开通试运营,地铁进入换乘时代。基本完成国家海绵城市建设试点三年任务,那考河流域综合整治项目荣获“中国人居环境奖”范例奖。基本消除建成区黑臭水体。市区空气质量优良率为92.3%,其中优等级的天数创2013年实行环境空气质量新标准以来最高纪录,达191天,“南宁蓝”保持常态。实现全国文明城市“四连冠”。通过国家森林城市复查。跻身中国社科院发布的绿色发展和健康宜居城市全国前十名。在中国生态文明论坛(惠州)年会上获“2017美丽山水城市”称号。

——重点改革富有成效。在全国首创公共资产负债管理智能云平台,对政府公共资产负债的管控和监测进一步加强。市行政审批局规范运行,29个市直部门182项行政许可事项统一由市行政审批局行使,实现“一枚公章管审批”,南宁市“135审批体制改革路径”获“中国政务服务突出贡献奖”。不动产登记改革举措获国土资源部批示推广。

——法治南宁提上新水平。法治政府建设扎实推进,《中国法治政府评估报告(2017)》综合评价100个主要城市,南宁市名列第5位、西部城市第1位。

——民生福祉大幅提升。全年财政民生支出500.73亿元、增长14.97%,占一般公共预算支出的77.48%。预计8.37万贫困人口脱贫,101个贫困村摘帽。预计,全市居民人均可支配收入24883元、增长8.8%,居民消费价格指数上涨2.3%。城镇新增就业7.7万人,城镇登记失业率2.63%。

一年来,主要做好以下工作:

(一)坚持调结构、聚动能,产业转型升级成效显著

坚持“二产补短板、三产强优势、一产显特色”,以“稳”为基础,以“进”为目标,着力发展实体经济。预计,工业对经济增长的贡献率达34.5%、同比提高10.8个百分点,三次产业的比例从2016年的10.8∶38.5∶50.7优化为10∶38.9∶51.1。深入实施创新驱动发展战略,突出科技创新对供给侧结构性改革和培育发展新动能的支撑引领作用。预计科技创新对经济增长贡献率达57%。南宁·中关村创新示范基地累计引进行业重点企业33家、入孵创新团队52个、合作高校26所,初步形成智能制造等四个产业微集群,南宁·中关村创新示范基地产业园建设稳步推进。南宁高新区成为广西首个国家双创示范基地。高新技术产业不断壮大,高新技术企业达451家、占全区总量的三分之一,高技术产业产值预计完成760亿元、增长15%,南南铝跨入世界高端铝材加工行业。新建国际科技合作基地15家,南宁学院与科大讯飞合作建设广西首家人工智能学院。新增国家级科技企业孵化器2家、众创空间3个,建成自治区重点实验室4家。实施广西科技成果转化大行动项目76项,中国－以色列科技成果交流转化中心落户南宁。预计全市每万人口发明专利拥有量8.2件、达到全国中等水平。深入实施“工业强市”战略,引导各类要素向工业经济聚集发力,工业新动能逐渐形成。预计,全市规模以上工业增加值完成1160亿元,增长10%;电子信息、先进装备制造、生物医药三大重点产业产值增长17%,占全市规模以上工业产值的比重达38.5%、同比提高约1个百分点;三大国家级开发区对全市工业增长贡献率达66%;亿元以上企业达660家、同比增加27家。富士康、源正等龙头企业产能持续释放,申龙客车、瑞声科技等一批项目落地,博世科环保产业园高安基地等23个重点工业产业项目建成投产。市本级工业用地成交面积增长108%,创近四年新高。建筑业加快发展,新增入库建筑企业36家。深入实施金融业、现代物流业、电子商务和信息服务业“三年行动计划”,千方百计优供给促消费。预计第三产业增加值突破2100亿元,增长8.5%。获认定自治区级现代服务业集聚区9家。坚持实施“引金入邕”战略,金融服务实体经济发展能力增强,新增新三板挂牌企业11家,中国进出口银行广西区分行等金融机构开业,村镇银行实现县域全覆盖,预计金融业增加值达450亿元、对经济增长贡献率为10.8%。发展壮大现代物流业,新增AAA级以上物流企业5家、总数达17家;预计,快递业务量增长35%,公路、水路客货运周转量分别增长9%、20.5%。加快发展电子商务和信息服务业,五象新区总部基地休闲公园电商小镇建成运营,全国首创建成集国际邮件、跨境电商、国际快件监管于一体的中国邮政东盟跨境电子商务监管中心,预计全市重点企业电子商务交易额2500亿元、增长13.6%,软件和信息技术服务业主营收入130亿元、增长8.3%。举办超万平方米展会45场。万达茂等大型城市综合体开业运营。入围国家中医药健康旅游示范区创建单位,接待旅游总人数突破1亿人次,旅游总消费突破1000亿元。深入推进农业供给侧结构性改革,着力增加绿色优质农产品供给。预计全市完成粮食总产量217万吨,宾阳县获“中国好粮油”行动示范县。糖料蔗恢复性增长,“双高”基地达17.3万亩。全市在建各类特色农业基地112个,其中高标准“菜篮子”基地65个。南宁市成为全国火龙果和沃柑最大生产地。5个农产品入选全国名特优新农产品目录,新增“三品一标”农产品17个、国家地理

标志保护产品1个、国家地理标志商标2个、富硒农产品认证15个,横县茉莉花茶被评为“中国优秀茶叶区域公用品牌”,上林县成功创建国家有机产品认证示范区。新增广西现代特色农业(核心)示范区8个,西乡塘“美丽南方”休闲农业(核心)示范区入选国家农业综合开发田园综合体建设试点项目。大力推进乡村旅游连点成线提质增效,新增广西休闲农业与乡村旅游示范点7个,马山县获评全国休闲农业和乡村旅游示范县。

(二)坚持优服务、推项目,经济发展后劲明显增强

按照投资有效益、企业有利润的要求,实行投资项目目录清单管理,加快现代产业、社会民生、基础设施等重点领域重大项目建设。预计亿元以上项目完成投资1181亿元、增长18%。553项区市层面统筹推进重大项目预计完成投资960亿元,拉动投资增长8.5个百分点,南宁牛湾港疏港大道等74个项目竣工。城建计划项目加快推进,预计完成投资476亿元。重大公益性项目扎实推进,广西文化艺术中心、青山大桥、南宁国际会展中心改扩建工程场馆等建成使用。狠抓工业投资和民间投资两个关键,预计,工业投资完成1075亿元、增长7%,其中电子信息、先进装备制造、生物医药三大重点产业完成投资438亿元、占工业投资的40%;民间投资完成2801亿元、增长14%,占全市投资的64%。基础设施投资、社会事业投资预计分别完成1058亿元、273亿元,增长20%、25%。积极拓宽融资渠道,新落地PPP项目9个,涉及总投资116.23亿元。做好简政放权的“减法”,取消、调整334项行政审批事项,推行“容缺后补”审批制度;南宁市民中心启用,60个政府职能部门和公共企事业单位共432项政务服务事项集中入驻;137项政务服务事项可通过网上审批大厅办理,实现“零见面、零跑腿”。做好优化服务的“乘法”,在全区率先开展个体工商户简易注销改革,全面落实“39证合一”登记制度、企业简易注销、商标注册便利化等改革;设立中小微企业孵化基金,充分发挥“两台一会”中小企业贷款平台作用,有效缓解中小企业融资难问题。做好加强监管的“加法”,扎实推进“双随机一公开”监管改革,搭建公共资源交易市县一体化“1+6”新平台,交易大数据系统在全区率先上线运行。市场经营环境不断改善,市场活力不断激发,新增市场主体10.98万户。

(三)坚持建平台、扩贸易,“南宁渠道”进一步畅通

积极融入中新互联互通南向通道建设,中新南宁国际物流园启动建设,中欧班列(南宁—河内)集装箱班列开通。中国-东盟信息港南宁核心基地建设扎实推进,广西电子政务外网云计算中心等10个项目竣工。南宁综合保税区封关运营,入驻企业34家。第十二届中国(南宁)国际园林博览会成功邀请19个东盟及“一带一路”沿线国家城市参展。香港特区政府驻广西联络处在邕揭牌成立。加快完善公路、铁路、民航、水运立体综合交通网络,贵隆高速公路等项目加快推进,南宁—贵阳高铁、南宁—崇左城际铁路开工建设,南昆铁路南宁至百色段增建二线、黎湛铁路电气化改造项目建成通车。吴圩国际机场旅客年吞吐量达1391.2万人次、增长20.3%。老口航运枢纽发挥效益,邕宁水利枢纽船闸工程蓄水通航。大力发展开放型经济,新增进出口实绩企业181家,引进加工贸易企业12家,培育形成富桂精密等一批出口品牌标杆。坚持以上率下招商,成功签约华润基金、宜家家居等416个项目。CEPA先行先试取得新成效,香港农本方等项目落地。预计,全市实际到位资金突破800亿元、增长14%,其中全口径实际利用外资9.4亿美元、增长22.1%。

(四)坚持提品质、优环境,生态宜居水平明显提升

五象新区全年在建项目547个、新开工项目136个(含子项目)、竣工项目54个,固定资产投资完成355亿元、增长17.6%。加速产城融合布局,引进广西-东盟地理信息与卫星应用产业园等一批项目,建成南宁现代化建材加工及物流配送中心一期工程等一批项目。加快完善新区基础设施,3座立交桥、28条道路建成通车,市国家档案馆(方志馆)等一批公益性项目竣工,十四中五象校区等一批中小学校招生,给排水、电力、燃气等配套项目同步建成。扎实推进国家级绿色生态示范区创建,新区核心区绿色建筑比例达100%。持续深化大气污染治理,PM10、PM2.5浓度分别较上年下降9.7%、2.8%,市区空气质量综合指数在全国各省会城市(含直辖市)中排名第6,“南宁蓝”成为市民生态之福。全面推行河长制,建立覆盖市县乡村四级河长组织体系,打好治水“组合拳”。总结那考河整治的成功做法,形成流域治理可复制可推广的南宁经验,南宁水“清”出新典范。全面实施邕江两岸148千米岸线综合整治,建成两岸31千米景观带,邕江上游引水工程开工。沙江河、心圩江、水塘江等城市内河整治提速。全国水生态文明城市建设试点通过验收。深入推进城市绿化美化彩化,新建自然保护小区17个、绿道34千米。按国家AAAAA级旅游景区标准全面铺开园博园建设,园区面貌勾勒成型。打造环广西公路自行车世界巡回赛(南宁站)沿线景观带,马山“最美赛道”广受好评。推进速生桉林地林种结构调整,改善水源地森林生态环境。横县西津国家级湿地公园试点建设通过验收。万元GDP能耗预计下降4%以上。全面完成中央环保督察反馈意见整改。加快新一轮城市总体规划修编,形成南宁城市总体规划(2017—2035年)基本战略框架。启动总体城市设计,入选全国第二批城市设计试点城市。积极创建公交都市,地铁、快速公交日均客运量分别达26.6万、13.5万人次,市区内公交500米覆盖率达99.5%。拓展加密城市路网,中华—园湖立交、城市东西向快速路东段等重要交通节点项目建成,开展嘉园小区等4个片区街区制改造,打通道路微循环,五一路铁路桥段等一批“瓶颈路”“断头路”拓宽或打通。全面开展“城市双修”,不断提升受污染耕地、污染地块安全利用率;完成年度棚户区改造任务,开工建设“三街两巷”核心区(一期),实施老旧居住区综合整治改造100个。新建成地下综合管廊26.13千米。新建装配式建筑达62万平方米。以BIM等信息技术推动工程质量提升,3个项目同时获中国建筑工程鲁班奖。城市综合治理常态化,扩大城管综合行政执法范围,实现住房城乡建设领域行政处罚、行政强制权的集中行使。加快智慧城市建设,建成全国首个海绵防涝信息系统——南宁市市区防涝预警监控信息系统。深入开展“美丽南宁·整洁畅通有序大行动”,推进“智慧交通”建设,规范网约车、电动自行车、共享单车等管理,形成城市道路交通管理的南宁经验,“文明行车·礼让斑马线”主题活动获中央媒体点赞。

(五)坚持强基础、兴产业,县域经济发展迈上新台阶

强化规划管理,全市各级土地利用总体规划调整成果获批实施。大力实施大县城战略,加快以县城为中心的重点镇建设,横县校椅镇入选第二批全国特色小镇、六景镇全面启动第三批国家新型城镇化综合试点工作,宾阳县自治区新型城镇化示范县工程持续推进,完成马山县古零镇、西乡塘区金陵镇自治区百镇建设示范工程。深化户籍制度改革,从教育、医疗、社保、就业、住房等方面加快农业转移人口市民化进程。落实主体功能区规划,因地制宜打造“一县一拳头产业”。横县现代农业产业园入选创建第一批国家现代农业产业园,宾阳县入选国家农业综合开发现代农业园,上林县获国家生态文明建设示范县,中国首个攀岩特色体育小镇落户马山县,隆安县金穗生态园获全国休闲农业与乡村旅游示范区“五星级”称号。江南区、青秀区、邕宁区、武鸣区获评2016年度广西科学发展进步县(区)。兴宁区获评2017年度全国投资潜力百强区,青秀区连续两年获评全国“四个百强区”,良庆区被认定为第二批广西可持续发展试验区创建单位。建立健全县域基础设施、公共服务设施能力提升“三年行动计划”项目库,分级分批推进1288个项目实施。以开展“美丽南宁·宜居乡村”活动为抓手,增强服务功能,夯实基础支撑,1383个行政村建成并挂牌村级综合服务中心,硬化350公里非贫困村通屯道路,建成113个行政村光纤网络工程试点项目,新、改

建输配电线路1050千米，22个镇级污水处理设施项目通水试运行，完成改厨改厕改圈年度目标任务，农村人居环境明显改善。

（六）坚持抓改革、破难点，发展活力动力充分释放

化解过剩水泥产能60万吨，全面完成“地条钢”取缔任务，完成77家国有“僵尸企业”职工分流安置。从土地供应、信贷政策等方面加强房地产市场监管，保持市场供需平稳。建立健全政府性债务风险应急处置工作机制，切实防范和化解财政金融风险。全面落实自治区、市降成本各项政策措施，预计全年为企业减负超42亿元。民生短板加快补齐，预计教育领域、卫生和社会工作领域投资分别增长26.9%、49.8%。承担的26项国家级和28项自治区级改革试点进展顺利，市本级156项年度改革任务基本完成。国资国企改革力度加大，13家企业混合所有制试点稳妥推开。财政改革步伐加快，中期财政规划编制实现市本级预算单位全覆盖，纳入政府购买服务预算管理项目455项、增长19.1%。沿边金融综合改革深入推进，16家驻邕银行机构接入人民币跨境支付系统，跨境人民币结算量超150亿元。持续推进“农金村办”模式，全市“三农金融服务室”覆盖面达69%，武鸣区农村承包土地经营权抵押贷款试点工作成效明显。深化农村综合改革，农村土地承包经营权可颁证率达96.1%。国有林场主体改革基本完成。土地二级市场试点改革有序推进，探索搭建二级市场交易平台。

（七）坚持惠民生、增福祉，群众获得感不断增强

深入推进“七个一批”“七大工程”，筹集安排各级财政专项扶贫资金23.33亿元投入脱贫攻坚。培育和引导149家龙头企业、1239个农民合作社积极参与产业扶贫，带动23万多名贫困人口增收。年度易地扶贫搬迁安置点全部开工建设，累计搬迁入住18258人。317个贫困村村级集体经济收入均达2万元以上。集中研究破解深度贫困问题，落实61家企业结对帮扶56个深度贫困村，由华润集团对口帮扶隆安县都结乡。扎实推进茂名—南宁扶贫协作。教育事业加快发展。着力解决幼儿“入园难”，建成18所公办幼儿园。义务教育均衡发展取得新成效，4个县区通过国家义务教育均衡发展督导评估认定，学区制管理改革加快推进，集团化办学模式不断拓展，建成并投入使用公办中小学校18所。接收进城务工人员随迁子女入学约14.5万人。基本普及高中阶段教育，2017年高考成绩领跑全区。中高职教育与重点产业融合发展取得新成效，南宁职业技术学院入选国家第二批现代学徒制试点院校。南宁教育园区累计签约入驻院校16所，其中开工建设6所、实现办学招生1所。千方百计促进创业就业。扶持创业1.92万户，发放创业担保贷款3220笔共2.74亿元；为高校毕业生等各类群体提供就业岗位超26万个。健康南宁建设扎实推进。在全区率先启动实施统一的城乡居民医保制度，实现医疗费用即时结算。在全区首创职工医保“家庭共享”；推进智慧健康信息工程（一期），初步实现13家市直属医院化验、检查、档案查阅结果的互认共享。城市公立医院综合改革稳步推进，实现药品“零差价”。上林县医改模式上升为国家推广的医疗共同体改革模式。全面两孩政策顺利实施，荣获“全国创建幸福家庭活动示范市”称号。社会保障水平稳步提升。城乡居民基本养老保险和基本医疗保险参保率分别达95%、98.95%。企业退休人员基本养老金实现“十三连涨”。城市居民最低生活保障标准提高20%。新增医养结合机构12家，新、改、扩建社区日间照料中心30个。基本建成公共租赁住房2.73万套，分配入住2.39万套。文化和体育事业繁荣发展。持续打造民歌湖大舞台周周演群众性文化活动等特色文化品牌。推动媒体融合发展，精心推出80多个主题宣传专栏，举办中国－东盟（南宁）戏剧周等60多项大型主题文化活动。深化中国－东盟（南宁）文化、媒体交流合作机制，与50多家境内外文化传媒机构达成实质性合作。大型方言话剧《水街》等4部作品入选广西第14届精神文明建设“五个一工程”。广泛开展全民健身活动，举办市、县级全民健身赛事活动500多项，成功申办2019年苏迪曼杯世界羽毛球混合团体锦标赛。深入推进平安南宁建设，积极构建“七位一体”立体化社会治安防控体系，牢牢守住“不打响、不炸响”的反恐维稳工作底线，“智慧警务”积极推进，严厉打击网上虚假信息诈骗等违法犯罪行为，应急管理机制不断完善，人民群众安全感满意度进一步提升。落实市四家班子领导包案制，突出矛盾纠纷问题有效化解。隆安县获评全国平安建设先进县。村（社区）“两委”换届选举工作全面完成。守信联合激励和失信联合惩戒大格局加快构建。健全落实安全生产“党政同责、一岗双责、齐抓共管、失职追责”责任体系，全年无重特大生产安全事故发生。全面实施食品安全战略，落实“四个最严”“四有两责”要求，食品药品安全形势总体稳定，横县获评“国家级出口食品农产品质量安全示范区”。一批惠民实事顺利实施。基本完成自治区级和市本级为民办实事工程共71个子项。

（八）坚持提效能、转作风，政府自身建设呈现新气象

提请市人大常委会审议地方性法规草案4件，出台政府规章3件、规范性文件40件，组织清理政府规章和规范性文件近5000件，废止规章4件、修改2件，宣布失效文件3700余件、决定修改13件。公共法律服务体系加快建设，“七五”普法深入推进。科学决策水平不断提升。认真执行市人大及其常委会的决议、决定，依法接受市人大及其常委会的法律监督和工作监督，主动接受人民政协的民主监督和社会舆论监督，共办理自治区和市级人大代表议案建议220件、政协提案388件，办结率100%。进一步密切与各民主党派、工商联、无党派人士、人民团体和社会各界人士的联系。落实重大决策社会稳定风险评估机制，完成“南宁市主体功能区规划”等重大行政决策后评估。加强政府智库建设，聘任政府参事6名、第二届专家咨询委员会知名专家55名。作风建设持续加强。严守党纪党规，严格落实中央八项规定精神和国务院“约法三章”，深入推进“两学一做”学习教育常态化制度化，驰而不息纠正“四风”，“三公”经费同比下降12.12%。政务公开透明度在全国49个较大城市中位列第10。南宁市连续7年被评为人民网网友留言办理工作先进单位。举办电视问政节目10期、53个问题完成整改。强化对扶贫等重点领域、关键岗位的审计和监督执纪问责，严查发生在群众身边的腐败问题，促进政府系统廉洁行政。

二、2018年工作安排

2018年是贯彻党的十九大精神的开局之年，是改革开放40周年，是决胜全面建成小康社会、实施“十三五”规划承上启下的关键一年，是自治区成立60周年，做好全年各项工作，具有特殊的意义。全市发展的主要预期目标是地区生产总值增长7.5%，财政收入增长7%，固定资产投资增长10.5%，规模以上工业增加值增长8.5%，社会消费品零售总额增长10%，外贸进出口总值增长10%，全市居民人均可支配收入增长9%，居民消费价格指数上涨幅度控制在3.5%以内，城镇登记失业率控制在4%以内，城镇新增就业6.5万人，节能减排降碳控制在自治区下达目标内。

围绕上述目标，2018年，着力做好以下八个方面工作：

（一）做大做强实体经济，持续推进产业转型升级

推动工业提质发展。坚持“工业强市”战略不动摇，以三大重点产业为着力点、工业园区为依托、重点企业为龙头、项目建设为抓手，拉长拓宽延伸产业链，加快打造千亿元产业集群。推动制造业的“进”。发展实体经济，重点在制造业、难点也在制造业。立足工业发展实际，集中发力以电子信息、先进装备制造、生物医药为代表的先进制造业，不断提高三大重点产业产值占全市规模以上工业产值的比重。电子信息产业方面。打造以富士康、瑞声科技为龙头的电子信息产业集群，继续在高新区、江南工业园等园区大力引进上下游产业和相关配套产业。在经开区建设新一代信息技术产业发展载体，培育发展微电子产业。大力发展中高端电子信息产品制造，推动大数据、云计算、物联网、人工智能等智慧产业集聚发展,加快广西北斗综合位置服务平台建设,争取南宁北斗信息产业园等项目投入运营。力争电子信息产业产值突破600亿元。先进装备制造产业方面。推动申龙客车、白马环卫车、同捷新能源汽车等项目开工建设,扶持玉柴专汽扩大新能源物流车规模,打造以源正为龙头的新能源汽车产业集群。推进南南电子汽车新材料精深加工等项目建设,发展航空、轨道交通、汽车、IT等领域的高端铝材,打造以南南铝为龙头的新材料产业集群。支持中车精密、中铁广发公司发展壮大,打造以中车为龙头的轨道交通装备产业集群。力争先进装备制造产业产值突破900亿元。生物医药产业方面。着力引进一批国内外知名生物医药及相关配套产业企业,加快广西医疗器械检测中心及培力药业异地扩能等项目建设,重点推进葫芦娃、医大仙晟、鸿博原生药业等一批项目通过生产行政许可并试产,打造以柳药、海王、培力等为重点的生物医药产业集群。力争生物医药产业完成产值180亿元。推动传统产业的"转"。传统产业是南宁市工业的家底和支柱。实施传统优势产业"二次创业",研究出台振兴传统产业的政策措施,鼓励引入新技术、新管理、新模式,鼓励使用地方名特优产品,促进越来越多的传统产业在转型升级中"凤凰涅槃"。支持化工、建材、造纸和木材加工等企业改造提升,推进食品、轻纺等消费品工业增品种、提品质、创品牌,力争食品加工产业产值率先突破1000亿元。实施绿色制造工程,深入推进高新区国家低碳试点园区建设,加快经开区、东盟经开区循环化改造。加快对新兴产业的"育"。积极培育发展以高端铝材、石墨烯等为重点的战略性新兴产业,加快南宁科天水性科技产业园和牛湾港、六景、伶俐装配式建筑产业基地等项目建设,培育工业发展新动能。加大对工业经济的"扶"。着力解决国家级开发区空间拓展问题,以飞地园区的方式与县区工业园区开展合作共建,力争高新区、经开区规模以上工业增加值增长15%以上,东盟经开区规模以上工业增加值增长18%以上。加大工业用地供给,全面开展工业闲置用地清理工作,提高工业用地效益。发挥人力资本作用,注重激发和保护企业家精神,培育富于创新和敢闯敢为的企业家;大力弘扬劳模精神和工匠精神,继续推进农民工职业技能提升培训计划,加快建设知识型、技能型、创新型劳动者大军。

提升服务业发展水平。以加快现代服务业集聚区建设为抓手,建立服务业发展分类考核机制,发展壮大三大重点服务业产业,促进服务与制造协同发展。推动金融业持续健康发展。大力实施"引金入邕""引资入邕",积极推动在CEPA项下组建合资证券公司,推动渤海银行等金融机构在邕设立分支机构,推进平安银行南宁分行、国富人寿保险公司开业运营,力争中银香港在邕设立东盟后台服务中心。加强政金企沟通合作,引导金融加大服务实体经济力度。积极发挥财政金融的协同作用,争取更多金融资源倾斜。加大政策性保险力度,持续推进政策性农业保险和科技保险试点。加快发展现代物流业。优化物流通道,发展"公铁""水铁""陆空"等多式联运;加快建设物流集聚区,重点抓好中新南宁国际物流园、中国－东盟国际物流基地、空港物流园、牛湾物流园等建设;鼓励大型(零售)企业自建现代物流,加快推进传统物流业由单纯仓储货运向全物流产业链升级,加快建设连接东盟的重要物流节点城市。大力发展电子商务和信息服务业。深入推进"电商南宁"工程,实施电子商务提升工程,引导传统商贸企业转型升级,培育壮大本地电子商务龙头企业,加快高新区国家电子商务示范基地、中国－东盟(南宁)跨境电子商务产业园等项目建设,完善和拓展跨境电子商务业务;大力发展农村电商,推进宾阳县、横县、上林县全国电商进农村试点县工作,加快建设辐射东盟的电子商务中心城市。推进研祥智谷(二、三期)建设,加快供应链集成服务基地等建设,发展壮大信息服务业。大力发展旅游业。持续推进国家全域旅游示范区及国家中医药健康旅游示范区创建,重点推进百里秀美邕江、环首府生态旅游圈、环大明山生态旅游圈、南宁东盟文化博览园等项目建设,开展南宁市国际文化旅游休闲集聚区等项目前期工作。加快建设区域性国际消费中心城市。积极培育消费热点,大力发展品质消费、服务消费、绿色消费,加快发展轨道交通经济,增强消费对经济发展的基础性作用。统筹推进科技研发、咨询设计等现代服务业,支持发展分享经济、数字经济、创意经济等,持续推进青秀区楼宇经济示范区建设。

大力发展现代特色农业。把增加绿色优质农产品供给放在突出位置。严格落实粮食安全行政首长责任制,确保粮食总产量稳定在214万吨以上。严格落实耕地保护和占补平衡政策,推进农村土地综合整治,提高耕地质量。深入实施现代特色农业产业"10+3"提升行动,建设80个标准化、规模化种养殖基地,扩大富硒农业产业规模,延伸茉莉花产业链,做优香蕉、火龙果、晚熟杂交柑橘、优质大米等优势产业,推进生猪、渔业转型升级,加快肉牛羊产业发展,大力发展林下经济,培育一批农产品加工特色小镇,打造一批"邕系"农产品知名品牌。强化农业科技服务,推进有机肥替代化肥,开展优势水果病虫害统防统治,推进马山全国气象为农服务示范县建设。深化"产村互动、农旅融合"建设模式,务实推进现代特色农业示范区建设增点扩面提质升级,补齐示范区在种业、深加工、冷链物流和销售平台建设等方面的短板,升级打造一批县、市、自治区、国家级示范区。积极开展"三区三园一体"创建,争创更多的国家级、自治区级产业示范园区,重点加快横县国家现代农业产业园和全国糖料蔗生产保护区建设,加快推进西乡塘"美丽南方"国家农业综合开发田园综合体建设试点。持续推进休闲农业与乡村旅游发展,全力加快30个休闲农业示范区建设。

(二)坚持创新驱动发展,培育经济新动能

加快建设创新平台。持续深化南宁·中关村创新示范基地建设,继续培育和引进一批科技领军企业,加快建设南宁·中关村创新示范基地产业园,进一步发挥基地示范引领和辐射带动作用。创建国家自主创新示范区,完善创业孵化链条,新建创业孵化载体4个以上,新增入孵企业和团队50个。加快推进高层次产学研合作,与高校院所共建院士工作站、科技企业孵化器等创新创业平台8个以上。加强国际科技合作基地建设,支持企业与越南、柬埔寨等东盟国家共建研发平台和技术转移中心。培育和提升南南铝加工研究院、富士康东盟硅谷科技园等创新平台,加快高新区生物工程技术中心等公共技术服务平台建设,提升工程技术研究中心20家、国际技术转移中心4个,力争新增市级以上企业技术中心、研发中心8家。

大力培育创新主体。鼓励技术创新和管理创新、商业模式创新融合,推动企业成为研究开发投入、技术创新活动和创新成果应用的主体。实施高新技术企业倍增计划和"瞪羚企业"培育计划,力争新增高新技术企业70家。推动科技型中小企业创新,通过科技创新券、科技信贷风险资金池、科技保险等扶持政策,支持科技型中小企业自主研发或技术引进。深入实施发明专利双倍增计划,争创国家知识产权示范城市,健全打击侵犯知识产权长效机制,强化知识产权创造、保护、运用。

持续优化创新生态。加快提高全社会研究与试验发展经费支出占全市地区生产总值的比重。深化科技体制改革,探索开展第三方专业机构管理科技项目试点。出台提升自主创新能力若干政策,加大对创新平台、人才和创业孵化的支持力度。实施重大科技专项10项、广西科技成果转化大行动项目76项。创建和提升6个自治区级农业科技示范园和10个农业科技扶贫示范基地。

(三)发挥投资对优化供给侧结构的关键性作用,积极扩大有效投资

促进有效投资特别是民间投资合理增长。积极谋划、储备、推进一批重大项目,完善领导联系重大项目、服务重点企业制度,建立健全市直部门服务、支持园区重大项目、重点企业工作机制，按照“四定”要求，全力推进区市层面统筹推进重大项目建设，争取完成投资750亿元以上。推动产业项目攻坚，重点推进农业、工业、服务业、建筑业投资额排名前30位的重大项目。推动民生项目攻坚，保持教育、卫生、扶贫、生态环保等社会民生领域投资增长不减。推动基础设施项目攻坚，加大城建计划项目投资力度，加快完善工业园区基础设施，着力抓好连接园区、县区的重点道路建设。激活民间投资，实施投资工程包，通过“捆绑打包”等方式加强政府和社会资本合作，强化项目策划包装和前期工作，推动PPP项目落地并规范实施。

全力推进重大公益性项目建设。按照“保进度、保质量、保安全”的要求，强化精品意识，全力服务好自治区统筹推进的迎接自治区成立60周年公益性项目建设，早日建成南宁国际会展中心改扩建工程、广西国际壮医医院等项目；如期竣工凤岭综合客运枢纽、城市东西向快速路、沙江河环境综合整治、南宁图书馆（新馆）、市儿童医院、南宁国际旅游中心（一期）等项目，“三街两巷”核心区（一期）开街运营，着力打造一批具有广西特色和时代风貌、获得广泛认可的民心工程，让首府南宁以崭新的城市面貌迎接自治区60周年大庆。

狠抓重大交通基础设施项目建设。积极配合建设吴圩经大塘至浦北、贵港经隆安至硕龙、柳州经合山至南宁等高速公路，加快张村至六景、新江至扶绥等公路项目建设，力争开工吴圩国际机场至隆安高速公路，加快建设南宁—贵阳高铁，推进南宁—崇左城际铁路建设，加快南宁—玉林城际铁路前期工作。推进吴圩国际机场军民分离，力争开工建设第二跑道，全面启动建设南宁国际空港综合交通枢纽(GTC)，加快伶俐通用机场建设。推进牛湾、六景港口和码头建设，加快建设西津二线船闸，建成邕宁水利枢纽主体工程，提升西江航线的通航能力和港口集散功能。

拓宽投融资渠道。突出企业投资主体地位，加快建立投资项目管理负面清单、权力清单、责任清单，缩减企业投资项目核准范围，推进高新区开展企业投资项目承诺制试点工作。引入市场机制，积极探索融资租赁、特许经营、资产证券化等融资模式。发挥南宁产业发展基金、城市发展基金等基金作用，加快推动华润基金等实质性运作。大力培育和发展资本市场，利用好资本市场扶贫绿色通道政策，推动更多优质企业上市挂牌，推进上市挂牌企业再融资和并购重组；支持符合条件的企业利用债券市场、区域性股权市场、私募市场扩大直接融资规模。持续推进“4321”政府性融资担保体系建设，发挥“两台一会”平台优势，推动南宁市中小微企业孵化基金募资和投放，拓宽专利权质押融资渠道，努力解决中小微企业融资难融资贵问题。

着力优化营商环境。提升政策环境，努力破除歧视性限制和各种隐性障碍，大力支持民营企业发展，构建“亲”“清”新型政商关系。优化政务环境，持续推进“放管服”改革，加快明确行政许可权的审批与监管职责边界，推进行政审批和监管信息共享，建立健全审管联动制度；持续推进行政审批流程优化再造，强化政府部门权责清单“两单融合”后续管理，全面实施“双随机一公开”监管机制；深化商事制度改革，推动国家级开发区开展“证照分离”改革试点。改善经营环境，加快建成统一规范的市县公共资源电子交易平台；加快信用体系建设，建立健全守信联合激励和失信联合惩戒制度，加快推进在行政管理中使用信用记录和信用报告；实施质量强市战略和商标品牌战略，培育一批具有市场竞争力的品牌产品。

（四）推动形成全面开放新格局，持续推进“南宁渠道”升级

增强平台支撑作用。建好用好开放平台，服务好第15届中国－东盟博览会和商务与投资峰会，力争五象新区申报国家级新区成功，落实经开区申报临空经济示范区和核准区扩区等工作，积极申报中国（南宁）跨境电子商务综合试验区。加快中国－东盟信息港南宁核心基地建设，以信息港小镇和大数据中心建设为抓手，建设数字经济基地，着力推进中国－东盟检验检测认证高技术服务集聚区、中国电信东盟国际信息园、新型智慧城市协同创新中心等重点项目建设。加快完善南宁综合保税区配套设施，引进一批规模型电商企业和加工贸易企业。推进吴圩空港经济区重点产业发展区域建设，加快产业集聚。

拓展区域合作空间。积极参与中新互联互通“南向通道”建设。加强与西南中南地区在交通物流、文化旅游等领域的产业合作。落实“双核驱动”战略，持续深化北部湾经济区综合配套改革；深度参与珠江—西江经济带建设，落实粤桂共同行动计划。加强与北部湾城市群的协同发展，深化与粤港澳大湾区的融合发展，加快研究建立邕广深合作直通平台。加强与港澳台经贸往来，积极培育自治区级CEPA先行先试示范基地。

大力发展开放型经济。加快建设内陆开放型经济战略高地，深入实施第二轮加工贸易倍增计划，主动承接珠三角地区产业转移，大力发展软件和信息技术、金融、文化创意设计等领域服务外包，打造外贸发展新引擎。支持高新技术产品和机电产品出口，提升出口质量和附加值。推进广西－东盟区域（南宁）外贸一体化综合体通关提速工程上线运行，促进贸易便利化。坚持“引进来”与“走出去”并重，深入实施招商引资三年行动计划，围绕重点产业和重点领域，突出建链、补链、延链、强链，加强产业链招商和以商招商，推动市县工业园区联动招商，加快建设南宁市投资信息服务中心；鼓励优质企业积极参与国际产能合作，支持铝业、机械、食品等优势产业资本到境外投资建厂。

（五）坚持生态优先绿色发展，持续推进绿城品质升级

确保五象新区核心区基本成型。进一步推进新区产城融合，着力推动新区从量的扩张向质的提升转变、从抓具体项目建设向统筹全面可持续发展转变。总部基地金融街基本成型，高层建筑主体结构封顶率达75%以上，一批企业入驻办公、一批商业项目开业，五象商圈初显。加快建设广西－东盟地理信息与卫星应用产业园、南宁启迪东盟科技城等一批产业园，加快推进宜家家居、招商物流等项目，加快集聚先进装备制造、新材料、新能源等新兴产业。加快完善新区基础设施、公共服务配套，续建广西医科大学东盟国际口腔医学院，建成总部基地地下空间、第四实验小学、邻里中心等一批项目，给排水、燃气、电力、公交场站、农贸市场、垃圾转运站、公厕等配套设施同步建成。继续推进国家级绿色生态示范区创建，初步呈现现代、生态、便利、特色的宜居宜业的城市新区形象。

全力以赴办好第十二届中国（南宁）国际园林博览会。紧扣“生态宜居园林圆梦”主题，紧盯8月园区试运营、12月全面建成开园的目标，全力打造“生态的园博、文化的园博、共享的园博”。重点加快展园区、遗址公园区、田园风光区等片区的主体场馆、园林绿化建设，加大力度整治园区周边市容环境，确保周边路网及快速公交2号线等配套工程如期建成使用。统筹做好园博园建设、园博会筹办及展后的持续运营管理工作，办成永不落幕的园博会。

坚决打好污染防治攻坚战。打赢蓝天保卫战。抓好大气污染联防联控，健全扬尘污染治理长效机制，注重“智慧治尘”，推进市区网格化监测，加大对工地到消纳场“两点一线”、工业及交通排放等污染的整治力度，确保空气质量优良率91%以上，PM10、PM2.5年均浓度分别不超过61微克／立方米、35微克／立方米。提升绿城品质。承办好2018年中国生态文明论坛（南宁）年会。深化国家森林城市和国家生态园林城市建设，全面提升城市主干道路、街区和公园的景观效果，实施重要道路及节点四季鲜花种植项目。持续加大黄土裸露整治及超高土治理力度，继续推进立体绿化建设，提升城市绿化品位和档次。加快湿地保护规划实施，推进大王滩国家湿地公园试点建设。打造提升五象岭森林公园，继续推进青秀山风景区建设，强化对大明山等自然保护区的规范化管理，构建城乡一体化生态格局。做好水的文章。全面完成邕江两岸148公里岸线综合整治,打造"百里秀美邕江"景观带,建成亭子旅游码头,打造邕江水上观光游线路。巩固扩大海绵城市建设试点成果,确保顺利通过国家验收。整治内河两岸乱象,巩固建成区黑臭水体治理成效,启动建成区外18.8公里黑臭水体治理。建设完善河长制信息平台,按照一河(江、湖、库)一策要求,全面落实河长制、湖长制各项工作。完成邕江取水口上移工程,确保城市饮用水安全。积极营建水源涵养林,降低饮用水水源保护区范围内的森林经营强度,保持集中式饮用水水源水质达到或优于Ⅲ类比例达100%。深化生态环境综合治理。深入实施"水十条",全面实施"土十条",严格落实生态保护红线、永久基本农田、城镇开发边界三条控制线,贯彻实施环境保护税法,坚决制止和惩处破坏生态环境行为。实施山水林田湖草生态保护与修复工程。继续推进土地整治、表土剥离、土地复垦等工作。开展建筑施工噪声污染专项整治等行动,减少噪声污染。持续深化美丽乡村建设,实施化肥农药使用量零增长行动,加强农业面源污染治理和土壤重金属污染防治,综合治理乡村环境。完成生态环境监管体制改革,落实生态环境保护目标管理责任制。巩固中央环保督察反馈意见整改成效,切实防止问题反弹。

提升城市综合承载能力。坚持规划引领。围绕建设北部湾城市群核心城市,高标准推进中心城控规等各项规划编制工作,力争年底前将新一轮城市总规成果上报国务院审批。优化建设用地布局,精准有效开展存量土地和城镇低效用地盘活工作,建立用地保障共同责任机制。让城市更通畅便捷。加快完善城市路网,完成高速公路改快速路、快环综合整治项目重要节点改造等项目建设,加快主干道建设及旧城区道路改造扩建。落实公交优先发展战略,量力而行、稳步推进轨道交通2号线东延长线和3、4、5号线一期工程建设,开展轨道交通机场专线、教育园区专线项目前期工作,优化公交站点和线网布局,建设立体综合交通枢纽,提升公共交通分担率,不断完善城市绿道等城市慢行交通设施。持续推进城市更新。加快中山路片区等历史文化街区保护改造,稳步推进棚户区改造、旧城改造三年计划。加快城市燃气、油气等管网改造提升工作,创新推进地下综合管廊的建设运营,12个地下综合管廊试点项目全部投入使用。继续推进以BIM等信息技术为支撑的工程质量提升工作。加快城市治理现代化。深化市县城市管理和执法体制、生态环境监管体制改革,推进综合执法。健全政府主导、第三方参与的城建计划精细化管理系统,努力解决市政重复投资和"马路拉链"问题。大力推进新型智慧城市建设,提升医疗、教育、社保、交通、城管、气象等领域的智慧化运用。推进市政污水管网雨污分流改造,加快江南、埌东、三塘等污水处理厂扩容提标改造和"十三五"第二批镇级污水处理设施建设。推进生活垃圾强制分类。扎实推进"厕所革命"。加大"两违"巡查监控和整治力度,深化"美丽南宁·整洁畅通有序大行动"。

(六)实施乡村振兴战略,发展壮大县域经济

构建新型农业生产经营体系。科学制定乡村振兴战略规划。深化农村土地制度改革,落实农村承包地"三权"分置制度,保持土地承包关系稳定并长久不变。深化农村集体产权制度改革,推进农村不动产登记工作,有序推进农村土地流转,保障农民财产权益。稳步推进集体林权制度改革,做好宾阳县集体林地"三权"分置试点工作。巩固国有林场改革成果,确保通过国家和自治区验收。扶持培育新型农业经营主体,积极探索农业产业化联合体,力争新增认定市级以上农业产业化龙头企业10家、农民合作社400家、家庭农场150家。加快培育新型职业农民,打造一支懂农业、爱农村、爱农民的"三农"工作队伍。

强化县域产业支撑。大力实施县域经济三年行动计划。突出县域产业集聚发展,加强县域工业园区规划建设,支持六景、黎塘、伶俐工业园区等县域工业园区做大做强,引导产业向园区集聚。推动县域产业开放发展,引导各县主动承接发达地区产业转移,实施农产品加工、园区支柱产业培育、全域旅游发展、健康产业发展、生态产业发展五大工程,打造"一县一拳头产业"。加强县域与中心城区的产业联动,推进各县围绕市级重点产业大力发展相关配套产业,各培育形成一条以上优势产业链,推动南宁市县域经济在全区争先进位。

加快县域新型城镇化。深入实施主体功能区规划,健全城乡融合发展体制机制,大力推进城乡建设用地增减挂钩,清除阻碍要素下乡各种障碍。完善城镇体系架构,推进县域扩容提质,打造一批支撑县域经济发展的产业重镇、文化旅游名镇。引导特色小镇健康发展,加快横县六景镇第三批国家新型城镇化试点和校椅镇国家特色小镇建设,继续打造宾阳县新型城镇化示范县,完成武鸣区罗波镇、宾阳县古辣镇等自治区百镇建设示范工程,推进马山县古零镇等市级特色小镇培育建设。夯实县域基础设施支撑,落实自治区县域基础设施和公共服务设施提升三年行动计划项目,扎实推进"四好农村路"建设,加快完善能源、农田水利、信息网络等基础设施,建立和完善基础设施后续管理工作机制。加快户籍制度改革落地步伐,推进农业转移人口市民化进程。谋划启动幸福乡村活动,打造美丽南宁乡村建设升级版。

(七)坚持问题导向,持续推进深化改革升级

推动"三去一降一补"取得新成效。出台并实施市本级供给侧结构性改革"1+5"政策文件。强化行业准入管理,确保重点去产能行业无违规新增产能,整合木薯淀粉酒精等过剩产能。推动"三供一业"分离移交,全面完成99家国有"僵尸企业"低效无效产能出清,建立非国有"僵尸企业"处置机制。加大力度化解非住宅商品房库存。做好降本减负各项工作,切实减轻企业负担。加快补齐公共服务、基础设施等方面短板。

持续加强重点领域改革。全面深化国资国企改革。改革国有资本授权经营体制,推进国有资本经营公司试点和混合所有制试点。推动国有资本做强做优做大。深化公共资产负债管理智能云平台建设,不断拓展内涵和外延,推进财政、国资、扶贫资金管理等系统一体化建设,确保公共资产"摸得清、来去明、管得住、利用好"。加快完善以管资本为主的国资监管体制,加强事中、事后监管。突出抓好财政改革。承接做好中央、自治区在具体领域的财政事权和支出责任划分改革,稳步推进市以下财政事权和支出责任划分改革。深化预算绩效管理改革,继续扩大试点覆盖面。加快政府购买服务改革,支持事业单位和社会组织承接政府购买服务。加快推进金融改革。建设沿边金融综合改革试验区升级版,扩大中国-东盟(南宁)货币指数应用,加快建设中国-东盟(南宁)金融服务平台。支持金融机构为"一带一路"沿线国家城市和企业提供跨境金融服务。争取开展绿色金融试点,创新发展绿色金融产品,推动绿色企业上市。引导传统金融机构依托互联网转型升级,规范发展互联网金融。深化不动产登记改革。创新"互联网+不动产登记"模式,构建"一点为中心、多点辐射"的布设格局。

打好防范化解重大风险攻坚战。加强地方金融监管能力建设,创新和完善金融监管机制,做好金融重点领域风险防范和处置,加大预防、打击和处置非法集资力度,有效打击违法违规金融活动和恶意逃废债务行为,牢牢守住不发生系统性金融风险的底线。加强政府性债务风险评估、预警和监管。坚持房子是用来住的、不是用来炒的定位,保持房地产市场调控政策的连续性和稳定性,积极培育和发展住房租赁市场,合理引导市场预期和购房行为,全面推行存量房交易网签管理,促进房地产市场平稳健康发展。

(八)坚持精准施策,持续推进民生福祉升级

坚决打好精准脱贫攻坚战。持续推进"七个一批""七大工程",扎实推进年度脱贫摘帽滚动计划实施,加大扶贫资金投入,

推动扶贫同扶志、扶智相结合。全力推进易地扶贫搬迁,盯紧盯牢进度、质量、资金三个关键,强化“八包”责任,提高建设竣工率和搬迁入住率,加强搬迁人口后续产业、就业扶持,确保贫困群众搬得出、稳得住、有事做、能致富。集中攻克深度贫困地区脱贫任务,将新增脱贫攻坚资金、项目、举措向深度贫困地区集中,重点落实好企业与隆安县都结乡以及56个深度贫困村的结对帮扶工作,确保深度贫困村脱贫摘帽不掉队。扎实推进产业扶贫,推动每个贫困村发展1~3个特色产业,力争做到有劳动能力的贫困户家家有稳定生产经营收入。加快发展贫困村村级集体经济,确保年度脱贫的贫困村村级集体经济收入达到摘帽标准。推进粤桂扶贫协作,健全茂名—南宁“携手奔小康”对口结对帮扶工作机制,实施“贫困村创业致富带头人”试点工程。全面完成自治区下达的年度脱贫攻坚任务。

优先发展教育事业。实施第三期学前教育行动计划,持续扩大多元普惠幼儿园覆盖面。深入推进义务教育学区制管理改革,加快推进“全面改薄”工程,进一步推进义务教育均衡发展,力争5个县区通过义务教育均衡发展国家督导评估认定。实施高中阶段教育提质发展计划,推动普通高中多样性、特色化、优质化发展。着力解决“择校热”“大班额”“大通铺”等突出问题。加快发展现代职业教育,推进中高职教育与重点产业深度融合发展,继续支持南宁学院创建南宁大学。持续实施教育管办评分离等重大教育改革项目。促进南宁教育园区新开工5所学校,加快建设广西医科大学武鸣校区等一批学校。

加快建设健康南宁。健全重大疾病防控机制,重点做好艾滋病、结核病、手足口病等全市重点传染病防控与疫情处置。完善分级诊疗制度,加快组建市级医疗集团、县域医疗共同体。加强全科医生队伍建设,提高基层医疗机构服务能力。加快医保支付方式改革,推行按病种付费为主的多元复合式医保支付方式。全面推进智慧健康信息工程,加快医疗信息共建互享。保障重点人群健康,着力解决婴幼儿照护和儿童早期教育服务问题,广泛开展残疾人康复服务。发展以医养结合为重点的健康养老模式,推进公办示范性养老机构建设,加快建设五象新区、东盟经开区养老产业集聚区,打造一批养老服务业龙头企业和特色品牌。大力发展中医药及健康产业,扶持中西医、壮瑶医事业发展。积极开展爱国卫生运动,全力争创国家卫生城市“三连冠”。大力发展体育事业,深入实施全民健身计划,推进全民健身和全民健康深度融合试点城市建设。抓好体育产业发展,着力打造赛事品牌,办好环广西公路自行车世界巡回赛(南宁站)、2018年“中国杯”国际足球锦标赛、南宁国际马拉松赛等一批重大国际赛事。

大力促进创业就业。积极创建全民创业城市和充分就业城市,推进“邕城创业行”等品牌建设,重点扶持高校毕业生、返乡农民工等群体创业。全面落实“岗位拓展计划”“创业引领计划”和“就业服务与援助计划”,着力解决结构性就业矛盾,实现更高质量和更充分就业。

健全社会保障体系。持续推进全民参保计划。加快完善医保政策,扩大异地就医住院医疗费用直接结算的定点医疗机构范围和职工大额医疗费用统筹支付范围。健全完善社会救助体系,提高农村低保保障标准和城乡低保补助水平。落实好医疗救助制度和特困人员救助供养制度。全力抓好保障性安居工程建设、分配入住和运营管理等工作。加快市第二福利院等项目建设。

提高文化软实力。坚持中国特色社会主义文化发展道路,坚定文化自信,培育和践行社会主义核心价值观。大力发展文化事业,加快完善公共文化服务体系,加强全民阅读的推广和引导,继续办好民歌湖大舞台周周演等群众性文化活动,打造《朱槿花开》《刘三姐》等一批文艺精品。积极发展文化产业,充分发挥广西文化艺术中心的作用,不断满足市民对高品质文化的向往和需求。积极推进文化对外交流,加快建设中国-东盟文化交流协作机制平台,筹办好第20届南宁国际民歌艺术节等活动。弘扬和挖掘优秀传统文化,着力做好“顶蛳山”“壮族歌圩”等地方特色文化的传承保护,推进国家历史文化名城申报工作。

推进社会治理创新。深入推进平安南宁建设,加快建设“智慧警务”,健全完善“七位一体”立体化社会治安防控体系,坚决从严打击黑恶势力、严重暴力犯罪及黄赌毒、网上虚假信息诈骗、倒卖个人信息、传销等违法犯罪行为。加大矛盾纠纷化解和调处力度,进一步畅通和规范群众诉求表达渠道。推进防灾减灾救灾管理体制机制改革,全面提升综合防灾减灾救灾能力。全面提升国防动员能力,抓好优抚安置政策落实,推动军民深度融合发展。健全安全风险分级管控和隐患排查治理双重预防性工作机制,坚决防范重特大安全事故发生。全面实施食品安全战略,积极推动食品安全追溯体系建设,加快创建国家、自治区食品安全示范城市。继续推进“诚信经营、放心消费”创建活动,规范和维护市场经济秩序。巩固创建民族团结进步示范市成果,依法管理宗教事务,促进民族团结和谐稳定。

继续做好为民办实事工程。坚持财政支出更多向民生倾斜,全力推进教育、健康等10大项为民办实事工程,让发展成果更多惠及百姓。

三、建设服务型政府

旗帜鲜明讲政治。把坚决维护以习近平同志为核心的党中央权威和集中统一领导作为最大的政治、最重要的大局,引导政府系统广大党员干部自觉增强“四个意识”,坚定“四个自信”,自觉做习近平新时代中国特色社会主义思想的坚定信仰者和忠实实践者,不折不扣贯彻落实党中央决策部署。深入学习贯彻党的十九大精神,在学懂弄通做实上下功夫,紧扣南宁市发展方向和工作重心,深入谋划新时代南宁市发展新举措,让党的十九大精神在南宁落地生根、开花结果。

全面推进法治政府建设。深入实施法治政府建设工作方案,持续推进法治南宁升级。加快完善政府立法工作机制,加强城乡建设与管理、环保等重点领域精细化立法,继续拓展社会各方有序参与政府立法的途径和方式。完善公共法律服务体系,落实“谁执法谁普法”责任制,深入实施“七五”普法。严格履行重大行政决策程序规定。不断规范行政执法行为。自觉接受市人大及其常委会法律监督和工作监督,主动接受人民政协民主监督和社会舆论监督,切实做好人大代表议案建议和政协提案办理等工作。加强政府参事、专家咨询委员会等新型智库建设,发挥好政府法律顾问作用,提高依法科学决策水平。

提升政务服务水平。推动政务服务体系标准化建设,着力提供无差异、均等化政务服务。开展清理规范证明事项工作,清理取消教育、就业、社保、居住等领域的各种不必要证明。加快建设“互联网+政务服务”,推进信息系统整合和政务数据共享,逐步推动网上政务服务平台向基层延伸,推动更多涉企涉民政务服务上线。提升南宁市民中心软硬件水平,优化“一窗受理、并联审批、限时办结、一窗出件”的一站式服务。深化政务公开,加强新闻发布,加强重大涉民政策的解读与宣传,推动政务决策、执行、管理、服务和结果“五公开”。

持之以恒改进作风。严格落实党风廉政建设主体责任,切实履行“一岗双责”,加强和规范党内政治生活。巩固和拓展落实中央八项规定精神成果,驰而不息纠正“四风”,认真查找“四风”突出问题特别是形式主义、官僚主义新表现,扎实开展扶贫领域腐败和作风问题专项治理。加强对重点领域、关键岗位的审计和监督执纪问责。结合推进“两学一做”学习教育常态化制度化,开展“不忘初心、牢记使命”主题教育,拓宽培训渠道、创新教育形式,着力提升干部队伍履职尽责能力。落实容错纠错机制,健全激励机制,大力营造想干事、敢干事、干成事的良好氛围。

(市政府办公厅)

责任编辑 覃涓铌

大事记

1月

3日　南宁市第二人民医院医生钟日胜家庭入选国家卫生和计划生育委员会首批"全国幸福家庭"名单。

4日　南宁市教育局全民科学素质教育工作获中国科学技术协会、中央组织部、中央宣传部、国家发展和改革委员会、教育部、科技部、财政部、人力资源和社会保障部、农业部联合发文表彰。

6日　武鸣区被农业部命名为"国家农产品质量安全县"。

7日　南宁市被环球时报社评为"2016年度中国最美特色旅游目的地"。

8日　经国家义务教育发展基本均衡区县督导检查组督导认定公布，西乡塘区、武鸣区、马山县实现义务教育发展基本均衡；12月29日，经国家义务教育发展基本均衡区县督导检查组督导认定公布，隆安县实现义务教育发展基本均衡。

9日　南宁高新技术产业开发区企业广西博世科环保科技股份有限公司参与研究的"造纸与发酵典型废水资源化和超低排放关键技术及应用"项目获国家科学技术进步二等奖。

10日　全国白蚁防治中心在地方设立的首个综合性基地——全国白蚁防治综合科研南宁基地在南宁市白蚁防治科普基地成立；5月6日，全国首个白蚁防治科普基地——南宁市白蚁防治科普基地正式开园。

10日至15日　2017格力·中国杯国际足球锦标赛在广西体育中心主体育场举行，中国队、冰岛队、智利队、克罗地亚队4支队伍参赛，智利队获冠军，冰岛队获亚军，克罗地亚队获季军。

17日　南宁市举行驻邕领事机构新春座谈会，市长周红波，市委常委、副市长张卫等市领导，越南驻南宁总领事范清平、柬埔寨驻南宁总领事努西瓦塔、老挝驻南宁总领事万习·维拉亚彭、泰国驻南宁总领事蔡乐·蓬蒂窝拉卫、缅甸驻南宁总领事丁埃凯、马来西亚驻南宁副总领事华尔特·费南迪等东盟国家驻南宁领事机构官员代表出席座谈会。

2月

5日　南宁市被国家旅游局授予"2016年全国厕所革命先进市"称号。

6日　华智城围联体育产业股份公司被国家体育总局命名为"国家体育产业示范单位"，南宁市李宁体育园被国家体育总局命名为"国家体育产业示范项目"。

10日　南宁糖业股份有限公司成为全国制糖行业首个通过国家"两化"（信息化、工业化）融合管理体系评定的企业。

12日　反映南宁市行政审批制度改革和海绵城市建设的专题报道《广西进一步加大行政审批制度改革力度，让群众少跑腿、好办事》《春满人间·美丽生态谱新篇》在中央电视台《新闻联播》播出。

13日　南宁市青秀区、武鸣区、兴宁区3个城区被国家卫生和计划生育委员会授予"2014—2016年全国计划生育优质服务先进单位"称号。

14日至16日　中国人民政治协商会议第十一届南宁市委员会第二次会议在南宁人民会堂举行。

15日至17日　南宁市第十四届人民代表大会第二次会议在南宁人民会堂举行。

17日　广西壮族自治区、广东省、海南省三省（区）联合在南宁召开《北部湾城市群发展规划》新闻发布会，南宁成为北部湾城市群核心城市。

24日　中国—以色列科技成果（南宁）交流转化中心在南宁·中关村创新示范基地成立。

28日　南宁市举行2017年重大项目"开门红"集中开（竣）工活动。至年末，举办开（竣）工活动10次，涉及项目150个，总投资1000亿元。

同日　宾阳县中华镇"代理妈妈"志愿服务队入选全国百个"最佳志愿服务组织"，上林县西燕镇岜独村上绸庄志愿服务队蓝凤秀入选全国百个"学雷锋志愿服务最美志愿者"。

3月

11日至18日　"正星杯"2017全国青年男女举重锦标赛在浙江省海宁市举行，南宁市运动员获银牌3枚、铜牌1枚、第四名2个、第五名2个、第七名1个。

13日　南宁籍运动员鲁恺在英国伯明翰举行的第107届全英羽毛球公开赛中，与队友黄雅琼合作获混双冠军。

14日　2011年至2016年，南宁市连续6年被人民日报社人民网授予"人民网网友留言办理工作先进单位"称号。

18日　南宁市获2019年苏迪曼杯世界羽毛球混合团体锦标赛举办权，为中国第五个举办苏迪曼杯的城市。

22日　五象新区被国家发展和改革委员会标注为待批"国家级新区"。

26日　2017年第一期《向人民承诺——电视问政》节目播出。至年末，播出9期，内容涉及扬尘污染治理、城市建设、社会保障等。

30日　2017年中国壮乡·武鸣"壮族三月三"歌圩暨骆越文化旅游节开幕式在武鸣区举行，游客10万多人。

4月

4日　反映隆安县更望湖的专题报道《隆安：荞麦花开白如雪赏花踏青正当时》《广西隆安：荞麦花如雪春深田野香》分别在中央电视台中文国际频道、财经频道播出。

5日　南宁市不动产登记综合服务平台上线运行，实现"网上申请、网上提交、网上审核、网上预约、现场领证"一站式服务。

6日　2017年"新动力杯"第十三届全运会资格赛暨全国女子自由式摔跤锦标赛在广西体育馆举行，来自全国各省（区、市）和解放军、火车头体协等35个参赛单位共321名运动员参赛。

9日　反映马山县古零镇乔老村小都百屯、古零村弄拉屯"农户+公司或合作社"共享机制的专题报道《广西：共享机制让贫困屯端上"金饭碗"》在新华社刊发。

同日　南宁籍运动员鲁恺在2017年世界羽联超级系列赛马来西亚公开赛中，与队友黄雅琼合作获混双亚军。

13日　南宁综合保税区封关运营。

14日　南宁市入选“2016年度十大数字阅读城市”。

同日　西乡塘区万秀村被国家民族事务委员会授予“全国民族团结进步示范单位”称号。

19日　南宁市妇幼保健院被中华全国妇女联合会授予“全国维护妇女儿童权益先进集体”称号。

20日至21日　中共中央总书记、国家主席、中央军委主席习近平在自治区党委书记彭清华、自治区主席陈武陪同下，到南宁考察调研经济社会发展情况，实地了解基层干部群众对党的十九大的建议和期待。

28日　南宁市、呼和浩特市、阿拉善盟群众文化工作经验交流会暨三地文化交流发展战略合作签约仪式在南宁市举行，签订《三地群众文化交流发展战略合作意向书》。

30日　南宁跨江桥中最高、主跨最长的双塔斜拉桥——青山大桥建成通车。

同日　首届西南中小企业“一带一路”高峰论坛在南宁市举行，各界嘉宾及西南各省知名企业家代表、商界新锐等上千位嘉宾出席论坛，见证西南中小企业“一带一路”企业家联盟成立。

5月

3日　南宁市法律援助中心被司法部授予“全国司法行政系统先进集体”称号。

同日　南宁糖业股份有限公司控股的中外合资企业——南宁侨虹新材料股份有限公司正式登陆全国股转系统（证券代码870931），为广西国资系统第一家挂牌新三板的中外合资企业。

4日　南宁市公安局禁毒支队情报大队民警甘科伟入选“中国好人榜”敬业奉献好人；6月7日，被公安部追授“全国公安系统二级英雄模范”称号；11月10日，获第六届全国道德模范敬业奉献奖。

6日　中国－东盟山地户外体育旅游大会在马山县古零镇羊山村三甲屯拉开帷幕，138名国内外攀岩选手在三甲屯户外岩壁同场竞技。

10日至12日　2017年中国风景园林规划设计大会在南宁召开，围绕“生态·宜居·绿色”主题，就城乡协调发展和人居环境规划建设等热点难点问题展开学术研讨，来自全国各地的设计单位、高等院校、行业媒体600余人参加。

12日　“渝桂新”南向通道首趟试运行班列经过近48个小时的行程，抵达广西北部湾钦州港站。

21日　2017年中国－东盟环上林大龙湖国际山地自行车越野赛在国家AAAA级景区大龙湖风景区举行，参赛选手近400人。

22日　中共南宁市委宣传部、南宁市文化新闻出版广电局、广西千年传说影视传媒股份有限公司联合出品的原创动画电影《勇闯天空岛》获澳新国际电影节“2016年度最佳动漫奖”和西澳国际电影艺术节“西澳第一部国际动漫电影奖”，实现广西动画电影在国际电影节上“零的突破”。

23日　反映南宁·中关村创新示范基地建设的报道《后发地区如何培育创新高地——来自南宁·中关村创新示范基地的调查报告》在新华社刊发。

24日　马山县壮美坊壮绣工厂带头人蓝淋、南宁市第一人民医院产科医生林珏瑛2户家庭当选2017年全国“最美家庭”。

24日至26日　2017年全国职业院校技能大赛（高职组）西餐宴会服务赛项在南宁举行。是西部省区首次承办该赛项，来自全国28个省、自治区、直辖市的66所高职院校80名选手参赛。

25日　2017第六届中国－东盟音乐周开幕式交响乐作品音乐会在广西民族艺术宫音乐厅举行，活动持续至31日，来自21个国家、地区的作曲家、音乐理论家、表演艺术家近230人参加。

27日　中共中央总书记、国家主席、中央军委主席习近平作出重要指示，强调要以黄大年为榜样，学习他心有大我、至诚报国的爱国情怀，学习他教书育人、敢为人先的敬业精神，学习他淡泊名利、甘于奉献的高尚情操。

30日　马山县弄拉生态旅游景区、南宁圣名岭东盟文化旅游区被国家旅游局与国家开发银行等12家银行共同组织的专家团确定为优选旅游项目，列入《2017全国优选旅游项目名录》。

同日　“中国体彩杯”第十三届中国·东盟国际龙舟邀请赛在南湖公园下湖水域举行，有66支队伍、1302人参赛。

6月

4日　《南宁市那考河环境治理》在中央电视台《来之不易的绿水青山》系列报道中播出。

6日　上林县明亮镇甘六村农民杨世亮入选“中国好人榜”诚实守信好人。

8日　南宁新闻网获“2016—2017年度全国新媒体最快成长品牌奖”“2016—2017年度中国新闻网站最具公信力50强品牌奖”。

8日至9日　中共中央政治局委员、国务院副总理汪洋在自治区党委书记彭清华、自治区主席陈武陪同下，考察自治区打击走私和边境贸易，并出席在南宁召开的全国重点地区打击走私工作座谈会。

9日　全国城市道路交通管理工作现场推进会在南宁召开，南宁电动自行车、工程运输车等管理经验获肯定。

22日　南宁高新区被国务院确定为第二批国家“双创”（大众创业、万众创新）示范基地。

24日　南宁市首次实行广西北部湾经济区四市（南宁市、北海市、钦州市、防城港市）同城中考开考，全市设考区15个、考点174个、考场2605个，考生参加考试75749人。

26日　横县入选全国第一批农村生活垃圾分类和资源化利用示范县。

30日　南宁市公共资产负债管理智能云平台正式上线运行，为全国首个地方政府公共资产负债管理平台。

7月

3日　丰达电机（南宁）有限公司、广西彬伟装饰材料有限公司、南宁富桂精密工业有限公司等10家南宁企业被人力资源和社会保障部、国务院扶贫开发领导小组办公室确定为全国就业扶贫基地。

6日　新闻报道《在“创新”与“回归”中开辟新路——“茉莉之乡”横县的供给侧“茶经”》在新华社刊发。

7日　第21届南宁国际学生用品交易会暨2017年中国·东盟国际教育展览会在南宁国际会展中心举行，国内外600多家学生用品生产、销售企业参展。

同日　全国公安机关爆炸物品安全管理信息化工作现场会在南宁召开，南宁市在会上作先进经验发言。

8日　横县中华茉莉花产业园入选首批11家国家现代农业产业园。

10日　南宁市在第六届中国民族节庆峰会暨2017“中国优秀民族节庆”颁奖典礼上，获“最具魅力节庆城市（地区）”称号。

14日　南宁市公安局举行“互联网＋警务”服务启用仪式，正式上线“i微警”APP平台。通过平台，群众可以生成电子身份证用于住宿、开锁登记、网上缴纳交通违章罚款、出入境办证预约等多项服务。

16日　上林县、马山县被全国爱国卫生运动委员会评为国家卫生县城。

18日　南宁市所有户籍派出所7月起开通全国居民身份证跨省异地受理、挂失申报和丢失招领业务权限,实现所有户籍派出所均可以办理全国跨省异地居民身份证“换补领”业务。

21日　市委常委、副市长张卫会见巴西费利斯港市市长安东尼奥·柏拉图带领的友好访问交流团,张卫和安东尼奥·柏拉图代表两市签署建立友好城市意向书。

同日　南宁市西乡塘区“美丽南方”通过自治区2017年国家农业综合开发田园综合体建设试点项目答辩,成为国家田园综合体建设试点项目。

24日　以叙利亚阿拉伯复兴社会党中央委员、阿勒颇大学党委书记纳耶夫·希勒提为团长的叙利亚阿拉伯复兴社会党干部考察团一行14人,到南宁市良庆区坛良村坛板坡实地考察民族团结和谐政策实施和新农村建设情况。

26日　南宁市入选中国科学技术协会公布的2017年度创新驱动助力工程试点单位名单。

同日　南宁市市民卡信息服务有限责任公司与南宁市红十字会医院签署合作协议,启动市民卡“智慧医疗”应用,市民持实名制市民卡即可在市红十字会医院支付挂号、就诊、检查、取药等费用。

同日　马山县攀岩特色体育小镇项目入选体育总局第一批运动休闲特色小镇试点项目名单;8月14日,中国首个攀岩特色体育小镇落户马山县。

29日　南宁高新区企业广西圣保堂健康产业股份有限公司被中国科技创新与战略发展研究中心授予“国家民生项目示范基地”称号5个(大健康共享经济示范基地、维生素C转型升级项目示范基地、后肿瘤健康服务示范基地、诺奖技术服务示范基地、半小时大健康服务示范基地)。

30日　在2017“互联网+城市交通管理创新”论坛上,南宁电动自行车综合治理获“十佳管理创新奖”,民警吴舜(小黑)获“全国交警微博执法直播十佳主持人”称号,官方微博@南宁路况获“十佳微博飞跃奖”。

8月

8日　中国-东盟信息港在南宁举办“云端生态·共赢未来”中国东信产业联盟大会,启动“中国东信生态联盟计划”,有400余家企业及单位代表参加。

9日　南宁市被住房和城乡建设部列入第二批城市设计试点城市。

10日　南宁市被交通运输部列为“十三五”期间国家全面推进公交都市建设第一批创建城市。

23日　南宁市第二人民医院获“全国卫生计生系统先进集体”称号,南宁市红十字会医院石珊、南宁市中医医院易蕾获“全国卫生计生系统先进工作者”称号,上林县大丰镇皇周社区卫生室樊冰琳获“全国卫生计生系统劳动模范”称号。

24日　2017中国-东盟矿业合作论坛暨推介展示会在南宁开幕,主题为“建设中国-东盟矿业信息港,深化‘一带一路’合作新平台”,来自中国和东盟各国的800多位嘉宾参加。

同日　《南宁日报》获第十届中国传媒大会“融合创新经营三十佳(城市日报)”称号。

25日至28日　中国-东盟·第九届南宁武术大会在南宁市第二中学(凤岭校区)体育馆举行,来自国内各地区及泰国、新加坡、越南、缅甸、马来西亚、老挝等国家的74支队伍、718人参加。

26日　中国茶叶流通协会主办,中国花卉协会支持,中国茶叶流通协会名茶专业委员会、中国花卉协会花文化分会、横县人民政府承办的第十届全国茉莉花茶交易博览会、2017年中国(横县)茉莉花文化节在横县开幕,来自全国及世界各地的政府、企业代表,茶商,文化艺人等嘉宾约600人参会。

28日　南宁市体育局、南宁市体育运动学校等9个单位被国家体育总局授予“2013—2016年度全国群众体育先进单位”称号,莫树森、姜碧英(女)、唐洪等8名领导干部获“2013—2016年度全国群众体育先进个人”称号,南宁市体育运动学校教练员潘凤莲获“全国体育系统先进工作者”称号。

29日　南宁市“一枚公章管审批”正式启动,27个市直部门的49枚审批专用章合并成1枚行政审批专用章,27个市直部门的184项行政许可事项全部划转南宁市行政审批局。

30日　南宁警方与阿里巴巴集团联合研发的社会治安风险洞察系统正式启用,为全国公安首套社会治安“风洞系统”,集实时研判、自动预警、精准识别隐患先兆等多功能于一体。

同日　南宁市正式实施“39证合一”登记制度改革。广西鹏赫投资咨询有限公司领到首张“39证合一”营业执照。

31日　南宁市工商局12315指挥中心获“2015—2016年度全国青年文明号”称号。

9月

4日　南宁籍爱国科学家黄大年被教育部追授“全国教书育人楷模特别奖”。

6日　2017年中国-东盟(南宁)戏剧周开幕式在南宁人民会堂举行,国内外24个艺术团体40台精品剧目参演。

同日　在第十三届全国运动会上,南宁籍运动员黄明淇获体操男子跳马金牌1枚,南宁籍运动员鲁恺获羽毛球混合双打银牌1枚。

9日　2017中国-东盟市长论坛在南宁召开,来自东盟8个国家54个城市、国内13省46个市县约300位嘉宾(其中市长77人)参加,围绕推动“一带一路”建设和中国-东盟城市合作发展,就促进中国-东盟城市旅游合作及中国与东盟国家共建智慧城市展开深入研讨。

同日　2017南宁·东南亚国际旅游美食节在华南城举行,主题为“品天下美食赏东盟风情”,推出美食、旅游推广、文化、购物四大板块活动,现场设美食展位170多个、旅游商品展位160多个、旅游推广展位10个。

10日至13日　第十二届中国-东盟文化论坛开幕式在广西民族博物馆举行,主题为“中国-东盟传统艺术传承与发展”,中国-东盟中心、东盟秘书处、东盟基金会、东盟10国驻华使馆和驻南宁总领事馆、东盟10国文化主管部门、东盟10国艺术教育学校,以及中国文化部、教育部,中国港澳地区及部分省(区、市)文化主管部门、全国文化艺术职业教育教学指导委员会,全国知名艺术院校代表等嘉宾约120人参加。

11日　中共中央政治局常委、国务院副总理张高丽在南宁分别会见到南宁南宁出席第14届中国-东盟博览会、中国-东盟商务与投资峰会的文莱苏丹哈桑纳尔、柬埔寨首相洪森、越南常务副总理张和平、老挝副总理宋赛、哈萨克斯坦第一副总理阿斯卡尔·马明。

12日　以“共建21世纪海上丝绸之路,旅游助推区域经济一体化”为主题的第14届中国-东盟博览会、中国-东盟商务与投资峰会在南宁国际会展中心开幕。

同日　第19届南宁国际民歌艺术节“大地飞歌·2017”晚会在广西体育中心体育馆上演,晚会主题为“丝路山水·画里民歌”。

13日　第二届中国－东盟商会领袖高峰论坛在南宁举行，来自马来西亚广西总商会、泰国广西总会、菲律宾华商经贸联合会、越南广西总商会、印度尼西亚全国龙狮总会、老挝中华总商会等东盟国家重要商协会，德国广西总商会、英国广西总商会等海外商协会，中国港澳台商协会、桂商总会及全球驻外广西商会、异地驻桂商会等近400名官员、商界精英代表参加。

同日　"丝路织梦·歌海扬帆"2017年南宁国际民歌艺术节"绿城歌台"群众文化活动开幕式晚会在南宁市民歌湖大舞台举行。

15日　以"共享丝路机遇，深化融合发展"为主题的第十三届桂台经贸文化合作论坛暨第十届两岸产业共同市场论坛在南宁举行，自治区有关领导、国务院台湾事务办公室、国家发展和改革委员会、商务部、国家开发银行的有关领导，两岸工商界、农渔界、科技界、文创界人士，高等院校和科研机构的专家学者，以及商协会、知名企业代表和来自广东、云南等省台办代表，广西各地市、各部门的有关领导和各界人士400多人出席。

19日　以"携手共建'一带一路'，深化桂港务实合作"为主题的"一带一路"桂港合作论坛在南宁举行，中央和国家机关有关领导、广西和香港有关单位负责人、企业代表、智库机构专家、学者400余人出席。

同日　南宁市实景三维不动产地理信息系统、南宁市不动产登记综合服务平台获2017年全国地理信息科技进步二等奖，数字南宁地理空间框架建设及推广应用项目获2017年中国地理信息产业优秀工程奖银奖。

21日　上林县被环境保护部授予"国家生态文明建设示范县"称号。

29日　南宁市政府召开新闻发布会，公布市政府部门新的权责清单。取消和下放权力事项448项，新增399项，调整337项，最终保留权力事项2466项、共性权力10项；按照有权必有责、权责相对应的原则，梳理编制责任事项35062项。

10月

21日　2017环广西公路自行车世界巡回赛（南宁站）市内绕圈赛举行。22日，第四赛段南宁—弄拉景区比赛举行。

26日　中国－东盟科技产业合作委员会在南宁成立。首批单位60家，其中中方25家、东盟方35家。

30日　位于玉洞大道33号的南宁市民中心正式启用。市政务服务中心和科园分中心、公共资源交易中心、市公安局出入境管理分局等60多家单位和机构集体进驻，办理服务事项432项，其中行政审批事项233项、公共服务事项199项。

11月

1日　南宁市那考河海绵城市建设项目被住房和城乡建设部授予"中国人居环境奖"范例奖。

同日　上林县入选2017年度国家有机产品认证示范创建区名单。

5日　中国山地马拉松系列赛2017中国－东盟山地马拉松赛（马山站）在环弄拉风景区举行，来自中国、尼泊尔、印度尼西亚、埃及、叙利亚、保加利亚、也门、德国、西班牙、美国、墨西哥、肯尼亚、黎巴嫩、埃塞俄比亚等17个国家的1081名运动员参赛。

9日　中国社会科学院、广西壮族自治区人民政府主办，广西社会科学院等承办的中国－东盟智库战略对话论坛在南宁举行。来自东盟各国智库和中国多家政府机构、智库单位、高等院校的官员、专家学者200多人参加。

11日　南宁市宾阳县非物质文化遗产传承人谭湘光入选中国工艺美术协会首批"大国非遗工匠"认定名单。

17日　南宁市获全国文明城市"四连冠"，自治区党委常委、市委书记王小东出席表彰大会，受到中共中央总书记、国家主席、中央军委主席习近平接见。

18日　2017中国－东盟博览会林木展在南宁国际会展中心举行。配合展览，举行行业论坛、贸易投资及文化类活动10多场。来自中国及越南、缅甸、泰国、老挝、柬埔寨、马来西亚、印度尼西亚等林木资源发达的东盟国家企业参展。

24日　广西力拓农业开发有限公司、南宁振企农业科技有限公司、广西慧云信息技术有限公司分别获2017年度全国农业农村信息化示范基地生产应用型、经营应用型、服务创新型的认定。

28日　广西开往越南的首趟中欧班列79749次集装箱班列满载水果、电子产品等货物从南宁南站开往越南河内。

同日　广西南南铝加工有限公司入选2017年度国家技术创新示范企业榜单。

29日　南宁市互联网信息办公室、南宁市互联网协会主办的"网友看南宁"活动入选2016—2017年度（第一批）全国网络社会组织网上正能量传播类品牌项目，在中国网络社会组织官方微信公众号上宣传推介。

12月

2日至3日　市长周红波率团出席中国生态文明论坛惠州年会，代表南宁市领取"2017美丽山水城市"证书，在2018年年会授旗仪式上接旗并致辞。

3日　第十二届南宁国际马拉松比赛暨第三十五届南宁解放日长跑活动举行，比赛设立多个项目，起点均位于民族广场，全程（半程）马拉松终点位于广西体育中心西二入口、10千米跑终点位于李宁体育园、4千米健康跑终点位于金湖广场、老年人健身走终点位于园湖路口，参跑者2.3万多人。

7日　南湖名都广场A座、新建南宁至黎塘铁路南宁东站站房及相关工程、广西民族大学西校区图书馆3个项目获住房和城乡建设部授予"2016—2017年度中国建设工程鲁班奖（国家优质工程）"。

同日　2017"一带一路"（南宁）动漫游戏产业合作发展论坛（CAG+）在南宁开幕，主题为"中国动漫游戏产业的全球化未来"，来自腾讯等国内顶级播映渠道、知名动漫游戏版权商、欧美和东盟国家的顶级产品商、采购商、播映渠道商约300人参会。

12日　宾阳古辣香米、横县南山白毛茶、宾阳胡萝卜、横县双孢蘑菇、武鸣火龙果5个产品入选2017年度全国名特优新农产品目录。

15日　南宁边检站曹雪峰、邹薛峰、尹维力被联合国驻利比里亚特派团授予联合国和平勋章。

19日至28日　2018年空军招收飞行员复选工作首次在南宁进行。

21日　《南宁日报》获全国印刷精品级报纸"四连冠"。

26日　新能源汽车专用号牌正式启用。

27日　南昆铁路南宁至百色段增建二线全线贯通。

28日　南宁地铁2号线正式开通试运营。与1号线形成"十"字形线网骨架，南宁进入地铁换乘时代；轨道交通运营总里程53.10千米，设置车站43座。

同日　西乡塘区入选第五批全国民族团结进步创建活动示范单位名单。

责任编辑　李　康

南宁概貌

自然环境

【地理位置】 南宁市位于广西南部，北纬22°12′～24°02′，东经107°19′～109°38′，面向东南亚，背靠大西南，东邻粤港澳，南临北部湾，具有沿江（邕江穿城而过，是珠江干流西江的上游段），近海（距钦州市110千米、防城港市170千米、北海市200千米），近边（距中越边境的东兴市200千米、凭祥市230千米），沿线（湘桂、黎湛、南昆、南广、南防、黎钦、邕北、云桂、柳南客专9条铁路在南宁交会）地缘优势，是面向东盟开放合作的区域性国际城市，衔接"一带一路"的重要门户城市，以及联动珠三角、沟通中南西南地区、引领北部湾城市群的区域性综合交通枢纽城市。2017年，南宁市总面积22099平方千米，其中城市建成区面积315.22平方千米。

（钟　情）

【土地资源】 2017年，南宁市行政区域面积220.99万公顷，其中耕地67.93万公顷、林地97.09万公顷、建设用地18.43万公顷、水域7.43万公顷、其他用地30.11万公顷。市本级（含武鸣区）土地面积98.36万公顷，市辖五县土地面积122.63万公顷。

【矿产资源】 2017年，南宁市勘查发现矿产资源63种，主要有能源矿产褐煤、无烟煤、石煤、地热（热矿水）；黑色金属矿产铁、锰、钒、钛；有色金属矿产铜、铅、锌、铝土矿、镍、钴、钨、铋、钼、锑；贵金属矿产金、银；化工原料非金属矿产磷、硫铁矿、芒硝、砷、泥炭、重晶石；冶金辅助原料非金属矿产萤石、耐火黏土；建材和其他非金属矿产压电水晶、熔炼水晶、滑石、叶蜡石、石膏、水泥用石灰岩、建筑石材用灰岩、高岭土、膨润土、陶粒用黏土、砖瓦用黏土、玻璃用砂、玻璃用砂岩、水泥配料用砂岩、粉石英、水泥配料用黏土、砖瓦用页岩、水泥配料用页岩、饰面用花岗岩、建筑用花岗岩、方解石、硅灰岩、建筑用砂（河沙）；水汽矿产矿泉水等。优势矿产有钨、银、钒、铜、金、石灰岩、花岗岩、芒硝、耐火黏土、滑石、水晶、砂岩；平势矿产有煤、锰、铝、铅、锌、硫、铁矿、膨润土、高岭土、石膏。在规划开采区内，根据矿产资源分布特点，综合考虑地质构造及地形上的相对独立性，资源赋存状态，开采技术条件，勘查开采现状等因素，规划开采区块89个，总面积128.46平方千米。全市有矿山企业219家，其中大型矿山3家、中型矿山8家、小型矿山及零星矿山208家。

（莫厚杰）

【植物资源】 2017年，南宁市分布有野生维管束植物248科1254属3988种。国家一级重点保护野生植物有4种：钟萼木、石山苏铁、望天树、水松。国家二级重点保护野生植物有27种：亨利原始莲座蕨、苏铁蕨、粗齿桫椤、大桫椤、黑桫椤、桫椤、金毛狗脊、七指蕨、水蕨、福建柏、白豆杉、香木莲、地枫皮、樟树、闽楠、土沉香、蚬木、海南椴、格木、任豆、花榈木、半枫荷、蒜头果、红椿、紫荆木、蛇根木、普通野生稻。广西重点保护植物有黄枝油杉、海南五针松、大明山松、长苞铁杉、鸡毛松等162种。主要分布在广西大明山国家级自然保护区、广西龙山自治区级自然保护区、广西龙虎山自治区级自然保护区、广西三十六弄—陇均自治区级自然保护区、广西弄拉自治区级自然保护区。

【动物资源】 2017年，南宁市有野生脊椎动物5纲41目135科408属727种。国家一级保护动物有5种：黑叶猴、熊猴、蟒、林麝、金钱豹。国家二级保护动物有猕猴、苏门羚、河麂、斑林狸、穿山甲、大灵猫、小灵猫、黑熊、原鸡、白鹇、海南虎斑鳽、褐翅鸦鹃、小鸦鹃、冠斑犀鸟、黑翅鸢、黑冠鹃隼、灰背隼、红隼、猛隼、燕隼、游隼、斑头鸺鹠、领鸺鹠、雀鹰、苍鹰、凤头蜂鹰、赤腹鹰、日本松雀鹰、松雀鹰、灰脸鵟鹰、草原鹞、鹰雕、蛇雕、鹊鹞、鸳鸯、凤头鹃隼、草鸮、红角鸮、领角鸮、黄嘴角鸮、褐鱼鸮、雕鸮、长耳鸮、鹦鹉（所有种）、长尾阔嘴鸟、大壁虎（蛤蚧）、虎纹蛙、地龟、凹甲陆龟等117种。广西重点保护动物有华南兔、红腹松鼠、红白鼯鼠、棕鼯鼠、橙足鼯鼠、白斑鼯鼠、豪猪、黄猄、扫尾豪猪、中华竹鼠等110种。"三有"保护动物（国家保护的有益的或者有重要经济、科学研究价值的陆生野生动物）有刺猬、狼、椰子狸、野猪、松鼠、纹松鼠、岩松鼠、侧纹岩松鼠、花鼠、花白竹鼠、中国林蛙、黑颈水龟、变色树蜥等48种。主要分布在广西大明山国家级自然保护区、广西龙山自治区级自然保护区、广西龙虎山自治区级自然保护区、广西三十六弄—陇均自治区级自然保护区、广西弄拉自治区级自然保护区、西津湖水库。

【湿地资源】 2017年，南宁市湿地面积6.31万公顷，其中自然湿地（湖泊湿地、河流湿地、沼泽湿地）2.56万公顷，占湿地面积40.56%；人工湿地3.75万公顷，占59.46%。南宁市湿地有4类9型。湿地类中，河流湿地2.44万公顷，占38.58%；湖泊湿地1014.69公顷，占1.61%；沼泽湿地219.90公顷，占0.35%；人工湿地3.75万公顷，占59.46%。湿地型中，永久性河流2.42万公顷，占38.37%；季节性河流湿地40.18公顷，占0.06%；洪泛平原湿地90.36公顷，占0.14%；永久性淡水湖758.11公顷，占1.20%；季节性淡水湖256.58公顷，占0.41%；草本沼泽219.90公顷，占0.35%；库塘湿地3.35万公顷，占52.99%；运河、输水河592.70公顷，占0.94%；水产养殖场3496.11公顷，占5.54%。

（易贝贝）

2017年南宁市地类面积结构表

表1　　单位：万公顷

名　称	总　计	其　中				
		耕　地	林　地	建设用地（城镇村及工矿用地、交通运输用地）	水　域	其他用地
市本级	98.36	32.13	39.90	9.86	3.71	12.76
市辖五县	122.63	35.80	57.19	8.57	3.72	17.35
全市总计	220.99	67.93	97.09	18.43	7.43	30.11
所占比例	100%	30.74%	43.93%	8.34%	3.36%	13.63%

【水资源】 2017年，南宁市水资源总量153.28亿立方米，比多年平均值多9.56%；总供水量40.93亿立方米（含火电直流冷却用水量4.16亿立方米），其中地表水供水量38.89亿立方米、地下水供水量1.96亿立方米。人均综合用水量572立方米。南宁市境内主要河流有郁江、右江、左江、八尺江、武鸣河、渌水江、清水河、西江干流红水河段8条，市区主要饮用水水源地有邕江三津、邕江陈村、邕江西郊、邕江中尧、邕江河南、那马泉、大王滩水库、西云江水库、天雹水库、龙潭水库、峙村河水库、老虎岭水库、东山水库13个。（卢明发）

【气　候】 2017年，南宁市属气温正常，雨量偏多年景。区县年平均气温21.90℃，比常年偏高0.20℃。全市平均年降水量1710毫米，比常年偏多20%。年日照时数1495小时，与常年持平。汛期（4月至9月）全市平均降雨量1161毫米，比常年偏多59毫米，属正常年景。全年出现暴雨天气过程19次。年内，南宁市出现暴雨、冰雹大风、雷暴、台风、高温、寒露风、霜冻等灾害性天气。1月中旬，出现冬季暴雨过程；3月中旬，冰雹天气影响南宁；5月至6月，出现频繁暴雨过程；6月至7月，受持续高温、台风"天鸽""帕卡"接连正面影响；12月中旬，出现持续性大范围霜冻天气过程。（谢宗圣）

【水　文】 2017年1月至3月，南宁市江河主要控制水文站的降水量与历年均值比较，属正常年景。4月至9月，辖区内江河主要控制站降水量996.40毫米～1613.70毫米；汛期降水总量与历年同期相比，南宁站、上林站、横县站与多年同期均值持平，宾阳站比多年同期均值偏少12.40%，武鸣站、隆安站、马山站比多年同期均值分别偏多14.50%、14.70%、33.70%。汛期4月下旬至9月下旬，台风带来强降雨过程1次。第13号台风"天鸽"造成良庆区南晓镇降雨量334.50毫米、上林县大丰镇降雨量318毫米、江南区江西镇降雨量274毫米；暴雨中心分布在7个城区、上林县、马山县及宾阳县；上林县大丰镇河段超警戒水位0.85米、宾阳县邹圩镇河段超警戒水位0.71米、邕宁区蒲庙镇河段超警1.42米，其余河段均在警戒水位以下。市水文水资源局监测南宁市水功能区25个、城市重要饮用水水源地1个、跨设区市界河流交接断面6个，水功能区水质类别为一类至四类，水质达标率100%；城市饮用水水源地水质类别为二类至三类，水质合格率100%；6个跨设区市界河流交接断面水质类别为一类至三类，水质达标率100%。（卢　静）

【自然灾害】 2017年，南宁市遭受洪涝、风雹、台风、暴雨、森林病虫害等自然灾害。全市受灾人口51.90万人，因灾死亡17人、伤病12人，紧急转移安置4202人；农作物受灾面积2.25万公顷，其中成灾1.27万公顷，绝收1574公顷；倒塌农房241户421间，严重损坏农房154户299间，一般损坏农房52户98间；直接经济损失1.87亿元，其中农业损失1.10亿元，基础设施损失4643.80万元，公益设施损失636.40万元，家庭财产损失2010.66万元。全市林业有害生物新发生面积4167.87公顷，成灾面积175.53公顷，主要种类有马尾松毛虫、油桐尺蛾、桉大蝙蛾、松毒蛾、斜纹夜蛾、小用克尺蛾、八角叶甲、樟叶蜂、桉树枝瘿姬小蜂、红火蚁、桉树紫斑病、桉树枝枯病、桉树青枯病等，青秀区、武鸣区、横县、宾阳县、上林县、马山县、隆安县不同程度受灾。（肖国兴　易贝贝）

历史人文

【建置沿革】 南宁古属百越之地。秦始皇帝三十三年（公元前214年），秦统一岭南地区，设南海郡、桂林郡、象郡，今南宁市境域秦属桂林郡、象郡（原邕宁县一部分，横县中南部，隆安县）。

汉高祖元年至汉武帝元鼎元年（公元前206年至公元前116年），今南宁市境域为南越国地；元鼎六年（公元前111年），析置领方、安广、增食等三县，隶属郁林郡，辖域相当于今宾阳县、横县、隆安县、武鸣区、南宁（含原邕宁县域）、马山县、上思县、扶绥县等地。其中，领方县治于今宾阳县宾州镇古城村，安广县治于今横县境西南与原邕宁县（今属南宁市区一部分）毗邻交界一带，增食县治于今隆安县东。

三国吴黄武五年（226年），领方、安广两县依旧隶属吴国广州郁林郡。后于今横县地置平山、连道、昌平3个县，隶属合浦（珠官）郡。末帝孙皓元兴元年（264年），领方县更名临浦县。

西晋初，临浦县复更名领方县。晋武帝太康元年（280年），合浦北部都尉增置辖吴安县，连道县更名兴道县，昌平县更名宁浦县。太康七年（286年），合浦北部都尉改宁浦郡，并增置润阳县。东晋元帝大兴元年（318年），析郁林、合浦等郡部分县地置晋兴郡及其晋兴等县，隶属广州。晋兴郡领晋兴、熙注、广郁、桂林、增翊、安广、晋城、晋阳等县，辖及今南宁市、崇左市及百色市、河池市、柳州市等部分县地。其中，晋兴县与郡同置，为郡治，治所一说在今南宁市邕江南岸，一说在今南宁市武鸣区双桥镇南苏村板苏屯。晋兴县成为南宁第一个地名，晋兴郡成为今南宁市属地最早行政建制。东晋年间，宁浦郡亦移治润阳县（治今横县新福镇江口村古城）。

南朝齐移宁浦郡治安广县。梁置简阳郡，治辖简阳县（治今横县新福镇江口村古城）；置岭山郡，治辖领岭山县（治今横县西部郁江南岸）；置乐阳郡，治辖乐山县（治今横县东北郁江北岸）。以上三郡均隶龙州（治今柳城县）。梁还置领方郡，治辖领方县（郡县同治今宾阳县芦圩镇古城村）；置安城郡，治辖安城县（天监二年由绥宁县改名，治今宾阳县东）。两郡均隶始置于天监二年（503年）之桂州。梁陈晋兴郡改隶桂州，简阳、岭山、乐阳三郡改隶兴州。

隋开皇八年（588年），领方、安城两郡废，领方、安城两县改属南定州。次年，两县改隶尹州。开皇十年（590年），乐阳郡改乐阳县，岭山郡改岭县。次年，废宁浦、简阳两郡改置简州。开皇十四年（594年），晋兴郡及其晋兴县废。另在今南宁市江南区雷村（白沙）置晋兴县，隶尹州。开皇十八年（598年），简州更名缘州，乐阳县更名乐山县，岭县更名岭山县，晋兴县更名宣化县。大业二年（606年），废缘州，岭山、乐山、宁浦、宣化、领方、安城等县均改隶郁州。次年（607年），岭山等6个县改隶郁林郡。

唐武德四年（621年），以原郁林郡之宣化县置南晋州，辖宣化一县，治今南宁市青秀区中山街道一带，是为今南宁市城区属地地方最高行政建制之始。置南方州，州治今上林县澄泰镇古城村。置南尹州，治安城县。复置简州，治宁浦县。置淳州，治永定县（今横县峦城镇北邕江东岸）。武德五年（622年），南晋州析置横山县于今兴宁区五塘镇，置朗宁县于今西乡塘区那龙，置晋兴县于今武鸣区南，并复置武缘县于今青秀区伶俐圩；于今江南区苏圩镇置如和县，隶钦州。武德六年（623年），简州更名南简州。贞观五年（631年），析南方州之岭方、琅琊、思干和南尹州之安城等县置宾州，以州内有宾水而名，治今宾阳县境。贞观六年（632年），南晋州因其州西南有邕溪水而更名邕州，为邕州都督府，这是南宁成为桂西南地区行政中心的开始，也是南宁简称"邕"之始（"邕"字来自唐《元和郡县志》"因州西南邕溪水为名"的记述）。贞观八年（634年），以横槎江为名，改南简州为横州；南方州更名澄州。景云二年（711年），邕州增划辖原属钦州之如和县。天宝元年（742年），邕州、澄州、宾州、横州、淳州分别改朗宁郡、贺水郡、安城郡、宁浦郡、永定郡。乾元元年（758年），上述五郡又分别复名邕州、澄州、宾州、横州、淳州，由州领县，隶属同年由监察区演变成政区的岭南道(治今广州市)。永贞元年(805年)，为避朝讳，以州内最多山峦为名，将淳州更名峦州。咸通三年(862年)，分岭南为两道节度，以广州为岭南东道，邕州为岭南西道，邕州、澄州、宾州、横州、峦州均隶岭南西道；岭南西道，治邕州，旧址在今南宁市城区，是南宁相当于今省级政权治所开始。唐末，邕州领宣化、武缘、晋兴、朗宁、思笼、如和、封陵7个县，辖今南宁市(含原邕宁县)及武鸣、隆安等县地；横州领宁浦、从化、乐山3个县，辖今横县等地；峦州领永定、武罗、灵竹3个县，辖今宾阳、横县部分县地；宾州领岭方、琅琊、保城3个县，辖今宾阳等县地；澄州领上林、无虞、止戈、贺水4个县，辖今上林、忻城、武鸣等县(区)部分属地。

五代晋天福七年(942年)，邕州因避朝讳改名诚州，仍设建武军节度。南汉(947年至950年)，复名邕州。

宋开宝五年(972年)，峦州废入横州；澄州及其止戈、无虞、贺水等县俱省入上林县，上林县改隶邕州；宾州省废，岭方县改隶邕州；晋兴县更名乐昌县。次年，复置宾州，领岭方县。端拱元年(988年)，邕州、横州、宾州属广南西路；上林县改隶宾州。天禧四年(1020年)，宾州增划辖由思刚羁縻州改置的迁江县。熙宁四年(1071年)，横州废永定县入宁浦县。元丰三年(1080年)，邕州迁治今南宁市兴宁路西二里。元祐三年(1088年)，复置永定县并更名永淳县。故宋末，邕州领宣化、武缘两县和48个羁縻州及其8个羁縻县，大致辖及今南宁市、崇左市及其辖县和百色市部分市县；宾州领岭方、上林、迁江3个县；横州领宁浦、永淳2个县。

元至元十三年(1276年)，邕州改置邕州安抚司，隶广南西道宣抚司(旧治今桂林市)。次年，横州改设横州安抚司，与宾州同隶广南西道宣慰司。至元十六年(1279年)，邕州安抚司改邕州路，横州安抚司改横州路，宾州改宾州路。元贞元年(1295年)，邕州、横州、宾州等三路改属广西两江道宣慰司。元贞(1295年至1297年)初，横州路复改横州。大德五年(1301年)，宾州路复改宾州。泰定元年(1324年)，邕州路改称南宁路(取南疆安宁之意)，宣化县隶属南宁路，南宁得名取于此。至正九年(1349年)，南宁路和横州、宾州改属广西行中书省。元末，南宁路领辖宣化、武缘2个县；横州领宁浦、永淳2个县；宾州领岭方、上林、迁江3个县。

明洪武元年(1368年)，南宁路改南宁府，治所在今南宁城；横州改隶浔州路。次年，岭方县省入宾州，宾州改隶柳州府。横州改隶浔州府。洪武十年(1377年)五月，横州降改横县，改隶南宁府。洪武十三年(1380年)，横县复改横州。嘉靖七年(1528年)，原治今马山县乔利圩的思恩府迁治今武鸣区府城镇，始开今南宁属地同时置有相当于今两个地级行政建制之先河，置领都阳、安定、白山、古零、兴隆、那马、定罗、旧城、下旺等土司和奉议州、上林土县等(这些土司和州县分别治今马山、大化、都安、田阳等县地)。隆庆六年(1572年)二月，南宁府析宣化等县地置新宁州(治今崇左市扶绥县)，将武缘县划新宁州领辖。万历七年(1579年)，思恩府划辖武缘县。万历三十二年(1604年)，思恩府置辖上映土州。明南宁府治今朝阳路19号。明末，南宁府领宣化、永淳、隆安3个县，横、上思、新宁3个州和归德、果化、忠、下雷4个土州及迁隆峒土巡检司；思恩府领武缘县、奉议州和都阳、安定、白山、古零、兴隆、那马、定罗、旧城、下旺9个土司及上林土县、上映土州。

清朝承袭明朝建置。至清末，南宁府治宣化，辖宣化、隆安、永淳等县，新宁、横州等州及忠、归德、果化等土州；思恩府辖领武缘、上林、迁江等县和那马厅、宾州及白山、兴隆、定罗、旧城、都阳、古零、安定等土司。

民国元年(1912年)，宣化县省入南宁府，武缘县废入思恩府，并将思恩府改武鸣府；横州、宾州分别改横县、宾阳县。是年10月，广西军政府自桂林迁治南宁府，省府治今南宁民族大道西头与兴宁路南段西侧(时属中山路)，南宁成为广西省会。民国2年6月，置邕南道，治南宁县(南宁府废改县)，隶广西省，领南宁、武鸣(武鸣府废改县)、新宁(今属扶绥县)、那马(今属马山县)、上思、横县、宾阳、永淳(今分属横县、宾阳县和青秀区、邕宁区)、上林、隆安等10个县，归德(今属柳江县)、果化(今属平果县)、忠(今属扶绥县)3个土州，都阳(今属都安瑶族自治县)、安定(今属都安瑶族自治县)、白山(今属马山县)、古零(今属马山县)、兴隆(今属东兰县)、旧城(今属平果县)、定罗(今属马山县)、迁隆峒(今属宁明县)8个土司。民国3年1月，南宁县为避云南省南宁县同名而易名邕宁县；6月，邕南道易名南宁道。民国4年8月，南宁道新置隆山(今属马山县)、都安、果德(今属平果县)3个县；9月，南宁道新置绥渌县(今属扶绥县)。民国15年，南宁道废，所领14个县改隶广西省政府。民国18年7月，设南宁市政府，与邕宁县合署办公；11月，撤市建制。民国19年，置邕宁民团区，驻邕宁县，辖扶南(今属扶绥县)、上思、邕宁、绥渌、左县(今属崇左市江州区)、同正(今属扶绥县)、永淳、横县8个县；置宾阳民团区，驻宾阳县，辖宾阳、武鸣、隆山、果德、隆安、那马、上林、都安、迁江(今属来宾市兴宾区)9个县。民国21年4月，邕宁、宾阳两个民团区合并置南宁民团区，治武鸣，并将邕宁民团区的左县划归龙州民团区，原属宾阳民团区的果德县划归百色民团区。不久，增划辖百色民团区之果德县。民国22年，广西省政府迁至今青秀区中山街道植物路广西军区内。民国23年3月，南宁民团区改南宁行政监督区，仍治武鸣，辖武鸣、邕宁、扶南、上思、绥渌、永淳、同正、横县、隆安、宾阳、迁江、那马、隆山、上林、都安、果德16个县；11月，南宁行政监督区划辖原属柳州行政监督区来宾县。民国25年10月，南宁行政监督区划辖原属百色行政监督区平治县；广西省政府由南宁迁至今桂林市。民国26年，南宁行政监督区析出同正县改属龙州行政监督区；10月，南宁行政监督区又划辖同正县，并析出来宾、迁江两县改属浔州行政监督区。民国28年2月，南宁行政监督区析出都安、平治、果德、那马、隆山、上林、武鸣、宾阳8个县，另置武鸣行政监督区，治武鸣县。南宁行政监督区因此改驻南宁。民国29年4月17日，武鸣、南宁两个行政监督区分别改第八区、第九行政督察区，辖县依旧。民国31年3月，第八区、第九区合并为第四区，治南宁。民国37年10月，第四区析出武鸣、上林、隆山、那马、果德、平治、都安、隆安8个县，另置第十一区，治武鸣县。民国38年9月，第四区辖邕宁、永淳、横县、宾阳、上思、同正、扶南、绥渌8个县。

1949年10下旬，设立武鸣专区，治武鸣，辖武鸣、平治(今属平果县)、果德、那马、隆山、都安等县。12月4日，南宁、邕宁、武鸣解放。邕宁县改治今南宁市江南区(原南宁市糖纸厂一带)。是年，设南宁专区，驻宾阳，辖邕宁、绥渌、横县、同正、上思、永淳、扶南、宾阳8个县。1950年2月8日，广西省人民政府正式成立，确定南宁为省会(1958年3月，广西省改称广西壮族自治区，南宁市为自治区首府)；同月，新置南宁市，直隶广西省。8月，邕宁县迁至今南宁市邕宁区蒲庙镇。1951年1月25日，撤销武鸣专区。所属武鸣、都安、隆山、上林、迁江5个县划归南宁专区管辖，隆安、镇结两县划归龙州专区管辖，平治、果德、那马3个县划归百色专区管辖，忻城县划归宜山专区管辖。7月9日，南宁专区又划辖原系郁林专区的贵县(今属贵港市)。1952年8月11日，南宁专区改名宾阳专区，治宾阳县新宾，辖邕宁、横县、宾阳、上林、武鸣、马山(由隆山、那马两县合并而置)、贵县、永淳、迁江9个县；12月9日，设置桂西僮族自治区(1956年3月2日，更名桂西僮族自治州)，治南宁市(今明秀东路)，辖宜山专区、宾阳专区、崇左专区、柳州专区、百色专区及所属辖县和钦州专区所属的上思等34个县或县级自治区。是年,南宁市设立一区、二区、三区、四区、五区和郊区。1953年4月23日,宾阳专区、崇左专区合并改称邕宁专区,治原邕宁县(11月,邕宁区专员公署机关迁南宁市)。是年,邕宁专区撤销,所属的邕宁、宾阳、横县、武鸣、上林、马山、崇左、隆安、龙津(今龙州县)、大新、镇都(今天等县)、扶绥、上思、宁明14个县改由桂西僮族自治区直接管辖。1957年12月20日,撤销桂西僮族自治州,其直辖县市改属复置的邕宁专区,专区驻南宁市(今明秀东路),辖原直隶桂西僮族自治州的14个县和凭祥市、都安瑶族自治县。1958年7月28日,南宁市区分设江宁、兴宁、永宁3个区。9月,南宁市委与邕宁地委实行统一领导,邕宁地委更名南宁地委。11月14日,邕宁专区更名南宁专区。1959年2月6日,南宁市改由南宁专区代管。1961年12月23日,南宁市复改由自治区直辖。1965年5月18日,南宁专区析出都安瑶族自治区,划归河池专区。6月26日,南宁专区析出上思县,划归钦州专区。1968年3月,成立郊区革命委员会。1971年11月,南宁专区更名南宁地区。1978年2月,撤销郊区革命委员会。1979年2月26日,南宁市设立新城、永新、江南、朝阳、衡阳5个市辖区(县级)。1980年4月5日,朝阳区更名兴宁区,衡阳区更名城北区。1983年10月8日,南宁地区析出邕宁、武鸣两县划入南宁市;1984年1月26日,正式移交南宁市。1984年6月23日,南宁市设立郊区(县级)。2001年12月5日,南宁市郊区撤销。2002年12月23日,国务院批准撤销南宁地区,原属南宁地区的横县、宾阳县、上林县、马山县、隆安县划入南宁市;2003年6月27日,五县正式划归南宁市。2004年9月15日,国务院批准南宁市部分行政区划调整,撤销城北区、永新区和邕宁县,设立西乡塘区、邕宁区、良庆区,新城区更名青秀区;2005年3月18日正式调整。2015年2月16日,国务院批准南宁市部分行政区划调整,撤销武鸣县,设立武鸣区;2016年5月27日,武鸣正式撤县设区。南宁市辖兴宁区、江南区、青秀区、西乡塘区、邕宁区、良庆区、武鸣区7个区,横县、宾阳县、上林县、马山县、隆安县5个县。（书　弄）

【历史文化遗存】 2017年,南宁市分布不可移动文物540处,可移动文物32万件。公布为全国重点文物保护单位5处,自治区级文物保护单位43处,市(县)级文物保护单位235处。新增自治区级文物保护单位23处,其中石塘北帝庙等古建筑11处,桂南战役阵亡将士纪念亭等近现代重要史迹及代表性建筑6处,娅怀洞石器时代遗址等古遗址4处,元龙坡古墓群1处,汇水桥畔碑林石刻1处;新增市级文物保护单位40处,其中苏式宗祠、镇海祠等古建筑22处,广西展览馆、南宁孔庙等近现代重要史迹及代表性建筑14处,三江坡汉城遗址、三岸园艺场明清窑址群古遗址2处,皇姑坟、钟德祥墓古墓葬2处。江南区江西镇扬美村入选中国历史文化名村名录,武鸣区罗波镇、府城镇入选自治区历史文化名镇,江南区江西镇锦江村麻子畲坡、西乡塘区石埠街道老口村那告坡入选自治区历史文化名村。（周梅清）

【民　族】 南宁市是一个以壮族为主体、多民族聚居的首府城市。居住着壮、汉、瑶、苗、仫佬、侗、回、满、毛南、土家、布依、水、黎、京、彝、蒙古、白、朝鲜、傈僳、畲、仡佬、傣、哈尼、鄂温克、高山、藏、土、锡伯、纳西、拉祜、羌、维吾尔、达斡尔、景颇、佤、普米、布朗、基诺、东乡、裕固、哈萨克、保安、柯尔克孜、赫哲、俄罗斯、怒、塔塔尔、鄂伦春、德昂、塔吉克、独龙51个民族,其中人口总数超过1000人以上的依次为壮、汉、瑶、苗、仫佬、侗、回、满、毛南、土家、布依、水12个民族;新增的独龙族人口2人,由云南省迁入,分布于邕宁区、上林县。壮族是世代居住在本地的土著民族,汉族为秦汉以后陆续迁入,回族为元朝以后迁入,瑶族和苗族大多为清代以后迁入,其余民族多于新中国成立后尤其是改革开放以后陆续从全国各地迁入。2017年,南宁市户籍人口756.87万人,其中少数民族人口440.91万人,占总人口58.25%,少数民族人口总数居全国5个少数民族自治区首府城市之首。城区少数民族人口占城区总人口比重排序:邕宁区(93.80%)、良庆区(86.20%)、武鸣区(86.11%)、兴宁区(62.31%)、江南区(51.49%)、青秀区(46.15%)、西乡塘区(44.09%);县少数民族人口占县总人口比重排序:隆安县(96.38%)、上林县(84.16%)、马山县(81.84%)、横县(39.43%)、宾阳县(21.58%)。隆安县是壮族人口比例最高的县。汉族在各地均有分布,以宾阳县、横县和除邕宁区、良庆区以外的城区较为集中;瑶族主要聚居在马山县和上林县;苗族在各区县均有分布,以城区较为集中;回族、满族、侗族等其他少数民族主要居住在城区;全市有3个民族乡,分别为马山县古寨瑶族乡、里当瑶族乡,上林县镇圩瑶族乡。

【语言文字】 2017年,居住在南宁市的50个少数民族中,除回族、满族全部转用汉语外,其他少数民族保留自己的语言,部分少数民族保留自己的传统文字。普通话、规范汉字为公务用语用字,国家机关工作人员、教师从业人员实施普通话水平测试。全市推广普通话、推行规范汉字,公共服务行业基本以普通话为服务用语。

汉语方言　主要有白话(粤语)、平话、桂柳话(西南官话)、普通话4种。南宁市近郊农村汉族普遍使用平话,城区内汉族多使用普通话和白话,部分使用桂柳话。中心城区贸易及社会交往的汉语方言以南宁白话和普通话为主。

壮　语　壮语是壮族主要的语言交际工具,使用较为广泛的区域为横县、上林县、马山县、隆安县、邕宁区、良庆区、武鸣区,以及兴宁区、江南区、青秀区、西乡塘区的边远乡镇。南宁壮语分为南部方言区和北部方言区,大致以邕江为界,并向西北伸展连接右江,江的南部地区属南部方言区,江的北部地区属北部方言区,俗称“南壮”“北壮”。北部方言区的壮话与武鸣壮话大同小异;南部方言区的壮话则与邕宁壮话基本相同。壮语南部方言和北部方言语法结构、基本词汇大致相同,而语音差异则比较明显。如南部方言有一套送气的清音声母ph、th、kh等,北部方言一般无送气声母;此外,北部方言有独立的r声类(有多种方音变体,多数地方读Y),而南部方言多无此独立声类。词汇方面,南部方言区的壮语与北部方言区的壮语有30%~40%的词汇不相同,在语法上也存在一些差异。南宁市壮族聚居的村庄、圩镇,日常交际用语为当地壮语方言,壮族聚居的县城及乡镇行政驻地集市贸易的主要用语为当地壮语方言,其周边及杂居的汉族居民多数也兼通壮语。由于壮、汉民族长期和睦相处,普通话的推广使用,以及广播、电视的普及和覆盖面的扩大,南宁市城乡壮族兼通普通话或白话的现象也较为普遍。

壮　文　古壮字、壮语拼音文字的简称。古壮字也叫土俗字,壮语称为Sawndip,萌芽于秦汉时期,产生于唐代,是由壮族一些受汉文化教育的文人(包括巫师)借助汉字或汉字的偏旁部首创造的,其构字方式大体有形声字(即利用汉字的偏旁部首和意符组合而成的字)、会意字(即利用汉字本体的意义,加上一些特殊的符号,或者是以两个以上的汉字合并而成的字)、借汉字(即直接借用汉字音或义,借音是借用汉字的正者或谐音记录壮语字,一经借用,其原来汉语语义不复存在,表示的是壮语语义;另一种是既借音又借义的字)、象形字(即依物赋形,依事描样,以简单而富有概括力的笔画,勾画出物体的基本形象的字)。古壮字兴于唐宋,盛于明清,民间普遍用于记录或书写神话、故事、传说、歌谣、谚语、剧本、楹联、碑刻、药方、家谱、族谱、契约、讼诉、经文、记账等。南宁市区县壮族地区民间仍流传有使用古壮字记录、抄录的山歌唱本和师公唱本,大部分民间老艺人、师公

(师公戏)传承人在抄录、创作唱本时也仍然在使用古壮字和沿用古壮字的创字方法。壮文拼音文字是1952年至1955年国家少数民族语言调查工作队到广西,根据壮族地区47个县52个点的壮语方言材料,以拉丁字母为基础,以武鸣双桥音为标准音,创制的拼音壮文,1957年经政务院批准并公布实施,有字母32个(非拉丁字母11个),并以z、j、x、q、h等字母分别作第二、三、四、五、六调的调号标注于字尾,20世纪50年代中后期开始在壮族地区推行使用。受"文化大革命"的冲击,壮文推行中断10余年。1980年5月,中共广西壮族自治区委员会、自治区政府决定在壮族地区恢复使用壮文。1981年9月起,壮文开始陆续进入壮族地区的小学进行壮汉双语教学试点实验。但由于原壮文方案夹杂有非拉丁字母11个,影响整个文字形体的一致性,造成壮文在学习、运用等方面的困难,1982年在中国社会科学院和中央民族学院的配合下,对原壮文方案进行部分修改,并于当年2月2日获国家民委批准颁布。壮文方案从原来的32个字母减至26个字母,全部为拉丁字母。2004年,市政府颁布《南宁市社会用字管理暂行规定》,明确壮文的使用纳入社会用字管理范畴,党政机关、社会团体、企事业单位名称牌匾、公章大都使用壮汉两种文字,公共场所设置的部分挂牌、路牌、标志牌也按规定同时标注有壮文拼音文字。2013年5月15日,《南宁市壮文社会使用管理办法》颁布,明确同时使用壮文、汉文两种文字的场合、设施。2014年4月16日,南宁市印发《南宁市贯彻〈国家中长期语言文化事业改革和发展规划纲要(2012—2020)〉实施方案》(简称《实施方案》),将"科学保护少数民族语言文字及汉语方言文化、启动对南宁世居少数民族语言少数民族濒危语言的调查抢救和保护工作"纳入《实施方案》。2016年,在南宁轨道交通1号线首批运营站点站名标牌、出入口门匾、站外500米引导立柱、出入口地徽等导向标识牌使用壮文;在快速公交(BRT)试点工程17个站点的站名标牌使用壮文。2017年,南宁市民中心户外标识牌、南宁轨道交通2号线4处导向标识牌使用壮文;青秀区率先在城区人大、政协"两会"会标使用壮汉两种文字;兴宁区、青秀区、邕宁区、武鸣区、宾阳县等区县行政区划村级新制标牌增用壮文;11月30日,《南宁市壮文社会使用管理条例》作为历史文化保护方面项目列入《南宁市第十四届人大常委会五年立法规划》。

瑶　语　主要属汉藏语系苗瑶语族苗语支或瑶语支,也有一些属壮侗语族(瑶族居地广阔,支系繁多,各语支差异颇大,所以不同语支的瑶族之间语言不通)。由于瑶族长期与壮族、汉族杂居,共同相处,交往密切,故受到其民族语言影响较深。瑶语中借入大量的汉语、壮语词。居住在马山县、上林县一带的瑶族和宾阳县、隆安县的瑶族大都兼通壮语,他们以瑶语、壮语为日常语言交际工具。居住在城区的瑶族兼通汉语,也有部分使用瑶语作为日常语言交际工具。

【宗　教】　2017年,南宁市有佛教、伊斯兰教、天主教、基督教,经批准登记开放的宗教活动场所45个(含以堂带点5个)。其中,佛教活动场所14个(青秀山观音禅寺、水月庵、泰国园,横县宝华山应天寿寺、横州佛教活动点,宾阳县黎塘龙岩寺,上林县三教寺、莲音寺、大明山法性寺、三里观音阁,马山县灵阳寺、圆觉寺、普陀寺、佛教居士林);伊斯兰教活动场所1个(新华街25号的清真寺);天主教活动场所5个(望州路天主教主教府、南宁圣家女修会、康乐路天主堂、武鸣区联新村六塘屯天主教堂、宾阳县新宾天主教堂);基督教活动场所25个(含以堂带点5个,市级活动场所主要是中山路教堂、共和路教堂,其他场所分布在除隆安县外的11个区县)。信教群众23万人,全市认定备案宗教教职人员89人。成立有南宁市佛教协会、南宁市伊斯兰教协会、南宁市天主教爱国会、南宁市基督教"三自"(自治、自养、自办)爱国运动委员会、南宁市基督教协会5个市级爱国宗教团体。各宗教团体协助中共地方组织和政府贯彻落实宗教方针政策和新修订《宗教事务条例》等法律法规,坚持独立自主自办方针,办好教务,自我管理。开展宗教政策法规学习月活动,发挥网站、微信、微博、QQ群、电子显示屏等新媒体作用,扩大宗教政策法规宣传覆盖面和影响力;开展"宗教慈善周"活动,为留守妇女、儿童、老人、残疾人等特殊群体捐赠善款、慰问品。团结广大信教群众,爱国爱教,遵守国家有关法律法规及教义教规,维持正常宗教生活。　(刘建安)

人口・行政区划

【人　口】　2017年,南宁市户籍人口756.87万人,比上年增加5.13万人,增长0.7%,其中市区(含武鸣区)人口375.38万人,增加5.29万人,增长1.40%。全市人口出生率15.24‰,增长1.74个千分点;人口死亡率5.72‰,增长0.39个千分点;人口自然增长率9.52‰,增长1.35个千分点。常住人口715.33万人,增加9.11万人。　(赵　旭)

【行政区划】　2017年,南宁市行政区划为兴宁区、江南区、青秀区、西乡塘区、邕宁区、良庆区、武鸣区、横县、宾阳县、上林县、马山县、隆安县12个区县,86个镇、13个乡、3个民族乡、25个街道。

(胡小民)

2017年南宁市区县、乡镇(街道)、村民(居民)委员会情况表

表2　　单位:个

区　县	乡镇(街道)				村民(居民)委员会		乡　镇	街　道
	镇	乡	民族乡	街　道	村委会	社区居委会		
兴宁区	3			3	37	37	三塘镇、五塘镇、昆仑镇	朝阳、民生、兴东
江南区	4			5	68	47	吴圩镇、苏圩镇、延安镇、江西镇	江南、福建园、那洪、沙井、金凯
青秀区	4			5	46	58	长塘镇、伶俐镇、刘圩镇、南阳镇	建政、新竹、中山、津头、南湖
西乡塘区	3			10	78	72	金陵镇、坛洛镇、双定镇	西乡塘、衡阳、北湖、安吉、安宁、新阳、华强、上尧、石埠、心圩
邕宁区	4	1			65	9	蒲庙镇、那楼镇、新江镇、百济镇、中和乡	
良庆区	5			2	57	21	良庆镇、那马镇、那陈镇、大塘镇、南晓镇	大沙田、玉洞

续表

区 县	乡镇(街道)				村民(居民)委员会		乡 镇	街 道
	镇	乡	民族乡	街 道	村委会	社区居委会		
武鸣区	13				198	23	城厢镇、太平镇、双桥镇、宁武镇、锣圩镇、仙湖镇、府城镇、罗波镇、陆斡镇、两江镇、甘圩镇、灵马镇、马头镇	
横 县	14	3			276	31	横州镇、石塘镇、云表镇、马岭镇、百合镇、那阳镇、峦城镇、六景镇、陶圩镇、校椅镇、新福镇、莲塘镇、南乡镇、平马镇、镇龙乡、马山乡、平朗乡	
宾阳县	16				192	41	宾州镇、思陇镇、新桥镇、新圩镇、邹圩镇、大桥镇、和吉镇、洋桥镇、武陵镇、中华镇、古辣镇、露圩镇、甘棠镇、黎塘镇、王灵镇、陈平镇	
上林县	7	3	1		115	16	大丰镇、巷贤镇、白圩镇、三里镇、明亮镇、乔贤镇、西燕镇、澄泰乡、木山乡、塘红乡、镇圩瑶族乡	
马山县	7	2	2		133	18	白山镇、周鹿镇、百龙滩镇、古零镇、金钗镇、永州镇、林圩镇、乔利乡、加方乡、古寨瑶族乡、里当瑶族乡	
隆安县	6	4			118	13	城厢镇、乔建镇、那桐镇、雁江镇、丁当镇、南圩镇、都结乡、布泉乡、屏山乡、古潭乡	

说明：江南区含南宁经济技术开发区，青秀区含青秀山风景区，西乡塘区含南宁高新技术产业开发区，武鸣区含广西－东盟经济开发区

（胡小民）

物产·风俗

【物　产】 南宁市物产以特色农产品、著名工业产品、传统手工艺品、地方传统食品为主。

特色农产品　有稻谷、西瓜、香蕉、杧果、茉莉花、波萝蜜、木薯、扁桃、龙眼、荔枝、中药材、食用菌等。2017年，宾阳县“古辣香米”获批为国家地理标志保护产品，“上林大米”获国家地理标志商标注册，横县“莉香庄园”富硒大米、“国泰”富硒香米、“力拓稻香源”富硒紫砂香米等产品在广西初步形成品牌；南宁市火龙果种植面积占全国种植面积近五分之一，成为全国最大火龙果生产地，常年保持8至9个月火龙果鲜果上市；晚熟杂交柑橘种植规模和产量居自治区第一，武鸣区柑橘种植面积2万公顷以上，武鸣砂糖橘获农业部地理标志农产品认定；茉莉花年产量78万吨，“横县茉莉花茶”“南宁香蕉”分别获“中国优秀茶叶区域公用品牌”“2017全国百强农产品区域公用品牌”；全市食用菌主要品种有双孢蘑菇、杏鲍菇、秀珍菇、凤尾菇、香菇、木耳、平菇、茶新菇等，横县双孢蘑菇入选2017年度全国名特优新农产品名录；全市中药材产量13.10万吨，主要品种有穿心莲、牛大力、金银花、铁皮石斛等。

著名工业产品　有白砂糖、红糖、赤砂糖、乳制品、卷烟、酒精、蔗渣浆、机制纸、复合肥、水泥、水泥制品、平板玻璃、铝型材、石材、黏土矿、商品混凝土、建筑陶瓷、防水卷材、手扶拖拉机、柴油机、矿山机械、建筑机械、水泥生产设备、水轮发电机组、电缆线缆、搅拌机、压缩式垃圾专用运输车等。2017年，南宁市拥有“涌泉”“三冠”“宝蕾”牌白砂糖、“皇氏”摩拉菲尔醇养酸牛奶、“侨虹”牌无尘纸、“清帕”牌生活用纸、“锦虹纺织”牌纱线、“农博士”“易多收”牌复混肥料和农药、“新方向”牌生物有机肥、“润丰”牌通用水泥、“红狮”牌普通硅酸盐水泥、“正田玻璃”牌夹胶中空玻璃、“南南”牌航空交通高端铝合金新材料、“纵览”牌电缆等广西名牌产品。

传统手工艺品　有壮锦被面、壮锦床单、壮锦坐垫、壮锦披巾、壮锦壁挂、壮锦挂包、壮族服饰、壮族刺绣、渡河公吉祥物、木根雕、石雕、邕州红陶、宾阳油纸伞、牛角工艺品、竹编产品、桂作家具、壮刀、茶具等。喜象太平(壮族刺绣)、瓷板营造法式(瓷板画)、荷韵·品茗·香道(竹刻茶具)获2017年中国工艺美术“金凤凰”创新产品设计大奖赛金奖；南宁市选送的作品在2017广西工艺美术作品(旅游工艺品)暨大师精品展览中获广西工艺美术大师精品创作工程“精品奖”10个，广西工艺美术作品“八桂天工奖”金奖20个，广西旅游工艺品“八桂天工奖”金奖6个。

地方传统食品　有老友面(粉)、生榨米粉、干捞粉、卷筒粉、炖粉糕、宾阳酸粉、凉粉、粉虫、粉饺、粉利、油炸粽、蕉叶糍、艾糍、凉粽、猪肉绿豆粽、五色糯米饭、黄花饭、豆蓉糯饭、瓦煲饭、八仙粉、八宝饭、酿苦瓜、炒田螺、粥品、汤品、鱼扣、脆皮扣、柠檬鸭、鱼生、酸肉、羊酱、羊红、清水羊肉汤、牛杂、腊肉、糯米血肠、土制红糖、米酒、腌菜、酸料等。2017年南宁·东南亚国际旅游美食节推出58套88个品种的壮瑶特色美食“壮瑶大席”；2017“邕宁味道”生榨米粉文化旅游美食节现场公布《邕宁生榨米粉制作技术规程》，规范邕宁生榨米粉制作工艺。

【风　俗】 南宁市地方风俗以民俗节庆、民俗仪式、民俗艺术、民间传统体育、饮食习俗为主要表现形式。

民俗节庆　世代居住在南宁的少数民族有其独具特色的民俗节庆，同时将自身民族元素融入中国传统节日，相沿积久形成特有的民族风俗、节日风俗。壮族“三月三”既是壮族传统歌节，也是壮族祭祖扫墓节，每年农历三月初三前后，南宁各地举办山歌会、山歌擂台赛、千人竹竿舞、抛绣球、抢糍粑、龙狮表演、民族服饰展、壮家美食展、土特产商品交易会等活动；壮族人民返回家乡祭祖扫墓，通过除草添土、修整墓地、烧香上坟、供上祭品、跪拜敬茶酒、焚烧冥钱冥物、插标挂钱、燃放鞭炮等方式祭奠祖先，祈求家人幸福安康。壮族“三月三”是南宁民族特

色文化品牌。2017年壮族“三月三”节庆期间,南宁市组织举办“民歌湖畔三月三”文化活动、中国壮乡·武鸣“三月三”歌圩暨骆越文化旅游节、良庆区“嘹啰山歌”民俗文化旅游节等活动60多场次,群众参与或关注50多万人次。农历四月初八是壮族牛魂节,人放犁、牛脱轭,主人家清扫牛栏,给牛沐浴,举行敬牛仪式,演社戏、唱山歌,办百家宴,以示对牛的祝福。2017年,宾阳县露圩镇民俗风情文化艺术(圩逢)旅游节、隆安县那桐镇“四月八”农具节延续壮族敬牛传统习俗,增加文艺表演、娱乐竞技、美食街、农具展销等活动,参与群众8万多人。瑶族达努节是瑶族人民不忘母恩的纪念日,每年农历五月二十九,瑶族人民着盛装、杀猪宰羊、杀鸡染蛋、宴请宾客、大摆歌台,表演铜鼓舞、舂米舞、雷公舞等,举办赛马、斗鸡、赛弓箭、“上刀山下火海”、踩花灯等活动,借此告诫后代慈孝为先、不忘母恩,宣扬瑶乡尊老爱幼、勤俭持家的传统美德。南宁市瑶族达努节活动主要集中在上林县镇圩瑶族乡、马山县里当瑶族乡,2017年两个瑶族乡沿袭瑶族达努节民俗习惯,围绕民俗文化旅游节开展达努寿星添粮祝寿、瑶乡百家宴、瑶乡土特产展销、瑶族服饰展示、瑶寨迎亲、瑶乡绝技表演、篝火晚会等活动,参与群众3万多人。

南宁市少数民族在沿袭中国传统节日过程中,形成富有地方特色的节日风俗。古谚云“正月十一请子婿”,宾阳县在每年农历正月十一举办炮龙节,人们通过点睛仪式、游彩架、吃灯酒、舞炮龙、炸炮龙、钻龙肚、抢龙珠等活动祈求风调雨顺、添丁增财。2017年宾阳炮龙节开展炮龙表演赛、优秀非物质文化遗产展演、炮龙节文艺晚会、宾阳炮龙音乐节、百龙舞宾州、商品美食展销、“文化宾阳·休闲农旅”文化旅游等活动,参与群众近30万人次。农历二月初二又称“春耕节”“农事节”,预示新一年农事活动的开始;2017年,上林县木山乡新甫庄在“二月二”举行卢於春社活动,附近市、县、乡镇群众聚集于卢於寺开展春耕开犁、牛王争斗赛、拔河、斗鸡、农家特产展销等民俗活动,参与群众约2万人。农历五月初五端午节,上林县三里镇群众齐聚河边将彩布、艾草缝制的“渡河公”人偶、粽子放于小船上,点上红蜡烛,沿河漂流,并吟咏祈祷词、哼唱山歌以纪念祖先,祈祷家人幸福安康;2017年,上林县三里镇“渡河公”民俗文化旅游节首次推出“三里一枝花”趣味泼水活动,开展“渡河公”巡游放度仪式、山歌对唱、壮医养生、篝火晚会、民俗工艺品和土特产展销等活动。庙会是中国民间宗教及岁时风俗,武鸣区有祭祀骆越始祖的罗波庙会,横县有祭拜马援将军的横县伏波庙会、祭神祈福的南山应天寺庙会、纪念三国历史英雄的三相庙庙会,上林县有祭祀万寿公韦阙的万寿节庙会等。

民俗仪式　南宁市少数民族在长期稻作生产、自然崇拜、神崇拜、宗教信仰影响下,形成富有地方特色的民俗仪式。农历二月初二,上林县木山乡举行春耕开犁仪式,祈求耕牛健壮、风调雨顺、五谷丰登。农历三月初三,上林县塘红乡举行“三月三·龙母”祭祀大典,“九龙祭母”仪式演绎龙母龙子慈孝故事,弘扬母慈子孝美德;武鸣区罗波镇罗波社区举行骆越祖母王祭祀大典,以骆越祖母王神像巡游、公祭骆越祖母王仪式纪念祖先,追根溯源不忘本。农历四月初八春耕结束,宾阳县露圩镇举行神牛祭祀仪式,感念牛给予农民的恩惠,祈求消灾免疫、六畜兴旺;隆安县那桐镇举行向天、地水三界神求雨祭记仪式,祈求风调雨顺。农历六月初六,隆安县乔建镇举办稻神祭(芒那祭),祭祀人员在娅王庙举行求雨、祭农具、招稻魂、驱田鬼、请稻神仪式,沿田埂、城镇道路开展稻神巡游仪式,感恩稻神“娅王”庇佑,祈愿稻神赐福于民。达努节期间,瑶族群众举行“上刀山下火海”仪式,以赤足爬刀梯、过火炭、走灯排、踏火犁头的方式祭祀刀神、火神,祈福消灾,显示所向无敌的气概。由古代傩仪式、师公舞发展而成的师公戏仍流传于江南区、西乡塘区、邕宁区、武鸣区、横县、宾阳县、上林县、马山县等地,在节庆、庙会时举行师公傩祭仪式,通过唱、念、做、舞等表演形式驱邪逐恶、祈求吉祥;西乡塘区上尧街道陈东村仍保留师公“大酬雷”祭祀仪式,每逢农历正月至二月初二,当地农民用傩祭形式表演水稻生产、酬雷求雨。随社会的进步,南宁各地民俗仪式增加现实内容,逐步发展成各类民俗节庆、重大活动上的技艺展示、文化表演。

民俗艺术　南宁市少数民族在文学、音乐、舞蹈、戏剧、手工技艺方面形成独特的民俗艺术,在与现代艺术、教育事业、旅游产业的融合中传承和创新。文学方面有壮族民间伦理道德长诗《传扬歌》,反映南宁人民劳动、生活、习俗、时政和思想感情的南宁民谣、白话童谣,起源于古代南宁驯象养象时期的五象传说,口头交流与古壮字结合的歌体书信壮族信歌,反映农村生活的宾阳“老窍”故事,流传于横县的壮族民间故事《百鸟衣》,发源于邕江、左江、右江和红水河流域的传说妈勒访天边等;马山县壮族人民在节日、婚嫁、丧葬、劝和、集会上不同程度沿用《传扬歌》,并随时代更新、充实传唱内容;南宁现代城市建设融入五象传说元素,建成五象广场、五象喷泉雕塑等地标和城市雕塑;大型壮族歌舞剧《百鸟衣》《妈勒访天边》成为每年展演、巡演的精品。音乐方面有南宁平话民歌、隆安县壮话排歌、上林县镇圩瑶族乡瑶山歌、壮族哭嫁歌、多声部民歌(上林县四六联民歌、兴宁区松柏汉族二声部平话山歌、武鸣区二声部民歌、邕宁区和良庆区嘹啰山歌)、壮族高腔民歌(马山县永州镇高腔、武鸣区二声部高腔、隆安县高腔、上林县西燕镇高腔、西乡塘区坛洛镇高腔)、壮族八音(流传于邕宁区、宾阳县、上林县的吹打音乐)、马山县壮族会鼓等。2017年,江南区平话文化旅游节展示江南平话情韵,第19届南宁国际民歌艺术节、“绿城歌台”广场群众文化活动继续传承、创新南宁民歌传统;2017年古岳非遗音乐季暨壮族歌圩保护传承系列活动在青秀区南阳镇古岳坡举办,活动包括原生态侗族歌舞、马山县三声部民歌等表演和古岳非遗音乐大师课。舞蹈方面有青秀区长塘镇芭蕉香火龙舞、麒麟舞,江南区苏圩镇春牛舞,良庆区良庆镇缸瓦窑村香火龙舞,横县百合镇茅山舞,上林县瑶族猴鼓舞、蚩尤舞,隆安县雁江镇“九莲灯”花手舞,武鸣区玉泉镇壮族骆垌舞,南宁傩舞、壮族师公舞等;社会进步和现代文化艺术使民间舞蹈的艺术性、表演性更加突出,南宁各地民间舞蹈表演者组成职业、半职业的演出团体,在当地节庆、旅游活动中演出传统舞蹈。戏剧方面有邕剧、南派粤剧、平话师公戏、壮族师公戏、丝弦戏、傩戏、壮族采茶戏、横县校椅镇临江壮歌剧等;民间在丧葬习俗、拜祖先、祭祀上依然盛行师公戏,加入更多现代内容。年内,南宁推进邕州剧场地方戏曲月月演活动,打造地方戏曲文化传承发展基地,全年演出剧目12部;组织大型邕剧《玄奘西行》全国巡演28场。手工技艺方面有壮族刺绣、壮族织锦、壮族服饰制作、壮族拼布、宾阳县大罗毛笔制作、宾阳县油纸伞制作、隆安县构树手工造纸、隆安县雁江镇红良打铁、邕州陶制作等;市政府引导农民发展手工艺加工业,生产旅游特色手工艺品,实现创收致富同时,传承发展民间手工技艺;2017年,南宁市博物馆首次举办传统工艺美术作品展,展出红陶、刺绣、壮锦、金属工艺、桂作家具、民族服饰等作品。

民间传统体育　南宁市少数民族在世代生产生活中形成划龙舟、打扁担、跳竹杠、打鸡毛球、打陀螺、壮族迪尺、斗竹马、投绣球、斗牛、抢花炮、香火球、打磨秋、壮拳、射弩、板鞋竞速等民间传统体育形式,随社会发展形成固定体育赛事或体育表演,进一步融入当地教育、体育事业和旅游、经济开发中。每年农历二月初二,邕宁区中和、百济、那楼、新江、蒲庙等乡镇举行抢花炮活动,中和乡孙头坡的活动规模最大、历史最悠久(600多年);活动包括“还炮”“抢炮”“送炮”3个环节，抢花炮是整个活动的高潮。2017年，中和乡孙头坡的抢花炮活动吸引游客1万多人。斗竹马是踩在竹竿上比赛的壮族民间竞技活动，意在斗志、斗勇、斗强、斗胆，主要流传于青秀区长塘镇及邕宁区、良庆区等地；板鞋竞速起源于壮族土司的三人木枷练兵法，若干人为一队，同穿一对长板鞋赛跑，参加者须步调一致、同心全力；壮族迪尺又名“打鸡头”“打勒则”，源于壮族人狩猎的投掷练习，2人为对手，打尺数多者赢；投绣球源于古时作战、狩猎的甩投飞砣练习，后演变为传情表意、娱乐身心、竞技强身的抛接绣球活动，纳入南宁市中小学体育课程；香火球起源于良庆区南晓镇古元村，由农民保护庄稼的措施发展为类似羽毛球的体育活动，流传于良庆区南晓镇、大塘镇一带，并与其他传统体育活动发展为旅游、节庆和运动会的娱乐表演、竞赛项目。赛龙舟是南宁每年端午节的固定赛事；5月30日，第13届中国·东盟国际龙舟邀请赛在南湖公园下湖水域举行，国内外、自治区内外66支队伍、1302人参赛；11月5日，南宁市第十届中学生少数民族传统体育运动会在市外国语学校举办，43所学校900多名运动员参加抛绣球、毽球、踢毽子、板鞋竞速4个项目比赛。20日至24日，南宁市第十一届少数民族传统体育运动会在市体育场举行，18个代表团1499名运动员、256名裁判员参加珍珠球、毽球、投绣球、板鞋竞速、高脚竞速、射弩、打陀螺、武术8个竞赛项目，竞技类、技巧类、综合类3个表演项目，产生奖牌426枚。

饮食习俗　南宁市受自然环境、社会环境影响，在与汉、瑶、苗、仫佬、侗等其他民族相互融合、影响过程中形成具有壮族特色的饮食习俗，随社会发展得到传承、发展。南宁主食以稻米为主，以玉米、薯芋、麦类和其他杂粮为辅；稻米大多加工成饭、粥、米粉、粉利供日常食用，通过煮、蒸、焖、炒及添加其他原料等方式制成南瓜饭、竹筒饭、黄花饭、豆饭、八宝饭、肉末粥、菜粥、瓜粥、艾草粥、汤粉、炒粉等；糯米多制成节日食用或祭祀用的五色饭、糍粑、粽子、米糕、汤圆、油团和其他各类小吃；利用薯芋、豆类加工成粉丝、粉条、豆腐等副食品。壮族人多喜食腌、生、酸、辣之物，在副食品加工制作上形成腌菜、生食生拌的特殊技法，常用白菜、芥菜、萝卜、盛豆、刀豆、豆角、番木瓜、辣椒、姜、笋等以清水浸泡，或辅以盐、醋、酱制成腌菜；以辛香料、盐、醋等拌食生鱼片，以猪、鸭等动物生血拌以盐、醋、辣椒和姜末制成蘸酱，或拌和炒制的动物内脏、蔬菜食用。壮族人有饮酒、饮茶习惯，多以糯米、玉米、粟米、薯类等原料酿酒，用中药材泡制药酒。形成特有的大粽、沙糕、黄皮酱料、豆豉、鱼生、南山白毛茶、茉莉花茶等传统制作技艺，及老友粉（面）、生榨米粉、卷筒粉、柠檬鸭、横县鱼生、横县芝麻饼、宾阳酸粉、扬美沙糕、炒田螺等特色菜品，直接影响南宁餐饮业发展，饮食文化的挖掘、特色旅游餐饮的开发成为南宁旅游经营效益中新的增长点。　（覃涓妮）

经济建设

【概　况】 2017年，南宁市实现地区生产总值4118.83亿元，比上年增长8%，首次突破4000亿元。第一产业增加值404.18亿元，增长4.1%；第二产业增加值1599.5亿元，增长8.6%；第三产业增加值2115.15亿元，增长8.4%。经济结构进一步优化，三次产业结构9.8∶38.8∶51.40。财政收入687.98亿元，增长11.95%，高于预期5.95个百分点。固定资产投资4307.95亿元，增长12.6%。社会消费品零售总额2204.16亿元，增长11.3%。进出口总额607.09亿元，增长48.8%，高于预期40.80个百分点，首次突破600亿元。全口径实际利用外资9.58亿美元，增长24.35%，高于预期14.35个百分点。城镇居民人均可支配收入3.32万元，增长9.3%；农村居民人均可支配收入1.25万元，增长9.8%。居民消费价格总指数102.30。经济发展实现新跨越。现代特色农业发展壮大，南宁成为全国最大火龙果、沃柑生产地。亿元企业、高技术产业产值增速分别高于全市规模以上工业总产值增速1.80、3.20个百分点。民生领域财政投入增长明显，城区社区支出增长40.90%，教育支出增长20.20%。

【工　业】 2017年，南宁市全部工业总产值完成4070.88亿元，增长13.70%，首次突破4000亿元；规模以上工业增加值完成1159.08亿元，增长9.90%，高于预期2.40个百分点。重点产业引领发展，电子信息、先进装备制造、生物医药三大重点产业完成产值1563.31亿元，增长17.22%，占全市规模以上工业总产值39.18%。高技术产业产值760亿元，增长15%。开发区支撑作用提升，三大国家级开发区（南宁高新技术产业开发区、南宁经济技术开发区、广西－东盟经济技术开发区）产值平均增长17.51%，占全市规模以上工业总产值56.14%，产值贡献率68.50%，拉动全市规模以上工业总产值增长9个百分点。工业园区完成产值3450亿元，占全市规模以上工业总产值比重超过86.47%，成为工业发展主阵地。企业发展壮大，高新技术企业451家，占自治区的三分之一；660家亿元企业完成产值3854.51亿元，占全市规模以上工业总产值96.61%，产值贡献率107.68%，拉动全市规模以上工业总产值增长14.96个百分点，亿元企业成为工业加速发展主动力。

【供给侧结构性改革】 2017年，南宁市全面推进供给侧结构性改革，提出“1+5”（供给侧结构性改革实施意见、5个实施方案）模式。“三去一降一补”（去产能、去库存、去杠杆、降成本、补短板）任务落实见效。去产能方面，化解过剩水泥产能60万吨，全面完成“地条钢”（以废钢铁为原料、经过感应炉熔化、在生产中不能有效地进行成分和质量控制的钢及以其为原料轧制的钢材）取缔任务，实现国有“僵尸企业”（已停产、半停产、连年亏损、资不抵债，主要靠政府补贴和银行续贷维持经营的企业）停产歇业99家，其中完成国有“僵尸企业”职工安置77家。去库存方面，从土地供应、信贷政策等方面加强房地产市场监管，提出限地价、限房价、限贷、限售、限装修价格等系列调控措施，实施商品住房预售申报价格会审，强化商品房预售资金监管；全年新建商品房销售面积1544.13万平方米，增长16.32%；商品房、商品住房库存周期分别为11.50个月、7.97个月；非住宅库存周期27.39个月，比上年同期缩短5.70个月。去杠杆方面，研究制定《关于深化投融资体制改革的实施意见》《南宁市政府性债务风险应急处置预案》《南宁市供给侧结构性改革去杠杆实施方案》，推进南宁市地方金融监管信息平台二期建设；以创业投资引导基金实质性投资，完成4支子基金设立；推动19家小额贷款公司行业经营业务同城化试点；全市15家上市企业通过资本市场累计股权直接融资365.63亿元；全年地方政府置换债券252.41亿元。降成本方面，推进降本减负政策，全年为企业减负47.50亿元，取消、停征、免征、降低收费标准及扩大免征范围49项。补短板方面，教育、卫生、文化等社会事业投资扩大，全年财政民生支出500.73亿元，增长14.97%，占一般公共预算支出77.48%。

【服务业】 2017年，南宁市深入实施金融业、现代物流业、电子商务和信息服务业“三年行动计划”，第三产业增加值2115.15亿元，增长8.4%，占地区生产总值51.35%，首次突破2000亿元。金融业增加值450.57亿元，增长7.70%；中国进出口银行广西区分行等金融机构开业，村镇银行实现县域全覆盖。现代物流业新增AAA级以上物流企业5家，中国－东盟国际物流基地入驻企业14家；全市物流总量完成3.52亿吨,增长8.58%;规模以上快递服务企业业务量、业务收入分别增长41.36%、34.63%;中新南宁国际物流园项目落户南宁;南宁综合保税区封关运营。建立中国－东盟信息港南宁核心基地重大项目库,筹划建设重大项目69个,总投资493亿元;五象新区总部基地休闲公园电商小镇建成运营,全国首个集国际邮件、跨境电商、国际快件监管于一体的中国邮政东盟跨境电子商务监管中心建成启用。旅游业成为南宁市千亿元产业,全年接待游客首次突破1亿人次,旅游总消费突破1000亿元;建立智慧旅游基础数据库、智慧旅游营销系统,实现线上、线下旅游体验服务融合;入围国家首批中医药健康旅游示范区创建单位。现代服务业集聚区累计认定22个,其中南宁国际综合物流园、广西海吉星农产品国际物流园、南宁·华南城、南宁·中关村创新示范基地、南宁研祥智谷、中国－东盟检验检测认证高技术服务集聚区、五象新区金融集聚区、中盟科技园软件和信息服务业集聚区、太和·自在城9个获自治区级认定。其他营利性服务业企业营业收入157.34亿元,增长27.40%,新增入库109家。万达茂、江南万达广场、江南盛天地、绿地中央广场289上海天地、龙光商业广场等5家城市综合体、广西太和·自在城(一期)社会养老服务业示范基地开业运营。

【现代特色农业】 2017年,南宁市实现农林牧渔业总产值704.72亿元,增长4.10%。实施“10+3”(粮食、糖料蔗、水果、蔬菜、茶叶、桑蚕、食用菌、罗非鱼、肉牛肉羊、生猪10个种养产业,富硒农业、有机循环农业、休闲农业3个新兴产业)特色优势产业提升行动,糖料蔗恢复性增长,“双高”(高产、高糖)糖料蔗基地1.16万公顷;广西南山白毛茶茶业有限公司的横县南山白毛茶、广西仁泰生物科技有限公司的横县双孢蘑菇、广西九龙腾农业科技有限公司的宾阳古辣香米、广西农垦国有东湖农场的宾阳胡萝卜、广西佳年农业有限公司的武鸣火龙果5个农产品入选全国名特优新农产品目录,新增“三品一标”(无公害农产品、绿色食品、有机农产品、农产品地理标志)农产品17个、富硒农产品认证15个;培育提升优质大米、香蕉、茉莉花、火龙果等区域公用品牌,茉莉花品牌价值180.50亿元。现代特色农业示范区形成由乡级向县级、市级、自治区级、国家级梯次发展新格局,有自治区级示范区18个,市(县)级示范区35个,乡级示范区103个,首批广西县乡级示范区36个。打造广西休闲农业与乡村旅游示范点7个(广西农垦明阳向阳红现代农业庄园、宾阳县“品绿留香”休闲农业示范区、上林县云里湖现代农业示范区、马山县古零镇羊山村三甲乡村旅游区、广西金穗生态园、南宁花雨湖生态休闲旅游区、广西胤龙生态园),西乡塘区“美丽南方”休闲农业(核心)示范区入选国家农业综合开发田园综合体建设试点。 (卢　珊)

【非公有制经济】 2017年,南宁市落实“39证合一”(39个涉及企业证照的事项整合到一个营业执照)登记制度,以一次采集、一套材料、一表登记、一窗受理模式节约企业时间成本;137项政务服务事项实现网上审批与邮政快递结合,以申报材料和审批结果“双向寄送”方式服务企业300余家。推进政府与社会资本合作(PPP)模式,年度开发计划首次纳入社会资本发起的项目2个;重点推进项目11个,投资总额143.81亿元。广西首支中小企业孵化基金——南宁市中小微企业孵化基金设立,总投资规模15亿元,助推种子期、初创期的科技型、创新型中小微企业成长。“两台一会”(市中小企业服务中心为融资平台、市南方担保公司担保平台、市企业信用协会)投放贷款143.61亿元,贷款余额40.29亿元。有个体工商户27.86万户(新增6.95万户),资金数额319亿元(新增63.89亿元);小型微型企业1.85万户,注册资本(金)20亿元;私营企业21.05万户(新增3.59万户),注册资本(出资金额)1万亿元(新增2841.36亿元);外商投资企业1878户(新增250户),注册资本(认缴出资金额)63.93亿美元(新增17.46亿美元)。招商引资非公企业项目438个,合同引进资金545.12亿元,实际到位资金695.66亿元。非公有制经济规模以上工业企业830家(产值超亿元以上企业578家),完成工业增加值904.70亿元;非公有制经济工业增加值占全市规模以上工业增加值比重78%,对全市规模以上工业增加值增长贡献率87.10%。民间投资2801.80亿元,占全市固定资产投资总额65%,拉动全市固定资产投资增长8.90个百分点。非公有制经济提供税收124.50亿元,占全市国税、地税收入22.90%。非公有制经济出口额260.50亿元,占全市出口总额94.49%。非公有制单位新增就业人数5.40万人,占全市城镇新增就业人数69.05%。 (李照刚)

【县域经济】 2017年,南宁市实施县域基础设施、公共服务设施能力提升“三年行动计划”项目1288个。横县、宾阳县、上林县、马山县、隆安县实现地区生产总值708.08亿元,占全市地区生产总值17.19%;五县规模以上工业增加值完成139.66亿元,占全市规模以上工业增加值12.05%;五县完成固定资产投资692.87亿元,占全市固定资产投资16.08%。横县校椅镇入选第二批全国特色小镇;横县茉莉花茶获评中国优秀茶叶区域公用品牌、中国美食节茶饮品牌金奖,成为“中欧100+100”(中欧双方各自提交100个地理标志产品)地理标志互认互保产品;中华茉莉花产业园入选首批11家国家现代农业产业园;横县入选全国首批农村生活垃圾分类和资源化利用示范县。宾阳县实施自治区新型城镇化示范县工程,推进宾州镇、黎塘镇城镇建设;发展香米产业,获批为全国“优质粮食工程”行动示范县、全国水稻绿色高产高效创建标兵县,古辣香米获批为国家地理标志保护产品;组建广西唯一县级农业信贷担保试点公司。上林县完成县城控制性详细规划评审稿;以“壮族老家·养生上林”为发展定位,培育生态旅游产业,完成“三湖一寨一江一园”(龙母湖、金莲湖、云里湖、鼓鸣寨、大庙江、农耕文化园旅游景区)旅游项目投资3.90亿元,累计完成投资25亿元;获广西特色旅游名县评定。马山县古零镇完成自治区百镇建设示范工程;以“体育+旅游+扶贫”模式,发展体育旅游产业,打造中国首个攀岩特色体育小镇,形成环弄拉“陆路上的漓江”等精品旅游线路12条;被评为国家卫生县城。隆安县震东扶贫生态移民与城镇化结合示范工程安置楼20栋安置房2800套竣工;发展以“那文化”为核心的特色农业、休闲观光旅游业,金穗香蕉产业(核心)示范区被评为广西五星级现代特色农业示范区;广西首条“城际快线”落户隆安。 (覃涓铌)

政治建设

【概　况】 2017年,南宁市深化法治南宁建设,首次编制五年立法规划,印发《南宁市法治政府建设工作方案(2017—2020年)》;持续开展打击违法犯罪活动,加强基层法治机构和队伍建设,扩大法律援助范围;《中国法治政府评估报告(2017)》显示南宁市法治政府建设在全国100个主要城市中排名第五,在西部20个城市中排名第一。推进全面从严治党,加强扶贫领域监督执纪问责。围绕社会热点难点,开展多层次协商,创建协商新平台。推进行政审批制度改革、人事制度改革。加强厂务公开民主管理,完成村(社区)党支部委员会、村民委员会(社区居委会)换届选举。 (覃涓铌)

【法治南宁建设】 2017年,市人大常委会审议地方性法规6件,开展立法后评估1件,立法调研11项;做出决议决定21项,备案、审查政府规范性文件54件;首次编制五年立法规划,确立届内立法任务38件；首次组织召开立法协商会，听取市政协委员、各民主党派、工商联等方面的立法意见。市法制办公室召开立法专家论证会及征求意见会12次，开展立法征求意见活动2次；报请市人大常委会审议地方性法规草案4件，报请市政府出台政府规章3件，确定“南宁市人民政府立法基层联系点”36个；修改政府规章2件，废止政府规章4件，立法后评估政府规章2件；完成68部地方性法规和政府规章设定的行政裁量权基准制定，形成规范性文件27件；落实区县政府工作部门、乡镇、街道办事处专职(兼职)法制员741人。32个市级部门通过南宁市网上行政执法暨电子监察系统办理行政处罚一般程序立案1011件，结案904件；简易程序立案51件，结案51件。全年刑事案件数、道路交通事故数、火灾数比上年分别下降9.53%、6.97%、20.49%；经济犯罪破案641起，挽回经济损失29.80亿元；破获“7•31”特大网络贩枪案，打掉涉及全国28个省市、涉案1000余人的网络贩枪团伙；启用全国公安首套社会治安风险洞察系统，利用系统发现、抓获各类犯罪嫌疑人近400人；“以学促管”“学罚结合”电动自行车管理模式获公安部肯定并向全国推广。市检察院立案侦查贪污贿赂犯罪187人、起诉174人，挽回经济损失3156.84万元；立案侦查渎职侵权犯罪33人，提起公诉25人；参与电信网络、生态环境、非法传销、校园欺凌和校园暴力专项治理，起诉543人。市两级法院审结刑事案件6435件，民事纠纷案7.17万件，盘活融通涉案资产142.55亿元；发布《南宁法院知识产权司法保护状况(2012—2016年)》白皮书，公布2012—2016年南宁法院知识产权司法保护十大典型案例，审结南宁首例涉及驰名商标认定的不正当竞争案，强化商标品牌保护；建立“每日庭审直播”制度，全年庭审直播3459次；新建(恢复)人民法庭6个，方便群众诉讼；成立南宁市首个民营企业合法权益保障巡回法庭、旅游巡回法庭、历史文化街区保护巡回法庭。建成南宁市公共法律服务中心、“12348”公共法律服务热线、南宁市公共法律服务网络平台；运用南宁普法网、南宁普法微博、南宁普法头条号等新媒体开展法治宣传；看守所、人民检察院、人民法院实现法律援助工作站全覆盖；市法律援助中心全年为受援人挽回损失或取得利益2837.02万元。全市建成人民调解组织59个，成立广西首个婚姻家庭纠纷人民调解委员会；全年排查调处矛盾纠纷2.62万件，成功调解2.55万件。

(韦杉娜　黄莉莉　黄静洁　蒙　旗　潘伟坚　易　莉)

【从严治党】 2017年，南宁市推进全面从严治党，以党的政治建设为统领，以坚定理想信念宗旨为根基，以调动全党积极性、主动性、创造性为着力点，全面推进党的政治建设、思想建设、组织建设、作风建设、纪律建设，把制度建设贯穿其中，深入推进反腐败斗争。组织党员深入学习贯彻习近平新时代中国特色社会主义思想和党的十九大精神，全年开展学习活动1.70万场次，参加党员26万多人；落实“两学一做”(学党章党规、学系列讲话、做合格党员)学习教育常态化制度化，印发《关于推进“两学一做”学习教育常态化制度化的实施方案》，召开全市推进学习教育常态化制度化工作座谈会，开展党纪党规宣讲242场，举办主题党课巡讲150多场次，开展向廖俊波、黄大年学习活动1.30万场次。全年整顿升级软弱涣散村党组织151个，完成1769个村(社区)“两委”换届选举，产生“两委”干部1.94万人，6266名优秀人才加入“两委”干部队伍；建立“四个一线”(项目建设一线、改革创新一线、脱贫攻坚一线、维护稳定一线)干部培养选拔链，全年从“四个一线”提拔的县处级领导干部超过提拔总数60%。推行领导班子、领导干部落实党风廉政建设主体责任纪实制度，3000多名领导干部填写纪实手册；建立监督执纪协作机制，全市12个区县纪委、28个派驻机构整合成5个战区，实施划片联管、交叉协作、跨区域跨行业执纪；落实中央八项规定精神“回头看”，自查自纠问题5276个，给予党纪政纪处分87人、组织处理37人、问责66人；全市查处违反中央八项规定精神问题95起，给予党纪政纪处分132人，通报、曝光26批次74起；聚焦扶贫领域“四风”(形式主义、官僚主义、享乐主义、奢靡之风)和腐败问题，制定《中共南宁市委员会关于深入治理扶贫领域形式主义、官僚主义若干规定(试行)》；23个市直扶贫攻坚责任单位排查廉洁风险防控薄弱点219个、整改问题200多个；发现贯彻脱贫攻坚决策部署不坚决不到位、弄虚作假、贪污侵占、行贿受贿、虚报冒领、截留挪用、吃拿卡要、优亲厚友等突出问题，全年立案查处扶贫领域违纪案件754起，给予党纪政纪处分485人，其他处理388人，移送司法机关6人。

(市委组织部　林世才)

【政治协商】 2017年，南宁市政协探索创建“双月协商座谈会”协商平台，召开会议5次。围绕产业转型、培育轨道交通经济带、改革攻坚任务、生态宜居南宁建设、“南宁渠道”升级、对外投资和对外贸易情况、重大项目建设等，开展双月协商座谈、对口协商、界别协商、提案办理协商、委员视察等活动，推动调研成果转化。多措并举开展政协民主监督，增加监督性议题比重，《南宁市政协开展民主监督实践探索》经验做法在全国政协“党的十八大以来人民政协的创新实践”理论研讨会上作书面交流。与越南海防市祖国阵线委员会代表团签署《友好合作谅解备忘录》。

(市政协办公厅)

【民主党派与无党派人士参政议政】 2017年，自治区党委常委、市委书记王小东分别主持召开经济工作专题协商座谈会、政党调研协商座谈会，市长周红波主持召开《政府工作报告》征求民主党派(党外人士)意见座谈会。民主党派市委会、市工商联、市无党派人士联络组围绕全市中心工作、社会热点问题开展重点课题调研，形成《关于加快发展南宁市村级集体经济助力精准扶贫的建议》(民革市委会)、《南宁市安全生产工作情况调查》(民盟市委会)、《加快推动闲置厂房招商运营，促进我市园区经济倍增发展》(民建市委会)、《关于南宁大都市区下的中小城市特色产业调研》(民进市委会)、《关于新人口政策下我市出生缺陷防控情况的调查》(农工党市委会)、《关于借助“南宁渠道”提升我市现代物流业发展水平的建议》(致公党市委会)、《关于推进中国东盟信息港南宁核心基地建设的调研报告》(九三学社市委会)、《关于鼓励和引导民营企业参与脱贫攻坚工作的建议》(市工商联)、《关于加快县域工业园区发展的建议》(市无党派人士联络组)、《积极参与“渝桂新”通道建设，助推南宁渠道升级——打造“一带一路”战略支点有关问题的调研》(台盟南宁市支部)重点课题调研报告10篇。中共南宁市委召开政党调研协商座谈会，专题听取重点课题调研成果汇报。市委统战部、市委督查室牵头推进、督查完成2016年重点课题调研成果需落实建议14项。市直部门聘请47名民主党派成员、无党派人士担任特约人员；组织民主党派成员、无党派人士参加扶贫领域监督执纪问责巡查调研活动，开展民主监督。

(温从进)

【行政审批制度改革】 2017年，南宁市以“简政放权、放管结合、优化服务”改革为主线，推进相对集中行政许可试点工作，29个市直部门(单位)184项行政许可事项划由市行政审批局行使；推行“一枚公章管审批”模式，回收27个市直部门49枚审批专用章，启用“南宁市行政审批局”印章，办理政务服务事项5.47万件，办理提速80.34%；出台《南宁市相对集中行政许可和事中事后监督管理暂行办法》，厘清监督管理边界，加强行政审批与行业监管部门间业务协同和无缝对接。取消行政审批事项61项，调整行政审批事项253项。公布完善行政许可事项目录，全市保留行政许可事项316项，承接自治区委托实施行政许可事项28项，中央直属、自治区直属驻邕单位保留行政许可事项

9 项;动态调整行政许可事项 24 个(删除 4 项、调整 14 项、新增 6 项)。清理规范办事证明,市本级 45 个市直部门 338 个办事证明减少至 119 个。形成政府部门权责清单并向社会公布,取消、下放权力事项 448 项,新增 399 项,调整 337 项,保留权力事项 2466 项。邕江市区段 56 千米河道水利、环境保护、渔业管理整体纳入城市管理综合行政执法范围;推动住房城乡建设领域行政处罚权集中行使,梳理需划转行政处罚权 271 项、行政强制权 1 项;整合市住房局、市国土资源局不动产登记相关职责,将市房屋产权交易中心房屋登记、抵押,房屋测绘数据成果管理、房屋楼盘表管理,档案管理、利用等职责移交市不动产登记中心,不动产登记业务办理量由每天 600 多宗提速至 2600 多宗;市公证处由行政机关内设机构调整为事业机构,成立广西壮族自治区南宁市桂南公证处。"135 审批体制改革路径"(打造政务服务"一张网"、审批体制瘦身"三步棋"、聚焦改革难题"五个点"的典型做法)获中国政务服务突出贡献奖。

(市政府办公厅　肖　瑛)

【人事制度改革】 2017 年,南宁市深化人事制度改革,落实完善倾向基层的考录政策,设 75 个名额定向招考生源地或户籍地人员,区县及以下机关招考人数占总计划 81.48%。印发《南宁市县处级开发区和市直科级以下机构实施职务与职级并行制度工作方案》,4 个开发区、13 家市直单位的 35 个派驻(出)机构、61 个内设机构列入市级单位实施公务员职务与职级并行制度范围;审批市直开发区和派驻机构符合晋升职级人数 544 人。核准事业单位岗位设置方案 327 个(次),办理单位人员岗位变动认定 338 个。实施人民警察职务套改试点,完成民警职务套改备案 3975 人。启动事业单位绩效工资总量核增工作,事业单位绩效工资总量水平采取分类核定、分类调整方式确定,核定范围:全市应执行事业单位绩效工资制度的事业单位 3385 家 9.06 万名在职人员,其中市本级事业单位 251 家 1.95 万人,15 个区县、开发区单位 3134 家 7.11 万人;全市增加财政支出 22 亿元。在自治区率先搭建组织人事编制财政综合管理业务信息平台,衔接机构编制、人员调配、工资发放等业务,动态监督超编进人、超职数配备干部、人员"吃空饷"问题。开发南宁职称业务系统,为专业技术人员提供职称申报"一站式"服务。制订《南宁市深化人才发展体制机制改革行动计划》,完成南宁市首批高层次人才认定 93 人,选聘第五批南宁市特聘专家 9 人。建立劳动人事争议速裁快审机制,裁决结案 3379 件,增长 7.90%。

(谢　伟)

【厂务公开民主管理】 2017 年,南宁市已建工会组织的公有制企业、事业单位厂务公开和职工代表大会建制率 100%;已建工会组织的非公有制企业厂务公开率 93.76%,职工代表大会建制率 92.57%。贯彻落实厂务公开、职工董事、职工监事制度,继续实施《2014—2018 年南宁市厂务公开民主管理五年规划》《2015—2018 年职工代表培训规划》。培训职代会师资人员 190 人,选树、培育中国中铁隧道集团四处有限公司、广西富凤农牧有限公司、广西农垦国有东湖农场 3 个南宁市厂务公开民主管理示范点。

(师　吕　赵振奎)

【村民自治】 2017 年,南宁市辖乡镇 102 个,有村民委员会 1383 个兴宁区 37 个、江南区 46 个、青秀区 46 个、西乡塘区 64 个、邕宁区 65 个、良庆区 57 个、武鸣区 198 个、(横县 276 个、宾阳县 192 个、上林县 115 个、马山县 133 个、隆安县 118 个、南宁高新技术产业开发区 14 个、南宁经济技术开发区 22 个)。完成 1383 个行政村党支部委员会、村民委员会换届选举。加强村民委员会建设投入力度,市财政补助资金 832 万元实施村委会服务用房项目 57 个,其中新建示范项目(400 平方米～500 平方米)1 个、新建项目 32 个、扩建项目 7 个、维修项目 17 个。开展农村社区建设试点,市财政安排 300 万元补助农村社区试点建设项目;宾阳县获第一批自治区级农村社区建设试点县认定,西乡塘区忠良村入选首批全国农村幸福社区建设示范单位。提高全市村干部、离任村干部养老补贴和村级组织办公经费标准,村干部基本报酬每人每月增资 300 元,增资后村党组织书记(兼村委会主任)、村党组织书记或村委会主任、其余村定员全额补贴干部、村定员半额补贴干部每人每月基本报酬最低标准分别为 2000 元、1900 元、1800 元、1300 元;离任村干部养老补贴标准由任期满一年每月 15 元提高至 30 元(村定员半额补贴干部减半);给予村(居)务监督委员会成员工作补贴每人每月 150 元;给予屯级小组长(队长)、屯级党支部书记工作补贴每人每月 50 元;村级组织办公经费由每年每村 2 万元提高至 3 万元。

(涂豫湘)

文化建设

【概　况】 2017 年,南宁市培育践行社会主义核心价值观,深入开展群众性精神文明创建,推进文化体制改革,培育文化骨干企业,加快文化产业发展,以人民为中心创作文艺精品,文化活动呈现联动发展新格局,继续实施文化惠民工程,推进公共文化服务设施建设和改造升级,提升群众文化获得感。

(覃涓鋭)

【培育践行社会主义核心价值观】 2017 年,南宁市推动社会主义核心价值观建设"六个融入"(融入公共场所、窗口单位、学校、社区、乡村、网络空间),打造南宁·中关村创新示范基地、那考河湿地公园、滨湖路小学、悦荟商业广场、凤翔社区、李宁体育园等社会主义核心价值观主题示范点。至年末,全市有主题示范公园 5 个、主题示范社区 22 个、主题示范广场 9 个、主题示范街道 11 条。以加强社会公德、职业道德、家庭美德、个人品德建设为主线,深入实施公民道德建设;树立先进典型,在园湖路小学建成黄大年同志先进事迹教育基地;甘科伟获"全国第六届道德模范"称号,郭慧仁、张世封分别获"第四届自治区见义勇为道德模范"称号、诚实守信道德模范提名奖;2017"中国好人"榜评出诚实守信黄晓光、黄毅喆、杨世亮,见义勇为梁秀旺,敬业奉献甘科伟,孝老爱亲李德广、潘秀英 7 名好人。开展"邻里缘·守望情"主题摄影大赛、"扬清廉家风·建幸福家庭"书法美术摄影比赛作品展、"我们的节日"主题活动,组织道德讲堂进工地、好家风好家训进校园进社区。深化未成年人思想道德建设,强化学校家庭社会"三位一体"教育网络,开展"我的中国梦"主题实践活动、"童心向党"歌咏比赛、第 24 届南宁市青少年爱国主义读书教育活动,征集推广优秀童谣,推动优秀儿童戏曲戏剧进校园;"中华经典美韵邕城"主题系列活动以经典诵读、演绎引导未成年人继承发扬中华优秀传统文化,参加活动中小学生超 100 万人;南宁市获"2014—2016 年度自治区未成年人思想道德建设工作先进城市"称号。

【群众性精神文明创建】 2017 年,南宁市深入开展"五大文明创建"(创建文明城市、文明村镇、文明单位、文明家庭、文明校园)。出台实施新版《南宁市民文明公约》,开展窗口行业创城竞赛达标活动,形成抓经常、抓平常、抓日常的创城模式。共建"礼让之城",深化"五个礼让"(斑马线前讲礼让、行车会车讲礼让、有序排队讲礼让、乘坐公交讲礼让、乘坐电梯讲礼让)品牌活动,发起"我礼让我自豪"首府南宁礼让公益行动,网络直播街头"礼让斑马线",全年公交车、出租车文明礼让率 99.78%,私家车文明礼让率 80% 以上。推进志愿服务提档升级,入选全国"志愿之城"第三批试点城市,打造"学雷锋·行善立德·志愿服务满绿城"志愿服务月、志愿者集体献血月品牌,全市网上注册志愿者 49 万人,志愿者组织 1361 个,发布志愿服务项目6280多项，形成“有困难找志愿者”“有时间就做志愿者”的文明新风尚。推进“厕所革命”，以市政、旅游公共厕所为重点，完善“三有”（有水冲洗、有纸使用、有人管理）配置、清洁美化环境、设置文明提示；继续推行文明旅游、诚信建设、文明餐桌行动。建好用好“两网两微一册”（南宁文明网、南宁志愿者网，“文明南宁”微博、微信，双月刊宣传册）。全市创建市级“星级文明户”1275户，区县级“星级文明户”5971户，乡镇级“星级文明户”3.82万户。经中央文明委复查确认，南宁市继续保留“全国文明城市”称号，实现全国文明城市“四连冠”；横县校椅镇石井村、上林县大丰镇云里村、隆安县那桐镇定江村、兴宁区三塘镇围村、江南区苏圩镇佳棉村、青秀区长塘镇天堂村、西乡塘区石埠街道忠良村、邕宁区蒲庙镇梁勇村、良庆区那马镇坛良村9个村获第五届“全国文明村镇”称号，市交通运输局、市文化新闻出版广电局、南宁动物园、南宁市国家税务局、吴圩国际机场5个单位获“全国文明单位”称号，南宁市第三中学、滨湖路小学获“全国文明校园”称号；钟日胜家庭、张清秀家庭、莫洪林家庭、覃小松家庭获首届“自治区文明家庭”称号，蓝淋家庭、林珏瑛家庭被中华全国妇女联合会评为2017年全国“最美家庭”。（市文明办）

【文化体制改革与产业发展】2017年，南宁市开展文化改革发展政策落实情况督察；推动经营性文化事业单位转企改制，补助南宁市艺术剧院有限公司638万元；指导转企改制文艺院团引入社会资本、公私合作等方式参与运营；在自治区文化系统率先研发上线“文化企业服务数据库”，分批录入文化企业近20家。培育华蓝集团、广西千年传说影视传媒股份有限公司等文化企业；助力广西金壮锦文化艺术有限公司入选“2017—2018年度国家文化出口重点企业”；在南宁高新技术产业开发区软件园打造“南宁市动漫之家”公共服务平台，扶持重点动漫企业、动漫产业试验园区发展；全市有国家认定动漫企业5家，自治区级动漫骨干企业14家，市级动漫骨干企业7家。推进南宁东盟文化旅游项目、万达茂文旅项目、中国－东盟绿色创意印刷产业园等文化项目建设。构建文化产业分级示范基地建设体系，有文化产业示范基地（园区）95家。扶持打造安吉•华尔街工谷、南宁华南城创新谷、南宁403国际艺术中心、万达茂•万达乐园、东盟文化博览园等文化产业集聚区。（刘贵成）

【文艺创作】2017年，南宁市策划选定10个大项近20个子项精品文化文艺项目，重点打造体现桂风壮韵、南宁风情的大型舞剧《刘三姐》，体现地域文化、贝丘印记的大型邕剧《顶蛳山传奇》，体现“一带一路”、玄奘精神的大型邕剧《玄奘西行》3部精品剧目。动画电影《勇闯天空岛》、电视剧《兵变1929》、大型方言话剧《水街》、歌曲《把梦带回家》4部作品获广西第14届精神文明建设“五个一工程”奖，《水街》《勇闯天空岛》获第八届广西文艺创作铜鼓奖。舞蹈《骆越先歌》、歌曲《小世界》入选2017年国家艺术基金小型舞台剧（节）目和作品创作资助项目；话剧《金银花开》入选文化部2017年度剧本扶持工程“征集新创剧目”戏剧类项目。

【文化活动】2017年，南宁市筹办开展2017南宁国际民歌艺术节系列文化活动，发起建立中国－东盟（南宁）戏剧合作交流机制，举办首届中国－东盟电影周（印度尼西亚电影展）；创作排演2017南宁市新春音乐会、春节团拜会文艺演出、庆祝中国人民解放军建军90周年晚会等大型文艺活动；举办“美丽南宁大舞台”艺术精品惠民演出8场，演绎中外经典舞剧、原创精品剧目；推进邕州剧场地方戏曲月月演活动，演出粤剧剧目12部；打造“壮族三月三•八桂嘉年华”、民歌湖“百姓大舞台”周周演等特色活动品牌。组织大型邕剧《玄奘西行》开展全国巡演28场，艺术院团赴菲律宾、以色列、土耳其、越南、泰国开展大型文化交流活动。南宁电视台联合14家境内外媒体打造《春天的旋律•2017》跨国春节晚会；联合中央电视台国际频道、中国新闻社推出2017“南宁渠道　丝路交响”媒体走东盟跨国采访行动，深入马来西亚、柬埔寨、泰国、缅甸、菲律宾、印度尼西亚6个东盟国家采访，制作20集大型系列报道及1部5集纪录片。

【文化惠民工程】2017年，南宁市村级公共服务中心开工建设116个，惠及贫困村47个，累计完成投资1969万元；财政支出公共文化基础设施场所免费开放经费731.80万元；广播电视村村通工程建成乡镇广播电视发射台站5个，进一步减少广播电视盲区；按期更新390个农家书屋出版物，补充图书425种16.58万本，音像制品3种3510张，月刊杂志4种6期9360本；组织专业艺术院团到10所高校演出传统戏曲、精品剧目20场，到校园演出儿童剧、卡通剧、地方戏曲129场；扶持200支乡村社区业余文艺队演出6140场，投入经费339万元，观众560万人次；社区电影公益放映4607场（含重点建设项目工地农民工专场100场），农村放映1.70万场。（郭李宏茜　许燕滨）

【文化设施建设】2017年，广西文化艺术中心竣工验收；南宁市图书馆新馆主体工程封顶，启动室内装饰工程，累计完成投资2.48亿元；南宁市群众艺术馆重建项目竣工，新馆综合楼投入使用，剧场建设全部完工并整体验收，累计完成投资8759万元；南宁市科技馆开馆运营。南宁市少年儿童图书馆将爱薇园绘本馆、智慧家长阅览室合二为一，改造升级并对外开放，增设“行知国学”电子图书一体机1台、纸质绘本8000册、家庭教育类图书1000册；完成爱薇园芽芽馆建设并对外开放。市图书馆新建馆外图书流通站24个，馆外流通图书6万册；改造自助借还设备，全市10家社区24小时自助图书馆纳入通借通还服务联盟；与网络咖啡厅、星巴克等合作建立图书小站26家。区县图书馆完成12个村级公共服务中心图书室“一卡通”建设。依托社会力量在兴宁区兴东街道五村岭社区、民生街道北宁

2017年7月，南宁市车辆在东葛路斑马线前礼让行人　　市文明办提供

南宁年鉴

社区2个青少年综合服务平台设立图书流通站;打造青秀区图书馆分馆、青秀山书院分馆、孔庙国学分馆、南宁市艺术剧院有限责任公司分馆、中国人民解放军75776部队分馆5家图书馆分馆;全年为流通站、分馆配送图书17次1.06万册。市博物馆继续推进顶蛳山考古遗址公园、南宁好人馆建设。(葛应俊)

社会建设

【概　况】2017年,南宁市深化社会事业关键领域改革,加快健全基本公共服务体系,集中力量做好普惠性、基础性、兜底性民生建设,推动就业创业、社会保障、住房、科技、教育、卫生医疗、体育等社会事业发展,建设平安南宁,实现城乡居民收入稳步增长,完成年度脱贫攻坚任务。(覃涓铌)

【脱贫攻坚】2017年,南宁市筹集财政专项扶贫资金23.33亿元,实施道路硬化、安全用水、安全用电、危房改造、互联网+扶贫、文化设施建设、乡村环境建设"七大工程"。完成脱贫摘帽贫困村认定101个,贫困户脱贫"双认定"(帮扶责任人认定、贫困户自身认定)83662人,贫困发生率从2016年6.64%下降至5.02%。每个贫困村基本确定"3+1"("3"指从县选定的5个特色产业中选择的、脱贫攻坚期内持续发展不能更换的特色产业,"1"指贫困村从县选定的2个产业中选择且可根据实际每年调整的产业)个特色产业。至年末,全市421个贫困村中317个贫困村集体经济收入达2万元以上,占贫困村总数75.29%。(谭春兰)

【城乡居民收入】2017年,南宁市全体居民人均可支配收入2.49万元,比上年增长9.3%;城镇居民人均可支配收入3.32万元,增长8.1%;农村居民人均可支配收入1.25万元,增长9.8%;城乡居民收入比为2.65∶1。居民消费价格指数(CPI)同比上涨2.3%,创近5年新高,涨幅扩大0.9个百分点;在全国36个大中城市中排名第五,在西南地区5个省会城市中排名第一,在自治区14个地级市中排名第三。(申智慧)

【就业创业】2017年,南宁市实现城镇新增就业7.73万人,城镇登记失业率2.63%;完成农村劳动力转移8.11万人。全市扶持创业1.92万户(家),发放创业担保贷款3220笔2.74亿元;为高校毕业生、城镇登记失业人员、就业困难人员、农民工等群体提供就业岗位超过26万个;培训产业工人、农民工3.84万人。新增西乡塘区华强街道华强社区、横县那桴街道那市社区2个国家级充分就业社区,青秀区新竹街道东葛路社区等43个自治区星级充分就业社区。首次将全面治理拖欠农民工工资问题纳入市绩效考评体系;在自治区率先组建打击拒不支付劳动报酬犯罪联合执法办公室;用人单位劳动监察书面材料审查改为网上申报审查;建立劳动人事争议速裁快审机制。

【社会保障】2017年,南宁市实施"全民参保登记计划",社会保险参保人数1218.93万人次。城乡居民基本养老保险参保人数215.82万人,参保率94.79%,享受待遇66.07万人;企业退休人员基本养老金人均每月2183.60元。在自治区率先实施统一的城乡居民医保制度,实现医疗费用即时结算;开通南宁市社会保险事业局网上申报与查询系统、就业社保自助服务一体机、"南宁智慧社保""南宁医保123"手机APP等网上社保业务办理平台,启用"人脸识别"系统认证工伤待遇资格;允许基本医疗保险参保职工授权其配偶、子女、父母及配偶父母使用其账户余额;城市居民最低生活保障标准提高20%。养老服务业引入社会资本,实行公建民营,推进医养结合、"两院合一"(乡镇敬老院、乡镇卫生院)试点,新增医养结合机构12家,社区居家养老服务覆盖率60.50%。(谢　伟)

【住房保障】2017年,南宁市基本建成公共租赁住房2.73万套,分配入住2.39万套。新开工危旧房改住房1548套,基本建成890套。向4744户公租房低收入保障家庭发放住房补贴1115万元;核查处理不符合公租房保障家庭3968户,变更家庭保障方式1780户。将农民工、新就业大中专毕业生、外来务工人员等纳入《南宁市公共租赁住房保障办法》保障范围,推出公租房在线申请平台,在自治区率先上线运营住房保障自助服务终端机。全年新核准公租房保障资格3.59万户,其中核准新就业大中专毕业生保障资格1万户。企事业、机关单位集中申请公租房取得实物配租保障1.36万户,定向为环卫工人等住房困难特殊群体配租公租房614套,提供公租房2300多套作为城区征地拆迁临时过渡安置房源。全年投入保障房维修经费880万元,其中直管公房维修费530万元、公租房专项维修费350万元。(宁怀庆)

【科技事业】2017年,南宁市有高新技术企业451家,占自治区高新技术企业总数37.45%,居自治区首位;全市每万人口发明专利拥有量8.35件,达全国中等水平。南宁高新技术产业开发区成为自治区首个国家双创示范基地。南宁·中关村创新示范基地初步形成智能制造、信息技术、生命健康、科技服务4个产业微集群。新建国际科技合作基地15家;新增广西联讯投资有限公司、广西梦工谷科技有限公司2家国家级科技企业孵化器,软通动力创新综合体、中关村信息谷"雨林空间"、广西联讯U谷众创空间、GoogleAdwords广西体验中心4个首批市级众创空间。中国—以色列科技成果交流转化中心落户南宁,南宁学院与科大讯飞股份有限公司合建广西首家人工智能学院,南宁市科技馆开馆运营。全市完成10万元以上科技成果转化项目76项,技术交易额5253.21万元,完成率136%,其中100万元以上重大项目7项,技术交易额2662.8万元。南宁市被评为2017年全国知识产权系统人才工作先进集体。(吕　阳)

【教育事业】2017年,南宁市建成使用中小学校18所,新增学位2.83万个;幼儿园18所,新增学位6950个。实现南宁市、钦州市、北海市、防城港市考试命题、科目、形式、时间、内容、评卷、成绩"七统一";集团化办学改革形成"核心校+分校"办学模式。西乡塘区、武鸣区、马山县、隆安县通过国家义务教育均衡发展督导评估认定,江南区完成国家义务教育质量监测,全市义务教育巩固率96.50%。新增城市家庭经济困难寄宿生生活费补助,受益学生5242人次;接收进城务工人员随迁子女入学14.50万人。启动教育系统专网建设,升级改造直属学校校园网;建设南宁终身学习公共服务平台,提供社区教育培训信息、免费电子课程资源。南宁职业技术学院入选国家第二批现代学徒制试点院校。(叶　康)

【体育事业】2017年,南宁市获2019年苏迪曼杯世界羽毛球混合团体锦标赛举办权,举(承)办格力·中国杯国际足球锦标赛等重大赛事19项。在自治区率先设立市级体育产业引导资金,建成"互联网+全民健身"服务平台"运动绿城"APP,举办自治区首个体育主题展会(首届南宁体育产业博览会)。构建城市社区"10分钟体育健身圈",投入1825万元建设城乡基础公共体育场地设施306个;每千人拥有3名社会体育指导员,人均体育场地1.51平方米,经常参加体育锻炼人口占总人口46%。南宁市体育运动学校获评国家级重点体育后备人才基地;华智城围联体育产业股份公司、南宁李宁体育园获评国家级体育产业示范品牌。南宁市成为广西全民健身和全民健

康深度融合试点市,青秀区、宾阳县、马山县成为试点区县。（黄永铁）

【卫生医疗】2017年,南宁市启动城市公立医院综合改革,32家城市公立医院取消药品加成(中药饮片除外)超过5亿元,降低检查检验费用超过1亿元;医疗服务价格整体补偿85%以上;新增上林县为自治区县级公立医院综合改革示范县;21家县级医院与94家乡镇卫生院建立“一体化”管理模式。推进药品采购“两票制”(药品生产企业到流通企业开一次购销发票,流通企业到医疗机构开一次购销发票),基层医疗卫生机构药品网上订单配送金额到位率90.71%。全市60家医院接入全国异地就医直接结算平台;县域定点医疗机构“先诊疗、后付费”服务模式铺开。建立电子健康档案563.49万人,规范化电子建档率81.49%。建成医疗基层急救示范点15个;智慧健康信息工程(一期)实现13家市直属医院电子病历、化验结果、检查结果互认共享。上林县医改模式上升为国家推广的医疗共同体改革模式。（肖裕翰）

【平安南宁建设】2017年,南宁市构建“七位一体”(指挥调度、情报研判、视频监控、网络巡查、卡口检查、巡逻防控、反恐处突有机结合为立体化防控体系)社会治安防控体系;“平安校园”“平安医院”等系列平安创建工作覆盖率90%以上。全面铺开“智慧警务”建设,打击网上虚假信息诈骗等违法犯罪行为,建立覆盖面更广的视频监控网络,实现电动自行车智能防盗管理。“雪亮工程”(公共安全视频监控建设联网应用)新增摄像探头1万个,完成6个区县、65个乡镇(街道)联网共享平台建设,公共安全视频联网共享应用体系与机制初步形成。开展打击传销清查整治行动487次,查获涉嫌传销人员8321人,打掉团伙166个,捣毁窝点521个。全年无重特大生产安全事故发生,食品药品安全形势总体稳定。隆安县被评为全国平安建设先进县,横县被评为国家级出口食品农产品质量安全示范区。（傅荣华）

生态文明建设

【概　况】2017年,南宁市以改善环境质量为核心,持续深化大气污染治理,全面推行河长制,实施邕江综合整治和开发利用工程,推进城市绿化美化彩化,推动新能源产业、节能环保产业发展。全年万元地区生产总值能耗下降5.04%;城市空气质量优良率92.30%;市县集中式饮用水源地水质达标率100%;基本完成国家海绵城市建设试点三年任务,那考河流域综合整治项目获“中国人居环境奖”范例奖;通过国家森林城市复查、全国水生态文明城市建设试点验收;南宁市生态环境教育馆建成开放。南宁市跻身中国社会科学院发布的“绿色发展”“健康宜居”城市全国前十名,获中国生态文明论坛(惠州)年会“2017美丽山水城市”称号;上林县成为首批国家生态文明建设示范县。（覃涓铌）

【生态保护与建设】2017年,南宁市有自然保护区7个,总面积5.17万公顷,其中国家级1个(广西大明山国家级自然保护区),自治区级5个(广西三十六弄—陇均自治区级自然保护区、广西龙虎山自治区级自然保护区、广西龙山自治区级自然保护区、广西弄拉自治区级自然保护区、广西横县六景泥盘系地质自治区级自然保护区),市级1个(良庆区那兰鹭鸟市级自然保护区);有国家湿地公园2处,南宁大王滩国家湿地公园面积5520公顷,横县西津国家湿地公园面积1853.29公顷。推进大明山矿区生态修复、公路生态破坏问题整改,建立自治区级以上自然保护区排查发现问题整改管理台账,那兰鹭鸟市级自然保护区管理站在良庆区挂牌成立;城区新建自然保护小区17个、绿道34千米;调整速生桉林地林种结构,改善水源地森林生态环境;新建岩溶地区石漠化综合治理工程项目3个,总投资3026万元,治理岩溶面积129.78平方千米,治理石漠化面积77.05平方千米。认定南宁市首批市级生态综合示范区(带)6个:兴宁区十里花卉长廊生态综合示范带、青秀区“绿野仙踪”生态综合示范带、西乡塘区“美丽南方”生态综合示范区、横县茉莉花生态综合示范区、宾阳县“稻花乡里”生态综合示范带、马山县环弄拉特色生态旅游综合示范区。（易贝贝　卢　珊）

【节能减排】2017年,南宁市利用国家节能减排财政政策综合示范市5亿元奖励安排示范项目103个,完成投资210.44亿元。南宁餐厨废弃物资源化利用和无害化处理厂改扩建项目主体建设基本完工;华润环保工程(宾阳)有限公司利用水泥窑协同处置城乡生活垃圾项目竣工投产,综合处置生活垃圾每年10万吨;兴宁区平里静脉产业园垃圾焚烧发电项目年上网电量2.1亿度,日处理垃圾2500吨,垃圾处理量占全市生活垃圾总量80%。印发实施《南宁市节能减排降碳和能源消费总量控制“十三五”规划》,将节能减排降碳指标纳入绩效考评体系,发布区县节能目标完成情况晴雨表;组织入选自治区绿色工厂、绿色园区、绿色产品和绿色供应链推荐名单的园区、企业建设绿色制造体系;南宁高新技术产业开发区完成国家低碳工业园区试点典型案例编制。化解过剩水泥产能60万吨,整合2家木薯淀粉酒精过剩产能企业;9个风电项目列入自治区2017年风电项目开发建设方案,南宁经济技术开发区鼎旭同辉25兆瓦光伏项目、广西平安工业产业园10兆瓦屋顶分布式光伏发电项目、上林县白圩镇60兆瓦渔光互补光伏发电项目、武鸣区50兆瓦农业光伏发电项目实现并网发电,全市建成光伏发电装机容量累计208兆瓦。新增绿色建筑项目方案128个,总建筑面积1284.55万平方米;竣工绿色建筑项目37个,建筑面积375.43万平方米;

2017年4月8日,南宁市公安局在江南区启动电动车智能防盗“地网工程”仪式。图为市民办理安装电动车防盗芯片业务　　宋延康　摄

累计完成绿色建筑设计标识项目151个,绿色建筑设计标识建筑面积2204.63万平方米。新购置清洁能源与新能源公交车375辆,全市清洁能源公交车占公交车总量80%;淘汰黄标车、老旧车2.19万辆。全年万元地区生产总值能耗下降5.04%,化学需氧量、氨氮、二氧化硫、氮氧化物排放量控制在预期目标内。 (卢 珊)

【"美丽南宁·宜居乡村"建设】 2017年,南宁市发展村级集体经济项目698个,打造现代农业生产示范基地1387个,培育新型农业经营主体1089个,建设农村电子商务服务点1151个。完成"村级就业、社保经办、教育助学、卫生健康、群众文化体育、法律"6项服务,向65.74万名符合条件老人发放基本养老补助,村卫生室配备率100%,乡村医生签约覆盖率100%。推进农村垃圾整治、道路通行、饮水安全、村屯特色、住房安全和能源利用水平提升工程,改厕任务完工11.24万户,改厨任务完工10.73万户,改圈任务完工5户。1383个行政村按"六有"(有人员、有场地、有设备、有流程、有网络、有经费)标准建成村级综合服务中心。打造市级宜居乡村活动综合示范区县5个、示范乡镇12个、示范村屯32个;建成市级民俗民居示范村屯12个、乡土特色示范村屯13个、市级生态综合示范区(带)12个。邕宁区蒲庙镇良勇村那贵坡启动国家级美丽乡村标准化试点建设,建立美丽乡村体系标准180项。 (市乡村办)

【"南宁蓝"打造】 2017年,南宁市开展"两点一线"(工地、消纳场,建筑渣土运输路线)扬尘污染、工业及交通排放污染、焚烧烟尘污染、工程车辆扬尘污染、裸露土地扬尘污染五大整治。印发《南宁市开展打赢"蓝天保卫战"建立治尘长效机制工作方案》;建成扬尘治理视频综合管理系统,接入运输道路、建筑工地、采石场、水泥搅拌站、消纳场、扬尘治理联合执法卡点的视频监控资源,实现扬尘污染源全流程监控;开展城市工程车辆专项治理、扬尘污染治理联合执法专项行动,巡查建设工地2.30万个次,发出整改通知书4200多份,查处泥头车违法案件1.61万起;全市54个消纳场、108台燃煤小锅炉完成整改;6.56万辆汽车维修治理后尾气达标,机动车环保检测率82.40%。印发《南宁市区2017年PM10污染应急响应工作方案》,将秋冬季实行的PM10(颗粒物)污染应急响应机制扩展至全年;与防城港市、钦州市、贵港市、百色市、河池市、来宾市、崇左市7个市环保局签署大气污染区域联防联控合作备忘录,联动治理大气污染。全年城市空气质量优良率92.30%,优等级191天,二氧化硫、二氧化氮、臭氧日最大8小时、细颗粒物、颗粒物、一氧化碳6项污染物指标首次全部达国家二级标准,市区空气质量综合指数在全国省会城市(含直辖市)中排名第六。

(廖茜茜 张 心 曾 宇)

【水生态文明城市建设】 2017年,南宁市印发实施《南宁市全面推行河长制工作方案》,构建市本级、区县、乡镇(街道)、村(社区)四级河长组织体系,将南宁市境内23条河流治理责任落实到流域区县。开展城市黑臭水体综合整治,建成区38个黑臭河段99.40千米的黑臭水体基本消除。将工业园区污水处理设施建设整改工作纳入水污染防治重点任务,城镇污水处理设施、配套管网建设纳入水十条年度工作计划、主要污染物总量减排年度计划;建立饮用水源保护区巡查、督察制度,开展5个城市集中式饮用水水源地、8个在用县级饮用水源地自查。实施邕江两岸148千米岸线综合整治,建成两岸31千米景观带;邕宁水利枢纽船闸工程蓄水通航。完成海绵城市示范项目132个,建成区域面积33.91平方千米,示范区内26个内涝点完成整治,在2016年度海绵城市试点建设绩效考核评价中排名第三。那考河流域综合整治项目获"中国人居环境奖"范例奖,全国水生态文明城市建设试点通过验收。全年南宁市水功能区、市区集中式饮用水源地、县城集中式饮用水源地水质达标率均100%。 (蒋 宁)

2017年,南宁市开展邕江两岸综合整治和开发利用。图为滨江公园(万达茂段)景观带俯瞰
段柳健 摄

2017年政治机构党派团体市直属事业单位及领导人

中共南宁市委员会

书 记:王小东 2015年5月—
副书记:周红波 2009年11月—
冯学军 2016年5月—
常 委:杨文件 2011年9月—2017年8月
张文军 2015年10月—
韦力平(挂职) 2016年9月—
王祝广(女) 2016年2月—
杨维超 2011年9月—
崔佐钧 2016年5月—
谭向光 2015年12月—
黄 宁 2014年11月—
赵红明 2016年5月—
张 卫(挂职) 2015年10月—
陈 颖(女,挂职) 2016年3月—
秘书长:黄 宁 2014年11月—

南宁市人民代表大会常务委员会

主 任:束 华 2016年10月—
副主任:刘 雄 2010年2月—
阮兆丰 2011年10月—
黎 琳(女) 2016年2月—
钱 健 2016年10月—
周如斯 2016年10月—
刘志烈 2016年10月—
秘书长:黄国健 2016年10月—2017年7月
(空缺) 2017年7月—

南宁市人民政府

市 长:周红波 2011年10月—
副市长:张文军 2015年11月—

崔佐钧　2016年10月—
张　卫(挂职)　2015年11月—
陈　颖(女,挂职)　2016年4月—
眭国华(女)　2011年8月—
唐　斌　2015年1月—
覃卫国　2014年9月—2017年3月
刘为民　2014年12月—
朱会东　2017年3月—
伍　娟(女)　2016年2月—
秘书长:黄宗成　2016年7月—

政协南宁市委员会

主　席:杜　伟　2016年10月—
副主席:李　勤　2010年2月—
黎四龙　2009年2月—
汪　玲(女)　2011年10月—
魏凤君　2016年10月—
黄均宁　2011年10月—
陈世平　2016年10月—
谭玫瑰　2016年10月—
梁　鸿　2016年10月—
秘书长:储朝晖　2011年10月—

中共南宁市纪律检查委员会

书　记:王祝广(女)　2016年2月—

南宁警备区

司令员:沈　彪　2013年12月—
政治委员、党委书记:
杨文件　2011年4月—2017年6月
顾成祥　2017年6月—

中共南宁市委办公厅

秘书长:黄　宁　2014年11月—

中共南宁市委组织部

部　长:谭向光　2015年12月—

中共南宁市委老干部局

局　长:潘文虹(女)　2012年6月—

中共南宁市委宣传部

部　长:崔佐钧　2016年6月—

中共南宁市委统一战线工作部

部　长:赵红明　2016年6月—

中共南宁市委政法委员会

书　记:杨维超　2014年11月—

中共南宁市委政策研究室(市委全面深化改革领导小组办公室)

主　任:(空缺)　2016年9月—2017年11月
梁国禄　2017年11月—

市机构编制委员会办公室

主　任:黄振生　2012年2月—

市直属机关工作委员会

书　记:黄　宁　2014年11月—

市委台湾工作办公室(市人民政府台湾事务办公室)

主　任:何见霜(女)　2013年6月—

市委、市人民政府信访局

局　长:黄威铭　2016年4月—

市人大常委会办公厅

秘书长:黄国健　2016年10月—2017年7月
(空缺)　2017年7月—

市人大常委会调查研究室

主　任:严景平　2015年3月—

市人大常委会选举联络工作委员会

主　任:徐晓光　2012年5月—

市人大常委会法制工作委员会

主　任:陆沾鹏　2013年7月—

市人大法制委员会

主任委员:钟建国　2010年2月—

市人大内务司法委员会

主任委员:周向华　2011年10月—

市人大财政经济委员会

主任委员:张　彬　2011年10月—

市人大农业委员会

主任委员:顾安家　2016年10月—

市人大城乡建设环境保护委员会

主任委员:陆彦明　2016年10月—

市人大教育科学文化卫生委员会

主任委员:黄孝林　2016年10月—

市人大民族华侨外事宗教委员会

主任委员:梁新莲(女)　2016年2月—

市人民政府办公厅

秘书长:黄宗成　2016年7月—

市发展和改革委员会

党组书记:丁　伟　2016年5月—
主　任:丁　伟　2016年5月—

市工业和信息化委员会

党组书记:陈世平　2010年1月—2017年7月
汪东明　2017年7月—
主　任:陈世平　2010年1月—2017年7月
汪东明　2017年7月—

市教育局

党委书记:汪述斌　2012年5月—2017年7月
党组书记:汪述斌　2017年7月—
局　长:潘永钟　2012年3月—

市科学技术局

党组书记:覃永武　2011年2月—
局　长:梁　展　2014年7月—

市民族宗教事务委员会

党组书记:苏志刚　2016年7月—
主　任:苏志刚　2016年9月—

市公安局

党委书记:唐　斌　2015年1月—
局　长:唐　斌　2015年1月—

市监察局

局　长:尹士申　2016年12月—

市民政局

党组书记:黄菊如(女)　2013年6月—
局　长:黄菊如(女)　2013年7月—

市司法局

党组书记:黄有光　2015年2月—
局　长:黄有光　2015年3月—

市财政局

党组书记:边作新　2016年5月—
局　长:边作新　2016年5月—

市人力资源和社会保障局

党组书记:刘德宁　2016年6月—
局　长:刘德宁　2016年7月—

市国土资源局

党组书记:赵志萍(女)　2013年9月—
局　长:赵志萍(女)　2013年9月—

市环境保护局

党组书记:韦好鹏　2014年7月—
局　长:韦好鹏　2014年7月—

市城乡建设委员会

党组书记:韦杰鹏　2016年6月—
主　任:韦杰鹏　2016年7月—

市规划管理局

党组书记:郭维宁　2013年9月—
局　长:郭维宁　2013年9月—

市城市管理局
党组书记:梁　勇　2016 年 4 月—
局　　长:梁　勇　2016 年 4 月—

市住房保障和房产管理局
党组书记:黄敏丽(女)　2016 年 6 月—
局　　长:黄敏丽(女)　2016 年 7 月—

市交通运输局
党组书记:蔡友清　2016 年 5 月—
局　　长:蔡友清　2016 年 5 月—

市水利局
党组书记:李伟进　2014 年 10 月—
局　　长:李伟进　2014 年 11 月—

市农业委员会
党组书记:杨　敏(女)　2014 年 7 月—
主　　任:杨　敏(女)　2014 年 7 月—

市林业和园林局
党组书记:蓝　岚(女)　2016 年 6 月—
局　　长:蓝　岚(女)　2014 年 7 月—

市商务局
党组书记:梁培正　2012 年 5 月—
局　　长:梁培正　2012 年 5 月—

市文化新闻出版广电局
党组书记:魏永泉　2014 年 7 月—
局　　长:魏永泉　2014 年 7 月—

市卫生和计划生育委员会
党委书记:谢宗务　2014 年 7 月—
2017 年 7 月
党组书记:谢宗务　2017 年 7 月—
主　　任:谢宗务　2014 年 7 月—

市食品药品监督管理局
党组书记:黎君君　2016 年 12 月—
局　　长:黎君君　2016 年 12 月—

市审计局
党组书记:徐铭斯　2016 年 6 月—
局　　长:徐铭斯　2016 年 7 月—

市工商行政管理局
党组书记:周序喜　2014 年 7 月—
局　　长:周序喜　2014 年 7 月—

市质量技术监督局
党组书记:李善钦　2015 年 12 月—
局　　长:李善钦　2014 年 7 月—

市体育局
党组书记:李　兵　2016 年 5 月—
局　　长:李　兵　2016 年 5 月—

市安全生产监督管理局
党组书记:蓝建东　2013 年 9 月—
局　　长:蓝建东　2013 年 9 月—

市统计局
党组书记:黄南方　2010 年 12 月—
局　　长:黄南方　2010 年 12 月—

市旅游发展委员会
党组书记:黄永久　2014 年 7 月—
主　　任:黄永久　2014 年 7 月—

市投资促进局
党组书记:梁　枫(女)　2013 年 9 月—
局　　长:梁　枫(女)　2013 年 9 月—

市行政审批局(2016 年 3 组建)
党组书记:黄　定　2016 年 9 月—
局　　长:黄　定　2016 年 12 月—

市金融工作办公室
党组书记:蒙　刚　2016 年 6 月—
主　　任:蒙　刚　2016 年 7 月—

市外事侨务办公室
党组书记:彭　健(女)　2015 年 2 月—
主　　任:彭　健(女)　2015 年 3 月—

市法制办公室
党组书记:范卫东　2006 年 9 月—
主　　任:范卫东　2006 年 9 月—

市人民防空办公室
党组书记:董红兵　2012 年 5 月—
主　　任:董红兵　2012 年 3 月—

市扶贫开发办公室
党组书记:刘宗晓　2016 年 6 月—
主　　任:刘宗晓　2016 年 7 月—

市人民政府国有资产监督管理委员会
党委书记:宋日正　2015 年 4 月—
主　　任:宋日正　2015 年 4 月—

广西南宁五象新区规划建设管理委员会
党工委书记:周红波(兼)　2013 年 8 月—
主　　任:周红波(兼)　2013 年 9 月—

南宁高新技术产业开发区管理委员会
党工委书记:张先进　2016 年 4 月—
主　　任:李　耕　2016 年 5 月—

南宁经济技术开发区管理委员会
党工委书记:何尚汉　2016 年 6 月—
主　　任:何尚汉　2016 年 6 月—

广西–东盟经济开发区管理委员会(南宁华侨投资区管理委员会)
党工委书记:熊瑞光　2016 年 6 月—
主　　任:熊瑞光　2016 年 6 月—

南宁青秀山风景名胜旅游区管理委员会
党工委书记:蓝　飞　2014 年 10 月—
主　　任:蓝　飞　2014 年 11 月—

市政协办公厅
秘书长:储朝晖　2011 年 10 月—

市政协研究室
主　任:江振华　2015 年 3 月—

市政协选举联络工作办公室
主　任:韩艳斌(女)　2010 年 10 月—

市政协提案委员会
主　任:杨　利　2011 年 11 月—

市政协经济委员会
主　任:古培康　2006 年 9 月—

市政协文史学习委员会
主　任:叶　盛　2016 年 11 月—

市政协教科文卫体委员会
主　任:陆益斌　2006 年 9 月—

市政协海外联谊民族宗教委员会
主　任:黄美芬(女)　2011 年 11 月—
2017 年 9 月
杨晓钊　2017 年 9 月—

市政协人口资源环境与城乡建设委员会
主　任:张海元　2015 年 4 月—

市政协社会法制委员会
主　任:黄　芳(女)　2016 年 11 月—

市中级人民法院
党组书记:张培健　2016 年 6 月—
院　　长:张培健　2016 年 10 月—

市人民检察院
党组书记:黄建波　2009 年 12 月—
检 察 长:黄建波　2010 年 2 月—

中国国民党革命委员会南宁市委员会
主任委员:黎　琳(女)　2011 年 5 月—

中国民主同盟南宁市委员会
主任委员：潘永钟　2016 年 5 月—

中国民主建国会南宁市委员会
主任委员：卢秋凌（女）　2009 年 8 月—

中国民主促进会南宁市委员会
主任委员：黄均宁　2009 年 8 月—

中国农工民主党南宁市委员会
主任委员：黄玉燕（女）　2016 年 5 月—

中国致公党南宁市委员会
主任委员：蒋晓筠（女）　2016 年 5 月—

九三学社南宁市委员会
主任委员：梁　鸿　2012 年 12 月—

市工商业联合会
党组书记：李忠南　2016 年 9 月—
主　　席：黎四龙　2007 年 12 月—

市总工会
党组书记：伦　建　2009 年 7 月—
主　　席：李　勤　2014 年 11 月—

共青团南宁市委员会
党组书记：王亚楠　2012 年 8 月—
书　　记：王亚楠　2012 年 8 月—

市妇女联合会
党组书记：陈　尧（女）　2010 年 1 月—2017 年 6 月
李　伟（女）　2017 年 6 月—
主　　席：陈　尧（女）　2010 年 2 月—2017 年 8 月
李　伟（女）　2017 年 8 月—

市文学艺术界联合会
党组书记：陈晓红（女）　2013 年 12 月—
主　　席：陈晓红（女）　2014 年 5 月—

市科学技术协会
党组书记：王　洲　2010 年 4 月—
主　　席：王　洲　2010 年 6 月—

市归国华侨联合会
党组书记：陈章雄　2015 年 3 月—
主　　席：蒋晓筠（女）　2010 年 3 月—

中国国际贸易促进委员会南宁市支会
党组书记：谭　漓（女）　2010 年 7 月—
会　　长：谭　漓（女）　2010 年 2 月—

市残疾人联合会
党组书记：李永华（女）　2009 年 2 月—
理 事 长：李永华（女）　2009 年 4 月—

市红十字会
党组书记：桂文志　2015 年 3 月—
会　　长：吕　洁（女）　2010 年 3 月—

市社会科学界联合会
党组书记：谭耀武　2013 年 6 月—
主　　席：谭耀武　2013 年 7 月—

市法学会
党组书记：杨维超　2017 年 9 月—
会　　长：杨维超　2016 年 4 月—

市委党校（市经济干部学院、市行政学院、市社会主义学院）
市委党校校长：
冯学军（兼）　2016 年 6 月—
市经济干部学院院长：
施日全　2012 年 2 月—
市行政学院院长：
张文军（兼）　2015 年 11 月—
市社会主义学院院长：
（空缺）　2016 年 10 月—2017 年 2 月
黎　琳（女，兼）　2017 年 2 月—

市档案局（市国家档案馆）
局长（馆长）：廖茂隆　2012 年 10 月—

市委党史研究室
主　任：李刘科　2010 年 10 月—

南宁日报社
党组书记：程小华　2016 年 9 月—
社　　长：程小华　2016 年 9 月—
总 编 辑：刘　复　2016 年 9 月—

市委、市人民政府接待办公室
主　任：王合新　2016 年 8 月—

市人民政府发展研究中心
主　　任：李望尘　2013 年 6 月—
党组书记：李望尘　2013 年 6 月—

原市地震局
承担行政职能事业单位改革
2017 年 12 月“三定”方案调整前：
党组书记：黄秋娣（女）　2016 年 5 月—2017 年 12 月
局　长：黄秋娣（女）　2016 年 5 月—2017 年 12 月
承担行政职能事业单位改革
2017 年 12 月“三定”方案调整后：
原党组书记：黄秋娣（女）　2017 年 12 月—
原　局　长：黄秋娣（女）　2017 年 12 月—

市机关事务管理局（市市直机关后勤服务中心）
党组书记：文华寿　2016 年 9 月—
局长（主任）：文华寿　2016 年 10 月—
承担行政职能事业单位改革
2017 年 12 月更名市市直机关后勤服务中心

南宁住房公积金管理中心
党组书记：王林一　2011 年 2 月—
主　　任：王林一　2011 年 3 月—

市人民政府地方志编纂办公室
党组书记：王德宾　2010 年 10 月—
主　　任：王德宾　2010 年 11 月—

市二轻集体工业联社
党组书记：司马平　2013 年 7 月—
主　　任：司马平　2013 年 8 月—

市社会科学院
党组书记：韦振豪　2010 年 10 月—
院　　长：胡建华　2010 年 12 月—

原市旧城改建工作推进办公室（市历史文化街区保护和修缮规划建设办公室）
承担行政职能事业单位改革
2017 年 12 月“三定”方案调整前：
主　　任：韦杰鹏　2016 年 6 月—2017 年 12 月
承担行政职能事业单位改革
2017 年 12 月“三定”方案调整后：
原 主 任：韦杰鹏　2017 年 12 月—

南宁昆仑关战役遗址保护管理委员会（南宁昆仑关旅游风景区管理委员会）
党组书记：蒋宁华　2015 年 3 月—
主　　任：蒋宁华　2015 年 4 月—

原市水库移民工作管理局
承担行政职能事业单位改革
2017 年 12 月“三定”方案调整前：
党组书记：邓健民　2010 年 3 月—2017 年 12 月
局　　长：邓健民　2009 年 4 月—2017 年 12 月
承担行政职能事业单位改革
2017 年 12 月“三定”方案调整后：
原党组书记：邓健民　2017 年 12 月—
原 局 长：邓健民　2017 年 12 月—

市社会保险事业局
党委书记：夏双喜（兼）　2012 年 10 月—2017 年 2 月
唐　明　2017 年 2 月—
局　　长：（空缺）　2016 年 6 月—2017 年 3 月
唐　明　2017 年 3 月—

市公共资源交易中心
主　任：卢绍宁　2016 年 2 月—

市城市管理监督评价中心（市城市管理指挥中心）
党组书记：（空缺）　2016 年 4 月—
主　　任：（空缺）　2016 年 4 月—

南宁职业技术学院
党委书记:黄明瑞 2016年9月—
院　　长:张宁东(女) 2012年4月—
2017年12月
(空缺) 2017年12月—

市政府集中采购中心
主　任:周梅清(女) 2012年7月—

广西大明山国家级自然保护区管理局(南宁大明山风景旅游区管理委员会)
党委书记:黄　宁 2015年3月—
2017年7月
党组书记:黄　宁 2017年7月—
局长(主任):黄　宁 2015年4月—

市城市内河管理处
党组书记:冯步广 2013年11月—
主　　任:冯步广 2013年11月—

市供销合作联社
党组书记:李孔全 2015年3月—
理事会主任:李孔全 2015年5月—
监事会主任:梁超誉 2011年3月—
2017年3月
杜　成 2017年3月—

中共横县委员会
书　记:唐小若 2016年4月—

横县人大常委会
主　任:蒋小旗 2011年8月—

横县人民政府
县　长:曾鹏鑫 2016年8月—

政协横县委员会
主　席:薛　文 2016年8月—

中共宾阳县委员会
书　记:朱亚明 2016年4月—

宾阳县人大常委会
主　任:罗宏周 2016年8月—

宾阳县人民政府
县　长:穆贤清 2016年8月—

政协宾阳县委员会
主　席:张昭平 2011年8月—

中共上林县委员会
书　记:梁平江 2016年4月—

上林县人大常委会
主　任:梁平江 2016年8月—
2017年2月
李玉辉 2017年2月—

上林县人民政府
县　长:蓝宗耿 2014年1月—

政协上林县委员会
主　席:覃祯威 2014年1月—

中共马山县委员会
书　记:唐咸兴 2015年3月—

马山县人大常委会
主　任:谢显术 2011年8月—

马山县人民政府
县　长:张自英(女) 2016年8月—

政协马山县委员会
主　席:李英辉 2014年11月—

中共隆安县委员会
书　记:吴朝晖 2012年12月—

隆安县人大常委会
主　任:刘文式 2011年8月—

隆安县人民政府
县　长:甘　诚 2016年8月—

政协隆安县委员会
主　席:杨雪敏(女) 2016年8月—

中共南宁市兴宁区委员会
书　记:舒善隆 2016年4月—

南宁市兴宁区人大常委会
主　任:霍镇兴 2013年7月—

南宁市兴宁区人民政府
区　长:朱财斌 2014年9月—

政协南宁市兴宁区委员会
主　席:韦敏杰 2011年8月—

中共南宁市江南区委员会
书　记:梁开景 2016年2月—

南宁市江南区人大常委会
主　任:黄　英(女) 2010年3月—

南宁市江南区人民政府
区　长:黄海韬 2014年3月—

政协南宁市江南区委员会
主　席:潘长能 2009年3月—

中共南宁市青秀区委员会
书　记:王永超 2016年4月—

南宁市青秀区人大常委会
主　任:李柏林 2011年8月—

南宁市青秀区人民政府
区　长:李建华(女) 2016年8月—

政协南宁市青秀区委员会
主　席:岳凤军(女) 2011年8月—

中共南宁市西乡塘区委员会
书　记:廖伟福 2016年2月—

南宁市西乡塘区人大常委会
主　任:周少剑 2016年8月—

南宁市西乡塘区人民政府
区　长:陆广平(女) 2016年3月—

政协南宁市西乡塘区委员会
主　席:费　勇 2011年8月—

中共南宁市邕宁区委员会
书　记:邓娟娟(女) 2015年4月—

南宁市邕宁区人大常委会
主　任:黄壮章 2016年8月—

南宁市邕宁区人民政府
区　长:许强初 2015年7月—

政协南宁市邕宁区委员会
主　席:陈增强 2016年8月—

中共南宁市良庆区委员会
书　记:施　杰 2016年6月—

南宁市良庆区人大常委会
主　任:阮冠三 2016年8月—

南宁市良庆区人民政府
区　长:王　川 2016年8月—

政协南宁市良庆区委员会
主　席:李　伟(女) 2016年8月—
2017年12月
(空缺) 2017年12月—

中共南宁市武鸣区委员会
书　记:韦敏宏 2016年6月—

南宁市武鸣区人大常委会
主　任:黄国录 2016年8月—

南宁市武鸣区人民政府
县　长:黄伟光 2016年8月—

政协南宁市武鸣区委员会
主　席:赵祖明 2016年8月—

(李舒　李欣　韦超)

责任编辑　覃涓铌

中国－东盟博览会·商务与投资峰会

第 14 届 中国－东盟博览会

【概　况】2017 年 9 月 12 日至 15 日，第 14 届中国－东盟博览会在南宁举办。中国商务部、东盟 10 国政府经贸主管部门和东盟秘书处共同主办。中方有中共中央政治局常委、国务院副总理张高丽，十二届全国人大常委会副委员长、中国红十字会会长陈竺，十届全国人大常委会副委员长、中国东盟协会会长顾秀莲；东盟和区域外国家有文莱苏丹哈桑纳尔，柬埔寨首相洪森，越南常务副总理张和平，哈萨克斯坦第一副总理阿斯卡尔·马明，老挝副总理宋赛，泰国前副总理功·塔帕朗西 9 位国家领导人及前政要，以及 230 名部长级贵宾出席。第 14 届中国－东盟博览会主题为“共建 21 世纪海上丝绸之路，旅游助推区域经济一体化”；设商品贸易、投资合作、服务贸易、先进技术、魅力之城五大专题；展位 6600 个，参展企业 2709 家，参展参会客商 7.70 万人；主题国文莱，特邀合作伙伴哈萨克斯坦。9 月 12 日上午，在南宁国际会展中心举行开幕大会，张高丽宣布第 14 届中国－东盟博览会、中国－东盟商务与投资峰会开幕，并发表主旨演讲。9 月 11 日至 12 日，中国、东盟各国和特邀合作伙伴的政要分别巡视博览会展馆。会期举办系列高层友好交流活动，汇聚共建“一带一路”更多共识；经贸对接取得新成效，促进贸易畅通；国际产能合作取得新进展，促进区域产业优化升级；建立促进“一带一路”有机衔接新机制，推动中国与东盟融入全球价值链；框架下举办 36 个高层论坛，其中会期举行 25 个；展览管理和服务手段有所创新，软硬件服务得到优化升级；举办南宁国际民歌艺术节等系列民间友好和人文交流活动；有 210 家中外媒体、1442 名记者到会采访报道。9 月 14 日，在南宁举行第 14 届中国－东盟博览会高官会议。9 月 15 日，设公众开放日。9 月 15 日下午，中国－东盟博览会、中国－东盟商务与投资峰会组委会在南宁国际会展中心举行新闻发布会，中国商务部外贸发展局副局长金虹主持，中国－东盟博览会秘书处秘书长王雷、中国－东盟商务与投资峰会秘书处副秘书长李旭香、东盟秘书处代表李荣荣出席，并回答记者提问。王雷受组委会委托发布新闻，介绍此届盛会情况和下届安排。发布会开始前，举行“魅力之城”交接仪式。第 14 届中国－东盟博览会中国“魅力之城”宁波市向第 15 届中国－东盟博览会中国“魅力之城”北海市传递中国－东盟博览会“魅力之城”旗帜；王雷向北海市副市长陈新转交“魅力之城”标志物。第 14 届中国－东盟博览会、中国－东盟商务与投资峰会闭幕。

【开幕大会】2017 年 9 月 12 日上午，第 14 届中国－东盟博览会、中国－东盟商务与投资峰会开幕大会在南宁国际会展中心金桂花厅举行。中共中央政治局常委、国务院副总理张高丽，文莱苏丹哈桑纳尔，柬埔寨首相洪森，越南常务副总理张和平，哈萨克斯坦第一副总理阿斯卡尔·马明，老挝副总理宋赛，十届全国人大常委会副委员长、中国东盟协会会长顾秀莲，以及中国、东盟和相关国家多部门的部长级官员、外交使节、地方行政长官，金融机构负责人、工商会会长，商协会会长，国际组织负责人，企业家，专家学者，广西壮族自治区有关领导，参展参会客商和各界人士代表等出席。大会开始前，文莱艺术家进行精彩、富有特色的文艺演出。开幕大会以“点亮丝路，放飞心愿”为主题，广西壮族自治区主席陈武和文莱首相府部长兼外交与贸易部第二部长林玉成共同主持。

张高丽发表主旨演讲时提出深化双方政治互信、深化国际产能合作、深化经贸合作、深化互联互通合作、深化创新合作、深化人文交流合作六项建议。哈桑纳尔演讲时指出，应深入探索“东盟共同体愿景 2025”和“一带一路”倡议两者之间更为紧密的协作。洪森演讲时强调，21 世纪海上丝绸之路建设已成为一项重要议程，所有相关国家应携手共同推进，以实现区域一体化的目标。张和平演讲时表示，欢迎包括中国“一带一路”在内的推动经济和地区对接的构想，愿意和中国及其他国家研究为各方带来利益的项目并开展合作。阿斯卡尔·马明致辞时说，我们应该强调“一带一路”倡议的落实具有重要意义。宋赛演讲时表示，老挝支持并积极配合“一带一路”建设的推进。广西壮族自治区党委书记、人大常委会主任彭清华，中国商务部国际贸易谈判代表兼副部长傅自应，中国国际贸易促进委员会会长姜增伟先后致辞。会上，举行中新互联互通南向通道五方企业联动仪式。张高丽宣布：第 14 届中国－东盟博览会、中国－东盟商务与投资峰会开幕！张高丽、哈桑纳尔等 16 位启幕嘉宾启动开关，点亮并放送“心愿灯”。

【专题展览】2017 年 9 月 12 日至 15 日，第 14 届中国－东盟博览会在南宁国际会展中心、广西展览馆、华南城会展中心举办商品贸易、投资合作、服务贸易、先进技术、魅力之城五大专题展览。启用南宁国际会展中心新扩建的 E 区新馆，展览总面积 12.40 万平方米，比上届增长 12.70%，总展位 6600 个，增长 13.80%；参展商 11900 人；参展企业 2709 家，增长 1.50%；东盟和区域外国家使用展位 1705 个（东盟 1523 个），增长 7%；文莱、柬埔寨、印度尼西亚、老挝、马来西亚、缅甸、泰国、越南 8 个国家包馆；区域外有 16 个国家、115 家企业参展，创历史新高。首次设立“一带一路”展区（重点展示哈萨克斯坦、斯里兰卡、尼泊尔、巴基斯坦等沿线国家特色商品）和智能制造装备商展区（集中展示无人机、智能机器人、3D 打印、气象设备、电子信息、环保技术及设备）。

商品贸易专题展分别设在南宁国际会展中心 D4～D15 展厅、B1 展厅、D 区朱槿花厅、室外展场和广西展览馆、华南城会展中心，展示包括东盟和区域外的国家商品、食品加工及包装机械、建筑材料、工程机械及运输车辆、农业展（广西展览馆）、轻工展（华南城会展中心）。投资合作专题展设在南宁国际会展中心 B1、B2 展厅，展示各国园区、企业、农业合作，国内各省区市投资合作项目，国际工程承包、劳务合作、基础设施建设、资源开发、信息科技、能源开发、园区招商、铁路、有色、电力、工程机械等国际经济与产能合作。服务贸易专题展设在南宁国际会展中心 B1 展厅，展示中国和东盟金融服务、物流服务等。先进技术专题展设在南宁国际会展中心 B2、D1、D2 展厅和 E 展馆，展示先进装备制造、大健康产业、智慧城市、创新创业、国际创新合作，国内 30 家科研院所 196 项高新技术项目、海内外高

2017年9月12日，第14届中国－东盟博览会的海外采购商代表团合影
南宁大地飞歌集团提供

端人才创新创业成果，电力设备及新能源，智能制造装备等。“魅力之城”专题展设在南宁国际会展中心B2展厅，综合展示中国和东盟10国代表性城市发展与商机，涵盖贸易、投资、科技、文化、旅游等领域。分别为中国宁波市，文莱斯里巴加湾市，泰国春武里、罗勇、北柳，马来西亚纳闽，新加坡，缅甸东枝，老挝沙耶武里省，菲律宾奥罗拉省，越南太原省，柬埔寨柏威夏省，印度尼西亚群岛。

【经贸活动】 2017年9月12日至15日，在南宁举办的第14届中国－东盟博览会经贸活动成效显著。参展企业2709家，参展参会客商7.70万人；68个国家和地区采购商参会，采购商团组95家，比上届增加6.70%；有组织的专业观众超过1万人，多于上届。会期举办80多场经贸促进活动。贸易方面，各行业和国别的采购对接洽谈活动场面热烈，东盟国家的食品饮料、生活消费品、轻工艺品，中国的机械设备、电子电器、建筑材料等商品成交踊跃。投资合作方面，举办东盟各国和特邀合作伙伴的国家推介会、中国部分省区投资推介会、中国－东盟投资合作圆桌会、东盟产业园区招商大会、中国驻东盟使领馆参赞与企业家交流会等活动，促成企业间合作，推动银企互动。美国驻华南商会、欧美工商会、英国驻广州总领馆和哈萨克斯坦首次组团参会，国际买家4000人。澳大利亚、斯里兰卡、波兰、乌干达等区域外国家也举办经贸促进活动，推动合作。博览会达成更多投资合作项目，涉及商贸物流、智能机器人、生物医药、高新科技、农业、节能环保、文化旅游、新能源新材料、金融等领域。此外，还举办中国－东盟旅游合作对接会，东盟10国经贸、旅游主管部门和“魅力之城”代表团与中方旅游企业、旅游协会、航空公司、酒店集团开展对接，新华社中国经济信息社发布《中国－东盟旅游合作与发展报告(2017)》。

南宁市在组织参加第14届中国－东盟博览会项目集中签约仪式、文莱国家推介会、中国－东盟商会领袖与广西县(区)投资项目对接交流会等投资促进活动的同时，举办2017南宁投资贸易洽谈会暨重大项目签约仪式等经贸活动。其间，全市签约招商引资项目22个(内资18个、外资4个)，聚集电子信息、先进装备制造、生物医药、健康养老、医疗卫生、教育、新能源新材料、金融服务等领域，工业项目占比45.45%；购销合同签约304.91亿元。

【中国－东盟博览会高官会议】 2017年9月14日下午，第14届中国－东盟博览会高官会议在南宁举行。中国、东盟10国共办部门官员和东盟秘书处代表出席，中国商务部亚洲司官员韩烨、文莱首相府能源及工业部官员图提共同主持。韩烨说，得益于东盟各国共办方的强力推动和卓有成效的工作，本届东博会取得丰硕成果。中国－东盟博览会秘书处秘书长王雷对第14届中国－东盟博览会的总体情况进行总结，并指出2018年是一个特殊的年份，东博会将利用这些难得的契机，办好中国－东盟建立战略伙伴关系15周年暨东博会创办15周年系列活动，继续完善东博会筹备的各项工作。会议议定，第15届中国－东盟博览会举办时间初步考虑定于2018年9月12日至15日，设置商品贸易、投资合作、服务贸易、先进技术和“魅力之城”五大专题；主题国为柬埔寨；中国－东盟博览会秘书处正在根据特邀合作伙伴邀请机制，研究推动下届中国－东盟博览会特邀合作伙伴事宜。会上，博览会组委会给第14届中国－东盟博览会做出突出贡献的东盟国家共办方颁发纪念奖牌。文莱获主题国纪念；东盟秘书处获重大贡献及支持奖；柬埔寨、印度尼西亚、马来西亚、越南获最佳行业组织奖；马来西亚、菲律宾、越南获最佳专业观众组织奖；文莱、印度尼西亚、老挝、缅甸、新加坡、泰国获最佳参展商组织奖；柬埔寨、老挝、菲律宾、泰国、越南获最佳投资合作推介奖；文莱、老挝、缅甸、菲律宾、新加坡、泰国获最佳魅力之城展示奖。

第14届中国－东盟商务与投资峰会

【概　况】 2017年9月12日至14日，第14届中国－东盟商务与投资峰会在南宁举办。中国商务部、中国国际贸易促进委员会、广西壮族自治区人民政府主办，中国－东盟商务与投资峰会秘书处承办。主题为“共建21世纪海上丝绸之路，旅游助推区域经济一体化”。中国和东盟的国家领导人、政府官员，外交使节、国际组织官员、商协会领袖、企业精英、专家学者、法律专家及媒体代表等2000多人次参会。9月12日上午，在南宁国际会展中心，第14届中国－东盟博览会、商务与投资峰会举行开幕大会。其间，举办文莱苏丹哈桑纳尔·博尔基亚陛下与中国企业CEO圆桌对话会、中国－东盟商事法律合作研讨会、中国－东盟商界领袖论坛、中国－东盟跨境电商平台业务交流对接会、中国－东盟东部增长区贸易投资研讨会、商务午餐会、中国－东盟之夜7场专题活动；组织电视专访4场，多双边会见14场。峰会活动和内容有所创新升级，突出“深、实、新、活”特点，扎实推进合作成果、务实推动区域经贸合作发展、吸纳合作新机制、紧扣合作发展需求热点，发挥促进高层对话、加强经贸合作、促进民间交往的重要合作机制和平台作用。

【圆桌对话会】 2017年9月12日，文莱苏丹哈桑纳尔·博尔基亚陛下与中国企业CEO圆桌对话会在南宁荔园饭店举行。文莱外交与贸易部、中国国际贸易促进委员会、广西壮族自治区人民政府主办。文莱苏丹哈桑纳尔·博尔基亚，文莱王子阿都马丁，文莱首相府部长兼外交与贸易部第二部长林玉成，文莱首相府部长兼财政部第二部长拉赫曼，文莱首相府工业与能源部长亚斯敏，文莱文化、青年与体育部长哈尔比，文莱财政部副部长阿敏，中国－东盟商务与投资峰会组委会主任、中国国际贸易促进委员会会长姜增伟，广西壮族自治区党委书记、人大常委会主任彭清华，广西壮族自治区党委常委、秘书长王可，以及中国和文莱的工商界领袖、企业负责人等约 300 人出席。主题为“促进中文经贸合作　实现共同发展”，林玉成主持。哈桑纳尔·博尔基亚作主旨演讲时表示，当前文莱正在努力向经济多元化发展，在清真行业、创新技术、创意行业、商业服务、旅游以及油气产业方面谋求合作，欢迎更多中国企业到文莱投资兴业。姜增伟、彭清华分别致辞。会上，哈桑纳尔·博尔基亚与中国银行（香港）有限公司、浙江恒逸集团、广西北部湾国际港务集团有限公司、华为技术有限公司的企业负责人分别就中国银行取代牌照到期的汇丰银行，争取在文莱开设分行，浙江恒逸集团在文莱大摩拉岛投资每年 2200 万吨石油炼化项目，广西北部湾港务集团投资文莱摩拉港港口物流项目，“文莱—广西经济走廊”建设，华为技术有限公司进一步加强信息化规划发展方面合作，以及中资企业在文莱投资经营、参与文莱 ICT（信息通信技术）建设等具体问题进行对话交流，解决中国企业在文莱投资项目立项、开展深度合作问题，推动中国企业在文莱金额逾 100 亿美元在谈在建项目的合作。

【中国－东盟商事法律合作研讨会】 2017 年 9 月 13 日，中国－东盟商事法律合作研讨会在南宁荔园饭店举行。中国国际贸易促进委员会、东盟 10 国国家工商会主办。中国国际贸易促进委员会、东盟国家工商会的领导和相关代表，有关机构的专家学者、从业人员、企业代表等 170 人出席。主题为“区域合作进程中的商事法律服务和争议解决”，中国国际贸易促进委员会法律事务部副部长刘超主持。中国国际贸易促进委员会副会长陈洲、老挝国家工商会副主席詹塔宋、广西壮族自治区人大常委会副主任高雄分别致辞。中国国际经济贸易仲裁委员会副秘书长李虎、越南工商会法律司司长阮氏秋庄、新加坡国际仲裁中心仲裁员曹丽军、泰国工业联合会董事会董事颂萨、中国社会科学院国际法所国际经济法室主任孙敬东、缅甸工商会联合会法律顾问丹貌、大连海事大学法学院院长初北平、马来西亚全国工商总会法律专家蔡文洲、上海进出口商会副会长张振安发表演讲，围绕主题展开研讨。会上，中国国际贸易促进委员会与菲律宾工商总会、越南工商会分别签署《中国－菲律宾商事法律合作委员会备忘录》《中国－越南商事法律合作备忘录》，进一步加快提升区域双边商事法律服务水平。

【中国－东盟商界领袖论坛】 2017 年 9 月 13 日，中国－东盟商界领袖论坛在南宁荔园饭店举行。中国国际贸易促进委员会、广西壮族自治区人民政府、东盟 10 国国家工商会主办。中国和东盟国家政府有关官员，中国－东盟中心、工商界、旅游业的代表等 280 人出席。主题为“深化旅游产业合作，助推区域经济一体化”，缅甸工商会联合会副主席登汉主持。中国国际贸易促进委员会副会长陈洲、广西壮族自治区政协副主席高枫分别致辞。老挝国家工商会副主席詹塔宋、广西壮族自治区旅游发展委员会副巡视员李广军、马来西亚全国工商总会副主席刘瑞裕、泰国工业联合会副主席宋悦·唐米拉、越南工商会副主席黄光防、缅甸旅游业联合会副主席吕荣仁分别围绕主题发表演讲，共同探讨开拓“美丽经济”。

【中国－东盟跨境电商平台业务交流对接会】 2017 年 9 月 13 日，中国－东盟跨境电商平台业务交流对接会在南宁荔园饭店举行。中国国际贸易促进委员会、东盟 10 国国家工商会主办。中国和东盟国家的有关官员，中国－东盟中心、工商界代表和相关企业负责人等 250 人出席。主题为“共促跨境电商建设，服务自贸区升级发展”，中国国际贸易促进委员会贸易投资促进部副部长舒寰主持。中国国际贸易促进委员会副会长陈洲、广西壮族自治区人大常委会副主任杨道喜分别致辞。会上，中国国际贸易促进委员会信息中心副总经理张世伟介绍中国－东盟跨境电商平台的发展情况；苏宁云商集团股份有限公司海外购经营中心副总经理卢厚飞介绍中国－东盟跨境电商平台的具体功能、使用方法和上线合作模式，并就大家提出的企业入驻条件、平台发展规划、平台人才需求等问题进行解答。通过交流对接会推进企业对平台的了解，扩大中国和东盟受益群体，帮助双方企业，尤其是中小企业拓展国际市场。

【中国－东盟东部增长区贸易投资研讨会】 2017 年 9 月 14 日，中国－东盟东部增长区贸易投资研讨会在南宁荔园饭店举行。中国－东盟中心、中国国际贸易促进委员会、东盟东部增长区促进中心主办。中国、文莱、菲律宾、印度尼西亚、马来西亚政府的有关官员，工商界代表等约 250 人出席。主题为“东盟东部增长区的潜力和机遇”。开幕仪式环节由中国国际贸易促进委员会国际联络部副巡视员徐梁主持。中国－东盟中心秘书长杨秀萍、东盟东部增长区轮值主席拿督阿布尔·卡尔·阿隆托、广西壮族自治区人大常委会副主任杨道喜、中国国际贸易促进委员会副会长陈洲分别致辞。研讨环节设东盟东部增长区发展潜力、东盟东部增长区成员国的投资优惠政策与发展机遇、促进东盟东部增长区与中国的合作 3 个议题，分别由菲律宾棉兰老岛发展局副秘书长罗密欧·蒙特内哥罗、菲律宾塔古姆市贸易与工业局局长罗密欧·卡斯塔那咖、马来西亚驻 WTO（世界贸易组织）前总代表苏帕曼主持。印度尼西亚驻广州总领事馆总领事琇翡、文莱首相府外资行动支持中心主任哈里斯·伊卜拉辛、广西大学副校长范祚军等嘉宾分别发表演讲，大家聚焦推介区域的贸易投资政策、潜力和机遇，就推动东盟东部增长区政策交流和贸易投资合作展开探讨。此次研讨会是中国－东盟商务与投资峰会深化与东盟合作的一项全新的机制性活动。

2017 年 9 月 14 日，中国－东盟东部增长区贸易投资研讨会现场　　广西贸促会提供

高层论坛

【2017“汇商聚智”活动】 2017年9月12日至15日,2017“汇商聚智 携手圆梦——共建21世纪海上丝绸之路”活动在南宁举办。广西壮族自治区人民政府主办。其间,举办知名企业、专业人士交流会、海内外高端人才创新创业成果展、2017年国家“千人计划”专家广西行、“中国–东盟特色作物种质创新与农业发展”全国博士后学术论坛等活动。有包括58名国家“千人计划”专家在内的103位海内外高端人才、103项代表国际国内先进水平的“高精尖”科技成果参加,200多家海内外强优企业、投资机构和自治区内高校、科研院所、重点园区参与洽谈合作;促成33个高端人才项目达成落地意向,初步达成合作意向100多项。“汇商聚智”活动成为广西引进高端人才的新高地,吸引资金、项目的新“磁场”。

【中国–柬埔寨产能与投资合作论坛】 2017年9月14日,中国–柬埔寨产能与投资合作论坛在南宁举办。中国国家发展和改革委员会、柬埔寨王国发展理事会、广西壮族自治区人民政府主办。中国和柬埔寨政府相关部门、行业协会、研究机构、金融机构、企业、媒体代表近300人出席。主题为“深化产能合作,实现互利共赢”,中国国家发展和改革委员会外资司副司长郑持平、柬埔寨公共关系和私人投资促进司司长孙索波共同主持。广西壮族自治区主席陈武致辞;中国国家发展和改革委员会副主任、统计局局长宁吉喆,柬埔寨王国发展理事会秘书长宋金达分别作主旨发言;东南亚电信集团、西哈努克经济特区有限公司、优雅发展集团、深圳证券交易所、广西国家经济发展集团等企业代表作推介发言。与会人员通过交流,就加强两国产能与投资合作达成一致共识并提出多项倡议。

【中国–菲律宾产能与投资合作论坛】 2017年9月12日,中国–菲律宾产能与投资合作论坛在南宁举办。中国国家发展和改革委员会、中国商务部、广西壮族自治区人民政府、菲律宾国家经济发展署主办。中国和菲律宾政府相关部门、行业协会、研究机构、金融机构、企业、媒体代表300多人出席。主题为“共促产能合作、共享发展成果”,中国国家发展和改革委员会外资司副司长郑持平、菲律宾国家经济发展署公共投资司专家沙琳·玛格丽特·阿奎罗斯主持。广西壮族自治区政协副主席刘君、中国工商银行副行长李云泽分别致辞;中国国家发展和改革委员会副秘书长周晓飞、菲律宾国家经济发展署部长助理齐纳森·余分别作主旨演讲;中国商务部对外投资和经济合作司副司长李少彤、中国出口信用保险公司副总经理查卫民、菲律宾塔尔拉奇省省长苏珊·亚普·苏利特、菲律宾棉兰老发展署办公室主任阿布·卡哈尔·阿麦隆·阿隆二世等分别发表演讲。与会人员围绕主题,就推动中菲两国产能与投资合作有关问题进行阐述和探讨。

【中国–越南产能合作项目推介会】 2017年9月13日,中国–越南产能合作项目推介会在南宁举行。中国国家发展和改革委员会利用外资和境外投资司、广西壮族自治区发展和改革委员会、越南工业贸易部亚洲–非洲市场司主办。中国和越南政府相关部门、行业协会、研究机构、金融机构、企业、媒体代表300多人出席。主题为“深化产能合作、实现互利共赢”,中国国家发展和改革委员会国际合作中心处长郭建民主持。广西壮族自治区人民政府副秘书长黄胜杰致辞;中国国家发展和改革委员会外资司副司长郑持平、广西壮族自治区发展和改革委员会主任黄方方、越南工业贸易部亚洲–非洲市场司副司长苏玉山分别作主旨演讲;中国出口信用保险公司项目险管理部总经理助理潘海澜、越南计划投资部外国投资局处长杨永何、越南北江省工业贸易厅副厅长潘文雄、越南同塔省工业贸易厅副厅长黎有余、越南广宁省工业贸易厅处长陈风、越南和平省工业贸易厅处长文仲魁、越南京北城市发展总公司招商部部长阮氏红幸、中国南方电网国际公司副总经理张倓志、中越跨境经济合作区中方园区管委会副主任李正福、浙江工业大学越南研究中心教授黄兴球等分别发表演讲。与会人员围绕主题,共同探讨两国产业转型升级创新发展的机遇,共商企业参与“一带一路”国际产能合作的有效方法和实现路径。

【2017年中国–东盟港口城市合作网络工作会议】 2017年9月13日至14日,2017年中国–东盟港口城市合作网络工作会议在南宁举行。广西北部湾经济区和东盟开放合作办公室、钦州市人民政府、中国–东盟港口城市合作网络中方秘书处主办。中国和东盟国家政府及港口城市政府相关官员,港口管理和运营机构、船务公司,中国–东盟中心,德国国际合作机构的代表,有关专家学者等约150人出席。主题为“推进中国–东盟港口城市合作,共享海上丝绸之路繁荣发展”。与会人员围绕主题,回顾合作网络成立以来的发展历程,积极评价合作网络取得的一系列务实成果,就“一带一路”大背景下进一步推进港口城市合作网络发展进行深入探讨交流。其间,会议向首批加入中国–东盟港口城市合作网络的成员(24家)颁发牌匾,举行合作项目签约仪式,发起成立合作网络理事会的倡议,讨论合作网络的《重点合作领域》,确立每年举行一次工作会议的常态化机制。广西北部湾港口管路局与文莱摩拉港签署友好合作备忘录;中国–东盟信息港股份有限公司分别与上海海事大学签署合作协议、新加坡国际电子贸易(亚洲私人有限公司)签署战略合作备忘录。

【2017年中国–东盟女企业家创业创新论坛】 2017年9月12日至14日,2017年中国–东盟女企业家创业创新论坛在钦州市举办。中国东盟协会、中国女企业家协会、广西壮族自治区人民政府主办。中国和东盟国家的女性领导、女企业家、妇女事务官员、专家学者,以及奥地利、加拿大、澳大利亚的女企业家代表等约200人出席。主题为“凝聚女性力量,促进合作共赢”。第十届全国人大常委会副委员长、中国东盟协会会长顾秀莲宣布论坛开幕;广西壮族自治区政协副主席李康、中华全国妇女联合会联络部副部长赵红菊、钦州市委书记王革冰、中国女企业家协会常务副会长姜华、老挝妇联副主席布迪·帕拉少万、泰国东盟女企业家联合委员会副主席丘馨莉分别在开幕式上致辞;钦州市委副书记、中马钦州产业园区管委会常务副主任高朴,马来西亚王兄弟石油有限公司董事长李云桢等10位中国和东盟国家嘉宾围绕“加快构建中国–东盟妇女创业创新基地”“以责任与创新挑起发展重担”“一带一路和东南亚妇女”“她时代传递她力量”内容分别作主旨演讲。其间,广西女企业家协会与中马钦州产业园区管委会签署中国–东盟妇女创业创新基地框架合作协议;举办钦州坭兴陶艺术展、白海豚摄影展、参观考察等活动。

【2017中国–东盟市长论坛】 2017年9月8日至10日,2017中国–东盟市长论坛在南宁举办。中国市长协会、南宁市人民政府主办。中国浙江省、广西壮族自治区等12个省(自治区)50个城市(县、区),

以及7个协会、14家企业，泰国、柬埔寨等8个东盟国家54个城市，马来西亚、老挝、泰国驻南宁领事馆，印度尼西亚、新加坡驻广州领事馆的近400名嘉宾出席。主题为"'一带一路'与中国－东盟城市合作"；设抓住"一带一路"机遇，促进中国－东盟城市旅游合作和中国与东盟国家共建智慧城市，推动"一带一路"建设2个议题。广西壮族自治区人大常委会副主任王跃飞、中国市长协会秘书长崔衡德、南宁市市长周红波分别在开幕式上致辞；中国外交部原部长李肇星，泰国原副总理、泰中友好协会会长功·塔帕朗西，中国国家旅游局副局长王晓峰，中国人民大学国际事务研究所所长王义桅，东方园林投资控股集团董事长何巧女，中国丝路智谷研究院院长梁海明，华为技术有限公司全球智慧城市业务部总经理郑志彬，陕西省韩城市副市长张新庄等分别在论坛上作演讲和发言。其间，促成广西红枫淀粉有限公司与越南国际农产品进出口贸易公司等多个项目的合作签约；专门设立"城市展示长廊"，泰国清迈市等14个国外城市、甘肃酒泉市等30个国内城市参与展示。

【2017中国－东盟信息港论坛】 2017年9月12日至13日，2017中国－东盟信息港论坛·电子商务峰会在南宁举办。广西壮族自治区人民政府主办。中国和东盟国家政府有关官员，电商领军企业的企业家、各界代表等1000多人出席。主题为"共享丝路新机遇　共创电商新愿景"；设"新互联网时代：合作与愿景""跨境电商新丝路：机遇与挑战""监督服务新模式：协作与创新"3个议题。中国商务部副部长钱克明、广西壮族自治区副主席丁向群、缅甸商务部部长丹敏、马来西亚国际贸易及工业部第二部长黄家泉、泰国科技部副部长蓬猜·达衮瓦蓝伦、柬埔寨商业部国务秘书毛托拉、欧盟舒曼智库主席亚米娜·彭吉吉等分别致辞；京东集团高级副总裁熊青云、苏宁易购集团副总裁范春燕、法国MaFrance跨境电商总裁朴蕾、菲律宾国际商会秘书长瓦雷拉、中国－东盟信息港股份有限公司董事长兼总裁鲁东亮、越南工贸部电子商务和信息技术局副局长赖越英、中国邮政电子商务局局长赵岫枫、运满满副总裁徐强、滴滴出行副总裁张贝、泰国Multi B PlusT联合科技公司副总裁古拉那塔·扁谭欣、香港跨境电子商务协会会长刘少华等分别发表主题演讲和开展高端对话。其间，举行中国邮政与马来西亚贸工部推进东盟跨境电商战略合作签约仪式暨中国邮政邮乐网马来西亚馆开馆仪式；京东集团、敦煌网、河南保税集团、蚂蚁洋货等进行项目签约、落户，为电子商务发展注入新活力，推动中国－东盟跨境电子商务基地建设。

【2017中国－东盟职业教育联展暨论坛】 2017年9月11日至12日，2017中国－东盟职业教育联展暨论坛在南宁中关村创新示范基地举办。中国教育部、广西壮族自治区人民政府主办。中国和东盟国家的有关官员、相关院校代表等1000多人参加，有超过100个学校和企业参展。主题为"共建现代职业教育，共享'一带一路'繁荣"。其间，举办开幕式、合作办学签约仪式、捐赠仪式、中国－东盟职业教育高峰论坛、中国－东盟教育官员对话会、中国－东盟职业教育学生技术技能暨百校推介会、中国－东盟职业教育装备展、中国－东盟电子商务职业教育产教对话会、中国边境职业教育发展论坛、广西与越南边境四省教育工作磋商会、中国－东盟学生才艺表演晚会、中国－东盟职业院校学生烹饪技能大赛等系列活动。中国教育部党组成员、部长助理郑富芝，广西壮族自治区副主席丁向群，柬埔寨劳工与职业培训部副国务秘书珀克·潘分别在开幕式上致辞。桂林电子科技大学与柬埔寨劳工与职业培训部等分别签订合作协议；浙江亚龙教育装备股份有限公司向中国－东盟边境职业教育联盟捐赠价值1000万元的教学仪器设备、北京博导前程信息股份有限公司向泰国清迈远东大学捐赠价值500万元的设备和资源。高峰论坛上，郑富芝发表主旨演讲，东盟10国嘉宾分别作演讲。教育官员对话会讨论通过《南宁宣言》。技术技能展充分展示职业教育的风采和魅力；装备展首次使用网络展厅。发展论坛组委会提出倡议：成立中国边境职业教育联盟，产能对话会启动"电商谷"项目，工作磋商会确定工作机制。

【第2届中国－东盟企业家合作高端对话会】 2017年9月10日至12日，第2届中国－东盟企业家合作高端对话会在南宁举行。中国－东盟博览会秘书处主办。中国、文莱、印度尼西亚、马来西亚、缅甸、新加坡、泰国、越南的知名企业和企业家代表出席。主题为"服务'一带一路'建设，构建中国－东盟民营资本产能合作新格局"。其间，举办中国－东盟企业家合作高端对话会——广西企业家联谊活动、高端对话会、项目对接会等多项活动。广西壮族自治区副主席张晓钦致辞；泰国科技工业部副部长蓬猜发表主旨演讲；中国－东盟博览会秘书处秘书长王雷介绍中国－东盟博览会概况，并通报中国－东盟企业家联合会的工作进展。项目对接会上，近30家企业代表全面推介各自企业的经营和发展概况；中马产业园、中泰产业园、马来西亚永大集团、印度尼西亚麒麟集团等，分别对"印象马六甲"大型实景演出等项目进行专题推介；马来西亚永大集团与广西兴邦文化公司就"印象马六甲"项目签署意向合作协议。广西投资集团、两面针集团、三环陶瓷、广西六堡茶集团、南珠宫等广西知名企业的企业家与东盟国家的企业家开展联谊活动，共话发展。

【第3届中国－东盟保险合作与发展论坛】 2017年9月7日，第3届中国－东盟保险合作与发展论坛在南宁举办。中国保险业监督管理委员会、广西壮族自治区人民政府主办。中国、老挝、缅甸、菲律宾、泰国、越南、孟加拉国、斯里兰卡等国家和中国香港地区的保险监督机构、中国保险行业协会、中国保险学会，以及部分国内外保险机构的代表出席。主题为"互利共赢，'一带一路'中国与东盟保险合作新机遇"。其间，论坛设置主旨演讲、专题发言、现场互动、专题采访等环节，并开展多边、双边穿插非正式会晤。广西壮族自治区副主席丁向群、中国保险监督管理委员会副主席梁涛分别致辞。与会代表围绕主题，就偿付能力监管、区域保险监管合作、网络安全、跨境保险、健康保险发展等进行研讨，内容从保险监管扩至保险实务，务实发展实现新突破。

【第9届中国－东盟金融合作与发展领袖论坛】 2017年9月13日，第9届中国－东盟金融合作与发展领袖论坛在南宁举办。广西壮族自治区人民政府、中国金融学会、中国银行业协会、中国证券业协会、中国保险行业协会主办。中国和东盟国家的金融监管部门、金融机构、企业负责人及专家学者等400多人出席。设主论坛（主题"深化金融合作，共建'一带一路'"）和分论坛（主题"共建资本市场，服务'一带一路'"）。广西壮族自治区党委书记、人大常委会主任彭清华在主论坛上致辞；广西壮族自治区副主席丁向群在分论坛上致辞。中国人民银行副行长殷勇、柬埔寨国家银行副行长孙桑尼盛等20多名国家中央银行领导、国内外有关金融机构负责人分别发表主题演讲，聚焦"一带一路"资金融通，围绕金融合作的愿景、政策、路径、实践，提出新思维、新见解、新观念，深化中国－东盟金融合作，助推“一带一路”建设。其间，举行人民币对柬埔寨瑞尔银行间市场区域交易启动仪式、中国银行东盟货币现钞调运中心揭牌仪式；广西壮族自治区人民政府分别与中国邮政储蓄银行、渤海银行签订战略合作协议。广州银行、广州农村商业银行、广东南粤银行、广西北部湾银行、海南银行、桂林银行、柳州银行分别签订战略合作倡议书。

【第12届中国－东盟文化论坛】 2017年9月10日至13日，第12届中国－东盟文化论坛在南宁举办。中国文化部、广西壮族自治区人民政府主办。中国和东盟10国政府相关部门官员、艺术院校代表，中国－东盟中心，东盟秘书处、东盟基金会领导及文化专员等200多人出席。主题为“中国－东盟传统艺术传承与发展”。举办全体大会、中国－东盟艺术院校校长圆桌会议、中国－东盟戏剧周、中国－东盟戏曲演唱会、特色传统艺术主题互动交流活动。中国文化部副部长董伟、广西壮族自治区政协副主席李康、文莱文化青年与体育部部长丕显·拿督·哈尔比、中国－东盟中心秘书长杨秀萍分别在开幕式上致辞。中国文化部文化科技司副司长李蔚、缅甸宗教文化部考古与博物馆司副司长古古奈等30名嘉宾在论坛大会上作主旨发言。校长圆桌会的与会嘉宾围绕传统艺术人才培养途径、传统艺术传承模式等议题展开研讨，一致通过《中国－东盟艺术院校校长圆桌会南宁倡议》。其间，举行广西非物质文化遗产展演、传统艺术展演2场活动。此外，分别举办中国－东盟(南宁)戏曲演唱会(9月5日至9日)、中国－东盟(南宁)戏剧周(9月6日至11日)2个配套活动。

【第14届中国－东盟博览会农业系列活动】 2017年9月10日至15日，第14届中国－东盟博览会农业系列活动在南宁举办。中国农业部、广西壮族自治区人民政府主办。中国、东盟国家、“一带一路”沿线国家、国际组织的有关官员，企业代表，相关研究机构的专家学者等2270人参加。举办第二届中国－东盟农业合作论坛、中国－东盟农业国际合作展、“一带一路”农业投资合作论坛、华南西南片区农业外事外经工作交流合作联席会议、澜湄合作农业联会工作组第一次会议、2017中国国际调味品展、中国－柬埔寨农业合作项目推介及签约仪式、中越农业项目专场对接、2017年桂台农牧渔业合作项目对接会系列活动。接待观众近10万人次，接洽外籍外地客商逾300人。论坛通过《中华人民共和国农业部与东南亚国家联盟各成员国农业部关于食品与农业合作谅解备忘录》草案、制订未来澜沧江－湄公河农业合作计划、建立华南西南片区的农业交流机制；现场签订意向合同约7500万元，成交超过5000万元；推动中国－东盟农业投资贸易的双向交流和合作，促进与东盟国家及东盟以外的国家开展农业务实交流合作。

【产业国际化发展研讨会】 2017年9月11日，深化“一带一路”空间信息走廊建设应用与产业国际化发展研讨会在南宁举行。中国国家国防科技工业局重大专项工程中心、广西壮族自治区工业和信息化委员会主办。国家有关部委、地方政府、卫星研制及应用单位等150名代表出席。中国国家国防科技工业局副局长吴艳华、广西壮族自治区副主席陈刚、中国国家国防科技工业局重大专项工程中心主任童旭东分别讲话。中国国家国防科技工业局重大专项工程中心副主任徐春容、中国民政部减灾中心卫星遥感部主任吴玮等13名专家，分别围绕“一带一路”沿线国家及地区对空间信息的应用需求和典型应用情况、航天国际合作模式及相关政策建议等内容作专题报告。研讨会旨在充分利用中国已有和规划的遥感、通信、导航等卫星资源、补充完善天基系统，建设地面信息服务网络，实现“一带一路”沿线国家空间信息的互联互通，深化“一带一路”空间信息走廊建设和应用，探讨“一带一路”沿线国家空间信息市场需求，探索中国与东盟国家之间的航天合作模式。

【首届中国－哈萨克斯坦地方合作论坛】 2017年9月11日，首届中国－哈萨克斯坦地方合作论坛在南宁举办。中国商务部、哈萨克斯坦国民经济部、广西壮族自治区人民政府主办。中国和哈萨克斯坦政府官员、工商界代表等412人出席。主题为“加强对接合作，共享发展机遇”，设开幕式、主题大会、企业对接会3个部分。中共中央政治局常委、国务院副总理张高丽，哈萨克斯坦第一副总理马明出席开幕式并致辞；广西壮族自治区主席陈武、中国商务部副部长钱克明、哈萨克斯坦国民经济部第一副部长鲁斯兰·达利诺夫分别致辞。在主题大会上，中国江苏省、广西壮族自治区、湖北省、陕西省、内蒙古自治区、新疆维吾尔自治区和哈萨克斯坦有关部门、地方政府及企业相关负责人，围绕产能合作、物流运输合作、农业合作、旅游合作、能源合作、园区合作6个议题分别发言，就双方合作的重点、热点、潜力等内容展开交流探讨。中国和哈萨克斯坦80多家重点企业的代表在企业对接会上进行深入交流洽谈，广西柳工集团等在现场作视频宣传推介。

【2017年中国－东盟电力合作与发展论坛】 2017年9月12日至13日，2017年中国－东盟电力合作与发展论坛在南宁举办。中国电力企业联合会、中国－东盟博览会秘书处、中国国际贸易促进委员会电力行业委员会主办。中国、越南、印度尼西亚、老挝、柬埔寨、菲律宾、新加坡、韩国8个国家的政府官员、权威专家、企业代表和媒体记者等约400人出席。主题为“发展清洁电力，共促经济发展”。中国电力企业联合会专职副理事长兼秘书长于崇德主持，广西壮族自治区副主席陈刚、中国国家能源局总经济师郭智、中国电力企业联合会常务副理事长杨昆、中国华能集团公司副总经理范夏夏分别致辞。联合国亚太经社委员会能源部专家近藤·岩土、全球能源互联网发展合作组织发展局副局长张义斌等分别作主题演讲。中国电力企业联合会区域电力合作特聘专家雷晓蒙、老挝能矿部能源政策和规划司司长桑迪苏等专家就中国－东盟电力合作机制，区域能源互联、清洁能源开发，东盟国家投资政策及能源发展趋势等议题开展对话交流。其间，与会代表参观第14届中国－东盟博览会电力展区。

【2017年中国－东盟防灾减灾与可持续发展论坛】 2017年9月13日至14日，2017中国－东盟防灾减灾与可持续发展论坛在南宁举办。广西壮族自治区人民政府、中国科学技术协会主办。中国、越南、泰国、法国、巴基斯坦等11个国家和地区，亚洲备灾中心、联合国粮食计划署等20个境外单位或团体的相关官员、专家学者和企业代表320多人出席。主题为“加强科技创新，提升防灾减灾水平”，包括开幕式、大会报告、主题沙龙、分论坛、观摩和参观考察等内容。广西壮族自治区副主席黄伟京、中国国际科技交流中心主任陈剑、越南科学技术联合会会长邓武明、法国国家研究院主任伊曼纽尔·菲利普·阿尔塞·加尼尔等分别致辞。中国科学院院士曾庆存、中国工程院院士丁一汇等17位嘉宾作主旨报告；中国保险学会会长姚庆海、缅甸社会福利与救济安置部救济安置司副主任温欧玛等在主题沙龙上发表演讲。在5个平行分论坛上，大家围绕防灾减灾科技应用与建设、防灾减灾科学前沿与发展、防灾减灾科技合作、气象主题论坛、科技创新与台风灾害

应对等议题进行探讨交流。其间，举行闭门圆桌会议，研讨筹备成立中国－东盟防灾减灾科技创新联盟事宜；组织与会代表观摩应急救援综合演练，参观第14届中国－东盟博览会和广西防灾减灾委员会成员单位；邀请部分专家到广西的相关机构考察交流。

【中国－东盟红十字博爱论坛】 2017年9月11日至12日，中国－东盟红十字博爱论坛在南宁举办。中国红十字会总会、广西壮族自治区人民政府主办。中国、东盟国家、罗马尼亚红十字会，红十字会与红新月会国际联合会、红十字国际委员会，企业、专家学者、志愿者等的代表100多人出席。主题为“人道与发展”，中国红十字会副会长兼秘书长王平主持。十二届全国人大常委会副委员长、中国红十字会会长陈竺，广西壮族自治区副主席、红十字会会长黄日波，红十字会与红新月会国际联合会东亚地区代表处主任彭玉美分别致辞。与会代表围绕主题，分别就社区发展与社区服务、卫生服务与健康促进、青年与创新3个议题进行探讨交流。会上，中国红十字会与东盟10国的红十字会或红新月会进行“丝路博爱基金”资助项目捐赠仪式。捐赠共4项：向文莱、柬埔寨、印度尼西亚、老挝、缅甸、菲律宾、罗马尼亚、泰国、越南9个国家红十字会捐赠“博爱单车”；向柬埔寨、老挝2个国家红十字会捐赠红十字救护车；在缅甸援建1个红十字急救中心；在印度尼西亚援建1个红十字急救中心及1所血站。其间，组织代表到南宁市红十字会参观红十字文化展示馆、红十字生命健康体验馆及广西红十字会南宁备灾中心代储物资库；观摩广西红十字专业救援队的地震灾害应急救援演练活动。

【中国－东盟环境合作论坛(2017)】 2017年9月13日至15日，中国－东盟环境合作论坛(2017)系列活动在南宁举办。中国环境保护合作中心、广西壮族自治区环境保护厅主办。中国、东盟国家、斯里兰卡等国家和地区相关部门官员，东盟秘书处、联合国环境规划署、亚洲开发银行、相关院校专家学者、环保企业、产业协会等代表400多人出席。主题为“城市环境保护与可持续发展”，由城市环境保护与可持续发展研修和2017中国－东盟国际环保展2个部分组成。研修部分设1个主论坛、4个主题单元。中国环境保护部国际司副司长杨小玲、东盟秘书处高级官员马蒂亚·哈亚蒂等分别致辞。与会代表围绕城市环境保护政策交流、城市环境可持续发展、中国－东盟环保产业与技术合作、“一带一路”环保技术推介与对接、城市水环境治理等议题开展多个专题对话。举行多场技术交流，重点在工业污染防治与清洁生产、持久性有机污染治理与控制、生态安全与污染土壤修复等方面分享经验。其间，举办“一带一路”环保技术推介与供需对接专题会，以及中国－东盟环保合作项目签约仪式，签署合作协议9份。在南宁国际会展中心设环保展，面积2451平方米；主题为“生态经济　绽放商机”。有国内外近60家环保企业参展，主要涉及水污染治理、大气污染治理、固体废弃物处理及资源回收等内容。还组织与会代表参观青秀山科普展示中心等。

【第5届中国－东盟技术转移与创新合作大会】 2017年9月12日至15日，第5届中国－东盟技术转移与创新合作大会在南宁举行。中国科学技术部、广西壮族自治区人民政府主办。中国和东盟国家政府部门、企业、大学、科研机构代表及专家学者等1000多人参加。举办大会开幕活动及主旨演讲、中医药大健康产业国际创新合作高层论坛及推介对接会、第14届中国－东盟博览会先进技术展等。广西壮族自治区副主席黄日波致开幕辞；中国科学技术部副秘书长苗少波、柬埔寨工业与手工业部副国务秘书邓西尼、印度尼西亚研究技术与高教部部长顾问阿古斯、老挝科技部副部长苏鲁东·桑德拉、泰国科技发展署署长那龙、缅甸教育部研究与创新司司长温凯慕等分别作主旨演讲。在开幕活动中，中国－东盟技术转移中心分别与越南、印度尼西亚、文莱指定的国家技术转移负责机构签署双边技术转移协议。高层论坛主题为“创新合作　共享健康福祉”。中国中医研究院终身研究员兼首席研究员、中国首位诺贝尔医学奖获得者屠呦呦给大会发了贺信；论坛上多位在国际中医药领域成绩斐然的科技界和商界领军人物发表演讲并开展嘉宾互动发言，发布共建“一带一路”背景下桂港澳与东盟中医药大健康产业国际创新合作圈倡议书；举行药用植物4.0计划启动仪式。推介对接会上，中国、泰国、马来西亚、柬埔寨、老挝等国家的行业专家和企业进行推介，通过企业洽谈环节现场达成4个重要意向并签约。在南宁国际会展中心设先进技术展，面积4000平方米；163家企业、机构的348个高新技术和先进通用技术项目参展。其间，中国和东盟国家有关部门举行会谈，达成多项共识。

【第二届中国－东盟商会领袖高峰论坛】 2017年9月12日至14日，第二届中国－东盟商会领袖高峰论坛在广西举办。广西壮族自治区人民政府、中华全国工商业联合会、中华海外联谊会主办。中国、菲律宾、印度尼西亚、马来西亚等国家和地区的商协会代表近400人出席。分别在南宁市举办主论坛（主题“促进产业合作，助力‘一带一路’”），防城港市（物流业合作发展）、贺州市（健康养生产业发展）举办分论坛。中华全国工商联副主席黄荣、广西壮族自治区副主席陈刚在主论坛上分别致辞；中国发展研究院院长王彤、北大后E促进会会长崔巍、研发高科技控股集团董事局主席陈志列、桂商总会会长李非列、泰国广西总会主席李铭如在主论坛上围绕主题分别作主旨演讲。防城港分论坛主题为“建成中国－东盟最佳海陆门户，开发‘一带一路’经济新引擎”，与会人员交流国内外现代物流业的发展经验和趋势，就防城港市如何依托独特区位优势和港口优势促进航运业、现代物流、区域经济等转型升级发展提出建议及意见。贺州分论坛主题为“生态贺州·长寿胜地”，与会人员共同分析全国健康养生产业及医养结合实践经验和趋势，探讨商协会、民企参与健康产业发展的机制。其间，还举行面向各商会的广西县（市、区）投资项目对接交流会，约120名论坛嘉宾与广西10个特色县（市、区）的主要领导洽谈，达成实地考察意向58个，对接投资项目32个。

【中国－东盟生物质能可持续发展论坛】 2017年9月13日，促进联合国可持续发展目标：中国－东盟生物质能可持续发展论坛在南宁举办。联合国开发计划署主办。联合国开发计划署、中国和东盟国家相关政府部门、中国国际经济技术交流中心、中国生物质能联盟、研究机构、行业协会、中国生物质能领导企业和生物质能项目的受益群体代表等223人出席。主题为“2017走进种植能源新时代，绿色减贫，分享中国经验，促进中国－东盟生物质能可持续发展”。联合国开发计划署国别副主任何佩德、中国国际经济技术交流中心副主任赵中屹、广西壮族自治区商务厅副厅长谭秀洪分别致辞。中国顶级研究机构的专家学者围绕中国－东盟生物质能发展、能源革命和能源转型、峰会后的绿色丝绸之路建设、绿色减贫等内容作专题发言。马来西亚，斯里兰卡，中国生物质能联盟、崇左市政府的代表分别介绍生物质能发展经验，就中国生物能源的产业化发展，广西生物质能可持续发展示范项目在推进崇左市农业、经济、环境协调发展的积极作用进行交流。中国生物质能领军企业代表就在“一带一路”的语境下共享绿色发展成果作闭幕发言。

【中国－东盟统计论坛(2017)】 2017年9月12日至13日，中国－东盟统计论坛(2017)在南宁举办。中国国家统计局、广西壮族自治区人民政府主办。中国和东盟国家统计机构代表等约80人出席。主题为“深化中国－东盟统计合作交流，服务21世纪海上丝绸之路建设”；设交流各国农业统计实践、讨论完善《中国－东盟国家统计年鉴》、探讨中国－东盟统计信息网站建设等统计合作机制3个议题。中国国家统计局局长宁吉喆、菲律宾国家统计局副局长乔西·佩雷斯、广西壮族自治区常务副主席蓝天立分别致辞。宁吉喆作《构建中国特色农业统计体系，服务经济社会发展大局》主旨发言；与会其他各国代表及广西壮族自治区统计局局长吴建新分别作专题发言。中国国家统计局总经济师盛来运主持论坛，并作总结发言；中国国家统计局国际合作司司长张军主持论坛讨论。中国国家统计局国际统计信息中心主任王军介绍《中国－东盟国家统计年鉴》联合编审和信息共享协议有关建议；中国国家统计局农村司司长黄秉信介绍中国农业普查情况，并提出相关国际合作建议；与会代表就完善《中国－东盟国家统计年鉴》、中国－东盟统计信息网络和中国－东盟统计合作机制等议题进行讨论交流，提出意见、建议，达成多项共识。其间，设农业普查小展厅，现场发放宣传光盘等；举行《2017中国－东盟国家统计年鉴》出版发行签名仪式。

第19届南宁国际民歌艺术节

【概　况】 2017年，南宁国际民歌艺术节组委会主办的第19届南宁国际民歌艺术节在南宁等地举办系列活动。以“一带一路”为主题，着眼受众需求，通过集结经典、融合多元、全面惠民、深度碰撞、传播推广，实现大舞台、大展台、大平台、大看台。9月6日至11日，2017中国－东盟(南宁)戏剧周；9月12日，“大地飞歌·2017”晚会；9月13日至18日，“绿城歌台”群众文化活动；10月28日至11月4日，“文化走亲东盟行”活动；5月至12月，2017大地飞歌·南宁国际民歌艺术节巡演(含《炫彩大地飞歌》选拔赛)。内容涵盖优秀剧(节)目展演、学术研讨会、粤曲大赛、微电影展览、艺术展览、艺术工作坊等多种形式；有23个国家的演员和团队参加演出活动，观众超过20万人次。

【大地飞歌·2017】 2017年9月12日晚，第19届南宁国际民歌艺术节“大地飞歌·2017”晚会在广西体育中心体育馆举办。南宁国际民歌艺术节组委会主办，观众约6000人。李祖仕任总导演，高枫、周蕾、夏颖、柯豆主持。中国、印度尼西亚、马来西亚、乌克兰等国家的演职员约160人参加演出。主题为“丝路山水·画里民歌”。GMZ48表演开场舞《大地飞歌》拉开晚会帷幕；中国的吴碧霞、韩磊、谭维维、帕尔哈提、旅行团乐队，乌克兰的Semenov Artem、波黑的Damir Lmamovi等分别献唱经典与流行的歌曲；韩冰与印度尼西亚的曾慧兰，胡译心与马来西亚的陈湘胤，李思宇、蝶当久与乌克兰和马来西亚的歌手分别合作演绎《情歌赛过春江水》《梨花又开放》《广西尼的呀》；创意民歌大秀《刘三姐遇上阿诗玛》、创意大秀《壮见》让多元文化和多种艺术元素碰撞，极具特色；梁素梅、苏仁峰演唱的嘻哈大戏《南宁style》，融合广西特色、东盟风情和南宁记忆；王予嘉和陈道宁唱响压轴大歌《大地之约》。南宁电视台直播晚会；南宁电台联合中国卫星广播协作网，对晚会作现场直播，中国北京、上海等30家省市音乐台同步转播，覆盖观众、听众5.60亿人。

2017年9月12日，“大地飞歌·2017”晚会广西本土歌手、英国爱丁堡演出团、乌克兰、马来西亚歌手共同演唱歌曲《广西尼的呀》　市委宣传部提供

【绿城歌台】 2017年9月13日至18日，第19届南宁国际民歌艺术节“绿城歌台”群众文化活动在南宁举办。南宁国际民歌艺术节组委会主办。活动主题为“丝路织梦·歌海扬帆”，分别在民歌湖、市辖七城区五县设置13个歌台，举行18场融合浓郁异国情调和丰富民族特色的不同主题演出活动，约15万人次观看演出。民歌湖歌台进行2017“绿城歌台”开幕式晚会、2017大型民歌专场——陕西专场、中外群星致敬经典民歌LIVE公益演唱会、2017南宁市少儿民歌汇、南宁市原创精品节目展演《舞动·中国梦》、“南风粤韵”地方戏曲折子戏专场晚会6场不同主题演出(每天1场)，参与演出的演职员约1000人，观众约2万人次。一方面展示民族文化经典魅力，另一方面汲取发挥新生代力量，并在各场演出中穿插美国、南非、东盟国家艺术家的精彩表演。各区县歌台分别举办1场立足自身文化特征的不同主题演出，兴宁区“百年商埠·创新兴宁”、江南区“平话情韵”、青秀区“重温经典追忆青春”、西乡塘区“美丽南方从这里起步”、邕宁区“福满邕宁”、良庆区“魅力新区多彩良庆”、武鸣区“情韵壮乡欢歌飞扬”、横县“最美花乡”、宾阳县“龙韵宾阳”、上林县“壮族老家养生上林”、马山县“鼓乡歌海·祥寿马山”、隆安县“多彩那乡”，展现地域特色文化发展活力。

【戏剧周】 2017年9月6日至11日，2017年中国－东盟(南宁)戏剧周在广西举办。南宁市人民政府、广西壮族自治区区文化厅主办，主题为“丝路起航　戏海扬帆”。中国、东盟10国的24个优秀院团、40多家艺术机构、700多名演员进行42场演出，受众约5万人次参与50场活动。举办中外优秀剧目展演、艺术家个人专场、传统曲艺专场等演出；汇集越南木偶戏、泰国孔剧、中国粤剧、中国藏戏等世界级非物质文化遗产项目，以及掌中木偶戏、高甲戏、越剧、晋剧、丛剧、话剧、儿童剧、歌舞剧等；中国戏剧梅花奖得主欧凯明、武凌云，越南人民艺术家阮氏丽玉、童光荣，柬埔寨艺术家南娜玲等20多位名家参加演出。其间，还组织到农村、学校等进行公益演出。同时，举办中国－东盟艺术院(团)长高峰论坛、演出剧评会、专题艺术研讨会、中国－东盟艺术展览、中国－东盟南派粤剧大赛、中国－东盟微电影大赛等活动。组建中国－东盟优秀艺术家联合展演团，分赴北海市、钦州市进行演出。

【文化走亲东盟行】 2017年10月28日至11月4日，举办2017年“文化走亲东盟行”活动。南宁市人民政府主办。由南宁戏剧院、温州越剧演艺中心、湖南省祁剧保护传承中心、四川艺术职业学院等单位人员组成代表团分别到越南(70人)、泰国(35人)开展活动，举办3场非物质文化遗产展览、5场戏剧专场演出、4场艺术研讨。10月28日至31日在越南期间，演出大型邕剧《玄奘西行》；南宁戏剧院、越南国家剧院等8个中国－东盟戏剧合作交流机制的成员单位，开展“中越优秀艺术家联合展演”活动，共同献演中国的粤剧、川剧、越剧、祁剧，越南的嘥剧、嘲剧、木偶剧和民间歌舞等。11月1日至4日在泰国期间，演出《南派粤剧折子戏》专场，《小宴》《拾玉镯》《贵妃醉酒》《大凤凰》《双枪陆文龙》等剧目选段。活动期间，壮族刺绣、壮医文化、上林渡河公等10多个非物质文化遗产项目在越南、泰国的部分剧院和高校进行展示；中方院团与越南戏剧艺术家协会等艺术团体和单位举行多场座谈交流及技艺分享会，与泰国艺术发展学院举办艺术座谈、戏剧工作坊等活动，在双向多边艺术项目的共建发展方面，取得多个共识，包括深入开展文化艺术交流合作、联合排演东南亚史诗剧目《罗摩衍那》、加强非物质文化遗产项目合作。

服务保障

【概　况】 2017年，南宁市委、市政府高度重视、组织有力，率领全市各级各部门紧盯目标、敢于担当、开拓创新、节俭办会，高水平、高质量完成第14届中国－东盟博览会、第14届中国－东盟商务与投资峰会(简称“两会”)的服务保障任务。着眼全局，统筹协调、监督检查、保证资金，确保整体工作有序推进；全面覆盖，营造浓厚热烈的“两会”宣传和社会氛围；多措并举，安保和社会维稳措施有力，确保“两会”安全顺利举办；齐心协力、真抓实干，市容环境、场馆维保、食品安全、志愿服务等服务保障落实到位。

【基础设施与市容环境改善】 2017年，南宁市重点做好南宁国际会展中心E区(中翼)场馆工程项目建设，各方配合、倒排工期、强力推进，确保如期完工，按时投入使用。安排道路整治提升、桥梁整治、市政配套和人行道改造等一批服务“两会”城市基础设施项目建设，均按工期进度完成。围绕美化多彩城市面貌、提升整治市容环境，结合“美丽南宁·整洁畅通有序大行动”，重点针对21条主要线路、8个主要活动场所、25个主要接待场所、8个窗口单位、44条城市主要道路开展扬尘污染治理、市政设施维护、环卫保洁、市容乱象整治、亮化提升等工作，确保环境整洁齐美。3月至9月，市区空气质量优良率保持100%，“南宁蓝”常驻。

【南宁国际会展中心服务保障】 2017年，南宁国际会展中心针对A区(东翼)、B区(东翼)展馆存在功能设施方面的问题和不足，协调相关施工单位查遗补漏、排查隐患；根据E区(中翼)展馆新投入使用的实际，组织专业人员进行设备使用和操作培训，提高相关人员的应变能力和反应速度，做好设备设施的运行保障。“两会”期间，有22间会议室举办各类会议46场，组织协调搞好各项服务；配合完成1768个标准展位的搭建，完成30个功能区、服务区设置，82个室内外临时指示牌装搭；安排8辆电动车免费接送(摆渡)参展商、专业观众1.48万多人次。

【宣传服务】 2017年，南宁市在“两会”期间，组织市属媒体开设“两会时刻”“喜迎两会”等专栏，派出记者500多人次，刊播稿件1773篇，多形式、多角度地报道“两会”。实施2017“南宁渠道丝路交响”媒体走东盟跨国采访活动，协调中央电视台、中国新闻社、南宁电视台开展专题采访，中央电视台国际频道制作12集专题片《海外南宁人》在《华人世界》播出，中新网也进行全方位、滚动式报道。海外多家媒体分别推出宣传专版，对南宁市进行有主题、集中式宣传报道。依托网站、官方微博、官方微信等，全面报道“两会”。利用高杆广告牌、广场等各类社会资源，在民族大道、南宁火车东站等重要节点广泛设置“两会”宣传标语；在精品线路路段、公交候车亭、地铁站内等设置“两会”宣传画面；在市区高频率播放宣传片、宣传画面和宣传标语；在南宁国际会展中心等重要路段及节点布置花卉，全覆盖营造浓厚热烈的“两会”宣传和社会氛围。

【安全保卫与维稳】 2017年，南宁市制定165个“两会”安全保卫与维稳工作方案和应急预案，以重要活动场所及驻地为点、反恐工作为线、良好的社会治安秩序为面，全方位、立体化地开展各项工作，圆满完成“两会”安全保卫与维稳任务。“两会”期间，投入警力1.58万人，聘用保安2.80万多人次，组织15万名“小红帽”安保志愿者及民兵1000人做好“两会”安全保卫和巡防工作。消防部门组织进行夏季消防检查、防范电动车火灾整治“回头看”、高层建筑火灾综合治理、电气火灾专项整治等专项行动；开展监督检查937次、发现并整改火灾隐患763处，全面净化消防安全环境。

【安全生产监督管理】 2017年，南宁市政府采取多种措施，扎实开展安全监督管理工作，实现安全生产的防控目标。组织开展全市安全生产大检查，重点对地铁、公交、出租汽车、大客车等交通领域、建筑工地、接待酒店进行隐患排查，突出对城市隧道工程、燃气管线、地下管道、大型城市综合体、人员密集场所、高层建筑火灾等容易造成重大人员伤亡事故领域的监督检查。对“两会”活动场所、临时施工工地进行全程跟踪，开展经常性的安全生产检查、巡查和指导服务等工作，督促举办单位、施工单位严格履行职责，建立及完善安全生产规章制度。加强危险化学品单位安全管理、矿山的安全监督检查，对重点高危行业在“两会”期间实施相应措施。对使用特种设备的“两会”各类活动场所、接待宾馆、饭店、供应单位等逐一开展检查，及时发现、并督促整改一批安全生产隐患和问题。

【医疗卫生保障】 2017年，南宁市组织开展公共卫生监督监测工作，有效实施现场医疗卫生保障,较好地完成“两会”医疗卫生保障任务。累计出动卫生监督员580多人次、执法车辆116辆次,对重点接待单位、活动场所和周边相关单位进行公共场所、生活饮用水、消毒产品、病媒生物防治等卫生监督综合检查,确保“两会”期间的公共卫生安全。组织179名医务人员、29辆救护车,组成35个小组,执行“两会”现场医疗保障任务,接诊111人次、转运2人。

【食药安全保障】 2017年,南宁市构建“两会”食药保障组织体系,统筹兼顾,全面落实保障网络格局,完成食品药品安全保障任务,实现“两会”期间“零事故、零投诉”。成立7个专项保障工作组,按照职责协同推进保障工作。各接待酒店成立以企业法定代表人为组长的食品安全工作组,落实专职食品安全管理员,并派驻人员进行监管;采取驻点监管馆内单位,巡查监督馆外单位的方式,对相关快餐生产经营单位的加工制作、运输、销售等实施全程监控,确保无虞;对美食节现场餐饮服务单位进行全面检查,落实保障;对“两会”专供食品生产企业、食品供应商进行溯源审核和专项检查,防止假冒“四品一械”(药品、餐饮食品、保健食品、化妆品、医疗器械)进入展示和销售。肉类、蔬菜、水果等快检检测4000多份,纠错750多次,发出监督意见书50多份;快检快餐300多份;服务“两会”专项监督抽检样本206批次;美食节快检抽样300多份。

【通信保障】 2017年,南宁市制定方案,完成服务“两会”通信保障任务。进一步完善“两会”现场指挥中心功能,提升整体通信保障水平,并安排专人全天跟进保障指挥中心系统运行,确保系统畅通。开通光纤专线、数字电路,完成基站扩容,做好有线和无线通信指挥保障。了解相关媒体直播报道对通信线路数量、容量等需求,协调电信运营商铺设线路、调试设备,保证通信线路畅通;组织各运营商对专业核心网络等进行全面优化、升级和改造,为“两会”提供无缝连接的超高速光网、4G无线网络服务及专业化的网络保障。协调各运营商出动应急通信车10多辆次,其他通信保障车52辆次,派出通信保障专业人员300多人次,实行专业人员24小时值守蹲点制,保障“两会”重点场所信号畅通稳定。

【交通运输保障】 2017年,南宁市根据服务需要,结合实际,加强调控,切实做好“两会”交通运输保障工作。协调轨道交通1号线为参加“两会”人员提供快速通过免检通道;组织公交企业采取临时调整线路走向、加大发班密度和延长营运时间等措施,做好“两会”重要活动场所、主要客流集散点及重大活动的运输服务;抽调400辆出租汽车到南宁国际会展中心指定区域提供服务。同时,调集和租赁车辆,满足接待和工作用车需求。

【供电与供水保障】 2017年,南宁市供电部门抓好统筹组织和责任落实,通过改造、建设,编制计划等,实现保供电可视化和图表化,为做好“两会”保供电工作奠定良好基础。“两会”期间,出动人员4756人次、车辆1544辆次、发电车85辆次、发电机10台次、UPS(不间断电源)40台次,完成供电保障任务126项。同时,与安保部门合作,做好防范暴恐破坏等工作,启动值班值守,确保实现“两会”供电保障目标。供水部门一方面提前做好设备维护和生产物资配备,出动车辆579辆次、人员1008人次,加强对重点场所、重点线路的巡检;另一方面执行24小时值班制,妥善处置供水突发事件,保证供水设施运转正常,保障“两会”重要活动场所、重要线路的安全供水和全市供水稳定。

【气象服务】 2017年,南宁市气象部门落实重大活动气象服务要求,制定工作方案,将责任落实到人;加强与上级气象部门会商,做好技术研判;对全市气象仪器装备及场馆气象保障设施进行检查、维修,确保设备运行正常,为“两会”提供优质决策气象服务和公共气象服务等做好准备。8月2日起,向“两会”相关机构提供专项服务信息22期、发送气象保障服务短信4万多条次;9月11日起,提供市区、吴圩机场、南宁国际会展中心等未来逐3小时短临天气预报,以及影响市区突发性天气0小时~2小时内预报和预警。通过在“南宁气象”官方微信中设置“两会天气”栏目、“南宁气象”官方微博平台开展专项服务、召开“两会”天气趋势新闻发布会等,使“两会”公共气象服务智能化、广覆盖。此外,还与民航、交警、环保、城管等部门合作联动,应对恶劣天气的不利影响。

【志愿服务】 2017年,南宁市采取社会招募和组织招募形式,招募的4157名志愿者,为“两会”提供专业志愿服务、场馆志愿服务、城市志愿服务和窗口文明单位岗位志愿服务等1万多人次。选拔377名有计算机、礼仪及外语翻译特长的志愿者,安排在机场、酒店、博览会客服中心等场所,提供专业性强的志愿服务;组织240名志愿者担负南宁国际民歌艺术节活动的道具发放、票务协助、观众引导、交通指引等现场服务工作;组织2016人次志愿者和21个行业的青年文明号集体青年志愿者,在21个城市志愿服务工作站提供信息咨询、导游导购、义务宣传、应急医疗、道路指引等服务;组织3712人次志愿者,在29个文明交通劝导路口开展排队礼让的文明引导活动。此外,还组织开展“绿色盛会·低碳出行”志愿服务、“喜看南宁新变化”系列活动、深化社区志愿服务活动等。

(南　亚)

责任编辑　李志楠

2017年9月14日,南宁国际会展公司“党员先锋号”服务“两会”启动仪式在南宁国际会展中心举行

南宁大地飞歌集团提供

南宁与东盟

经济交往

【南宁与东盟国家经贸概况】 2017年，南宁市与东盟国家经贸进出口额78.64亿元，比上年增长38.10%，其中出口24.78亿元、进口53.86亿元。主要进出口国家：马来西亚20.87亿元（出口1.04亿元、进口19.82亿元）；越南19.81亿元（出口12.76亿元、进口7.05亿元）；泰国15.56亿元（出口6.02亿元、进口9.54亿元）。新批合同外资项目12个，新增备案对外投资项目18个，实现中方对外协议投资额4.50亿美元。新批合同外资总投资额1.79亿美元，注册资本6405.78万美元，新批合同外资4062.93万美元。"走出去"主体进一步扩大，以民营企业为主，9个项目以独资、合作、并购形式在柬埔寨、泰国、印度尼西亚等"一带一路"沿线5个国家进行投资，中方协议投资总额1.52亿美元。对外投资形式更加多元化，涉及环保设备制造和销售、环保设备运营、环保技术研究开发及服务、亚麻纤维加工生产及国内外亚麻纤维销售、制糖工业自动化设备生产研发、原木贸易、林地贸易、营林造林、人造板生产和销售等。

【东盟区域经济合作】 2017年，南宁市做好中国－东盟博览会、中国－东盟商务与投资峰会服务。申报中国－中南半岛经济走廊试点示范区。中国－东盟信息交流中心、南宁市跨境贸易电子商务综合服务平台、五象新区总部基地电商小镇等项目投入使用，中国－东盟检验检测认证高技术服务集聚区（一期）、地理信息小镇等项目动工。中（国）新（加坡）南宁国际物流园落户中国－东盟国际物流基地，引进物流企业14家；中国邮政东盟跨境电商监管中心投入运营，国内首创跨境电商、国际快件及国际邮件互换业务三合一。"广西－东盟区域（南宁）外贸一体化综合体通关服务提速工程"建设加快，初步设计获批复。建设金融沿边综合改革试验区，6家银行机构在南宁率先组建面向东盟的货币清算（结算）中心，16家银行机构接入人民币跨境支付系统。全市跨境人民币结算量170.28亿元，在自治区排名第三。搭建中国－东盟（南宁）金融服务平台，扩大中国－东盟（南宁）货币指数应用，跨境金融信息服务水平提高。 （市商务局）

【南宁国资监管企业进入东盟】 2017年，南宁威宁投资集团有限责任公司及监管单位与东盟国家经济往来主要是大米贸易。大宗大米进口贸易：南宁市储备粮管理有限责任公司获进口大米（长米粒）配额1689吨，其中5月从越南进口大米500吨、9月从越南进口大米500吨，进口大米在南宁市及周边市场分销或再加工后分销。小额大米进口贸易：南宁威宁捷信贸易股份有限公司进口柬埔寨茉莉香米350件，价值6000元，在宁家连锁便利店五象店、竹塘店、桂春店等30家门店销售。 （市国资委）

【东盟企业进入南宁】 2017年，在南宁投资的东盟企业106家，总投资额12.82亿美元，注册资本5.92亿美元，实际利用外资4.31亿美元。投资领域涉及电子、信息、轻工、食品、化工、基础设施、房地产、商贸物流，以及农副产品深加工、航空运输辅助活动等。总投资额超1000万美元企业21家。规模较大的企业有广西新中产业投资有限公司，位于南宁市总部路1号中国－东盟科技企业孵化基地，总投资额8136.34万美元，注册资本2712.11万美元，经营范围包括普通货物运输，鲜活农产品和药品低温配送技术服务，仓储设备制造、销售、安装，除危险化学品及易燃易爆物品仓储服务等；南宁诚兴农业科技有限责任公司，位于广西－东盟经济技术开发区，总投资额1210万美元，注册资本1210万美元，经营范围包括生产、销售鸡蛋、肉鸡及鸡粪，种植、销售蔬菜瓜果、谷物及其他作物，道路货运、货物专用运输。

【南宁—文莱斯里巴加湾定期航线开通】 2017年7月15日，南宁—文莱斯里巴加湾定期航线开通，继上海—斯里巴加湾后，中国内地与文莱之间开通的第二条定期国际航线，也是国内航空公司开通的第一条中国内地至文莱之间的定期国际航线，由祥鹏航空公司使用波音737-800客机执飞，每周三、周六执飞1班往返航班，单程约3小时。

【南宁—柬埔寨西哈努克港航线开通】 2017年7月12日，南宁—柬埔寨西哈努克港航线航班首航，由天空吴哥航空公司使用空客A320型客机执飞，航班号为ZA459/60，每周三飞行1班往返。北京时间11时35分从西哈努克港起飞，14时到达南宁；同日15时从南宁起飞，17时20分到达西哈努克港。

【南宁—河内中欧班列开行】 2017年11月28日9时30分，广西开往越南的首趟中欧班列79749次集装箱班列从南宁南站出发，直通越南河内。中铁集装箱运输有限责任公司南宁分公司、广西宁铁国际物流有限公司、南宁震洋物流有限公司和广西铁盛洋国际物流有限公司运营，经凭祥站出关，全程约400千米，20小时抵达越南河内，装运7个集装箱的电子零配件、服装、光伏货物和8个冷藏集装箱的新鲜苹果。中越双方建立运输组织及代理协作机制，确保中越跨境集装箱直通班列开行常态化，提供国际联运单证预审、制单和打单等服务。

【中国－东盟海洋环境资源保护与利用论坛暨海水养殖技术对接会】 2017年12月21日，中国－东盟海洋环境资源保护与利用论坛在南宁举行；22日，中国－东盟海水养殖技术对接会在北海举行。自治区科技厅、广西科学院、中国－东盟技术转移中心主办，中国－东盟海洋科技联合研究中心等单位承办。主题为"海洋资源可持续利用，海水养殖成果技术对接"。中国及东盟国家海洋环境和海水养殖领域100多名专家学者出席，就海洋环境资源保护与利用领域的科学问题进行探讨交流。中国－东盟海洋科技联合研究中心为中国和东盟各国针对海洋科学全球性和区域性热点问题开展的合作研究和联合攻关提供平台，整合利用东南亚地区的资源、人才和技术，促进中国和东盟国家在重大海洋科学问题上达成共识，提升区域协同创新能力。

【中国－东盟基础设施互联互通金融论坛】 2017年12月8日在南宁召开。自治区政府、国家开发银行举办。柬埔寨、印度尼西亚、老挝、菲律宾4国央行负责人出席，文莱伊斯兰银行、柬埔寨加华银行、印度尼西亚曼迪利银行、老挝开发银行、马来西亚联昌投资银行、缅甸外贸银行、菲律宾BDO银行、新加坡星展银行、泰国盘古银行、越南投资发展银行、香港联昌证券有限公司及丝路基金等17家金融机构和自治区有关部门参加。各方围绕“金融服务中国－东盟合作，携手推进基础设施互联互通”展开研讨，就推动金融支持中国－东盟基础设施互联互通建设达成共识。

【中国－东盟科技产业合作委员会成立】 2017年10月26日，中国－东盟科技产业合作论坛暨中国－东盟科技产业合作委员会成立会议在北京举行，中国－东盟商务理事会、启迪控股股份有限公司和东盟各国共同发起，成立并落户南宁。主要成员包括中国、东盟各国的著名大学、科研院所专家，以及工商界领袖、企业代表等，旨在加强中国与东盟科技产业合作与交流，促进科技领域代表性机构与企业的务实合作与发展，为双方有关政府部门、科研院校、行业商(协)会、企业等提供商务咨询、项目推荐等服务，主办或承办促进中国和东盟科技产业合作的论坛、专题研讨会、经贸洽谈会、科技展览会等，促进各方大学院校、科研机构、科技企业家代表团互访及人文交流。委员会首批单位60家，其中中方25家、东盟35家。

【2017中国－东盟网络视听产业合作发展论坛】 2017年9月25日至26日在南宁举行。新闻出版广电总局网络视听节目管理司指导，新闻出版广电总局发展研究中心、自治区新闻出版广电局联合主办，是首个中国与东盟国家网络视听行业间的高端论坛。主题为“海上新丝路·网络新空间·视听新机遇”，设高峰论坛、商务洽谈圆桌会、人文网络电影展映等环节。部分中央媒体新媒体负责人、国内视听品牌企业代表、东盟国家互联网视频服务主流渠道商代表、国内广播电视机构代表以及媒体记者等400余人参加。嘉宾围绕“发展战略”“媒体融合”“视听技术”“东盟声音”四大板块发表演讲，探索中国－东盟在“一带一路”倡议背景下网络视听的融合发展。新闻出版广电总局发展研究中心发布《中国－东盟视听节目网络传播报告》《中国互联网视听节目服务发展报告》。商务洽谈圆桌会在南宁沃顿国际大酒店举办，研讨区域网络视听渠道、内容、市场需求和发展前景，跨境合作项目的组织和建设、中国－东盟影视发行交易等内容，就进一步加深行业共识，深化产业合作，建立有效交流机制进行磋商。

【新加坡(广西南宁)综合物流产业园项目启动】 2017年9月1日，新加坡(广西南宁)综合物流产业园项目启动建设，落户南宁。新加坡太平船务有限公司投资，规模约100亿元，将建成集信息交易、集中仓储、配送加工、多式联运、辅助服务和产品批发交易中心、物流金融中心等于一体的现代物流多功能园区，服务辐射毗邻省份和西部地区、新加坡等东盟国家以及来自世界各地的进出口商家。中新南向通道由重庆、贵阳、南宁经北部湾港连通新加坡，实现“一带一路”有机衔接并连通长江经济带，推动中新两国经贸合作。

【中国－东盟“电商谷”落户南宁】 2017年9月12日，中国－东盟电子商务职业教育合作与交流平台——“电商谷”服务与支持中心启动，落户广西经贸职业技术学院。是中国－东盟电子商务职业教育论坛重点打造的电子商务项目，以电子商务职业教育为核心，从国际合作出发，围绕广西－东盟电子商务职业教育与培训、电子商务产业园建设以及电子商务企业合作等内容，建立电子商务职业教育与产业整合输出的职业教育国际合作新模式。“电商谷”对接国家优质职业院校、本科院校、研究所和相关大型企业，采用“行业协会＋院校＋企业”的合作模式，引入实际的电子商务项目，开展具体的项目运营，为东盟各国专项培养电子商务领军人物和优秀技能人才。

【东盟发展五十年暨中国－东盟关系论坛】 2017年5月19日，在广西民族大学举办。主题围绕东盟成立50周年、中国－东盟关系进入新的时期，分设“东盟发展五十年回顾与展望”“‘一带一路’与中国－东盟关系”“中国与东盟关系热点”等议题。来自国内外各高校、科研机构与政府相关部门50余名专家和青年学者出席。与会代表回顾东盟历史、概况，重点分析东盟各国在东盟一体化建设中的角色与作用，探讨“一带一路”背景下的中国－东盟合作、广西－东盟合作及东南亚区域国际关系、海洋治理等焦点问题。

（梁佳和）

【2017年广西(文莱)商品博览会】 2017年5月2日至7日在文莱斯里巴加湾举行。自治区博览局、自治区商务厅主办。南宁市参展企业5家，展位13个。参展商品有食品、农副产品、家装建材、工业盐、家居用品等；接待来自文莱当地及周边国家的客商、观众500多人次，意向成交金额100多万美元。

【2017中国广西(越南)商品博览会】 2017年6月15日至17日在越南河内举行。自治区博览局、自治区商务厅主办。南宁市参展企业8家，展位9个。其间，举办电子电器和新能源、机械设备和配件、综合专场对接会，实现贸易成交171万美元，达成意向金额1000多万美元，

2017年5月，自治区主席陈武(前右三)参观广西(文莱)商品博览会参展企业展品

市商务局提供

产品主要有LED灯具、建筑机械、建筑五金。（市商务局）

文化交流

【中国－东盟跨境电商研究班】 2017年6月6日在南宁开班，为期7天。商务部主办，中国－东盟博览会秘书处承办，旨在推动中国与东盟在电子商务领域的交流，促进中国－东盟自贸区升级建设。柬埔寨、老挝、缅甸、越南四国官员，以及东盟秘书处代表33名学员参加。由商务部研究院、中国－东盟博览会秘书处、中国海关、中国银行、广东跨境电商行业协会等机构的领导和专家授课，就中国跨境电商发展趋势和主要模式、中国－东盟跨境金融合作、中小跨境电商企业生存风险，以及东博会如何通过电子商务平台促进中国－东盟经贸合作等议题进行探讨和交流。组织学员赴浙江省宁波市进行考察，参加跨境电商相关展会、走访跨境电商综合实验区和重点企业，了解电子商务在中国发展情况。

【中国－东盟农产品电商贸易研究班】 2017年7月11日在南宁开班，为期21天。中国－东盟博览会秘书处举办。菲律宾、老挝、马来西亚等国家的15名学员参加。由相关政府官员、金融机构代表、专家学者授课，就中国和东盟在农业经济、科技、贸易及跨境金融、展览业及新经济业态等领域的合作，中国金融机构对中小企业发展跨境电商的政策支持和推进"电商进村下乡"的惠农政策，以及东博会如何通过电子商务平台促进中国－东盟农产品贸易等议题进行探讨和交流。组织学员到广西百色市及平果县、湖南省长沙市和衡阳市考察，了解当地通过发展电子商务实现农副产品与市场有效对接，促进农业增效、农民增收，分享中国农村电商经验。

【广西民族大学东盟学院代表团访问老挝国立大学】 2017年10月22日至25日，广西民族大学东盟学院代表团访问老挝国立大学，会见老挝国立大学副校长洪派、国交处处长森迪安，就共同举办中国－老挝高等教育合作论坛进行会谈。代表团还访问老挝国立大学中国研究中心，与中心主任坡西就双方科研项目合作、学术交流达成意向。其间，代表团与孔子学院部分师生座谈。

【首届中国－老挝高等教育合作论坛】 2017年12月1日在南宁举行。广西民族大学、广西国际文化交流中心、老挝国立大学联合主办，来自中国、老挝两国的30所大学、高职院校和科研机构近百名专家学者、涉外合作代表参加，探讨老挝高等教育发展、中国－老挝高等教育合作、老挝语教学研究及中国－东盟人文交流等主题。老挝表示继续深化两国教育领域合作，加速人才培养，助推两国发展战略的实施。百色学院与老挝签署培养老挝留学生协议，计划至2020年培养老挝留学生1000人。

【泰国清迈大学代表团访问南宁学院】 2017年3月16日，泰国清迈大学代表团到南宁学院开展友好访问、交流活动。两校领导举行座谈，相互介绍各自学院建设、专业发展和国际交流与合作等情况，清迈大学表达与南宁学院在学生互换、教师攻读博士学位、泰语教学等方面开展合作的意愿。会后，清迈大学语言学院师举办学术报告会，介绍泰国风俗文化，南宁学院300多名师生参加。

【2017中国－东盟茶艺仙子大赛】 2017年4月13日，2017中国－东盟茶艺仙子大赛启动仪式在南宁国际会展中心举行。中国－东盟博览会秘书处、华侨茶业发展研究基金会主办，广西中华文化促进会礼仪文化专业委员会、广西文化交流协会、广西礼仪东方文化传媒承办。大赛在南宁、珠海、深圳等城市设分赛区，并设国外报名点，进行海选、初赛。总决赛分为个人赛、团体赛，比赛内容分茶艺展示、茶礼展示两部分。比赛从人物形象、神韵、茶艺、茶道、茶礼把握、茶文化知识等方面，以及泡茶流程解说、茶艺技巧展示与品茶等项目，对参赛者进行综合评比。

【2017马来西亚（南宁）榴梿节】 2017年11月3日至5日在南宁举行。马来西亚农业及农基工业部、自治区政府为指导单位，马来西亚驻华大使馆、马来西亚驻南宁总领事馆、自治区商务厅等主办。是马来西亚政府部门第一次在中国举办的以榴梿为主题的农产品推介活动，促进广西与马来西亚在水果等农产品领域的交流合作，提升双方经济贸易合作水平。现场分为参展区和品尝区。参展区设展位55个，30多家马来西亚企业展出榴梿饼干、榴梿咖啡、榴梿薯片、榴梿冰淇淋等产品200多种；品尝区"马来西亚雪花猫山王"榴梿备受关注，马来西亚客商现场教学如何识别马来西亚雪花猫山王榴梿。

【2017年中国－东盟（南宁）戏剧周】 2017年9月6日，2017年中国－东盟（南宁）戏剧周开幕式在南宁人民大会堂举行。自治区文化厅、市政府主办，市文化新闻出版广电局、市外事侨务办公室、广西戏剧院承办。中国和东盟24个优秀院团42场优秀剧目、国内外709名演员参加。戏剧周以"4+1"（演、研、展、赛＋大联欢）模式为特色，展演的国外剧目均首次在中国登场，包括越南国家木偶剧团《四季》、越南国家话剧院《黄昏别离》、泰国华富里戏剧艺术学院的《罗斛》等。国内展演剧包括广东粤剧院《白蛇传·情》、杭州越剧传习院《忠言》、南宁市戏剧院《南派粤剧经典折子戏专场》等。9月11日晚，中国－东盟（南宁）戏剧周大联欢晚会在民歌湖广场水上舞台举行，以"文化交流的盛典、丝路友情的重温"为专题，邀请中国与东盟艺术家联欢，为优秀艺术团体颁发朱槿花奖杯和纪念证书。

【中国－东盟法律论坛】 2017年12月5日至6日，中国－东盟法学家联谊会暨中国－东盟法律论坛在南宁举行。中国法学会主办，自治区法学会、中国－东盟博览会秘书处、西南政法大学承办。主题为"深化法治交流合作，共建共享'一带一路'"。中国和东盟国家30余位发言人讨论"中国－东盟经贸发展与合作法律问题""中国－东盟法律合作与保障机制""中国－东盟法律资源共享机制"3个主议题及12个相关分议题。论坛结束后，中国－东盟法律培训基地第十一期研修班在西南政法大学举办，为期两周，东盟国家法官、检察官、律师、学者等20多人参加，学习中国法律。

【2017中国－东盟职业院校学生烹饪技能大赛】 2017年9月11日在南宁职业技术学院开幕。自治区教育厅、香港职业训练局主办，桂港现代职业教育发展中心、南宁职业技术学院承办。旨在通过厨艺比拼，促进文化交流，服务"一带一路"。东盟国家和中国四川、浙江等省市及中国香港地区、中国台湾地区的17个代表队66名选手参加。比赛项目分为中餐烹调、西式烹调、特色创新烹调。南宁职业技术学院和青岛酒店管理职业技术学院获团体金奖，四川旅游学院、广西生态工程职业技术学院、广西经贸职业技术学院获团体银奖，浙江旅游职业学院、香港职业训练局中华厨艺学院、江苏食品药品职业技术学院、桂林旅游学院、玉林师范学院获团体铜奖。

【2017中国－东盟东部增长区经济发展研修班】 2017年5月17日在南宁开班。中国商务部主办，中国－东盟博览会秘书处承办。来自马来西亚、老挝、菲律宾等东盟国家经贸部门、投促机构、国家级商协会等机构的官员参加，为期14天。邀请商务部亚洲司、东博会秘书处、自治

区商务厅等机构领导和专家授课，内容为中国国情及“一带一路”建设进程，以及中国－东盟经贸、旅游和农业合作等热点问题。其间，东博会秘书处组织学员赴广西桂林和江西南昌、上饶考察。

【中国－东盟艺术高校联盟成立】 2017年3月16日在南宁成立。由广西艺术学院、中国－东盟中心和东南亚教育部长组织高等教育与发展区域中心联合发起，中国和东盟国家19所高校共同签署《中国－东盟艺术高校联盟成立宣言》，成为首批联盟会员。旨在强化区域内艺术高校合作，拓宽交流渠道，促进中国和东盟协同培养具有国际视野与竞争力的高级艺术人才；促进文化艺术和科研创作领域高水平交流与合作，为地区文化艺术产业创新发展提出解决方案，繁荣中国－东盟区域文化艺术。其间，高校代表就推动中国－东盟文化艺术教育交流与合作进行交流与探讨。首批中国－东盟艺术高校联盟成员有解放军艺术学院、南京艺术学院、广西艺术学院、山东艺术学院、吉林艺术学院、云南艺术学院、新疆艺术学院、内蒙古艺术学院、文莱大学、柬埔寨皇家艺术大学、印度尼西亚万隆艺术文化学院、老挝国立艺术学院、马来西亚艺术与文化遗产学院、缅甸仰光国立文化与艺术大学、菲律宾大学、新加坡南洋艺术学院、泰国艺术发展学院、泰国艺术大学、越南国家音乐学院。

【泰国川登喜大学代表访问南宁学院】 2017年6月5日，泰国川登喜大学国际交流处博士宋阳君访问南宁学院。双方举行座谈，南宁学院介绍学院校园建设、专业发展和国际交流与合作等情况，特别是与泰国高校近年合作情况；宋阳君介绍川登喜大学基本概况，重点介绍航空管理专业及国际交流合作模式，表示希望在学生互换、教师攻读博士学位等方面开展合作，初步达成合作意向。 （梁佳和）

友好往来

【友好城市交往】 2017年3月16日至25日，应越南海防市政府邀请，南宁市代表团访问越南，与海防市人民委员会副主席会晤，推介第12届中国（南宁）国际园林博览会。4月30日至5月9日，南宁市代表团访问泰国孔敬市、菲律宾达沃市。在孔敬市期间，双方就进一步发挥“南宁渠道”作用、加强两市城市规划交换意见，共同签署《中华人民共和国南宁市与泰王国孔敬市2017—2018年友好交流计划书》，考察推进孔敬市“南宁园”项目建设；在达沃市期间，代表团与达沃市市长进行友好会谈，考察达沃市公共安全指挥中心、香蕉产业等项目。6月7日至11日，应菲律宾达沃市邀请，南宁市代表团再次访问菲律宾，就继续加强经贸、文化、教育等合作进行交流，举办“南宁－达沃中菲友城经贸文化交流”活动。11月26日至29日，越南海防市祖国阵线委员会代表团访问南宁，与市政协举行座谈会，就开展交流与合作进行探讨，并签署友好备忘录。

【友好交往城市往来】 2017年3月16日至25日，南宁市代表团访问马来西亚、文莱。在马来西亚期间，双方交流园林艺术及景观设计经验，宣传推介第12届中国（南宁）国际园林博览会“东盟园”，探讨共建“怡保园”及未来两市的合作机遇；在文莱期间，代表团与文莱旅游部及贸易发展部相关人员座谈，播放园博会宣传片并作邀展推介。4月5日至7日，南宁市代表团参加在菲律宾卡巴洛甘市举办的世界城地组织亚太区2017执行局会议，宣传南宁城市建设和管理新理念、新成就，与卡巴洛甘市共同签署《中华人民共和国广西壮族自治区南宁市与菲律宾共和国西萨马省卡巴洛甘市建立友好城市关系意向书》。4月30日至5月9日，南宁代表团访问马来西亚怡保市，探讨城市规划、园林绿化、经贸、旅游和文化等方面合作，签署《中华人民共和国南宁市与马来西亚联邦怡保市2017—2018年友好交流计划书》。5月18日至21日，马来西亚人民政治运动党全国顾问、南宁市荣誉市民丹斯里郑可扬率马来西亚霹雳州代表团访问南宁，考察南宁构建“一区两片六带”、强化中心城区、促进“两片”特色化发展的城市空间布局，以及建设“海绵城市”、提升城市环境品质的计划。8月6日至10日，南宁市组织企业代表团访问马来西亚，与马来西亚霹雳州运通公司座谈，就交通运输领域合作及前景进行交流。（市外侨办）

【南宁领事馆区气排球友谊赛】 2017年1月7日，“东博杯”国际气排球友谊赛在南宁领事馆区举行。南宁市外事侨务办公室主办。越南、泰国、柬埔寨、老挝、缅甸和马来西亚驻南宁总领事馆代表队及南宁市外侨办代表队7支球队参加。友谊赛增进南宁市与各总领事馆间的友好关系、促进南宁市与东盟国家交流。

【中越边境地区检察机关会晤第一次会议】 2017年9月17日在南宁举行。中越两国最高人民检察院检察长出席并讲话。中方表示，中越司法合作是中越两国全面战略合作伙伴关系的重要组成部分，维护和促进中越友好大局的战略高度，构建便捷灵活的中越边境检察合作机制，维护边境地区和平稳定，依托中国－东盟成员国检察官交流培训基地，加大中越两国检察官相互交流学习培训力度，提升两国检察官直接交流的深度和广度。越方表示，越中两国边境地区检察机关要共同执行好双方签订的合作谅解备忘录，加强刑事司法协助直接合作，建立定期边境会晤机制，加强边境地区检察官培训，提升检察官业务能力，提高两国边境地区检察机关合作效果。双方各自介绍开展边境执法司法合作的经验，并签署两国最高人民检察院《关于加强中越边境地区检察机关直接合作谅解备忘录》。 （梁佳和）

2017年6月7日至11日，南宁市代表团访问菲律宾达沃市。图为达沃市市长萨拉杜·特尔特（前右五）会见南宁市代表团
市外侨办提供

责任编辑　梁富鑫

脱贫攻坚

综　述

【概　况】 2016年年末，南宁市有国家扶贫开发工作重点县3个(上林县、马山县、隆安县，其中马山县是深度贫困县)，深度贫困乡镇1个(隆安县都结乡)，贫困村317个(深度贫困村56个)，贫困人口30.25万人。2017年，南宁市扶贫开发办公室设综合科、资金科、项目科(南宁市革命老区建设委员会办公室)、社会扶贫科4个科室，编制29名，在编23人。二层单位有南宁市扶贫信息中心，参照公务员法管理事业单位，正科级，编制8名，在编5人。南宁市将脱贫攻坚作为中心要务、重中之重，科学组织安排，高位谋划推进，在自治区率先发力帮扶深度贫困村，率先采用信息化管理手段，率先开展第三方评估，持续推出贫困户增收新举措，贫困村经济发展取得新进展，企业帮扶取得新突破；与邕宁区、隆安县等贫困区县签订的《脱贫摘帽承诺书》《脱贫攻坚责任状》在中宣部等四部委联合主办的“砥砺奋进的五年”大型成就展展出。

年内，推进“七个一批”(发展生产脱贫一批、转移就业脱贫一批、多地拆迁脱贫一批、生态补偿脱贫一批、教育脱贫一批、医疗求助脱贫一批、社会保障兜底脱贫一批)“七大工程”(道路硬化、安全用水、安全用电、危房改造、互联网＋扶贫、文化设施建设、乡村环境建设)，筹集安排各级财政专项扶贫资金23.33亿元投入脱贫攻坚。培育、引导龙头企业149家、农民合作社1239个参与产业扶贫，带动23万多名贫困人口增收。开展产业扶贫、转移就业扶贫、易地搬迁扶贫、生态补偿扶贫、教育扶贫、医疗救助扶贫、社会保障扶贫、扶贫基础设施建设，实现贫困村脱贫摘帽认定101个，贫困人口脱贫“双认定”(帮扶责任人认定、贫困户自身认定)83662人。年度易地扶贫搬迁安置点项目全部开工建设，累计搬迁入住18258人。集中研究破解深度贫困问题，落实61家企业结对帮扶56个深度贫困村，由华润集团对口帮扶隆安县都结乡。推进茂名—南宁扶贫协作。至年末，317个贫困村村级集体经济收入均达2万元以上；全市贫困村从“十三五”期间自治区确定的421个降至216个，建档立卡贫困人口从2015年年末的406466人降至218795人，贫困发生率从2016年6.64%降至5.02%，下降1.62个百分点。市本级开展脱贫攻坚专题培训班180多期，培训党员干部1.20万多人次。全市组织贫困劳动力参加职业技能培训4967人，召开贫困劳动力专场招聘会104场，帮助贫困劳动力转移就业9836人次，扶持创业1110人。

【脱贫摘帽认定】 2017年，南宁市无贫困县脱贫摘帽任务。南宁市督促指导2016年脱贫摘帽的邕宁区巩固脱贫成果，对邕宁区开展“四合一”(2017年设区市党委和政府扶贫开发工作成效考核、贫困县党委和政府扶贫开发工作成效考核、非贫困县扶贫开发工作成效考核、扶贫对象脱贫摘帽实地核查，合并为统一的实地核查、核验)督导复核初评，邕宁区达“九有一低于”(有特色产业、有住房保障、有基本医疗保障、有义务教育保障、有安全饮水、有路通村屯、有电用、有基本公共服务、有社会救助，农村贫困发生率低于3%)标准。9月，南宁市在自治区率先采取政府购买服务方式，委托第三方抽样评估脱贫攻坚主要指标。11月10日，市扶贫开发领导小组办公室召开南宁市贫困户脱贫摘帽“双认定”暨贫困村脱贫摘帽督导工作业务培训会。11月15日至12月6日，南宁市派出6个督导组到12个区县开展贫困户脱贫摘帽“双认定”督导工作。12月4日至9日，从市扶贫开发领导小组各专责小组和成员单位抽调115名业务骨干组成6个核验组，复核初评86个计划摘帽村和15个奋斗目标村，抽查农户1374户(2017年脱贫户592户，2016年脱贫户267户，2014年、2015年退出户208户，未脱贫贫困户157户，非贫困户150户)。至年末，南宁市通过自治区核验，贫困人口83662人达“八有一超”(有稳定收入来源且不愁吃不愁穿、有住房保障、有基本医疗保障、有义务教育保障、有安全饮水、有路通村屯、有电用、有电视看，年人均纯收入稳定超过国家扶贫标准)标准，101个贫困村达“十一有一低于”(有特色产业、有住房保障、有基本医疗保障、有义务教育保障、有安全饮水、有路通村屯、有电用、有基本公共服务、有电视看、有村集体经济收入、有好的“两委”班子，贫困发生率低于3%)脱贫摘帽标准，实现脱贫摘帽。

扶贫开发

【产业扶贫】 2017年，南宁市投入资金10.83亿元开展产业扶贫，发展种植业、养殖业、林业、乡村旅游业和村集体经济发展特色产业，带动25.03万贫困人口发展产业增加家庭收入。区县实施“5+2”(脱贫攻坚期间持续发展的特色产业5个，每年可根据实际调整的特色产业2个)扶贫模式，贫困村实施“3+1”(从区县确定的“5”个特色产业中选取3个长期发展

2017年，南宁市隆安县布学养殖专业合作社养殖的肉鸡出栏　　市扶贫办提供

项目,从区县选定的“2”个可调整产业中选取特色产业1个)发展模式;通过产业扶贫,全市建档立卡扶持发展的421个贫困村中,集体经济收入超过2万元317个,占75.30%;年内脱贫摘帽的101个贫困村,特色产业覆盖率60%。培育、引导农民合作社1239个,引导龙头企业200家参与产业扶贫,签订产业帮扶合作意向1602项。市财政安排深度贫困村发展产业补助资金6300万元,每村100万元～150万元。实施科技扶贫68项,经费1879万元,直接带动贫困户3510户,每户增收200元～1万元。

【转移就业扶贫】 2017年,南宁市完善职业培训补贴政策,采取“先垫后补”的方式加大扶持建档立卡贫困劳动力培训,免费培训贫困劳动力,给予每人每天30元食宿交通补助。根据建档立卡贫困劳动力就业创业意愿,组织培训机构“送培入乡”“送员进校”,开展订单式就业技能培训,针对女性贫困劳动力开展家政、育婴培训,培训合格后推荐就业;针对不能外出务工贫困劳动力开展适用技术和创业培训,促进创业脱贫。实施技工院校结对帮扶贫困家庭“两后生”(未继续升学的适龄初、高中毕业生,含退学、辍学等)职业培训计划,组织“两后生”1324人到技工院校培训。开展“春风行动”促进贫困劳动力就业,举办专场招聘会131场,提供就业创业服务9.89万人,其中建档立卡贫困劳动力1.35万人;组织跨地区劳务输出7000人,其中建档立卡贫困劳动力1100人。举办粤桂两省区贫困村致富带头人培训班,培训致富带头人396人;投入14.20万元开展贫困村农民实用技术培训,培训2833人。本地企业吸纳建档立卡贫困人员900多人。开发水库巡防、山林巡防、社会治安巡逻员、交通安全协管员、公路养护巡查员等乡村公益性岗位1029个,安置贫困劳动力就业。以奖代补1711人,发放补助款136.70万元。

【易地搬迁扶贫】 南宁市2016年易地扶贫搬迁集中安置项目10个,搬迁2.79万人(建档立卡2.77万人,同步搬迁128人);2017年易地扶贫搬迁集中安置项目16个,分散安置项目2个,计划搬迁3.29万人(建档立卡3.24万人,同步搬迁498人)。2017年,南宁市开工建设2016年度计划集中安置项目10个,投资16.38亿元,投资完成率99.10%,竣工住房5167套,竣工率82.11%;开工建设2017年度计划集中安置项目16个,投资17.19亿元,投资完成率86.94%,竣工住房3896套,竣工率51.21%。交钥匙搬迁入住1.73万人,入住率28.80%,其中2016年项目入住1.13万人、入住率40.67%,2017年项目入住6031人、入住率18.63%。

【生态补偿扶贫】 2017年,南宁市利用中央下达的2016年贫困人口生态护林员专项补助资金987万元,补助建档立卡贫困人口生态护林员1641人(2016年12月至2017年11月),年人均增收1436.36元。

【教育扶贫】 2017年,南宁市安排财政专项资金1000万元,用于改善贫困地区薄弱学校基本办学条件,覆盖7个区县15所学校18个项目。依托“全面改薄”(全面改善贫困地区义务教育薄弱学校基本办学条件)项目,为30所贫困村学校(教学点)90间教室配备“班班通”设备。组织中小学(幼儿园)挂职干部1800多人、教师7000多人,学生2.65万人开展教育结对帮扶,开展教育教学活动3600多场次,听课9600多节,参与教师2.09万人,援助物资、资金43.40万元。将“国培计划”“区培计划”培训指标向贫困地区倾斜,加大贫困地区教师培训力度,培训教师1000人。开展建档立卡贫困家庭“两后生”调查,举办针对性宣讲184场;资助普通高校本科学历教育学生1741人,资金870.50万元;资助中职学历教育学生1936人,资金290.40万元;资助高职学历教育学生1869人,资金280.35万元;资助中、高职续培生春季学生5619人,资金824.85万元;资助中、高职续培生秋季学生6393人,资金958.95万元。实施“两广”对口帮扶职业教育协作试点,报名学生136人。

【医疗救助扶贫】 2017年,南宁市对贫困人口继续实行“先诊疗后付费”惠民政策,建档立卡的贫困户、非建档立卡农村低保对象、孤儿、特困人员等,因病在本区县内城乡居民基本医疗保险定点医疗机构住院的,可以先诊疗后付费。实施大病专项救治,集中救治患有儿童急性淋巴细胞白血病、儿童急性早幼粒细胞白血病、儿童先天性心脏房间隔缺损、儿童先天性心脏室间隔缺损、食管癌、胃癌、结肠癌、直肠癌、终末期肾病9种大病的贫困人口患者577人。开展爱心企业扶持健康扶贫项目,由海王集团为罹患胃癌、直肠癌等贫困患者捐赠化疗药品,受助122人。给予贫困人员参加城乡居民基本医疗保险个人缴费补助,建立妇幼健康扶贫动态管理机制,全市统一的城乡居民基本医疗保险信息系统上线,解决建档立卡贫困人员在本区县辖区外看病就医“垫付”难题,年内救助建档立卡贫困人口3.20万人结算住院费用,1.31万人结算门诊慢性病费用,支付统筹基金1.10亿元。

【社会保障扶贫】 2017年1月1日起,南宁市提高城乡低保补助水平,农村低保三个档次补助标准相应调整为一档特别困难家庭每人每月250元,二档比较困难家庭每人每月160元,三档一般困难家庭每人每月125元。民政部门委托第三方机构对低保家庭开展入户核查,民政部门对申请对象和续保对象家庭经济状况、申请审批程序进行核查,符合低保条件的继续纳入最低生活保障,脱贫不再符合条件的,做好政策解释后退出最低生活保障。对符合医疗救助和临时救助条件的建档立卡贫困户,给予医疗救助和临时救助。

【扶贫基础设施建设】 2017年,南宁市完成扶贫基础设施项目主要有通屯道路硬化建设项目904个,总里程1092.90千米;贫困村农村饮水安全项目281个,受益人口23.70万人;农村电网改造升级项目631个,受益农户4.53万户;危房改造7157户;“互联网+”扶贫工程县级电商服务中心6个,农村电商产业园7个,村级服务点(体验店)1700个,农村电商覆盖率62%;贫困村有线电视村村通工程116个,受益农户3565户;贫困村村级公共服务中心建设项目146个。

扶贫管理

【扶贫管理智能平台建设】 2017年,南宁市召开大数据平台调研会22次,组织培训15场次,落实专项经费600万元建设南宁市脱贫攻坚大数据管理系统,3月在自治区率先启用。系统包括工作平台、展示平台、社会帮扶平台、综合管理平台、手机工作平台APP5个子系统,集成帮扶责任人工作及管理、建档立卡信息精准查询、脱贫摘帽动态评判、脱贫成效实时监督等重要功能。重点突出建档立卡基础数据中帮扶责任人的帮扶管理,实现建档立卡贫困户信息动态管理。研发南宁市脱贫攻坚大数据管理系统手机平台APP,帮扶干部通过手机APP管理、上传帮扶信息以及贫困户每月收支情况;管理人员通过手机APP查看帮扶情况和脱贫摘帽指标完成情况,实时分析、使用数据。南宁市在全国首创公共资产负债管理智能云平台,推进云平台扶贫资金管理模块建设,通过平台项目进度预警、资金支付进度预警、发票验证等预警功能,各级财政部门监管财政扶贫专项资金的投入来源及扶贫资金支出流向;各级扶贫主管部门对扶贫项目实施精细化管理,监管异常信息。

【扶贫信息管理】 2017年,南宁市对照贫困户脱贫摘帽“八有一超”标准,将建档立卡外未达标的农户纳入建档立卡范围,做到“应纳尽纳、应扶尽扶”;对2014年、2015年退出户开展“两不愁三保障”(不愁吃、不愁穿,保障其义务教育、基本医疗和住房）核验，督促区县对不达标的农户再次入户复核，并完成相关程序；对2015年10月16日（自治区2015年精准识别启动时间）前已有“八个一票否决”情形的建档立卡户，剔除达标的，保留未达标且家庭确实困难的。全市在全国扶贫开发信息系统完成贫困户姓名、身份证、省内人员重复、非在校生文化程度为空、主要致贫原因为空等70余项问题40.70万余条数据修改。采集、录入发生变化的贫困户、脱贫户及返贫户的信息，采集录入所有新增贫困户信息。全市全国扶贫开发信息系统数据与帮扶手册、“双认定”验收表相关信息内容基本保持一致，各区县基本完成县乡村三级扶贫信息员培训全覆盖。至年末，全市贫困人口动态调整“应纳尽纳”贫困户4250户14941人，整屯搬迁“应纳尽纳”121户403人，认定返贫退出户1304户5314人，剔除错评贫困户1752户6706人。

【扶贫资金管理】 2017年，南宁市出台《南宁市财政专项扶贫资金管理办法》，建立健全财政专项扶贫资金管理机制，规定市本级和上林县、马山县、隆安县3个国家扶贫开发工作重点县年度预算安排财政专项扶贫资金，按不低于当年一般公共预算收入增量的20%增列预算，邕宁区按15%以上，其他区县按10%以上；规定资金应用范围是支持贫困地区和扶持对象发展生产及村集体经济、改善生产生活设施条件、支持扶持对象提高技能和提供金融服务等，资金项目审批权限下放区县，由区县根据脱贫攻坚规划、年度扶贫开发任务和实施计划、资金整合方案自主安排使用，市本级不再明确具体项目和补助标准。全市发放扶贫小额信贷3.55万户15.05亿元，贴息7924.16万元；筹集财政专项扶贫资金23.33亿元用于扶贫开发，其中中央和自治区资金9.53亿元，市本级资金5.64亿元，区县资金3.37亿元，债券资金1.91亿元，调整整合财政涉农资金1.03亿元，其他资金1.85亿元。扶贫资金投入方向：市本级0.33亿元，兴宁区0.18亿元，江南区0.33亿元，青秀区0.48亿元，西乡塘区0.34亿元，邕宁区2.44亿元，良庆区0.61亿元，武鸣区1.08亿元，横县1.69亿元，宾阳县1.27亿元，上林县4.10亿元，马山县5.28亿元，隆安县5.20亿元。扶贫资金通过南宁市公共资产负债管理智能云平台进行监管，实行资金来源、支出流向，精准匹配扶贫项目全流程管控。集中开展扶贫项目资金管理专项督查3次，查处虚报冒领、截留私分、贪污挪用、挥霍浪费等违规违法行为。

扶贫协作

【粤桂扶贫协作】 2017年，南宁市引进粤桂扶贫协作地区（广东省茂名市）企业78家、实施扶贫项目78个，实际投资60.40亿元，带动8259名贫困人口脱贫。上林县、马山县、隆安县与茂名市3个帮扶市（区）协商签订扶贫协作规划和协议；茂名市选派7名干部组成粤桂扶贫协作工作小组到上林县、马山县、隆安县帮扶，南宁市任命茂名市3名处级干部分别挂任上林县、马山县、隆安县委常委、副县长；2016年至2017年落实6420万元对口扶贫协作资金帮扶上林县、马山县、隆安县。南宁市借鉴广东省“先行先试、产业完善”的成功经验，在上林县试点实施“两培两带两促”（培育创业致富带头人，培育扶贫产业；带动贫困户脱贫，带动贫困村致富；促进本土人才回引创业，促进农村基层党建）六大提升行动，构建“1+N”（1个服务中心、N个创业孵化实训基地）创业致富带头人培育体系，发展“5+X”（高值渔、山水牛、生态鸡、旅游、光伏及其他产业）扶贫主导产业体系。12月21日，南宁市在茂名市举办招商推介会，签约项目6个，涉及农业、旅游业、制造业、现代物流等方面；22日，市政府率队赴茂名市开展扶贫协作工作对接交流。

【企业帮扶】 2017年，南宁市落实房地产、建筑、金融、加工工业、电商、农业6大行业61家企业与56个深度贫困村、1个深度贫困乡镇结对帮扶（华润集团对口帮扶南宁市唯一深度贫困乡隆安县都结乡），以资源开发利用、特色产业开发、劳动力就业、股份合作经营、推广优良品种、技术服务等方式，与贫困村集体经济、扶贫产业精准对接，带动贫困村增加集体收入、建档立卡贫困户脱贫致富。中央直属企业东风汽车公司、武汉钢铁集团公司和中粮集团公司分别结对帮扶马山县、上林县、隆安县。南宁市召开村企帮扶对接会2次。深圳海王集团股份有限公司在南宁市实施健康扶贫项目，对肝癌等10种疾病因病致贫的患者捐赠化疗药品价值2900万元，受助122人。华润集团7个业态（华润置地、华润万家、华润五丰、华润燃气、华润电力、华润医药、华润新能源）对隆安县都结乡帮扶全覆盖。引进全国知名企业中信国安公司，在北京举办“绿城锦绣美南宁，生态特色好产品——广西南宁扶贫农产品（北京）推介会”，全市近70家农业龙头企业现场推介200多类特色产品，在国安社区线上APP和100多家社区门店销售近百种南宁农产品，拓宽贫困地区农产品销售渠道。推进“旅游+产业”扶贫，马山县入选全国休闲农业和乡村旅游示范县。采取“公司+合作社+农户”模式，引导、扶持农民参与发展林下种植和林下养殖产业。

【定点帮扶】 2017年，南宁市出台《南宁市脱贫攻坚“十三五”规划》及3个子规划（《南宁市扶贫开发整村“十三五”规划》《南宁市“十三五”特色产业扶贫规划》《南宁市滇桂黔石漠化片区区域发展与扶贫攻坚实施规划（2016—2020年）》）。全市厅级（含）以上领导干部到12个区县、100个重点乡镇包抓脱贫攻坚，挂点联系贫困村43个；全市421个贫困村第一书记全部由市级以上机关、企事业单位选派，区县、乡镇派出扶贫队员911人、落实干部4.56万人结对帮扶贫困户；落实市直机关单位、企事业单位、市属院校、中小学校、医疗机构、新闻单位及其他单位（含二层机构）214个，县直单位706个定点帮扶421个贫困村，实现贫困村定点帮扶全覆盖。选派4名处级正职后备干部到深度贫困县挂职，从市直机关选派56名优秀正科级干部到56个深度贫困村担任党组织第一书记，从市委组织部选派3名“80”后优秀年轻科级干部，分别挂任3个贫困县的县委组织部副部长。各乡镇每个贫困村至少安排1名乡镇干部包村帮扶，通过自治区、市、县、乡四级联动，保证每个贫困村至少有3名以上机关干部常驻，组建贫困村帮扶工作队推动精准扶贫。从机关事业单位、国有企业选派63名优秀年轻干部到深度贫困地区挂任县委常委或副县长、县委组织部副部长、第一书记。51个自治区直属、中央直属驻桂单位定点帮扶80个贫困村。市、县组织部门设立第一书记和驻村工作队管理办公室，出台贫困村第一书记和驻村工作队管理办法，召回不合格的第一书记。督促指导区县、乡镇、村制定本级干部到户帮扶工作方案，对所辖贫困村（屯）建档立卡贫困户逐一落实干部帮扶到户。实行“领导包区县、乡镇，单位包村，干部包户”的结对帮扶“三包”制度，实现建档立卡贫困户“一帮一联”全覆盖。全市12个区县发放《帮扶手册》《帮扶联系卡》，档案袋16.08万套，发放率100%，均有乡镇党委、政府盖章和帮扶联系人、贫困户签字承诺，年度脱贫户收入登记表复印件在乡镇政府存档，录入国家扶贫信息系统。南宁经开区定点帮扶的良庆区那马镇冲陶村、那陈镇濑岽村、那陈镇西盛村、大塘镇乔板村和邕宁区那楼镇河浪村5个贫困村脱贫攻坚均通过自治区验收，实现“村摘帽”，完成272户1066人“户脱贫”；与马山县结成帮扶对子，每年安排500万元帮扶资金，帮扶马山县脱贫攻坚基础设施建设及产业开发项目。

（谭春兰）

责任编辑　钟婉悦　陈洪毅

分类经济

国有经济

【概　况】2017年，南宁市国有经济持续增长，新登记国有企业126家（均为分支机构），累计1421家（企业法人442家），比上年增长6.76%；注册资金43.45亿元，与上年持平。按产业结构分：第一产业141家（企业法人51家）、注册资金3.96亿元，分别占9.92%、9.12%；第二产业311家（企业法人147家）、注册资金9.37亿元，分别占21.89%、21.56%；第三产业969家（企业法人244家）、注册资金30.12亿元，分别占68.19%、69.32%。主要国有经济企业有南宁城市建设投资集团有限责任公司、南宁威宁投资集团有限责任公司、南宁建宁水务投资集团有限责任公司、南宁交通投资集团有限责任公司、南宁轨道交通集团有限责任公司、南宁产业投资集团有限责任公司、南宁大地飞歌文化产业集团有限责任公司、南宁农工商集团有限责任公司、南宁金融投资集团有限责任公司9大国有企业集团，累计实现营业收入245.14亿元、增长9.52%，利润11.63亿元、增长1.53%，国有资产总额2632.11亿元、净资产884.91亿元。

2017年南宁市国有经济行业分布情况表

表3

行　业	数　量（家）		注册资金（万元）
	总　量	企业法人	
农、林、牧、渔业	141	51	39632
采矿业	12	2	2010
制造业	178	94	57868
电力、热力、燃气及水生产和供应业	45	29	2807
建筑业	76	22	31006
批发和零售业	279	51	36363
交通运输、仓储和邮政业	238	17	17293
住宿和餐饮业	43	26	3263
信息传输、软件和信息技术服务业	8	5	100214
金融业	13	2	457
房地产业	39	35	60544
租赁和商务服务业	114	15	2818
科学研究和技术服务业	127	26	5663
水利、环境和公共设施管理业	13	4	3939
居民服务、修理和其他服务业	37	29	15008
教　育	8	8	1545
卫生和社会工作	1	1	3
文化、体育和娱乐业	22	15	1357
其　他	27	10	52739
合　计	1421	442	434529

【南宁城市建设投资集团有限责任公司】市属国有独资企业集团，注册资金81.46亿元，资产总额930.58亿元，职工2286人；子公司有南宁市城市建设投资发展有限责任公司、广西华宏水泥股份有限公司、南宁城市路桥投资管理有限责任公司、南宁纵横时代建设投资有限公司、南宁城建管廊建设投资有限公司、南宁城建东元世纪商务投资有限责任公司、南宁市富申建设投资有限责任公司、南宁市万町工程项目管理有限责任公司、南宁市西部时代房地产开发有限责任公司、南宁市泰展工程技术有限责任公司、南宁市城投小额贷款有限责任公司、南宁富航资产管理有限责任公司12家，托管南宁市基础工程总公司1家。2017年，公司实现营业收入44.70亿元，比上年增长10.73%；利润3.52亿元，增长28%；上缴税金2.29亿元，下降4.18%；完成固定资产投资121.16亿元，增长23.94%；融资53.12亿元。建设的主要重点工程有青山大桥，概算总投资8.10亿元（2014年12月开工），年度完成投资3.01亿元，5月1日建成通车；南宁国际会展中心改扩建项目，总投资52亿元（2015年4月启动），年度投资2亿元，8月完成E区场馆并投入使用；轨道交通1号线西段道路整治提升工程，总投资12.45亿元，年度计划投资4亿元，完成投资12.02亿元，4月28日开工，8月30日主线通车；轨道交通2号线沿线道路维修整治工程，总投资2.83亿元，年度计划投资6000万元，完成投资2.55亿元，12月31日竣工通车；仙葫大道跨南北高速立交，投资概算7601.99万元，2016年9月开工，2017年10月1日建成通车；五象大桥—英华路立交，投资8121.51万元，3月20日开工，8月30日竣工通车。

（梁宗政）

【南宁威宁投资集团有限责任公司】市属国有企业集团，注册资金81.08亿元，资产总额288.14亿元，净资产133.71亿元，职工4200人；子公司有南宁威宁资产经营有限责任公司、南宁百货大楼股份有限公司、南宁学院、南宁威宁市场发展有限责任公司、南宁威宁建设投资有限责任公司、南宁市储备粮管理有限责任公司、南宁威宁房地产开发有限公司、南宁威宁酒店投资股份有限公司、南宁威宁邻家投资股份有限公司、南宁威宁文化体育发展有限公司、南宁威宁捷信贸易股份有限公司、南宁市融达小额贷款有限责任公司、广西粮食物流产业园区有限公司、南宁信创投资管理有限公司14家，其中广西粮食物流产业园区有限公司是自治区企业，由广西粮食发展有限公司与南宁威宁投资集团有限责任公司旗下子公司南宁市储备粮管理有限责任公司、南宁威宁市场发展有限责任公司联合投资组建。2017年，公司实现营业收入62.10亿元，比上年增长21.72%；利润2.52亿元（不含五象山庄项目亏损），营业利润增盈2500万元；上缴税费3.76亿元，增长12.20%；完成固定资产投资46.34亿元，增长8.30%；融资42.80亿元，增长9.40%。公司统筹推进重点建设项目49个（城建计划项目26个、市领导联系重大项目4个、自治区层面统筹推进重大项目1个、自治区成立60周年大庆项目3个），建成南宁市民中心并运营，竣工广西文化艺术中心、市国家档案馆等项目8个，开工“三街两巷”核心区一期、云景邻家广场等项目6个。承办2017年“中国杯”国际足球锦标赛、全国蹼泳锦标赛、第19届南宁国际民歌艺术节“大地飞歌·2017”晚会等活动52场，参加人员33万人次。与交通银行广西区分行、浦发银行南宁分行签订全面战略合作协议，融资总额200亿元，获建设银行境外贷款2800万美元。新签订融资合同金额25.44亿元、累计提款42.80亿元。与富邦国际融资租赁有限公司开展租赁业务，融资金额5亿元。系统内归集资金27.30亿元，启动19亿元永续中票注册，担保总额54.85亿元。放贷额3168万元，平均贷款余额4388万元。旗下南宁百货大楼股份有限公司，实现扭亏为盈；威宁市场发展有限责任公司营业收入16.50亿元，增长4倍；房地产销售收入9.20亿元，增长34.47%；南宁学院办学水平提升，启动深化应用技术大学建设暨迎接本科合格评估三年行动计划，新增本科专业5个，累计22个（广西重点学科专业1个），首次进入全国民办高校科研竞争力50强。排名年度中国服务业企业500强第436位、广西50强第21位，广西企业100强第50位，国有资产保值增值率101.46%。

（南宁威宁投资集团有限责任公司）

【南宁建宁水务投资集团有限责任公司】市属国有企业集团，注册资金9.28亿元，总资产209.29亿元，净资产53.11亿元，职工2400人；子公司有广西绿城水务股份有限公司、广西万丰房地产开发有限公司、广西金水建设开发有限公司、南宁市排水有限责任公司、南宁水城旅游开发有限公司、南宁市流量仪表检测公司、南宁市凉元帅工贸有限公司、南宁市武鸣供水有限责任公司、南宁市三好物业服务有限公司9家。2017年，公司实现营业收入26.83亿元，增长5.86%；上缴税费3.57亿元，增长27.73%；完成工业总产值13.96亿元，增长14.25%；完成固定资产投资35.48亿元；实际融资到位资金18.97亿元。公司以水务业为主体，以房地产业和环保业为两翼，建成良庆、五象、平乐供水加压站，开工建设江南污水处理厂水质提标及三期工程、埌东污水处理厂四期工程，完成售水量（不含南湖补水）3.92亿立方米，比上年增长3.57%；污水处理量3.45亿立方米，增长3.20%，其中埌东污水处理厂出厂水深度处理1.14亿立方米，处理后水质达到一级A标准；三塘污水处理厂一期工程投产运行，日处理能力2万立方米。日均转运垃圾1780吨，全年65万吨；南宁市平里静脉产业园生活垃圾卫生填埋场日均填埋原生垃圾和固化飞灰1342吨，全年49万吨。完成“新新传说”项目一期工程（含部分安置房）结构，推进富乐拆迁安置房三期工程、西乡塘拆迁安置小区（金水湾花园）后续项目、新民路8号10号小区危旧改项目、广西军粮配送中心危旧改项目、东葛路28号小区危旧改项目，与南宁市建筑安装工程集团有限公司合作开展杭州路、邕武路、星光大道旧城改造项目3个。承建城建计划项目83个（新建36个、续建24个、前期23个），计划投资28.78亿元，实际完成投资28.49亿元。入围“广西企业100强”。

（黄汉宜）

【南宁交通投资集团有限责任公司】市属国有独资企业集团，注册资金7.8亿元，总资产358.08亿元，职工415人（不含公交公司）；全资子公司有南宁公共交通有限责任公司、南宁交投凯通实业有限责任公司、南宁交投能源发展有限责任公司、南宁市航电投资有限责任公司、南宁交投桂乾建设工程有限责任公司5家，控股公司有南宁交通资产管理有限责任公司、南宁市市民卡信息服务有限责任公司、南宁交投公共停车场投资管理有限责任公司、南宁交投创新投资有限公司、南宁交投桂昶建设工程有限责任公司、南宁交投桂隆建设工程有限责任公司、南宁交投桂晟建设工程有限责任公司、南宁交投桂祥建设工程有限责任公司、南宁交投桂弘建设工程有限责任公司9家，参股公司有广西右江水利开发有限责任公司1家。2017年，公司实现营业收入12.05亿元，利润总额7086万元，完成固定资产投资48.31亿元，融资到位30.34亿元。公司主要工程：邕江综合整治和开发利用工程（北岸：清川大桥—五象大桥），完成年度固定资产投资5亿元，累计完成6.87亿元；南宁市邕宁水利枢纽工程，完成年度固定资产投资19.02亿元，累计完成47.48亿元，12月4日船闸工程竣工并试通航，发电厂房及闸坝工程一期基本完工，二期围堰11月9日合龙，库区防洪排涝工程竹排冲防洪闸改造完成70%，护岸工程完成46.43千米（总长52千米）；9月30日，银海大道拓宽三期工程（列为环广西公路自行车世界巡回赛赛道）按时按质完成；园博园东侧配套路网项目完成年度固定资产投资1.33亿元；南宁凤岭综合客运枢纽站工程完成年度固定资产投资2.75亿元；建成金阳公交加气站、火车东站长堽公交加气站、铜鼓岭便捷加油站、茅桥便捷加油站4个；建成并投入运营白沙桥头、白云路（凤岭冲沟）、动物园东停车场3个；建设邕江水上旅游项目，完成民生旅游码头、蒲庙旅游码头主体工程。与工商银行设立“南宁工投新象建设投资基金合伙企业（有限合伙）”，到位资金22.22亿元；与农发行南宁分行签订借款合同29.08亿元，提款22.11亿元，拨付20.11亿元。新建公交候车亭84座，优化改造公交站点32个，新开公交线路7条，优化调整线路18条，新增投入空调公共汽车209辆，有营运公共汽车1667辆、出租汽车450辆。发行“邕桂通”卡并实现广西北部湾经济区四市（南宁、北海、防城港、钦州）及全国其他已发行交通一卡通卡城市互联互通，开放市民卡服务网点151个，累计发放市民卡238.71万张。

（蒋欣静）

【南宁产业投资集团有限责任公司】市属国有独资企业集团，注册资金38亿元，资产总额247亿元，在职员工1.30万人。全资子公司有南宁壮宁物业发展有限责任公司、南宁壮宁广和食品有限责任公司、南宁七彩虹印刷机械有限责任公司、南宁壮宁工贸园有限责任公司、广西南宁市新业房地产开发总公司、南宁锦虹棉纺织有限责任公司、南宁广发重工集团有限公司、南宁产投通用航空有限责任公司、南宁产投工业园区开发有限责任公司、南宁统一资产管理有限责任公司、广西南宁创侨建设投资开发有限责任公司、南宁创宁恒达商贸有限责任公司12家，控股子公司有广西南南铝加工有限公司、南宁天就置业有限责任公司、南宁壮宁食品冷藏有限责任公司、广西南宁凤凰纸业有限公司、南宁振宁开发有限责任公司、南宁振宁商贸投资管理有限公司、南宁振宁物业服务有限责任公司、南宁振宁工业投资管理有限责任公司、南宁糖业股份有限公司、南宁同达盛混凝土有限公司、南宁南机环保科技有限公司、广西金牛股份有限公司12家,参股子公司有南宁绿洲化工有限责任公司、南宁金浪浆业有限公司、南宁五丰联合食品有限公司、南南铝业股份有限公司、斐讯通信南宁有限公司、广西南宁化学制药有限责任公司、上林南南铝特种铝合金加工有限责任公司、南宁化工股份有限公司、南宁五菱桂花车辆有限公司、南宁康诺生化制药有限责任公司、广西玉柴专用汽车有限公司11家,授权管理企业有南宁市自行车总厂、南宁化学医药供销公司、南宁市包装装潢研究所、南宁市第一轻工业局供销公司、广西壮族自治区南宁机械厂、广西壮族自治区南宁筑路机械厂、南宁市伞厂7家,其他企业有南宁市工业基本建设公司、南宁市矿务局砖厂2家。2017年,公司实现营业收入74.15亿元,比上年下降5.04%;利润0.26亿元,下降86.46%。旗下主要企业经营情况:南宁糖业股份有限责任公司营业收入30.30亿元、下降15.58%,累计亏损1.21亿元、增亏389%,上缴税费1.9亿元、上涨44.16%;广西南南铝加工有限公司营业收入31.03亿元、增长24.81%,利润2526万元、增长347%,上缴税费1299万元、增长10.55%;南宁广发重工集团有限公司营业收入2.94亿元、下降2.41%,利润-2850万元、减亏2%,上缴税费808万元、增长1.51%;南宁锦虹棉纺织有限责任公司营业收入5.94亿元、增长1.14%,利润800万元、增长150%,上缴税费2302万元、减少17%;南宁南机环保科技有限公司营业收入4024万元、下降47%,利润109万元、增长36.25%,上缴税费182万元、下降26%;南宁同达盛混凝土有限公司营业收入1.78亿元、下降7%,利润300万元、下降86%,上缴税费845万元、下降38%;南宁七彩虹印刷机械有限责任公司营业收入1903万元、下降26.50%,利润14万元、下降7.69%,上缴税费101万元、增长42%;南宁振宁开发有限责任公司营业收入1.23亿元、下降56%,利润4159万元、增长4.47%,上缴税费1370万元、下降68%;南宁振宁商贸投资管理有限公司经营收入1553万元、增加23.16%,利润10万元、增长102.80%;南宁壮宁工贸园有限责任公司营业收入2216万元、增长11.52%,利润373万元、减少96.17%,上缴税费2005万元、增长72.70%;南宁统一资产管理有限责任公司营业收入1434万元、上涨8%,利润807万元、上涨11.93%,上缴税费531万元、增长50.85%。 (尤志婷)

【南宁轨道交通集团有限责任公司】 市属国有独资企业集团,注册资金14.20亿元,职工5580人;主营业务为南宁轨道交通建设和运营;分公司有南宁轨道交通集团有限责任公司建设分公司、南宁轨道交通集团有限责任公司运营分公司、南宁轨道交通集团有限责任公司资源开发分公司3家,全资子公司有广西中房置业有限责任公司、南宁轨道交通二号线建设有限公司、南宁轨道交通五号线建设有限公司3家,控股公司有南宁轨道混凝土有限公司、南宁轨道江南混凝土有限公司、南宁轨道交通四号线建设有限公司3家,参股公司有南宁轨道交通三号线建设有限公司、南宁中车轨道交通装备有限公司、南宁中铁广发轨道装备有限公司、南宁市市民卡信息服务有限责任公司、广州城市轨道交通培训学院有限公司、南宁轨道交通二号线东延工程建设有限公司、广西南宁机场综合交通枢纽建设有限公司7家。2017年,公司实现营业收入16.48亿元,增长62.10%;实现利润1.55亿元,增长15%;上缴税费1.70亿元,增长29.20%;完成固定资产投资116.73亿元;完成融资121.46亿元。公司建设营运的主要项目:南宁轨道交通1号线(2016年12月28日全线开通),开行列车10.76万列次,列车运行图兑现率100%,列车运行图正点率99.98%,总客运量9756.56万人次,日均客运量26.29万人次,运营里程323万列千米,安全运营371天;轨道交通2号线(玉洞站—西津站)全长21千米,设车站18座,2017年12月28日全线开通试运营,5天开行列车1313列次,列车运行图兑现率100%,列车运行图正点率100%,总客运量101.58万人次,日均客运量20.32万人次,运营里程2.78万列千米;轨道交通3号线(科园大道站—平良立交站)全长28千米,设车站23座,21座车站主体结构封顶,车站主体工程量完成95%,区间隧道完成96%,35段单线盾构贯通,附属工程完成53%,完成出入口35个,风亭22座,完成正线铺轨22%,车辆段铺轨73%;轨道交通4号线(洪运路站—龙岗站)全长25千米,设车站19座,完成主体围护结构90%,土方开挖67%,主体结构59%,车站主体结构封顶8座,区间盾构完成18%;轨道交通2号线东延线(玉洞—坛兴村)全长6.30千米,设车站5座,5月26日开工,完成围护结构75%,土方开挖18%;轨道交通5号线一期工程(那洪—金桥客运站)全长20.40千米,设车站17座,9月7日开工,完成围护结构16%。 (南宁轨道交通集团)

【南宁大地飞歌文化产业集团有限责任公司】 市属国有企业集团,注册资金5000万元,资产总额4.59亿元,在职员工592人;子公司有南宁国际会议展览有限责任公司、南宁大地飞歌文化传播有限责任公司、南宁民族影业文化娱乐有限责任公司、南宁市演出公司、南宁天恒电影有限责任公司、南宁市新华书店有限责任公司。2017年,公司实现营业收入2.45亿元,利润1734万元,上缴税费1445万元。公司服务第14届中国-东盟博览会、中国-东盟商务与投资峰会,展览总面积12.40万平方米(新增室内展览面积1.10万平方米),标准展位6600个,开通免费便民“党员先锋号”摆渡车835班次,接送人员1.48万人。筹办第19届南宁国际民歌艺术节“大地飞歌·2017晚会”,举办“中国-东盟电影周——印尼电影展”及系列南宁国际民歌艺术节公益巡演晚会等重大活动,举办《壮源》新概念原创原生态音乐剧发布会及试演、2017大地飞歌·南宁国际民歌艺术节公益巡演晚会、“大地飞歌·2017南宁国际民歌艺术节巡演晚会”暨《炫彩大地飞歌》选拔赛新闻发布会、“青春相伴·携手同行”2017南宁青年生态乡村公益交友活动等活动。公司承接展览68场,活动16场,会议587场;放映电影3.04万场次,电影观众117.14万人次,营业总收入4968.70万元;举办大型图书展、读书活动10多场次,读书沙龙100多场次,校园图书展销活动50多场次,征订重点图书13.40万册,码洋200余万元。中华电影院列入自治区成立60周年大庆献礼工程。 (杨青林)

【南宁金融投资集团有限责任公司】 市属国有企业集团,注册资金15.94亿元,资产总额26.23亿元;全资子公司有南宁市恒富小额贷款有限责任公司、南宁金融资产交易中心有限责任公司、南宁投资引导基金有限责任公司、南宁市恒桂基金管理有限责任公司、广西南宁北部湾经济区基础设施投资引导基金管理有限公司、南宁投融资互联网金融服务有限责任公司、南宁股权交易中心有限责任公司7家,控股子公司有南宁市南方融资性担保有限公司、南宁金控大数据服务有限公司、广西联合股权托管中心有限责任公司、广西联合产权交易所有限责任公司、南宁市华信小额贷款有限公司5家,参股公司有广西黄金投资有限责任公司、广西北部湾股权交易所股份有限公司、广西北部湾银行股份有限公司、交通银行股份有限公司、云宝宝大数据产业发展有限责任公司、南宁红土邕深创业投资有限公司、广西文投文化产权交易中心有限责任公司、北京金马奖产权网络交易有限公司8家，受市国资委委托管理南宁市小微企业融资担保有限公司1家及政府引导基金3只。2017年，公司实现营业收入1.06亿元，增长24%；利润4901万元，增长48%；上缴税费1715万元，增长28%。公司担保小贷业务服务实体经济企业205家，担保金额20.56亿元，完成应急转贷资金业务22笔，放款1.21亿元；挂牌要素交易业务项目347宗，成交230宗，挂牌价10.60亿元，成交价9.20亿元，成交额11.16亿元；处置车辆473辆，成交326辆，总增值金额257.39万元，溢价率67.51%；上线发行"南宁金交企贷"系列融资项目156期，融资金额7.26亿元，平台注册会员1.43万人；推进南宁城市发展基金和南宁产业发展基金的受托管理，设立南宁市华盛新材料产业投资基金（有限合伙）、中关村协同创新基金、嘉桂晟基金（有限合伙）；承建中国－东盟信息港南宁智慧城市综合信息服务中心的智慧南宁大数据中心项目（总投资3750万元）、南宁市灾备中心（总投资4500万元）、公共信息服务平台——产业地图（总投资1000万元），完成投资2168.18万元；承建广西职业技能公共实训基地（一期）项目（总投资3.72亿元），完成主体建筑封顶。

（南宁金融投资集团）

集体经济

【概 况】 2017年，南宁市新登记集体企业13家，注册资金6万元；累计集体企业1652家（企业法人749家），注册资金8:67亿元。按产业结构分：第一产业28家（企业法人23家）、注册资金0.12亿元，分别占1.69%、1.38%；第二产业353家（企业法人298家）、注册资金4.61亿元，分别占21.37%、53.17%；第三产业1271家（企业法人428家）、注册资金3.94亿元，分别占76.94%、45.44%。

【行业分布】 2017年，南宁市集体经济行业分布：农、林、牧、渔业28家，注册资金1162万元，分别占1.69%、1.34%；采矿业8家，注册资金421万元，分别占0.48%、0.49%；制造业284家，注册资金2.81亿元，分别占17.19%、32.48%；电力、热力、燃气及水生产和供应业14家，注册资金211万元，分别占0.85%、0.26%；建筑业47家，注册资金1.73亿元，分别占2.85%、20.02%；批发和零售业1022家，注册资金2.19亿元，分别占61.86%、25.28%；交通运输、仓储和邮政业31家，注册资金3798万元，分别占1.88%、4.38%；住宿和餐饮业47家，注册资金2346万元，分别占2.85%、2.71%；信息传输软件和信息技术服务业9家，注册资金1453万元，分别占0.54%、1.68%；金融业4家，注册资金498万元，分别占0.24%、0.57%；房地产业7家，注册资金2215万元，分别占0.42%、2.56%；租赁和商务服务业37家，注册资金1874万元，分别占2.24%、2.16%；科学研究和技术服务业16家，注册资金1547万元，分别占0.97%、1.79%；水利、环境和公共设施管理业2家，注册资金3万元，分别占0.12%、0.0035%；居民服务、修理和其他服务业47家，注册资金2216万元，分别占2.85%、2.44%；教育13家，注册资金786万元，分别占0.79%、0.97%；文化、体育和娱乐业5家，注册资金12万元，分别占0.30%、0.01%；其他31家，注册资金800万元，分别占1.88%、0.92%。

股份制经济

【概 况】 2017年，南宁市股份制企业新登记932家（公司法人752家），注册资金58.09亿元。其中，有限责任公司913家（法人独资一人公司131家、国有独资公司14家），注册资金57.49亿元（法人独资一人公司21.89亿元、国有独资公司1.36亿元）；股份有限公司19家，注册资金0.60亿元。全市股份制企业累计1.01万家（公司法人5708家），注册资金872.21亿元，实收资金584.02亿元，分别占全市内资（非私营）企业71.73%、93.41%。其中，有限责任公司9394家（公司法人5671家），注册资金855.83亿元，实收资金571.08亿元；国有独资公司254家（公司法人98家），注册资金167.80亿元，实收资金131.83亿元；股份有限公司722家（公司法人37家），注册资金16.38亿元，实收资金12.95亿元。按产业结构分：第一产业232家（公司法人185家），注册资金14.36亿元，实收资金10.64亿元，分别占2.29%、1.65%、1.82%，其中有限责任公司221家（公司法人179家）、注册资金13.54亿元、实收资金10.12亿元，股份有限公司11家（公司法人6家）、注册资金0.82亿元、实收资金0.52亿元；第二产业1279家（公司法人833家），注册资金217.28亿元，实收资金157.34亿元，分别占12.64%、24.91%5、26.94%，其中有限责任公司1208家（公司法人830家）、注册资金215.51亿元、实收资金155.57亿元，股份有限公司82家（公司法人9家）、注册资金2.59亿元、实收资金2.29亿元；第三产业8605家（公司法人4690家），注册资金640.57亿元，实收资金416.04亿元，分别占85.06%、73.44%、71.24%，其中有限责任公司7965家（公司法人4662家）、注册资金626.78亿元、实收资金405.39亿元，股份有限公司629家（公司法人22家）、注册资金12.97亿元、实收资金10.14亿元。

【行业分布】 2017年，南宁市股份制企业分布：农、林、牧、渔业232家，注册资金14.36亿元，分别占2.29%、1.65%；采矿业39家，注册资金1.53亿元，分别占0.39%、0.18%；制造业592家，注册资金110.97亿元，分别占5.85%、12.72%；电力、热力、燃气及水生产和供应业82家，注册资金10.84亿元，分别占0.81%、1.24%；建筑业566家，注册资金93.94亿元，分别占5.60%、10.77%；批发和零售业3584家，注册资金91.74亿元，分别占35.43%、10.52%；交通运输、仓储和邮政业335家，注册资金22.83亿元，分别占3.31%、2.60%；住宿和餐饮业162家，注册资金3.08亿元，分别占1.60%、0.35%；信息传输软件和信息技术服务业538家，注册资金16.31亿元，分别占5.32%、1.87%；金融业1363家，注册资金78.28亿元，分别占13.47%、8.97%；房地产业396家，注册资金81.71亿元，分别占3.91%、9.37%；租赁和商务服务业1172家，注册资金251.30亿元，分别占11.59%、28.81%；科学研究和技术服务业482家，注册资金28.87亿元，分别占4.76%、3.31%；水利、环境和公共设施管理业56家，注册资金5.78亿元，分别占0.55%、0.66%；居民服务、修理和其他服务业293家，注册资金32.14亿元，分别占2.90%、3.68%；教育18家，注册资金0.34亿元，分别占0.18%、0.04%；卫生和社会工作14家，注册资金20.78亿元，分别占0.14%、2.38%；文化、体育和娱乐业93家，注册资金3.71亿元，分别占0.92%、0.43%；其他99家，注册资金3.71亿元，分别占0.98%、0.43%。 （张 鲁）

个体经济

【概 况】 2017，南宁市新登记个体工商户6.95万户，从业人员15.18万人，注册资金63.89亿元。累计个体工商户27.86万户，从业人员74.61万人，注册资金319亿元。其中，城镇个体工商户18.11万户，从业人员29.84万人，注册资金156.90亿元，分别占65%、40%、49.18%。按产业结

2017年5月26日，南宁市成立小微企业个体工商户专业市场党委　　何正君　摄

构分：第一产业5515户，从业人员1.70万人，注册资金21.08亿元(城镇3585户，从业人员6811人，注册资金10.12亿元)，分别占1.98%、2.28%、6.61%；第二产业1.02万户，从业人员4.48万人，注册资金12.99亿元(城镇6657户，从业人员1.79万人，注册资金6.24亿元)，分别占3.68%、6.01%、4.07%；第三产业26.29万户，从业人员68.42万人，注册资金284.93亿元(城镇19.27万户，从业人员40.09万人，注册资金171亿元)，分别占94.34%、91.71%、55.54%。

【个体贸易业】 2017年，南宁市个体贸易业工商户新登记3.58万户，从业人员6.83万人，注册资金29.93亿元。累计个体贸易业工商户16.48万户，从业人员35.90万人，注册资金177.18亿元(城镇个体贸易业工商户10.71万户，从业人员14.36万人，注册资金89.05亿元)，分别占59.16%、48.11%、57.44%。

【个体社会服务业】 2017年，南宁市个体社会服务业工商户新登记1.15万户，从业人员2.79万人，注册资金10.11亿元。累计个体社会服务业工商户4.40万户，从业人员14.36万人，注册资金37亿元(城镇个体社会服务业工商户2.86万户，从业人员5.74万人，注册资金17.53亿元)，分别占15.80%、19.24%、11.60%。其中，信息传输、软件和信息技术服务业713户，从业人员1565人，注册资金1.30亿元；租赁和商务服务业5183户，从业人员1.43万人，注册资金5.47亿元；居民服务、修理和其他服务业3.53万户，从业人员11.69万人，注册资金24.29亿元；卫生和社会工作1781户，从业人员6278人，注册资金1.82亿元；文化、体育和娱乐业1029户，从业人员4516人，注册资金4.11亿元。

【港澳居民个体工商户】 2017年，无新登记，全市实有中国港澳居民个体工商户16户(全部是中国香港居民)，从业人员39人，注册资金212万元。其中，从事零售业10户，从业人员26人，注册资金91万元；餐饮业4户，从业人员10人，注册资金110万元；理发及美容保健服务1户，从业人员1人，注册资金10万元；汽车、摩托车维修与保养1户，从业人员2人，注册资金1万元。

【台湾居民个体工商户】 2017年，南宁市有中国台湾居民个体工商户26户，从业人员104人，注册资金342万元。其中，从事零售业18户，从业人员69人，注册资金231万元；餐饮业8户，从业人员35人，注册资金111万元。

【小型微型企业】 2017年，南宁市有小型微型企业1.85万户(小型企业1.04万户、微型企业8068户)，注册资金20亿元(小型企业12.13亿元、微型企业7.87亿元)，从业人员15.08万人(小型企业9.24

2017年南宁市个体经济行业分布情况表

表4

行　业	数　量(户)	从业人员(人)	注册资金(万元)
农、林、牧、渔业	5515	17028	210842
采矿业	35	461	2992
制造业	9769	42672	117107
电力、热力、燃气及水生产和供应业	60	147	1273
建筑业	377	1544	8526
批发和零售业	164815	358968	1771774
交通运输、仓储和邮政业	6406	5651	278710
住宿和餐饮业	47089	174202	421065
信息传输、软件和信息技术服务业	713	1565	12994
金融业	19	48	196
房地产业	24	78	366
租赁和商务服务业	5183	14344	54713
科学研究和技术服务业	387	1376	4244
水利、环境和公共设施管理业	19	66	228
居民服务、修理和其他服务业	35317	116867	242940
教　育	45	199	1326
卫生和社会工作	1781	6278	18242
文化、体育和娱乐业	1029	4516	41089
其　他	27	64	1359
合　计	278610	746074	3189986

万人、微型企业5.84人),营业收入388.73亿元(小型企业313.33亿元、微型企业75.40亿元),资产总额690.05亿元(小型企业559.02亿元、微型企业131.03亿元)。按组成形式分:国有企业578户,注册资金0.52亿元,从业人员6248人,营业收入17.48亿元,资产总额22.87亿元;集体企业622户,注册资金0.60亿元,从业人员6428人,营业收入118.32亿元,资产总额120.02亿元;有限责任公司8670户,注册资金11.40亿元,从业人员6.96万人,营业收入183.35亿元,资产总额287.78亿元;股份有限公司160户,注册资金1047万元,从业人员1009人,营业收入2625万元,资产总额1.58亿元;合伙企业231户,注册资金2353万元,从业人员3746人,营业收入9386万元,资产总额1.43亿元;个人独资企业8230户,注册资金6.88亿元,从业人员6.35万人,营业收入64.38亿元,资产总额200.44亿元;其他企业15户,注册资金2705万元,从业人员332人,营业收入3.99亿元,资产总额55.93亿元。按产业结构分:第一产业4657户,注册资金4.99亿元,从业人员2.86万人,营业收入72.74亿元,资产总额113.38亿元,分别占25.16%、24.95%、18.96%、18.71%、16.43%;第二产业2373户,注册资金5.82亿元,从业人员2.41万人,营业收入99.55亿元,资产总额146.01亿元,分别占12.82%、29.10%、16.00%、25.61%、21.16%;第三产业1.15万户,注册资金9.19亿元,从业人员9.81万人,营业收入216.44亿元,资产总额430.66亿元,分别占62.01%、45.95%、65.04%、55.68%、62.41%。

私营经济

【概　况】2017年,南宁市新登记私营企业3.60万户,投资者6.26万人,雇工6.71万人,注册资金2841.36亿元。累计私营企业21.05万户(分支机构1.97万户),投资者45.35万人,雇工81.86万人,注册资金10040.68亿元(城镇私营企业14.10万户,投资者28.13万人,雇工50.75万人,注册资金4888.21亿元),分别比上年增长15.20%、14.58%、6.53%、34.83%。按经济形式分:有限责任公司19.80万户(分公司1.80万户),投资者43.70万人,雇工77.58万人,注册资金9594.37亿元,实收资本965.97亿元,其中自然人独资3.10万户(投资者3.05万人、雇工5.85万人、注册资金956.91亿元)、法人独资959户(投资者879人、雇工2986人、注册资金102.79亿元);独资企业9968户(分支机构252户),投资者9716人,雇工3.29万人,出资金额122.77亿元;股份有限公司1613户(分公司1335户),投资者2449人,雇工4239人,注册资金91.07亿元,实收资本14.95亿元;合伙企业943户(分支机构52户),合伙人4426人,雇工5712人,认缴出资金额232.47亿元,实缴出资额9.76亿元,其中普通合伙企业740户(合伙人2870人、雇工4251人、认缴出资金额14.76亿元、实缴出资金额6.73亿元)、特殊的普通合伙企业4户(合伙人3人、雇工25人、认缴出资金额270万元)、有限合伙企业199户(有限合伙人618人、普通合伙人935人、雇工1436人、认缴出资金额217.68亿元、实缴出资金额3.03亿元)。按产业结构分:第一产业8831户,投资者1.43万人,雇工3.29万人,注册资金341.03亿元,分别占总数4.19%、3.16%、4.02%、3.40%;第二产业1.98万户,投资者4.28万人,雇工9.78万人,注册资金1328.24亿元,分别占总数9.42%、9.44%、11.94%、13.23%;第三产业18.19万户,投资者39.64万人,雇工68.79万人,注册资金8371.40亿元,分别占总数86.38%、87.40%、84.03%、83.37%。

2017年南宁市私营企业行业分布情况表

表5

行　业	数量(户)	其中,分支机构(户)	投资者(人)	雇工(人)	注册资金(出资金额)(万元)
农、林、牧、渔业	8831	756	14330	32931	3410285
采矿业	439	18	898	2712	203805
制造业	6640	424	16383	51381	3418894
电力、热力、燃气及水生产和供应业	499	149	1319	1657	1456231
建筑业	12256	1288	24230	42015	8203469
批发和零售业	91271	8185	199906	359551	20430023
交通运输、仓储和邮政业	3920	734	7555	14444	1326312
住宿和餐饮业	3626	814	6690	12273	678734
信息传输、软件和信息技术服务业	7479	516	14478	25784	2162410
金融业	1007	265	2370	4370	5145633
房地产业	6249	1115	13518	25403	4415372
租赁和商务服务业	39522	3012	91460	139820	36974586
科学研究和技术服务业	19568	976	41380	69513	9808082
水利、环境和公共设施管理业	421	30	1021	2075	366770
居民服务、修理和其他服务业	5026	733	10095	20942	858253
教　育	321	55	592	1175	79350
卫生和社会工作	263	45	537	1038	427694
文化、体育和娱乐业	2398	101	5408	9051	960402
其　他	780	435	1358	2448	80406
合　计	210516	19651	453528	818583	100406761

【私营企业经营规模】2017年,南宁市私营企业注册资本保持高速增长,有私营企业集团36户。私营企业中,注册资金100万元～500万元的9.90万户,500万元～1000万元的3.19万户,1000万元～1亿元的1.69万户,1亿元以上的982户,分别比上年同期增长24.14%、62.93%、66.58%、96.79%。（张　鲁）

外商与港澳台投资企业

【概　况】2017年,南宁市新登记外商与中国港澳台投资企业250家,投资额27.28亿美元,注册资本17.46亿美元(外方认缴11.12亿美元)。累计外商与中国港澳台投资企业1878家,投资额114.83亿美元,注册资本63.93亿美元(外方认缴50.31亿美元),比上年分别增长10.93%、31.10%、37.45%。按组成形式分:中外合资企业288家,投资额41.53亿美元,注册资本24.87亿美元(外方认缴12.69亿美元);中外合作(法人)企业38家,投资额10.89亿美元,注册资本7.88亿美元(外方认缴6.62亿美元);外商独资企业523家,投资额61.59亿美元,注册资本30.54亿美元(外方认缴30.54亿美元);外商投资股份有限公司2家,投资额8139.47万美元,注册资本6406.65万美元(外方认缴4603.71万美元);其他外商投资企业(合伙企业)2家,均为普通合伙企业,注册资本19.23万美元(外方认缴10.73万美元);外商投资企业分支机构1025家。按产业结构分:第一产业50家,投资额10.16亿美元,注册资本8.12亿美元(外方认缴5.31亿美元),分别占总数的2.66%、8.85%、12.71%;第二产业279家,投资额28.63亿美元,注册资本13.95亿美元(外方认缴11.44亿美元),分别占总数14.86%、24.93%、21.82%;第三产业1549家,投资额76.04亿美元,注册资本41.86亿美元(外方认缴33.56亿美元),分别占82.48%、66.22%、65.47%。

【外商与港澳台投资企业行业分布】2017年,南宁市外商与中国港澳台投资企业行业分布:农、林、牧、渔业50家,投资额10.16亿美元,注册资本8.12亿美元(外方认缴5.31亿美元);采矿业5家,投资额6184万美元,注册资本2402万美元(外方认缴2358万美元);制造业243家,投资额23.48亿美元,注册资本11.56亿美元(外方认缴9.26亿美元);电力、热力、燃气及水生产和供应业11家,投资额2.70亿美元,注册资本1.02亿美元(外方认缴8435.11万美元);建筑业20家,投资额1.83亿美元,注册资本1.13亿美元(外方认缴1.13亿美元);批发和零售业539家,投资额10.19亿美元,注册资本7.29亿美元(外方认缴6.75亿美元);交通运输、仓储和邮政业45家,投资额2.53亿美元,注册资本1.57亿美元(外方认缴8340.33万美元);住宿和餐饮业107家,投资额1.28亿美元,注册资本9183.12万美元(外方认缴9042.45万美元);信息传输、软件和信息技术服务业169家,投资额1.51亿美元,注册资本9197.67万美元(外方认缴9022.30万美元);金融业41家,投资额7766.50万美元,注册资本5287万美元(外方认缴3026.50万美元);房地产业211家,投资额22.20亿美元,注册资本13.72亿美元(外方认缴10.99亿美元);租赁和商务服务业295家,投资额15.82亿美元,注册资本9.43亿美元(外方认缴6.77亿美元);科学研究和技术服务业91家,投资额19.39亿美元,注册资本6.27亿美元(外方认缴5.30亿美元);水利、环境和公共设施管理业3家,投资额935.96万美元,注册资本861.96万美元(外方认缴752.93万美元);居民服务、修理和其他服务业32家,投资额3631.22万美元,注册资本2094.10万美元(外方认缴1630.10万美元);教育1家;卫生和社会工作2家,投资额1.44亿美元,注册资本4827.54万美元(外方认缴1470.90万美元);文化、体育和娱乐业13家,投资额4554.48万美元,注册资本4393.35万美元(外方认缴4275.48万美元)。

【外商与港澳台投资企业来源】2017年,南宁市外商与中国港澳台投资企业来自六大洲28个国家和地区:亚洲643家,投资额95.09亿美元,注册资本53.47亿美元(外方认缴41.26亿美元),分别占总数75.56%、82.81%、83.64%;非洲2家,投资额2200万美元,注册资本950万美元(外方认缴890万美元),分别占0.24%、0.15%、0.47%;欧洲46家,投资额4.68亿美元,注册资本2.14亿美元(外方认缴1.77亿美元),分别占5.41%、4.08%、3.34%;拉丁美洲40家,投资额6.97亿美元,注册资本4.43亿美元(外方认缴4.20亿美元),分别占4.70%、6.07%、6.92%;北美洲86家,投资额4.73亿美元,注册资本2.46亿美元(外方认缴1.80亿美元),分别占10.11%、4.12%、3.86%;大洋洲34家,投资额3.14亿美元,注册资本1.34亿美元(外方认缴1.19亿美元),分别占4%、2.73%、2.09%。来自亚洲643家中,中国香港地区368家,投资额84.60亿美元,注册资本47.92亿美元(外方认缴36.63亿美元),分别占亚洲数57.23%、88.97%、89.62%;中国澳门地区14家,投资额1.88亿美元,注册资本1.12亿美元(外方认缴0.98亿美元);中国台湾地区131家,投资额2.15亿美元,注册资本1.25亿美元(外方认缴1.02亿美元)。中国港澳台投资企业513家,占总数27.32%,日本、韩国、亚洲其他国家(地区)130家,占6.92%。

农民专业合作社与家庭农场

【农民专业合作社】2017年,南宁市新登记农民专业合作社966户(分支机构1户),出资总额14.54亿元,成员总数8491个。累计4877户(分支机构43户),比上年增长31.99%;出资总额70.69亿元(货币出资66.69亿元,非货币出资4亿元),增长25.96%;成员总数3.73万个,增长25.92%。成员中农民成员3.60万个,非农民成员1166个,企业单位成员144个,事业单位成员11个,社会团体成员11个。按业务范围分:从事农业生产资料购买562户,农产品销售539户,农产品加工109户,农产品运输71户,农产品贮藏156户,与农业生产经营有关的技术、信息等服务619户,种植业677户,养殖业520户,其他3791户。按出资总额分:100万元～500万元1201户,500万元～1000万元178户,1000万元～1亿元87户,1亿元以上3户。

【家庭农场】2017年,南宁市新登记家庭农场237户,累计家庭农场829户。

（张　鲁）

规模以下服务业

【概　况】南宁市无规模以下服务业专门统计。2017年,国家统计局南宁调查队抽样调查南宁市425家规模以下服务业企业,显示南宁市规模以下服务业企业营业收入稳中有升,企业负担减轻,但存在资金紧张、成本增长过快、创新能力不足等问题。调查样本企业来自不同区县不同经济类型的10个服务业行业门类,其中交通运输、仓储和邮政业73家,信息传输、软件和信息技术服务业37家,房地产业83家,租赁和商务服务业29家,科学研究和技术服务业38家,水利、环境和公共设施管理业21家,居民服务、修理和其他服务业38家,教育16家,卫生和社会工作20家,文化、体育和娱乐业70家。

【营业收入】2017年,南宁市425家规模以下服务业样本企业实现营业收入14.43亿元,比上年增长24.13%,户均营业收入339.65万元,户均营业收入较高的前三个行业:交通运输、仓储和邮政业,卫生和社会工作,房地产业,分别为924.38万元、

541.39 万元、335.95 万元；户均营业收入较低的三个行业：教育业，文化、体育和娱乐业，居民服务、修理和其他服务业，分别为 74.19 万元、103.35 万元、105.41 万元。10 个行业中户均营业收入有 6 个呈增长态势，4 个呈下降态势，增速较快的行业门类分别是卫生和社会工作增长 73.95%，交通运输、仓储和邮政业增长 43.80%，租赁和商务服务业增长 23.50%；营业收入下降较快的行业门类是水利、环境和公共设施管理业，下降 38.51%。

【职工薪酬】 2017 年，南宁市 425 家规模以下服务业样本企业中，职工月薪酬 3844 元，比上年增长 10.49%。人均月薪排在前三位的行业：科学研究和技术服务业，人均月薪 4511 元；交通运输、仓储和邮政业，人均月薪 4275 元；租赁和商务服务业，人均月薪 4106 元。

（申智慧　杨桂苏　周伟明　施杨勇　周延松　罗　莎）

投资开发与经济协作

固定资产投资

【概　况】 2017 年，南宁市固定资产投资完成 4307.95 亿元，比上年增长 12.63%。其中，基础设施建设投资 1022.39 亿元，增长 15.90%；工业投资 1074.13 亿元，增长 7.46%；房地产开发投资 958.09 亿元，增长 12.19%。固定资产投资施工项目 1.05 万个，增长 0.86%。其中投资额 5000 万元以上项目 1151 个，增长 32.60%；投资额 1 亿元以上项目 860 个，增长 26.66%。新开工项目 7298 个，下降 19.43%。其中投资额 5000 万元以上项目 387 个，增长 29%；投资额 1 亿元以上项目 246 个，增长 14.95%。竣工投产项目 9698 个，增长 27.91%。其中投资额 5000 万元以上项目 241 个，下降 44.31%；投资额 1 亿元以上项目 145 个，增长 31.82%。

【重点投资领域】

重大交通基础设施　2017 年，南宁市综合交通基础设施计划总投资 277.20 亿元（城市轨道交通项目投资 101.20 亿元），完成投资 288.02 亿元，完成年度任务 104%。其中公路水运及民航等基础投资完成 178 亿元，城市轨道交通项目完成 110.02 亿元。年内，开通运营南宁轨道交通 2 号线，开通南昆铁路南宁至百色段增建二线工程，实现邕宁水利枢纽工程试通航，南宁国际空港综合交通枢纽初显规模。

城市基础设施　完成投资 461.08 亿元，比上年增长 14.50%，完成年度任务 96.72%。开通良庆大桥，竣工青山大桥，建成通车五象大桥—英华路立交、凤凰岭—高速环路立交、中华—园湖立交等一批重要节点立交；开通城市东西向快速路东段，开工建设凤岭综合客运枢纽站；邕江综合整治城市段基本完工；南宁餐厨废弃物资源化利用和无害化处理厂改扩建项目主体建设基本完工；平里静脉产业园垃圾焚烧发电项目建成，年上网电量 2.10 亿度，日处理垃圾 2500 吨。

社会公共服务供给　投资 10.45 亿元，建成市第三中学初中部、市第十四中学五象校区、五象新区第二实验小学、五象新区第三实验小学、秀田小学五象校区、阳光特殊教育学校等中小学校 18 所，新增学位 2.83 万个。投资 8 亿元，建成广西文化艺术中心。建成市科技馆等项目，开工建设江南区人民医院（二期）、横县中医医院、市中西医结合医院（兴宁区人民医院）等卫生基础设施。

能源建设　电网基建投资 19.67 亿元，农网改造投资 1.65 亿元。投产送电项目 1466 个，主要有 220 千伏定石线，主供南宁轨道交通 2 号线的朋云、秀灵两座 110 千伏变电站，那马 110 千伏送变电工程。开工建设金陵 500 千伏送变电工程。实施县县通天然气工程，开工横县天然气支线管道工程、隆安—武鸣天然气支线管道工程。建设风电项目，核准容量 350 兆瓦，马山协合杨圩风电一期项目（48 兆瓦）建成 20.2 兆瓦，宾阳马王风电场一期工程、宾阳双桥风电场工程开工。太阳能光伏建成并网，容量 208.21 兆瓦。

区市层面统筹推进重大项目　自治区层面统筹推进重大项目（含增补）92 个，完成投资 347.07 亿元，完成年度任务 126.51%；市级层面统筹推进重大项目 464 个，完成投资 663.08 亿元，完成年度任务 123.61%。年内，实现竣工的区市层面统筹推进项目有南宁轨道交通 2 号线工程、广西文化艺术中心、南宁牛湾港疏港大道（五合大桥南至蒲北二级路）、马山县杨圩风电场、南宁市平里静脉产业园——生活垃圾卫生填埋场、昆仑大道北面公共租赁住房项目、南宁餐厨废弃物资源化利用和无害化处理厂改扩建项目、南宁市第十四中学五象校区、广西明匠智能制造项目、青山大桥等 75 个，开工建设的有南宁轨道交通 5 号线一期工程、南宁轨道交通 2 号线东延工程（玉洞—坛兴村）、广西科天水性科技产业园项目、广西丰林木业集团股份有限公司年产 30 万立方米均质刨花板生产线技改项目、沙江河流域综合整治 PPP 工程、南宁市江南污水处理厂水质提标及三期工程、南宁公路枢纽物流基地牛湾物流园区（一期）、第十二届中国（南宁）国际园林博览会配套交通项目快速公交（BRT）二号线工程项目等 140 个。

【区县与开发区投资】 2017 年，南宁市 7 个区 5 个县 3 个开发区固定资产投资总额 4072.10 亿元，比上年增长 13.79%。其中，横县 270.52 亿元，增长 10.07%；宾阳县 276.10 亿元，增长 13.05%；上林县 46.25 亿元，增长 11%；马山县 42.19 亿元，增长 10.73%；隆安县 57.81 亿元，增长 8.09%；兴宁区 274.62 亿元，增长 9.23%；江南区 237.28 亿元，增长 16.11%；青秀区 885.21 亿元，增长 12.10%；西乡塘区 231.22 亿元，增长 9.09%；良庆区 428.39 亿元，增长 28.51%；邕宁区 219.01 亿元，增长 24.31%；武鸣区 209.40 亿元，增长 5.02%；南宁高新技术产业开发区 446.60 亿元，增长 12.64%；南宁经济技术开发区 270.40 亿元，增长 14.51%；广西－东盟经济开发区 177.10 亿元，增长 13.10%。

【投资结构】 2017 年，南宁市固定资产投资总额 4307.95 亿元。按产业结构划分：第一产业投资 149.07 亿元，比上年增长 3.17%，占 3.46%；第二产业投资 1122.15 亿元，增长 8.87%，占 26.05%，其中工业投资 1074.13 亿元，增长 7.46%，占 24.93%；第三产业投资 3036.73 亿元，增长 14.66%，占 70.49%，其中房地产投资 1134.72 亿元，增长 14.84%，占 26.34%（住宅投资 689.66 亿元，增长 15.42%，占 16.01%）。按投资构成划分：建筑工程 2556.70 亿元，增长 14.24%，占 59.35%；安装工程 410.64 亿元，增长 26.89%，占 9.53%；设备、工具、器具购置 776.31 亿元，下降 2.18%，占 18.02%。按经济类型划分：国有经济投资 1374.33 亿元，增长 12.37%，占 31.90%；集体经济投资 52.52 亿元，下降 28.06%，占 1.22%；私营个体投资 2019.71 亿元，增长 5.54%，占 46.88%。按社会行业划分：农、林、牧、渔业投资 149.07 亿元，增长 3.17%，占 3.46%；采矿业投资 23.65 亿元，下降 4.83%，占 0.55%；制造业投资 954.29 亿元，增长 8.41%，占 22.15%；电力、热力、燃气及水的生产和供应业投资 96.19 亿元，增长 1.84%，占 2.23%；建筑业投资 48.02 亿元，增长 54.09%，占 1.11%；批发和零售业投资 252.63 亿元，增长 21.65%，占 5.86%；交通运输、仓储及邮政业投资 355.69 亿元，下降 3.04%，占 8.26%；住宿和餐饮业投资 53.49 亿元，增长 9.82%，占 1.24%；信息传输、计算机服务和软件业投资152.6亿元,增长42.46%,占3.54%;金融业投资23.78亿元,下降47.77%,占0.55%;房地产业投资176.63亿元,增长31.71%,占4.10%;租赁和商务服务业投资181.29亿元,增长8.64%,占4.21%;科学研究、技术服务和地质勘查业投资54.18亿元,下降7.73%,占1.26%;水利、环境和公共设施管理业投资523.14亿元,增长35.70%,占12.14%;居民服务和其他服务业投资23.81亿元,增长4.54%,占0.55%;教育投资132.23亿元,增长4.78%,占3.07%;卫生、社会保障和社会福利业投资58.33亿元,增长36.43%,占1.35%;文化、体育和娱乐业投资69.47亿元,增长11.56%,占1.61%;公共管理和社会组织投资21.37亿元,增长9.81%,占0.50%。

【投资来源】 2017年,南宁市全社会固定资产投资资金来源总计5073.97亿元,比上年增长13.18%。其中,2016年年末结余资金523.60亿元,增长43.69%,占10.32%;2017年资金来源4550.36亿元,增长10.48%,占89.68%。2017年资金来源中,国家预算内资金246.02亿元,增长6.31%,占4.85%;国内贷款531.66亿元,增长27.38%,占10.48%;债券4.76亿元,增长34.84%,占0.09%;利用外资0.97亿元,下降39.63%,占0.02%;自筹资金2736.07亿元,增长6.89%,占53.92%;其他资金来源1030.88亿元,增长13.91%,占20.32%(定金及预付款404.60亿元、增长0.10%)。

【民间投资】 2017年,南宁市民间投资完成2801.79亿元,比上年同期增长13.85%,占全市固定资产投资65.04%,对全市固定资产投资增长贡献率70.53%,拉动全市固定资产投资增长8.91个百分点。

(卢　珊)

招商引资

【概　况】 2017年,南宁市投资促进局设办公室、政策法规科、国内投资促进科、外国与港澳台投资促进科、投资项目科、区域合作科、外商投资管理科、外资企业科、项目督办科9个科室和机关党总支,机关行政编制44名,在编39人,后勤服务人员控制数5名,在编5人。继续实施招商引资"三年行动计划",立足"招高""招新""招强",实现自治区外境内到位内资776.89亿元,比上年增长13.77%;全口径实际利用外资9.58亿美元,增长24.35%。

【招商引资三年行动计划】 2017年,《南宁市招商引资三年行动计划(2016—2018)》实施第二年,南宁市招商引资呈现如下特点:重点产业项目大量集中引入。引进东鹏饮料广西生产基地项目,投资额5.30亿元,年产饮料20万吨;签约瑞声科技控股有限公司南宁产业园项目,与上海申龙客车有限公司签订新能源汽车生产基地项目投资协议,与华润(集团)有限公司、上海实业(集团)有限公司、香港企业总会签署合作协议。国际知名品牌进驻。引进全球最具影响力价值品牌100强企业瑞典宜家,签约英国哈罗国际管理服务有限公司、北京儿童医院等项目,启动新加坡太平洋船务综合物流产业园项目,中国进出口银行开业运营。战略新兴产业招商初显成效。建立中关村科技产业园(南宁·中关村创新示范基地),引导战略新兴产业聚集,引进创新产业重点企业15家,累计入驻33家,引进深圳市优必选智能机器人生产和研发项目取得实质性进展,科大讯飞人工智能研究院项目积极推进。大健康产业项目全面推开。签约一批康养、医疗、绿色农业、文旅等领域项目,较大的有泰康保险集团股份有限公司的泰康医疗养老综合社区项目、上海元合投资有限公司的上林县南丹卫古城项目、冠昊生物科技股份公司广西湾昊生物科技园项目。

(王书荣)

【国内招商引资】 2017年,市投资促进局组织招商小分队赴深圳、上海、广州、北京、青岛、东莞、钦州、佛山、沈阳、合肥、昆明等地,举办或参加2017广西加工贸易产业投资商机推介会(上海)、2017年中国加贸博览会暨加贸驻点招商、大健康产业专题招商等招商洽谈、宣传推介活动,拜访企业高层,推进招商引资项目落实;组织较大"走出去"招商活动36次,对接项目90多个,签约引进深圳市优必选科技有限公司合作项目、广州医药集团到南宁市扩大投资医药项目、山东朗进科技项目、华润水泥等重大项目。邀请深圳台商协会总会长陈合泰,广东高科技产业商会执行秘书长王现永,深圳台商协会南山联谊会会长陈辉鸿、涂仁皇等全国各地产业工商协会领导或负责人4人,北京市政协科委副主任彭兴业、深圳市工商联主席陈志列、兰州市经济合作服务局张庆军、716所副所长徐大林等有关行业协调管理部门领导4人,中国太平保险集团总经理任生俊、上海元合投资有限公司总裁单根年、腾讯科技党委书记兼高级副总裁郭凯天、深圳市优必选科技有限公司董事聂焱、中稷控股集团董事长董力民、龙光集团控股有限公司总裁纪韪德、中国中药控股总裁王晓春、上海医药副总裁舒畅、绿地集团执行副总裁陈军、洛可可设计集团董事长贾伟、台湾瑞台养生国际投资事业有限公司董事长林育瑾、中国金茂南京公司副总经理王昌祥等国内外知名企业负责人300多人,到南宁考察投资环境,洽谈投资事宜。受邀到南宁的国内500强企业有上海医药集团股份有限公司、上海实业控股有限公司、绿地控股集团股份有限公司、上海复星集团、腾讯科技,境内企业有中稷控股集团、深圳瑞声科技、中意集团、美盈森集团、山东朗进股份有限公司、三诺集团、深圳市优必选科技有限公司等,签约投资的项目主要有泰康医疗养老综合社区项目,南丹卫古城项目,广西湾昊生物科技园项目,新加坡(广西南宁)综合物流产业园、瑞声科技南宁产业园、南宁哈罗国际学校项目、宜家家居商场项目、唯品会有限公司东盟跨境电商中心项目等重大项目,意向签约项目主要有北京协力筑成

2017年6月20日,南宁市与上海申龙客车有限公司签署新能源汽车生产基地项目投资协议

市工业和信息化委提供

金融信息服务股份有限公司(36氪集团)"36氪南宁产业加速器"项目、中国网库拟设的"特色产业电子商务基地"广西运营总部项目等。

【委托招商】 2017年,市投资促进局创新招商引资模式,采取市场化委托招商办法,委托深圳台商协会开展招商合作。经深圳台商协会南山联谊会引荐的意向项目8个(凯灿贸易有限公司的高端厨具生产项目、天泰电元器件有限公司的电容器件生产项目、深圳思维特优有限公司的茉莉花精油提取深加工项目和芳樟树精油提取深加工项目、深圳松维电子股份有限公司的银胶贯孔板生产项目、台湾金奖一条根生技有限公司的一条根种植生产基地项目、佑赚贸易有限公司的水果进出口仓储项目、宝光汉方生技有限公司的生物贴布生产项目);推动落地项目3个,分别为标佳生物科技集团的血液检测试剂项目、宇宏工艺(深圳)有限公司与广东晨彩照明科技有限公司的LED半导体照明产品和节日装饰照明产品生产项目、三千创作料理有限公司的高级日式料理餐饮项目。

【平台招商】 2017年,市投资促进局利用第14届中国-东盟博览会、中国-东盟商务与投资峰会主平台,开展招商洽谈,签约项目33个,投资较大的项目有五象新区与宜家中国投资有限公司签订的宜家家居商场项目、南宁经济技术开发区与唯品会有限公司东盟跨境电商中心签订项目、南宁哈罗国际学校项目、首都医科大学附属北京儿童医院项目、华润基金项目。以南宁·中关村创新示范基地为招商平台,开展创新产业招商活动,开展3批次项目联审,同意拟入驻企业18家,新签入驻企业15家,分别为广西湾昊生物科技有限公司、广西圣尧航空科技有限公司、广西特飞云天航空动力科技有限公司、意大利推广中心I.P.C、广西晟世天诚照明有限公司、微软(中国)有限公司、甲骨文(中国)软件系统有限公司、滴滴出行科技有限公司、NDJJR灌溉有限公司、北京领创精准医疗健康产业投资股份公司、东华软件股份有限公司、睿驰达新能源汽车科技有限公司、深圳烯旺科技有限公司、深圳市冠标科技发展有限公司、深圳企业云科技股份有限公司,累计有上海明匠、哈工大、微软、甲骨文等33家世界500强和创新行业龙头企业入驻,南宁·中关村创新示范基地辐射带动效应、引领创新企业集聚作用初步显现。借助国内国际展会平台,拓展招商,推动区域合作,参加中国西部国际投资贸易洽谈会、中国(重庆)国际投资暨全球采购会、中国哈尔滨国际经济贸易洽谈会、中国西部国际装备制造业博览会、中国加工贸易产品博览会、2017厦门国际投资贸易洽谈会等全国性大型展会,利用2017年汉诺威工业博览会、"中德工业城市联盟"平台等,加大招商引资,引进宜家南宁项目。 (李珍珍)

【招商引资服务】 2017年,南宁市完善招商引资重点在谈项目协调推进机制,成立南宁市投资促进委员会,统筹协调全市投资促进工作,协调解决客商投资遇到的困难和问题。建立健全重大招商引资项目全程跟踪服务制度,成立以市领导为队长的服务队,为招商引资项目进行"一对一"保姆式服务,协调解决影响项目落地的急难问题;完善项目落地扶持政策,明确工作环节工作流程,规范、诚信办事;强化招商引资单位、项目落实区县办事人员服务意识,提升服务质量,营造重商、亲商、安商、富商的良好氛围。定期出版《南宁市重大招商引资项目专报》,列入通报项目51个,其中列入自治区统筹推进重点招商引资项目24个、列入南宁市重大招商引资快速落地项目5个、其他签约项目22个;列入通报的项目实行动态管理、公开监督,每月向市领导、市"两重两问"领导小组办公室、市直有关监管部门、区县通报进展情况、存在问题、上期完成工作情况、下一步工作计划、本期工作内容及需要解决的问题、各级各部门服务项目的情况等。审核认定南南电子汽车新材料精深加工技术改造项目、北投南宁公路枢纽物流基地牛湾物流园区项目、广西建工集团智能制造项目、盛龙年产13万套新能源电动汽车电机、驱动及传动变速器系统建设项目、南宁邮政陆运及跨境电商中心、新城控股集团吾悦广场、南宁市"互联网+"型创新创业示范区暨猪八戒网江南创意城、中国-东盟(广西)电子竞技产业园8个项目列入南宁市重大招商引资项目,快速落地的重大项目有科天水性科技产业园项目,总投资60亿元,年产20万吨东鹏饮料广西生产基地项目、总投资5.30亿元,从签约到开工建设,用时4个月。 (古 璇 王书荣)

2017年9月12日,"2017南宁投资贸易洽谈会暨重大项目签约仪式"在南宁举行

陈卓凡 摄

对外经济合作与利用外资

【概 况】 2017年,南宁市借助国际平台,开拓外资领域,赴美国、加拿大、德国、荷兰等国家开展招商活动,推进经贸交流合作,涉及电子信息、先进机械装备、生物医药、智能制造、金融、食品加工、现代农业等产业,引进全球最具价值品牌100强企业宜家。全年实际利用外资(广西全口径)9.58亿美元,比上年同期增长24.35%;外商投资企业申报446家,增长19.57%;销售(营业)收入597.87亿元,增长19.77%;利润总额53.81亿元,增长10.44%。

【利用外资特点】 2017年,南宁市实际利用外资超1000万美元的大项目有14个,分别是广西嘉和置业集团有限公司(2.46亿美元)、广西唐桂投资有限公司(1.14亿美元)、广西巨星医疗器械有限公司(1.12亿美元)、南宁华润置业北湖房地产有限公司(8424万美元)、广西大唐房地产有限公司(6323万美元)、光大水务(南宁)有限公司(5864万美元)、南宁大西洋置业有限公司(5440万美元)、南宁绿地鸿恺置业有限公司(5266万美元)、南宁中海宏洋置业有限公司(4802万美元)、广西大唐世家投资有限公司(2439万美元)、广西华润红水河水泥有限公司(2316万美元)、南宁绿地信源置业有限公司(1779万美元)、广西融资租赁有限公司(1750万美元)、南宁绿地颖恺投资有限公司(1290万美元。大项目到位外资9.29亿美元,占到位外资总额97.04%。港资企业实际到位外资(广西全口径)总额6.64亿美元,占69.39%;其次有库克群岛2.04亿美元,百慕大群岛5864万美元,维尔京群岛2316万美元,新加坡556万美元,韩国136万美元,日本53万美元。实际利用外资前三位的行业是房地产业7.33亿美元,占76.56%;制造业1.42亿美元,占14.88%;水污染处理5864万美元,占6.12%。 (何伟洁)

【重大国(境)外招商引资活动】 2017年1月,市投资促进局组队赴美国、加拿大、香港开展专题招商,在美国洛杉矶、加拿大多伦多举办投资环境推介会(项目对接座谈会),宣传推介南宁市投资环境,对接洽谈项目。拜访美国峡谷经济联盟、多伦多工商会、多伦多大学工程技术学院、百威英博集团管理总部、UPS快递公司、JVP Engineers电子与电气工程公司、加国加能汽车有限公司、香港卫视国际传媒集团等企业、商协会、工程机械研发知名机构。2月,市投资促进局参加自治区投资促进局组团赴美国、圭亚那、古巴开展专题糖、铝"二次创业"专题招商活动,拜访美国旧金山市政府和商协会,与迈阿密工商会开展座谈会,洽谈对接南宁与美国两市糖产业链、铝深加工产业合作事宜;拜访古巴哈瓦那国际关系与合作局、古巴甘蔗研究所,洽谈推进甘蔗种植、生物防治、酿酒、糖类等经贸投资合作;拜访圭亚那投资办公室、制造商协会、德梅拉拉酒业公司,洽谈糖类经贸合作。4月,组织代表团6人访问瑞典、德国和荷兰,参加中德工业城市联盟第三次全体会议,加强与联盟各方的经贸交流与合作,借助德国汉诺威工业博览会平台宣传推介南宁市投资环境和重点招商项目,参加投资中国及中德工业城市联盟展区启动仪式,参加中德智能制造合作论坛、2017中德企业合作洽谈会等;拜访瑞典宜家集团,商讨宜家项目落户南宁市落地事宜;拜访德国施迈赛集团和荷兰精专铸模有限公司等企业,拓展南宁市利用外资新领域。5月,派员参加自治区投资促进局赴台湾健康产业招商活动,拜访台湾中华工商业联合总会、台湾宜兰福昌集团、良果国际生技股份有限公司、台中市祯祐机械工程有限公司、台湾健康集团等商会和台资企业,宣传推介投资环境和投资优惠政策。5月17日至20日,自治区党委常委、市委书记王小东率南宁市代表团到中国香港地区开展交流访问活动,拜访香港中联办、上海实业集团香港总部、香港培力药业、香港绿地等企业与知名商会,签署《南宁市人民政府与上实集团战略合作框架协议》《南宁威宁投资集团有限责任公司与上实融资租赁有限公司战略合作协议》《南宁轨道交通集团有限责任公司与上实融资租赁有限公司战略合作协议》《南宁市与香港工业总会合作框架协议》《华润商业物业股权投资基金项目入区协议》。6月至7月,南宁市经贸文化交流团赴中国台湾地区开展经贸文化交流活动,举行南宁市台商台北座谈会,拜访花莲县海峡两岸少数民族交流协会、国民党嘉义市党部、亿光电子工业股份有限公司等台企和相关机构,深化邕台经贸文化合作交流。12月,市投资促进局派员参加自治区投资促进局赴香港创智营商博览及"2017广西·香港专业服务健康养生特色小镇合作恳谈会",拜访香港工业总会、香港汇隆控股有限公司;拜访深圳台商协会,与台商代表进行座谈;组织经贸交流团赴台开展经贸交流,与澎湖、台北两地台商举行台商交流会,拜访花莲县海峡两岸少数民族交流协会、澎湖第一酒厂、澎祖食品加工厂、乔本生医集团、山健包装股份有限公司,拜访全国台企联常务副会长、深圳台协会会长陈合泰。 (张 剑)

【外商投资企业生产经营】 2017年,南宁市外商投资企业申报446家,投资总额93.84亿美元,注册资金127.14亿美元,其中外方出资108.83亿美元,实缴实收资金42.14亿美元;销售(营业)收入597.87亿元,比上年增长19.77%;利润53.81亿元,增长10.44%;纳税40.32亿元,增长4.37%;从业人数6.37万人,其中外籍人数284人。盈利企业175家,占39.01%,盈利总额64.08亿元。盈利较大行业是制造业73家(27.73亿元),房地产业27家(22.86亿元),交通运输、仓储和邮政业18家(4.52亿元),批发和零售业21家(1.88亿元),电力、热力、燃气及水的生产和供应业3家(1.79亿元),住宿和餐饮业6家(1.25亿元),金融业4家(1.21亿元),租赁和商务服务业7家(0.83亿元),农、林、牧、渔业7家(1667.31万元)。十大盈利企业:销售(营业)收入100亿元以上的有1家(南宁富桂精密工业有限公司277.82亿元);10亿元～100亿元9家,分别是广西红水河水泥股份有限公司、广西嘉和置业集团有限公司、华润置地(南宁)有限公司、南宁富泰宏精密工业有限公司、南宁双汇食品有限公司、南宁中达桂宝汽车服务有限公司、南宁中海宏洋置业有限公司、广西绿城水务股份有限公司、丰达电机(南宁)有限公司。利润总额1亿元以上15家,5000万元～1亿元6家,1000万元以上44家;纳税总额1亿元以上8家,5000万元13家,1000万元以上34家,500万元32家。 (何伟洁)

【东盟国家投资】 2017年,东盟10国除老挝外,在南宁投资的有9国106家企业,比上年增加12家,投资领域涉及电子、信息、轻工、食品、化工、基础设施、房地产、商贸物流、农副产品深加工及航空运输辅助活动等,总投资额12.83亿美元,注册资金5.92亿美元,实际利用外资4.36亿美元,分别比上年增长16.32%、12.33%、1.16%。其中,新加坡企业40家,以制造业、房地产、商贸业、其他航空运输辅助活动为主,总投资额3.18亿美元,注册资金2.22亿美元,实际利用外资1.62亿美元,分别增长34.18%、13.85%、3.85%;马来西亚企业35家,以制造业、餐饮业、商贸业为主,总投资额8.91亿美元,增长11.51%,注册资金3.22亿美元,增长10.65%,实际利用外资2.46亿美元,实际利用外资持平;泰国企业12家,以制造业、房地产、农牧业为主,总投资额4113.60万美元,增长6.23%,注册资金2446.60万美元,增长10.95%,实际利用外资1641万美元,实际利用外资持平;印度尼西亚企业6家,以房地产、仓储业、制造业为主,总投资额1524万美元,注册资金852万美元,实际利用外资575万美元;越南企业5家,以商贸服务业为主,总投资额353.90万美元,增长452.97%,注册资金353.90万美元,增长452.97%,实际利用外资13万美元,实际利用外资持平;文莱企业3家,以房地产为主,总投资额249万美元,注册资金180万美元,实际利用外资170万美元;柬埔寨企业2家,以房地产为主,总投资额187万美元,注册资金131万美元,外商出资额38万美元,实际利用外资66万美元;菲律宾企业2家,以房地产为主,总投资额667万美元,注册资金667万美元,实际利用外资339万美元;缅甸企业1家,以房地产为主,总投资额167万美元,注册资金129万美元,外商出资额32万美元,实际利用外资33万美元。

【外资备案与管理】 2017年,市投资促进局把提升政务服务效率和服务水平作为加强改进外资备案与管理的重点,联合市行政审批局加强政务服务窗口建设,建立权责明晰、行为规范、运转协调、廉洁高效工作机制;组织人员参加自治区商务厅举办的外商投资企业联合年报及备案制度业务培训,了解国家外资管理政策,提升业务能力；聘请广西谦行律师事务所的律师为法律顾问，为涉外涉法工作提供服务。新批设立外商投资企业72家，比上年增长46.99%，办理外资企业设立及变更审批备案事项116项，没有发生超时限办结和企业投诉、申请听证、行政复议、行政诉讼等情况。（杨 琼）

【外资企业管理与服务】 2017年年初，市投资促进局对已批尚有资金存量的外资项目进行分析和筛选，摸清家底，明确年内可进资的项目及资金存量，做好实际利用外资预测；把年度利用外资目标任务分解到区县和市直责任单位，形成合力。组成走访调研服务小组5个，深入企业调研了解企业生产经营存在问题、增资扩股意愿、政务服务需求等，制定解决问题措施，协调处理企业存在的困难。鼓励外企增资扩股，对部分外资存量大的企业开展深入服务，跟踪到位情况。组织50多家企业110名代表参加中国－东盟博览会，组织企业代表参加中国－东盟博览会投资促进活动。（何伟洁）

【第14届中国－东盟博览会及中国－东盟商务与投资峰会经贸活动】 2017年9月12日至15日，第14届中国－东盟博览会及中国－东盟商务与投资峰会在南宁举办，市四家班子领导分7批次会见大健康（含生物医药）、电子信息、装备制造、现代服务业等70余家国内外知名企业负责人和企业代表，重点推介南宁发展环境。9月12日，在会议中心举办2017南宁市投资贸易洽谈会暨重大项目签约仪式，哈罗国际管理服务有限公司、上海实业（集团）有限公司、瑞声科技控股有限公司、华润（集团）有限公司、中国平安保险（集团）股份有限公司、泰康保险（集团）股份有限公司等世界500强、国内500强等300家企业和商协会负责人出席，签约项目22个，其中内资项目有瑞声科技南宁产业园、泰康医养综合社区等18个，外资项目有新加坡（广西南宁）综合物流产业园、哈罗公学南宁项目、宜家（南宁）家居商场项目、香港津威乳酸菌奶饮料及绞股蓝保健饮品生产项目4个。在自治区层面签约项目11个（内资项目9个、外资项目2个）。组织参加中国－东盟商会领袖高峰论坛、中国－东盟商会领袖与广西县（区）投资项目对接交流会、金融支持中国企业"走东盟"主题论坛、东盟产业园区招商大会及投融资项目对接会、2017汇商聚智携手圆梦—共建21世纪海上丝绸之路等投资促进活动11场。此外，区县、开发区组织投资推介活动，增强与客商的对接交流。中国－东盟博览会期间，南宁市签约项目33个，涉及电子信息、先进装备制造、生物医药、健康养老、医疗卫生、教育、新能源新材料、金融服务等领域，其中工业项目占45.45%。

2017年8月8日，南宁市参加在贵州省都匀市举办的第三届粤桂黔高铁经济带沿线城市经贸合作圆桌会议 陈 燕 摄

【"壮族三月三"健康产业招商推介活动】 2017年3月28日至29日，南宁市在沃顿国际大酒店举办南宁健康产业推介座谈会，泰康保险集团、上海医药集团、上海元合投资有限公司等自治区内外企业17家企业家代表32人参加。3月30日，参加自治区投资促进局在南宁荔园山庄召开的广西健康产业投资合作项目推介会，签约项目12个，其中南宁市签约项目有泰康保险集团在兴宁区三塘镇的泰康医疗养老综合社区项目，总投资50亿元；上海元合投资有限公司在上林县的上林南丹卫古城项目，总投资10亿元；广州冠昊生物科技股份有限公司在高新区的广西湾昊生物科技园项目，总投资5亿元。（张 剑）

区域经济合作

【概 况】 2017年，南宁市利用"一带一路"倡议、"东盟渠道"优势，拓展"一带一路""东盟渠道"效应，务实开展多区域经济合作，提升南宁市在区域经济合作中的地位作用。实现外贸进出口额607.09亿元，比上年增长48.80%，其中与东盟国家进出口额78.64亿元，增长85.30%；自治区外境内实际到位内资776.89亿元，增长13.77%，实际利用外资（广西全口径）9.58亿美元，增长24.35%。

【面向东盟融入"一带一路"】 2017年，南宁市面向东盟融入"一带一路"，更高层次、更宽领域推进与东盟的合作。

开放合作平台拓展 继续服务好中国－东盟博览会、中国－东盟商务与投资峰会，加快南宁综合保税区建设，入驻南宁综合保税区企业34家。加快五象新区建设，加快建设南宁市跨境贸易电子商务综合服务平台、中国－东盟信息交流中心、总部基地电商小镇等项目，开工建设中国－东盟检验检测认证高技术服务集聚区（一期）、地理信息小镇等项目，推进五象新区申报国家级新区，申报中国－中南半岛经济走廊试点示范区。深化与东盟经贸、科技、文化等领域交流合作，举办南宁国际全程马拉松邀请赛、环广西公路自行车世界巡回赛（南宁站）、中国－东盟国际龙舟邀请赛等国际赛事；与泰国、越南等东盟国家开展职业技术人才培训教育，招收"一带一路"沿线国家中小学生164人（泰国、越南、印度尼西亚学生155人）；在马来西亚挂牌朱琏针灸学术国际研究基地。

互联互通南向通道建设 南宁综合保税区设中国－东盟国际物流基地，落户中新南宁国际物流园，引进物流企业14家；新增AAA级以上物流企业5家，累计17家。推动跨境电子商务发展，跨境电子商务相关企业发展到200余家。建成运营中国邮政东盟跨境电商监管中心，首创跨境电商、国际快件及国际邮件互换三合一业务。加快建设"广西－东盟区域（南宁）外贸一体化综合体通关服务提速工程"。11月，开行首列中欧班列（中国南宁—越南河内）跨境集装箱直通运输班列，运输来自南宁的7个集装箱电子配件产品、来自甘肃的8个集装箱苹果到越南河内。

金融沿边综合改革试验区 发展面向东盟各国银行业务，组建面向东盟的

货币清算(结算)中心,参与银行6家,接入人民币跨境支付系统银行16家,跨境人民币结算量170.28亿元。发展跨境保险业务,出口信用保险保费,收入117.10万美元,增长110.70%。加快搭建中国-东盟(南宁)金融服务平台,扩大中国-东盟(南宁)货币指数应用,提高跨境金融信息服务水平。

【广西北部湾经济区区域经济合作】

重点产业园区建设　2017年,南宁市加快广西北部湾经济区重点产业园区建设,获广西北部湾经济区重大产业发展专项资金1.67亿元,重点扶持南宁高新技术产业开发区、南宁经济技术开发区、广西-东盟经济开发区、六景工业园区4个重点产业园区,实施南宁空港经济区二期基础设施(空港物流园)项目、广西科天水性科技产业园项目等基础设施建设和产业配套项目建设。4个重点产业园区工业总产值2431.47亿元(占全市59.73%),增长16.18%;固定资产投资928.52亿元,增长11.84%;财政收入94.60亿元,增长6.41%。

综合配套改革　广西北部湾经济区提升南宁、北海、钦州、防城港四个城市同城化水平,实现户籍管理、社会保障、异地购房和公积金贷款、综合管理便利化同城。深化金融改革创新,利用北部湾经济区重大产业发展(南宁)引导基金支撑重点园区基础设施建设。进行通关一体化改革,跨境电商通关实现"一站式"办结,无纸化通关率居于广西关区前列,国际贸易"单一窗口"基本建成。

临空经济示范区申报　3月,启动《南宁临空经济示范区总体方案》编制;8月,通过专家评审,同时编制完成土地利用总体规划报告、城乡规划报告、环境影响评价报告。规划的南宁临空经济示范区依托南宁吴圩国际机场,建设吴圩空港经济区、扶绥空港经济区,总面积180平方千米,聚集人口30万人,发展航空运输、航空制造、通用航空、航空物流、航空餐饮、临空高科技等产业。11月,南宁市向自治区发展改革委上报《南宁临空经济示范区总体方案》;12月,上报土地利用总体规划报告、城乡规划报告、环境影响评价报告。

【泛珠三角区域经济合作】

现代化立体交通枢纽建设　2017年,南宁市加快推进贵阳至南宁高速铁路、南宁至崇左城际铁路建设、南昆铁路扩能改造,打造面向东盟、对接全国的高标准现代化铁路枢纽。推进南宁吴圩国际机场经大塘至浦北、柳州经合山至南宁、贵港经隆安至硕龙等高速公路建设,完善"通边达海"高速通道,加快南宁至崇左一级公路、新江至百济国省干道及市域骨干路网建设。建设区域性内河航运枢纽,建成老口航运枢纽并投入使用,加快建设西津二线船闸、邕宁航运枢纽,建成后2000吨级货船可直达粤港澳,1000吨级船舶可通航至百色,实现江海直通运输,构建西南货物出海南线黄金水道。加快建设面向东盟、辐射全国的国际门户航空枢纽,完善机场基础设施,启动机场第二跑道、T3航站楼前期工作,基本形成覆盖东盟和国内主要城市的"东盟通"和"省会通"航线网络格局,通航城市103个。

产业合作深化　参加"2017年广东知名企业家广西行""广西·广东投资合作交流会"、2017厦门国际投资贸易洽谈会、南宁市国家扶贫开发工作重点县产业扶贫对口招商推介会等经贸合作平台,加强产业对接。赴贵州省参加第三届粤桂黔高铁经济带合作联席会议暨粤桂黔高铁经济带合作试验区(贵州园)建设工作现场会,与13个粤桂黔高铁经济带沿线城市签署《粤桂黔高铁经济带协同创新合作共识》,签约南宁高新区与佛山高新区缔结友好高新区合作项目、南宁市"农夫的菜"上游供销项目。赴湖南省长沙市参加第13届泛珠三角区域省会城市市长联席会议,宣传南宁发展成就,拓宽合作领域;参加经贸交流会,与三一重工股份有限公司等湖南省长沙市相关企业洽谈交流合作项目。

【中德工业城市联盟合作】　2017年4月,南宁市组织市投促局、市国资委、市工业和信息化委、市外侨办等部门人员赴德国参加2017年汉诺威工业博览会及系列经贸交流活动,访问瑞典、德国和荷兰。6月,中德工业城市联盟秘书处考察组到南宁市考察调研,开展项目洽谈事宜。

（卢　珊　程曼婷）

财政·税务

财　政

【概　况】　2017年,南宁市财政系统包括南宁市财政局和兴宁区、江南区、青秀区、西乡塘区、邕宁区、良庆区、武鸣区、横县、宾阳县、上林县、马山县、隆安县、南宁高新技术产业开发区、南宁经济技术开发区、广西-东盟经济技术开发区、南宁青秀山风景名胜旅游区16个区县(开发区)财政局,在职干部1915人。其中,市局编制315名,在编268人;具有专业技术职务任职资格815人。市财政局设办公室、政策规划科、综合科、预算科、国库科、行政政法科、教科文科、经济建设一科、经济建设二科、社会保障科、农业科、农村财政财务管理科(市农村综合改革工作领导小组办公室)、市农业综合开发办公室、工业交通科、国际合作科、金融科、会计管理科、法制科(行政审批办公室)、市政府采购监督管理办公室、资产管理科(市公务用车定编管理办公室)、财政监督检查办公室、人事科21个科室及机关党组织。全年组织财政收入687.98亿元,比上年增长12%。其中,全市一般公共预算收入332.15亿元,增长6.19%;一般公共预算支出646.31亿元,增长10.11%。

【财政收入】

全市一般公共预算总收入　2017年,南宁市一般公共预算总收入808.21亿元,其中一般公共预算收入332.15亿元、上级补助收入263.80亿元、上年结余收入38.07亿元、调入资金42.52亿元、债务转贷收入131.67亿元。

全市一般公共预算收入　一般公共预算收入332.15亿元,完成年初预算104.20%,比上年增长6.19%。其中,税收收入248.10亿元、增长6.51%;非税收入84.05亿元,增长5.25%。税收收入中:增

单位:亿元

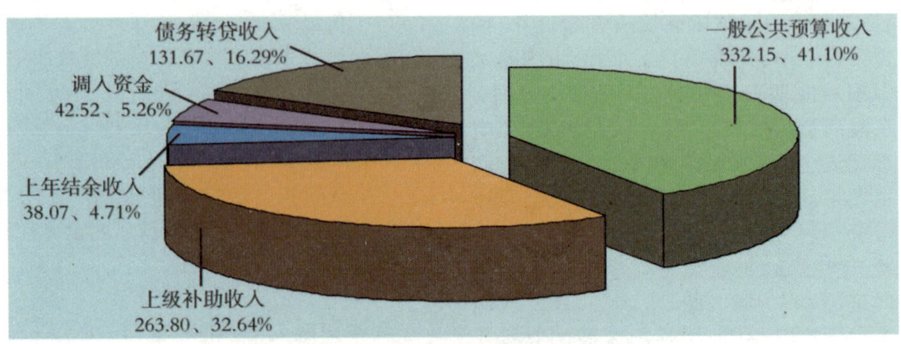

图1　2017年南宁市一般公共预算总收入情况

值税收入 68.88 亿元，增长 43.99%；营业税收入 0.14 亿元，下降 99.47%；企业所得税收入 34.66 亿元，下降 0.14%；个人所得税收入 12.57 亿元，增长 27.76%。非税收入中：专项收入 37.38 亿元，增加 8 亿元，增长 27.22%；行政事业性收费收入 9.31 亿元，减少 5.50 亿元，下降 37.16%；罚没收入 4.20 亿元，减少 1.02 亿元，下降 19.59%；国有资本经营收入 6.86 亿元，增加 6583 万元，增长 10.61%；国有资源（资产）有偿使用收入 19.96 亿元，增加 2.35 亿元，增长 13.33%；捐赠收入 1116 万元，减少 1228 万元，下降 52.39%；政府住房基金收入 2.72 亿元，增加 1.55 亿元，增长 132.66%；其他收入 3.52 亿元，减少 1.71 亿元，下降 32.75%。

市本级一般公共预算总收入　市本级一般公共预算总收入 498.90 亿元，其中一般公共预算收入 193.54 亿元、上级补助收入 140.36 亿元、上解收入 11.38 亿元、上年结余收入 12.92 亿元、调入资金 28.65 亿元、债务转贷收入 112.05 亿元。

市本级一般公共预算收入　市本级一般公共预算收入 193.54 亿元，完成年初预算 111.53%，增长 14.04%。其中税收收入 140.13 亿元，增长 12.48%，非税收入 53.41 亿元、增长 18.34%。税收收入中：增值税 29.93 亿元，增长 42.62%；营业税 412 万元，下降 99.59%；企业所得税 15.09 亿元，下降 2.31%；个人所得税 5.37 亿元，增长 19.98%。

【财政支出】

全市一般公共预算总支出　2017 年，南宁市一般公共预算总支出 785.51 亿元，其中一般公共预算支出 646.31 亿元、上解上级支出 13.76 亿元、调出资金 22.50 亿元、债务还本支出 102.94 亿元。收支相抵，年终滚存结余 22.70 亿元。

全市一般公共预算支出　全市一般公共预算支出 646.31 亿元，完成调整预算（简称“预算”）96.75%，增长 10.11%。其中，教育支出 117.14 亿元，完成预算 98.45%，增长 20.20%；社会保障和就业支出 68.14 亿元，完成预算 97.80%，增长 2.82%；医疗卫生与计划生育支出 61.22 亿元，完成预算 97.04%，增长 5.76%；节能环保支出 17.65 亿元，完成预算 91.07%，下降 19.24%；农林水支出 69.60 亿元，完成预算 99.16%，增长 14.60%。

市本级一般公共预算总支出　市本级一般公共预算总支出 481.03 亿元，其中一般公共预算支出 227.71 亿元、上解支出 13.76 亿元、补助下级支出 113.14 亿元、调出资金 22 亿元、债务还本支出 95.66 亿元、债券转贷支出 8.76 亿元。收支相抵，年终滚存结余 17.87 亿元。

市本级一般公共预算支出　市本级一般公共预算支出 227.71 亿元，完成预算 92.40%，增长 11.90%。其中，教育支出 29.27 亿元，完成预算 95.09%，增长 15.25%；社会保障和就业支出 20.33 亿元，完成预算 93.71%，增长 9.72%；医疗卫生与计划生育支出 20.13 亿元，完成预算 92.98%，增长 46.89%；节能环保支出 11.05 亿元，完成预算 87.41%，下降 24.88%；农林水支出 6.57 亿元，完成预算的 94.50%，下降 4.46%。

市本级预备费　市本级财政一般公共预算安排预备费 2.30 亿元，全年动用 0.41 亿元。支出主要项目：H7N9 疫情防控专项工作经费 820 万元，动物疫病防控经费 147 万元，地质灾害应急治理工程资金 0.26 亿元，马山县古零镇石丰村新石屯灾后重建补助资金 500 万元。

市本级“三公”经费　市本级财政一般公共预算安排“三公”经费支出 0.53 亿元，减少 0.07 亿元，下降 12.12%。其中，公务接待费 0.07 亿元，下降 0.64%；因公出国（境）费 0.06 亿元，下降 0.73%；公务用车购置及运行维护费 0.40 亿元，下降 15.46%。

【预算稳定调节基金与预算周转金】

2017 年，市本级 2016 年预算稳定调节基金期末余额 25.26 亿元、预算周转金期末余额 5.91 亿元；动用预算稳定调节基金增加一般公共预算支出 25.26 亿元，其中动用预算稳定调节基金 20 亿元用于市本级一般公共预算支出、动用 1.50 亿元用于南宁市地下综合管廊政府和社会资本合作（PPP）项目资本金支出、动用 2.50 亿元用于南宁市铁路建设地方配套资金支出、动用 0.18 亿元用于海绵城市工程道路改造项目预付款支出、动用 1.08 亿元用于南宁市沙江河流域综合治理 PPP 项目资本金支出。市本级将一般公共预算超收收入 20.28 亿元以及净结余 4.72 亿元补充预算稳定调节基金后，市本级预算稳定调节基金结余 25 亿元、预算周转金结余 5.91 亿元。

【地方政府债券】

地方政府一般债券　2017 年，自治区政府批准，核定转贷南宁市 2017 年地方政府一般债券 131.67 亿元；核定转贷市本级（含城区、开发区，下同）2017 年地方政府一般债券 112.05 亿元，其中转贷置换一般债券 87.69 亿元、转贷新增一般债券 24.36 亿元；市本级转贷置换一般债券 87.69 亿元主要用于偿还 2017 年到期及提前偿还部分以后年度到期的政府有偿还责任的一般债务本金 85.17 亿元，转贷城区、开发区置换一般债券资金 2.52 亿元；新增一般债券 24.36 亿元主要用于轨道交通 3 号线项目支出 1.74 亿元，南宁园博园项目 2.50 亿元，五象新区核心区及物流基地市政道路基础设施和场地平整工程 2.18 亿元，贵（阳）南（宁）客运专线 8.23 亿元，南宁至崇左铁路 1 亿元，黑臭水体综合整治工程项目 0.82 亿元，水塘江综合整治工程项目 0.95 亿元，教育基本建设项目 0.70 亿元，转贷城区、开发区新增一般债券资金 6.24 亿元。

地方政府专项债券　自治区政府批准，核定转贷南宁市 2017 年地方政府专项债券 183.84 亿元，其中核定市本级（含城区、开发区，下同）2017 年地方政府专项债券 182.09 亿元（其中转贷置换专项债券 172.09 亿元、转贷新增专项债券 10 亿元）。市本级置换专项债券 172.09 亿元，主要用于偿还 2017 年到期及提前偿还部分以后年度到期的政府负有偿还责任的债务本金 151.85 亿元，转贷城区、开发区置换专项债券资金 20.24 亿元。新增专项债券 10 亿元，主要用于土地储备项目 4.50 亿元，轨道交通 2 号线、3 号线项目 3 亿元，凤岭客运综合枢纽站项目 1 亿元，南宁园博园项目 1.50 亿元。

【政府性基金预算】

全市政府性基金预算　2017 年，南宁市政府性基金预算总收入 588.70 亿元。其中，政府性基金预算收入 339.60 亿元，完成预算 103.13%，比上年增长 19.73%；上级补助收入 8.10 亿元；上年结余收入 57.16 亿元；债务转贷收入 183.84 亿元。政府性基金预算总支出 536.73 亿元。其中，当年政府性基金预算支出 341.03 亿元，完成预算 99.03%，增长 51.47%；上解上级支出 16.09 亿元；调出资金 5.77 亿元；地方政府专项债务还本支出 173.84 亿元。收支相抵，年终滚存结余 51.97 亿元。

市本级政府性基金预算　市本级政府性基金预算总收入 521.57 亿元。其中，政府性基金预算收入 306.49 亿元，完成预算 102.58%，增长 16.38%（其中土地出让收入 296.56 亿元，完成预算 102.19%）；上级补助收入 3.25 亿元；上年结余收入 29.74 亿元；债务转贷收入 182.09 亿元。市本级政府性基金预算总支出 506.42 亿元。其中，政府性基金预算支出 235.70 亿元，完成预算 92.27%，增长 77.05%；上解上级支出 16.09 亿元；补助下级支出 80.25 亿元；调出资金 2.29 亿元；债务转贷支出 20.24 亿元；地方政府专项债务还本支出 151.85 亿元。收支相抵，年终滚存结余 15.15 亿元。

【国有资本经营预算】

全市国有资本经营预算　2017年，南宁市国有资本经营预算收入4.07亿元，其中利润收入1.08亿元、股利股息收入0.12亿元、产权转让收入1.68亿元、清算收入0.08亿元、其他国有资本经营收入1.11亿元；全市国有资本经营预算支出2.14亿元，其中国有资本经营预算支出1.01亿元、转移性支出1.13亿元。收支相抵，年终结余1.93亿元。

市本级国有资本经营预算　市本级国有资本经营预算收入3.65亿元，其中利润收入1亿元、股利股息收入0.09亿元、产权转让收入1.68亿元、清算收入0.08亿元、其他国有资本经营收入0.80亿元；市本级国有资本经营预算支出1.72亿元，其中国有资本经营预算支出0.62亿元、转移性支出1.10亿元。收支相抵，年终结余1.93亿元。

【社会保险基金预算】

全市社会保险基金预算　2017年，南宁市社会保险基金预算收入174.95亿元，完成年初预算152.27%，增长73.97%；全市社会保险基金支出154.32亿元，完成年初预算144.36%，增长106.69%。收支相抵，全市社会保险基金当年收支结余20.63亿元，全市社会保险基金年末滚存结余138.59亿元。

市本级社会保险基金预算　市本级社会保险基金预算收入96.17亿元，完成年初预算119.82%，增长15.21%。其中，机关事业单位养老保险基金收入12.88亿元，增长20.52%；失业保险基金收入3.99亿元，增长4.37%；城镇职工基本医疗保险基金收入35.81亿元，增长11.01%；工伤保险基金收入2.45亿元，增长60.4%；生育保险基金收入2.33亿元，增长12.28%；城乡居民基本医疗保险基金收入38.71亿元，增长16.94%。市本级社会保险基金预算支出75.83亿元，完成年初预算101.38%，增长13.7%。其中，机关事业单位养老保险基金支出12.88亿元，增长20.52%；失业保险基金支出2.81亿元，下降13.46%；城镇职工基本医疗保险基金支出27.40亿元，增长11.85%；工伤保险基金支出0.71亿元，下降3.02%；生育保险基金支出2.69亿元，增长43.52%；城乡居民基本医疗保险基金支出29.34亿元，增长14.36%。收支相抵，市本级社会保险基金当年收支结余20.34亿元。市本级社会保险基金年末滚存结余118.13亿元。

【政府债务】　2017年，自治区下达南宁市政府债务限额1066.68亿元(一般债务642.80亿元、专项债务423.88亿元)，其中市本级1007.44亿元、县级59.24亿元。至年末，政府负有偿还责任债务余额961.56亿元(一般债务588.13亿元、专项债务373.43亿元)，其中市本级905.23亿元、县级56.33亿元。

【预算执行】　2017年，南宁市组织财政收入687.98亿元，完成预算96.75%，增长11.95%，占自治区财政收入比重从2016年25.01%提高至26.42%。非税收入占一般公共预算收入25.30%，降低0.23个百分点。全市一般公共预算支出646.31亿元，增长10.11%。压减市直部门办公费、差旅费、会议费、培训费等一般性支出经费1.12亿元，一般公共预算安排的“三公”经费支出下降20.30%。完善盘活财政存量资金长效机制，实行定期分析统计制度，清理收回财政结余结转、财政专户和单位实有资金账户等结余资金20.19亿元，统筹用于稳增长、惠民生和保重点支出。强化预算法治意识，加强预算执行管理，硬化预算约束，严格控制预算调整，加强预算执行动态分析，推动重点项目建设，加快预算执行进度。

【产业发展资金支持】　2017年，南宁市促进工业转型升级，安排现代工业发展专项资金8亿元、滚动安排工业用地储备资金7亿元、工业园区基础设施建设资金3亿元，集中优势资源重点打造电子信息、先进装备制造和生物医药三大产业；支持现代服务业发展，整合服务业专项资金10.50亿元，支持电子政务、金融发展、智慧城市、服务业集聚区、东盟信息港、“互联网+”、全域旅游示范区等现代服务业项目建设；加快现代农业建设，市本级安排3.90亿元支持优化农产品产业结构，重点支持现代特色农业示范区、生态综合示范村、田园综合体、现代农业园区、都市休闲农业、菜篮子工程、糖料蔗“双高”(高产、高糖)基地等优势特色农业产业项目建设。统筹财政资金1.50亿元，推进国家农业综合开发田园综合体建设试点西乡塘区“美丽南方”项目建设；推进南宁产业发展基金设立运作，出资南宁产业发展基金2.50亿元，撬动金融机构和社会资本投资近17亿元，助力全市智能制造、新型材料等重点产业发展；支持实施创新驱动战略，安排科学技术支出6.47亿元，促进科技成果转移转化，逐步建立统一的科技管理平台。支持企业降本减负；贯彻落实国家、自治区关于取消、停征、免征、降低收费标准及扩大免征范围的政府性基金及行政事业性收费政策，为企业减轻负担。

【城市建设资金支持】　2017年，南宁市筹融资840.13亿元，推进轨道交通、邕江综合整治开发等自治区成立60周年大庆重点项目建设。累计争取节能减排财政政策综合示范市中央补助资金10亿元、海绵城市中央专项补助资金15亿元、国家地下综合管廊示范市建设中央补助资金6.90亿元。创新财政支持方式，推进PPP落地项目9个，涉及总投资116.23亿元，其中纳入财政部PPP示范项目5个(南宁市水塘江综合整治项目、南宁市第十二届中国国际园林博览会配套交通项目快速公交二号线工程PPP项目、南宁市城市内河黑臭水体治理PPP项目、南宁市上林县象山工业园区污水处理厂工程PPP项目、南宁市新江至崇左市扶绥一级公路南宁段)落地；出台南宁市PPP项目财政以奖代补政策，探索财政资金实行基金市场化方式投资改革，推进城市基金发展落地，实现海绵城市、轨道交通建设、五象新区建设、市政基础设施建设4个领域的子基金落地，完成融资58.88亿元。

【民生保障与改善】　2017年，南宁市民生支出500.73亿元，增长14.97%，占一般公共预算支出77.48%。筹集财政专项扶贫资金23.33亿元用于脱贫攻坚，纳入统筹整合试点范围的4个贫困区县统筹整合财政涉农资金17.60亿元；筹措安排为民办实事项目资金82.51亿元；安排教育支出117.14亿元，重点支持扩大学前教育资源、扶持多元普惠幼儿园发展；完善义务教育经费保障机制，实施城乡免费义务教育，推进义务教育标准化建设，实施农村义务教育学校学生营养改善计划，支持普通高中加快发展和职业教育攻坚；完善城乡居民基本医疗保险筹资机制，落实每年每人150元个人缴费标准和每年每人450元财政补助标准，基本公共卫生服务人均财政补助标准由45元提高至50元，全市落实城乡居民基本医疗保险补助资金26.13亿元；扶持重点人群就业创业，保障特殊群体基本生活，落实就业补助资金3.17亿元；安排1.03亿元支持有线电视村村通工程、自治区60周年大庆文化文艺精品项目、“民歌湖畔三月三·壮乡八桂嘉年华”等文化项目建设；安排2.23亿元用于举办2017年中国杯国际足球锦标赛、2017年环广西公路自行车世界巡回赛(南宁站)、南宁市全程马拉松比赛等重大体育赛事。

【国有资产管理】　2017年，南宁市加强国有资产处置审核(批)，批复处置107批次，涉及金额1.18亿元；实行国有资产处置“收支两条线”管理，上缴国库国有资产处置收入8594万元；完成资产管理信息系统数据3352户，涉及国有资产总额

601.98 亿元；市本级国有资本经营预算收入 3.65 亿元，支出 1.72 元；严格公务用车更新配备审批，办理新车定编 255 辆、销编 603 辆，有车辆定编证 303 辆，批复报废车辆 40 辆；完善定编系统数据库管理，根据公务车辆不同分类、不同用途，转编 183 辆次。

【投资评审管理】 2017 年，市财政局开展财政投资评审，接收报审项目 1576 项，审结项目 1439 项，审结率 91.31%；审核项目金额 191.51 亿元，审定金额 167.97 亿元，审减金额 23.54 亿元，审减率 12.29%。对 2018 年纳入部门预算符合评审条件的 18 项专项组织评审并出具评审报告，项目审结率 100%；审核金额 3.08 亿元，审定金额 3.07 亿元，节约财政资金 59.12 万元，节约率 0.32%。开展凤岭综合客运枢纽站工程、凤岭北片区新增路网完善工程、邕江综合整治和开发利用工程景观工程等项目招标控制价评审，完成招标控制价评审项目 239 项，审核金额 139.32 亿元，审定金额 119.48 亿元，审减金额 19.84 亿元，审减率 14.24%。实施政府投资项目预算评审，完成民族大道维修整治工程涉及弱电通信管线迁改工程、体强路海绵城市专项工程、南宁吴圩国际机场第二高速公路涉及 10 千伏及以下线路移改工程(二期工程)等 101 个项目预算评审，审核金额 38.93 亿元，审定金额 35.83 亿元，审减金额 3.10 亿元，审减率 7.96%。做好财政投资项目施工、勘察、设计等合同审核备案，审核及备案合同、协议 1016 项，审核金额 4.27 亿元，审定金额 3.70 亿元，审减金额 0.57 亿元，审减率 13.35%。落实市政府交办的征地拆迁补偿等项目审核工作，评审城市东西向快速路西段(清川大道—北湖南路)项目、南宁园博园项目(原顶蛳山项目)苗木资产评估、轨道交通 3 号线(科园大道—平乐大道)工程秀厢大道站等 73 个拆迁补偿项目由于规划调整造成损失的项目，涉及金额 2.04 亿元。

【政府采购监督管理】 2017 年，南宁市完成政府采购预算金额 352.84 亿元，增加 157.20 亿元，增长 80.35%；实际采购金额 323.32 亿元，增加 159.57 亿元，增长 97.45%；累计节约采购资金 29.52 亿元，减少 2.37 亿元，资金节约率 8.37%。市本级完成政府采购预算 235.52 亿元，实际采购金额 211.69 亿元，节约采购资金 23.83 亿元，资金节约率 10.12%。政府采购行政处罚和投诉处理，按市、县、乡三级行政权力事项(行政处罚)实施清单标准，设置采购人、采购代理机构、

单位：亿元

年份	财政收入（亿元）	一般公共预算收入（亿元）
2008 年	191.17	92.88
2009 年	231.37	120.45
2010 年	300.88	156.1
2011 年	363.52	186.29
2012 年	422	129.72
2013 年	473.66	256.25
2014 年	526.59	274.85
2015 年	572.48	297.05
2016 年	613.83	312.76
2017 年	687.98	332.15

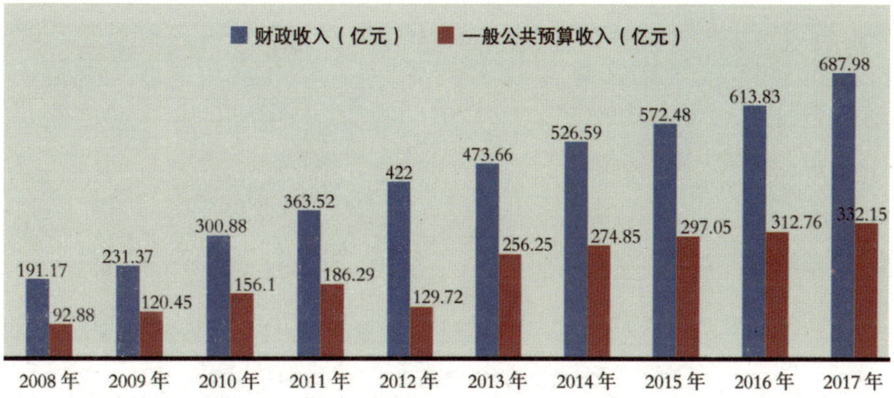

图 2 2008 年至 2017 年南宁市财政收入趋势

供应商、评标专家违法违规行为的处罚事项及处罚流程；完善投诉处理流程，制定投诉处理统一文本格式；实行投诉处理集体讨论制。开展代理全市政府采购项目的采购代理机构监督检查，检查政府采购代理机构 14 家、政府采购项目 51 个。推进政府采购信用体系建设，规定列入“不良行为记录名单”范围、纳入“不良行为记录名单”的管理期限、异议处理和退出黑名单流程。推进市本级政府采购改革，强化采购人主体责任，突出采购人在政府采购合同款项支付环节主导地位，取消政府采购支付审批环节，采购人对合同款项支付负全责；规范政府采购项目履约保证金管理，明确履约保证金由采购人收取和管理。

【财政监督】 2017 年，南宁市完成检查项目 13 项，检查单位 219 户，查出财政违规金额 1.92 亿元，责成纠正违规金额 7762.91 万元。其中，专项检查上林县 2015 年至 2016 年中央和自治区财政扶贫资金、中央专项彩票公益金支持贫困革命老区扶贫开发部分、扶贫小额信贷资金、易地扶贫搬迁项目建设资金以及贫困县统筹整合财政涉农资金情况等，发现问题 6 个，涉及金额 2423.20 万元；开展预决算公开情况检查，网上专项检查 117 个单位和 12 个区县单位预决算公开情况，实地检查部分区县政府和农机、民政部门预决算公开真实性；开展严肃财经纪律、私设“小金库”及“三公”经费等专项检查，发现大类问题 4 项，涉及金额 1993.11 万元；开展民生资金重点检查和专项检查，派出检查人员 1324 人次，检查发现民生资金问题金额 4797.81 万元并进行处理；开展会计信息质量检查，监督检查 5 家企业 2016 年度会计信息质量、企业职工基本养老保险参保缴费情况及财政补助资金使用和项目实施管理情况，查出违规金额 9990.10 万元。

【财税体制改革】 2017 年，南宁市研究制定深化投融资体制改革实施意见、供给侧结构性改革去杠杆实施方案、政府性债务风险应急处置预案、市以下财政事权和支出责任划分改革工作方案、贯彻落实支持农业转移人口市民化若干财政政策实施方案、PPP 项目财政以奖代补政策、农业信贷担保体系建设方案等政策措施；完善财政专项资金统筹使用机制，加快专项资金管理办法失效清理和缺失补位；继续开展产业发展专项资金统筹整合，选取市本级工业、现代服务业、科技 3 个重点科目下的 8 个专项资金，整合为市本级产业发展专项资金予以统筹使用，纳入市本级统筹使用的产业发展专项资金 15.15 亿元，增长 16.25%；全面实施中期财政规划编制，将编制范围由 2016 年试点的 8 个部门扩大至市本级全部预算单位，与 2017 年部门预算同步编制，完成市本级 2017 年至 2019 年中期财政规划编制；推进政府预决算公开，完成市本级和 16 个区县、开发区预决算公开统一平台建设，政府预决算和部门预决算实现分级分类集中公开；加强政府购买服务预算编制管理，扩大政府购买服务规模，纳入政府购买服务预算管理项目 455 项，增长 19.10%；强化预算绩效目标管理，市本级 200 万元及以上项目支出需设置绩效目标，首次将对下专项转移支付资金纳入编制范围，强化花钱必问效的绩效理念，扩大预算绩效评价覆盖面，项目支出绩效再评价个数扩增至 8 个；创新地方政府债务管理方式，利用云计算、大数据和“互联网 +”科技，在全国首创公共资产负债管理智能云平台，以“一套公共资产负债管理系统、一张财政地图、一份资产负债管理报告”为首期成果，助力政府资产“摸得清、来去明、管得住、利用好”。 （马利芳）

2017 年南宁市国税收入情况表

表 6　　单位:万元

单 位	2017 年累计入库	2016 年累计入库	增减额	增减率 %
全 市	3387068	2805177	581891	20.74
兴宁区	356089	292947	63142	21.55
江南区	158444	135275	23169	17.13
青秀区	879133	756223	122910	16.25
西乡塘区	800703	808141	-7438	-0.92
邕宁区	63581	39438	24143	61.22
良庆区	192066	116124	75942	65.40
武鸣区	67821	46543	21278	45.72
南宁高新技术产业开发区	373451	225500	147951	65.61
南宁经济技术开发区	218683	169497	49186	29.02
南宁华侨投资区	78128	57716	20412	35.37
横 县	66388	60245	6143	10.20
宾阳县	70646	50187	20459	40.77
上林县	18798	14361	4437	30.90
马山县	15629	11521	4108	35.66
隆安县	27508	21459	6049	28.19

说明:本年及上年各单位完成数均不包含金融保险业改征增值税

国家税务

【概　况】 2017 年,南宁市国家税务局机关设办公室、政策法规科、督察内审科、货物和劳务税科、所得税科、进出口税收管理科、国际税务管理科、征收管理科(大企业税收管理科)、税收风险分析监控中心、财务管理科、纳税服务科、12366 呼叫中心、收入核算科、人事科、教育科、监察室、机关党办、离退休干部科 18 个科室;设稽查局、第一稽查局、第二稽查局、车辆购置税征收管理分局 4 个直属机构;设信息中心、机关服务中心、票证中心 3 个事业单位。下辖城区国税局 7 个、县国税局 5 个、开发区国税局 4 个。全系统编制 1569 名,在编 1569 人,其中局机关编制 380 名,在编 380 人。市国税局税务登记户数 38.84 万户,其中单位纳税人 22.91 万户、个体纳税人 15.92 万户。增值税纳税人 37.87 万户,其中一般纳税人 5.52 万户、非个体小规模纳税人 16.86 万户、个体小规模纳税人 15.49 万户。消费税纳税人 830 户,企业所得税纳税人 33.73 万户。年纳税额亿元以上纳税人 30 户。年内,纳税金额排全市前十名企业:广西中烟工业有限责任公司(58.36 亿元)、广西壮族自治区烟草公司南宁市公司(11.48 亿元)、广西电网有限责任公司(11.08 亿元)、国家开发银行广西壮族自治区分行(8.10 亿元)、中国移动通信集团广西有限公司(3.48 亿元)、广西嘉和置业集团有限公司(3.21 亿元)、华润置地(南宁)有限公司(3.04 亿元)、广西电网有限责任公司南宁供电局(3 亿元)、中国工商银行股份有限公司广西壮族自治区分行营业部(2.29 亿元)、广西交通投资集团有限公司(1.99 亿元)。市国税局被中央精神文明建设指导委员会授予"全国文明单位"称号,被自治区民族宗教事务委员会、自治区党委宣传部、自治区党委统战部联合授予"第二批全区民族团结进步创建活动示范区(单位)"称号。

【国税收入】 2017 年,市国税局组织市口径税收收入(含金融,加计地税代征增值税收入)372.64 亿元,增长 25.82%,完成市政府必保目标任务 100.77%,全市累计平均预测率 97.51%,收入总量继续排名自治区第一,占全市财政收入 54.16%。落实税收优惠政策和结构性减税政策,减免税金 183.34 亿元。

【税收征管】 2017 年,市国税局推进税收征管改革向规范化、专业化、差异化税收征管方式转变,逐渐形成"管户 + 管事"与"分类 + 分级"相结合的征管新模式。

货物与劳务税管理　做好"风险防控 1 号工程"和"高效办税 1 号工程",形成具有首府特色的"2234"税源和风控闭环管理新模式;加强增值税发票管理和风险应对,打击发票违法行为。全市风险管理查补入库税款 7.92 亿元、加收滞纳金 5284.90 万元、罚款 196.61 万元、调减留抵进项税额 2779.28 万元,增值税发票风险应对查补入库增值税 8416.19 万元、核减期末留抵进项税额 829.29 万元。做好一般纳税人认定管理、跨境免税备案统计;开展超豪华小汽车消费税评估;落实国家税务总局、公安部关于建立车辆购置税完税证明、机动车销售发票信息共享核查机制。

所得税管理　组织企业所得税入库 70.25 亿元,比上年减收 0.26 亿元、减少 0.37%。在市国税局登记企业所得税税种纳税人 13.77 万户,其中应参加汇算清缴 10.35 万户、不参加汇算清缴 3.42 万户,实际参加汇算清缴 10.30 万户,汇算面 99.49%。

出口退税管理　为 409 户出口企业办理退(调)库额 8.78 亿元(退税额 7.29 亿元,免抵税额 1.49 亿元),增加 8953 万元,增长 11.36%。实施出口退(免)税企业分类动态管理,完成出口企业管理类别初次评定,评定企业 2874 户。其中,一类企业 8 户,减少 2 户;二类企业 170 户,增加 32 户;三类企业 2573 户,增加 55 户;四类企业 123 户,增加 29 户。

车购税管理　办理纳税申报车辆 15.43 万辆,增加 1.75 万辆,增长 12.82%;征收车辆购置税 19.62 亿元,增加 4.42 亿元,增长 29.06%。贯彻执行购置 1.6 升及以下排量的乘用车按 7.50% 减征收车辆购置税,市民享受优惠税额 2.23 亿元,占应税车辆购置税税额 11.36%。在北湖办税服务厅、大客户办税服务厅、江南办税服务厅增设自助办税终端机 12 台,方便纳税人办税。加强与公安车管所合作,建立数据比对,互相把关、监管,及时发现使用假车辆购置税完税证明办理车辆登记注册行为,打击偷逃车辆购置税行为。

国际税收管理　开展部门协作、深化收入分析和加强税收协定待遇管理,实现非居民税收收入 2.15 亿元,其中企业所得税1.79亿元，增值税3646.81万元；开具对外支付税务证明294份、涉及金额折合人民币24.40亿元，涵盖美国、德国、英国、法国、日本、加拿大、巴西、新加坡、越南等国家和中国香港、中国台湾等地区；办理非居民企业享受税收协定待遇减免税74户次，减免非居民企业所得税4864.66万元；2016年度发生关联交易企业101户(跨境关联交易申报企业43户)，关联交易总金额293.69亿元(跨境关联交易179.09亿元)，符合同期资料报送要求10户；通过反避税跟踪管理，企业自行调整补税7566.33万元。

【税收征管改革】 2017年，南宁市税务系统深化"放管服"改革，国家税务总局公布的87项税务行政审批事项中，保留行政许可7项，其中市国税局负责实施1项、区县国税局负责实施4项；推行税收权力和责任清单，向社会公布第一批税务行政处罚权力清单；简化纳税人设立、迁移、注销手续，配合自治区国税、工商部门建立工商登记数据质量和传输通报、对账机制。优化纳税人优惠备案和合同备案流程，精简涉税资料，原则上不要求纳税人报送清单外资料。发票领用、注销登记、外管证开具、报验登记、报验户预缴申报、外出经营活动情况申报、外管证缴销、工商登记简易注销8个经常性业务事项，在办理时限、流转环节、报送资料等方面优化流程。

【营业税改增值税】 2017年，市国税局扩大营业税改增值税(简称"营改增")试点，继续做好"营改增"税负分析，界定纳税人身份，下发身份界定疑点数据62批；核实税负上升企业情况，下发申报疑点数据150批；入户一对一辅导纳税人620户；报送案例47个，其中3个案例被选送到国家税务总局；宣传辅导纳税人"营改增"知识30.19万户，加强重点行业风险管理。全年减免退税64.52亿元，其中小规模纳税人享受小微企业免征增值税政策98.81万户次(含零申报纳税人)，免征增值税7.82亿元；全年房地产开发、建筑、金融、生活与现代服务业等行业"营改增"一般纳税人实现降税29.87亿元，其中四大行业减税10.16亿元，实现"各试点行业税负只减不增"总目标。

【优惠政策落实】 2017年，市国税局开展优惠税收政策宣传，重点抓好国务院6项税收优惠政策(由"1+4+6"构成系列减税政策："1"指简并增值税税率政策；"4"指扩大享受企业所得税优惠小微企业范围、提高科技型中小企业研发费用税前加计扣除比例、开展创业投资企业和天使投资个人有关税收政策试点、推广商业健康保险个人所得税税前扣除试点；"6"指物流企业大宗商品仓储设施城镇土地使用税优惠政策、对有线电视收视费免征增值税、金融机构农户小额贷款利息收入免征增值税、重点群体创业就业扣减增值税、退役士兵创业就业扣减增值税、新疆国际大巴扎项目免征增值税)和小微企业增值税优惠政策落地，全市增值税一般纳税人申报免税销售额1162亿元；为享受增值税即征即退的纳税人办理退还增值税2.59亿元；纳税人享受小微企业增值税优惠政策98.81万户次，免征增值税7.83亿元。

【依法治税】 2017年，市国税局组织开展自治区国税系统税务法治基地创建活动，西乡塘区国家税务局被选定为第三批"广西国税系统法治税务示范基地"；加强合法性审查力度，清理拟废止地方涉税规范性文件3份；落实重大税务案件审理办法，规范审理，审理完结稽查部门提请重大税务案件124件；办理税务行政复议案6件、行政诉讼案件3件；市国税局公职律师办理事项300多项，法律顾问提供合同审查、法律文书起草、解答法律咨询、出具法律意见等259份(次)。

【税务稽查】 2017年，市国税稽查部门打击税收违法行为，立案检查企业789户、查补入库3.67亿元。

打击虚开发票行为　市国税稽查局对虚开"黄金"票、"白糖"票，利用海关完税证虚开发票等案源立案检查170户，涉及增值税专用发票8.60万份、金额149亿元；移送公安机关案件71起、立案71起，抓捕犯罪嫌疑人40人；认定对外虚开增值税专用发票3.02万份、涉及金额28.64亿元、税额4.87亿元；认定接受虚开增值税专用发票4652万份、涉及金额12.83亿元、税额2.14亿元；查补税款、滞纳金、罚款2973万元。

打击发票违法犯罪活动　联合市地税、公安等部门整治"两票"(虚开增值税专用发票、虚假发票)，对自治区国税局下发的"6•09虚开普票"专案南宁市涉案的83户案源立案检查，协同公安机关检查打击虚开增值税专用发票"卖方市场"。全市检查涉及发票违法企业616户，其中立案检查456户、自查152户；立案查处非法发票9074份、涉及票面金额64.76亿元；立案查补金额2395.83万元，其中查补税款2093万元、加收滞纳金2008.34万元、处以罚款1630.30万元、自查补税金额5283万元。发票打假成员单位检查发票违法案件96起，缴获假发票1.09万份；公安机关立案30起，抓获犯罪嫌疑人18人，移送起诉案件2件；检察机关起诉案件3件，起诉4人；审判机关审判案件3件，判有期徒刑以下4人。

打击骗取出口退税违法活动　市国税稽查局、区县国税局联合评估出口退税企业17户，暂缓退税166.65万元，不予退税493.25万元，追缴已退税款69.32万元，进项税额转出91.20万元，追缴增值税、滞纳金23.68万元，罚款2万元。

重点税源随机抽查　开展2016年重点税源企业随机抽查。40家集团公司开展自查，自查补税入库4349.55万元，其中增值税1315.47万元、企业所得税1940.39万元、滞纳金1093.69万元；开展入户重点检查，选定43家企业为重点检查对象，查补企业所得税1046.95万元。

税收专项整治　开展医药行业专项整治检查企业14家，确定立案检查4户、辅导自查与企业自查相结合10户，查补增值税税款4347.32万元，所得税9.40万元，滞纳金467.53万元；对9家开展废旧物资行业税收专项整治；检查9户企业，查补增值税138.79万元、企业所得税205.59万元；随机抽查房地产、建筑安装、化工等行业重点税源企业，补缴税款、滞纳金2.78亿元。

金税协查　收到受托协查案件944起，涉案企业1223家，涉及协查发票1.83万份，涉案金额28.19亿元，涉案税额4.74亿元，其中直接确认虚开发票企业687家、涉及发票1.32万份、涉及金额22.42亿元、涉及税额3.78亿元；全国各地来人来函协查173件、545人次，涉及被查企业476户。在金税协查系统发起委托协查1437起，涉及企业1497户，涉及发票4.20万份。发票协查选票准确率93.03%，协查函按期回复率100%，涉案发票协查合规率100%。

举报案件　市国税系统受理涉税违法检举案件93起，其中国税总局交办2起、自治区国税局转办28起、市局本级受理63件；查补税款84.99万元，加收滞纳金18.09万元，罚款83.59万元，查补总额186.67万元。

【税收信息化建设】 2017年，市国税局实施风险防控、高效办税2个"1号工程"，推广应用增值税发票风险防控系统、建筑业项目管理系统、跨区域涉税事项报验管理系统、发票网上申领邮政寄递、发票助手等信息系统。在全市国税系统推广应用综合信息管理平台，将所有软件纳入平台统一管理，提高工作效能；对纳税人分类量化分析，用数字指导基层、监控税源。全年完成涉税数据查询、税收分析263项(次)。将"南宁市建筑业、房地产业增值税项目管理系统”研发推广列入“风险防控1号工程”,在兴宁区国税局试点使用,整合项目信息2000余条,其中1000万元以上重点项目信息400多条,有效关联总、分包信息156条,提示预警信息41条,涉及税款9318.27万元,向政府推送预警信息21条,补征税款1320.86万元。

【纳税服务】 2017年,市国税局在全市办税服务厅推行预约办税服务,设立“简事易办”窗口。全系统新增办税窗口44个、自助办税终端56台,累计有办税服务厅22个、代征处5个、办税窗口368个、自助办税终端264台。扩展“南宁国税纳税服务”微信公众号功能,微信公众号关注人数7.61万人次,推送信息272期1203篇,解答咨询805条。在自治区率先上线“跨区域涉税事项报验管理系统”,实现外管证全流程网上办理,扣缴税款协议联合签约,线上一方签署双方互认、信息共享。在自治区率先推出“3连A”(连续3年获纳税信用A级)企业激励措施,评选纳税信用“3连A”企业190户,对“3连A”企业推行免费寄递发票、上门政策辅导和风险体检、全市办税服务厅免排队等措施;推进“银税互动”工程,开具纳税信用报告392份;将增值税专用发票网上认证使用群体扩大至纳税信用A、B、C级和没有进行信用评级的低风险纳税人。

【税收宣传】 2017年,南宁市组织开展税收宣传月活动。4月,市国税局、市地税局联合召开税收大宣传媒体座谈会暨税宣月项目发布媒体通气会,联合在地铁1号线开设“绿城税务春风号”专列,联合召开“南宁民营企业共话税收”座谈会,联合开展“税宣服务东盟行”系列活动。市国税局与共青团南宁市委联合举办“聆听现在,成就未来”青年企业家座谈会。税收宣传月期间,邀请企业100多家参加税收座谈会,印发资料10万多份,出版板报32期,悬挂横额80多幅,张贴宣传画1000多幅。全年举办纳税人培训班38期,培训近2万人次,发送税收宣传短信10万多条。

【“走出去”企业服务】 2017年,南宁市补充和完善“走出去”企业清册及拓展清册,全市对外实际投资企业23户,涉及国家或地区31个,其中15个对外投资记录位于东南亚;投资涉及20多个行业,投资总额52.58亿元。境外被投资企业39户,涉及居民企业34户,总投资额8.92亿美元,合同项目金额6.91亿美元。参与境外税收风险模型搭建,运用第三方信息渠道,掌握全市125户“走出去”企业境内外资金往来情况。发现存在境外税收风险问题企业5户,初步估算应补缴企业所得税约700万元,调减企业所得税退税额140万元。加强对“走出去”企业宣传辅导,印发国际税收宣传手册3000多册;在“南宁国税纳税服务”公众号开辟“国际税收”专栏,推送国际税收政策规定。举办“一带一路”“走出去”企业涉税风险防控讲座,29户南宁“走出去”企业负责人及财务人员48人参会。

【“两票”专项整治】 2017年,市国税局加快实名信息采集进度,率先应用技术手段实现人像比对认证,规范实名办税应用,规范发票供应管理,开展实地核查及邮政寄递核查,打击“两票”虚开虚抵。挖掘清理潜在发票风险户1.46万户,调整纳税人发票票种核定量5991户,新登记户数比上年减少6053户,下降8.70%,非正常认定户数增加1506户,增长10.08%,因虚开发票产生的异地异常抵扣凭证核查任务1.32万起,下降327%。推送风险任务3359户次,挽回税款损失3720.87万元。 (韦馨菲)

地方税务

【概　况】 2017年,南宁市地方税务局设办公室、政策法规科、征管和科技发展科、劳务和财产行为科、所得税科、重点税源管理科、纳税服务科、收入规划核算科、财务理科、人事科、监察室、机关党委(基层工作科)、离退休人员工作科13个科室,直属机构7个(税务服务中心1个、直属税务分局2个、开发区地税局4个)、城区地税局7个、县地税局5个、税务所(税务分局)64个,全市地税系统有1748人,其中市地税局局机关90人。市地税局管辖全市39.75万户纳税户,其中单位纳税人23.14万户、个体工商户16.34万户、临时税务登记纳税人2794户;管辖3.15万户缴纳企业所得税企业,年缴纳地方税10万元以上企业5321户,其中年缴纳1000万元以上企业215户,1亿元以上10户。年内,纳税金额排全市前十名企业:南宁青秀万达广场投资有限公司(7.07亿元)、广西中烟工业有限责任公司(6.74亿元)、广西融合企业集团有限责任公司(3.28亿元)、横县土地储备供应中心(横县土地交易中心,2.44亿元)、南宁市土地储备中心(1.91亿元)、南宁江南万达广场投资有限公司(1.70亿元)、广西宾阳县昆仑资产投资发展有限责任公司(1.29亿元)、广西嘉和置业集团有限公司(1.28亿元)、广西壮族自治区烟草公司南宁市公司(1.27亿元)、南宁市武鸣区土地储备中心(1.14亿元)。市地税局被评为2015-2016年度全国青年文明号,获省部级、地厅级奖31项,获自治区人力资源和社会保障厅、自治区地税局记集体二等功。

【地税收入】 2017年,市地税局组织各项收入190.31亿元,减少16.96亿元,下降8.18%。其中,自治区地税局考核口径税收收入179.24亿元,减少17.57亿元,下降8.93%,同口径收入增加21.73亿元,增长13.82%;市政府考核口径税收收入178.13亿元,减少17.35亿元,下降8.87%,剔除“营改增”影响同口径增长13.48%。征收残疾人就业保障金3.25亿元,增加1.09亿元,增长50.31%;代征工会经费、地方教育费附加、水利建设基金、价格调节基金收入7.82亿元,减少4763万元,下降5.74%。完成自治区地税局考核口径预期目标102.01%,占自治区地税总收入24.27%,增幅在自治区排名第六;完成市政府考核口径预期目标102.96%,占全市财政收入25.99%,增幅在全市4个征收部门中排名第二。5月起,税收收入同比降幅逐步收窄,剔除“营改增”因素同口径税收累计增幅逐月下降,两项指标逐步趋同。产业税收结构调整成效明显,第三产业税收成为南宁市地方税收入主要来源。按同口径统计,剔除“营改增”可比口径,第一产业税收2911万元,增加740万元,增长34%;第二产业税收22.56亿元,减少7580万元,下降3%,收入占比由上年15%下降至13%;第三产业税收154.94亿元,增加22.03亿元,增长17%,收入占比由上年85%上升至87%,增收贡献率近100%,其中房地产业实现税收95.58亿元,占全市税收收入54%,增收17.67亿元,增长23%,增收贡献率82.76%。重点税源企

2012年至2017年南宁市地税收入占全市财政收入比重情况表

表7　　　　单位:万元

项　目	2012年	2013年	2014年	2015年	2016年	2017年
全市财政收入	4220028	4736652	5265905	5724781	6138280	6784400
市地税部门收入	1573691	1775271	1938084	2173866	1952008	1781276
占比	37.29%	37.48%	36.80%	37.97%	31.80%	26.26%

业税收贡献率提高，纳入A类监控592户，全市重点税源企业累计缴纳地税收入70.93亿元，占同期同口径全市地税收入39.65%，增收1.14亿元，增长1.63%；按同口径统计，国有经济入库税款21.70亿元，增长12%，占整体税收12%；非国有经济入库税款156.09亿元，增长14%，占整体税收88%，其中非公经济入库税款51.13亿元，增长28%，占整体税收29%，增长3%。区域地税收入发展不平衡，各征收单位税收增速差距大。开发区地税收入快于城区、县域，三类区域税收增速分别为14.76%、14.36%、8.05%；税收增速排全市前五名的区县（开发区）：良庆区(36.27%)、南宁高新技术产业开发区(31.91%)、江南区(21.83%)、隆安县(20.18%)、邕宁区(16.91%)；各征收单位税收增速参差不齐，呈两位数增长的单位：良庆区地税局(34.40%)、南宁高新技术产业开发区地税局(31.13%)、江南区地税局(23.69%)、邕宁区地税局(20.62%)、隆安县地税局(20.18%)、直属第一分局(18.23%)、宾阳县地税局(12.78%)、青秀区地税局(11.13%)。

【税收征管】 2017年，市地税局推进“管户+管事”征管模式，在自治区率先开展征管试点。推进风险管理、数据治理、开发一户式数据管理平台、优化人力资源配置和机构设置，完成风险应对4172户，入库税款及滞纳金、罚款7.04亿元；分类梳理纳税服务、基础管理、风险管理、法制事务4类管理事项，形成岗责流程；研发应用南宁地税数据管理平台，对数据和征管流程实现常态化管控，明确事项管理工作量考核机制。与环保部门协作开展环境保护税开征前准备，接收排污企业和排污项目信息1570条，识别排污企业605户；加强资源税改革落地实施后税源管控，入库资源税8804万元，其中武鸣区地税局加强对石灰石等主要矿产资源税源监管，实现入库资源税3316万元，增幅5.50%。全年各部门提供涉税信息17.41万条，入库税款27.65亿元；与法院、公安经侦部门协作，2015年以来通过法院代扣代缴拍卖资产税收入库4.63亿元；联合国税部门办理设立登记7.62万户、变更登记24万户、注销登记3.12万户；国税部门代征城建税、教育费附加、地方教育附加1.12亿元；实现国税、地税增值税发票信息交换共享，以兴宁区为试点启动房地产业税收一体化管理，青秀区推进“以票管税”协同应用，追回欠税133.60万元；联合国税部门对千户集团企业开展风险应对，评估大企业11户；联合开展房地产开发经营行业纳税评估、股权转让税收风险管理等风险应对，核查评估纳税人17户，核增税款1.98亿元；建成国税、地税联合办税服务厅3个，设置国税窗口办税服务厅15个、联合办税服务窗口30个；联合建立“走出去”企业清册，召开国际税收政策座谈会；联合稽查部门确定209户联合稽查对象，查补税款5896.38万元。

【防风险促增收】 2017年，市地税局重点开展所得税风险排查、外出经营企业风险排查、票税数据异常风险比对、欠税风险排查、各行为税种风险排查及挖潜堵漏促收项目等清理，实现入库税款3.64亿元；推行纳税人分类分级管理，统计分析2016年纳税前3000户税收入库、税种结构、行业结构、行业税负等情况；加强楼宇税收风险管理，青秀区地税局摸清39座楼宇、2.64万户纳税人税情信息，实现入库税款3.29亿元；通过规范欠税公告、按季度约谈、国地税联合清欠等措施，清理欠税2.73亿元。通过纳税评估核补税款，直属第二分局20户评估企业确认补税3838.16万元。清理2014年以来开展涉税鉴证项目，签约鉴证项目132个，出具鉴证报告121个、纳税评估报告3个，核增税款5亿元，入库税款2.94亿元。

【依法治税】 2017年，市地税局推动法律顾问制度，法律顾问为市地税局重大决策、规范性文件制定、重大涉税案件等提供法律服务20次，参与合同审查10份，提供复议、诉讼意见2份；配合市政府做好“双公示”（依法公示行政许可项目、行政处罚等信用信息）平台建设，组织公示行政处罚424条；清理规范性文件，清理出继续有效的政府文件11份、不属于清理范围6份、已废止或拟废止50份，其中涉及“放管服”改革的拟废止1份；通过12366等媒介宣传国务院6项减税政策，对1500多名企业办税人员进行政策辅导，发放资料4000多册；代征销售不动产和个人出租不动产增值税1.08亿元，减免增值税13.12亿元；服务“双创”（大众创新、万众创业）、就业，推行“多证合一、证照联办”，办理新办经济实体业务7.60万户；减免个人住房交易契税及增值税18.24万人次、26.41亿元，享受契税优惠购房者套均减免税款1万多元，占所有购房者60%以上。减免高新技术企业税收0.68亿元；享受企业所得税减半征税优惠的小微企业由892户增至1019户，减免企业所得税0.32亿元；减免企业所得税1993户、2.69亿元；免（减）计收入、应纳税所得额企业223户、19.46亿元；为享受降低计税毛利率政策的房地产企业减计应纳税所得额160户次、16.64亿元，减少预缴企业所得税4.16亿元。

【纳税服务】 2017年，市地税局服务“一带一路”，为60户“走出去”企业提供服务措施。推出便民措施5类20项41条，开展自治区通办涉税业务4类21项，推行办税无纸化、免填单服务，设置自助办税服务终端107台，建成24小时自助办税服务点17个，纳税人自助打印完税凭证35.68万份，占全市总开具量36.58%；持续拓展12366热线、地税网站咨询服务功能，开发应用“12366税智星”自助答疑系统，实现24小时在线咨询，回复纳税人提问3.50万条；完成企业纳税信用等级评价6.36万户，与金融机构开展“税贷通”“银税互动”活动。通过“办税服务厅排队情况实时发布系统”发布办税指引，点击量突破10万次；通过预约为3.58万户次纳税人提速超80%；开通网上税务局的纳税人24.70万户，申报税款2868万笔，入库税款589.32亿元；推进实名办税，在“互联网+自助办税”系统办理房

2017年，市地税局推出“微办税”服务 市地税局提供

产交易实名缴税 16.70 万笔。

【税收宣传】 2017 年，市地税局、市国税局在南宁地铁 1 号线启动“绿城税务春风号”主题列车，在全市 6770 辆出租车顶屏、26 处公交候车亭、2 辆双层公交车开展税收改革宣传；开展税收宣传 125 次，举办纳税人培训班 109 期(次)、培训 2.28 万人次；开展“南宁民营企业共话税收”“税宣服务东盟行”“学税收知识赢 AR 红包”等活动，利用南宁地税微信公众号发布推文 152 期、点击 22 万人次、关注 3 万余人；在广西电台，南宁电台、南宁交通等 6 个公众号投放广告，阅读量近 3 万次；制作宣传展板 4 期，在电子显示屏播放 90 期，举办媒体通气会 2 场，到企业宣传 47 次，拜访各级人大代表、政协委员 22 人，在主流媒体刊发税收报道 340 余篇(条)。

【信息化建设】 2017 年，市地税局建立涉税数据资源库，采集涉税信息 20 多项、4 万多条；利用网络智能爬虫技术，获取 4 家主流网站(中国土地市场网、南宁公共资源交易中心网、南宁市住房保障网和房产管理局网、北部湾产权交易所集团网)和 12 家企业网站信息 706 万条；研发应用“南宁地税数据管理平台”，建立数据采集、审核、录入分级负责制，开发“病历本”和常用报表查询功能，实现纳税人信息一站式查询；制定数据质量审计规则 101 条，推送异常数据 84 万余条，补充完善数据 49 万余条；完善“互联网 + 自助办税”系统，设置契税申报、个人完税证打印等功能 14 项，办理增量房交易涉税业务 12.37 万户，入库税款 14.42 亿元，自动减免税款 11.60 亿元；开展“互联网 +”无纸化电子退税系统试点建设，纳税人可在网上申请退税，提升税款退付效率；开发应用税务法制标准化管理系统，规范 5 大类 64 项税收违法行为裁量权执行参考基准；运行“排队情况实时发布系统”，提供网上、掌上等预约，开发“互联网 + 移动办税”平台；打造手机“微办税”平台，开通个人增量房业务、涉税查询、纳税申报、手机缴税等功能 25 项；开发应用无纸化电子退税系统，开通刷卡机(POS)、网上银行、手机银行等缴税方式。(黄舒爽)

金 融

银行业

【概　况】 2017 年，南宁市驻市银行有央行分支机构 1 家(中国人民银行南宁中心支行)；政策性银行 3 家(国家开发银行、中国进出口银行、农业发展银行)；国有商业银行 5 家(工商银行、农业银行、中国银行、建设银行、交通银行)；股份制商业银行 8 家(光大银行、浦发银行、华夏银行、兴业银行、中信银行、招商银行、民生银行、广发银行)；城市商业银行 3 家(广西北部湾银行、柳州银行、桂林银行)；外资银行 4 家(星展银行、南洋银行、汇丰银行、东亚银行)；资产管理公司 4 家(华融资产管理股份有限公司、长城资产管理股份有限公司、东方资产管理股份有限公司、信达资产管理股份有限公司)；非银行机构 3 家(北部湾金融租赁有限公司、南方电网财务有限公司广西分公司、广西交通投资集团财务有限责任公司)；农村商业银行 2 家、农村信用社联社 7 家、村镇银行 8 家；邮政储蓄银行广西区分行 1 家，自治区农村信用联社 1 家。南宁辖区银行业金融机构营业网点 1204 个，从业人员 2.27 万人；银行业金融机构资产总额 17443.95 亿元，比上年增长 4.24%；存款余额 9492.18 亿元，增加 436.30 亿元，增长 4.82%；贷款余额 10880.58 亿元，增加 1027.27 亿元，增长 10.43%。(颜　峻)

【中国人民银行南宁中心支行】 2017 年，中国人民银行在南宁市设分支机构 7 个(南宁中心支行，武鸣、横县、宾阳县、上林县、马山县、隆安县支行)。至年末，南宁市金融机构本外币存款余额 9492.18 亿元，比年初增加 436.30 亿元，增长 4.82%，增速下降 2.88 个百分点；本外币贷款余额 10880.58 亿元，增加 1027.27 亿元，增长 10.43%，增速比年初下降 3.86 个百分点。南宁市开办跨境人民币业务银行 18 家、分支机构 64 个，办理人民币跨境结算企业 355 家，涉及国家和地区 47 个。年内，广西跨境人民币结算量 1248.85 亿元，其中南宁市跨境人民币结算量 170.28 亿元。9 月 13 日，人民币对柬埔寨瑞尔银行间市场区域交易启动仪式在第 9 届中国 - 东盟金融合作与发展领袖论坛上举行。南宁市试点地区农村承包土地经营权抵押贷款余额 5108 万元，增加 3738 万元，增长 272.85%；推进农村“两权”(农村承包土地经营权、农民住房财产权)抵押贷款试点，武鸣区农村信用合作联社、武鸣漓江村镇银行、广西北部湾银行东盟支行、农业银行武鸣支行 4 家金融机构参与土地经营权抵押贷款试点；推进农村金融服务进村示范点和助农取款服务点建设，升级为惠农支付服务点，南宁市建成助农取款服务点 1900 个，支付服务覆盖所有村委会，布放自动取款机(ATM)3251 台、POS 机 1.18 万台。协同市金融办、市发改委推进县域农户信用信息系统建设，开展“农村信用四级联创”“三农”(农业、农村、农民)金融服务室创建等，建立农户信用档案 71.33 万户，评定信用乡镇 43 个、信用村 555 个、信用农户 57.40 万户，创建“三农”金融服务室 899 个。10 月，建立“跨境反假货币工作(南宁)中心”，组团出访柬埔寨、越南等国家，推动中越边境地区反假货币合作。创建广西金融扶贫大数据管理平台，全市金融精准扶贫贷款余额 1221 亿元，年内新增 304 亿元，比上年同期增长 33.20%。联合自治区发改委、自治区工信委在南宁举办广西项目融资政策与金融产品推介会——自治区重大项目、“一带一路”项目、“四个一百”项目(百项新兴产业培育项目、百项传统产业改造项目、百项产品升级与工业强基项目、百项智能制造与智能工厂项目)、转型升级政银企对接活动等，现场签约金额

2017 年 9 月，“2017 年广西银行外汇和跨境人民币业务展业自律机制知识竞赛启动仪式”在交通银行广西区分行举行。图为银行代表上台抽签　　交通银行广西区分行提供

近1200亿元；搭建广西重点项目政银企信息平台，在广西金融信息交互平台开辟“融资项目库”栏目，发布项目名录和融资信息；组织实施宏观审慎评估(MPA)政策执行、传导、评估等，开展重点法人机构MPA调研座谈，开展MPA培训、调研。运用再贷款再贴现工具，向人民银行总行争取增加小型城市商业银行、农村商业银行、农村合作银行和村镇银行再贷款20亿元、再贴现限额20.26亿元，全市再贷款再贴现操作190次，增加金融机构和实体经济可用资金375亿元；开展国家开发银行广西区分行、农业发展银行广西区分行使用抵押补充贷款及法人金融机构使用的支小再贷款、支农再贷款现场核查。升级标准化全量逐笔统计系统，完成广西标准化存贷款全量统计监测系统二期开发，推进村镇银行标准化存贷款全量数据采集试点，建成广西地方政府性债务金融风险监测系统；与自治区金融办合作，引导小额贷款公司和融资性担保公司接入金融信用信息基础数据库，全市有16家机构接入数据库；加强辖区商业银行缴领款预约管理系统建设，掌握辖区商业银行库存现金规模、券别结构等信息，保证现金供应合理。推行本外币一体监管，实现外汇与跨境人民币统一管理，健全跨境人民币和外汇检查、核查联动机制，防范跨币种投机套利；搭建面向东盟的外币现钞跨境调运通道，推动中国银行总行在广西设立东盟货币现钞兑换中心，批复中国银行广西区分行、中国农业银行广西区分行、桂林银行总行等金融机构开展外币现钞跨境调运业务；推进实施全口径跨境融资宏观审慎管理政策，对企业和除27家银行类金融机构以外的其他金融机构跨境融资进行管理，对企业和金融机构进行全口径跨境融资统计监测，全市企业办理全口径跨境融资11笔，签约金额4.90亿美元，提款金额4.56亿美元；全市累计有5家企业(广西投资集团有限公司、广西交通投资集团财务有限责任公司、百洋产业投资集团股份有限公司、广西建工集团有限责任公司、广西北部湾国际港务集团有限公司)获跨国公司外汇资金集中运营试点资格；取消大额购付汇事前报备要求，将资本项目外汇管理重心调整为对境外直接投资关注类项目的真实性、合规性审核，贯彻落实“扩流入”政策措施。完善金融风险防范机制，建成银行业金融机构风险监测系统、银行卡收单业务监管平台并投入使用，实现征信查询监管系统全辖区覆盖，完成宏观市场风险压力评估系统、存款保险管理系统开发；推进存款保险基金积累，组织投保机构交纳保费1.55亿元，累计收取保费2.97亿元。开展“防范电信网络新型违法犯罪”主题宣传，协助打击防范电信网络违法犯罪，成功拦截转移电信诈骗资金1.02亿元；立案查处外汇违法案件30起，收缴罚没款1014.30万元，联合公安机关破获防城港市“2•28”、崇左市“8•30”地下钱庄案2起。（唐明知）

【中国工商银行股份有限公司南宁分行】 2017年，中国工商银行股份有限公司广西区分行营业部更名中国工商银行股份有限公司南宁分行，辖一级支行11家，经营性网点115个，员工2321人。至年末，全辖本外币存款余额1092.83亿元，比年初增加88.79亿元，其中储蓄存款余额449.51亿元、增加9亿元，对公存款余额607.79亿元、增加84.08亿元；贷款余额1004.10亿元，增长82.49亿元。开展个人金融业务专项活动，提高个人客户金融服务支持水平；加大对居民合理自住购房需求支持，增大个人按揭贷款投放量；推广个人房屋抵押综合消费贷款；强化线上线下业务联动，利用融e购、工银二维码支付等渠道搭建消费和社交场景，提升线上服务覆盖率。推进个人外汇业务“三年提升”工程，优化出国金融服务，实现19个币种(美元、港币、日元、欧元、英镑、澳大利亚元、加拿大元、瑞士法郎、新加坡元、新西兰元、菲律宾比索、韩元、马来西亚林吉特、台币、泰铢、澳门元、印度尼西亚卢比、越南盾、俄罗斯卢布)现钞兑换和取现。支持城市基础设施、城市公用事业、轨道交通、城市亮化工程、海绵城市建设、产业聚集区、新型城镇化和棚户区改造、民生工程等，关注加工业、电子信息产业、轨道交通装备等产业，支持商贸流通、医院、学校等建设，累计投放项目贷款265亿元；助力“一带一路”建设，外币贷款投放增长22%。完善资产质量管控机制，不良资产贷款余额和不良贷款率低，资产质量保持稳定水平。深化建设“最安全银行”，防范外部欺诈风险；开展内控合规“执行强化年”活动，抓好内部控制、风险管理、案件防范，全辖无内部案件、重大违规行为、重大责任事故。（尹湘竹）

【中国农业银行股份有限公司广西壮族自治区分行营业部】 2017年，中国农业银行股份有限公司广西壮族自治区分行营业部辖一级支行14个(城区8个、县域6个)，员工2407人；对外营业网点158个(城区107个、县域51个)。至年末，本外币贷款余额804.22亿元，比年初增加83亿元；本外币存款余额1079.59亿元，比年初增加65.86亿元。发放实体经济贷款277.10亿元，增加154.93亿元，增长210.36%。服务中国－东盟商品交易中心、中国－东盟信息港南宁核心基地、南宁综合保税区等园区项目建设；重点服务南宁高新技术产业开发区、南宁经济技术开发区、广西－东盟经济技术开发区等国家级、自治区级园区产业升级改造项目；服务“1+3”重点区域(三塘—五塘片区，五象新区、空港经济区、武鸣区)核心产业项目建设；服务基础设施、轨道交通、电力等项目建设。投放贷款19.81亿元，支持国际物流基地平花河上游段排水干渠工程、五象新区总部基地地下空间、五象新区地下综合管廊、南宁青秀山东盟文化中心、青秀山青环路停车场、新江至崇左扶绥一级公路(南宁段)、水塘江综合整治工程项目7个自治区级基础设施项目建设。重点服务“双高”糖料蔗基地建设，助力糖业“二次创业”；持续服务交通运输、电力、水利、生态环保、旅游、房地产等17个行业领域，实现投放项目24个、金额66亿元。做好武鸣区作为辖内首个开展农村承包土地经营权、农村集体经营型建设用地使用权、农民住房财产权“三权”抵押贷款试点，投放首笔农村承包土地经营权项目贷款；全辖惠农卡有效客户21.94万户，比年初增加3.56万户；推进惠农通工程提质增量，对系统中“0”交易存量机具进行“二次”营销；全市设置惠农通服务点961个，年交易量52.59万笔，每月点均交易46笔，惠农通工程交易总量、点均交易量均居自治区首位；拓展“e农管家”，梳理县域消费品和农资批发商、大中型连锁商业超市、农副产品收购加工企业等客户名单，投放“惠农e贷”农户贷款76笔、247万元；投放“百千万工程”扶贫龙头企业贷款4400万元，县域精准扶贫贷款2.92亿元，派出114名领导干部入村入户挂点帮扶，帮助建档立卡人数1.37万人。打造安全银行，34个营业机构被农业银行总行确认为“三铁”(铁账、铁款、铁规章)单位、98%以上单位达“良好”以上级别。南宁辖区网点成功堵截违法案件20起、金额13.12万元，协助公安机关抓获犯罪嫌疑人5人；成功堵截冒名开卡、电信诈骗等事件98起，受理公安机关追查涉案银行卡1768张、冻结银行卡591张，冻结金额6619万元；宾阳县黎塘支行成功处置歹徒持刀抢劫客户，受到农业银行总行、广西区分行表彰。南宁辖区发生异常信息科技风险事件7起，比上年下降90%。（曾 敬）

【中国银行股份有限公司广西壮族自治区分行】 2017年，中国银行广西区分行辖属机构网点240个，员工5537人。连续14年担任中国－东盟博览会主办银行。至年末，中国银行广西区分行本外币核心存款(不含同业存款和表内理财)余额1642.42亿元，比上年增加121.98亿元，增

2017年9月8日，中国银行广西区分行实现广西首笔7194万元泰铢现钞跨境调运

中国银行广西区分行提供

长8.02%；本外币贷款余额1340.14亿元，增加100.86亿元，增长8.14%。成立中国－东盟货币现钞调运中心，办理自治区首笔越南盾现钞、泰铢现钞跨境调运，实现东南亚主要国家货币现钞“点对点”“门对门”调入；推出中国银行全球智汇(BOC-GPI)国际汇款业务，将国际汇款到账速度至少2个工作日缩短至最快5分钟；9月13日，以报价行身份率先与广西北部湾银行完成全国银行间市场首笔人民币对瑞尔交易。中国银行广西区分行累计与15家越南商业银行建立直接跨境人民币边贸结算代理关系，发生跨境人民币业务往来的国家、地区58个，是广西跨境金融服务渠道最丰富的商业银行；在自治区内提供30种货币兑换服务，成为挂牌东盟国家货币兑换币种最多的国内银行；累计办理国际贸易结算97.66亿美元，比上年增加5.77亿美元，增长5.90%；组织召开广西外汇业务和跨境人民币业务展业自律机制会议5次。推广网点智能化改造，分3批次组织123个网点进驻智能柜台，实现全辖网点覆盖50%；9月30日，推出网络直播——网络金融“易商理财”专题节目；推进电子银行业务发展，手机银行交易客户54.10万户，增长74.83%，全辖个人网络金融业务规模11328.96亿元，公司网络金融交易规模3110.92亿元。投产智能POS微信、支付宝支付、静态码扫码支付产品；配合中国人民银行开展移动支付便民示范工程建设；中国银行广西区分行新增有效卡20.91万张，新增有效客户7.89万户；实现信用卡消费额230亿元，增长13%；实现信用卡分期交易量33亿元，增长31%；启动40家直营连锁酒店签约收银一体合作，保持高端酒店高市场份额。中国银行广西区分行被中国－东盟博览会指定为自治区成立60周年大庆献礼工程项目建设首选合作银行；6个网点获2017年中国银行业文明规范服务星级营业网点达标评估三星级以上评定，其中南宁市东葛支行被评为五星级网点。年内，组织参与环保公益活动22次，开展志愿者活动1270小时，在2017广西金融服务百姓口碑榜活动获“社会责任典范银行”“百姓满意手机银行”“年度服务明星”称号。（潘知营）

【中国建设银行股份有限公司广西壮族自治区分行】 2017年，中国建设银行广西区分行有机构网点372个，员工6971人，其中南宁辖区网点110个、员工2562人。上林县支行新开业。至年末，一般性存款日均余额2902.83亿元，日均新增293.09亿元，比上年增长11.23%，其中储蓄存款日均余额1270.49亿元、日均新增83.68亿元，对公存款日均余额1632.34亿元、新增209.41亿元。贷款余额2407亿元，新增255亿元，增长11.85%；中间业务收入24.60亿元。支持政府购买项目65个，贷款投放115亿元；个人贷款余额945亿元，新增159亿元；信用卡贷款余额128亿元；个人住房贷款余额874亿元，新增108亿元。资产管理与投资银行业务余额350亿元；新增对公结算账户2.59万户、小企业授信客户3815户、快贷客户18万户、龙支付用户90万户，净增信用卡客户16万户。处置不良资产19亿元；防范和堵截外部侵害风险事件81起；承销债券为地方政府融资304亿元，通过境内外、母子公司联动为客户融资73亿元。与自治区住建厅、自治区14个地市政府签订住房租赁战略合作协议，实现住房租赁“蓝海项目”全辖覆盖，建设住房租赁金融生态圈；上线全国首个非试点行企业租赁服务管理平台。引领信贷资源，支持南宁海绵城市基金、南宁市那考河水环境治理项目、南宁市沙江河综合治理项目、南宁市地下综合管廊PPP项目等。建行系统内首笔支持林业绿色产业发展私募基金——广西国有储备林基地产业私募投资基金完成募集与投资；创新推出“甜蜜通达”系列产品，重点支持制糖业“二次创业”；新增绿色信贷68.80亿元、涉农贷款61.90亿元、普惠金融贷款24.20亿元、精准扶贫贷款5.20亿元。打造党费云、专业市场结算平台、“交管12123”APP支付系统、善建益鑫、军建安鑫、民政E线通、社会救助人员账户查询系统等平台和产品；完成“新一代”系统上线，开发代发工资、龙支付营销等项目。新增“裕农通”服务点577个、智慧柜员机217台、手机银行活跃客户46万户、微信银行46万户；悦生活云服务项目921户，交易量41万笔；移动金融柜面替代率87%。成立广西分行创新工作室，完成产品创新100项，实现广西区内首单债务融资工具自动储架发行(DFI)项目，发行债券30亿元。办理全国建行系统及自治区内首笔特色小镇贷款、全国建行首笔资产重组类投资通业务、自治区内首笔合格境内机构投资者(QDⅡ)基金汇出金融服务、广西高速公路行业首笔融资租赁项目等。捐赠扶贫资金118万元。支持“一带一路”建设，获中国－东盟博览会“2017年度最佳跨境金融服务银行”奖；南宁轨道交通综合金融服务方案获2017年全国建行“移植创新奖”二等奖；获中国银行业协会授予2017年度文明规范服务五星级网点4个；获2016年度广西银行业“服务八桂综合贡献奖”“服务八桂‘小微’贡献奖”“服务八桂公益贡献奖”。

（刘轶菲）

【广西北部湾银行】 2017年，广西北部湾银行设一级分支机构19家(南宁辖区10家、辖区外9家)，持牌小微专营机构1家(小企业金融服务中心)，营业网点94个，社区、小微支行17家；自助设备542个，社区银亭101个，离行式自助银行60家(南宁辖区30家，辖区外30家)；在自治区内设立村镇银行3家，营业网点12个。投放资金1200多亿元支持地方经济社会发展，教育卫生类行业新增授信16.55亿元，投放小微企业贷款160.55亿元，服务小微企业客户6.30万户，拉动小微企业就业人员约15万人。发放金融社保卡16.33万张，网上银行客户68.70万户，手机银行客户47.38万户，电子银

行渠道替代率 91.05%。是广西唯一具备区域性跨境人民币业务平台中间代理行资格的城市商业银行，国际结算量 31.29 亿美元、外汇中间业务收入完成 1617 万元、结售汇交易量 10.86 亿美元。资产总额 1577.39 亿元，存款余额 1032.72 亿元，贷款余额 661.61 亿元；实现营业总收入 56.04 亿元，营业净收入 21.95 亿元；拨备后利润 10.16 亿元，实现净利润 7.94 亿元；缴纳税金 5.40 亿元；核心一级资本充足率 11.28%，资本充足率 11.92%。年内，在自治区设立并投放首支县域契约型城市发展基金、首支县域产业发展基金、首单旅游发展基金，推出首个县域债权融资计划、首笔类永续债，投行业务年度新投放 104 亿元；加大现金管理平台推广，参与预售房监管资金系统开发，推出城镇化贷款；银社直连系统、公积金系统、国土及房产等网上交易系统、法院"一案一账户"等系统上线；推出个人"住房 + 装修"组合贷款，推出车位贷；推出富桂存 - 安得利、月得利、先得利，获得信用卡资格，与广西交通一卡通股份有限公司联合推出桂民卡等产品；是自治区内首家开立柬埔寨瑞尔清算账户金融机构，完成全国首笔境外人民币对柬埔寨瑞尔清算交易、首笔区域银行间瑞尔交易；新开泰铢同业清算账户；自主研发跨境电子结算平台，实现银行通过口岸结算中心面向边民提供自动实时跨境人民币结算，在业内首创摆脱货币对存的跨境人民币互市结算模式，成为中国东盟信息港认可的唯一能够实现与其跨境贸易结算平台对接进行互市结算的银行；与新网银行联合推出联合贷款，实现业务流程全线上化；加快发展"订单微贷""商标质押微贷"等产品；与市人社局等联合推出"创业微贷"，首次实现小微贷款"三个不低于"（全行小微企业贷款余额高于全行各项贷款平均增速、小微企业贷款高于上年同期水平、全行小微企业贷款申贷获得率高于上年同期水平）；推出"极速贷"线上业务，实现 20 万以下的微贷在线申请在线审批当天放款；接入苏宁易付商城、互联网代驾服务及加油卡充值等服务；出台特殊批量微贷、联保互保拆解等风险处置政策和完善减免表外欠息管理办法，分支机构积极清收处置高风险资产，推动特殊批量微贷的化解。被金融时报社等单位评选为中国地方金融"十佳城市商业银行"，获广西银行业协会授予"年度服务八桂综合贡献奖""年度服务八桂公益贡献奖"。（卢宣蓉）

【南宁市区农村信用合作联社】2017 年，南宁市区农村信用合作联社隶属广西壮族自治区农村信用社联合社，有营业网点 64 个、自助服务区（点）135 个，在岗员工 698 人。资产总额 440.66 亿元，比上年增加 27.40 亿元，增长 6.63%；负债总额 399.85 亿元，增加 24.69 亿元，增长 6.58%；净资产 40.81 亿元，增加 2.71 亿元，增长 7.11%；各项存款余额 389.79 亿元，增加 25.18 亿元，增长 6.91%；各项贷款余额 300.26 亿元，增加 25.78 亿元，增长 9.39%；财务总收入 16.64 亿元，增加 0.46 亿元，增长 2.86%；经营利润 7.11 亿元，增加 1.03 亿元，增长 17%。各项存贷款余额、盈利水平及纳税额连续 12 年居自治区农村合作金融机构首位，综合实力居南宁辖区金融机构前列。年内，涉农贷款余额 165.79 亿元，增加 14.86 亿元，增长 9.85%，年内累计发放 98.97 亿元、累计收回 84.11 亿元；涉农贷款余额占贷款余额 55.22%。拓展糖业、林业等涉农龙头企业业务，糖业贷款投放金额 53.62 亿元，林业贷款投放金额 20.32 亿元；新创建信用村 15 个，累计 37 个；评定信用户 20.89 万户，增加 12.36 万户；小微企业贷款余额 152.87 亿元，累计发放 59 亿元，占贷款发放总额 36.40%，其中通过延长期限、追加额度、优惠利率等政策措施，为符合条件的小微企业办理续贷业务 89 笔、6.94 亿元；个人贷款余额 49.12 亿元，增加 15.88 亿元，增长 47.79%，累计发放 22.30 亿元，累计收回 6.42 亿元，其中个人住房按揭贷款余额 13.92 亿元，增加 8.93 亿元，占个人类贷款增量 56.23%。桂盛·借记卡发卡量 172.12 万张，增加 17.22 万张，其中桂盛·南宁市民卡（具备刷卡乘坐公交、直接过闸搭乘地铁等功能）发卡量 115.08 万张、增加 17.11 万张，桂盛·信用卡发卡量 3.09 万张、增加 2.91 万张；信用卡授信总额 13.42 亿元，增加 12.40 亿元。开办首批大额存单业务，发行大额存单 5 期，金额 5.40 亿元。继续实行柜面卡（折）自治区内通存通兑免收手续费，桂盛卡 ATM 全球取款免费，手机银行交易免费，网上银行行内转账、跨行快汇免费，全国农信银行卡在桂盛通上存取款、转账免费，电话银行交易免费等"优惠六重礼"活动，减免客户手续费 905 万元。开展金融精准扶贫，扶贫小额信贷余额 1195 笔 5211 万元，占贫困户授信总额 57.41%。获中国银行业协会评定四星级网点、三星级网点各 1 个。（廖英奇）

保 险

【概 况】2017 年，南宁市有法人保险公司 1 家，筹建法人机构 1 家，自治区级保险分公司 40 家，其中驻市财产保险公司 36 家、人寿保险公司 23 家。保险公司地市级分公司和中心支公司 18 家，支公司及营业部 118 家，营销服务部 189 家；保险代理公司法人机构 19 家、分支机构 76 家，保险经纪公司分支机构 29 家，保险公估公司法人机构 1 家、分支机构 8 家。保险业为南宁市提供风险保障 13.40 万亿元。全市保险公司实现原保险保费收入 184.49 亿元，比上年增长 24.81%，占自治区总保费 32.65%，市场份额增长 1.14 个百分点，居自治区首位。其中，财产险公司保费收入 74.45 亿元，增长 18.68%；人身险公司保费收入 110.04 亿元，增长 29.33%。南宁保险业支付赔款、给付保险金 57.44 亿元，增长 6.54%。其中，财产险公司支付赔款、给付保险金 33.63 亿元，增长 7.19%；人身险公司给付保险金 23.81 亿元，增长 5.64%。

【保险监管】2017 年，中国保险监督管理委员会广西监管局发挥出口信用保险保障作用，出口信用保险支付保险赔款 524.90 万美元，协助企业融资约 13.70 亿美元，提供外贸风险保障 41.40 亿美元，对一般贸易渗透率 22.80%。中国保险监督管理委员会、自治区政府在南宁联合举办第三届中国 - 东盟保险合作与发展论坛。各保险公司通过债券、股票等在广西新增投资超 400 亿元，涉及电力、交通等基础设施建设领域，其中约 40 亿元落地南宁。南宁市农业保险保费收入 1.94 亿元，比上年增长 20.51%，为全市 59 万户次农户提供农业生产风险保障 131 亿元，参保农户、保障金额分别增长 48%、27%；农业保险累计赔付支出 8273 万元，受益农户 8.90 万户次、增长 16%。全市中央补贴险种覆盖水稻、甘蔗、森林、能繁母猪、育肥猪、奶牛等农作物及畜产品，其中水稻承保数量增长 48%、甘蔗承保数量增长 38%、能繁母猪承保数量增长 55%、育肥猪承保数量增长 39%；新增澳洲淡水龙虾、水稻制种等险种，深化糖料蔗价格指数保险创新试点；全市地方特色险种有肉牛养殖、柑橘种植、香蕉种植、火龙果种植等近 10 种，满足发展地方特色产业风险保障需求。全市政策性小额贷款保证保险累计支持 7 家次小微企业获融资 438 万元，为 6 家科技企业财产及高管人员、关键研发人员人身健康提供保险保障 61.70 亿元。

【保险行业监管】2017 年，广西保监局按照保监会"1+4"系列文件（《中国保监会关于进一步加强保险监管维护保险业稳定健康发展的通知》《中国保监会关于

2017年驻南宁市保险公司名录

财产保险公司(36家)

北部湾财产保险股份有限公司　中国人民财产保险股份有限公司广西分公司　中国太平洋财产保险股份有限公司广西分公司　中国平安财产保险股份有限公司广西分公司　华安财产保险股份有限公司广西分公司　天安保险股份有限公司广西分公司　中国大地财产保险股份有限公司广西分公司　安邦财产保险股份有限公司广西分公司　都邦财产保险股份有限公司广西分公司　阳光财险保险股份有限公司广西分公司　渤海财产保险股份有限公司广西分公司　太平财产保险有限公司广西分公司　永诚财产保险股份有限公司广西分公司　华泰财产保险股份有限公司广西分公司　鼎和财产保险股份有限公司广西分公司　天平汽车保险股份有限公司广西分公司　中国人寿财产保险股份有限公司广西分公司　中银保险有限公司广西分公司　紫金财产保险股份有限公司广西分公司　北部湾财产保险股份有限公司广西分公司　中华联合财产保险股份有限公司广西分公司　华农财产保险股份有限公司广西分公司　永安财产保险股份有限公司广西分公司　中国出口信用保险公司南宁营业管理部　中国人民财产保险股份有限公司南宁市分公司　中国太平洋财产保险股份有限公司南宁中心支公司　中国平安财产保险股份有限公司南宁中心支公司　中国大地财产保险股份有限公司南宁中心支公司　天安财产保险股份有限公司南宁中心支公司　太平财产保险有限公司南宁中心支公司　永诚财产保险股份有限公司南宁中心支公司　阳光财产保险股份有限公司南宁中心支公司　鼎和财产保险股份有限公司南宁中心支公司　安邦财产保险股份有限公司南宁中心支公司　中国人寿财产保险股份有限公司南宁市中心支公司　渤海财产保险股份有限公司南宁中心支公司

人寿保险公司(23家)

中国人寿保险股份有限公司广西分公司　中国太平洋人寿保险股份有限公司广西分公司　中国平安人寿保险股份有限公司广西分公司　新华人寿保险股份有限公司广西分公司　泰康人寿保险有限责任公司广西分公司　平安养老保险股份有限公司广西分公司　太平人寿保险有限公司广西分公司　中国人民人寿保险股份有限公司广西分公司　信诚人寿保险有限公司广西分公司　民生人寿保险股份有限公司广西分公司　合众人寿保险股份有限公司广西分公司　生命人寿保险股份有限公司广西分公司　阳光人寿保险股份有限公司广西分公司　泰康养老保险股份有限公司广西分公司　太平养老保险股份有限公司广西分公司　农银人寿保险股份有限公司广西分公司　工银安盛人寿保险股份有限公司广西分公司　中国人寿保险股份有限公司南宁分公司　中国人民人寿保险股份有限公司南宁分公司　中国太平洋人寿保险股份有限公司南宁中心支公司　新华人寿保险股份有限公司南宁中心支公司　太平人寿保险有限公司南宁中心支公司　富德生命人寿保险股份有限公司南宁中心支公司

进一步加强保险业风险防控工作的通知》《中国保监会关于强化保险监管打击违法违规行为整治市场乱象的通知》《中国保监会关于弥补监管短板构建严密有效监管体系的通知》《中国保监会关于保险业支持实体经济发展的指导意见》)要求，坚持“防风险、治乱象、补短板、服务实体经济”，治理市场乱象。现场检查保险机构87家次，对保险分支机构13家、保险中介机构1家、责任人26人进行行政处罚，罚款金额282万元，罚款机构数、责任人数、金额比上年分别增长40%、116%、168%。

【保险业风险防控】 2017年，广西保监局以流动性风险，从业人员参与传销、非法集资、非法借贷等风险，底数不清风险，新型业务风险，案件风险，舆情和声誉风险为重点，加强风险监测与警示宣教，成立风险防控工作委员会，印发《广西保监局关于加强广西保险业风险防控工作的通知》，在全行业构建起职责明确的风险防控格局；及时处置“善心汇”“纵生国际”等涉嫌传销风险案件，联合公安机关侦破广西首起大病保险欺诈案件。

（何腾华）

证　券

【概　况】 2017年，南宁市有证券分公司25家，比上年增加7家，证券营业部71个，增加3个，基金管理公司1家；在县份设立证券经营机构网点2个，与上年持平；全市证券经营机构代理证券交易总额15990.36亿元，比上年同期增长9.55%；从业人员2705人。有期货分公司2家，期货营业部20家；全市期货经营机构实现营业收入4303.07万元，减少13.09%；从业人员163人。有A股上市公司13家，实现营业收入288.02亿元，增长3.51%；从业人员26550人。

【证券经营】 2017年，南宁市有基金管理公司1家(国海富兰克林基金管理有限公司)，证券分公司25家(招商证券股份有限公司广西分公司、大通证券股份有限公司广西分公司、海通证券股份有限公司广西分公司、国泰君安证券股份有限公司广西分公司、申万宏源证券有限公司广西分公司、中国银河证券股份有限公司广西分公司、国信证券股份有限公司广西分公司、太平洋证券股份有限公司广西分公司、国开证券有限责任公司广西分公司、世纪证券有限责任公司广西分公司、东北证券股份有限公司广西分公司、兴业证券股份有限公司广西分公司、安信证券股份有限公司广西分公司、平安证券股份有限公司广西分公司、九州证券股份有限公司广西分公司、中泰证券股份有限公司广西分公司、广州证券广西分公司、西部证券股份有限公司广西分公司、天风证券股份有限公司广西分公司、长江证券股份有限公司广西分公司、中信证券股份有限公司广西分公司、华福证券有限责任公司广西分公司、联讯证券股份有限公司广西分公司、西南证券股份有限公司广西分公司、方正证券股份有限公司南宁分公司)，证券营业部71个，投资者开户180.18万户，比上年增长47.25%，托管证券市值1264.05亿元，增长11.32%。全市证券经营机构代理证券交易总额15990.36亿元，增长9.55%，其中A股交易10017.48亿元，B股交易3.47亿元，基金交易2440.81亿元，债券交易14.16亿元，债券融资回购59.75亿元，债券融券回购3439.79亿元，其他证券交易14.90亿元。南宁市基金管理公司管理基金产品31只，其中股票型基金5只，混合型基金14只，债券型基金7只，货币市场基金2只，QDII基金(在一国境内设立，经该国有关部门批准从事境外证券市场的股票、债券等有价证券业务的证券投资基金)3只，基金总份额264.86亿份，基金资产净值291.59亿元；基金管理公司总资产8.02亿元，增长14.74%；净利润0.94亿元，与上年持平。

2017年南宁上市公司情况表

表8

公司名称	总股本（股）	总市值（元）	总资产（元）	净资产（元）	营业收入（元）	净利润（元）	每股收益（元）	净资产收益率(%)
阳光新业地产股份有限公司	74991.33	470945.56	721534.30	367914.60	53442.00	19018.80	0.20	5.23
南宁糖业股份有限公司	32408.09	303339.76	737537.73	140829.85	290642.09	−19758.19	−0.60	−12.88
皇氏集团股份有限公司	83764.00	546141.30	561495.66	294100.28	236675.39	7109.82	0.07	2.07
南宁八菱科技股份有限公司	28333.12	631545.15	257473.91	213640.15	77461.37	13504.29	0.48	6.42
百洋产业投资集团股份有限公司	23253.57	429725.98	358067.70	230124.97	239412.88	12507.11	0.61	7.02
广西博世科环保科技股份有限公司	35606.89	607809.64	392137.21	129416.20	146854.58	14493.41	0.41	13.60
广西桂冠电力股份有限公司	606336.75	3486436.34	4127700.59	1681545.95	877510.08	280515.69	0.41	17.89
南宁化工股份有限公司	23514.81	185767.03	75540.86	18327.54	21415.63	−6819.90	−0.14	−12.85
广西五洲交通股份有限公司	83380.15	437745.80	1069315.42	325270.82	179217.72	35613.08	0.44	11.74
南宁百货大楼股份有限公司	54465.54	427009.80	223780.21	106362.30	232100.91	177.08	0.003	0.17
广西广播电视信息网络股份有限公司	167102.62	1146324.00	738149.13	365475.64	270889.26	20156.58	0.12	5.68
广西绿城水务股份有限公司	73581.09	668116.30	813093.63	306849.68	124395.76	34905.12	0.47	11.90
广西丰林木业集团股份有限公司	95818.40	463761.06	231524.87	190175.79	130169.00	12053.02	0.13	6.58

【期货经营】 2017年，南宁市有2家期货分公司（国海良时期货有限公司广西分公司、华信期货股份有限公司华南分公司），20家期货营业部，比上年减少1家。代理期货交易量2948.05万手，减少39.14%；代理期货累计成交额15436.15亿元，减少26.96%；投资者开户数3.26万户，增长6.89%；实现营业收入4303.07万元，减少13.09%，利润−1471.28万元，减少686.06万元。

【上市公司】 2017年，南宁市有A股上市公司13家，与上年持平，分别为广西绿城水务股份有限公司、南宁八菱科技股份有限公司、百洋产业投资集团股份有限公司、南宁百货大楼股份有限公司、广西五洲交通股份有限公司、南宁糖业股份有限公司、广西桂冠电力股份有限公司、广西丰林木业集团股份有限公司、南宁化工股份有限公司、广西博世科环保科技股份有限公司、皇氏集团股份有限公司、阳光新业地产股份有限公司、广西广播电视信息网络股份有限公司。上市公司实现营业收入288.02亿元，利润42.35亿元，平均每股收益0.31元，平均净资产收益率9.69%；年末总股本138.26亿股，增长5.81%，总市值980.47亿元，减少23.77%，总资产1030.74亿元，增长4.41%，总股本、总市值、总资产三项指标分别占广西全部36家上市公司36.84%、32.05%、30.88%。

（陈慧娴）

经济管理与监督

宏观经济管理

【概 况】 2017年，南宁市发展和改革委员会设办公室、发展规划科、新型城镇化科、国民经济综合科、经济体制改革科（医药卫生体制改革科）、政策法制科、固定资产投资科、重大项目建设科、城市基础设施科、农村经济科、发展研究室（工业经济科）、就业和服务业科、经济贸易科、社会发展科、财政金融科、交通科、能源工作办公室、资源节约和环境保护科（应对气候变化科）、高技术产业科（南宁国家高技术生物产业基地建设工作领导小组办公室）、地区经济和西部开发科（市西部大开发领导小组办公室）、利用外资和境外投资科、数字化发展科、公共信息资源科、信息安全和网络管理科、北部湾及区域合作科、北部湾与东盟开放合作科、市信用体系建设办公室、经济与国防协调发展科（国民经济动员办公室）、价格综合科、商品价格管理科、收费管理科、医药价格管理科、粮食调控科、粮食监督检查科、粮食流通与科技发展科、人事科36个科室及机关党委，编制157名，在编139人。二层单位有南宁市价格监督检查分局，行政机关，副处级，编制34名，在编34人；南宁市价格成本调查监审分局，行政机关，正科级，编制5名，在编5人；市经济信息中心（南宁市信用信息中心），事业单位，副处级，编制27名，在职23人；市信息网络管理中心（南宁大数据统筹管理中心），参照公务员法管理事业单位，副处级，编制39名，在编33人；市固定资产投资项目前期服务中心，事业单位，正科级，编制12名，在职11人；市价格认证中心，参照公务员法管理事业单位，编制12名，在编8人；市价格监测中心，参照公务员法管理事业单位，正科级，编制9名，在编9人；市军粮供应管理中心，参照公务员法管理事业单位，正科级，编制10名，在编9人；市粮食流通监督检查支队，参照公务员法管理事业单位，正科级，编制10名，在编10人；市粮油质量监督检验中心，参照公务员法管理事业单位，正科级，编制10名，在编10人；市工程咨询规划事务所，自收自支事业单位，编制20名，在编11人。全市完成地区生产总值4118.83亿元，增长8%；财政收入687.98亿元，增长11.95%；固定资产投资4307.95亿元，增长12.60%；规模以上工业增加值1159.08亿元，增长9.90%；社会消费品零售总额2204.16亿元，增长11.30%；进出口总值607.09亿元，增长48.80%；全口径实际利用外资9.58亿美元，增长24.35%；价格总水平基本稳定，居民消费价格总水平（CPI）上涨2.30%，低于预期调控目标0.70个百分点。

【经济调节与监测预测】 2017年，南宁市落实中央、自治区稳增长政策措施，将地区生产总值、固定资产投资等7项主要经济指标分解至区县(开发区)及有关单位,通过“红黑榜”通报、实地督查,狠抓“开门红”“双过半”“保全年”等重要任务完成。加强经济运行监测与分析,研究《南宁市供给侧结构性改革实施意见》及实施方案。出台一批促经济社会发展的重要规划政策,印发《南宁市人口发展“十三五”规划》《南宁市“十三五”新型城镇化规划(2016—2020)》《南宁市物流业发展规划(2017—2020)》《南宁市能源发展“十三五”规划(2016—2020)》《南宁市现代服务业集聚区发展规划(2016—2020)》《南宁市落实广西构建面向东盟国际大通道实施方案》等重要规划方案,加快《南宁市健康产业三年专项行动实施方案(2017—2019)》等新政策制定。市发展改革委开展《提高南宁市固定资产投资有效性路径研究》《南宁市拓宽政府投资项目融资渠道的对策研究》等课题研究22个,形成《关于南宁市县域经济发展的调研报告》《南宁市服务业发展调查报告》等一批重点调研成果,为市委、市政府决策提供参考。

【计划编制】 2017年2月,市发展改革委编制完成《南宁市2016年经济社会发展计划执行情况与2017年计划草案报告》,经市十四届人大二次会议审议通过;开展经济社会发展情况调研,完成南宁市2017年上半年国民经济和社会发展计划执行情况及对策建议。 (卢 珊)

【专项投资计划】 2017年,市发展改革委安排城建项目586个,计划投资476.72亿元,完成投资461.08亿元。其中,南宁教育园区基础设施项目专项38个(新建项目11个、续建项目13个、前期工作项目14个),地下综合管廊建设项目专项52个(新建项目16个、续建项目6个、前期工作项目30个),市政设施维修改造工程项目专项79个(新建项目56个、续建项目7个、前期工作项目16个),完工结算专项资金1项。编制下达市本级财政预算内资金教育基本建设投资计划,市级筹措资金10.45亿元(市级财政资金8.90亿元),安排项目207个(幼儿园项目20个、小学项目51个、初级中学项目37个、九年制学校项目10个、完全中学项目23个、高级中学项目44个、职校项目18个、南宁市体育运动学校项目1个、南宁市中小学综合实践中心项目1个、南宁市未成年人励志学校项目1个、广西南宁阳光特殊教育学校1个)。下达农口中央预算内投资计划项目8批141个,投资3.15亿元(中央预算内投资1.94亿元、自治区配套5751万元、市本级配套4262.08万元、区县配套1143.83万元、业主自筹1004.32万元);下达市本级财政农口建设项目、农田水利建设项目、冬修水利建设项目5批1111个,下达投资7.57亿元(市本级财政资金5.37亿元、区县配套1.03亿元、业主自筹1.17亿元)。下达2017年南宁市节能减排财政政策综合示范市专项资金项目计划(第二期),安排示范项目103项,年度计划投资170.96亿元。

(宋学梅 赵良刚 林良文 许 俊)

【专项规划】 2017年,市发展改革委编制完成《南宁市“十三五”新型城镇化规划(2016—2020)》,并于1月6日,经市第十四届政府第5次常务会议审议通过。市发展改革委印发《南宁市2017年推进新型城镇化重点工作方案》,分解落实工作责任、任务,跟踪督促,推进新型城镇化重点工作。 (陈明海)

【重点项目管理】 2017年,南宁市投资规模1亿元以上的自治区层面、市级层面统筹推进重大项目481个,总投资5858.21亿元,年度计划投资786.31亿元,完成投资984.75亿元,完成年度任务125.24%。其中,新开工项目124个,年度计划投资149.55亿元,完成投资175.88亿元,完成年度任务117.61%;续建项目218个,年度计划投资535.03亿元,完成投资683.27亿元,完成年度任务127.71%;竣工投产项目59个,年度计划投资101.73亿元,完成投资119.93亿元,完成年度任务117.88%;前期项目80个,提前开工3个,完成投资5.67亿元。 (阮 珊)

【资金筹措】 2017年,南宁轨道交通集团有限责任公司获国家发展改革委批准同意发行不超过20亿元可续期公司债券,满足轨道项目建设周期长、资金投入大的需求。南宁城市发展基金完成海绵城市建设、轨道交通建设、五象新区建设、市政基础设施建设4个投资领域6只子基金落地,募集资金规模58.88亿元。南宁产业发展基金完成对华盛新材料、明匠智能制造产业等子基金的设立运作,撬动金融机构、社会资本投资17亿元。 (韦 欢)

统 计

【概 况】 2017年,南宁市统计局设办公室、人事科、政策法规科、国民经济综合统计科、国民经济核算科、工业统计科、固定资产投资统计科、贸易外经统计科、农村统计科、人口就业社会科技统计科、城市社会经济调查统计科、服务业调查统计科、能源与资源环境评价统计科13个科室,编制41名,在编38人。二层事业单位有市统计局数据管理中心(编制18名,在编17人)、市统计局普查中心(编制11名,在编10人)。市统计局完成全市主要经济指标统计、上报、监测任务,连续7年获自治区统计工作综合评比一等奖。

【统计改革】 2017年4月起,南宁市统计基本单位名录库维护更新“按季维护”变为“按月维护”。市统计局利用“六证合一”部门共享信息及时更新名录库,利用专业统计调查结果核实更新名录库,完成2016年年度、2017年定报名录库数据审核,新增统计名录单位1.70万家,变更单位5.50万家,注销单位0.40万家。落实新修订的季度地区生产总值(GDP)核算方案,通过每季度全局数据质量评估、国民经济核算部门联席会分析等,提高数据与部门数据协调性和匹配性。统筹协调工商、税务、质监、住房、工业和信息化、城乡建设、商务、旅游发展等部门,完善达标企业基本名录信息资料,确保符合条件的企业及时入库统计;加强规模以下服务业企业动态监测,将符合要求的规模以下企业转为规模以上企业;发挥服务业部门联席会议制度作用,完善营利性服务业统计。开展投资统计改革摸底调研,随机抽取500万元~5000万元项目235个,召开座谈会、调查问卷、实地查验等方式进行摸底调研,形成调研报告上报市政府;组织召开全市固定资产投资统计改革工作会,部署全市投资统计改革,试填试报11月、12月投资改革报表,报送率100%。

【统计调查】 2017年,市统计局完成农业、工业、建筑业、批发和零售业、住宿和餐饮业、房地产业、服务业等行业,以及投资、人口、劳动、科技(部分)、能源、城镇化、就业失业等领域常规统计调查13项,统计数据质量良好。跟进自治区“三新”(新产业、新业态、新商业模式)统计工作部署,与发展改革、投资促进、工业和信息化、商务、工商、税务等部门及开发区、工业园区进行沟通衔接,全面调查掌握“三新”企业注册、落地及生产运行情况。继续实施“三新”重点领域专项调查,调查城市商业综合体、电子商务、高技术产业等。开展2017年南宁市投入产出调查试点(正在实施)。完成第14届中国－东盟博览会南宁市承担的统计调查任务。开展第四次全国经济普查前期准备,成立南宁市第四次全国经济普查筹备领导小组及办公室,参加自治区统计局组织的试点会议。召开全市国民经济核算部门联席会议暨季度经济运行分析会4次，准确把握经济形势及走势，发现苗头性、倾向性问题，提出相应对策；做好月度主要经济指标监测分析，每月编辑1期《南宁经济动态月报》《南宁工业动态月报》《南宁投资动态月报》《广西区辖各市信息交流月报》、月度统计快报，报送市领导及有关部门；会同市社会科学院完成《南宁市农业供给侧结构性改革对策研究》课题研究，分析农业供给侧结构性改革的存在问题，提出对策建议；完成2014—2016年度全市非公有制经济增加值核算的试算并开展非公有制经济增加值核算方法研究。实施2016年度全面建成小康社会统计监测并加强基础数据审核、评估，撰写核心指标完成进度、短板指标差距及影响因素等专题分析。

【统计管理】 2017年，市统计局推行行政执法公示制度，在市统计局政务网平台依法公示权责清单、行政执法材料等。通过“统计开放日平台”走进南宁人民广播电台“行风热线”直播间，开展统计法律法规宣传，解答市民提出的问题100多个。组织开展企业统计数据自查，参加企业3924家，形成自查报告3339份，占85.10%。组成检查小组2个，抽查上林县、宾阳县和江南区工业企业18家，建筑业企业6家、批发零售及住宿餐饮企业9家、房地产企业3家、服务业企业9家，5000万元及以上投资项目13个，500万元～5000万元以下投资项目22个。开展双随机统计检查，按照《广西壮族自治区统计局贯彻执行国家统计局〈统计部门推广随机抽查实施方案〉的工作意见》要求，随机抽取统计执法人员10人，随机抽取乡镇4个，企业16家，未发现问题。修订完善部门统计工作考评办法，强化对部门统计的监督管理，审批市旅游局《2017年中国－东盟博览会暨南宁国际民歌艺术节节庆旅游抽样调查》《南宁市过夜游客抽样调查工作》《2017年壮族“三月三”、清明节旅游抽样调查表及调查问卷》项目、南宁市少数民族语言文字工作委员会《南宁市壮语文推行使用情况调查》项目，依法加强项目管理。召开数据评估会4次，对涉及市、区县的重大统计数据进行集中评审。开展统计执法案卷评查活动，逐一评查2016年度统计违法所有案卷62个，参照国家统计局和自治区统计局统计执法案卷评分标准进行评分。

【统计服务】 2017年，市统计局开通市统计局微信公众号，发布统计数据、经济信息等信息；开展季度统计新闻发布4次，向社会公布经济社会统计信息；完善市统计局门户网站，公开统计信息1000多条。出版《2017年南宁统计年鉴》精装版和简版、《南宁市情手册》《南宁市国民经济和社会发展统计公报》《奋进新南宁　迈入新时代》等资料书、公报和宣传产品2500册。建立包括经济发展与结构优化、社会发展与民生改善、生态保护建设与可持续发展、精准扶贫与精准脱贫四个方面工作的考评指标体系，会同市科学发展先进乡镇评比领导小组各成员单位完成2016年度南宁市“科学发展先进乡镇和科学发展进步乡镇”考评。配合市绩效办做好绩效考核的指标设定、数据采集、测算评估等。为有关部门、企业项目论证、编制规划、招商引资和达标考核等提供统计信息资料，答复社会各界公开数据咨询1000多次，为全市重要报告、会议提供及核对数据1万多笔。编印统计分析、信息等189篇，被市委办公厅、市政府办公厅采用67篇，被自治区统计网采用114篇。

【统计培训】 2017年，市统计局组织统计业务骨干20人参加国家统计局和自治区统计局的专题业务培训。轮训基层统计人员，重点培训业务把握能力和报表审核能力，举办统计业务培训班76期，培训3989人。开展统计法律法规培训3期，侧重进行统计法律法规、统计规章专项讲解，培训区县统计局执法人员600多人次。组织统计业务人员45人参加国家统计执法资格考试，合格率49%（市统计局合格率90%）。

（赵　旭）

审　计

【概　况】 2017年，南宁市审计局撤销外资运用审计科，职能划转行政事业与外资运用审计科，增设电子数据科，行政事业审计科更名行政事业与外资运用审计科；设办公室、人事科、法规科、机关党总支、行政事业与外资运用审计科、电子数据科、财政金融审计科、社会保障审计科、企业审计科、农业与资源环保审计科、固定资产投资审计科、经济责任审计办公室11个科室，编制66名（行政60名、工勤6名），在编63人（行政57人、工勤6人）。二层事业单位有市公共投资审计中心，参照公务员法管理事业单位，副处级，编制42名，在编34人。区县审计机构（开发区无独立设置的审计部门）12个，编制196名，在编172人。市审计系统整合审计资源，公布权责清单，编制《南宁市审计局市县乡三级行政权力事项实施清单标准》，推进审计信息化建设、审计监督全覆盖和审计整改落实；完成审计项目359项，查出违规金额18.10亿元，管理不规范金额305.93亿元，提出审计建议692条，向相关部门移送审计线索11件；向市委、市政府及上级审计部门报送重要审计信息30篇，获批示11篇。市审计局获2016年度全区审计机关计算机审计成果演示会三等奖、2016年度广西审计机关信息化建设考核二等奖。

【区县审计】 2017年，南宁市区县审计机关完成审计项目204项（预算执行情况审计40项，专项资金审计44项，领导干部经济责任审计46项，政府投资工程审计34项），查出问题金额1.48亿元，应上缴财政1.53亿元，核减工程投资金额7.48亿元，移送处理事项1件。

【财政审计】 2017年，市、区县审计机关全面审计财政资金分配、预算执行管理和决算草案编制，审计本级预算执行和部门预算执行项目49项，查出违规金额3.38亿元，管理不规范金额36.93亿元；其中市本级项目13项，查出违规金额2.84亿元，管理不规范金额25.60亿元。

【行政事业单位审计】 2017年，市审计机关结合财政财务收支审计和领导干部经济责任审计项目，审计行政事业单位38个，查出问题金额156.38亿元，发现虚列开支、扩大开支范围、改变资金用途等问题。审计机关督促责任单位整改，整改完成100%。

【重大项目跟踪审计】 2017年，市审计局重点审计保障性安居工程投资、建设、分配、运营，政府债务资金，扶贫资金分配等9个方面政策措施落实情况，涉及区县12个、部门单位22个，发现问题涉及金额42.22亿元，违规金额609.88万元，管理不规范金额42.16亿元。

【固定资产投资审计】 2017年，市审计局将市公共投资审计中心的审计项目纳入全市审计计划，建立政府投资审计信息模块和信息数据库。以重大建设工程和重要民生项目为重点，综合运用预算执行情况跟踪审计、结算审计、竣工财务决算审计等渠道加强审计监督，并采用无人机遥感技术等新的辅助手段。审计政府投资重大项目67项，开展重大项

2017 年 12 月 1 日,南宁市数字化审计平台上线试运行　　市审计局提供

目建设推进情况审计调查 1 项,审计政府投资金额 857.42 亿元,查出违规金额 5.56 亿元,管理不规范金额 38.68 亿元,核减工程投资款 9.35 亿元,查出多计工程价款、施工单位违法分包、违规征收国有土地建房、建设管理费超概算、项目未按时开竣工等问题。

【农业与资源环保审计】 2017 年,市审计系统采用地理信息技术,在横县开展县处领导干部自然资源资产离任审计试点,在上林县、隆安县、武鸣区开展乡镇领导干部自然资源资产离任审计项目试点,发现矿山越层越界、超规模开采、非法占地、农村饮水安全工程项目闲置、排污费征收不及时等问题 36 个,查出问题金额 1.03 亿元,促进整改问题金额 4610.82 万元,上缴财政 4610.82 万元。

【经济责任审计】 2017 年,市审计系统开展经济责任审计 156 项,查出违规金额 4.96 亿元,管理不规范金额 172.06 亿元;其中市本级涉及单位 52 个、领导干部 95 人,查出违规金额 4.93 亿元,管理不规范金额 169.38 亿元。

【民生专项审计】 2017 年,市审计系统开展保障性安居工程跟踪审计、扶贫资金审计、新型农村合作医疗基金政策制度落实和改革措施推进情况审计、“美丽南宁 · 宜居乡村”财政专项资金审计调查等,发现重大项目未按时开工、项目资金未及时到位、违规发放和使用资金、项目管理不规范等问题。开展横县、宾阳县扶贫政策措施落实和扶贫资金分配管理使用情况审计、2017 年西乡塘区财政扶贫资金审计调查、2016 年邕宁区财政扶贫资金审计,审计单位 20 个,抽查乡镇 40 个,涉及项目 566 个,审计资金近 3.70 亿元,查出违规违纪及管理不规范金额 4838.55 万元。自治区审计厅安排审计南宁市辖 12 个区县及河池市本级 2016 年保障性安居工程(百色市审计组负责审计南宁市),查出问题涉及金额 28.63 亿元(含河池市),盘活安居工程专项资金 20.31 亿元。

【企业审计】 2017 年,市审计系统重点关注企业承担政府重大工程项目的实施情况、国有资本经营收益、企业负担等内容,审计南宁轨道交通集团有限责任公司、南宁城建投资集团有限责任公司、南宁广发重工集团有限公司等大型国有企业集团 6 家,查出违规金额 60.68 万元,管理不规范金额 150.70 亿元,应归还原渠道资金 6.14 亿元。

【审计整改】 2017 年,南宁市建立审计整改联席会议制度,确定成员单位 19 个,明确分工、原则、要求和程序。11 月 13 日,召开南宁市第一次审计整改联席会议。市审计局重点抓好涉及市本级财政预决算、财政收支等审计项目的整改,查出主要问题 80 个,完成整改 68 个,整改问题金额 46.99 亿元,上缴财政 8.03 亿元,促进增收节支 127 万元,促进资金到位 7.76 亿元,督促责任单位制定或完善制度 34 项。　(吴丽霞)

物　价

【概　况】 2017 年,南宁市物价工作由市发改委负责,市发改委设价格综合科、商品价格管理科、收费管理科、医药价格管理科 4 个科室;二层单位有南宁市价格监督检查分局(行政机关,副处级,编制 34 名,在编 34 人)、南宁市价格成本调查监审分局(行政机关,正科级,编制 5 名,在编 5 人)、市价格认证中心(参照公务员法管理事业单位,编制 12 名,在职 8 人)、市价格监测中心(参照公务员法管理事业单位,正科级,编制 9 名,在编 9 人)承担有关价格调控、价格管理、收费管理、价格认证、价格监督检查等职责。年内,南宁市以保持价格总水平基本稳定为目标,以经济和法律手段为主、行政手段为辅,加强价格调控监管,提升价格服务水平,保持价格总水平基本稳定,居民消费价格总水平(CPI)比上年同期上涨 2.30%,低于预期调控目标 0.7 个百分点,高于全国水平 0.7 个百分点。

【价格调控】

控价目标责任制　2017 年,南宁市连续 7 年实行价格调控目标责任制,将自治区下达南宁市 3% 的价格调控目标任务分解到区县及物价、商务、工商、粮食、农业、财政等部门,部门协同配合,齐抓共管完成控价目标任务。

平价商店　全市平价商店网点 35 家,每天以低于市场价格 15% 以上的幅度销售平价蔬菜 15 种,并根据季节性变化调整品种,稳定蔬菜价格。全年销售平价蔬菜 900 万千克,减轻市民负担 600 万元。

重要商品价格监测　落实重要商品和服务价格监测报告制度,设立价格监测点 100 多个,监测 400 多种生活必需品、农副产品、工业生产资料、工业消费品、重要能源、重要服务、房地产等商品和服务价格,向国家和自治区报送价格数据 22.50 万条。每日在 19 家重点农贸市场开展 52 种生活必需品监测(作为平价商店平价农副产品销售价格参考依据),采集价格监测数据 20.90 万条,并在市发展改革委门户网站实时发布。把从东盟国家进口的水果价格列入监测范围。形成价格调研文章 4 篇,价格监测信息 39 篇,价格形势分析报告 12 篇,发出重要价格监测预警 5 次。

(陈昱坊)

【价格管理】

停车收费　2017 年 3 月 15 日,南宁市调整道路泊位机动车停放服务收费,调整后:一类区域一级道路前 2 小时每 15 分钟 1.50 元,2 小时后每 15 分钟 2 元;一类区域二级道路、二类区域一级道路前 2 小时每 15 分钟 1 元,2 小时后每 15 分钟 1.50 元;二类区域二级道路

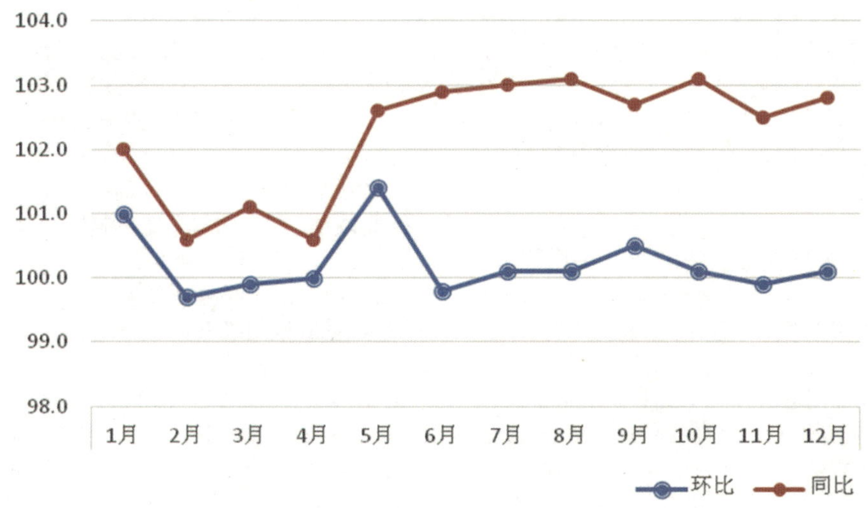

图 3　2017 年南宁市月度 CPI 同比、环比走势图　　陈昱坊制作

每 15 分钟 1 元；三类区域智慧电子计时收费的每 30 分钟 1.50 元，人工计费的前 4 小时 5 元，4 小时后每小时加 1 元；收费时段 7：30—21：00，前 15 分钟免费。10 月 1 日，修订实施《南宁市车辆停放服务收费管理办法》，规范政府定价停车收费管理范围、优惠政策、计费规则及收费信息公开、服务监管等。

教育收费　批复江南区延安镇中心幼儿园、市第五中学等 6 所公办学校收费标准，核定良庆区林华学校、兴宁区龙翔实验学校等 23 所民办学校收费标准，改革技工院校实习原材料收费，由报价格、财政部门审批改为由人力资源和社会保障部门在规定收费标准上线内按成本补偿原则核定。

公用事业与公益性服务收费　8 月 3 日，市政府发布《南宁市人民政府关于印发〈南宁市地下综合管廊有偿使用费收费标准〉的通知》，明确地下综合管廊有偿使用费收费标准。11 月 1 日，经物价部门核定后执行南宁公共交通有限责任公司电动汽车充电服务费收费标准，其中充电电费按《广西壮族自治区物价局转发国家发展改革委关于电动汽车用电价格政策有关问题的通知》规定执行，充电服务费按充电电度收费，最高限价每千瓦时 0.70 元，不加收停车费用。

【收费管理】

行政事业性收费统计　2016 年度南宁市行政事业性收费收入 13.41 亿元，比上年减少 5.30 亿元，降低 28%，收费总额占财政收入 2.18%，下降 1.09 个百分点。

清理收费　2017 年 6 月，按照《广西壮族自治区人民政府办公厅关于印发涉企经营服务性收费清理规范专项工作方案的通知》要求，对行政审批中介服务收费等涉企经营服务性收费等进行全面清理。同时，建议清理公共资源交易服务收费、气象防雷服务收费、城市规划综合技术服务收费，获自治区价格主管部门采纳。

取消与减免收费　取消和减免收费 48 项，降低收费标准 3 项，减少企业和社会缴费支出约 1 亿元。取消和减免收费主要项目：4 月 1 日起，取消或停征机动车抵押登记费、白蚁防治费、房屋转让手续费等行政事业性收费 41 项，商标注册收费标准降低 50%；5 月 1 日起，停止市公共资源交易中心电子投标服务费、交易服务费 2 项；7 月 1 日起，取消培训住宿费、赃物估价费、住院医师规范化考试费、统计人员从业资格认定考试费等行政事业性收费 4 项，降低电信网码号资源占用费、公民出入境证件费等收费标准；9 月 1 日起，取消地籍档案资料信息咨询服务收费。　（韦雨亭）

【价格监督检查】

2017 年，南宁市价格主管部门开展房地产市场价格专项整治行动，出动检查人员 190 多人次，专项检查商品房销售明码标价行为，检查房地产开发企业及中介服务机构 80 余家，现场纠正明码标价不规范问题的楼盘 20 多家，查处价格违法案件 6 起，处罚 14.50 万元，受理投诉举报及咨询 470 多件，协调退款 19.62 万元。开展涉企收费检查、电力价格专项检查和元旦春节等重大节庆重要时段期间物价检查监管，对第 14 届中国 – 东盟博览会、中国共产党十九大召开期间宾馆、餐饮、停车场服务价格实行临时价格干预，对 2 月 H7N9 禽流感事件、8 月汛期、11 月糖业博览会等重大事件前后启动价格应急监管，确保物价稳定。　（钟　娟）

【价格服务】

价格认证　2017 年，市发展改革委办理价格认定业务 2712 件，认定金额 4197.08 万元。受理并出具涉税财物价格疑难和有争议标的 347 件，认定面积 3.27 万平方米，金额 5.07 亿元，比申报原值增加 1.50 亿元，增长 60.07%。办理涉纪案件 1 起，认定金额 317.23 万元，办理行政案件 18 起，认定金额 52.63 万元。

价格成本调查监审　将成本监审作为政府制定和调整重要价格收费的必要程序，严格定价成本监审工作程序，完成 6 家公交企业运营成本、南宁地下综合管廊直埋和运营维护成本、平里静脉产业园垃圾中转和填埋成本、南宁经开区污水处理厂运营成本、3 家县级（上林、宾阳、隆安）天然气企业燃气运营成本的审核，出具成本监审报告 13 个。核增应计入定价成本的费用 207.47 万元，核减不应计入定价成本的费用 5.74 亿元。

价格信息服务　每日在市发展改革委门户网站上公布 19 家重点农贸市场 52 种生活必需品价格，每周一、周四在《广西新闻网》《新闻夜班》《当代生活报》3 家主流媒体发布与群众生活密切相关的猪肉、蔬菜、水果等农副产品零售价格及价格地图，全年发布农副产品价格数据 3.63 万条。创新价格为民服务模式，将采集价格信息整合到“爱南宁 APP”，方便市民查询。开展《中华人民共和国价格法》实施 19 周年、“12358”价格举报电话开通 16 周年宣传活动，办理人大代表建议 2 件、政协提案 19 件，答复人民网、市长公开电话等平台转来群众咨询 17 件。

【居民消费价格】

2017 年，南宁市居民消费价格总水平呈温和上升态势，同比累计上涨 2.30%，低于预期调控目标 0.70 个百分点，高于全国水平 0.70 个百分点。居民消费价格指数累计涨幅在全国 36 个大中城市排并列（降序排名）第 4 位，在全区 14 个地级市排并列第 3 位。各月环比涨幅分别为 1%、−0.30%、−0.10%、0、1.40%、−0.20%、0.10%、0.10%、0.50%、0.10%、−0.10%、0.10%，同比涨幅分别为 2.00%、0.60%、1.10%、0.60%、2.60%、2.90%、3.00%、3.10%、2.70%、3.10%、2.50%、2.80%。构成居民消费价格总指数的八大类商品和服务价格呈“七升一平”格局，其中医疗保健、衣着、居住、其他用品和服务、交通和通信、教育文化和娱乐、生活用品及服务等价格，分别上涨 10.60%、4.20%、3.80%、1.50%、1.20%、0.90%、0.10%，食品烟酒类价格持平。　（陈昱坊）

工商行政管理

【概　况】2017年,南宁市工商行政管理局设办公室(宣传科)、法制科、经济执法科、消费者权益保护科、市场规范管理科、登记注册管理科、企业与个体私营经济监督管理科、商标广告监督管理科、网络商品交易市场监督管理科、人事科、财务科、信息化管理科、"小个专"党建工作科、离退休人员工作科和14个科室机关党委;下辖专业市场管理分局、高新技术产业开发区分局、经济技术开发区分局、广西－东盟经济技术开发区(南宁华侨投资区)分局、青秀山风景区分局及经济检查支队、12315消费者投诉举报指挥中心;设基层工商行政管理所22个,为分局派出机构,设置11个检查大队;局机关行政编制68名,分局、支队、中心行政编制241名(含工商所行政编制207名),机关后勤服务人员控制数29名,在编301人。5月,市工商局行政审批分局划转南宁市行政审批局。市工商局以深化简政放权、放管结合、优化服务为主线,营造宽松便捷的准入环境、公平有序的市场环境和安全放心的消费环境;以随机抽查检查对象,随机匹配执法人员为主要方式,加强市场监管,维护消费者权益;以集中整治、联合查处等办法严厉打击传销、走私等违法行为;承办广西工商系统"诚信经营　放心消费"创建现场会、广西工商系统"美丽广西·宜居乡村·规范市场"现场会、全国工商和市场监管部门放心消费创建经验交流会、全国部分省市"双随机、一公开"监管工作推进会等省级以上现场会。

【企业登记】2017年,市工商局推进"多证合一、一照一码"改革,精简涉企证照,简化办事流程,将税务登记证、组织机构代码证、社会保险登记等39项证照合为一,形成南宁特色的"39证合一";下放企业登记注册事权,注册资本200万元以下企业登记就近委托基层所办理。全市新登记市场主体10.77万户,注册资本2977.89亿元、外币17.46亿美元。其中,新增内资企业3.70万户,注册资本2899.46亿元(私营企业3.60万户、注册资本2841.36亿元);新增外商投资企业250户,注册资本17.46亿美元;新增个体工商户6.95万户,注册资本63.89亿元;新增农民专业合作社966户,出资总额14.54亿元。累计市场主体51万户,注册资本1.14万亿元,外币63.93亿美元。其中,内资企业22.46万户,注册资本1.10万亿元(私营企业21.05万户、注册资本1万亿元);外商投资企业1878户,注册资本63.93亿美元;个体工商户27.86万户,注册资本319亿元;农民专业合作社4877户,出资总额70.69亿元。

【企业年度报告】2017年,市工商局成立9个督查组对有关单位进行督查;针对年报新增社保和统计事项的新变化,与市国税、市地税、市质监、市人社、市统计等部门联合印发《关于做好全市2016年度年报公示工作的通知》,协同推进企业年报。全市年报企业17.61万户,个体工商户22.80万户,农民专业合作社3602户,年报率分别为89.73%、82.05%、93.95%。

【市场监管】

网络市场监管　2017年,市工商局开展房地产、农资、互联网金融、团购、网上订餐线上专项检查4次,网上检查团购、网上订餐类型网站(店)2405个,实地检查网站、网店经营者1587家,查办网络违法案件63起,罚没56.16万元。开发网络市场主体信用管理系统,线上监测独立交易网站400多个、非交易网站2万多个,检查网站(网店)4265个,查出违法线索41条。引入第三方信用监督机构对全市400多家交易型网站进行信用评价定级,评出AAA级网店263个、AA级网站18个、A级网站91个、B级网站73个、C级网站17个、D级网站38个。

农贸市场监管　完善农贸市场监管"天眼工程",联网市场增至100个,实现天眼指挥中心、市局中心与8个主城区(开发区)分局远程视频监控中心互联互通。组成3个督查组,随机督查农贸市场505个次,责令当场整改1000多处,发出督办函14份。会同市商务局共同制定《南宁市农贸市场分级评定管理办法》《南宁市农贸市场评级标准》,对全市主要农贸市场进行评级,评出一级市场3个,二级市场45个,三级市场95个,四级市场132个。开展诚信示范市场创建活动,以"信南宁·信市场"为主题,以100多个专业市场、314个农贸市场为范围,评出并推荐富安居(国际)家居建材广场、广西海湾农资综合市场、广西海吉星农产品国际物流中心、凤岭农贸市场、日日鲜综合农贸市场5个单位为广西2016—2017年度诚信示范市场。

农资市场监管　开展保春耕、护夏种、保秋播等农资打假专项行动,检查农资市场130个次,农资企业334家次,农资经营户6881家次,农资销售网站(店)27个,农资销售网站实体店43家,定向监测化肥、农机具样品253批次,查扣不合格肥料86.60吨,立案查处135件,罚没款17.45万元,挽回经济损失16.10万元。

广告市场监管　出台《南宁市广告行业诚信"红黑名单"管理制度》,规范广告市场。召开大众媒体广告约谈会3次,发出行政告诫书等指导文书10份,引导企业诚信经营和规范经营。监测38家媒体广告17.67万条(人工监测16.39万条),发现涉嫌违法违规广告134条(2017年4月后零违法)。开展房地产广告专项、医疗药品保健食品医疗器械虚假违法广告专项整治,查处违法广告案件246起,罚没款255.13万元。南宁广告产业园园区创客中心入选国家广告业创新创业示范基地。

电动车市场监管　检查电动自行车企业157家,电动自行车经营户539家,二手电动自行车经营户24家,电动自行车修理经营户385家。开展电动自行车商品质量抽检,抽检20批次,合格14批次,不合格6批次,对不合格的进行立案查处。

二手车市场监管　拉网式排查二手车交易市场、经营企业和经销服务网站,检查二手货车经销企业86家,机动车修理厂295家,二手车交易市场6家,约谈二手车交易市场经营企业2次,发出行政指导书39份。

"限塑"整治　检查农贸市场270个次、商场269个次、超市239个次、销售门店2410个次,查获不合格塑料袋1000个,发出责令整改通知书10份。

【消费维权】2017年,市工商局建立消费维权站868个,建立南宁首家"微信消费维权服务站",成立广西首家电子商务投诉举报中心,受理消费者投诉8787件,争议金额240.49万元,和解数量8389件,和解率95.47%。抓好基层消费教育基地建设,重点开展以保护老年消费者权益为主题的宣传教育讲座27场次,参加人数2692人,提供咨询服务1780人次,挂牌建立"老年人消费教育基地"15个。12315热线首创"诉易"系统,全年12315热线来电3.22万件,其中诉易系统分流1.67万件,节省43.70%人工接线量。12315中心受理消费投诉举报8.23万件,为消费者挽回经济损失2055.50万元。其中:咨询7.21万件,占87.60%;投诉8385件,占10.20%;举报1781件,占2.20%。委托广西产品质量检验研究院、重庆仕益产品质量检测有限责任公司抽检服装、小家电、家具、鞋、帽、充电器等商品;抽验结果:鞋类商

2017年7月6日，全国工商和市场监管部门放心消费创建经验交流会在南宁市举办。图为与会代表观摩调研南宁跨境商品直购体验中心　　何正君　摄

品10个批次中6个不合格，帽子类商品5个批次全部不合格，充电类商品20个批次中9个不合格，服装类27个批次全部合格，小家电类商品20个批次全部合格，家具类商品2个批次全部合格。市工商局对抽检中发现的不合格商品经营者，责令停止销售，依法立案查处。开展"诚信经营　放心消费"活动，推广公开承诺、志愿服务、先行赔付、远程视频调解等举措，承办全区和全国"放心消费"创建工作经验交流会，参与创建示范街14条、示范商场超市21个，示范市场10个、行业示范点16个，经营户6920家，志愿者2.80万人。

【双培双促】 2017年，市工商局重点抓农村党员经纪人培训，根据农村经纪人分布广、分散等特点，由基层工商所从市场、乡村选取培训对象，采取集中培训与分散培训相结合、普遍培训与重点培训相结合的办法，举办培训班4期，邀请广西大学农学院教授、农产品龙头企业专家讲解生态农业理论基础、发展模式，农产品产销、农产品品牌建设等内容，培训农村经纪人4253人。

【合同管理】 2017年，市工商局运用广西合同格式条款公开查阅系统检查合同格式条款，全市注册线上企业291家，上传合同4550份。其中，金融业4051份，占89%；房地产业191份，占4.20%；租赁和商务服务业83份，占1.80%。开展旅游市场合同格式条款专项整治，检查企业186家，在线旅游服务网站2家，检查旅游合同149份，立案查处案件8起，罚没1.05万元，约谈企业4次，发出行政指导意见书15份。开展"守合同重信用"企业申报公示活动，参加申报企业117家，获"守合同重信用"公示企业83家。组织296家企业参加2016年度广西"守合同重信用"企业公示活动，获自治区级"守合同重信用"公示企业115家。办理动产抵押登记705份，抵押登记金额271.55亿元(借贷合同697份，金额268.30亿元；买卖合同6份，金额3160.08万元；其他合同2份，金额2.93亿元)。按企业类别分:内资企业562份，金额268.79亿元(私营企业364份，金额240.67亿元)；个体工商户140份，金额2.73亿元；农业生产经营者3份，金额370万元。办理变更登记7份，变更主债权金额1.78亿元。办理注销登记239份，注销主债权金额43.08亿元，其中内资企业228份，金额42.83亿元(私营企业125份、金额26.47亿元)；个体工商户11份，金额2550万元。

【商标管理】 2017年，南宁市加大商标专用权保护力度，开展创建全区商标品牌创业创新基地建设。7月，召开首次全市地理标志商标工作会议。11月，在南宁高新技术产业开发区设立国家工商总局南宁商标受理窗口。年内，查处违法商标案件191起，案值153.44万元；受理上报商标注册申请270件，新增"上林八角""上林大米"地理标志商标2件；"横县茉莉花茶"入选扬州世界地理标志大会。累计有效注册商标超过5万件，增长24%，为第一批广西商标品牌战略实施示范市。

【公平交易执法】 2017年，市工商局落实自治区工商局《关于开展"红盾4号"行动集中整治公用企业限制竞争和垄断行为突出问题的通知》《关于开展2017年"红盾执法"3号专项行动集中整治保健类生活用品不正当竞争违法行为的通知》精神，集中整治公用企业限制竞争和垄断行为等突出问题，查处混淆市场行为、虚假宣传、商业欺诈、商业诋毁、商业贿赂等违法行为；查处一般程序处理案件2454起、简易处罚案件97起，罚没款735万余元。其中，无照经营案件429起，农资案件307起，广告案件191起，商标案件145起，产品质量案件142起，传销案件97起，合同案件35起，不正当竞争案件18起，侵害消费者权益案件11起。

【打击传销与规范直销】 2017年，市工商局开展联合打击传销清查整治行动276次，清查出租房853间，查处涉嫌传销案件97起，教育遣返人员7253人次，移送公安机关涉嫌传销人员926人，捣毁窝点186个，收缴传销书籍、传销资料一批。加大打击传销宣传力度，在重点区域建成多媒体宣传教育室15个，通过宣教室教育遣散涉传人7548人；青秀区、江南区、良庆区组建"打传宣传队"，在重点公众场所开展常态化宣传活动。完成32家申请直销经营资格或直销开放区域的企业经营情况初审，更新直销企业名录23家，掌握直销企业分支机构、服务网点、直销员及店铺(包括经销商、专卖店)的基本情况，规范直销行为。

【打击走私贩私】 2017年，市工商局配合公安、食药监、海关、边防等部门，开展打击走私"国门利剑2017"联合行动，打击粮食、食糖、走私冻品等流通领域走私贩私活动，检查市场(超市)、仓储场所、食品经营户、冻品经营户、粮食经营户5733家，立案20起，查扣涉嫌走私大米80件、3.48吨，涉嫌走私冻品1841件、38.86吨，涉案油罐车24辆、加油机、加油泵1台、无线POS终端一批，涉嫌走私成品油122.55吨，查扣冻品15吨。

(张　鲁)

质量技术监督

【概　况】 2017年，南宁市质量技术监督局设办公室、政策法制科、质量科、标准化科、计量科、特种设备安全监察科、监督科、科技认证科、人事科、机关党委10个科室，编制53名，在编50人；直属行政机构有南宁市质量技术监督局稽查局(正科级)1个；设南宁高新技术产业开发区分局、南宁经济技术开发区分局、广西－东盟经济技术开发区分局3个正科级派出机构。南宁市创建全国质量强市示范城市，加强产品质量监督检查，全市产品质量保持平稳，监督抽检合格率95.20%(工业气体等危险化学品产品质量监督抽查合格率100%)，获准发布国家标准8项，被自治区政府评为年度重要技术标准项目5项，创建国家级标准化示范试点项目3个，新增"广西名牌产品"70个，存量"广西名牌产品"数量排自治区第一位。

【计量监管】 2017年，市质监系统开展年货市场、集贸市场、大型超市计量专项监督抽查，定量包装商品专项监督检查，汽车衡、加油机、水表、眼镜配制用计量器具、在用可燃性气体报警器等计量专项监督检查，专项抽查集贸市场102个、商场超市176个、年货市场48个、节日热点定量包装食品1042批次，检查在用计量器具3519台，合格率99.40%；立案查处违法案件591件，涉案货值160万元。加强能源计量监管，抽查南宁市能耗5000吨标准煤以上企业42家，抽查比例占44.20%，发现能源计量档案不够完整、未建立能源计量统计报表制度等问题，提出整改意见帮助企业落实整改措施。

【质量强市战略】 2017年7月3日，南宁市召开全市质量大会，研究部署创建全国质量强市示范城市工作，推进质量强市建设。市政府印发《关于印发南宁市创建全国质量强市示范城市工作实施方案的通知》，分解落实创建目标任务70项到各级各部门。年内，全市产品质量保持平稳，工程质量稳定在较高水平，大中型工程验收合格率100%；服务质量水平持续巩固，服务业成为支撑南宁市经济增长的主要动力；人居环境质量保持优良，市区环境空气质量达标天数比例(AQI优良率)92.30%，集中式饮用水水质达标率100%，污染物总量减排持续推进，化学需氧量、氨氮分别实现减排4842.30吨、670.70吨。围绕电子信息、先进装备制造、农产品加工、化工、建材、造纸等重点、传统优势及新兴产业，指导、帮助本地生产企业争创广西名牌产品，新增广西名牌产品70个，占自治区新增总数29.30%。上林县获批创建国家有机产品认证示范区。

【标准化建设】 2017年，南宁市获准发布国家标准8项、行业标准3项、团体标准3项、广西地方标准14项；被自治区政府评为年度重要技术标准项目5项；510家企业在全国企业标准信息公共服务平台完成企业产品标准自我声明公开2580项，公开企业标准数占自治区总量35%。市质监局指导推荐、广西金穗农业集团有限公司承担的第七批全国香蕉栽培标准化示范区标准化扶贫模式入选国家标准化管理委员会评选的全国51个精准扶贫标准化优秀典型范例，在全国标准化工作会议上作"标准化+精准扶贫"经验介绍。广西四野牧业有限公司承担的国家肉牛养殖标准化示范区、广西粮油食品(宾阳)盛世农邦有限责任公司承担的国家牛大力种植标准化示范区被国家标准委批准为第九批国家农业标准化示范项目。邕宁区蒲庙镇良勇村那贵坡申报国家级美丽乡村标准化试点项目获国家标准委批准创建并启动。武鸣区绿色火龙果标准化示范区、横县莲塘圣荣谷服务标准化试点、宾阳县新埠乡村休闲旅游服务标准化试点被自治区质监局批准成为自治区级农业、服务业标准化示范(试点)项目。

【地理标志产品保护】 2017年，市质监局坚持地理标志产品保护与发展特色产业结合的思路，支持横县创建国家地理标志产品示范区，出台《横县地理标志产品专用标志使用管理办法》《横县使用地理标志产品专用标志企业奖励补助办法》等政策文件，指导搭建"中国茉莉花茶电子商务平台"，实现地理标志产品防伪标志在线查询，推动横县茉莉花茶产业集群发展，年产值65亿元；指导宾阳县"古辣香米"申报国家地理标志产品保护，获国家质检总局批准实施；推进申报隆安香蕉、马山里当鸡、横县甜玉米、横县大粽4个地理标志产品保护，培育马山旱藕粉、甘棠粉利等地方特色产品。

【特种设备安全监察】 2017年，南宁市在用特种设备5.52万台，其中电梯3.35万台，锅炉2566台，压力容器8529台，起重机械7999台，大型游乐设施167台，厂(场)内专用机动车辆2498台，压力管道791千米，气瓶102万只。市质监局将万达茂、轨道交通、东盟文化园等南宁市重点建设项目列为特种设备安全监察重点服务项目，建立联系渠道，及时跟进监管服务；举办基层特种设备安全监察人员培训2次，培训800余人，取得国家质检总局颁发的特种设备安全监察上岗证302人；按照属地管理原则，落实安全生产"一岗双责、党政同责、失职追责"责任制，将特种设备监管任务细分落实到区县开发区，每季度召开特种设备安全例会1次，加强对区县(开发区)工作指导督查；开展电梯、锅炉、压力管道隐患排查整治"回头看"、重要节假日和重大活动前夕大型游乐设施专项监督检查，累计出动监察人员2861人次，检查单位1449家，立案查处特种设备违法案件22起；委托广西特种设备检验研究院对中国－东盟博览会9个关键核心区域的在用特种设备进行安全专项监督检验，对28家使用单位的1818台(套)特种设备开展安全专项检验，排查整治安全隐患60处。

【工业产品质量安全监管】 2017年，市质监局安排经费140万元，组织开展工业产品质量市级监督抽查490批次，合格率95.2%；开展打击"地条钢"违法生产行为，检查钢筋混凝土用热轧带肋钢筋生产许可获证企业是否按许可范围生产，督促规范生产经营；检查督促电动自行车生产企业办理生产许可手续，获工业产品生产许可证的电动自行车生产企业15家；开展电线电缆生产企业专项整

2017年3月22日，市质监局检查化肥产品质量　　市质监局提供

治，开展危险化学品及其包装物、容器产品、食品相关产品质量监督，检查生产企业 17 家，督促企业加强质量管理。

【机动车安检机构监管】 2017 年，南宁市通过国家认证认可监督管理委员会“检验检测统计直报系统”进行网上填报数据和自查自纠报告的获证检验检测机构 249 家。市质监局随机抽取 33 家现场检查（机动车检测机构 14 家）；配合国家认监委和自治区质监局组织的检验检测机构飞行检查，检查 27 家。

【专项整治与行政执法】 2017 年，市质监局组织开展农资“质检利剑”、幼儿园用纤维制品、冬季电暖器、轨道交通用电线电缆、打击和取缔“地条钢”、广西名牌名优产品执法打假护航、整治货车非法改装和超限超载行为等专项执法打假行动，出动执法人员 4570 人次，检查生产企业 2034 家，立案查处违法案件 591 起，涉案货值 160 万元。 （谢应辉）

安全生产监督管理

【概 况】 2017 年，南宁市安全生产监督管理局设办公室、安全生产协调科（安全生产应急救援办公室、调度值班室）、法规科技室、安全监督管理一科、安全监督管理二科、安全监督管理三科、安全监督管理四科、安全监督管理五科、人事科（机关党组织）、职业健康管理科 10 个科室，编制 41 名，在编 39 人。二层单位有市安全生产监察支队（参照公务员法管理事业单位，正科级，编制 33 名，在编 31 人）、市安全宣教中心（事业单位，正科级，编制 6 名，在编 5 人）。全年发生安全事故 155 起、死亡 169 人，分别比上年下降 32.61%、26.84%。南宁市被安全生产监督管理总局确定为全国安全生产领域改革发展工作联系点。市安监局获“全国‘安全生产月’活动组织先进单位”称号。

【安全生产监管体制改革】 2017 年，南宁市完善安全生产责任体系建设，安全生产监管体制改革列为全市优秀改革项目。

安全生产责任制 落实安全生产“一把手”负责制、“一票否决”制度和“黑名单”制度，实行安全生产“党政同责、一岗双责”，市委书记批示安全生产工作 5 次，主持召开市委常委会和全市领导干部会议 4 次，听取安全生产工作汇报并作动员部署，带队深入企业一线调研检查 2 次。市长挂帅安全风险分级管控和多项安全生产大检查，深入企业暗访暗查，推动重点工作落实。市政府领导对安全生产作出批示、指示 32 次，组织召开安全生产会议 35 次，带队检查 56 次。区县召开党委常委会、政府常务会听取汇报 101 次，研究解决问题 102 个。全市安全生产约见警示会 258 次，约谈责任单位 1640 个，责任人 2410 人，出具安全生产履职审查意见 437 份，“一票否决”安全生产履职不力单位 28 个，因主体责任严重缺失导致事故发生被列入“黑名单”管理企业 2 家。

联合工作机制 调整充实南宁市安全生产委员会（简称“市安委会”），市长任主任，市直有关单位、区县为成员单位，市安委会下设办公室（市安委办），办公室设在市安监局。编制公布市发展改革委、市工业和信息化委等 24 个行业主管部门《安全生产监管专项责任清单》，实现安全监管权利和责任两单融合。修订完善《南宁市安全生产监督管理办法》《南宁市安全生产目标管理考核办法》等规范性文件，明确市、区县两级安监部门行政执法机构地位、执法配合衔接工作机制、安全生产行政执法和刑事司法衔接机制。

基层安全网络建立健全 建立完善乡镇国土规建环保安监站安全监管工作机制，落实安全监管工作职责，每个乡镇（街道）配备安全监管执法人员 1 人以上；把基层安全生产监管纳入综合执法队伍联勤联动、联合检查。制定《南宁市安全生产标准化奖励办法》，安排财政资金鼓励企业创建安全标准化，新增安全标准化企业 357 家（一级 37 家、二级 23 家、三级 297 家），累计达标企业 1838 家（一级 52 家、二级 90 家、三级 1696 家）。加强企业安全生产技术升级改造，核定扶持技改项目 12 个，投入财政扶持资金 300 万元，带动企业投入 3300 多万元。在人员密集场所、城市综合体推广使用“智慧用电”安全管理系统，应用单位 46 家。

【安全隐患风险分级管理】 2017 年，市安委会印发《南宁市安全风险分级管控工作指南》，督促指导工信、公安等部门制定工贸行业、民爆等行业领域评定标准，市安监局制定矿山（非煤矿山）、危险化学品、烟花爆竹行业企业整体风险等级评定标准。安全风险评级分为 A 级，风险较轻；B 级，风险一般；C 级，风险较大；D 级，风险重大。对较大风险、重大风险等级单位，监管部门制定管控清单，落实分级管控措施，实行重点管控，信息在市安监局官方网站、微信发布。升级完善南宁市安全生产隐患排查治理信息系统，通过系统开展网上隐患自查自报，注册生产经营单位 1.10 万家，其中进行基础信息备案 1.03 万家，占 93.30%；自查自报 7325 家，占 66.90%；累计事故隐患 2.53 万项，整改 2.44 万项，占 96.60%。狠抓重大事故隐患治理，以市政府名义挂牌督办 15 项，以市安委办名义挂牌督办 13 项，全部按期完成。

【安全生产行政执法】 2017 年，市安监系统强化安全生产行政执法检查，检查企业 8279 家，发现隐患 3687 项，整改 3558 项，制作现场检查记录 5880 份，责令限期整改指令书 1493 份，整改复查意见书 1270 份，立案查处安全生产违法行为 161 起，实施经济处罚 611.43 万元，查处生产安全事故 61 起，挂牌督办 3 起，结案 39 起，罚款 529 万元，党纪政纪处分对生产安全事故负有责任 12 人，追究刑事责任 3 人。其中市安监局按照年度计划执法检查矿山、建筑施工企业、工矿商贸企业、危险化学品企业、烟花爆竹企业、用人单位职业健康情况 610 人次；按照《南宁市生产经营单位安全生产风险分级管控暂行办法》，牵头组织执法部门 8 家，出动执法人员 34 人，开展“双随机”联合执法检查企业 12 家。

【安全生产专项整治】

矿山专项整治 2017 年，市安监局按自治区统一部署，对全市煤矿进行安全检查 9 次，排查隐患 127 项，隐患整改率 100%。实施尾矿库综合治理，注销尾矿库 4 座，依法关闭 7 座，筹集资金 430 万整治无主停用废弃尾矿库 13 座。强化非煤矿山（重点是小型露天采石场）整治，严厉打击不按要求从上往下分台阶（层）、一面墙开采行为，查处采石场 14 家，处罚 43 万元。

危险化学品安全整治 启动危险化学品安全综合治理，摸排全市涉危企业，在市安全生产隐患排查治理信息系统登记危险化学品企业 462 家，组织专家评估重大危险源安全管理状况 24 处。持续开展油气管道专项整治，完成自治区下达的 3 年整治安全隐患任务 170 项。建立完善危险化学品建设项目规划联审与公众参与机制，由安监、发改、消防等 6 个部门联审项目 3 项，通过 2 项。开展易制爆化学品和寄递物流专线整治行动，排查易制爆从业单位 213 家，物流企业 379 家，寄递企业 765 家，下发整改通知书 17 份，处罚违法行为 4 起。

烟花爆竹专项整治 指导退出烟花爆竹生产行业企业 3 家，督促宾阳县确定企业退出补偿方案。抓好春节、清明时期烟花爆竹产销旺季安全管理，检查批发企业和零售点56家。组织开展烟花爆竹"打非"专项行动3次，取缔非法生产、储存、销售烟花爆竹窝点86处，没收非法生产的烟花爆竹7967件，查获有药鱼雷2931个、有药彩炮内胆5万个、加工原材料265.50千克、生产工具一批，扣押违法运输车辆2台，行政拘留14人，刑事拘留3人。

职业病危害整治 开展陶瓷生产和耐火材料制造等企业粉尘危害专项治理，指导2家用人单位完成国家级尘毒危害治理企业创建。开展用人单位职业病危害执法检查，检查用人单位70家，发现问题215个，责令限期改正59个；立案查处用人单位职业卫生违法行为8起，罚款20.60万元。

【安全生产综合监管】

安全生产大检查 2017年7月至10月，南宁市组织开展历时4个月的安全生产大检查活动，以市安委会办公室名义组织督查组12个，分赴区县(开发区)进行督查，检查生产经营单位4.77万家，排查隐患3.42万项，整改3.29万项，整改率96.20%。7月至10月，全市发生生产安全事故60起、死亡62人，分别比上年下降25.90%、26.20%。

重点行业领域专项整治 开展道路交通安全专项整治行动45次，常态化整治"飙车"、酒驾、醉驾等严重交通违法行为和城市工程运输车、电动自行车等重点车辆，城市交通秩序明显好转。加强农村地区道路交通安全管理，开展道路运输平安年、农机平安年活动，建成乡镇交通安全管理站104个，农村交通安全义务劝导站(点)1318个，开展劝导工作4050余次，劝阻违法行为9.85万起。开展水利联合执法41次，巡查河道172次，查处河道非法采砂船4艘，违法案件78起，罚款6.50万元，查处水库违章建筑6起、库汊拦坝19起，水利工程项目扬尘治理监管7起。开展渡运安全月活动，出动巡察车61次，执法人员185人次，巡察时间252小时，巡察里程6905千米；出动巡航船42次，执法人员188人次，巡航时间189.5小时，巡航里程2258.75海里；检查船舶623艘次，检查渡口153道次，检查水库6座次，纠正渡船安全缺陷137项，排查并治理安全隐患12处。开展人防工程质量安全监督检查，其中现场质量监督项目231个，人防工程现场检查项目278个，现场检查1046次，完成南宁轨道交通2号线、3号线等重大项目人防工程质量监督，追缴易地建设项目易地建设费1053万元。组织区县安全生产机构开展有限空间作业安全专项整治活动，排查有限空间安全隐患上百处。

"打非治违" 查处非法生产案件48起，打击城乡接合部、路边油罐车非法加油和建工地运油车非法销售燃料油行为，查扣成品油约106吨，查处取缔非法储存销售液化石油气、汽油窝点2个，捣毁关闭非法生产场所10个，拆除违法建筑38处，收缴非法运输车辆21台，罚款34.36万元。联合城乡建委、公安、质检等部门打击城镇燃气无证经营、非法充装、钢瓶逾期未检、违法运输和违法建设等7类非法违法行为，查处无证经营网点103处，查扣钢瓶3013个，治理隐患390项，查处违法运输行为为26起、违法充装行为3起、违法建设行为1起，吊销经营许可证1家。

【重大活动与节假日安全保障】 2017年，市安委办强化重大活动、节假日安全保障，多措并举开展安全生产大检查，严防死守、遏制安全事故，对事故多发易发重点行业领域加大执法检查并组织督查组专项督查区县(开发区)安全生产，确保4月中央领导人视察南宁、5月环广西公路自行车世界巡回赛(南宁站)、9月中国－东盟博览会、10月中国共产党十九大会议、11月全国"打击走私"成果展览等活动顺利进行。履行春节、"三月三"、清明、五一、中秋、国庆等重大节庆日安全监管责任，会同相关部门联合开展安全生产检查，排查有关场所、宾馆饭店安全隐患。

【应急处置】 2017年，市安监局修订《局值班值守工作制度》，做好应急值守和信息报送，"12350"安全生产举报热线电话24小时值班，节假日领导24小时在岗带班值班，接报处置应急、投诉信息500多起。做好生产安全事故现场应急处置，按行业和事故处置权限，立即报送并由领导带队赴事故现场调查处置12次，协调和指导处置危险化学品道路运输泄漏事故3起，无人员伤亡。

【安全生产培训】 2017年，市安监局举办业务培训班，培训生产经营单位负责人、安全生产管理人员、特种作业人员2.69万人次，发特种操作上岗证1.27万本，年审换证1.24万本。主要培训班次：烟花爆竹、危险化学品、非煤矿山、尾矿库等高危行业安全管理人员培训班75期，培训2995人，发放安全管理上岗证788本；基层安监员执法业务培训班2期，培训128人；安监局总局安全生产视频培训会和安全监管监察干部网络培训8期，培训900多人；安委会成员单位负责人到西安交大参加"安全生产能力提升班"脱产培训51人。

【安全生产宣传】 2017年，市安监局加强与新闻媒体宣传合作，在《南宁日报》开设安全生产专栏刊登安全知识，在南宁电台开设"安全生产之声"专栏，定期播放安全生产公益广告，在官方网站、微博、微信信息发布平台刊发信息1635条；在2000个农村事务公开宣传栏、城市10条线路20台公交车、30个公交车站牌、3个地铁出入站点，张贴安全生产防范知识、技能及警示语。开展"微信红包扫一扫"安全生产知识有奖问答活动。组织开展"安全生产月""健康中国，职业健康先行""渡运安全月"等集中宣传活动。

(马　瑛)

2017年12月15日，南宁市在广西苍鹰化工投资有限责任公司(武鸣氮肥厂)开展"2017年南宁市危险化学品重大危险源突发事件综合应急实战演练" 市安监局提供

食品药品监督管理

【概 况】 2017年，南宁市食品药品监督管理局设科室办公室（新闻宣传科）、综合协调科（应急管理科）、政策法规科、食品生产、食品流通监管科、食品餐饮监管科、药品生产监管科、药品流通监管科、保健食品化妆品监管科、医疗器械监管科、药品进口备案办公室（行政审批办公室）、稽查科、人事科、财务科14个科室及机关党委，行政编制65名，在编64人。二层事业单位有稽查大队（加挂市食品药品安全投诉举报受理中心牌子，参照公务员法管理事业单位，编制74名）、市食品药品检验所（加挂市药品不良反应监测中心牌子，参照公务员法管理事业单位，编制43名）、市食品药品安全信息与监控中心（编制8名）、市食品药品监督管理局审评认证中心（编制6名）。区县（开发区）设食品药品监督管理机构15个，行政编制222名，在职221人；稽查大队（二层事业单位）15个，事业编制263名，在编205人；检验机构6个（横县、宾阳县、上林县、马山县、隆安县和武鸣区各1个），事业编制47名，在编36人；乡镇（街道）食品药品监督管理所128个；乡镇（街道）、村（社区）聘请协管员、信息员2455人。监管辖区内注册登记的食品药品生产经营单位14.54万家，其中食品生产企业1194家（另有备案小作坊4319家），食品流通企业4.7万家，餐饮企业4.10万家，药品生产企业60家，药品流通企业2427家（零售企业2300家、批发企业89家、连锁总部38家），医疗器械生产企业72家，医疗器械经营企业1875家，保健食品生产企业9家，保健食品经营企业3.25万家，化妆品生产企业12家，化妆品经营企业1.82万家。市食品药品监管系统加大食品安全抽检监测，加强药品流通安全监管、网络食品药品、保健食品和化妆品监管和化妆品不良反应监测，推进食品安全城市创建，保障重大活动食品安全。市食品药品监管局被评为南宁市2016年度法治政府建设工作表现优异单位。南宁经济技术开发区吴圩镇食药监管所为全国基层规范化建设示范点。

【食品监管】 2017年，市食品药品监管局以大宗生产节日消费食品的企业为主要对象，开展食品生产企业检查，重点抓好酒类、肉制品、食用植物油、豆制品、糕点等节日食品、食品添加剂监管，突击飞行检查食品生产企业42家，其中食用植物油生产经营单位7540家次，立案查处80起。开展食品风险隐患排查治理，抓好“两非”（非法添加和滥用食品添加剂、非法宣传功效）专项整治，检查食品生产加工单位20大类产品1189家次，立案查处65起。开展食品销售环节“百日净流”执法大行动，监督检查肉类与禽畜产品、水产品、进口食品、儿童食品、“四类”不安全食品（无生产厂家、无生产日期、无保质期、无食品生产经营许可、无食品标签的“五无食品”，以辣条、油炸食品、膨化食品等为主的“五毛食品”，超过保质期的食品，腐败变质食品）。强化节假日、中考、高考、中国－东盟博览会期间等重点时段监管，强化农村、市场、商场超市、校园周边等重点区域治理。检查食品销售经营户8.34万家次，立案683起，罚没款608.98万元，食品小摊贩备案529户。

【餐饮服务监管】 2017年4月，南宁市试行餐饮服务单位色标管理制度，年内推广色标管理单位454家。市食品药品监管局开展餐饮服务单位后厨、学校食堂及周边食品、旅游景区、流动夜市摊点、网络餐饮大检查大整治，出动执法人员3万余人次，检查单位2.84万家，责令整改3031项，立案查处27起。完成中国－东盟博览会、环广西公路自行车世界巡回赛（南宁站）等重大餐饮服务食品安全保障74次，就餐808次，保障用餐安全18.66万人。指导农村集体聚餐4985次，保障用餐安全87.33万人。

【药品监管】 2017年，市食品药品监管局采取不发通知、不打招呼、不听汇报、不用陪同接待、直奔基层、直插现场的“四不两直”检查办法，检查辖区内药品生产企业169家，警告处罚4家，责令整改7家，移交稽查部门立案查处2起，提请自治区食品药品监督管理局收回GMP（良好生产规范）证书3家。针对辖区内药品生产重点品种、重点企业、重点环节、易出现问题节点，药品经营抽检合格率低、投诉举报较多的企业，加大检查频次和力度。开展中药饮片生产专项检查、特殊药品生产巡查、医疗机构制剂配制专项检查各2次。开展药品零售企业总部与其门店GSP跟踪（飞行）检查、交叉执法检查，出动检查人员1033人次，检查企业509家（连锁总部20家、门店489家），限期整改359家。开展冷链药品、中药饮片、疫苗及终止妊娠药品、特殊药品、复方制剂、冷藏冷冻药品等重点品种专项行动2次。开展城乡接合部药店及乡村医疗机构专项整治3次。

【医疗器械监管】 2017年，市食品药品监督管理局对辖区72家医疗器械生产企业开展全覆盖检查，对医疗器械经营企业开展专项检查，检查医疗机构164家，义齿生产企业29家，无菌、植入性医疗器械经营企业66家，避孕套经营企业105家，装饰性彩色平光隐形眼镜经营企业81家；立案查处32起，罚没35.69万元，检查后处置率100%。

【保健食品化妆品监管】 2017年，市食品药品监督管理局开展保健食品、化妆品生产企业“食品生产许可证”“化妆品生产许可证”换证，换证保健食品生产企业10家，化妆品生产企业14家。开展以会议（讲座）等形式销售保健食品现象专项检查，出动人员790人，检查企业117家212次，品种271种。开展“蓝健行动”，检查以灵芝、鱼油、蜂胶等为原料的保健食品和营养素补充剂，检查品种30多种。开展进口化妆品专项检查，检查宾馆酒店，美容美发场所，进口化妆品专营企业，和平商场、裕丰商场、交易场等大型化妆品批发集市，农院路等化妆品经营户聚集片区，检查品种50多种6000多批次，收集上报化妆品不良反应监测报告表401例。

【食品药品抽检监测】 2017年，南宁市完善食品药品检测手段，建成市食品药品检验所建设一期食品检验工程，具有检验资质503项；研发南宁市市场食用农产品质量检测监控系统，收集报送数据169万条；研发出集监、管、评、预警为一体的化妆品电子监管GPR平台，监管记录可自动生成二维码供消费者查询；选定皇氏集团股份有限公司、南宁双汇食品有限公司为试点单位，开展乳制品、肉制品、食用植物油、白酒等重点食品生产企业食品安全追溯体系建设；探索食品药品安全监管智能化和可视化，其中西乡塘区手机监控系统可通过手机扫码进行餐饮食品安全视频实时监控。市食品药品监管局完善食品药品随机抽查事项清单、市场主体名录库、执法检查人员名录库，采用随机选派执法检查人员，随机选取检查对象的方式，抽查餐饮企业1237家，药品生产流通企业225家，在全区范围内率先开展ADR/MDR监测（药品不良反应、医疗器械不良事件）。完成自治区级食品安全抽检监测4982批次（食用农产品3382批次），农残检测152.55万个，销毁不合格食用农产品1.63万千克，公布食品安全抽检信息28期2799批次。完成药品生产抽样251批次，药品流通抽样396批次，医疗器械抽样60批次，保健食品抽样105批次（网

2017年7月13日，南宁市食品药品监督管理局举办“2017年食品药品安全科普公众开放日”活动　　市食品药品监管局提供

络抽样40批次)，化妆品抽样190批次，上报监测报告6717份，药物滥用监测报告651份。

【食品药品企业审评认证】 2017年，南宁市食品药品审评认证中心通过方圆标识认证集团广西分公司组织的质量管理体系认证，成为自治区首个通过新版ISO 9001:2015质量管理体系认证的市级食药监系统审评认证中心。年内，开展食品生产审查、药品GSP(药品经营质量管理规范)认证检查、第三类医疗器械经营许可现场检查，完成食品药品企业审评认证1118家。

【食品药品市场整顿】 2017年，南宁市立案查处“四品一械”(食品、药品、保健食品、化妆品、医疗器械)案件1550起，办结1099起，罚没1252.71万元，移送司法机关处置19起，移送公安机关的涉嫌案件15起。加大跨省市区域协作力度，签署桂湘粤11市食品药品稽查打假区域协作联席会议工作协议，协查外省查办案件175起。健全完善舆情事件、突发事件登记、突发事件处置档案管理制度，开通“食安南宁”公众微信号，受理投诉举报5006件，比上年上升64.60%。开展食品安全应急演练2次。

【“红黑榜”制度】 2017年6月，市食品药品监督管理局推进食品药品行业企业“红黑榜”制度，检查无问题或存在问题及时整改的企业在“红榜”公布，检查发现问题不整改或存在严重违法行为的企业，在“黑榜”公布，督促企业落实安全主体责任，合法合规生产经营。年内，公布南宁市第一批食品药品行业企业红黑名单，“红榜”企业39家，“黑榜”企业1家。

【食品安全城市创建】

监管机制建设　2017年，南宁市调整充实以市委书记、市长为组长，分管副市长为副组长，各市直相关部门和试点区县一把手为成员的南宁市创建食品安全示范城市工作领导小组，确定提升基层监管能力、源头治理能力、食安追溯体系等10项重点任务，开展食品安全城市创建。市、区县(开发区)、乡镇(街道)三级分别设立健全食品安全委员会及其办公室，规范工作开展机制，召开联席会议10次(全市食品安全风险交流会商会议5次)。6月，市政府与自治区食品药品监督管理局达成共同深化“放管服”改革战略合作协议，建立南宁市食品药品安全监管示范市和食品药品产业重点发展示范区联席会议制度。市食品药品监督管理局与市公安局治安警察支队联合组建常驻联合执法办公室、食品药品违法犯罪信息研判室，定期组织召开联合执法工作会议。

监管能力建设　市食品药品监督管理局组建自治区首个市级医疗器械经营质量管理规范检查员库(检查员103人)，试点组建食品生产职业化检查员队伍，建立食品安全学生义务监督站8个(高校6所、中小学校2所)，义务监管员275人，在自治区范围内率先筹建网络稽查大队。乡镇(街道)食药监所按照“统一办公场所、统一监管标识、统一制度上墙、统一基础信息档案、统一配备设备”要求，落实办公场所面积1.40万平方米，配备执法用车206辆、快检设备295套，人员1282名，聘请协管员、信息员2455名。南宁经济技术开发区吴圩镇食药监管所成为全国基层规范化建设示范点，获国务院、自治区食品药品安全委员会办公室肯定。

监管示范点建设　市食品药品监督管理局联合市农委制定《食用农产品合格证制度》，建立完善食用农产品产地准出和市场准入产销衔接机制，在食用农产品批发市场建立检测室，配备食品安全管理人员，实现食品从“田头到餐桌”的有效监管。建设食品安全放心超市，培育梦之岛水晶城、丰润家超市、华润万家青秀万达店、沃尔玛民族大道店、北京华联民族宫店、南城百货亭江店5家大型超市为国家“放心肉菜示范超市”，海吉星农产品国际物流中心为广西食品安全示范批发市场，东沟岭农贸市场、高峰农贸市场、凤岭北农贸市场、白沙市场、淡村市场为自治区食品安全示范市场。实施餐饮服务单位食品安全提升工程、明厨亮灶再升级、餐饮服务食品安全示范学校食堂创建，打造航洋－万象城示范商圈，瑶王府、万达文华无水厨房示范店，广西民族大学、广西大学“无水厨房”示范食堂，评出“放心餐饮示范单位”28家、自治区示范学校食堂43家、南宁市食品安全示范学校食堂59家。引导“三小”(食品生产加工小作坊、小食品摊贩和小餐饮)“黑作坊”“黑窝点”、烧卤摊点转型升级，打造豆腐加工小作坊产业园、中山路、农院路、白云路小餐饮示范街、水街小餐饮示范店、生辉烧卤连锁店。

(严晔炜)

国有资产监督管理

【概　况】 2017年，南宁市人民政府国有资产监督管理委员会设办公室、政策法规科、财务监督与考核评价科、产权与收益管理科、规划发展科、企业改革改组科、综合管理科(行政审批办公室)、监事会工作科(市国有企业监事会工作办公室)、领导人员管理科、组织宣传科、群众工作科、人事科和12个科室机关党委，行政编制57名，在编54人。主要监管对象有南宁城市建设投资集团有限责任公司、南宁威宁投资集团有限责任公司、南宁建宁水务投资集团有限责任公司、南宁交通投资集团有限责任公司、南宁轨道交通集团有限责任公司、南宁产业投资集团有限责任公司、南宁大地飞歌文化产业集团有限责任公司、南宁农工商集团有限责任公司、南宁金融投资集团有限责任公司9大集团公司，9大集团公司营业收入245.14亿元，比上年增长9.52%，利润11.63亿元，增长1.53%，国有资产总额2632.11亿元，净资产884.91亿元，国有资产保值增值率101.55%。

【国资国企改革】

供给侧结构性改革　2017年，市国资委组织统筹国有资本金30亿元注入监管企业，引导国有资本向战略性新兴行业、先进制造业等重要领域和关键行业集中，向产业链价值链中高端集聚。广西南南铝加工公司推进高端铝合金精深加工技术改造项目，南宁糖业股份有限公司出资2.50亿，发起设立产业并购基金，撬动社会资本28亿，收购区内7家制糖企业。筹措10.40亿资金推进凤凰纸业、广西赖氨酸厂、柳沙公司、保安公司改制，实施99家国有"僵尸企业"低效无效产能出清，加快退出劣势企业和低效投资，完成"僵尸企业"职工安置77家，分流安置职工近万人。出台《南宁市国有企业职工家属区"三供一业"分离移交工作实施方案》，剥离国有企业办社会职能，推进生活区属地化管理和"三供一业"（供水、供电、供热，物业管理）移交，辖区内央企、区直企业、市属企业供水、供电、物业分离移交完成率分别为88.53%、87.48%、74.59%。

国有企业提质增效　市国资委监管企业通过发行公司债券、中期票据、设立产业引导基金、城市发展基金等方式融资380亿元，累计完成投资406.59亿元，实现营业收入245.14亿元，利润11.63亿元，国有资产总额2632.11亿元，净资产884.91亿元，国有资产保值增值率101.55%。拓展融资渠道，经批准设立城市发展子基金6只，规模104.21亿元，年度提款58.88亿元；设立产业发展子基金2只，引导金融机构和社会资本投入资金17亿元；绿城水务上市吸收社会资本约9亿元，南宁侨虹新材料有限责任公司股票在新三板挂牌，为自治区国资系统第一家挂牌新三板的国有企业；广西侨旺纸模制品股份有限公司完成股份制改造，获批在全国中小企业股份转让系统有限责任公司挂牌。

【国资监管】

监管法规体系完善　2017年，市国资委出台《关于改革和完善国有资产管理体制的实施意见》等政策措施10多份，完善以"管资本"为主的监管方式转变；出台《南宁市国资委监管企业功能界定与分类的实施意见》，开展监管企业功能界定与分类；印发《南宁市国资委履行出资人职责企业负责人薪酬管理办法》，推进监管企业领导人员薪酬制度改革。

加强监事会监督　发挥市国资委外派监事会的作用，依法履职检查并向监管企业发出整改提示函19份，督促监管企业整改落实；向市国资委报送监督检查报告17份(2016年度监督检查报告9份、专项监督检查报告8份)，市国资委对监督成果进行运用和处理，形成监事会监督检查成果运用闭环。指导监管企业加强子公司内部监事会建设，提高内部监事会在公司法人治理中的作用，提升监管企业风险防范能力。

创新平台监管　6月30日，研发应用公共资产负债管理智能云平台一期上线，对监管企业进行互联网智能监管。上线运行国资监管一体化系统、融资服务平台以及产权信息平台，对国有企业进行全面、规范监管，有效防止信息不对称、监管不到位及暗箱操作等问题，其中产权信息平台推送产权交易60宗，挂牌总金额逾9亿元，溢价超过15%。

【国企社会责任】2017年，市国资委监管企业加大重大基础设施、重点民生服务和战略性新兴产业等领域的投入，在城市建设、供水、交通等服务民生方面发挥主力军作用，完成投资406.59亿元。其中，南宁威宁投资集团有限责任公司建设广西文化艺术中心、南宁市图书馆、"三街两巷"一期核心区项目，累计投资分别为26.33亿元、2.445亿元、8.73亿万元；南宁建宁水务投资集团有限责任公司建设邕江综合整治和开发利用工程系列项目，投资18.63亿元，那考河流域综合整治项目获"中国人居环境奖"；南宁交通投资集团有限责任公司建设南宁市邕宁水利枢纽工程，年度投资13.41亿元；南宁农工商集团有限责任公司建设南宁农产品交易中心，累计完成投资9.50亿元。南宁轨道交通集团有限责任公司建设轨道交通项目，累计完成投资413.29亿元，年内开通试运营南宁轨道交通2号线，开工建设2号线东延线、5号线。

（秦　庆）

海　关

【概　况】2017年，南宁海关设处级海关13个，缉私分局11个，派驻机构3个；机关设局、处、室17个，管理事业单位2个，有干部职工1911人(海关关员1373人、缉私警察444人、工人94人)。关区地处沿海、沿边、沿江，面积23.67万平方千米，海岸线1595千米，陆路边境线1020千米，直达港澳内河600千米。监管口岸26个(一类口岸14个、二类口岸8个、边地贸口岸4个)，监管边民互市贸易点25个。全年监管进出口货运量1.05亿万吨，货值4174.59亿元，监管进出境运输工具39.48万辆(艘、架、次)，进出境人员1513万人，比上年分别增长5%、21.60%、17.60%、26.80%；监管进出口集装箱48.69万箱，邮递物品、邮政快件180万件；监管边民互市进出口商品721.90万吨，货值633.50亿元；征收税款233.78亿元，增长34.95%；稽查追补税5161.97万元、增长83.39%；立案查办走私案件1507起，案值50.94亿元，涉税3.65亿元，反走私绩效位列全国海关第二、沿边组第一。

【通关监管】2017年，南宁海关实施通关一体化改革，继续深化边民互市贸易综合管理改革，推进行政许可标准化，强化物流、边境贸易、行邮、加工贸易等通关监管。

物流监管　落实国务院的"压缩货物通关时间三分之一"要求，压缩海关各环节通关时间，全年进口通关时间15.03小时，出口通关时间0.98小时，比上年分别压缩34.60%、48.40%。启动行政审批网上办理平台，实行网上预受理审批，自治区内重大项目备案和审批限时制，应用"金关工程"二期项目，实施"互联网+"政务服务项目，进出口企业可以在网上随时办理9大类60项海关业务。全面对接落实全国海关通关一体化改革，实行通关"自报自缴""汇总征税"，试行"集中视频监控""集中物理审像"等业务集约，全国海关通关一体化模式报关单12.99万票(首票通关时间13秒)，自报自缴模式报关单2141票、征收税款8.31亿元，汇总征税模式报关单513票，增长32.56%。推进完善国际贸易"单一窗口"一期应用功能项目，试点应用二期沿边陆路项目，启动三期空港、内河口岸项目规划建设，推进中越、中马、中新"两国一检"通关新模式建设，推动北部湾经济区口岸通关一体化发展，南宁、北海、钦州、防城港口之间通过穿梭巴士驳运的集装箱货物，实现"同城互认"，企业平均成本降低20%～30%。开展大型集装箱检查设备集中审像作业，开展集装箱进出口环节合规成本专项治理，落实免除查验没有问题外贸企业吊装移位仓储费用政策，实现进出口环节经营服务性"零收费"，免除查验费用37.60万元，涉及集装箱1096个，惠及外贸企业204家。强化进口煤炭和固体废物监管，监管进口煤炭2092.42万吨、进口固体废物25.88万吨，查获固体废物4.61万吨。监管进出口货物1.05亿吨，货值4174.59亿元，监管进出境运输工具39.48万辆(艘、架)次，进出境人员1513万人，进出口集装箱48.70万箱(次)。

边境贸易监管　完善互市管理系统，完善查验作业、黑名单管理、运输工具监管等功能，在15个互市点(区)推广应用。以东兴互市区为蓝本，主导开发全国统一版互市管理系统，参与海关边民互市贸易管理办法修订。强化一线安全准入，

2017 年 11 月 27 日，中越“两国四方”海关打击跨境走私联合行动启动仪式在南宁举行　南宁海关提供

确保互市入境货物、运输工具落实安全一线准入检查。监管边民互市进出口商品 721.90 万吨，增长 4.40%，货值 633.50 亿元，下降 5%；边境小额贸易进出口总值 836.30 亿元，增长 5.80%（出口 799 亿元、增长 5.80%，进口 37.30 亿元、增长 6.80%）。

行邮监管　建设南宁吴圩国际机场智能旅客通道，推进旅检现场规范化建设。自主开发国际邮件管理平台，关邮 E 通正式上线。推进跨境电子商务，南宁跨境电商直购进口业务正式上线，开展跨境电商转关出口业务。开展“清源 2017”“固边 2017”“国门利剑 2017”专项行动，打击行邮违法行为。监管进出境人员 1513 万人次，增长 26.80%，监管邮递物品、邮政快件 180 万件，增长 2.83 倍；查获违禁印刷品和音像制品 1541 件，增长 63%；查获毒品案件 7 起，毒品 10.43 千克；查获枪支散件 25 件。

加工贸易监管　指导南宁综合保税区封关运营，促进“保税 +”新兴贸易业态发展和“互联网 + 保税监管”项目应用。探索关区加工贸易及保税监管改革创新，推动落实广西第二轮“加工贸易倍增计划”，支持广西申建国际进口贸易促进创新示范区，支持引进加工贸易重大项目，初步形成南宁、北海、钦州加工贸易企业集聚区和北部湾沿海加工贸易产业带、东兴 – 凭祥沿边加工贸易产业带和西江沿江加工贸易产业带。全年广西加工贸易及保税物流进出口总值 960.40 亿元，增长 9%，占广西外贸进出口总值 24.80%。

【第 14 届中国 – 东盟博览会进境展品监管】 2017 年 9 月 12 日至 15 日第 14 届中国 – 东盟博览会在南宁举办期间，南宁海关在南宁吴圩国际机场启用旅客智能通道，提高进出境参展商和旅客通关速度；在会展监管现场运用 X 光机、毒品爆炸品检测仪、手持式核素识别仪以及视频监控系统等设备，提高通关效率。运用海关总署展览品管理系统，对所有进境展品进行风险评估和台账式管理，对侵犯知识产权展品、违禁宣传品、濒危野生动植物制品坚决查堵。监管东盟 10 国，哈萨克斯坦、斯里兰卡、印度、巴基斯坦、埃及等“一带一路”沿线国家及美国、澳大利亚、韩国、日本等国参展商 494 家、展品 93.39 吨，价值 419.58 万元；监管进出境航班 315 架次（东盟专机 16 架次）；监管进出境人员 3.87 万人，给予通关礼遇 28 批 272 人。

【征收税款】 2017 年，南宁海关深化税收征管方式改革，探索属地纳税人管理，支持扩大税源进口，扩大税基涵养税源，入库税收 233.78 亿元，增长 34.95%，增幅高于全国海关同期平均值 11.70 个百分点，减免税款 2.15 亿元。

【打击走私】 2017 年，南宁海关构建“大协同多锁链”反走私综合治理体系，发挥北仑河缉私哨塔“以塔制面”优势，值守以武警为主，通过内部警力资源调整、聘请警校大学生实习和上级抽调武警内卫部队补充等形式克服“撤勤空档”，确保北仑河打击走私 24 小时武装值守；会同公安、边防部门实施“3 方 24 小时”分段联合武装值守机制；推进建设非设关地重点区域智能视频监控平台、“一村一警”边境民情反走私信息平台、缉私无人机联网视频指挥平台；发挥“南宁工作室”涉外反走私分析研究专业优势，推进对越交涉、辅助科学决策、指引打私实践。开展“国门利剑 2017”“蓝天”“青山”等系列缉私专项行动，打击“洋垃圾”农产品、资源性产品、涉税商品、涉枪涉毒等重点走私商品，遏制走私高发多发势头。首次与越南边境三省海关局举行为期 6 个月的中越“两国四方”海关打击跨境走私联合行动。立案查办走私违法犯罪案件 1508 起，案值 50.80 亿元，涉税 3.68 亿元。其中：非设关地走私违法犯罪案件 860 起，案值 39.20 亿元，涉税 2.59 亿元；监管渠道走私违法犯罪案件 648 起，货值 11.60 亿元，涉税 1.09 亿元。

【海关统计】 2017 年，南宁海关加强与地方商务、外管、税务等部门联动，建立异动数据及信息交换制度，明确虚假贸易风险线索收集、核查、处置流程，细化各职能部门、业务现场的定位和作用，形成各隶属单位定期上报、各业务职能部门不定期反馈、总关统计部门汇总发分的两级、三方联动监控格局。开展异动数据分析 10 万条，筛查异常记录 2.50 万条，形成数据异动分析报告 11 期，基本消除“买单”现

2017 年 11 月，南宁海关查获特大走私象牙案 1 起　南宁海关提供

2017年南宁海关主要业务情况表

表9

指　标	单　位	2017年	2016年	增长(%)
进出口报关单总数(结关)	张	347513.00	282492.00	23.00
进口	张	102597.00	87539.00	17.20
出口	张	244916.00	194953.00	25.60
进出口货运量	万吨	10477.50	9980.00	5.00
进口	万吨	8935.60	8359.80	6.90
出口	万吨	1541.90	1620.20	-4.80
进出口总值	亿元	4174.60	3433.00	21.60
进口	亿元	2378.40	1891.00	25.80
出口	亿元	1796.20	1542.10	16.50
边境小额贸易进出口总值	亿元	850.10	789.60	7.70
进口	亿元	36.90	34.20	7.90
出口	亿元	813.20	755.30	7.70
集装(标准)箱总数	箱次	486943.00	396733.00	22.70
集装箱箱载货物	万吨	566.50	472.60	19.90
监管运输工具总数	辆艘架	394792.00	335640.00	17.60
其中:进出境汽车	辆	339624.00	277112.00	22.60
进出境火车	节	13537.00	16348.00	-17.20
进出境船舶	艘	7837.00	8188.00	-4.30
进出境飞机	架	12017.00	12166.00	-1.20
境内转关运输工具	辆艘架	21777.00	21826.00	-0.20
新增注册企业	家	1882.00	1604.00	17.30
注册企业	家	12184.00	10235.00	19.00
进出境人员	万人次	1513.00	1193.30	26.80
进境人员	万人次	757.00	596.80	26.90
出境人员	万人次	756.00	596.50	26.70
邮、快递总数	万件	191.80	180.80	6.10
其中:邮递物品印刷品音像制品	万件	154.20	50.20	207.40
快件	万件	37.50	130.60	-71.30
快件货值	万元	673.30	23735.70	-97.20
快件计征税款	万元	130.70	3514.60	-96.30
实有加工贸易企业	个	673.00	615.00	9.40
手册设立数量	份	208.00	240.00	-13.30
手册设立金额	万美元	496785.10	461086.50	7.70
经批准内销补税	万元	45090.00	68118.70	-33.80
走私犯罪立案案数	起	138.00	131.00	5.30
走私犯罪立案案值	万元	215605.90	331999.70	-35.10
立案案件偷逃税额	万元	25227.80	48265.60	-47.70
抓获犯罪嫌疑人	人	335.00	409.00	-18.10

续表

指　标	单　位	2017 年	2016 年	增长(%)
走私犯罪结案案数	起	105.00	101.00	4.00
走私犯罪结案案值	万元	219810.40	245423.60	-10.40
结案案件偷逃税额	万元	40343.40	20994.70	92.20
缉私部门查处走私行为立案案数	起	792.00	558.00	41.90
缉私部门查处走私行为立案案值	万元	14965.50	8082.00	85.20
查处走私行为立案案件偷逃税额	万元	4410.60	2771.10	59.20
缉私部门查处走私行为结案案数	起	337.00	590.00	-42.90
缉私部门查处违规立案案数	起	561.00	419.00	33.90
缉私部门查处违规立案案值	万元	66131.60	40535.00	63.10
缉私部门查处违规结案案数	起	536.00	390.00	37.40
税收入库	亿元	233.80	173.20	35.00
关税入库	亿元	18.50	20.50	-9.50
进口环节税入库	亿元	215.30	152.80	40.90
上缴罚没收入	万元	7250.60	4246.40	70.70
减免税审批货值	万美元	18553.10	26494.90	-30.00
审批减免税	万元	21501.20	33811.40	-36.40
审批减免关税	万元	4575.00	8407.10	-45.60
审批减免进口环节税	万元	16926.20	25404.30	-33.40

象，海关统计监测预警分析报告获自治区领导批示 2 篇，中办国办采用 9 篇，总署《要情简报》采用 44 篇。

【风险管理】 2017 年，南宁海关继续实行风险情报联合研判机制，随机布控查验占 98.76%、预定式布控查验占 86.45%。关区查验率 3.25%。其中，进口查验率 7.71%，出口查验率 1.75%；关区查获率 10.27%，超过全国平均水平。发布风险信息 895 篇，通过信息转化制发联系单 627 份，实现现场追补征税款 541.66 万元，催缴入库税款 18.15 万元、纠正执法偏差 541 次，实施线索移交 34 起；移交专项稽查 61 家，办结 53 家，发现问题 44 家，查发率 83%，稽查应补税 1158.44 万元。

【稽查与后续管理】 2017 年，南宁海关查发货运渠道“3•16”重大侵权案件 12 起，货值 1670 万元。探索货到前舱单风险分析布控，将安全准入风险防控拓展到快件、跨境电商等“非贸”领域。加强对重点行业、企业的稽核查，追补征税 5161.97 万元，比上年增长 83.39%。推进落实信用奖惩联动机制，动态调整企业信用等级 146 家；培育 AEO(经认证的经营者)企业，新增注册企业 1852 家，增长 11.16%。

【服务地方经济】 2017 年，南宁海关对接国家“一带一路”倡议，签署广西、重庆、贵州、甘肃四省区市海关、检验检疫 8 方合作备忘录，建立四地海关定期会晤、通关联通、风险联控、业务协同及联合调研等五项常态化工作机制。推广自贸试验区海关创新监管制度，推动南宁综合保税区正式封关运营，海关特殊监管方式进出口 157.80 亿元。支持广西重点产业项目集聚发展，重点培育粮油加工、钢铁、有色金属和高新技术产业，发展高新技术产品和科技含量高的机电产品，推进形成电子信息产业集群。促进边境小额贸易和边民互市贸易协同转型升级，从通关措施、管理方式上支持边境加工产业发展，引导“边贸产品＋落地加工”，建成投产加工企业 28 家。推进跨境电商、市场采购、外贸综合服务企业等新兴贸易业态发展，上线南宁综合保税区直购进口业务。出台支持广西外贸回稳向好 15 项措施，扶持外贸出口，广西外贸进出口 3866.30 亿元，增长 22.60%。　　（黄伟文）

出入境检验检疫

【概　况】 2017 年，南宁出入境检验检疫局设办公室、综合业务科、动植物检疫科、食品检验科、检验监管科、检务科、财务科 7 个科室；下设南宁综合保税区办事处(副处级)，办事处设综合科、查验科、邮检科 3 个科室。在编 54 人。受理出入境货物报检 6399 批，金额 4.64 亿美元，比上年分别下降 30.72%、3.73%；完成出入境货物检验检疫 8515 批，金额 5.22 亿美元，分别下降 7.81%、增长 9.43%；签发原产地证书 9615 份，下降 2.07%；签证金额 5.96 亿美元，增长 4.24%。

【通关业务改革】 2017 年 5 月，南宁出入境检验检疫局推进“互联网＋质检”业务改革，启动中国检验检疫网上申报和无纸化系统，对辖区进出口企业免费培训，实现企业检验检疫注册、报检、申领、维护“e 申报、零成本”。无纸化备案企业 81 家，无纸化报检 4537 批，无纸化报检覆盖率 98.48%，节省成本 85 万余元，节省通关时间 2.2 万多个小时。年内，与邕州海关签署合作备忘录，探索建立信息共享机制，优化通关流程，由传统的“串联”监管作业转变为共同监管的“并联”流程，实现对所有进出境物邮“一次性”联合查验，有效缩短通关时限。出台《南宁出入境检验检验局跨境电商零售出口检验检疫监管工作实施意见(试行）》，在邮政口岸推行关检部门一次性联合查验，实现邮件、快件和跨电包裹“一机双屏双控”联合查验，监管入境跨境电商产品10.94万批次，货值2000万元。按照商事改革“多证合一、一照一码”要求，将“自理报检单位登记备案”“原产地企业备案”两个事项列入改革，简化办事程序并减轻企业负担。

【进出口商品检验检疫】 2017年，南宁出入境检验检疫局开展国门安全风险隐患排查和专项整治，加强对辖区进出口危险化学品、进口废物原料、旧机电等重点敏感商品的检验监管；受理出入境货物报检6399批，金额4.64亿美元，完成出入境货物检验检疫8515批，金额5.22亿美元，检出不合格进口设备9批，35台（套），货值116.02万美元，检出出口危险化学品包装不合格1批。

【进出口食品检验检疫】 2017年，南宁出入境检验检疫局检疫放行进出口食品1306批次，货值6324万美元，比上年分别增长17.66%、35.05%。加强对冰淇淋、蜜饯、茶叶、蔬菜制品、保健食品等食品出口生产企业的日常监管，落实企业安全主体责任，开展风险监控，守住质量安全底线。成立出口食品企业内外销“同线同标同质”帮扶工作组，指导食品生产企业对接“三同”产品供应链平台和电商平台，扩宽销售渠道，年内新增6家企业进驻“同线同标同质”公共信息服务平台。

【国际邮包检验检疫】 2017年，南宁邮政口岸启用“人—机—犬”三位一体综合查验模式，查验进出境邮包149.60万件（进境32.9万件、出境116.7万件），截获禁止进境物367批次，比上年增长212.7%，截获有害生物36批次，增长44%，其中截获濒危动物扁头豹猫、西部眼睛猴标本等引起社会广泛关注。开展“绿蕾3”专项行动，截获邮寄苗木35批次，种子12批次。

【动植物检验检疫】 2017年，南宁出入境检验检疫局强化口岸动植物检疫监管；加强辖区内外来有害生物监控，定期开展实蝇、杂草监测，做好疫情防控；采用视频监管与现场监管结合方式，做好进口粮食后续监管；开展风险监测，做好动植物及动植物产品质量分析，分类管理，科学监管。截获有害生物56种332次，其中检疫性有害生物7种38次，非检疫性有害生物49种294次。

【第14届中国－东盟博览会检验检疫服务】 2017年9月12日至18日第14届中国－东盟博览会期间，南宁出入境检验检疫局优化展品监管模式，自主研发并上线运行“中国－东盟博览会检验检疫信息化平台”，解决展览品二次报检、展后无法核销等问题，实现通关管理与物流服务“一站式”服务。检验检疫来自东盟8国（菲律宾、柬埔寨、马来西亚、泰国、文莱、新加坡、印度尼西亚、越南）及斯里兰卡、澳大利亚等国入境报检参展品267批，货值33.141万美元。其中，抽样检测食品化妆品80批次，实验室检测240项次，检出不合格参展食品3批；动植物查验26批展品或木质包装，从8批展品及包材中截获有害生物8目（纲）13科17种18批次（检疫性有害生物飞机草1种1批次、一般性有害生物16种17批次）。

【出口食品农产品质量安全示范区建设】 2017年，南宁出入境检验检疫局创建“横县国家级出口食品农产品质量安全示范区”，覆盖横县供港生猪、茉莉花茶、蘑菇、甜玉米等四大产业。指导宾阳县申创“广西出口食品农产品质量安全示范区”，覆盖胡萝卜、香米两大产业。组织指导广西农垦永新畜牧集团有限公司良圻原种猪场通过质检总局专家组验收，为广西首家“出口猪质量安全示范企业”。

（卢晓云）

口岸管理

【概 况】 南宁市境内口岸有南宁吴圩国际机场空运口岸1个，2017年2月被质检总局批准为进境食用水生动物指定口岸（自治区首个）。市商务局挂南宁市口岸办公室牌子，市商务局内设口岸规划科、口岸管理科，分别承担口岸建设与资金管理使用、口岸集疏运协调组织与管理。2017年，南宁口岸实施通关一体化改革，提高通关时效，进出口货物12.82万吨，比上年增长635.74%，出入境集装箱1.71万箱，增长808.93%，出入境人数118.11万人次，增长6.21%，继续保持自治区首位。南宁综合保税区封关运营，入驻企业34家。

【通关一体化改革】 2017年7月1日，南宁口岸启用全国通关一体化模式，通关货物实现快速申报和验放，进口通关时间6.60小时，出口通关时间0.48小时。全年进出口货物12.82万吨，增长635.74%，出入境集装箱1.71万箱次，增长808.93%。出入境旅客边检启用自助通关模式，提供“一站式”通关服务，空港口岸出入境人数118.11万人次，增长6.21%。办理进境动植物检疫许可证时间从20个工作日缩减至15个工作日，检疫许可证有效期从6个月延长至12个月。

【口岸开放发展】 2017年2月，南宁吴圩国际机场空运口岸被质检总局批准为进境食用水生动物指定口岸，为自治区首个进境冰鲜水产品指定口岸。4月14日，南宁综合保税区封关运营，与广西区内沿边、沿海口岸实现“区区联动”“区港联动”。12月，开展降低集装箱进出口环节合规成本专项治理行动。

【南宁综合保税区】 南宁综合保税区前身是南宁保税物流中心，2015年11月经国务院批准转型升级成立，享受综合保税区相关税收和外汇管理政策。面积2.37平方千米，分出口加工区、保税物流区、监管作业区3个功能区，开展存储进出口货物、国际转口贸易与国际中转、国际采购分销配送、检测和售后服务维修、商品展示研发加工制造、“无水港”作业等业务，重点发展以电子信息产业为主的现代产业、以保税物流业为核心的现代服务业，规划建成连接西南经济腹地和边境口岸、海港的中心枢纽，打造服务于中国－东盟自由贸易区贸易往来的海关特殊监管区和国际经济合作平台。2016年至2017年投资50亿元建成平方米标准厂房120万，基本建成完善配套产业区基础设施。2017年4月，南宁综合保税区封关运营。年内入驻企业34家，初步形成电子信息、装备制造产业集聚效应。

（莫荣旭）

海事管理

【概 况】 2017年，南宁海事局机关设办公室、装备信息处、党群工作部（纪检监察处）、财务会计处、执法督察处、船舶监督处、船员管理处、通航管理处（指挥中心）等8个，设政务中心、海巡执法支队2个处（室）办事机构，后勤管理中心1个事业单位，下设横县、邕江、隆安、崇左4个海事处，编制95名，在编81人。辖区通航河流12条，通航里程1111千米（干流784千米、支流327千米），港口6个（南宁港为国家二类开放港口、隆安港、中心城港、六景港、横县港、崇左港），有船水库14座，渡口141道（南宁市83道、崇左市58道），装卸码头（含自然坡岸）90个，跨航道桥梁57座，枢纽、船闸5座，过江管线129条，取水口25处；运输企业56家（海运公司9家，内河航运公司47家），纳入安全管理体系管理公司7家，登记在册内河船舶3273艘，海船63艘，注册船员9029人，砂石船188艘，渡口141道、渡船 361 艘、渡工 470 人。辖区港口货物吞吐量 1675 万吨,客运量 666 万人次。

【通航管理】 2017 年,南宁海事局加强重点水域、重点时段巡航与值守,出动巡察车 596 辆次,巡察时间 2544 小时,执法人员 1777 人次,巡察里程 7.20 万千米;出动巡航船 616 艘次,巡航时间 2610 小时,执法人员 2713 人次,巡航里程 2.50 万海里;检查船舶 5497 艘,渡口 1451 道,水库 61 座,检查水工项目 148 个,查处违法违规行为 80 起。开展渡运安全月活动,巡查辖区通航环境和通航秩序,严厉打击渡运水域内自用船、渔船参与载客运输,渡船超载,汽车渡船非法载客和人车混装行为,渡船抢航、强行横越等违法行为,检查渡船锚泊、信号、航行、消防、救生配备、应急部署以及船员应急处置能力,排查、治理辖区废弃拦河网具、养殖网箱,清理占用渡口水域的无关船舶、水上设施、养殖网箱等可能危及渡船航行安全的行为,检查船舶 623 艘次,检查渡口 153 道次,检查水库 6 座次,纠正渡船安全缺陷 137 项,排查并治理安全隐患 12 处,核发隐患整改通知书 2 份,挂牌督办无证船舶无证人员载运学生过渡行为 1 起,通报跨辖区景区无证营运船舶载客行为 1 起。

【船舶监管】

船舶公司管理 2017 年,南宁海事局出台审核员与船舶(航运)公司定点联系工作制度,强化对船舶公司的监督检查。定期召开船舶公司安全例会,督促船舶公司加强船舶安全与防污染管理。组织开展船舶周期检查,对 11 家船舶公司开展周期检查 15 次。审核船舶公司 9 家船舶 22 艘,签发临时安全管理证书 3 本,安全管理证书 12 本;中间审核签注 7 艘次,符合证明年度签注 5 本,换发 2 本,附加审核 2 家次;约谈船舶公司 3 家,注销证明 1 家。

船舶进出港报告 根据《交通运输部海事局关于实施内河航行船舶进出港报告制度有关事项的通知》要求落实船舶进出港报告制度,通过船舶公司安全例会、政务窗口、现场检查等途径宣传船舶进出港报告制度有关事项。建立完善船舶进出港报告服务网,审核船舶电子申报账号注册 588 艘次,予以注册通过 564 艘次,不以注册 27 艘次。通过电子申报账号注册的内河船舶 1122 艘,海船 55 艘。

危防管理 开展 2017 年船舶危防类风险源防控检查,实行风险源一源一档安全生产风险管理制度。落实"水污染防治行动计划",形成海事、港航、渔政渔港监督、环境保护、城建多部门联合监管制度和南宁市船舶污染物接收、转运、处置监管联单制度,监管进出港危险货物 1.73 万吨,监管载运危险货物船舶 15 艘次。实施船舶防污染检查 291 艘次;船舶垃圾管理计划审批 101 艘次,签发《油类记录簿》《垃圾记录簿》《货物记录簿》318 艘次,签发"油污损害民事责任保险或其他财务保证证书"52 艘次。

【船员管理】 2017 年,南宁海事局举办船员考试 32 期,船员培训监督检查 32 次,组织船员考试 1045 人次,船员评估 1059 人次。开展现场履职检查 468 艘次,检查船员 563 人次,检查发现船员履职方面缺陷 68 项,违法记分船员 13 名。结合船舶抵达港口检查、开航前检查、船舶安全检查、船员履职检查,开展配员专项检查,检查船舶 964 艘次,发现配员问题 5 个。开展渡船船员每人每年不少于 4 小时安全免费培训,培训 435 人,占渡船船员 100%。举办冲锋舟驾驶员免费培训班 4 期,培训防汛一线人员 291 人。

【海事服务】 2017 年,南宁海事局继续实行"一站式"审批,启用"绿色通道""并联办理"及"容缺受理"提高工作效率和服务质量,办理海事服务事项 1.13 万件。其中,即办件 4228 件(船员信息采集 3544 次、船名审核 401 次、海船船员账号注册 55 次、文书签注 228 次);审批件 5962 件(内河船员证书签发 2475 件、海船船员证书签发 1159 件、船舶登记 1809 件、防污染保险证书签发 39 件、配员证书签发 480 件);审核、水工受理 62 件(业务咨询 1058 次)。利用中小学安全教育日、航海日、世界海员日等节日开展海事船艇开放观摩、现场社会实践教学等活动,开展水上交通安全知识进校园、平安交通与渡运安全月、安全生产月、安全生产大检查等活动,分别在横县城东小学、隆安雁江镇中心小学、上林县大龙洞小学、青秀区伶俐中学等中小学校开展宣传教育 19 次,参加学生及家长 5500 人,发放《水上交通安全教育读本》约 3500 余册。

【水上应急搜救】 2017 年,南宁海事局与有关单位、民间志愿者队伍协同合作,推进水上应急专业队伍建设。加强日常应急搜救值班,编制、修订《南宁海事局值班工作制度》《南宁海事局海巡船艇使用管理规定》《南宁海事局船舶污染事故应急反应程序》《南宁市船舶污染应急预案》。接到水上报警 17 次,组织搜救行动 17 次,发布安全预警信息 110 次 12.90 万余条,督促开展应急演习演练 14 次,牵头处置"11·21"南宁三岸大桥施工人员落水救援险情。辖区内遇险人员 60 人,获救 59 人,搜救有效率 98.33%;遇险船舶 14 艘,获救船舶 14 艘,获救率 100%;发生水上交通事故 10 起,死亡(失踪)1 人,直接经济损失 83 万元。

【"海巡 1011"首航】 2017 年 6 月 20 日,广西内河最大海事巡逻船"海巡 1011"船列编南宁海事局。"海巡 1011"船长 49.90 米,型宽 8.20 米,型深 2.60 米,吃水 1.20 米,最高航速每小时 30 千米,持续续航力 1000 千米;南宁海事局举办"海巡 1011"船列编和首航活动,广西海事局、南宁市政府领导及有关口岸单位、港航单位、企业代表 60 余人参加活动。

(韦志平)

2017 年 6 月 20 日,广西内河最大海事巡逻船"海巡 1011"船正式列编南宁海事局

南宁海事局提供

责任编辑 陈洪毅 唐 娟

农　业

综　述

【概　况】2017年，南宁市农业委员会机关设办公室、综合规划科、法制科、农村经济管理科（市现代特色农业示范区建设办公室）、农村改革科（市统筹城乡改革发展办公室）、市场与经济信息科、农产品质量安全监管科（市屠宰监管办公室）、科技教育科、粮食油料作物科、蔬菜糖料作物科、经济作物科、渔业渔政科、畜牧与饲料科、动物防疫检疫监督科（市人民政府重大动物疫病防治指挥部办公室）、兽医医政药政科、农业机械化管理科、农机安全生产监督科、人事科18个科室和机关党委；行政编制70名、在编63人，后勤服务人员控制数7名、在编7人。设市农业综合行政执法支队（市动物卫生监督所）、市农村经济经营管理站、市农业技术推广站、市种子管理站、市水果生产技术指导站、市农业机械化技术推广服务站、市农业科学研究所（市蔬菜研究所、市农产品质量安全检测中心）、市动物疫病预防控制中心（市动物产品质量安全监测中心）、市植物保护站（市农药检定管理所）、市土壤肥料工作站、市蚕业站、市农业广播电视学校、市农业信息中心、市水产畜牧兽医技术推广站、市农业机械化技术学校、市旱作场、市种畜场、南宁水产良种场、市农业机耕队19个委属事业单位；除市农业综合行政执法支队（市动物卫生监督所）、市农业科学研究所（市蔬菜研究所、市农产品质量安全检测中心）、市动物疫病预防控制中心（市动物产品质量安全监测中心）为副处级参照公务员管理事业单位外，其余均为正科级事业单位。全系统编制485名（行政编制70名、事业编制383名、后勤服务人员控制数32名），在编431人。全市农林牧渔业总产值、第一产业增加值分别为704.72亿元、404.18亿元，分别比上年增长4.10%、4.10%。其中，农业产值393.71亿元，增长3.50%；林业产值39.30亿元，增长24.80%；牧业产值198.99亿元，增长2.10%；渔业产值29.35亿元，增长5.20%；农林牧渔服务业产值43.38亿元，增长4.10%。占农林牧渔总产值的比重为农业55.87%，增长0.30%；林业5.58%，增长1.20%；牧业28.24%，减少2.60%；渔业4.17%，增长0.10%；农林牧渔服务业6.16%，增长1.10%。农村居民人均可支配收入12515元，增长9.80%。全市完成确权耕地面积38.47万公顷，可颁证农户101.88万户，可颁证率96.16%。推进武鸣区农村承包土地经营权抵押贷款试点建设，建立抵押贷款管理制度，发放抵押贷款26笔、金额5278万元，抵押登记面积1398公顷。

【特色农业发展】2017年，南宁市推进农业供给侧结构性改革，增加绿色优质农产品供给，完成粮食总产量216.81万吨，宾阳县获“中国好粮油”行动示范县。糖料蔗恢复性增长，“双高”（高糖、高产）基地1.16万公顷。在建特色农业基地112个，其中高标准“菜篮子”基地65个。南宁成为全国火龙果和沃柑最大生产地。新入选全国名特优新农产品目录5个；新增“三品一标”（无公害产品、绿色食品、有机农产品、农产品地理标志）农产品17个，新增武鸣砂糖橘1个国家地理标志保护产品，新增国家地理标志商标2个，新增富硒农产品认证15个；横县茉莉花茶被评为中国优秀茶叶区域公用品牌，上林县成功创建国家有机产品认证示范区。新增自治区现代特色农业（核心）示范区8个，西乡塘“美丽南方”休闲农业（核心）示范区入选国家农业综合开发田园综合体建设试点项目。推进乡村旅游连点成线提质增效，新增自治区休闲农业与乡村旅游示范点7个，马山县获评全国休闲农业和乡村旅游示范县。

【农产品质量安全】2017年，南宁市开展农资打假专项整治，组织“2017年放心农资下乡进村宣传周”活动，出动执法人员5000多人次，检查门店、整顿市场6000多个次，立案查处违法违规案件77起，结案64起。开展农资产品质量监督检查，抽查66家种子企业（门店）74个水稻、玉米样品，抽查30家蔬菜门店蔬菜、30个样品，田间品种纯度鉴定120个，没有出现杂株率超标现象。开展“瘦肉精”专项整治，出动执法人员3258人次，检查养殖企业户966个次，检查屠宰企业120个次。开展兽用抗菌药物专项整治，609家企业（经营户）安装使用兽药GSP管理软件，安装使用率87%；随机抽检兽药经营企业生产的兽药68批，送检样品检测合格率100%。查处案件16起，查获假劣兽药产品52千克；取缔无证照企业2家；兽药经营企业签订承诺书154份；印发兽用抗菌药安全使用问答2600册。开展生猪屠宰监管“扫雷行动”，查扣生猪54头，没收和销毁私宰肉9345.90千克。开展生鲜乳违禁物质专项整治，重点加强奶牛养殖环节监管，重审婴幼儿配方乳粉企业奶源的奶站和运输车资质，督查奶站及运输车标准化管理、生鲜乳质量检验、不合格生鲜乳处理等；全覆盖检查生鲜乳收购站、生鲜乳运输车2次，检查生鲜乳收购“两证一单”（收购许可证、准运证、交接单），组织实施生鲜乳质量安全监测计划，阳性样品执法查处率100%；开展生鲜乳质量安全监测930批次（配合自治区抽样监测18批次），区县（开发区）现场快速检测862批次、抽样送市疫控中心检测50批次，合格率100%。开展水产品违法添加禁用物质专项整治，重点整治获“三品一标”认证、水产健康养殖示范场、出口水产品备案场等称号的企业及历年抽检不合格生产者。检查养殖企业（户）129个（次）；指导培训10场次、培训220人次；开展区县水产苗种生产场所督查和质量安全抽检，检测违禁用药物残留。例行监测及乡镇农产品质量监测（定性）样品137541个，合格137487个，合格率99.96%；色谱法检测（定量）蔬菜水果样品1001个，合格978个，合格率97.70%。监测水产畜牧产品（含兽药残留监控）样本2.77万批次（农业部任务278份、合格率99%）；完成自治区监测任务2942批次，完成率110%，合格率100%；完成市本级任务8.18万批次；水产品例行监测236批次；畜牧产品动物组织302批次、畜禽产品兽药残留监控160批次、屠宰环节“瘦肉精”现场快速检测7.80万批次、养殖环节“瘦肉精”现场快速检测3060批次。均未发现阳性样品。全年有广西九龙腾农业科技有限公司的宾阳古辣香米、广西南山白毛茶茶业有限公司的横县南山白毛茶、广西农垦国有东湖农场的宾阳朔萝卜、广西仁泰生物科技有限公司的横县双孢蘑菇以及广西佳年农业有限公司的武鸣火龙果5个企业生产的产品入选全国名特优新农产品目录;“三品一标”农产品157个;国家地理标志保护产品4个。 (韦悦妮)

【农业综合执法】 2017年,南宁市组织农业执法培训15期、培训2046人次;开展行政执法案卷集中评查3次,评查案件43起(次),评选推优案卷10件,其中1件被评为自治区水产畜牧兽医系统优秀案卷。举办动物防疫检疫培训班58期、培训2816人次,开展专项行动6次,发放宣传资料10.68万份,出动车辆2998辆次、执法人员9719人次,督查畜禽屠宰场880个次、猪养殖场3430个次、牛养殖场393个次、家禽养殖场2351个次、动物及动物产品集贸市场194个次、畜禽产品贮藏冷库80家次、动物诊疗机构328个次、兽药经营企业918个次,签订责任书(告知书)2894份,下达整改通知书或监督意见书286份;办理动物卫生监督案件131起,罚没15.72万元,完成办案指标12件,通过自治区验收。开展私宰窝点打击行动25次,出动执法人员452人次,查处屠宰点31个,取缔私宰窝点1个,查获生猪产品1.33吨、生猪22头、屠宰工具一批。开展畜禽屠宰场防疫检疫监管专项整治,督查屠宰场320个次,清理定点屠宰场13个,查处私宰、肉品质量安全案件31起(次);办理行政处罚案件9起,罚没7583.21元。出动执法人员422人次,检查种植企业1338个次,整顿农资市场310个次,立案查处13起;查获假劣农资1696千克,货值5.60万元;受理投诉举报9起,涉案金额20万多元。分别抽检肥料、农药质量193个、200个,完成率100%;抽检养殖业投入品质量895批次(畜禽产品356批次、生鲜乳50批次、饲料398批次、兽药73批次),合格率99.60%;抽检生猪“瘦肉精”5787批次、合格率100%,屠宰企业自检生猪“瘦肉精”6.51万批次、合格率100%;发现生鲜乳运输车抽样1批次产品不合格,责令属地处罚,加大养殖户送奶抽检比例。开展兽药质量安全整治,出动执法人员375人次,检查经营企业234家,发放宣传资料2350份,下达整改通知书16份;办理兽药案件11起,处罚企业11家,罚款4.30万元,收缴假劣兽药产品947千克。出动执法人员200人次,巡查农业植物检疫市场29次,纠正不规范行为为66次,检疫种子繁育面积286.43公顷、种子70多万千克,签发产地检疫合格证11批次。出动人员54人次,检查种苗市场18个、种苗经营户72户、种子及苗木177批次,发现未附有调运检疫证78批次,责令整改78次。开展柑橘黄龙病等植物疫情处置活动21次,出动人员63人次,现场防控60次,疫情灭杀1次;开展宣传94次,发送手机短信3620条、发放宣传资料1.32万份。(黄 萍)

【农业招商引资】 2017年5月20日,市农委举办市特色农业开放合作与投资推介会,推介种植养殖产业、农产品精深加工产业、现代农业示范区建设的提档升级、休闲农业;来自越南、老挝、缅甸、柬埔寨等国家及国内企业代表200多人参加,现场签约总额超10亿元。6月至12月,全市农产品加工及冷链物流配送等招商项目27个参加自治区分别在浙江省杭州市、江苏省南京市、山东省济南市、河南省郑州市及南宁市举办的系列“广西农业投资合作项目交流洽谈会”,现场签约项目4个、金额15.68亿元,涉及畜牧、水果、农产品加工等领域。

【农业对外交流合作】 2017年3月,南宁市蔬菜研究所派出1名蔬菜种植专家作为商务部项目派出专家,在柬埔寨进行技术指导2年。5月16日,澳大利亚班达伯格市商务代表团一行在南宁市举办项目专场推介会,南宁振企农业科技有限公司、广西佳年农业有限公司、皇氏集团等16家企业参加。 (韦燕珍)

【农业示范区建设】 2017年,南宁市累计创建自治区、市、县、乡四级示范区169个,其中自治区级示范区18个(五星级、四星级、三星级各6个、入围2个,新增8个),市级49个(新增11个),县级示范区26个(新增8个、入围8个)、乡级示范区32个(新增14个、入围22个)。累计投入资金106.37亿元。其中,市级投入示范区(含生态综合示范村)专项资金7.22亿元,整合涉农资金11.11亿元;县级投入9.85亿元,撬动企业、合作社、农民等社会资金78.19亿元。示范区核心区面积2.32万公顷,土地流转1.93万公顷;入驻企业308家、农民合作社284家、家庭农场78家;示范区类型有种植业115个、林业4个、畜牧23个、渔业3个、休闲农业24个;解决农民就业4.22万人,直接带动农户8.95万户。12月,自治区现代特色农业示范区建设增点扩面提质升级动员部署会在南宁市召开,南宁市农业示范区建设获自治区主要领导肯定。

(苏洁霞)

【农业信息化建设】 2017年,南宁市开展农村土地承包经营权确权登记管理信息系统、农业综合信息管理与服务平台建设,南宁农业信息网独立用户访问6.18万人次,浏览23.82万人次,发布信息3585条。5月,在广西农产品贸易网和南宁农业信息网上举办“2017年南宁市春夏季蔬菜瓜果网上交易节”,发布农产品供应信息128条,浏览2000多人次。申报全国农业农村信息化示范基地项目,广西力拓农业开发有限公司、南宁振企公司、广西慧云信息技术有限公司分别被认定为全国农业农村信息化示范基地生产应用型企业、经营应用型企业、服务创新型企业,为南宁市首次。组织参加农业部与江苏省人民政府主办的首届全国新农民新技术创业创新博览会,广西慧云公司在全国农业农村信息化示范基地展区独立展出,广西捷佳润科技股份有限公司获全国农村创业创新项目创意大赛铜奖。推荐农业信息进村入户项目县级运营中心示范点,开展自治区信息进村入户基础情况摸底调查、农业信息进村入户工程建

2017年,邕宁区香樟园绿野香樟示范区获评自治区县级现代特色农业示范区

邕宁区中和乡政府提供

设项目申报及答辩，推荐自治区及遴选市级信息进村入户工程服务商。举办南宁市农业信息员培训班，培训88人。

（李亦菁）

【糖料蔗生产保护区划定】 2017年3月31日，国务院颁布《国务院关于建立粮食生产功能区和重要农产品生产保护区的指导意见》，下达给广西76.67万公顷糖料蔗生产保护区划定任务。8月，横县被列为自治区6个糖料蔗生产保护区划定试点工作区县之一；11月22日，按自治区政府印发《广西粮食生产功能区和糖料蔗生产保护区划定工作方案》，南宁市糖料蔗生产保护区划定任务9.27万公顷，其中江南区0.47万公顷、青秀区0.40万公顷、西乡塘区0.13万公顷（农垦系统1000公顷）、邕宁区0.53万公顷、良庆区0.80万公顷、武鸣区1.67万公顷、横县1.53万公顷（农垦系统2066.67公顷）、宾阳县2万公顷（监狱系统266.67公顷）、上林县0.47万公顷、马山县0.27万公顷、隆安县1万公顷（农垦系统66.67公顷）。 （唐亚亚）

农业科技

【农业科普宣传】 2017年，南宁市开展“科普进农村”14场，指导生产206次，培训种养技术116期、1.43万人次，服务农民2.82万人次，推广新品种、新技术34个，发放资料2.70万份。举办“旱藕品种”高产栽培技术班5期，培训农民200多人。组织参加“科技周”活动、广西创新驱动发展成就展南宁特装展、优秀科技创新平台及科普资源开放周暨“科技走近百姓”系列活动、科技精准扶贫、全国科普活动日暨南宁市“十月科普大行动”，参加500人；开展科普教育基地主题日联合行动及开放日行动等，展示现代农业、“放心菜”及果蔬产品农药残留检测，参加350人。

（陆琬佳）

【基层农技推广体系改革与建设补助项目实施】 2017年，南宁市组织邕宁区、武鸣区、横县、宾阳县、上林县、马山县、隆安县7个种植业项目区县和武鸣区、宾阳县、上林县、马山县、隆安县5个水产畜牧业项目区县实施基层农技推广体系改革与建设补助项目，确定水稻、甘蔗、蔬菜、桑蚕、水果、玉米、木薯、花生、茉莉花9个种植业主导产业和本地生猪、肉牛、旱鸭、淡水鱼、肉羊5个水产畜牧业主推品种；建设县级、乡镇级农业科技种养试验示范基地66个（种植类57个、水产畜牧类9个）；选出乡镇农技人员362人作为科技指导员（种植类227人、水产畜牧类135人），选出科技示范户1719户，项目区县成立专家组，组织技术指导员下乡指导，实行技术指导包村联户制，建立“专家定点联系到县、农技人员包村到户”工作机制、“专家＋试验示范基地＋农技推广人员＋科技示范户＋辐射带动户”服务模式、“互联网＋农业科技”推广方式。项目下达资金556.50万元，其中种植类366.50万元、水产畜牧类190万元，主要用于农技人员下乡服务补助、农业科技示范户物化技术补助、农业科技试验示范基地建设补助、聘请专家、农技人员提升培训、农业科技网络书屋建设、制作示范户手册和门牌等。

【农作物新技术新品种引进与推广】 2017年，南宁市引进水稻、玉米等新品种102个，推广测土配方施肥48.54万公顷，推广节水技术16.57万公顷。9月14日，协助农业部在宾阳县举办“亚太农机检测网（ANTAM）标准培训班”，现场演示水稻插秧机试验，培训来自亚太地区15个国家的外籍专家30人。 （廖锦鹏）

【蔬菜新技术新品种引进与推广】 2017年，南宁市实施早熟耐低温辣椒新品种“新康2号”引进及示范推广项目，在邕宁区蒲庙镇华康村选取6个品种对比试验，建立技术示范区3.33公顷。推广辣椒新品“新康2号”“优美303”面积67.20公顷，平均每公顷产2.90万千克；引进节水灌溉、椒蔗套种、椒果套种技术21.33公顷，开发二次育苗促壮技术培育辣椒壮苗14.53公顷；椒蔗套种技术平均每公顷增收13350元，椒果套种技术平均每公顷增收11745元。开展旱藕新品种“南蔬旱藕一号”选育与大面积示范推广，获市科学技术进步一等奖；建立高产示范基地800公顷，自治区内推广4666.67公顷以上；新品种“南蔬旱藕二号”旱藕连片种植12公顷，比当地品种每公顷增产2万千克，增长33.90%。市农科所引种试验70多个蔬菜品种，确定具有推广价值品种7个（豆角1个、茄子1个、番茄3个、节瓜1个、菜薹1个）。全市在宾阳县示范推广东北油豆角2.67公顷；在无公害蔬菜生产中的应用与推广微生物有机肥，面积43.51公顷，平均每公顷增产2817.84千克，增长19.28%。 （朱 琳）

【病虫害防治】 2017年，南宁市农作物有害生物总体发生程度中等、局部中等偏重，病虫害发生总面积2645万亩次（水稻797.25万亩次、玉米140.10万亩次、甘蔗308.10万亩次、果树216.150万亩次、蔬菜301.50万亩次）；农田鼠害面积299.85万亩次。实施防治总面积2654.25万亩次，挽回农作物损失105.19万吨，总体防效97.38%；农作物病虫害专业化统防统治212万亩次，占粮食作物种植面积34.80%，防治面积增大；绿色防控620万亩次，主要农作物病虫害防控覆盖率28.20%；应用稻田生态调控、释放赤眼蜂生物防治、生物农药防治、稻鸭稻鱼治草治虫、频振灯诱控、昆虫信息素诱控、色版诱控、农田鼠害TBS（围栏）防控等技术。

（农珍玉）

【土壤肥力改造】 2017年，南宁市投入1133.34万元（市本级77.66万元、区县1055.68万元），实施种植绿肥、购买商品有机肥与复合微生物肥、测土配方施肥等项目，完成110.69%。中低产田改良2.11万公顷，测土配方施肥48.54万公顷（水稻21.02万公顷、玉米7.91万公顷、甘蔗9.39万公顷）。采集土壤样品1023个。冬种绿肥播种1.88万公顷（专用绿肥0.74万公顷、兼用绿肥1.14万公顷）；秸秆还田42.65万公顷（水稻22.60万公顷、玉米5.61万公顷、其他14.44万公顷），还田总量2.07亿吨；设耕地土壤质量监测点87个（国家级3个、自治区级4个、县级80个）。推广节水技术18.70万公顷，其中微喷、滴灌及水肥一体4.15万公顷。参与富硒开发企业36家，建设生产基地36个、面积2100公顷，检测土壤样品679个、富硒农产品1549个。 （粟学军）

【农业职业教育与技能培训】 2017年，南宁市举办培训班350期，培训农村党员、农村经济组织负责人、农民专业合作组织负责人、种养大户、农业机械手、计生户、扶贫户3.08万人次。组织西乡塘区、邕宁区、武鸣区、横县、宾阳县、上林县、马山县、隆安县8个项目区县开展新型职业农民示范培育，甄选培训学员1791人（生产经营型1661人、专业技能型50人、专业服务型80人），完成新型职业农民培育教育培训917人。认定2015年、2016年新型职业农民高级技术职称7人、中级127人、初级639人。开展新型职业农民培育基地遴选挂牌和入库，选出基地25个，自治区审查通过24个（自治区级2个；市级8个，其中实训基地6个、农民田间学校1个、综合基地1个）；县级培育基地14个（实训基地6个、农民田间学校3个、综合基地5个）。组织申报现代青年农场主培养，遴选培育对象111人，其中休闲农业9人、经济作物29人、粮食作物14人、养殖23人、种植28人、其他8人。

【农业科技队伍建设】 2017年，南宁市农业系统有专业技术人员1711人，其中高级专业技术职务任职资格46人、中级851人、初级以下814人;有研究生学历27人、大学本科学历569人、大学专科学历884人、中专及以下232人。市农委组织286人参与市、县两级基层农技推广人员培训,其中省外种植业项目培训4人、水产畜牧业项目培训20人;自治区内高校科研院所培训157人;其他培训105人。组织农业行政综合执法、农机质量管理、村级动物防疫员师资等培训班16期。11月,选派技术骨干1名参加自治区农业厅组织的“现代循环农业暨农产品安全监测”德国培训班,学习德国现代循环农业及农产品质量安全监测经验。12月,开展农业科技人才队伍建设提升培训班,选派农业技术骨干60人赴浙江省学习农业信息化、农产品质量安全与管理,农业科技创新与特色农产品开发,生态农业产业与区域发展等。(陆琬佳)

农业综合开发

【概　况】2017年,南宁市农业综合开发项目筹集、投入资金3.14亿元。其中,财政资金2.65亿元(中央1.30亿元、自治区6398万元、市级6619.80万元、区县524万元);自筹或其他4866.93万元。实施农业综合开发项目22个,其中土地治理项目7个、产业化发展项目12个、试点项目2个、国家农业综合开发中央部门项目1个。农业综合开发土地治理项目新增及改善灌溉面积3640公顷,新增及改善除涝面积1060公顷,新增节水灌溉面积3353.33公顷,节水量568.80万立方米,增加机耕面积1366.67公顷,扩大良种种植面积827公顷,种植优质农产品面积2973.30公顷,增产粮食5885吨、糖料1.14万吨;项目区年纯收入增加1564.85万元,直接受益农户1.67万户、农业人口58.90万人。产业化发展财政补助项目新增干鲜果1000吨,加工转化农产品11.50吨;新增总产值2175万元,新增增加值1420万元,新增利税703.29万元;直接受益农户600户、农业人口2350人。

【国家立项农业综合开发及试点项目】2017年,南宁市获批国家农业综合开发土地治理项目5个,总投资6075万元(中央财政4050万元、自治区财政1720万元、区县财政305万元);获批国家农业综合开发产业化发展财政补助项目7个,总投资5655.68万元(中央财政1020万元、自治区财政510万元、自筹4125.68万元);获批2016年度国家农业综合开发产业化发展中央财政贷款贴息项目立项2个(青秀区1个、兴宁区1个),项目贷款额1.10亿元,其中中央及自治区财政资金贴息补助168万元。7月,西乡塘区“美丽南方”田园综合体项目列入国家农业综合开发田园综合体建设试点项目;财政总投入2.25亿元(中央财政1.50亿元、自治区财政0.6亿元、区县财政0.15亿元),年度投资8372.76万元(中央财政4000万元、自治区财政1600万元、市本级财政400万元、自筹2372.76万元)。江南区获国家农业综合开发特色村镇建设试点项目立项公示,财政总投入6750万元(中央4500万元、自治区1800万元、区县450万元)。8月,宾阳县获批国家农业综合开发现代农业园区试点项目,财政总投入4500万元(中央3000万元、自治区1200万元、县级300万元),年度投资2585.20万元(中央财政500万元、自治区财政200万元、县级财政150万元、自筹1735.20万元)。

【自治区立项农业综合开发项目】2017年,南宁市获批自治区农业综合开发“产业富民”地头冷库项目3个,其中青秀区1个、西乡塘区1个、宾阳县1个,投入财政资金110万元。

【市级立项农业综合开发项目】2017年,南宁市市级土地治理项目1个完成拨付750万元,项目实施地在良庆区。项目实施将建设高标准农田400公顷,实现粮食增产240吨,蔬菜增产4180吨,新增种植业总产值1130.40万元,项目区农民收入增加总额210.40万元。

【贫困区县资金安排】2017年,邕宁区、上林县、隆安县获国家农业综合开发贫困区县统筹财政资金5190万元,其中邕宁区1200万元、上林县1642.50万元、隆安县2347.50万元;马山县、隆安县获自治区农业综合开发贫困区县统筹财政资金800万元,其中马山县685万元、隆安县115万元;邕宁区、上林县、马山县、隆安县获市级农业综合开发贫困区县统筹财政资金5000万元,其中邕宁区900万元、上林县1100万元、马山县1400万元、隆安县1600万元。

【项目验收】2017年,南宁市开展组织农业综合发展竣工项目验收,2016年国家、自治区19个立项项目参加验收。其中,国家立项高标准农田建设项目8个,分布在西乡塘区、邕宁区、良庆区、武鸣区、横县、宾阳县、上林县、隆安县,评为合格7个、基本合格1个(横县);自治区立项高标准农田建设项目3个,分布在江南区、宾阳县、马山县,均评为合格;国家立项产业化财政补助项目2个,分布在邕宁区、隆安县,均评为优良;广西国泰粮食集团有限公司30万吨粮油食品精深加工搬迁技改二期工程粮食周转库、自治区国有高峰林场收购6万亩林木资源、广西柯莉莱原种猪有限责任公司年产4万头优质种猪、南宁市宾阳县聚丰米业有限公司年产3万吨优质大米扩建、广西金穗农业集团有限公司年产8万吨优质香蕉种植、广西雄桂种猪有限公司年出栏4万头生猪养殖基地建设国家立项产业化中央财政贷款贴息项目6个,均评为合格。(李欣怡)

农业产业化

【概　况】2017年,南宁市有市级以上农业产业化组织309个,其中龙头企业带动型200个,合作组织带动型103个,专业市场带动型6个(年交易额2000万以上);产业化组织与农户的联结机制中,合同关系182个,合作方式64个,股份合作方式63个;在合同关系中,订单总额76.21亿元,履约成交61.34亿元,履约率80.49%。农业产业化组织带动农户103.25万户,农户从事产业化经营增收21.77亿元;产业化基地种植面积24.07万公顷,牲畜饲养量182万头,禽类饲养量8120万羽,养殖水面面积3213.33公顷。

【农业产业化企业】2017年,南宁市有农业产业化重点龙头企业200家(新增市级15家;不合格被取消19家,其中自治区级1家、市级18家),比上年减少4家。其中,自治区级以上43家,占自治区18.30%,居自治区第一;国家级14家,占自治区45%,居自治区第一。自治区级龙头企业年销售额360亿元,带动农户60.77万户,带动基地农户增收13.55亿元,其中年销售额1亿元以上企业34家、10亿元以上企业12家、50亿元以上企业1家。(黄丽红)

【农民专业合作社】2017年,南宁市有农民合作社4306家(新增自治区级2家、市级38家)。市本级落实农民专业合作组织能力建设补助资金项目35个、扶持金额610万元。

【家庭农场】2017年,南宁市有注册登记家庭农场829家,首次开展市级示范家庭农场评选,新增市级示范家庭农场19家。市本级落实家庭农场能力建设补助资金项目40个、扶持金额390万元。(苏洁霞)

【农村土地流转】2017年,南宁市农村土地流转10.79万公顷(新增7506.67公顷),

2017年南宁市新增农业产业化重点龙头企业

自治区级

广西桂洁农业开发有限公司
广西四野牧业有限公司
广西九翔农牧有限责任公司
广西高源淀粉有限公司
广西滨地生态农业投资有限责任公司
宾阳县聚丰米业有限公司

市　级

广西力源宝科技有限公司
广西田野创新农业科技有限公司
广西粮鲜冠米业有限公司
广西石埠乳业有限责任公司
广西康佳龙现代农业科技有限责任公司
广西鑫来农业发展有限公司
广西全福农业有限公司
广西广美农业有限公司
广西多得乐生物科技有限公司
南宁市晋江福源食品有限公司
广西欧亚达原种猪有限责任公司
广西润爽生态农业科技有限公司
广西与农共赢农业发展有限公司
广西德澳新农业科技有限公司
马山县六合之家农产品加工厂

占农户承包地29.10%，涉及农户35.42万户。连片流转土地3.33公顷以上的经营主体3100家，流转面积7.27万公顷，其中连片流转土地133.33公顷以上的经营主体49家、流转面积9133.33公顷。

（黄丽红）

农工商企业

【概　况】 2017年，南宁农工商集团有限责任公司调整重组，设直属机构红星管理区，南宁农业投资集团有限公司(5月成立)、南宁市柳沙企业有限责任公司、广西南宁华顺房地产有限责任公司、南宁市罗文实业有限责任公司4个全资子公司，南宁农产品交易中心有限责任公司1个控股公司。原全资子公司广西新农商贸易有限公司(6月由广西北湖工业投资有限责任公司更名)、南宁市秀成置业有限责任公司、南宁市崇善颐养服务有限公司、南宁市金谷隆粮油购销有限责任公司、南宁市秀和物业服务有限责任公司划归南宁农业投资集团有限公司。集团公司重组资源，实施中层及以下人员双向选择、竞聘上岗；对市秀和物业公司、广西新农商贸易公司、市罗文实业公司、广西南宁华顺房地产公司及红星管理区，以独立子公司方式下达经营业绩指标进行考核；实现营业收入3.52亿元，比上年增长17.46%；利润总额1360.96万元，增长97.52%；缴税3289.47万元，增长70.32%。

【项目建设】 2017年，集团公司以南宁农产品交易中心项目建设为契机，利用红星管理区土地5.71公顷，投资建设活禽交易市场，建成大棚14个，初步形成路网，开展招商；利用红星管理区土地约15公顷，投资建设粮油仓储项目，承接市五里亭市场粮油板块业务。南宁榄庆开发有限公司向集团公司支付“东方·皇城”项目第一期转让款1590.99万元，余款未结；“罗文25亩”项目处遗基本完成，办理注销手续；经市国资委批复同意，集团公司公开挂牌转让广西云景房地产开发有限责任公司资产包，标的含云景公司股权、欠款本息、职工安置费等2.88亿元，上海昶叙企业管理有限公司以2.88亿元受让，12月14日签订转让合同，标志着“美泉1612”项目处遗获突破性进展，解决云景公司对集团公司的大额欠款问题，保障南宁农产品交易中心等重点项目建设的资金来源，维护国有资本安全。至年末，南宁农工商产业大厦项目工程完工验收，完成预售证办理，启动销售；“布拉格”项目按总平公示及听证会反馈意见调整总平方案，办理报批。

【主营业务】 2017年，集团公司主营资产出租、殡葬业、建筑、装饰、房地产合作、综合贸易等行业，经营利润率处较低水平，经营重心移至农产品交易中心项目。至年末，完成投资约20亿元，完成工程量约80%，广西农业会展中心、冷库、大棚及部分商务综合楼封顶或完工，农产品追溯体系、农产品冷链建设等项目获为民办实事及商贸项目政策支持。

【物业经营】 2017年，集团公司规范资产招租，聘请中介机构评估年租金；不需评估部分，通过市场调查、分析资产特点等确定招租底价，经集体决策决定，报集团公司办公会或董事会审批；大部分资产出租委托南宁市威宁交易大厅或广西联合产权交易有限责任公司公开招租，其余资产自主公开招租，租金收入6058.03万元。

2017年7月20日，南宁农工商企业集团公司举办南宁农产品交易中心项目招商客户恳谈会
陆锡健提供

【企业改制】 2017年,集团公司完成柳沙公司职工分流安置;金谷隆公司代管的25家粮所粮贸中心歇业、职工分流安置方案,经市国资委批复同意报市企业改革办公室审批;柳沙公司下属5家企业的清算注销、破产方案获市国资委批复,开展清产核资、专项财务审计和资产评估。11月至12月,集团公司与南宁绿城水务公司、南宁供电局分别签订下属南宁乳业公司衡阳东路71号生活区的供水设施、供电资产分离移交协议,与市秀和物业服务有限责任公司签订物业管理协议,推进“三供一业”(供水、供电、供热,物业管理)分离移交改造;12月28日,与西乡塘区政府进行衡阳东路71号生活区与非经营性资产移交签字,衡阳东路71号成为首个市属国有企业移交地方管理的生活区。 (陆锡健)

种植业

【概 况】 2017年,南宁市农作物播种面积97.88万公顷,与上年基本持平。其中,粮食播种43.04万公顷、总产量216.81万吨,分别下降1.44%、2.93%;蔬菜播种24.12万公顷、总产量545.40万吨,分别增长3.83%、5.35%;糖料蔗种植13.68万公顷,增长0.91%,2016/2017榨季糖料蔗产量1101.14万吨,增长4.30%;水果种植13.77万公顷、产量248.32万吨,分别增长9.17%、6.20%。西(甜)瓜种植4.87万公顷、产量126万吨,分别增长2%、2.02%;桑园面积4.47万公顷,蚕茧产量9.83万吨,分别增长0.67%、4.75%。投入1200万元,扶持和培育种粮企业、种粮专业合作社、种粮大户等新型粮食经营主体;投入600万元,在武鸣区、横县、南宁经开区、南宁高新区安排种子工程项目4个。推进4.52亿元农业支持保护补贴发放。推广高产优质抗逆水稻、玉米等品种127个;完成超级稻示范推广12.27万公顷,玉米“一增三改”(增加种植密度,改平播为套种,改粗放用肥为土方用肥,改人工种植为机械化种植)技术示范推广3.33万公顷,完成粮食间套种2.53万公顷,推广测土配方施肥48.54万公顷,农作物病虫专业化统防统治212万亩次,绿色防控620万亩次,推广节水技术10.43万公顷。横县推广玉米一年三熟制,每公顷产值超3万元;马山县、宾阳县推广“玉米+大豆”“水稻+玉米”“超级稻+莲藕”等模式;武鸣在旱地发展“西瓜+马铃薯”,在幼龄果园套种马铃薯或田埂间种大豆等旱粮作物。全年种植面积适当调减、产量稳定,产能不减。

【稻谷生产】 2017年,南宁市调整和优化水稻种植,引导种粮大户与合作社等开展代耕、代种,推广高产优质抗逆水稻品种,推广应用水稻生产机耕、机插、机防、机收、机运、机烘干等“十大主推技术”,水稻播种面积28.20万公顷,比上年减少1.76%;总产量153.24万吨,减产2.30%;公顷产5434.05千克,减产4.20%。主要种植Y两优1号、丰田优553、中浙优1号、中浙优8号、甬优6号、特优582、桂农占等品种;杂交稻有两优1号、野香优9号、晶两优华占、满香优、特优7571、中广香1号、桂育8号、桂育9号等品种。在宾阳县建设古辣香米产业示范区,辐射带动1.03万公顷优质稻基地建设;横县朝阳大垌产业示范区种植富硒优质稻333.33公顷,辐射带动周边1333.33公顷,增加200公顷。

【玉米生产】 2017年,南宁市在武鸣区、横县、马山县、隆安县发展优质杂交玉米生产,适度发展鲜食甜玉米、功能玉米和青贮玉米。玉米播种面积10.53万公顷,比上年减少1.43%;总产量53.95万吨,减产0.94%;公顷产5122.20千克,增产0.49%。推广应用玉米套种大豆、套种木薯、套种花生等种植模式。主推太平洋99、正大999、迪卡008、瑞恒269、金玉506、蠡玉16、桂糯518、桂单22、桂单30、桂单0810、桂单166、桂单688、南校系列、长城系列等品种。

【豆类生产】 2017年,南宁市豆类播种面积2.51万公顷,比上年增加0.72%;总产量3.97万吨,增产4.20%;公顷产1583.85千克,增产3.39%。

【薯类生产】 2017年,南宁市薯类播种面积1.78万公顷,比上年增加0.11%;总产量5.65万吨,增产4.21%;公顷产3167.55千克,增产4.09%。以公司(企业)、种植大户为主体连片开发,采用“果薯套种”“蕉薯套种”等种植模式,马铃薯播种6500公顷,增加1.25%;总产量2.65万吨,增产5.58%。主推荷兰15号(费乌瑞它)、希森3号、合作88、大西洋、丽薯6号、桂农薯、内蒙古系列等品种。

【油料生产】 2017年,南宁市油料播种面积4.12万公顷,比上年减少21.59%;总产量13.05万吨,减产15.97%。发展高产优质油料新品种,推广中花11、桂花17、桂花21、梧油7号、桂花红35、桂花红95、桂花772等品种;花生良种覆盖率80%以上。 (田乙凤 钟月英)

【蔬菜基地建设】 2017年,南宁市以先建后补方式推进蔬菜基地建设,重点扶持满足本地叶菜类、茄果瓜豆类蔬菜基地,完善基地灌溉系统、生产供电系统、机耕路网、种植大棚、产品处理和储存车间及预冷、食用菌生产等设备设施,建设蔬菜基地423.33公顷,涉及邕宁区、上林县、马山县、隆安县4个贫困区县,以及西乡塘区、良庆区、武鸣区、横县、宾阳县,总投资5902万元(市财政2000万元、业主自筹3902万元)。市财政资金主要扶持贫困区县项目7个、745万元,扶持非贫困区县项目13个、1255万元。

【蔬菜生产】 2017年,南宁市蔬菜播种面积24.13万公顷、产量545.50万吨,比上年分别增长3.80%、5.40%,蔬菜面积、产量居自治区首位。种植辣椒1.73万公顷、菜心1.60万公顷、大白菜1.33万公顷、甜玉米1.33万公顷、冬瓜1.27万公顷、普通白菜1.13万公顷、南瓜0.53万公顷。广西农垦国有东湖农场生产的胡萝卜列入全国名特优新农产品名录。

【食用菌生产】 2017年,南宁市食用菌种植面积2038公顷、产量20.11万吨,比上年分别减少21.16%、10.22%;产值20.27亿元。主要种植双孢蘑菇、杏鲍菇、秀珍菇、凤尾菇、香菇、木耳、平菇、茶新菇等品种,发展猪肚菇、草菇等品种。广西仁泰生物科技有限公司生产的双孢蘑菇被列入全国名特优新农产品名录。投入400万元,扶持建设横县、上林县、隆安县3个食用菌项目,其中扶持上林县香菇木耳标准化基地项目150万元、隆安县食用菌四季高产项目180万元。上林基地带动贫困人口80人参与生产,人均月工资1200元;隆安基地带动100个贫困户发展,人均收入500元;上林县明山菌业有限公司、上林县容嬷娴食用菌种植有限公司、上林县大山源生物科技有限公司、广西上林县杰乐菌业有限公司、上林县六旺种养农民专业合作社、上林县盛源桑菇食用菌专业合作社、上林县龙润食用菌种植农业专业合作社、上林县富强食用菌种植农业专业合作社、上林县唯裕桑菇食用菌专业合作社9家企业(合作社),以参股、用工及租地等形式带动贫困农户148户发展食用菌,人均月增收1200元。

【糖料蔗生产】 2017年,南宁市种植糖料蔗面积13.68万公顷,比上年增长0.90%;产量1101.14万吨,增长4.30%,糖料蔗种植面积恢复性增长。种植推广粤糖93/159、柳城05/136、柳城03/1137、粤糖60、桂糖41号等品种。推广机械化种植、地膜覆盖、深耕深松、中耕培土、节水灌溉、测土配方施肥、病虫害综合防控技术等。甘蔗耕种收综合机械化水平62.71%,居自治区第二。启动糖料蔗生产保护区划定工作，横县被确定为全国糖料蔗生产保护区试点县。

【“双高”糖料蔗基地建设】 2017年，南宁市建成“双高”糖料蔗基地251个、1.16万公顷，其中江南区38个、1440公顷，武鸣区63个、3267公顷，横县50个、2400公顷，宾阳县49个、2580公顷，隆安县43个、1467公顷；广西－东盟经开区8个、419公顷。“双高”基地建设“四化”（经营规模化、水利现代化、良种良法化、生产机械化）进展加快，新种面积良种良法全覆盖，耕整地均机械深耕作业，武鸣区、横县形成万亩连片种植。武鸣区、宾阳县、隆安县、广西－东盟经开区以制糖公司带动农民租地、种植业主带动农民务工，面积2666.67公顷；江南区、横县形成“糖企牵头并户联营”模式，实现土地相对集中经营与管理，面积约1万公顷；南宁糖业股份有限公司在武鸣区香山糖厂蔗区主导制糖企业直接经营模式，企业直接与农民签订土地流转合同，组织人员种植、管理、经营，面积6666.67公顷。

（黄兰芳）

【木薯生产】 2017年，南宁市调整木薯产业结构，木薯种植面积2.37万公顷，产量35.20万吨（干片），比上年分别下降16.30%、8.09%。面积、产量减少原因是受木薯收购价格低迷、淘汰低产能污染企业等影响，农民改种其他所致。木薯基地主要分布在武鸣区、隆安县，主要种植华南205、南植199木薯品种。

【茶叶生产】 2017年，南宁市茶园面积2740公顷，比上年增长20.49%，采摘面积2429公顷，增长14.31%；干毛茶量年产0.42万吨，增长4.41%，总产值1.94亿元，增加16.87%。主要分布在武鸣区、横县、上林县，主要栽培南山白毛茶、六堡茶、福云六号、福鼎大白、瑞灵1号、云南大叶茶、铁观音、大明山红茶、绿茶等品种；有“金花”“周顺来”“圣种”牌南山白毛茶、“圣种”牌六堡茶、圣山茶、六凤茶等品牌。全市有面积66.67公顷以上茶园2个、6.67公顷至66.67公顷茶园16个、6.67公顷以下茶园951个；有地级龙头企业6家、规模茶叶企业154家，从业4.50万人；通过有机产品认证茶叶基地3个（广西南山白毛茶茶业有限公司、广西金花茶业有限公司、横县桔扬茶业有限公司），面积150公顷；通过无公害认证企业2家（横县南方茶厂、广西顺来茶业有限公司），面积66.67公顷；横县茉莉花茶通过国家地理标志产品认证，面积333.33公顷，被授予首届中国国际茶业博览会“中国优秀茶业优秀区域品牌”称号；横县南山白毛茶被列入全国名特优新农产品名录。

【茉莉花（茶）生产】 2017年，南宁市茉莉花种植面积6666.67公顷，产量8.33万吨，比上年分别增长35.23%、11.07%；茉莉花（茶）总产值12亿元。横县从事茉莉花种植的花农7万户、33万人；茉莉花生产占全国花茶产量份额70%以上，世界总产量60%以上，是横县支柱产业。横县现代农业产业园列入第一批国家现代农业产业园。“横县茉莉花”“横县南山白毛茶”“横县茉莉花茶”被国家质量监督检验检疫总局批准为国家地理标志保护产品。横县南方茶厂通过“生态富硒种植＋农业电商”建设，打造农业富硒品牌和农业电商销售平台延长农业产业链。

【西（甜）瓜种植】 2017年，南宁市西（甜）瓜种植面积4.87万公顷，产量126万吨，比上年分别增长2%、2.02%。西瓜种植4.14公顷，产量112.15万吨公顷，占西（甜）瓜种植面积85.01%，主要分布在江南区、西乡塘区、良庆区、武鸣区、横县，是全国西瓜主产区之一，主要栽培品种有小麒麟、黑美人、小富、花无籽等。甜瓜种植面积0.65万公顷，产量12.12万吨，比上年分别增长1.37%、1%，主要分布在青秀区、西乡塘区、武鸣区等，主要栽培品种广蜜1号、丰甜1号、珍珠香瓜等薄皮甜瓜及北海1号厚皮甜瓜。西（甜）瓜种植推广膜下滴灌等技术和间套种栽培模式，厚皮甜瓜主要采用大棚栽培模式。

【中药材生产】 2017年，南宁市中药材种植面积1.10万公顷，主要分布青秀区、兴宁区、邕宁区、良庆区、武鸣区、横县、宾阳县、上林县、隆安县，产量13.10万吨，产值8.82亿元，比上年分别增长5.18%、3.97%、6.14%。主要有穿心莲、牛大力、金银花、铁皮石斛等品种。采取“公司（合作社）＋基地＋农户”产销一体模式，建设市中药材种植示范基地。补助60万元扶持宾阳县三丰现代农业有限公司在宾阳县建设中药材标准化示范基地，面积46.67公顷（莪术17.34公顷、首乌16公顷、天冬8公顷、郁金5.33公顷）；补助55万元扶持广西澳西妮德农业发展有限公司在上林县建设葛根种植项目，面积33.87公顷。采取“公司＋基地＋专业合作社＋农户”模式，由公司为贫困农户提供牛大力种苗，跟踪解决病虫害等问题，签订保价回收合同；基地种植牛大力160公顷，其中合作社种植66.67公顷、带动农户260户。

（谭雅中）

【桑蚕生产】 2017年，南宁市加快发展西部贫困地区马山县、隆安县及武鸣区石漠化地区的蚕桑生产，推进东桑西移。桑园面积4.47万公顷，发放蚕种237.67万张，产鲜茧9.83万吨，农民卖茧收入46.23亿元。桑园面积比上年减少500公顷，减少1.11%；桑蚕发种增加6.32万张，增长2.98%；产鲜茧增加0.84万吨，增长9.43%；农民卖茧收入增加11亿元，增长30.10%。蚕桑生产由传统家庭养蚕方式向适度规模大户、家庭农场和股份制合作社方式转型，出现横县“桑、蚕”分离、马山县股份制合作社造血式扶贫养蚕、武鸣区与隆安县回乡青年适度规模省力化养蚕、邕宁区那楼镇三江村现代生态桑蚕产业扶贫示范园等模式。横县在横州镇大和果桑种植基地举办首届广西（横县）桑葚旅游美食节；宾阳县桑蚕文化馆展示蚕桑历史、属性、生产工艺、产品功能等。全市有缫丝加工企业18家，缫丝机组7.54

2017年5月，南宁市代表参加在上海市举行的2017iFresh亚洲果蔬产业千人峰会

市农委提供

万绪、增加 2.70%;生丝产量 4749 吨,减产 8.07%,生丝质量 3A ~ 6A 级;缫丝产值 22.47 亿元,减少 5.06%。 (宋桂荣)

【水果生产】 2017 年,南宁市水果种植面积 13.77 万公顷,水果总产量 248.32 万吨,水果总产值 70.62 亿元。其中,香蕉面积 4.79 万公顷,产量 149.50 万吨,产值 19.48 亿元;柑橘面积 3.78 万公顷,产量 34.08 万吨,产值 19.77 亿元;火龙果面积 7120 公顷,产量 12.35 万吨,产值 7.20 亿元;龙眼面积 1.14 万公顷,产量 5.84 万吨,产值 5.29 亿元;荔枝面积 1.01 万公顷,产量 4.02 万吨,产值 2.95 亿元;其他水果面积 2.34 万公顷。水果总产值占农林牧渔业总产值 10.56%。南宁市成为全国最大的火龙果生产基地。全市建设晚熟柑橘产区和调整水果成熟期,柑橘、火龙果、香蕉均错开国内生产高峰上市。隆安"伊蜜"火龙果、武鸣"佳年"火龙果均获评自治区名牌产品。举办第二届中国(南宁)火龙果品牌大会,向全国 160 多个水果批发市场等推介南宁火龙果和沃柑;"南宁香蕉"获全国百强农产品区域公用品牌。开发果园休闲观光、采果体验等生态旅游,开辟"沃柑、火龙果体验之旅",提高果园经营效益。出台香蕉入冷库储存补贴政策,香蕉销售价格止跌回升,收购价从出台政策之前的 9 月平均每千克 0.7 元,上涨至 10 月 30 日每千克 1.8 元~3 元,市场趋于稳定。 (粟继军)

林 业

【概 况】 2017 年,南宁市完成植树造林 1.85 万公顷,石漠化治理 2106.67 公顷,优化树种结构桉树更新改造 836 公顷,中幼林经营抚育 4.56 万公顷。森林火灾受害控制在 0.104‰;累计建成沼气池 50.60 万座。森林政策性森林保险投保面积 32.98 万公顷(公益林投保 29.40 万公顷,商品林投保 3.58 万公顷)。林权抵押贷款涉及林地面积 1.05 万公顷,贷款余额 1.40 亿元。全市林业产值 39.30 亿元,比上年增长 24.80%,占农林牧渔业总产值 5.58%。

【植树造林】 2017 年,南宁市植树造林 1.85 万公顷,其中荒山造林 1506.67 公顷,迹地更新造林 1.48 万公顷,封山育林 1000 公顷;石漠化治理 2106.67 公顷,其中封山育林 2093.33 公顷、人工造林 13.33 公顷;优化树种结构桉树更新改造 836 公顷;中幼林经营抚育 4.56 万公顷。

【自然保护区】 2017 年,南宁市有森林和野生动物类型自然保护区 6 个,总面积 5.16 万公顷,分别为广西大明山国家级自然保护区、广西龙虎山自治区级自然保护区、广西龙山自治区级自然保护区、广西三十六弄 - 陇均自治区级自然保护区、广西弄拉自治区级自然保护区和南宁那兰鹭鸟市级自然保护区。

【湿地保护】 2017 年,南宁市湿地总面积 6.31 万公顷,其中自然湿地 2.56 万公顷,占湿地总面积 40.56%,人工湿地 3.75 万公顷,占 59.64%。有国家湿地公园 1 处(横县西津国家湿地公园,12 月 22 日通过国家林业局验收,正式成为国家湿地公园),湿地面积 1619.93 公顷;有国家湿地公园试点 1 处(南宁大王滩国家湿地公园),湿地面积 3800 公顷。年内,横县西津国家湿地公园投入 3000 万元,清理网箱及拦网塘、恢复植被,建设道路、宣教体系、基础设施,采购巡护监测设备等;公园主体水质由 IV 级水质变为 III 级水质,生物多样性逐步恢复。南宁大王滩国家湿地公园投入 2013.16 万元,建设生态浮岛 7492 平方米、生态护岸 5319 平方米,出动水源保护巡查控船 570 多次,查处清理违法违规反弹项目;监测雨量、水文监测站 11 个以及 10 个断面水质,安装广播及部分监控系统。落实中央财政湿地补助资金、支付资金 55.79 万元,完成实施方案编制、监测监控设备采购、施工图设计审查等前期工作。

【国有林场改革】 2017 年,南宁市国有林场改革,马山县六荷林场并入永州林场,改革后全市有国有林场 10 家,编制 906 名。其中,定为公益一类全额拨款事业单位 1 家(武鸣区朝燕林场),事业编制 223 名;公益二类全额拨款事业单位 9 家,事业编制 674 名,后勤服务人员控制数 9 名;机构级别不变。原在职在编职工自愿申请离岗退养 18 人,自愿保留身份过渡到退休 12 人;原在职编外人员 106 人,其中以重新核定事业编制方式安置 17 人、解聘合同 33 人、签订离岗退养 34 人、保留身份过渡到退休 6 人、1 人正式退休。在职在编职工(含退休职工)参加机关事业单位"五险"(基本养老保险、基本医疗保险、工伤保险、失业保险和生育保险)缴纳,参保率 100%;在职不在编职工参加企事业职工"五险"缴纳,参保率 100%。完成林场事企分开,除马山县光明山林场代管一个自然村外,其他林场均无办学校、办医院和代管村屯等社会职能。完成岗位设置、签订岗位聘用合同,实行职工年度考核制度。改革期间,无违规违法流转、占用、侵占、调拨国有林场林地、破坏森林资源事件发生。

【林业产业】 2017 年,南宁市按《国务院关于取消一批行政许可事项的决定》,取消"在林区经营(含加工)木材审批"许可事项,木材加工不需再办理木材经营(加工)许可证。全市林业产业总产值 731 亿元,其中第一产业产值 267 亿元,第二产业产值 372 亿元(木材加工和造纸产值 338 亿元、林产化工业产值 6 亿元),第三产业产值 92 亿元。人造板产量 662 万立方米,花卉产业产值 33 亿元,森林旅游收入与休闲服务产值 33 亿元,林下经济产值 53 亿元。

【林下经济】 2017 年,南宁市建设"产业富民"林下经济示范项目 12 个,扶持林下种植金花茶、鸡骨草、牛大力、砂仁,林下养猪、养鸡等,种植面积 119.07 公顷,养殖数量 252.52 万羽(头)。全市"产业富民"林下经济示范项目投入资金 5717.58 万元,产值 1.12 亿元,销售利润 2634.31 万元,带动农户 443 户,促农增收

2017 年,美丽的横县西津国家湿地公园　　黄汝德 摄

236.53万元。在"产业富民"林下经济示范项目带动下，全年实现林下经济产值53亿元、面积13.8万公顷，从事林下经济农户38万户、74万人。

【林政资源管理】 2017年，南宁市许可采伐林木蓄积量421.41万立方米，占限额79.65%。列入自治区级以上重点公益林补偿面积33.23万公顷（国家级33.01万公顷、自治区级0.22万公顷）。国家林业局、自治区林业厅批准建设项目占用征收林地181宗，面积741.37公顷。开展非法占用林地专项行动，立刑事案件462起，破获277起（重大案件29起、特大案件34起），受理行政案件1091起，查处1091起；立刑事非法占用农用地案59起，破获48起，破案率81.36%；受理行政非法占用林地案59起，查处59起，查处率100%。市林政稽查大队和第三方公司组成联合检查组，核查区县数据档案图斑3.40万个，外业实地核查疑似变化图斑数63个。

【森林旅游】 2017年，南宁市有森林公园8处，总面积7612.74公顷。其中，国家级森林公园2处（良凤江国家级森林公园、横县九龙瀑布群国家森林公园）；自治区级6处（武鸣朝燕森林公园、七坡森林公园、南宁市五象岭森林公园、老虎岭自治区级森林公园、金鸡山自治区级森林公园、广西高峰自治区级森林公园）；林业自然保护区6处（大明山自然保护区、龙虎山自然保护区、龙山自然保护区、三十六弄－陇均自然保护区、弄拉自然保护区、南宁那兰鹭鸟市级自然保护区）；国家湿地公园1处（横县西津国家湿地公园）。自治区林业厅和自治区旅游发展委员会授予南宁市"森林人家"牌匾5家，分别是南宁市凤凰谷景区、上林县下水源庄、南宁怡景生态园、南宁市良凤江国家森林公园（菩提山庄）、大明山国家级自然保护区（天坪站旅游区）。评定国家A级森林旅游景区6家，其中国家AAAAA级景区1家（南宁青秀山风景旅游区），国家AAAA级景区4家（广西大明山风景旅游区、南宁市良凤江森林旅游区、隆安龙虎山风景区、广西九龙瀑布群景区）；国家AAA级景区1家（凤凰谷景区）。森林公园投入建设资金3.31亿元，森林旅游接待旅客1792万人次、收入53.59亿元。

【森林防火】 2017年，南宁市发生林火80起（一般森林火灾65起，较大森林火灾15起），过火面积524.62公顷，其中受害森林面积108.28公顷，森林受害率0.104‰。无重大、特大森林火灾和人员伤亡事故发生。

【山林纠纷调处】 2017年，南宁市排查出跨市、跨区县山林纠纷案件93起（跨市45起、跨区县48起）；列入自治区2016年至2017年重点矛盾纠纷调处案件33起（跨市14起、跨区县19起）。召开山林纠纷调处会60次、质证会8次，现场调查、勘验19次，调取证据5次；重点调处跨市、跨区县山林纠纷案件33起，结案6起；接待来访群众65人次，处理群众来信12件。

【农民林业专业合作社】 2017年，南宁市有农民林业专业合作社85家，入社农户4569户，累计投入建设资金1.42亿元，经营林地面积9753.33公顷，实现销售收入3.65亿元。

【林业有害生物发生面积与分布】 2017年，南宁市林业有害生物新发生面积4167.87公顷，成灾面积175.53公顷，主要种类为马尾松毛虫、桉树紫斑病、桉树枝枯病、油桐尺蛾、桉大蝙蛾、松毒蛾、斜纹夜蛾、桉树青枯病、小用克尺蛾、八角叶甲、樟叶蜂、桉树枝瘿姬小蜂、红火蚁等。马尾松毛虫新发生1112.67公顷，主要发生在青秀区、武鸣区、横县、马山县、隆安县；油桐尺蛾新发生548.47公顷，主要发生在武鸣区、宾阳县、上林县、马山县、隆安县，成灾6公顷（宾阳县黎塘林场）；桉大蝙蛾新发生295.13公顷，主要发生在武鸣区、马山县、宾阳县、隆安县，成灾5.33公顷（宾阳县陈平镇）；松毒蛾新发生233.40公顷，主要发生在武鸣区朝燕林场；八角叶甲新发生45.33公顷，主要发生在上林县大丰镇、西燕镇、龙山林场；桉树枝瘿姬小蜂新发生面积38.80公顷，主要发生在武鸣区双桥镇、马山县周鹿镇与永州镇；红火蚁新发生38.13公顷，主要发生在武鸣区城厢镇、双桥镇、东风农场，城区内公共绿地、公园零星分布；红棕象甲零星发生在武鸣区双桥镇；桉树紫斑病新发生829.60公顷，主要发生在隆安县；桉树枝枯病新发生709.80公顷，主要发生在武鸣区、隆安县，成灾164.20公顷；桉树青枯病新发生54.73公顷，主要发生在马山县周鹿镇、乔利乡。

【森林病虫害防治】 2017年，南宁市有森防检疫站8个，其中武鸣、宾阳、马山、横县、隆安为国家级中心测报点。全市投入林业有害生物防治经费474万元，监测调查面积1.21亿亩次，实施防治作业面积2699.13公顷，其中应用白僵菌、阿维菌粉等无公害农药实施防治2665.53公顷，无公害防治率97.85%。实施种苗产地检疫1309.53公顷、木材调运检疫签证402.19万立方米。林业有害生物实际成灾面积175.53公顷，成灾率0.19‰。开展春、秋两季松材线虫病普查，松材线虫病监测调查面积592万亩次，发现及清除枯死松木411株，采集238个样本检验，未发现松材线虫；在松木集散地投放松墨天牛诱捕器30个，诱捕松墨天牛464只，经分离鉴定，未发现松材线虫。 （易贝贝）

2017年南宁市现代林业产业龙头企业情况表（17家）

表10

企业名称	地 址	备 注
广西华劲纸业集团有限公司	良庆区良庆镇	国家农业产业化龙头企业 自治区现代林业产业龙头企业
广西丰林木业集团股份有限公司	江南区白沙大道22号	国家农业产业化龙头企业 自治区现代林业产业龙头企业
广西高峰林浆纸业（集团）有限责任公司	青秀区东葛路107号	第一批自治区现代林业产业龙头企业
广西天利恒种业有限公司	青秀区金湖路26-1号东方国际商务港A座13层	第一批自治区现代林业产业龙头企业
广西壮族自治区南宁良凤江国家森林公园	江南区友谊路78号	第四批自治区现代林业产业龙头企业
广西东正集团有限公司	青秀区民族大道143号	第六批自治区现代林业产业龙头企业

续表

企业名称	地　址	备　注
广西乐林林业开发有限公司	隆安县华侨管理区富侨大道6号	第六批自治区现代林业产业龙头企业
广西国旭林业发展集团股份有限公司	西乡塘区邕武路13号	2012年广西现代林业产业龙头企业
广西洲际林业投资有限公司	青秀区中越路7号东盟财经中心B座	2013年广西现代林业产业龙头企业
广西南宁碧湾园林工程有限公司	南宁市322国道767千米加170处(九曲湾农场内)	2014年广西现代林业产业龙头企业
广西横县威林木材市场投资有限公司	横县石塘林场红旗林站	2014年广西现代林业产业龙头企业
南宁帝旺村木业有限公司	西乡塘区石埠街道老口村卢村30队、31队	2015年广西现代林业产业龙头企业
广西恒亚养殖发展有限公司	武鸣区城红岭大道香山府第小区2栋903号房	2015年广西现代林业产业龙头企业
广西绿城园林工程有限公司	青秀区民族大道131号航洋国际城2号楼1609室	2016年广西现代林业产业龙头企业
广西润展农业投资有限公司	西乡塘区石埠街道忠良村忠良三队乌树片	2016年广西现代林业产业龙头企业
南宁市锦一方园林绿化有限公司	隆安县华侨管理区浪湾大道109号	2016年广西现代林业产业龙头企业
广西源之源生态农业投资有限公司	青秀区长塘镇巴兰坡	2017年广西现代林业产业龙头企业

畜牧业

【概　况】 2017年,南宁市实现牧业产值198.99亿元,比上年增长2.10%,占农林牧渔业比重30.31%。肉类总产量65.81万吨,增长1.20%;禽蛋产量4.11万吨,增长4.00%;牛奶产量4.86万吨,下降3.81%。生猪出栏507.11万头,增长1.80%;家禽出栏1.39亿羽,下降1.11%;牛出栏26.18万头,增长4.34%;羊出栏28.48万只,增长1.53%。生猪存栏411.43万头,下降1.45%;家禽存栏6628.38万羽,增长1.06%;牛存栏75.08万头,下降0.56%;羊存栏32.01万只,增长0.95%。

【畜禽产业转型升级】 2017年,南宁市畜禽产品价格基本平稳,生猪生产总体放缓,生猪价格每千克14元~15元,养殖每头猪利润200元~300元。生猪产业转型升级提速,生态化设施化程度提升。龙头企业以"企业+规模场"模式带动新建规模场和家庭农场,增扩加快。规模场栏舍生态化、自动化、设施化程度提高,粪污设施配套率提高,基础设施建设投资加大。1月至3月,受人感染H7N9流感影响,活禽市场消费萎缩,肉鸡与鸡苗价格急剧滑落,家禽生产低迷;5月,种禽企业加强保种选育,肉禽企业调整生产计划,6月价格缓慢回升,7月至9月投苗进入高峰期扭亏为盈,鸡苗价格大涨,家禽生产恢复,鸡蛋价格回升。青秀区、上林县发展蛋鸡扶贫产业;隆安汇生桂西牛基地、上林山水牛基地、横县金桂源种羊基地、青秀区四野牧业肉牛基地、武鸣绿世界墨羊种源基地基本建成。中央财政投入资金220万元在传统农业区县实施粮改饲试点项目,以养带种调整种植结构,以种带养发展草食动物养殖,种植饲草面积733.33公顷,收储饲草料3.76万吨。

【生态养殖】 2017年,南宁市推广生态化栏舍建设改造和微生物、酶制剂养殖技术应用。通过自治区畜禽现代生态养殖场认证家畜禽规模养殖场299家,其中五星级31家、四星级149家、三星级119家,占规模场总数42.70%。生猪以广西柯新源原种猪有限责任公司、广西农垦永新畜牧集团有限公司、南宁港越养殖有限责任公司、广西巴更农业发展有限公司等企业为代表,采用"微生物+半漏缝地板+人工刮粪"模式,专门微生物发酵处理后的粪污采取种养结合、沼液灌溉管网、沼气发电等方式综合利用。家禽以南宁诚兴农业科技有限公司、广西金陵家禽育种有限公司、广西富凤农牧有限公司等企业为代表,采用"微生物+漏缝多层网笼+自动运输清理鸡粪系统"模式,粪便发酵生成有机肥。草食动物以广西四野牧业公司、广西金桂源牧业有限公司、广西武鸣绿世界生态农业投资有限公司、广西巴弗罗牧业有限公司等企业为代表,农作物秸秆通过粉碎、揉搓、发酵饲料化,粪污通过"微生物+发酵床"模式实现养殖零排放。安排畜禽标准化生态养殖示范项目28个,市财政补助1500万元,建设畜禽标准化栏舍、粪便污水处理及综合利用设施、防疫消毒、病死畜禽无害化处理设施。

【畜禽标准化示范场创建】 2017年,南宁市组织5家养殖场参与标准化示范场创建,其中广西一遍天原种猪有限责任公司、广西富凤农牧有限公司留育养殖场、广西凤翔家禽有限公司、广西南宁康泰畜牧养殖有限公司4家企业获批自治区级畜禽标准化示范场。至年末,累计有畜禽规模养殖场通过农业部畜禽标准化示范场24家,自治区级标准化示范场20家。

【生鲜乳管理】 2017年,南宁市存栏奶牛7708头,牛奶产量4.86万吨。设生鲜乳收购站(点)14个(奶企奶站5个、养殖场奶站3个、合作社奶站6个);从事生鲜乳运输车辆20辆。开展生鲜乳专项整治2次,出动人员406人次,检查奶站101站次、检查运输车50辆次;完成监测抽样任务930批次,其中实验室例行监测68批次、现场快速检测862批次,主要检测生鲜乳中的三聚氰胺、β-内酰胺酶、皮革水解蛋白、碱类物质、青霉素残留、四环素残留等,检测合格率100%。

(黄　琦)

【畜禽强制免疫】 2017年,南宁市免疫生猪、牛和羊牲畜口蹄疫分别为721.21万头、74.43万头、27.89万只,免疫鸡、鸭、鹅高致病性禽流感分别为1.21亿羽、

3658.56万羽、61.25万羽，免疫生猪猪瘟、高致病性猪蓝耳病分别为735.8万头、638.51万头，免疫家禽鸡新城疫1.15亿羽，免疫羊小反刍兽疫23.71万只。组织供应兽用疫苗2.20亿毫升(万头、万羽份)，发放2.14亿毫升(万头、万羽份)。发放消毒药9.59吨，储备8.01吨。上报家畜免疫副反应死亡猪71头、牛6头、羊9只，核发补贴8.04万元。全市无重大动物疫情。

【动物疫病监测】 2017年，南宁市完成畜禽血清抗体检测2.32万份，抗体合格率91.10%；病原学检测1.45万份，结果均阴性。完成农业部、自治区采集1505份水禽和环境棉拭子任务，向自治区疫控中心采送样2819份。2月，发生人感染H7N9禽流感死亡病例1例，每周开展禽类H7N9流感血清和病原学检测，全覆盖监测、排查市辖规模养禽场、活禽交易市场、散养户，监测禽类血清7890羽份，H7N9病原学检测结果均阴性，免疫抗体检测合格率86.40%。开展H7N9流感疫情、猪群疫病专项流行病学调查和小反刍兽疫、羊痒病、疯牛病、非洲猪瘟流行病学调查，巡查规模养猪场100多家、生猪3万多头，养羊户29户、羊5416只，养牛户177户、牛5448头；检测生猪血清样品480份，未发现新疫情迹象。

【人畜共患病监测】 2017年，南宁市完成奶牛“两病”(布鲁式菌病、结核病)监测，监测猪、牛、羊“布病”(布鲁式菌病)3.85万头次、结核病7924头次，检出“布病”阳性牛2头、“布病”阳性羊5只、结核病阳性牛11头，按规定作无害化处理；生猪“布病”检测2174份种猪血清，耕牛血吸虫病检测1428份耕牛血清，检验结果均阴性；猪旋毛虫检测猪膈肌样500份，未发现旋毛虫虫体；检测宠物犬狂犬病抗体88份次，抗体阳性率97.70%，抗原检测结果均阴性。开展牛羊“布病”基线调查，为全市“布病”分区反控提供依据。

【动物检疫】 2017年，南宁市加强对上市畜禽及其产品产地检疫和屠宰检疫，推进电子出证。113个生猪屠宰检疫申报点注册新版屠宰检疫电子证系统、实施比例100%，1家家禽屠宰企业实施电子证；125个动物产地检疫申报点在溯源网上注册备案，电子出证比例100%。1月至2月，全市116个乡镇、1540个村、3023家规模养殖场(生猪1261家、牛79家、羊56家、禽类1575家、其他52家)开展动物产地检疫，开展面100%。动物产地检疫申报受理率、到场实施检疫率均100%。开展产地检疫生猪274.67万头(检出并无害化处理病猪369头)，牛7.50万头(检出并无害化处理病牛2头)，羊0.44万只，禽1.26亿羽(检出并无害化处理病禽7828羽)，其他1.28万头(只)；列入统计范围的畜禽屠宰场(点)152家(生猪112家、牛羊32家、家禽3家、其他5家)，均入驻动物卫生监督机构实施检疫，屠宰场(点)受检率100%。开展屠宰检疫生猪315.84万头(检出并无害化处理病猪1652头)，牛羊7.88万头(只)(检出并无害化处理病畜1头)，禽类405万羽(检出并无害化处理病禽3666羽)，其他5万只。市财政投入88万元，在11个区县建设标准化示范点，对兴宁区、西乡塘区、宾阳县、隆安县追加配套资金102万元，每个点补助2万元～4万元。全市完成动物检疫申报点标准化改造62个，规范化建设覆盖率48%。16个动物卫生监督机构办理动物卫生监督案件131起，罚款15.72万元。

【病死动物监管】 2017年，南宁市开展病死猪无害化处理补助专项检查6次，现场核查生猪养殖场52家。11月1日，《南宁市人民政府关于建立病死畜禽无害化处理机制的实施意见》出台，重点扶持东、西片区建立集中无害化处理厂，要求2020年前建立病死动物无害化长效监管机制。统计上报养殖环节监督处理病死猪6.71万头(2016年3月至2017年2月)，补助537.05万元(中央402.79万元、自治区67.14万元、市本级33.56万元、区县33.56万元)。 (李开鹏)

【兽药安全监管】 2017年，南宁市重点监督农业部、自治区通报兽药生产企业，检查兽药生产、经营、诊疗企业(机构)及养殖场1683个，现场核查生产企业6家，抽检报批产品67批次，查处案件11起，查获假劣兽药950千克(折价5.3万元)，罚没4.3万元；抽检兽药质量68批，检验合格率98.5%。 (林　贤)

渔　业

【概　况】 2017年，南宁市水产养殖面积2.73万公顷，比上年下降0.65%。其中，池塘养殖1.14万公顷，减少2.91%；山塘、水库养殖1.40万公顷，增长0.65%；河沟养殖1594公顷，增长4.05%；其他养殖268公顷，增长4.28%；大水面养鱼网箱85.30万平方米，增长2.82%。水产品产量27.45万吨，增长5.11%。开展珠江禁渔与增殖放流活动，全年在邕江投放鱼苗580万尾。全市渔业产值29.35亿元，增长5.20%，占农林牧渔业总产值4.17%。

【渔业产业化生产】 2017年，南宁市建设安排渔业标准化生态养殖项目13个，总投资1772万元(市财政扶持630万元)。通过推广工厂化养殖、循环水养殖、水槽流水养殖等模式促进基地设施改造，提升养殖水平。建设以加州鲈、克氏原螯虾、台湾龙鳅、罗氏沼虾、澳洲红点螯虾、黄沙鳖等特色品种养殖为主的基地，每亩产值从传统品种养殖产值6000元左右提升至1.50万元以上。重点扶持建设的稻渔基地面积从2016年66.06公顷发展至200公顷，在已投产的示范稻田中，早季稻谷亩产350千克～450千克，鱼亩产20千克～40千克，稻鱼综合种养产值较单纯种稻提升38%，实现稳粮增鱼增收。

【水产品安全监测与管理】 2017年，南宁市开展水产品安全监测与管理专项检查行动3次；完成水产品质量例行抽检474例，快速检测260例，检测合格率100%。检查水生野生动物驯养、经营场所50家，水产养殖场14家，水产苗种场12家；水产品质量安全抽查148家、403例。

【渔业监管与执法】 2017年，南宁市开展专项渔业整治6次。检验渔船1672艘；区县均与渔船船主签订安全生产责任书，签订率100%；组织发放油补资金864.19万元。开展渔政执法171次，其中禁渔护渔、邕江支流八尺江、大王滩水库、中国－东盟博览会“保知打假”等专项执法11次，出动执法车辆117辆次、渔政船(艇)295艘(次)、执法人员1744人次；登临检查渔船140艘(次)，检查网具70张(套)。立案查处违法案件11起，结案11起，移交西乡塘海事分局3起，罚款1.60万元，没收渔获物44千克，电鱼设备2套，收缴地笼网86张，刺网2630米，拆毁迷魂阵等物品33张(套)；渔船年度检验1670艘，渔业职务船员培训发证470人，处理渔业污染事故6起。 (黄剑峰)

农业机械化

【概　况】 2017年，南宁市有农机具137.57万台(套)，其中拖拉机13.28万台，插秧机0.38万台，深耕机具1.78万台(套)，深松机具0.10万台(套)，甘蔗联合收获机113台；新增机具1.89万台(套)。农机总动力74.04万千瓦，比上年增长3.39%。推广甘蔗收获类机械、深松机具、粉垄机具、自动抛肥机等多种先进适用农机具。市农委被评为自治区农机化工作市级先进单位，青秀区农林水利局、西乡塘区农林水利局、武鸣区农业局被评为自治区农机化工作县级先进单位。

【农机化作业水平】 2017年，南宁市农业耕种收综合机械化水平60.25%，居自治区首位；水稻耕种收综合机械化水平83.30%，居自治区首位；甘蔗耕种收综合机械化水平62.71%，居自治区第二。农机作业总值30亿元。完成机耕83.88万公顷、机械深耕11.66万公顷、机播(插)27.89万公顷、机械灌溉作业13.98万公顷、机械施肥9.73万公顷。检修农机具41.39万台(套)。

【农机深松(深耕)整地作业】 2017年，南宁市对登记在册的深松作业户的作业范围、作业户数、作业面积进行调查摸底，优先扶持发展深松机和大马力拖拉机，确保农机深松整地作业补贴落实到农户。4月26日至27日，在武鸣区召开南宁市农机深松整地作业补助试点工作现场培训会，培训农机人员100多人。完成农机深松整地作业面积0.71万公顷，完成任务100.02%。 (尹桂芳 蔡 珏)

【农机产品质量监管】 2017年，南宁市开展农机产品质量集中整治与专项检查，派出检查组38个、316人次，检查农机经销企业247家(购机补贴经销企业113家)、农机维修点114家，检查方向盘拖拉机、手扶拖拉机、柴油机、微耕机、大中型拖拉机、联合收割机、水稻插秧机等产品2247台(套)，价值2864.67万元，下发整改通知书80余份。9月至10月，市本级、上林县、马山县承担补贴机具质量保障督导任务，督查4家农机生产企业、4家农机经销企业产品质量，涉及农机用户25户、补贴机具67台，规范农机经销市场秩序，在自治区农机质量投诉监督体系规范化建设考核中，总分205分，居自治区14个地级市首位，12个区县考评“优秀”。(林为兵)

【农机技术推广应用】 2017年，南宁市投入29.80万元，在宾阳县、隆安县示范推广水稻生产全程机械化。投入29.38万元，在武鸣区、横县、宾阳县示范推广新机具、新技术。武鸣区鸣冠农机专业合作社承担自治区“双高”基地生产全程机械化区域服务中心试点项目，通过自治区验收并启用。南宁市承担自治区优势特色农作物生产机械化示范基地建设项目(南宁市水果生产机械化示范基地建设项目)，实施单位广西绿澳园农业科技有限公司，项目资金80万元。机插水稻生产技术研究与示范推广项目在武鸣区、宾阳县示范推广4.82万公顷，比人工节本增收3102.20万元，通过农业部成果评价，获市科学技术进步二等奖；水稻生产全程机械化技术示范推广项目在宾阳县、横县建立示范区2个、面积66.67公顷，其中核心示范点4个、面积13.33公顷，辐射带动333.33公顷；甘蔗生产全程机械化技术示范推广项目在武鸣区、宾阳县和横县建立示范区3个、面积273.33公顷，其中核心示范区33.33公顷，辐射带动666.67公顷。马铃薯生产机械化技术示范推广项目在武鸣区、横县建立示范区2个、面积33.33公顷，核心示范区13.33公顷，辐射带动133.33公顷。

【农机购置补贴】 2017年，南宁市获中央，自治区补贴资金总量6783.80万元，其中承担自治区为民办实事工程——农机购置补贴绩效考评资金任务3665万元(中央补贴3195万元、自治区补贴470万元)。发放农机补贴指标通知书3139份，受益农户2534户，补贴机具3364台(套)，补贴资金6289.55万元(中央补贴5103.14万元、自治区补贴1194.16万元)，占全年资金任务数92.70%，使用量居自治区首位。中央、自治区结算资金4674.67万元，结算占使用总额74.30%。拉动农民(企业)购买机具2亿多元，财政资金引导效果1:2.9。 (尹桂芳 蔡 珏)

2017年南宁市农机购置补贴资金使用情况表

表11 单位：万元

区县(开发区)	中央补贴分配资金	中央补贴使用资金	自治区补分配资金	自治区补使用资金	中央补贴结算资金	中央补贴使用比例(%)	自治区补使用比例(%)	中央补贴结算比例(%)
兴宁区	92.73	92.71	0	0	92.71	99.98	0	99.98
青秀区	1324.00	263.45	250.00	230.01	70.42	19.90	92.00	5.32
江南区	227.67	227.64	34.18	32.87	227.64	99.99	96.17	99.99
西乡塘区	286.00	285.29	30.00	30.00	285.29	99.75	100.00	99.75
良庆区	40.00	39.37	5.00	3.91	39.37	98.43	78.20	98.43
邕宁区	49.40	48.96	5.00	1.01	39.95	99.12	20.20	80.88
武鸣区	1780.00	1769.39	589.80	553.59	1323.36	99.40	93.86	74.35
经开区	50.00	48.39	5.00	3.78	47.39	96.78	75.60	94.78
东盟经济区	53.00	52.56	10.00	9.93	52.56	99.17	99.30	99.17
隆安县	369.90	317.45	19.09	19.00	200.00	85.82	99.55	54.07
马山县	80.00	76.77	6.00	5.61	69.31	95.96	93.50	86.64
上林县	264.66	263.71	34.00	19.36	263.71	99.64	56.93	99.64
宾阳县	872.19	817.48	106.09	105.98	734.36	93.73	99.90	84.20
横 县	800.00	799.97	100.00	99.21	480.49	100.00	99.21	60.06
合 计	6289.55	5103.14	1194.16	1114.26	3926.56	81.14	93.31	62.43

【农机安全管理】 2017年，南宁市有拖拉机13.30万台(参与道路运输8万台)，新机入户819台，完成年检1.88万台；登记在册联合收割机2645台(新机入户196台)；拖拉机驾驶员5.86万人(新增1380人)。4月至9月，开展变型拖拉机专项整治，检查501次，查处未检验拖拉机199台、改装3462台、超载2977台、无牌5台，无证驾驶29人。全年出动执法人员1.89万人次，检查农机具3.74万台次，纠正违章2463次；出动宣传车1596辆次、人员8474人次，发放资料45.06份，受教育117.97万人次。12月，在横县举办市农机事故应急救援演练，参加200人。江南区、青秀区、西乡塘区、邕宁区、横县、宾阳县、隆安县7个区县监理站购置配备移动式检测仪、执法记录仪、事故处理仪等设备27套。西乡塘区、邕宁区、武鸣区、宾阳县、隆安县启用无纸化考试场地。 (林为兵)

【农机技术培训】 2017年，南宁市召开农机化作业培训现场会21场次，培训农机技术人员3962人次，完成率132%。9月14日，协助农业部农机鉴定总站在宾阳县举办"亚太农机检测网(ANTAM)标准培训班"，演示水稻插秧机试验及指导操作，来自亚太地区15个国家从事农业机械检测人员、外籍专家等30人参加。

【农机服务】 2017年，南宁市有农机化服务组织382个、农机专业合作社173个、农机户29.47万户，其中农机专业户1.59万户，乡村农机从业人员49.16万人。有市农机化中介服务组织33个，服务人员618人。农机销售以个体经营为主，有农机经销企业40个，从业人员240人，农机经销点424个，从业人员833人。有农机维修网点660个、维修人员1871人，有农机专项修理点184个、维修人员385人。维修拖拉机11.04万台次、联合收割机3157台次、运输机械5.17万台次、水稻插秧机854台次、其他农机具24.78台次，全年农机修理总收入1.89亿元。

【农机专业合作社】 2017年，南宁市有注册农机合作社173个(国家级1个、自治区级5个、市级示范社1个、其他166个)，社员总数2040户，从业人员5.52万人；有机具46552台(套)，其中大型拖拉机8559台，联合收获机3581台。作业服务面积6.22万公顷，收入2.28亿元。

(尹桂芳 蔡 珏)

水 利

【概 况】 2017年，南宁市水利局设办公室、规划计划财务科、水资源科、政策法规科、建设管理科、农村水利科、水土保持科、防汛抗旱指挥部办公室、河长制工作科、人事科10个科室，编制48名，在编41人。安排水利工程679个，投资24.39亿元，实施病险水库(水闸)除险加固3座，农村饮水安全巩固提升工程281处，续建中小河流治理项目18个，治理河道、护岸91.80千米；"双高"糖料蔗基地水利化项目完工验收18.03千公顷；实施高效节水灌溉项目14.47千公顷。新修、加固堤防4.12千米，新修防渗渠道457.50千米，渠道清淤1838.26千米，新增、恢复、改善有效灌溉面积30.60千公顷。防御"天鸽"等灾害性暴雨天气13次，减免受灾96.93万人，减淹农作物79.59千公顷。全国水生态文明城市建设试点通过水利部验收。建立覆盖市、区县、乡镇(街道)、村四级河长制。

【水利工程建设】 2017年，南宁市安排水利工程建设679个，总投资额24.39亿元。实施病险水库(水闸)除险加固3座，农村饮水安全巩固提升工程281处，续建中小河流治理项目18个，治理河道、护岸91.80千米；"双高"糖料蔗基地水利化项目完工验收1.80万公顷；实施高效节水灌溉项目1.45万公顷；新修、加固堤防4.12千米，新修防渗渠道457.50千米，渠道清淤1838.26千米；新增、恢复、改善有效灌溉面积3.06万公顷。

中央财政小型农田水利项目 中央财政第一批、第二批小型农田水利项目下达资金3610万元，项目9个(邕宁区2个、上林县1个、马山县4个、隆安县2个)，完工6个、施工3个。其中，邕宁区完成投资805万元、完成率94.71%，受益灌溉面积208.67公顷；上林县完成投资360万元、完成率37.50%，受益灌溉面积245.27公顷；马山县完成投资900万元、完成率100%，受益灌溉面积350公顷；隆安县完成投资642万元、完成率71.33%，受益人口6355人。中央财政第三批小型农田水利项目下达资金2320万元，项目14个(江南区1个、武鸣区1个、横县3个、宾阳县2个、上林县3个、马山县4个)，完工3个、施工3个、初步审查设计5个。其中，江南区完成投资225万元、完成率90%，受益灌溉面积183.30公顷；武鸣区完成投资300万元、完成率37.50%，受益灌溉面积1509.80公顷；横县、宾阳县、上林县均正在进行前期工作；马山县完成投资250.20万元、完成率96.23%，受益灌溉面积16.67公顷。小型农田水利设施建设竞争立项项目6个(武鸣区1个、宾阳县2个、马山县3个)，投资2150万元。其中，武鸣区完成投资450万元、完成率100%，受益灌溉面积199.33公顷；宾阳县完成投资975.92万元、完成率81.37%，受益灌溉面积1133.33公顷；马山县完成投资500万元、完成率100%，受益灌溉面积157.33公顷。

农村饮水安全巩固提升工程 南宁市分4批次下达农村饮水安全巩固提升工程项目281处，开工281处，完成投资9938.54万元、完成率80.80%；完工231处，受益13.15万人。其中，中央预算内项目投资4802.82万元、占下达投资96.87%，开工123处、完工105处，完工项目受益7.69万人；市本级年度计划投资项目158处、完成投资6273.55万元，开工154处、完工122处，完工项目受益5.04万人。

节水配套改造项目 完成规模化灌区节水配套改造项目39项，完成投资3419.16万元，完成3146公顷、完成率196.60%。6月19日，自治区水利厅印发《关于开展2018年农业综合开发中型灌区节水配套改造项目申报工作的通知》。宾阳县六冯灌区节水配套改造项目申报通过可行性研究报告审查，编制节水设计报告，南宁市五化灌区续建配套与节水改造工程(一期)列入自治区大型灌区节水改造项目，年内进场施工。

"双高"糖料蔗示范基地高效节水灌溉项目 年内，完成2014年度、2015年度项目验收8060万公顷，完成率100%；2016年度项目完工9970公顷，完成率90.60%；完成区县"双高"基地水利化项目初步设计及评审，部分区县完成招投标。高效节水灌溉项目完成1.45万公顷，完成率100%。

农田水利基本建设项目 南宁市2017年至2018年冬春农田水利基本建设计划投资7.60亿元，完成投资6.60亿元、完成率86.84%，比上年增长12.33%。出动机械台班534万个，投入劳动工日589万个，完成土石方量开挖423.67万立方米；新修、加固堤防4.12千米，新修建防渗渠道457.50千米，渠道清淤1838.26千米，新增高效节水灌溉面积7810公顷，新增恢复灌溉面积5980公顷，改善灌溉面积1.65万公顷。

病险水库(闸)除险加固工程 续建中型水库除险加固工程3座，完成投资6551.22万元、完成率70.37%。其中，马山县大朗水库完成投资2086万元，占下达投资100%，主体工程完工；武鸣区暮定水库完成投资1665.22万元，占47.20%；横县云表水库完成投资2800万元，占75.76%。续建中型水闸除险加固工程3座(武鸣区西江水闸、明秀水闸、横县清江水闸)，完成投资5714万元、完成率99.95%，均完成主体工程。

水库进库道路项目 有横县湴蓬水

2017年,邕宁龟山堤治理工程施工现场　　市水利局提供

库,马山县六花水库、南蛇岭水库、七角水库、六洪水库,隆安县那东一水库、那东二水库、白鹤岩水库、六连水库、立芭水库水库10座自治区水库道路建设项目竣工验收,投资584.68万元,硬化道路11.56千米。

中小河流治理项目　续建中小河流治理项目18个,批复投资2.71亿元,下达投资2.73亿元(中央投资2.08亿元、自治区补助6474万元)。年内,治理河段长度32.80千米,加固堤防3.40千米,新建堤防13.60千米,清淤0.20千米,护岸59.60千米完成投资2.30亿元(中央投资1.88亿元、自治区补助4172万元),其中武鸣区府城河府城镇河段整治工程列入自治区为民办实事项目,完成河堤及护岸整治4千米,完成率133.33%。

防洪工程项目　邕宁区防洪工程(二期)完成年度投资4056万元(建安投资3294万元、征拆投资7万元、其他投资755万元);三星店—梁村大桥堤段处征地拆迁协商阶段;梁村大桥—园博园堤段进行地基处理、堤防、排涝闸、泵站及附属工程施工等;园区内堤防工程完成清表土方10万立方米、土方填筑41万立方米、帷幕注浆1.08千米、浆砌石0.32万立方米、混凝土挡土墙浇筑0.88万立方米;园区外完成清表土方8万立方米。邕宁区龟山堤治理工程完成投资4471万元,完成率127%;完成建安投资9623万元,其中合同外变更增加产值约1700万元,完成合同内产值7866万元,占合同价96.78%;主体工程完工。仙葫半岛堤工程完成投资1.29亿元(建安投资2824万元),占批复投资76.77%;完成防洪堤土方填筑27万立方米,完成率79%;完成防洪墙浇筑0.87千米,完成率44%;完成护岸施工4.14千米,完成率59%;莫村小学排涝闸、邕江大桥管理处排涝闸、莫村排涝闸、消防大队排涝闸4座排涝闸主体完工,完成率65%。

【水利工程竣工验收攻坚战】 2017年,南宁市水利工程竣工验收攻坚战竣工验收项目539个、完成率23.99%,其中完成水库除险加固工程96个、完成率6.01%,农村饮水安全工程436个、完成率43.81%,小型农田水利工程1个、完成率11%;中小河流治理工程4个、完成率10%,农村水电增效扩容改造2个、完成率7.69%,市天雹水库管理所、市大王滩水库管理处完成年度验收。5月10日,对84个竣工验收严重滞后项目负有责任的施工单位43家、监理单位7家给予暂停市内投标资格处罚;至年末,14个项目完成整改。

【抗洪救灾】 2017年,南宁市遭受洪涝灾害13次,受灾乡镇(街道)86个,受灾人口46.87万人,因灾死亡4人;因灾倒塌房间374间,转移7702人;农作物受灾面积1.96万公顷,成灾1.41万公顷,绝收1380公顷,因灾减产粮食2.23万吨;直接经济损失1.74亿元(农业9402.11万元、水利4805.65万元)。洪涝灾情属较短期、局部性灾情,属受灾较轻年份。市主要河流发生3站次超警洪水;4月中旬,部分江河出现第一场明显洪水过程,大部分江河5月中旬后出现明显涨水过程;7月13日12时,邕江南宁水文三站出现全年最高洪峰70.45米,比设防水位高1.05米。年初,全市水库有效蓄水量8.07亿立方米,占有效库容48.30%;2月中旬至4月下旬7.78亿立方米,为全年最低值;9月12日水库有效蓄水量10.50亿立方米,比上年同期多0.77亿立方米。8月25日,良庆区南晓镇等地受洪灾,受灾人口1.50万人;出动抢险车28辆、冲锋舟(橡皮艇)28艘、抢险队员734人,调送救灾食品1万份,紧急转移1130人,发放救灾物资1.60万份,清运垃圾淤泥300多吨,消毒防疫3000多户(处),清理道路塌方23处。期间,南宁市启动气象灾害(台风)Ⅲ级应急响应2次;市防汛抗旱指挥部启动防御台风Ⅳ级应急响应2次、Ⅲ级应急响应2次;城市防洪Ⅳ级应急响应1次、洪涝灾害IV级3次,发布预警信息、短信13.5万条次;发布台风、暴雨、雷电等预警34次;预发决策短信4.1万人次,公众气象预警短信930万人次。

【水土保持管理】 2017年,南宁市督查2015年以来经审批水土保持方案的在建(在生产)、已建但未验收水土保持设施的生产建设项目水土保持情况,年内审批水土保持方案313项,开展水土保持案件调查50起,立案22起,结案22起;征收水土保持补偿费916万元,督查生产建设项目水土保持560次。马山县乔利乡乔利河东鸡小流域水土保持综合治理工程、上林县三里云姚旁老小流域国家水土保持工程纳入中央国家水土保持重点工程,总投资774万元(中央补助486万元、自治区补助288万元)。治理水土流失面积3118平方千米,其中水保林24.18公顷,经果林160.6公顷,封禁治理2933.49公顷,修建蓄水池、沉砂池、截排灌沟渠等小型水利水保工程14处,完成率90%。召开市水土保持推进会,举办水土保持管理培训班,培训60人。组织《中华人民共和国水土保持法》宣传,制作《南宁市水土保持公益宣传片》投放至地铁等公共交通设施宣传。

【水资源管理】 2017年,南宁市严守最严格水资源管理制度"三条红线"(水资源开发利用控制红线、用水效率控制红线、水功能区限制纳污红线),完成自治区政府交办的荔园山庄湖水水质改善任务;完成国家水资源监控站点监控435个,监控水量34.82亿立方米,占总许可水量92%;17个国控水功能区100%达标,监测规模以上入河排污口78个。全国水生态文明城市建设试点期南宁市累计完成投资331.74亿元,10月27日通过水利部、自治区政府行政验收。征收水资源费233.48万元,落实306万元完成34个农村人饮工程水资源论证报告;落实787.45万元开展市本级饮用水水源地保护项目建设,完成《南宁市水资源保护规划》《南宁市区饮用水库污染源调查及保护策略研究》及峙村河、天雹水库等饮用水源地保护项目建设。配合开展市区水厂取水口上移工程前期工作，推进龙潭水库、天雹水库应急水源工程建设；上林县、马山县和武鸣区推进水电站退出清理；完成龙潭水库综合整治；完成县级集中式饮用水水源地整改，6月，武鸣区、横县、宾阳县、上林县、马山县、隆安县实现饮用水源地达标率80%的保护目标。

【水行政执法】 2017年，市水利局集中清理1978年以来的水利地方性法规、规章及代市政府草拟的文件248件；对《南宁市河道采砂管理办法》《南宁市水库管理条例》《南宁市河道与堤防建设管理条例》《南宁市饮用水水源保护条例》进行行政裁量权细化；清理规范现有权力，形成行政处罚、行政征收、行政强制、行政确认等6大类163项权责清单。开展市、区县联合执法41次，巡查河道172次，查处非法采砂船4艘，查处违法行为及案件78起，罚款6.5万元；查处水库违章建筑6起、库汊拦坝19起，水利工程扬尘治理监管7起。开展水利安全生产标准化建设，市安全生产委员会新增达标任务单位10家（二级2家、三级8家），下达年度建设指标12家，落实专项经费114万元；兴宁区西云江水库管理所、兴宁区西云江水电站、武鸣区仙湖水库管理所、武鸣区那打水库管理所、横县六蓝水库管理所、上林县大龙洞水电站、上林县大龙洞水利工程管理所、隆安县渌水江水利工程管理所、马山县六朝水库管理所9家单位达标。

【水库综合整治】

大王滩水库水面综合整治 2017年，大王滩水库完成45座不达标拦坝补挖、13座遗漏拦坝的签约补助及拆除，累计拆除库汊拦坝693座，完成库汊拦坝整治。落实800万元建设交通坝20座。完成库区周边2个陆生野生动物养殖场搬迁，完成林业试点改造133公顷，启动村屯生活污水处理设施建设20个，完成种植业面源污染示范点改造5个；完成船舶上牌1731艘，注销牌照282艘；完成大王滩水库25处库岸建（构）筑物定点、调查及测算，发放限期整改通知，签订整改协议2处；收集整理大王滩水库纠纷土地材料9宗，汇编成册；完成库区群众后续扶持方案调研，配合推进方案编制。

龙潭水库综合整治 年内，南宁市投入拆除经费190万元、拆除补助180万元，完成龙潭水库库汊拦坝17座的拆除及补助发放，拆除坝体土方量13万立方米，完成工程验收。4月至5月，江南区政府与南宁市德恒生物科技有限公司签订搬迁补助协议，完成搬迁食蟹猴7065只、拆除养猴场面积1.5万平方米。5月24日，投入1426.5万元（江南区1168.96万元、西乡塘区9.71万元、南宁经开区247.83万元），出动车辆180多辆次、人员1300多人次，完成龙潭水库饮用水源保护范围内的陆生野生养殖场污染源清理拆除，搬迁生猪7692头、鸭子8000多羽、羊120只，拆除面积2.2万平方米。7月12日，根据中央环境保护督察组反馈意见，采取建筑垃圾清运到消纳场、地表平整复绿种植、排污氧化塘清淤及生物处理等方式开展清理及治理；9月22日，完成遗留建筑物、污水、污泥及粪渣清理整改。

【大明山水电站退出清理】 2017年，南宁市印发《广西大明山自然保护区水电站退出清理整改工作方案》，开展大明山水电站退出清理工作。马山县委托广西诚华工程造价咨询有限公司开展水电站资产评估，出具资产评估成果，年末落实服务商拆除发电机组、水轮机机组及1千米架设高压线路，基本完成生态恢复，待验收；上林县委托中联资产评估集团广西有限公司评估龙源、龙江水电站，年末就地封存设备，进行拆除及人员安置；武鸣区委托评估公司完成资产预评估，与户里三级、户里四级、汉江、汉远、鸣胜5座小水电站签订补偿协议，招投标确定施工单位；其余7座小水电站协商补偿协议。

【大王滩国家湿地公园试点建设】 2017年2月23日，南宁市大王滩国家湿地公园与水库建设管理指挥部成立；5月2日，南宁市机构编制委员会办公室明确大王滩国家湿地公园管理处设综合科、财务科、规划计划科、工程建设科、防汛管理科、资源保护科、科普宣教科、监察大队、那花监测保护站、新桥监测保护站、双鱼良监测保护站11个、编制80名，在编70人。9月，《南宁大王滩国家湿地公园保护条例》立法调研组到大王滩水库管理处调研；大王滩国家湿地公园及水环境工程PPP项目工作小组成立，同意对大王滩国家湿地公园、“大王滩水库综合整治保护利用规划”项目采用PPP模式建设。完成《广西南宁大王滩国家湿地公园修建性详细规划》编制报审稿。开展水源保护，查处违法违规项目，每月监测分析水库水质1次，实时监控明阳工业园区新坡江入库排污口；完成水库二副坝至主坝段及一副坝至四方亭段主要区域生态护岸建设，种植挺水植物5319平方米。监测项目区水文、气象、雨量，按月检测10个断面水质，每个季度取样检测重点区域水质1次，整体水质达《地表水环境质量标准》Ⅲ类水质标准。

【河长制施行】 2017年8月，南宁市机构编制委员会《关于南宁市河长制办公室机构编制有关事宜的批复》明确市河长制办公室设在市水利局，行政编制4名。9月，《南宁市全面推行河长制工作方案》印发，自治区党委常委、市委书记王小东任南宁市第一总河长，市长周红波担任南宁市总河长，38条流域面积200平方千米以上的江河由区县（开发区）领导担任河长。11月，区县（开发区）、乡镇（街道）挂牌成立河长制办公室。南宁市明确市级河长75人、区县（开发区）级河长84人、乡镇（街道）级河长200人；县级明确河长5175人（区县级213人、乡镇级1740人、村级3222人）。开展巡河4628人次。完成流域面积50平方千米以上江河湖库分级名录调查并报自治区。投入430万元，开展左江、八尺江、清水河、武鸣河4条主要河流、18条内河（八尺江除外）“一河一策”编制。在自治区率先与中国移动通信集团公司合作搭建河长制信息化平台，完成基本框架搭建。开展江南区、青秀区、西乡塘区、邕宁区、良庆区及南宁高新区等77千米郁江干流的清河行动、邕江综合整治、黑臭水体治理，清理大王滩水库周边水环境；开展河湖执法，清理邕江“三无”（无船名船号，无船舶证书，无船籍港）船只、打击右江非法采砂。开展“清洁水源”巩固提升、侵占河道、岸线整治和最严格水资源“三条红线”整治；推行“河长制＋精准扶贫”模式，聘请贫困人口担任保洁员、管护员、巡查员等。

【小型水利工程管理体制改革】 2017年7月，小型水利工程管理体制改革试点马山县通过自治区验收。兴宁区、西乡塘区、邕宁区、武鸣区、横县、宾阳县、隆安县、南宁经开区出台《小型水利工程确权发证办法》；颁发权属证书2527本（兴宁区9本、青秀区338本、西乡塘区1267本、横县913本）；横县出台《横县小型水利工程权属发证暂行办法》《横县堤防工程管理制度》，落实改革经费300万元、到位230万元，与管护主体签订《工程管护责任书》913份，核定全县列入改革工程3698处，公共安全部分发证913处，完成2785处工程资料收集、录入和外出测绘等；上林县《小型水利工程确权发证办法》报审。

【农业水价改革启动】 2017年11月27日，市政府办公厅印发通知，建立《南宁市农业综合水价综合改革联席会议制度》，南宁市正式启动农业水价改革，将宾阳县古辣香米产业核心示范区（361.33公顷）、江南区六冬水库高效节水灌溉项目区（585.33公顷）作为试点。江南区、宾阳县试点项目完成方案编制及批复。市财政安排试点项目前期工作经费100万元、补助经费1750万元，推动项目信息化、自动化。

（卢明发）

水库移民安置

【概　况】2017年，南宁市水库移民工作管理局设办公室、政策法规科、计划财务科、安置科、后期扶持科、培训科6个职能科室和机关党支部，编制26名，在编26人。12月14日，编制调整，市水库移民工作管理局撤销，承担的行政职能划归市水利局。全市涉及移民搬迁的大中型水利水电工程51座(处)，有大中型水库移民11.54万户、46.08万人；分布在五县七城区及南宁高新技术开发区、南宁经开区，涉及乡镇96个、村民委员会499个、村民小组3268个；核定登记后期扶持人口指标40.07万人。

【库区维稳】2017年，南宁市处理库区移民群众来信来访12起，办结率100%；办理上级转办交办信访案件3起，复查复核案件2起；群众上访呈现下降趋势，信访量比上年下降57%。发放宣传书籍1.26万册，现场咨询1200多人次，受教育5400多人。

【移民安置】2017年，南宁市评估水库移民项目社会稳定风险298项，涉及总投资1.76亿元。邕宁水利枢纽库区淹没征地实物指标分解到户703.05公顷，签订补偿协议673.01公顷。完成老口航运枢纽工程库区规划淹没区等现场复核，确认涉及的渡口、码头、交通桥、航标灯、道路改建、电灌站等设施240处；做好老口航运枢纽工程库区移民安置后续工作，完成新增淹没土地97.43公顷变更手续；完成7处设施的专项审批及复建、改建，完成3处库区坍岸复核。完成邕宁区绿碧桥、良庆区团良三队桥及江南区老口车渡施工图设计及审查。到宾阳县召开协调会，协调解决岩滩水电站东兰县移民外迁宾阳县黎塘园艺场土地权属，与自治区劳教局洽谈土地权属变更。

【大中型水库移民后期扶持】2017年，南宁市编制完善区县“大中型水库移民后期扶持规划”，核定后期扶持人口400709人，报市政府审批；编制水库移民贫困村脱贫攻坚方案，发放第一至第三季度移民直补资金1.80亿元。年内，兴宁区、青秀区、江南区、良庆区、邕宁区、武鸣区、横县、宾阳县、上林县、马山县、隆安县11个区县有大中型水库移民扶贫开发工作任务，涉及64个乡镇、322个行政村(大中型水库移民贫困村87个)、1987个村民小组，建档立卡贫困户数6029户、后期扶持贫困人口19305人，未脱贫建档立卡大中型水库贫困移民16787人。

【水库移民新村建设】2017年，南宁市完成大中型水库移民新村建设项目148个，完成投资9251万元，完工率100%，受益42632人(受益移民40334人)。完成旧房改造452户、外墙装饰3565户，改建硬化通屯道路48.61千米，硬化屯内主道71.38千米、次道51.18千米、排水沟40.04千米，建设文化室45间、篮球场34座，安装路灯2214盏、新村标志牌85个。

【水库移民基础设施建设】2017年，南宁市完成水库移民基础设施建设项目141个，总投资7598万元，建设移民村屯道路212.2千米，其中大中型水库移民村屯道路硬化项目61个，改建硬化村屯道路92.39千米；市本级财政水库移民基础设施建设项目完工80个，改建硬化村屯道路119.81千米；各批次项目完工率100%。

【水库移民培训】2017年，南宁市依托广西农业职业技术学院、广西水产学校、柳州畜牧兽医学校、百色市农业学校、桂林市农业学校等移民培训基地及社会机构培训，开展水库移民农村实用技术和创业就业技能培训，培训4780人，其中依托学校培训1189人、社会机构培训3650人。

(市水利局)

工　业

综　述

【概　况】2017年，南宁市工业和信息化委员会设办公室、节能与循环经济科、政策法规科、中小企业发展科、综合科、人事科、信息安全协调科、投资和技术改造科、重大项目科、糖业发展科、工业园区科、科技科、重工业科、轻工业科、电子信息和软件科、教育培训科、经济运行科、安全生产指导科、规划科、信息化推进科、离退休人员工作科、机关党委，行政编制79名，在编74人，后勤服务人员控制数11名，在编10人。有二层事业单位有市工业和信息化综合行政执法支队、市中小企业服务中心(市中小企业培训中心、市中小贸易流通企业服务中心)。

年内，全市抓好重点产业、重点园区、重点企业和重点项目，加快推进产业转型升级，工业经济保持总体平稳、稳中向好发展态势。全部工业总产值首次突破4000亿元，完成4070.88亿元，比上年增长13.70%。规模以上工业增加值增长9.90%，为三年来最好状态，工业增速好于全国、自治区，高于全市国内生产总值(GDP)及一产、三产增速。工业投资增长7.46%，回升3.49个百分点。全市工业园区实现规模以上工业总产值3459.62亿元，增长15.50%，占全市规模以上工业总产值比重86.71%，提高1.21个百分点；南宁高新技术产业开发区、南宁经济技术开发区、广西－东盟经济技术开发区完成规模以上工业总产值2240.03亿元，占全市56.14%，平均增长17.51%。电子信息、机械装备制造、生物医药三大重点产业完成规模以上工业产值1563.31亿元，增长17.22%，占全市规模以上工业总产值39.18%。产值超亿元企业660家(产值超10亿元企业65家)，完成产值3854.51亿元，增长15.73%，占全市规模以上工业总产值96.61%；新入规模以上工业企业43家；亏损企业90家，与上年持平。规模以上万元工业增加值能耗0.42吨标准煤，下降9.98%，优于全国、自治区平均水平。南宁高新区成为广西首个国家双创示范基地，南宁·中关村创新示范基地形成智能制造、信息技术、生命健康、科技服务产业4个产业微集群，引进高科技企业33家。

【工业主要经济指标】2017年，南宁市完成全部工业总产值4070.88亿元，比上年增长13.70%。完成全部工业增加值1189.89亿元，增长9.50%。规模以上工业企业946家，其中轻工业企业429家，重工业企业517家；完成规模以上工业总产值3989.82亿元，增长13.89%；完成规模以上工业增加值1159.08亿元，增长9.90%；实现主营业务收入3702.25亿元，增长13.63%；实现利润总额227.92亿元，增长8.17%；规模以上工业企业从业人员平均人数25.04万人。　(王　艳)

【重点产业规划】2017年，南宁市实施《南宁市工业和信息化发展“十三五”规划》，调整优化工业经济结构。南宁市工业和信息化委员会编制《工业和信息化发展“十二五”规划实施评估报告》，重点分析《南宁市工业和信息化发展“十二五”规划》实施的重大措施，以其中的目标指标、重大任务、重大项目为主要评估对象，分析评估对象落实情况及存在问题，提出“十三五”期间全市推进工业提质增效、转型升级的对策建议。编制《南宁市新能源汽车产业发展“十三五”规划》《南宁市糖业发展“十三五”规划》《南宁市工业和信息化人才队伍建设“十三五”规划》《工业绿色发展规划》《高铁经济背景下南宁制造业发展研究》《张村—六景公路沿线产业带发展研究》《科技创新对南宁工业转型升级专题研究》《南宁市关于贯彻落实〈中国制造2025〉

的实施意见及申报〈中国制造2025〉城市试点示范工作方案》8个研究课题。
（曹春晓）

【项目建设与投资】 2017年，南宁市落实降成本、扩投资、稳增长政策措施，抓好重点产业、项目投资。全市完成工业投资1074.13亿元，比上年增长7.46%，其中制造业完成投资954.29亿元，增长8.41%；完成技术改造投资667.39亿元，增长6.82%。电子信息产业投资增长25.30%，先进装备制造（含铝深加工）产业投资增长6.88%，生物医药产业投资增长12.39%，三大重点产业完成投资420.21亿元，增长10.28%，占全市工业投资39.12%。
（曾小妮）

【技术创新与新产品开发】 2017年，南宁市重点围绕先进装备制造、电子信息、生物医药三大重点产业及战略性新兴产业开展新技术、新产品开发，引进消化国内外先进技术，完成技术创新项目396项，完成技术开发总投入13.97亿元。新认定自治区级企业技术中心12家，累计92家，居自治区之首；新认定市级企业技术中心12家，累计95家。广西佳利工贸有限公司质量检测中心被认定为国家认可实验室，全市有国家认可实验室11家、国家重点实验室1家（广西明阳生化科技股份有限公司）；广西南南铝加工有限公司被认定为国家技术创新示范企业，全市国家技术创新示范企业总数3家。广西南南铝加工有限公司“南南牌地铁用6005A铝合金型材”等70个工业产品被认定为2017年广西名牌产品（新增38个、复评32个），全市3年有效期内广西名牌产品有117个。组织企业申报财政创新资金扶持，101个项目获自治区工业创新项目立项，其中燎旺车灯公司年产26万台套新型LED车灯产业化、广西南南铝加工有限公司年产3万吨铝合金中厚板产业化、广西森合高新科技股份有限公司“非氰提金”环保型金蝉黄金选矿剂产业化、恒拓集团广西圣康制药有限公司祛瘀散结胶囊等新药产业化生产、广西工凯重工制造有限公司安全型多向抱紧式施工升降机新产品产业化5个项目获自治区产品升级项目扶持资金455万元。组织企业参加首届广西工业创新大赛，44个项目进入复评，5个项目入围决赛，数量居自治区各地级市之首，其中广西南南铝加工有限公司时速400千米CR400中国标准动车组用7系铝合金型材项目、中国轻工业南宁设计工程有限公司高效利用糖厂气凝水、有效节能减排、提高效益的智能控制系统项目获二等奖，广西博世科环保科技股份有限公司综合法大型二氧化氯制备系统项目、自治区化工研究院特微分子右旋糖酐铁注射液制备工艺研发及应用项目、广西中烟工业有限责任公司植物颗粒减害增香技术及其在真龙品牌中的应用项目获三等奖。全市有22个新产品新技术研发项目通过自治区工业和信息化委员会鉴定验收，有国际先进水平1项、国内领先水平9项、国内先进水平8项，其中广西农垦糖业集团股份有限公司承担的右旋糖酐定量检测单抗试剂盒开发及在制糖业中的应用项目技术达到国际先进水平。
（农 湉）

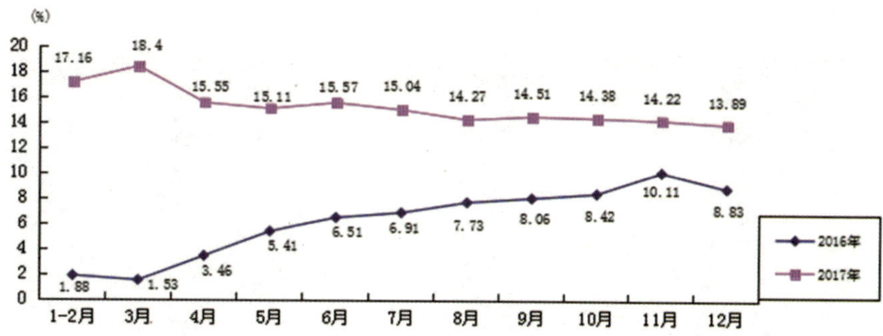

图4 2017年南宁市规模以上工业总产值累计增速图

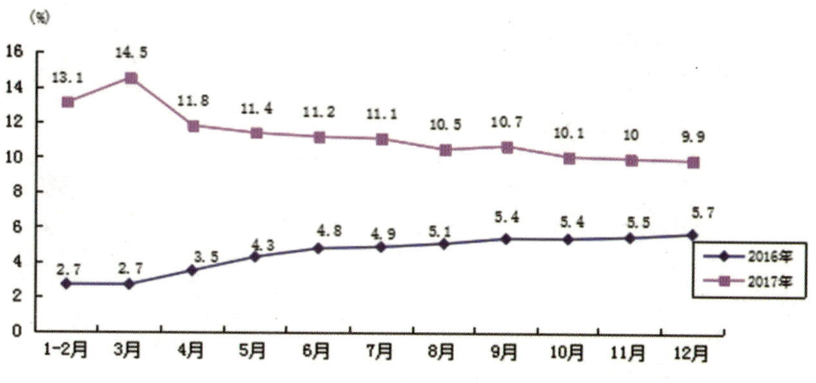

图5 2017年南宁市规模以上工业增加值累计增速图

（王 艳）

【工业项目建设】 2017年，南宁市推进100个新开工、50个续建重点工业项目。新开工项目83个，其中亿元项目59个；续建项目45个，其中亿元项目44个；投产28个，其中亿元项目20个。150个重点工业项目实际完成投资152.09亿元，投资完成率113.06%。主要项目：南宁科天水性科技有限责任公司水性环保材料项目定制家具车间、地板/家具车间开工建设，板材深加工6条生产线全部投产；富士康南宁科技园C区土地完成出让，12月28日开工；6月，广西源正新能源汽车有限公司由上海申龙客车有限公司收购重组，总投资30亿元，原生产基地完成改扩建并恢复生产，达日产10辆车、年产2000辆以上产能；瑞声科技（南宁）有限公司入驻南宁经开区，总投资2亿元；苏州同捷汽车科技发展有限公司新能源汽车整车及锂电池包项目签定项目投资协议，总投资60亿元。
（曾小妮）

【亿元工业企业建设】 2017年，南宁市产值超亿元工业企业有660家，占规模以上工业企业69.77%。其中，产值超300亿元工业企业1家（南宁富桂精密工业有限公司），产值100亿元～300亿元工业企业1家，产值50亿元～100亿元工业企业5家，产值30亿元～50亿元工业企业5家，产值10亿元～30亿元工业企业53家。亿元企业完成产值占全市96.61%，比上年增加1.54个百分点，对全市规模以上工业增长贡献率107.68%，拉动产值增长14.96个百分点。年内，南宁市选择一批年产值10亿元以上传统骨干工业企业和产值增速较快的新兴重点工业企业培育发展，集中优势资源，在技改贴息、技术创新补助、融资推介、土地供给等方面给予优先倾斜和扶持；继续健全、完善服务企业和企业减负长效机制，加大对亿元工业企业扶持力度，帮助企业协调解决征地、拆迁、融资、煤电油运等方面的困难和问题。市四家班子领导带队成立服务队10个，联系服务重大工业项目24个、重点工业企业11家，召开现场会及专题会议16次，现场调研89次，帮助工业项目和工业企业解决问题20个。（农 抗）

【中小工业企业扶持】 2017年，南宁市中小工业企业完成工业总产值2949.19

2017年南宁市主要工业产品产量情况表

表12

产品名称	计量单位	产　量	比上年 ±%
配混合饲料	吨	6539062	5.80
成品糖	吨	910805	-1.93
软饮料	吨	2354029	10.87
啤酒	千升	324806	-11.46
卷烟	万支	3606305	-0.47
人造板	立方米	10490872	13.56
纸浆	吨	247679	-0.84
机制纸及纸板	吨	176659	-17.02
水泥	吨	14882810	-4.88
平板玻璃	重量箱	2807545	-46.02
铝材	吨	406513	6.17
小型拖拉机	台	109222	-6.85
电力电缆	千米	2109094	-12.50
乳制品	吨	218793	14.06
合成复合肥料	吨	1297199	-4.48
塑料制品	吨	1035090	11.60
商品混凝土	立方米	30471386	5.90
发电机组(发电设备)	千瓦	44160	-13.60
配电或电器控制设备(11万伏以下)	台(套、面)	385722	9.18
家用电风扇	台	435821	35.26

亿元,比上年增长14.08%,占全市工业总产值73.93%。全市发挥“两台一会”(南宁市中小企业服务中心为融资平台、南宁市南方融资性担保有限公司为担保平台、南宁市企业信用协会为项目推介协会)中小企业贷款平台融资放大效应,增加“两台一会”财政配套资金3000万元,审核批准416户中小企业进入融资项目库、99家企业纳入重点中小企业池,开展亿元企业大走访活动。“两台一会”中小企业贷款平台累计直接解决中小企业流动资金贷款159亿元,贷款余额40.30亿元,完成工作目标。组织金融机构到区县(开发区)调研,与企业进行项目对接,组织银企座谈会19场,收集532户中小企业贷款需求信息,贷款需求总额36.80亿元。利用互联网金融服务“助融贷”解决平台小微企业小额短期贷款需求,累计解决831家(笔)企业10.59亿元短期、急用资金缺口,缓解小微企业小额资金缺口难题。与中都国脉(北京)资产评估有限公司签订合作协议,与中国建设银行广西区分行、交通银行广西区分行、中国邮政储蓄银行南宁分行、南宁市农村信用合作联社合作,为科技中小企业实现9笔共4500万元知识产权质押贷款。通过南宁市中小企业服务中心牵头搭建小微企业创业孵化基金公共服务平台,投资运作总规模15亿元的“南宁市中小微企业孵化基金”,计划2年内完成募集和投放,第一期规模3亿元,其中南宁市中小企业贷款平台配套资金不超过基金第一期规模30%。制定《南宁市科技型企业知识产权质押贷款方案》,引导和扶持全市科技型企业采取专利权质押方式实现市场价值,通过“两台一会”中小企业贷款平台,以“知识产权质押贷款”模式支持对专利发明有实质性实施或使用阶段,且技术含量高、市场前景好的科技型企业。实施南宁先进技术育成中心项目建设实施方案,开展100家企业技术创新需求调研,落实科技企业诊断服务60项,带50家企业赴高校对接科技成果,到6所985、211高校开展引智招科合作;建立专家库,落地10个重点发展领域专家工作站;开展以智能工厂、数控技术、北斗系统技术、大数据应用与安全等为主题的先进技术学术交流活动,600多家企业800多人次参加;科技项目举办直播路演常态化,100多家企业参与需求对接,16个项目直播路演,融资需求8亿元,有1亿元资金实现融资;开展科技创新公共服务平台运营方交流分享活动,帮助15个企业孵化器提高科技创新服务能力。出台《南宁市2017年中小企业发展行动计划》,在融资、培训、两化融合、信用评级、知识产权服务和平台建设方面提出行动目标;修订重点中小企业评价计分标准,其认定结果用于“两台一会”企业融资服务项目准入。审核推荐2个基地(南宁泛北城市信息技术有限公司、广西联讯投资有限公司)申报自治区小型微型企业创业创新示范基地,3个公共服务平台(南宁市中小企业服务中心、广西揽胜企业管理服务有限公司、广西博士海意信息科技有限公司)申报自治区中小企业公共示范平台,2个基地、3个平台均获自治区示范基地(平台)认定,将中盟科技园服务外包产业孵化基地上报工业和信息化部,获国家小型微型企业创业创新示范基地认定;市中小企业服务中心、广西揽胜企业管理有限公司申报国家级中小企业公共服务示范平台获通过;组织全市中小企业(担保公司、金融机构)申报2017年自治区中小企业发展专项资金、自治区担保风险补偿金、自治区小企业贷款风险补偿金,审核推荐42个项目申请各项补助扶持资金4594万元。南宁市获自治区中小企业专项扶持资金、自治区担保风险补偿金及自治区小企业贷款风险补偿金1835.46万元(含自治区财政专项扶贫资金700万元)。　(莫逸云)

食品工业

【概　况】2017年,南宁市食品工业有规模以上企业208家(农副食品加工业122家、食品制造业38家、饮料制造业46家、烟草制品业2家),规模以上食品工业企业实现工业总产值930.38亿元,比上年增长9.07%,占全市工业总产值23.32%;实现主营业务收入852.44亿元,增长8.99%;利润49.10亿元,增长6.83%。主要食品工业产品产量:成品糖91.08万吨,下降1.93%;乳制品21.88万吨,增长14.06%;软饮料23.54万吨,增长10.87%;啤酒32.48万千升,下降11.46%;卷烟360.63亿支,下降0.47%;配混合饲料653.91万吨,增长5.80%。农副食品加工业完成工业产值522.31亿元,增长7.71%;

工业增加值125.67亿元，增长5.10%；主营业务收入464.90亿元，增长4.90%；利润总额19.74亿元，增长6.67%；从业人员平均人数2.58万人。食品制造业完成工业产值123.61亿元，增长19.41%；工业增加值36.44亿元，增长18.40%；主营业务收入126.93亿元，增长15.36%；利润9.74亿元，增长1.34%；从业人员平均人数8839人。饮料制造业完成工业产值165.66亿元，增长13.18%；工业增加值50.72亿元，增长10.80%；主营业务收入158.59亿元，增长22.47%；利润13.92亿元，增长24.15%；从业人员平均人数1.36万人。烟草制品业完成工业产值118.80亿元，增长0.48%；工业增加值92.45亿元，增长0.50%；主营业务收入102.02亿元，增长2.64%；利润5.70亿元，下降14.07%；从业人员平均人数1374人。

【项目建设与投资】 2017年，南宁市食品工业完成投资165.62亿元，比上年增长6.36%，占全市工业投资比重15.42%。主要续建项目：华润怡宝饮料（中国）有限公司总投资6亿元的健康饮品广西生产基地项目；广西皇氏集团股份有限公司总投资4.20亿元的皇氏乳业华南中央工厂项目；广西新三合兴生物科技有限公司总投资4亿元的酵素系列产品生产项目；广西巴马丽琅投资有限公司总投资2.20亿元的年产10万吨生态饮品项目；广西普乐益生物科技公司总投资2亿元的年产2.40万吨酵母粉及相关产品生产项目；南宁富莱欣生物科技有限公司总投资2亿元的保健食品生产研发基地项目；广西石埠乳业有限责任公司总投资1.60亿元的蛋白饮料、谷物饮料加工迁建项目；广西和盈农牧有限公司总投资1.02亿元的饲料生产及配送项目；南宁绿色巨农生物科技有限公司总投资1亿元的高档猪用预混浓缩料生产线建设项目。新开工项目：南宁市储备粮管理有限责任公司总投资7.90亿元的万象粮油食品加工仓储基地项目；南宁东鹏食品饮料有限公司总投资5.30亿元的饮料生产项目；广西锦琦商务投资有限公司总投资2.80亿元的白糖储运及精深加工基地项目；广西壮方生物科技有限公司总投资2.50亿元的王老吉凉茶生产项目；上林县粒安香稻米业有限公司总投资1.70亿元的大米加工项目；南宁漓源粮油饲料有限公司总投资1.30亿元的年产24万吨生物饲料生产项目；广西马中粮油有限公司总投资1.20亿元的稻谷深加工项目。

【技术创新与产品开发】 2017年，南宁市食品工业中列入自治区技术创新项目29个：广西中烟工业有限责任公司的小盒密封性对卷烟感观质量及水分变化的影响研究，基于香精香料香味特征的数据库构建及应用，电子烟烟油基质成雾机理研究及改进方案的设计，广西特色中草药添加电子烟烟油的研发与应用，功能性多孔材料表面改性有机聚合物的研究与应用，广西中烟卷烟产品多层次质量评价体系的构建，磁性纳米固相吸附技术在烟草化学成分分析中的应用研究，卷烟通风分配对烟气成分及感官质量风格影响研究及应用，基于卷烟香味成分分析的叶组配方设计研究，化学计量学在产品数据分析中的应用研究，广西特色添加剂的质控评价方法研究，吸烟机关键技术参数对捕集效果的影响研究，烟用乙酸乙烯酯纯度标准物质的研制，肉桂多糖的分离纯化及在卷烟中的应用研究，天然香原料的特征成分分离制备、分析评价及应用研究，烟草主要内源植物激素的分析技术及其应用，卷烟烟气气溶胶特性研究，基于层间模板导向的稀土掺杂纳米黏土的制备及性能研究，电子烟雾化温度分布检测仪器的研制及应用，植物颗粒滤棒增香技术彰显卷烟风格特征的研究及应用，定温切丝技术研究，广西贺州烟草生产关键技术研究，怀菊花精油微胶囊的指标及应用研究，基于射频识别（RFID）技术的原料数字仓储系统应用研究，烟梗的化学和工艺特性及其可用性研究项目；广西康佳龙农牧集团有限公司的母猪催乳饲料及其制备方法的研究开发，育猪营养饲料及其制备方法的研究开发项目；横县南方茶厂的横县茉莉花茶新产品、新工艺、新技术研发和产业化生产示范，茉莉花紧压茶发"金花"应用微生物发酵技术及新产品开发项目。通过南宁市认定的企业技术中心有广西珠江啤酒有限公司技术中心、南宁市泽威尔饲料有限责任公司技术中心。广西中烟工业有限责任公司的植物颗粒减害增香技术及其在真龙品牌中的应用项目获首届广西工业创新大赛三等奖。认定为广西名牌产品的有广西农垦糖业集团良圻制糖有限公司的涌泉牌白砂糖，广西皇氏集团股份有限公司的摩拉菲尔醇养酸牛奶、高钙牛奶，广西农垦糖业集团金光制糖有限公司的三冠牌白砂糖，广西顺来茶业有限公司的周顺来牌茉莉花茶，广西统一企业有限公司的统一牌绿茶、冰红茶，广西华盛集团廖平糖业有限责任公司糖厂的宝雷牌白砂糖，广西辽大农业科技集团股份有限公司的辽大牌、展丰牌鱼配合饲料，南宁市储备粮管理有限责任公司的桂井牌大米（复评），广西金花茶业有限公司的人间壹香牌茉莉花茶（复评），广西农垦茶业集团有限公司的大明山牌茶叶（复评），广西南宁新源泉饮料有限公司的五象泉牌瓶（桶）装饮用水（复评）。

（刘巧稚）

制糖工业

【概　况】 2017年，南宁市有糖厂15家，分属6家制糖企业公司（集团）；其中国有及国有控股糖厂8家，民营投资及控股糖厂7家。制糖企业日榨蔗能力9.13万吨，主要产品有白砂糖、红糖、赤砂糖、酒精、蔗渣浆、机制纸、复合肥等。2016/2017年榨季生产期自2016年11月11日南宁糖业股份有限公司明阳糖厂开榨开始，至2017年4月11日广西农垦糖业集团良圻制糖有限公司收榨完毕结束，历时152天，比上榨季长10天。2016/2017年榨季，南宁市有15家糖厂开榨生产，全市日榨蔗能力9.13万吨，比上年增加0.10万吨，增长1.11%；机制糖产量81.78万吨，增加10.06万吨，增长14.03%；全市平均白砂糖单位产品生产成本每吨4681.78元，增加96.21元，增长2.10%；白砂糖单位含税成本每吨6531.48元，增加233.59元，增长3.71%；白砂糖含税平均售价每吨6755.06元，增加1092.95元，增长19.30%；实现工业总产值（现价）52.71亿元，增加11.41亿元，增长27.63%；实现工业增加值12.78亿元，减少1.26亿元，下降8.97%；完成工业销售产值52.38亿元，增加15.33亿元，增长41.38%；实现利税总额6.22亿元，增加6.85亿元，增长1087.30%；万吨蔗税利90.26万元，增加100.17万元，增长1010.80%；利润2.95亿元，增加5.69亿元，增长207.66%。全市15家开榨糖厂有2家亏损，亏损企业比上榨季减少9家。1月17日，南宁糖业股份有限公司通过工业和信息化部两化融合管理体系评定，获《两化融合管理体系评定证书》，成为全国首家通过评定的制糖企业。8月13日至14日，在第二十九届全国糖业质量工作会议上，南宁市制糖企业生产的多个食糖产品在参赛的192个样品的质量综合评定中位居前列。其中，南宁糖业股份有限公司明阳糖厂生产的一级白砂糖获亚法糖评比第一名，创下亚法类白砂糖十五连冠新纪录；南宁糖业股份有限公司伶俐糖厂的优级、一级白砂糖获碳法类糖评比第一名，实现碳法类白砂糖十二连冠；南宁糖业股份有限公司明阳糖厂生产赤砂糖获第一名，南宁糖业股份有限公司伶俐糖厂和东江糖厂生产的赤砂糖并列第三。11月1日至3日，在全国第三十九次质量管理小组代表会议上，南宁糖业股份有限公司在全国涉及石油化工、建筑施工、轻工制造业等行业中蝉联大会最高奖——全国质量管理小组活动优秀企业，为年内广西唯一获此项荣誉的企业。南宁糖业股份有限公司香山糖厂蜜源QC(质量控制)小组、南宁糖业股份有限公司明阳糖厂甜蜜蜜QC小组、南宁侨虹新材料股份有限公司旭日东升QC小组均获“全国优秀质量管理小组”称号。

【糖料蔗生产与成本】 2016/2017年榨季,南宁市蔗区分布在全市12个区县、南宁经济技术开发区、广西－东盟经济开发区等地的100个乡镇和约20个农场,其中武鸣区、江南区、横县、宾阳县、隆安县5个区县为广西500万亩糖料蔗生产重点区县。全市糖料蔗种植面积10.64万公顷,比上年增加0.91万公顷,增长9.32%;进厂糖料蔗689.38万吨,增加55.21万吨,增长8.71%;平均工业单产每公顷64.80吨,减少0.30吨,下降0.46%;甘蔗平均含糖分13.61%,增加0.66个百分点,增长5.10%。全市平均甘蔗成本合计每吨562.08元,增加61.13元,增长12.20%;平均甘蔗价款每吨510.11元,增加52.14元,增长11.39%。糖料蔗主要优良品种:粤糖93/159、桂柳05136号、桂糖29号、桂糖42号、桂糖46号等。

【糖料蔗收购】 2016/2017年榨季,南宁市糖料蔗入榨糖料蔗总量689.60万吨,价格继续执行自治区统一普通糖料蔗收购首付价政策,糖料蔗收购价格继续采取蔗糖价格挂钩联动、二次结算的管理方式。每吨普通糖料蔗收购价格480元与每吨一级白砂糖平均含税销售价格6470元挂钩联动,食糖销售价格超过每吨6470元的部分,在糖料蔗收购首付价的基础上,蔗糖挂钩联动价格按6%的联动系数进行二次结算,食糖销售价格低于每吨6470元时,蔗价不再进行二次结算,蔗农不需将多得的蔗价款退还制糖企业。糖料蔗实行优良品种加价、劣质淘汰品种减价政策,在普通品种糖料蔗收购首付价480元的基础上,桂糖29号、桂糖42号、桂糖46号、粤糖93/159、桂柳05136号5个优良品种每吨加价30元,桂糖12号、桂糖16号、里建1号、工氏1号、台糖98/0432、西大引11号6个劣质淘汰品种每吨减价60元,粤糖94/128、新台糖28号2个劣质淘汰品种每吨减价30元,无名蔗每吨减价80元。制糖企业按照自治区和南宁市物价部门规定的首付价与蔗农结算首付蔗价款,1个月内兑付完毕。2月27日,按《广西壮族自治区物价局糖业发展办公室关于2016/2017年榨季糖料蔗收购价格实行提前联动的紧急通知》,2016/2017年榨季糖料蔗收购价格实行提前挂钩联动,在原定普通糖料蔗首付价480元基础上每吨增加20元二次结算蔗款提前兑付给蔗农。3月1日,南宁市对2016/2017年榨季糖料蔗收购价格实行提前联动,全市统一按一级白砂糖含税销售价每吨6800元对应普通糖料蔗收购价格每吨500元进行提前挂钩联动,实行良种加价的糖料蔗提前联动收购价格为每吨530元,二次结算蔗款1个月内结清,制糖企业新收购入厂的糖料蔗按新的联动价格执行。

【项目建设与投资】 2017年,南宁市糖业技术改造项目主要有横县东糖糖业有限公司石塘分公司总投资760万元的平衡每日4200吨技改项目(11月建成投产)、总投资978万元的澄清蒸发技改项目,南宁良庆东糖糖业有限公司总投资160万元的1号～3号甲糖罐加热管更换成不锈钢项目及每小时30吨、每小时75吨锅炉引风机、鼓风机安装变频调节项目(12月建成投产),南宁云鸥物流有限责任公司总投资1.57亿元的食糖电子商务及后加工仓储智能配送中心项目,南宁糖业股份有限公司总投资5716万元的明阳糖厂节能提标及自动化信息化装备升级改造应用示范项目、总投资855万元的伶俐糖厂制糖装备升级及2号锅炉节能提标清洁燃烧技术创新示范二期项目(12月建成投产),南宁糖业宾阳大桥制糖有限责任公司总投资664万元的热能中心提效降耗升级改造项目(11月建成投产),广西农垦糖业集团良圻制糖有限公司总投资650万元的制糖物联网技术开发与应用项目,广西马山南华糖业有限责任公司总投资703.32万元的引进小包装自动化生产线、延伸马山南华红糖产业链项目,上林南华糖业有限责任公司总投资399.30万元的物料包装码垛自动化工程项目,广西糖业发展有限公司总投资1200万元的广西泛糖产品现货电商交易平台建设项目,广西农垦糖业集团金光制糖有限公司总投资1956万元的5万头高档肉牛养殖及屠宰深加工项目。年内,自治区糖业发展办公室新设自治区糖业发展专项资金,南宁市向自治区糖业发展办公室推荐申报项目11项,其中南宁糖业股份有限公司总投资1534.50万元的明阳糖厂蔗场液压翻板卸蔗系统及压榨机双辊喂料器装备技术提升应用项目、总投资1202.30万元的伶俐糖厂制糖装备升级及2号锅炉节能提标清洁燃烧技术创新示范项目、总投资807.15万元的东江糖厂清洁高效绿色制糖技改项目、总投资1057.55万元的香山糖厂自动化升级改造项目、南宁糖业宾阳大桥有限责任公司总投资840.48万元的节能降耗升级改造项目、广西农垦糖业集团良圻制糖有限公司总投资1292.17万元的广西农垦良圻现代特色农业综合示范区配套工程良圻制糖有限公司技术改造升级项目、广西马山南华糖业有限责任公司总投资1214.98万元的马山南华红糖工业化生产技术研究和应用项目7个项目竣工验收,获“以奖代补”自治区糖业发展专项资金1120万元;广西农垦糖业集团金光制糖有限公司总投资1956万元的5万头高档肉牛养殖及屠宰深加工项目获“直接补助”自治区糖业发展专项资金200万元并通过中期评审,拨付进度资金140万元。8个项目总投资9905.13万元(企业自筹8585.13万元、自治区财政补助1320万元)。

【技术创新与新产品开发】 2017年,南宁市糖业技术创新和产品开发项目主要有:广西农垦明阳生化集团股份有限公司、广西科学院总投资1915万元的蔗渣乙醇高效低成本清洁生产关键技术开发及示范项目(9月完成),广西易多收生物科技有限公司总投资1145万元的综合利用糖业有机废弃物制备高效环保型农药表面活性剂项目,南宁糖业股份有限公司总投资465万元的香山糖厂中和汁动力波CO_2(二氧化碳)饱充技术攻关及生产示范项目(12月完成),湖南豫园(南宁)生物科技有限公司总投资450万元的糖蜜酒精发酵液生态肥新产品研发项目(12月完成),南宁糖业股份有限公司总投资427万元的东江糖厂2017年节能降耗技术升级项目(12月完成),南宁糖业宾阳大桥制糖有限责任公司总投资400万元的蒸发系统节能研发项目(9月完成)、总投资340万元的SL-1450丙糖连续分蜜机研发项目(8月完成),广西农垦糖业集团金光制糖有限公司总投资300万元的生物絮凝剂在制糖澄清中应用的关键技术研究项目(12月完成),广西田园生化股份有限公司总投资300万元的全液压履带式小型甘蔗联合收割机开发与推广项目(12月完成),马山县南华糖业有限公司总投资205万元的企业标准化建设项目(11月完成),广西农垦糖业集团良圻制糖有限公司总投资163.23万元的制糖物联网控制中心建设项目(12月完成)、总投资32万元的农务智能管理系统建设项目(11月完成),广西德意数码股份有限公司总投资130万元的制糖企业税收综合管理系统建设项目。年内,南宁市制糖业有南宁糖业股份有限公司技术中心、广西农垦糖业集团良圻制糖有限公司技术中心2家自治区级企业技术中心;除南宁糖业股份有限公司的“明阳”“云鸥”“古府”“大明山”白砂糖,南宁侨虹新材料股份有限公司的“侨虹”无尘纸等广西名牌产品外,新增广西农垦糖业集团良圻制糖有限公司的“涌泉”牌白砂糖、广西农垦糖业集团金光制糖有限公司的“三冠”白砂糖、广西华盛集团廖平糖业有限责任公司糖厂的“宝蕾”白砂糖等广西名牌产品。

【首届中国糖业博览会】 2017年11月2日至4日在南宁国际会展中心举行。自治区糖业发展办公室联合中国糖业协会共同举办，中粮屯河糖业股份有限公司、广西洋浦南华糖业集团股份有限公司承办，是首届中国糖业博览会。自治区副主席张秀隆，中国轻工业联合会会长张崇和，自治区人民政府副秘书长、自治区糖业发展办公室主任黄胜杰，中国糖业协会理事长贾志忍，国家发展和改革委员会、工业和信息化部、财政部、农业部、商务部、中国人民银行、海关总署、中国海警局等有关部委司局负责人，广西、云南、广东、内蒙古、海南糖业协会，澳大利亚昆士兰科技大学、澳大利亚糖业研究所、美国农业部荷马甘蔗研究所、印度甘蔗研究所、印度农业科技大学等国外科研院所的专家学者，全国各地食糖生产企业、食糖流通、食糖加工和糖业服务企业的企业家，糖业科研、高等院校的专家学者及其他各界人士等近千人出席开幕式。约160家国内外制糖行业上下游、产学研、服贸销企业参会参展，自治区内参展企业占55%。首届糖博会主题为“创新、智造、绿色、发展”，设会议论坛9场、展览展示活动3项，涵盖中国糖业G30圆桌会议、中国糖业产业园项目推介会、糖业产销对接座谈会、金融支持糖业发展高峰论坛、糖业新技术新装备发展论坛、中国糖业历史和成就及规划展、企业形象和产品展等。南宁市成立服务中国糖业博览会工作领导小组，设计南宁市展馆、组织市属涉糖企业参展参会。

【红糖工业化生产】 2017年，南宁市属制糖企业广西马山南华糖业有限责任公司针对前几个榨季连年亏损、白糖产品价格持续低迷、红糖市场复苏升温的情况调整发展战略，2016/2017年榨季起实施红糖项目改造转产红糖项目，日处理甘蔗量900吨、年产高品质红糖近2万吨生产规模，为自治区首家、国内最大的红糖工业化生产企业，成为广西红糖技术标准制订者，拥有行标QB/T4561-2013、企标Q/MNH0001S-2016等产品执行标准。

【食糖大宗商品交易平台建设】 2017年9月27日，南宁糖业股份有限公司与中粮糖业等10家糖企共同出资在南宁市注册成立广西糖业发展有限公司，其中南宁糖业股份有限公司出资1482万元，持股占比19%。新成立的广西糖业发展有限公司致力于建立食糖现货大宗商品交易平台、食糖大宗商品综合仓储物流中心、食糖全产业链综合金融服务中心、食糖大数据研究中心、食糖产品防伪溯源中心，通过升级蔗糖产业链全流程互联网化，实现供需有效平衡，稳定糖价。南宁糖业股份有限公司通过合作认证将下属糖厂及子公司南宁云鸥物流有限责任公司仓库作为广西糖业发展有限公司厂库，形成广西糖业发展有限公司自有仓储物流及对应现货交割体系，用于承接白糖现货交割业务，盘活资产，增加效益。

（唐亚亚）

2016/2017年榨季南宁市制糖企业情况表

表13

名　称	工业总产值（万元）	工业销售产值（万元）	利税总额（万元）
广西华盛集团廖平糖业有限责任公司糖厂	22731.12	33581.96	6022.86
广西农垦糖业集团良圻制糖有限公司	37344.16	37344.16	8519.02
广西南宁东糖新凯糖业有限公司	20467.71	20467.71	4138.53
南宁良庆东糖糖业有限公司	24357.28	24357.28	2787.86
横县东糖糖业有限公司	57794.54	57794.54	5206.81
广西农垦糖业集团金光制糖有限公司	30237.00	36300.00	4337.35
南宁糖业股份有限公司明阳糖厂	91239.39	99804.06	16101.63
广西马山南华糖业有限责任公司	10626.27	4983.56	577.66
上林南华糖业有限责任公司	19636.93	19191.82	1946.16
南宁糖业股份有限公司东江糖厂	40589.95	33209.28	3514.35
南宁糖业股份有限公司伶俐糖厂	56542.10	56754.10	4743.75
隆安南华糖业有限责任公司（含南圩糖厂、那桐糖厂）	18700.80	18782.71	-2894.15
南宁糖业宾阳大桥制糖有限责任公司	44450.45	37831.36	2961.18
南宁糖业股份有限公司香山糖厂	52413.60	43406.50	4258.04

纺织工业

【概　况】 2017年，南宁市有规模以上纺织工业企业25家（纺织业22家，纺织服装、服饰业3家），从业人员8794人。规模以上轻纺企业实现工业总产值44.22亿元。其中，纺织业42.64亿元，比上年增长12.53%；纺织服饰业1.58亿元，增长6.93%。实现主营业务收入47.80亿元，增长26.85%，利润3.39亿元，增长238.46%。

【项目建设与投资】 2017年，南宁市纺织工业完成投资9.14亿元，比上年减少34.82%。列入南宁市工业项目建设工程重点项目的有投资2.50亿元的广西桂合科技有限公司丝绸生产加工建设项目，完成投资2.29亿元。

【技术创新与产品开发】 2017年，上林县中兴丝业有限公司技术中心被认定为南宁市企业技术中心。广西桂华丝绸有限公司婴儿蚕丝被的研究与开发被列为自治区工信委技术创新项目（自筹类）。广西桂华丝绸有限公司的桂华牌蚕丝被、南宁锦虹棉纺织有限责任公司的锦虹纺织牌纯棉纱线系列、纯粘胶纱线系列获“2017年广西名牌产品”称号。

造纸与纸制品工业

【概　况】 2017年，南宁市有规模以上制浆造纸及纸制品企业47家，从业人员 7754 人。产值超 10 亿元的企业有南宁市嘉宝纸业有限公司。规模以上造纸企业实现工业总产值 118.5 亿元,比上年增长 11.07%,其中纸浆制造产值下降 0.84%,纸制品制造产值下降 17.02%。实现主营业务收入 104.06 亿元,增长 10.74%;利润 4.47 亿元,下降 0.48%。主要产品产量:纸浆 24.77 万吨,下降 0.84%,机制纸及纸板 17.67 万吨,下降 18.94%。

【项目建设与投资】 2017 年,南宁市造纸及纸制品工业完成投资 36.3 亿元,比上年增长 16.96%。列入南宁市工业项目建设工程重点项目有金红叶纸业(南宁)有限公司投资 1.60 亿元的年产 3.50 万吨生活用纸及纸制品项目,南宁市佳达纸业有限责任公司投资 8 亿元的年产 15 万吨高档生活用纸项目。南宁市佳达纸业有限责任公司清帕牌生活用纸获“广西名牌产品”称号。 (朱丹江)

印刷工业

【概 况】 2017 年,南宁市有印刷企业 452 家,正常生产的企业 434 家;其中出版物印刷企业 71 家、内部资料性出版物印刷企业 8 家、排版制版装订专项企业 7 家、数字印刷企业 19 家;包装装潢印刷企业 178 家;其他印刷品印刷企业 151 家。工业总产值 46.66 亿元(含复印打印),比上年增长 6.14%。其中,出版物印刷企业 11.55 亿元,下降 18.18%;包装装潢印刷企业 31.51 亿元,增长 18.85%;其他印刷品印刷企业 3.05 亿元,增长 59.99%;排版制版装订专项 1436 万元,下降 21.36%;专营数字印刷 3648 万元,增长 2.47%。实现收入 44.64 亿元,增长 9.81%;利润总额 1.79 亿元,下降 2.48%。从业人员 1.31 万人。全市有规模以上重点印刷企业(年印刷工业总产值超过 5000 万元)23 家(新增 3 家),其中超亿元企业 9 家(新增 4 家);实现工业总产值 28.42 亿元,增长 19.21%;营业收入 26.47 亿元,增长 25.69%;利润 1.35 亿元,减少 20.45%,其中超亿元企业 9 家。有通过绿色印刷认证企业 22 家,绿色印刷认证企业总营业收入 9.35 亿元,使用粉尘、纸毛、墨雾、废气收集装置企业 32 家,通过清洁生产审核企业 25 家,“三废”(废气、废水、废渣)排放达到国家及地方标准企业 46 家。

【项目建设】 2017 年,南宁市印刷工业主要建设项目有武鸣区的中国－东盟绿色创意印刷产业园南宁园,累计实际投资 8.10 亿元,面积 24 公顷,有印刷企业 27 家(新增 5 家),累计印刷总产值 7.30 亿元。年内,印刷总产值 5000 万元。

(海 明)

化学工业

【概 况】 2017 年,南宁市有规模以上化学工业完成投资 88.44 亿元,比上年增长 6.86%。企业 138 家,实现工业总产值 532.21 亿元,比上年增长 19.05%,占全市规模以上工业总产值 13.31%。其中,化学原料及化学制品制造业实现工业总产值 319.58 亿元,增长 20.16%;橡胶和塑料制品业实现工业总产值 204.43 亿元,增长 17.41%;石油加工业实现工业总产值 7.20 亿元,增长 17.25%。实现主营业务收入 492.71 亿元,增长 16.81%;利润 37.21 亿元,增长 13.18%,占规模以上工业企业利润 16.30%。亿元企业 89 家,比上年增加 5 家,其中 1 亿～5 亿元以上企业 61 家,5 亿～10 亿元企业 15 家,10 亿元以上企业 13 家。主要产品产量:合成复合肥料 129.72 万吨,下降 4.48%;塑料制品 103.50 万吨,增长 11.60%。

【项目建设与投资】 2017 年,南宁市化学工业完成投资 88.44 亿元,比上年增长 6.86%。主要投资项目:总投资 60 亿元的兰州科天投资控股股份有限公司科天水性科技产业园项目,用地 67.53 公顷,建设产品线 10 个(水性聚氨酯树脂、水性木工板、水性生态板、水性木地板、水性超细纤维合成革、水性涂料、水性密度板、水性刨花板、水性避孕套、无毒全屋定制家具),预计年产值 100 亿元以上。广西北部湾石墨烯产业技术开发有限公司总投资 4.20 亿元的石墨烯科研成果产业化项目,计划建设多个研究中心、实验室和三维石墨烯粉体生产示范线,“十三五”期末发展形成 15 家以上以石墨烯生产与应用产业联动的实业或公司,打造石墨烯生产与应用产业园,项目一期使用南宁高新技术产业开发区生态产业园 A1 栋厂房 5000 平方米,建设展厅、研发平台及年产 15 吨三维石墨烯粉体中试线;广西物宝农业科技集团有限责任公司年产 20 万吨复合肥搬迁技改项目,总投资 3 亿元。广西鑫玖易投资股份有限公司年产 1800 万米碳纤维产品生产项目,占地 1.26 公顷,总建筑面积 10 万平方米,建立以碳纤维发热体材料作为基础材料制成的碳纤维智能供暖系统及碳纤维发热应用产品生产,计划投资 8000 万元,完成投资 5530 万元。

【技术创新与产品开发】 2017 年,南宁市化学工业新增市级企业技术中心 1 个:武鸣区红鹰肥业有限公司技术中心。新增广西名牌产品 3 个,主要有广西新方向化学工业有限公司的“新方向”牌生物有机肥产品、广西华纳新材料科技有限公司的“华纳”牌纳米碳酸钙、广西黎塘远东化肥有限责任公司的“意德”牌复混肥料。

建材工业

【概 况】 2017 年,南宁市规模以上建材行业企业实现工业总产值 276.10 亿元,比上年增长 8.87%,占全市规模以上工业总产值 6.92%;其中非金属矿物制品业实现工业总产值 267.87 亿元,增长 9.42%;非金属矿采选业实现工业总产值 8.23 亿元,下降 6.35%。实现主营业务收入 251.11 亿元,增长 6.91%;利润 19.61 亿元,下降 5.83%。有亿元企业 77 家,新增加 2 家,其中 1 亿～5 亿元企业 62 家,5 亿～10 亿元企业 12 家,10 亿元以上企业 3 家。主要产品:水泥、水泥制品、平板玻璃、镀膜玻璃、玻璃纤维、砖、砂、石材、粘土矿、排水管、水泥压力管、水泥电杆、水泥枕轨、商品混凝土、建筑陶瓷、高温耐火材料、防水卷材等。主要产品产量:水泥 1488 万吨,下降 4.88%;商品混凝土 3047 万立方米,增长 5.90%;平板玻璃 280 万重量箱,下降 46.02%。

【项目建设与投资】 2017 年,南宁市建材工业完成投资 111.84 亿元,比上年增长 10.60%。新开工投资项目主要有:南宁浮法玻璃有限责任公司计划总投资 12.28 亿元的玻璃生产线整体搬迁升级改造项目,主要建设每日 700 吨超白玻璃生产线 1 条、每日 100 吨超薄超白电子玻璃生产线 1 条,完成投资 4.50 亿元;广西云燕特种水泥建材有限公司总投资 5.50 亿元的特种水泥搬迁改造项目,通过产能等量转换建设 4×60 米新型转窑特种水泥生产线 1 条及配套设施,完成投资 1 亿元;广西金鲤水泥有限公司总投资 3.24 亿元的石灰石皮带输送技改工程项目,主要建设能力为每小时 800 吨的石灰石破碎系统 2 套和每小时 1800 吨的石灰石皮带输送系统 1 套;南宁粤玻实业有限公司的第三期年产 5 万吨玻璃制品项目,总投资 1.25 亿元,拟新增用地 2 公顷,总建筑面积 1.60 万平方米,主要建设废弃玻璃场、原料仓库、配料间、熔炉车间、综合车间,配置以上全自动化玻璃制瓶生产线 4 条。南宁腾宁商品混凝土有限公司总投资 1.22 亿元的年产 70 万方混凝土搅拌站搬迁项目,用地 3.38 公顷,建设混凝土搅拌站生产线、配套设备安装及实验楼、研发楼等,完成投资 7000 万元。效益较好的新投产项目：南宁腾宁商品混凝土有限公司总投资1.22亿元的70万方预拌混凝土搅拌站搬迁项目，11月投产。广西信嘉混凝土有限公司总投资8000万元的100万方预拌混凝土搅拌站项目，3月投产。广西宾阳县昆安混凝土有限责任公司总投资5100万元的年产40万方混凝土搅拌站项目，11月投产。

【技术创新与产品开发】 2017年，南宁市新增自治区企业技术中心1个：南宁同达盛混凝土有限公司技术中心；新增南宁市企业技术中心1个：广西彬伟装饰材料有限公司技术中心。新增广西名牌产品6个，主要有华润水泥（南宁）有限公司的“润丰”牌通用水泥、广西武鸣锦龙建材有限公司的“红狮”牌普通硅酸盐水泥产品、广西正田节能玻璃有限责任公司的“正田玻璃”牌夹胶中空玻璃产品及D大于等于11.52毫米钢化夹层玻璃、广西福美耀节能门窗有限公司的“福美耀”牌金属门窗、广西中久电力科技有限责任公司“精一”牌环形混凝土电杆。

【散装水泥生产与应用】 2017年，南宁市有散装水泥生产企业9家，散装水泥供应量956.27万吨，比上年下降5.81%，水泥散装率61.28%；生产预拌混凝土3047万立方米，增加170万立方米，增长5.90%；生产预拌砂浆14.99万吨，增加9.35万吨，增长165.69%。

机械工业

【概　况】 2017年，南宁市机械制造业有规模以上企业176家；产值亿元以上企业138家，比上年增加4家，其中1亿～5亿元企业90家，5亿～10亿元企业34家，10亿元以上企业14家。规模以上机械工业企业实现工业总产值829.74亿元，比上年增长16.86%。机械工业实现主营业务收入779.60亿元，增长17.85%；利润50.46亿元，增长13.04%。汽车制造业、金属制品业的增长都在15%以上；铁路、船舶等运输设备制造业、电气机械和器材制造业、专用设备制造业保持10%～15%的增长；仪器仪表制造业、通用设备制造业保持5%以上增长。主要产品：汽车、手扶拖拉机、柴油机、矿山机械、建筑机械、水泥生产设备、制糖成套设备、水轮发电机组、电缆线缆、搅拌机、印刷机、减速机、压缩式垃圾专用运输车、压缩式垃圾中转站、环保设备、电器设备、仪器仪表设备、汽车零部件和铝加工产品等。主要产品产量：发电设备4.41万千瓦，减少13.60%；小型拖拉机10.90万台，减少6.85%；配电或电器控制设备38.57万套，

2017年，广西南南铝加工有限公司生产高端铝合金型材　　南南铝加工公司提供

增长9.18%。

【项目建设与投资】 2017年，南宁市机械装备制造业完成投资290.13亿元，占全市工业投资比重27.01%，比上年增长6.88%。主要投资项目：广西建工集团建筑产业投资有限公司投资10.85亿元的广西建筑现代化产业园（一期），项目用地20公顷，主要生产年加工12万吨钢结构、年加工5万吨建筑用成品钢筋、30万吨建材智能化配送等；广西建工集团总投资10.30亿元的智能制造项目，占地23.80公顷，项目一期占地9.13公顷，建筑总面积7.55万平方米，以钢材深加工为主，依托信息平台、物流平台、电商平台、金融平台等集新型环保建筑材料研发、生产加工、仓储、物流运输等为一体的综合性建筑材料配送平台，及建设住宅装配式建筑生产线，年产量150万平方米，二期年产压力容器设备4万吨，钢结构6万吨，管道件1万吨，绿化面积9000平方米；南宁美斯达矿山机械设备有限公司总投资3.30亿元的履带移动式破碎筛分设备项目，占地2.88公顷，总面积约1万平方米；湖南绿营环保科技有限公司总投资2.50亿元的广西绿营机械制造工业孵化园项目，建设集工业智能机器人等先进自动化生产设备、工业机械和配套零部件研发设计、加工、销售于一体的综合性机械设备制造工业孵化园；广西阳宇机械有限公司总投资2.11亿元的年产1.50万台农用机械项目，总建筑面积1.96万平方米，主要建设厂房、仓库、办公楼等相关配套设施，购置及安装车床、冲床、电焊机等相关生产设备，预计年产铧式犁4000台、旋耕机6000台、中耕机械5000台。投资额较大且效益较好的年度新投产项目主要有：南宁市榕鼎金属制造有限公司总投资3.80亿元的金属加工制品项目，项目一期3月投产；广西明匠智能制造有限公司总投资2亿元的明匠工业4.0智能制造研发、生产、服务东盟基地项目，3月投产；南宁精雕数控设备有限公司总投资1.50亿元的CNC数控机床生产项目，6月投产；广西南亚科技有限公司总投资1.80亿元的南亚电器整体搬迁项目，9月投产；南宁燎旺车灯有限责任公司总投资1.50亿元的生产基地技改项目，12月投产。

【技术创新与产品开发】 2017年，南宁市新增自治区企业技术中心4个：广西南星科技有限公司技术中心、南宁星焱科技有限公司技术中心、广西广缆科技集团有限公司技术中心和广西电力线路器材厂技术中心；新增南宁市企业技术中心4个：广西桂越电力科技有限公司技术中心、广西景典钢结构有限公司技术中心、广西源正新能源汽车有限公司技术中心和南宁市武拖机械有限责任公司技术中心；新增国家技术创新示范企业1家：广西南南铝加工有限公司。新增广西名牌产品23个，主要有广西南宝特电气制造有限公司的“南林”牌立体三角形卷铁心电力变压器等4个产品、广西南慧电缆有限公司的“慧缆”牌电线电缆、广西南南铝加工有限公司的“南南”牌地铁用6005A铝合金型材等5个产品、南南铝业股份有限公司的“南南”牌铝合金建筑型材等2个产品、广西纵览线缆集团有限公司的“纵览”牌电缆等。

铝加工业

【概　况】 2017年，南宁市有规模以上铝加工企业7家（电线电缆企业1家、铝

生产和深加工企业6家),完成铝加工业规模以上工业总产值99.24亿元,比上年增长20.54%;实现主营业务收入62.78亿元,增长14.54%;利润1.94亿元,下降9.02%。主要产品产量:铝材40.65万吨,增长6.17%;电力电缆210.90万千米,下降12.50%。

【项目建设与投资】 2017年,南宁市铝加工业完成投资20.02亿元,比上年增长104.79%,占全市工业投资1.86%,增长0.88个百分点。重点投资项目:南南铝业股份有限公司的南南电子汽车新材料精深加工项目,计划总投资24.60亿元,项目一期工程年内完成投资7.16亿元。

【技术创新】 2017年,南宁市铝加工业完成技术创新项目30项,总投资2.21亿元,实施5182-0态汽车冲压盖板试制、高综合性能高铁用7050铝合金锻造坯料试制、动力电池用铝箔研发及产业化等具有自主知识产权的创新研发项目并进行产业化应用。

(白国盛 农 刚 张 倬)

2017年,南宁百会药业集团有限公司的小容量注射剂生产线 市工业和信息化委提供

生物医药工业

【概 况】 2017年,南宁市生物医药工业有规模以上医药制造企业47家,从业人员平均人数1.21万人。规模以上医药制造企业实现工业总产值163.16亿元,比上年增长12.68%,占全市工业总产值4.09%;其中中成药生产完成产值81.09亿元,增长14.13%;中药饮片加工完成产值28.27亿元,增长26.33%;化学药品制剂制造完成产值15.25亿元,增长18.46%;生物药品制造完成产值9.43亿元,增长12.49%。实现工业增加值54.15亿元,增长9.40%;实现主营业务收入159.41亿元,增长15.40%;利润13.16亿元,增长18.89%。

【项目建设与投资】 2017年,南宁市生物医药工业完成投资62.86亿元,比上年增长12.39%,占全市工业投资5.85%。主要续建项目:南宁海王健康生物科技有限公司总投资10亿元的海王集团南宁保健品产业园项目,年内完成投资3.05亿元;广西南宁百会药业集团有限公司总投资7.75亿元的“百会”品牌系列中成药、西药生产项目(一期),年内完成投资5.26亿元;广西昆泽药业有限公司总投资3.06亿元的年产4.80亿袋非PVC(聚氯乙烯)高科技医用软袋输液生产线项目,年内完成投资0.72亿元;广西金红制药有限公司总投资1.40亿元生产技改项目,年内完成投资0.54亿元;广西华辰药业有限公司总投资2.50亿元的中草药保健食品生产项目,年内完成投资0.27亿元;广西华永丰科技有限公司总投资2.30亿元的医疗器械生产项目,年内完成投资1.80亿元;广西修正医药科技有限公司总投资2.19亿元的南宁修正健康产业基地项目,年内完成投资0.14亿元;广西广明制药有限公司总投资2.01亿元的GMP技改扩建项目(二期),年内完成投资0.14亿元;广西鸿博原生制药有限公司总投资2.25亿元药品生产基地建设项目,年内完成投资0.29亿元。新开工项目有:广西维威制药有限公司葫芦娃品牌系列药品南宁生产基地总投资5亿元项目,年内完成投资2.04亿元;广西柳州医药股份有限公司总投资2.50亿元的中药制剂生产基地二期项目,年内完成投资1.58亿元;南宁诺博科技有限公司总投资5.18亿元的医疗移动终端设备生产建设项目,年内完成投资2.60亿元;恒拓医药投资集团有限公司总投资2.80亿元的清川仁源制药生产楼建设项目,年内完成投资1.65亿元;广西丹桂制药有限公司(原名广西好一生)总投资0.85亿元中药提取生产异地改造项目,年内完成投资0.28亿元。

【技术创新与产品开发】 2017年,南宁市生物医药工业列入自治区技术创新项目计划的有恒拓集团广西圣康制药有限公司的祛瘀散结中成药及其生产方法研发和无糖型麻苏止咳复方制剂制备方法研究项目;广西双健科技有限公司的一次性使用安全溶药器研发和自排气式复合型滴斗组件研发项目;广西大海阳光药业有限公司的医院制剂三高胶囊研究开发和汉防已甲素提取分离新技术研究开发项目;广西麦克健丰制药有限公司的葛根仙草片生产关键技术研究和无糖型石淋通颗粒研究开发项目;广西丽原生物股份有限公司的应用细胞工厂生产鸡马立克氏病活疫苗(814株)工艺创新研究和生物反应器微载体培养PK15细胞制备猪圆环病毒工艺研究;广西盈康药业有限公司的三味清热止痒泡腾片研制项目;南宁市净雪皇生物工程有限公司的广西壮药材金边蚂蟥饮片质量标准技术创新研究项目。通过自治区认定的企业技术中心有:广西丽原生物股份有限公司技术中心、广西大海阳光药业有限公司技术中心、广西万德药业有限公司技术中心。

(林 琪)

电子信息产业

【概 况】 2017年,南宁市电子信息产业有规模以上企业230家,从业人员平均人数超过3万人。实现主营业务收入695.71亿元。其中,电子信息制造业实现工业总产值570.41亿元,比上年增长19.14%;软件业实现收入125.36亿元(不含中国电信、中国移动、中国联通三大运营商),居自治区首位。电子信息产品制造业企业中,南宁富桂精密工业有限公司、丰达电机(南宁)有限公司、南宁富泰宏精密工业有限公司分别位居南宁市电子信息产品制造业企业前三。富士康集团旗下的南宁富桂精密工业有限公司、南宁富宁精密电子有限公司、南宁富泰宏精密工业有限公司所生产的有(无)线网络通信设备、数字机顶盒产品,丰达电机(南宁)有限公司生产的音响元器件,广西申能达智能技术有限公司生产的智能IC卡读写设备等均达到国内先进水平,部分产品拥有自主知识产权,形成较有发展潜力的产业基础。全市软件业实现主营业务收入占自治区85%以上，软件企业的数量和实现收入均居自治区之首。

【项目建设与投资】 2017年，南宁市电子信息产业完成投资67.22亿元，比上年增长25.30%；有2项新开工项目和5项续建项目列入南宁市“工业项目建设工程”重点工业项目。新开工主要项目：广西四通电子科技有限公司总投资2.10亿元的四通精密模具及光学仪器生产基地项目，完成投资1.48亿元，主要建设精密注塑车间，精密模具车间等，总建筑面积5万平方米；城建集团有限公司、富士康集团有限公司总投资100亿元的富士康南宁科技园千亿电子信息产业园项目，在南宁富士康科技园A、C、D区123.33公顷土地建设项目，在C、D1区建设现代智能制造基地，在D2区建设现代智能仓储物流基地，C地块已出让，C、D地块完成征地，A厂区地块正在征拆。续建主要项目：南宁禾田信息港项目计划投资15亿元，占地3.40公顷，完成投资6.40亿元，包含技术研发中心、软件测试中心、软件工程招标中心、数据中心、人才交流与评测中心、研究开发实验室、产品技术展示厅、设备房及银行等配套服务区，项目主体建筑工程全部完工；装修、机电工程完成90%；信息产业电子第十一设计研究院科技工程股份有限公司总投资12亿元的十一科技南宁电子信息产业园项目，完成投资4.69亿元，项目完成1号厂房、2号～4号仓库和B号、C号、D号、E号、F号厂房，工程建设总体进度完成91%；南宁市研祥装备科技有限公司总投资约30亿元的研祥集团&科技装备业商会东南亚总部集群项目，完成投资5.38亿元，建设约50万平方米厂房及办公等配套设施，建成后首批引进骨干企业30家，完成项目一期28栋研发厂房竣工验收，25家企业正式签约进驻运营，二期、三期开工建设研发厂房53栋，其中主体封顶35栋；厦门弘信创业工场投资集团股份有限公司总投资30.80亿元的移动互联产业园区项目，完成投资1亿元，计划建设45万平方米专业厂房及配套厂商生产区（硬件）、软件及内容服务产业区（软件）、“iTechTower”数据中心、商务中心、研发中心、融资租赁服务中心，项目1号、2号获施工许可证正在建设中；上海斐讯数据通信技术有限公司总投资40亿元的斐讯南宁电子产品生产加工、商留综合服务园区项目，完成项目备案、环评批复、规划许可证、单体方案等手续，1号厂房主体结构封顶，2号、3号、4号厂房在建，项目因业主自身原因处于停工状态，土地滞纳金2017年6月末缴清。 （乔　可）

清洁能源工业

【概　况】 2017年，南宁市有清洁能源工业企业68家（规模以上企业17家），规模以上工业总产值103.38亿元，比上年增长4.06%；实现主营业务收入107.75亿元，增长1.97%；利润3.49亿元，增长12.22%。主要产品：生物质发电量3.57亿千瓦小时，增长0.62%；水力发电量28.59亿千瓦小时，减少7.49%；太阳能发电量1.24亿千瓦小时，增长128.99%；风力发电量2.82亿千瓦小时，增长13.65%；天然气发电量0.96亿千瓦小时，减少1.37%；垃圾焚烧发电量2.93亿千瓦小时，增长85.24%。南宁市规模以上万元工业增加值能耗0.42吨标准煤，比上年下降9.98%，超额完成自治区下达年度下降3%、南宁市下达年度下降8%的节能目标任务。全年工业行业淘汰落后（化解过剩）产能水泥60万吨。广西丰林人造板有限公司、广西中烟工业有限责任公司南宁卷烟厂完成年度实施清洁生产审核计划。

【工业节能减排】 2017年，南宁市与自治区工业和信息化委员会签订年度工业节能、淘汰落后产能目标责任书，将目标任务分解下达并与区县（开发区）和相关企业签订年度目标责任书；实行节能目标问责制，按《南宁市工业节能目标责任考核办法》规定评价考核年度工业节能目标完成和节能措施落实情况。在工业企业推广应用燃煤锅炉（窑炉）改造、热电联产、余热余压利用、电机系统节能、能量系统优化等重点节能工程，推进获节能技术改造财政资金奖励项目建设，确保项目如期建成投产并发挥节能效益。组织企业申报2017年工业节能专项资金奖励项目，有1个清洁生产项目、1个节能环保产业项目和1个节能项目获自治区财政奖励资金140万元，项目总投资1670万元。市财政安排奖励资金20万元奖励通过核查验收的淘汰落后产能企业；指导企业制定职工安置方案、按照政策规定落实失业保险待遇和按照《中华人民共和国劳动合同法》指导企业向解除劳动关系的职工支付经济补偿金等措施，保障因淘汰落后产能失业人员基本生活，确保社会稳定。根据《南宁市木薯淀粉酒精产业发展规划（2013—2020年）》《南宁市木薯淀粉酒精产业整合实施方案（2013—2015年）》要求，取缔不符合产业政策要求的造纸、木薯淀粉酒精企业，关停环保排放不达标和整改无望企业，淘汰整合隆安县、西乡塘区、武鸣区等区县淀粉生产企业，提高产业集中度。实施《南宁市大气污染防治重点工业行业清洁生产技术改造实施计划（2013—2017年）》，推进工业企业实施清洁生产技术改造，完成清洁生产技术改造实施计划；实施《南宁市水污染防治重点工业行业清洁生产技术改造实施计划》。推进南宁高新技术产业开发区低碳工业园区建设及广西－东盟经济开发区、南宁经济技术开发区循环化园区改造。南宁高新区完成国家低碳工业园区试点典型案例编制，广西－东盟经开区计划实施重点循环化改造项目35个，总投资22.56亿元；南宁经开区计划实施循环化改造项目26个，总投资45.99亿元。组织全市列入自治区绿色工厂、绿色园区、绿色产品和绿色供应链推荐名单的园区、企业实施绿色制造体系建设，指导企业成立绿色制造体系建设的组织管理机构，编制绿色制造体系建设实施方案。根据《南宁市人民政府关于划定高污染

2017年，南宁南机环保科技有限公司的电动车总装线实现标准化生产

南机环保科技有限公司提供

燃料禁燃禁售区的通告》《广西大气污染防治燃煤小锅炉整治工作方案》要求，印发《2016-2017年南宁市城市建成区燃煤工业小锅炉(烟囱)整治工作方案》，累计127家企业开展工业锅炉煤改气，用于“煤改气”用户使用的市政管线84.65千米；年内，对实施完成“煤改气”工程项目的65家工业企业给予财政补贴2698万元。贯彻实施《南宁市电机能效提升实施方案(2013—2015年)》《广西壮族自治区配电变压器能效提升奖励实施细则》，要求全市年耗电1000万千瓦时以上重点用能企业制定并实施电机节能改造计划及淘汰落后方案；督促全市年耗电3000万千瓦时以上重点用电企业制定并实施配电变压器能效提升计划及淘汰落后方案，加快淘汰落后机电设备；现场核查7家重点用能企业电机能效提升奖励项目和8家重点用电企业配电变压器能效提升奖励项目，全市淘汰低效电机3.20万千瓦；更换在用配电变压器总容量8.59万千伏安。组织完成再生有色金属利用、废旧轮胎综合利用、废旧机电产品再制造、废钢铁加工等相关企业的准入公告申报，推荐企业申报国家机电产品再制造试点，完成南宁市国家再制造试点验收；组织企业开展国家资源再生利用重大示范工程项目申报。初审国家鼓励发展的热电联产自备电厂(机组)；编制并实施《南宁市节能环保产业发展规划(2016—2020年)》，重点发展水污染、大气污染、固体废物处理处置、节能型变压器等高效节能环保设备和产品；发展节能环保装备和节能环保服务；推进南宁市国家级高技术生物产业基地、武鸣区生物燃气生产基地建设，编制并实施《南宁市清洁能源产业发展“十三五”规划》。(黎平平)

卷烟工业

【概　况】2017年，广西中烟工业有限责任公司有南宁卷烟厂、柳州卷烟厂2家不具有独立法人资格的卷烟生产厂，设办公室(外事办公室)、董事会办公室、企业管理部(综合计划部)、法律与改革部、财务管理部、审计部、人力资源部(职业技能鉴定站挂靠人力资源部)、党建工作部、纪检监察部、安全管理部(人民武装部)、国际业务部、生产管理部、市场营销中心、技术中心(互联网研究中心)、物资供应部、原料供应部、物流中心、信息中心、后勤服务中心、群团工作部(工会办公室、离退休人员管理办公室)、教育培训中心、技改工程部、规范管理办公室(议事协调机构)23个部门，从业人员3018人。下辖广西中烟天成投资管理有限责任公司、广西真龙物流有限责任公司等14家全资、控股公司，总资产200.97亿元，其中固定资产(净值)29.64亿元、流动资产134.69亿元，资产负债率30.62%。年内，广西中烟公司捐款1282.82万元用于社会各项公益活动，其中捐赠646.92万元支持“希望工程”“金秋助学”“广西英才基金”、改善校园设施等教育事业，捐赠191.30万元用于“党旗领航•电商扶贫——微助八桂”互联网精准扶贫项目、爱心助残等扶贫济困活动，捐赠244.60万元用于田林县、富川县、融安县贫困村新农村建设，并选派“第一书记”及“美丽广西”乡村建设(扶贫)工作队开展新农村建设工作，捐赠200万元用于促进西藏经济发展。组织开展献血、“青春助力产业扶贫”、义务植树、关爱留守儿童、“学雷锋”志愿服务等公益活动。

【原料保障】2017年，广西中烟公司根据双月滚动卷烟生产计划情况，制定实施采购计划，完成全年材料保障供应。材料月均库存资金周转率56%，各种材料检验批次合格率100%。推进合作材料落地采购，节约采购成本683万元，17个行业对标指标中有11个指标成本比上年降低；循环利用纸箱数180万个次，自主品牌烟用纸箱循环利用率44.23%。除从行业直属企业单一来源采购烟用备件外，其余全部通过公开招标采购，应招标备件的招标率100%，节约采购成本211万元；实现备件采购订单流程电子化，开发公司备件微信到货提醒及库存信息查询系统。完成2016年度国内烤烟采购任务，调拨国内烤烟3663万千克，采购进口烟叶197万千克；实现进口把烟采购零突破，为全国争取到进口把烟配额的6家工业企业之一。推进基地单元建设、烟叶专业化分级散叶收购和烟叶原收原调，提升基地烟叶质量，节约采购成本2157.42万元。1个项目获贵州省科学技术进步奖三等奖，4个省级标准获颁布，获专利3项，获广西科技成果1项，编写著作1本，3个项目通过自治区科技厅组织的田间现场技术查定。创建年度烟叶复烤加工质量评价体系，督促合作复烤厂持续改善加工质量，精片选质量提升，叶中含梗指标控制在上等烟小于等于1.50%，中下等烟小于等于1.80%，严格控制烤前大片率在49%以下。

【卷烟生产】2017年，广西中烟公司卷烟生产总量(含合作生产、出口烟)721.28亿支(144.26万箱)，比上年下降2.35%。其中，一类卷烟产量46.14亿支(9.23万箱)，增长32.50%；二类卷烟产量156.15亿支(31.23万箱)，增长4.28%；三类卷烟产量408.73亿支(81.75万箱)，下降3.78%；四类卷烟产量59.51亿支(11.90万箱)，下降23.80%；五类卷烟产量50.75亿支(10.15万箱)，下降0.91%。高价位卷烟产量0.28亿支(0.06万箱)，下降16.79%；高端卷烟产量16.28亿支(3.26万箱)，增长16.39%；细支卷烟产量19.16亿支(3.83万箱)，增长132.29%。卷烟出口1.10亿支(0.22万箱)。合作生产卷烟340亿支(68万箱)。其中，合作生产江苏中烟工业有限责任公司的“南京”品牌卷烟62.50亿支(12.50万箱)；合作生产浙江中烟工业有限责任公司的“利群”品牌卷烟79亿支(15.80万箱)、“大红鹰”品牌卷烟27.50亿支(5.50万箱)、“雄狮”品牌卷烟11亿支(2.20万箱)；合作生产广东中烟工业有限责任公司的“双喜”品牌卷烟150亿支(30万箱)；与重庆中烟工业有限责任公司合作生产“甲天下”品牌卷烟10亿支(2万箱)。公司有“真龙”“甲天下”2个自主品牌。全年生产“真龙”系列卷烟

2017年，广西中烟工业有限责任公司南宁工业园区　蒋军辉　摄

350.25 亿支(70.05 万箱),增长 1.58%;生产“甲天下”系列卷烟 38.50 亿支(7.70 万箱)。万元产值综合能耗 8.69 千克标准煤;万支卷烟综合能耗 2.49 千克标准煤。烟叶、滤棒、盘纸平均消耗分别为每万支 170.45 千克、6 万支、1.47 万米。水、电平均消耗分别为每万支 0.09 吨、10.15 千瓦时。三项费用(经营费用、管理费用、财务费用)率 7.51%,降低 0.16%。

【卷烟经营】 2017 年,广西中烟公司卷烟销售总量(含合作生产、出口烟)728.01 亿支(145.60 万箱),其中一类卷烟销量 45.24 亿支(9.05 万箱),二类卷烟销量 154.02 亿支(30.80 万箱),三类卷烟销量 409.55 亿支(81.91 万箱),四类卷烟销量 61.84 亿支(12.37 万箱),五类卷烟销量 57.36 亿支(11.47 万箱)。“真龙”系列卷烟销售 350.54 亿支(70.11 万箱),增长 4.16%,其中自治区内销售 292.35 亿支(58.47 万箱),自治区外销售 58.19 亿支(11.64 万箱);“甲天下”系列卷烟销售 45.11 亿支(9.02 万箱),全部为自治区内销售。实现卷烟销售收入 206.52 亿元、利税总额 144.09 亿元、利润 11.49 亿元。自治区内“真龙”一类卷烟增长 23.72%,14 个地级市均实现正增长;“真龙”一类卷烟年销过万箱的地级市 3 个;10 元价位以上“真龙”在同价位市场中占有率 38.80%,上升 1.30%。自治区外结构规模市场扩张,“真龙”二类以上卷烟销量增长 65.59%;“真龙”二类以上卷烟 1000 箱以上规模省级市场数 11 个,增加 4 个。

【技术改造】 2017 年,广西中烟公司投入技改资金 6.48 亿元。南宁卷烟厂“十二五”技术改造项目,膨胀烟丝工房完成竣工验收,并相继完成相关的单项工程验收及劳动安全、环境保护、一期工程竣工消防等专项验收。柳州卷烟厂“双喜”卷烟品牌专用生产线技术改造项目,一期工程完成污水处理站不动产证办理,动力中心、综合管理楼、片烟醇化库区进入项目结算阶段;二期工程制丝工房通过主体结构验收,进入装饰装修施工阶段,机电安装正在进行成品支吊架及管道安装;标准库房建成投产;香糖料库、香糖料调配站完成主体结构封顶;三期工程项目调整请示上报国家烟草专卖局并通过批复。武鸣区的红岭南区新增 2.47 公顷建设项目、物流中心库建设项目并开展项目前期工作。

【技术创新】 2017 年,广西中烟公司技术中心(互联网研究中心)设“七所二科二中心”,即产品研究一、二所、材料研究所、工艺标准与监督所、原料研究所、应用基础研究所、新型卷烟研究所、综合管理科、科研项目管理科、检测中心、互联网研究中心,与郑州烟草研究院共建“真龙品牌特色工艺研究联合实验室”,检测中心下设产品分析测试实验室和产品监督检验检测站,企业博士后科研工作站挂靠在技术中心。年内,技术中心有科技研发人员 108 人(博士 10 人、硕士 37 人,高级职称 24 人、中级 45 人)。技术中心通过自治区级技术中心认证、国家烟草专卖局行业级技术中心认定及自治区级研发中心认证,检测中心是中国合格评定国家认可委员会(CNAS)认可的国家级实验室。全年开展科技计划项目 139 项,其中对外合作项目 81 项;参与《电子烟烟液存放及烟气释放性影响因素研究》等行业项目 8 项,承担省部级及以上项目 36 项;《广西特色添加剂的质控评价方法研究》等 13 个项目通过省部级鉴定验收;《基于集群式企业一体化协同的多系统集成平台开发与应用》《小孔径多孔淀粉及其颗粒状吸附材料的技术创新与应用》成果获广西科学技术进步三等奖,《植物颗粒减害增香技术及其在真龙品牌中的应用》获广西工业创新大赛三等奖。参与制定的省部级及以上标准有 6 项获颁布实施(国家标准 3 项、烟草行业标准 1 项、国家烟草总公司标准 2 项);主持制订的广西地方标准有 5 项获颁布实施;获授权专利 306 项(发明专利 100 项、实用新型专利 192 项、外观设计专利 14 项),计算机软件著作权登记 25 项,美术作品登记 22 项,专利申请总量列南宁市企业第一;广西中烟公司获南宁市知识产权局授予“专利工作突出单位”称号。

【多元化经营】 2017 年,广西中烟公司直接、间接投资多元化企业 14 家(不含参股的烟叶复烤公司),其中广西中烟天成投资管理有限责任公司、广西真龙物流有限责任公司为直接投资全资公司。12 家间接投资全资、控股公司:广西真龙实业有限责任公司、广西海韵之友物业服务有限责任公司、柳州海韵之友物业服务有限责任公司、北海永丰房地产有限公司、北海真龙国际大酒店有限责任公司、广西天海互联网产品二维码有限公司、广西真龙彩印包装有限公司、广西真龙天瑞彩印包装有限公司、广西天海信息科技有限公司、深圳市科炬互联网有限公司、北京天海互联咨询有限公司、广西天海隆典当有限责任公司。经营范围涉及卷烟辅料、物流、投资管理、物业、酒店、互联网、企业管理咨询等。年内,广西中烟所属多元化企业实现销售收入 14.02 亿元,实现利税总额 3.32 亿元。

【企业管理】 2017 年,广西中烟公司印发《2017—2020 年强基工程规划》,明确管理改善提升的方向和重点;创新开发 PDCA 管理系统,对年度工作报告和月度总经理办公会重点工作进行分解、跟踪和考核评价;组织开展“问题导向、全员改善”活动,建立问题库和课题库管理机制,收集部门内改善提案 3000 多项、跨部门改善提案 443 项,问题改善率 94.83%。抓好“设备现场自主深度维修”和“全力提升设备净有效作业率”,开展设备写实、深度维修和专项竞赛活动,卷接、包装设备净有效作业率分别为 85.60%、75.26%,比上年提升 7.69%、6.99%。巩固巡视成果措施落实到位,扩大“三个专项治理”(烟草行业开展的卷烟产品宣传促销专项治理、工程建设项目专项治理和物资采购专项治理)成果,应招尽招、真招实招及

2017 年 11 月 27 日至 29 日,广西中烟工业有限责任公司举办两广(广东、广西)烟叶评级职业技能竞赛选拔赛。图为把烟评级考试现场 凌玉萍 摄

办事公开民主管理同业务工作深度融合，实现规范管理全覆盖。全面梳理安全生产体系，防患于未然。在品牌营销、工商协同、智能制造、物资采购、企业管理、人才培养等方面开展“互联网＋”实践，推动广西中烟公司初步形成具有互联网创新特色的企业发展新动能。

【广西中烟工业有限责任公司南宁卷烟厂】 2017年，南宁卷烟厂有从业人员926人。生产的卷烟品牌有“真龙”“利群”“大红鹰”“雄狮”。生产卷烟360.63亿支(72.13万箱)，比上年下降0.47%。其中，一类烟45.77亿支(9.15万箱)、二类烟101.96亿支(20.39万箱)、三类烟170.34亿支(34.07万箱)、四类烟30.40亿支(6.08万箱)、五类烟12.17亿支(2.43万箱)。万支卷烟生产综合能耗2.41千克标准煤。

(莫　止)

供电业

【概　况】 2017年，广西电网有限责任公司南宁供电局设职能部室15个、二层机构14个、供电分局5个，挂靠机构7个，职工2103人；有县级供电企业7个：南宁邕宁供电有限公司、南宁武鸣供电有限公司、横县供电有限公司、宾阳供电有限公司、南宁上林供电局(3月9日，上林供电公司更名南宁上林供电局)、马山供电有限公司、隆安供电有限公司，职工3533人。1月1日，平果供电公司划归百色供电局管辖。南宁供电局供电面积覆盖南宁市七区五县，供电客户254.10万户。南宁电网有在运35千伏及以上变电站205座，主变压器362台，变电总容量13356.15兆伏安。其中，500千伏变电站1座，主变压器1台(单相变压器3台)；220千伏变电站19座，主变压器34台；110千伏变电站67座，主变压器115台；35千伏变电站118座，35千伏变压器210台。输电线路6881.03千米，其中500千伏线路5条306.09千米，220千伏线路76条2260.45千米(电缆0.99千米)，110千伏线路136条1685.02千米(电缆96.49千米)，35千伏线路237条2629.48千米(其中电缆16.35千米)。全年实现安全生产365天。

【电网规划与建设】 2017年，南宁供电局完成《南宁“十三五”配电网一、二次规划项目库优化》《南宁市五象新区电力专项规划》报告编制；制定《降低电网运行风险，加快构建坚强目标网架实施方案》，建立政企合作建电网、局层面电网建设统筹推进、负荷预测及信息传递、优化电网项目评审4个机制。按客户平均停电时间低于1小时的要求开展《面向供电可靠性的电网规划优化》研究，优化完善“十三五”南宁城市配电网一次、二次规划方案。协助政府编制南宁电网、配网及各县电网的规划，促成各级政府发布电网改造“一区一案”“一村一案”；促成南宁五象新区规划建设管理委员会发布《南宁市五象新区电力专项规划》。完成110千伏文华、苏坡送变电工程2个项目可研工作，有效应对东盟文化博览园与东盟商务区、富士康南宁科技园用电负荷接入。全面梳理“十三五”变电站新、扩建工程及配套送出工程情况，建立规划、前期、基建3个专业的协同长效机制，保障新建、扩建变电站和线路同步投产。全年批复10千伏业扩配套工程34项，投资4567万元；完成主网项目可研批复投资14.88亿元、配网项目可研批复投资3.63亿元，农网项目可研批复投资5.31亿元，新增投资项目储备库投资25.97亿元，项目储备率1.83%。南宁供电局发布《南宁供电局投资有效性调研报告》，发布降损方案3份、节能环保计划表1份，搭建起“1”套(即3份降损方案和1份节能环保计划表)全方位降损工作方案；制定精益管理提升措施37项，完成线损“四分”(分区、分压、分线、分台区)管理升级及电磁环境在线监测推广应用2项试点任务；推进南宁电网降损，全年节电量0.35亿千瓦时，比上年增长15%以上。

【供电服务】 2017年，南宁供电局发布《客户投诉事件调查处理指导意见》《12398客户投诉激励与问责实施方案》等文件，建立客户投诉“一把手”处置机制，开展客户服务主人制、片区客户经理试点。持续收集补充完善客户联系信息，推进南方电网统一服务平台(网厅＋95598微信号)宣传推广，升级营业厅180台自助服务终端，完成客户电话号码核查及更新21.09万个，绑定用电户号36.99万户。发布《南宁供电局重要及重点关注客户分级分类管理实施指导意见》，规范指导重要客户在业扩接入、用电检查等7个方面实现分级分类的差异化、精细化管理。编制新模版“一户一册”档案，保障客户安全用电；开展营销作业安全培训3次，依托项目管理群实施全过程安全管控；运用《广西壮族自治区安全用电管理办法》推动整改保电场所隐患，保障场所用电安全；开展低压“六跨”(跨路、跨河、跨农田、跨房、跨广场或市场、跨学校)及长期不用电等防人身触电、火灾隐患专项检查，完成整改405处；举办2期共215个客户电工安全用电培训，到社区开展安全用电宣传3次。完成客户安全用电检查5.18万户，完成率100%，隐患整改完成率82%，故障出门次数比上年下降15%。完成中国－东盟博览会、中国共产党第十九次全国代表大会、环广西公路自行车世界巡回赛(南宁站)等重要保电工作7项，实现“零投诉、零差错、零闪失”目标。第三方客户满意度得分82分，与上年持平；在南宁市十大公共服务行业年度公众满意度调查测评中保持第一。

【电费电价管理】 2017年，南宁供电局审核、监督辖区客户电价执行情况，执行自治区物价局电价文件用电收费标准。主要有：《广西壮族自治区物价局关于广西电网2017—2019年输配电价有关问题的通知》，1月1日起执行；《广西壮族自治区物价局关于进一步明确两部制电价用户执行基本电价有关问题的通知》，明确新投产大工业用户在达产前按实际运行容量计算基本电费问题及执行最大需量计量方式的大工业用户减容(暂停)后最大需量的约定问题；《广西壮族自治区物价局关于废止新建住宅区供配电设施建设维护收费政策有关问题的通知》，3月10日起废止新建住宅区供配电设施建设维护收费文件；《广西壮族自治区物价局关于合理调整电价结构有关事项的通知》，1月1日起国家重大水利工程建设基金和大中型水库移民后期扶持基金征收标准各降低25%；4月1日起，取消城市公用事业附加费；7月1日起，降低广西一般工商业电价、大工业电价每千瓦时0.72分。

【用电计量(费控)管理】 2017年，南宁供电局推进表计管理向装置管理转变，实现网区营销物资集中检定配送，完成计量装置和电测仪表检定检测70.20万台，比上年增长5.63%。7月，完成电能表检定装置技术改造3套。11月，完成单相电能表自动检定线技术改造1套，使实验室在用16套检定装置有12套满足南方电网费控电能表检测要求。持续开展远程巡检功能开发，通过重点开发远程巡检、档案导入和计量自动化系统自动校验等功能，计量自动化系统实现23个一类计量点、53个二类计量点的每日计量数据自动比对。开展使用覆盖率、自动抄表结算应用率、远程拉合闸成功率专项提升，执行《南宁网区使用覆盖率指标提升方案》等3份方案，拉合闸成功率提升15个百分点，自动抄表率、使用覆盖率及结算应用率提高3个～10个百分点。完成广西电网省级集中费控系统建设试点任务，推广应用远程费控规模化。南宁供电局居民费控系统全年覆盖用户59万户，推广专用变压器费控户 128 户，超额完成年度目标。

【综合能源管理】 2017 年，南宁供电局在南宁市建成投产电动汽车充电示范点 36 个，建设充电桩 175 个，其中直流充电桩 32 个、交流充电桩 143 个；主要分布在党政机关、大学院校、医院等区域，满足电动汽车客户的充电需求。

【营销稽查】 2017 年，南宁供电局制定落实增供扩销管控措施 30 条，有 50 家企业参与电力直接交易，签约电量 26 亿千瓦时，降低企业用电成本 0.91 亿元；对南宁电网的 10 千伏～220 千伏大工业企业开展消纳丰水期富余水电专项交易，33 家企业参与，签约电量 4500 万千瓦时，节省企业成本 212 万。全年售电量 179.10 亿千瓦时，比上年增长 2.36%；市场化交易电量 23.39 亿千瓦时，增加 274%。全年查处违法窃电 231 宗，追补电费 115.81 万元，违约使用电费 279.41 万元，营业普查成效 395 万元。 （李沅洺）

饲料工业

【概 况】 2017 年，南宁市有饲料获证生产企业 106 家（年产值亿元以上企业 32 家），有生产许可证 127 张（获双证企业 21 家）。其中，配合饲料、浓缩饲料、单一饲料生产许可证 80 张，添加剂预混合饲料生产许可证 33 张，饲料添加剂生产许可证 14 张。饲料（配混合饲料）生产总量 653.91 万吨，比上年增长 5.80%。其中，配合饲料产量 627.17 万吨，占总产量 95.91%；浓缩饲料产量 13.93 万吨，占 2.13%；预混合饲料及添加剂 12.82 万吨，占 1.96%。年产值 233.11 亿元，增长 6.10%。从业 5033 人。

【饲料安全监管】 2017 年，南宁市继续开展饲料质量安全、粉尘防爆安全生产专项整治，结合饲料企业免税抽检和形式检验加大抽检范围和频次，确保抽样监测全覆盖。结合饲料企业年度备案，对全市饲料和饲料添加剂生产企业进行拉网式检查，开展粉尘防爆安全生产现场检查，消除隐患。抽检饲料产品和原料抽样检测样品 398 批次，合格率 99.20%；查处饲料生产企业违法行为 3 起，立案 3 起，责令整改，罚没金额 1.75 万元。 （黄 琦）

二轻集体工业

【概 况】 2017 年，南宁市二轻集体工业联社设办公室、人事科、行业指导科、财管理科 4 个科室，编制 18 名（其中后勤服务人员控制数 2 名），在编 14 人。管理的集体所有制工业企业有南宁市手表厂、南宁市制鞋厂 2 家；成员单位 36 个，新增 3 个，从业人员 2000 多人。

【市制鞋厂旧改解困】 2017 年，市二轻联社继续推进市制鞋厂房屋征收和职工安置，每周与西乡塘区政府征拆部门召开房屋征收工作协调会，协调指导市制鞋厂处理债务清偿和土地、房屋解押问题，完善房屋征收补偿协议。4 月，组织召开市制鞋厂在职职工及部分退休职工代表座谈会，通报征收进度、听取意见建议，职工普遍支持房屋征收，要求尽快完成职工安置。11 月 21 日，市二轻联社、市总工会监督、指导市制鞋厂召开职工大会进行厂长、工会委员会换届选举，产生新一届厂长、工会委员会。

【市手表厂生产经营】 2017 年，南宁市手表厂有从业人员 480 人。完成工业总产值 3111 万元，比上年增长 54.70%；入库产量 52.92 万只，增长 64.29%；销售数量 52.43 万只，增长 46.35%；销售收入 3059.14 万元，增长 37.04%；利润 8.85 万元，下降 96.67%。市手表厂研发 7002-6 表、4820 表、3818 表、7008 表，其中 3818 表、7008 表样机试制成功，7002-6 表进入批量生产，4820 表在进行零件试制，将 SP2066 表相关结构与设计师进行沟通完善，进行小批量生产；每月召开产品质量、技术分析会 1 次；加大安全硬件设施投入和特种作业人员的培训，全年未发生重大安全生产责任事故；加强环保管理，及时转移电镀污泥危险废弃物，进行危险废弃物应急环保演练，通过年度南宁市危险废物规范化管理督查考核；开展技术创新评奖活动，评出“八工位铣床 PLC 控制系统稳定性改造技改”等技改项目奖 12 个。市手表厂获自治区总工会、自治区安全生产监督管理局“2016 年度自治区‘安康杯’竞赛优胜单位”称号，获南宁市总工会、南宁市安全生产监督管理局“2016 年度南宁‘安康杯’竞赛优胜单位”称号。

【工艺美术行业管理】 2017 年，市二轻联社组织申报自治区级工艺美术大师（高级工艺美术师）创作组 21 个；组建南宁市工艺美术精品创作组 18 个，拨付精品创作前期补助经费 15.88 万元；被授予第五批南宁市文化产业示范基地的 7 家工艺美术企业完成挂牌。推荐中国工艺美术大师谭湘光获中国工艺美术首批“大国非遗工匠”称号；推荐广西工艺美术大师李树新申报“第七届中国工艺美术大师”；广西工艺美术大师黄冬鹏大师工作室被南宁市人力资源和社会保障局破例批准申报“南宁市技能大师工作室”；取得南宁市工艺美术中级专业技术资格 9 人。协调、配合南宁市民族宗教事务委员会完成全市工艺美术类民族手工艺品企业的调查，为武鸣区纳福彩绣坊和宾阳县湘光织锦坊分别争取到民族扶持资金 5 万元、2 万元；协调帮助 4 个广西工艺美术大师工作室获自治区二轻城镇集体工业联合社创作补助 11 万元。市、区县二轻联社组织举办工艺美术培训班 4 期，培训工艺美术企业代表、从业人员 270 多人次。市二轻联社与“美丽南方 · 老木棉匠园”建设业主指导、引入驻邕广西工艺美术大师、民间传统手工艺人和相关企业驻园，建成金属工艺、陶瓷、织锦、雕刻、仿古模型、手工乐器等 10 多个种类的传统工艺美术工作室、创意坊、体验坊，带动驻邕高等艺术院校入园开办大学生实训创业基地，初步建成传统工艺美术与旅游休闲融合的主题文化公园。组织 25 家单位（工作室）参加全国、自治区工艺美术专业展会，获全国“百花杯”奖 1 金（陶瓷《旦角》）、6 银（壮绣《万花绽放》、木雕《福寿连连》、玉雕《旺财积福》、坭兴陶《苗媚》《鼓声之韵》、瓷器《流 · 动》）、7 铜（剪刻纸《中国东盟十国叶脉书签》、坭兴陶《知足常乐》、木板烙画《午后暖阳》、陶瓷《骆越神斧》、老煤竹刻《水浒人物》、玉雕《开路先锋》、木雕家具《民族风雨情》），“金凤凰”奖 3 金（刺绣《喜象太平》、瓷板画《瓷板—营造法式》、竹茶具《荷韵 . 品茗 . 香道》），9 银（邕州红陶《爱莲说》、漆器《葫芦胎茶器系列》、木雕《索耕》、竹刻雕《老煤竹雕——秋色荷塘》、坭兴陶《花山祭》、玉雕《丹凤朝阳》、金属茶刀《追云》、木雕家具《壮乡东盟鼓韵》、坭兴陶《家园双层镂空壶》），6 铜（美术陶《生命》、钩编壁挂《壮乡情》、铜制品《山水云间》、玉雕《传道》、坭兴陶《慈航普度》、填色剪纸《深入壮家》）；获自治区“八桂天工奖”26 金 26 银 30 铜，精品奖 10 个；获广西旅游工艺品“八桂天工奖”金奖 6 个，79 件作品入选“2017 广西艺术作品展览”，9 件作品获“2017 广西艺术作品展览第六届广西工艺美术作品展览优秀作品”。组织南宁多丽电器有限公司、南宁市鹏鹄工艺品公司参加第七届广西发明创造成果展览交易会，获传统手工业创新成果奖 3 个。

【特色产业培育】 2017 年，南宁市加强对区县特色产业培育，将宾阳县牛角工艺品产业列入申报自治区特色区域授名重点，给予工作经费支持，指导宾阳县开展“广西牛角梳生产名镇”申报授名；横县桑蚕茧丝特色产业在实施“优质高效蚕

2017 年 8 月,市二轻联社等单位在南宁博物馆举办“2017 年南宁市传统工艺美术作品展”。图为市民参与现场互动环节　　张夏芸　摄

业生产模式与关键技术集成示范”项目中获“2014—2016 年度全国农牧渔业丰收奖”二等奖。

【2017 年南宁市传统工艺美术作品展】 2017 年 8 月,市二轻联社联合南宁博物馆、南宁市工艺美术协会在南宁博物馆举办为期 1 个月的“2017 年南宁市传统工艺美术作品展”,展出 100 多件历年获奖作品、新创作的 200 多件作品,评出金奖 10 个(玉雕《资源共享》、木雕《明镜台》、邕州红陶茶具《双孖井》、艺术陶《起航》、金属工艺《承山》《母子》、壮锦《大花壁挂》、织锦《锦衣华服》、工艺家具《梳背罗汉床》、剪刻纸《中国东盟十国叶脉书签》)、银奖 27 个、铜奖 36 个。其间,举办“2017 南宁市工艺美术研讨会”和工艺美术技艺展示活动,参观人数近 2 万人。

(张夏芸)

交通邮政业

铁路运输

【概　况】 2017 年,南宁市境内铁路有湘(湖南)桂(广西)、黎(塘)湛(江)、南(宁)昆(明)、邕(南宁)北(海)、南(宁)防(城港)、黎(塘)钦(州)、南(宁)广(州)、云(云南)桂(广西)、柳(州)南(宁)客运专线 9 条通车铁路(湘桂、黎湛、南昆铁路为国家铁路,南广、南防、黎钦、邕北、云桂铁路及柳南客运专线为合资铁路),境内铁路总里程 775.90 千米(不含复线),其中湘桂铁路境内全长 175.40 千米,黎湛铁路境内全长 12.50 千米,南昆铁路境内全长 75 千米,南防铁路境内全长 75.50 千米,黎钦铁路境内全长 44.60 千米,邕北铁路境内全长 66.30 千米,云桂铁路南宁至百色段境内全长 101 千米,柳南客运专线境内全长 106.10 千米。铁路职能机构、单位有中国铁路南宁局集团有限公司(简称“南宁局集团公司”)机关行政部门 35 个、党群部门 8 个,公安部门驻南宁机构 2 个(公安局、公安处)。南宁局集团公司机关附属单位驻南宁 41 个,南宁局集团公司下属单位驻南宁 25 个,其中运输单位 12 个、运输辅助单位 2 个、非运输单位 11 个。南宁市境内职工 3.18 万人。境内国家铁路运输单位发送旅客 3040.26 万人,发送货物 223.53 万吨、到达货物 365.46 万吨;完成客货运输收入 34.51 亿元。南宁车站被中国铁路总公司评为安全生产标准化直属站,保持“全国文明单位”“全路客货运窗口用户满意单位”称号;被南宁局集团公司评为先进基层党委、治安综合治理达标单位、新闻宣传先进单位、网评工作先进单位、双拥工作先进单位;客运段团委获“全国五四红旗团委”称号;南宁车务段被自治区总工会授予“广西五一劳动奖状”;南宁机务段被中国铁路总公司机辆部命名“安全生产标准化示范机务段”。

【铁路局公司制改革】 2017 年,南宁铁路局贯彻落实《铁路总公司全面推进铁路局公司制改革的指导意见》,研究制订公司制改革实施方案上报中国铁路总公司。10 月 15 日,中国铁路总公司批复南宁铁路局公司制改革文件。11 月 13 日,中国铁路南宁局集团有限公司召开第一届董事会第一次会议,宣布设立公司董事会、公司监事会,形成董事会聘任经理层决议;办理领取“中国铁路南宁局集团有限公司”营业执照,南宁铁路局由全民所有制企业变更为铁路总公司出资、依照《中华人民共和国公司法》注册的一人有限责任公司。11 月 19 日,中国铁路南宁局集团有限公司正式挂牌。

【客货运输】 2017 年,南宁车站管辖南宁客运站、南宁东客运站,旅客发送量 2841.80 万人,日均发送 7.79 万人,占南宁局集团公司总量 27.60%,比上年增长 17.10%,其中南宁东站完成 1675.34 万人、增长 30.70%,10 月 1 日旅客发送量创下单日 15.33 万人历史新高;全年运输收入 28.74 亿元。实现连续安全生产 9334 天。南宁客运段担当图定列车 150.50 对,其中动车 117.50 对(直通 71.50 对、管内 46 对)、普速列车 33 对(直通 22 对、管内 11 对);列车运行里程 25.25 万千米(动车 16.14 万千米、普速列车 9.11 万千米)。完成客车工作量 86.08 万千辆千米,增长 9.54%;担当临客 298 列,旅游专列 48 列,加挂扩编 1.05 万辆,军用车 481 辆次。安全运送旅客 1.10 亿人(动车 6720.20 万人、普速列车 4234.50 万人),增长 17.20%。车补收入 1.74 亿元(税后);劳动服务公司完成经营收入 4351.40 万元,利润 1.48 万元。完成南宁局集团公司下达有权支出节支目标,全年运输业务有权支出 2.74 亿元,比有权支出预算节支 1499.80 万元,节支率 5.30%。南宁车务段发送旅客 526.50 万人,增加 16%;运输收入 2.83 亿元,增加 16.60%,其中客运收入 2.83 亿元、货运收入 32.71 万元;中时完成 4 小时、增加 0.20 小时,停时完成 21 小时、压缩 1 小时;日均办理车数 1.60 万辆;货车出发正点率南宁南站 94.70%、黎塘站 98.20%。南宁货运中心完成货物发送量 618.90 万吨,运输收入 8.76 亿元。

【机车运用与检修】 2017 年,南宁机务段配属机车 331 台,其中内燃机车 160 台、电力机车 171 台。完成机车牵引总重 747.20 亿吨千米,机车总走行 7.64 万千机千米,机车日车千米 445 千米,机车日产量 101.10 万吨千米,技术速度每小时 49.90 千米,平均牵引总重 3060 吨每列。完成电力机车中修(C4 修)50 台,C3 修 61 台,C2 修 83 台,C1 修 167 台,小修 9 台,辅修 10 台;内燃机车小修 222 台,辅修 171 台;机车整备 5.40 万台次。电力机车单耗 106.17 千瓦时每万吨千米,节电 1882.90 万千瓦时;内燃机车单耗 23.53 千克每万吨千米,节油 1660 吨。综合能耗完成 776.43 吨标煤,新鲜水实际消耗 32 万吨,化学需氧量排放量 1925 千克,二氧化硫排放量实际完成 344 千克。

【客车运用与检修】 2017 年,南宁车辆段配属动车组 119 组(952 辆),其中南宁

2017年5月1日，南宁动车所动车组整装待发　　徐海涛提供

动车所配属83组；配属普通客车1696辆；代管邮政车4辆。图定开行动车117.50对(含高峰线3.50对)；图定开行客车32对75组(其中跨局22对64组，管内10对11组)。动车组完成一级修8971组次、二级修1270组次，走行千米4.92千组千米；普速客车段修647辆，走行千米48.10万千辆千米。动车平均运用率66.85%，在全国铁路排名前列；普客平均运用率76.67%。全年完成临客、旅游专列419列5487辆，军运187列508辆等特殊任务。

【货车检修】2017年，南宁南车辆段担负湘桂、南昆、黎湛、益湛、河茂、田靖、南广、南宁南南环铁路货车车辆检修和运行安全任务，管辖区段1789千米，安全保证区段4024千米。完成国家铁路货车段修7308辆，临修5927辆，其中，破损车整治1876辆；自备车厂修98辆、段修785辆。列检工作量完成9.96万列、467.06万辆，TFDS检测完成4.27万列、199.69万辆。配合完成固定班列36列、军运1.10万辆。

【铁路维修】2017年，南宁工务段管辖正线铁路1677.35千米，站特线铁路563.11千米；道岔1822组，桥梁541座隧道56座，涵渠3060座。其中，高速铁路正线760.13千米、站特线115.83千米，道岔405组，桥梁256座13.87万延长米，隧道46座4.47万延长米，涵渠737座1.96万延长米；普速铁路正线917.22千米、站特线447.29千米，道岔1417组，桥梁285座2.76万延长米，隧道10座1.06万延长米，涵渠2323座4.85万延长米。管辖道口147处，正线看守及监护道口70处；专用线看守道口1处，无人看守道口60处。大中修施工，更换长轨条81.56千米，整组更换道岔51组，清筛道岔95组，锈蚀螺栓拔锚20.50万颗；配合工务机械段完成湘桂铁路大修更换P60无缝钢轨120.33千米，道岔大修59组，线路大机清筛31.28千米；整治高铁隧道问题327处，普铁隧道严重病害40处。完成防洪工程3个、预抢工程16个、水害复旧工程41个，修复天沟98条；增设防撞设施1300米，整治高铁栅栏隐患652处，封闭普铁破损栅栏3546处。全年动检车优良率100%，实现安全年目标。

【电务维修】2017年，南宁电务段信号方面管辖线路2406.65千米(含复线1414.66千米)，187个站、场(含机务运用车间、折返段)信号设备，换算道岔5.73万组。其中，普铁线路1634.34千米，5个驼峰场及125个站(场)车站和区间信号设备、机车信号设备、TDCS微机监测设备及LKJ列车监控装置等，换算道岔4.05万组；高铁线路772.31千米，55个站、场(含中继站)车站和区间信号设备、LKJ列车监控装置、CTCS2列车运行控制系统及CTC调度集中设备等，换算道岔1.68万组。通信方面管辖里程1676千米，担负98个站(场)、折算6.74万皮长千米、换算3.24万道岔组工作量通信设备养护维修任务。其中，普铁里程1254千米，站(场)87个；高铁里程422千米，站(场)11个。主要设备维护：长途光缆4427.21千米，长途电缆880.90千米，地区光电缆2536千米、无线漏泄同轴电缆173.01千米，光传送网设备24套，波分DWDM传输设备21套，SDH数字传输设备463台，接入网设备275台/套，数字调度设备135套，铁路数据网设备199台，GSM-R基站设备106台，直放站设备201台，无线列调固定设备670台/套，通信铁塔367座，综合视频监控点447处，客运广播系统18套，列车广播设备27套、495个通信机房及铁路现场应急通信设备105台(套)。全年整治结合部病害道岔1682组；重点整治埋设在防护栏外69处高危地段和湘桂铁路六景至伶俐区间13.70千米电缆，实施部分迁移、增补标桩、警示围栏；整治绝缘1MΩ(兆欧)以下电缆436芯，更换不良电缆179根；完成30个车站设备2M(兆)电路及自动电话倒接，更换南广线防灾监控单元电池54组。投入7235.40万元完成大修项目118项，投入6524万元更新改造项目51项。

【水电供应】2017年，南宁供电段担任柳南、南昆客专，南广、南昆、南凭、黎南、黎湛、河茂、益湛、田靖铁路2396.30运营千米牵引供电及生产生活供水供电。完成牵引供电受电量3.87亿千瓦时，比上年下降0.92%；供电量3.63亿千瓦时，下降2.97%；牵引供电损失率6.22%，高于南宁局集团公司制定指标1.22%；功率因素0.97，上升1.03个百分点。完成电力受电量1.88亿千瓦时，下降3.10%；供电量1.76亿千瓦时，下降3.31%；力率99%，与上年持平；负荷率76.81%，下降2.18个百分点。变压器利用率35.42%，下降1.01个百分点；电损率6.23%，下降0.13个百分点；供水量1662.23万吨，上升0.40%；水损18.66%，下降0.11%；净水合格率100%，消毒水合格率100%；扬水耗电量692.40万千瓦时，增加1.20%；路外售电收入3317.20万元，路外售水收入1663.10万元，水电费回收率99.75%。完成大修工程27项、更新改造工程完成组固19项，完成与铁建挂钩工程项目建设2400万元。

【通　信】2017年，南宁通信段管辖湘桂铁路柳州至崇左、柳南客专柳州至南宁、南昆铁路江西村至平果、南昆客专南宁至平果、来合铁路来宾至合山、南环铁路邕宁至南宁南，主要管理接入网、传输网、数据网及其承载的GSM-R、防灾监控、应急通信、综合视频监控、会议电视、电源及环境监控等系统。管辖运营里程1008.89千米，其中高铁车站11个、运营里程428.14千米，普铁车站44个、运营里程580.75千米。通信设备换算6.89万皮长千米(不含闭电3149.33皮长千米)。完成年度维修任务。

【物资保障】2017年，南宁局集团公司物资供应段担负36个运输生产及部分非运输单位物资供应任务。全段受理8.39万笔物资需求计划，完成供应额(不含税)6.88亿元，比上年增加13.90%。采购订单兑现率97.10%。招标采购成交物资节支1863万元，节约率6%。重要物资供应

2017年南宁市境内国家铁路火车站运输完成情况表

表14

	旅客发送量（万人）	货物发送量（万吨）	货物到达量（万吨）	运输收入（万元）
南　宁	2841.80	0.10	0.10	287954.60
南宁南		62.90	216.50	27872.30
南宁西	3.30			125.93
黎　塘	29.10	106.70	67.50	11932
宾　阳	137.20			7552.20
六　景		16.30	30	2511.80
邕　宁		0.80	0.80	77.40
屯　里		27.40	21.70	2554.80
金鸡村			1.40	
隆　安		9.33	17.46	2041.89
隆安东	28.86			2462.40
合　计	3040.26	223.53	355.46	345085.32

2017年南宁市境内铁路车站分布情况表

表15

湘桂铁路	黎湛铁路	南昆铁路	南防铁路	黎钦铁路	南广铁路	邕北铁路	柳南客专	云桂铁路
黎　塘	凤　鸣	南武康	那　罗	横　州	南宁东	五象南	宾　阳	南宁西
稔　竹		定　顿	吴　圩	大　崇	五　塘	大　塘	五　塘	隆安东
沙　江		那　桐	大王滩	飞　龙	宾　阳		南宁东	
六　景		隆　安	宁　村	王洞岭				
伶　俐			大　元					
邕　宁			那　铺					
玉　洞			百　浪					
沙　井			大　拟					
屯　里								
南宁东								
南　宁								
南　化								
南宁南								
金鸡村								
江西村								
维　罗								

说明：2017年，南昆铁路二线（新建复线）开通，相继封闭江雁、双邓、连安、扬美车站

合格率100%。

【房产生活服务】 2017年，南宁局集团公司房产生活段负责高铁、普铁干线车站生产办公房建设备大维修和产权产籍管理，18个行车公寓、62栋职工单身宿舍日常管理和服务。所辖房建设备1445.62万换算平方米（含住宅737.18万换算平方米），营业里程4982千米（含高铁里程1660千米）。以房建设备使用安全为重点，出动巡查人员2.22万人次，检查设备8.44万栋（件）/1.09亿换算平方米，发现问题1589个，整治处理1365个，督促施工单位问题整改224个。房建设备大修81件、4309.20万元，生活服务办理维修582件、2857.60万元，更新改造项目14项（结转12项、本年度2项）、425.50万元，住宅维修356件、1901.20万元。项目生活服务办理验收1974栋（件）、住宅验收712栋（件）、大修验收92栋（件）、基建工程验收409栋（件）。公寓及单身宿舍参照宾馆化标准配置，接待乘务员89.29万人次；新增住房83间（外租酒店60间）；完成凭祥、百色、梧州南公寓和南宁东单身宿舍搬迁。

【信息技术开发运用】 2017年，南宁局集团公司信息技术所排除生产信息系统突发故障154起，完成系统施工维护任务142个，完成新线建设相关资料审查11项。执行信息系统更新改造项目9项，其中完成铁路局级互联网网站群技术平台设备购置、局级铁路货检安全监控与管理系统、局信息机房UPS更新、听见智能会议系统购置、货运票据电子化服务器购置5项，启动湘桂、南昆、黔桂铁路综合计算机网与数据通信网融合工程——信息专业、客货运输统计信息系统升级、卫生监督所（柳州、桂林办公点）网络通道建设3项，继续执行地区城域网建设项目1项。更新改造项目投资3778万元。完成组工管理互联平台、运输业生产人员劳动定额管理信息系统、绩效管理信息系统、地方涉铁项目管理信息系统、安全双重预防机制信息系统（一期）、调度培训管理信息系统、快运货物统计分析系统7个项目立项；完成劳务派遣工系统、职工健康档案管理系统、运输效率考评管理系统、车务段施工管理信息系统4个项目验收；完成南宁铁路局货运营销决策支持系统、货运装卸管理系统—装卸车管理及效率考核子系统、客运售票仿真培训考试系统、货运调整装车双向互控信息管理系统、南宁铁路局安全环境信息系统5个项目技术评审。

【铁路运输安全生产】 2017年，南宁局集团公司加强安全管理，落实安全责任，运输安全保障能力增强。各单位无责任行车事故天数：南宁站9334天，南宁客运段1345天，南宁车务段1590天，南宁货运中心1570天，南宁机务段847天，南宁车辆段396天，南宁南车辆段2549天，南宁工务段377天，南宁电务段5110天，南宁供电段24天，南宁通信段2214天，物资供应段3238天，房产生活段2376天。

【项目建设】 2017年，南宁局集团公司完成南宁动车所单身宿舍、南宁东高铁综合维修工区亮化、南宁东行车公寓、南宁东高铁综合运营楼4项重点配套工程建设。加快南宁动车所检查库屋面钢边框轻型天基板病害整治和DJ6道走行轨不平顺影响LU设备使用问题；完成花油山隧道掉块、渗漏水病害整治工程；更换南宁枢纽动车径路菱镁复合材料电缆槽；完成南宁站漏水整治工程。贵南客专引

2017年11月28日,中欧班列(中国南宁—越南河内)跨国运输从南宁出发

徐海涛提供

入南宁枢纽工程(工期6年)开展前期工作,6月29日初步设计获批复,设计单位完成征迁总包干费用测算和现场调查、核对、协调设计方案、概算编制等。沙井货运中心I类变更设计项目11月重新送铁路总公司报批,已按先期开通要求推进施工进度。南宁站客运设施改扩建工程完成方案优化。新建南崇线前期工作完成现场调查、征拆准备以及与地方政府协调沟通等。 (徐海涛)

公路运输与管理

【概 况】 2017年,南宁市交通运输局设办公室、政策法规科、规划计划科、财务科、综合交通科、政务服务科、道路运输管理科、水运管理科、城市客运交通管理科、公路建设管理科、安全监督科、科教信息科、人事科13个科室,编制80名,在编62人。管辖农村公路总里程1.01万千米,其中国道总里程51.24千米,县道总里程1685.45千米,乡道总里程2410.88千米,村道总里程5899.01千米,专用道路总里程66.13千米。全市有道路客运企业25家(不含子公司、分公司),其中一级客运企业4家、二级4家、三级7家、四级2家、未定级8家,驻地在城区内23家、县域2家;有营运客车3427辆,总客位15.62万个,多为中高级客车;有等级客运站72个(国家一级客运站6个、二级14个、三级9个、四级37个、五级6个),各县城均有二级客运站,部分乡镇建有等级客运站。开通公路客运班线1418条,涵盖自治区内各市县及周边省市;开通南宁至越南河内、岘港、下龙湾、海防和南宁至中国香港等地的国(省)际客运班线,建成南宁公路主枢纽客运系统,形成以高速公路为主骨架,国道省道公路为干线,沟通周边各省,连接境内各城镇村屯、江河港口等干支结合、四至通达的运输网络。营业性道路运输客运量5482万人,客运周转量99.39亿人千米,比上年分别下降4.14%、4.93%。有货运经营户3.43万户(含区县),其中危险货物运输企业39家、普通货运企业3.37万家(有车辆100辆以上的企业243家);登记在册营运货车15.40万辆,总吨位90.03万吨,持有道路运输从业资格证11.90万人;完成货运量3.12亿吨,增长8.86%;货运周转量563.71亿吨千米,增长9.30%。市交通运输局被中央精神文明建设指导委员会命名为第五届全国文明单位。

【农村公路建设】 2017年,南宁市农村公路建设项目有201个(含续建),建设里程555.97千米,桥梁1092.50延米,计划总投资3.38亿元,完成投资3.15亿元。5月,自治区下达南宁市第一批计划项目101个,建设里程140.30千米,桥梁148延米,计划投资1.10亿元,完成投资9917.60万元;11月,自治区下达南宁市第二批计划项目16个,建设里程141.67千米,桥梁26延米,计划投资1.30亿元,完成投资50万元;续建项目84个,建设里程274千米,桥梁918.50延米,年度计划投资0.99亿元(计划总投资8.59亿元),完成投资2.15亿元(累计完成投资2.56亿元)。其中,一般地区村际联网路项目38个、90.30千米,计划投资5046万元,已开工38个,完成投资5046万元;贫困地区村际联网路项目18个、50千米,计划投资2461万元,已开工18个,完成投资2461万元;一般地区渡改桥和新建桥梁项目3个、90延米,计划投资396万元,完成投资183万元;贫困地区渡改桥、新建桥梁项目1个、58延米,计划投资231万元,完成投资32万元;路网结构改造(安防)项目26个、70.54千米,计划投资1051万元,完成投资829.80万元;养护大中修项目15个,计划投资1784万元,完成投资1314.80万元;贫困地区通建制村硬化路项目4个、16.70千米,计划投资1210万元,已开工1个,完成投资50万元;其余项目尚在前期工作阶段。开展前期准备工作的项目:贫困地区县乡联网路项目5个、65.60千米,计划总投资1.53亿元,年度计划总投资3615万元;一般地区县乡联网路项目4个、59.40千米,计划总投资1.23亿元,年度计划投资7760万元;贫困地区村道安全生命防护工程项目2个、10.20千米,计划投资207万元;贫困地区村道危桥改造项目1个、26延米,计划投资116万元。

【农村公路养护】 2017年,市交通运输局继续推进农村公路管理养护,全市纳入公路统计年报的农村公路9910.69千米,县道优良路率48.80%,乡道(含专用道)优良路率39.60%,村道优良路率26.10%,完成自治区公路管理局下达的路况任务指标。全年自治区下达南宁市养护工程项目41个(含安保工程、大修工程),计划总投资2821万元,完成投资2419.50万元,占85.77%。西乡塘区、青秀区被评为"四好农村路"自治区示范县(区);青秀区被评为"四好农村路"第二批全国示范县创建县(区)。

【路政管理】 2017年,市交通运输局以"打非治违"为重点,提升路政执法水平;查处交通运输违法案件5540起,比上年增长52.81%,其中非法营运类案件1727起、占总案件32%、增长143.16%,其他类案件3713起、占68%。

非法营运整治 在市区各大客运站、火车站、火车东站、吴圩国际机场,采取点面结合、错峰执法、联合执法等执法方式进行集中整治、专项整治,联合公安、城管等部门打击非法营运行为。查处非法营运类案件1727起,罚没金额843.42万元,依法集中销毁逾期未处理的非法营运车辆150辆。

"两客一危"车辆查处 按照"疏堵结合、标本兼治、综合治理"的原则,严查重管"两客一危"(从事旅游的包车,三类以上班线客车,运输危险化学品、烟花爆竹、民用爆炸物品的道路专用车辆)车辆。查处客车违规经营案件219起,危险品运输车辆违规经营案件30起。

超限超载治理 将大学西路、昆仑大道、五象大道、平乐大道、325国道北区域等路段设为重点治超区域,采用治超站与

流动执法相结合、动静执法相交替的执法方式,查扣超限超载车辆778辆,处罚金额427.28万元。9月,根据交通运输部办公厅、公安部办公厅《关于印发规范公路治超执法专项整治行动工作方案》,治超模式转变为公安交警部门负责处罚、交通运输部门负责监督卸载至违法行为消除。至年末,市交通运输综合行政执法支队监督卸载超载货物696.60吨。

扬尘治理 按照市委、市政府的统一部署,联合市公安局、市城管局及市直相关单位在邕武路、友谊路2个扬尘治理联合执法点设卡,24小时全天候监测扬尘治理,查处非法改装、不按规定检测审验、超限超载等违法行为3422起。

路产路权保护 加大南宁绕城高速公路路巡路查,处理涉路案件,对符合办理涉路施工备案项目条件的涉路施工行为依法办理施工备案。办理施工备案项目24个,处理车辆损毁路产案件16起,办结16起,处罚9.94万元。

【公路安全生产】 2017年,市交通运输局对南宁绕城高速公路沿线涉路施工的建设单位、施工单位、施工作业现场及5个原收费站看护现场每月组织养护作业管理及安全生产大检查1次,对隐患和问题,责令责任单位限期整改,消除事故隐患,确保南宁绕城高速公路安全畅通。加强南宁绕城高速公路日常巡查,组织3000多人次24小时全天候巡查,发现和消除道路行车安全隐患200多起,现场整改190多起,责令限期整改16起。

【公路应急管理】 2017年,市交通运输局完善应急预案和措施,配备应急救援队伍和物资设备,严格执行信息报送制度和领导带班24小时值班制度,保养车辆及机械设备,随时准备应急调用。组织开展全市农村公路防汛暨国防交通应急救援演练,完善农村公路防汛应急救援机制,锻炼国防交通专业保障队伍,提高防汛应急救援实战能力。

【交通运输行业质量信誉考核】 2017年,市交通运输局组织实施道路运输行业经营与服务精细化管理,完成客运、货运、驾培、维修行业质量信誉考核。考核道路客运企业48家,其中获AAA级43家、AA级5家;考核道路危险货物运输企业31家,其中获AAA级24家、AA级7家;考核50辆车以上的道路普通货物运输企业299家,其中AAA级68家、AA级149家、A级60家、B级22家;考核驾驶培训机构100家,其中优秀19家、良好33家、合格48家;考核机动车维修企业280家,其中AAA级140家、AA级73家、A级32家、B级35家(不合格)。

【公路运输市场监管】 2017年,市交通运输局完成经营期限届满的县际道路客运班线续营,组织开展经营期限届满县际道路客运班线经营信誉考核,开展全市运力发展调研及计划编制。推进道路客运实名制管理,市内5个一级客运站实现实名制管理。开展危险货物运输行业专项整治,重点检查危险货物运输企业安全生产主体责任和车辆动态监控主体责任落实情况。引导道路货运企业转型升级,发展国际多式联运、甩挂运输等新型运输方式,配合自治区推进面向东盟跨境物流的甩挂运输试点项目,开展辖区第二批多式联运示范项目企业申报。推动“计时培训、先培训后付费”服务模式,有100多家驾培机构完成收费方式更改。开展机动车维修企业《汽车维修业开业条件》达标核查,99家二类以上机动车维修企业通过新国标达标验收。推进二类以上在营维修企业国标化100%全覆盖,监管营运车辆维护检测关、准入关。

【运政投诉处理】 2017年,市运政投诉中心接到道路运输投诉303起,其中客车103起、客运站62起、驾校95起、维修厂1起、其他42起,在10个工作日内办结,办结率100%。市交通运输局应答行政复议、诉讼案件33件,受理投诉举报1643起,接待申诉案件834起,在7个工作日内办结,结案率100%。

【驾驶员培训管理】 2017年,南宁市有驾驶员培训机构119家(市区84家、县域35家),其中一级9家、二级51家、三级59家,全部使用计时培训系统开展教学;有教练员1.03万人,教练车6433辆。参加道路运输从业资格证考试7725人,通过7113人,通过率92.08%;参加客运驾驶员继续教育2.01万人,通过考核进行培训记录签章1.86万人,通过率92.54%。市交通运输局查处驾培机构违规经营3起。

【春运旅客运输】 2017年春运期间(1月13日至2月21日),南宁市开行客运班次28.81万次,完成客运量434.16万人次,比上年减少2.92%。春运40日内,南宁市客运市场运力供给充足,应急运力储备到位,道路客运企业服务能力和客流高峰期旅客疏运能力提高,未发生明显旅客滞留现象。

【站场基础设施建设】 2017年,南宁市凤岭综合客运枢纽站完成投资2亿元,完成站房建设,附属设施有序施工;南宁市明阳客运服务中心完成投资1250万元,完成建设和补助资金申报;货运南站、玉洞物流港分别完成固定资产投资1.40亿元、2.60亿元;新建五象文旅公交首末站、那黄公交场站、平乐玉洞立交公交场站并投入使用;武鸣区城南客运站完成投资1100万元,基本完成征地和初设评审,开展施工。完成自治区运管局下达61个便民候车亭建设任务,总投资244万元,全部竣工。

【公路运输安全生产】 2017年,市交通运输局召开全行业安全生产工作例会4次;组织检查人员503人次,检查企业225家(次),发放宣传资料500多份;排查纠正安全隐患231处,约谈相关单位7家。全市发生道路运输责任事故75起,比上年增长70.50%,死亡80人、增长63.30%,受伤75人、增长82.90%。

【公路运输节能减排】 2017年,市交通运输局贯彻落实《道路运输车辆燃料消耗量检测和监督管理办法》,要求各综合性能检测机构严格按照规定对新办《道路运输证》的车辆进行核查,确保新入户的车辆燃料消耗量达到国家要求,从源头上加强营运车辆节能减排监管力度。在行业内推广使用新能源汽车,发动企业参与“节能宣传周”“低碳日”等活动,推广节能减排新技术。对42家道路运输企业(客运企业20家、货运企业22家)进行年度节能减排统计、考核,淘汰老旧车辆、黄标车2.19万辆,完成年度任务180%;完成节能量12.84万吨标准煤,完成年度任务256.80%。

【南宁市新江至崇左市扶绥公路建设】 南宁市邕宁区新江至崇左扶绥一级公路(南宁段)建设采用政府与社会资本合作(PPP)模式组织实施,以BOT(Build-Operate-Transfer建设—运营—移交)方式运作。项目实施机构南宁市公路建设养护中心,政府出资代表南宁市交通投资集团有限责任公司,社会资本方中国葛洲坝集团股份有限公司,政府出资代表与社会资本共同出资设立葛洲坝(新扶)南宁建设投资有限公司作为项目公司。项目合同期限24年(建设期4年、运营期20年),概算总投资20.80亿元(建设投资16.70亿元、土地征拆费用4.10亿元),路线总长47.66千米,分3段(新江至那马段、那马至吴圩段、吴圩至崇左市扶绥段)施工建设。2017年,项目计划投资2亿元,完成投资2.06亿元。

水路运输

【概　况】 2017年,南宁市有水路运输企业49家,港口(码头)企业18家(不含砂场)，水路运输辅助业企业43家(船舶代理、客货代理水路运输辅助业企业38家，船舶管理辅助业企业5家)；有运输船舶1155艘、总净载重量111.69万吨、载客量0.84万客位，其中沿海船舶48艘、净载重26.89万吨，远洋船舶27艘、净载重5.84万吨。水路运输完成货运量3697.50万吨，比上年增长6.05%；完成货运周转量207.16亿吨千米，增长20.51%。港口吞吐量1380万吨，增长5.18%；集装箱吞吐量5333TEU(标准箱)，增长819.48%。水路基础建设完成固定资产投资27.79亿元，完成年度任务109.42%；其中西江黄金水道基础建设项目完成27.71亿元，船舶技术改造投资完成825万元。全年核查勘踏水路运输企业44家(经营沿海运输企业9家、省际运输企业32家、自治区内运输企业3家)，运输船舶1092艘，勘踏率94.70%，核查合格率84.80%；核查水路运输辅助业企业42家，核查率97.70%，核查合格率97.70%；推进内河船型标准化资金补贴船舶289艘，完成船舶生活污水防污染改造3艘，老旧运输船舶拆解68艘，内河过闸小吨位船舶拆解152艘，完成新建LNG动力示范船22艘。

【水路运输基础设施建设】 2017年，南宁市加大水路运输基础设施建设力度。建设200客位旅游码头项目2个(南宁港民生码头、南宁港蒲庙码头)，民生码头完成建设并通过验收，蒲庙码头完成主体建设并投入使用。南宁港鹤笋码头完成设计并开工建设。南宁港青山旅游码头项目重新选址。完成便民码头建设1座，泊位长度12米、斜坡长度250米、年通过能力0.80万人，总投资10万元，11月开工建设，12月完工并验收。新增、完善江南渡口、峦城渡口视频监控功能，南宁港主要的乡镇渡口均实现实时视频网络监控。

【水路运输监管】 2017年，市航港管理部门与市环保局、市水利局、市城管局等联合执法，出动巡查车42辆次、巡查人员241人次，巡查港口码头堆场113个(次)。对港口企业的扬尘治理实行严格管控，取缔金鸡违法装卸作业点，将牛湾作业区作为城市管理先进典型案例报市大行动办。对参与民生、蒲庙旅游码头工程的施工单位1家、设计单位1家，参与西江航运干线南宁至贵港级航道工程的施工单位7家、设计单位1家开展信用评价；做好开工涉水工程项目的安全监管；发放岛际船舶燃油补贴及退坡统筹项目补贴399.64万元，其中乡镇渡船229艘、10971客位、补贴322.28万元，9处渡口安全设施改造项目补贴77.36万元。检查广西宇航海运有限公司等危险品运输企业4家，约谈广西宇航海运有限公司安全生产主体责任落实不到位情况，限期整改，行政处罚2万元。年内，开展江海联运的企业有北投升龙公司、广东中石油2家企业，申请左江航道管养经费20万元保证航道巡查养护，引导区县港航所依据新航道法向地方政府申请航道养护经费。与左江崇左至南宁三级航道建设工作指挥部进行左江三级航道移交。配合城区政府、水政等部门清理邕江船只，出动"邕汛拖01号"船10次，清理船只11艘。

【水路运输安全生产】 2017年，市港航管理部门加强管理，保持港航安全生产零事故、零损失、零伤亡，实现21年无责任事故发生。指导区县做好乡镇运输船舶安全生产管理，督促区县政府完成乡镇运输船舶四级安全生产责任制签订；与区县港航航务管理部门、市区36家港航企业签订责任状，强化重点领域安全专项整治，签订率100%；每季度定期召开行业安全生产工作例会1次。全年组织开展安全大检查5次，出动检查人员398人次，检查水运企业81家(次)、港口企业21家(次)、水运工程建设工地12处(次)、乡镇渡口31处(次)、渡运船舶85艘(次)，责令限期整改企业10家。推进企业安全生产标准化，全市18家港口企业通过9家，52家水运企业通过37家，24家因资质不达标未申报。开展应急预案修编，组建市人防专业队船舶运输大队(50人)，做好安全服务。

【水路运输节能减排】 2017年，南宁市申请内河运输船舶拆解、改造指标254艘，实际完成拆解、改造223艘/39380总吨/60689载重吨，投入补贴资金2802.35万元；建造完工LNG双燃料动力示范船22艘/23244总吨/35515.5载重吨，投资1.30亿元，推动水路运输行业的节能减排。

城市公共交通

【概 况】 2017年，南宁市有公交企业7家，在营公共汽车3370辆(4355.90标台)，其中空调公交车3172辆、占94.12%，清洁能源与新能源公交车2694辆、占79.94%。有公交线路183条，总长度3651.51千米，公交场站总面积65.71万平方米，万人公交拥有量15标台，公交站点500米覆盖率99.50%，公交客运总量3.76亿人次(不含武鸣区)，比上年减少15.23%。有出租汽车企业11家，车辆6720辆，驾驶员1.30万名，无挂靠车辆；市区出租汽车每车日均行驶里程270.32千米，每车日均有效里程169.21千米，日均营运次数26次；客运量9565.92万人次。

【公共汽车营运管理】 2017年，南宁市有公交企业7家(南宁公共交通有限责任公司、南宁白马公共交通有限公司、南宁市诚运鑫客运有限公司、南宁市邕宁公共交通有限责任公司、广西南宁超大公共交通有限责任公司、南宁中巴公交有限责任公司、南宁市白马快速公交有限公司)，年内市公交为民办实事项目完成公交站点优化改造32座，完成率106.67%；建成投入使用智能公交电子站牌150套，完成率100%；购置、交付新能源公共汽车393辆，完成率112.29%；新增公交线路8条，优化调整公交线网17条。建设南宁市交通大数据平台和便民出行管理系统(二期)；建设"公交都市"公交智能化系统；建立BRT智能调度、重点站场实时监控；建设交通运输领域小额快速支付渠道；推进广西交通"一卡通"，发行"邕桂通"并开通试运行。引入第三方考核机构考核城区(不含武鸣区)公交线路服务质量，提升公交服务水平。全年接收数字化城管转来公交设施缺损案件3266起，处置公交投诉、信访件3359起；节假日期间，日均投放公共汽车2959辆，日均发送2.60万班次；客运量5447.64万人次，发班正点率100%。

【出租汽车营运管理】 2017年，南宁市有出租车企业11家(南宁市第三运输公司出租汽车分公司、南宁市红木棉运输有限责任公司、南宁市中鹿出租汽车有限公司、南宁市九州出租汽车有限公司、南宁安途出租汽车有限公司、南宁银建出租汽车有限公司、南宁康福交通有限公司、广西海博出租汽车有限公司、广西北方出租汽车有限责任公司、广西万里出租汽车有限公司、南宁市公共交通总公司出租汽车公司)。市交通运输局对出租汽车营运管理重心放在整治重点场所出租汽车经营秩序、依法查处出租汽车拒载、挑客、议价等违法违规经营行为，严查不符合准入条件非法从事网约车经营的车辆。查处出租汽车违规经营案件41起，"克隆"出租汽车案件147起，不合规经营网约车案件138起。出台《南宁市人民政府办公厅关于深化改革推进出租汽车行业健康发展的意见》《南宁市网络预约出租汽车经营服务管理实施细则(试行)》《南宁市关于私人小客车合乘出行的意见(试行)》等政策。启动《南宁市出租汽车客运管理

2017 年 1 月 25 日，南宁火车东站至火车站快速公交(BRT)试点工程开通试运营

侯宗豪提供

条例》修订，起草《条例》修订草案；制定《南宁出租汽车经营行为规范整治工作方案》，开展巡游车、网约车经营行为规范整治，按照《网络预约出租汽车经营服务管理暂行办法》，查处违规经营案件 31 起，不符合规定非法从事网约车的经营行为 111 起，教育警告违规经营巡游车 766 辆次。全市有 7 家网约车平台公司取得运营资格，5366 名驾驶员取得驾驶证，176 辆网约车获运输证。

【公共汽车安全生产】 2017 年，市交通运输局开展公共汽车运营行业日常安全检查，制定《南宁市城市客运交通行业推进企业安全生产标准化建设三年提升行动实施方案》；6 家公交公司完成安全生产标准化达标，市白马快速公交有限公司新成立未评级；制定《南宁市城市客运交通管理处安全生产事故应急预案》《南宁市城市客运交通管理处市区防内涝应急抢险工作预案》，督导企业制定安全生产事故应急预案；组织开展春运、五一、安全生产月、“两会”、国庆、中秋 6 次应急演练；与 7 家城市公交企业签订《2017 年度城市客运行业安全生产目标管理责任状》。全年召开行业安全生产例会 3 次，制定安全生产大检查方案 4 套；出动检查人员 800 余人次，排查出安全生产隐患 76 处，要求相关企业整改隐患；对发生事故的公交企业开展警示约谈 7 次，督导企业做好事故善后处置。

【公共交通基础设施建设】 2017 年，南宁市建成公交专用道 26 千米、公交充电桩 104 个、智能公交电子站牌 150 套，改造提升市区公交停靠站 32 个。1 月 25 日，南宁市首条快速公交(BRT)（南宁火车站至南宁火车东站）开通，同时优化调整 22 条公交线路进入 BRT 系统，实现多种交通方式零距离换乘、无缝衔接，降低出行成本，提升公交出行效率。BRT1 号线路日均客流量 13.54 万人次，BRT 系统 23 条线路运营情况良好，营运效率稳步提升。7 月，BRT2 号线完成招投标，9 月下旬开工建设；BRT3 号线完成方案设计，进入方案设计报批程序。

【公共交通信息化建设】 2017 年，市交通运输局遵照“综合交通为核心、智慧交通为关键、绿色交通为引领、平安交通为基础”的建设原则，新增建设 150 套智能公交电子站牌。12 月，《纯电动公共汽车的应用研究》课题通过验收，填补广西纯电动全铝车身城市客车领域的空白，获国家专利 3 项，发表专业论文 4 篇。推进“一卡通”，发售“邕桂通”卡 5720 张。“12328”电话受理市民投诉、咨询、意见和建议 5.30 万件，其中座席接听 3.91 万件、邮件 151 件、来访 17 件、微博微信受理 1.37 万件，符合受理条件的投诉 1.33 万件，所有投诉均按流程转给相关部门处理。年内，“南宁交通运输”微信公众号获“2017 年度南宁市优秀政务类新媒体”称号。推进电子政务项目，编制完成南宁市交通运输大数据管理平台初步设计方案及投资概算，进入评审阶段；交通运输监督服务电话“12328”南宁市级平台项目基本部署完成；完成便民出行管理系统(二期)基本功能搭建，与“爱南宁”APPUI(界面)统一风格，集成多种出行方式查询、购票等功能；网络预约出租汽车监管平台项目进入软硬件系统开发、集成阶段；出租汽车行业信息平台运营企业广西蛋卷科技有限公司推出微信公众号约车服务“蛋卷出行”、同名手机软件，参与软件测试巡游车驾驶员 3000 多名；开发研制并投入使用新式出租汽车顶灯、智能终端车载设备；《城市交通地理信息关键标准研究、制定及集成创新应用》获广西科学技术奖三等奖、南宁市科学技术奖二等奖。7 月 28 日，南宁市九州出租汽车有限公司、中鹿出租汽车有限公司 2 家巡游车企业在行业内率先探索建设网约电召调度平台，推出“南宁打车”平台，通过微信、手机 APP、电话等方式招车。

【公共汽车节能减排】 2017 年，南宁市清洁能源与新能源汽车推广使用项目、充电桩建设项目、公交车尾气污染专项治理项目纳入节能减排综合示范市财政政策项目，新购置并投入使用新能源、清洁能源公交车 501 辆，完成年度任务 111.33%；执行道路运输车辆燃料消耗量限值标准和准入制度，完成节能量化指标，淘汰黄标车 96 辆。

【文明交通建设】 2017 年，市交通运输局继续开展“文明行车 · 礼让斑马线”活动，出动稽查人员 350 余人次，检查公共汽车 1.80 万辆次，礼让率 99.78%。高考期间，组织 7 家公交企业、11 家出租汽车企业、南宁轨道交通集团、市出租汽车协会，开展“爱心送考”活动，免费接送考生 3.40 万人次。 （侯宗豪）

航空运输

【概　况】 2017 年，南宁吴圩国际机场设办公室、党群工作部、规划经营部、服务营销部、安全监察部(航务管理部)、基建设备部、人力资源部、财务部、安全检查站、地勤服务部、候机楼管理部、运行指挥中心、修缮动力部、航空信息部、地面运输部、消防安保部、广西民航国际旅游有限公司、广西翔飞航空食品有限公司 18 个机构，有员工 2602 人。实现旅客吞吐量 1391.60 万人次，比上年同期增长 20.40%，保障航班起降 11 万架次，增长 15.80%，各项运输生产指标均创历史新高。全年执飞航线 173 条，其中国内航线 144 条，国际和地区航线 29 条；航线网络覆盖国内外城市 107 个，其中国内 82 个，国际和地区 25 个。南宁吴圩国际机场在全国机场旅客吞吐量排名中提升 1 位，上升至第 26 位；出入境旅客吞吐量首次突破 100 万人次，首次实现旅客吞吐量全年净增超 200 万人次，年旅客吞吐量增幅位居中南地区千万级机场首位，在全国千万级机场中排名第三。南宁吴圩国际机场获“全国文明单位”称号，机场概念书屋被评为全国民航“五一”巾帼标兵岗，机场消防支队一大队获“广西工人先锋号”称号。

【市场经营】 2017年，南宁吴圩国际机场从“增运力、谋合作、挖客源”等方面发力，拓展“空侧”“陆侧”客源市场，推动运输生产提速发展。新增南宁—洛阳、南宁—衡阳—济南、南宁—淮安—郑州等35条国内航线，以及南宁—文莱斯里巴加湾、南宁—越南胡志明、南宁—柬埔寨西哈努克港、南宁—埃及开罗、南宁—埃及阿斯旺5条国际航线，开辟十堰、吕梁、埃及开罗等11个国内外新航点。1月3日，埃及休闲航空开通南宁—埃及开罗、南宁—埃及阿斯旺航线，为广西首批洲际航线。10月29日，奥凯航空公司在南宁吴圩国际机场成立过夜基地，南宁吴圩国际机场有停场运力的航空公司增至5家（南方航空、深圳航空、北部湾航空、上海航空、奥凯航空），驻场运力达到40架以上。新开南宁吴圩国际机场至宜州、罗城地面班线，机场直达区内市县的地面班线增至14条，将机场往返南宁东站的巴士班线加密至每30分钟1班，形成“空地”“空铁”联运发展格局。创新宣传渠道，在地铁传媒、广播电台、报纸等主流媒体平台投放广告，传播南宁吴圩国际机场航线航班、地面交通网络等资讯。

【安全管理】 2017年，南宁吴圩国际机场贯彻“对安全事故零容忍”精神，杜绝机场保障原因造成的飞行事故，重大、特大航空地面事故，劫机、炸机事件等。修订机场安全信息报告制度、安全保卫方案；对关键岗位人员资质进行再筛查，建立健全重点岗位人员档案库；开展以“严守诚信红线，筑牢规章底线”为主题的安全宣传教育活动。制定《空防安全隐患治理工作方案》《2017年安全生产月活动方案》《“平安货运”建设工作实施方案》《安全大检查方案》，印发《关于做好2017年汛期安全生产工作的通知》，定期组织开展安全隐患排查治理。全年开展安全检查100余次，下发整改通知单、建议书66份，涉及整改项目217项。经民航中南管理局批复同意，南宁吴圩国际机场变更机场使用许可证，机场消防救援等级由“七级”提升至“八级”，可用机型由“A320-200及以下机型”提升至“B747-400及以下机型”，促进机场应急救援能力提升。年内贯彻军民融合深度发展战略，推进军民合用机场保障，成立军民联席会议小组，负责军民航行保障；定期召开军民航行协调会，建立信息沟通机制，解决日常事务；签订军民航行协议，明确权责，规范作业程序；共同举办应急演练，提升应急救援能力和作战默契程度。12月，举办以“航空器非法干扰”“航空器后货舱火警冲出道”为科目的应急救援综合演练，检验机场应急救援预案的可行性和可操作性，提升机场在应对突发事件中应急响应、组织指挥、现场处置等应急保障能力。

【绿色机场建设】 2017年，南宁吴圩国际机场推进节能工作，加强对机场各区域的能源巡视检查，发现问题及时整改；改造计量器具，实时监督机场各单位用能情况，合理控制能耗；加强供水设备日常维护与管理，定期检查和维护，发现故障及时排除；实施能耗设备设施节能技改，采用合同能源管理模式对T2航站楼照明及中央空调系统进行节能改造。机场单位航班架次耗油量下降14.19%，单位航班架次耗水量比上年减少34.55%，单位航班架次耗电量减少11.56%。完成V1、V2、V3区域全新绿化景观打造，开展T2工作区绿化美化，建设绿色机场。

【服务工作】 2017年，南宁吴圩国际机场在民用机场年度服务质量评价中服务综合得分82.82，在25家千万级以上参评机场中名列第十四名，其中洗手间服务、两舱休息室服务获第二名。推行40分钟快速保障过站航班，缩短机上配餐、机上清洁、货物装卸时间，优化航班保障流程。加大卡“三超”（超大、超重、超多）行李、减客找行李力度，避免航班延误。将始发航班提前至起飞前40分钟登机，停止办理乘机手续提前至起飞前40分钟。开展为期2个月的服务质量大整顿活动。处理“12·4”旅客摔倒、“12·11”大面积航班备降、“12·25”急救备降等特殊情况。制定在下一次民用机场服务质量评价中进入参评机场前十名的目标及工作方案，组织业务骨干前往长沙、海口、深圳机场学习，提升服务水平。

【后勤保障】 2017年，南宁吴圩国际机场制作《南宁机场员工手册》。手册涵盖机场员工的权利、义务、责任和行为准则。在全国机场范围内率先引进共享单车，解决员工出行难；完成T2生活区网络系统建设，为员工提供免费WIFI；安装T2生活区邮件自动收取设备，方便员工收取快递包裹；维修T2活动中心，为员工提供健身场所；优化职工餐饮中心菜品，提供多样化用餐选择，提升员工凝聚力。

（劳润夏）

轨道交通建设运营

【概 况】 2017年，南宁轨道交通集团有限责任公司设总工办、安全质量监督部、企业发展部、资源管理部、合约法规部、财务管理部、人力资源部、信息中心、综合办公室、审计部、党群工作部（工会、团委）、纪检监察部、后勤服务中心13个机构，有3家分公司（集团公司建设分公司、运营分公司、资源开发分公司）、1家全资子公司（广西中房置业有限责任公司）、9家参股子公司（南宁轨道交通二号线建设有限公司、南宁轨道交通三号线建设有限公司、南宁轨道交通四号线建设有限公司、南宁轨道混凝土有限公司、南宁轨道江南混凝土有限公司、南宁南车轨道交通装备有限公司、南宁中铁广发轨道装备有限公司、南宁市市民卡信息服务有限责任公司、广州城市轨道交通培训学院有限公司），有员工5580人。主营业务为南宁轨道交通建设和运营，同时通过房地产开发、地铁综合资源经营等渠道弥补建设资金不足和运营亏损。全年实现营业收入16.48亿元，比上年增长62.10%；利润1.55亿元，增长15%；上缴税费1.70亿元，增长29.20%；完成固定资产投资116.73亿元；完成融资总额121.46亿元。1月31日，南宁轨道交通2号线全线隧道“洞通”；2月14日，南宁轨道交通2号线东延线初步设计获自治区发改委批复；5月12日，南宁轨道交通2号线全线实现“短轨通”；26日，南宁轨道交通2号线东延线举行开工仪式。6月28日，南宁轨道交通2号线全线完成“热滑”；南宁轨道交通5号线一期工程初步设计获自治区发改委批复。7月1日，南宁轨道交通2号线全线开展联调联试；11日，南宁轨道交通4号线首座车站（体育中心东站）主体结构封顶；20日，南宁轨道交通4号线首台盾构机顺利始发。8月20日，南宁轨道交通2号线完成“三权”（指挥权、使用权、管理权）移交并开始试运行。9月7日，南宁轨道交通5号线一期工程举行开工仪式。12月3日至6日，南宁轨道交通2号线通过试运营专家评审；28日，南宁轨道交通2号线开通试运营。

【地铁1号线运营】 2017年，南宁轨道交通集团运营分公司秉承“安全、正点、热情、服务”的服务理念，1号线运营各项工作平稳有序，各项指标平稳，车站秩序良好，运营安全可控，无行车事故，无乘客人身伤亡事故及治安消防事故，根据《城市轨道交通运营管理规范》及自治区质量技术监督局发布的《城市轨道交通运营评价规范》中运营服务指标标准，南宁轨道交通1号线试运营一年来各项指标均满足国标要求。南宁地铁1号线（石埠站—南宁火车东站）全长32.10千米，设

2017 年 12 月 28 日,南宁轨道交通 2 号线开通试运营　　南宁轨道交通集团提供

25 座车站。全年开行列车 10.76 万列次,列车运行图兑现率 100%,列车运行图正点率 99.98%,总客运量 9756.56 万人次,日均客运量 26.29 万人次,运营里程 323 万列千米,安全运营 371 天。年内,针对"五一"、端午节、2017 年中国 - 东盟博览会、南宁国际马拉松比赛、2018 年元旦假期进行 5 次节假日运输组织调整。列车运行图从全天平峰(工作日、非工作日),行车间隔 8 分钟,运营服务时间 6:30—22:00 调整至为工作日早高峰 7:30—9:00,晚高峰 17:30—19:30 行车间隔 6 分钟,工作日其他时段行车间隔 7 分钟,非工作日(法定节假日、周末)行车间隔 7 分钟,运营服务时间 6:30—22:30。线路运输能力比开通时提升 33%。

【地铁 2 号线开通】 2017 年,南宁轨道交通集团组织运营分公司和建设分公司等部门,完成 2 号线"三权"移交,有序开展联调、试运行、应急演练、跑图,各项指标均达标。12 月 28 日,南宁轨道交通 2 号线全线顺利开通试运营。南宁地铁 2 号线(玉洞站—西津站)全长 21 千米,设 18 座车站。2 号线的开通,与 1 号线构成南宁轨道交通"十"字形骨架网络,南宁正式进入地铁换乘时代。28 日至 31 日,轨道交通 2 号线全线配车 21 辆,开行列车 1313 列次,列车运行图兑现率 100%,列车运行图正点率 100%,总客运量 101.58 万人次,日均客运量 20.32 万人次,运营里程 2.78 万列千米,运营平稳有序,无行车事故,无乘客人身伤亡事故及治安消防事故。2 号线执行的列车运行图工作日早高峰 7:30—9:00、晚高峰 17:30—19:30 行车间隔 6 分钟,工作日其他时段行车间隔 8 分钟;非工作日(法定节假日、周末)行车间隔 8 分钟;运营服务时间 6:30—22:30。2018 年元旦假期前一日、元旦假期,运营服务时间延长至 23:00。

【地铁 3 号线建设】 2017 年,南宁轨道交通 3 号线(科园大道站—平良立交站)全长 27.90 千米,设车站 23 座。至年末,车站主体工程完成 95%,21 座车站主体结构封顶;区间隧道完成 96%,35 段单线盾构贯通;附属工程完成 53%,完成 35 个出入口、22 座风亭建设;轨道工程正线铺轨完成 22%,车辆段铺轨完成 73%;开始安装车站机电设备。

【地铁 4 号线建设】 2017 年,南宁轨道交通 4 号线(洪运路站—龙岗站)全长 24.60 千米,设车站 19 座。至年末,主体围护结构完成 90%,土方开挖完成 67%,主体结构完成 59%,8 座车站主体结构封顶,区间盾构完成 18%。

【地铁 5 号线建设】 2017 年,南宁轨道交通 5 号线一期工程(那洪站—金桥客运站)全长 20.40 千米,设车站 17 座。9 月 7 日开工建设;至年末,围护结构完成 16%。

(南宁轨道交通集团)

邮政业

【概　况】 2017 年,南宁市邮政管理局设办公室、普遍服务科(机要通信科)、市场监管科 3 个科室,编制 12 名,在编 11 人;对 178 家企业进行行业监管。全市邮政业务总量 32.57 亿元,比上年增长 41.27%;业务收入 32.49 亿元,增长 35.64%。其中,快递服务企业业务量和业务收入分别完成 1.61 亿件、23.03 亿元,增长 41.36%、34.63%。全年快递业务量排全国第 44 位,快递业务收入排全国第 40 位。全市邮政业务收入与增幅继续保持在自治区首位。

【快递包裹业务】 2017 年,南宁市有许可快递企业 178 家,分支机构 710 个。快递服务企业业务量完成 1.61 亿件,比上年增长 41.36%;业务收入 23.03 亿元,增长 34.63%。其中,同城业务量完成 3250.30 万件,增长 33.92%;异地业务量完成 1.28 亿件,增长 43.73%;国际、港澳台业务量完成 67.15 万件,下降 2.34%。包裹业务完成 10.05 万件,下降 8.72%。全年快递与包裹服务品牌集中度指数 CR8(8 个最大企业占有该相关市场份额)为 84.25%。

【邮政普遍服务】 2017 年,中国邮政集团公司南宁市分公司(简称"南宁市邮政分公司")设邮政储蓄网点 118 个,邮政营业网点 197 个,员工 2642 人,服务面积 2.20 万平方千米,服务人口 724.43 万人;有投递段道 1335 条,其中城市投递段道 874 条、单程投递段道长度 4.98 万千米,农村投递段道 461 条、单程投递段道长度 3.13 万千米;有生产用汽车 283 辆、电动投递三轮车 681 辆、投递摩托车 125 辆。邮政服务业务完成 6.41 亿元,比上年增长 7.56%;邮政寄递服务业务量完成 9318.64 万件、增长 2.54%,业务收入 1.70 亿元、增长 53.32%;汇兑业务完成 32.58 万笔,下降 11.42%。在南宁职业技术学院建成广西第一家以商业化模式运作的"蜂创"校园服务中心,是集"包裹自助自提 + 校园快递超市 + 校园 O2O+ 会员营销 + 学生创业板块"于一体的有邮政特色的一站式共享服务平台。南宁邮政车驾管业务全面升级,将单一的"六年免检"业务升级为 18 项车驾管业务,开通驾驶证期满换证、换领机动车号牌、驾驶证遗失补证等 18 项车驾管业务,为车主提供"一站式"服务,将邮政网点打造成市民家门口的"车管家",为车主提供方便快捷的车管服务。

【函　件】 2017 年,南宁市邮政分公司与南宁市检察院联合开展"预防职务犯罪邮路"项目;传统函件业务平稳发展,拓展互联网新媒体业务;举办"腾邮赢客中国行"营销峰会 7 场;研发打造"南宁城市微雕明信片""南宁马拉松连体明信片"等邮政专属文创产品;在南宁国际会展中心建成以广西铜鼓、绣球为设计元素的主题邮局。全年邮政函件业务完成 1643.31 万件,比上年增长 8.38%。

【集　邮】 2017 年,南宁市邮政分公司管理的市集邮协会有会员 1.50 万名。开

2017年1月5日，中国邮政全国发行《丁酉年》特种邮票1套2枚　　卢一方提供

展新邮首发、大师见面会等活动22场，在全市各中小学校开展生肖邮票青少年设计大赛，参与人数3.65万人。加强网点建设，新华集邮专卖店等精品集邮专卖店入围"2017年生肖活动季最佳门店"评选。通过网络销售渠道拉动集邮业务收入，在南宁集邮网上销售厅专区上架产品23款，销售120万元。

【报刊业务】 2017年，南宁市邮政分公司利用节日、主题活动，根据项目类产品的特性开展报刊业务专项营销专场，开发校园报刊、畅销报刊、精品图书、政务图书等重点市场，举办图书嘉年华巡展活动6场。全年报纸业务完成6278.63万份，比上年下降6.25%；杂志业务完成556.32万份，下降8.09%。

【客户服务】 2017年，市邮政管理局通过"12305"邮政行业消费者申诉电话和国家邮政局申诉网站受理并结案消费者申诉9572件，其中涉邮政服务294件、占总申诉量3.07%，涉及快递业务9278件、占96.93%。处理有效申诉(确定企业责任的)910件，比上年下降18.60%，其中涉邮政服务问题35件、占3.85%，涉快递业务问题875件、占96.15%。调解处理消费者申诉，为消费者挽回经济损失23.63万元，消费者对邮政管理部门处理申诉满意率97.50%，对企业处理申诉满意率96.60%。南宁市邮政分公司推进信息化技术应用对服务能力的支撑作用，引进微商城系统、微支付系统、车辆GPS定位系统等信息系统9个，开展数据分析项目8个，编制南宁市所有邮政网点的电子地图，搭建覆盖全辖区金融网点的WiFi(无线联网技术)分析平台118个，优化升级197个普遍服务营业场所视频监控，增强邮政企业各网点服务能力。

【邮政行政执法】 2017年，市邮政管理部门推进依法治邮建设，建立完善邮政行政管理权力清单、责任清单、市场准入负面清单。在日常检查、专项检查、统计专项调查中建立"双随机"(随机抽组执法人员、随机抽检检查对象)制度，严查违法违规行为。全年检查企业及分支机构553家次，出动检查人员1672人次，纠正、查处违法违规行为为57起，下达行政处罚决定42份，罚款23.70万元。

（钟　哲　李培正）

商贸服务业

商业贸易

【概　况】 2017年，南宁市商务局设办公室、综合业务科、市场秩序科、市场体系建设科、流通业发展科、市场运行和消费促进科、物流科、对外贸易科、加工服务贸易科、电子商务和信息化科、对外经济合作科、口岸规划科、财务科、人事科、打击走私贩私综合治理科、离退休人员工作科16个科室及机关党组织，行政编制67名，在编63人；后勤服务人员控制数8名，在编6人。二层机构有商务综合行政执法支队，参照公务员法管理事业单位，事业编制15名，后勤服务人员控制数2名，在编17人。年内，南宁市实现社会消费品零售总额2204.16亿元，比上年增长11.30%，高于全国1.10个百分点，批发、零售、住宿业、餐饮分别增长11%、13.80%、15.20%、16.50%。外贸进出口总值607.09亿元，增长48.80%，增速高于全国34.60个百分点、自治区26.20个百分点，其中加工贸易进出口值403.37亿元，增长55.34%，总量居自治区第一，占自治区50.20%。物流总量3.51亿吨，增长8.37%；规模以上快递服务企业累计业务量、业务收入分别增长41.36%、34.63%。重点电商企业电子商务交易额2500亿元，增长13.60%。服务外包执行金额完成3.94亿美元，增长51.84%；新增纳入商务部业务系统统一平台统计企业65家，增长306.25%。南宁口岸进出口货物12.82万吨，增长635.74%；出入境集装箱1.71万箱次，增长808.93%；空港口岸出入境人员118.11万人次，增长6.21%，居自治区首位。　　（滕翠映　徐万东）

【加工贸易】 2017年，南宁市开始实施第二轮"加工贸易倍增计划"(2017—2020年实现加工贸易进出口总额再翻一番)；加工贸易进出口403.37亿元，比上年增长55.34%，占对外贸易总额66.39%，占自治区加工贸易总额50.20%。其中，加工贸易进口195亿元，增长55%，占对外贸易进口总额58.91%，占自治区加工贸易进口总额51.86%；加工贸易出口208亿元，增长55.30%，占对外贸易出口总额75.36%，占自治区加工贸易出口总额48.60%。年内，引进加工贸易企业12家。加工贸易企业直接吸纳就业2.80万人，年工资总额13.40亿元，纳税3.60亿元，带动上下游配套企业422家。产业结构优化，以电子信息为主的加工贸易产业快速发展，高新技术和机电产品占98%。

（黄明明）

【消费品市场发展特点】 2017年，南宁市社会消费品零售总额2204.16亿元，总量首次突破2000亿元，比上年增长11.30%，高于全国(10.20%)、自治区(11.20%)增速，总量继续位居自治区首位。15个区县(开发区)社会消费品零售总额、批零住餐销售额平稳增长，除上林县外，14个区县(开发区)社会消费品零售总额均实现两位数增长；除武鸣区、上林县、隆安县外，12个区县(开发区)批零住餐销售额均实现两位数增长。其中，南宁高新技术产业开发区、邕宁区、宾阳县社会消费品零售总额增速分别为13.02%、12.86%、12.41%，兴宁区、江南区、宾阳县批零住餐销售额增速分别为15.15%、14.37%、15.93%。批发业和零售业呈现平稳增长，其中批发业实现销售额3258.14亿元，增长11%；零售业实现销售额2260.35亿元，增长13.75%。住宿业和餐饮业实现较快增长，其中住宿业实现营业额51.98亿元，增长15.20%，回升8.90个百分点；餐饮业实现营业额234.94亿元，增长16.49%，回升2.45个百分点。限额以上企业1345家，实现消费品零售额1095.11亿元，增长11.60%，占全社会消费品零售总额49.68%，贡献率50.51%。新增限额以上企业401家，其中批发企业140家、零售企业131家、住宿企业33家、餐饮企业97家。汽车类，石油及制品类,中西药品类,家用电器和音像器材类,粮油、食品类,服装、鞋帽、针纺织品类,日用品类,通信器材类,文化办公用品类,金银珠宝类,化妆品类商品零售额分别增长 12.90%、5.60%、18.30%、8.20%、11.80%、13%、8%、14.40%、8.20%、16.50%、10%。

【市场运行监测】 2017 年,市商务局加强市场运行监测,安排专人负责市场监测,加工整理各项数据指标,提供所需市场监测数据信息。生活必需品、重要生产资料、重点流通企业、应急商品数据库监测系统报送率均 100%;及时报送率分别为 98.68%、99.17%、98.37%、99.21%。春节、国庆节等重大节日期间,启动生活必需品日报监测制度,每天安排值班人员监测数据,掌握商品价格变动与市场供应情况。继续实施生猪活体和冻猪肉储备管理,会同南宁市财政局检查验收承储单位储备数量、储备设施、经营状况等,委托自治区畜牧产品质量监督检测中心公检生猪活体储备,完成自治区下达储备任务。做好生活必需品应急管理,修订应急预案。各级商务主管部门组织商贸企业做好防汛、生活必需品应急保障供应,实行领导带班和 24 小时值班制度。 (曾维一)

【市场体系建设】 2017 年,市商务局参与"多规合一"(将国民经济和社会发展规划、城乡规划、土地利用规划、生态环境保护规划等多个规划融合到一个区域上,实现一个市县一本规划、一张蓝图),推进《南宁市城市商业网点规划》等行业规划在全市各片区控制性规划调整中体现,推动轨道交通沿线、城市商业中心区、专业市场、农贸市场、加油站等商贸设施合理布局、集聚发展。推动朝阳商业中心改造提升,埌东—凤岭商业中心功能加强,江南商业中心和五象新区商业中心加快发展,江南万达、万达茂等一批大型城市综合体建成并投入运营,推动南宁农产品交易中心、广西(中国－东盟)粮食物流产业园等跨区域农产品流通平台等建设,中国－东盟商品交易中心等一批市场获"南宁市现代服务业集聚区"称号。推进农产品冷链物流建设,结合"南菜北运"试点示范,支持利客隆、华联、南城百货等超市开展"农超对接",建设包括预冷库、冷藏库、运输中心、大型仓储式农产品批发市场、农超对接等农副产品冷链物流项目,促进鲜活农产品产后采用包括采后预冷、整理、贮藏、冷冻、运输、物流信息等跨区域现代流通体系。推进大型仓储式农产品流通平台建设,重点扶持广西海吉星农产品国际物流中心、金桥农产品批发市场、壮宁农产品冷藏项目等区域性农产品流通平台建设,配套建设农产品集配交易区、冷库和冷链系统等设施。年内,全市有大型冷库 5 个,涉及货物专用运输(冷藏保鲜)企业 274 家,冷藏车 339 辆。其中开展冷链物流业务的主要有农产品国际物流中心、南宁国际综合物流园、南宁壮宁食品冷藏有限责任公司等,库容量 20.46 万吨。推进地头冷库建设,规划建设地头冷库项目 36 个、冷库房 178 个,库容 8.06 万立方米,总投资 2.26 亿元;至年末,项目竣工 24 个,完成投资 9819.10 万元。南宁供销系统开展产业富民专项活动地头冷库建设示范项目建设,获自治区批准项目 4 个、扶持资金 150 万元。市商务局推进自治区、市层面重大服务业项目建设,指导区县、开发区加强固定资产投资,配合南宁市发展和改革委员会编制三年滚动投资计划,重点督促五象新区落实大型商贸服务业项目策划和储备,以服务商贸、市场、餐饮等项目建设领域为重点,改善全市商贸行业民间资本投资环境。 (潘贤新)

【汽车流通服务规范化】 2017 年,在商务部门备案的二手车交易市场 9 家(城区 8 家、横县 1 家),二手车经营主体 17 家。市商务局推动汽车流通服务规范化,组织商务管理系统学习《汽车销售管理办法》,发放宣传手册约 1000 份,在科长热线开展系统解读宣讲、政策咨询;通过全国汽车流通信息管理系统备案。采取"双随机"办法对汽车销售及相关服务活动实施日常监督检查,贯彻落实《二手车流通管理办法》,牵头市公安、工商、国税部门不定期召开工作会议,开展二手车流通专项检查。9 月 1 日起,组织全市二手车交易市场及经营主体开展二手车交易信息采集。对报废汽车回收企业实施经常性监督检查;联合相关部门督促、协助广西车船回收有限公司搬迁至兴宁区五塘镇金龙砖厂。 (潘贤新)

【促消费活动】

2017 南宁消费购物节 2017 年 5 月 28 日至 7 月 2 日举行,市商务局、南宁日报社联合举办。5 月 28 日,在南宁会展·航洋城开幕,主题为"绿城南宁购物天堂",活动结合共享经济、掌上经济、南宁地铁、城市综合体等,设百货、超市、家电、餐饮、汽车、电商、IT 通信、家居建材、专题展销、区县特色等 12 个主题、20 项活动。参与商家 251 家(时尚百货旅游业 15 家、餐饮业 113 家、IT 业 6 家、家电业 22 家、家装业 54 家、金融业 13 家、汽车销售业 16 家、房地产企业 12 家)。

2017 南宁欢乐消费季 2017 年 12 月 23 日至 2018 年 2 月 28 日举行,市商务局主办、南宁日报社承办。主题为"欢乐嘉年华消费新升级",活动涵盖网络消费、信用消费、绿色消费、民族文化特色消费等消费热点,设电商、百货、超市、餐饮、家电、汽车、家居建材、IT 通信、金融、专题展销、区县特色活动、抽奖 12 大主题活动。 (曾维一)

【电子商务】 2017 年,南宁市出台《南宁市关于进一步促进跨境电子商务发展的若干意见》《南宁市跨境电子商务发展规划(2016—2020)》。通过自治区和南宁市发展服务业引导资金,支持中国邮政、南宁百货美美购等电子商务企业项目发展。调研全市电子商务产业园区、专业市场电子商务化、规模以上企业应用电子商务、农村电子商务网络和县级服务中心建设等情况,编制调研报告。做好南宁高新区国家电子商务示范基地、中国－东盟电子商务产业园、中国－东盟(南宁)跨境电子商务产业园、南宁市跨境贸易中心、五象新区电商小镇等重点电子商务产业集聚区建设,申报国家跨境电子商务综合试验区。

"万企千店"电子商务提升工程 市商务局开展南宁市"万企千店"(对南宁万家以上中小企业进行电子商务培训,扶持千家以上传统企业、中小企业在网上开店)电子商务提升工程,广西南宁多丽电器有限公司、广西智慧新农圈电子商务有限公司、广西摩氏咖啡进出口有限公司、横县康盛食品有限公司等 50 家企业获扶持,实现网上销售额约 2 亿元。

跨境电子商务 4 月,中国邮政东盟跨境电商监管中心正式投产运营。南宁跨境贸易电子商务综合服务平台实现对跨境电商进出境货物全程信息化管理,面向自治区服务。南宁邮政保税进口商品直销店、南宁百货·美美购 O2O 跨境电商直购中心霖峰壹号店、南宁百货美美购跨境商品直购体验中心、南宁华南城"丝路国际"跨境电商体验中心、北部湾港务集团"一步跨境购"体验店等开业。年末,全市有跨境电子商务企业 200 余家,大型跨境电子商务线下体验店 5 家,中小型跨境电商线下体验店近百家。德国思爱普公司(SAP)跨境电商平台、阿里巴巴"一达通"外贸综合服务平台、谷歌广西体验中心等一批世界跨境电商企业落户南宁。

农村电子商务 推进农村电子商务服务体系建设,有兴宁区、西乡塘区、邕宁区、横县、宾阳县、上林县 6 个区县电商服务中心;农村电商产业园 6 个(横县 3 个、宾阳县 2 个、上林县 1 个);完成村级服务点(体验店)超 1600 个,覆盖 561 个村,农村电商覆盖率 65%。推进横县、宾阳县全国电子商务进农村示范县建设,指导上

2017 年 6 月 29 日，广西首单跨境电商直购进口商品在南宁顺利通关　　市商务局提供

林县成功申报 2017 年全国电子商务进农村综合示范县。培育横县茉莉花茶、甜玉米、木瓜丝酱菜、富硒香米、粽子等农副产品电商品牌；完善农产品溯源体系，20 多家企业赋码 150 万枚，初步建立防伪溯源数据库；宾阳县古辣香米、洋桥芋头、新圩土制红糖、百桂米粉，武鸣区沃柑，上林县大米、八角，马山县黑山羊、金银花、旱藕粉等传统农产品专业合作组织线上交易。全市农特产品电商交易额超 1.56 亿元，比上年增长 20% 以上。

【电商扶贫】 2017 年，广西金岸网络科技有限公司、南宁市供销电子商务有限公司、广西乐村淘网络科技有限公司、中国邮政集团广西分公司 4 家重点电商企业分别与隆安县都结乡深度贫困村荣朋村、新风村、陇割村、龙民村开展一对一结对帮扶。市商务局联合南宁百货、乐村淘、村邮购、供销社、金岸科技等电商企业开展南宁市"电商促销·助推扶贫"活动月活动，开辟线上"电商促销·助推扶贫专题频道""电商特色农产品专区"，开展网上销售及农特产品线下展销活动。11 月，组织区县（开发区）及市直相关部门业务负责人赴杭州参加淘宝大学电商扶贫专题培训班；组织专家到区县、开发区开展电商知识培训 15 场（次），培训 3000 人次。市商务局与中共南宁市非公有制经济组织和社会组织、工作委员会联合建设的"党旗领航电商扶贫"网销平台（通过在微店、淘宝、京东、苏宁易购、天猫、阿里巴巴、供销 e 家、邮乐网等第三方电子商务平台上搭建网上店铺的形式，为贫困村提供农产品网上销售服务）项目完成政府采购程序。

【2017 年南宁电子商务创业大赛】 2017 年 4 月 21 日至 7 月 9 日举行，市商务局、共青团南宁市委、市非公有制经济组织和社会组织工作委员会共同主办，市电子商务行业协会、广西金岸网络科技有限公司承办。主题为"汇聚创业梦想，引领电商发展"；参赛团队 740 个，参赛人数 3500 人；参赛项目包括电商扶贫、移动电子商务、跨境电商、互联网金融、大数据应用、O2O 应用、社区电子商务等。7 月 9 日，在南宁国际会展中心举行决赛。智能家庭电力能源管理系统项目团队、乐壳空间项目团队、博滔琴行项目团队分获冠军、亚军、季军。

【中国邮政东盟跨境电商监管中心投产运营】 2017 年 4 月，正式投产运营。面积 1.2 万平方米，配备自动化查验分拣线 8 条，日通关业务量 40 万单。中国邮政东盟跨境电商监管中心是依托广西保税物流体系与边境重点口岸联动构建"海陆空三位一点"的中国－东盟跨境电商综合服务体系的重要节点，是全国首个集国际邮件、跨境电商、商业快件三类监管资源于一体的"三合一"海关特殊监管场所。至年末，完成国际进出口邮件 533.65 万件，其中进口邮件 148.52 万件，出口邮件 385.12 万件，进出口总额 2886.07 万美元；跨境电商直购进口业务实单试运营 10.32 万件，进口总额 268.75 万元。

（廖翠彬）

【主要商业街区】 2017 年，南宁市特色商业街区主题突出，市区商业街经营的商品涉及服装、电动自行车、汽车汽配、餐饮、装饰装潢、茶叶、盆景石艺等，也有以文化、休闲为主题的特色民歌湖餐饮酒吧区、金汇如意坊、欧洲风情小镇、唐人文化园等。

百货与超市街区　南宁市城区百货、超市街区主要集中在朝阳商圈、埌东一凤岭商圈。从经营档次看，南宁梦之岛百货、南宁百货大楼、南宁万象城、青秀万达广场等主要经营中高档次百货商品，北京华联、南城百货、沃尔玛、人人乐、华润万家等百货、超市主要经营中档次百货商品，交易场、和平商场、大和平商场、大和平华西商业城等主要经营大众化百货商品，构成全市服务相对完善的百货销售网络，基本能够满足市民对百货商品的消费需求。

美食商业街　有中山路小吃一条街、长湖路餐饮一条街、民歌湖现代艺术酒吧街、青秀山东南亚美食街、江北大道酒吧一条街、邕州老街文化旅游美食一条街、水街特色小吃街、建政路小吃街、明秀路青岛啤酒吧一条街、农院路小吃街、仙葫富兴路美食街等。

商业步行街　兴宁路、民生路是南宁市历史传统商业街。兴宁—民生路步行街范围包括兴宁路、民生路西段，两侧骑楼沿街立面具有"南洋建筑"风格，主要经营服装、餐饮、鞋帽、眼镜、箱包、工艺品等项目。

装饰材料一条街　位于人民路（人民路—解放路口至人民商厦距离约 600 米）的两边，聚集众多装饰材料商家，1985 年起初步形成人民路装饰材料一条街。

电子科技信息一条街　位于青秀区星湖路，西起七星路，东至园湖路，长 1200 米。是自治区最大的电子信息产品集散地，主要经营电脑、服务器、交换机、打印机等系列硬件设备及网络产品、数码产品、电脑软件、电子元配件等产品，形成以南宁电子科技广场、永通电脑城、星湖电脑城等专业市场为核心，集计算机销售、电子产品销售及其耗材销售、网络系统集成、软件应用研究与开发、电子元器件的制造为一体的电子产品制造、销售、技术服务商业街区。

通信商品一条街　位于青秀区东葛路，长 1271 米。是南宁市手机及配件、电话机等通讯产品销售企业、维修店最密集的街道，汇集有王者数码通信手机城、三明通讯广场、蜂星电讯（南宁总店）、中仁通讯、海印电器、通讯总汇南宁分场、鑫辉通讯等众多大型手机卖场。

汽车销售一条街　位于江南区白沙大道，是自治区规模最大的汽车销售一条街，集聚奔驰、宝马、捷豹、陆虎、丰田、本田、三菱、日产、别克、海南马自达、捷达、富康、宝来、大众等国内外著名汽车品牌，面向广西、辐射西南地区及越南汽车市场。

10+1 商业大道　位于江南区亭洪路，长 2.86 千米，39 栋楼，建筑面积 13 万平方米，是一条具有东南亚风情特色和具备现代化商业服务配套设施的多功能商业街，集商贸、商务、物流、餐饮、文化、休闲、娱乐、旅游、运动、购物十大功能于一体。亭洪路的茶叶一条街是自治区最大茶叶批发零售集散地,专业街长2.86千米,有茶商400多家,以六大系列100余品种的茶叶销售及茶具、茶台、根雕工艺品、茶叶包装及机械设备等销售为主。

唐人文化园　位于西乡塘区唐山路36号,是利用20世纪70年代修建的原南宁市手扶拖拉机配件厂、汽车配件三厂、柴油机配件厂的厂房和库区进行兼并改制和重新改建而成。2008年12月建园,园区店铺350多家,主要经营古董字画、根雕艺术、红木家具、瓷器杂项、古玉铜器、香茗咖啡、主题酒吧、餐饮娱乐、文化培训等。

南宁中国－东盟国际商务区商业街　位于南宁中国－东盟国际商务区内的东盟各国商务联络部(办事处)基地园区,由越南、老挝、印度尼西亚、文莱、日本、泰国、新加坡、缅甸、韩国、马来西亚10国风格的住宅和商务服务设施组成的商业建筑群,称为"一心五街12园区"("一心"即商业核心,"五街"即5条步行街,"十二园区"即韩国园、马来西亚园、缅甸园、越南园、新加坡园、老挝园、印尼园、菲律宾园、日本园、柬埔寨园、泰国园、文莱园)。2011年10月20日正式落成启用。是集特色商品销售、餐饮、旅游及文化娱乐和开展国际商务活动的交易平台。

邕州老街　位于江南区江南大道白沙大桥下(荣和新城后),邕江南岸。2007年初建成开街。邕州老街是南宁市最长的一条商业街,长1.80千米,有仿明清建筑风格的商业店铺350多家,主要经营古玩、奇石、书画、花卉盆景、根雕、家具等。

如意坊(邕州阁)　位于青秀区凤岭南路1号,建筑面积5.20万平方米,有商铺800多家,以经营古玩字画、茶文化、奇石珠宝、花鸟鱼虫、特色餐饮为主。

民歌湖休闲酒吧街区　位于青秀区金浦路中段、民歌湖畔。2010年建成并投入试运行,2011年11月开街营业。街区由A区、B区、C区、D区、E区、F区、G区及地下演艺厅8个片区19栋主体组成。总建筑面积约2万平方米。主要业态包括酒吧、咖啡厅、美食坊、茶庄、KTV等。

江南水街　位于江南区五一东路19号,占地3.67公顷,总建筑面积约9万平方米,突出广西少数民族建筑特色,以经营百货、超市、酒店娱乐、休闲、美食、小吃为主,集购物、休闲、展示、文化旅游等于一体的具有浓郁地方特色的旅游商业街区。

【主要商贸综合体】

南宁华润中心　位于青秀区民族大道136号,东盟国际商务区核心区域内。总投资超过100亿港币,总建筑面积120万平方米。2012年9月开业,为南宁首个城市综合体。包括华润万象城(27万平方米大型购物中心)、华润大厦(10万平方米AAAAA甲级写字楼)、幸福里(57万平方米住宅小区)、五星级酒店。华润万象城汇聚百货公司、五星级电影院、奥运水准室内真冰溜冰场、精品超市、国际品牌旗舰店、时尚精品店、美食广场等;华润大厦按国际标准AAAAA甲级写字楼建设。2017年,华润万象城有PRADA、GUCCI、BURBERRY、Shiatzy Chen、OMEGA、Cartier等国际奢侈品牌旗舰店,百盛百货,Ole' 超市,沃美影院,以及超过70家各国特色餐饮店等休闲消费购物娱乐设施。

南宁会展航洋城　位于青秀区民族大道131号,南宁国际会展中心正对面。2015年1月,航洋国际城以"会展航洋城"名称重新开业。建筑面积44万平方米。投资4000万元设计费邀请新加坡Dp公司设计,采用商务建筑形态——建筑综合体设计理念,集国际级智能化写字楼、国际商务公寓、万豪国际酒店、国际购物中心、地下室、停车场于一体。2017年,有沃尔玛、五星酒店南宁鑫伟万豪酒店、南宁香榭里酒店、百老汇国际院线、超越健身、皇家一号商务娱乐会所、国美电器、西班牙ZARA等进驻置业。引进海底捞、蛙小侠、探鱼、撒椒等100多个人气餐饮品牌,杨梅红艺术中心、美吉姆、CYE、优贝乐、反斗乐园等儿童品牌。

南宁青秀万达广场　位于青秀区东葛路延长线滨湖路口交界处。占地11.47万平方米,建筑面积88万平方米。2014年12月开业。东地块(靠近贤宾路)为高档住宅综合体。西地块建筑面积49.88万平方米,为包括步行街、购物中心、百货、电影城、星酒店、写字楼、美食餐饮等业态的商业酒店综合体,有3栋200米高的甲级写字楼、1栋五星级酒店及5层商业中心、2层地下室。

南宁三祺广场　位于青秀区民族大道146号。总建筑高度236米,地上54层,地下5层;总建筑面积近19万平方米,写字楼建筑面积约7万平方米,44层。2015年9月开业。以生态、节能、创新、科技的开发理念贯穿规划、设计、技术、建设、运营五大环节。

南宁安吉万达广场　位于西乡塘区高新大道与安阳路交汇处。占地8.40万平方米,总建筑面积58.20万平方米,总投资约100亿元。2015年12月开业。项目涵盖大型商业万达百货、旗舰步行街区、SOHO公寓、写字楼、品质住宅、万达IMAX影城、大歌星KTV等多功能城市业态,集购物、休闲、餐饮、娱乐、文化、商务、居住于一体,是万达3.5代城市综合体。

南宁万达茂　位于五象新区良堤路6号。总投资150亿元,建筑面积160万平方米。2017年6月17日开业。包括桂文化主题乐园、科技电影城、文旅度假酒店、50余家美食店、大型停车场、400米桂文化步行街、两滩三里商业街、江景住宅等业态。

南宁江南万达广场　位于江南区星光大道与亭洪路交汇处。总投资约80亿元。2017年6月23日开业。包括万达百货、IMAX影城、大型超市、宝贝王、时尚电玩及数百家国内外知名品牌联合打造的旗舰购物中心,以及室外商业步行街、创意写字楼、全能LOFT、精装公寓、高端住宅等。

南宁江南盛天地　位于江南区壮锦大道27号。商业体量6万平方米。2017年10月1日开业。包括超市、餐饮、零售、零售儿童类、教育培训、休闲娱乐等业态。项目成功签约入驻人人乐超市、星美国际

2017年,南宁华润万象城外景　　谢瑜婷　摄

2017 年，南宁会展航洋城外景 谢瑜婷 摄

影城、奥力健身等。

南宁南剧·星光 PARK（在建） 位于星光大道 4 号南宁剧场。商业裙楼占地 2.33 万平方米。包括演艺、影城、KTV、动漫、儿童、餐饮、休闲、购物、宾馆、写字楼、超市、广场等，湖南卫视旗下的芒果影城签约进驻，东呈集团旗下五星级品牌酒店达成合作意向。2017 年，完成主体工程建设。

南宁德利 AICC（东盟国际文化广场）（在建） 位于凤岭北佛子岭路 18 号。占地 6.79 万平方米、建筑面积 36.79 万平方米。包括复合街区、商务集群、住宅、酒店四大业态，儿童职业体验中心、中央音乐剧场、主题会所、空中天幕酒吧街、天际泳池、特色露天情景剧场、多主题文化街区广场等特色内容。2017 年，完成主体工程建设，开展项目招商。

南宁五象航洋城（在建） 位于五象新区五象大道与平乐大道交汇处。规划面积 2.09 万平方米，建筑面积 42.02 万平方米，总投资 26 亿元。包括 3 栋层高 49 层商业办公综合楼、8 层商业裙楼、10 万平方米购物中心等。2017 年，完成主体工程建设。

南宁新城吾悦广场（在建） 位于兴宁区金川路 7 号。总投资 15 亿元，总建筑面积约 20 万平方米。包括时尚购物中心、特色风情商业街、IMAX 影视娱乐城、LOFT 公寓等业态为一体的大型综合体。2017 年，完成地面商业主体。

南宁启迪东盟科技园（在建） 位于五象新区龙岗片区龙华路南北侧。占地 18.53 万平方米，总建筑面积 65 万平方米。构建以科技园区为载体、辐射东盟的创新服务体系和国际孵化网络基地群，规划引进龙头企业、总部企业、其他科技类企业 500 家。2017 年 3 月，动工建设。

南宁融晟天河广场（在建） 位于江南区沙井大道中段（沙井大道与亭洪路延长线交汇处）。总建筑面积 33 万平方米，总投资 30 亿元。项目规划五星级酒店、极地海洋世界、极地海洋餐厅、室内欢乐水世界、儿童城、大型超市、双巨幕影院等，引进 400 多家国内外品牌。2017 年，极地海洋世界部分主体工程项目建设完成。

【商贸主要项目】

中国－东盟商品交易中心·南宁华南城项目 位于江南区沙井大道 56 号，规划总建筑面积超过 488 万平方米，总投资超过 120 亿元，由香港上市公司（HK1668）华南城控股有限公司投资建设。2017 年，建成一期约 200 万平方米，包括好百年国际家居建材博览中心（38 万平方米）、五金小商品交易广场（16.80 万平方米）、纺织服装交易广场（16.80 万平方米）、特色商品交易广场（24 万平方米）4 个交易广场，以及江南华府一期（46 万平方米）、乾龙物流园、兰桂坊美食街、华南城会展中心等。南宁华南城直接纳税累计 5.03 亿元（年内 1.01 亿元），完成招商面积 150 万平方米，解决就业 3 万人。

南宁农产品交易中心项目 位于青秀区长虹路火车东站旁，总规划面积 2 平方千米，是集蔬菜、水果、粮油、冻品、副食品等品种交易、批发、配送、进出口及电子商务于一体的大型农产品国际物流中心。2016 年 12 月开工，分两期建设。一期用地面积 0.52 平方千米（净用地面积 0.39 平方千米），建筑面积约 77 万平方米，投资约 26 亿元，规划建设会展功能区、果蔬现货交易区、果蔬冷藏区、物流配送、检验检疫及信息结算中心、综合性商务配套等功能分区。2017 年，一期 25 个单体开建，第一阶段的广西农业会展中心（6 万平方米）、冷库（2.40 万平方米）、农产品交易大棚（7 万平方米）、综合交易楼（9.50 万平方米）、综合商务楼（6.10 万平方米）等 17 个单体基本完工，第二阶段的商务综合楼、仓储交易楼等 8 个单体完成建设总量 50%；二期部分用地完成征地拆迁 0.14 平方千米，开展土地招标、拍卖、挂牌、总平规划等前期工作。开展农产品交易区招商，建设南宁活禽交易市场、物流车场、加工仓储区等配套项目，南宁农工商集团作为前期业主推进都市农业综合体项目——南宁农业公园前期工作。至年末，累计完成投资 17.30 亿元。

五象粮油食品加工仓储基地项目 位于良庆区沙河路 8 号，广西（中国－东盟）国际物流基地内，占地 0.21 平方千米，建筑面积 15.90 万平方米，总投资 7.90 亿元，由南宁市储备粮管理有限责任公司单独投资建设。2015 年 11 月开工建设，主要建设 15.8 万吨粮食储备标准仓、3 万吨浅圆仓、1 万吨成品粮低温仓、1 万吨储备油罐、3 万吨物流中转仓库，年加工能

2017 年，南宁华南城实景 市商务局提供

力30万吨稻谷生产线3条、年生产能力3万吨油脂生产线2条、年烘干稻谷5.50万吨烘干线1条。2017年,累计完成投资4.71亿元。项目一标段首批开工11栋单体完成竣工验收,其余建筑单体土建完成90%;二标段所有单体主体封顶,土建完成90%。 (潘贤新)

社会服务业

【概　况】 2017年,南宁市社会服务业新登记2.39万户,注册资本(金)1195.96亿元、6.07亿美元。主要涵盖信息传输、软件与信息技术服务业,租赁与商务服务业,居民服务、修理与其他服务业,卫生与社会工作私营性服务业,文化、体育与娱乐业5个行业。社会服务业(不含批发与零售业,交通运输、仓储和邮政业,拍卖业,典当业)累计10.28万户,注册资本(金)4516.90亿元、11.48亿美元。其中,内资(非私营)企业2467户,注册资本(金)340.31亿元;私营企业5.47万户,注册资本(出资金额)4138.33亿元;外商投资企业511户,注册资本(认缴出资)11.48亿美元;个体工商户4.4万户,资金数额37亿元;小微企业1105户,注册资本(金)1.26亿元。批发与零售业累计26.88万户,注册资本(金)2323.74亿元、7.29亿美元。交通运输、仓储和邮政业累计1.16万户,注册资本(金)185.95亿元、1.57亿美元。拍卖业总成交额55.22亿元。典当业资产总额8.47亿元,负债总计791.06万元。

【信息传输、软件与信息技术服务业】 2017年,南宁市新登记1741户,注册资本(金)60.10亿元、47.43万美元;累计9182户,注册资本(金)244.11亿元、9197.67万美元。其中,内资(非私营)企业565户,注册资本(金)26.47亿元;私营企业7479户,注册资本(出资金额)216.24亿元;外商投资企业169户,注册资本(认缴出资)9197.67万美元;个体工商户713户,资金数额1.30亿元;小微企业256户,注册资本(金)978万元。

【租赁与商务服务业】 2017年,南宁市新登记1.12万户,注册资本(金)1048.61亿元、5.57亿美元;累计4.73万户,注册资本(金)3959.46亿元、9.43亿美元。其中,内资(非私营)企业1358户,注册资本(金)255.37亿元;私营企业3.96万户,注册资本(出资)3697.46亿元;外商投资企业295户,注册资本(认缴出资)9.43亿美元;个体工商户5183户,资金数额5.47亿元;小微企业849户,注册资本(金)1.16亿元。

【居民服务、修理与其他服务业】 2017年,南宁市新登记9695户,注册资本(金)25.53亿元、203.48万美元;累计4.08万户,注册资本(金)143.97亿元、2094.10万美元。其中,内资(非私营)企业403户,注册资本(金)33.85亿元;私营企业5026户,注册资本(出资)85.83亿元;外商投资企业32户,注册资本(认缴出资)2094.10万美元;个体工商户3.53万户,资金数额24.29亿元。

【卫生与社会工作经营性服务业】 2017年,南宁市新登记389户,注册资本(金)33.57亿元、4827.54万美元;累计2062户,注册资本(金)65.37亿元、4827.54万美元。其中,内资(非私营)企业16户,注册资本(金)20.78亿元;私营企业263户,注册资本(出资)42.77亿元;外商投资企业2户,注册资本(认缴出资)4827.54万美元;个体工商户1781户,资金数额1.82亿元。

【文化、体育与娱乐业】 2017年,南宁市新登记865户,注册资本(金)28.15亿元;累计3565户,注册资本(金)103.99亿元、4393.35万美元。其中,内资(非私营)企业125户,注册资本(金)3.84亿元;私营企业2398户,注册资本(出资)96.04亿元;外商投资企业13户,注册资本(认缴出资)4393.35万美元;个体工商户1029户,资金数额4.11亿元。

【批发与零售业】 2017年,南宁市新登记4.79万户,注册资本(金)405.97亿元、6308.71万美元;累计26.88万户,注册资本(金)2323.74亿元、7.29亿美元。其中,内资(非私营)企业5199户,注册资本(金)97.88亿元;私营企业9.13万户,注册资本(出资)2043亿元;外商投资企业539户,注册资本(认缴出资)7.29亿美元;个体工商户16.48万户,资金数额177.18亿元;小微企业6996户,注册资本(金)5.68亿元。

【交通运输、仓储与邮政业】 2017年,南宁市新登记3900户,注册资本(金)29.94亿元、12.13万美元;累计1.16万户,注册资本(金)185.95亿元、1.57亿美元。其中,内资(非私营)企业630户,注册资本25亿元;私营企业3920户,注册资本(出资金额)132.63亿元;外商投资企业45户,注册资本(认缴出资)1.57亿美元;个体工商户6406户,资金数额27.87亿元;小微企业640户、注册资本(金)4502万元。 (张　鲁)

【拍卖业】 2017年,南宁市辖区有合法拍卖企业145家,拍卖从业人员543人,其中拍卖师107人。主要经营项目:工商行政管理、海关和司法机关等罚没的物品、抵债物品、无主物品、闲置物品、积压物品、生活资料、艺术品、房地产、无形资产、银行不良资产、土地使用权、生产经营权、股权、市政设施广告经营权等。举办拍卖会798场,拍卖总成交额45.47亿元,其中房地产成交10.62亿元,土地使用权成交27.29亿元,机动车成交0.19亿元,农副产品成交额0.80亿元,股权、债权、产权成交4.90亿元,文物艺术品成交额190万元。

【典当业】 2017年,南宁市辖区有合法典当企业75家、典当分支机构1个,从业人员524人。典当业务1586笔,典当余额4.10亿元;资产总额8.47亿元,负债总计791.06万元,主营业务收入2492.69万元。 (周　旻)

住宿与餐饮业

【概　况】 2017年,南宁市住宿与餐饮业新登记1.58万户,注册资本(金)16.58亿元、41.39万美元。累计5.20万户,注册资本(金)114.12亿元、9183.12万美元。其中,内资(非私营)企业264户,注册资金3.64亿元;私营企业3626户,注册资本(出资金额)67.87亿元;外商投资企业107户,注册资本(认缴出资)9183.12万美元;个体工商户4.71万户,资金数额42.11亿元;小微企业858户,注册资本(金)5024万元。 (张　鲁)

【桂菜经营】 2017年,南宁市餐饮业经营的桂菜系列主要由桂北风味菜、桂东南风味菜、桂西风味菜、滨海风味菜和少数民族风味菜,以及各种风味小吃组成,桂菜有微辣、带甜、带酸、新鲜的特色,风味独特,别具一格。南宁、梧州、玉林等地方风味菜讲究鲜嫩爽滑、用料多样,常以岭南瓜果入菜,如玉林三宝(牛巴、牛腩、牛肉丸)、菠萝焗饭、梧州纸包鸡、南宁腰卷、邕州鱼角、猪肚鸡、荔浦芋头鸭等;少数民族风味菜多就地取材,讲究实惠,制法独特,具有浓郁的乡土气息,如客家皇蒸鸡、壮乡田螺猪手等;桂北(桂林、柳州等地)风味菜品味醇厚、色泽浓重,擅长以山珍野味入菜,如桂林黄焖鸡、“酿三宝”等。桂菜原料采用鱼、鸡、虾、蟹、猪、牛、羊等,素料有芋头、马蹄、莲藕、竹笋等,在佐料上采用豆腐乳、辣椒酱、白酒、黄皮酱、柠檬等,烹调方式采用扣、蒸、炖、酿、焖、炒、炸,成为以清甜、鲜香、脆嫩风味特色。成菜讲究粗物细作、形量协调,形成香气蕴藉、色彩清丽的广西风味菜。代表菜有巴马烤整猪、苗家竹板鱼、侗乡竹笋肉、瑶山泥巴鸡、壮家粉芭肉、毛南烤香猪、京族花衣蜇皮、脆皮扣肉、脆皮狗肉、白切狗肉、纸包鸡等。明园新都大酒店(位于兴宁区新民路)、西园饭店(位于江南区星光大道)、荔园山庄(位于青秀区青山路)、南宁饭店(位于兴宁区民生路)等为代表的饭店、酒店经营桂菜。

【南宁桂菜餐馆】

味江南邕城家宴　位于青秀区民族大道华润万象6楼(青秀路口),主要菜品有柠檬鸭、梅子猪手、邕城醉鲈鱼。很多菜品偏酸偏甜,典型的南宁口味。

甘家界柠檬鸭　位于青秀区园湖南路(靠近夏威夷酒店)、青山路(青山菜市斜对面)、仙葫大道西段(近金中环大酒店)、东葛路90号,西乡塘区秀厢大道辅道、新阳路、友爱北立交桥西侧,兴宁区高峰林场,武鸣区等。主要菜品有柠檬鸭、鸭血汤,其中柠檬鸭是南宁的特色菜。

南宁肥仔饭店　位于青秀区金湖北路梦之岛广场2楼(埌东店),西乡塘区人民西路(海鲜酒家店)、衡阳西路(衡阳店)、大学路(大学店),江南区星光大道明利广场2楼(星光店)、江南区南建路(江南店)。主要菜品有芋头夹、极品牛双脆、龙哥金牌鸡、金牌靓烧鹅、猪脚、老板酱捞粉。是老牌菜馆。

瑶王府　位于青秀区东葛路荣和中央公园商业广场2楼、江南区星光大道滨江公园内、西乡塘区相思湖东路西湖东郡内、青秀区茶花园路南湖翠园2楼、青秀区植物路45-3号。主要菜品是桂北瑶族的特色菜,有恭城油茶、金牌猪脚、黑米豆腐、腊肉、熏鱼、血肠等。

小南国　位于青秀区古城路21号、望园路10号幸福家园2楼。主要菜品有小刀鸭、冬瓜炖鸡汤、凤爪猴头菇汤。是一家老牌菜馆,经营桂林特色菜。

老友王　位于青秀区青山路金汇如意坊美食街。主要菜品有老友炒鸭、老友干捞粉。为南宁味道。

味道制造　位于青秀区竹溪大道29号。主要菜品有恭城油茶、全州醋血鸭、石锅鹅肝酱茄子。为新派桂菜。

漓雨村私房菜　位于青秀区东葛葛村路口欧来酒店北1楼、祥宾路、星湖北二里、古城路4号大板一区内,兴宁区民生路绿都商厦1楼。主要菜品有旱蒸剑骨鱼、全州醋血鸭、麦田守望者、原味木盒豆腐。

八桂坊　位于青秀区祥宾路满江红大酒店3楼。主要菜品有巴马香猪、鹅肠。是桂菜系饭店,桂南菜品较多。

金龙寨　位于青秀区滨湖路53号(公务员小区正门旁)、东葛路92号、天桃路。主要菜品有桂林田螺酿、糯米排骨、拔丝芋头、石锅漓江河虾、旱蒸剑骨鱼。以桂北风味为主。

明桂御膳坊　位于西乡塘区安吉路1号(友爱北立交桥旁)。主要菜品有孜然辣酱鱿鱼王、西芹百合炒腰果、巴马黑水豆腐、御膳桂花肠、驰名琵琶鸭、壮乡香芋格。主打民族风。

邕城小福楼　位于青秀区新民路6号永嘉名店对面、星湖路北一里。主要菜品有花甲螺、纸包鸡、海鲜粥。

沙头醋血鸭馆　位于青秀区思贤路51号。主要菜品有醋血鸭、炒油渣、牛排、红油桂林米粉。主要是桂北菜。

阿谋美食　位于青秀区古城路21号。主要菜品有烧鸭、豆腐、铁板肥牛。主营民族美食。

诚如金餐厅　位于西乡塘区衡阳西路南铁二街路口、秀灵路77-1号状元坡大酒店内、鲁班北路48-2号(诚如金私家厨艺)、鲁班路4号振宁现代鲁班(诚如金私家小厨),青秀区凤岭北枫林路19号保利童心缘2楼(诚如金家味菜馆)。主要菜品有流沙包、雨花石肥牛、小刀鸭、碳烧肉、砂锅四季豆、卤水拼盘。

桂林仔　位于西乡塘区秀厢大道5号、兴宁区公园路6号、青秀区星湖路46-6号、江南区星光大道34号江南·香格里拉商业广场、兴宁区济南路21号。主要菜品有桂林米粉、泉水鸡。菜肴口味偏辣,典型的桂林菜。

文家油茶　位于青秀区长湖茶花园路口。主要菜品有醋血鸭、油茶。

桂小厨　位于青秀区金湖路61号梦之岛百货水晶城2楼、东葛路18-1号、民族大道航洋国际4楼、民族大道万象城4楼、青秀万达广场屋内步行街,兴宁区青云街18号悦荟广场4楼,江南区白沙亭江路口20号。主要菜品有捣松花蛋、猪脚、石墨豆腐汤、鸭脚煲、小刀鸭等。

桂野新派广西菜餐厅　位于青秀区东葛路161号南宁绿地中央广场内,主要菜品有吊烧乳鸽、百香果拍黄瓜、新派杏仁茄盒、上林玫瑰脆皮鸡、鸭爪田螺煲、传统假烧鹅、城皇煎粉肝等。

【传统食品】

老友面(粉)　南宁传统小吃。制作方法:先将精面粉加适量水和鸡蛋反复搓揉,用竹杠反复压打成面片,精切成细条(现在用机器压榨成湿面条,极少有人工制作),再以爆香的蒜泥、豆豉、辣椒、酸笋、碎肉、醋、骨头汤等配料与之烹煮而成。其特点是酸、辣、咸、香味兼备,有祛风散寒、通窍醒食、兴奋提神的作用。主料用米粉则称"老友粉"。

米　粉　南宁传统食品。制作方法:选用大米淘净浸透加水磨浆,掺入用开水冲兑的适量熟浆拌匀(或用适量米饭与米一同磨浆)放入金属托盘(米浆仅铺过盘底),蒸成薄片,折叠切成条,称切粉;在舀米浆入托盘后加入碎肉、葱花、香菇末、碎虾米等配料,蒸煮后卷成筒状称卷筒粉,在梧州及广东一带称肠粉;将用布滤干成粉团的米浆煮至五成熟,放在石臼中舂成软硬适度有韧性的稠浆(现代多用机械搅拌)用粉榨器就着沸水锅压榨入锅煮熟,称生榨粉。切粉、生榨粉在食用时用沸水烫热加入骨头汤称汤粉,配以肉类的称肉粉,不配肉称素粉。肉粉又依据不同肉类称为猪肉粉、牛肉粉、鸡肉粉、牛腩粉、鸡杂粉、杂烩粉等。用油炒的称炒粉。

干捞粉　南宁传统小吃。制作方法:取切粉置于捞篱内放入开水锅中氽一下,装碗后加入叉烧或牛锅烧、焯过水的绿豆芽、炸黄豆或炸花生仁,淋上用10多种配料熬成的酸甜卤水及少许熟花生油拌匀即可食用。味道鲜美、清滑可口。

炖粉糕　广东、广西传统小吃。南宁水上居民和沿江居民流行。制作方法:将大米淘净,兑水磨成米浆,分成几盆调入可食用的红、黄色素,用浅陶盆置锅中分层匀入米浆,先蒸一层原色米浆,待第一层蒸熟后,再依次分别加入黄色、红色米浆,反复依次加入各色米浆,每层0.20厘米厚直至蒸满盆,在面上洒入些碎肉、花

2017年,桂小厨餐厅的小刀鸭　　路　静　摄

生仁、葱花即可,称夹层炖粉糕。如在蒸煮各色米浆至中间层加入绿豆沙再依次加入各色米浆蒸煮,则称夹心绿豆炖粉糕。中间加入芋头碎粒,则称芋头炖粉糕。色泽美观、软滑可口、老少皆宜。

宾阳酸粉　宾阳县传统小吃。制作方法:精选上好晚稻大米,经24小时浸泡并淘洗,用土制的石磨磨浆。经过7天时间反复漂浆,其间,根据气温的不同进行不定时换水。蒸制时采用大铛木盖浮托法蒸米粉,蒸熟一条折叠一条并抹上一层花生油。配菜有叉烧、炸波肉、炸牛肉巴、炸灌风肠、炸花生或黄豆和腌制的新鲜黄瓜。调味品主要是将陈皮、八角、葱条等10多种香料用纱布包好,加水、盐、蚝油、味精等加温煮制卤水,再用糖、盐、米醋调制糖醋至酸甜适口。切好米粉放在碗内,叉烧等配料平摊在米粉上,再放些鲜红的生辣椒和蒜茸、香菜,浇上卤水及糖醋,加些花生油即成。爽滑可口、酸甜适中、柔嫩香脆。

凉　粉　南宁传统消暑小吃。制作方法:将凉粉果中的白色粉粒加工榨出液体,加热冷却后形成晶莹透明的晶体,将熬过的红糖水加入,捣碎晶体作凉拌吃。清凉甜爽。

粉　虫　南宁传统小吃。始于清代。制作方法:用黏米洗净浸透、磨成稀稠适宜的米浆,滤成湿粉团置锅内煮至半熟,起锅揉搓至软硬适度有韧性的粉团,然后搓成条状,扯下小段在专用竹箕背搓几下,成虫状,置于蒸笼蒸熟。如搓粉时加入少许可食用色素,如花米红、姜黄等,则做出的粉虫色彩好看又诱食欲。配以猪肉、牛肉或杂烩做成"炒粉虫""粉虫汤"。形似虫草,食之韧软。

粉　饺　南宁传统小吃。清末民初面市。南宁解放前以"粉角九"的粉饺最出名。制作方法:选用黏米浸透磨成稀稠适度的米浆,滤成湿粉团置沸水中煮至半熟,加入适量薯粉(生粉),将粉团反复搓揉至有韧性,搓成条状擀成薄片饺皮,包入拌食盐、香油、味精、五香粉的碎猪肉、虾米、香菇、马蹄或凉薯末合成的馅心,置托盒蒸熟。食用时配以黄皮酱、海鲜酱、豉熟油及少许葱花、芫荽之类的佐料。饺皮韧软、爽滑,馅料鲜甜味美。

粉　利　南宁季节性传统食品。始于明末清初。民间以其寓意"吉利",故在冬至、春节期间最为旺销。制作方法:将浸透的大米加水磨成浆,滤成湿米粉,搓揉成团,放入沸水锅蒸至半熟,置于案板揉搓至有韧性,搓成直径4.50厘米的圆条状,切成段,置笼屉蒸熟。蒸熟的粉利须入水保存,以防干裂。食用时切成片,配以肉类制成"炒粉利""粉利汤",亦可作打火锅的食材。粉韧爽口,味道鲜美。

油炸粽　南宁传统小吃。制作方法:将糯米淘洗浸透,捞起沥干,取100克～150克加少许绿豆,用粽叶包成长12厘米、宽7厘米、厚5厘米扁形粽子,置锅中煮熟,然后捞起晾干,剥去粽叶,放到烧滚约180摄氏度的油锅内炸至外皮色泽金黄即可。外皮酥脆、色泽金黄、内部松软、香脆可口。

蕉叶糍　南宁传统小吃。制作方法:选用糯米淘净浸透磨浆,用布袋滤干成湿粉团,经搓揉捏成长条状,用经热水烫软洗干净并刷上食油的芭蕉叶把粉团包好,置蒸笼蒸约20分钟即可食用。可制成咸味、甜味2种。做甜味的方法是将糖煮成浓浆,加入猪油与湿米粉搓匀;咸味的即在湿粉中加入些许盐搓匀,或包入炒干的横县头菜末、碎猪肉、花生之类的咸馅。蕉叶清香、糍粑软韧、清甜可口。

艾　糍　南宁传统小吃。也称艾粑粑,一般多在清明前制作。制作方法:摘下野生的艾草或白头翁草嫩叶用石灰和水浸泡两三天以去污(白头翁草洗净即可),然后洗净捞起剁碎(越碎越好),加入赤砂糖和水,煮艾叶或白头翁草碎成糊,将其和入糯米粉中,艾糍外衣即成;炒花生仁春碎后拌入赤砂糖和炒过的白芝麻(味甜而不腻且香)作馅;将馅包入已和好的艾叶糊的面团中(像包汤圆一样)压扁,把摘来的新鲜柚子叶或芭蕉叶剪成巴掌大小洗净(再放些油入热水中略煮更好),再给每个包好的艾糍附上一小片柚子叶或芭蕉叶,环状放入蒸笼蒸15分至20分钟即可食用。艾草味辛,气味特别,具有较多功效。

凉　粽　中国传统夏令小吃。制作方法:将糯米浸透,拌入少许枧水,用几张竹叶包成条状,用细线捆扎牢,置沸水锅煮熟。食用时除去竹叶,蘸以糖浆。粽身晶透,入口脆滑有竹叶清香。

猪肉绿豆粽　南宁传统风味食品。始于唐宋时期。制作方法:将去皮肥猪肉洗净切条,加入佐料腌制半天待用;绿豆磨碎淘洗去皮,选用大糯米淘净沥干,将粽叶若干张洗净摊开,放上适量糯米,在中间开凹沟,放入绿豆和一条腌制猪肉,再盖一层绿豆,加一层糯米覆盖好豆、肉,然后包起,中部微突隆,用粽绳扎牢,置沸水锅中煮半天左右即可。其特点是软、沙、香。民间在春节吃的粽子称大粽,品种多,一般每个重0.25千克,大的重几千克甚至10多千克,称枕头粽;品种根据所包裹配料的不同,有板栗肉粽、绿豆肉粽、饭豆肉粽、虾米粽、蟹肉粽、腊肠粽、牛肉粽等。

五色糯米饭　传统食品。制作方法:分别将旱米果、香饭花或姜葱、枫叶或枫树皮、红蓝草捣烂加水加热制成大红色、黄色、黑色和紫红色液体,将糯米分别浸泡在各色液体中,待米粒通体染上颜色后滗去余汁,分别入甑蒸煮,出甑后再将各色熟饭放入大铁锅中搅匀,便呈黑、红、紫、黄、白5种色彩。饭色油光鲜亮,互不沾染。饭质嫩软,气味清香。

黄花饭　壮族食俗。一般在农历二月至三月,特别是二月初二春社节祭社时制作。制作方法:先将黄花树的黄花置锅中加水煮沸,水变黄,滤去渣,留水蒸饭即成黄花饭。此时天气回暖,细菌繁殖,易得病,吃黄花饭,对预防肠胃疾病有一定作用。

豆蓉糯米饭　传统食品。制作方法:摊档主将大口陶盆放在箩中,盆内盛满糯米饭,饭旁放着绿豆蓉;不论冬夏,盆底均置一炭炉,盆上放着一钵油炸糯米锅巴,另一钵则放着一块块卤熟的半肥瘦肉或腊肠。出售时档主用双手将糯米饭捏好,夹入绿豆蓉、油炸锅巴或猪肉或腊肠在糯米饭中间,捏成饼状,沾上香酥芝麻、葱花、生晒豉油,放在一块清洁的荷叶上,顾客即可拿着食用。味清淡可口,柔软香甜,油而不腻,可谓色香味俱全。

瓦煲饭　传统食品。制作方法:选优质米入沙煲,采用转炉煮饭,炉的一半有火,一半无火。先用猛火烧沸,然后转到无火焗饭。由于瓦煲较厚受热散热较慢,受热均匀,故煮出来的饭不硬、不烂、不焦,饭香纯正。焗饭时,将配好佐料的肉类菜蔬,铺陈于饭面,饭熟菜熟,味道鲜美。有香菇瘦肉饭、鱿鱼猪肉饭、猪肝饭、排骨饭、腊味饭、虾仁米饭等10余种,饭热菜香。

八仙粉　风味小吃。制作方法:选用带有韧性的新鲜切粉,煮粉前先在热锅里盛入大半碗猪骨熬成的上汤,汤沸后放入鱼饺、肉片、熟鹌鹑蛋、香菇、黄花菜、鱿鱼、鸡肉丝、瘦猪肉片、鱼片、新鲜嫩蔬菜等各两三件,猛火煮沸片刻,再倒入200克切粉,待锅中汤水再沸后加少许香葱、香油、盐、味精等调味,即可装碗食用。配料多、营养丰富、搭配合理、粉韧爽口、味道鲜美。

八宝饭　风味小吃。制作方法:选用优质的香糯浸洗后用竹箕滤干水,置蒸笼或饭甑蒸熟,倒在盘里加些猪油、白糖拌匀,然后将少许蜜枣、杏仁、莲子、冬瓜糖、桂圆肉、葡萄干、蜜饯等干果放入碗内摆好,再将一些干果拌入饭中,盛入碗里压实,中间压成窝状,放些豆蓉馅,再用糯饭盖住压平,重新置蒸笼内蒸三四十分钟即可。食用时把碗里的八宝饭扣于碟中,浇上少许用糖和菱粉调制的芡汁,饭软味甜,食而不腻。

酿苦瓜　特色家常菜。制作方法:选用中粗直的青嫩苦瓜,洗净切成每节长圆寸的瓜筒,掏出瓜瓤,将猪肉与花生仁剁成肉泥，与浸透的糯米、猪油、盐、香葱、香料拌匀作馅，填入瓜筒中，置锅中蒸熟即可上碟食用。既有苦瓜的清香，又有肉馅的鲜美，味道甘甜可口。

炒田螺 传统风味小吃。流行于南宁城乡。制作方法：将田螺置清水盘中养数日，常换水，让田螺吐尽泥污，然后洗净外壳的泥苔，用刀敲碎螺尾顶尖，剥去螺盖后入锅，加入少许食油、姜、盐、酒等配料爆炒片刻，以除去腥味，再加些水煮至熟透，最后加入紫苏、假蒌、香葱、蒜苗、酸笋、啤酒及适量油、盐调味拌匀，便可上桌食用。

粥品 传统食品。制作方法：选用上好大米，明炉微火煮至米烂待用。食用时可根据口味，明火现煮配制成猪肉粥、牛肉粥、鸡肉粥、鱼片粥、猪杂粥、鸡杂粥、皮蛋瘦肉粥、三鲜粥、猪红粥等，上碗时加入姜丝、葱花、胡椒粉即成为美味粥品。粥品稠滑、味道鲜美。

鱼扣 邕宁区蒲庙镇那路村一道传统的特色菜肴。制作方法：选择500克左右的鲮鱼做原料。将活鱼洗净，去头、去皮，取鱼肉，把鱼肉剁成泥（也可用绞肉机绞）倒入盆里摔打20分钟后（以把一小块鱼泥投入水中能浮上来即可），加入适量的食盐、胡椒粉，拌均匀后待用（用作包鱼扣的皮）。接着制作鱼扣馅。鱼扣馅使用瘦猪肉、虾米、香菇、马蹄、花生、芝麻、头菜、葱等8种材料。把花生、芝麻用文火炒香，把其他馅料剁碎，加入适量的生粉和少许鱼肉泥（使蒸熟的鱼扣切开时馅不容易散开）及舂碎的花生、芝麻，搅拌均匀后即成鱼扣馅，把馅包入先前制作好的鱼肉泥中即制成鱼扣（包好的鱼扣形状像只大包子），再把鱼扣放入烧开的锅里煮30分钟，待鱼扣从锅底浮到水面即可捞起，趁热滴上几滴老抽抹匀，冷却后，将鱼扣放入油锅里炸至表面金黄后捞起冷却，切成片状装盘，再放入蒸笼蒸20分钟即可以上桌（蒸得越软越好吃）。因鱼扣采用鱼做主料，有着“年年有余”的寓意，又因它的形状是圆形的，有“团团圆圆”的象征，是该村逢年过节必备的菜肴。

脆皮扣 良庆区、邕宁区一带的特色菜肴。制作方法：选上好皮薄的五花肉1000克，清洗干净，改刀切成500克一块的大块，取干净的锅，放入改刀后的五花肉，加入冷水，放入姜块葱条和酒，猛火烧开，改小火煮20分钟，捞出放在盘中，然后在肉皮上均匀地抹上盐和大红浙醋；取炒锅，垫上锅箅，将抹好醋的肉皮向下放到锅中箅子上。然后倒入花生油，至泡到猪皮但不超过猪皮为好，盖上锅盖，大火烧制，待油发出爆炸声后，关至中小火，炸40分钟，待皮炸到金黄时即可捞出，切片食用。脆而有韧性，肥而不腻，遇汤皮亦不变软。

高峰柠檬鸭 起源于武鸣区一带的一道特色菜，尤以武鸣区高峰境内酒家饭店最优故得名。制作方法：将鸭宰后洗净、去内脏切成块，入锅用猛火炒至六成熟，再将切成丝的酸辣椒、酸姜、酸柠檬、藠头、酸梅、生姜、蒜泥等佐料入锅同炒，拌匀后改文火至八成熟后加入豆瓣酱同炒至熟透，淋上适量香油即可出锅上碟。味道酸辣适度，肉质鲜嫩入味爽口。

横县鱼生　　路 静 摄

横县鱼生 横县传统食俗。制作方法：将1.50千克～2.50千克重的活鲩鱼杀死去皮，把鱼两侧面的肉削除出来，用卫生纸包好吸干水分，将鱼肉切成“双飞”薄片，摆在盘里。然后用冷开水将生姜、紫苏、鱼腥草、柠檬叶、大头菜、洋葱等佐料洗干净，甩干水分后切成细丝，指天椒、蒜瓣、酸头等切成片。将酱油、花生油、酸醋、胡椒粉等放入小碗拌匀作调料。食用时各取少许青料、姜丝、花生米、酸藠头，连同蘸了调料的鱼生片一起吃。

酸肉 壮族传统食品。流行于隆安县邕天（南宁至天等）公路南面的都结、同乐、普权、新风、达利、平养、平荣、荣朋等村屯壮族聚居区。制作方法：把猪肉（最好是五花肉）的皮面置锅中煮成金黄色，加入蒸熟的玉米粉（小米粉更好）、精熟盐（每千克猪肉掺60克～70克，以不太咸为宜），经反复搓揉，至肉变软后置瓷罐中密封，两个星期后肉即变酸，便可吃用。开罐后，要在三五天内吃完，否则时间长了，酸肉会变质生虫。放装罐时，用小罐为好，也可用小食品袋来装，装量以一餐吃完为宜，用绳子绑好袋口密封。可把若干袋一起放进一个大罐里腌制，吃用时按量取出即可。酸肉有2种吃法：一是切片后即吃，此吃法能保持原味，稍酸，多吃不腻；二是把黄豆或玉米炒熟和酸肉一起吃，此吃法香味可口，食欲倍增。用酸肉下酒或佐玉米粥，风味独特。一般家庭逢年过节时宰一头肥猪，把猪肉全部腌酸，作为常备肉食。如有贵客光临，就用酸肉来招待。

羊酱 又叫“羊精”“羊瘪”。马山县东部山区瑶族的一道特色菜肴。制作方法：羊杀好后，将羊的一段细嫩的小肠割下，分绑两头，入锅用油煎至小肠爆裂、黄熟，内溶物溢出后，加水煮10分钟，将小肠捞起滴水沥干，切成小块，再放入锅中，配以适量的羊血和剁碎的羊肉、羊杂以及盐、姜、辣椒等佐料制成。羊酱汤，汤色幽绿，其味甘苦。因羊吃百草，小肠内溶物为羊分解草料后尚未吸收的养分，据说有健胃的功效，民间称之为医治疾病的“百草药”“长寿药”。

羊红 传说此菜肴为环大明山地区周边各土司的宴席菜。制作方法：用刚宰杀的黑山羊鲜血和炒好的羊内脏（俗称“羊下水”“羊杂”），加上香菜、花生等佐料制成，装盘后样子像一盘红“豆腐”，味道鲜美异常。

清水羊肉汤 马山县特色菜。制作方法：将黑山羊羊肉砍块，放入有清水的锅中烧开去除血水，沥水后用清水洗净，再倒进放有枸杞、花菇、红枣、生姜等开沸的锅中煮熟后，蘸料汁即可吃。蘸料配方是羊肉店独特配制的秘方，并以新鲜香椿嫩芽为主料，使蘸料具有山野清香的风味。肉香浓郁，无膻味。

腊肉 南宁传统风味食品。制作方法：冬天腊月时人们将新鲜猪肉搓适量的盐放在盘里腌到农历二月，用菜叶清洗除去肉表里油腻盐质，然后串挂起来，风干即成腊肉。人们选择腊月做腊肉是因为天气比较寒冷干燥，猪肉不易变质腐烂。

糯米血肠 壮族普遍喜爱的传统食品，壮语称为“楞棒”。制作方法：把蒸到半熟的大米或糯米趁热拌上鲜猪血以及各种香料，紧紧灌入洗干净的猪肠内封口蒸熟即成。食用时可切成片，或用油煎炸，或用甑蒸热。色泽油亮，异香扑鼻，味道鲜美。

（书 弄）

2017年12月7日至11日，2017南宁吃货节在南宁国际会展中心举办

南宁国际会展公司提供

【南宁吃货节】 2017年，在南宁国际会展中心举办吃货节2次。6月22日至25日，南宁大地飞歌文化产业集团有限责任公司主办，南宁国际会展公司、南宁国际学生用品交易展览有限责任公司承办2017夏季南宁吃货节，展会设在D区9号厅，展览面积约2700平方米，参展商家60家，参展观众6万人次，有南宁的老字号——水街老牌粉饺、江南国色酒店的盱眙龙虾、宾阳酸粉等广西本地美食，有来自中国台湾地区的贝妈妈豆乳鸡腿、台湾手工卷饼等外地美食；其间，举办微风音乐节、COSPLAY表演、剥虾比赛、大胃王比赛等活动。12月7日至11日，南宁大地飞歌文化产业集团有限公司主办南宁吃货节，展览面积4000平方米，参展商家100家，参展观众8万人次，有老友粉、南宁酸料等广西本土美食，新疆阿布都美食、降龙爪爪、"牛黄金"烤肉、重庆酸辣粉等外地美食，马来西亚榴梿雪糕、巴西饼干、泰国鸡饭、新西兰牦牛肉干、印度飞饼等国外特色食品，辛发亭、千茉甜品等甜品；其间，举行"吃货大擂台"、吃货知识大问答、COSPLAY表演、阿布都新疆民族歌舞表演、微风音乐节等活动。 （黄 锴）

【2017南宁·东南亚国际美食节】 2017年9月9日至17日在华南城举办。市旅游发展委员会与江南区政府指导，南宁华南城主办，南宁电视台与南宁盈泰会展服务有限责任公司联合承办。展览面积1.6万平方米，设标准美食展位150个、特装展位7个、商品展位100个、旅游展位6个、非遗物质文化遗产展位6个。设"东南亚美食展""舌尖上的米其林""漂洋过海蚝想你""国内十大美食街""水果美食展""欧陆风情国际美食展"等主题美食展位。有均安蒸猪、山西面食、武汉三鲜豆皮、客家豆腐、北京烤鸭、西北的肉夹馍、潮州手打牛肉丸、潮州蚝仔烙、台北小点心、狗不理包子等外地美食；南宁水街粉饺、西关牛杂、八宝糯米饭等本地传统食品；糖炒板栗、泥焗鸡、椒盐鱿鱼须、鱼豆腐、鱼线、鱼包、热干面等风味小吃；沙爹肉串、文莱拉茶、印度飞饼、印度拉茶、特色咖喱鸡等异域美食。 （姚宗秀）

食盐商业

【概 况】 2017年，南宁盐业分公司(南宁市盐务管理局)设综合办公室、市场销售科、市场管理科、财务科4个科室和沙井食盐配送中心，在职员工62人，下辖黎塘支公司。盐品供应及管理范围包括南宁市12个区县及崇左市扶绥县。承担国家、自治区储备盐任务，年处理能力5万吨以上，同时担负南宁市盐政执法，一套人员、两块牌子。全年盐品购进3.74万吨，盐品销售3.71万吨(食用盐销售2.36万吨、小工业盐销售0.22万吨、加工业盐销售1.13万吨)。

【盐政执法】 2017年，南宁盐务管理局组织开展盐业体制改革过渡期市场检查专项行动，对辖区内农贸市场、批发市场、超市、饭店、摊点、食堂、食品加工企业等重点环节开展执法检查，约谈违法批发食盐厂家代表，责令规范经营，查处违法违规经营企业。3月10日，捣毁位于兴宁区邕武路鸡村六队四方岭生产假冒食盐窝点1处，查获假冒"桂山"牌430克装海藻盐14.53吨(676件)、封口机1台、封包机1台。5月，根据工业和信息化部《关于加强食盐质量安全管理工作的通知》，联合工信、工商、食药监、公安等部门开展辖区内食盐市场"异味食盐"排查整治行动，查获"异味食盐"117吨。全年出动执法人员3000余人次，联合执法8次，检查零售环节445户，检查用盐企业202家，抽查饮食摊点、机关、学校食堂180家，调查居民灶台500余户，发放宣传资料6万份，查处盐业违法案件462起，查获私盐614.73吨。 （蓝雪萍）

烟草商业

【概 况】 2017年，南宁市烟草专卖局(公司)辖(设)12个区县烟草专卖局(营销部)，从业人员915人。销售卷烟137.85亿支(27.57万箱)，比上年增长0.20%；税利20.47亿元，增长5.72%，其中税金12.97亿元、增长2.11%，利润7.50亿元、增长12.61%。企业总资产20.14亿元。被评为全国烟草行业物流工作先进集体，获广西烟草行业2017年度"先进单位奖""卷烟税利特别贡献奖""专卖监管特别贡献奖"。

【卷烟营销】 2017年，南宁市烟草专卖局(公司)销售卷烟实现单箱销售额2.98万元，比上年增长6.71%。全国重点品牌卷烟销量24.87万箱，增加1901箱，真龙卷烟销量增长2.30%，10元以上真龙卷烟销量占自治区26.70%。推进现代终端建设，累计建设现代终端5727户，其中年内新增1368户，完成年度任务144%，终端建设各项指标位居自治区前列。

【专卖管理】 2017年，南宁市烟草专卖局查处涉烟违法案件2967起，查获非法卷烟8884.60万支，查获烟叶烟丝37.95吨。开展"飓风""国门利剑2017""百日行动"等专项行动，查处5万元以上案件126起，侦破国际网络案件10起，查获白皮烟2099.9万支，铲除非法种植烟叶24公顷。移送公安机关立案查处案件117起，拘留132人，逮捕54人，判刑34人。强化市场监管，发挥政府主导，烟草、工商、公安、邮政等部门市场清理整顿长效机制作用，探索"专销零+社区+执法部门""三所联动"(烟草管理所、公安派出所、工商管理所联动)、"双随机、一公开"(在监管过程中随机抽取检查对象、随机选派执法检查人员，抽查情况及查处结果及时向社会公开)等市场监管新模式，查获无证经营卷烟案件2355起。推进自律互助小组建设，累计建成自律互助小组1218个，其中示范小组136个。强化真烟非法流通治理，开展违法违规卖烟大户专项整治。

【企业管理】 2017年，南宁市烟草专卖局(公司)推进企业目标和对标管理，选

送《创建卷烟零售户“小组之家”互助经营新模式》QC(质量管理)成果获全国烟草行业一等奖。实现降本增效555万元。降低费用770万元,费用水平率4.87%。完善预算定额标准体系,优化资产结构,盘活存量资金和闲置资产,实现闲置资产收益507万元,增长28.68%。完成审计项目59项,提出审计建议60条,核减金额446.70万元。完善综合管理平台和一线人员移动办公平台功能,强化信息网络安全管理。以安全生产标准化对标为基础,推动岗位达标,企业安全生产进入闭环管理模式,落实安全生产责任,被自治区安全生产监督管理局核准为烟草安全生产二级标准化企业。

(黄建超)

石油商业

【成品油经营管理】 2017年,南宁市有成品油批发企业12家,成品油零售企业400家(座),其中管理性公司12个,加油站388座(中石化南宁分公司加油站169座、中石油南宁分公司加油站62座、其他国有控股成品油企业加油站37座、社会办加油站120座);成品油销售量115.68万吨(汽油71.04万吨、柴油44.64万吨),比上年下降5.35%。

(兰 贞)

【中国石化销售有限公司广西南宁石油分公司】 2017年,中国石化销售有限公司广西南宁石油分公司下辖邕宁区、武鸣区、横县、宾阳县、上林县、马山县、隆安县7个区县分公司,在职员工870人。主要经营汽油、柴油、天然气、润滑油(脂)、日用百货便利店、洗车服务、道路普通货物运输等。在营加油站162座,在用油库2座,通过西南管线下载成品油。

成品油市场供应 成品油销售90.40万吨,天然气销售8797吨,报表利润2.67亿元,上缴税额5734.76万元,2座油库吞吐总量282.51万吨。成品油销售调价17次,时间分别为1月13日、1月26日、2月15日、3月15日、3月29日、4月13日、5月12日、5月26日、6月10日、6月24日、7月22日、8月5日、9月16日、9月30日、11月3日、11月17日、12月29日。年末,每升油品零售价格:89号(国Ⅴ)车用汽油6.42元、92号(国Ⅴ)车用汽油6.90元、95号(国Ⅴ)车用汽油7.45元、98号汽油8.15元、0号(国Ⅴ)车用柴油6.51元。

非油品业务发展 打造样板门店,引进新品、大宗业务销售、ETC营业。营业便利店159座,其中营业额实现200万元门店17座、100万元门店42座、50万元~100万元门店37座;实现非油品营业额2.81亿元,增长49%。

加油站网点建设 完成续建项目3座、加油加气站5座,提量改造项目47个,续租加油站5座,招拍挂油库及加油站建设用地5块,新建规划点及报市发展改革委项目备案2个。

安全生产 开展应急演练7852次,其中油库48次、加油站7804次;处置突发事件、参与社会应急救援7次。

中石化加油IC卡发行 持续开展油非互动营销、加油卡互动、与保险公司合作交叉营销、电信翼支付、银行充值返利、网上营业厅、积分优惠返利等活动,开发维护持卡客户,扩大加油卡规模。累计充值金额45.57亿元,持卡消费比例65.03%。

(梁春微)

药品商业

【药品经营管理】 2017年,南宁市有药品流通企业2427家,其中药品零售企业2300家、批发企业89家、连锁总部38家。按照食品药品监督管理总局发布的《药品经营质量管理规范现场检查指导原则(修订稿)》,南宁市食品药品监督管理局在流通环节专项检查基本药物、含特殊药品复方制剂、疫苗及终止妊娠药品、冷链药品、中药饮片等药品,开展城乡接合部药店及乡村医疗机构专项整治,核查辖区内疫苗配送企业。药品流通重大专项检查采取“三统一、一随机”(统一组织、统一标准、统一时间,随机抽查)方式,交叉执法检查组实行组长负责制,记录问题,依法保留违法违规证据。抽验中药饮片40批次,检查基本药物配送企业18家100余次,日常监督抽验基本药品300批次。印制“含麻黄碱类药品管理规定”“打击两非”“禁止吸烟”“禁止销售蛋白同化制剂、肽类激素”等宣传标语1万余份,在药品零售企业、社区宣传栏醒目位置张贴。

【药品GSP认证检查】 2017年6月13日,南宁市食品药品审评认证中心取得方圆标识认证集团广西分公司组织的质量管理体系认证证书,为广西食药监系统首个通过新版ISO 9001:2015质量管理体系认证的市级审评认证中心。南宁市食品药品监督管理局选派检查员1033人次开展药品经营质量管理规范(GSP)认证,跟踪检查药品零售企业509家(连锁总部20家、药品零售企业门店489家)。其中,通过检查4家,通过率0.80%;限期整改359家,整改率70.50%;不通过检查46家,不通过率9%;有100家门店因注销、搬迁等原因没有检查结果。撤销6家药品零售企业GSP认证证书,处理15家企业提请申诉,提请自治区收回3家药品批发企业GSP证书。

(严晔炜)

粮食流通

【概 况】 2017年,南宁市归口粮食行政主管部门管理独立核算的国有(控股)粮食企业70家,从业员工854人。粮食企业总资产20.68亿元,总负债16.31亿元,资产负债率78.87%。全市国有(控股)粮食企业购进粮食30.16万吨(贸易粮,下同),销售粮食27.65万吨。至年末,粮食库存13.72万吨,国有(控股)粮食企业实现粮油商品(产品)销售收入14.01亿元。市储备粮管理有限责任公司生产的“桂井”牌大米在第十五届中国国际粮油产品及设备技术展览会上获金奖;宾阳县

2017年11月7日,市食品药品监管局组织GSP认证跟踪检查组到青秀区长塘镇开展药品经营企业GSP认证跟踪检查

市食药监局提供

获全国“优质粮食工程”行动示范县。市粮食局、宾阳县获全国粮食流通执法督查创新示范单位。

【粮食安全保障】 2017年，市粮食局做好粮源的筹措、调拨、运输、加工和供应，增加市场粮食投放量，适时轮换销售各级储备粮，通过本地粮食收购、自治区外粮食采购，满足市场需求，保障粮食安全。国有粮食企业、重点非国有粮食经营企业购进粮食448.57万吨，销售(转化)粮食490.01万吨，全市粮食实现总量、购销、品种供求平衡，保证市场供应和粮食价格基本稳定;继续实施“粮安工程”(粮食收储供应保障工程)，全市粮食仓储设施建设项目11个，完成投资3.75亿元，新建粮食仓容14.80万吨;推进广西(中国－东盟)粮食物流产业园区一期粮油仓储项目建设，累计完成固定资产投资3.63亿元，15.80万吨市本级中心粮库主体结构竣工，其中6.80万吨仓容进入装粮压仓实验阶段;开工建设横县、上林县中心粮库质量检验站，完成自治区财政预算内300万元投资任务;做好粮食仓储设施智能化升级改造，累计投入粮库智能化升级改造资金1813万元(中央预算内投资620万元)，智能化升级改造仓容24.80万吨;继续推广应用新的科技储粮技术，解决粮食仓库的隔热、防潮、密闭性能，安装电子测温、环流熏蒸、机械通风设备等，全市各级储备粮储存安全、质量良好。

【粮食库存检查】 2017年5月，南宁市开展市、区县级储备粮及粮食企业商品粮库存检查，检查23家粮食企业80个存粮点的库存粮食，全市地方储备粮及企业商品粮库存实物总量18.88万吨。各级储备粮及国有粮食企业商品粮库存数与保管账、统计账、会计账相符，库存数量真实准确;粮食品质良好，地方储备粮的质量合格率、品质宜存率均符合国家规定要求，库存粮食无发热粮、霉变粮、严重虫粮、高水分粮等情况。市、区县政策性粮承储企业储粮安全防范措施落实到位，仓储作业安全防护设施符合技术要求，储粮药剂管理严格遵守有关制度规定;市、区县级储备粮的轮换符合国家规定要求;没有挪用农发行贷款、“买陈顶新”“先收后转”“低收高转”等问题。

【粮食直接补贴政策实施】 2017年，自治区下达南宁市对种粮农民实行直接补贴与储备粮订单收购挂钩的收购任务计划14.53万吨(青秀区0.20万吨、邕宁区1.62万吨、武鸣区0.80万吨、横县1.78万吨、宾阳县6.63万吨、上林县2.90万吨、隆安县0.60万吨)。落实到农户的粮食数量一般每户在500千克以上，对有订单计划的村屯单户售粮数量不足500千克的，允许周边户联合推选一户代表与村委会签订售粮计划，每个联合户不宜超过10户农户。村委会将落实到农户的储备粮订单粮食收购计划张榜公示。收购粮食品种、价格为:普通早籼稻每千克2.62元，普通中、晚籼稻每千克2.74元，早籼优质稻、专用稻每千克2.76元，晚籼优质稻每千克2.92元。粮食直接补贴标准:对列入直补订单收购计划的粮食(不分品种)，在自治区公布的收购价格的基础上，按每千克0.24元进行补贴。粮食部门累计收购农民订单粮食13.96万吨，签订粮食收购直补订单收购合同农户4.65万户，发放粮食收购直接补贴资金3350.66万元。

【“放心粮油”工程专项检查】 2017年9月至10月，南宁市开展“放心粮油”工程专项检查，采取区县自查、市粮食局抽查的方式检查全市2010年以来建成的237家“放心粮油店”(含加盟店、专柜)店容店貌、证照、设施设备、商品质量、经营管理等方面情况。全市237家“放心粮油店”工商营业执照、税务登记证、食品流通许可证、经营粮油从业人员健康证等证齐全;各项制度均上墙公布;店面整洁卫生、分类存放，明码标价，计量器具等相关设备符合国家标准。

【粮食产业化经营】 2017年，市粮食局组织南宁市粮食企业发展粮食产业化经营，实施“优质粮食工程”，参与优质稻产业示范区建设，在主产粮区县选育、引进米质优、抗性好、产量高且适合本地口味、适销对路的优质稻新品种，建立优质稻生产、加工基地。参与“中国好粮油”行动，加入“广西香米”产业联盟创建及“广西香米”区域公用品牌建设，开展粮油精加工、深加工，打造“广西香米”区域“南宁香米”品牌。市储备粮管理有限责任公司参与“宾阳古辣万顷香米产业示范基地”建设，采取“公司＋科研＋基地＋合作社”的经营模式，实行产、供、销、加工的粮食产业化经营链，种植推广荷花香稻、桂香油粘稻、福稻银针丝苗、壮锦香稻等“桂井”牌新品种系列，依托“放心粮油”网络，开展“互联网＋粮食”桂井粮油电商线上销售，生产加工“桂井”牌系列优质香米2.75万吨、食用植物油666吨，实现利润748万元。市军粮供应站加强粮油科技创新，加工生产“万田”牌系列优质米、面、油，粮油销售收入5997万元，实现利润206万元。南宁市粮食产业化经营种植面积10.15万公顷(签订“订单”面积2.10万公顷)，订单收购农民优质稻9.39万吨，加工销售优质米6.57万吨，实现利润1467.60万元;区县发展粮食产业化经营，兴宁区实现利润16万元、江南区0.20万元、青秀区4万元、邕宁区2.30万元、良庆区1.50万元、武鸣区87.60万元、横县20万元、宾阳县131.30万元、上林县237.50万元、隆安县12.90万元。

【粮油食品饲料加工】 2017年，南宁市纳入市粮食局日常统计范围的粮油加工企业107家(大米加工企业60家、食用植物油加工企业3家、饲料加工企业44家)。按企业性质类型分:国有及国有控股粮食企业5家，民营企业102家(外商及港澳台商投资企业4家)。粮油加工生产能力分别为日处理稻谷5153.60吨、日处理花生7吨、日调配制成调和油30吨、日灌装小包装油脂102吨、日饲料生产能力1.88万吨。全年加工转化产品产量:大米29.56万吨，精炼食用植物油3910.60吨，饲料421.60万吨。粮油加工资产总额93.89亿元，其中大米加工企业18.28亿元、食用植物油0.75亿元、饲料加工企业74.86亿元。实现工业总产值150.42亿元，其中大米加工企业16.05亿元、食用植物油0.76亿元、饲料加工企业133.61亿元;产品销售收入155.77亿元，其中大米加工企业20.59亿元、食用植物油0.88亿元、饲料加工企业134.30亿元;实现利润7.58亿元，其中大米加工企业1.23亿元、食用植物油87万元、饲料加工企业6.35亿元。

【粮食政策法规宣传】 2017年，市粮食局结合《中华人民共和国食品安全法》，组织开展粮食政策法律法规宣传，全市投入经费16.5万元，开展宣传活动35次，发放粮食政策法规、粮油食品安全宣传资料2.8万份，悬挂宣传横幅152幅，出版宣传板报27版。7月12日，市粮食局组织市直属粮食企事业单位在“放心粮油”配送中心专卖店举办“食品安全宣传周·粮食质量安全宣传日”活动，通过主题宣讲、板报宣传、发放科普资料、优质粮油产品展示、粮油质量咨询等形式，向市民宣传食品安全相关政策和知识。

【粮食流通监督检查】 2017年，市粮食局开展粮食流通监督检查202次，出动检查人员2511人次，检查粮食企业(粮食经营户)1113家(次)。开展全市粮食安全隐患大排查快整治严执法集中行动，检查全市国有粮食企业(含中央直属和自治区直属企业)14家、非国有粮食企业3家，责令限期整改粮食安全隐患14项;专项检查20家粮食经营者开展粮食统计制度执行情况;组织粮油质量检验科技人员到七区五县开展粮油质量安全专项检查12个批次，抽检样品542份(大米85份、食用植物油13份、稻谷383份、玉米60份、小麦粉1份);粮食收购期间,抽查七区五县各粮食收购点落实直补订单粮食收购政策情况;开展粮食收购资格核查;配合有关部门开展打击粮食走私"国门利剑2017"专项联合行动。 (陆兆强)

供销合作社

【概 况】2017年,南宁市供销合作联社内设机构调整为理事会办公室、人事科、合作指导科、经济发展科、财会资产科、社有企业管理科、监事会办公室(审计科)和机关党委8个科室,干部职工29人;有南宁冠昌资产经营有限责任公司、南宁市桂果香果品有限公司、南宁市冠腾综合贸易公司、南宁市鸣欢烟花爆竹有限公司、南宁市供销电子商务有限公司、南宁市供销投资有限公司(12月20日成立,注册资本2000万元)6家出资企业,原南宁市冠邕农资有限责任公司并入南宁市供销投资有限公司。新成立兴宁区、江南区、青秀区、西乡塘区供销合作联社,区县供销合作联社增至12个,县级社有企业34家、基层供销合作社78个。全系统有配送中心20个,商品交易(批发)市场9个、商场超市67家、农家店1219家。全年商品购进80.98亿元,比上年增长16.49%;商品销售92.55亿元,增长16.21%;利润3503万元,增长0.49%,完成计划93.04%。获2017年自治区供销合作社系统综合业绩考核一等奖。

【供销系统综合改革】2017年,南宁市供销合作社系统综合改革铺开。累计完成基层供销合作社改造42个,年内完成23个,横县校椅供销合作社、横县峦城供销合作社、宾阳县古辣供销合作社被自治区供销社评为标杆示范基层社;实施《为农综合服务平台5年(2016—2020)攻坚行动方案》,建设乡镇综合服务站23个,财政支持补助资金1380万元(市级财政786万元、区县级594万元),建设村级综合服务社70个、示范综合服务社19个。与南宁江南国民村镇银行联合打造为农综合服务平台"三农金融服务室",在大塘、五塘、苏圩、昆仑、南阳、伶俐、江西、百济、南晓、刘圩、城厢11个基层供销社开设"三农金融综合服务室",累计发放贷款1657笔7996万元;办理信用储蓄卡2930张,存款1666.20万元。

【农资商品供应】2017年,南宁市供销合作社系统做好农资供应淡季储备,保证农业生产用肥、用药、用膜的需求。开展农资商品打假行动,指导系统内农资市场、农资经营单位依法经营。全系统农资销售33.48亿元,比上年增长18.24%;化肥销售118.24万吨,增长5.21%;农药销售1.33万吨,增长41.77%;农膜销售2853吨,增长7.05%。

【农副产品购销】2017年,南宁市供销合作社系统收购蚕茧、马铃薯、木薯、辣椒等农副产品14.65亿元,比上年增长19.21%;帮助农民解决"卖难"问题,促进农民增收。受城市旧改拆迁和同行业竞争影响,南宁市桂果香果品有限公司五里亭蔬菜批发市场流失大宗蔬菜批发经营户,全年商品交易量165.77万吨、下降8.9%,商品交易额53.50亿元、下降3.79%。

【再生资源回收】2017年,南宁市供销合作联社牵头做好全市废弃农资包装物回收、集中处置,印发《南宁市废弃农资包装物回收和集中处置试点工作方案》《南宁市废弃农资包装物回收和集中处置财政专项资金补助方案》,确定青秀区、横县为南宁市废弃农资包装物回收和集中处置试点单位。全系统完成废旧物资回收1.16亿元,比上年增长13.90%。

【项目建设】2017年,南宁市供销合作社系统推进"新网工程"项目建设,实施基层经营网点改造项目5个,主要涉及农资配送、农资市场、旧百货大楼改造建设,完成总投资520万元,其中市本级财政扶持专项资金266万元。推进地头冷库项目建设,广西烟农公司柑橘地头冷库建设示范项目、上林县巷贤镇柑橘园区标准化冷库建设项目、宾阳县甘棠供销合作社地头冷库建设、青秀区伶俐火龙果地头冷库建设示范基地4个项目获自治区财政补助资金150万元。

【农业产业化经营】2017年,南宁市供销合作社系统开展土地托管服务,土地托管服务面积累计1082.47公顷;指导创办农民专业合作社46个,邕宁区新江新供桑蚕茧专业合作社、百济南华桑蚕茧专业合作社被评为自治区供销合作社农民专业合作社示范社;指导创办农民专业合作社联合社14个,入社成员1.70万人,带动农户24.14万户。

【烟花爆竹经营管理】2017年,南宁市供销合作社系统有南宁市鸣欢烟花爆竹有限公司和横县、宾阳县、隆安县4家烟花爆竹配送中心,烟花爆竹销售额1.10亿元,比上年增长52%。

【社有资产管理】2017年,南宁市供销合作联社按照《南宁市供销合作联社社有资产监督管理办法》,审核市本级4家出资企业2016年财务收支决算和2017年财务收支预算。开展市本级社有资产调查,摸清社有资产状况。制定《南宁市供销合作联社社有出资企业资产出租管理办法》,规范社有资产出租行为。加强社有出资企业制度建设,健全出资企业人事管理、财务管理、业务运营、办公室管理、安全管理等制度;制定《南宁市供销合作联社监管企业负责人薪酬管理暂行办法》《南宁市供销合作联社监管企业负责人薪酬管理暂行办法实施细则》《南宁市供销合作联社监管企业负责人经营业绩考核暂行办法》等规范出资企业领导薪酬待遇。帮助五里亭蔬菜批发市场解决因城市旧改拆迁带来的困境,指导南宁市桂果香果品有限公司探索发展新路子。购置位于民族大道143号德瑞大厦15楼全层房产,用于南宁市供销电子商务有限公司、南宁市供销投资有限公司经营及办公。 (覃著辉)

物流业

【概 况】2017年,南宁市推进物流集聚区建设和重大项目建设,培育现代化物流龙头企业。全市物流业完成货运量3.51亿吨,比上年增长8.37%;规模以上快递服务企业累计业务量、业务收入分别完成1.61亿件、23.03亿元,分别增长41.36%、34.63%。新开通南宁—香港往返全货机航线。11月28日,中欧(中国南宁—越南河内)跨境集装箱直通班列开通,为广西开往越南的首趟中欧班列。中新南宁国际物流园落户南宁。新增AAA级以上物流企业5家,全市AAA级以上物流企业增至17家。云鸥食糖仓储配送中心、伶俐物流中心、玉洞物流中心部分建成运营,加快南宁现代化建材加工及物流配送中心、南宁农产品交易中心等重大项目建设。举办2017第四届南宁物流周,参与3000人次,达成交流合作成果6项。

【物流园区】

中国-东盟国际物流基地 位于五象新区西南部,规划面积2901公顷,主要发展现代物流、保税物流、电子商务、大数据等产业。2017年,引进企业10家,其中仓储物流项目3个;引进物流项目10个,其中南宁现代化建材加工及物流配送中心、中国东盟国际物流园区(南宁玉洞交通物流中心一期、二期)等项目部分建成运营,招商局物流集团广西物流中心、南宁市大型粮食交易市场、广西南宁中央

2017年,南宁苏宁物流中心大件仓货架区使用自治区最先进的5层立体货架　尹海明　摄

直属食糖储备库、南宁国际综合物流园三期(西南超市仓储配送中心)等项目在建,广西(中国－东盟)粮食物流产业园区项目等项目开展前期工作。物流基地设南宁综合保税区、中国－东盟电子商务产业园等重要功能区。4月13日,南宁综合保税区封关运营;至年末,南宁综合保税区入驻企业34家,实现进出口总额3.34亿美元,其中加工贸易进出口额约2亿美元。中国邮政东盟跨境电商监管中心进出口业务量533.65万件,进出口总货值2886.07万美元。中国－东盟电子商务产业园重点发展科技示范、技术创新、大数据、信息交流、跨境电商等产业,园区道路等基础设施在建,中国电信东盟国际信息园、远洋金象IDC大数据产业园、中国－东盟信息港南宁呼叫中心产业基地、广西东盟国际电商科技园等项目入驻。

南宁空港物流园　位于明阳一级路与友谊路交叉口西侧,计划总用地569.40公顷,设电商快递枢纽基地、保税物流中心、跨境电商贸易基地、东盟生鲜物贸基地4个区。年内,引进广西北部湾航空公司、安港现代电商、南宁邮政陆运及跨境电商、民生电商(南宁)现代金融仓储4个产业项目。屈臣氏、广西中邮物流公司、唯品会、苏宁、百世、熊孩子入驻平安现代产业园。民生电商(南宁)现代金融仓储项目一期开工建设。南宁邮政陆运及跨境电商中心项目一期用地办理土地出让前期手续。

金桥物流集聚区　位于兴宁区东沟岭新区,重点依托高端品牌汽车城、金桥农产品批发市场、苏宁电器物流中心、太华医药等,引导产业集聚群发展,推进集物流、办公、商贸、居住等功能于一体的片区建设。太华现代医药物流配送基地占地8.69公顷,总投资2.86亿元,总建筑面积8万多平方米。年内,建成全自动化立体仓库、半自动化高架仓库、自动分拣线、电子商务平台、综合楼及配套设施。苏宁广西管理总部及配送中心项目占地14.16公顷,仓储面积7.90万平方米,计划总投资3.02亿元,综合楼和1—2 #大件库建成。广西国际金桥农产品批发市场建成运营,占地36.67公顷,总投资12.30亿元,配套大型冷库、果蔬菜交易区、粮油交易区、冷链物流交易区、电子配送中心、农产品展销中心、综合服务大楼、信息服务大楼等设施。

沙井物流聚集区　位于南宁市区西南沙井片区,布局在三津大道、定津路、沙井大道之间。规划总面积700公顷。是以大型专业批发市场、运输配送、代理分销、连锁配送为优势业务的组合式物流集聚区,集合仓储、运输、第三方物流等企业。园内重点建设项目有中国－东盟商品交易中心(南宁·华南城)、广西海吉星农产品国际物流中心等。

安吉物流集聚区　布局在南宁市高速环道以南,秀厢大道以北,南宁高新技术产业开发区以东,北湖北路以西之间,规划总面积500公顷。主要功能为钢材商贸物流服务、建材物流服务,钢材市场有虎邱城北钢材市场、南大钢材市场、荣宝龙钢材市场等专业市场;建材家私市场有大商汇商贸物流、南宁天地源建材市场、福安家家具广场、安吉青苹果家居城、春城家居广场等;五金机电市场有广西工业器材城、晨雄机电市场,其中广西工业器材城项目一期占地4.67公顷,5月正式开业。

广西－东盟经开区物流园　用地约200公顷,园区汇集健通、新远、和顺、南天等物流公司,重点以南宁华沛甩挂物流运输配送中心项目、广西桂储物流有限公司仓储物流项目、南宁市华信长城物流有限公司现代物流仓储项目等为依托,完善以南宁双汇、达尊、万乡河等企业的冷链物流体系,打造集流通、配送、仓储中转、包装、分拣和配套服务于一体的现代物流集聚区。南宁华沛甩挂物流运输配送中心建成运营;总投资3.70亿元的广西桂储物流有限公司仓储物流项目一期竣工。

【现代物流企业】

广西物资集团有限责任公司　集团总部位于青秀区东葛路78号。国家AAAAA级物流企业,是自治区政府直属的大型国有企业集团。2017年,有全资子公司、控股及参股公司29家和广西物资学校,员工2100多人;主营业务有物流、机电、技术服务、贸易营销、资源及投资五大板块;有物流基地5个、大型专业市场14家及铁路专用线、内河码头、民用炸药库、科研实验室等基础设施。年内,实现营业收入256.87亿元,比上年增长11.4%;利润2.09亿元,增长10.08%。公司在2017年中国服务业企业500强排名第193、广西企业100强排名第14、广西服务业企业50强排名第5。获中国流通领域社会责任贡献奖、“中国物流行业先进集体”“广西文明单位”“广西企业文化示范基地”等称号。

南宁云鸥物流股份有限公司　位于邕宁区橙山路9号,临近南宁牛湾港。国家AAAA级物流企业。2005年9月成立,是南宁糖业股份有限公司控股子公司,集仓储、运输、配送、糖和纸加工、销售、供应链服务为一体的大型综合型物流企业。年内,建成食糖电子商务中心大楼、食糖标准仓库8栋、多层仓库1栋;完成南糖云鸥电子商务平台及智能仓储管理系统建设;经营标准食糖仓库面积约10万平方米,仓库年吞吐量超过50万吨;自有车辆近200辆,年运输总量超过500万吨;总资产2.50亿元,营业收入4.08亿元。被评为中国西部百强物流企业、广西重点商贸物流企业、南宁市物流工作十佳企业等。

广西先飞达物流股份有限公司　位于科园大道68号。国家AAAA级物流企业。从事整车零担、物货运输、特快配送、仓储配送、货运代理、代收货款等物流服务。2016年“先飞达全国联盟”在上海成立。2017年，联盟汇集物流网络专线公司57家，物流合伙人5.60万名，开发线路近8000条，管控车辆1.30万台，布设网点6000余家，联盟省际及国际转运集散中心31个、分拨中心100余个，仓储操作面积400多万平方米，覆盖80%全国一线、二线城市及60%以上县级区域。

广西南天物流集团有限公司 集团总部位于兴宁区三塘镇建新村南天物流生态园。国家AAAA级物流企业。2001年成立，为集零担快运、仓库出租、货物代管、快递业务、同城配送、运输车队、物流信息科技、国际货代、物流金融等于一体的专业物流企业。集团下设子公司7个，园区占地7.33公顷，仓储面积4万平方米。物流基地位于三塘镇九曲湾农场，占地8.67公顷，建筑面积4.50万平方米。南宁市内营业点52个，下属网点覆盖自治区内89个市区县，开通直达线路60多条，其中甩挂运输精品路线9条。平台网内运输车辆500多辆，全网仓储总面积30万平方米。获道路运输企业安全生产标准化三级达标证书，被评为广西物流与采购联合会理事单位、南宁市物流工作十佳企业。

广西顺丰速运有限公司 位于南宁经济技术开发区金凯路13号金凯创业园。国家AAAA级物流企业。公司自营网点266个，覆盖自治区14个地级市、112个区县；员工5000多人，年均增长超过70%；上缴税金1852万元。业务包括物流快递服务、金融保险行业（车险、寿险保单专送）、汽配专运、医药安心递（医药温控、冷链物流）、食品行业（生鲜速配、大闸蟹专递）、电子商务（全球美食网购平台“顺丰优选”）等领域。被评为南宁市物流工作十佳企业。

广西超大运输集团有限责任公司 位于高新区总部路1号。国家AAA级物流企业，是自治区唯一拥有客运、货运双一级资质的道路运输大型综合民营企业。占地177万平方米，自有仓储面积近40万平方米；营运车辆3685辆，其中货运车辆1215辆，年均货运量358万吨，货运周转量每千米3.74亿吨。年内，建成南宁伶俐物流中心一期仓储物流综合楼1栋4万平方米、零担快运仓库3栋1.30万平方米、通用标准仓库6栋5.50万平方米；玉洞交通物流中心一期零担快运仓库2栋、仓储物流综合楼1栋、商务配套用房1栋，合计7.40万平方米。被评为全国重点联系物流园区、全国交通百强企业、中国道路运输企业100强、中国物流百强企业、中国优秀诚信企业、中国物流诚信企业、广西壮族自治区重点商贸物流企业、南宁市物流工作十佳企业。

广西德邦物流有限公司 位于安吉大道47-6号。为德邦物流股份有限公司在南宁市投资成立的全资子公司，属于综合服务型第三方物流企业，从事普通货运、货物专用运输（集装箱）、大型物件运输（一类）、陆路货运代理（国家有专线规定除外）、企业信息咨询、装卸服务、国内快递业务等。在广西设立分公司81家，其中南宁市区30家，有大型货物转运集散中心1个、分拨中心4个、专业运输车队3个，自有厢式货车超过100辆。年内，在岗员工1800多人，总承运进出货量10万吨，营业收入2.50亿元，纳税500万元。被评为自治区2017年商贸物流标准化专项行动第三批重点推进企业（协会）示范单位。 （尹 钊）

对外经济贸易及与港台经济往来

【**概 况**】 2017年，南宁市外贸进出口总值607.09亿元（折合89.70亿美元），比上年增长48.80%，高于全国34.60个百分点，高于自治区26.20个百分点。其中，出口275.69亿元，增长35.80%；进口331.40亿元，增长61.60%；贸易逆差55.71亿元。有进出口业绩企业727家，其中出口500

2017年南宁市对外贸易进出口主要国别（地区）情况表

表16 单位：万元

名 称	进出口		出 口		进 口		比上年同期 ±%		
	累计金额	比 重	累计金额	比 重	累计金额	比 重	进出口	出 口	进 口
总 额	6070866		2756896		3313969		48.80%	35.80%	61.60%
一、大洲情况									
亚洲	3939533	64.89%	1707934	61.95%	2231599	67.34%	48.7%	45.1%	51.6%
北美洲	994908	16.39%	805166	29.21%	189742	5.73%	39.2%	23.4%	204.6%
大洋洲	400949	6.61%	54254	1.97%	346695	10.46%	74.0%	217.7%	62.5%
非洲	330672	5.45%	18171	0.66%	312501	9.43%	101.9%	-29.7%	126.6%
欧洲	215736	3.55%	126812	4.60%	88924	2.68%	32.5%	12.4%	77.6%
拉丁美洲	189068	3.11%	44559	1.61%	144508	4.36%	18.9%	0.6%	26.0%
二、区域（经济）组织									
东盟	786390	12.95%	247802	8.99%	538588	16.25%	35.7%	-14.2%	85.3%
欧盟	163730	2.70%	116089	4.21%	47642	0.14%	17.8%	15.1%	24.9%
三、主要进出口国家（地区）									

续表

名　称	进出口		出　口		进　口		比上年同期 ±%		
	累计金额	比　重	累计金额	比　重	累计金额	比　重	进出口	出　口	进　口
美国	895174	14.75%	796669	28.90%	98505	2.97%	31.4%	25.5%	111.9%
澳大利亚	382424	6.30%	52346	1.90%	330078	9.96%	74.3%	259.0%	61.1%
日本	230023	3.79%	77830	2.82%	152193	4.59%	11.3%	3.5%	15.7%
南非(阿扎尼亚)	217695	3.59%	3681	0.13%	214014	6.46%	86.2%	34.8%	87.4%
马来西亚	208652	3.44%	10403	0.38%	198249	5.98%	97.8%	−8.6%	110.7%
越南	198058	3.26%	127582	4.63%	70476	2.13%	−9.0%	−23.2%	36.6%
泰国	155649	2.56%	60230	2.18%	95419	0.03%	41.8%	−13.3%	136.7%
韩国	149009	2.45%	52796	1.92%	96213	2.90%	74.6%	97.3%	64.2%

2017年南宁市外贸主要进出口企业表

表17　　单位：万元

排　名	海关代码	名　称	累计进出口	同　比
1	4501930462	南宁富桂精密工业有限公司	3103943	7205.08%
2	4501963844	广西鸿盛达科技有限公司	550246	−65.26%
3	4501910298	广西北港资源发展有限公司	352329	9620.12%
4	4501910362	广西柳钢国际贸易有限公司	209847	50406.23%
5	4501940192	丰达电机(南宁)有限公司	195533	3985.91%
6	4501910295	广西铁投冠信贸易有限公司	136126	6628.50%
7	4501910338	广西建工集团国际有限公司	111835	−2446.85%
8	4501660009	广西拓航科技有限公司	74641	.
9	4501940218	广西巨星医疗器械有限公司	65180	−132.78%
10	4501960911	广西金孟锰业有限公司	64597	8592.48%
11	4501940275	中信大锰(广西)矿业投资有限责任公司	59252	199598.38%
12	4501910206	广西大锰锰业集团有限公司	53444	1056.05%
13	4501910305	广西南南铝加工有限公司	50849	2268.51%
14	4501660008	广西格思克实业有限责任公司	49102	.
15	4501910375	广西交投商贸有限公司	38569	23002.77%
16	4501964822	广西一达通企业服务有限公司	31970	69719.93%
17	4501960019	广西日星金属化工有限公司	29401	−2365.12%
18	4501960140	广西怡凯家居用品有限公司	28651	2846.49%
19	4501963160	广西南宁市大佬梁进出口贸易有限公司	27080	−1528.79%
20	4501930446	胜美达电机(广西)有限公司	25533	1430.53%

说明：主要进出口企业进出口合计金额5258128万元，占全市进出口金额86.61%

万元以上的企业190家，进口500万元以上的企业81家。

【贸易往来】 2017年，南宁市出口贸易总额275.69亿元。出口额较大的商品有电器及电子产品、计算机与通信技术、机械设备、电子技术、集成电路、自动数据处理设备及其部件、农产品、未锻轧的铝及铝材。主要销往美国、越南、日本、泰国、韩国、澳大利亚、印度尼西亚、荷兰等国家和中国香港、台湾地区。南宁市机电产品出口225.62亿元，比上年增长44%，占全市出口比重81.80%，提高2.90个百分点；高新技术产品出口190.30亿元，增长58.70%，占全市出口比重69%，提高6.60个百分点。

【进口贸易】 2017年，南宁市进口贸易总额331.4亿元。进口额较大的商品有电器及电子产品、电子技术、集成电路、矿砂、煤及褐煤、计算机与通信技术、机械设备、自动数据处理设备及其部件。主要来源地为澳大利亚、南非、马来西亚、日本、美国、巴西、韩国等国家和中国台湾地区。机电产品进口201.17亿元，增长54.60%；高新技术产品进口164.88亿元，增长60.30%。

【对外贸易活动】

广交会 2017年，市商务局组织188家企业参加第121届、第122届广交会，设展位265个，意向合同成交额1.30亿美元。参展的商品有机电产品、建材、日用品、工艺品、食品等。

2017中国广西(越南)商品博览会 6月13日至18日在越南河内举办。南宁市有广西建工集团机械制造有限公司、广西盛虎金属制品有限公司、南宁市高立工贸有限公司、广西坤锭投资有限公司、广西亿海田科技有限公司、广西枫亚贸易有限公司、广西和德盛贸易有限公司、泰格工业株式会社8家企业参展，举办电子电器和新能源、机械设备和配件、综合专场对接会。南宁市参展企业实现贸易成交额171万美元，意向成交额1000多万美元。考察越南太原省工业园区、京北集团工业园。

2017中国广西(文莱)商品博览会 5月4日至6日在文莱举办。南宁市有广西五洲天美电子商务有限公司、广西南宁尊森贸易有限公司、广西南宁和德盛贸易有限公司、南宁都赢贸易有限公司、摩拉港有限公司5家企业参展。参展商品有食品、农副产品、家装建材、衣架、木扫把杆、监控器、聚氯化铝、晶体硝酸铵、多孔硝酸铵、硝酸钠、亚硝酸钠、硫酸铵、氢氧化钠、碳酸钠、氯化铵、三聚磷酸钠、乳化剂S-80、乳化剂T-155、复合油相、厨房用品及家居用品等。南宁市参展企业接待文莱当地及来自周边国家的客商、观众500多人次，意向成交额100多万美元。

2017中国广西(德国)商品博览会 6月，在德国奥芬巴赫市举办。南宁市有广西农垦明阳生化集团股份有限公司、广西双健科技有限公司、宾阳县颐雅家居用品有限公司、广西黑马工艺品有限公司、广西南宁尊森贸易有限公司、广西南宁中部贸易有限责任公司、广西逸之派家具有限公司、南宁市中兰贸易有限公司、广西南宁亿诺欣贸易有限公司、广西吉天贸易有限公司、广西侨旺纸模制品有限责任公司、广西东方伟业进出口有限公司、广西宾阳县恒祥编织工艺品有限公司、南宁市波音工贸有限公司、南宁彩帕纸品制造有限公司、广西宾阳祥和工艺品有限公司16家企业参展，申请展位18个，参展商品有机械电子、轻工工艺、五矿化工、食品土畜、医药保健、纺织服装。德国客商约1000人参观与洽谈，其中登记的专业客商183人；成交额2013.80万欧元，南宁参展企业意向成交额1000万欧元。 (冯立芳)

会展业

综 述

【概 况】 2017年，南宁市有南宁国际会展中心、广西展览馆、广西博物馆、广西科技馆、南宁华南城会展中心5个专业会展展馆，总面积21万平方米，备案专业展会124场，其中超过1万平方米以上展会46场。主要展会有第14届中国－东盟博览会、第14届中国－东盟商务与投资峰会、2017年“全国工会就业创业援助月”活动及大型招聘会、第八十一届全国汽车配件交易会、2017年广西(南宁)房地产博览会、2017南宁吃货节、2017第六届广西国际汽车文化节、第二十一届南宁国际学生用品交易会暨2017中国·东盟(南宁)国际教育展览会、2017中国－东盟博览会林木展、2017中国糖业博览会、2017第十届中国－东盟(南宁)国际汽车展等。

【展览公司经营】 2017年，南宁国际会议展览有限责任公司做好场馆经营销售、自办展策划、场馆改扩建、物业经营开发等。服务第14届中国－东盟博览会、中国－东盟商务与投资峰会。承接展览68场，活动16场，会议587场。新增1万平方米以上展会9个：“全国工会就业创业援助月”“2017中国东盟博览会文化展”“第八十一届全国汽车配件交易会”“2017全国科技活动周”“2017中国东盟博览会动漫游戏展”“广西装配式建筑展览会”“广西东盟(南宁)体育产业博览会”“北部湾车展”“2017中国糖业博览会”；新增1万平方米以下展会9个：“2017年邕宁区第一书记特色名优产品展销会”“2017南宁春季品牌服装博览会”“欧曼EST超级卡车登录广西”“2017年广西电视少年儿童艺术嘉年华”“全国打私成果展”“2017年广西装备制造业船舶工业博览会”“广西工艺美术作品暨大师精品展览”“第三届广西孕博会”“中国电机工程学会年会”。上缴财政收入5016万元，比上年增长12%，其中展馆销售收入增长9%，占总

2017年2月8日，2017年“全国工会就业创业援助月”活动暨大型招聘会在南宁国际会展中心启动 南宁国际会展公司提供

收入 80.15%。实现安全生产,消防安全零事故,设备运行零故障。

大型会议

【2017 年广西工业和信息产品展示会】 2017 年 5 月 4 日至 6 日在南宁国际会展中心举办。自治区工信委主办,自治区投资促进局等部门承办,使用 D 区展馆二层 6 个展厅,展览面积约 2 万平方米,广西 500 多家名优特新企业参展。参展产品包括机器人、无人机、增材制造(3D 打印)、石墨烯等新材料,新一代信息技术产品、智能设备、新能源汽车、生物医药等高新技术产品,汽车、工程机械、动力机械、机械装备、充电桩等产品,碳酸钙、陶瓷、铝材、管材、线材等化工产品,食品、医药、纺织、电子等消费品。增设出口产品展示厅、第一书记扶贫产品展区,展示广西电子信息技术、轻工食品、新材料等出口产品以及全广西 80 多个贫困村 200 多种特色农副产品、手工艺品。其间,举办碳酸钙论坛、工业设计论坛、宝骏新车型发布会等活动 19 场。

【2017(第八届)中国 – 东盟矿业合作论坛暨推介展示会】 2017 年 8 月 24 日至 26 日在南宁国际会展中心举办。自治区政府、国土资源部主办,自治区国土资源厅、自治区地质矿产勘查开发局、广西地矿投资集团有限公司承办,主题为“建设中国 – 东盟矿业信息港,深化‘一带一路’合作新平台”,东盟各国代表团和矿业商协组织等机构负责人,国土资源部和部分省、市、自治区负责人,中国和东盟企业界人士以及专家学者 800 多人参加。开展中国 – 东盟矿业形势发展国家论坛、中国 – 东盟矿业企业发展论坛、中国 – 东盟矿业项目签约推介洽谈会、中国 – 东盟地学研究论坛、中国 – 东盟地学合作圆桌会议、中国 – 东盟矿业新技术—矿山机械—珠宝玉石展览会等例行活动,举办首次中国 – 东盟泛珠三角地区地质环境调查暨北部湾城市群地质调查成果报告会。其中,矿业新技术—矿山机械—珠宝玉石展览会设展位 600 多个、展览面积 1.10 万平方米,重点推介矿山勘查与开发、矿产开发新技术与新设备、矿山机械、珠宝玉石、观赏石和地质公园建设展示等。

【2017 年广西农业项目投资合作对接洽谈会】 2017 年 11 月 3 日在南宁国际会展中心召开。自治区政府主办,自治区农业厅、自治区投资促进局承办,主题为“优势互补强农业、合作共赢促发展”,自治区内外 233 家参会企业围绕农产品加工及品牌建设、农业种植业及高新技术产业、休闲农业及田园综合体、农业园区、富硒农业、产业扶贫六大领域开展交流合作。现场签约合同项目 50 个,总投资额 146.15 亿元,其中投资 20 亿元项目 1 个、10 亿元项目 1 个、1 亿元以上项目 22 个。项目包括水果基地建设及加工、畜禽水产养殖及加工、富硒农业、休闲农业、现代林业、高端动物疫苗等方面。

2017 年 6 月 22 日至 25 日,第六届广西国际汽车文化节在南宁国际会展中心举办

南宁国际会展公司提供

【2017 年中国电机工程学会年会】 2017 年 11 月 24 日至 26 日在南宁国际会展中心举行。中国电机工程学会、中国南方电网有限责任公司、国家电力投资集团公司联合主办,广西电网有限责任公司、广西电机工程学会承办。主题为“创新引领与清洁绿色、智能高效”,会议聚焦电力行业科技创新前沿技术及热点问题,包括特邀主旨报告、院士专家论坛、学术建设发布会、专题研讨会、论文交流、“电力之光”科技成就展及技术参观等 25 项学术交流活动,10 位院士出席会议,200 位专家作报告,460 篇论文在会上交流,来自电机工程领域专家、科技人员、工程师及高校师生 2000 人参会。11 月 24 日开幕式上,中国电机工程学会理事长郑宝森致辞,中国南方电网有限责任公司副总经理王良友、广西壮族自治区人民政府副秘书长黄植建、国家能源局监管总监李冶、日本电气学会(IEEJ)当选会长山口博分别发表讲话。

【中国医疗保健国际交流促进会暨第二届华夏外科论坛】 2017 年 12 月 16 日至 17 日在南宁举办。12 月 16 日在南宁国际会展中心开幕。中国医疗保健国际交流促进会外科分会、中国医师协会外科医师分会、广西医学会、广西医学会普通外科分会联合主办,广西医科大学第一附属医院承办,设置主会场和胃肠、甲乳、腔镜以及肝胆胰、血管外科专场,内容涵盖胃肠胰脾、肝胆、血管、甲乳、加速康复、普外护理等各专业及领域。来自北京、上海等 14 个省市 50 多名外科专家学者以及广西各级医疗机构普通外科、麻醉、肿瘤等专科 600 多人参会。

重要展会

【2017 年“全国工会就业创业援助月”活动及大型招聘会】 2017 年 2 月 8 日在南宁国际会展中心启动。全国总工会主办,自治区总工会、自治区人力资源和社会保障厅、南宁市政府、柳州市政府承办,展会设在会展中心 B2 展厅,556 家用人企业进场招聘,提供就业岗位近 10 万个,涉及钢铁制造、汽车配件、机械加工、建材、家政服务等行业,涵盖生产车间操作工、保洁员等一线岗位,技术研发工程师、新媒体培训师、翻译等专业技术岗位,部分高级管理等岗位。2011 年至 2017 年,“全国工会就业创业援助月”活动累计组织专场招聘会 5.35 万场次,成功介绍就业 985.90 万人次,组织职业技能培训 445.70 万人次。

【第八十一届全国汽车配件交易会】 2017 年 4 月 21 日至 23 日在南宁国际会展中心举行。中国机械工业联合会、中国 – 东盟博览会秘书处、中国汽车工业配件销售有限公司共同主办,展会使用 B

2017年11月17日，2017中国－东盟博览会林木展开幕式在南宁国际会展中心D区二层展厅举行 南宁国际会展公司提供

区、D区展馆，展位3500多个，展览面积6.50万平方米，参展企业2000多家，国内外汽配生产商和专业汽配采购商8万余人参展。展会分底盘车身专区、发动机专区、电器专区、油品专区、名优展品等区域，展示中国汽车配件产业的新产品、新技术、新材料、新工艺产品及行业的整体水平、发展趋势。同期举办大型会议洽谈活动15场。

【2017年广西（南宁）房地产博览会】 2017年4月29日至5月1日在南宁国际会展中心举办。广西日报传媒集团主办，主题为“与城市共生长”，展览面积8000平方米，折合标准展位420个，来自南宁、柳州、桂林、北海、崇左等城市的30家房地产企业参展。首次参展的广西－东盟经济技术开发区管理委员会在展会上推出多宗商住用地，推售多个商品住宅小区。4月29日晚，举办房博会颁奖晚会，颁发“2017年广西房地产行业品牌企业”“2017年广西房地产行业领袖人物”“地产广告优秀创意团队”等奖项。展会期间，各大媒体开展在线直播，累计在线观看直播网友146万人次。同期举办家装建材展。

【2017第六届广西国际汽车文化节】 2017年6月22日至25日在南宁国际会展中心举办。中国－东盟博览会秘书处、尚格会展股份有限公司主办，展览面积5万平方米，80多个品牌参展，95%的厂家携标准展具入驻，品牌展位面积600平方米。展会提供体验汽车、金融、保险、汽车用品、酒店、旅游等服务，设置电竞大赛、奶娃爬爬赛、Live音乐秀、网红直播等活动，参观人数27.50万人次。

【第二十一届南宁国际学生用品交易会暨2017中国·东盟（南宁）国际教育展览会】 2017年7月7日至9日在南宁国际会展中心举行。市政府、中国国际贸易委员会广西分会主办，主题为“与世界共成长”，设展厅8个，展览面积3.50万平方米，展位680个，参展企业600余家，观展人数6万人次。展出国内最新的电化教学装备、软件、创客产品、音乐、美术、幼儿教育以及体育、后勤装备等教育教学设备；设立留学机构、非学历教育机构和培训机构的咨询专区；举行“2017年南宁夏季高校毕业生‘双选会’暨大型人才交流会”，提供就业岗位1.20万个；举办自治区中小学实验教学说课活动、广西北部湾创客教育大赛、青年五创文化论坛、动漫嘉年华、“我家也有小童星”等活动。

【2017中国－东盟博览会林木展】 2017年11月17日至20日在南宁国际会展中心举办。国家林业局、自治区政府共同主办，中国－东盟博览会秘书处、中国林产工业协会、自治区林业厅承办，主题为“汇集最新林业科技，展示绿色环保新生活”，设红木家具及红木工艺品、家具及木竹根雕工艺品、人造板及木结构、林业装备、花卉苗木园林、林下经济产品、国外林木产品、林业经济发展及合作8个展区，面积2.50万平方米，来自中国、越南、缅甸、泰国、老挝、柬埔寨、马来西亚、印度尼西亚等国家参展企业70家。同期举行林产品国际贸易论坛、进口景观树产业发展研讨会、国际买家采购对接会等10多场行业论坛，以及第六届全国高职高校学生木作技艺竞赛、木美生活展示与体验等文化类活动。观众4万人次，现场签订采购订单和投资3亿元。

【2017中国－东盟博览会农业展】 2017年9月12日至15日在广西展览馆举办。中国商务部、东盟10国政府经贸主管部门和东盟秘书处共同主办，为第14届中国－东盟博览会专题展览之一。主题为“绿色生态、品牌引领、产业升级”，展示中国和东盟10国农业精品，包括水产品、海产品、水产及海产设备、水产及海产深加工食品、家禽产品等渔牧产品，新鲜水果、果蔬制品，绿色无公害农产品、粮油产品、绿色包装食品、有机包装食品、饮料酒水，红茶、绿茶、黑茶、白茶、黄茶、青茶、保健茶等茶叶及茶具，马来西亚、越南、泰国等品牌咖啡。参观人数6.80万人次，现场销售额29.45万元，贸易合同金额325万元，意向签约金额796.50万元。

【2017中国－东盟博览会轻工展】 2017年9月12日至15日在中国东盟商品交易中心（华南城）举办。中国商务部、东盟10国政府经贸主管部门和东盟秘书处共同主办，为第14届中国－东盟博览会专题展览之一。主题为“简约环保创新、提升品质生活”，展示日用消费品、工艺礼品、家居装饰品、电子消费品、玩具等中国和东盟的轻工产品。展览面积1万平方米，标准展位600个，参加人数11.60万人次，现场成交金额1.26亿元，意向成交金额1.78亿元。

【2017中国糖业博览会】 2017年11月2日至4日在南宁国际会展中心举行。中国糖业协会、自治区糖业发展办公室主办，为全国制糖行业首个综合性展会，主题为“创新、智造、绿色、发展”，展会使用会展中心D区1号馆、2号馆及会议中心，展位189个，参展商为国内主要制糖企业集团和上下游配套服务162家企业。其间，举办中国糖业发展成就展、企业形象和产品展、糖业配套服务展、2017/2018制糖期全国食糖产销工作会议暨全国食糖糖蜜酒精订货会、涉糖涉蔗产品及技术服务展销以及糖业发展论坛（9场）等活动。设互动活动区，有科普用糖知识讲座，街舞、演唱等文艺表演，吹糖人、冰糖葫芦制作等民俗活动，国内外新奇糖制品展示，糖制品优惠促销、扫码赠送等。

【2017第十届中国－东盟（南宁）国际汽车展】 2017年12月7日至11日在南宁国际会展中心举办。市政府、尚格会展股份有限公司、中国汽车工业国际合作总公司联合主办，展会使用D区一层、二层展馆、E区展馆和整个外广场，展览面积8万平方米，80个汽车品牌进驻。其间，举办色妆学校第三十二届优秀学员毕业作品“魅影”主题展、红牛街舞大赛、智能

2017 年,上林县大龙湖自然景观　　黄云清　摄

机器人展示等。观众 35.90 万人次。

(黄　锴)

旅游业

综　述

【概　况】 2017 年,南宁市旅游发展委员会设办公室、政策法制科、市场推广科(信息与公共服务科)、规划财务科、产业促进科(综合协调科)、监督管理科(行政审批办公室)、人事科 7 个科室;行政编制 25 名,在编 24 人;后勤服务人员控制数 3 名,在编 3 人;辖市旅游质量监督管理所(市旅游执法支队)1 个全额拨款参照公务员法管理事业单位,编制 12 名,在编 11 人;辖市旅游发展服务中心 1 个全额拨款事业单位,编制 10 名,在编 10 人。有国家 AAA 级以上景区 47 家,全国及广西工农业旅游示范点 24 个,广西星级乡村旅游区 44 个,广西星级农家乐 107 家,旅游星级饭店 49 家,旅行社 131 家,在册各语种导游 2600 人。完成风景名胜及游览景区投资 48.30 亿元,比上年增长 42.78%。南宁市入围国家中医药健康旅游示范区创建单位,上林县被评为广西特色旅游名县,马山县被命名为全国休闲农业与乡村旅游示范县。

【旅游资源】 南宁市旅游资源丰富,分布广,种类齐,数量多,相对集中在市区和各县城附近,具有浓郁的壮族风情和南亚热带风光特色。主要有青秀山、五象岭、昆仑关等栽种松树、杉树及绿阔乔木林,形成绿色森林植被景观;有伊岭岩、金伦洞等喀斯特地貌景观,其中金伦洞是广西喀斯特地貌最长、最大、最深的原始石漠山洞。有郁江、邕江、左江、右江、红水河两岸景观,瀑布景观以大明山龙尾瀑布、广西九龙瀑布群较有名;有南湖、五象湖、凤凰湖、金沙湖、大龙湖、西津湖、龙潭等湖泊景观,其中大龙湖水库是世界十大岩溶水库之一。有广西药用植物园(亚洲最大的药用植物园)、金花茶公园(有全国乃至世界最大的金花茶基因库)、大明山自然保护区、龙虎山自然保护区、良凤江国家森林公园、老虎岭森林公园、五象岭森林公园、横县九龙瀑布群森林公园等动植物景观。有新石器时代顶蛳山贝丘遗址、豹子头贝丘遗址、灰窖田贝丘遗址、唐代智城垌古城垌遗址等古遗址,始建于南明的兴陵、清代的新会书院、两湖会馆、粤东会馆、思恩府试院、邕江防洪古堤等古建筑和始建于明代的龙象塔(20 世纪 80 年代重修),清代的秀峰塔、文江塔、承露塔等古塔。有青秀山观音禅寺、水月庵,明清伏波庙,宋代应天寺,清代五圣宫、北帝庙,以及天主教堂、基督教堂、清真寺等宗教建筑。有唐代智城碑、唐代六合坚固大宅颂碑石刻(被誉为岭南第一碑)、青秀山摩崖石刻、青龙崖石刻,明代灵水石刻,清代起凤山石刻、凿字山石刻、六公祠碑刻、雷婆岭摩崖石刻等古代摩崖石刻与古碑石刻。有中共广西省"二大"旧址、共青团南宁地委旧址、昆仑关战役旧址、桂南战役阵亡将士纪念亭、昆仑关战役博物馆、邓颖超纪念馆等近现代文物。有南宁国际会展中心、广西人民会堂、民族广场、江北大道、民族大道、地王大厦、广西体育中心等当代城市建筑。保留有"三月三"歌圩、炮龙节、春牛舞、师公戏、抢花炮、打扁担舞、壮族三声部民歌和那桐农具节、邕州老街庙会、蒲庙开圩纪念日、关公磨刀诞等壮族风情与地方文化习俗。

【游客接待】 2017 年,南宁市接待旅游总人数 11.06 亿人次,比上年增长 15.75%。其中,接待国内旅游者 11 亿人次,增长 15.81%;接待入境旅游者 59.13 万人次,增长 6.46%。旅游总消费 1127.35 亿元,增长 22.72%;其中国内旅游消费 1109.80 亿元、增长 22.87%,国际旅游消费 2.60 亿美元、增长 11.89%。纳入国家统计的 14 家旅行社营业收入增长 29.44%。国内主要客源地依次为广东省、湖南省、贵州省、四川省、重庆市、云南省、湖北省、上海市、北京市、浙江省,国外主要客源地依次为泰国、新加坡、马来西亚、越南、印度尼西亚、菲律宾、韩国、印度、蒙古、日本。春节期间,全市接待游客 191.95 万人次,增长 14.28%;全市旅游总消费 7.12 亿元,增长 19.27%。其中,接待过夜旅游者 32.29 万人次,增长 12.99%,消费 3.68 亿元,占旅游总消费 51.69%;一日游游客 159.66 万人次,增长 14.55%,消费 3.45 亿元,占旅游总消费 48.46%。国庆、中秋节"黄金周"期间,全市接待游客 391.77 万人次,增长 12%;旅游总消费 22.57 亿元,增长 14.97%。其中,过夜旅游者占 23.72%,一日游游客占 76.28%;过夜游客旅游消费占 51.14%,一日游旅游消费占 48.86%。

【旅游扶贫】 2017 年,南宁市开展"旅游规划扶贫公益行动",为旅游扶贫村旅游开发免费设计蓝图,完成 20 个旅游扶贫村旅游规划编制和评审。参加 2017 广西南宁扶贫产品(北京)推介会,展示南宁礼物、乡村旅游特色商品和旅游扶贫线路产品;10 家南宁企业与"国安社区"服务平台现场签署长期合作协议,在北京 100 家线下体验店与线上 APP 商城同步上架南宁特色产品。市旅游发展委利用电视、报刊等传统媒体和微博、微信等新媒介宣传、推广旅游扶贫;培育绿城南宁"马上大"(马山、上林、大明山)乡村旅游线路,开通南宁旅游扶贫直通车;组织春节慰问暨返乡创业人员政策宣讲活动,鼓励返乡创业人员发展乡村旅游脱贫致富;开展"一帮一联"活动,帮扶宾阳县黎塘镇欧阳村、上林县澄泰乡新联村 2 个贫困村发展乡村旅游。年内,新增广西星级乡村旅游区(农家乐)33 家、广西休闲农业与乡村旅游示范点 7 家,举办旅游扶贫招聘活动 16 场,提供就业岗位 1 万多个,达成就业意向 3000 多人。

【旅游"三创"工作】 2017 年,南宁市开展"三创"(创建国家全域旅游示范区、国家中医药健康旅游示范区、创建广西特色旅游名县)工作。成立创建国家全域旅游示范区工作领导小组,召开 2017 年南宁市创建国家全域旅游示范区动员大会,

2017 年 6 月 25 日，青秀山桂花园正式开放。图为游客在观看标识牌

青秀山管委会提供

完成《南宁市全域旅游总体规划》，印发《南宁市创建国家全域旅游示范区工作实施方案》。9 月 5 日，南宁市入围国家中医药健康旅游示范区创建单位，是华南地区唯一入围的城市。宾阳县、良庆区组织编制创建广西全域旅游示范区规划。上林县召开创建国家全域旅游示范区攻坚大会，完成《上林县全域旅游发展规划》编制及旅游警察、旅游工商、旅游巡回法庭建设；推进“三湖一寨”（大龙湖、金莲湖、云里湖、鼓鸣寨）等重大项目建设，累计完成固定资产投资 3.90 亿元，比上年增长 25.80%，上林县拥有乡村旅游区、农家乐 130 家。邕宁区接待游客 606.63 万人次，增长 77.88%；国内旅游消费 60.21 亿元，增长 155.12%。马山县完成旅游固定资产投资 1.60 亿元，增长 180.80%；弄拉生态旅游区入选 2017 年全国优选旅游项目，被自治区体育局等单位评为“广西体育旅游示范基地”；三甲攀岩小镇入选全国第一批运动休闲特色小镇试点项目。

（周思伶）

景区开发建设

【概　况】 2017 年，南宁市新增 AAA 级以上旅游景区 6 家，其中 AAAA 级旅游景区有龙门水都、水锦 · 顺庄、横县九龙瀑布 3 家，AAA 级旅游景区有向阳红农业庄园、那贵樱花园、海王生命与健康科普馆 3 家。大明山风景区、广西药用植物园、昆仑关风景区创建国家 AAAAA 级旅游景区。推进大明山游客服务中心工程建设，完善昆仑关设施。上林县云里湖项目完成投资 4100 万元，鼓鸣寨项目完成投资 4000 万元，广西壮都项目完成投资 1.55 亿元，花雨湖项目完成投资 5136 万元，南宁东盟文化旅游项目完成投资 7.02 亿元。推进南宁园博园、百里秀美邕江等项目建设，万达茂旅游文化综合体项目开业。开展旅游厕所革命，新建、改建旅游厕所 85 座；完成南宁国际旅游中心主体建设；结合环广西公路自行车世界巡回赛（南宁站）筹备工作，完善旅游景区景点指示牌设置。建立智慧旅游基础数据库和旅游产品电子数据库，建立智慧旅游营销系统，实现线上、线下旅游服务融合，提供一站式旅游服务。　　（周思伶）

【青秀山风景名胜旅游区】 2017 年，南宁市青秀山风景名胜旅游区管理委员会设党政办公室、人事劳动和社会保障局、财政局、风景园林管理局、旅游和经济发展局、建设局、安全生产监督管理局 7 个机构；有机关事务管理局、城市管理行政综合执法队和建设工程质量监督分站 3 个事业单位，青秀山风景名胜旅游开发有限责任公司 1 个企业单位；设南宁市国家税务局青秀山风景区分局、南宁市地方税务局青秀山风景区分局、南宁市公安局青秀山风景区分局、市规划管理局青秀山风景区分局、市环境保护局青秀山风景区分局、市工商行政管理局青秀山风景区分局 6 个派驻机构。机关编制 50 名，在编 45 人；事业编制 24 名，在编 21 人。财政收入 4.74 亿元，比上年增长 17.74%；风景区游客 283.01 万人次，增长 8.10%；旅游收入 8914.08 万元，增长 10.13%。获“广西绿色环保教育基地”“全国中小学生研学实践教育基地”称号。

资源保护与植物科普　完成原下埌村后山片区、新村片区基础绿化 26.66 公顷，种植红花羊蹄甲、三华李等乔木近万株；补植营造林道路沿线及附近的黄土裸露区，种植曼陀罗、双荚槐、叉花草等花灌木及地被植物 30 多万株。完成核心景区、生态保护工程、营造林工程、森林植物园等园区 7720 公顷绿化养护管理。创建“青秀山植物科普讲师组”，承办“广西 2017 年国际生物多样性日”活动，开展科普教育活动 150 多场次。开展餐厨垃圾、户外广告、泥头车、扬尘污染等专项整治，其中餐厨垃圾处置签约率、备案率保持在 100%。青秀山风景区每月 PM2.5 和 PM10 监测指标均优于全市平均水平。

城建项目　有城建项目 14 个，其中前期项目 8 个（青秀山东门区工程、南门区工程、敷文书院、蜡烛湾水系工程、藤本园、竹园、四季花园、肉质植物园），新建项目 2 个（青秀山桂花园工程、营造林工程海绵化改造工程），续建项目 4 个（东盟文化旅游项目、青秀山北门区工程、森林植物园工程、樱花园景观工程）。东盟文化旅游项目完成投资 7.02 万元，建成东盟文化中心、青环路停车场。植物专类园项目，桂花园完成投资 1807.74 万元，完成苗木种植、地形整理、景观置石、景观节点、道路、栈道等建设并开放，种植金桂、四季桂等中、大规格苗木近 500 株，小规格乔木 2000 多株；樱花园完成土方、管网、道路、游步道、汀步广场、苗木采购及绿化种植工程，樱花园主次入口和园内主干道两侧种植大规格蝴蝶果、美丽异木棉、红桂木等大树 60 余株；藤本园、竹园、四季花园、肉质植物园 4 个植物专类园开展项目前期工作。敷文书院项目开展方案修改和评审。北门区工程完成投资 1046 万元，完成主门区 9 号楼空调安装、智能化道闸停车管理系统、票务管理系统等；北门专变安装工程完成主门区电缆管敷设，埋设完成景区范围外市政道路 8 个电缆井及顶管约 5000 米。营造林工程完成投资约 1436.20 万元，道路、水体及绿化 3 个标段竣工验收；海绵化改造工程建设完成并通过初步验收。

其他建设　编制并整合风景区 E、F、G、H、J、K、L、M8 个区的详细规划方案，10 月通过自治区住房和城乡建设厅专家评审会。完成房屋征地拆迁补偿 60 户，补偿金额 3015.50 万元；景区范围内坟墓迁移 356 座，补偿 78 万元；征收及置换土地 31 公顷，补偿 539.70 万元。协助办理青山园艺场幼儿园、文化设施用地和 7.13 公顷新增人口用地等手续。投入 28 万元完善西门区、北门区等区域标识标牌；投入 98 万元完成北门区及东西侧门主体建筑亮化工程；投入 110 万元改造提升观音禅寺厕所和壮锦广场、长廊、北门 9 号楼、花梨道、凤凰台、环山秀坪 6 座公厕的第三卫生间（在厕所中专门为行为障碍者或协助行动不能自理的亲人，尤其是异性亲属，设置的卫生间）；投入 65 万元提升改

2017年9月1日,大明山举行主题为"壮乡古韵　东盟风情"的月月歌圩九月场活动现场

大明山管委会提供

造兰园主入口、兰园芳池片区、兰园景观置石、基因库排风设备;投入200万元进行天池湖区给水、凤岭南路人行道改造(西大门—凤岭隧道口段)、景区内人行道铺装维修、北门西侧门和松涛路门给水工程、北门西区停车场路沿石改造、种苗基地办公楼改造、樱花园同心圆提升改造等。

展会活动　1月27日至4月20日,举办"郁金香花展""兰花展"、摄影大赛、新春美食及登山祈福等新春系列活动,购票入园游客127.76万人次。2月10日至3月12日,举办第二十三届桃花艺术节,购票入园游客51.31万人次。4月29日至6月11日,举办"浪漫爱情"主题玫瑰花展,展出30多个品种,20多万株玫瑰花。4月29日至5月1日,举办青秀山首届读书文化节,开展兰园诗会、图书共享、绿地音乐会、星空影院等读书文化活动,购票入园游客30.39万人次。9月10日至10月31日国庆节、中秋节期间,开展"秋季兰花展""压花美术作品精品展""摄影大赛"、青秀山自然课堂及科普展示、国庆美食配套服务等活动,购票入园游客35.18万人次。11月25日至12月28日,举办大型菊花展,展出盆栽类菊花约10万盆,4个色系约150个品种,购票入园游客9.48万人次。　(何晓吟)

【大明山风景旅游区】　2017年,广西大明山国家级自然保护区管理局(南宁大明山风景旅游区管理委员会)设党政办公室、财务科、规划建设科、科学研究科、旅游发展科、经营管理科、资源保护科、安全生产监督科、人事科、宣传法规科、综合管理科、接待办公室、防火站(包括西燕护林防火站、天坪护林防火站、铜矿护林防火站、汉江护林防火站)13个机构。有事业编制198名,在编180人。其中,参照公务员法管理机关事业编制43名,在编37人;后勤服务人员控制数10名,在编9人。大明山保护区森林覆盖率98.90%,公益林管护率、保持率及森林病虫害防治监测率均保持在100%,连续度过28个无火灾安全生产事故年。11月6日,世界首次黑叶猴放归自然活动在大明山保护区举行,将一组家庭的黑叶猴(人工繁育,1雄3雌1幼)放归野外。完成《广西大明山观花手册》编著,收载广西大明山常见观花植物225种。

景区整治　南宁大明山管委会联合相关部门督促、协调矿区整治及水电站退出清理。大明山铜矿矿区地上建筑物全部拆除,拆除钢丝绳274条,总长5.41万米,拆除房屋144间6771平方米,平整土地2000平方米,封堵窿道15个。大明山钨矿地上建筑物等附属生产设施全部拆除,其中保护区内拆除房屋69间1072平方米,保护区外拆除房屋85间2550平方米。平整土地6000平方米,封堵窿道4个;恢复植被7.77公顷。关停上林县管辖水电站2座,机电设备就地封存;马山县管辖水电站1座,拆除发电机组、水轮机机组及1千米高压线路的架设;武鸣区签订5座小水电站补偿协议(其中2座拆除上网线路)。

景区建设　广西大明山管理局建设项目66个(竣工验收项目14个、施工建设项目18个、开展前期工作储备项目34个),年度计划总投资9935万元。上山公路改造一期(三宝至天坪区上山公路改造)工程完成总工程量的96%,路面工程及安保工程基本完成,半路半桥路段安全、环保防护措施完成。天坪区供水管道项目,10千伏供电部分完成总工程量90%,塔架组装、电缆沟槽及电缆井开挖(半山桥段除外)基本完成;供水部分天坪净水场区主体装修、取水点水坝、泵房及加压设备等基本完成。入口区游客服务中心项目完成总工程量65%,其中主体工程及主体装修完成97%。大门区危旧房改造项目完成总工程量94%,室内装修基本完成。大门区至天坪区预警监测系统分两期建设,一期工程投入使用;二期工程完成总工程量90%,完成监控杆立杆、布线、监控设备安装及天坪广场大屏安装。

旅游开发　南宁大明山管委会理顺下属3家子公司(南宁大明山运输有限责任公司、南宁大明山旅游服务有限责任公司、广西大明山国际旅行社有限公司)体制机制,推进市场化运作。下属企业广西大明山旅游开发集团与南宁市武鸣弘业旅游开发投资有限公司合作开发的汉江欢乐谷项目一期建设基本完成,"五一"期间试业运营。汉江欢乐谷项目一期工程规划开发汉江欢乐谷漂流、大明山运动休闲园、渌洋水库原生态休闲度假山庄、梁桶温泉度假村4个区域,计划总投资约2亿元。委托中央电视台打造集历史人文、自然保护、山水风情、休闲养生等多彩文化元素于一体的精品人文纪录片《大明山》,完成样片制作。

文化旅游活动　南宁大明山管委会依托大明山周边地区壮族歌圩文化和特产资源,每月1日举行以"龙母增岁民添福,明山脚下万家欢""游子归乡贺新春,金鸡斗嗓送福运""山歌敬龙母,乐享三月三""保护自然,传承文化"等为主题的"山歌飞扬"大明山月月歌圩活动。6月1日,联合市民族文化艺术研究院,举办"南宁市2017年山歌王大赛暨大明山六月歌圩"活动,观众8000多人。

(邓金春)

【昆仑关风景区】　2017年,南宁昆仑关战役遗址保护管理委员会(南宁昆仑关旅游风景区管理委员会)设办公室、旅游发展科、文物保护开发科、规划建设科4个科室。参照公务员法管理机关事业编制14名,在编12人;后勤服务人员控制数2名,在编2人。辖昆仑关战役旧址博物馆1个事业单位,事业编制5名,在编4人;后勤服务人员控制数1名,在编1人。9月11日,昆仑关战役旧址(昆仑关旅游风景区)被列为自治区对台交流基地。年内,推进昆仑关风景区保护开发,到昆仑关风景区参观考察、旅游观光、凭吊先烈、开展教育活动的游客增加,接待游客17.56万人次,旅游收入158.62万元,比上年增长15.53%。

景区规划与建设　昆仑关风景区总体规划及详细规划列入2017年南宁市规划编制计划及规划信息化建设计划,其

中景区总体规划编制费15万元、详细规划编制费90万元。中央预算内投资昆仑关战役旧址项目下达资金1267万元，其中中央预算内资金1180万元、地方配套资金87万元。累计完成投资1165.76万元，其中中央预算内资金1073.16万元、地方配套资金92.60万元。景区配套服务设施提升改造工程总投资2928.58万元，完成投资2133.50万元，完成总工程量85%。景区游客休息长廊工程总投资200万元，完成基础、主体结构、室内安装等，完成投资175万元。景区旅游厕所项目总投资99.55万元，完成投资30万元，基础工程建设完成。景区游客服务中心兼博物馆附属馆项目落实建设资金500万元，完成部分前期工作。配合宾阳县思陇镇昆仑村委完成思陇镇陶石村村屯给水等配套项目(原景区给排水工程项目)，总投资900万元，完成前期工作。

馆藏资源保护与开发 昆仑关战役旧址博物馆与南宁昆仑关遗址保护管委会文物保护开发科完善文物藏品保管制度，对3批文物病害进行拍照，编制《广西壮族自治区昆仑关战役遗址博物馆馆藏铁质文物保护修复方案》，将97件铁质文物送自治区博物馆除锈保护修复。利用空调、抽湿机、干燥剂及密封袋、樟木柜、装纳箱、宣纸等设备和材料，加强藏品的防潮、防虫保护。派员到自治区博物馆跟班学习，提高文物保护业务技能。完成馆藏字画录入，核对石刻碑文拓片。向社会征集到抗战时期步枪撞针、日军关东军臂章和陈明仁将军帕克大衣等历史文物和有价值的藏品、历史资料。常设展览被自治区文化厅推荐申报2017年全国第十六届十大精品陈列评选。昆仑关战役旧址博物馆策划的宾阳炮龙文化展、"《铭记历史·纪念胜利》《抗战烽火中的八桂儿女》——纪念抗战胜利72周年专题联展"、中国抗战胜利专题巡展、"抗战时期南宁各方面抗战力量"专题巡展等多个展览，走进社区、校园等巡回展览。携文创产品参加"5·18国际博物馆日"桂林主会场文创展、2017中国－东盟博览会文化展，获中国－东盟博览会秘书处颁发"突出贡献奖"。昆仑关战役旧址博物馆与南宁市委党校、广西大学继续教育学院、广西师范学院继续教育学院共建，共同研究开发包括重走抗战之路、学唱抗战歌曲、探索抗战遗迹、聆听抗战故事、观看抗战影片等内容的主题课程。昆仑关战役旧址博物馆接待各省、市、县领导、嘉宾团队及社会团体600多个。

文化旅游活动 每年农历五月十三是流传于昆仑关民间传统的"关公磨刀诞"，是昆仑关周边较为隆重的节日。6月6日至7日，昆仑关旅游风景区举行2017年南宁昆仑关民俗文化旅游节，以"爱我中华·圆梦昆仑"为主题，结合当地民族文化开展"关公磨刀诞"、武术散打、民俗文化展示、民族趣味比赛、乡土民俗文艺演出等活动。节庆期间昆仑关风景区接待游客6.10万人次。年内，南宁昆仑关管委会举办和参加"5·18国际博物馆日""7·7"抗战纪念活动、"9·3"中国人民抗日战争暨世界反法西斯战争胜利72周年活动、"12·18"昆仑关大捷78周年纪念活动，以及微传播大赛、博物馆专题展、2017中国－东盟博览会文化展、巡展进校园等活动。 (杜 芳)

2017年9月3日，南宁昆仑关管委会在昆仑关举行"9·3"中国人民抗日战争暨世界反法西斯战争胜利72周年活动 昆仑关管委会提供

旅游市场开发

【市场交流合作】 2017年，南宁市针对入境客源市场，组织旅游企业赴英国、澳大利亚、泰国、越南、柬埔寨、日本、菲律宾等国家和中国台湾地区开展旅游宣传推广活动。针对国内客源市场，组织旅游企业赴北京、佛山、昆明等地参加旅游交易会。协助国内外旅游部门办好神奇泰国南宁路演活动、越南国家旅游推介会、南宁—西哈努克包机产品推介会暨新闻发布会、鄂尔多斯、韩城、井冈山、济宁等旅游推介会，开展旅游交流，推介南宁旅游产品。

【区域旅游合作】 2017年，市旅游发展委组织北部湾(广西)旅游联盟城市(南宁市、北海市、钦州市、防城港市、玉林市、崇左市)赴西安、银川等开展旅游宣传促销活动，发放宣传资料、播放宣传片、推介旅游资源、表演特色节目、开展业务交流等。组织"2017美丽中国行·聚焦北部湾(广西)"旅游宣传推广活动，提升与东盟合作交流中的核心地位和影响力，分两条线路开展采风活动。参加昆明、南宁、贵阳三市政协主席联席会议，借助高铁优势，开展宣传推介、客源互送，共建滇桂黔旅游经济圈。参加粤桂黔高铁经济带旅游产业联盟，开展旅游联盟互动交流，向12个高铁沿线市(州)推介旅游资源。

【航线开发】 2017年，南宁吴圩国际机场开通南宁—开罗、南宁—阿斯旺2条非洲包机航线，实现广西洲际航线历史性突破。累计开通国际(地区)航线29条，其中东盟航线22条，居全国第三。年内，南宁吴圩国际机场旅客吞吐量1391.60万人次，比上年增长20.40%。

【旅游促销】 2017年，市旅游发展委利用《中国旅游报》《广西日报》《南宁日报》以及新浪网、广西新闻网等媒体报道南宁旅游；利用南宁旅游微博、微信发送宣传信息数千条，3000多万人次阅读，唱响"中国绿城、壮养原乡"品牌。开通环大明山旅游专线车，串连马山、上林、武鸣、宾阳等地优质景区，打造旅游扶贫新产品。组织旅游企业走进北京、天津等北方城市推介"冬天里的绿城"冬季旅游产品。

【乡村旅游】 2017年，市旅游发展委指导区县、开发区创建星级乡村旅游区、农家乐，对全市43家星级乡村旅游区、农家乐申报点进行评定验收。借助2017环广西公路自行车世界巡回赛(南宁站)，改造南宁—马山弄拉风景区赛段沿线重要景区(点)，打造最美赛道；以"中国杯"足球赛举办为契机，推出"日游绿城南宁夜看中国杯"活动；与市体育局联合举办南

宁购游节与体育产业博览会，探索旅游与体育融合发展新路径。打造环首府生态旅游圈，大明山国家级自然保护区入选第二批全国森林康养基地试点建设单位；建设百里秀美邕江，筹备邕江游船观光游。

【2017“南宁礼物”征集大赛】 2017年10月启动，市旅游发展委与市二轻集体工业联社联合主办。至12月19日，征集到实物组作品339件，其中工艺美术品类128件、文化家居用品类110件、特色加工食品类101件。评选出工艺艺术品类、文化家居用品类、特色加工食品类作品金奖各1名、银奖各2名、铜奖各3名。金奖作品分别是：广西南宁尚璞文化发展有限公司的《婉君——情系两岸金饭碗、茶壶》系列、广西金壮锦文化艺术有限公司的《壮锦——福田纹披巾》、广西回南天传媒科技有限公司的《回南天潮物》茶果盒子。

旅游节庆

【概　况】 2017年，南宁市举办月月旅游节，推出南宁月月旅游节暨桂台花卉文化旅游灯光艺术节、青秀山第二十三届桃花艺术节、宾阳炮龙节、2017第九届南宁赏花旅游节暨第八届南宁山水桃花节、八桂田园壮族歌舞节、2017中国壮乡·武鸣“壮族三月三”歌圩暨骆越文化旅游节、上林生态旅游养生节、2017年隆安“那”文化旅游节、“2017荔香大王滩”欢乐荔枝节、2017年南宁昆仑关民俗文化旅游节、南宁万达乐园夏季狂欢节、大明山森林旅游节暨月月歌圩区级歌王争霸赛、2017年中国(横县)茉莉花文化节、南宁乡村大世界葡萄采摘节、邕宁壮族八音文化旅游节、2017年西乡塘区香蕉文化旅游节暨绿城歌台主题活动、2017年江南区平话文化旅游节、青秀区第四届文化旅游节、良庆区“嘹啰山歌”民俗文化旅游节、南宁月月旅游节暨中国商埠文化之乡·兴宁区2017年民俗文化旅游节、2017年良凤江国家森林公园金秋欢乐节、中国黑山羊之乡——马山第十一届文化旅游美食节、南宁·东南亚国际温泉养生旅游节、2017南宁购游节，协助举办2017南宁·东南亚国际旅游美食节25个旅游节庆活动。　　（周思伶）

【宾阳炮龙节】 2017年2月5日至7日(农历正月初九至正月十一)在宾阳县宾州古城举办。除传统的炮龙表演赛、优秀非物质文化遗产展演、炮龙节开幕式晚会、项目投资推介会、百龙舞宾州、商品美食展销、“文化宾阳·休闲农旅”文化旅游、书画摄影展等活动外，新增春节文体活动，将春节文体活动与炮龙节活动融合。首次引进商业投资，由成都红水河文化传播有限公司在宾阳县凤凰湖公园举办大型灯会。5日，舞炮龙表演赛在宾阳县文化广场举行，宾阳县城各社区15条炮龙同台竞技。6日，在宾阳县文化广场举行炮龙节非物质文化遗产展演，宾阳县内的精品龙、醒狮、彩架等8支方队依次游行展演；同日，在古辣镇举行“骑趣宾阳”山地自行车赛。7日上午，举办宾阳炮龙节投资推介会暨项目签约仪式，宾阳县与外地客商签约项目7个，总投资额17.97亿元；晚7时，在宾阳县城东新区主会场举行百龙舞宾州舞炮龙活动开幕式，进行祈福、开光点睛仪式；同时，在宾阳县中和社区炮龙老庙和三联社区老庙举行传统开光仪式。7日，接待游客约29万人次，旅游收入约950万元。

【武鸣“壮族三月三”歌圩暨骆越文化旅游节】 2017年3月29日至4月1日，2017中国壮乡·武鸣“壮族三月三”歌圩暨骆越文化旅游节在武鸣区举办，主题为“美丽壮乡·踏歌追潮”。举办5个大项44个分项活动，分别有骆越祖母王祭祀大典、千人竹竿舞、千人武术、千人广场舞展演、广西歌王大赛、民俗千家宴等，新增16项，为历届最多。活动项目举办地点从主城区扩大至周边景区。接待游客2.67万人次，旅游收入66.65万元。其间，武鸣区投资洽谈签约项目8个，计划投资总额56.58亿元。

【隆安“那”文化旅游节】 2017年4月29日至5月4日，2017年中国·隆安“那”文化旅游节暨那桐“四月八”农具节在隆安县举办。分别在那桐镇那桐社区、龙虎山景区、金穗生态园举行“四月八”农具节系列文体活动、“那”文化民俗展演、隆安县经济社会发展成果图片展、旅游景区主题活动、“那”名特优产品展销、“那”美食产品展销等。参加人数20.35万人次，招商引资签约及旅游收入20.65亿元。

【上林生态旅游养生节】 2017年5月8日至30日，2017年“中国旅游日”南宁主会场暨上林生态旅游养生节在上林县举办。主题为“旅游让生活更幸福”，口号是“旅游扶贫　乐享人生”。由开幕式，广西艺术创作中心专场文艺演出，壮族风情体验活动，旅游扶贫系列活动，健康养生系列体育活动，主要景区、乡村旅游区特色展示活动，招商系列活动7大板块36项活动组成。举办中国·东盟环大龙湖山地自行车越野赛，广西钓鱼锦标赛、广西霞客斗鸡比赛、五人制足球邀请赛、抛绣球、放陀螺、滚铁环、板鞋、掰手腕等民族传统体育活动，以及“霞客行”健康徒步登山游等系列健康养生体育活动，凸显健康养生主题。举行上林生态旅游养生节扶贫专题招聘会、千名游客上林扶贫就业行(旅行社+游客+贫困村扶贫助困活动)、贫困户农副产品展销活动、上林生态旅游养生节脱贫攻坚致富带头人综合培训活动等多项“旅游+扶贫”活动。接待游客17.86万人次，旅游收入1.81亿元。

【中国(横县)茉莉花文化节】 2017年8月26日至28日，2017年中国(横县)茉莉花文化节在横县举办，主题为“香飘中国，走向世界”。由中国茶叶流通协会主办，横县人民政府、中国花卉协会花文化专业委员会承办。举办第十届全国茉莉花茶交易博览会、2017年中国(横县)茉莉花文化节、全国茉莉花茶大会、中国(横

2017年南宁市AAA级以上景区(点)

AAAAA级景区(点)：南宁青秀山风景名胜旅游区

AAAA级景区(点)：南宁大明山风景旅游区、昆仑关旅游风景区、嘉和城景区、九曲湾温泉度假村、广西药用植物园、南宁乡村大世界、南宁市人民公园、广西现代农业技术展示中心(八桂田园)、南宁市动物园、广西科技馆、广西民族博物馆、凤岭儿童公园、民歌湖景区、广西规划馆、伊岭岩风景区、花花大世界、良凤江国家森林公园、龙虎山风景区、金伦洞景区、金莲湖景区、大龙湖景区、九龙瀑布群国家森林公园、龙门水都文化生态旅游景区、水锦·顺庄

AAA级景区(点)：南宁凤凰谷生态景区、南宁海底世界、南宁金花茶公园、云顶观光旅游景区、华南城、扬美古镇、大王滩风景区、农耕文化园景区、霞客桃源景区、鼓鸣寨景区、西津湖景区、中华茉莉园景区、白鹤观旅游景区、蔡氏书香古宅、狮山公园、花雨湖生态休闲旅游区、云里湖景区、万古茶园景区、莲塘圣茶谷、向阳红现代农业庄园、那贵樱花园、海王生命与健康科普馆

县)茉莉花音乐会、中国(横县)生态茶旅游产业发展交流会、第二届中国(横县)淘宝茉莉花文化节、投资贸易推介洽谈会、横县茉莉花和茉莉花茶及特色产品展销会、茉莉闻香之旅等19项活动。27日,由横县政府主办的2017年横县“一会一节”投资贸易洽谈会在国泰会议中心召开。会上举行中国农业发展银行广西分行对横县50亿元贷款授信签约,并进行招商引资项目集中签约仪式,签约项目8个。接待游客35.58万人次,旅游收入4.16亿元。 (班 铭)

【马山第十一届文化旅游美食节】 2017年11月3日至5日,2017中国－东盟山地马拉松赛暨马山第十一届文化旅游美食节在马山县举办。2017中国－东盟山地马拉松赛(马山站)由国家体育总局登山运动管理中心、中国登山协会、自治区体育局主办;中国黑山羊之乡——马山第十一届文化旅游美食节由马山县委、县政府,市旅游发展委,市文新广电局,市体育局共同主办。活动内容有山地马拉松赛及配套活动、文艺和扶贫公益活动、运动休闲旅游活动、电商大集(特产网购节)及特色美食活动、招商活动五大项,培育“体育＋旅游＋扶贫＋县域发展”的业态发展模式(马山模式)。4日,文化旅游美食节开幕式暨文艺演出在马山县会鼓广场举行,以“鼓乡歌海 祥寿马山”为主题,接待游客5000多人次。5日,特飞动力冲浪暨皮划艇大赛在古零镇里民湖举行,有冲浪飞人及航模表演、皮划艇比赛,参赛队伍20支,运动员130人,观众2万人次。其间,举行马山县招商引资项目暨扶贫合作项目宣传推介会,签订政策性融资合作协议2个、投资合作协议11个,意向总投资55.86亿元。

(黄凤香)

旅游行业管理

【旅游饭店管理】 2017年,市旅游发展委对南宁万达嘉华度假酒店、万豪万枫酒店、广西金旺角国际大酒店、邕宁名洋国际大酒店、南宁国宾美景酒店、维也纳国际酒店衡阳友爱店、南宁市江南宾馆、城市便捷酒店火车站店等饭店进行星级评定指导,指导饭店进行软硬件配套服务对接和更新改造。开展旅游星级饭店评定性复核,动员广西沃顿国际大酒店、南宁明园饭店、南宁邕州饭店等2017年星级评定(含评定性复核)满三年的10家旅游星级饭店做好自查、整改、迎检。新增广西金旺角国际大酒店、南宁国宾美景酒店2家四星级旅游饭店,市江南宾馆升为三星级旅游饭店。

【旅行社管理】 2017年,南宁新增出境游旅行社4家,有38家;新增国内游旅行社17家,有83家;新增旅行分社12家,有62家;新增服务网点98个,有314个;新增导游人员353人,有2600人。市旅游发展委开展旅游市场随机抽查3次,出动检查人员50人次,抽查旅游企业30家次。依法对不规范经营的旅行社进行警告、处罚。建立出境旅游保证金银行托管方式,实行银行、旅行社、旅游者出境游保证金三方托管。

【旅游安全管理】 2017年,南宁市对重点星级酒店、A级景区、旅行社等进行安全生产大检查。举办旅游“安全生产月”暨旅游安全警示教育与食品安全宣传咨

2017年南宁市星级酒店情况表(49家)

表18

名 称	星 级	地 址	名 称	星 级	地 址
广西沃顿国际大酒店	五星	民族大道东段88号	广西满江红大酒店	三星	祥宾路63号
广西红林大酒店	五星	民族大道129号	南宁万兴酒店	三星	北宁路42－1号
南宁明园饭店	四星	新民路38号	南宁市银河大酒店	三星	朝阳路84号
广西路桥瑞丰大酒店	四星	中华路17号	南宁金禾宫大酒店	三星	桂春路13号
广西南宁凤凰宾馆	四星	朝阳路63号	广西新华大酒店	三星	民族大道69号
南宁圣展酒店	四星	金湖路49号	南宁市富满地大酒店	三星	桃源路43号
南宁喜相逢大酒店	四星	长湖路28号	广西风采宾馆	三星	葛村路23号
南宁市世纪君悦大酒店	四星	金湖路71号	广西绿都大酒店	三星	七星路133号
南宁景都国际大酒店	四星	茶花园路31－1号	南宁华星酒店	三星	七星路125号
南宁邕州饭店	四星	新民路59号	广西发改委培训中心	三星	葛村路1号
广西相思湖国际大酒店	四星	大学东路188号	南宁大王滩度假村	三星	良庆区那马镇南宁大王滩风景区内
广西怡养花园大酒店	四星	长堽路189号广西药用植物园内	广西天妃商务酒店	三星	明秀东路238号
上林天龙湾大酒店	四星	上林县大丰镇林康路17号	南宁市状元坡宾馆	三星	秀灵路77－1号
广西金旺角国际大酒店	四星	民族大道182号	广西南宁嘉年华大酒店	三星	民族大道135号
南宁国宾美景养生酒店	四星	桃源路63号	南宁简约酒店	三星	桂春路11－1号
南宁跨世纪大酒店	四星	民族大道111号	宾阳花园大酒店	三星	宾阳县广场路小区广场南路地段

续表

名称	星级	地址	名称	星级	地址
广西宾阳县金世纪大酒店	三星	宾阳县商贸城城中大道西排21号	南宁麦尔顿酒店	三星	茶花园路8号
宾阳黎都大酒店	三星	宾阳县黎塘镇金龙大道2号	南宁威宁生态园乡村大世界	三星	三塘镇邕宾路
南宁市银林山庄	三星	邕武路23号	南宁市江南宾馆	三星	星光大道40号
横县横州国际大酒店	三星	横县横州镇茉莉花大道	南宁市铁道饭店	二星	中华路84号
南宁手球训练基地上林大明山景兴山庄	三星	大明山风景旅游区	南宁市迎宾饭店	二星	朝阳路71号
			南宁市教育宾馆	二星	桃源路64号
上林圣龙大酒店	三星	上林县政府路30号	广西南宁百利佳宾馆	二星	桃源路57号
上林翔源大酒店	三星	上林县大丰镇明山大道	南宁市园湖饭店	二星	园湖北路27号
马山县易珑山庄	三星	马山县	南宁市银都酒店	二星	体育路6号

询日活动1次，开展旅游安全应急演练1次。排查整改安全隐患，防范、应对事故发生，通过旅游政务网及时发布景区流量信息，引导游客合理出行。

【旅游市场专项治理】 2017年，市旅游发展委开展"不合理低价游"专项整治，开展专项检查18次，出动执法人员320多人次，检查旅游企业210多家次，规范旅游市场秩序。建设行业信用体系，建立联合惩戒机制，在全国城市信用状况监测平台、南宁市信用信息系统、旅游政务网旅游信用建设专栏等11个平台发布公告、推送信息，禁止违法违规的旅游企业享受相关优惠政策和评优资格。审理投诉案件175起，立案查处案件40起，行政处罚13起，罚款30.12万元。

【旅游教育培训】 2017年，南宁市启动电子导游证换发及出境领队备案工作，完成全市2600名导游的电子导游证换发，规范导游人员的从业行为。市旅游发展委举办2017年南宁乡村致富带头人暨农村党员旅游从业人员培训示范班，培训120人；指导区县完成南宁市农村党员暨乡村旅游扶贫致富带头人培训3期，培训3000人。举办南宁市创建国家全域旅游示范区专题培训班、全市旅游行政执法专题培训班等，提高旅游管理人员素质。

【文明旅游建设】 2017年，市旅游发展委在重点场所进行文明旅游宣传，指导景区、景点设立文明游园标识，发放文明旅游宣传手册、宣传资料。指导星级酒店利用LED屏长期滚动播放"文明旅游十大提醒语""文明旅游、理性消费""社会主义核心价值观"等公益广告，设立志愿服务站开展志愿服务。指导旅行社向游客发放有关文明旅游内容的宣传画、宣传册等资料并张贴宣传标语，滚动播放文明旅游宣传视频，发放文明旅游宣传资料2万多份。在春节、壮族"三月三"、清明节、五一、端午节等节假日，开展文明旅游宣传和引导。对20家出境旅行社、星级酒店等企业文明旅游宣传、培训责任到位、行前说明会到位、领队履行职责到位等情况进行督查，纠正存在问题。举办"为中国加分文明旅游公益行动暨2017大学生文明旅游广西主题宣传活动"，传递文明旅游观念。

（周思伶）

信息业

信息化建设

【概　况】 2017年，南宁市建设新型智慧城市，完善公共服务平台，整合共享信息资源，建设包括"爱南宁APP"、网上审批大厅、一站式社会服务管理平台等惠民项目。印发《南宁市加快推进网上政府服务工作实施方案》《南宁市加快推进"互联网+政务服务"开展信息惠民工作实施方案》《2017年新型智慧城市建设实施方案》，确定2017年电子政务建设项目投资计划，总投资1.50亿元，安排项目59个，重点打造智慧治理综合平台、智慧民生综合平台、智慧产业综合平台、智慧生活综合平台、智慧双创综合平台等智慧城市应用工程。

【公共服务平台建设】 2017年，南宁市建成上联自治区，下联市属区县及开发区的电子政务网络平台，覆盖市本级200多个市直机关、重点企事业单位，承载市政务信息网、市一站式社会管理平台、市网上审批大厅系统、市机构编制实名制综合业务平台等130多个应用系统。建成全市一体化政务云平台，各部门新建信息化项目原则上"上云"，由云平台集中提供基础设施保障，逐步迁移原有信息系统。电子政务云平台（一期）迁移、部署南宁市信用信息系统、一站式社会服务管理平台等应用系统60多个，硬件设备利用率从30%提高至80%以上。建成市政府视频会议系统，覆盖12区县及66个市直部门、市属企业，开通视频终端78个，利用视频会议系统召开会议280多次。

【政务数据中心建设】 2017年，南宁市建立统一的政务数据交换共享系统，梳理政务数据1645项，其中人口、法人、地理空间、宏观经济四大基础数据库数据集分别为260项、505项、5项、36项，主题数据集828项，初步建立市政务数据资源目录体系。市信用信息系统（二期）完成升级改造并上线运行，进行信用信息归集，建立全市40万户企业、753万自然人的信用档案，归集公共信用信息2702万条。

【"智慧政府"建设】 2017年12月25日，南宁市网上审批大厅平台上线运行，实现19个市级部门、444个事项网上申办服务。平台汇集市卫生和计划生育委员会、市民政局、市司法局等5个部门44项数据类别、700多万条数据资源，整合市民政局、市住房保障和房产管理局等8个部门56个办事项、34个证明项，在试点

2017 年 12 月 25 日，南宁市网上审批大厅上线运行　　班　铭提供

社区试行“一号”申请、“一窗”受理、“一网”通办。市一站式社会服务管理平台(一期)建成启用，以青秀区凤岭北社区，南宁经济技术开发区金阳社区、凤江社区为试点，整合为民办实事事项并由社区服务中心统一受理。年内，南宁市级网站平台整合迁移部门、县级网站 88 个，南宁政务网站公开信息量 26.34 万条，网站访问量 330 万人次；网站收到反馈问题(含单位信箱、在线咨询、效能投诉、依申请公开) 7299 个；播出《向人民承诺——电视问政》节目 10 期、新闻发布会网络文字直播 36 次；制作党的第十九次全国代表大会、南宁市权责清单等专题栏目 6 个。市政府门户网站在第十六届(2017 年度)中国政府门户网站绩效评估中位列全国省会城市门户网站第八名，在 2017 年全区政府网站绩效评估中位列第一。

【“智慧民生”建设】 2017 年 11 月 17 日，南宁市公共服务信息平台——“爱南宁 APP”上线运行。提供服务包括交通出行、智慧健康、城市生活、政务服务 4 大板块 30 余项。“爱南宁 APP”将行政审批、卫生、教育、交通、社会保障、民政、公用事业等事项汇集在手机 APP(应用软件)上，市民可通过苹果 App Store、百度助手、360 手机助手等主流应用商店，搜索关键词“爱南宁”下载 APP 使用。年内，市人力资源与社会保障局升级智慧社保“诊疗一卡通”，将社会保障卡、就诊卡、金融卡功能“三卡合一”，通过手机、一体机等自助终端，办理门诊预约挂号、候诊查询、医保结算、自助缴费等 20 多项自助服务。在接入大部分三甲医院的基础上，接入市医保定点二级医院，实现市民在二级医院预约挂号、候诊查询、医保结算、自助缴费、查询处方和检验报告等多方面的自助服务。完成智能公交电子站牌(二期)建设，建成智能公交电子站牌 150 个，首次采用柔性太阳能电池循环充电技术；完成佛子岭路、仙葫大道、民族大道等道路的绿波带信号控制，车辆通行时间节约 15%～20%；拓展市民卡应用范围，开通市民卡服务网点 593 个，发卡 231 万张，全市所有公交车、地铁、公共自行车租赁、2060 辆试点出租车实现一卡通行、优惠服务，实现高校校车刷卡应用。开通水费、燃气费刷卡缴费功能，以及东葛、桂雅、淡村路西 3 个社区医院、市红十字会医院、老百姓大药房、广谱医药连锁药店、民族影城、凤岭儿童公园和 2 个加油站、2 个停车场等消费试点应用。建成市公安局网上服务平台及手机端“南宁微警务”平台，市民可在网上及手机终端查询、办理包括治安、交警、出入境、人口、消防、禁毒、网络安全等业务 98 项，累计服务群众 764 万人次。在全国率先推出“网上返赃平台”，失主完成“信息浏览、车辆匹配、认领预约、现场认领”四步操作，就可找回公安机关破案后追缴回的财物。南宁交警微信公众号新增用户实名、道路交通违法有奖举报、交通违法罚款缴纳、一键移车、违停车辆拖车查询等功能。启动建设市智慧健康信息工程(一期)项目、市便民出行管理系统(二期)项目、市教育资源公共服务平台和教育管理公共服务平台、南宁“互联网＋全民健身”服务平台。

【“智慧治理”建设】 2017 年，南宁市探索实践“大数据＋城建管理”，形成“互联网＋城管执法”的新模式。市公安局完成公共交通安全防范视频监控网项目建设，在全市范围内重点线路、重要路段 500 个公交站点安装 604 个高清视频监控摄像头；建设轨道交通警用通信及轨道交通安防中心，完成南宁轨道交通 2 号线警用通信系统建设，接入南宁轨道交通 2 号线 18 个车站站内视频监控，相关视频信号传输到市公安局地铁分局；为环邕 18 个检查站、三大活动场馆(南宁国际会展中心、华南城、广西展览馆)80 个安检口配备移动警务云终端、“人证合一”智能匣机、专用笔记本电脑等信息化设备，对车辆、人员信息进行快速采集、人像比对和身份核查。在火车站、华南城、埌东客运站等地新增“动态人像系统”41 套，实时采集经过该系统前端的人脸图像并入库比对处理。市信息网络管理中心建设“智慧停车”试点，整合现有公共停车泊位、停车场资源，依托“爱南宁 APP”，实现用户在 APP 上实时查询、预定周边的车位，并与个人诚信分值挂钩。以市发展改革委大院为试点，允许社会车辆在晚上 19:00 至次日早上 7:30 在大院里错峰停车。市城市管理局建设南宁市扬尘治理视频综合管理系统(二期)项目，升级完善一期项目。建设建筑工地及消纳场出入口智能监管系统、邕江流域水上综合视频监控系统，升级工程运输车辆车体图像识别比对平台、建筑垃圾运输车辆卫星定位监管数据综合处理系统，构建与交警、数字城管等综合数据安全与执法案件处理交互平台。建设工地远程视频监控系统，实现全市在建工地现场视频监管系统建设与集成、工地现场扬尘监测与管理系统建设与集成、项目报建与备案系统建设、数据整合，提高建设工程施工现场监管水平和监管效能。

【区县信息化】 2017 年，南宁市区县(开发区)所属组成部门、直属机构、特设机构、挂牌机构、政务服务中心整体接入电子政务外网网络并统一使用互联网出口。自治区、市、县、乡镇四级电子政务外网网络连通。兴宁区、江南区、青秀区、西乡塘区、邕宁区、武鸣区、马山县完成本级电子政务外网建设；良庆区、横县、宾阳县、上林县、隆安县在建。青秀区升级“青秀通”系统，可自动导入全市数字城管案件，自动分类并推送给案件处置责任人，采集案件 71.72 万起，处置完成 71.61 万起，案件处置率 99.85%；市民通过“随手拍”投诉案件 146 起，处置并反馈结果 144 起，满意率 98% 以上。西乡塘区建设重大项目管理信息平台，建成网络专线 20 条，软件系统上线试运行。宾阳县建设“就业惠民”工程，网络接入 96 个村委办公室。高新区建设南宁综合保税区一期信息化平台，监管部门可对入驻跨境电商的物流动态进行全方位监管等；建设南宁跨境贸易电子商务通关服务平台项目，降低企业通关成本，提高通关时效；建设南宁跨境贸易电子商务政府公共服务平台项目，服务综合保税区的跨境电商相关企业。横县整合"智慧扶贫"系统、农村淘宝、村邮乐购、京东、乐村淘等700多个农村电商平台村级服务站资源,建成"智慧乡村"大数据平台、移动应用平台、便民服务平台。

【爱南宁APP示范建设】"爱南宁APP"是市级公共服务移动应用平台,整合市政府相关部门和公共事业单位服务资源及信息,为市民提供涵盖城市生活、交通出行、卫生健康、政务服务等方面信息及服务。2017年,上线应用包括交通出行、智慧健康、城市生活、政务服务4大板块30余项应用。特点是以统一的信用体系、用户体系、支付体系为支撑,将政务服务、民生服务和商业服务与三大体系融合,实现智慧南宁业务、数据和技术融合。创新实行基于实名实人认证的数字身份(属全国领先),基于安全认证的统一支付,基于个人信用分值的应用场景,基于个人数据的数据资产。是自治区级信息化示范建设优秀案例。

【信息安全】2017年,南宁市完成政务信息安全管理平台建设,使用政务信息安全管理平台单位73家,录入业务类数据1000多条,预警数据8.30万条,其中处理高危漏洞威胁近700条,网站风险事件300多条。对电子政务领域122家单位进行网络安全检查,对宾阳县、邕宁区等10个区县、单位进行现场抽查、组织整改及复查。完成全市电子政务网络平台安全执法检查,自查整改平台所属45个重要信息系统网络安全情况,备案变更18个信息系统,暂停使用处理9个信息系统。成立应急处置小组防范网络病毒;封堵电子政务网络平台相关端口,阻止病毒跨域传播。刻录、发放杀毒光盘136张,发送短信2295条,组织189个单位,对104个应用系统、500多台终端进行应急处理,保障全市电子政务网络平台及相关信息系统免受永恒之蓝(WannaCry)病毒侵害。 (刘 静)

通信业

【概 况】2017年,南宁市有中国电信股份有限公司南宁分公司、中国移动通信集团广西有限公司南宁分公司、中国联合网络通信集团有限公司南宁分公司3家通信运营商。通信主营业务收入约74亿元,其中电信主营业务收入20多亿元,比上年增长11.64%;移动主营业务收入40亿元,增长8%;联通主营业务收入14亿元,增长27.27%。 (班 铭)

【中国电信股份有限公司南宁分公司】2017年,电信南宁分公司有办公室、市场部、渠道运营部、政企客户部、客户服务部、网络运营部、财务部、人力资源部、采购供应中心、监察部、党群工作部(企业文化部)、信息安全管理部、工会13个部门;下辖兴宁区、江南区(五象新区)、青秀区、西乡塘区、邕宁区、武鸣区、横县、宾阳县、上林县、马山县、隆安县11个区县分公司;有人员3630人,其中合同工1394人(含离岗待退人员),第三方人员2236人。

经营管理 主营业务收入20多亿元,比上年增长11.64%。新兴业务收入[流量、ICT(信息通信技术)、互联网应用业务]比上年增长33.30%,占37.40%,提升6个百分点,其中流量收入增长45.70%。收入市场份额28.19%,提升0.33个百分点。移动市场规模拉动份额提升,过网份额18.43%,提升4.73个百分点。宽带市场份额下滑,用户到达数份额61.17%,下降2.80个百分点。移动业务新增天翼手机用户84.38万户,新增后付费用户82.08万户,天翼手机用户整体规模159万户,其中移动4G(第四代移动通信技术)用户108万,占天翼手机用户总数68%。全网新增有线宽带20.15万户,增长18.90%,宽带整体规模106万户,新装融合占83.50%,增长37%,50M及以上高速率宽带占78.60%。

电信通信 完成资本性支出1.63亿元,进度66.07%;转固率18.76%;决算率70.13%。宽带项目完成862个12.28万线,城市小区FTTH(光纤到户)通达率98.74%,乡镇光网覆盖率100%,村委会覆盖率98.05%,自然村覆盖率73.56%,其中100户以上覆盖率96.65%。4G网络开通800MC+L基站2086个,1.8G基站733个;3G(第三代移动通信技术)网络开通农村C网(CDMA频段)基站108个;开通室内分布系统246个,开通南宁轨道交通2号线L网、C网信号。4G市区覆盖率98.40%,县主城区覆盖率96.94%,县乡郊区覆盖率81.22%。交付政企光纤4633条,其中FTTO(光纤到办公室)3767条,传统专线LAN(局域网)866条,平均工程历时18.30天,同比时限压降47.71%。优化、整改校园网光缆链路6个,完成14所高校万兆出口带宽和31所高校新增2G中继链路扩容。配合南宁市警务E通、电子身份证平台、可视云平台、扬尘整治、智慧停车等ICT项目实施。

电信网络建设 3G网络建设完成电信南宁分公司农村小CEO800M无线网络补点工程,优化新增LTE FDD室外站78个,投资约234万元。南宁轨道交通2号线项目安装开通CDMA RRU 84台,BBU 14台。开通室内分布系统站点47个,安装开通利旧的室外替换给室内分布系统的CRRU 154台。4G网络建设完成农村800M替换站点583个,城区800M替换站点583个,农村新建站点1.8G 435个,城区新建骨头站点1.8G 253个,南(宁)广(州)高铁新建站点87个,云(云南)桂(广西)高铁新建站点73个,农村新建小CEO站点78个,农村ETS退网补点站点29个,环广西自行车赛站点30个,开通不限流量微站55个,开通宏站(1.8G)29个,开通宏站(2.1G)18个。室内分布系统建设自建LTE(长期演进技术)室内分布系统4G室内分布系统,开通12个站点工程,累计安装开通LRRU 30台;安装南宁轨道交通2号线隧洞LTE RRU 138台,LBBU 23台。

多服务边缘TDM端局下电退

2017年9月2日,中国联通南宁市分公司派出应急通信保障车在南宁国际会展中心为中国-东盟国际博览会保障通信 中国联通南宁分公司提供

网 完成TDM(时分复用)端局下电退网12个,迁移传统端局固话用户14万。DSLAM(数字用户线路接入复用器)退网已割接端口7556线,减容板卡6924块,现场拆板卡5214块,累计减容端口21.57万个。4月至7月,完成FTTB(光纤到楼)设备退网年度计划5596台设备和253块PON(无源光纤网络)板退网,10月将退网FTTB设备华为5626系列调配到政企项目,累计开通设备4518台。1月至10月,平均网络故障处理及时率95.73%,月平均重大故障次数3起,下降约50%。

防范通信信息诈骗 完成自治区通信管理局防诈骗项目系统工程建设割接。完善语音中继备案清单表、主叫号码鉴权及商业网母局数字中继电路割接。IPTV(交互式网络电视)平台扩容3次,平台规模从30万户扩至80万户。

城区OLT改造 电信南宁分公司完成改造491台,剩余116台,总完成率84.51%。乡镇改造完成487台,完成自治区公司下发的乡镇一期、二期改造目标。自查自纠大带宽(500M)互联网专线2次,确保大带宽业务在设备侧开启速率与CRM(客户关系管理)受理速率一致。更换南宁埌东枢纽楼NGN(下一代网络)、邕宁母局等16个重要局站50组超年限且容量不足的蓄电池组;更新机房空调81台;更新普通分体空调130台、办公吸顶空调20台。盘活资产置换废旧79万安时,置换回16万安时。完成本地网市—县及乡镇网县—乡波分系统的扩容,为IP城域网和IPRAN(无线接入网IP化)的承载提供支撑。自治区内二级干线、本地网OTN(光传送网)/WDM(密集波分复用)全部接入集团传输综合网管,传输综合网管所管理自治区内电路端到端数据准确性大于99%。实施2017年光功率不达标小区ODN(光分配网络)整治项目,完成项目方案和预算审核150个,并负责进度管控和技术支撑。利用主设备内部资源挖潜、维护网调施工、推动区县分公司划小投资快速建站等措施,在纯L宏站上开通C网40个,纯L室内分布系统增开C网92套,改善C网语音网覆盖。控制到2017年第三季度每月70单,对360个BBU进行基带池汇聚优化。全量网络资源清查工作完成进度79.16%,新建工程现场资源准确率98%;区内FTTH末梢97.95%,县域第三季度92.93%。完成清查的市区内光交箱动态资源准确率59.52%。楼宇库两达图完成100%。存量三码(物料编码、固定资产编码、资产卡片编码)融合工作存量资产资源匹配率完成值76.58%。重大迁改项目完工26个,正在施工49个,等待回建16个,未开工12个。

客户服务 宽带满意度同城行业排名第一,3/4G满意度同城行业排名第二;全年未发生三强(强推、强卖、强压)、不明扣费、恶意扣费、媒体曝光等重大服务事件。重要客户售后服务各项指标100%,服务零投诉。平安南宁摄像头在线率98.30%以上,完成98%的在线率指标。开展平安南宁监控杆专项巡检,对5351根监控杆进行3轮巡检,迁改回建监控杆点95根。管控政企客户故障(特别是重复故障),制定管控规则和要求,对重复故障超2次以上的用户进行重点整改管控,实施闭环管理。区级108家及网格TOP30重要政企用户故障量2064张,下降32.64%。 (许辉坚)

【中国移动通信集团广西有限公司南宁分公司】 2017年,移动南宁分公司负责经营南宁市所辖区县的中国移动通信业务。设有综合部、财务部、人力资源部、市场经营部、品质管理部、党委办公室(党群工作部)、纪检监察部、工会、集团客户中心、自营渠道运营中心、营销中心、客户运营中心、网络运营中心、客户响应中心、工程建设中心、采购供应服务中心16个机构。分管邕城、武鸣、横县、宾阳、上林、马山、隆安7个分公司,有员工1839人。自有渠道81个,社会渠道1910个。主营业务收入40亿元,增长8%。客户规模550万户,网络覆盖率99.90%,交换机容量27.71万爱尔兰,向地方缴纳税收1.83亿元。移动南宁分公司的《污染智慧监控,守护绿水青山——广西重点污染源视频监控项目》获中国移动通信集团十佳案例奖。

市场运营 推广"任我翻"流量季包与半年包,提升流量业务规模。发展有线宽带业务,全年宽带有效客户近36万户。首次推出校园流量不限量青春卡。完成公共自行车、餐厨垃圾、电子政务外网、村邮乐购、医保五级网等批量专线项目。拓展电子政务内外网、智慧南宁、移动执法等项目,签约南宁市城区免费WIFI建设、重点污染源监控、智慧南宁、市公安局新一代移动警务云平台终端等政府网络项目,与自治区人民医院建设区级心电诊断平台。

客户服务 服务主体责任制度化管理。推出家庭宽带超时赔付承诺,建立家庭宽带客户感知短板问题摘帽机制。发挥电子渠道及微信渠道运营管理,培养客户使用习惯,推广线上平台优惠活动。

网络运营 完成电信普遍服务项目的83个村委会网络建设。完成节假日、中国-东盟博览会、环广西公路自行车世界巡回赛(南宁站)、第十二届南宁国际马拉松比赛暨第三十五届南宁解放日长跑活动等重大活动通信保障,完成应急通信保障136次、派出应急通信车151辆次,进行应急演练4次、启动保障预警10次,投入保障人员2008人次。开展"打击治理电信网络新型违法犯罪专项行动""2017年两部委有关网络与信息安全工作""扫黄打非·净网2017"专项行动、防范打击通讯信息诈骗、打击伪基站工作等专项行动,配合公安机关破获伪基站案件9起,缴获伪基站设备9套,捉获6人。

综合管理 优化、调整客户经理和营业厅的绩效薪酬方案。完善公司制度监督问责条款,优化一线流程,推动员工自主开发研究。降本增效,由源头把控资产全生命周期管理,管控网络电费、基站租赁领域效能。建立并完善"法治移动"建设,推进"合规护航计划",合规管理嵌入"三重一大"决策流程及重点业务领域。将内部控制融入各业务线条。主动服务公司转型发展,常态化工程建设项目审结274项。建立安全生产管理考评机制,落实100%物理点的网格化安全责任。

(杨 眉)

【中国联合网络通信集团有限公司南宁分公司】 2017年,联通南宁分公司设市场营销部、固网销售部、集团客户事业部、战略客户部、电子商务部、客户服务部、系统集成(云数据部)、财务部、稽核中心、支撑管理部、网络建设部、运行维护部、网络优化中心、综合部、党群工作部(工会)、人力资源部、纪委办公室、督察室18个部门。下设47个基层营销单元,有员工1500人。客户规模200万户,程控交换机容量500万户。全年主营业务收入14亿元,增长27.27%,向地方缴纳税收0.37亿元。联通南宁分公司被自治区通信管理局评为2014—2016年度自治区通信保障工作先进集体。

业务经营 主要经营固定通信业务,移动通信业务、数据通信业务、网络接入业务和各类电信增值业务、与通信信息业务相关的系统集成等。联通南宁分公司融合业务发展,精准存量营销,用户保有和价值双提升,用户保有率70%。整合线上线下资源,实现互联网业务一体化运营,优化实体渠道布局,加速渠道转型提升产能。实行渠道分级精细化管理、核心渠道名单制管理,开展中兴、OPPO、VIVO厂商门店攻坚及非厂商门店的双进渗透工作引商入店。厂商型渠道单店产能60户/月。宽带业务方面提高自建小区外包效能,引进移网渠道做固网业务代理商,社会化投资扩大固网覆盖面积。启动"如意社区"项目,开展"百千万"工程,宽带业务全年开账收入2亿元。中国联通南宁分公司有移动用户200万户,宽带用户35万户。

2017 年 10 月 22 日，市无线电管理处在马山县弄拉生态旅游区执行 2017 格力·环广西公路自行车世界巡回赛(南宁站)保障任务　　市无线电管理处提供

网络建设　联通南宁分公司将工作重点放在整改建设等方面。整改、维护现有逻辑基站 9800 个。至年末，中国联通南宁分公司有移动基站 5085 个，市区覆盖率 98.23%，乡镇覆盖率 85%。宽带建设项目中新增端口 2.13 万个，建设 100 个小区和楼宇宽带网络。

实现南宁轨道交通 2 号线全线连续覆盖，提升 4G 无线资源利用率，互联网网络时延指标降至 70 毫秒以下，丢包率低于 1%；整治重要传输节点及基站动力配套，提高 4G 基站成环率，基站面积故障率下降；应用 5G 化技术，提升网络覆盖效果、容量，在南宁轨道交通 1 号线、2 号线应用高阶调制(256QAM)下行峰值速率提升 30%。

客户服务　联通南宁分公司通过服务体验穿越活动，解决客户感知痛点问题；完善和优化热点区域的网络覆盖和网络优化，解决影响客户感知的区域覆盖，改进网络服务能力，提升客户网络感知；成立疑难投诉问题专家团队，实行专案专人负责制，提高客户问题解决的时限和效率，市场口碑和 NPS(净推荐值)均得到明显提升。全年受理投诉 3.21 万件，办结率 100%，回访客户满意度 98%。综合服务得分 98 分。　（李　蕊）

无线电监管

【概　况】2017 年，自治区工业和信息化委员会南宁市无线电管理处有监测站，综合科，业务科和财务科 4 个科室，在编 11 人。全年监测无线电 2.45 万小时，查处“黑广播发射设备”39 套，为各类考试提供无线电安全保障 25 次。被评为自治区工信委 2017 年无线电管理绩效考评优秀单位。

【无线电监测】2017 年，市无线电管理处执行固定监测站和移动监测站相结合的日常监测制度，由专人负责和完成日常监测任务，每月根据计划完成辖区内航空无线电导航和通信，对讲机频率，第三代、第四代移动通信，广播电视，2.5G 频段固定业务，集群通信，点对多点微波，卫星无线电导航等重要业务和频段的监听监测，及时分析、比对监测数据，发现不明信号，立即甄别和查找，归档整理监测数据。全年监测 2.54 万小时，按时上报监测月报表电子版及密件纸质版 12 份。

【无线电频率台站管理】2017 年，市无线电管理处规范行政审批流程和行政许可有关申请文书格式，办理并审批行政许可事项 59 项，审批频率 24 组 48 个，批复频率 24 组，包括广西北部湾航空有限责任公司、中国民用航空中南地区空中交通管理局广西分局、南宁轨道交通集团有限公司、广西电网有限责任公司南宁供电局等单位用户 12 家。审批台站 1866 个(设置 1739 个，停用 127 个)，核发电台执照 1739 份，指配业余呼号 29 个。20 个工作日内办结率 100%。受理干扰申诉 13 起，均在收到申诉 5 个工作日内安排查找。

【重点工作与项目频率协调】2017 年，市无线电管理处负责进行频谱使用评估试点，为制定自治区频谱使用评估专项活动方案提供参考和数据。12 月上旬，市无线电管理处使用包括空中测试平台等多种测试手段查处南宁吴圩国际机场导航台干扰，保证机场通过校飞测试。

【台站规范化管理】2017 年，市无线电管理处完善设台许可流程，起草《无线电设台许可规范化流程》《无线电发射设备销售备案流程》，完成无线电发射设备网上销售备案试点。

【“伪基站”“黑广播”查处】2017 年，市无线电管理处与自治区无线电监测站合作，联合相关部门开展查处行动，定位“黑广播窝点”45 个，查处“黑广播发射设备”39 套，查获非法配套设备一批。查处的“黑广播”数量为历年最多，发射点遍布所有城区，集中在偏远地带、城乡结合部，有向周边卫星区县蔓延趋势。4 月、11 月，市无线电管理处分别在武鸣区、隆安县发现并查处该区域第 1 起黑广播。配合公安部门，对查扣的涉案“伪基站”设备进行技术鉴定，出具鉴定报告 6 份。

【业余无线电爱好者管理】2017 年，市无线电管理处组织业余无线电台操作技能(A、B)类考试 2 次，有 44 名业余无线电爱好者通过报名审核，参加考试 42 人，合格 31 人，合格率 74%。广西阳光业余无线电运动俱乐部代表南宁市参加国内外比赛，在世界短波通联大赛(WPX2017)、通联中国之省大赛(WAPC2017)、世界远程通信大赛(CQWW)，获中国赛区第一名 3 个、第二名 1 个。

【无线电安全保障】2017 年，市无线电管理处制定、完善无线电保障应急预案，保障重大节日、活动和重要时期无线电安全。党的十九大期间，市无线电管理处出动 10 人参与保障，动用移动监测车 2 辆，便携式监测设备 4 套，启动固定监测站 4 座，出动保障人员 80 人次，车辆 20 辆次，监测无线电 240 余小时，行程 400 多千米，联合自治区无线电监测站查处“黑广播”5 起。“两会”期间，市无线电管理处监测查处可疑信号，排除安全隐患，派出人员 22 人次，移动监测车 6 辆次，启用技术设备 12 台(套)，监测 150 小时。市无线电管理处从正式接受 2017 年环广西公路自行车世界巡回赛(南宁站)保障任务到赛事结束 5 个月内，累计出动 180 人次，车辆 60 辆次，启用固定监测站 4 座，便携式监测设备 4 套，监测无线电 900 余小时，行程 1200 千米，并制定应急预警机制。为全国硕士生招生统一入学考试、高考、全国司法考试、国家公务员录用考试等考试提供无线电安全保障 25 次，保障考点 169 个，派出人员 158 人次，车辆 48 辆次，启用技术设备 66 台(套)，没有发现作弊信号。　（覃　巍）

责任编辑　谢萍萍　梁　坤　卢景林　姚宗秀　班　铭

新区 开发区

综 述

【概 况】 2017年，南宁市有新区1个（五象新区）；开发区（工业园区）16个，其中国家级开发区3个（南宁高新技术产业开发区、南宁经济技术开发区、广西－东盟经济技术开发区），自治区级开发区4个（广西良庆经济开发区、南宁六景工业园区、南宁江南工业园区、南宁仙葫经济开发区），依法享受自治区级经济开发区政策开发区1个（隆安华侨管理区），区县工业园区8个（南宁市兴宁工业园区、南宁市西乡塘产业园区、南宁市邕宁新兴产业园区、南宁市伊岭工业集中区、宾阳县黎塘工业园区、上林县象山工业园区、马山县苏博工业园区、隆安县宝塔医药产业园区）。南宁五象新区完善新区规划，促进产城融合发展，引进重点项目27个，计划总投资494.90亿元；完成固定资产投资355.03亿元，在建项目547个，新开工项目（含子项目）136个。全市开发区（工业园区）围绕“工业强市、产业旺市”发展战略，实施“十三五”经济倍增跨越计划，推进管理体制和运行机制改革创新，产业结构和发展环境不断优化，基础设施和重大项目建设加快推进，经济总量和增速保持良好发展势头。开发区（工业园区）完成规模以上工业总产值3459.62亿元，比上年增长15.50%，占全市规模以上工业总产值86.71%，提高1.21个百分点；完成规模以上工业增加值947.93亿元，增长12.10%；完成工业投资702.95亿元，增长13.03%。南宁高新技术产业开发区、南宁经济技术开发区、广西－东盟经济技术开发区三大国家级开发区完成规模以上工业总产值2240亿元，平均增长17.51%，高于全市增速3.62个百分点，产值增长贡献率69%，拉动全市工业增长9个百分点；完成工业投资482.42亿元，增长9.63%，占全市工业投资44.91%，提高0.92个百分点。

【招商引资】 2017年，南宁五象新区实行招商引资工作“一把手”负责制、引进项目落地跟进服务机制、招商引资项目协调机制、月度进展报告制度以及与城区联合等工作机制，引进广西－东盟地理信息与卫星应用产业园（地理信息小镇）等项目。全市开发区（工业园区）推进重大项目招商，围绕电子信息、机械装备、生物医药、新材料、新技术以及铝加工等重点产业，通过中国－东盟博览会、粤桂产业合作对接交流会等平台，开展产业招商。引进万德建工、曼彻彼斯、瑞声科技、唯品会、万孚生物、国药医疗器械、百跃羊乳等工业项目180个，合同投资额约240亿元。其中，东鹏集团特饮生产、粤创控股液晶显示面板镀膜玻璃生产线、瑞声科技南宁产业园等投资亿元以上项目36个，合同总投资153亿元；推进中盟产业园、鼎泰顺等标准厂房招商，继续实施厂房租赁、购买补助等政策，促进中小企业、创业创新企业160多家入驻，新增租售标准厂房面积超过17万平方米。

【园区特色产业发展】 2017年，南宁市加快构建“3+4+N”（“3”指高新区、经开区、广西－东盟经开区三大国家级开发区，“4”指邕宁新兴产业园、江南工业园区、宾阳县黎塘工业园区、六景工业园区4个特色园区，“N”指其他开发区工业园区）园区发展体系，推进园区布局优化，完善基础设施、生产服务、城镇配套设施、生活配套建设，实现产业功能和产业空间布局协同发展。引进万孚生物、国药医疗器械、重庆博士泰等生物医药及医疗器械项目等生物医药产业项目，推进东鹏特饮、粤创液晶玻璃、南宁科天水性科技产业园等重大项目建设，促进三祥公司热电联产、嵘兴高档生活用纸、协鑫光伏发电等重大项目竣工投产。南宁高新区有电子信息、生物医药、智能制造产业规模以上企业132家，实现规模以上工业总产值717亿元，比上年增长19.42%，占高新区规模以上工业产值68.50%；南宁经开区有生物医药、食品加工、机械装备制造规模以上企业55家，完成规模以上工业总产值419.72亿元，占经开区规模以上工业总产值55.51%；广西－东盟经开区有广西珠江啤酒有限公司、百威英博啤酒（南宁）有限公司、南宁双汇食品有限公司、南宁统一企业有限公司、广西伊利冷冻食品有限公司等国内外食品加工企业30多家及配套企业40多家，实现产值91亿元，占东盟经开区规模以上工业总产值28%；江南工业园电子信息产业和铝加工产业产值超450亿元，占江南工业园区工业总产值90%以上；邕宁新兴产业园有广西源正新能源汽车有限公司、南宁中车轨道交通装备有限公司、广西建工集团建筑机械制造项目18家规模企业，机械装备制造产业工业总产值占邕宁新兴产业园工业总产值60%以上。

【投资环境建设】 2017年，南宁五象新区创新项目审批机制，提升行政审批效率，强化管委会领导联系重大建设项目机制，促进重点项目投资保持高速增长。继续深化三大国家级开发区体制机制改革，完善行政审批局职能与运作机制，提高管理效率与行政效能。全市开发区（工业园区）通过财政滚动资金、补助、自筹等途径筹措资金，用于园区主干道及道路关键节点、给排水管网、供水加压站、供电线路及变电站等基础设施项目建设。江南工业园区、隆安华侨管理区、上林象山工业园区、良庆经开区、黎塘工业园区争取自治区专项资金2770万元，用于基础设施建设与产城互动发展。完成基础设施投资65亿元；建成南宁产业投资集团（江南）企业工业园、正鑫科技园高层厂房等标准厂房并推广使用，标准厂房租售面积累计超过155万平方米。

（黄向荣）

五象新区

【概 况】 五象新区地处邕江之南，东至八尺江，西邻水塘江，南望北部湾，北面临邕江；规划面积近200平方千米，涉及邕宁区、良庆区2个城区。2017年，完成固定资产投资355.03亿元，比上年增长17.63%；引进重点项目计划总投资494.90亿元，实际到位内资（自治区外境内）96.52亿元，实际到位外资（广西全口径）7045万美元；累计引进世界500强企业18家、国内500强企业20家、境外上市公司17家、金融机构总部或省级（一级）分支机构13家；完成征地404.94万平方米，拆迁76万平方米；完成供地112宗，合计681.81公顷；新增建设用地获批面积，土地出让金收入分别占南宁市本级31.20%、42.70%；新开工项目（含子项目）136个，竣工项目54个，在建项目547个。

广西南宁五象新区规划建设管理委员会设办公室、财政局、国土局、规划建设局、经济发展和投资促进局、生态和环境保护局6个局(室);参照公务员法管理直属事业单位有广西南宁五象新区机关事务管理局、广西南宁五象新区房屋征收补偿和征地拆迁办公室、广西南宁五象新区建设管理监察大队、广西南宁五象新区建设工程质量安全监督站4个;直属全额拨款事业单位有广西南宁五象新区综合服务中心1个;管理国有企业1家(南宁五象新区建设投资有限责任公司);编制129名,在编105人,其中管委会6个职能局(室)编制51名,在编43人。

【投资环境建设】 2017年,五象新区制定《五象新区政府投资项目审批制度改革工作方案》,出台实施《五象新区政务服务事项容缺办理规定》,助推审批方式改革。五象新区政府投资项目可行性研究报告和初步设计审批时限压缩为3个工作日、按时办结率100%,评估周期时限压缩至12.90天、时效提速近50%,基本实现审批"市场规范化、时限制度化、流程标准化、信息透明化"改革目标。印发《五象新区政务服务事项办事指南》,收录新区政务服务事项35项,明确各政务服务事项设定依据、一次性告知材料、办理流程等内容。年内,完成(受理)审批事项24项、审批件3843件。

【项目建设】 2017年,五象新区完成固定资产投资355.03亿元,完成年度任务101.44%,其中基础设施项目完成投资137.40亿元、产业项目完成投资217.63亿元。完成供地112宗,供地面积681.81万平方米;新增建设用地获批面积651.13公顷、公开"招拍挂"出让土地成交额135.89亿元,分别占市本级31.20%、42.70%。在建项目547个,其中房建类项目407个,在建筑面积2970.30万平方米;新开工项目(含子项目)136个、建筑面积839.90万平方米,占市本级33.46%;竣工项目54个,完成年度任务108%。

基础设施建设 青山大桥建成通车;平乐大道—宋厢路立交、平乐大道—歌海路立交、平乐大道—秋月路立交3座城市立交工程主线建成通车;新区规划路网累计通车道路96条,其中年内建成通车28条。总部基地金融街地下空间综合利用工程第二阶段、中国－东盟信息港南宁核心基地产业板块路网工程加快推进。龙岗变电站建成使用,基本完成南宁市第三中学五象校区、南宁万达茂周边供水工程并实现通水;完成清水泉泵站关停后邕宁片区供水保障工程并实现通水。

公共服务设施建设 广西文化艺术中心、市档案馆(含方志馆)、市民中心项目竣工启用;蟠龙派出所等3个公安派出所建成使用,江湾派出所基本完工;五象新区第二实验小学、五象新区第三实验小学、市第三中学初中部、市第十四中学、民主路小学、秀田小学五象校区建成招生;广西国际壮医医院、广西新媒体中心、市图书馆主体结构封顶;蟠龙东等8个邻里中心项目加快建设;市儿童医院、明安医院、宝能医院等项目加快推进;五象新区供水加压站、变电站和给排水、电力、燃气管网等配套设施,与道路桥梁建设同步推进。

重点片区产业项目建设 房建项目新开工建筑面积839.90万平方米,在建总建筑面积2970.30万平方米。其中,总部基地金融街9个重点项目投入使用,占总项目16.67%;南宁万达茂大型室内主题乐园开业运营;中国－东盟电子商务产业园先导区总部休闲公园电商小镇开园运营,签约入驻企业51家;南宁现代化建材加工及物流配送中心一期工程等项目建成启用;中国－东盟信息港南宁核心基地建设加快;中国移动广西公司五象信息交流中心、广西电子政务外网云计算中心等9个重大项目竣工,25个项目在建;南宁大型粮食市场、招商局集团广西物流中心等项目建设加快;南南电子汽车新材料精深加工项目进入后期建设阶段;宜家家居商场项目正式落户;申龙新能源汽车生产基地项目投资协议正式签约。

【招商引资】 2017年,五象新区引进重点项目27个,计划总投资494.90亿元。实际到位内资(自治区外境内)96.52亿元,实际到位外资(广西全口径)7045万美元。累计引进世界500强企业18家、国内500强企业20家、境外上市公司17家、金融机构19家。赴北(京)上(海)广(州)深(圳)等地开展推介、洽谈招商活动,广西－东盟地理信息与卫星应用产业园(地理信息小镇)、中国电信东盟国际信息园、广西东盟国际电商科技园、远洋金象IDC大数据产业园、中国－东盟新型智慧城市协同创新中心、中国－东盟信息港南宁呼叫中心产业基地等项目入驻五象新区。加强二次招商,总部基地金融街项目二次招商完成超过备案销售面积79万平方米。实行招商引资"一把手"负责制、引进项目落地跟进服务机制、招商引资项目协调机制、月度进展报告制度以及与城区联合等机制,统筹协调解决项目落地、项目建设存在问题。

【中国－东盟信息港南宁核心基地建设】 2017年,五象新区管委会印发《关于加快中国－东盟信息港南宁核心基地创新型产业发展的通知》,从规划、用地方面支持信息港创新型产业发展;牵头制定市级层面支持南宁核心基地建设政策。至年末,南宁启迪东盟科技城展示中心投入使用;中国－东盟电子商务产业园先导区总部休闲公园电商小镇开园运营,签约入驻企业51家;中国移动广西公司五象信息交流中心、广西电子政务外网云计算中心等9个项目竣工,25个项目在建;引进云计算、大数据等新一代信息技术产业及信息服务企业,广西－东盟地理信息与卫星应用产业园(地理信息小镇)、中国电信东盟国际信息园、广西东盟国际电商科技园、远洋金象IDC大数据产业园等产业项目新入驻,加速产业集聚集群发展。

【绿色生态建设】 2017年,五象新区配合第十二届中国(南宁)国际园林博览会园博园(简称"南宁园博园")建设,开通"绿色通道"协调推进南宁园博园及周边配套项目审批建设,其中开工建设11个、完工3个。推进国家级绿色生态示范区建设,累计完成绿色建筑项目立项167个、总建筑面积3213.49万平方米,核心区绿色建筑比例100%。推广利用江水源热、太阳能等可再生能源,完成蟠龙片区路网工程等43个海绵城市项目建设;推进飞龙路后排绿地景观工程、蟠龙片区道路绿化工程、文旅组团北片区路网绿化工程及广西文化艺术中心配套绿化等24项绿化工程建设,新增绿地面积83.60公顷。推进扬尘治理,新区全年环境空气优良率90.60%,比上年提高2.2个百分点;可吸入颗粒物(PM10)年平均浓度每立方米55微克,下降6.80%;细颗粒物(PM2.5)年平均浓度每立方米32微克,下降13.50%。

【筹融资保障】 2017年,五象新区管理城建计划项目252个,落实项目资金50.10亿元。其中,落实7.18亿元自治区专项债券资金用于五象新区核心区及物流基地市政道路基础设施和场地平整工程项目、南宁园博园项目建设;推动南宁桂象城市发展基金按项目进度提款3亿元;工投新象城市发展基金按项目进度提款11亿元;落实重大项目建设资金16.80亿元;通过政府和社会资本合作(PPP)模式引进社会资金12.12亿元参与重点项目建设。

【安置房建设】 2017年,五象新区新交付使用安置房项目4个,建成安置房3698套、安置5200多人;出让安置房项目用地7宗、总面积26.26公顷,项目建成后预计可安置3500人。继续探索"房票"安置

2017年，五象新区总部基地金融街远景　　五象新区管委会提供

模式，邕宁区、良庆区有4566人认购政府统建安置房2990套，其中279户(1020人)以户为单位领取"房票"304张、认购政府统建安置房609套；另有412人领取"房票"，通过自行购买商品房方式完成安置。

（韦　钰）

南宁高新技术产业开发区

【概　况】南宁高新技术产业开发区1988年创建，1992年经国务院批准为国家级高新技术开发区。规划总面积163.41平方千米。2017年，代管心圩、安宁2个街道，分为心圩片区(26.62平方千米)、安宁片区(79.49平方千米)、相思湖片区(49.21平方千米)、综合保税区(8平方千米)4个片区，人口约19万人。全部工业产值1067.48亿元，比上年增长17.10%；规模以上工业总产值1063.77亿元，增长17.10%；规模以上工业增加值300.29亿元，增长14.90%；固定资产投资446.60亿元，增长12.64%；社会消费品零售总额105.40亿元，增长13.02%；财政收入41.60亿元，增长11.34%；外贸进出口总额110亿元，增长8.50%；自治区外境内到位内资80.18亿元，增长15.23%；全口径实际利用外资到位1.12亿美元，增长16.59%。产业结构持续向优，新一代信息技术、智能制造、生命健康三大产业聚焦规模以上工业企业131家，实现产值810.71亿元，增长19.04%，占高新区规模以上工业产值76.21%。企业实力持续增强，战略性新兴产业企业56家，实现产值392.58亿元，增长16.58%。年产值超亿元企业183家；高新技术企业179家，产值340.20亿元，增长16.49%。园区23家上市(挂牌)企业获资本市场融资额近60亿元。6月，南宁高新区获批建设国家第二批"双创"(大众创业、万众创新)示范基地，为自治区首个国家级"双创"示范基地。6月1日，南宁高新区通过国家知识产权局委托自治区知识产权局组织的"国家知识产权试点园区"考核验收。

南宁高新区党工委与高新区管委会合署办公，一套人员、两块牌子，机构规格为副厅级；设办公室、人力资源和社会保障局、财政局、经济发展局、投资促进局、建设房产局、安全生产监督管理局、社会事业局、城市管理局9个局(室)，另设机关党委(党工委办公室)和纪检监察室，管理南宁综合保税区管理委员会，编制101名，在编95人。

【投资环境建设】2017年，南宁高新区开展"基础设施建设年"活动，推进城建项目99个，完成征地168.33公顷、拆迁23.60万平方米，立项建设21条市政道路污水管网项目；完成棚户区改造任务280套(户)；广西民族大学西校区图书馆项目获中国建设工程鲁班奖，广西首批、南宁首个装配式公共建筑项目落户南宁高新区；成立泽宁建设工程公司，推进园区征地拆迁；全年移交出让土地20宗72.66公顷、比上年增长57%，出让成交18宗62.13万平方米，出让收入35.10亿元；设立高新工业企业投资发展基金，帮助265家园区企业获批发展扶持资金6175万元；实施"创拓2017"融资担保计划，为8家企业贷款担保8000万元；做好"放管服"改革，行政审批再提速，取消前置审批条件26项，清理规范行政审批中介服务事项40项；制定投资项目容缺后补制度、审管互动信息交流制度，试行微信预约办证服务，探索开发政务应用软件，实现1个工作日内为企业登记注册办结所有证件。

【项目建设】2017年，南宁高新区完成固定资产投资446.60亿元，比上年增长12.64%，其中统筹推进36项产业项目建设，累计完成投资52.51亿元，完成年度投资163.10%。广西烯时代科技有限公司正式落户，启动中科烯创石墨烯应用共享平台；东华云数据承接广电网络等建设项目；湾昊生物科技园、申能达科技企业孵化园等10个项目启动建设，自治区、市层面重大新开工项目开工率100%；北京领创精准医疗与南宁市第二人民医院合作成立"精准医疗中心"；19个续建项目完成年度投资33.03亿元，南宁禾田信息港项目完成主体建设，进入装修阶段；推进建设金红制药、十一科技南宁电子信息产业园、微软(南宁)技术实践中心项目；中国邮政东盟跨境电商监管中心、生物工程技术中心、皇氏乳业华南中央工厂等项目竣工投产，投资完成率312.75%，竣工率100%。工业投资完成203.45亿元，增长10.83%，占固定资产投资45.56%。

【招商引资】2017年，南宁高新区完成自治区外境内到位内资80.18亿元、比上年增长15.23%，全口径实际利用外资到位1.12亿美元、增长16.59%，分别完成年度任务106.91%、112%。赴中国香港地区、深圳市等地洽谈ASM先进科技项目，推进万德建工、东鹏特饮等6个工业购地项目入区建设，出让工业用地35.13公顷，工业用地成交面积增长234%；引进坤伸新能源、桂芯半导体等项目108个，入驻标准厂房21.67万平方米，完成全年标准厂房招商任务(18万平方米)120.44%；南宁综合保税区正式封关运营，入驻企业34家；全国首创建成集国际邮件、跨境电商、国际快件监管于一体的中国邮政东盟跨境电商监管中心。

【科技创新】2017年，南宁高新区开展"创新创业深化年"活动，以南宁·中关村创新示范基地建设为抓手，完善创新生态系统，加速科技成果转化，基地累计入驻行业重点企业33家，入孵创新团队52个，合作高校26所，初步形成新一代信息技术、智能制造、生命健康、科技服务4个产业微集群；南宁·中关村创新示范基地企业取得知识产权265项，承担国家、广西及南宁市科技项目70个，中软国际有限公司、深圳市同创三维科技有限公司与广西50多所大中专院校合作,培育广西特飞云天航空动力科技有限公司、广西七三科技有限公司等5家国家级高新技术企业和广西捷佳润科技有限公司1家广西瞪羚企业(瞪羚企业是银行对成长性好、具有跳跃式发展态势的高新技术企业的一种通称)。新增南宁创客城、云创智谷2家国家级众创空间;有自治区级以上孵化器5家,众创空间8家,高校创业示范基地6家;有国家级博士后科研工作站6家、广西院士工作站9家,广西博世科环保科技股份有限公司宋海农、广西捷佳润科技股份有限公司温标堂入选“国家万人计划”;有自治区工程技术研究中心43家(新增7家),自治区企业技术中心37家(新增3家);经中国合格评定委员会(CNAS)审定“国家认可实验室”12家(新增1家)。全年专利申请量、授权量分别为4712件、1683件,占全市28.87%、37.43%;拥有有效发明专利2946件,占全市50.48%;通过“国家知识产权试点园区”考核验收。

【南宁软件园】 2017年,南宁软件园有在孵企业21家,博士3人,硕士11人,累计承担国家科技和产业化项目28项、地方科技和产业化项目30项,新增软件著作权登记数80项、授权专利数3项。以园区上市企业为产业发展核心,形成软件研发、创意文化等多个产业链区域竞争优势。利用互联网、虚拟服务等技术手段,在南宁软件创新公共服务平台建成的软件即服务(SaaS)平台、测试服务平台、信息安全服务平台等专业技术子平台上,为中小企业提供在线学习、软件项目产品推介、培训及认证等信息化服务。通过建设创新展示平台、创业服务中心、创客咖啡及产品发布平台、大学生创业支撑服务平台等,打造集展示、交易、综合服务为一体的创业平台,实现创业带动就业。

【南宁创客城】 2017年,南宁创客城新引进团队38家,中国台湾创业团队5家,其中广西七三科技有限公司成为自治区2017年第一批高新技术企业。在孵团队98家,其中加速器企业30家,毕业团队9家,入驻率100%,常驻办公人数400多人。孵化出水上机器人、智能家居控制设备、环境大数据在线监测等7项新项目、新产品;健全园区入驻及清退管理机制,清退“僵尸”团队18家;帮助创业企业导入天使客户、种子用户、重要项目等支撑生存发展的关键资源,为广西风图网络科技有限公司、广西家饰宝网络科技有限公司、广西恒辉科技有限公司、南宁沐之霖文化传播有限责任公司等6家企业导入项目资源70.02万元;为叮叮科技、风图传媒、国睿科技3家企业申请南宁市社会保险、水电场地等补贴近10万元。

【云创智谷】 南宁云创智谷运营主体为南宁弘信创业工场投资有限公司,2016年5月投资建设,总投资额约1000万元,总建筑面积6000平方米,其中3000平方米用于企业创业孵化、3000平方米为公共服务面积;云创智谷服务模式为“产业链服务+天使投资”,以云创智谷为载体,向企业提供战略、人才、管理、金融、市场、产业政策扶持等软硬件资源。2017年,南宁云创智谷在孵企业、团队22家,重点企业有广西良友环保工程有限公司、广西南宁酷世际科技有限公司、广西施乐农化科技开发有限责任公司、南宁同展拓电子科技有限责任公司、广西世超生物科技有限公司;云创智谷入选国家级众创空间备案。

【南宁综合保税区封关运营】 2017年4月13日,南宁综合保税区正式封关运营,是南宁首个海关特殊监管区。位于南宁市南面、五象新区西南端,2012年启动申报,2014年2月南宁高新区作为建设、管理主体,统筹推进南宁综合保税区申报建设,2015年9月30日获国务院批准设立。规划面积2.37平方千米,配套规划面积8平方千米,分两期开发建设;一期建设面积0.90平方千米,包括保税物流区、出口加工区、监管作业区3个功能区。2016年10月18日,综合保税区一期建设通过验收。

【中新南宁国际物流园项目启动】 2017年9月1日,中新南宁国际物流园项目在南宁综合保税区正式启动。项目投资方为新加坡太平船务有限公司,是中新互联互通南向通道建设重点项目,投资规模约100亿元,规划建成集信息交易、集中仓储、配送加工、多式联运、辅助服务和产品批发交易中心、物流金融中心等于一体的现代物流多功能园区,服务辐射广西毗邻省份和西部地区、新加坡等东盟国家以及来自世界各地的进出口商家。 (黄　敏)

南宁经济技术开发区

【概　况】 南宁经济技术开发区创建于1992年,2001年5月经国务院批准为国家级经济技术开发区。代管那洪街道、金凯街道,托管吴圩镇。2017年,总面积504平方千米,人口约30万人;由中心区、吴圩空港经济区组成。中心区主要由金凯工业园、银凯工业园、北部湾现代产业园、南宁生物医药产业园、中央商住区构成,产业有生物医药、食品加工、机械装备制造等,其中南宁生物医药产业园是中心区发展的重点;吴圩空港经济区重点引进发展空港商贸、空港物流、航空维修制造、临空高新技术产业等。规模以上工业总产值835.43亿元,比上年增长16.75%,其中规模以上高新技术企业工业总产值278.67亿元,增长18.39%,占规模以上工业总产值33.36%;财政收入37.15亿元,增长7.19%;固定资产投资270.40亿元,增长14.51%,其中工业投资150.88亿元,增长9.44%;社会消费品零售总额150.51亿元,增长12.10%;实际到位内资83.35亿元,增长10.03%;实际利用外资9800万美元,增长19.51%。

南宁经济技术开发区管理委员会为

2017年4月13日,南宁综合保税区正式封关运营　　高新区管委会提供

南宁市人民政府派出机构，正处级，设党政办公室、劳动人事局、财政局、招商局、建设发展局、经济发展局、社会事业局、城市管理局、安全生产监督管理局、食品药品监督管理局10个局(室)，编制70名，实有61人。直属事业单位16个，编制193名(含后勤服务控制数)，在编171人(含后勤服务人员)。

【投资环境建设】 2017年，南宁经开区完成基础设施建设投资10.56亿元，吴圩镇1号、2号、3号、5号、6号、7号、9号、14号、20号路，纵四路等开工建设；吴圩空港物流园开展"五通一平"(通水、通电、通路、通信、通排水，平整土地)；完成《吴圩空港经济区重点区域市政和生活配套设施专项规划》编制、《机场高速—友谊路节点立交规划方案研究》等；推进行政审批二次改革，取消、调整审批事项51项；继续改革改进和优化审批流程和环节，试运行"行政审批标准3.0版"；编制完成《经开区工业项目建设工程并联竣工验收工作方案》，项目竣工验收时间由60个工作日缩减至13个工作日；改革财政投资项目建设流程图，提高审批效率，降低办事成本、优化投资环境。

【项目建设】 2017年，南宁经开区新开工项目214个，竣工项目568个，其中工业新开工项目152个，竣工项目410个。

南宁宇通客车配件及总部基地项目 位于金凯路北侧、同兴路西侧。2月27日，开工建设。规划建设项目包含综合楼、车间、泵房等配套设施，总投资约2亿元，占地2.48万平方米，总建筑面积约1万平方米。

南宁研祥智谷项目 位于五象大道延长线——那洪大道7号，聚集全球先进制造业企业的东南亚总部、研发机构、结算中心。占地25.40公顷，总建筑面积约37万平方米，总投资30亿元，分4期开发建设。5月26日，项目一期竣工(2014年6月开工建设)，总建筑面积约17万平方米，含检测中心1栋、配套服务用房7栋及研发厂房20栋，项目一期陆续交付给签约入园企业投入使用。6月28日，项目二期开工建设，投资额6.80亿元，含研发厂房53栋。10月30日，项目三期开工建设，投资额5亿元，含总建筑面积约6万平方米的研发厂房。

南宁中药制剂生产基地项目 位于高岭路北侧、友谊路西面。6月28日，开工建设。占地约3.80万平方米，总建筑面积约9.20万平方米，总投资约2亿元。分2期建设，共4个单体(丙类仓库、综合车间、煎煮中心、产品检验中心)，一期建设丙类仓库，建筑面积1.95万平方米；二期建筑面积7.21万平方米，其中综合车间建筑面积2.37万平方米，煎煮中心建筑面积0.78万平方米，产品检验中心及附属配套工程锅炉房及污水处理站建筑面积3.25万平方米。

创意产业园项目 位于那洪大道12号。6月28日，竣工。占地1.80公顷，建筑面积约6.60万平方米，总投资约3.10亿元，规划设计9层，规划产业类型为动漫产业、3D产业、研发产业等，每层面积约6600平方米，设置车位200个。

民生电商(南宁)现代金融产业园项目 位于友谊路南侧、鹏飞路东侧。9月7日，开工建设。总投资约8.40亿元，占地20公顷。一期用地面积7.16万平方米，规划建设民生电商现代金融产业园华南区管理总部、动产融资－标准化金融监管基地、实体商品交易展示中心、社区O2O物流分拨中心四大核心功能，为南宁物流、商贸和制造企业提供"仓储＋融资"物流(供应链)金融增值服务，以互联网金融为杠杆优化传统产业链，助推区域产业升级。

恒安(广西)纸业有限公司二期项目 位于友谊路21－9号。9月7日，竣工(2015年7月开工建设)。占地3.10万平方米，总建筑面积6.37万平方米，总投资约2.20亿元，规划建设生产车间2栋，生产线8条，生产生活用纸和卫生巾5万吨。

南宁经济技术开发区金凯初级中学项目 位于那洪大道与国凯三支路交叉处。9月7日，竣工(2016年12月开工建设)。占地3.28公顷，总建筑面积3.52万平方米，总投资9530万元。按30个班规模设计，含5层教学综合楼1栋，6层学生宿舍楼1栋，4层食堂1栋、体育馆综合楼以及合班教室、运动场、管理用房、总平绿化等配套设施。

南宁经济技术开发区国凯路小学项目 位于那洪大道与国凯三支路交叉处。9月7日，竣工(2016年12月开工建设)。占地2.91公顷，总建筑面积2.40万平方米，总投资6596万元。按42个班规模设计，包括5层(2.09万平方米)教学楼综合楼1栋、2层(3724平方米)体育馆1栋、食堂、生活管理用房，及合班教室、大门、围墙、足球场、篮球场、绿化等配套设施。

宏象工业园项目 位于那历路与洪历路交会处西北面。9月7日，竣工(2015年7月开工建设)。占地1.20公顷，总建筑面积3.05万平方米，工程造价约8000万元；建有标准厂房3栋及研发楼1栋。

广西益生宜居预拌砂浆生产项目 位于友谊路58－8号。10月30日，竣工(2016年11月开工建设)。占地1.78公顷，建筑面积5138平方米，总投资1.10亿元。由1号钢结构厂房、研发及办公综合楼、倒班宿舍3个单体组成，规划建设生产线2条。

现代工业园项目 位于洪运路与金凯路交叉路口。10月30日，竣工(2014年8月开工建设)。占地3.40公顷，总建筑面积10.40万平方米，总投资2.19亿元，含标准厂房6栋、研发楼1栋、宿舍楼1栋。

【招商引资】 2017年，南宁经开区开展招商引资"突破年"活动，实际到位内资83.35亿元，比上年增长10.03%；实际利用外资9800万美元，增长19.51%。引进单项总投资5亿元以上重大项目4个，其中瑞声科技南宁产业园项目总投资30亿元，广西天然气管理中心项目总投资38亿元，房屋智能建造装备和环保新建材研发及生产项目总投资6.74亿元，深圳弘电LCD模组生产线项目总投资7亿元。引进标准厂房项目21个，使用

2017年8月30日，南宁经开区金凯初级中学揭牌启用　　经开区党群工作局提供

2017年6月,广西轩妈食品有限公司生产车间　　经开区党群工作局提供

标准厂房面积约12.90万平方米,其中涉及生物医药、医疗器械产业等项目16个,包括万孚生物、国药医疗器械、重庆博士泰等16家企业。6月30日,广西康柏莱科技有限公司、广西新健康投资有限责任公司、广东臣保药业有限公司、中进控股集团有限公司4家企业签约入驻经开区,项目总投资1.56亿元。8月14日,重庆博士泰生物技术有限公司博士泰体外诊断产品生产研发基地项目入区协议签订,总投资约2.10亿元。至年末,累计有78家大型企业落户经开区,其中工业企业48家、建筑业企业1家、批发零售业企业23家、服务业企业6家,总投资418亿元。

【产业发展】 2017年,南宁经开区生物医药、食品加工、机械装备制造三大主导产业完成规模以上工业总产值464.41亿元,占园区规模以上工业总产值55.59%。循环经济取得新成效,循环化改造涉及补助资金项目8个,总投资13.10亿元;实施创新驱动发展战略,园区高新技术企业发展至43家,净增12家;入孵企业157家。有国家级重点实验室1个,国家认可实验室1个,自治区级院士工作站1个,自治区级研发中心17个,市级研发中心17个;广西联讯投资有限公司被认定为国家级孵化器,联讯U谷众创空间被评为国家级备案众创空间。(冯梅丽)

广西－东盟经济技术开发区

【概　况】 广西－东盟经济技术开发区前身是2004年3月成立的南宁－东盟经济技术开发区,是国家发展和改革委员会2005年12月第一批通过审核公告的省级开发区;2013年3月经国务院批准升级为国家级经济技术开发区,更名广西－东盟经济技术开发区。总面积180平方千米。广西－东盟经开区实行三块牌子(广西－东盟经济技术开发区、南宁华侨投资区、广西国营武鸣华侨农场)、一套人员管理模式;成立以来先后安置印度尼西亚、越南、柬埔寨、老挝、缅甸、泰国、马来西亚、新加坡、菲律宾9个国家的归侨、难侨1.20万人。2017年,有农业单位10个、生产队118个、社区2个,总人口8万多人,其中归侨、侨眷约7000人,是全国归侨、侨眷最集中的聚居地之一。完成规模以上工业总产值340.82亿元,比上年增长20.73%;规模以上工业增加值85.14亿元,增长16.60%;固定资产投资177.10亿元,增长13.10%;财政收入11.60亿元,增长10.38%;直接利用外资5500万美元,增长2.80%;到位内资67.12亿元,增长19.85%;社会消费品零售总额4.11亿元,增长11.56%;外贸进出口总额21亿元,增长173.70%。

广西－东盟经济技术开发区管理委员会(南宁华侨投资区管理委员会)为南宁市人民政府派出机构,与党工委合署办公。3月,广西－东盟经开区党工委、管委会开展内设机构竞聘上岗,对各办、局和下属单位分工整合,下属事业单位纳入主管部门管理,整合后保留25个部门,分别是党政办公室、人力资源和社会保障局(与人才交流服务中心、社会保障管理服务中心合署办公)、纪检监察局、财政局(与国库集中支付中心合署办公)、国有资产投资运营管理中心、经济发展局(与统计普查中心合署办公)、招商一局、招商二局(与招商中心合署办公)、城市和农林水利管理局(与动物卫生监督所、林业工作站合署办公)、建设局(与建设工程质量监督分站合署办公)、规划管理局、安全生产监督管理局(与安全生产监察大队合署办公)、社会事务管理局、食品药品监督管理局(与食品药品稽查大队合署办公)、卫生和计划生育局(与疾病预防控制中心、人口和计生服务所合署办公)、教育文体局、党群侨务局、绩效考评和督查局、行政审批局、审计局(评审中心)、房屋征收补偿和征地拆迁办公室、土地储备中心、城市管理综合行政执法队、市政环卫管理站、机关事务管理局;编制90名,在编78人。参照公务员法管理事业单位9个,编制102名,在编73人;事业单位20个,编制664名,在编450人。

【投资环境建设】 2017年,广西－东盟经开区取消、调整行政审批事项82项,实现网上申报、预审105项;出台《广西－东盟经济技术开发区企业投资项目"容缺后补"制度(试行)》,推动投资项目审批(备案)事项办理提速71%;受理各类审批服务事项7861件,按时办结率100%。登记市场主体731户,比上年增长21.18%,累计4183户,注册资本205.46亿元;扶持工业企业158家,安排扶持资金2.56亿元;安排财政专项资金1664万元支持南宁市政府性融资担保体系建设,组织银企对接活动2场次;园区2家企业(南宁侨虹新材料股份有限公司、广西商大科技股份有限公司)在全国中小企业股份转让系统实现挂牌上市。开工建设市政基础设施项目36个,其中新建项目开工10个、完成投资1126.80万元,续建项目开工26个、完成投资3.86亿元。筹措资金4198万元开展"美丽里建·宜居乡村"建设,宁武农场和民涵农场获南宁市"美丽南宁"乡村建设领导小组办公室授予"十佳乡镇"称号。建成日处理能力5万吨的城镇污水处理厂1座、水管网118千米、雨水管网125千米;核心区内实现雨污分流,污水集中收集处理率95%以上;集中供热项目具备对外供热每小时50吨的能力,园区29家企业接入集中供热管网;管道燃气实现主要道路及居住小区全覆盖;循环化改造项目开工建设28个,累计完成投资13.36亿元;淘汰燃煤锅炉24台182蒸吨,拨付补助资金380.21万元;推进"河长制"落实,首设"志愿湖长",百威英博啤酒(南宁)有限公司获聘园区里建湖首任"志愿湖长"。

【项目建设】 2017年,广西－东盟经开区完成征地1066.67万平方米,拆除房屋2.90万平方米,推进贵阳至南宁客运专线、贵港至隆安高速等重点项目；涉及广西－东盟经开区征拆工作，组织土地“招拍挂”6期，出让工业用地16宗，面积103.93万平方米；筹措项目资金23.57亿元。新开工工业项目41个，竣工投产工业项目42个；广西南宁科天水性科技投资基金完成资金募集，总规模20亿元；广西科天水性科技产业园68.27万平方米用地开工，累计完成投资10亿元；新建2个、扩建8个教育项目，投入资金1.20亿元；南宁市第十人民医院门诊综合楼项目完成主体楼6层建设，累计完成投资5575万元；新建广西－东盟经开区社会福利院，占地4.67万平方米，总投资3500万元，设置床位300张；里建农村（城市）养老服务中心工程竣工，总投资1100万元，建筑面积3910平方米，设置养老床位120张。

【招商引资】 2017年，广西－东盟经开区引进百跃羊乳（南宁）有限公司万吨智能配方羊奶粉标准厂房项目、香港津威国际发展有限公司年产12万吨乳酸菌饮料及绞股蓝保健饮品建设项目等项目68个，总投资42.70亿元，其中超亿元项目8个，超5000万元项目22个，标准厂房租赁面积新增19万平方米；与绿地（香港）集团建立战略合作关系。出台实施《聘请招商顾问办法（试行）》，14名招商顾问推介企业20多家。推进自治区、市层面重大项目21个（自治区级5个、市级16个），总投资170.40亿元，计划年内投资17.15亿元，完成投资25.11亿元，完成年度任务146.42%。

【工业产业发展】 2017年，广西－东盟经开区有企业800多家，其中规模以上工业企业105家，实现工业总产值340.82亿元。有食品加工企业60家，其中规模以上企业26家，产值99.26亿元，占工业总产值29.10%；皮革、毛皮、羽毛及其制品、制鞋企业4家，其中规模以上企业1家，产值5.39亿元，占工业总产值1.60%；生物医药企业17家，其中规模以上企业7家，产值24.42亿元，占工业总产值7.20%；机械制造企业89家，其中规模以上企业21家，产值80.55亿元，占工业总产值23.60%；家具及木材加工和木、竹、藤、棕、草制品企业25家，其中规模以上企业9家，产值23.16亿元，占工业总产值6.80%；纸品及其他产业企业137家，其中规模以上企业41家，产值108.05亿元，占工业总产值31.70%。

【科技发展】 2017年，广西－东盟经开区有效发明专利87件，新增24件，比上年增长38.10%。广西美泉新农业科技有限公司获广西科学技术进步奖三等奖，其抗寒粉蕉新品种“金粉1号”的选育与应用获广西科学技术进步奖一等奖；新增自治区知识产权优势企业培育单位4家，分别是广西万德药业有限公司（被评为国家级知识产权优势企业）、广西大海阳光药业有限公司、广西南宁侨盛木业有限责任公司、广西金邦泰科技有限公司；广西－东盟经济技术开发区农业科技园区项目获自治区科技厅认定建设项目。广西网联电线电缆有限公司生产的聚氯乙烯绝缘电缆、聚氯乙烯绝缘电线，南宁侨虹新材料股份有限公司生产的无尘纸、广西舒雅护理用品有限公司生产的卫生巾（卫生护垫）、南宁统一企业有限公司生产的绿茶、冰红茶，广西绿霖食用菌科技有限公司生产的特级食用菌类杏鲍菇获“广西名牌产品”称号；南宁多灵生物科技有限公司“国家级民族医药众创空间”入驻科研团队（企业）31个（家）；南宁智源科技企业孵化器被认定为市级科技孵化器，入孵企业27家。

【服务业发展】 2017年，广西－东盟经开区有服务业企业260多家（含南宁市侨盾保安服务有限公司、广西联众至信企业策划有限公司2家规模以上服务业企业），其中交通运输、仓储和邮政业28家，住宿和餐饮业11家，信息传输、软件和信息技术服务业9家，房地产服务类17家，租赁和商务服务业112家，科学研究和技术服务业41家，水利、环境和公共设施管理业1家，居民服务、修理和其他服务业12家，教育26家，卫生和社会工作6家，文化、体育和娱乐业3家，社会团体3家。实现服务行业国内生产总值8.19亿元，比上年增长16.11%。广西桂储物流有限公司仓储物流项目一期竣工，南宁华沛物流有限公司项目进入试运营；广西和正康乐城（太和·自在城）被认定为自治区健康养老产业集聚区，被评为广西首批养生养老小镇，项目一期正式对外营业，销售养老产品近5000份。

【农业现代化示范区建设】 2017年，广西－东盟经开区建设现代特色农业示范区3个，其中自治区级示范区2个，分别是宁武都市农业（核心）示范区、广西－东盟经济技术开发区特色农业（核心）示范区，县级示范区1个（武帽农场西甜瓜产业示范区）。示范区总规划面积5666.67公顷，建设面积1330多公顷。通过示范区辐射，带动周边乡镇1000多户农户参与产业化经营。各类示范区累计投入7亿元（含历年投资），建设完成道路30.80千米、水利设施18.20千米、电网线路7.50千米，安装低压变压器10多座，完成山塘（水塘）改造9座。示范区实现土地流转2660多公顷，引进种植类、养殖类、农业经济合作组织、加工类、科研技术推广等经营单位36个。9月，宁武都市农业（核心）示范区被评为自治区三星级示范区；12月，广西－东盟经开区特色农业（核心）示范区入围自治区级示范区。

【棚户区改造】 2017年，广西－东盟经开区棚户区改造住房开工建设972套；分配入住政府投资公共租赁住房1990套、其他类型公共租赁住房680套。

【农场综合改革】 2017年，广西－东盟经开区农场综合改革第二批“农改搬迁”工作完成搬迁协议签订1249户，落实安置住房1236户；启动第三批“农改搬迁”工作，涉及生产队12个，涉及农户、职工户数约500户。

【南宁教育园区（西片区）建设】 2017年，广西－东盟经开区南宁教育园区（西片区）基础设施建设累计完成投资7.41亿元，其中“两横四纵”（里建大道永和路—建兴路、发展大道新庆南路—聚源南路、新庆南路、建设南路、宝源南路、永和南路）6条主干道开工建设11.98千米，累计完成投资5.71亿元；在建综合配套服务项目5个，完成投资1.70亿元，其中里建湖湿地公园景观绿化工程（一期）完成，致和路小学、第三幼儿园投入使用。筹措建设资金30.73亿元，其中上级资金3.47亿元，银行贷款到位10.64亿元，金融机构其他类型融资到位8.96亿元，入园院校缴纳的征地预付款与履约保证金7.66亿元。9所签约入园院校中的广西机电工程学校、南宁市第三职业技术学校、桂林理工大学博文管理学院开工。总投资12亿元的广西职业技能公共实训基地累计完成投资2.25亿元，一期一标段完成主体工程建设，装饰装修工程完成83%。

【社会事业】 2017年，广西－东盟经开区发放城乡最低生活保障金72.32万元，受惠1714人次；发放特困人员供养补助金5.75万元，受惠8人次；医疗救助9.05万元，受惠15人次；临时救助2户次、1.23万元；资助低保对象缴纳新型农村合作医疗2.16万元，受惠144人次；资助贫困残疾人缴纳新型农村合作医疗2.81万元，受惠256人次。足额发放抚恤补助金40.98万元，受惠159人次；发放义务兵家庭优待补助金60.80万元，受惠24户次；发放2016年退役士兵、退役士官自主就

2017年，入驻广西－东盟经开区南宁教育园区的广西水利电力职业学院、广西经济职业学院、广西新闻出版技工学校等院校建成启用　　蓝必祠　摄

业补助金8.20万元，受惠7人次；发放军烈属、部队退役干部、参战老兵等慰问物资和现金15.77万元。发放流浪乞讨人员救助金4万元，受惠45人次；免除城乡最低生活保障对象基本殡葬服务费用0.14万元，受惠2人次；发放孤儿养育金2.88万元，受惠2人次；发放残疾人护理补贴3.88万元、受惠775人次，重度残疾人护理补贴15.80万元、受惠3155人次；发放残疾人慰问金4.04万元，受惠101人次；发放慈善救助金1.20万元，受惠6人次；发放高龄津贴137.34万元，受惠5180人次；发放高龄老人慰问金5.16万元，受惠338人次；发放教育资助金81.41万元，惠及学生1121人次；安排专项资金19.15万元慰问困难归侨侨眷、救助寡居困难老归侨、资助侨眷学生等；华侨城社区被评为全国社区侨务工作示范单位。为企业输送人才9810人。参加新型农村合作医疗2.77万人，家庭医生签约率46%。安排专项资金260万元对口帮扶邕宁区贫困村发展和建设，对口帮扶武鸣区罗波镇天马村整村脱贫。

（张向新）

南宁六景工业园区

【概　况】南宁六景工业园区2002年创建，2006年3月被国家发展改革委批复为自治区级开发区。位于横县六景镇。2017年，南宁六景工业园区总面积3540万平方米，人口1.30万人。园区工业总产值186.79亿元，比上年增长0.70%，其中规模以上工业总产值183.77亿元、增长6.67%；固定资产投资37.78亿元、下降7.91%；项目实际到位资金（自治区外境内）25.13亿元，下降11.76%；财政收入4.28亿元，下降33.02%；签订投资项目14个，新增9个；投资总额30.74亿元，增长50%。

南宁六景工业园区管理委员会为正科级事业单位，设综合部、投资发展部、规划和土地管理部、那阳工业集中区办公室4个部（室），编制52名，在编43人。

【投资环境建设】2017年，六景工业园区累计投资15亿元，完善园区道路网络建设，建成市政道路总长26千米，硬化面积约36.60万平方米；投资1.05亿元，建成日供水2.50万吨自来水厂1座和供应峦城镇、北港产业园项目源水抽水泵站各1座；建成220千伏双回路变电站1座、110千伏双回路变电站2座、35千伏变电站1座；国电南宁电厂供热（一期）工程投入使用，实现供气量每小时120吨；建成昆仑莲花LNG（液化天然气）气化站1座，每小时天然气流量7000立方米，日供气能力18万立方米；建成2万立方米规模污水厂1座、污水提升泵站3座；南宁港六景港区转运站、八联联营厂作业区投入运营，建成2000吨级泊位10个，年吞吐量365万吨；南宁港横县港区广西金鲤水泥码头、国铭码头等8个2000吨级泊位已投入使用；建设和凯科技园、港景科技园、春江标准厂房，面积11.60万平方米。六景工业园区实施提前初审、协办服务，简化办事程序，推进项目前期工作；项目入园前期考察、洽谈和工商登记、项目备案、环保审批、建设规划、用水、用电等项目落地过程中，由专人为项目业主提供全程指导、协办服务。

【项目建设】2017年，六景工业园区完成横县百项重点攻坚项目投资13.31亿元，6个重大项目开竣工。2月28日，广西南宁都宁通风防护设备有限公司防火排烟设备项目开工建设，占地4.73万平方米，计划总投资1.80亿元，主要生产通风设备、环保设备、消防设备、除尘设备、防火阀、排烟防火阀、排烟口、轴流式消防排烟风机、离心式消防排烟风机、空调设备、钢结构防火门、地铁消声降噪处理设备。6月28日，广西嵘兴中科发展有限公司年产5万吨高档生活用纸（一期）项目竣工，占地6.33万平方米，投资额2.10亿元，主要建设年产5万吨高档生活用纸项目。7月26日，南宁六景工业园区装配式建筑产业基地项目开工建设，总规划用地199.87万平方米，总投资超过60亿元，主要建设11万吨每年特种钢结构、9万吨每年装配式新型钢结构，配套特种砂浆、涂料、灯具、线缆、管线、玻璃、黏合剂、勾缝剂、五金、厨房、卫浴等建筑部品部件组装能力等。9月7日，南宁香兰纸业有限责任公司年产5万吨生活用纸技改项目一期工程开工建设，占地1.33万平方米，总投资2.20亿元，主要建设年产5万吨生活用纸高速纸机生产线及配套。10月30日，广西景典装配式建筑股份有限公司装配式建筑产业基地开工建设，占地23.33万平方米，办公室面积4777.20平方米，车间面积12.77万平方米，配套仓库及职工宿舍3600平方米，总投资5亿元，建设生产钢结构部品部件，混凝土结构构件（PC构件），整体卫浴等生产线及配套设施。12月28日，南宁双胞胎饲料有限公司投资建设年产24万吨饲料、年产6万吨预混合饲料生产项目开工建设，占地约4万平方米，投资总额约1.50亿元，主要建设西南区域总部基地暨年产24万吨饲料及配套、年产6万吨预混合饲料生产项目及配套，配建双胞胎集团西南区域总部基地。

【招商引资】2017年，六景工业园区依托广西南宁都宁通风防护设备有限公司、广西景典钢结构有限公司、广西凯威铁塔有限公司等现有行业龙头企业，发挥首府南宁市“东大门”“中国－东盟自由贸易区”经济圈、“泛珠三角”经济圈交汇点上及大西南出海通道和南（宁）贵（阳）昆（明）经济带重要节点的区位优势和产业配套优势，引进投资规模大、产业链条长、集聚效应强、外向度高的重大项目如景典装配式建筑产业基地项目、履带移动式破碎筛分设备生产配套项目、钢材综合开发产业一期项目等；赴湖北武汉等地招商引资，与符合园区产业定位的客商如报废机动车拆解再制造经济循环产业园建设项目、格林美（武汉）循环产业项目业主交流。实际到位资金完成25.13亿元，签订投资项目14个，签约总投资30.74亿元。

其中，入驻园区标准厂房项目3个，租赁标准厂房面积7440平方米，总投资0.99亿元；其他工业项目11个：年产5000吨涂料、油漆项目，扩建年产5万吨食品级磷酸项目，年产36万吨生物饲料、4万吨预混合饲料生产项目，年产6000吨饲料添加剂生产项目，年产30万吨高档包装纸生产项目，履带移动式破碎筛分设备生产配套项目，年产5万吨生活用纸技改项目，景典装配式建筑产业基地项目，新增年产2万吨生活用纸项目，钢材综合开发产业一期项目，600千瓦光伏并网发电项目，总投资29.84亿元。

【产业发展】 2017年，六景工业园区电力化工、机械装备制造、造纸及纸制品、建材、农林产品加工五大支柱产业总产值171.55亿元，占园区工业总产值91.84%。国电南宁发电有限责任公司、广西金龙钛业股份有限公司等电力化工产业重点企业10家（规模以上工业企业6家），产值44.93亿元；广西景典钢结构有限公司、广西南宁都宁通风防护设备有限公司等机械装备制造产业重点企业18家（规模以上工业企业6家），产值32.67亿元；广西永凯糖纸有限责任公司、广西天力丰生态材料有限公司等造纸及纸制品产业重点企业26家（规模以上工业企业15家），产值23.01亿元；广西金鲤水泥有限公司、广西德源冶金有限公司等建材产业重点企业17家（规模以上工业企业8家），产值35.21亿元；广西立盛茧丝绸有限公司、广西广联饲料有限公司等农林产品加工产业重点企业18家（规模以上工业企业8家），产值35.73亿元。 （阮玲玲）

南宁仙葫经济开发区

【概　况】 南宁仙葫经济开发区1994年4月创建；2006年3月，获国家发展改革委批复为自治区级开发区。地处南宁市民族大道东段，含五合工业园、五合大学城、伶俐工业园区、中国－东盟（南宁）现代农业园、二塘工业园5个园区；辖区面积162.93平方千米，其中重点开发面积66.35平方千米。2017年，有社区居委会7个、村民委员会1个（德福村委），人口10.89万人，其中户籍人口4.14万人、流动人口6.75万人。入驻重点企业45家，其中规模以上工业企业13家（产值亿元以上企业4家），完成工业总产值35亿元，比上年下降2.15%。其中，规模以上工业总产值34.05亿元，下降1.82%；规模以上工业增加值6.96亿元，下降4.20%。全社会固定资产投资27.68亿元，下降32.15%；招商引资实际到位资金10.84亿元，增长6%；社会消费品零售总额8.97亿元，增长11.14%。

南宁仙葫经济开发区管理委员会（行政级别正科高配）设党政办公室（挂应急管理办公室牌子）、投资促进局（挂项目发展办公室牌子）、经济发展局、住房城乡建设和安全生产监督管理局、城乡管理与执法局（挂食品安全办公室牌子）、社会事务管理局（挂社会治安综合治理办公室牌子），编制38名，在编37人；下辖人口和计划生育服务所、财政所、劳动保障事务所、工业园区管理办公室、征地拆迁补偿办公室、城乡管理办公室6个事业单位，编制75名，在编62人。

【投资环境建设】 2017年，仙葫经开区完成征地200.40公顷，房屋拆迁2536平方米，完成项目土地内分测量205.47公顷，其中交地施工134.87万平方米，市政道路项目86.53公顷。完成天合路（应天路—合兴路段）、应天路（原五合片区6号路）、纬五路（伶俐通用机场配套路）等15条道路的前期工作；完成给水项目“三通一平”（通水、通电、通路、平整土地），污水处理项目开工建设；回建安置项目计划投资0.90亿元，规划用地面积21.15万平方米，安置人口1176户、4700人。伶俐工业集中区征地拆迁项目4个，其中广西建工集团智能制造项目一期累计完成固定资产投资1.99亿元，二期项目累计完成固定资产投资2.05亿元；完成南宁伶俐通用机场项目一期、二期合计68.39万平方米征拆并交地施工，完成项目三期8.71公顷土地内分测量，签订机场夹缝地7.20公顷征地协议书；广西超大集团伶俐公路物流港项目一期建成并投入使用，完成项目二期征地16.93公顷。

【项目建设】 2017年，仙葫经开区完成项目建设投资1.70亿元，包括天合路建设、保宁路建设、五合大道扩建工程以及污水排放口、一体化污水处理站等设施工程；投资4.38亿元继续推进五合片区24号路、应天路、伶俐工业集中区纬三路等项目工程建设。完成五合、那舅片区征地拆迁项目34个，规划用地面积610.80万平方米；蓉茉大道北延长线（柳南高速—凤岭北路延长线）项目交地施工15.86万平方米；大健康特色小镇项目完成征地67.90公顷；下洲路（下洲—南宁市体育运动学校）完成交地施工5.05公顷；广西经贸职业技术学院（五合新校区调整用地）项目完成征地8.77公顷；广西东方外国语学院完成征地14.33公顷；应天路完成。交地施工5.90公顷；天合路完成征地2.60公顷；彩虹东路完成征地4155平方米；佳园住宅小区完成征地8.57公顷；邕江直排口污水处理工程完成征地2.23公顷，临时租用地3.47公顷；邕宁水利枢纽工程项目完成征地1.14公顷，住宅房屋拆迁2060平方米；牛湾半岛农民安置小区项目完成征地6.86公顷。

【招商引资】 2017年，仙葫经开区引进重点项目2个，总投资11.30亿元。其中，广西建工集团智能建筑材料制造项目占地9.13公顷，预计总投资4.70亿元，年内完成投资2.20亿元；广西建工集团第一安装有限公司智能制造项目占地13.33公顷，预计总投资5.60亿元，年内完成投资4.20亿元。引进大健康特色小镇项目，占地67.87万平方米，主体初始建设投资

2017年6月27日，鼎汉集团投资建设的南宁大健康特色小镇项目落户南宁仙葫开发区。图为签约仪式 青秀区地方志办提供

120 亿元,后期招商引资约 300 亿元。广西超大集团伶俐公路物流港项目、南宁鼎汉轨道交通设备有限公司、广西东艺丝花工艺制品有限公司、广西怡品智能科技有限公司、广西金辛奇食品有限公司、南宁恩待食品有限公司、广西南宁圣巴茨酒业有限公司、深圳广胜达控股有限公司的南宁建筑工业化产业园项目相继入驻辖区。

【五合大学城】 仙葫经开区五合大学城规划面积 21.50 公顷,办学总规模 10 万人。2017 年,累计有 9 所院校建成进驻,其中南宁市第六职业技术学院有在校生 4300 余人;广西中医药大学有在校师生 1.30 万人;广西中医药大学赛恩斯新医药学院有在校师生 1.03 万人;广西政法管理干部学院有在校师生 6500 余人;广西法官学院有在校师生约 5200 人;广西外国语学院有在校师生 1.50 万人;广西师范学院有在校师生约 7500 人;广西二轻高级技工学校有在校师生约 2500 人;广西检察官学院(培训基地)建成投入使用。 (吴堂军)

南宁江南工业园区

【概　况】 南宁江南工业园区前身是 2003 年 7 月创建的南宁经济技术开发区铝工业园区;2006 年 3 月更名南宁江南工业园区,4 月升格为自治区级开发区。东至石柱岭一带,南以白沙大道南站大道为界,西至津江大道,北至江南大道、锦成路。规划总面积 41.03 平方千米,其中沙井分区 31.97 平方千米,富宁经济园 7.90 平方千米,石柱岭铝加工产业园 1.16 平方千米。重点发展铝精深加工、电子信息及相关配套产业、现代会展业、清洁能源等新兴产业。2017 年,园区规模以上工业总产值 489.34 亿元,比上年增长 14.74%;规模以上工业增加值 126.51 亿元,增长 17.44%;规模以上工业企业税收 1.94 亿元;固定资产投资完成 76.14 亿元,下降 0.55%,其中工业投资 55.78 亿元、增长 11.2%,财政收入 7.50 亿元、增长 19.95%。

南宁江南工业园区管理委员会为正科级参照公务员法管理事业单位,位于江南区沙井街道下津路 8 号,设党政办公室、财政局、建安管理局、经济投资促进局、社会事业局 5 个局(室),编制 25 名,实有 29 人。

【投资环境建设】 2017 年,江南工业园区完成市政基础设施投资 13.10 亿元,比上年增长 39.07%;70 万平方米标准厂房相继投入使用。完善和创新企业服务模式,借助银江股份有限公司等互联网企业,通过政府采购建立企业服务网站、开发使用手机 APP 应用软件,OA 系统、微信公众号、微信群、QQ 群等方式和手段,搭建政企交流平台,发动城区各职能部门参与,和企业实时交流,收集企业问题,解决企业诉求;完善企业分级服务机制,服务企业"抓大不放小",明确项目专人负责跟踪服务,每周整理项目进度,全程跟进,解决企业在项目建设中遇到的难题;促进形成部门联动服务机制,加强园区内外联动服务,形成企业入驻服务链条。

【项目建设】 2017 年,江南工业园区新开工项目 6 个,完成投资 6.65 亿元;续建项目 26 个,完成投资 29.54 亿元。江南区富宁工业标准厂房、泉港电子信息标准厂房二期 2 个标准厂房项目竣工,累计完成投资 10.58 亿元。

江南区富宁工业标准厂房 位于下津路 8 号。建设标准厂房 6 栋、综合楼 1 栋及相关配套建筑,建设地下停车场及生态停车场,配备停车位 342 个。至年末,厂房 6 栋单元建设完成,累计完成建设面积 9.80 万平方米;厂房综合楼 12 月封顶。联审并确定入驻企业 7 家,招商面积 1.91 万平方米,主要涉电子信息、智能装备制造业等行业。

江南区泉港电子信息标准厂房 位于同乐大道 9 号。总建筑面积约 29 万平方米,厂房面积约 21 万平方米,配套设施面积约 8 万平方米,计划建设标准厂房、办公楼、员工宿舍、饭堂等。至年末,项目取得施工许可证,完成主体建设面积 21 万平方米,16 栋厂房竣工,有 130 家企业认购厂房 11.50 万平方米。

产投(江南)企业公园 位于下津路 12 号。总建筑面积约 58 万平方米,项目规划分 2 期建设。一期(H-07 地块)占地 10.34 万平方米,总投资 11 亿元,总建筑面积 32.38 万平方米,规划建设多功能标准厂房 12 栋及配套综合楼 1 栋。完成项目所有建筑主体建设,累计完成建筑面积 32.34 万平方米。二期占地 10.74 万平方米,总投资 9 亿元,总建筑面积 21.71 万平方米,完成勘探、总平和单体方案设计。

广西－东盟国际医疗健康电子信息科技综合产业园项目 位于定秋路 9 号。2016 年 11 月,开工。占地 9.67 万平方米,建设面积 31 万平方米,总投资 6.50 亿元。产业园以贯穿东西走向的主干道为准线将项目分成 A、B、C、D、E 五个组团。其中,A 组团为健康科技区,面向医疗健康领域核心企业开放入驻;B 组团智慧信息区,面向电子信息化领域企业开放入驻;C 组团为创新都市产业园,面向工业领域生产性服务业核心企业开放入驻;D 组团为政务、金融服务区,面向政务机构、金融机构、行业协会及行业服务机构开放入驻;E 组团为配套生活区,为入驻企业提供生活服务、商务服务、会展服务等配套功能。年内,完成 A 区 5 个单元、B 区 6 个单元主体建设,完成投资 1.40 亿元,累计完成投资 3 亿元。

弘信(南宁)创业工场移动互联产业园项目 位于下津路 20 号。占地 9.33 万平方米,总建筑面积 45 万平方米,计划投资 30 亿元,项目分 3 期建设,主要由标准厂房、研发中心、SOHO 公寓、众创办公大楼、展示区、生活区综合楼组成。6 月,项目一期开工建设;12 月,售楼部建成开业;至年末,项目完成 1 号楼

2017 年 9 月 27 日,中国－东盟(广西)电子竞技产业园开园仪式暨首届广西电子竞技职业选手选拔赛启动仪式在南宁召开　江南工业园区管委会提供

和2号楼主体封顶，完成投资1.06亿元。

南宁·肉禽集散中心项目　位于沙井大道以西、上津路以南。2016年11月29日，开工建设，是2017年自治区层面统筹推进重大项目，占地58.13万平方米，总建筑面积10.40万平方米，计划总投资5.43亿元，是集产品展示交易、冷链物流、保鲜加工、检验检疫、配套金融商业服务等功能于一体的现代化专业肉禽类集散中心。计划建设单体建筑8栋，其中批发市场5栋、商务中心1栋、物流仓储中心1栋、冷藏库1栋。年内，完成3号楼一层施工，4号楼封顶，5号楼60%主体结构施工。

融晟·天河广场　位于沙井大道39号。2015年1月，开工建设，2017年被列为市级层面统筹推进重大项目，占地约10.67万平方米，建筑面积约33万平方米，总投资约30亿元。项目分为C、D地块，C区打造文化旅游、城市会客厅街区式商业，D区主打家庭互动体验的集中式文化旅游综合体。年内，完成C区所有单体建筑封顶建设。

猪八戒网江南创意城项目　位于华南城3号馆4楼。6月20日，猪八戒网广西总部园区开园。一期占地面积4600平方米，计划总投资约5亿元。年内，猪八戒网线上园区服务商1422家，机构级别服务商339家，新增雇主用户2849家，线上交易金额约1600万元；招商签约线下入驻企业46家。

中国－东盟（广西）电子竞技产业园项目　位于华南城3号馆5楼。9月19日，项目签约落地。占地2万平方米，计划总投资约1.50亿元。年内，园区完成项目一期3000平方米办公区域装修采购，建成综合演播大厅1间；组建电竞战队6支，引进电竞相关企业4家，举办或参与全国性、区域性电竞赛事及活动13次。

高棠路、金华路项目　1月，开工建设，总投资4.90亿元。2016年被财政部、住建部列为国家管廊试点项目，项目包括道路、管廊、排水及其附属照明、绿化景观、交通等工程。高棠路项目起于壮锦大道，终于南建路，道路全长2184米、宽30米；金华路项目起于高棠路，终于亭洪路，道路全长1280米、宽30米。建成后将对园区路网的完善、推进沙井新区东西向路网贯通起到关键作用。

【招商引资】 2017年，江南工业园区引进项目7个，总投资76亿元，其中超亿元项目6个；引进中小企业121家，其中电子信息类企业47家、商贸物流类企业31家、文化创意类企业14家、医疗健康类企业29家，租赁或购买标准厂房面积6.80万平方米。11月3日，智慧江南暨银江江南智慧科技小镇项目落户；继续推进江南区富宁工业标准厂房综合楼、产投二期、泉港·企业总部、东盟医疗产业园C区4个项目建设进度。

【产业发展】 2017年，南宁江南工业园区重点发展电子信息、铝精深加工产业，规模以上工业企业27家，完成规模以上工业总产值489.34亿元，比上年增长15.69%。形成以富士康为龙头的电子信息产业、以南南铝为龙头的铝精深加工产业集群，成为江南区工业发展“双擎”。南南铝加工项目位于亭洪路石柱岭铝加工产业园内，是典型的“城中之企”，南南铝加工公司获“2017年国家技术创新示范企业”称号（广西唯一上榜企业）、“2017年全国实施用户满意企业”称号，铝合金建筑型材被评为2017年全国实施用户满意产品；富士康南宁（沙井）科技园项目位于沙井片区，罗文大道以东、沙井大道以西、亭洪路延长线以北、同乐路以南。进入“2017广西制造业50强”，位居第六；南宁华南城项目位于沙井大道50号沙井分区内，9月，中国－东盟商品交易中心（华南城）被认定为首批广西现代服务业集聚区。　（陈建璋）

广西良庆经济开发区

【概　况】 广西良庆经济开发区由南宁市大沙田经济开发区、邕宁沿海经济走廊开发区2007年3月整合成立，为自治区级开发区；区域面积46.89平方千米（含代管区域）。2017年，形成有色金属深加工、机械制造、制药、建材、轻工、农副产品加工等特色产业群，实现规模以上工业总产值158.43亿元，规模以上工业增加值48.93亿元，完成工业投资20.50亿元，财政收入5.28亿元，实际到位内资59.35亿元、外资7180万美元。

良庆经开区党工委、管委会为副处级单位，属良庆区党委、政府派出机构，内设党政办公室、经济发展局、建设局、人事劳动和社会保障局、财政局、招商局、安全生产监督管理局7个局（室），有征地和拆迁办公室、投资服务中心、机关事务管理局3个事业单位，编制67名（行政编制45名、事业编制22名），在编57人。

【投资环境建设】 2017年，良庆经开区培育南宁市桂润环境工程有限公司、南宁市泽威尔饲料有限责任公司、广西旅发铁建商品混凝土有限公司、南宁东恒华道生物科技有限责任公司4家企业新纳入规模口统计；4家新增规模以上企业实现新增产值2.55亿元。为广西日星金属化工有限公司、广西昌弘制药有限公司等30多家企业解决发展遇到企业用工、融资等难题21个，26家负增长企业中有17家企业“止跌回升”，实现正增长；协助落实项目扶持政策，组织2家企业申报智能工厂项目，组织3家企业申报自治区工业和信息化发展专项资金（承接产业转移项目），组织3家企业申报租赁工业标准厂房财政补助资金；贯彻“降本减负”相关政策，协调服务66家企业统一申报降低企业职工养老保险费率，涉及参保人数5253人，每月为企业节约人工成本57.77万元；举办“春风行动”招聘会，提供就业岗位5100多个，到场求职者2200多人，达成就业意向986人。

【项目建设】 2017年，良庆经开区在建项目3个，竣工项目2个，重点项目6个（广西石埠乳业有限责任公司10万吨蛋白饮料及谷物饮料生产加工迁建项目、南宁瑞康农牧有限公司年产6万吨添加剂及30万吨乳猪奶粉项目、广西荣华绿色科技有限公司荣华科技产业园项目、广西源盛仓储物流股份有限公司源盛城项目、广西钜荣汽车销售服务有限公司汽车产业城项目、广西中久电力科技有限责任公司年产20万节高品质混凝土电杆和5万条电气化铁路混凝土支柱项目）建设取得突破。9月7日，广西石埠乳业有限责任公司年产10万吨蛋白饮料及谷物饮料生产加工迁建项目竣工投产，预算总投资近2亿元，新扩建蛋白谷物饮料智能自动化生产线14条，设有游客使用的专用参观通道；12月，南宁瑞康农牧有限公司年产6万吨添加剂及30万吨乳猪奶粉项目竣工投产，投产后完成工业总产值12亿元；自治区级重点项目源盛仓储物流项目累计完成投资12亿元。

【产业发展】 2017年，良庆经开区有产值超亿元新增强优工业企业7家，其中新增产值1亿元～3亿元的有广西旅发铁建商品混凝土有限公司、广西锦莹药业有限公司2家，新增产值3亿元～5亿元的有广西盛东混凝土有限公司、广西石埠乳业有限责任公司、广西方略药业集团有限公司3家，新增产值5亿元～10亿元的有南宁市兴大饲料新技术有限公司、南宁凯源钢结构有限公司2家。

（蒋　惠）

责任编辑　唐　娟

城市规划建设与管理

城市规划

【概　况】 2017年，南宁市规划管理局设办公室、法规监察科、行政审批办公室、城乡规划编制科、建设用地管理科、重点项目管理科、市政工程管理科、技术管理科、计划财务科、人事科9个科室和机关党委；编制100名，在编86人。派出机构有兴宁分局、江南分局、青秀分局、西乡塘分局、邕宁分局、良庆分局、高新技术产业开发区分局、经济技术开发区分局、青秀山分局、五象新区分局；直属单位有市规划信息技术中心、市城市规划编制研究中心、市城市规划展示馆、市城乡规划设计研究院、市建筑设计院、市勘察测绘地理信息院、市城市建设档案馆；其他机构有驻市政务服务中心窗口、规划编制办公室。市规划管理局制定《2017年南宁市规划编制计划及规划信息化建设计划》，统筹安排部门规划编制计划；完成规划项目33个，获市政府批复实施。其中：乡镇总体规划3个：《南宁市邕宁区那楼镇总体规划(2016—2030)(修编)》《南宁市邕宁区百济镇总体规划(2016—2030)(修编)》《南宁市邕宁区中和乡总体规划(2016—2030)(修编)》；控制性详细规划5个：《控制性详细规划修编与城市设计三年攻坚计划》《南宁市海绵城市示范区控制规划》《南宁市邕宁区蒲庙镇二期(南片区)控制性详细规划》《南宁市综合保税区及配套区控制性详细规划维护方案》《南宁青秀山风景名胜区A区详细规划修改》；专项规划7个：《南宁市城市污水专项规划修编(2015—2030)》《南宁市通信基础设施规划》《南宁市通信基础设施规划设计导则》《变电站及高压走廊布局规划》《南宁市开闭所布点详细规划》《南宁市管线综合专项规划(2015—2030)修改成果》《南宁市地下综合管廊规划设计导则(修改成果)》；城市设计项目3个：《南宁市"三街两巷"历史街区策划及城市设计(深化)》《南宁市白沙大道(壮锦大道至青山立交)、那洪、五象大道(壮锦大道至平乐大道)沿线城市设计》《南宁市邕江沿岸(托洲大桥至邕宁梯级区域未开展城市设计部分)城市设计》；规划研究及其他类型项目12个：《南宁市街头绿地实施方案》《南宁市街区制小区规划研究》《南宁市海绵城市建设在建项目评估》《南宁市"山水城市"形态研究与规划实施控制导则》《南宁市跨越水系步行通道专项规划》《南宁市跨越水系步行通道试点规划方案》《南宁市绿色建筑适宜性技术研究》《南宁市电力管沟设计指引》《南宁市邕江以南片区(除五象新区)路网优化提升方案》《南宁市综合交通年度报告(2016)》《南宁轨道交通线网线路识别色规划》《南宁市近现代优秀建筑保护规划》；概念性规划2个：《朝阳路—大学路道路修复整治工程概念规划与方案设计》《南宁高新技术产业开发区邕武路西侧生态综合示范带概念性规划》。年内，市规划管理局优化合并审批流程，实行合理的缺项审批、并联式审批、分段审批；完善动态跟踪管理机制，保障重点项目建设；将城乡规划涉及的行政处罚权移交城市行政综合执法部门。为民办实事项目完成9个新建、续建水城建设项目的规划服务；完成18个越江桥梁、城市立交和城市路网及场站的规划审批和协调；完成公交站点优化改造(三期)、南宁市公共自行车租赁服务系统五期工程方案批复；完成7个公园、广场类项目方案审查及规划核实。

【南宁市邕宁区那楼镇总体规划(修编)(2016—2030)】 2017年6月，获市政府批准实施。邕宁区那楼镇人民政府委托南宁市城乡规划设计研究院修编。规划期限2016年至2030年，其中近期2016年至2020年，远期2021年至2030年。规划那楼镇行政辖区总面积354平方千米；镇政府所在区域及规划控制区域，包括那楼社区、镇龙社区，总面积25平方千米；镇区总体规划总用地4.14平方千米，建设用地4.10平方千米。规划近期城镇建设用地面积2.02平方千米，远期4.10平方千米；近期规划人口2.05万人，远期4.11万人。那楼镇镇区性质为邕宁区重要农产品生产加工基地，以特色农产品加工、物流业为主导的综合型小城镇。那楼镇总体布局结构为"一心、两轴、两区"："一心"即以镇政府驻地为中心，逐步发展形成的行政、商贸、居住综合中心；"两轴"即依托南北向蒲庙至那楼二级公路及规划东西向的镇区中部主要干道形成的交通联系发展轴；"两区"即由现状镇区逐步发展形成的居住商贸综合区及位于镇区北面的工业仓储综合区。

【南宁市中心城区FN-04单元控制性详细规划】 2017年12月，获市政府批复实施。规划定位：南宁市物资储运基地，沙井物流综合配套区。规划建设用地面积241.42公顷。功能结构："一轴两心，两廊三片区"。"一轴"：即沿城市主干路锦富路、受轨道交通6号线站点辐射形成的单元北部重要的功能发展轴，也是单元北部重要功能分布区域。"两心"：即单元东部结合城市干道交汇区域，轨道交通5号、6号线枢纽站点服务范围开发的区级商业服务中心；依托轨道交通6号线预留站点横岭站布置，服务于本单元物流产业及其配套的产业服务中心。"两廊"：依托南宁南站专线铁路、玻璃厂专用线铁路及其中间陡坡区域形成的生态防护绿化景观廊，依托战备铁路两侧绿地形成的铁路公园绿化景观廊。"三片区"：即依托现状公园大地居住小区，沿沙井大道东侧形成的配套居住区；沿锦成路北侧、双成路东侧区域打造的集配套居住、商业商务、社区综合服务等功能于一体的综合配套服务区；依托铁路枢纽和公路发展铁路物流集散、转运产业及相关物流产业的基础物流产业区。规划要点5个：路网密度由每平方千米2.09千米提升至8.94千米；平均容积率1.34，人口容量4.96万人；绿地0.39平方千米，人均公园绿地增至每人2.23平方米；教育设施满足单元发展需求；加强周家坡古建筑群的保护控制。

【南宁市城市污水专项规划修编(2015—2030)】 2015年启动修编，2018年1月获市政府批复实施，市规划局委托上海市政工程设计研究总院修编。规划落实国务院《水污染防治行动计划》及南宁市实施"海绵城市"战略对城市污水排水基础设施建设提出的新要求，与南宁市海绵城市、综合管廊、黑臭水体治理等项目衔接，推进合流制溢流污染控制和初期雨水治理。核心研究范围：《南宁市城市总体规划(2011—2020年)》确定的中心城范围及三塘四塘片区、火车东站东侧屯里片和长塘五合片区；将五象新区、吴圩空港经济区、新兴产业园、蒲庙等区域纳入。规划期限与城市总体规划保持一致，近期至2020年，远期至2030年。规划目标：近期全市城镇污水收集处理率90%，其中新建区雨污分流比例和收集处理率100%，污水处理率100%，污泥稳定化率90%，中水回用率10%；规划远景实现污水全收集、全处理。规划将18个流域整合划分为25个；将新建污水厂出水排放标准提高到准四类；将现有4大污水处理系统6座污水厂规划为5大污水系统19座污水处理厂、45座污水提升泵站和2座污泥处理中心。基本形成集中处理与分散处理相结合的污水分片治理格局。

【南宁市“三街两巷”历史街区策划及城市设计（深化）】 2017年8月，获市政府批复。市规划局委托上海同济城市规划设计研究院编制。规划范围：朝阳路、民族大道、江北大道、大同街、醒汉街、人民中路所围合区域，总面积0.39平方千米。项目定位：千年古城、百年商埠。规划目标：恢复一个“老南宁”——南宁骑楼文化博物馆；打造一处“新地标”——创造城市中心体验式历史文化街区。建筑拆改留方案：规划区内建筑分为文物保护单位（金狮巷民居群、新会书院等）、推荐历史建筑（民生路沿街骑楼、中华电影院等）、改造类建筑（闽南春购物中心、民生商场、红星电影院等）及拆除类建筑4种。功能结构分为“三街两巷”（兴宁路、民生路、解放路三条街道和金狮巷、银狮巷）核心区、南百复兴商贸区、水塔脚文化互动区、解放路会馆文化体验区、水街老字号商业区、现代商住区。

【南宁市邕江沿岸（托洲大桥至邕宁梯级区域未开展城市设计部分）城市设计】 2017年12月，获市政府批复。市规划局委托上海复旦规划建筑设计研究院有限公司编制。发展目标：邕江将成为建设城市国际合作平台的重要载体，引领城市功能、空间品质的全面提升，是城市动力的引爆点，城市活力的汇集带，城市魅力的展示区。总体城市设计包括山水、城市、人文三部分：规划从保护城市山水格局特色为出发点，总结沿江地区“一江两山十八河，多廊渗透”的特征，划定山体保护绿线和增加河口绿地，构建邕江沿岸“两源、多廊道、多斑块”的生态格局；城市规划涉及公共中心体系、骨架轴线体系、道路交通体系、空间标志体系、轮廓眺望体系、城市高度体系、夜景灯光体系等方面；邕江沿岸文化风貌特征为“岭南风、国际范、壮乡韵”；“一核三片”游憩活动体系重塑城市文化，“一核”即老城、青秀山、五象岭形成城市文化活动核，“三片”即在沿江形成民族与历史、演艺与博览、山水与游乐三大文化活动主题。邕江沿岸地区采取分段设计，分为“绿水源、创新岸、活力湾、未来洲、欢乐岛”5个段落。

【南宁市“山水城市”形态研究与规划实施控制导则】 2017年10月，获市政府批复。市规划局委托上海复旦规划建筑设计研究院有限公司编制。南宁市“山水城市”形态特征：“山与城——群山环绕，四脉入城；水与城——一江穿城，群龙入江；山与水——穷源现山，百湖汇聚”。南宁市建设“山水城市”目标：立足于建设“四个城市”“特大城市”“海绵城市”，基于“城市双修”理念，打造“城嵌山水、绿蔓邕城、藏风聚水、大美南宁”的山水城市，将南宁建设成为具有国际化影响力的海绵化生态宜居城市。南宁市“山水城市”形态分为自然山水形态、城市功能结构形态和城市空间形态：通过自然山水生态修复，构筑“众山环绕，丘岗融城，一江穿城，群河入江”的总体山水格局；开展城市修补，实现“望得见山、看得见水”的城市空间结构；以城市空间形态修补为目标，在城市规划建设中实现对山水视线通廊、滨水活力及空间尺度的修补与引导，将整个城市融入山水格局之间，实现南宁建设“山水城市”的总体目标。

【南宁高新技术产业开发区邕武路西侧生态综合示范带概念性规划】 2016年12月29日，获市规划局批复。南宁市城乡规划设计研究院编制。发展定位：以规划区资源为依托，引入高新区各企业的科技驱动力，打造南宁北部以高科技农业、乡村旅游、滨水游乐和生态养生养老为核心的集农、游、居、业、商、养六位一体的综合示范带；功能定位：以现代农业产业化、生产标准化、经营组织化为目标的特色农业示范基地，以现代农业科研、现代农业生产为主导的农业技术研发与产业实验先行区，以养生养老、示范农业、农业观光、滨水游憩为主导的城郊生态旅游典范；形象定位：“农业新硅谷·城北绿生活”，构建“两轴、三心、五区”的空间结构，并对规划区的用地、产业、公共服务设施、道路交通、旅游线路及支撑体系进行规划。规划重点是建设村庄规划设计，对规划区范围内的6个村民小组进行规划设计，其中六覃小组产业定位为以健康、养老产业为主，休闲旅游为辅；尖岭坡小组以旅游服务为主，农业旅游为辅；新平乐小组以养老产业、现代农业为主，农业旅游为辅；新直小组以体验式农业旅游为主，现代农业为辅；红平乐小组以养老产业为主、农业旅游为辅；老直小组以现代农业为主，旅游服务为辅。

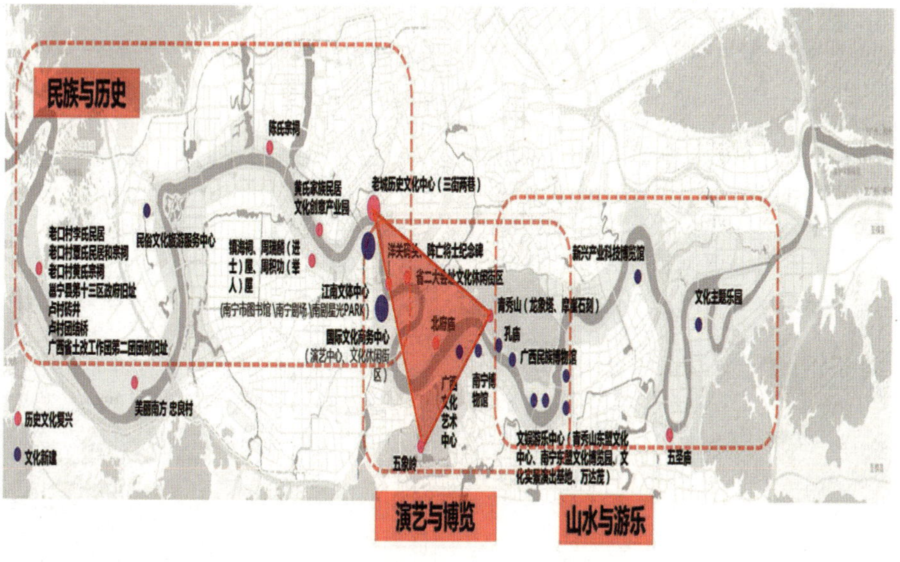

2017年12月，《南宁市邕江沿岸（托洲大桥至邕宁梯级区域未开展城市设计部分）城市设计》获市政府批复。图为邕江“一核三片”游憩活动体系　　市规划局提供

【城建档案管理】 2017年，市城建档案馆接收建筑类档案267个项目3.55万卷；接收市规划局机关、五象分局、经开分局、监察大队、良庆分局、兴宁分局业务档案2.05万卷；接收声像档案295个，累计图片2.90万张。市政档案基础业务方面，接收市政类档案61个项目0.30万卷；接收市政项目声像档案60个；上门指导、验收市政项目55个，参与南宁市道路、桥梁、园林绿化、交通设施各类市政工程档案验收108次；跟踪拍摄市政建设项目212次、城市记忆点59次，累计拍摄照片1.04万张。年内，接待查档约6800人次，查阅档案1.20万卷，开具无档证明200份。开展南宁百年地标建筑及其相关片区风貌图片视频征集，征集193个点2242张照片。开展网上政策解答互动，更新网站信息245条，回

复解答问题30条。

【项目审批】 2017年,市规划局核发《建设项目选址意见书》153份,面积29.79平方千米;核发《建设用地规划许可证》148份,面积12.80平方千米。核发储备蓝线图39份,收储用地总面积8.40平方千米;核发出让用地蓝线图91份,总面积5.95平方千米;推进市“三旧”(旧城镇、旧厂房、旧村庄)改造项目,核发旧城改造项目蓝线图32个,总用地面积2.61平方千米。建设工程方面,核发规划总平面图91份、建筑单体设计方案158份、《建设工程规划许可证》753份;市政工程方面,受理包括道路、桥梁、出入口、电力、管线等建设项目462份(市政工程设计条件209份、市政规划总平审定9份、市政建筑设计方案审批21份、市政工程规划许可证205份、市政工程规划核实18份),办结率100%。市规划局所属10个分局核发《建设项目选址意见书》276份、《建设用地规划许可证》553份、《建设工程规划许可证》2696份、《乡村规划许可证》67份。

【规划信息化建设】 2017年,市规划局直属单位市规划信息技术中心做好规划信息化建设,完成门户网站信息整理及发布1426条,规划审批信息系统日常维护(软件、硬件及网络)1022次,会议室设备管理、会议操作146次。加强规划数据采集与分析,完成规划路网维护77次、出图1.22万张、打证225份,对外提供数据481次,规划数据入库2.50万个,地形图入库537.38平方千米;完成地形图、影像图等基础数据的2000坐标系的转换,实现项目坐标转换487次;配合南宁市信用体系建设工作办公室上传“双公示”(行政许可和行政处罚等信用信息公示)行政审批数据5095条。完成CAD绘制红线系统(三期),在原基础上增加数据坐标转换模块,升级图纸加密系统、深度优化审批档案调用模块、优化控规数据入库模块、优化审批档案入库模块等,完成图形数据坐标变换系统。完成南宁市市政数据库项目,将南宁市各个规划数据、审批数据、市政专题数据、地下管线数据、综合交通数据、基础数据等类型数据整合,形成南宁市城市规划综合数据库,同时建立南宁市城市规划一张图Web端,实现各类矢量数据综合展示与信息查询统计;开发移动端子系统,实现各类地理信息数据的综合展示与信息查询、离线数据、知识库等功能。做好2017年新媒体信息化建设,建立“南宁2035”微信公众号。

【信访与提案办理】 2017年,市规划局定期举办公开大接访活动,定期开展规划领域矛盾排查调处,定期通报信访工作动态,完善《南宁市规划管理局通过法定途径分类处理信访投诉请求清单(试行)》,办理信访件200余件,办理人大代表议案和建议51件、政协提案79件,答复率100%、满意率100%。

【行政权力制约与监督】 2017年,市规划局推行阳光规划,在门户网站“南宁规划信息港”公示项目公告800余份、行政审批结果3500余份,发布年度行政执法案卷检查工作专项行政检查结果;发布批前公示450余份,公告9份,召开听证会1次;利用《南宁日报》、“南宁规划”微信公众号及网站等进行规划宣传;通过“自治区政府信息公开统一平台”和门户网站“南宁规划信息港”主动公开政府信息4616条;完成政务舆情244件。

(市规划局)

城市建设

勘测

【概况】 2017年,南宁市勘察测绘地理信息院有在职职工468人,其中专业技术人员449人(教授级高级工程师3人、高级工程师54人、中级职称126人、初级职称101人)。承接工程3680个,生产收入超亿元。勘测成果合格率、勘测资料归档率、勘测产品数字化成图率均100%。市勘测院完成的“南宁市地下管线全面普查调查项目”获2017年度中国测绘工程金奖,“城市三维地下空间关键技术研究与应用项目”获2017年度自治区科技进步二等奖,“城市地下空间三维可视化应用系统”“城市地下综合管线数据处理、质检系统”“城市综合交通数据库系统”等8个项目获国家版权局颁发的计算机软件著作权登记证书,15个项目获自治区2017年优秀工程勘察设计奖,25个项目获南宁市2017年度优秀工程勘察设计奖。市勘测院被市政府列为南宁市推进事业单位科技成果使用处置和收益管理改革试点单位。

【城市测量】 2017年,市勘测院承担测量工程3496个,包括控制测量、地形测量、地下管线测量等。完成南宁轨道交通2号线东延线控制测量,第十二届中国(南宁)国际园林博览会配套项目快速公交(BRT)地形、管线测量,轨道交通1号线西段道路修复整治工程地形测量等。

【基础测绘】 2017年,市勘测院完成1∶500、1∶1000地形图46.40平方千米,1∶2000比例尺正射影像图708.30平方千米;容县黎村镇、灵山县平山镇、融水苗族自治县汪洞乡、三江侗族自治县丹洲镇4个乡镇地形图16.80平方千米;隆安县雁江镇渌龙村正射影像图2.99平方千米和实景三维2.99平方千米;服务南宁园博园项目专题1∶500地形图测绘等基础测绘。

【地理信息数据生产】 2017年,市勘测院为市住房保障和房产管理局“南宁市房产信息管理服务中心二维、三维GIS数据管理平台”提供更新服务;承接市人民防空办公室微信公众号的运营;编制《2018年南宁市行政区划地图》《市域各城区的人防工程地图》;与南宁轨道交通集团有限公司合作编制《2017年南宁轨道交通地铁2号线全线站点站牌地图》;为第十二届南宁国际马拉松比赛提供专题地图和信息化服务;完成南宁市区照明接电线路改造工程专题普查与规划项目、人防工程普查基础数据采集。

【工程地质勘察】 2017年,市勘测院工程勘察专业承接工程181个,其中岩土工程勘察121个(重点工程15个)、地质灾害危险性评估项目35个、压覆矿产评估25个。完成振良大道—平乐大道立交桥勘察项目、银海—华兴立交勘察项目、南宁市沙江河流域综合整治PPP项目测绘勘察、快环综合整治项目(秀灵—友爱立交)改造工程勘察、快环综合整治项目(邕武立交)改造工程勘察等。

(莫惠荃 刘 容)

重点工程建设

【概况】 南宁市城市重点项目主要有城建计划项目,自治区、市级层面统筹推进重大项目。2017年,南宁市城建计划项目961个(前期项目342个、新建项目273个、续建项目311个、专项项目2个、经费开支项目33个),计划投资476.72亿元;自治区层面、市级层面统筹推进重大项目包括新开工、续建、竣工投产和前期工作(预备)4类556个(含增补),总投资5910.36亿元,年度计划投资810.76亿元。自治区、市级层面重大项目完成投资1010.15亿元,完成年度任务124.59%。

【城建计划项目】 2017年,南宁市城建计划项目961个,完成投资461.08亿元,完成年度任务96.72%。其中,五象新区项目91.32亿元,完成年度任务89.14%;

邕江及内河整治项目61.26亿元，完成年度任务92.43%；轨道交通项目110.02亿元，完成年度任务108.72%；桥梁项目13.21亿元，完成年度任务149.11%；道路项目81.24亿元，完成年度任务90.65%；园林绿化项目20.36亿元，完成年度任务101.22%；公共建筑项目1.33亿元，完成年度任务165.04%；海绵化改造项目16.02亿元，完成年度任务16.25%；保障性住房及拆迁安置房项目20.41亿元，完成年度任务158.64%；市政配套项目25.50亿元，完成年度任务73.25%；南宁教育园区基础设施项目20.39亿元，完成年度任务87.94%。

【自治区与市层面统筹推进重大项目】 2017年，南宁市自治区层面、市级层面统筹推进重大项目包括新开工、续建、竣工投产和前期工作（预备）4类556个（含增补），总投资5910.36亿元，年度计划投资810.76亿元。其中，自治区层面92个，总投资2020.64亿元，年度计划投资274.33亿元；市级层面464个，总投资3889.72亿元，年度计划投资536.43亿元。自治区、市级层面重大项目完成投资1010.15亿元，完成年度任务124.59%。其中，自治区层面347.07亿元，完成年度任务126.51%；市级层面663.08亿元，完成年度任务123.61%。自治区、市级层面重大项目开工140个，完成年度任务84.34%；完成投资188.76亿元，完成年度任务115.93%。其中，自治区层面20个（含提前开工数），开工率95.24%，完成投资52.60亿元，完成年度任务133.52%；市级层面120个（含提前开工数），开工率82.76%，完成投资136.16亿元，完成年度任务110.32%。自治区层面主要有第十二届中国（南宁）国际园林博览会园博园配套基础设施项目（一期）、南宁市江南污水处理厂水质提标及三期工程、广西丰林木业集团股份有限公司年产30万立方米均质刨花板生产线技改项目、南宁屯里油库整体搬迁及配套项目、南宁公路枢纽物流基地牛湾物流园区（一期）、自治区社会化养老服务试点项目（广西和正康乐城二期项目）、南宁轨道交通2号线东延工程（玉洞—坛兴村）等项目开工；市级层面主要有500千伏金陵输变电工程、玉洞大道南北侧道路工程（那黄大道—龙岗大道）、第十二届中国（南宁）国际园林博览会配套交通项目快速公交（BRT）2号线工程、邕宁区防洪工程（二期）、南宁市沙井中学迁建、南宁市第二人民医院门急诊内科综合楼、宾阳县黎塘工业集中区城园路上跨铁路立交工程等项目开工。续建项目完成投资687.51亿元，完成年度任务127.57%。其中，自治区层面241.48亿元，完成年度任务127.64%；市级层面446.03亿元，完成年度任务127.53%。

【重大竣工项目】 2017年，南宁市重大项目实现竣工投产75个，完成年度任务86.21%；完成投资128.21亿元，完成年度任务117.61%。其中，自治区层面项目竣工5个，竣工率71.43%，完成投资52.98亿元，完成年度任务115.84%；市级层面项目竣工70个，竣工率87.50%，完成投资75.23亿元，完成年度任务118.89%。竣工项目主要有南宁牛湾港疏港大道（五合大桥南—蒲北二级路）、昆仑大道北面公共租赁住房项目、南宁餐厨废弃物资源化利用和无害化处理厂改扩建项目、五象绿地中心、南宁市第十四中学五象校区、博世科环保产业高安基地迁建项目、广西明匠智能制造项目、马山县杨圩风电场、南宁轨道交通2号线工程、广西文化艺术中心、东盟区混凝土搅拌站项目等。

【轨道交通工程】 2017年12月28日，南宁轨道交通2号线开通试运营，与1号线形成轨道交通“十”字形线网骨架，南宁迈入地铁换乘时代。3号线一期主体围护结构完成99.80%，盾构区间完成96%，附属工程完成49%；4号线一期主体围护结构完成90%，盾构区间完成18%；2号线东延长线、5号线一期分别于5月26日、8月30日开工。年内，轨道交通1号～5号线工程建设完成投资110亿元，完成年度任务108.70%；其中1号线5.45亿元，2号线39.22亿元，2号线东延长线1.98亿元，3号线一期40.19亿元，4号线一期20.56亿元，5号线一期2.62亿元。《轨道交通建设新一轮建设规划》完成初稿，机场线、武鸣（教育园区）线等完成预可行性研究，《轨道交通线网规划(2020)》开展修编技术审查会。

【铁路建设】 2017年，南昆铁路南宁—百色段增建二线、黎湛铁路电气化改造项目建成通车。南宁—崇左城际铁路开工建设。贵阳—南宁高铁初步设计获批，推进征地拆迁工作。南宁五象站规划建设可研成果报中国铁路总公司。

【南宁市迎接自治区成立60周年重大公益性项目】 南宁市迎接自治区成立60周年重大公益性项目18个，项目涵盖基础设施、产业、社会民生、资源节约和环境保护等领域，总投资1076.25亿元。2017年，计划投资198.76亿元，完成投资225亿元，完成年度任务113%。南宁轨道交通2号线12月28日开通试运营，青山大桥、东西向快速路东段分别于5月1日、9月15日实现主线通车，邕宁水利枢纽主体工程的船闸工程于12月4日通航，广西文化艺术中心12月29日晚试演。

（梁善锋）

【青山大桥】 2017年5月1日建成通车。西起青环路，与青环立交衔接，设计起点位于邕江立竹湾东南亚美食城附近，终点在新邕路与龙岗1号路相交路口。建设内容为桥梁、道路、附属排水、照明、绿化、交通、综合管廊、配套设施用房等工程。路线总长1.80千米，跨江桥梁及两岸引桥总长930米，设计速度每小时50千米。桥型为双塔双索面叠合梁斜拉桥，主塔高度137米，主跨度430米，桥塔造型由壮族头巾演化而来。大桥南边道路由滨堤路、良堤路、新邕路与龙岗1号路等组成。总投资8.16亿元，年内完成投资3.02亿元。

2017年5月1日，南宁青山大桥建成通车　　梁善锋　摄

【五象大桥英华路立交桥】 2017年3月25日开工建设,9月1日建成通车。位于五象大桥北延长线与英华路相交处。建设内容为桥梁、道路、排水、照明、绿化、交通等工程。桥型为二层菱形立交,英华路上的桥梁上跨五象大桥北延长线;五象大桥北延长线基本保持现状与英华路辅道在地面形成十字平面交叉口;对英华路与五象大桥北延长线的交叉口处进行渠化展宽。总投资9249万元,完成投资9249万元。

【南宁市民中心】 2017年10月30日,南宁市民中心建成并正式启用。位于良庆区玉洞大道33号,总投资12.17亿元,总建筑面积17.11万平方米,对外服务窗口600个,办理服务事项432个(行政审批事项233个、公共服务事项199个)。南宁市政务服务中心和科园分中心、公共资源交易中心、市公安出入境管理分局等60多家单位和机构进驻。功能区划:一层威宁公司商务区、部分停车位;二层社保、劳动就业窗口,信息发布、拍卖大厅、自助查询区;三层国土、规划窗口,投资项目、建设项目窗口,不动产管理中心;四层市场服务工商类窗口,轨道交通、公交市民卡服务中心,供电、水务、燃气公司服务窗口,电信、移动、联通、广电网络服务窗口;五层国税、地税窗口,农林水窗口,气象防雷灾管理中心,市场服务二科(食品药品)等;六层社会事务、文教卫生窗口,政府信息公开窗区;七层住房公积金、交通城管窗口,高端人才一站式服务中心,档案管理中心;八层市行政审批局办公区;九层至十一层市公共资源交易中心。年内,南宁市民中心进行智能化、信息化升级,完善网上审批事项,设置有茶水间、阅览区、母婴室等人性化服务设施。

【广西文化艺术中心】 2017年12月竣工。位于南宁五象新区平乐大道西面、南宁大桥南桥头西侧,净用地16.29万平方米,总建筑面积37.80万平方米,总投资29.43亿元。广西文化艺术中心是集演艺、会议、展示等多功能为一体的大型文化综合体,包含文化艺术中心、配套工程、人工湖。其中,文化艺术中心总建筑面积11.50万平方米,有1800座大剧院1个、1200座音乐厅1个、600座多功能厅1个。

(梁善锋 陈 琳)

【南宁国际会展中心改扩建工程】 2015年4月开工建设,位于南宁市民族大道东段南侧,竹溪大道东侧。建设内容包括新建A区、B区、E区场馆(原A、B、C地块),原有场馆技改提升,周边市政配套完善工程(含石园路、西侧环道、竹溪大道跨线桥等)。总投资51.63亿元。2017年8月,E区场馆完成全部建设内容竣工验收交付使用;推进原有场馆技改提升、周边市政配套完善工程建设。 (梁善锋)

城市水环境治理

【概 况】 2017年,南宁市内河管理处设综合科、宣传教育科、督查科、规划前期科、河道管理科、邕江整治科、综合建设科、政策技术科8个科室。参公事业编制58名,后勤服务控制数10名,在编57人。年内,南宁市加大力度治理城市水环境,推进邕江综合整治和开发利用,集中力量抓好海绵城市建设攻坚、建成区黑臭水体治理攻坚。推进内河流域治理,实施邕江及内河整治项目59个,完成投资58.90亿元,八尺江环境综合整治一期工程园博园段、邕宁区防洪二期工程园博园段进场施工,江北引水干渠完成92%工程量,马巢河综合整治工程(铁路改线段)、凤凰江生态环境综合整治工程、那沙溪中游段河道改造工程(银海大道—外高环)及良庆河、楞塘冲综合整治一期工程完成建设。实施海绵城市建设项目135个,完成专项投资4.50亿元。4月习近平总书记视察广西期间,实地考察那考河流域治理PPP项目,肯定南宁市整治城市内河,形成水畅水清、岸绿景美的休闲滨水景观带的做法。

【邕江综合整治与开发利用】 2017年,邕江综合整治与开发利用实施项目16个(在建13个、前期准备3个),完成投资15.54亿元,累计完成投资37.24亿元。清川大桥—五象大桥段基本完成两岸绿化,自治区党校—三岸大桥段实施景观提升,精品示范段、邕江滨水公园、江南滨江休闲公园提升改造工程进场施工,老口航运枢纽—清川大桥段、三岸大桥—邕宁水利枢纽段PPP项目完成社会资本采购,两岸灯光亮化工程完成方案设计深化,中心城区61千米滨江风光带建成,民生旅游码头基本建成,邕宁水利枢纽完成大江截流、船闸试通航。

【邕宁水利枢纽工程】 2015年3月开工,是南宁市迎接自治区成立60周年重点建设工程,是改善城市环境、水景观、航运为主,兼顾其他的综合性水利枢纽工程。坝址位于郁江干流南宁邕江河段下游青秀区仙葫开发区牛湾半岛,上距老口航运枢纽74千米,下距西津水电站124千米。工程建设规模及建设内容有:拦河坝、船闸、13孔泄水闸、发电厂房、库区防护工程、鱼道及相应配套设施等。枢纽正常蓄水位67米,总库容7.10亿立方米,电站装机容量5.76万千瓦,多年平均发电量2.27亿千瓦时,船闸通航标准为2000吨级。计划总投资63.10亿元,总工期48个月。2017年11月,邕宁水利枢纽工程完成大江截流,12月船闸试通航。至年末,累计完成投资47.70亿元,完成计划75.60%。

【海绵城市建设】 2017年,南宁市累计实施海绵城市项目203个。其中,完工132个,完工率65%;完成总投资87.86亿元,投资完成100.20%;中央下达的海绵城市专项资金累计拨付10.40亿元,拨付率69.3%;建成区域面积33.91平方千米,占示范区总面积54.60平方千米的62.10%;示范区26个内涝点完成整治,推进136个住宅小区及24个市直、区直单位办公区海绵化改造实施,示范

2017年,清川大桥—五象大桥段基本完成绿化建设。图为白沙大桥上游江岸景观

市海绵水城办提供

区内主要内河竹排江合流制溢流污染得到有效控制，那考河（植物园段）片区、石门森林公园—青秀湖—青秀山片区、南湖—竹排江—凤岭片区发挥"海绵"连片效应。4月，南宁市以首批试点城市前三名的成绩通过住房和城乡建设部、水利部、财政部组织的2016年度海绵城市试点建设绩效评价。

【那考河流域治理PPP项目】 2017年3月，南宁市竹排江上游植物园段（那考河）流域治理PPP项目正式运营。范围南起规划的茅桥湖北岸，穿湘桂铁路、长堽路、厢竹大道、药用植物园、昆仑大道，北至环城高速路，治理主河道长5.14千米，支流河道1.22千米，全长6.35千米，投资11.90亿元（含征地拆迁费用）。按照全流域治理理念，通过建设截污管道，将河道两岸及周边片区的污水就近接入主河道上游新建的小型污水处理厂处理，经生态净化后再排入河道作为补水水源；通过海绵城市设施建设，对沿河两岸的初期雨水进行吸纳、蓄渗和缓释、利用，改善河道生态，构建人水和谐的生态环境，达到50年一遇的洪水标准要求。4月20日，习近平总书记实地考察那考河项目，对生态环境的改善效果给予充分肯定。10月，那考河项目作为广西唯一上榜项目获中国人居环境范例奖。

【建成区黑臭水体治理】 2017年，南宁市采取河道整治、截污治理、清淤疏浚、清水补给、垃圾清理、海绵化改造、生态修复等综合措施推进建成区黑臭水体治理。推行河长制，出动巡河人员1985人次，发现并转办占用河道施工、乱搭、乱盖、乱倒、乱排等涉河案件82起。至年末，全市建成区黑臭水体经治理基本消除，治理消除13条内河38个河段黑臭水体99.40千米，河段水质检测报告达到住建部规定的考核指标要求：透明度>25厘米、溶解氧(DO)>2毫克每升、氨氮(NH3)＜8毫克每升、氧化还原电位(ORP)>50毫伏、沿线群众测评满意度90%以上。

【城市内河管理】 2017年，南宁市城市内河管理处出动人员近2000人巡查18条内河，处置涉河违法违规案件82起。主汛期前完成朝阳溪北湖小区段及南宁市第十三中学截污闸下游段、黄泥沟安吉大道至秀厢大道段、亭子冲上游段的清淤清障9.30万立方米。下辖的朝阳溪邕江补水泵站、水塘江那洪泵站、可利江联合补水泵站、心圩江位子渌泵站等8个站点正常运行，按计划开展补水、排涝作业。那考河流域治理PPP项目完成建设正式运营。沙江河环境综合整治PPP项目累计完成投资9.60亿元，河道整治完成53%，污水处理厂主体结构完成60%，截污工程完成46%，全河段基本消除黑臭水体。9月，水塘江环境综合整治PPP项目、心圩江环境综合整治PPP项目开工建设。

心圩江环境综合整治PPP项目 9月开工建设，上游至外环高速老虎岭水库，下游至心圩江出邕江口，整治河道总长17.93千米，整治面积5.47平方千米，总投资26.32亿元，建设运营期23年。项目建设内容：河道截污整治、河道补水、生态恢复、海绵设施建设、环境景观及信息化管理工程；新建污水处理厂1座，建设河道断面监测站6个、监测点11个、配备水环境自动监测系统，以及蓄水闸2座、排涝泵站等。

水塘江环境综合整治PPP项目 9月开工建设，上游至城市外环高速路，下游至东盟果蔬园，整治河道总长4.43千米，整治面积2.09平方千米，总投资14.66亿元，建设运营期22年。项目建设内容：河道整治截污、河道生态恢复、海绵设施建设、环境景观及信息化管理工程；新建污水处理厂1座，建设河道断面监测站4个、4个监测点配备水环境自动监测系统，以及蓄水闸1座，排涝泵站等。整治后河道水质达到地表水四类标准。

沙江河环境综合整治PPP项目 5月进场施工，12月基本完成河道治理、截污控污等主体工程，实现消除沙江河黑臭水体目标。项目治理河道全长8.59千米，总投资约20亿元。项目建设内容：河道整治工程、堤防护岸工程、清淤保障工程、防洪道路桥梁及环湖路工程、河道截污及雨水出口改造工程、河道生态工程及补水工程、污水水质净化厂建设工程、海绵城市建设工程、环境景观工程和信息监控工程，建污水水质净化湿地3处，新建日补水量3万吨泵站1座、日处理量5万吨（远期10万吨）污水处理厂1座，建设入河监测站3座、水质监测站3座，行洪设计标准为50年一遇。

（市海绵城市与水城建设工作领导小组办公室）

2017年，南宁市建成区99.40千米黑臭水体基本消除。图为水质改善后的凤凰江

市海绵水城办提供

城市基础设施建设

【概　况】 2017年，南宁市城乡建设委员会设办公室（信访办公室）、计划财务科、政策法规科、建筑市场管理科、建筑产业发展科、科学技术科（工程建设抗震办公室）、公用事业科、村镇建设科、房屋征收与补偿管理科、工程管理科、质量安全监督管理科、旧区改建办公室、市建设工程招投标管理办公室、人事科14个科室；编制70名，在编66人。12月，事业单位改革前市城乡建设委员会二层机构有市建筑管理处、市国有土地房屋征收补偿办公室、市建筑科学研究设计院、市建筑工程造价管理站、市燃气管理处、市建筑节能和墙体材料改革办公室、市建筑安装工程劳动保险费管理办公室、市城市计划供水节约用水办公室、市城乡建设信息中心。10月，市委办公厅、市政府办公厅印发《南宁市本级承担行政职能事业单位改革试点实施方案》；12月至2018年1月，市城乡建设委员会原二层机构的市旧城改建工作推进办公室（南宁市历史文化街区保护和修缮规划建设办公室）、市建筑节能和墙体材料改革办公室、市建筑安装工程劳动保险费管理办公室、市城市计划供水节约用水办公室、市燃气管理处、市建设工程造价管理站、市国有土地房屋征收补偿办公室撤销，行政职能回归市城乡

2017年7月11日,南宁轨道交通4号线首座车站(体育中心东站)主体结构封顶

南宁轨道交通集团有限公司提供

建设委员会,并完成人员移交手续。

年内,全市城市基础设施建设加快推进,完成投资461.08亿元,比上年增长14.50%;完成城市交通项目243个(城市道路项目212个、桥梁项目25个、轨道交通项目6个),投资278.02亿元,建成投入使用项目12个。轨道交通2号线开通运营,轨道交通形成“十”字形线网骨架,南宁进入地铁换乘时代,轨道交通1号线西段完成综合整治;青山大桥、中华—园湖立交、竹溪大道跨线等城市跨江桥梁及立交桥建成通车或加快建设;城市东西向快速路东段等城市主干道建成通车,高速公路东环改快速路一期工程等城市道路加快推进,打通或拓宽植物路、五一路框架桥段等;开工建设地下综合管廊项目19个,建设管廊长度32.14千米。

【轨道交通建设】 2017年,南宁市推进轨道交通2号线东延长线和3号线、4号线、5号线一期工程建设,2号线开通运营,轨道交通形成“十”字形线网骨架,进入换乘时代。

轨道交通地铁2号线开通 12月28日,地铁2号线正式开通运营,南起江南玉洞,北至西津,全长21千米,沿途设站点18个,跨越兴宁区、江南区、西乡塘区、良庆区4个城区,途经银海大道、星光大道、朝阳路、友爱路、安吉大道等市区交通路段和商圈,连接江南客运站、南宁火车站、安吉客运站3个主要客运交通枢纽。设火车站、朝阳广场站、安吉客运站、大沙田站、明秀路站、平乐大道站6个换乘站。平均站间距1.18千米,最大1.74千米,最小0.69千米。设安吉车辆段与综合基地1座,朋方、秀灵主变电站2座。控制中心与南宁市轨道交通线网中心共用车辆采用B型车,直流电压1500伏架空接触网变电,最高运行速度每小时80千米,初、近、远期均为6辆编组,初期配属车辆21列/126辆。轨道交通2号线开通后,南宁轨道交通运营里程53.10千米,运营车辆增至43辆。

轨道交通1号线西段道路综合整治提升工程 4月25日开工,8月完工。位于西乡塘区、兴宁区,主要包括大学路、北大北路、衡阳西路、朝阳路道路现状修复整治提升,全长15.02千米,其中大学路12.05千米(除清川立交桥范围)、北大北路428.91米、衡阳西路109.30米、朝阳路1451.51米。工程建设包括道路、桥梁、排水、附属景观绿化、交通、照明、强弱电电力迁改、新增人行道等工程。总投资12.45亿元,其中建安费10.23亿元。

轨道交通5号线开工建设 9月7日,轨道交通5号线一期工程开工建设。南起那洪,北至金桥客运站,路线全长20.21千米,设车站17个,为那洪、那洪立交、金凯路、白沙壮锦立交、亭洪西路、旱塘、新阳路、广西大学、秀灵路、明秀路、北湖南路、虎邱村、狮山公园、小鸡村、邕宾立交、药用植物园、金桥客运站,其中换乘站6个。12月9日,北湖南路站、明秀北四里路口至北湖路口段约2200米开工建设。

【跨江桥与立交桥】 2017年,南宁市继续推进交通畅通工程建设,青山大桥、凤凰岭路高速立交桥、五象大桥—英华路立交桥、仙葫大道跨环城高速公路(原南宁—北海高速公路)分离式立交桥改造工程主线等建成通车。推进竹溪大道跨线桥、玉洞大道立交桥一期工程、清川立交桥、宋厢平乐立交桥等一批立交桥建设。凤凰岭—高环立交即北凤立交桥实现4条匝道通车。

竹溪大道跨线桥 12月4日开工建设,为南宁国际会展中心周边市政交通规划重点控制工程,投资9595万元。桥梁从会展中心1号、2号、3号地块南侧上跨大道及汇歌路,与金浦路衔接;西侧起点接入6号地块规划建筑;东侧终点与会展中心内部道路衔接;全长411米,采用双层钢结构桥梁,上层为行车道,双向两车道,下层为人行道。

凤凰岭高速环路立交桥 4月21日建成通车,为南宁火车东站重要的市政配套项目,合同造价金额4.93亿元,合同外金额约5000万元。凤凰岭路主线桥上跨绕城高速,立交为单苜蓿叶半定向三层半全互通立交加辅道地面平交。

玉洞大道立交桥 11月30日一期工程开工,概算总投资7.98亿元,其中建设投资5.91亿元。桥型为三层“单环圈+半定向匝道”组合式全互通。建设内容包括道路、桥梁、排水(雨水污水)、照明、交通、景观绿化、海绵等工程。

清川立交桥 4月25日开工,12月主线基本建成通车。总投资7.84亿元,其中建安费5.76亿元。位于南宁市快速环路(秀厢大道、清川大道)与大学路的交叉口。为三层苜蓿叶全互通枢纽立交。清川大道方向主线长273.50米,大学路方向主线长771.50米,匝道长4238.77米。清川立交的大学路口方向,有长约1100米在轨道交通1号线上方,大学路跨线桥的桩基设在轨道交通1号线两条隧道之间的外侧,距离隧道区间最近处只有3米。

仙葫大道立交桥 3月9日,仙葫大道跨环城高速公路(原南宁—北海高速公路)分离式立交桥改造工程动工,10月1日,主线建成通车。总投资7600万元。位于南宁市东部仙葫大道西段,起于仙葫安友小区附近,往东上跨环线高速公路后下穿杨屋双线特大铁路桥,终于上水人家小区附近,路线全长462米。新建桥长122米,宽48米,双向6条机动车道,外加2条非机动车道及2条人行道,与仙葫大道衔接。

宋厢平乐立交桥 4月25日开工,9月投入使用。总投资1.05亿元。为分离式立交桥,平乐大道主车道位于底层,宋厢路主车道位于上层,宋厢路辅路和平乐大道辅道在底层平交实现交通转换。立交范围内平乐大道设计长度580米,道路红线宽60米;宋厢路长度580米,道路红线宽48米;宋厢路上跨平乐大道,跨线桥长206米,桥宽20.50米。

北凤立交匝道 1月7日,凤凰岭—高环立交即北凤立交桥实现4条匝道(凤岭北、南宁东站片区—二塘方向往返的

SW 和 WS 匝道)通车。

【五象新区基础设施建设】 2017 年,五象新区重点基础设施项目完成投资 137 亿元,比上年增长 38%。市政基础设施和配套设施重点项目在建 547 个、新开工 136 个(含子项目)、竣工 54 个,完成固定资产投资 355 亿元,3 座立交桥、28 条道路建成通车。位于五象新区核心区的自治区重大公益性项目片区路网(一期)工程年内竣工交付使用,总投资 1.89 亿元,建设明月东路、明月西路、明辉路、宋厢路、歌海路、3 号路(歌海路—9 号路)、9 号路(平乐大道—明月东路)7 条道路,建设内容包括道路、排水雨污分流工程、沥青混凝土路面,道路总长度 4898 米。7 月,位于核心区物流基地片区的华安路和新平路建成通车,华安路起于平乐大道,终于振邦路,长 1080 米,投资 1.10 亿元;新平路起于平乐大道,终于那芬大道,长 1300 米,投资 1.10 亿元。加快途经五象新区的地铁 2 号线、3 号线、4 号线建设,连接五象新区的青山大桥建成通车,南宁机场第二高速公路与新区相连,开通 D6、W4 等公交线路 10 条,结合道路景观提升同步建设慢行系统。至年末,五象新区"三纵三横"主干路网和蟠龙片区、龙岗片区、玉洞片区 3 个片区的路网基本建成。

【东西向快速路】 2017 年 9 月 15 日,南宁市城市东西向快速路东段主线,从园湖路起到厢竹大道建成通车。南宁市城市东西向快速路西起清川大桥,东至厢竹大道,连接火车东站,全长 13.40 千米,设计车速为每小时 60 千米～80 千米,总投资 50.12 亿元。在兴宁区辖区内的 4 标长 1.60 千米,其中高架桥段 1.40 千米;园湖路东侧至厢竹大道的 5 标,长 3.40 千米,上跨葛村路立交桥、望园路立交桥、长湖路立交桥、茅桥路立交桥、沙江河辅道桥、那考河桥。

【植物路"打通断头路"】 2017 年 12 月,植物路主车道基本竣工。为南宁市 2017 年"打通断头路"为民办实事项目。南北走向,起于江北东堤,沿线与凌铁大桥连接线相交,终点接桃源路,全线长 1267 米,路宽 30 米,道路等级为城市次干道,总投资 1.50 亿元。

【区域干道建设】 2017 年,南宁市修建的配套干道主要有东沟岭物流大道、东沟岭玉蟾路和金桥农产品批发市场 1 号道路,年初动工,年末完工。南宁东沟岭物流大道(兴园路—金川路段)位于兴宁区东沟岭新区,全长 1420 米,路宽 30 米,总投资 8500 万元;东沟岭玉蟾路全长 1805.50 米,路宽 24 米,总投资 7114.40 万元;金桥农产品批发市场周边市政 1 号道路工程位于三塘镇,全长 735.50 米,路宽 45 米,总投资 5663.28 万元。

【干道景观提升工程】 2017 年,民族大道、大学路、五合大道纳入南宁市市政基础设施建设道路干线景观改造提升工程。民族大道全线道路路面改用橡胶沥青,沿线设置港湾式公交站台 40 个,道路绿化恢复主要以加强市花、市树、亚热带棕榈植物景观特色为亮点,沿线增建有民族风情配置齐全的公厕;大学路整治提升改造项目 4 月动工,8 月 30 日实现全线完工通车,包括智能交通、绿色出行、安全畅行、文化形象、城市品质、设施便民等方面,拓宽渠化沿线路口,优化调整路段侧分带开口,改造智能交通设施,设置非机动车专用道,辅道从机非混行路改造为两辆小汽车行驶路权,增设人行天桥 4 处,沿线新建港湾式公交停靠站,整治提升沿线绿化等;8 月起,交警、交通、规划、城乡建委、公交公司、市政、城区政府等多部门联合对五合大道实施道路整治改造提升,拓宽平整道路路面,铺设沥青,改造公交车停车站点等,年末竣工交付使用。

【地下综合管廊】 2017 年 4 月,南宁市新邕路、金华路、高棠路 3 条道路地下综合管廊 PPP 项目动工,年末大部分工程量完成。建设内容包括市政道路、地下综合管廊、单体工程 3 个,建设市政道路 3.30 千米,地下综合管廊 8.50 千米,总投资 9.60 亿元。其中,新邕路综合管廊设在新邕路南侧绿化带下,有综合舱、燃气舱、电力舱、污水舱 4 类舱室,全长 5.20 千米;金华路地下管廊设在道路中央分隔带下方,有综合舱、燃气舱、电力舱 3 类舱室,市政道路路线全长 1094 米,设计时速每小时 40 千米;高棠路地下综合管廊设在道路中央绿化带和机动车道下,有综合舱、燃气舱、电力舱 3 类舱室,道路宽度 30 米,设计行车时速每小时 40 千米。 (陈 琳)

城市供水供气

【城市供水】 南宁建宁水务投资集团有限责任公司负责南宁市城区供水。2017 年,南宁建宁水务公司完成售水量 3.92 亿立方米(不含南湖补水),比上年增长 3.57%,供水水质综合合格率、管网水质综合合格率、管网压力合格率均 100%;完成污水处理量 3.45 亿立方米,增长 3.20%,完成 COD(化学需氧量)削减量 3.31 万吨,完成氨氮削减量 0.63 万吨;完成固定资产投资 11.51 亿元,增长 14.54%,其中城建项目完成 10.60 亿元,增长 54.71%。

【供水设施建设】 2017 年,南宁建宁水务公司开展陈村水厂三期工程等重要供水项目建设前期工作,加快东盟水厂一期扩建工程建设;建成柳沙、滨湖、龟山、安宁工业园供水加压站,对虎印、昆仑大道加压站进行技改和扩建,开展邕武路加压站建设的前期工作;完成河南水厂源水管工程、大学路供水管建设,推进昆仑大道供水管建设,铺设新建供水管道 65 千米,配合轨道交通、立交桥等市政工程建设进行给水管迁改 15.11 千米。9 月 27 日,位于葫芦鼎大桥北侧引桥的柳沙供水加压站建成正式投入运行,设计供水能力每日 3 万立方米,通过远程操控可实现无人值守,运行后柳沙片区水压平均增加 0.20 兆帕左右。

【污水处理设施建设】 2017 年,江南污水处理厂水质提标及三期工程、埌东污水处理厂四期工程开工建设;三塘污水处理厂一期工程投产运行;推进三塘污水处理厂水质提标及二期工程、物流园污水处理厂一期工程前期工作。推进林里桥、凤岭北、高坡岭污水提升泵站建设,壮锦大道(原富宁路)、平乐大道(南宁大桥—玉洞大道)、五象新区堤园路一期和二期道路、玉洞大道八尺江污水管道连通工程、玉洞大道(银海大道—龙岗大道)污水管工程建设。做好南湖周边片区合流管污染物削减工程、柳沙半岛汇水流域雨污分流改造工程施工。至年末,累计敷设污水管网 11 千米。

【江南污水处理厂改扩建】 2017 年 10 月 30 日,江南污水处理厂水质提标及三期工程开工建设。投资 16 亿元。新建每日 24 万立方米污水处理系统、每日 72 万立方米水质提标深度处理系统,并配套污泥脱水处理系统。在传统的生物土壤除臭工艺的基础上增加离子除臭工艺,对所有臭气源进行密闭除臭。部分建筑物采用半地下式,上部加盖绿化,全厂全自动集中控制。建成后,日设计处理能力从每日 48 万立方米提高至每日 72 万立方米,出水水质由国家一级 B 标准提高至国家一级 A 标准,成为广西规模最大且处理标准最高的污水处理厂。

【国家节水型城市创建】 2017 年 6 月,南宁市通过国家节水型城市复查。南宁市 2013 年 4 月获"国家节水型城市"称号后,通过制定中长期城市节水规划,执行阶梯水价、计划用水与定额管理;结合国家海绵城市试点建设、黑臭水体治理,推进中水、雨水等非常规水资源的综合开发利用，主要用于竹排江、那考河的景观补水和生态修复；实施全民节水行动，使用新技术、新工艺、新设备，更新落后用水工艺，转变生产生活方式，实施生产用水循环使用，推进建立一批节水型企业(单位)、节水型居民小区。

【燃气供应】 2017年，南宁中燃城市发展有限公司新增市政燃气主干支管97.33千米，完成投资2701.28万元；完成小区庭院管网建设420千米，完成投资6420万元，建成荣和悦澜山、海尔四季绿城、嘉和城、凯旋一号、绿地中央广场、万科金域蓝湾、碧桂园、华润24城、万达茂、中海国际社区、龙光玖珑湖等小区管网。与驻市的24家企业签订燃气安全目标管理责任书，组织安全生产检查。至年末，中燃公司累计敷设市政燃气主干支管805千米；小区庭院管网4090千米；工业煤改气项目45个，投资额495万元；完成管道迁改9.68千米，完成对轨道交通2号线3个站点附属结构管线迁改0.76千米，轨道交通3号线8个站点附属结构管线迁改0.12千米，轨道交通4号线2个站点主体结构管线迁改0.12千米。年销售管道燃气2.22亿立方米，比上年增长22.43%；开通居民用户9.23万户，增加0.96万户，增长11.67%；开通工商用户65.21万户，增长11.09%；在用商业用户和非营业用户3065家，增长29.49%；在用工业用户115家。 (陈　琳)

旧城改造

【"三旧"改造】 2017年，南宁市编制完成旧城改造三年(2017—2019)滚动实施计划；完成罗文村、北湖北路4号、南棉片区旧改项目一期等10个旧改项目的土地出让，面积0.34平方千米；完成壮锦社区片区、南宁糖业亭洪片区二期、北湖小区片区等9个项目的土地熟化人征集，完成率90%；开展西园饭店片区、北大路区机电片区等6个项目熟化人征集；处置旧改项目遗留问题，解决香港街项目派出所配建及安置房购买问题。

【棚户区改造】 2017年，南宁市完成国家棚户区改造任务和自治区新增任务，其中国家任务开工1.48万套、开工率100%，自治区新增任务开工1043套、开工率100%；建成2924套，建成率100%。组织棚户改造项目季度巡查，对区县、开发区年度项目情况进行摸底；邀请自治区人大代表、政协委员专项巡查，督查通报目标责任落实情况，协调解决存在问题。推进棚户区改造专项贷款的使用，棚户区改造国家开发银行贷款项目32个，授信额度177.20亿元，签借款协议175.10亿元，签约率98.81%；提款168.30亿元，提款率96.10%；使用100亿元，使用率59.40%；政府购买旧改服务模式新增申请国家开发银行贷款15亿元获评审通过，提款5亿元。

【"三街两巷"历史街区改造】 2017年，"三街两巷"核心区一期项目(金狮银狮巷保护整治改造一期工程)列为市级层面自治区成立60周年献礼工程，项目按照《南宁市加快推进"三街两巷"项目重点片区保护修缮整治改造工作实施方案》推进。项目土地房屋征收采取购买服务方式实施，完成应征收房屋的征收拆除，金狮巷片区完成住户征收签约，6月28日，开工建设；至年末，完成三角地块钢板桩施工和土方开挖并进入基础施工。推进城隍庙基础施工，完成文物古建筑52号、54号文物保护建筑修缮施工大部分工程量。推进水街片区旧城改建项目A4地块基坑支护施工，A1、A2、A3、A5、A6地块征收签约率分别为98%、80%、100%、98%、100%。推进城中村电网改造，城区、开发区完成城中村电网改造"一区一案""一村一案"发布，完成西乡塘区雅里村、良庆区金象四区、高新区西津村3个试点村、15个非试点村的强电改造。10月，市房屋拆迁征收部门完成房屋征收面积59.02万平方米，完成年度任务103.15%。 (陈　琳)

城市防洪

【概　述】 2017年12月14日，南宁市邕江防洪排涝工程管理处更名南宁市邕江防洪排涝工程管理中心，相当正处级不变。12月27日，事业编制154名，后勤服务控制数21名，在编154人(具有高级专业技术职务任职资格5人、中级21人、初级19人)。至年末，南宁市有防洪堤57.95千米。其中，50年一遇洪水标准防洪堤江北21.40千米，江南15.96千米，沙江堤1.39千米；20年一遇洪水标准防洪堤12.53千米，白沙堤6.67千米。建成在用排涝泵站21座(投运机组102台，装机容量4.14万千瓦，排涝流量每秒382.16立方米)，防洪闸23座、交通闸29座、穿堤涵管37条、护岸19.37千米。防洪工程抵御超设防洪水64次，防洪效益390.79亿元。

【河道管理】 2017年，市邕江防洪排涝工程管理处采用分段负责制加强邕江河道日常巡查，开展邕江河道日常巡查379人次，制止水事违法违章事件18起，发放整改通知书25份，整治堤防管理范围内车辆乱停放20起，答复市长热线及数字化城管处置单47份，督促违规单位、个人拆除违章搭建房屋230平方米，拆除构筑物40立方米。配合邕江建设重点项目协调完成施工场地移交5000多平方米，拆除工具房300多平方米，为项目施工提供接水接电10处。监督检查邕宁水利枢纽工程防洪排涝专项工程项目，集中检查临河工程项目4次，召开协调会6次，发文给项目业主19份，发放整改通知书11份，现场协调处理问题32次，消除重大防汛安全隐患4起、防汛安全隐患26起，审核河道管理范围内临时拆除护河设施项目4个，新增防洪设施标识牌124块。

【防洪工程建设】 2017年，市邕江防洪排涝工程管理处完成2017年江南、江北管理所运维项目初步设计报市水利局审批及招投标，节约资金31.88万元；完成白蚁防治、防洪设备油漆等项目上控价编制及竞争性谈判采购，节约资金7万元；完成白沙桥底人行桥工程堤防安全稳定分析和防洪安全评价；完成2017年运维项目初步设计、泵站外墙美化改造、园林设计、防洪仓储用地滑坡处理设计、防洪工程观测规划设计等前期设计；完成11座泵站机电及金结设备安全鉴定。完成2016年维修养护工程竣工验收、2016年堤防草皮养护工程结算审定、2016年亭子冲等3座旧泵站安全鉴定和沙江泵站供水管更换施工，沙江泵站供水管更换，2017年管理所运维项目、白蚁防治、防雷整改、检测等施工及结算审定，21项面上零星维修工程预算审核。协调石灵河等4座泵站工程、竹排冲应急泵站和五象堤的移交接收准备工作；协调外单位建设项目进入二坑泵站、凤凰江泵站施工问题，签订临时用地协议；配合西乡塘区政府开展石巷口泵站拆除重建前期工作；配合青秀区政府开展临胜泵站拆除补偿协议签订。完成江南堤路园市政工程(中兴大桥—三津)、竹排冲旧泵站扩建工程、雅里村穿堤管应急除险加固工程、防洪堤大坑口段管涌应急加固一期工程和心圩江二期装机工程等9个项目的竣工决算。协调完成江南堤路园(三津—南站南侧路段)8标剩余工程移交和绿化2标的竣工验收；协调解决沙江排涝泵站拖欠部分材料款问题；配合江南区政府及富德村村委办理富德村回建小区住宅楼房产证和亭子6户、白沙村21户农民回建房房产证；完善白沙堤征地手续，办理白沙堤征地结算;协调国土部门解决亭江泵站争议地问题,撤销金沙湾公司土地证;协调威宁公司办理竹排冲泵站土地移交手续。

【防洪设施维修与保养】 2017年,市邕江防洪排涝工程管理处开展防汛安全检查4次,查处影响防汛问题及防洪隐患120处,召开研究会对口落实,限期整改,加强督促检查整改情况。组织开展防洪设施、机电设备的检查检测、维修保养,完成泵站日常管理及卫生保洁18座,堤防设施养护管理46千米,维护保养防洪闸、排水闸20座,穿堤管37处,检测和维护高低压配电屏180面次、各类电动机绝缘阻值680台次,维护配电开关箱240个(次),维护、检测电力变压器18台次;完成备用抢险设备年度维护保养;完成心圩江泵站1号机组大修、大坑二泵站4号机维修、津头泵站出水管自排蝶阀更换和亭子泵站11个机组出水管拍门更换;完成亭江双电源恢复的设计;完成潜水物资采购。

【防洪信息化建设】 2017年,市邕江防洪排涝工程管理处推进自动化升级改造项目一期工程建设,南宁市邕江防洪工程监控与调度系统升级改造暨排涝闸改造巩固项目落实建设资金,通过立项审批和可行性研究报告批复。防洪信息安全三级等保配套整改设计和防洪联动预报警二级保护改造配套项目、信息自动化社会化维护服务定额设计咨询费项目完成设计并通过市发改委审批。完成"邕江水雨情水位遥测信息系统运行维护服务""网络和视频监控设施设备运行维护服务""泵站水文水位遥测信息系统维护检修""防洪自动化泵站信息点对点光纤租赁服务""内河水位视频监控数字光纤租赁服务"等政府购买服务项目。检测泵站及防洪闸自动化LCU设备428台次;巡检采集终端58次;检修自动化设备53台次,维护检测光纤专线线路42条,处理通信线路故障9次,泵站及防洪闸的自动化设施设备试运行12次。

【防洪排涝】 2017年,市邕江防洪排涝工程管理处做好防汛物资准备,储备砂石料848立方米、角石料940立方米、救生衣50件、防洪设施机电零配件2.81万件。举办泵站机组技能操作、公文写作等培训班6期,培训350人次;派员参加泵站自动化培训、起重机司机上岗培训、水工闸门工培训等6期55人次。4月起,执行24小时防汛值班制度,防汛值班202天,防暴雨值班10次,发布雨水情信息1358份(条),发放临河施工单位防汛书面通知25份。应对邕江超设防水位洪水3次,投入1491人次,出动车辆(船只)141辆次,投入运行泵站17座次,运行机组195台次,运行时间276小时,总抽排水量731万立方米,关闭防洪闸29座次、交通闸4座次、穿堤管18处次。(蒋　荟)

2017年防洪值班期间,市邕江防洪排涝工程管理中心机电组人员对津头泵站自排阀进行试运行操作　　市邕江防洪排涝工程管理中心提供

县城建设

【县城道路建设】 2017年,柳南高速公路改扩建项目(宾阳段)完成投资31.40亿元,贵港—隆安高速公路项目(宾阳段)完成投资20.30亿元;宾阳县和宾路、政通大道、城东大道、宾莲路改造项目竣工,文明路、东环路改造工程分别完成投资2500万元、5822万元;金城路至广源路、政和路、内东环路"白改黑"工程完成;投入1200万元升级改造社区小街小巷;完成非贫困村通屯道路建设82.27千米,新增通畅村屯57个。上林县大丰生态移民新村市政道路完成投资1.73亿元,建成道路19条10.12千米、面积25.03万平方米;北归大道三期(澄洲路尾—莲花山御府小区)改扩建道路完成地质勘测和道路设计方案;大丰街(西环路—大丰一桥)道路改造工程完成设计施工图纸审查及财政评审;澄江河堤路园市政工程、皇周片区新农村建设项目路网工程、食品公司西部区域市政道路建设工程完成招投标。马山县威马大道东段改扩建工程(消防大队—弄北隧道洞口),全长3789.80米,建设内容为路基、沥青路面、路缘石、排污排水管道、路灯、交通标志标线、绿化等,9月27日项目1标段开工,完成清表1300米,左幅路基土方回填700米;环广西公路自行车世界巡回赛(马山赛段)沿线风貌整治改造工程投资2.03万元,完成途经马山县54千米改造,完成古零镇、白山镇等2个乡镇8个村4个社区64个屯6785户外立面改造,屋顶整治2316户,建设白山镇新汉村和气屯、东伦屯,上龙村上龙片区、大同村乔美屯、百榜屯5个村屯乡土特色示范村,建风光带22千米。隆安县震东扶贫生态示范区市政道路工程(一期)项目总投资2.45亿元,完成总工程量80%;下穿南昆复线蝶城城南路口地下管涵项目完成预算审核;隆南大道改造工程、江滨路延长线工程项目完成招投标。

【城镇基础设施建设】 2017年,宾阳县完成12条道路路灯安装和改造,完成绿化补植及新种植面积2700平方米、立体绿化3429.30平方米;清平水库补水工程完成投资2.05亿元,清平水库抗旱应急供水工程完成投资1104.50万元,清水河提水工程完成项目前期工作;实施农村饮水安全巩固提升工程26个,完成水利建设投资4.60亿元,投资1.02亿元完成古辣镇、武陵镇等6个镇级污水处理厂及配套管网工程项目建设;黎塘镇龙珠山片区改造项目基础配套设施、洋桥镇新区文化广场、高铁新城标准厂房竣工,炮龙文化广场一期开工。上林县县城污水管网工程完成投资2673万元,完成管网建设16.70千米;澄江河堤路园市政工程完成招投标。马山县城排水改造工程竣工验收,总投资1700.24万元,新建d800-1500雨水管2431米(新兴大道1980米、中学路451米),新建d400污水管2211米(新兴大道1883米、中学路328米);姑娘江翻板坝自动化蓄水排洪工程投入使用,完成投资1292.43万元;江滨新城北一巷排水改造工程完成投资123万元;廉租房

2017 年,马山县被评为国家卫生县城。图为马山县城一角　　潘尔默　摄

小区路灯改造工程投入使用,完成投资 37.11 万元。隆安县体育健身活动中心室内馆区完成建设,投资 1.12 亿元;西宁水厂设备安装完成 95%,总投资 5833 万元;新建 220 千伏线路路径长 47 千米,新建及改造 10 千伏线路路径长 151.92 千米,新建与改造 0.40 千伏及以下线路路径长 167.31 千米;在 18 个村屯实施农村公共照明试点示范,总投资 36 万元;雁江镇、丁当镇、乔建镇、南圩镇 4 个镇污水处理厂竣工通水调试,总投资 6329.44 万元。

【县城住房工程】 2017 年,宾阳县完成广西煤炭地质局黎塘基地棚户区改造项目 7 栋 252 套住房建设,完成城东新区二期新廖村改造项目 15 栋 1500 套住房主体工程,完成农村危房改造 1000 户。上林县 2017 年棚户区改造任务 20 户,上林县人民医院 12 月完成旧五楼 20 户拆除,建筑面积 1453 平方米,在县城龙湖一品住宅小区购买住宅商品房 20 套安置拆除户。马山县城区板伏易地扶贫搬迁工程 2 月开工,包含安置住宅建筑工程、社区综合楼建筑工程、生产生活设施、道路建设、供电工程、供水工程、污水处理设施以及绿化工程等,年内完成投资 1.40 亿元。隆安县 2017 年危房改造任务 792 户,开工 784 户,竣工 623 户;隆安县震东扶贫生态移民与城镇化结合示范工程总投资 132 亿元,规划用地面积 7.60 平方千米,规划安置移民 1.94 万户,震东集中安置区建设的昌泰茗城、和鑫佳园、东森悦府 3 个安置房住宅小区总投资约 18 亿元,至年末完成安置房开工建设 56 栋 7505 套,安置房主体封顶 40 栋 5602 套,交付安置房 3390 套。

（宾阳县、上林县、马山县、隆安县地方志办）

村镇建设

【基础便民专项活动】 2017 年,自治区下达“两改”(改厕、改厨)任务 20.70 万户,其中“改厕”任务 10.35 万户,“改厨”任务 10.35 万户。南宁市“改厕”任务开工建设 8.08 万户,开工率 78.10%,完工 6.21 万户,完工率 60%;“改厨”任务开工建设 7.96 万户,开工率 76.90%,完工 6.21 万户,完工率 60%;完工项目验收合格。开展乡土特色示范建设工程,自治区住建厅下达 49 个乡土特色示范村(2016—2018)总投资 1.32 亿元,南宁市有 27 个村开工,13 个村完工,12 个村通过验收,完成投资额 0.67 亿元,完成率 50.80%。推进农村垃圾处理设施项目建设,7 月,南宁市 15 个区县、开发区提前完成 89 个村级垃圾处理设施和 34 个镇级垃圾处理设施项目建设。至年末,城区实现 100% 乡镇有垃圾转运或处理设施,90% 村庄生活垃圾得到有效处理。

【农村危房改造】 2017 年,南宁市农村危房改造任务 7460 户,开工 6918 户,开工率 92.73%;竣工 4922 户,竣工率 65.98%。

【传统村落保护】 2017 年,南宁市开展传统村落保护,江南区江西镇扬美村、同江村三江坡、同新村木村坡,横县平朗乡笔山村 4 个村获批列入中国传统村落名录。开展传统村落保护,完成投资 3296 万元,4 个村落基本完成。

【新型城镇化示范工程】 2017 年,宾阳县城新型城镇化示范县建设总投资 7.24 亿元,项目开工 11 个,完成 3 个,完成投资 6.19 亿元,完成率 85.44%。百镇示范建设工程的金陵镇、古零镇完成投资 5501.88 万元,完成率 118.50%;罗波镇、古辣镇、六景镇完成投资 5243 万元,完成率 85.45%。少数民族乡建设工程的古寨瑶族乡竣工,完成投资额 1858 万元,完成率 123.87%;里当瑶族乡、镇圩瑶族乡完成投资额 1075 万元,完成率 44.79%。启动市级生态宜居特色小镇创建活动,首期创建 2 个镇;获批列入第二批全国特色小镇的横县校椅镇开展产业策划和规划编制。　（陈　琳）

城市管理

市政市容管理

【概　况】 2017 年,南宁市城市管理局设办公室、城乡清洁工程办公室、政策法

2017 年,江南区江西镇扬美村获批列入中国传统村落名录。图为扬美村建筑

路　静　摄

规科、执法监督科、市政管理科、环境卫生管理科、广场和广告管理科、数字化城市管理科、项目前期科、计划财务科、人事科、宣传信息科12个科室;行政编制46名,在编39人,后勤服务人员控制数8名,在编7人。有市市政工程管理处、市环境卫生管理处、市城市管理综合行政执法支队、市城市照明管理处、市大桥管理处、市城市广场管理处、市智慧城管信息中心7个二层机构;全系统有职工1148人,在编828人。市城市管理局以开展"美丽南宁·整洁畅通有序大行动"为抓手,履行城市管理职能,完成习近平总书记视察广西、服务"两会"、环广西公路自行车世界巡回赛(南宁站)等重大保障任务。推进城市管理综合执法体制改革,完成执法权力清单和责任清单"两单融合",梳理行政处罚2大项7小项,行政强制5大项21项;新增国土矿产资源、水利环保渔业等行政处罚事项自由裁量权执行标准87项。开展南宁市城管执法队伍"强基础、转作风、树形象"专项行动,组织"岗位大练兵""执法技能大比武"专题活动。9月29日,城管执法人员换上全国统一的制式服装。开展"两违"(违法用地、违法建设)整治,降层拆除兴宁区虎邱村的"违建楼王";推进青秀区住宅小区违建治理,集中打击凯悦国际、远辰山水一号、山水方园等小区违法建筑;全市拆除违法建筑8558栋(处),治理违法建筑面积379.26万平方米,清理违法用地面积372.02万平方米。

【广场与大桥管理】 2017年,市城市管理局探索市场化运作模式,推行金湖广场、民生广场、明秀广场、朝阳广场市场化管理,换种鲜花61万余盆。结合"桥梁管理三制"(桥长制、巡查制、档案制)创建美丽桥区,完成桥梁伸缩缝维修5.09万米,栏杆防腐处理2.20万平方米,桥面沥青铺装维修1.63万平方米;开展智慧桥梁建设,完成15座跨江桥梁安全监控。

【整洁畅通有序大行动】 2017年,市城市管理局以开展"大行动"及重大活动保障为载体,抓好重点区域、路线的环境综合治理,重点查处乱摆卖、车辆乱停放等城市"五乱"(广告乱贴、摊点乱摆、车辆乱停、垃圾乱扔、工地乱象)行为,开展昆仑大道市容专项整治、共享单车划线管理等专项整治行动13次,出动执法人员60万人次,出动车辆11.40万辆次,查处"五乱"行为95万起。

【市政设施维护】 2017年,南宁市完成道路维修42.48万平方米,人行道维修13.03万平方米,市区桥涵日常养护295座。2016年5月南宁市获批全国第二批地下综合管廊试点城市以来,市城市管理局作为建设牵头单位,推进项目建设,累计建成管廊长度45.76千米。

【市区防内涝】 2017年,南宁市建成全国首个海绵防涝信息系统,启动内涝预警4次,防范"天鸽""卡努""帕卡"等强台风影响。完成排水管渠清淤疏通11.89万米,清掏雨水井4.06万座,更换维修检查井、进水井758个,更换雨水井盖8536块。完成江南大道等11处易涝点以及兴宁区海绵示范区域10处积水点的改造,全市易涝点减至10个,年内未出现内涝或严重积水情况。累计安装市政道路防坠网2万个,在易涝点设置安全警示标识、强制警示隔离设施。

【户外广告整治】 2017年,市城市管理局拆除违法设置户外广告、招牌2706块,拆除面积28.78平方千米,指导城区打造户外广告示范街15条,完成整治面积6984平方米。

【照明管理】 2017年,市城市管理局处理照明设施故障4000余起,处理照明设施线路故障782处、照明箱变终端问题655处;维修路灯6100多盏次、景观亮化灯1.80万多套次;清洗路灯杆1.56万杆、亮化设施7800多套;路灯亮灯率、平均亮灯率、照明设施完好率分别为98%、99.30%、95%。

【城市生活垃圾处置】 2017年,南宁市(含武鸣区、广西－东盟经济开发区)有环卫专用车辆998辆、生活垃圾无害化处理场2座、公共厕所233座(均为三类以上公厕233座)道路清扫保洁面积7006.87万平方米,其中机械清扫面积4363.12万平方米,洒水降尘道路面积4203.05万平方米。清运生活垃圾(不含武鸣区、广西－东盟经济开发区)116.33万吨;生活垃圾无害化处理量(经压缩转运后)累计115.24万吨,城市生活垃圾无害化处理率100%。

【生活垃圾分类试点】 2017年,市城市管理局指导、督促城区、开发区开展生活垃圾分类试点,完善"三分类"(可回收物、有害垃圾、其他垃圾)模式,重点推进家庭垃圾干湿分离,实现厨余垃圾单独收集和循环利用。探索"四分类"(可回收垃圾、厨余垃圾、有害垃圾、其他垃圾)模式、绿色交换分类模式,配合开展《南宁市生活垃圾管理条例》立法调研。

【餐厨废弃物资源化利用处理】 2017年,南宁市餐厨废弃物资源化利用和无害化处理厂收运处理餐厨垃圾7.53万吨,日处理量206.31吨;废弃油脂累计3045.84吨,日处理量8.34吨;处理生活垃圾分类小区厨余垃圾累计1012.11吨,日处理量2.77吨,全部实现无害化处理。

【建筑渣土管理】 2017年,南宁市城管执法队伍查处泥头车6290辆。推进41个消纳场出入口标准化建设,细化消纳场日常和台账管理制度,封停消纳场6个。对全市2237辆旧式泥头车全部完成降挡板整改,消除泥头车加高改装现象。加强技术改造,为重点项目施工车辆指定土方运输路线。推进扬尘治理综合管理平台建设,利用现有防内涝系统,整合各部门信息资源,搭建起治理源头实时监控、部门监管监督、大数据分析、信息共享、部门联动的扬尘治理"慧眼"系统。9个消纳场、658路交警视频、127个建筑工地、11个采石场、7个水泥搅拌站、9个联合执法卡点监控视频接入平台,实现污染源头点线面的初步监控覆盖和在线实时查看。

【共享单车管理】 2017年,南宁市落实"欢迎、包容、鼓励、规范、共赢"要求,研究规范共享单车管理指导意见,规范管理共享单车超过20万辆。研究探讨共享单车的管理模式、精确定位、投放规划、运行安全、停放乱象解决办法等。在全市人行道上施划共享单车停车泊位6800多个。指导城区(开发区)合理设置共享单车停车位,设立禁停区域。 (董　强)

建筑管理

【概　况】 2017年,南宁市建筑业总产值1469.11亿元,比上年增长23.93%;建筑业增加值409.60亿元,增长12.50%;建筑业占南宁市国内生产总值比重9.90%,对南宁市国内生产总值增长的贡献率7.50%,拉动国内生产总值增长0.60%。新增入库建筑企业36家;至年末,全市在库建筑业企业422家。

【工程质量安全管理】 2017年,南宁市城乡建设主管部门、建筑管理部门开展安全生产专项整治、预防高处坠落事项专项检查的工程质量安全治理"两年"行动,实施工程安全生产"百日大整治"行动,开展建筑市场暨工程质量安全检查整顿行动,重点检查公共建筑工程、保障性安居工程、市政基础设施工程、轨道工程项目。房屋建筑工程方面,开展质量通病防治,要求建筑工程施工单位执行质量技术交底、原材料进场、施工过程监管、验收管理等制度;落实住宅工程逐套验收;加强对实体质量监督抽测;受理房屋建筑工程质量安全投诉55起,受理率100%,房建工程安全文明施工投诉33起,办结率100%。推行工程质量安全标准化管理和可视化技术制度,向全市建筑工地免费发放建筑安全可视化教育作品2万份,开展标准化示范工地创建活动;开展工程质量提升暨质量月观摩活动,全年举办观摩活动6次,观摩人数9820人次。承担道路、桥梁、隧道、排水、地下综合管廊等市政基础设施工程174个(含新建、续建)的日常监督巡查抽查及专项检查,承接和处置数字城管、市民投诉、网上留言、媒体曝光等涉及市政工程质量、安全、文明施工、扬尘污染治理等案件312起。

【示范工地创建】 2017年,市建筑管理部门推行"样板引路"制度,引导、激励工程参建方加强施工质量监控,提高工程实体结构质量水平,工程"样板引路"覆盖率100%。推行工程质量安全标准化管理和可视化技术制度,树立行业标杆模范,统一标准化管理水平,开展标准化示范工地创建活动,将9月定为工程"质量月"。在招商的6个项目建筑工地组织召开建筑施工质量安全标准化暨扬尘防治信息化现场观摩会,观摩人数9820人次。

【监督抽测】 2017年,市城乡建设委员会加强对工程原材料和工程实体质量监督抽测,对结构实体钢筋保护层厚度扫描、混凝土强度钻芯及回弹检测等现场检测项目进行原位复查11个项目,下发《执法检查责令整改通知书》11份,对3个存在监督抽测(实结构体检测)不合格的工程项目的扩大检测进行旁站监督,对其中涉嫌出具虚假广告的1家检测机构的1个违法行为进行现场调查取证并提交报案材料。对房屋建筑工程71个在建项目的监督抽测进行旁站监督。

【建设工程招投标】 2017年,南宁市建设项目招投标办理单项交易870项,造价429.75亿元。其中,公开招标728项,工程造价299.23亿元;邀请招标60项,工程造价38.10亿元;直接发包82项,工程造价92.42亿元。加大业务培训,推进电子化开评标;7月,实现招投标备案及工程施工合同备案流程电子化;完善行业诚信信息监管平台,将企业诚信评价得分运用于企业投标活动中,明确建筑施工企业守信行为、失信行为的范围和赋分标准,明确将信用考核的结果运用到国有投资项目招投标活动中;出台《南宁市房屋建筑和市政工程施工电子招标文件范本(2017年版)》在南宁市公共资源交易平台上线使用;实施《南宁市房屋建筑和市政基础设施工程总承包试点实施细则》。

【装配式建筑项目】 2017年,南宁市以土地源头控制为抓手,按国家土地法律法规规定,对经营性用地必须通过招标、拍卖、挂牌等方式向社会公开出让国有土地,在土地出让阶段明确装配式建筑建设要求,由土地竞得人在成交当场与建设行政管理部门签订项目装配式建筑履约监管协议书。旧城改造、保障性住房及政府投资项目均落实装配式建筑建设要求。年内,完成新开工装配式建筑项目7个,建筑面积超60万平方米,推进装配式部品部件生产基地建设,完成新落地项目2个、新开工4个、竣工投产3个,全市在建或正在筹建的装配式预制构件产能可满足约300万平方米建设要求。

【墙体材料改革与建筑节能】 2017年,市城乡建设委员会开展墙改基金征收核退管理,完成墙改基金征收项目253个,金额4783.48万元;核退项目346个,核退金额1.52亿元;结转墙改专项基金收入项目123个,结转墙改基金收入1010.6万元;累计上缴市本级国库808.48万元,自治区国库202.12万元。抓好关停淘汰落后窑炉和黏土类烧结砖生产企业的复查,宾阳县、隆安县完成关停淘汰任务;上林县淘汰落后砖厂10家;兴宁区、高新区等完成淘汰落后砖厂的任务;全市完成淘汰落后窑炉和黏土类烧结砖生产线139家,占自治区下达任务123%。有6家企业获得新型墙材标杆示范项目,2家装备制造企业通过自治区墙体材料改革办公室验收,广西港企环保建材有限公司办理新型墙材认定证,隆安白马砖厂和武鸣宏峰砖厂完成项目建设投入生产。推进装配式新型墙材部品部件开发生产,新建墙板厂3家,累计11家墙板厂投入生产取得新型墙体材料认定证。完成年度新型墙材质量抽查62批次,合格52批次,合格率83.9%。其中:烧结类29批次,合格20批次,合格率69%;混凝土砌块类25批次,合格24批次,合格率96%;蒸压制品类7批次,合格7批次,合格率100%;墙板类1批次,合格1批次,合格率100%。完成绿色建筑设计方案审查128项,总建筑面积1284.55万平方米,太阳能热水系统应用面积371.56万平方米,太阳能光伏发电系统装机容量1615.77千瓦,浅层地能11.62万平方米。完成建筑节能量24.71万吨标准煤,占年度任务22.50万吨标准煤的109.82%;完成新墙材验收项目127个,完成建筑节能分部工程竣工验收项目205个(建筑面积1069.17万平方米),全市新建建筑执行节能50%设计标准比率100%。

【建设行政执法】 2017年,市城乡建设主管部门制定《贯彻落实2017年全区法治政府建设工作要点和法治政府建设暨普法工作计划》《立法起草、调研工作方案》,上报《南宁市建设工程施工现场管理若干规定》修订,完成《南宁市民用建筑节能管理规定》修改调研,推进《南宁市二次供水管理办法》起草。一般程序立案查处建设违法违规案件235起,简易程序查处建设违法违规案件411起;召开行政处罚听证会2次,作出行政处罚决定书174份,上缴罚没收入1181万元;公示行政处罚信息149条、行政检查信息11条,审核重大执法决定11项。开展行政执法案卷评查,抽查2016年度办结的行政处罚、行政许可、行政确认、行政征收及行政检查案卷,自查已执行完毕的进入一般程序的行政处罚案卷30份和简易处罚案卷30份;抽取行政许可案卷90份、行政确认案卷89份、行政征收案卷30份、行政检查案卷27份,整改发现的问题。结合"双随机一公开"(随机抽取检查对象、随机选派检查人、公开检查结果)检查,严厉打击承包工程转包等建筑市场违法违规行为。完善行政执法联动机制,加强与规划、房管、城管等部门之间联动管理,通过行政执法督促问题项目按期整改,按期整改100%。 (陈 琳)

房产管理

【概 况】 2017年,南宁市住房保障和房产管理局设办公室、政策法规科、房产信息管理科、行政审批办公室、保障住房建设科、保障住房审核租赁管理科(市落实私房政策办公室)、住房制度改革管理科、房地产开发监管科、房屋登记和市场交易监管科、物业服务和房屋安全监管科、房产资金监管科、财务科、人事科13个科室和机关党委,编制56名,在编53人。有市房屋产权交易中心、市保障住房建设管理服务中心、市保障住房资格审核和管理中心、市房地产监察支队、市房屋安全鉴定所、市白蚁防治所、市房产信息管理服务中心、市房产资金管理中心8个二层机构。完成房屋交易审核业务12.32万宗,完成中介机构备案40份,评估公司机构备案、资质变更延期等初审材料18份。受理11个单位危旧房改住房改造非还建住房准购申请30批856份,审核发放危旧房改住房改造非还建住房《准购证》739份,受理和审核购房资格变更申请46

份。完成三级、四级及以下房地产开发资质审批 464 宗,完成房地产项目配套设施验核 65 宗、物业管理用房预核备案 103 宗、核定备案 35 宗。受理单位出售公有住房业务 17 宗、单位出售被拆迁已购公有住房公摊面积 33 宗、单位出售房改住宅底层架空层 2 宗、单位出售公房部分产权转全产权 10 宗、全额集资建房项目审批 3 宗、全额集资建房竣工后计算个人房款 9 宗。完成市级层面为民办实事项目 100 个老旧居住小区环境综合整治改造。完成“三街两巷”直管公房征收,180 户直管公房全部签约、腾空。市保障住房资格审核和管理中心被评为第五届全国文明单位、自治区城乡住建系统窗口服务行业创建“广西工人先锋号”班组竞赛优胜单位;市房屋产权交易中心权证科被共青团中央、住房城乡建设部授予 2015 至 2016 年度全国“青年文明号”。

【房屋安全监管】 2017 年,市住房局出台《2017 年南宁市老旧(危险)房屋安全隐患排查治理工作实施方案》;完成房屋安全鉴定 390 栋,排查疑似存在安全隐患直管公房 224 栋,安置租户 3037 户,开展 4 栋危险房屋动态监控预警系统试点。抓好重大活动、重大节假日、汛期等重点时期安全排查,出动检查人员 1.17 万人次,检查保障房门牌 9104 栋次。

【房产资金管理】 2017 年,市住房局规范商品房预售资金监管,规范房产资金归集、使用,归集房改资金 3188.68 万元,拨付 1294.49 万元;收取转完全产权差价款 691 户,金额 6157.36 万元;收取超面积差价款 2062 户,金额 1.26 亿元;归集物业专项维修资金 11.76 亿元,累计归集 66.74 亿元,拨付维修资金 65.96 万元。受理房改维修基金使用申请业务 56 件,审核回拨房改维修基金 156.84 万元。

【房管信息化】 2017 年,市住房局实施“智慧房管”工程。召开局系统信息化建设推进会议,制定《加快推进住房保障信息化建设工作总体方案》,基本建成网络平台体系。上线运营住房保障自助服务终端机,推广应用 APP、微信公众号等移动端;自主研发存量房交易网签系统、房屋使用安全管理平台等 6 个系统,升级改造住房保障综合平台、预售资金监管系统等 4 个系统。推动部门数据互联互通,实现与不动产登记、公安、民政、统计、税务等部门数据共享或交换。

【白蚁防治】 2017 年,市白蚁防治所承接新建房屋白蚁预防工程项目 532 个,比上年增长 25.77%,面积 3295.93 万平方米,增长 17.88%。完成新建白蚁灭治工程 2070 个,增长 76.62%;承接旧房白蚁灭治工程 575 个,增长 42.33%。新建房屋回访复查面积 1738 万平方米。实施现场监督 512 项,其中新建预防现场监督 346 项,回访复查和新建灭治现场监督 166 项。取样检验 237 项,出具检测报告 237 份,新建灭治工程项目电话回访次数 1852 次,回访率 100%,满意率 100%。白蚁防治科研成果获南宁市科学技术进步二等奖;出版《广西白蚁》专著;市白蚁防治所被广西科学技术协会命名为“广西壮族自治区科普教育基地”。

【执法监察】 2017 年,市住房局开展房地产市场秩序专项整治,对在建在售房地产项目的经营(包括价格、证件、预售等)情况开展执法检查 415 次,受理群众投诉 313 起,对巡查、检查中发现问题下发调查通知 332 份,下发责令改正通知书 35 份,立案查处 20 起,其中涉及房地产开发经营类 12 起、物业服务类 1 起、中介经纪类 7 起,处罚 17 起。

房地产市场

【房地产市场调控】 2017 年,市住房局联合 7 部门出台《关于进一步加强房地产市场调控促进房地产市场平稳健康发展的通知》及其补充通知等系列调控政策,提出限地价、限房价、限贷、限售、限装修价格等调控措施。加强商品房交易监管,实施商品住房预售申报价格会审,强化商品房预售资金监管,整顿规范市场秩序,开展企业诚信经营活动,强化市场运行监测分析。南宁市房地产销售总量居自治区首位,新建商品房销售面积 1544.13 万平方米,比上年增长 16.32%。全市非住宅商品房消化周期由 2016 年 33.09 个月降至 27.39 个月。

【房地产开发投资】 2017 年,南宁市房地产投资 1134.7 亿元,比上年增长 14.84%;其中房地产开发投资 958.10 亿元,增长 12.16%,房地产开发投资占全市固定资产投资 22.24%,分别比全国、自治区高 4.86 个百分点、8.76 个百分点。新开工面积 1486.20 万平方米,下降 0.57%,其中住宅开工面积 1021.70 万平方米,增长 7.21%。

【物业行业监管】 2017 年,南宁市推行物业服务“四公开一监督”(公开物业服务人员姓名和岗位,公开物业服务内容和标准,公开物业服务收费价格,公开保修、投诉电话;主动接受业主监督)制度。开展物业服务监督检查,抽查物业企业 90 多家,物业小区 100 多个。组织开展成立业主大会和选举业主委员会专项业务培训,培训 500 多人次;组织业务队伍进小区、进企业开展物业维修资金使用专项培训,培训业主代表、业委会成员、物业公司从业人员 400 余人。开展物业服务项目评优活动,评选出年度城市物业管理优秀住宅小区(大厦)15 个。

(宁怀庆　何宁祖　曹　婧)

住房公积金

【概　况】 2017 年,南宁住房公积金管理中心设机关党委、办公室、人事教育科、财务会计科、归集管理科、贷款服务部、法规稽核科、信息管理科、服务咨询部,铁路分中心,其中铁路分中心设综合科、财务会计科、归集管理科、信贷管理科、南宁管理部、柳州管理部、桂林管理部、玉林管理部、流动服务部;编制 120 名,在编 114 人。南宁住房公积金管理中心新增归集住房公积金 73.62 亿元,比上年增长 13.80%,完成年度任务 108.26%;提取住房公积金 50.25 亿元,增长 7.96%;发放住房公积金个人贷款 43.24 亿元,增长 0.70%,完成年度任务 100.55%;实现住房公积金增值收益 3.78 亿元,增长 5.6%,完成年度任务 122.73%。年内,调整住房公积金贷款政策 2 次,住房公积金的使用向刚性需求和改善性住房需求倾斜。10 月 1 日,个人网上业务大厅上线测试,可直接在网上申请办理职工租房、退休、离职提取等业务;至年末,受理业务 1500 多笔。完成《南宁住房公积金异地转移接续平台操作规程》的制定和城区营业部、管理部、铁路分中心工作人员的培训,实现全中心正式接入使用异地转移接续平台,办理异地转入、转出业务 4200 笔。

【住房公积金归集】 2017 年,南宁市制定《市本级补发事业单位绩效工资补缴住房公积金的工作方案》,管理中心指导各单位和服务网点开展补缴材料审核。年内,新开户单位 1481 个,住房公积金个人账户数 78.29 万人,比上年增加 7.53 万人,建立住房公积金职工增长率 10.64%。

【住房公积金提取】 2017 年,南宁市修订完善重新印发《南宁住房公积金提取业务实施细则》。管理中心网上业务大厅个人版正式上线并正常受理业务。实现全中心正式接入使用异地转移接续平台。年内,提取住房公积金 50.25 亿元,比上年增长 7.96%。

【住房公积金贷款】 2017年5月1日，《南宁住房公积金管理委员会关于调整我市住房公积金贷款的通知》正式执行。9月30日，《南宁住房公积金管理委员会关于阶段性调整住房公积金贷款及提取政策的通知》正式执行。年内，发放住房公积金个人贷款43.24亿元，比上年增长0.70%，完成年度任务100.55%。

【住房公积金缴存额度设定】 2017年6月27日，南宁市印发《关于调整2017年度南宁市住房公积金缴存基数和月缴存额上下限的通知》，2017年度(2017年7月1日至2018年6月30日)南宁市职工、单位住房公积金缴存比例各为12%。2017年度南宁市职工住房公积金月缴存基数上限17140元，自治区及以上直管单位参照上级主管部门有关规定执行。2017年度单位、职工住房公积金月缴存额最高各2057元，合计4114元；月缴存额最低各70元，合计140元。

(覃雨冰)

城市管理监督评价

【概　况】 2017年，南宁市城市管理监督评价中心设综合科、派遣科、呼叫科、指导协调科、考评监督科、技术科、监督员管理科7个科室，编制53名，在编51人。市城市管理监督评价中心以推进数字化城市管理信息系统整体升级为载体，开展“美丽南宁·整洁畅通有序大行动”、扬尘污染专项治理考评数据采集，加快城市治理考评体系建设，完善数字城管系统服务功能。采集数字城管信息数据47.52万件，其中“大行动”专项考评数据30.14万件；加强案件协调督办，协调解决责任不清的数字城管案件824起；召开现场协调会15次；发送督办函342份。推进数字化城市管理信息系统整体升级改造，推动数字化城市管理加快向智慧化升级。受理城市管理问题49.14万件，比上年增长30.50%；立案35.66万件，增长35.65%。

【城市管理专项考评】 2017年，市城市管理监督评价中心承担市“大行动”目标专项考评部分暗访数据采集，针对城区(开发区)、市直部门及市属重点平台公司等不同考评对象分别建立考评模块3套，实现城市管理精准考评，打造“考评+”模式。7月，将共享单车案件纳入“大行动”考评；9月，将共享单车企业纳入数字城管处置流程及考评。完成城区(开发区)、市直部门及平台公司的考评12次，受理“大行动”考评数据60.80万条(包含关联数据)，审核申诉数据7.60万条，参与仲裁案件申诉处理陈述12次，报送城区(开发区)、市直部门、平台公司“大行动”考评分析报告24份。每月、每半年按时对城区、开发区、市直责任单位进行考核评价，拟制《数字化城市管理考核评价(月报)》12期、《数字化城市管理考核评价(2016年年报)》1期、《南宁市城市管理监督评价中心考评半年报2017年上半年》1期。

【扬尘污染治理专项考评】 2017年，市城市管理监督评价中心继续开展扬尘污染治理专项考评，完成扬尘考评12次，受理扬尘考评数据5.20万件，审核扬尘考评申诉数据1.10万件；完成《关于南宁市扬尘污染治理专项行动考评工作试运行情况的汇报》等扬尘考评报告材料12份。

【城市管理问题采集】 2017年，市城市管理监督评价中心坚持“应采尽采、全面覆盖”的原则，加强城市管理问题采集。监督员队伍采集数字城管信息数据47.52万件，其中市“大行动”专项考评数据30.14万件。监督员队伍轮岗6次，每两个月跨城区、开发区轮岗交流。组织扬尘专项巡查小组9个，负责监督员工作网格外的扬尘数据采集，开展巡查30次，采集数据840条。

【城市管理问题受理】 2017年，市城市管理监督评价中心受理城市管理问题49.13万起，立案35.66万起(部件立案3.14万起、事件立案32.48万起、扬尘有奖举报413起)，部件与事件立案数比例1∶10，比上年增长35.65%。上报市“大行动”专项考评数据30.14万件，审核专项考评申诉数据7.60万条。

【城市管理案件督办】 2017年，市城市管理监督评价中心接收派遣处理案件32.13万起，日均案件902.44起；其中派遣处理“五乱”(广告乱贴、摊点乱摆、车辆乱停、垃圾乱扔、工地乱象)案件6.63万起，“12319”热线公众举报和投诉案件1.42万起，媒体曝光案件4180起，精品路线、地铁施工区域案件5.30万起，处理被责任单位驳回的案件17.93万起。强化跟踪督办，下发督办函342份。协调处置责任不清的数字城管案件824起。

【数字城管系统建设】 2017年，市城市管理监督评价中心完成数字化城市管理信息系统整体升级改造项目；12月11日，实施系统迁移和新系统试运行，位于双拥路的原系统座席大厅整体搬迁至竹溪大道市城管监督评价中心办公楼，原部署于市应急联动中心的系统机房及核心平台设备等搬迁至市电子政务网络中心机房和电子政务云平台。

【数字城管基础地理信息数据更新】 2017年，市城市管理监督评价中心对数字城管基础地理信息及城市部件信息数据实施更新维护。更新区域主要包括凤岭南片区、凤岭北片区、三塘片区、狮山公园片区、朝阳火车站片区、高新片区、经开片区、五象片区及沙井片区9个区域17.91平方千米的基础地理信息数据，以及9个区域的96类部件10.82万个，兴趣点3593个。更新内容包括全市最新路网、高架立交桥、跨河桥等数据，包含主干道41条、次干道92条、高架立交桥4座、跨河桥1座。更新万米格网325个，调整工作网格范围6个，新增工作网格4个，数字城管工作网格增至99个。

【路灯杆编码更新维护】 2017年，市城市管理监督评价中心实施新一期路灯杆编码更新维护，11月完成建设并通过验收。至年末，建设和更新维护灯杆编码4万个(包括新增的开放式市管公园、道路等范围)。

【共享单车纳入数字城管系统】 2017年9月，市城市管理监督评价中心完成共享单车城市管理案件纳入数字城管系统平台进行统一采集与考评专项，为5家共享单车企业开通数字城管处置账号655个，加大对共享单车乱象的实时监管力度，提高共享单车乱象问题的采集及处置效率。

【扬尘有奖举报】 2017年，市城市管理监督评价中心根据《南宁市扬尘污染治理有奖举报实施方案》要求，开展全市扬尘污染有奖举报。扬尘污染有奖举报类型分为建设工地、建筑垃圾运输车辆、散料流体物料运输车辆、建筑垃圾消纳场、企业堆场等8类扬尘污染行为，奖励标准分别为200元、500元、1000元、5000元，市民可通过“12319”热线电话、微信、电子邮件等方式举报扬尘污染行为。至年末，受理有奖举报案件839起，办结638起，其中有奖案件213起。

【“12319”热线服务】 2017年，南宁市“12319”城市管理监督热线接到市民来电4.33万个，其中咨询3.42万个；受理立案9096起，结案9113起(含上年结转数)，结案率81.21%。针对来电案件处置情况开展满意度调查，回访市民2542人次，满意1871人次，满意度73.60%。

(市城管监督评价中心编写组)

责任编辑　姚宗秀

中共南宁市委员会

重要会议

【中国共产党南宁市第十二届委员会第三次全体会议】 2017年1月22日在市委、市政府会议中心召开。市委委员62人、候补委员11人出席会议，市纪委委员，不是市委委员、候补委员的市人大、政府、政协中共党员领导，有关方面负责同志及基层一线代表列席会议。市委常委会主持。自治区党委常委、市委书记王小东作讲话。会议深入学习贯彻党的十八届六中全会、自治区第十一次党代会和中央、自治区经济工作会议精神，听取、讨论王小东受市委常委会委托作的工作报告，审议通过南宁市上报的广西出席党的十九大代表候选人推荐提名人选。

【全市县域经济发展大会暨年中工作会议】 2017年7月27日在市委、市政府会议中心召开。自治区党委常委、市委书记王小东作讲话。市长周红波传达自治区县域经济发展大会暨年中工作会议精神，总结2017年上半年工作，部署下半年工作。市委副书记冯学军主持。江南区、青秀区、邕宁区、南宁高新技术产业开发区、市发展和改革委员会、市工业和信息化委员会、市城乡建设委员会、南宁交通投资集团有限责任公司8个单位作经验介绍，横县、宾阳县、广西－东盟经济开发区、市交通运输局、市金融工作办公室、南宁产业投资集团有限责任公司6个单位作表态发言。市四家班子成员及检察院、法院主要领导，市直有关单位及区县(开发区)党政主要负责人等参加会议。

【全市领导干部会议】 2017年9月15日在市委、市政府会议中心召开。自治区党委常委、市委书记王小东就做好当前各项工作作讲话，市长周红波传达自治区领导干部会议精神，市领导冯学军、张文军、杨维超、崔佐钧、刘为民分别就做好脱贫攻坚、经济运行、信访维稳、意识形态、安全生产等作重点发言，区县(开发区)作书面发言。市四家班子领导成员、市检察院检察长，各区县(开发区)和市直有关单位主要负责同志出席会议。会议学习贯彻习近平总书记系列重要讲话特别是“7•26”重要讲话和视察广西重要讲话精神，贯彻落实中央、自治区党委决策部署和自治区领导干部会议精神，全面梳理南宁市年初确定的各项工作任务，研究当前经济运行、脱贫攻坚、社会稳定、安全生产、意识形态等重点工作，推动南宁市经济社会持续健康发展，全力以赴为党的十九大胜利召开营造良好环境。

【传达学习党的十九大精神大会】 2017年10月27日在市委、市政府会议中心召开，部署学习宣传贯彻措施。大会以电视电话形式召开，设主会场和区县、广西－东盟经济开发区等分会场15个。市委副书记、市长周红波主持，市人大常委会主任束华、市政协主席杜伟出席会议。市四家班子领导和其他厅级领导，厅级离退休老同志，部分市直单位副处级以上干部在主会场参加会议。自治区党委常委、市委书记王小东在会上强调，全市上下要提高政治站位，牢固树立“四个意识”，以习近平新时代中国特色社会主义思想武装头脑，迅速掀起学习宣传贯彻党的十九大精神热潮，把思想、行动统一到十九大精神上来，把智慧和力量凝聚到落实十九大提出的各项任务上来，以新的精神状态和奋斗姿态，把新时代首府各项工作不断推向前进。

【中央宣讲团党的十九大精神宣讲报告会】 2017年11月7日在广西人民会堂举行。中央宣讲团成员、中央组织部副部长高选民作宣讲报告。自治区党委书记彭清华主持报告会并讲话。自治区主席陈武出席。报告会以电视电话会形式召开，除主会场外，自治区设分会场6个，市、县(市、区)在本地设分会场，4.50万人参会。自治区四家班子领导，自治区检察院、自治区法院主要负责同志，离退休省级干部，自治区直属、中央直属驻邕单位主要领导，驻桂部队、工人、学生等各界群众代表在主会场参会。自治区党委常委、市委书记王小东在主会场参加报告会，周红波、束华、杜伟等市四家班子领导在南宁市分会场参加报告会。高选民全面阐述党的十九大主题、重要成果、主要精神、历史贡献，指出要全面学习十九大精神，尤其是要重点学习好、领会好十九大报告。彭清华指出，自治区各级党组织、广大党员干部要认真贯彻《中共中央关于认真学习宣传贯彻党的十九大精神的决定》和习近平总书记关于全党来一个大学习的重要指示精神，准确领会把握党的十九大精神的思想精髓、核心要义，达到思想认识大提高、发展观念大转变、工作成效大提升；推动党的十九大精神进企业、进农村、进机关、进校园、进社区、进网络，让老百姓听得懂、能领会、可落实，增强对党的十九大精神的政治认同、思想认同、情感认同；要以贯彻落实十九大精神为动力，加快推动富民兴桂各项事业向前发展。

【中国共产党南宁市第十二届委员会第四次全体会议】 2017年11月24日在市委、市政府会议中心召开。市委委员57人、候补委员10人出席会议，市纪委委员、有关方面负责同志和南宁市党的十九大代表列席会议。市委常委会主持。自治区党委常委、市委书记王小东作讲话。审议通过《中共南宁市委员会关于深入学习宣传贯彻党的十九大精神的决定》。市委副书记冯学军就《中共南宁市委员会关于深入学习宣传贯彻党的十九大精神的决定》(草案)向会议作说明。会议批准覃卫国辞去第十二届市委委员职务，决定递补第十二届市委候补委员何尚汉为第十二届市委委员。

重大决策

【全面提升开放发展水平】 2017年2月13日，市委、市政府印发《关于南宁市全面提升开放发展水平的实施意见》，提出到2020年基本形成充满活力、内外并举、协调互动、互利共赢的开放型经济体系，形成全方位、宽领域、多层次、高水平的对外开放新格局，基本建成中国面向东盟开放合作的区域性国际城市、“一带一路”有机衔接的重要门户城市、对自治区经济社会发展具有较强支撑带动作用的首府城市、具有浓郁壮乡特色和亚热带风情的生态宜居城市，全市开放型经济规模和质量得到明显提升，力争实现全市外贸进出口总额、对外直接投资在2015年的基础上翻一番,实际到位内资年均增长10%,全口径实际利用外资年均增长8%。

【加快现代工业和信息化发展】 2017年4月10日,市委、市政府印发《关于加快现代工业和信息化发展的决定》,决定到2020年力争实现“一壮大、两优化、三提升”(总体规模实现稳步壮大、工业产业结构明显优化、生态绿色发展体系逐步优化、创新驱动能力显著提升、质量效益水平显著提升、两化融合水平显著提升)发展目标。

【教育综合改革】 2017年7月3日,市委、市政府印发《关于南宁市教育综合改革方案(2016—2020年)》,决定推进重点领域、关键环节改革创新,构建更加科学完备、规范有序、公平高效的现代教育治理体系,推进教育改革发展进入法治化轨道。到2020年,在自治区率先普及更高水平的十五年基本教育,学前三年毛入园率97%、九年义务教育巩固率96%以上、高中阶段教育毛入学率95%,基本形成学习型社会,教育公平和教育质量显著提升,职业教育和高等教育服务南宁经济的能力显著增强,人民群众对教育的满意度明显提高,成为与南宁首府定位相匹配的教育发展高地,在自治区率先基本实现教育现代化。

【农业供给侧结构性改革】 2017年7月5日,市委、市政府印发《关于全面推进农业供给侧结构性改革大力培育农业农村发展新动能的实施意见》,提出坚持新发展理念,协调推进农业现代化与新型城镇化,坚持稳中求进总基调,以推进农业供给侧结构性改革为主线,把增加绿色优质农产品供给放在突出位置,大力发展现代特色产业,实现农业增效、农民增收、农村增绿。推动优势特色产业提质增效,推进农业绿色发展,培育发展农业新产业新业态,强化农业科技创新驱动作用,补齐农业农村发展短板,全面深化农村改革。

【和谐劳动关系构建】 2017年,市委、市政府印发《中共南宁市委、南宁市人民政府关于构建和谐劳动关系的实施意见》,提出全面增强企业依法用工意识,提高职工依法维权能力,规范劳动合同管理,加强劳动保障执法监督和劳动纠纷调处,依法处理劳动关系矛盾,把劳动关系的建立、运行、监督、调处的全过程纳入法治化轨道。进一步健全由人力资源社会保障部门会同同级工会和工商业联合会、企业和企业家联合会等企业代表组织组成的协调劳动关系三方机制,解决劳动关系领域的突出问题;将构建和谐劳动关系纳入各级党委政府工作目标考核体系;推动企业和职工协商共事、机制共建、效益共创、利益共享。逐步实现劳动用工更加规范,集体协商机制普遍建立,分配制度更加健全,职工工资合理增长,劳动条件不断改善,职工安全健康权益得到保障,社会保险全面覆盖,人文关怀日益加强,职工合理诉求表达渠道更加畅通,劳动关系矛盾有效预防和化解,建立规范有序、公正合理、互利共赢、和谐稳定的劳动关系。

【河长制推行】 2017年9月30日,市委办公厅、市政府办公厅印发《关于印发〈南宁市全面推行河长制工作方案〉的通知》,提出2017年年末,建立西江干流(红水河南宁段)、郁江干流(南宁段)、左江(南宁段)、清水河、武鸣河、八尺江和南宁市主城区18条内河(含八尺江)及全市流域面积200平方千米以上江河湖库县级以上河长制;2018年6月,全市江河湖库全面建立河长制,全面形成覆盖市、区县、乡镇(街道)、村(社区)四级河长体系,出台相关配套制度及考核办法;2020年年末,全市基本建立江河湖库管理保护长效机制,水资源得到有效保护,水域岸线合理利用,水环境质量总体保持优良,水域面积总体保持稳定,城市建成区黑臭水体基本消除,水生态持续向好,逐步实现“水清、岸绿、河畅、景美”的江河湖库管理保护目标。

【行政职能事业单位改革试点】 2017年10月11日,市委办公厅、市政府办公厅印发《关于印发〈南宁市本级承担行政职能事业单位改革试点实施方案〉的通知》,决定全面推进政事分开,理顺政府与事业单位关系,实现行政职能回归行政机构。基本做到行政职能由行政机构承担,执法职能由综合行政执法机构承担,公益服务职能由事业单位承担,市场经营业务由企业承担。探索建立简约、精干、高效的组织架构和行政体制,为全面推进此项改革提供可复制可推广的经验。改革范围包括市本级完全、主要和部分承担行政职能的事业单位,开发区、高新区、风景名胜区、自然保护区等园区管理机构,以及党史研究室、地方志、档案局等事业单位暂不列入试点范围。

【学习宣传贯彻党的十九大精神的决定】 2017年11月5日,市委印发《关于学习宣传贯彻党的十九大精神的通知》,要求全市各级党组织要把学习宣传贯彻党的十九大精神作为头等重要的大事来抓,精心组织本区县本部门本单位的学习,迅速掀起学习宣传贯彻党的十九大精神热潮,使党的十九大精神深入人心;同时,各级党委、人大、政府、政协、法院、检察院党组,以及各区县各部门各单位要按照中央、自治区党委和市委的统一部署,联系单位实际,联系党员、干部、群众思想实际,把党的十九大精神落实到改革发展稳定事业各方面,体现到做好今年各项工作和安排今后每年年度工作之中。

重要活动

【全市厅级领导和处级主要领导学习贯彻党的十八届六中全会精神专题培训班】 2017年5月8日,市委举办全市厅级领导干部和处级主要领导专题培训班,自治区党委常委、市委书记王小东在开班式上讲话,市人大常委会主任束华、市政协主席杜伟出席,市委副书记冯学军主持开班式。谭向光就领导干部个人有关事项报告《领导干部报告个人有关事项规定》和《领导干部个人有关事项报告查核结果处理办法》作专题辅导报告。韦力平、王祝广、杨维超、崔佐钧、黄宁、赵红明、张卫等市四家班子领导,市中级人民法院、市检察院的主要负责同志出席培训班开班式。各区县四家班子正职领导,市直单位、市直企业正职领导230人参加培训。

【全市厅级领导和处级主要负责同志学习贯彻党的十九大精神专题研讨班暨市四家班子理论学习中心组2017年第四季度集中学习会】 2017年12月7日至8日,市委举办全市厅级领导和处级主要负责同志学习贯彻党的十九大精神专题研讨班,自治区党委常委、市委书记王小东出席并讲话,市委副书记、市长周红波主持开班式。束华、杜伟等市四家班子领导,市中级人民法院院长、市检察院检察长,其他在职厅级领导,各区县四家班子正职领导,各开发区主要负责同志,市直处级以上单位主要负责同志,市直各企业主要负责同志235人参加研讨。其间,市四家班子理论学习中心组分别进行第四季度专题学习,研讨班学员进行分组讨论、学习交流。 (市委办公厅)

组　织

【概　况】 2017年,中共南宁市委员会组织部(中共南宁市非公有制经济组织和社会组织工作委员会)设办公室、研究室(政策法规科)、干部人事制度改革工作办公室(中共南宁市委干部人事制度改革工作办公室)、干部一科、干部二科、干部三科、干部四科、干部五科、干部六科、干部档案室、干部监督室(举报中心)、公务员管理科、干部教育工作办公室(中共南宁市委干部教育工作领导小组办公室、南宁干部教育培训与考评中心)、人才工作办公室(中共南宁市委人才工作领导小组办公室)、机关党委(人事科)、信息办、党建办、组织一科(市基层组织建设领导小组办公室)、组织二科、组织三科(组织员办公室)、非公企业党建科、社会组织党建科22个科室。行政编制67名,在编60人。有南宁市党员干部现代远程教育管理办公室(中共南宁市委党的建设信息化管理办公室)、南宁市领导人才考试与测评工作办公室(南宁市公开选拔领导人才工作领导小组办公室)2个二层机构。年内,南宁市有中国共产党地方委员会13个(设区市委员会1个、区县委员会12个),党组429个,中央、地方党委派出工作委员会58个(省市派出工作委员会7个、区县派出工作委员会51个),基层党组织1.70万个(基层党委610个、党总支部1310个、党支部1.51万个);党员26.94万人。党员中,女党员8.58万人,占党员总数31.85%;少数民族党员13.92万人,占51.67%;离退休党员5.85万人,占21.71%;新发展党员3531人,占1.31%。新发展党员中,女党员1592人,少数民族党员1989人。

【深入学习贯彻党的十九大精神】 2017年,南宁市组织基层党组织和党员干部通过电视、网络、手机、远程教育平台等方式深入学习贯彻习近平新时代中国特色社会主义思想和党的十九大精神;结合"两学一做"(学党章党规、学系列讲话,做合格党员)学习教育常态化制度化,分级分类开展学习活动,通过组织生活会、党员集中活动日、集中研讨等途径,推动党的十九大精神进农村、进社区、进机关、进企业、进校园。全年组织学习活动1.70万场次,26万多名党员参加学习,实现党组织和党员学习全覆盖;举办南宁市厅级领导和处级主要负责同志学习贯彻党的十九大精神专题研讨班,集中全市在职厅级领导、区县四家班子正职领导,市直单位、市直企业主要负责同志研讨,参加研讨235人次。

【"两学一做"学习教育常态化制度化】 2017年,市委组织部督促指导南宁市1.53万个党支部开好专题民主生活会、开展民主评议,26万多名党员参与民主评议;印发《关于推进"两学一做"学习教育常态化制度化的实施方案》,召开全市推进学习教育常态化制度化工作座谈会,以"看齐对标""双争建功""整改提升""表率引领""固本强基"行动为抓手推进南宁市学习教育常态化制度化;开展"争创先锋示范"行动,通过"结对共建""双报到"等引导党员做到"四个合格"(政治合格、执行纪律合格、品德合格、发挥作用合格);实施"支部建设升级"行动,加强党支部规范化建设,落实"三会一课""党员集中活动日"等制度;开展向廖俊波、黄大年学习活动,开展学习1.30万场次;在"两学一做"学习教育中,涌现出"80后"禁毒英雄甘科伟等先进典型。

【村(社区)"两委"换届】 2017年,南宁市构建市、县、乡三级责任体系,实行党员处级领导挂点包保换届重难点村(社区)49个,采取"七个一"(列出一份责任清单、配强一套村级班子、制定一套经费筹措办法、选派一名驻村第一书记、落实一名处级干部包保、安排一个以上的后盾单位扶持、开展一次村"两委"干部培训)措施整顿软弱涣散村151个,换届前全部整顿完毕;建立市县乡村四级联动督导机制,分片包干开展督查指导,换届中开展督导420次,督促整改问题303个。9月10日,南宁市1769个村(社区)"两委"(村党支部委员会和村民委员会或社区党支部委员会和社区居民委员会)换届完成,选举产生"两委"干部1.94万人,呈现参选率高(村、社区党组织换届选举参选率94.18%,村民委员会、居民委员会换届选举参选率92.64%)、成功率高(村、社区党组织换届选举一次性成功率99.77%,村民委员会、居民委员会换届选举一次性成功率98.81%)、满意率高(党员群众满意率96.53%),"零差错""零事故""零违纪"特点。换届后,能人党员担任村书记的占总数50%以上,6266名致富带头人等优秀人才加入到"两委"干部队伍。

【干部队伍建设】 2017年,南宁市任免干部417人次;建立面向"四个一线"(项目建设一线、改革创新一线、脱贫攻坚一线、维护稳定一线)干部培养选拔链,选派30名优秀干部到第十二届中国(南宁)国际园林博览会筹办、邕江综合整治和开发利用工程、城市东西向快速路工程重点项目建设一线挂职锻炼;遴选63名优秀干部到深度贫困地区脱贫攻坚一线历练;选派14名处级、科级选调生到区县政府班子、乡镇党政班子挂任;选派6名市委组织部机关干部到重点项目建设一线、深度贫困地区挂职锻炼。探索建立一线跟踪考察机制,建立工作纪实档案进行全程纪实、跟踪考察,全面掌握一线干部的责任担当、能力水平、实绩情况,从"四个一线"提拔的县处级领导干部超过提拔总数60%。出台《南宁市关于建立容错纠错机制支持和鼓励改革创新的实施办法(试行)》。推荐6名金融专业人才到市直单位、区县(开发区)等单位挂职2年。推荐4名优秀处级干部到贫困县挂职,并做好广东省茂名市3名处级、6名科级干部到南宁市贫困县挂职。完成超职数配备处级干部、科级干部的整改消化任务。落实"凡提四必"(干部档案"凡提必审",个人有关事项报告"凡提必核",纪检监察机关意见"凡提必听",反映违规违纪问题线索具体、有可查性的信访举报"凡提必查")要求和廉政意见"双签字"(党委书记或党组书记、纪委书记或纪检组组长在廉政意见上签字)制度,防止"带病提拔",对选人用人问题进行通报整改和约谈责任人。落实干部选拔任用工作方案预审制度,预审37批次涉及科级干部1422人。开展"一报告两评议"(地方党委常委会每年向全委会报告工作,要专题报告年度干部选拔任用情况,并在一定范围内接受对本级党委干部选拔任用工作和新选拔任用领导干部的民主评议),抓好存在问题的整改落实。

2017年12月6日,青秀区在刘圩镇开展学习宣传贯彻党的十九大精神进基层宣讲活动
刘增璇 摄

关爱提醒有关单位、干部21个，函询有关单位、干部120个，诫勉1人；全年安排审计计划95个。完成全市1987名市管干部个人有关事项报告的信息录入汇总，随机抽查核实201名市管干部个人有关事项。围绕贯彻落实中央、自治区党委、市委决策部署，举办专题培训，完成中央、自治区调训87个班次，调训干部281人，组织主体班次17个，调训干部878人，举办专题干部培训班50期，培训1万多人次。

【基层组织建设】 2017年，南宁市建立市、县、乡三级党建重点工作责任清单，推进基层党建述职评议考核常态化并向各领域延伸，开展3轮覆盖各区县各领域的基层党建“两随机”(随机督导、随机调研)，涉及基层党组织210多个，约谈相关责任人130多人。

【农村党建】 2017年，南宁市开展“先锋引领·脱贫攻坚”大行动和年度行动计划的落实落地、指导督促，分别召开全市农村基层党建工作推进会、深度贫困地区抓党建促脱贫攻坚工作经验交流座谈会、特色产业扶贫暨壮大村级集体经济现场推进会。牵头谋划、抓好发展壮大村级集体经济，成立南宁市发展壮大村级集体经济工作领导小组，发展壮大村级集体经济。南宁市1543个行政村均设村民合作社，908个村有村集体经济收入，达2万元以上的598个；421个贫困村有村集体经济收入346个，2万元以上的317个；计划脱贫目标村村集体经济收入均2万元以上。全员轮训村党组织书记、第一书记、大学生村干部，加强第一书记队伍从严管理、指导帮扶，落实每人每月300元乡镇补贴、每年1.50万元驻村专项工作经费和10万元驻村帮扶经费，伙食补助提高至每人每天60元；全市村干部每人每月基本报酬提高300元，村级组织办公经费提高至每年3万元。市、县、乡三级举办培训班270多期，培训党员群众约15万人次。市本级投入832万元，完成村委会服务用房建设项目57个。推进农村基层党组织“星级化”管理，南宁市获自治区党委组织部命名为五星、四星、三星农村基层党组织的村455个。

【社区党建】 2017年，南宁市出台《关于开展“先锋引领·凝心聚力”大行动全面加强首府城市基层党建工作的意见》，开展“先锋引领·凝心聚力”大行动，健全“市—城区(开发区)—街道—社区”四级联动体系，提高城市基层党建工作整体效应。配备社区工作者5589人，每个城市社区专职工作人员均超过25人；向每个城市社区划拨社区惠民资金20万元专项解决社区民生问题；提高社区专职工作人员待遇，将社区专职工作人员每月基本报酬提高300元，给予全市居务监督委员会成员每人每月工作补贴150元，社区党组织书记月平均报酬最高4760元。成立街道大工委21个、社区大党委125个，72个社区与驻区单位共驻共建；建成街道党员服务中心25个、社区党员服务站200多个、楼栋党员服务点2000多个。

【国企党建】 2017年，南宁市召开全市国有企业党的建设工作会议，制定印发《关于加强全市国有企业党建工作的实施方案》，出台《关于推行规范市属国有企业董事会建设的实施意见(试行)》，把坚持党的领导、加强党的建设贯穿国企改革发展全过程。开展国有企业党建专项检查，落实好国有企业党建重点任务30项，督促指导国有企业把党建工作要求写入公司章程，推行“双向进入、交叉任职”，完成13家市管国企党委副书记、纪委书记分设调整配备。举办国企党建、国企党支部书记培训班，培训249人次。

【非公有制经济组织与社会组织党建】 2017年，南宁市实施“党旗领航”系列主题活动，出台《关于加强园区非公企业党建工作的实施意见》，南宁市成为中共中央组织部选定的全国6个地级市社会组织党建工作综合监测区之一，分级分类选定社会组织监测点74个。成立园区非公企业(综合)党委10个、党建工作指导站10个，建成党群活动服务中心16个；推动市、县成立社会组织行业(综合)党委(党总支)21个；成立市本级、12个区县“小个专”(小微企业、个体工商户、专业市场)党委(党总支部)；全市有“两新”组织(新经济组织、新社会组织)党组织2736个、党员2.38万名，持续开展“百日攻坚大行动”，非公企业、社会组织党组织覆盖率分别为80.57%、84.34%，全部实现中国共产党的工作覆盖。推行“1+X”(“1”即选择主管两新组织党员较多的行业系统主管部门和工作基础好、社会影响大的枢纽型行业协会商会，在党工委统筹指导和行业系统主管部门主导协调下建立行业党委；“X”即打破原来党组织设置主要依托单位、管理主要受制于属地的局限，按照行业关联度、地域相近度、党员兴趣爱好特长相似度，灵活设置单独组建、联合组建或挂靠组建的功能型党支部，扩大党的组织覆盖、党的工作覆盖)党建模式，建立健全出租汽车、保安等6个行业协会党委。投入200万元，建设提升市级党建示范点28个。投入640万元，开展“成长•活力”培训447期，培训党员超2.40万人。首次选聘88名党建工作组织员专职从事“两新”组织党建工作。

【机关事业单位党建】 2017年，南宁市清理、规范党组设立、人员配备等情况，把市教育局、市卫生和计划生育委员会、广西大明山风景旅游区管理委员会党委分别改设党组，党组织关系划归市直机关工委管理；设立市法学会党组；指导市直各单位党组制定、完善党组工作规则，建立健全党组(党委)工作制度体系；专项督查党组清理规范，指导完成308个区县级党组的清理规范工作；采取签订责任状、党建述职述责、谈心谈话等方式，抓好中小学校党建工作意见落实；结合推进“两学一做”学习教育常态化制度化，推进中共十九大精神进校园，推动校园文化建设，培育优良师德师风，提升教书育人质量。

【发展党员】 2017年，南宁市加强发展党员宏观调控，每季度对发展党员情况进行研判、动态管理。专项检查2016年以来贯彻执行《中国共产党发展党员工作细则》的情况，对3年及以上没有发展党员的村进行全面排查、摸清底数。新发展党员3531人。

【党员远程教育】 2017年，南宁市实施“十大助力工程”(助力“两学一做”学习教育、助力基层党组织“三会一课”活动、助力营造迎接党的十九大召开的浓厚氛围、助力村和社区“两委”换届工作、助力农村党员大培训工作、助力基层党建工作信息化、助力脱贫攻坚工作、助力“美丽广西”乡村建设、助力农村电商线上线下培训工作、助力农村科技致富行动)和学用示范基地“双十二工程”(推动创建自治区级党员干部现代远程教育学用示范基地12个、市级党员干部现代远程教育学用示范基地12个)。转换卫星模式站点48个，拓展延伸站点10个，“高清互动电视”模式进屯入户1200多户；推出“绿城党旗红”手机APP及微信公众号，手机APP注册用户2万多人，关注微信公众号超2.50万人；组织开展远教直播4次、党员教育主题学用活动10次；重点打造上林县巴独村等远程教学用示范基地24个；组织摄制党员教育电视片43部，获自治区特等奖1部、二等奖3部、三等奖3部、优秀奖8部、“十佳”微视频1部；青秀区委组织部获“2017年全区党员教育电视片摄制工作先进单位”称号。

【人才队伍建设】 2017年，南宁市围绕产业发展集聚人才，落实24支高层次人才团队项目资助资金3050万元，新引进博士7名、硕士106名，发放入企补贴393万元；开展“南宁·东盟人才交流活动月”和第四届南宁市海外高层次人才与项目对接会等引才活动，引进“千人计划”专家和海外高层次人才4人，吸引近200名海内外青年人才回邕就业创业；派出3个海外引智团赴美国、加拿大、日本、韩国、新加坡及中国香港地区、中国澳门地区开展引智交流活动；新建海外引智工作站4个，吸引150多名海外高层次人才洽谈；开展企业管理升级活动2期，培训企业骨干160多名；建成南宁先进技术育成中心，新增自治区级众创空间3家、重点试验室4家、工程中心13家；投入1.02亿元支持平台集聚的人才推进研发项目258项，获国家科学技术奖2项、中国专利优秀奖1项、广西科学技术奖38项；建成市级院士专家工作站1个；投入714万元资助小高地人才科研、培训项目48个。全市人才总量增至115万人。

【党建制度改革】 2017年，南宁市完成自治区下达的3项改革任务和市本级的10项改革任务。推进中共中央办公厅部署的党内法规制定试点，起草《南宁市村党组织党务公开办法（试行）》；将党建制度改革纳入区县党政正职和领导班子政绩考核，把法治建设成效作为衡量各级领导班子、领导干部工作实绩的重要内容；推进领导干部能上能下，全市调“下”的处级领导干部13人、科级121人；出台实施《南宁市贯彻落实〈党政领导干部生态环境损害责任追究办法（试行）〉的实施细则》；把群团组织改革纳入专项小组工作总体安排，选优配强群团组织领导班子，市总工会、团市委、市妇联、市科协、市侨联均制定改革方案。（市委组织部）

宣 传

【概 况】 2017年，中共南宁市委员会宣传部设办公室、新闻出版科、调研室、干部科、理论教育科、宣传科、对外宣传科、对外联络科、网络宣传管理科、网络舆情信息科、文艺科、文化体制改革与发展科、精神文明建设综合秘书科、精神文明建设活动科、未成年人思想道德建设工作科、社会志愿服务工作科16个科室。编制56名，在编52人。有中共南宁市委讲师团、南宁市互联网新闻传播研究中心2个二层机构。南宁市围绕学习宣传贯彻党的十九大精神，把握“两个巩固”（巩固马克思主义在意识形态领域的指导地位、巩固全党全国人民团结奋斗的共同思想基础）根本任务，贯彻落实中央、自治区党委、市委各项决策部署，谋划部署宣传思想工作，为新时代首府南宁发展提供思想保证、精神动力、舆论支持、文化条件。市委宣传部被评为2017年人民网网民留言办理工作先进单位，获自治区舆情信息工作优秀单位一等奖、自治区网评工作先进单位一等奖、2014—2016年度自治区未成年人思想道德建设工作先进单位、2017年度《党建》杂志学刊用刊工作先进集体等。

【理论学习与宣传】 2017年，南宁市开展习近平新时代中国特色社会主义思想、党的十九大精神学习教育，学习贯彻习近平总书记对广西工作重要指示精神，教育引导广大党员干部群众增强“四个意识”，坚定“四个自信”，坚决维护习近平总书记在党中央和全党的核心地位，坚决维护党中央权威和集中统一领导。推动出台《南宁市党委（党组）理论学习中心组学习细则》，市委中心组开展集中学习6次，形成调研报告15篇；编印发放《应知应会》口袋书7万多册；组织召开社科界学习党的十九大精神座谈会，征集迎接党的十九大理论文章400多篇。基层党委（党组）中心组学习督查调研1次；基层有大众宣讲、致富带头人宣讲、街坊宣讲等上百支特色宣讲团，开展学习贯彻自治区第十一次党代会精神、习近平总书记视察广西重要讲话精神、党的十九大精神等宣讲活动5000多场，参与干部群众63万人次。

【信息调研】 2017年，南宁市反映舆情、报送信息2172条，信息被采用量及领导批示量在自治区排名第一，其中1条信息获中共中央宣传部部长刘奇葆单条批示，12条信息被中宣部单条采用；6条信息获“好信息”奖，占自治区宣评总量30%；2篇舆情分析报告被评为“优秀舆情分析报告”，占自治区宣评选总量40%。宣传文化系统完成调研报告100多篇、工作案例33个，其中《武鸣壮族山歌文化传承发展的思考及建议》《新形势下南宁市深化推进大众宣讲工作的实践与思考》2篇调研报告被评为自治区优秀调研报告，《南宁市推动社会主义核心价值观落地生根的生动实践》被评为创新工作案例。

【新闻报道】 2017年，南宁市制定《关于学习贯彻习近平总书记在广西考察调研时重要讲话精神宣传报道的方案》等重大主题宣传方案90多个，发出采访通知1000多条次，组织重大活动采访100多批次，组织市属媒体推出“砥砺奋进的五年”等专栏专版402个，新闻媒体刊发反映南宁市经济社会发展新闻稿件1.50万篇。实施新闻头条工程，建立头条库、选题库、素材库、案例库，推进新闻产品“供给侧结构性改革”。印发《南宁市加快推进媒体融合发展实施方案》，召开加快推进媒体深度融合工作现场会，推出“老友云”、南宁手机台、“南宁头条”移动新闻客户端等融媒体产品。

【社会宣传】 2017年，南宁市及时更新、规范标语、海报、公益片等宣传内容，组织开展春节、全国“两会”、自治区“两会”、南宁市“两会”、社会主义核心价值观、中国－东盟博览会、中国－东盟商务与投资峰会、习近平在广西考察工作、国庆节、喜迎党的十九大和学习宣传贯彻党的十九大精神、环广西公路自行车世界巡回赛（南宁站）等宣传，设置相关宣传内容超过100万平方米。

【社会主义核心价值观宣传】 2017年，南宁市推动社会主义核心价值观进公共场所、窗口单位、学校、社区、乡村、网络空间。开展全市2017年“讲文明树新风”

2017年11月16日，黄大年同志先进事迹教育基地在市园湖路小学建成。图为市园湖路小学学生参观教育基地
潘 浩 摄

公益广告征集活动,推荐47部优秀作品参加第五届全区“讲文明树新风”公益广告征集活动。市属电台四个频率刊播公益广告超过3.60万次、2.73万分钟,市属电视台四个频道刊播公益广告超过4.38万次、2.32万分钟,市属报刊刊登版面超过200个,全市社会宣传媒介月均发布公益广告宣传画面26.50万平方米。打造核心价值观南湖公园、凤岭儿童公园等主题示范公园5个,新竹社区、凤翔社区等主题示范社区22个,金湖南广场、民族广场等主题示范广场9个,茶花园路、衡阳路等主题示范街道11条,以及航洋商业街、悦荟商业广场、李宁体育园等示范街区(园区);拍摄制作“文明南宁”1分钟微视频;在南宁市园湖路小学建成黄大年先进事迹教育基地,选送的自治区优秀共产党员甘科伟获全国第六届“道德模范”。以加强社会公德、职业道德、家庭美德、个人品德建设为主线,实施公民道德建设工程,开展“邻里缘·守望情”主题摄影大赛、“扬清廉家风·建幸福家庭”“我们的节日”、道德讲堂进工地、好家风好家训进校园进社区等活动。加强、改进未成年人思想道德建设,开展“我的中国梦”主题实践活动、“童心向党”歌咏比赛、优秀童谣征集评选推广、未成年人流动影院、优秀儿童戏曲戏剧进校园、第二十四届南宁市青少年爱国主义读书教育等系列活动。开展诵读经典、书画经典、讲解经典、演绎经典等“中华经典美韵邕城”主题系列活动,全市参加活动中小学生超100万人。

【对外宣传】 2017年,南宁市借首届“中国杯”国际足球锦标赛、环广西公路自行车世界巡回赛(南宁站)等大型活动展现南宁形象。中央媒体刊播稿件1800多篇(幅),境外媒体发稿1000多篇(幅),推出南宁宣传专版80多个。8月25日,《人民日报》头版头条刊发《南宁,抓发展巧借梯》;《半月谈》刊登《南宁,不再难宁》,新华社拍摄的宣传视频《你好南宁!你好东博会!》《天空之眼瞰南宁》点击量超过100万,中央电视台《新闻联播》播出有关南宁市报道内容17条次。与12家境内外媒体举办“春天的旋律”2017跨国春节晚会,获中国视协“春节晚会最佳作品奖”(一等奖)。组织策划2017“南宁渠道丝路交响”大型跨国新闻采访行动,在中国－东盟博览会期间推出20集系列报道,央视国际频道推出7集“海外南宁人”系列报道。

【新闻发布】 2017年,南宁市继续推进市政府例行新闻发布制度建设,指导市发展和改革委员会、市体育局、市卫生和计划生育委员会、市商务局、市扶贫开发领导小组办公室、市国有资产监督管理委员会、青秀区、五象新区等部门(区县)召开2017年南宁市第一批城市建设项目投资计划情况通报、南宁市体育事业发展情况通报、南宁市启动城市公立医院综合改革情况通报、南宁市精准脱贫攻坚情况通报、2017青秀区国际创意文化旅游节新闻发布会、南宁市全面推进国企国资改革工作情况通报、2017年南宁市农业发展情况通报、五象新区开发建设情况通报、2017年首届“探秘邕宁”城市定向骑行赛等新闻发布会25场,参与报道记者近1000人次。区县召开新闻发布会21场、市直部门召开新闻发布会35场。

【网络宣传与管理】 2017年,南宁市属新闻网站开设“砥砺奋进的五年”“领航新征程”等网络专题10多个,开展“网络中国节”系列网络文化活动。“南宁发布”主持微博话题30多个,网民参与讨论约6000条(篇),居广西发布类政务微博之首;南宁市被评为自治区网评工作先进单位一等奖。开展“网友看南宁”活动8期,“网友看南宁”被评为2016—2017年度(第一批)全国网络社会组织正能量传播品牌项目。南宁市连续6年被评为人民网网民留言办理工作先进单位。“南宁辟谣”微博、微信公众号、头条号发布相关辟谣信息716条,举报违法、不良信息2311条。南宁辟谣·南宁举报平台获2016—2017年度(第一批)全国网络社会组织三类品牌项目,是自治区地市级唯一获评单位。

【文化惠民】 2017年,南宁市打造“壮族三月三八桂嘉年华”、民歌湖“百姓大舞台”周周演等特色活动品牌。举办2017南宁国际民歌艺术节,2017中国－东盟戏剧周、中国－东盟南派粤剧大赛等活动;举办第八届乡村社区和谐文艺大展演活动,吸引全市1600多个乡村、社区参与。借助为民办实事项目“文化直通车”,开展“千村万户文艺惠民工程”、文化科技卫生“三下乡”活动。

【文艺精品创作】 2017年,南宁市围绕贯彻党的十九大,迎接自治区成立60周年,坚持以人民为中心的创作导向,策划创编城市纪录片、电视连续剧《朱槿花开》等10大项近20子项精品文化文艺项目。开展“深入生活扎根人民”主题实践活动,创作优秀作品。动画电影《勇闯天空岛》、电视剧《兵变1929》、话剧《水街》、歌曲《把梦带回家》4部作品获广西第十四届精神文明建设“五个一工程”奖,其中话剧《水街》、动画电影《勇闯天空岛》获第八届广西文艺创作铜鼓奖。

【文化体制改革与发展】 2017年,南宁市开展文化改革发展政策落实情况督察;持续推进文化体制改革,促进转企改制文艺院团实现健康发展,指导转企文艺院团(南宁市艺术剧院公司)创新资产运营方式,稳健发展。促进动漫产业发展升级,在南宁高新技术开发区软件园继续打造“南宁市动漫之家”公共服务平台,支持南宁东盟文化旅游项目、万达茂文旅项目、中国－东盟绿色创意印刷产业园项目等重点文化产业项目。 (刘贵成)

统一战线

【概　况】 2017年,中共南宁市委统战部设办公室、党派工作科、民族宗教工作科、干部科、经济科、调查研究室、海外联络科、党外知识分子工作科;机关行政编制26名,机关工勤编制4名;在编行政人员24人,工勤人员4人。代管南宁市台湾同胞联谊会,二层事业单位有南宁市民主党派机关后勤服务中心。贯彻落实中共中央、自治区党委关于统一战线重大决策部署,召开市委统一战线工作领导小组第二次全体会议,传达自治区新的社会阶层人士统战工作会议、自治区高校统战工作会议暨党外知识分子工作座谈会精神,研究审议《南宁市加强新的社会阶层人士统战工作实施方案》;在马山县召开基层统战工作规范化建设现场会,推进基层统战工作规范化建设。有市、区县党委统战部机关13个,其中市级1个。

【参政议政】 2017年,南宁市印发《2017年度南宁市政党会议协商计划》。自治区党委常委、市委书记王小东分别主持召开经济工作专题协商座谈会、政党调研协商座谈会,市长周红波主持召开《政府工作报告》征求民主党派(党外人士)意见座谈会。各民主党派、工商联、无党派人士联络组围绕南宁市中心工作及社会难点、热点问题开展重点课题调研,形成《关于加快发展南宁市村级集体经济助力精准扶贫的建议》(中国国民党革命委员会南宁市委员会)、《南宁市安全生产工作情况调查》(中国民主同盟南宁市委员会)、《加快推动闲置厂房招商运营,促进我市园区经济倍增发展》(中国民主建国会南宁市委员会)、《关于南宁大都市区下的中小城市特色产业调研》(中国民主促进会南宁市委员会)、《关于新人口政策下我市出生缺陷防控情况的调查》(中国农工民主党南宁市委员会)、《关于借助“南宁渠

2017年11月28日，南宁市统战系统举办学习宣传贯彻党的十九大精神全面从严治党专题宣讲会 市委统战部提供

道”提升我市现代物流业发展水平的建议》(中国致公党南宁市委员会)、《关于推进中国东盟信息港南宁核心基地建设的调研报告》(九三学社南宁市委员会)、《关于鼓励和引导民营企业参与脱贫攻坚工作的建议》(南宁市工商业联合会)、《关于加快县域工业园区发展的建议》(南宁市无党派人士联络组)、《积极参与“渝桂新”通道建设，助推南宁渠道升级——打造“一带一路”战略支点有关问题的调研》(台湾民主自治同盟南宁市支部委员会)10篇重点课题调研报告，市委召开政党调研协商座谈会，专题听取重点课题调研成果汇报。市委统战部、市委督查室负责牵头推进、督查2016年重点课题调研成果转化落实情况，2016年重点课题调研成果需要各有关部门落实的建议29项，完成14项。聘请47名民主党派成员、无党派人士担任各类特约人员发挥民主监督作用，其中担任司法机关特约人员11名。组织民主党派成员、无党派人士8名参加扶贫领域监督执纪问责工作巡查调研，开展民主监督。

【经济统战】 2017年，市委统战部牵头完成《制订完善非公有制经济发展环境相关措施的调研报告》，为市委、市政府优化非公有制经济发展环境提供决策参考。与建设银行、北部湾银行、广西西江开发投资集团举办银企座谈会，为企业融资1.42亿元。在兴宁区审结首起涉民营企业合同纠纷案件，发挥民营企业合法权益巡回法庭作用。推动广西非公经济服务平台注册登记，引导非公有制经济人士在平台上注册并反映问题和困难，注册登记2.56万人。引导非有公制经济人士参与脱贫攻坚和光彩事业，受帮扶贫困人数3.40万人，安排贫困村农民就业2145人，开展智力培训帮扶1700人，企业公益捐赠437.70万元，企业投入资金9955万元。广西莱进万家供应链管理有限公司、广西金福农业有限公司获“全国‘万企帮万村’精准扶贫行动先进民营企业”称号。组织民营企业93家参加“全国工会就业创业援助月”南宁大型招聘会和南宁市民营企业招聘周专场招聘会，提供就业岗位2533个。

【文化统战】 2017年，市委统战部组织开展迎新春进社区、下乡村义务写春联、喜迎十九大庆国庆艺术交流、文学进社区诗歌朗诵暨民族文化展演等文化统战进社区活动；编印《“不忘初心·同心同行”南宁市统战系统书画摄影作品选集》600册。民主党派报送的社情民意信息被中央统战部采用5条。《搭建村屯工作平台激发基层统战活力》获2017年度自治区统战工作实践创新成果奖，《民主党派重点调研课题成果转化的思考——以南宁市为例》获2017年度自治区统战理论政策研究创新成果二等奖。在市属新闻媒体《南宁日报》、南宁电视台、南宁电台开展“同心美丽南宁”宣传主题活动。开通南宁统战微信公众号，9月试运营。

【港澳台及海外统战】 2017年，市委统战部指导中国香港广西南宁市同乡联谊会、中国澳门广西南宁市同乡联谊会加强自身建设，邀请香港广西南宁市同乡联谊会及其分会等社团组织5批500多人到南宁市上林县、武鸣区等地参观考察。开展港澳台青少年文化交流活动3批次，海峡两岸及中国港澳地区200多名青少年参与。4月，中国香港地区40多名高中生到邕宁高中、武鸣高中开展同吃、同住、同学“三同”活动。完成第十二届国际(南宁)园林博览会中华园中的香港园、澳门园招商招展。协调做好香港“摘星计划”，资助家庭贫困学生75名，受助学生每年获资助金6000元。香港广西南宁市同乡联谊会会长郭栋强向邕宁高中捐赠云录播教育信息化平台项目，价值500多万元。

【“同心”品牌建设】 2017年，市委统战部支持民主党派打造社会服务“同心”品牌，指导各民主党派开展送科技、送文化、送医药“同心”社会服务活动，拨付“同心”经费35万元。支持民主党派在区县开展医疗卫生、科技帮扶、法律咨询、捐资助学、文化下乡等活动20多次。

【党外代表人士队伍建设】 2017年，南宁市有处级以上市管党外干部130人(民主党派60人、无党派人士58人、群众12人)，正科级党外干部372人，副科级党外干部638人；担任市级人大代表的党外人士171人，占代表总数34.69%；担任市级政协委员的党外人士294人，占委员总数60%。具有全日制大学本科以上学历945人，占总人数82.89%。举办市党外代表人士培训班，培训50多人。分级分类建立党外知识分子信息库，建立新的社会阶层人士重点人物信息库，入库30人；建立无党派代表人士信息库，入库389人；成立南宁市引才引智(中国香港、中国澳门)工作站。 (温从进)

机关党建

【概 况】 2017年，中共南宁市直属机关工作委员会直接管辖党组织108个，其中机关党组织97个(机关党委54个、党总支部16个、党支部27个)；新指导成立“两新”组织(新经济组织、新社会组织)党委11个；间接管辖机关党组织1273个(党委43个、党总支部56个、党支部1174个)；管理党员2.93万名(在职党员2.02万名、离退休党员7717名、学生党员1名、流动党员1382名)。市直机关工委设办公室、组织部、宣传部、市直机关工会工委、市直机关团工委、市直机关妇工委、机关党总支和调研室；行政编制18名，工勤编制2名；在编18人。组织开展2017年公务员献血月暨南宁机关党员志愿献血活动，7993名公务员、党员献血239万毫升，献血人数和献血量比上年分别增长34.77%、30.78%，创历史新高。市直机关工委《四项举措强化支部书记队伍建设》在2017年全国机关党建工作研讨会上交流；《在“动、活、实、严”上下功夫，推进“两学一做”学习教育常抓常新》在第28届全国城市机关党建工作经验交流会

2017年3月25日至26日，第十七届南宁机关单身职工“寻爱之旅”活动在龙门水都景区举行
胡馨月　摄

上交流。在南宁电视台8号演播厅举办“为了总书记的嘱托”——南宁市直机关喜迎十九大情景报告会，市直各机关党组织书记和专职副书记(副书记)、市直机关“两新”组织党组织党务干部、部分基层党员代表400多人现场观看报告会，直播客户端后台点击量5万多次。市直机关工委选送的市审批局机关党委案例在中央国家机关工委、中国行政体制改革研究会、人民网联合主办的“深入学习贯彻党的十九大精神、推进‘放管服’改革交流研讨会暨第二届全国行政服务大厅典型案例展示活动总结会”上被评为“综合十佳”案例;《党建文化引领活力机关》在中央国家机关工委、深圳市直机关工委联合举办的党建创新成果现场展示暨表彰会上获“十佳案例”奖。市直属机关“职工书屋”获中华全国总工会“职工书屋”示范点。《南宁市建立“两学一做”学习教育长效机制研究》课题被广西机关党的建设研究会评为2017年度优秀研究成果二等奖。调研文章《建立“两学一做”学习教育长效机制的实践与思考》参加“砥砺奋进五年　发展成就辉煌”——迎接党的十九大理论征文活动，被市委宣传部评为优秀理论文章。

【机关思想建设】 2017年，市直机关工委组织958个基层党组织超过2.80万名党员集中收看中国共产党第十九次全国代表大会开幕、十九届中共中央政治局常委同中外记者见面会的现场直播，并举行学习党的十九大报告讨论会。组建市直机关主题党课巡讲团，开展以“落实全面从严治党要求，加快推进‘六大升级’工程，以优异成绩迎接十九大召开”和学习宣传贯彻党的十九大精神为主要内容的学习辅导，巡讲活动150多场次。举办多期培训班，培训约2000人次，其中在北京中央国家机关党校举办2017年市直机关党组织规范化建设全面提升培训班，培训50人次;举办“两学一做”学习教育常态化制度化党支部书记培训班，培训250人次;举办市直机关意识形态工作培训班，培训300人次;举办“两新”组织党组织书记、党务工作骨干示范班，培训41人次;举办市直机关纪检干部培训班，参加培训100多人次。印发《关于推进“两学一做”学习教育常态化制度化的实施方案》，把“两学一做”学习教育常态化制度化作为机关党建工作的重要任务纳入党建目标责任制考评;通报表扬南宁市直机关“两学一做”学习教育成效突出党支部60个;与人民网、共产党网联合建立“网上党校——南宁课堂”网络学习平台，将“两学一做”学习教育常态化制度化、党的十九大精神、党组织和党员应知应会知识等内容列入学习课程。开展“亮身份做示范、亮承诺转作风、亮行动树形象”争做“四讲四有”合格党员主题实践活动，倡导市直机关党员干部佩戴共产党员徽章上班，要求窗口行业党员全部佩戴共产党员徽章上岗。成立意识形态工作领导小组，定期召开专题会议研究意识形态工作;将意识形态责任制度纳入党建目标责任制考评细则。

【机关党组织建设】 2017年，市直机关工委制定《机关基层党组织换届提醒督促和责任追究制度》，指导118个党组织(含机关党委下属基层党组织)进行换届、届中调整、组织设置调整等。11月，完成市教育局、市卫生和计划生育委员会、广西大明山国家级自然保护区管理局党组织关系接收，指导开展党组织班子成员选举。开展“党支部规范化建设年”活动，严格执行“三会一课”制度并建立起台账的机关党委75个、机关党支部824个，其中领导干部带头讲党课约300次，领导干部参加双重组织生活1000多人次。按照每个党组织培育1个至3个党建品牌的要求，申报党建品牌124个。开展“党建带扶贫　扶贫促党建”主题活动，有648个党支部结对贫困村321个，8000多名党员与6498户贫困户结成对子，开展结对帮扶活动800多次，引进资金3700多万元，捐助资金500多万元，实施帮扶项目420多个，受益群众1万多户。举办发展对象培训班2期，全年吸收预备党员166名。节日慰问老党员、生活困难党员等3122人次，慰问因公牺牲的党员家属7人，因病致贫的特困群众108人;给15名困难党员发放党内互助金。成立驻邕异地商会行业党总支部、体育行业党总支部2个“两新”党组织;完成11个行业组织(小微企业个体工商户专业市场、社会组织、工商业行业、交通运输行业、民办医疗行业、民办教育行业、民办职业培训行业、体育行业、律师行业、住房城乡建设行业、驻邕异地商会行业)党组织组建，其中6个“两新”党组织领导班子配备齐全;17名“两新”党建组织员考录到市本级“两新”党组织党务干部队伍。

【党风廉政建设】 2017年，市直机关工委与所属的97个机关党组织负责人签订党建目标管理责任状。明确各级党组织的工作任务，强化目标考核和日常量化管理责任。开展贯彻落实中央八项规定精神“回头看”自查自纠，组织市直机关纪检干部培训班学员到南宁监狱开展警示教育。与市纪委共同主办，市纪委宣传部、市直机关工会工委和市直机关文化与体育联合会联合承办“扬清廉家风·建幸福家庭”南宁机关书法美术摄影比赛，收到作品500多幅，评出优秀作品179幅，在市委和南宁市图书馆展出，约3万人次党员干部群众观看。

【群团工作】 2017年，市直机关工委举办首届南宁市直机关干部职工才艺大展演，600多名干部职工参加，参选节目80多个，评出优秀节目18个;举办市直机关“民族团结”健身运动会，68个单位、近900名运动员参加;举办市直机关乒乓球、气排球、羽毛球比赛，1500多名运动员参与。推进送温暖帮扶、“金秋助学”活动，组织慰问困难职工及一线职工659人，发放慰问款(物)62万多元;市中级人民法院、市检察院等6个机关工会与机关、企事业单位20名品学兼优、家境贫困的职工子女结对帮扶，给予大学生每人每年3000元、高中生每人每年1500元资助，捐赠仪式现场发放助学金4.95万元。举办南宁机关单身职工“寻爱之旅”活动，1400多名自治区、南宁市机关、事业单位、大中型企业及驻邕部队单身人士参加。开展“建功绿城 圆梦中国”主题征文活动，收到文章241篇，选出80篇优秀文章集结成《建功绿城 圆梦中国》出版。表彰2016年度南宁市直属机关“两红两优”（优秀共青团员、优秀共青团干部、五四红旗团委、五四红旗团支部或总支）先进个人164人、先进集体29个。举办“建功绿城圆梦中国——南宁市直机关青年争当八桂先锋”演讲比赛，23个机关团组织、23名演讲者参加。联合市希望工程办公室到武鸣区富良村开展“爱心点燃希望”青春助学活动，捐助桌椅50套、慰问金2000元。指导团组织到挂点扶贫村开展关爱贫困学生、清理垃圾、疏通水渠等志愿活动32次。围绕以“做贤媳妇，当廉内助”为主题，在市直机关广泛开展以“五个一”（发出一份倡议、推荐一批家风家教励志书籍、举办一场“树立良好家风家教”专题报告会、宣传一批“贤媳妇，廉内助”先进典型、参加一次书法美术摄影比赛）为载体的教育活动。（张 英）

政策研究

【概 况】 2017年，市委政策研究室（全面深化改革领导小组办公室）设秘书科、协调督察科、经济科、城建科、农村科、政文科，编制21名，在编17人。围绕服务全市中心工作大局，牵头起草深入学习贯彻党的十九大精神等市委、市政府政策文件8份，其中统筹谋划推进深化改革文件5份。牵头或参与完成调研文章等重要文稿71篇。开展课题、专题调研4项，其中2篇课题报告获自治区党委政研系统“2017调查研究年”活动优秀调研成果一等奖。推进26项国家级、28项自治区级改革试点开展，推动市委部署的156项改革任务基本完成，在自治区全面深化改革工作绩效考评中获满分。编写改革信息210篇，编发《南宁改革简报》28期，其中1篇被中央全面深化改革领导小组办公室采用，19篇被自治区党委全面深化改革领导小组办公室采用，报送自治区改革信息分数位列14个地级市第一。在《中国改革报》刊发新闻通稿3篇，在《南宁日报》刊发新闻通稿4篇。市委机关刊物《南宁工作研究》编辑发行6期；《南宁政研网》发布信息85条；上报并被市委办公厅信息办采用信息11条。

【重要文稿服务】 2017年，市委政研室牵头或参与完成重要文稿71篇；协助起草《深化南宁市公共资产负债管理智能云平台开发建设的调研与思考》《以南宁·中关村创新示范基地为引领带动产业转型升级的思考》等调研文章17篇；起草完善市委十二届三次全会公报和会后有关材料，市委、市政府工作情况汇报，南宁市推进国家医养结合试点工作情况报告，南宁市推进相对集中行政许可权组建市行政审批局改革的情况汇报，南宁市推进森林旅游圈建设情况，南宁市农业特色产业发展情况等汇报材料54篇及全面深化改革方面文稿33篇。

【政策文件研究】 2017年，市委政研室起草出台市委、市政府重要政策文件8份。参与起草市委《关于深入学习宣传贯彻党的十九大精神的决定》，文件对学习宣传贯彻党的十九大精神、深入学习贯彻习近平新时代中国特色社会主义思想、奋力谱写新时代南宁发展新篇章提出要求、明确目标、做出部署；参与起草《中共南宁市委关于深入学习贯彻习近平总书记视察广西重要讲话精神的实施意见》；牵头起草《南宁市开展2017年春节期间走访农村返乡人员助推脱贫攻坚和“美丽南宁”乡村建设活动的实施方案》；牵头起草涉及深化改革工作文件5份。对《南宁市国有林场改革实施方案》《贯彻落实支持农业转移人口市民化若干财政政策实施方案》《关于加强市直机关纪委建设的实施意见》等30多份文件提出修改意见建议。

【课题研究与专题调研】 2017年，市委政研室开展系列课题、专题调研4项，其中《实施工业“二次创业”焕发传统产业活力——南宁市推动工业传统产业转型升级对策研究》《推动县域经济争先进位增强首府引领带动作用——新时期南宁市提升县域经济发展水平研究》获自治区党委政研系统“2017调查研究年”活动优秀调研成果一等奖。开展南宁园博园展后开发利用课题调研，形成报告报市委。

【服务推进全面深化改革】 2017年，市委政研室筹备召开市委全面深化改革领导小组会议4次。起草《关于印发〈中共南宁市委全面深化改革领导小组2017年工作要点〉和〈中共南宁市委全面深化改革领导小组2017年工作要点分工方案〉的通知》，将改革分解成156项任务，对全市2017年全面深化改革工作进行总体部署；起草《南宁市全面深化改革2017年度督察计划》，明确年内督察20项，其中市委改革办负责3项；起草《南宁市关于推进落实改革试点任务的实施方案（2017—2020年）》《2017年南宁市推进落实改革试点任务工作计划》；起草《南宁市全面深化改革第三方评估办法》，明确南宁市开展改革第三方评估的评估主体、内容、程序、方法和评估结果的运用；起草全市改革工作总结、全市督察问效工作总结、会议纪要等33篇。建立年度“四本台账”（督察计划台账、要点任务台账、承担自治区绩效任务台账、试点台账）跟踪2017年改革要点156项任务、54项改革试点任务及15项自治区出台的重大举措动态；建立南宁市开展改革督察情况、主要负责同志抓改革落实情况、群团改革推进情况等督察分台账；迎接中央改革办到南宁市专项督察农业转移人口市民化落实情况、各领域改革成效及亮点情况，迎接自治区党委改革办到南宁市督察调研PPP改革情况等。落实自治区改革绩效考评任务，报送2016年绩效考评初评结果复核、终审结果情况报告；跟踪了解南宁市2017年承担自治区15大项指标任务进度；制定《2017年度全面深化改革工作绩效考评指标任务分解及评分细则设置表》《2017年度县区全面深化改革绩效考评暨县党政领导班子和党政正职改革工作政绩考核工作方案》；组织开展第三方评估，分别委托第三方国务院发展研究中心信息网开展《2015年以来南宁市全面深化改革成效整体评估》、中共南宁市委党校开展《南宁市户籍制度改革落实情况研究》、自治区统计局社情民意调查中心开展《南宁市户籍管理便民措施的满意度测评》。开展2016年度南宁市优秀改革创新项目评选，评选优秀改革创新项目20个并汇编成册；起草《2017年南宁市优秀改革创新项目评选工作方案》，展示南宁市基层探索、改革试点和重点领域的改革成果。在复旦大学举办2017年全面深化改革专题培训班，参训53人。（周建华）

机构编制

【概 况】 2017年，南宁市机构编制委员会办公室设综合科、行政管理体制改革科（政策法规科）、机关机构编制科、事业机构编制科、监督检查科、电子政务科、登记管理科；编制32名，在编27人。10月，所属二层机构市事业单位登记管理局撤销，市机构编制委员会办公室加挂市事业单位登记管理局牌子。持续深化行政审批制度改革，推进事业单位分类改革，加强机构编制管理，提高机构编制效能。召开市机构编制委员会委员会议4次，审议议题79个。

2017 年,南宁市行政审批机构整建制进驻市政务服务中心。图为市民在市政务服务中心办事场景　　谢萍萍　摄

【行政审批制度改革】 2017 年,南宁市取消涉及市、县级行政审批事项 61 项;调整涉及市、县级行政审批事项 253 项;印发《南宁市人民政府关于印发行政许可事项目录的通知》,全市保留行政许可事项 316 项,承接自治区委托实施行政许可事项 28 项,中央直属、自治区直属驻邕单位保留行政许可事项 9 项。印发《关于做好我市第三批清理规范行政审批中介服务事项落实工作的通知》,清理规范涉及市、县级中介服务事项等。除公安、国土、规划部门外,南宁市具有行政许可事项的 29 个部门、单位的 182 项行政许可事项统一由市行政审批局行使,实现"一个部门、一枚公章管审批",人员调整全部到位;全市约 200 项公共服务事项通过代办、帮办等形式交由市行政审批局办理,方便企业、群众办事;未划转行政许可事项的市公安局、市国土资源局、市规划管理局等市直部门及市国家税务局、市地方税务局、市气象局等垂直管理部门将各自行政审批职能归并整合,明确统一的行政审批机构,整建制进驻市政务服务中心,实行"两集中、三到位"(审批职能向审批机构集中、审批机构整建制集中进驻政务服务中心,审批人员到位、审批职责到位、审批授权到位)现场审批,审批服务流程全部由市行政审批局统一设计、管理。2 月,中央电视台《新闻联播》对南宁市行政审批改革举措进行报道。

【政府部门权责清单制度推行】 2017 年,南宁市调整市本级政府部门权力事项,取消、下放权力事项 448 项,新增 399 项,调整 337 项,保留权力事项 2466 项、共性权力 10 项。在保留 2466 项权力事项的基础上,梳理编制责任事项 35062 项。9 月 29 日,南宁市召开政府部门权力清单、责任清单"两单融合"新闻发布会,向社会公布市政府部门权责清单。12 个区县全部完成权力清单、责任清单"两单融合"并向社会公布,规范行政权力运行。

【综合行政执法体制改革】 2017 年,《南宁市相对集中住房城乡建设领域行政处罚权工作方案》经自治区政府批复同意实施,将住房城乡建设领域 29 大项 271 小项行政处罚权与相应的行政强制措施集中由城市管理综合行政执法机关行使。市城市管理综合执法范围覆盖市容环境卫生管理、市政设施管理、城市绿化管理、环境保护、工商行政管理、公安交通管理、国土矿产管理、规划建设及住房管理等领域 48 大项 620 小项行政处罚、行政强制措施权,邕江市区段 56 千米河道水利、环境保护、渔业管理整体纳入城市管理综合行政执法范围。

【乡镇"四所合一"改革】 2017 年,南宁市印发《关于开展进一步深化乡镇"四所合一"改革及乡镇机构改革调研的通知》,深化、完善"四所合一"(国土资源管理所、规划管理所、环境保护站、安全生产监督管理站合并成立国土规划建设环保安监站)改革,从职责设置、人员保障、后勤服务等 11 个方面加强对区县指导,设立、培育 14 个乡镇(五塘镇、南阳镇、伶俐镇、金陵镇、苏圩镇、新江镇、南晓镇、双桥镇、六景镇、校椅镇、黎塘镇、大丰镇、白山镇、城厢镇),1 个街道(沙井街道)"四所合一"改革示范点,辐射带动全市乡镇"四所合一"改革,102 个乡镇、6 个街道完成机构整合设置。

【不动产登记资源整合优化】 2017 年,南宁市加快建立、实施不动产统一登记制度,整合住房部门、国土部门的不动产登记相关职责,将市房屋产权交易中心的房屋登记、抵押,房屋测绘数据成果管理、房屋楼盘表管理,档案管理和利用等与不动产登记关联密切的职责移交市不动产登记中心,整合机构人员编制、办公场所、设备等资源,减少环节和收费,实现实时互通共享及不动产登记机构、登记簿册、登记依据、信息平台"四统一"。

【城市管理领域改革调研】 2017 年,南宁市开展城市管理体制改革调研,在市辖各城区发放调查问卷 7000 份,赴兴宁区、江南区、青秀区、西乡塘区调研,分别召集市民、执法一线代表 94 人座谈,对具体问题、意见建议面对面沟通;召集 24 个与城市管理工作关系密切的部门进行座谈,梳理分析工作的关键环节、重点难点问题,形成《关于南宁市城市管理体制机制问题的调研报告》,为深化城市管理领域改革提供新的思路。

【公证体制改革】 2017 年,南宁市加快落实公证机构的公益性、非营利性质,将原作为行政机关内设机构设置的南宁市公证处调整为事业机构设置,成立广西壮族自治区南宁市桂南公证处。西乡塘区、邕宁区、武鸣区、横县、宾阳县、上林县、马山县、隆安县完成公证机构调整,推进公证体制改革。

【行政职能事业单位改革】 2017 年,南宁市结合实施的政府部门权力清单、责任清单"两单融合",全面清理市本级 338 个事业单位行政职能,列出纳入改革范围的事业单位 52 个,承担行政职能 709 项。改革后,市本级事业单位原承担 709 项行政职能全部回归市本级行政机关和划由行政执法机构承担,核减事业单位 21 个(相当正处级机构 3 个、相当副处级机构 2 个、相当正科级机构 15 个、未定级 1 个),增设市直机关内设机构 18 个,机构总量减少 3 个。具体为撤销市地震局,其承担的行政职能划归市城乡建设委员会;撤销市水库移民工作管理局,其承担的行政职能划归市水利局;市城市内河管理处并入市水利局所属的市邕江防洪排涝工程管理处,市邕江防洪排涝工程管理处更名市邕江防洪排涝工程管理中心,市城市内河管理处承担的邕江整治、水城建设管理行政职能划归市重点项目建设办公室,海绵城市建设、黑臭水体治理管理的行政职能划归市城乡建设委员会;撤销市旧城改建工作推进办公室(市历史文化街区保护和修缮规划建设办公室),其承担的行政职能划归市城乡建设委员会;市建筑管理处更名市建筑质量安全管理中心,其承担的行政职能回归市城乡建设委员会，保留行政处罚权等行政执法职能；撤销市建筑节能和墙体材料改革办公室，其承担的行政职能回归市城乡建设委员会；撤销市建筑安装工程劳动保险费管理办公室，其承担的行政职能回归市城乡建设委员会；撤销市城市计划供水节约用水办公室，其承担的行政职能回归市城乡建设委员会；撤销市燃气管理处，其承担的行政职能划归市城乡建设委员会；撤销市建设工程造价管理处，其承担的行政职能回归市城乡建设委员会；市国有土地房屋征收补偿办公室并入市城乡建设信息中心，其承担的行政职能回归市城乡建设委员会；市人民政府征地拆迁办公室并入市国土资源执法监察支队，其承担的行政职能回归市国土资源局；市道路运输管理处并入市交通运输信息管理中心，市交通运输信息管理中心更名市交通运输信息中心，市道路运输管理处承担的行政职能回归市交通运输局；市公路管理处（市高等级公路管理处）更名市公路建设养护中心，其承担的行政职能回归市交通运输局；市港航管理处更名市水路建设养护中心，其承担的行政职能回归市交通运输局；市城市客运交通管理处更名市城市客运交通管理中心，其承担的行政职能回归市交通运输局；撤销市西江黄金水道建设工作办公室，其承担的行政职能回归市交通运输局；撤销市交通工程质量监督站，其承担的行政职能回归市交通运输局，行政处罚权等行政执法职能划归市交通运输综合行政执法支队；撤销市水利工程管理站，其承担的行政职能回归市水利局；撤销市水利水电工程质量与安全监督站，其承担的行政职能回归市水利局；撤销市事业单位登记管理局，市机构编制委员会办公室加挂市事业单位登记管理局牌子，市事业单位登记管理局承担的行政职能回归市机构编制委员会办公室；市招生考试院（市招生考试委员会办公室、南宁市高等教育自学考试工作委员会办公室）承担的行政职能回归市教育局，市招生考试院加挂的市招生考试委员会办公室、市高等教育自学考试工作委员会办公室牌子改挂在市教育局的内设机构招生考试科；市绿化工程管理处（市园林科研所、市园林绿化工程质量安全监督站）更名市绿化工程管理中心，其承担的行政职能回归市林业和园林局，不再加挂市园林绿化工程质量安全监督站牌子；市林业种苗管理站更名市林业种苗站，其承担的行政职能回归市林业和园林局；市森林病虫害防治站（市森林植物检疫站）并入市林业种苗站，市林业种苗站加挂市森林病虫害防治站牌子，市森林病虫害防治站（市森林植物检疫站）承担的行政职能回归市林业和园林局；市农村能源工作站（市生态文明村建设工作站）承担的行政职能回归市林业和园林局；市财政预算绩效管理局更名市财政预算绩效考评中心，其承担的行政职能回归市财政局；市政府非税收入管理局更名市政府非税收入结算中心，其承担的行政职能回归市财政局；市财政国库支付局更名市财政国库支付中心，其承担的行政职能回归市财政局；市农业综合行政执法支队（市动物卫生监督所）承担的行政职能回归市农业委员会，保留行政处罚权等行政执法职能；撤销市农村经济经营管理站，其承担的行政职能回归市农业委员会；撤销市种子管理站，其承担的行政职能回归市农业委员会；市散装水泥办公室更名市工业和信息化综合行政执法支队，其承担的行政职能回归市工业和信息化委员会，保留行政处罚权等行政执法职能；撤销市节能监察中心，其承担的行政职能回归市工业和信息化委员会，行政处罚权等行政执法职能划归市工业和信息化综合行政执法支队；市旅游质量监督管理所（市旅游执法支队）承担的行政职能回归市旅游发展委员会，保留行政处罚权等行政执法职能；市人民防空监察所（市人防工程质量监督站）承担的行政职能回归市人民防空办公室，保留行政处罚权等行政执法职能，市人民防空监察所不再加挂市人防工程质量监督站牌子，作为行政执法机构纳入下一步综合执法体制改革统筹推进；市机关事务管理局（市直机关后勤服务中心）更名市直机关后勤服务中心，调整为公益一类事业单位，继续承担市直机关事务管理职能；市劳动保障监察支队（市劳动保障维权指挥中心）、市粮食流通监督检查支队、南宁财政稽查大队、市国土资源执法监察支队、市文化市场综合执法支队、市安全生产监察支队、市卫生计生监督所、市食品药品稽查支队（市食品药品安全投诉举报受理中心）、市房地产监察支队、市水政监察支队、市城市管理综合行政执法支队、市交通运输综合行政执法支队、市林政稽查大队（市流动木材检查站）、市商务综合行政执法支队（市12312商务举报投诉服务中心）、市环境监察支队这15个行政执法机构在试点期间暂时维持不变，纳入下一步综合行政执法体制改革统筹推进。11月29日，南宁市承担行政职能事业单位改革试点工作通过中央机构编制委员会办公室评估验收。

【机构编制管理】 2017年，南宁市将南宁园博园管理中心（市热带植物研究所）、市信息网络管理中心（南宁大数据统筹管理中心）机构规格确定为相当副处级；成立南宁市红十字会造血干细胞捐献管理服务中心，加挂南宁市红十字会人体器官捐献管理服务中心牌子，核定事业编制5名；成立南宁市顶蛳山遗址博物馆，核定事业编制6名。增加市食品药品稽查支队（市食品药品安全投诉举报受理中心）事业编制5名；明确市河长制办公室设在市水利局并增核行政编制4名；调剂编制923名（包含教育事业机构），确保重要民生领域编制需求。研究制定南宁市中小学编制总量控制数分配方案，完成市教育局所属31所中小学7390名教职工编制控制数的分配、核定到校，为市本级、城区、开发区新建、改扩建学校增加教职工编制控制数799名；为南宁职业技术学院增核非实名人员控制数635名。组织12个区县、市本级852个行政机关、4442个事业单位开展全面自查；将机构编制审计列入对区县经济责任审计工作计划，审计西乡塘区、兴宁区、横县。通过机构编制实名制系统办理入编、减编4400多项；在自治区率先建设机构编制实名制综合业务平台，完成外网业务平台、内网业务平台、部门联动平台建设，推进机构编制、组织人社、财政及服务对象的四方联网、在线联审、在线办理，在办理机构编制、人员调配、工资发放等业务中形成信息共享、共同把关格局；完成党政机关中文域名注册5849个，注册率、续费率均100%，实现党政机关加挂统一标识和中文域名续费“两个全面覆盖”（中文域名注册全覆盖、域名续费全覆盖）目标。

【事业单位改革】 2017年，南宁市对市本级24个生产经营类事业单位机构、编制、人员、盈亏状况、注册登记等情况进行调查摸底；对市城乡规划设计研究院、市建筑设计院、南宁水利电力设计院等开展调研，提出改革意见；完成市地产业开发总公司、市房产业开发总公司改制，广西南宁人防科研设计院转企改制方案报市政府审定；印发实施《南宁市事业单位法人治理结构建设试点工作实施方案》；明确市博物馆、市第六职业技术学校为市级事业单位法人治理结构建设试点；建立市与城区事业单位法人公示信息联合随机抽查机制，随机抽查事业单位44个。

【事业单位登记管理】 2017年，南宁市办理事业单位法人设立登记106个、变更登记755个、注销登记169个、证书补领16个；完成事业单位法人2016年度报告报送公示的指导、审核，在“南宁事业单位在线”公示事业单位4185个，年度报告公示率100%；进行机关、群团、事业单位统一社会信用代码赋码发证，完成赋码发证机关、群团149个，事业单位430个，完成率100%。 （路 焕）

老干部事务

【概　况】 2017年,中共南宁市委老干部局设机关党委、办公室、安置保健科、宣传调研科、市关心下一代工作委员会办公室;行政编制15名,工勤3名;在编16人,工勤3人;有南宁市直属机关第一老干部休养所、南宁市直属机关第二老干部休养所、南宁市老干部活动中心(南宁市老年大学、中共南宁市委老干部党校)3个二层机构。有离休干部587人,其中市区(含城区、广西－东盟经济技术开发区)480人、横县32人、宾阳县30人、上林县10人、马山县27人、隆安县8人;行政机关182人,事业单位161人,企业单位244人;享受自治区主席级医疗待遇1人,享受自治区副主席级医疗待遇1人,享受按自治区政府副主席级标准报销医疗费待遇7人,正副厅(局)级(含享受)18人,正副处(县)级(含享受)454人,享受正副乡(科)级待遇103人,享受其他待遇3人;第二次国内革命战争时期入伍1人,抗日战争时期入伍47人,解放战争入伍539人;80岁～89岁379人,90岁以上208人。

【老干部慰问】 2017年春节前夕,南宁市举办离退休干部迎春茶话会,参加会议的市四家班子领导8人、离退休干部223人,自治区党委常委、市委书记王小东向老干部通报南宁市经济社会发展情况。慰问市四家班子老领导和二战时期入伍的老红军、老干部48人,慰问自治区副省级以上部分老领导12人;到医院探望住院离休干部101人。南宁市12个区县慰问离休干部454人(其中4人为2016年去世的离休干部遗属),慰问退休干部3626人;市直84个单位慰问离休干部164人、退休干部5775人。开展生日祝寿、探望慰问住院老干部等日常关怀服务1230人次。

【为老干部办实事】 2017年,南宁市印发《关于进一步加强和改进离退休干部工作的实施意见》。在财政年度预算中增加市直部门离退休干部学习、考察、调研等公用经费,从2017年起,市离休人员公用经费标准每人每年3100元(含特需费、春节慰问费),退休人员公用经费标准每人每年600元(含春节慰问费)。协调解决市435名离退休干部年度生活补贴435万元;解决市平板玻璃厂易地安置到辽宁省沈阳市的1名离休干部冬季取暖费发放问题;为易地安置到桂林市的1名离休干部配置“12349”异地功能手机1台;组织7个小组到自治区内外走访慰问易地安置离休干部。接待老干部来信、来访、来电250人次,召开离休干部反映的护理费、交通费问题协调会2次。划拨移交城区管理的164名市属改制、破产企业离休干部公用经费50.84万元。执行《南宁市特殊困难离休干部(遗偶)帮扶资金管理使用暂行办法》,为55名特殊困难离休干部(遗偶)发放帮扶资金30.50万元。复审1949年10月1日至1950年6月30日期间参加革命工作的部分退休干部档案245份,落实127名老同志医疗补助及护理费220.47万元。联系“12349”服务平台为307名老干部重新更换手机卡。全年“12349”服务平台拨出日常关怀电话476人次、节假日祝福39人次、生活类帮扶9人次,发放宣传短信2060人次,紧急救助呼叫1人次。推进南宁市老干部活动中心老来福居家养老服务中心建设,逐步完善服务中心的餐饮、医疗保健、日间托管等服务,开设中医保健理疗特色项目,建设“医养结合”新型养老模式,受益群众4000多人;居家养老服务中心发放用餐卡1600多张。3月17日,组织离退休干部代表29人参观考察青秀山兰园、南湖公园环湖路等海绵城市建设项目。11月14日至18日,组织副厅级以上离退休老领导及家属22人赴北海、钦州等地休养。全年组织500多名离休干部到定点医院体检。

【老干部阵地建设】 2017年,南宁市实行老干部活动中心、老年大学、老干部党校“三合一”管理。利用市老干部活动中心文体资源,调整14间教室专门用于市老年大学的学习活动;增设老干部夜校5期;投入资金15.87万元,改造市老年大学教育基础设施。通过联建共建的方式指导在南宁市妇女儿童活动中心分校、兴宁区老干部活动中心设立市老年大学分校。市老年大学开设11个系、63个专业;建立名师资源库,聘请10多名高水平教师来校任教;组建声乐、舞蹈、器乐、时装4个专业艺术团队,吸引200多名老干部参与,参加全国、自治区、南宁市老年团体文化活动。制定市老年大学科室工作职责、学员管理办法、班委会职责等规章制度;实行校学联会、系学联会、班委会三级学员自主管理模式。“绿城金秋”微信公众号推送信息53期139条。组织老年学员参与市委老干部局、南宁电台合作开办的“金色华年”栏目,播出涉老新闻资讯300多条,在线帮助老同志解决困难问题50多件。组建市老年大学志愿服务队,150多名学员进社区、进乡村、进养老院开展送温暖、送文化等活动。老干部党校举办《手机微信学习》培训班1期,培训150多人;举办离退休干部党员骨干培训班1期,赴北海市先进离退休干部党组织建设示范点及北海市老年大学学习考察。

【老干部政治学习】 2017年,南宁市组织离退休党员干部学习习近平总书记重要指示精神及全国老干部工作“双先”(先进集体、先进工作者)表彰大会、全国和自治区老干部局长会议精神。邀请自治区党校教授、南宁市宣讲团成员为离退休党支部书记、委员及离退休党员骨干作“学习党的十八届六中全会精神及习近平总书记视察广西重要讲话精神”报告、“喜迎十九大·共圆中国梦”“马克思主义中国化的历史进程”专题讲座,参会老同志600多人次。组织离退休干部收看收听党的十九大会议,邀请自治区党校副校长为老干部作学习党的十九大精神专题辅导讲座。围绕“畅谈十八大以来变化、展望十九大胜利召开”和对党的十九大胜利召开,开展“畅谈、建言”活动200多场,收集老同志撰稿220多篇、老同志意见建言900多条;报自治区党委老干部局建议50多条、老同志原始文稿50篇;参与老同志5000多人次。

【老干部文体活动】 2017年,南宁市组织“多彩金秋”文化活动月活动。市委老干部局与市委组织部人才工作办公室(市委人才工作领导小组办公室)、市文学艺术界联合会、南宁日报社、南宁市摄影家协会联合举办“我看美丽南宁”摄影大赛活动,征集老同志作品1000多幅,在广西图书馆展出获奖作品137幅。联合市老年书画研究会举办2017年“多彩金秋”暨南宁市离退休干部“翰墨颂发展、镜相展成就”书画摄影展,展出书画作品131幅、摄影图片35幅。选拔作品参加自治区“多彩金秋”活动比赛。其中:山歌擂台赛获集体二等奖,获壮语“歌王”称号2人、“优秀山歌”歌手称号2人;太极拳(剑)获优胜奖,门球比赛获优胜奖,乒乓球赛获集体第六名;南宁市选送书画作品展出20幅,摄影故事图组展出15组。承办自治区庆盛会·贺重阳——广西离退休干部“多彩金秋·美丽南宁”门球比赛,参赛代表队25个、270多人。组织市老干部活动中心乒乓球、门球、桌球等俱乐部举办季赛,参赛人数1000多人次。市老干部乒乓球俱乐部组队参加2017年中国乒协联赛桂林站,获60岁组男子团体冠军和65岁组女子团体冠军;参加中国乒协会员联赛总决赛,女队获65岁组团体第三名,男队获60岁组团体第五名。举办市级门球比赛、乒乓球比赛及麻将比赛,参与人数3000多人次。联合市文明办、市文新广电局、市文联等单位举办

"夕阳如歌2017"南宁市离退休干部文艺晚会，表演歌舞节目10多个，参演离退休老同志400多人，观众3000多人，在南宁电视台全程播出2次。组织重大节日、纪念日电影招待会3次，观众5000多人。 （阳著闻）

党校教育

【概　况】2017年，中共南宁市委员会党校（南宁市行政学院、市经济干部学院、市社会主义学院）设机关党委、办公室、组织人事处、财务处、教务处、科研处、学员工作处、南宁市市情研究中心、信息技术中心、后勤服务中心、离退休人员工作处、业务指导处（增设）、党史党建教研部、文史教研部、哲学教研部、经济学教研部、法学教研部、公共管理教研部、统战理论教研部、图书馆；编制171名，在编128人。围绕全市中心工作实施南宁党校"116"（坚持"改革兴校、人才强校、教学立校、科研固校，特色塑校"的发展理念，弘扬"求真，务实、拓新、为民"的南宁党校精神，以党校文化建设引领校院科学发展，实施"教学特色化、科研精品化、队伍专业化、管理规范化、设施现代化、党建品牌化"六大升级工程）发展战略；举办培训班175期，培训2.65万人；指导宾阳县委党校承办由自治区党校（行政学院）主办的自治区独立设置县级党校工作座谈会，推广宾阳县委党校的办学和现场教学经验；招聘引进博士1人、硕士3人，考录参照公务员法管理人员3人；培训实训综合楼工程、教师宿舍工程、图书馆会议中心及教学楼等维修工程项目获市发展和改革委员会立项，总投资1.46亿元；获广西哲学社会科学规划研究课题青年项目立项1项，是自治区市级党校中唯一获资助的项目；获广西党校系统优秀科研工作组织奖。

【教育培训】2017年，市委党校举办培训班175个，培训2.65万人。其中，举办主体班培训班35期，培训4477人；举办全市党校系统培训班5期，培训294人；举办计划外培训班135期，培训2.17万人。举办全市厅级领导和处级主要负责同志学习贯彻党的十九大精神专题研讨班，是市委党校建校以来承办的最高规格的主体班次。组织23个主体班次2444人到邓颖超纪念馆、百色老区等基地开展教学；安排18个班924人次到北京大学、清华大学等开展异地培训；邀请10位市领导、32个部门或区县主要领导给主体班学员授课；首次在主体班开展南宁、桂林两市中青班互换教学；春秋季主体班党校39位老师承担主体班课程88门，授课130多次，占课时总数59.45%。组织教师申报党的理论和党性教育课程，全年审定通过37名教师申报的专题课程43门，其中通过验收25门，进入主体班课堂17门。3门课（邓小平的发展观与新发展理念、互联网＋时代性下网络舆情管理、毛泽东诗词与中国革命的光辉历程）通过精品课建设立项。在学员管理中贯彻执行中央八项规定精神，在主体班实行半封闭式管理，在新录用公务员（选调生）初任班和中青班实行准军事化管理，培育良好学风。

【科学研究】2017年，市委党校获科研课题立项75项，其中获广西哲学社会科学规划研究课题青年项目立项1项，是自治区市级党校中唯一获资助的项目；公开发表学术论文37篇，其中核心期刊6篇；获广西党校系统第十四次优秀科研成果一等奖1项、三等奖9项，并获优秀科研工作组织奖；获第六届"桂海论坛"优秀论文一等奖3个、二等奖3个、三等奖3个。《中共南宁市委党校学报》加入"国家哲学社会科学学术期刊数据库"，出版6期，设马克思主义、党史党建等14个栏目，其中新时代中国特色社会主义思想研究为新设栏目。入选自治区党校（行政院校）系统"学习宣传贯彻党的十九大精神推动广西经济社会持续健康发展"理论研讨会论文6篇；在《南宁日报》刊发文章5篇。公开出版《南宁市行政体制改革研究（2014—2016）》课题研究成果。组织指导中青一班学员围绕全市中心工作，以"六大升级"（推动产业转型升级，在引领全区产业向中高端发展上实现新突破；推动"南宁渠道"升级，在引领全区全方位开放合作上迈出新步伐；推动绿城品质升级，在引领全区生态宜居城市建设上打造新亮点；推动深化改革升级，在引领全区改革创新发展上推出新经验；推动法治南宁升级，在引领全区法治政府建设上打开新局面；推动民生福祉升级，在引领全区基本公共服务供给上取得新成效）工程为主题深入一线实地调研，撰写《关于我市强力推进健康扶贫攻坚行动计划的对策建议》《关于推进学校体育场馆向社会开放的对策建议》等5篇报告并通过专家评审。 （雷火剑）

信　访

【概　况】2017年，中共南宁市委员会、南宁市人民政府信访局设党支部、办公室、办信科、接访科、市长公开电话受理办公室、信访联络科、督查调研科、复查复核科；编制33名，在编28人。办理群众来信（含网上信访、政民互动）、来访、来电12.16万件次、13.54万件人次，比上年分别下降7.51%、7.85%。其中，群众来信1.24万件，下降9.29%；来访9201批、2.30万人次，分别上升11.12%、下降3.51%；接听"市长公开电话"有效来电9.12万个，下降9.57%；接听"区（县）长公开电话"9694个，下降4.53%。群众到国家信访局上访46批次102人次，批次下降33.33%，人次下降39.29%，进京到非接待场所上访31人、39人次，分别下降71.03%、91.52%；到自治区上访573件次，1974人次，件次下降10.19%、人次下降47.54%。党的十九大期间进京到重点地区、敏感区域非接待场所上访为零。6月29日，市信访局、南宁市人民群众来访接待中心办公地址由青秀区东宝路3号搬迁至邕宁区龙华路59号，建筑面积1.14万平方米。

【信访处理】2017年，市信访局受理群众来信3086件，其中传统来信1991件、比上年下降14.59%，网上信访1095件、下降60.75%。传统来信中，初信1033件，下降16.49%；重信958件，下降12.43%；联名信549件，下降16.94%。办理上级机关、市领导批示交办信访案件104件，到期办结95件，到期办结率100%；受理复查复核案件42件，到期办结39件，到期办结率100%。6月，办结中央第三巡视组"回头看"在广西期间（2016年11月至2017年3月）交办南宁市信访事项585件，办结率100%。8月，化解自治区信访局交办南宁市信访积案20件，其中息访息诉11件、按程序化解9件。市、区县使用信访救助金284.55万元（中央补助资金93.94万元、地方筹集资金190.61万元），解决特殊疑难信访个案34件。

【信访接访】2017年，南宁市组织开展市领导信访接待日活动15次，14位市领导接待群众7批24人次；参与活动的相关部门接待群众924批、2293人次。组织开展全市"公开大接访"活动4次，参加部门305个、干部6629人，接待群众1801批4024人次，受理反映信访事项1110件，当场解决或答复890件，当场办结率80.18%。8月31日，市信访局联合中共南宁市纪律检查委员会在上林县举办扶贫领域监督执纪问责工作暨第三季度"公开大接访"活动。10月16日，在东宝路群众来访接待点举办市直相关单位集中"公开大接访"活动，参加部门79个、干部1626人次，接待群众423批912人次，受理群众反映信访事项295件，当场解决或答复184件，当场办结率62.37%。

【市长公开电话】 2017年,南宁市“市长公开电话”受理办公室接听群众拨打市长热线和环保、物价等热线来电11.11万个,其中有效来电9.12万个,比上年分别下降14.18%、9.57%。市长热线接听来电8.27万个,其中有效来电6.39万个,分别下降17.25%、14.21%;市政府公共服务呼叫中心7条热线(含环保、物价等部门)接听来电2.84万个,其中有效来电2.73万个,分别下降3.77%、上升3.50%。

【信访信息网络系统建设】 2017年7月1日,南宁市正式启用重新规划建设的市长热线系统。包括呼叫中心管理子系统、咨询投诉服务子系统、督办管理子系统、协同工作子系统、综合查询子系统、统计分析子系统、大屏幕显示应用子系统、排班管理子系统、维护管理子系统、知识库管理子系统等,实现受理反馈单、承办单位反馈信息等数据通过网络实时传输。9月,市本级、12个区县全部实现办公自动化,完成视频信访系统设备采购、安装调试、联网并投入使用。 (范淑强)

关心下一代工作

【概 况】 2017年,南宁市有关心下一代工作委员会组织3617个(含屯级组织),其中市级关工委1个,区县(开发区)关工委15个,乡镇(街道)关工委115个,村(社区)关工委1563个,学校关工委1022个,直属机关关工委203个;成员1.82万人。“五老”(老干部、老战士、老专家、老劳模、老教师)志愿者3.63万人;未成年人思想道德建设工作报告团698个,关爱工作团1.49万个。担任学校校外法制副校长的“五老”707人,担任“代理家长”3.94万人次。春节前夕,给6名困难、生病的“五老”志愿者送去慰问金、慰问品和节日祝福。印发《绿城新蕾》6期;征订《中国火炬》4441本,占自治区征订数三分之一,获中国关心下一代工作委员会通报表扬;全市12个区县获中国关工委授予“宣传工作先进集体”称号。

【青少年思想道德建设】 2017年,南宁市各级关工委坚持用社会主义核心价值观引领青少年,利用重要时间节点在青少年中开展形式多样的主题教育活动。清明节期间,市关工委联合西乡塘区关工委、青秀区关工委、市教育局关工委和有关学校开展“缅怀先烈、报效祖国、圆梦中华”清明节祭先烈活动;“六一”儿童节期间,与广西合众助学俱乐部组织爱心人士到隆安县布泉乡兴隆村小学开展“能帮就帮合众助学”活动暨庆祝“六一”活动,为兴隆村小学贫困学生捐助价值2万元的爱心红书包、书籍文具、文体用品、六一礼物;党的十九大召开后,市关工委联合市教育局关工委、西乡塘区关工委、兴宁区关工委进2所校园开展“欢庆十九大·共筑中国梦”文艺展演。11月8日,到南宁市衡阳路小学开展“欢庆十九大·共筑中国梦”文艺宣传演出;28日,到南宁市人民路东段小学开展“大手牵小手,永远跟党走”关工委系统学习贯彻十九大精神文艺宣传活动。横县关工委组织开展“百年追梦,做文明学生”的报告会8场,4000多名学生听报告;江南区关工委利用学雷锋日组织开展“弘扬雷锋精神,争当时代先锋”为主题的志愿者服务活动;南宁经济技术开发区关工委组织开展以“喜迎十九大”“中国梦”为主题的读书、绘画、征文、演讲等活动,对学生进行爱国主义教育。

【“三结合”教育网络】 2017年,市关工委完善社会、学校、家庭“三结合”教育网络。与南宁人民广播电台继续开办《空中家长学校》节目(每周星期日上午11点至12点在新闻台101.4频道播出),共开播51课时;组织家庭教育专家到区县开展教育活动22场,受教育家长3万多人。兴宁区关工委开展以“争做合格家长培养合格人才”“关爱明天、普法先行”“我与专家面对面”为主题的家庭教育大讲堂巡回讲座活动,参加3210人次;横县关工委联合学校通过家长会等形式开展对家长的家庭教育培训指导;市教育局关工委到学校调研了解学生中存在的较为突出的问题,请教育专家到学校对家长进行培训3场,参加826人次。

【合众助学】 2017年,市关工委联合广西合众助学俱乐部开展“能帮就帮·合众助学”活动8场,资助金额及物品25.28万元,资助贫困学童318人,捐建“合众公益图书室”2个。武鸣区关工委开展“扶苗”行动,发动企业结对帮扶,资助14名贫困生每人每月300元,至完成九年义务教育;隆安县关工委联合“隆安露曦之家”开展助学活动,为全县309名困难学生发放爱心助学善款25.14万元;宾阳县关工委联合、发动有关单位、社会爱心人士、爱心企业开展“圆梦行动”,为30名贫困学子发放爱心助学金15万。

【青少年普法教育】 2017年,南宁市各级关工委联合有关部门继续推进“关爱明天、普法先行”——青少年普法教育活动。市关工委组织开展创建零犯罪学校、零犯罪社区等“关爱明天、普法先行”主题教育活动,督促检查各区县关工委开展活动;区县关工委结合工作实际开展相应的普法活动。市关工委、青秀区关工委组织10名“五老”法制宣传员到青秀区上法制教育课50场;与青秀区教育局、司法局、综治办、妇联、团委、法院、检察院开展以《中华人民共和国宪法》《中华人民共和国未成年人保护法》《中华人民共和国预防未成年人犯罪法》为主的法律知识学习宣传65次,送书、送光碟、送宣传画进学校;组织学生到广西未成年人管教所参观。组织市第四十七中学、市第十七中学、市第五十四中学、市翡翠园学校、市柳沙学校、市红星学校、市仙葫学校、市园湖路小学、市滨湖路小学、市滨湖路小学五象校区、市滨湖路小学山语城校区、市民族东小学、市东葛路小学、市埌东小学、市沛鸿小学、市玉兰路小学、市林里桥中段小学、市红星小学、市长堽路小学、南阳中心学校、新兴民族学校、伶俐镇中心学校等中小学学生到南宁市中级法院、江南区法院、青秀区法院观看庭审,采取“现身说法”“以案释法”等方式开展现场“震撼式”警示教育;到南湖派出所、新城派出所、星湖派出所、中山派出所、交警大队接受禁毒、交通等法律法规的教育学习。青秀区获“全国第三届‘关爱明天、普法先行’青少年普法教育示范区”称号。武鸣区关工委联合武鸣区司法局、教育局、法院开展“模拟法庭进校园”活动;江南区关工委组织开展暑期法庭开放日、普法进校园活动,联合江南区法院退休老干部到学校、社区进行法制报告3场,参加1620多人次;兴宁区关工委到学校开展“关爱明天、普法先行”法制报告会3场,参加1753人次。 (潘美玉)

南宁市人民代表大会

重要会议

【市十四届人大二次会议】 2017年2月15日至17日在南宁人民会堂举行。应到人大代表495人,出席代表457人;列席人员200人;大会主席团成员61人。听取、审议市政府工作报告、市十四届人大一次会议以来常委会工作报告、市中级人民法院工作报告、市检察院工作报告,表决通过4个报告的决议;审查南宁市2016年国民经济和社会发展计划执行情况、2017年国民经济和社会发展计划草案的报告,批准2017年国民经济和社会发展计划;审查南宁市与市本级

2016年预算执行情况和2017年预算草案的报告，批准市本级2017年预算。收到代表议案60件，经主席团审议决定作为议案处理8件，52件转为代表建议、批评和意见。

2017年2月14日，出席市十四届人大二次会议的代表向大会报到后讨论会议议程

潘浩 摄

【市十四届人大常委会会议】 2017年，市十四届人大常委会召开会议7次。

第3次会议 1月23日召开。听取市人大常委会办公厅关于市十四届人大二次会议筹备工作情况的报告，作出关于召开市第十四届人民代表大会第二次会议的决定和关于会议列席人员的决定；决定市十四届人大二次会议召开时间(2月15日)；通过市十四届人大二次会议议程(草案)，主席团、秘书长名单(草案)，同意将两个草案提交市十四届人大二次会议预备会议表决通过；审议市人大常委会工作报告(草案)、2017年工作要点(草案)，表决通过陈杨等8人的人事任免职事项。

第4次会议 3月23日至24日召开。听取、审议市政府关于南宁市农业生产安排和春耕生产情况的报告、市人大常委会专题调研组的调研报告；审议市政府《关于提请审议南宁市轨道交通2号线东延工程和5号线一期工程项目融资模式的议案》《关于提请审议南宁市与意大利克雷马市缔结友好关系的议案》和市人大财经委、民侨外宗委对议案的审议结果报告，作出关于2017年市农业生产安排和春耕生产情况的决议、关于市轨道交通2号线东延工程和5号线一期工程项目融资模式的决议、关于批准南宁市与意大利克雷马市建立友好城市关系的决定；审议《南宁市昆仑关保护管理条例(草案)》(二审)；表决通过市人大常委会代表资格审查委员会关于个别代表资格审查情况的报告和关于接受覃卫国辞职请求的决定、朱会东等12人的人事任免职事项。

第5次会议 5月25日至27日召开。听取、审议市十四届人大二次会议主席团交付审议的8件代表议案审议结果的报告；对《关于大力发展我市“互联网+居家养老”的议案》《关于加强养老服务专业人才培养的议案》《关于进一步加快我市公办幼儿园建设的议案》《关于规范南宁市物业小区管理的议案》《关于采取有力措施，加快成立属地住宅商品房小区业主委员会的议案》《关于大力促进科技与金融结合助力我市创新驱动发展战略实施的议案》作出决定，对《关于制定〈上林县域旅游(业)发展促进条例〉的议案》《关于加大林下经济扶持力度助推精准扶贫的议案》作出处理意见；听取和审议市政府关于南宁市招商引资工作情况、义务教育均衡发展情况、旅游扶贫工作情况的报告，以及市人大常委会专题调研组对3项工作的专题调研报告；听取和审议市政府关于《中华人民共和国审计法》实施情况的报告和市人大常委会执法检查组的检查报告；审议《南宁市昆仑关保护管理条例(草案)》(三审)、《南宁市机动车和非道路移动机械排气污染防治条例(草案)》(一审)；表决通过樊胜坚等41人的人事任免职事项。

第6次会议 7月25日至28日召开。听取、审议市中级人民法院关于民事执行工作情况的报告和市人大常委会专题调研组的调研报告，开展专题询问；听取和审议市政府关于市2017年上半年国民经济和社会发展计划执行情况、市2017年上半年预算执行情况、市政府性债务情况的报告和市人大常委会专题调研组的调研报告；听取和审议市政府关于《中华人民共和国种子法》《中华人民共和国大气污染防治法》《南宁－东盟经济开发区条例》实施情况的报告和市人大常委会执法检查组的检查报告；审议《南宁市道路交通安全条例(草案)》《南宁市公园条例(草案)》(一审)，以及2017年驻邕全国人大代表、自治区人大代表和南宁市人大代表年中专题调研各调研组的调研报告(书面)；审议人事任免职议案，表决通过陈尧等4人的人事任免职事项。

第7次会议 9月26日至28日召开。听取、审议市政府关于2016年南宁市环境质量状况和环境保护目标任务完成情况的报告及市人大常委会专项工作评议调查组的调查报告，市政府关于2016年市本级决算草案的报告、关于2016年度市本级预算执行和其他财政收支的审计工作报告，市人大财经委关于2016年市本级决算草案审查结果的报告，市检察院关于未成年人刑事检察工作情况的报告及市人大常委会专题调研组的调研报告，市政府关于市整合城乡居民基本医疗保险制度工作情况、农村集体产权制度改革工作情况、简政放权放管结合优化服务工作情况的报告及市人大常委会专题调研组的调研报告，市政府关于《中华人民共和国食品安全法》实施情况的报告及市人大常委会执法检查组的检查报告；审议《南宁市出租汽车客运管理条例(修订草案)》(一审)、《南宁市中小学幼儿园用地保护条例(修改草案)》(一审)；审议通过市人大常委会代表资格审查委员会关于个别代表的代表资格审查情况的报告和市公安局关于报请许可采取强制措施的报告；作出关于批准2016年市本级决算的决议；表决通过张漪帆等5人的人事免职事项。

第8次会议 11月28日至30日召开。听取、审议市中级人民法院关于民事执行工作审议意见整改情况的报告，并进行满意度测评；听取和审议市政府关于2016年度市本级预算执行和其他财政收支审计查出问题整改落实情况、2017年市本级预算调整方案的说明和市人大财政经济委员会的审查结果报告、关于市2017年国民经济和社会发展计划调整方案的说明和市人大财政经济委员会的审查结果报告、市政府关于迎接自治区成立60周年重点建设项目实施情况的报告和市人大常委会专题调研组的调研报告、市政府和市中级人民法院关于市十四届人大二次会议代表议案及建议办理工作情况的报告、市人大常委会选举联络工作委员会关于市十四届人大二次会议代表建议和批评及意见办理工作督办情况的报告、市人大常委会立法后评估工作组关于《南宁市违法建设查处条例》立法后评估报告；审查和批准2017年市本级预算调整方案、市2017年国民经济和社会发展计划调整方案;审议《南宁市道路交通安全条例(草案)》(二审)、《南宁市第十四届人大常委会五年立法规划(草案)》、《南宁市人民代表大会常务委员会规范性文件备案审查办法(修订草案)》;作出关于批准市2017年国民经济和社会发展计划调整方案、2017年市本级预算调整方案2个决议,以及关于通过《南宁市人民代表大会常务委员会规范性文件备案审查办法》的决定;表决通过张小庆等7人的人事免职事项。

第9次会议 12月20日召开。听取市人大常委会办公厅关于市十四届人大三次会议筹备工作情况的报告,作出关于召开南宁市第十四届人民代表大会第三次会议的决定和关于会议列席人员的决定,决定市十四届人大三次会议召开时间(2018年1月13日);审议市人大常委会工作报告(草案)和2018年工作要点(草案);审议并表决通过关于加强全市法院民事执行工作的决定;审议通过市十四届人大三次会议议程(草案)和主席团和秘书长名单(草案),同意将这两个草案提交市十四届人大三次会议预备会议表决通过;审议通过市十四届人大议案审查委员会主任委员、副主任委员、委员名单;表决通过梁素安等8人的人事任免辞职事项。

主要工作

【地方立法】 2017年,市人大常委会审议的地方性法规有《南宁市昆仑关保护管理条例(草案)》《南宁市道路交通安全条例(草案)》《南宁市机动车和非道路移动机械排气污染防治条例(草案)》《南宁市公园条例(草案)》《南宁市中小学幼儿园用地保护条例(修改草案)》《南宁市出租汽车客运管理条例(修订草案)》6件;对《南宁市违法建设查处条例》立法后评估;开展《南宁市户外广告设置管理条例》《南宁市出租汽车客运管理条例(修订草案)》《南宁市科学技术进步若干规定》、南宁市电动自行车管理、南宁市农产品质量安全管理、南宁市地下综合管廊管理、南宁市民族团结进步工作、南宁大王滩湿地公园保护、南宁市生活垃圾管理、南宁市城市扬尘治理等项目的立法调研。首次编制五年立法规划,确立届内立法项目38件,在第8次常委会会议上审议通过;首次组织召开立法协商会,听取市政协委员、各民主党派、工商联等方面对立法工作的意见;发挥立法专家库作用,邀请专家参与各项法规草案审改论证。

【监督工作】 2017年,市人大常委会听取、审议市政府、市中级法院、市检察院的工作报告17个,开展专项工作评议1次、执法检查5项、专题调研8项,做出决议决定21项,将南宁市迎接自治区成立60周年大庆重点建设项目作为重要监督内容,通过听取专项工作报告,组织代表开展调研视察,做出审议意见督促市政府研究办理。18个重点建设项目进展顺利,累计完成投资224.70亿元,完成年度任务113%。审查2017年国民经济和社会发展计划草案及2017年市本级预算草案,开展预决算审查监督专题调研和2017年市本级预算执行情况专项检查,首次对市本级旅游专项资金使用情况进行绩效评价;审查2016年市本级预算执行和其他财政收支审计工作报告、审计查出问题整改落实情况报告,市本级审计查出问题80个,整改68个。听取、审议农村集体产权制度改革专项工作报告,对战略性新兴产业发展和产业园区规划建设、科技创新园区建设等开展专题调研,提出意见建议。对环境质量状况和环境保护目标任务完成情况开展专项工作评议,要求市政府采取有力措施加大大气污染、黑臭水体、噪声污染及农村环境污染整治力度,巩固"南宁蓝",持续改善生态宜居环境。听取、审议市政府关于整合城乡居民基本医疗保险制度、义务教育均衡发展情况、简政放权放管结合优化服务、旅游扶贫情况等专项工作报告,市检察院关于未成年人刑事检察情况专项工作报告。推动院前急救医疗网点建设,全市急救网点增加至51个。

【执法检查】 2017年,市人大常委会开展新修订的大气污染防治法实施情况执法检查,要求市政府加强大气污染联防联控,推进产业结构调整和节能减排,促进环境质量持续改善,全年市区空气质量优良率92.30%,其中优等级的天数创2013年实行环境空气质量新标准以来最高纪录;开展食品安全法实施情况执法检查,抓住食品安全监管中的薄弱环节和小作坊小摊贩、网络订餐中的突出问题提出要求;开展种子法实施情况执法检查,在南宁市农业委员会增设农作物种子管理机构,强化种业生产流通监管;开展《中华人民共和国审计法》实施情况执法检查,推动政府将其列入领导干部、公务员、会计人员后续教育培训内容,将审计发现问题未按规定整改的列为绩效考评扣分项目,对责任单位、责任人进行问责,增强审计监督威慑力;开展《南宁－东盟经济开发区条例》实施情况执法检查,促进开发区经济社会发展。全年备案审查政府规范性文件54件。受理人民群众来信来访来电468件次。

【行使决定权】 2017年,市人大常委会作出决议决定21项,主要有审查批准2017年国民经济和社会发展计划调整方案;同意市政府将西园饭店片区旧城改造项目增补为2017年旧城区改建项目;审查批准2016年市本级决算、2017年市本级预算调整方案;对农业生产安排和春耕生产做出决议;首次就专题询问作出决定,要求有关部门和单位执行《关于加强人民法院民事执行工作的决定》,建立民事执行工作长效机制解决民事执行难问题;对轨道交通2号线东延工程、5号线一期工程项目融资模式作出决议,同意采取"项目资本金＋企业债务资金"模式融资210.90亿元解决轨道交通项目建设资金不足问题;批准南宁市与意大利克雷马市缔结友好城市关系等。

【专题调研】 2017年,市人大常委会组织开展专题调研9项。3月至5月,组成调研组分别对市政府关于招商引资情况、义务教育均衡发展情况、旅游扶贫情况进行专题调研。6月下旬至7月上旬,组织驻邕全国、自治区人大代表和市人大代表100多人组成调研组6个,对南宁市战略性新兴产业发展和产业园区规划建设、南宁市迎接自治区成立60周年重点建设项目实施、南宁市全民阅读促进工作、南宁市推进农业供给侧结构性改革、南宁市传统村落立法保护、南宁市整合城乡居民基本医疗保险制度情况开展专题调研。

【专项工作评议】 2017年8月,市人大常委会专项工作评议调查组对市2016年度环境质量状况和环境保护目标完成情况进行调查,实地调查石化技校空气自动监测站点,商品混凝土搅拌站扬尘整治情况,广西医科大学第一附属医院医疗废物收集、转运管理情况,核技术利用单位的放射源、射线装置辐射安全管理情况,凤凰江细冲沟黑臭水体治理现场,马山县农村生态综合示范村建设、农村生活污水治理项目建设、农村生活污水治理项目建成后交由第三方运行维护的成功经验及弄拉生态自然保护区的有关情况。在市人大常委会第7次会议上对市政府2016年环境质量状况和环境保护目标任务完成情况进行专项工作评议,推动市政府加大对大气污染、黑臭水体、噪声污染及农村环境污染整治力度,持续巩固"南宁蓝"和改善生态宜居环境。

【专题询问】 2017年,市人大常委会调研组对市中级人民法院2015年以来民事执行情况进行调研,在市人大常委会第6次会议上对市中级法院2015年以来民事执行开展专题询问,将满意度测评从对应询回答的满意度测评转变为对专题询问审议意见落实情况的满意度测评；市中级法院及相关部门和单位，对照审议意见列出清单，找出问题24个，制定整改措施29条；民事执行案件结案率由专题询问会前的51.34%提高至66.78%。

【“人大代表之家”建设】 2017年，市人大常委会制定常委会组成人员联系市人大代表方案，规定每位主任会议组成人员直接联系市人大代表3人，每位常委会委员直接联系所在选举单位的市人大代表2人，常委会组成人员直接联系代表86人，规定每位市人大代表重点联系所在选举单位的1个基层单位和5名群众；南宁市102个乡镇、25个街道、1762个村（社区）建立“人大代表之家”699个，市人大常委会办公厅划拨“人大代表之家”工作经费、示范点建设经费269.80万元，全市建设示范点55个。横县那阳镇那市社区“人大代表之家”帮助600多名返乡农民工实现再就业；马山县、隆安县部分“人大代表之家”帮助30多户贫困家庭解决移民搬迁及精准扶贫有关问题。

【代表视察】 2017年12月，人大常委会组织驻邕全国、自治区人大代表和南宁市人大代表245人，分成6个组开展2017年年终视察。12月25日至29日，6个视察组参加2017年年终视察动员会，听取市政府、市中级人民法院、市检察院的工作情况汇报，视察2017年经济社会发展、重大项目建设、为民办实事项目落实情况、法治建设情况及2018年国民经济和社会发展计划、预算编制情况。

【议案与建议办理】 2017年2月，市十四届人大二次会议收到10人以上代表联名提出议案60件（符合议案基本条件8件）、建议224件（含议案转建议52件）。8件议案中，7件由市政府办理；11月，市政府在常委会第8次会议上报告办理7件议案的情况。建议分别为法制类4件、内务司法类32件、财政经济类61件、农业类15件、城乡建设环境保护类58件、教育科学文化卫生类32件、民族华侨类6件、其他16件。经审查，分别交由46个承办单位办理；市人大常委会机关办理3件，市政府及其有关部门办理208件，党群、人民团体办理12件，由市中级法院办理1件。承办单位均在法定时限内办理并答复代表。其中，代表所提建议被采纳、问题得到解决或基本解决的(A类)63件，正在解决或列入计划逐步解决的(B类)131件，因目前条件限制或暂时难以解决的(C类)22件，不能办理只能作参考的(D类)8件。代表对办理结果表示满意202件。

【理论研究与宣传】 2017年，市人大常委会课题立项2批11项，收到研讨论文158篇，评出获奖论文75篇，研讨成果结集成《2017探索·创新》；将市人大机关2016年度的调研视察报告结集成《谋事篇章2016》；编发《南宁人大》6期。南宁人大网站完成改版升级，发布信息6025条；被《中国人大》《人民代表报》《广西人大》、人民网、光明网、中国人大网等省级以上媒体采用稿件110多篇。在第二十三次全国地方立法工作座谈会上，南宁市提交的《基层立法联系点与“人大代表之家”同步建设的南宁实践》被《人民代表报》《广西人大》专题报道。

【干部与代表培训】 2017年，市人大常委会在全国人大北京培训基地举办常委会组成人员培训班，在广西干部学院（北海）举办全市人大系统处级干部培训班，在广西师范大学举办全市人大系统科级干部培训班，各专工委根据工作需要和业务特点举办培训班9期，培训509人次。4月至5月，在广西民族大学举办市人大代表培训班2期，培训451人。11月6日至10日，市十四届人大代表小组长培训班在贵州省人大干部培训中心举办，培训58人。

【对外交往】 2017年，市人大常委会组织参加全国五民族自治区首府市人大工作经验交流会第三十一次会议，配合全国人大、自治区人大做好执法检查、专题调研、法律法规案征求意见等工作；接待国内到访108批次，国外到访2批次。

【人事任免】 2017年，市人大常委会依法决定任命副市长1人次，任免市级国家机关工作人员89人次（任命、决定任命29人次，免职、决定免职56人次，接受辞职4人次），组织补选市人大代表3人。

2017年南宁市第十四届人大常委会依法任免国家机关工作人员情况表

表19

时 间	会 议	任、免、辞	姓 名	职 务
1月23日	第3次会议	任命	陈 杨（女）	南宁市中级人民法院审判员
		任命	戴声长	南宁市中级人民法院审判员
		免去	李升云	南宁市中级人民法院刑事审判第一庭副庭长、审判员
		免去	张勇进	南宁市中级人民法院审判员
		免去	朱华高	南宁市中级人民法院审判员
		免去	黎立球	南宁市中级人民法院审判员
		免去	姚 英（女）	南宁市中级人民法院审判员
		免去	李 燕（女）	南宁市中级人民法院审判员
3月24日	第4次会议	决定任命	朱会东	南宁市副市长
		接受辞职	覃卫国	南宁市副市长
		免去	韦瑞生	南宁市中级人民法院审判员
		免去	黄宏波	南宁市中级人民法院审判员
		免去	陈 茹（女）	南宁市中级人民法院审判员
		免去	黄 薇（女）	南宁市人民检察院检察员
		免去	朱 琳（女）	南宁市人民检察院检察员

续表 1

时 间	会 议	任、免、辞	姓 名	职 务
3 月 24 日	第 4 次会议	免去	李文胜	南宁市人民检察院检察员
		免去	廖 森	南宁市人民检察院检察员
		免去	吴燕宁(女)	南宁市人民检察院检察员
		免去	赵 芳(女)	南宁市人民检察院检察员
		免去	孙家颖	南宁市人民检察院检察员
		免去	莫红艳(女)	南宁市人民检察院检察员
		免去	樊胜坚	南宁市人大常委会法制工作委员会副主任
		任命	唐兴中	南宁市中级人民法院立案庭庭长、审判委员会委员
		任命	王 莹(女)	南宁市中级人民法院民事审判第二庭庭长
		任命	黄 睿(女)	南宁市中级人民法院民事审判第四庭庭长、审判委员会委员、审判员
		任命	林有坤	南宁市中级人民法院民事审判第五庭庭长、审判委员会委员
5 月 27 日	第 5 次会议	任命	李道清	南宁市中级人民法院行政审判庭庭长
		任命	张志基	南宁市中级人民法院执行裁判庭庭长
		任命	张 茹(女)	南宁市中级人民法院执行二庭庭长
		任命	陈红恩(女)	南宁市中级人民法院立案庭副庭长
		任命	吴 骁(女)	南宁市中级人民法院民事审判第一庭副庭长
		任命	林 敏	南宁市中级人民法院民事审判第一庭副庭长
		任命	魏 超	南宁市中级人民法院民事审判第二庭副庭长
		任命	黄敏俊(女)	南宁市中级人民法院民事审判第二庭副庭长
		任命	盘 佳(女)	南宁市中级人民法院民事审判第三庭副庭长
		任命	罗建燕(女)	南宁市中级人民法院民事审判第四庭副庭长
		任命	付 浩(女)	南宁市中级人民法院民事审判第五庭副庭长
		任命	黄 蔚	南宁市中级人民法院民事审判第五庭副庭长
		任命	傅朝霞(女)	南宁市中级人民法院行政审判庭副庭长
		任命	宁 静(女)	南宁市中级人民法院行政审判庭副庭长
		任命	王瑛瑛(女)	南宁市中级人民法院执行裁判庭副庭长
		任命	章国雄	南宁市中级人民法院执行二庭副庭长
		任命	韦美云(女)	南宁市中级人民法院审判委员会委员
		免去	王 莹(女)	南宁市中级人民法院立案庭庭长
		免去	林有坤	南宁市中级人民法院执行二庭庭长
		免去	李道清	南宁市中级人民法院行政审判第一庭庭长
		免去	张 茹(女)	南宁市中级人民法院行政审判第二庭庭长、审判委员会委员
		免去	吴 骁(女)	南宁市中级人民法院民事审判第二庭副庭长
		免去	林 敏	南宁市中级人民法院立案庭副庭长
		免去	魏 超	南宁市中级人民法院民事审判第四庭副庭长
		免去	黄敏俊(女)	南宁市中级人民法院民事审判第一庭副庭长
		免去	罗建燕(女)	南宁市中级人民法院审判监督庭副庭长
		免去	付 浩(女)	南宁市中级人民法院民事审判第一庭副庭长
		免去	黄 蔚	南宁市中级人民法院民事审判第二庭副庭长
		免去	傅朝霞(女)	南宁市中级人民法院行政审判第一庭副庭长
		免去	宁 静(女)	南宁市中级人民法院行政审判第二庭副庭长

续表 2

时 间	会 议	任、免、辞	姓 名	职 务
5 月 27 日	第 5 次会议	免去	王瑛瑛(女)	南宁市中级人民法院执行二庭副庭长
		免去	覃国雄	南宁市中级人民法院立案庭副庭长
		免去	黄德标	南宁市中级人民法院民事审判第二庭庭长
		免去	蒋志文	南宁市中级人民法院民事审判第四庭庭长
		免去	侯秉宇	南宁市中级人民法院审判委员会委员
		免去	唐荣娜(女)	南宁市中级人民法院审判员
7 月 27 日	第 6 次会议	任命	陈 尧(女)	南宁市人大常委会办公厅主任
		免去	黄国健	南宁市人大常委会办公厅主任
		接受辞职	黄国健	南宁市人大常委会秘书长
		任命	陈 尧(女)	南宁市人大常委会代理秘书长
		决定任命	汪东明	南宁市工业和信息化委员会主任
		决定免去	陈世平	南宁市工业和信息化委员会主任
9 月 8 日	第 7 次会议	免去	张漪帆(女)	南宁市中级人民法院审判员
		免去	莫大我	南宁市中级人民法院审判员
		免去	李焕南	南宁市人民检察院检察员
		免去	李庆阳	南宁市人民检察院检察员
		免去	孙 美(女)	南宁市茅桥地区人民检察院检察员
11 月 30 日	第 8 次会议	免去	张小庆(女)	南宁市中级人民法院审判员
		免去	农瑞丰	南宁市中级人民法院审判员
		免去	侯秉宇	南宁市中级人民法院审判员
		免去	李白莉(女)	南宁市中级人民法院审判员
		免去	汪秋红(女)	南宁市中级人民法院审判员
		免去	程丽宁(女)	南宁市中级人民法院审判员
		免去	董惠平(女)	南宁市中级人民法院审判员
12 月 20 日	第 9 次会议	接受辞职	陈 尧(女)	南宁市人大常委会委员
		接受辞职	梁平江	南宁市人大常委会委员
		任命	梁素安(女)	南宁市人大常委会法制工作委员会副主任
		免去	黄 睿(女)	南宁市中级人民法院审判员、民事审判第四庭庭长、审判委员会委员
		免去	覃健勇	南宁市中级人民法院审判员
		任命	秦浩原	南宁市茅桥地区人民检察院检察委员会委员、检察员
		免去	秦浩原	南宁市人民检察院检察委员会委员、检察员
		免去	李小萍(女)	南宁市人民检察院检察员
		免去	谢 鹃(女)	南宁市茅桥地区人民检察院检察员

（韦杉娜）

南宁市人民政府

重要会议

【市十四届人民政府第二次全体(扩大)会议】 2017 年 2 月 10 日在市委、市政府会议中心召开。审议通过《政府工作报告》，贯彻落实中央经济工作会议、自治区经济工作会议、自治区第十一次党代会、市第十二次党代会、市委十二届三次全会等会议精神、自治区主席陈武在南宁调研的重要讲话精神；要求各级各部门深刻领会、全面贯彻落实市委十二届三次全会精神，明确发展目标、工作思路；凝心聚力，全力推动各项目标任务落到实处、取得实效；敢于担当，主动作为，以奋发有为的作风为稳增长提供坚强保证。

【政府常务会议】 2017 年，市政府召开政府常务会议 23 次。审议《南宁市关于中央环境保护督察反馈意见的整改方案》《南宁市 2017 年经济社会发展主要目标建议》《2017 年新型智慧城市建设实施方案》《南宁市创建国家全域旅游示范区工作实施方案》《南宁市脱贫攻坚“十三五”规划》等议题160个。研究关于申请承办2019年苏迪曼杯世界羽毛球混合团体锦标赛、轨道交通2号线开通试运营、南宁市2017年度社科研究重点课题选题等事项34项。听取南宁市全面推行河长制、南宁市禁毒工作情况等专题汇报9次。开展常务会议学法活动3次。

【经济运行分析会】 2017年,市政府召开经济运行分析会3次。4月24日,第一季度经济运行分析会提出稳住工业发展良好势头、扩大有效投资、狠抓农业供给侧结构性改革落实、推动金融业平稳回升、促进建筑业全面回暖、进一步扩大居民消费、改善民生稳增长7项工作。7月27日,南宁市县域经济发展大会暨年中工作会议总结上半年经济运行情况,强调下半年重点抓好产业转型升级、项目投资、改革开放、城市建设、脱贫攻坚、社会稳定6项工作,对进一步做好县域经济工作提出统筹产业发展、推进新型城镇化、统筹基础设施建设、推进脱贫攻坚、推进改革创新5个要求。10月26日,第三季度经济运行分析会强调要以学习贯彻党的十九大精神为动力,确保完成全年目标任务;分析前三季度经济运行情况;研究部署第四季度全市经济工作。

重大决定

【推动装配式建筑发展实现建筑产业现代化】 2017年1月13日,市政府印发《关于加快推动装配式建筑发展实现建筑产业现代化的实施意见》,发展目标分试点示范期(2017年—2020年)、全面推广期(2021年—2025年),任务是制定产业发展规划、建立完善标准体系、打造生产基地、培育市场实施主体、提高科技创新能力、建立健全监管体系、推进住宅全装修、加强信息技术应用,提供用地保障、规划鼓励、税收和信贷融资优惠、财政及资金支持。

【市本级财政科技计划和科技项目管理改革】 2017年1月23日,市政府印发《关于深化南宁市本级财政科技计划和科技项目管理改革实施方案的通知》,建立公开统一的南宁市科技计划管理平台,优化科技计划布局和分类管理,建立健全管理制度和工作机制。总体目标是整合统筹科技资源,构建总体布局合理、功能定位清晰、地方特色鲜明的南宁市科技计划体系,增强科技对经济社会发展的支撑引领,为实施创新驱动发展战略提供保障。

【市政府参事聘任】 2017年8月3日,市政府印发《关于聘任南宁市人民政府参事的决定》。7月31日,市十四届人民政府第18次常务会议研究决定,聘任王双飞(中共党员,广西博世科环保科技公司董事长、广西大学教授)、周礼芹(女,无党派人士,南宁新科健生物技术有限责任公司技术总监)、周云新(中共党员,南宁市环境保护局原副调研员)、黄建顺(农工党党员,农工党南宁市委会原专职副主委)、吴曙粤(中共党员,南宁市第一人民医院副院长)、刘华(女,中共党员,南宁市第八中学原校长)6人为南宁市人民政府参事,任期5年。

【加快工业转型升级】 2017年10月12日,市政府印发《关于加快工业转型升级的若干政策意见》。内容包含市财政加大工业扶持力度,2017年至2020年,每年安排7亿元用于工业项目用地储备,3亿元用于工业园区基础设施建设;大力发展电子信息、先进装备制造(铝精深加工)、生物医药产业;加快培育新一代信息技术、新能源、新材料、节能环保、装配式建筑、工业领域健康产业等战略性新兴产业;鼓励企业实施智能化改造、产品升级技术改造、“零土地”技术改造、使用标准厂房、节能降耗、发展循环经济、技术创新及品牌建设、支持信息化和工业化深度融合等意见。

【贯彻广西深化医药卫生体制改革“十三五”规划】 2017年11月23日,市政府出台《南宁市贯彻广西深化医药卫生体制改革“十三五”规划实施方案》。原则是以人民健康为中心,医疗、医保、医药“三医”联动,政府主导与发挥市场机制相结合,推进供给侧结构性改革。任务是建立合理的分级诊疗体系、科学有效的现代医院管理制度、高效运行的全民医疗保障制度、规范有序的药品供应保障机制、严格规范的综合监管制度、深入推进广西特色医改、统筹推进相关领域改革。工作目标是2017年,公立医院医疗费用增长幅度降到10%以下,个人卫生支出占卫生总费用比重降到30%以下;到2020年,全面建成覆盖城乡居民的基本医疗卫生制度,家庭医生签约服务制度实现全覆盖,30分钟基层医疗服务圈基本建成。

【全民健身和全民健康深度融合试点】 2017年12月31日,市政府印发《南宁市全民健身和全民健康深度融合试点工作实施方案》。基本原则是群众主体,健康优先;共建共享,齐抓共管;资源整合,凸显特色;改革创新,先行先试。周期4年,分3个阶段组织实施;第一阶段(2017年12月底前)全面启动全民健身与全民健康深度融合工作;第二阶段(2018年1月至2019年12月)全面组织实施;第三阶段(2020年1月至12月)巩固提升,完成试点工作和评估。目标是到2020年,通过全民健身和全民健康在理念、机制、政策、规划、组织、设施、队伍、活动、信息技术9个方面深度融合,实现“八化”(体育运动全民化、体育健身生活化、健身设施便利化、体育锻炼科学化、体育工作制度化、健身服务智能化、健身组织社会化、国民体质健康化)。

主要活动

【重大项目开(竣)工】 2017年,南宁市举行重大项目开(竣)工活动(现场会)10次,有南宁市地下综合管廊PPP项目、中国-东盟信息港南宁核心基地基础设施、广西-东盟国际医疗健康电子信息科技综合产业园、南宁市国家档案馆(含南宁市方志馆)、城市内河黑臭水体治理、南宁轨道交通2号线、南宁快速公交(BRT)2号线、广西文化艺术中心、清川立交桥、五象新区总部休闲公园电商小镇等160个重大项目进行开(竣)工。

【新能源汽车生产基地项目投资协议签署】 2017年6月20日,南宁市与上海申龙客车有限公司在市政府会议室举办新能源汽车生产基地项目投资协议签约仪式,市委、市政府领导,东旭集团执行副总裁,东旭光电科技股份有限公司董事长,上海申龙客车有限公司董事长出席并签约。根据协议,申龙客车有限公司在邕宁区新兴产业园投资建设新能源客车、新能源物流车项目,计划总投资30亿元,其中固定资产投资约25亿元;建设年产1万辆新能源客车和3万辆新能源物流专用车生产基地;打造以新能源汽车制造为龙头,零部件配套生产加工为辅,集研发、创新、制造、推广应用为一体的新能源汽车科技产业园。

【南宁公共资产负债管理智能云平台上线运行】 2017年6月30日,市政府与平安集团探索打造的南宁公共资产负债管理智能云平台上线运行,在全国首次实现政府对公共资产负债的全面动态预警、管控和监测。项目涵盖4个平台10个子系统,政务平台包括财政一体化、国资管理信息、国土探针、工商探针,实时采集政府机构、行政事业单位、国有企业的基础数据,实现政府资产负债的全维度透视与及时跟踪;数据平台建成高级数据仓库,优化政府资产负债数据的提取与验证;智库平台编制动态财政地图,定期出具资产负债管理报告,提出提高债务风险识别及资产管理能力的建议;交易平台引入全国金融机构,降低国有企业融资成本,鼓励民营企业上线融资,改善区域金融生态。

【“2017 创新中国行”走进南宁活动】 2017 年 8 月 27 日,在南宁·中关村创新示范基地举办。市政府、中关村科技园区管理委员会、中关村发展集团联合主办,南宁高新技术产业开发区管理委员会、北京中关村信息谷公司承办。10 家高新技术企业与南宁高新区签约,入驻创新示范基地;10 家创新孵化企业与北京中关村信息谷公司签约,入驻“雨林空间”国际孵化器;涉及新一代电子信息、生命健康、智能制造、石墨烯新材料多个领域。10 家自治区内高等院校与中关村信息谷公司签约,达成人才培养协议,共建就业创业平台。

【为民办实事工程】 2017 年,南宁市政府实施、承办为民办实事项目 20 项 73 个子项目,实施南宁市教育惠民、食安惠民、健康惠民、文化惠民、就业惠民、敬老惠民、强基惠民、市政惠民、畅通惠民、平安惠民 10 项 35 个子项工程全部完成;承办自治区政府为民办实事社保惠民、健康惠民、教育惠民、水利惠民、安居惠民、农补惠民、生态惠民、文化惠民、扶贫惠民、交通惠民 10 项 38 个子项工程全部完成。 (市政府办公厅)

人力资源管理

【概 况】 2017 年,南宁市人力资源和社会保障局设办公室、行政审批办公室(政策法规科)、计划财务科、就业促进科、人力资源市场科、军官转业安置工作科(南宁市军队转业干部安置工作小组办公室)、职业能力建设科(继续教育科)、专业技术人员管理科(南宁市职称改革领导小组办公室)、事业单位人事管理科、农民工工作科、劳动关系科、工资福利科、养老保险科(农村社会保险科)、失业保险科、医疗保险科、工伤保险科、基金监督科、调解仲裁管理科、劳动监察科、引进国外智力科(南宁市引进国外智力办公室)、公务员考试录用科、公务员职位管理科、公务员考核奖惩(培训与监督)科、信访科、人事科 25 个科室,编制 83 名,在编 75 人。全市建成自治区级人才小高地 5 家(广西软件研发人才小高地、广西铝加工业人才小高地、广西老年相关疾病与长寿研究人才小高地、广西城乡规划与建筑设计人才小高地、广西清洁化制浆造纸与环境控制人才小高地)、市级人才小高地 40 家;引进“千人计划”“百千万人才”等国家级专家 32 人;完成 2016 年度南宁市高层次人才认定。组织重点企事业单位及 12 家医疗卫生单位赴自治区外高校开展重点产业、重点领域联合引智活动。落实完善倾向基层的考录政策,探索实施南宁市县处级开发区和市直科级以下机构职务与职级并行制度,完成人民警察职务套改试点改革,推进公务员分类管理改革。完成军转干部接收安置,落实企业军转干部各项解困政策。深化事业单位岗位管理,核准岗位设置方案 327 个(次),办理单位人员岗位变动认定 338 个。

【公务员管理】 2017 年,南宁市印发《南宁市县处级开发区和市直科级以下机构实施职务与职级并行制度工作方案》,审批市直开发区、派驻机构符合晋升职级 544 人。统筹职位管理,审核单位职位设置 40 家,审核科级职数 460 个,办理任职备案 245 批次,办理公务员(参照公务员法管理人员)登记 875 人,退出备案 156 人,审核增人计划 127 名,审核交流资格 225 人。实施人民警察职务套改试点工作,完成民警职务套改备案 3975 人。做好全市行政机关公务员(含参照公务员法管理人员)年度考核备案、年度考核优秀奖励审核,完成市直政府职能单位近 180 家机关(参照公务员法管理单位)近 1 万人年度考核备案、近 1300 人年度考核嘉奖、400 多人年度考核记三等功奖励审核。

【人事考试】 2017 年,南宁市计划招考公务员 979 人(选调生 31 人),其中市级机关占总计划 18.52%,区县及以下机关占 81.48%。网上报名 4.10 万人,审核通过 3.60 万人,缴费 3.20 万人;参加笔试 3.20 万人;录用 943 人,录用率 96.30%。开展年度事业单位招聘教师类、非教师类公开考试,完成 191 个单位 1604 人聘用手续办理。

【公务员培训】 2017 年,市人社局组织开展公务员自主选学培训,全市行政机关及所属参照管理单位、政府序列的市直参照管理单位和党群序列部分单位近 200 家单位参训,培训 1 万多人次,参训率 100%。市本级通过现场培训、网络培训、远程双向视频培训等方式,安排科级以下公务员培训项目 16 个。分 2 期对 2016 年 9 月以来新提拔的科级领导干部 230 多人进行任职培训。联合市委组织部召开 2017 年公务员信息采集和干部统计工作培训班,培训 400 多人。组织开展公务员培训 104 期,培训 3.63 万人。

【人才工程管理】 2017 年,南宁市申请认定高层次人才 364 人,认定高层次人才 93 人,其中 A 类高层次领军人才 4 人,B 类高层次骨干人才 15 人,C 类高层次经营管理人才和高层次专业技术人才 57 人,D 类其他重点人才 17 人;完成 212 个岗位高层次人才目录制定、发布;以“人才 + 项目”形式,开展 2017 年度创业创新人才项目申报,申报项目 19 个。完成 2016 年度 23 个创业创新领军人才(团队)项目、57 名南宁市特聘专家(第三批、第四批、第五批)、2016 年 48 个人才小高地建设项目、30 个学术技术带头人培养、博士后科研工作站 2 名博士引进等专项资助资金拨付,拨付专项资助资金 4600 万元。南宁市 2014 年实施创业创新领军人才(团队)项目,至 2017 年给予新引进的 72 支高层次人才(团队)共 1.15 亿元资助,撬动企业投入项目创业创新经费 30 多亿元,集聚高层次人才 600 多人,项目

2017 年 11 月 30 日,信息技术、环境工程、生物医药、新材料应用等领域“千人计划”专家和企业代表到南宁·中关村创新示范基地参观考察 市人社局提供

完成量产后预计增加产值700多亿元。

【职称评审】 2017年，南宁市开展职称评审服务3.25万人次，办理专业技术人员转正定职360人次，审核专业技术人员重新确认105人次，审核发放职称证书7000多本。

【事业单位收入分配制度改革】 2017年，南宁市继续深化事业单位收入分配制度改革。7月7日，启动事业单位绩效工资总量核增，事业单位绩效工资总量水平按照财政可承受、可持续发展原则，采取分类核定、分类调整方式合理确定。核定范围：全市应执行事业单位绩效工资制度的事业单位3385家、9.06万名在职人员，其中市本级事业单位251家、1.95万人，15个区县、开发区单位3134家、7.11万人。全市增加财政支出22亿元。

【军转干部安置】 2017年，南宁市实际接收军转安置干部379人，其中计划分配105人(团职干部24人、营职及以下专业技术干部81人)，自主择业274人。按计划分配军转干部进入党政机关(参照公务员法管理单位)102人，占总数97.14%；进入事业单位3人，占2.85%。 (谢　伟)

民政事务

【概　况】 2017年，南宁市民政局设办公室(政策法规科)、人事科、计划财务科、民间组织管理办公室(社会工作科)、优抚科、退伍军人和军队离退休干部安置办公室、救灾科(南宁市减灾委员会办公室)、社会救助科、基层政权和社区建设科、区划地名科、社会福利和慈善事业促进科、社会事务科(婚姻登记处)12个科室，有市拥军优属拥政爱民工作领导小组办公室、市老龄工作委员会办公室2个机构，编制74名，在编70人。提请市政府出台《南宁市特困人员救助供养办法》，首次为滞留南宁的344名流浪乞讨人员办理户口登记；举办首期南宁市乡镇敬老院服务人员护理技能培训班，培训区县乡镇敬老院服务人员105人；开展历时15天的养老服务机构考核评比暨以奖代补考评，4个考核组实地查验全市公办养老福利机构、民办养老机构和乡镇敬老院134家，考评结果作为市民政局发放养老机构补助资金依据；通过政府购买服务推动宾阳县古辣镇联泉村网络信息化平台开通上线，统一管理联泉村及其下辖14个自然村，开通村委资讯、村委服务、农村电商、三农学堂等10多项功能模块，实现村务信息互动共享。自治区民政厅、自治区人力资源和社会保障厅给予市民政局、宾阳县民政局、武鸣区民政局记集体二等功；市民政局获2017年广西维护妇女儿童权益先进集体称号。 (李春明)

【地名管理】 2017年，南宁市完成轨道交通2号线延长线站点命名5个；命名市区道路151条、桥梁6座。结合第二次全国地名普查结果，编纂新版《南宁市政区图》《南宁市城区地名录》《南宁市地名图集》，推进地名地址库建设。 (胡小民)

【救灾减灾】 2017年，南宁市遭受洪涝、风雹、台风、山体崩塌等自然灾害影响。受灾人口51.90万人，因灾死亡17人、伤病12人，紧急转移安置受灾群众4202人。农作物受灾面积2.25万公顷，其中成灾1.27万公顷，绝收1574公顷。倒塌农房241户421间，严重损坏农房154户299间，一般损坏农房52户98间。直接经济损失1.87亿元，其中农业损失1.10亿元，基础设施损失4643.80万元，家庭财产损失2010.66万元，公益设施损失636.40万元。5月31日前，完成2016年至2017年度冬春生活补助金发放1058.32万元，救助7.77万人；重建2016年倒损农房38户，补助资金82.40万元。

【农村住房政策性保险】 2017年，南宁市有126.23万户农村居民住房列入自治区政策性保险范围，参保率100%。市地方财政需支付保险费333.72万元，其中市本级129.49万元，在规定时间7月28日前将市、县两级农房政策性保险保费支付完成。全市向北部湾财产保险股份有限公司报案因灾倒损房屋619户，保险公司向倒损房农户支付保险理赔款425.37万元，理赔率100%。

【防灾减灾宣传】 2017年，市民政局在5•12防灾减灾宣传周期间，围绕“减轻社区灾害风险，提升基层减灾能力”主题，组织各区县减灾委、市直成员单位开展防灾减灾宣传和演练。开展广场、社区防灾减灾科普宣传活动100多场，发放宣传资料50多万份，悬挂防灾减灾宣传横幅4000多条，张贴科普挂图1万余张，展出板报1000余板；组织开展火灾消防逃生、地震应急疏散、自然灾害应急救助等各类应急演练400多场次。组织开展社区减灾准备认证、综合减灾示范社区创建活动，参与综合减灾示范社区创建活动社区(村委)19个，获评全国综合减灾示范社区6个(青秀区南湖街道百花岭社区、青秀区中山街道新兴苑社区、青秀区津头街道南湖小区社区、西乡塘区心圩街道心圩江东社区、马山县白山镇新兴社区、隆安县城厢镇新兴社区)。通过社区减灾准备认证社区(村委)188个。获评自治区综合减灾示范社区11个(兴宁区兴东街道兴东社区、青秀区南湖街道百花岭社区、青秀区中山街道新兴苑社区、青秀区津头街道南湖小区社区、西乡塘区心圩街道心圩江东社区、西乡塘区新阳街道万力社区、武鸣区仙湖镇华侨城社区、武鸣区陆斡镇陆斡社区、横县陶圩镇陶圩社区、马山县永州镇永州社区、隆安县雁江镇雁江社区)。 (肖国兴)

【社区建设】 2017年，南宁市有社区居民委员会386个，其中城市社区居委会222个、乡镇社区居委会164个。兴宁区新增金桥社区、秀和社区、兴桂社区，良庆区新增蟠龙社区、五象湖社区、五象岭北社区、三叠石社区，武鸣区新增白合华侨社区。

2017年9月8日，南宁市智慧社区发展联合会第一次会员大会在南宁市召开

市民政局提供

年内完成“两委”(社区党支部委员会、社区居委会)换届选举社区386个。继续按每个社区20万元标准在378个社区实施社区惠民资金项目,解决社区居民民生问题。社区专职人员基本岗位补贴在现有标准基础上每人每月增资300元,社区党组织书记(兼居委会主任)、社区党组织书记或居委会主任、其他社区(两委)班子成员、其他社区专职工作人员每人每月基本岗位补贴最低标准分别为2478元、2478元、2311元、2253元。投入300万元,开展市本级政府购买的社区服务类、志愿服务类、网格服务类社会工作项目24个,16家社会组织进驻23个社区提供专业服务。针对老年人、儿童青少年、外来务工人员、残疾人、低收入家庭、“三留守”人员等群体,开展社区照顾、社区融入、社区康复、就业辅导、精神减压与心理疏导等社会工作服务和志愿服务记录。委托第三方评估政府购买服务项目25个。市财政安排214.40万元补助城乡社区公共服务综合信息平台试点建设。9月8日,南宁市智慧社区发展联合会成立,企业、社区会员30多家。　(涂豫湘)

【优待抚恤】 2017年,南宁市各级民政部门落实优抚政策,帮扶困难优抚对象4715人次,开支救助金361.99万元。春节、“八一”建军节期间,全市慰问享受国家抚恤、补助优抚对象6.16万人次,发放慰问金(品)1365.23万元。市民政局走访光荣院、1级～4级伤残军人、192户特困优抚对象,发放慰问金(品)21.95万元。　(梁玉军)

【双拥共建】 2017年,南宁市举办“军旗飞扬”文艺晚会庆祝中国人民解放军建军90周年。晚会主题为“军旗飞扬建伟业,共筑中国梦强军梦”,分上篇《燎原之路》、中篇《鱼水情深》、下篇《中国梦·强军梦》。利用电视、广播、报纸、网络媒介宣传新时代军人风采。春节、“八一”建军节期间,市委、市政府向驻邕部队赠送慰问金700余万元。驻邕部队深入开展精准扶贫、社会救助、助学兴教、医疗扶持等工作,投入兵力8000人次、车辆200多台次、资金800余万元。自治区双拥模范城中期检查考核居自治区前列。　(王　敏)

【退役士兵与军队离退休干部安置】 2017年,南宁市接收2016年秋冬季退役士兵1796人,其中符合政府安排工作条件的81人、自主就业1715人。发放自主就业退役士兵经济补助1715人1769万元。符合政府安排工作条件的退役士兵到机关事业单位、国有企业78人,自谋职业(货币安置)3人,安置率100%。发放自谋职业金44.68万元。开展退役士兵免费职业教育和技能培训,全市符合参训条件退役士兵1715人,实训1198人,政策知晓率100%,有意向参训率100%,参训就业率98%。市本级采用政府采购公开招标方式确定承训机构,接受各县退役士兵异地培训,实现市本级与各县承训机构资源共享。首次召开退役士兵教育培训动员会,开设退役士兵参训、创业、心理调适、人生职业规划讲座。接收安置军休干部55人、无军籍退职退休职工8人;完成复员干部、伤病残军人接收工作。落实军休干部“两个待遇”(生活待遇、政治待遇)。军用供应保障未出现错供、漏供、晚供,启动军供站维修改造、军供分站建设。　(兰西萍)

【婚姻登记】 2017年,市民政局办理结婚登记47877对(内地居民47497对、涉外380对),离婚登记15141对(内地居民15092对、涉外49对),补领登记证12361件(内地居民12346件、涉外15件),合格率100%。督促指导区县开展婚姻登记历史数据补录,全市半数以上区县完成补录任务。通过政府购买方式,在相关城区登记处开展婚姻家庭辅导。举办全市婚姻登记工作培训班,培训市、区县婚姻登记工作人员50人。撰写《南宁市离婚率上升对策建议》被市政府信息办采用,刊登在《广西民政》。

【收养登记】 2017年,市民政局召开收养家庭评估工作座谈会,通过公开招标方式确定第三方机构,开展2017年市本级收养家庭收养能力评估,评估收养家庭32户。全市办理收养登记456例,均为内地居民收养,合格率100%。　(李　辰)

【社会工作】 2017年,南宁市整合财政资金148万元,通过政府购买服务等方式,推进社会工作服务于社会福利、社会事务、社会救助、社区治理等领域。全市通过社会工作者职业水平考试68人,有社会工作师321人、助理社会工作师1420人,新登记成立社会工作服务机构8家;市本级累计登记社会工作服务机构29家。8月4日,南宁市社会工作协会成立,从事社会工作服务的企事业单位、社会服务组织28家52人成为会员。

【社会组织登记管理】 2017年,市民政局进一步落实直接登记和“三证合一”(工商营业执照、组织机构代码证、税务登记证三证合为一证)改革。全市新核发“三证合一”法人证书2306份。全市新登记社会组织342家(社团248家、民办非企业单位94家),社会组织总数4348家(社团1611家、民办非企业单位2735家、基金会2家),总数持续居自治区首位。市本级新登记社会组织70家(社团22家、民办非企业单位48家),注销社会组织15家,社会组织总数979家(社团413家、民办非企业单位564家、基金会2家)。执法查处社会组织126家,其中撤销登记社会组织110家。对市本级47家行业协会商会开展第二批脱钩试点(行业协会商会与其主办、主管、联系、挂靠的行政机关实行机构分离、职能分离、资产财务分离、人员管理分离、党建和外事工作分离),脱钩试点尚未完成。新评出AAAAA等级社会组织4家,AAAA等级社会组织2家。筹备成立南宁市社会组织孵化基地,首批社会组织入驻8家,其中社会团体3家,民办非企业单位5家;采取壳内孵化模式6家,壳外孵化模式2家。区县社会组织开展扶贫项目48个,投入2151万元,帮扶对象近1.50万人。市本级社会组织投入30多万元支持扶贫。　(刘倩倩)

外　事

【概　况】 2017年,南宁市外事侨务办公室设秘书科、国际交流科、礼宾接待科、出国管理科、领事科、涉外管理与港澳工作科、侨政科、经济科技科、综合协调科9个科室,编制36名,在编29人;辖南宁市人民对外友好协会、南宁市外事翻译室、南宁市外事服务中心。南宁市与国外城市签署建立友好城市关系协议书1份,建立友好城市关系意向书4份,友好交流计划书2份,合作伙伴关系谅解备忘录1份,建立友好合作备忘录1份。南宁国际友好城市交流与合作研讨会通过《南宁倡议》,邀请19个东盟及“一带一路”沿线国家城市参展第12届中国(南宁)国际园林博览会,推动香港特别行政区政府驻广西联络处在南宁揭牌成立。

【国外友好城市交往】 2017年,南宁市与10个国外友好城市开展交往交流。

澳大利亚班达伯格市　2月,南宁市代表团出访澳大利亚,参加班达伯格市中国春节庆祝活动;考察班达伯格市南宁园工程进度,召开现场工作会议。5月,班达伯格市商务代表团访问南宁市,参观市重点农业、水产品加工企业;举办班达伯格市项目推介会,市40多家农业、房地产、外贸企业参会,推介会展示两市资源互补情况和市场潜力,提供产业对接平台。

越南海防市　3月，市委常委、副市长陈颖应邀率团访问越南海防市，会晤海防市人民委员会副主席黎青山，听取海防市园林规划设计院对园博会“海防园”概念性规划的介绍及展示。

波兰格鲁琼兹市　3月，南宁市向波兰格鲁琼兹市捐赠雕塑作品《壮妹》，在第7届马歇尔慈善拍卖会上拍卖，所得款项资助当地关爱残疾人组织。6月，市人大常委会主任束华应邀率团赴波兰，会晤格鲁琼兹市市长，介绍南宁市最新经济社会发展情况，洽谈多领域交流合作事宜，商议两市首次卫生领域专业交流项目细节。9月，市卫生和计划生育委员会、市外侨办率7名医生赴格鲁琼兹市地区专家医院开展两市首次专业医学交流，为近70人次波兰病人开展针灸、拔罐等中医治疗，格鲁琼兹地区专家医院提议共建波兰首家中医治疗中心。

泰国孔敬市　4月，市长周红波应邀率团赴泰国，会见孔敬市市长陈伟坚，双方就加强两市城市规划交换意见，签署《中华人民共和国南宁市与泰王国孔敬市2017—2018年友好交流计划书》。与孔敬府副府尹苏瓦蓬·差瓦他会谈，考察孔敬市南宁园修缮进度、资金使用情况，推进南宁园建设。

菲律宾达沃市　4月，市长周红波应邀率团访问菲律宾达沃市，会晤达沃市市长萨拉·杜尔特尔特，双方就两市加强经贸、文化、教育交流合作交换意见，萨拉感谢南宁市向达沃市提供留学生奖学金名额，希望两市共办经贸文化交流活动。6月，市代表团一行42人访问菲律宾达沃市，开展“南宁－达沃中菲友城经贸文化交流”活动，举办文艺演出、中医交流展示、赠书会、“美丽南宁”图片展、企业推介会。

韩国果川市　继续开展2017年—2018年度南宁市与韩国果川市公务员交流项目。4月，市人力资源和社会保障局就业促进科科员赵光虎赴韩国果川市执行两市公务员交流项目任务。5月，韩国果川市社会福利课保育系系长金灿佑赴南宁开展为期一年的交流工作。10月，市委常委、组织部部长谭向光应邀率团赴韩国，调研南宁市与果川公务员交流项目实施情况，评估交流项目公务员级别由部门中层提升至部门管理层的可能性。邀请果川市企业参与园博会企业展园建设并举办专题园林文化艺术展。

智利伊基克市　9月，市委副书记冯学军应邀率团赴智利，会晤伊基克市代理市长佩雷斯。双方回顾两市过去系列交流活动，相互介绍最新经济社会发展情况和产业、资源优势，一致表示应结合两市发展共同点，主动融入“一带一路”战略，深化交流合作。

意大利克雷马市　9月，市委常委、宣传部部长、副市长崔佐钧应邀率团赴意大利，会晤克雷马市市长斯蒂芬尼亚·博纳尔迪，签署《中华人民共和国南宁市与意大利共和国克雷马市建立友好城市关系协议书》，缔结为友好城市；9月12日至14日，南宁市首次独立设置友好城市主题展，与克雷马市在会展·航洋城举办“亚平宁之约”意大利克雷马城市展，通过旅游、体育、文化、科技4个主题展示克雷马市各领域发展及与南宁市友好交往情况，国际友好城市代表约110人参加，观众近20万人次，是两市深化友城交流合作的新尝试。

奥地利克拉根福市　9月，市委常委、宣传部部长、副市长崔佐钧应邀率团赴奥地利，会晤克拉根福市市长玛利亚·路易斯·玛蒂亚施兹、克恩顿州旅游协会负责人。双方就文化、旅游、公务员交流等方面深入探讨，达成多项共识。

冈比亚班珠尔市　9月，南宁市向冈比亚班珠尔市捐赠一批环卫车、足球队用品，为班珠尔市公共服务和体育发展事业提供帮助，巩固发展两市人民友谊。

【国外友好交往城市往来】 2017年，南宁市与17个国外友好交往城市开展交流。

马来西亚怡保市　3月，市委常委、副市长陈颖应邀率团赴马来西亚交流园林艺术及景观设计经验，宣传推介园博会“东盟园”，与怡保市市长扎姆里·本曼探讨共建“怡保园”。4月，市长周红波应邀率团赴马来西亚，会晤怡保市副市长邱文传，签署《中华人民共和国南宁市与马来西亚联邦怡保市2017—2018年友好交流计划书》。5月，马来西亚人民政治运动党全国顾问、丹斯里拿督郑可扬率团访问南宁市，考察学习南宁城市规划和城市发展理念。8月，市企业代表团访问马来西亚，与霹雳州运通公司探讨交通运输合作方式。

美国夏洛特市　3月，夏洛特市市长珍妮弗·罗伯茨率美国北卡罗来纳州政商代表团12人访问南宁市，签署《合作伙伴关系谅解备忘录》，与市发展和改革委员会、市工业和信息化委员会等部门座谈，参观五象新区、南宁·中关村创新示范基地，与市房地产、投资银行、农业科技等领域企业家探讨双向合作。

美国内华达州拉斯维加斯地区　3

2017年南宁市国外友好城市情况表

表20

国家城市名称	国家城市英文名称	结好时间
冈比亚班珠尔市	Banjul, Gambia	1987年6月22日
澳大利亚班达伯格市	Bundaberg, Australia	1998年5月12日
美国普罗沃市	Provo, U.S.A.	2000年9月27日
奥地利克拉根福市	Klagenfurt, Austria	2002年6月13日
泰国孔敬市	KhonKaen, Thailand	2002年8月25日
韩国果川市	Gwacheon, Korea	2005年4月18日
英国诺斯利市	Knowsley, UK	2005年8月16日
越南海防市	HaiPhong, Vietnam	2006年3月23日
菲律宾达沃市	Davao, Philippines	2007年9月3日
柬埔寨西哈努克省	Sihanoukville, Cambodia	2007年10月30日
智利伊基克市	Iquique, Chile	2008年2月20日
法国马恩河谷省	Val-de-Marne, France	2008年10月23日
印度尼西亚茂物县	BogorRegency, Indonesia	2008年12月17日
缅甸仰光市	YangonCity, Myanmar	2009年10月20日
美国商业市	CommerceCity, U.S.A	2009年10月21日
加拿大维多利亚市	VictoriaCity, Canada	2010年7月9日
老挝占巴塞省	Champasak, LaoPeople's DemocraticRepublic	2010年10月21日
马拉维利隆圭市	Lilongwe, Malawi	2011年10月22日
波兰格鲁琼兹市	Grudziądz, Poland	2011年10月22日
马达加斯加塔那那利佛市	Antananarivo, Madagascar	2015年1月21日
意大利克雷马市	Crema, Italy	2016年10月31日

月，美国内华达州北拉斯维加斯市市长约翰·李率团访问南宁市，参观南宁市城市规划展示馆、南宁·中关村创新示范基地。

澳大利亚悉尼市　3月，市长周红波随自治区代表团出席在澳大利亚悉尼市举办的第2届中澳省州负责人论坛，推进广西投资集团与澳大利亚威秀集团合作项目落户南宁，实地考察南宁市“走出去”企业在澳大利亚投资发展情况。

菲律宾卡巴洛甘市　4月，市代表团参加在菲律宾卡巴洛甘市举办的世界城市和地方政府联合组织亚太区2017执行局会议，与卡巴洛甘市政府签署《中华人民共和国广西壮族自治区南宁市与菲律宾共和国西萨马省卡巴洛甘市建立友好城市关系意向书》。

日本诹访市　4月，市青秀区教育代表团赴日本诹访市参观学习。10月，市委常委、组织部部长谭向光应邀率团访问日本长野县及下辖诹访市，会晤长野县知事、诹访市市长，磋商养老产业、青少年教育、旅游、精密仪器制造等领域交流事宜，借诹访圈工业展览会筹办契机，寻求项目对接和“引智”工作。

德国策勒市　4月，副市长伍娟应邀率团参加在德国策勒市举办的2017汉诺威工业博览会、中德企业合作洽谈会及联盟第三次会议全体会议。

荷兰海牙市　4月，副市长伍娟应邀率团赴荷兰，拜访海牙市政府，推介南宁市投资环境、投资政策、产业政策及重点招商项目，寻求与海牙市投资合作机会。

美国库伯蒂诺市　5月，美国加利福尼亚州库伯蒂诺市前市长、市议员张昭富率团访问南宁市，参观南宁富士康科技园、市越秀路小学，签署《中华人民共和国广西壮族自治区南宁市与美利坚合众国加利福尼亚州库柏蒂诺市建立友好合作备忘录》。

俄罗斯大诺夫哥罗德市　6月，市人大常委会主任東华应邀率团赴俄罗斯，参加大诺夫哥罗德市2017年度“城市节”系列活动，举办绿城南宁走进俄罗斯——南宁旅游文化展，与大诺夫哥罗德市文化部门座谈。

匈牙利巴拉顿博格拉尔市　6月，市人大常委会主任東华应邀率团赴匈牙利，会晤巴拉顿博格拉尔市长，签署两市2017年交流计划书，与巴拉顿博格拉尔市外事、文化、卫生部门负责人座谈。

瑞士苏黎世市　6月，副市长眭国华应邀率团出访瑞士苏黎世市，推介南宁·中关村创新示范基地，对接瑞士地方政府和企业，探讨电子信息、先进装备制造、节能环保等产业领域合作可能性。

德国柏林市　6月，副市长眭国华应邀率团出席在德国柏林举行的德中经济交流会，讨论两国城市合作交流新机遇，代表团推介南宁市投资环境和工业重大招商项目，实地访问德国铝业代表企业，探讨铝业企业人才培养和技术工艺。

巴西费利斯港市　7月，巴西费利斯港市市长安东尼奥·柏拉图一行9人访问南宁市，签署《中华人民共和国广西壮族自治区南宁市与巴西联邦共和国圣保罗州费利斯港市建立友好城市关系意向书》。9月，市委副书记冯学军应邀率团赴巴西，会晤费利斯港市市长安东尼奥·柏拉图，实地考察费利斯港“中国城”投资合作项目，了解费利斯港市工业园区和园内企业发展情况。

加拿大桑德贝市　9月，市委副书记冯学军应邀率团赴加拿大，会晤桑德贝市市长凯斯·霍布斯，磋商两市建立友好城市关系事宜，签署《中华人民共和国广西壮族自治区南宁市与加拿大安大略省桑德贝市建立友好城市关系意向书》，与桑德贝市文化教育部门、高新技术企业、科研机构、学校洽谈。

法国布尔昆·雅里昂市　9月，法国布尔昆·雅里昂市第一副市长纪哈·让·皮尔率团访问南宁市，参加2017南宁国际友好城市合作交流研讨会、2017南宁国际友好城市艺术展演等活动；拜会广西工商业联合会、广西归国华侨联合会、自治区招商促进局、市工商业联合会、市贸易促进委员会等单位。

西班牙穆尔西亚市　11月，市委常委、副市长张卫应邀率团赴西班牙，会见穆尔西亚市市长何塞·巴耶斯塔，签署《中华人民共和国南宁市与西班牙穆尔西亚市建立友好城市关系意向书》。

【世界城市和地方政府联合组织工作】2017年2月，南宁市派员赴北京参加中国人民对外友好协会组织的城地组织(UCLG)大陆会员工作会议，了解城地组织工作动态、部署，与各大陆会员城市互相通报情况。4月，市代表团出席在菲律宾卡巴洛甘市举办的城地组织亚太区执行局会议，加强与亚太区会员城市交流，宣传南宁城市建设和管理新理念、新成就。8月，第三届“广州国际城市创新奖”调研小组一行5人到南宁调研“餐厨废弃物资源化利用和无害化处理厂”项目，与市城市管理局、市环境卫生管理处有关负责人座谈交流。9月，南宁市加入城地组织亚太区新设的“21世纪海上合作委员会”和“一带一路”地方合作委员会，成为创始会员。11月，南宁市派员参加在福州举行的城地组织亚太区理事会议。12月，市委常委、副市长张卫率团参加在杭州举办的2017年城地组织世界理事会会议暨“大数据背景下的智慧城市建设”论坛。

【“两会”外事接待】2017年“两会”期间，市外侨办邀请、接待友好城市代表团、友好城市艺术团、企业商会、友好交往人士及侨领嘉宾团组31个180人。组织举办2017南宁国际友好城市交流与合作研讨会、2017南宁国际友好城市艺术展演暨“亚平宁之约”意大利克雷马城市展。安排市领导与重要外宾团组会见和餐叙活动28场次，组织各代表团与市政府对口部门、商会、公司企业、学校开展座谈、交流和考察活动30多场次，组织5个国家友好城市艺术团参加第19届南宁国际民歌艺术节大地飞歌晚会、绿城歌台演出和国际友好城市艺术展演，协助越南、老挝2个高访团及其他国家政府、友城代表团7批次在南宁参观考察，派出翻译70多人，翻译、校对笔译材料4.20万字，完成专场活动现场口译及交传35场次。

2017年9月13日，2017南宁国际友好城市交流与合作研讨会在广西沃顿国际大酒店举行
市外侨办提供

【2017 南宁国际友好城市交流与合作研讨会】 2017 年 9 月 13 日,2017 南宁国际友好城市交流与合作研讨会在南宁沃顿国际大酒店举行。泰国孔敬市、柬埔寨西哈努克省、澳大利亚班达伯格市、老挝占巴塞省、越南海防市、波兰格鲁琼兹市、意大利克雷马市等 11 个国际友好城市代表、世界贸易中心协会 CEO(首席执行官)斯科特·弗格森及市相关部门和企业代表约 110 人参加,市长周红波出席会议并致辞。与会代表围绕"经济增长新动能"主题,就加强多领域合作,构建创新、共享的新型经济增长模式展开讨论,形成并通过《南宁倡议》,旨在强化友城间创新与共享,推动交流项目务实合作,形成常态化机制,实现合作共赢。

【涉领事务】 2017 年,市外侨办组织举办"东博杯"国际气排球友谊赛,越南、泰国、柬埔寨、老挝、缅甸和马来西亚六国驻南宁总领事馆代表队及市外侨办代表队 7 支球队参加。邀请六国驻邕领事官员参观考察广西源正新能源汽车有限公司、广西福沃得农业技术国际合作有限公司,参加 2017 中国(横县)茉莉花文化节。赴北京拜会伊朗、阿联酋、文莱驻华大使馆,赴广州拜会印度尼西亚、菲律宾、英国驻广州总领事馆,开展第 12 届中国(南宁)国际园林博览会境外招展推介,完成东盟园 10 个展园(泰国孔敬市、柬埔寨西哈努克省、越南海防市、老挝万象市、印度尼西亚西爪哇省、菲律宾达沃市、新加坡、马来西亚怡保市、缅甸仰光市、文莱)、丝路园 9 个展园(意大利克雷马市、法国马恩河谷省、俄罗斯大诺夫哥罗德市、西班牙穆尔西亚市、日本长野县、阿联酋迪拜市、伊朗、希腊、英国)招展。接待外国使领馆官员 11 批 56 人。

【来访团组】 2017 年,南宁市接待外宾团组 48 批 848 人次。主要来访团组:2 月 16 日,罗马尼亚登博维察省红十字会一行 7 人到南宁市开展红十字工作交流,参观市红十字会备灾救灾服务中心;21 日,国际羽毛球联合会一行 12 人到南宁考察苏迪曼杯世界羽毛球混合团体锦标赛申办筹备情况。3 月 14 日,苏丹全国大会党干部考察团一行 33 人到西乡塘区"美丽南方"考察学习新农村建设;17 日,美国夏洛特市市长珍妮弗·罗伯茨率团一行 21 人访问南宁市。4 月 27 日,越南经贸考察团一行 30 人到南宁开展经贸考察。5 月 15 日,澳大利亚班达伯格市商务团一行 10 人考察良庆区大塘镇澳洲坚果基地、广西南宁百洋食品有限公司、皇氏集团股份有限公司、武鸣润宇火龙果基地。6 月 15 日,日本国际儿童画协会副会长西川直美率团一行 11 人出席在南宁市桂雅路小学举行的中日国际儿童画交流展,现场指导绘画。9 月 21 日,摩洛哥多党干部考察团一行 20 人到南宁参观考察那考河海绵城市建设项目。11 月 26 日至 29 日,越南祖国阵线海防市委员会友好访问团一行 21 人参观南宁市城市规划展示馆、青秀山海绵城市建设示范点。11 月 27 日,越南谅山省红十字会一行 12 人到南宁座谈调研,参观市红十字会备灾救灾服务中心、红十字文化展示馆、红十字生命健康体验馆。 (唐若溪)

政务服务

【概　况】 2017 年,南宁市行政审批局设办公室、政策法制和督查科、政务管理和信息化建设科、投资项目科、市场服务一科、市场服务二科、建设项目科、交通城管科、农林水科、文教卫生科、社会事务科、项目勘验科、政务公开科(市政务公开政府信息公开工作领导小组办公室)、公共资源交易监管科(市公共资源交易监督管理委员会办公室)14 个科室,编制 110 名,在编 100 人。年内,通过自治区行政执法资格考试 28 人;推行电话跟踪回访机制,抽取回访办结事项 1165 份,收集意见建议 10 条,均做出解释或处理;开展评先评优活动,印发施行《南宁市民中心绩效考核实施办法(试行)》,评出市本级政务服务中心优质服务标兵 36 名,红旗窗口 36 个,优质服务岗 452 个。市行政审批局获第二届全国政务服务论坛"中国政务服务突出贡献奖";《勇于创新图"治"全力打造政务服务升级版》案例在第二届全国行政服务大厅典型案例展示活动中,被评为"综合十佳"案例;南宁市建立统一的公共资源交易平台工作做法和经验被自治区发展和改革委员会、自治区政务服务监督管理办公室推荐为整合公共资源交易平台典型事例。

【行政审批】 2017 年,南宁市 29 个市直部门(单位)184 项行政许可事项划由市行政审批局实施,实现审批事项、审批职能、审批人员向市行政审批局"三集中"。推行"一枚公章管审批"模式,回收 27 个市直部门 49 枚审批专用章,启用"南宁市行政审批局"印章,办理政务服务事项 5.47 万件,办理提速 80.34%。取消行政审批事项 61 项,调整行政审批事项 253 项;建设项目环境影响评价文件审批事项、危险废物经营许可事项、排污许可事项、废弃电器电子产品处理企业资格审批事项、入海排污口设置审批事项、贮存危险废物超过一年的批准事项、必须经水路运输医疗废物审批事项、夜间建筑施工许可事项 8 项行政许可业务委托南宁高新技术产业开发区管理委员会、南宁经济技术开发区管理委员会、广西－东盟经济技术开发区管理委员会审批;机动车驾驶人培训、维修和客运站场 3 项许可权限下放至城区交通运输局,实行扁平化审批。梳理《南宁市政务服务中心进驻单位及政务服务事项指导目录(2016 年版)》,推进政务服务事项目录标准化建设;将市行政审批局 343 项许可事项分 5 个审批层级:窗口人员一级审批事项 48 项,业务科长或副科长二级审批事项 91 项,分管局领导三级审批事项 153 项,局业务会讨论的四级审批事项 50 项,报市政府批准的五级审批事项 1 项。举办南宁市编制和优化行政权力运行流程培训班,区县、开发区 46 个部门 296 人参训;完成行政权力运行流程初审,上报市法制办公室审

2017 年 11 月 1 日,南宁市行政审批局向广西南宁东糖新凯糖业有限公司发出全国第一本经环保部审核通过的制糖行业排污许可证　　市行政审批局提供

查。清理规范办事证明材料，市本级45个市直部门338个办事证明减少至119个。出台《南宁市行政审批局实施行政许可与监管协调联动办法（试行）》，《南宁市相对集中行政许可权和事中事后监督管理实施办法（试行）》经市十四届人民政府第27次常务会议审议通过。获自治区住房和城乡建设厅政策支持，外地建筑业特级企业落户南宁成立的子公司可直接申请特别许可施工总承包二级资质，节省企业近两年时间成本，中天建设集团有限公司、中国建筑第八工程局有限公司南宁子公司获批二级资质。市政务服务中心窗口增挂南宁市CEPA（关于建立更紧密经贸关系的安排）项目"绿色通道"牌子，办理广西希界维影城有限公司CGV希界维国际影城CEPA项目。11月1日，市行政审批局向广西南宁东糖新凯糖业有限公司核发全国首张经环保部审核通过的制糖行业排污许可证。全年为公民、法人和其他组织办理政务服务事项23.14万件，发出批文、证照有效率100%，办结率99.13%，超期件数零，投诉件数零，满意率100%。

【并联审批】 2017年，南宁市推进跨部门、跨行业并联审批。工程建设项目报建备案、建设工程质量监督登记和安全措施备案、施工图审查情况备案、建筑工程施工许可证核发4个审批事项合并为1项，原法定37个工作日办结的事项压缩至5个工作日。试行建设、规划、人防等多部门施工图并联审查备案机制。在"六证合一"（营业执照、组织机构代码证、税务登记证、社会保险登记证、统计登记证、企业印章准刻证6个证件集中于1个营业执照）基础上，整合住房公积金缴存登记、出入境检验检疫报检企业备案等10个部门33个登记备案类事项，实现"39证合一"（39个涉及企业证照的事项整合到一个营业执照），采用一次采集、一套材料、一表登记、一窗受理工作模式，全部流程在内部流转，全年核发新设立"39证合一"营业执照2978户。以商事登记领域为入口，采用"1+N"（"1"指营业执照，"N"指后置行政许可项目）创业全链条审批模式，提供组合式服务，内部并联审批办理量较大、关联性较强、受益群众较多的20项许可事项，实现限时办结、一窗出件。抓好在线并联审批平台、优化外商投资企业审批服务机制，使用平台上报项目9895个（审批项目6779个、核准项目145个、备案项目2971个），项目总投资1.66万亿元。

【投资项目"容缺后补"缺项受理】 2017年，市行政审批局组织召开重点项目重点企业对接会8次，协调解决市园博园、地下综合管廊、东西向快速路、南宁轨道交通2号线等项目，推进项目审批提速增效。对涉及企业投资项目的11个部门83项非主审要件事项208项材料实行非主审要件缺项受理和审批。全年办理缺项受理事项8830件，企业办理时限平均缩短10个工作日以上。2月12日，中央电视台《新闻联播》在《广西进一步加大行政审批制度改革力度，让群众少跑腿、好办事》报道中聚焦南宁市行政审批制度改革，肯定"容缺后补"服务等审批创新措施。

【网上审批】 2017年，市行政审批局整合全市政务信息资源，升级改版网厅系统，推进各审批部门网上审批系统互联互通和信息共享。兴宁区、江南区、青秀区、邕宁区、良庆区、武鸣区、上林县、隆安县、南宁高新技术产业开发区完成50%及以上政务服务事项上线。管理、维护政务服务及监察通用软件3.0系统、市行政审批局门户网站；构建计算机网络系统安全体系，向市公安部门申请信息安全等级保护二级备案，8月18日通过专家组验收。完成《南宁市民中心智能化大厅信息化建设（一期）项目采购》招投标，增设自助查询机、自助服务终端、多媒体显示屏、自助填单台、电子导办台等配套设备。137项服务事项实行网上审批与邮政快递结合，推行申报材料和审批结果"双向寄送"（允许通过网上预审的企业用快递寄送申请材料至受理窗口，完成审批流程和证照打印后，快递寄送审批结果至申请企业）服务方式，服务企业300余家。

【政务公开】 2017年，南宁市将政务公开基础性与重点工作纳入机关年度绩效考评指标体系，新增产品质量提升工作公开透明、审计信息公开、政府和社会资本合作项目信息公开、规范依申请公开等考评项目；设置市直部门考核指标19大项、24小项，区县考核指标20大项、25小项。检查区县528个部门、125个乡镇的政府信息公开统一平台信息发布情况，实地督查60个部门、28个乡镇（街道）政务公开工作，抽查7个城区、5个县、24个乡镇（街道）、24个村（社区）的国家、自治区2017年政务公开要点完成情况。全年收到政府信息公开申请1495件，其中主动公开115件，同意公开339件，同意部分公开45件，不同意公开395件，不属于本行政机关公开、申请信息不存在、告知作出更改补充和通过其他途径办理601件。通过政府网站公开信息37.30万条，通过政府公报公开信息560条，举办新闻发布会81次，通过自治区政府信息公开统一平台（南宁市子平台）公开信息10.40万条，微博公开信息2.10万条，政务微信公开信息3.60万条，利用"一中心两馆"（市政务服务中心、市图书馆、市档案馆）公开政府信息（纸质文件）6987份。开展政务公开业务培训，培训近1000人；开展第五届政务公开日活动，接待群众8450人次，发放资料6.45万份，现场解答问题1050多个，在主流媒体宣传11篇次。《法治蓝皮书（2017）》显示，2016年南宁市政务透明度在全国49个较大城市中排名第十。

【公共资源交易】 2017年，南宁市完成政务服务与公共资源交易一体化管理的机构组建及职能明确，建成全市统一、终端覆盖各分支机构的公共服务、交易执行和综合监管平台系统，实现与自治区公共资源交易平台互联互通。启用武鸣区、上林县公共资源交易中心。出台《南宁市公共资源交易中心工作规则》《南宁市建设工程项目远程异地评标实施办法（试行）》等制度，规范评标活动。房屋建筑及市政工程类交易项目（施工及监理）、政府采购类（公开招标、竞争性谈判方式）项目、产权类（含资产租赁）项目实现电子化交易。4月，市级平台率先与上林县分支机构实现远程异地评标。5月1日，市公共资源交易中心停止电子投标服务费、交易服务费2项业务收费，继续推行投标保函制度。依托公共资源交易电子化监管系统、在线监督电子交易活动信息系统，实时监督交易全过程；在市级交易平台增设投诉举报办公室。6月4日，南宁公共资源交易平台大数据分析系统上线运行。全市公共资源交易完成交易项目9482宗，交易总金额1533.62亿元，节约总金额118.18亿元，溢价总金额73.46亿元。其中，工程建设项目2596宗，交易金额751.52亿元；政府采购项目6318宗，交易金额466.09亿元；土地及矿业权项目137宗，交易金额302.12亿元；国有产权交易项目378宗，交易金额3.71亿元；其他项目53宗，交易金额10.17亿元。

【南宁市民中心启用】 2017年10月30日，南宁市民中心启用，市政务服务中心、市公共资源交易中心、市公安局出入境管理分局、市不动产登记中心等60多家单位和机构集体进驻。市民中心位于良庆区玉洞大道33号，总建筑面积17.11万平方米，是集行政审批、公共服务、政务公开、资源交易四大功能一体的综合服务平台，设置对外服务窗口600个，办理服务事项432项，其中行政审批事项233个、公共服务事项199个。

【协办第十三届全国政务服务工作经验交流会】 2017年11月23日，第十三届全国政务服务工作经验交流会暨2017年度全国政务服务体系建设研讨会在南宁国际会展中心举办。国务院办公厅政务信息与政务公开办公室、中央机构编制委员会办公室等有关部门领导、省(自治区)、直辖市及部分省会城市政务服务管理机构负责人、专家代表近250人参加。会议以"加快推进'互联网+政务服务'构建政务服务一体化体系"为主题,就打通数据壁垒,实现数据共享,推动"互联网+政务服务"开展,推动中央"放管服"改革措施落地生效,政务服务体系顶层设计,政务服务体系标准化、规范化、扁平化建设等问题展开探讨。发布《全国综合性实体政务大厅普查报告》《2017年省级政府网上政务服务评估工作情况》,通过强化顶层设计,理顺体制机制;强化审管分离,推动集成审批;强化数据共享,构建统一平台;强化政策扶持,改善工作条件;强化法治建设,推动规范发展;强化培训交流,提升服务水平6项共识为中心的《南宁共识》。 (肖 瑛)

机关事务管理

【概 况】 2017年,南宁市机关事务管理局设办公室、基建维修科、财务科、综合管理科、保卫科、公共机构节能监督管理科、服务科、人事科、办公用房管理科9个科室,编制94名,在编90人。12月14日,市机关事务管理局(市市直机关后勤服务中心)更名南宁市市直机关后勤服务中心,调整为公益一类事业单位,继续承担市直机关事务管理职能。做好市委、市政府办公区和市委、市人大、市政府、市政协宿舍区的房屋、水电、食堂、绿化、环境卫生、社会综治、安全保卫等管理与服务,调配使用市直属机关单位非经营性国有资产、办公用房,协调、推进南宁市公共机构节能,指导、监督下级公共机构节能,推进市四家班子宿舍区危旧房改住房工作,管理指导市政府机关车队、市直属机关保育院。

【公共机构节能监管】 2017年9月,南宁市在四川大学举办公共机构节能工作创新研讨班,系统培训公共机构节能知识,区县、开发区机关事务管理部门和市直单位分管领导、业务骨干60人参加。市节能减排财政政策综合示范市专项财政资金安排1700万元,支持12家单位示范创建和3家单位绿色数据中心机房改造。市财政投入200万元支持市第二十六中学实施太阳能光伏发电项目。全市大部分区县中小学校淘汰污染大、耗能高的传统锅炉,建设太阳能、空气能等新能源项目。新建市直单位能耗监测工作站8家,以市委、市政府能耗监测平台为中心,通过市公安局等23家市直单位能耗监测工作站,实现对各单位办公区配电室、大型动力设备、用水设施、水电管网的分项计量和集中监控。建成新能源汽车分时租赁网点10个、充电基础设施72套,投入分时租赁运营新能源汽车43辆,累计行驶5545千米;推广应用新能源汽车62辆,建设充电桩121套。全市4059家公共机构人均综合能耗、单位建筑面积能耗、人均用水比上年分别下降5.46%、2.31%、4.42%。

【办公用房监管】 2017年,南宁市开展大范围办公用房督查3次,规范指导45家单位办公用房使用和整改。依据《党政机关办公用房建设标准》,建立办公用房智能图形管理系统和数据信息系统,构建办公用房管理平台和数据库,以图管房、图数结合方式"可视化、智能化"管理办公用房。印发《南宁市本级行业协会商会脱钩改革有关行政办公用房管理办法(试行)》,推进行业协会商会与行政机关脱钩改革,规范行业协会商会办公用房使用管理。8月,市机关事务管理局组织召开全市办公用房统一租赁有关工作协调会议,启动全市办公用房权属统一登记、统一租赁,完成第一批次70家单位办公用房租赁关系转移。为市司法局等8家租赁到期或办公条件较差、办公用房紧张的单位调剂安排办公用房面积3600平方米。以市场寻租方式,利用市属国企房产资源,为市政府国有资产监督管理委员会、市城市客运交通管理处租赁办公场所5000平方米。

【车辆综合保障服务平台】 2017年,南宁市级车辆综合保障服务平台完成79辆车的资产转移。实行车辆停放、清洗、加油、维修定点管理;车身统一喷涂明显标识,所有车辆安装高速公路通行ETC(电子不停车收费系统)设备;车辆调配遵循紧急任务、重要任务优先原则统筹安排。完成应急、调研、接待、综合执法及自治区、南宁市重大活动用车保障任务6482辆次,其中行政执法用车2376辆次,应急机要通信用车304辆次,会务、调研、考察等用车3802辆次。车辆行驶总里程约77万千米,全年行车安全零事故,出车准点零延误。

【危旧房改住房】 2017年,市政府淡村路4号宿舍区项目完成基坑及地下室施工,1号楼主体施工建至35层楼面,2号楼建至33层楼面;完成新建住房选房和30%首付款收缴。市政府新民路8号、10号宿舍区项目完成基坑支护工程;市人大东葛路28号宿舍区项目完成基坑支护桩施工,主体工程桩累计完成50%;新民路8号、10号宿舍区,东葛路28号宿舍区非还建房及停车位基本完成申购材料初审,按申购批次汇总上报市住房制度改革委员会办公室审批。市人大东葛路28号宿舍区,市委新民路65号、民主路45-1号宿舍区基本完成土地置换。

【后勤服务保障】 2017年,市机关事务管理局优化升级改造市委、市政府会议中心音响系统,市委、市政府办公大院消防监控系统,启动办公区高压供电设备更新改造项目。完善《市委、市政府机关办公大院车辆停放和通行管理暂行规定》《市委、市政府机关大院突发事件应急预案》《微型消防站管理条例》等规章制度。开展办公区、宿舍区安全检查行动16次,排除解决安全隐患8处。市委、市政府办公区各门岗接待来访群众3.64万人次,处置群体上访事件62起。市四家班子机关食堂为3000多名干部职工就餐服务66万人次。完成市委、市政府会议中心服务130场次,市委、市政府会议室服务1784场次。处理办公楼楼宇维修项目120多起,办公区全面消杀25次,清理垃圾池30次,疏通堵塞排水管47次,绿化美化养护327次;宿舍区上门维修1647次,疏通下水道65次,清理化粪池73个,清运垃圾49车,灭"四害"(苍蝇、蚊子、老鼠、蟑螂)16次。 (李雄杰)

政府集中采购

【概 况】 2017年,南宁市政府集中采购中心设办公室、监督科、信息科、采购一科、采购二科、合同科、招标科7个科室,编制39名,在编38人。继续推行政府采购项目需求公示制度、采购文件专家评估论证制度,对120万元以下高压供配电设备采用协议供货模式采购。根据《政府采购货物和服务招标投标管理办法》等国家、自治区、市政府采购法律法规,调整、规范市政府集中采购工作流程,组织市本级各采购单位学习调整后的政府集中采购新规定,强化政府集中采购的源头、过程和结果管理。完成邕江综合整治和开发利用、城市内河黑臭水体治理、园博园工程项目、快速环道综合整治、高速公路东环改造工程、邕江上游引水工程等重大项目的采购服务。

【项目采购】 2017年,南宁市完成市本级政府集中采购项目4503个,总预算400.71亿元,比上年增加77.86亿元,增长24.12%;总成交额321.11亿元,增加

21.51 亿元，增长 9.56%；节约 79.60 亿元，增加 21.01 亿元，增长 35.86%；资金节约率 19.86%，增加 1.71%。市政府集中采购项目预算规模首次突破 400 亿元，成交金额首次突破 300 亿元。其中，完成货物类采购项目 3528 个，预算 15.07 亿元，成交额 13.11 亿元，节约 1.96 亿元；工程类采购项目 508 个，预算 154.11 亿元，成交额 129.97 亿元，节约 24.14 亿元；服务类采购项目 467 个，预算 231.53 亿元，成交额 178.03 亿元，节约 53.50 亿元。

（唐 铭 周发华）

华侨事务

【概 况】 2017 年，南宁市贯彻落实侨务政策，提升为侨服务水平，针对不同侨界群体送政策、送服务。依法保护归侨侨眷合法权益，规范行使行政权力。启动全市范围侨情调查，加大困难归侨侨眷帮扶力度。继续推进海外华文教育，新增外派教师 2 人赴国外任教，另有外派教师 2 人延期继续任教。推动“侨之家”创建，江南区福建园街道荣和新城社区、淡村路西社区获自治区“侨之家”称号，市“侨之家”数量累计 9 个（江南区江南街道金沙湾社区、福建园街道荣和新城社区、淡村路西社区，西乡塘区北湖南路社区、安吉街道秀安路社区，武鸣区外事侨务办公室，宾阳县广西黎塘瓷业有限公司，隆安县浪湾华侨农场中心区社区，广西－东盟经济技术开发区南宁华侨投资区华侨城社区）。

【侨务联谊】 2017 年，南宁市接待国务院侨务办公室、自治区侨务办公室、海外华人华侨代表团 7 批 120 人。9 月 12 日，国务院侨办率团到广西－东盟经济技术开发区考察，走访广西珠江啤酒有限公司、太和·自在城健康养老基地、华侨城安置小区，了解武鸣华侨农场转体改制后的产业发展和归侨侨眷生活情况，提出引导东南亚侨资企业、聚集华侨华人高层次人才、注重侨文化保护、借侨元素发展特色旅游、打造侨特色旅游胜地、以侨（侨文化）引侨（侨务资源）等建议。10 月 10 日，国务院侨办率中国侨商会科技创新广西考察团一行 12 人到南宁高新技术产业开发区考察，对接医药健康、机械制造、新能源等项目，达成投资意向。南宁市组织代表团参加 2017 中国南通江海国际博览会暨首届通商大会、第十五届东盟华商会、第十七届华创会、第三届世界广府人恳亲大会暨中国侨都（侨都）华人嘉年华活动、2017 年海外华裔青少年中国“寻根之旅”夏令营开营仪式等一系列活动，加强与海内外侨商会沟通联系，完善侨团侨商名录，录入侨团侨商资源 154 条、广西侨商投资企业协会通讯录 98 人、南宁华商会会员 85 人。

【为侨服务】 2017 年，市外侨办开展贫困归侨侨眷扶贫救助，组织摸底调查，制定帮扶措施，拨付华侨事业费 65 万元，惠及归侨侨眷贫困户 150 户。慰问困难归侨侨眷 594 人，发放慰问金 17.82 万元；做好南侨机工（抗战时期，由东南亚各国华人子弟组成的“南洋华侨机工回国服务团”）遗孀补助发放。组织广西－东盟经济技术开发区、邕宁区红星社区、隆安县浪湾华侨农场等地归侨侨眷举办种植技术、家政、电动车维修等职业技能培训，拨付培训资金 12.20 万元，受益归侨侨眷 325 人。参加第 82 期全国侨务干部培训班暨广州市和南宁市侨务干部专题研修班，探讨东盟国家华侨华人事务，助推“一带一路”建设；参加南宁人民广播电台政风行风热线，开展公开大接访活动，宣传国家涉侨法律法规；联合市人社局协调邕宁区、隆安县农林场体制改革、管理人员安置，要求辖区政府部门依照《归侨侨眷权益保护法》做好群众解释工作；受理归侨侨眷关于房屋拆迁安置、住房困难方面来信 3 件次，接待来访、来电咨询 28 人次，来信来电答复率 100%。指导区县梳理权责清单、行政权力运行流程，做好涉侨审批政策解读，完成涉侨行政审批事项实施条件、服务流程重新整理优化，配合市行政审批局做好行政许可事项（华侨回国定居）划转审批局办理相关事宜。办理华侨回国定居申请 1 件，确认归侨侨眷身份 45 人次，出具归侨身份证明 22 人、侨眷身份证明 63 人，审核确定享受 2017 年高考“三侨生”（归侨青年、归侨子女、华侨在国内的子女）照顾资格 72 人。

【华侨农（林）场改革与发展】 2017 年，南宁市华侨农林场体制改革涉及的社保欠费数额巨大、用土指标缺乏、产业发展滞后、土地纠纷等突出问题未妥善解决。市华侨农林场改革发展工作领导小组成员单位到武鸣区白合华侨林场、邕宁区五合华侨农林场、隆安县浪湾华侨农场了解改制情况，听取农林场群众对体制改革、危旧房改造等方面诉求和意见。召开全市华侨农林场改革和发展工作专题会议 2 次，听取邕宁区、武鸣区、广西－东盟经济技术开发区、隆安县、市外侨办关于华侨农林场体制改革工作情况汇报，研究讨论华侨农林场改制的社保欠费、职工身份、历史遗留问题。（唐若溪）

港澳事务

【邕港澳经贸合作】 2017 年，南宁市与中国香港、澳门地区进出口贸易额 127.10 亿元，新增港澳投资企业 24 家。市领导率代表团赴中国香港地区拜访中央人民政府驻香港特别行政区联络办公室、香港工业总会、华润集团总部、上海实业集团有限公司、香港培力药业控股有限公司、绿地香港控股有限公司，推介南宁投资环境，签署《南宁市与香港工业总会合作框架协议》《华润商业物业股权投资基金项目入区协议》《南宁市人民政府与上实集团战略合作框架协议》《南宁轨道交通集团有限责任公司与上实融资租赁有限公司战略合作协议》等重大合作协议。广西首个 CEPA（关于建立更紧密经贸关系的安排）先行先试项目——农本方（南宁）中医门诊部在青秀区枫林路山语城街区开业运营，提供一站式诊疗及中药颗粒配药的港式中医服务。南宁市新批设立港资企业 24 家，总投资额 35.41 亿美元，合同利用外资 12.05 亿美元；累计批准设立的港资企业 911 家，总投资额 118.69 亿美元，合同利用外资 56.94 亿美元。港资企业投资从行业分布看，主要集中在制造业、房地产业、商贸服务业、餐饮娱乐服务业、交通运输业、电子信息产业等；从区域布局看，主要集中在开发区，南宁高新技术产业开发区有港资企业 43 家（生产型企业 17 家、房地产企业 6 家、商贸服务业 8 家、研发企业 9 家、其他类型企业 3 家），其中有广西巨星科技有限公司、培力（南宁）药业有限公司 2 家香港主板上市港资企业。

【邕港澳交流交往】 2017 年，南宁市组织接待中国香港地区经贸代表团、香港海上丝绸之路协会商贸代表团、香港政制及内地事务局代表团、香港立法会议员代表团、香港内地高校优秀澳门学生访问团、香港学子广西中医药研学活动代表团、香港房地产专业服务联盟广西考察团等港澳访邕代表团 16 批次；分别安排参观南宁·中关村创新示范基地、中国－东盟信息港南宁核心基地、南宁市城市规划展示馆、武鸣区润宇火龙果基地，宣传南宁市投资环境与优惠政策。组织相关部门、企业赴港澳开展交流和企业项目对接活动 36 批次。5 月 10 日，中国香港特别行政区政府驻广西联络处在南宁揭牌成立，成为邕港经贸文化交流与合作的重要平台。推进香港职业训练局在内地合作办学最大项目——桂港现代职业教育发展中心建设；5 月 22 日，中央统战部港澳台青少年文化交流与创新创业基地在桂港现代职业教育发展中

2017 年 5 月 10 日,中国香港特别行政区政府驻广西联络处开幕典礼暨庆祝香港特别行政区成立二十周年晚宴在南宁举行　　市外侨办提供

心挂牌成立。

【为港澳服务】 2017 年,南宁市政务服务中心开通 CEPA 审批绿色通道,为申请设立外资企业的中国香港、澳门地区投资者提供一站式投资咨询、协调服务,采取统一受理、统一审核、统一发证的并联备案模式。南宁市公安局出入境接待大厅新设 24 小时自助服务港澳签注一体机,实现电子港澳个人游续签立等可取。按照“游运结合,以游促运”模式,开通南宁至香港、澳门的陆运班线;6 月 26 日,广西首条直飞香港的货运航线——南宁往返香港全货机航线开通,使用波音 B737-300F 机型执飞,业载 13 吨～15 吨,每周 5 班,运输货物以自治区内加工贸易企业的电子产品为主,为邕港两地企业、商家和消费者提供时间便利。　(唐若溪)

台湾事务

【概　况】 2017 年,中共南宁市委员会台湾工作办公室(南宁市人民政府台湾事务办公室)贯彻落实中共中央对台工作新理念、新思想、新战略和市委、市政府决策部署,多举措推进邕台经贸合作,主动服务解决台湾企业用工难题,围绕“推动两岸关系和平发展”主题开展对台宣传,注重宣传惠台政策措施,传递服务台商正能量,讲好在邕台商奋斗故事。

【邕台经贸合作】 2017 年,南宁市领导率团赴中国台湾地区举办第 12 届中国国际(南宁)园林博览会招商招展台商交流会,促成台湾设计团队完成台湾馆设计。邀请 30 多个中国台湾地区经贸投资考察团组到南宁考察,促进东部发达地区台企台商优势产业向南宁转移。9 月 15 日,第十三届桂台经贸文化合作论坛在南宁举行,桂台企业签订合同项目 30 个,总投资 53 亿元。深圳台商协会在南宁高新技术产业开发区成立两岸科技产业快车服务中心,落地发展项目 3 个。富士康南宁科技产业园 2017 年工业产值 376 亿元,比上年增长 17.38%。广西－东盟经济技术开发区出台《聘请招商顾问办法(试行)》,首批聘请招商顾问 12 人,开展对台招商引资;10 家台资企业实现产值 17.10 亿元,增长 7.45%。年内,新增台资项目 4 个,合同投资 3041.43 万美元,实际到位投资 852.50 万美元。协办 2017 广西·台湾(花莲)产品展销会,中国台湾地区花莲县和广西各地台湾企业 100 多家参展。涉台农业企业发展至 42 家,青秀区长塘镇定西村牛蒡及子姜种植基地、江南区吴圩镇七坡林场台湾花卉产业园、良庆区大沙田团结南路火龙果培育和种植基地、上林县澄泰乡四季柠檬种苗培育基地、广西－东盟经济技术开发区阿里山樱花园 5 个台湾优势农产品种植基地规模进一步扩大。台资茶叶企业横县桔扬茶业公司年产值超 1.50 亿元,小心柑、农青公社等农业电商公司年销售额超 1000 万元。

【台商合法权益维护】 2017 年,南宁市组织区县开展“春风行动”招聘会,向台资企业推荐用工超过 3000 人,确保台资企业用工稳定。开展服务台商台胞“六个一”(走访一批台资企业、召开一批台商座谈会、兑现一批惠台政策、推进一批桂台合作项目、化解一批台胞投诉案件、解决一批台资企业发展问题)活动,协调处理涉台求助、投诉纠纷 28 起,办结 27 起,结案率 96.43%。

【邕台交流交往】 2017 年,南宁市接待中国台湾地区参访团组 52 个 1186 人次,办理应邀赴台团组 35 个 249 人次。邕台继续开展高层互访,巩固党际交流。与中国台湾地区花莲县交流往来成为常态,市 12 个公务团组 109 人次到花莲县交流,花莲县 9 个团组 230 多人次到南宁参访。举办桂台(南宁)少数民族民俗文化交流周活动,台湾嘉宾 220 多人到南宁体验壮乡风情。组织南宁民间文化艺术团赴台参加“欢乐春节”民俗巡游,马山壮族会鼓、宾阳彩架、青秀区芭蕉香火龙等民族民俗节目在台湾高雄佛光山、台东池上乡、花莲县等地巡演 24 场。昆仑关战役旧址获自治区台湾事务办公室授牌建立“广西壮族自治区对台交流基地”。举办桂台青年就业创业交流分享会、邕台企业创业经验分享沙龙;推动海峡两岸青年创业基地、海峡两岸青年就业创业示范点创建。南宁职业技术学院获自治区台办授牌建立“桂台青年实训就业基地”。全市有台湾青年经营、参与管理的企业 40 多家。“创视野 333(广西)未来筑梦之旅”台湾青年参访团、台湾佛光大学、花莲县 5 所小学、台北市教育文化参访团 8 批 184 人次到南宁市中小学、大中专院校开展校际交流。台湾佛光大学学生拍摄制作的《桂台青年走访弃婴的拾荒家庭》短视频获梨视频“两岸交流短视频大赛”优秀组织奖。与台湾旺旺中时文化传媒公司推出南宁后花园上林县旅游形象广告设计命题,征集两岸大学生参赛作品 653 件;第 26 届时报金犊奖颁奖典礼上,鲁迅美术学院《上林益寿图》获平面广告类大学组金奖,华中农业大学《民族篇、养生篇、风光篇》获铜奖。台企南宁市泰萌农业有限公司和广西农科院蔬菜研究所完成的“子姜早熟高效标准化栽培技术研究与示范推广”项目获南宁科学技术进步奖二等奖。

【对台宣传】 2017 年,南宁市与中国台湾地区台湾旺旺中时文化传媒公司联合制作的《魅力南宁》电子书阅读量超过 60 万人次,台湾阅读者占 60.30%。中国台湾地区台湾中国电视公司制作《两岸新视界——我的奋斗故事:南宁》电视专题片,反映两个台湾青年在南宁创业故事。组织全市台办系统采写信息 252 条,投稿“两网”(国台办网、中国台湾网)、“两刊”(台湾工作通讯、两岸关系)、“两报”(广西日报、广西对台工作简报),其中国台办网和“两刊”采用 57 条。市台办本级、横县县委统战部、隆安县委统战部 3 个单位获 2017 年中央台办“两刊”对台宣传工作先进单位表彰。编辑《南宁对台工作》简报 14 期。选送 11 件作品参加 2017 年桂台各民族欢度壮族“三月三”微文微视频比赛,市台办的《手牵太鲁阁,共展中

华国学风采》获微视频类三等奖，被评为优秀组织单位。 （黄旭升 伦俊芝）

民族事务

【概 况】 2017年，南宁市民族宗教事务委员会设办公室、政策法制科、经济发展科、社会发展科，宗教科5个科室，编制19名，在编19人。全年办理公民民族成分登记变更申请258份；与市委组织部联合举办科级少数民族干部培训班，市直单位50名科级干部参加；举办市民宗委系统工作业务培训班，培训48人；推荐优秀少数民族干部33人参加全国、自治区少数民族干部能力建设提升班。市民族语言文字委员会通过调研，形成《南宁市2017年少数民族聚居地区干部双语（多语）学习情况调查报告》《2017年南宁市壮语文推广使用情况调查报告》等调研报告6篇。11月，市民宗委被自治区党委、政府授予“广西少数民族语文工作先进集体”称号。南宁市有清真食品企业、个体工商户110家（户），在白苍岭农贸市场、清真饭店设立清真肉类供应点2个；实施清真标识牌管理，加强对清真牛肉屠宰点、牛肉供应点及清真饭店的日常监管；有市第四十一中学（高脚竞速、抢花炮）、南宁沛鸿民族中学（毽球、射弩）、武鸣区民族中学（投绣球）3个市级体育训练基地，有兴宁区、青秀区、邕宁区、横县、宾阳县、上林县、马山县、隆安县等8个区县民族体育训练基地。

【少数民族发展资金落实】 2017年，南宁市少数民族发展资金主要用于区县精准扶贫，按照《广西财政专项扶贫资金管理办法》和自治区民宗委、市纪委关于加强少数民族发展资金管理、强化扶贫领域监督执纪问责等要求，加强少数民族发展资金使用管理的监督检查、督促指导。年内，落实国家、自治区、市本级三级少数民族发展资金4264万元，比上年增加1790万元。其中，落实国家级少数民族发展资金3651万元，增加1347万元，实施项目157个，受益人口10万人；落实自治区级少数民族发展资金243万元，增加127万元，实施项目16个，受益人口1.50万人；落实市本级少数民族发展资金370万元，增加10万元，实施项目42个。

【民贸与民品生产】 2017年，市民宗委按照国家民贸民品企业规范化管理新要求，通过均衡性转移支付安排贴息资金。对接中国人民银行南宁中心支行、市财政局落实2016年度贷款贴息7448万元，涉及贷款25.86亿元，贴息资金5月下达至企业；完成民品生产流动资金贷款审核53笔，涉及资金11.96亿元；落实9家企业市本级民品生产扶持资金295万元；组织上林县、隆安县2个民族贸易县符合条件的4家企业，申报增补为“十三五”时期自治区民族贸易企业。

【少数民族定点村帮扶】 2017年，市民宗委组织8批60多人次到上林县镇圩瑶族乡排红村、澄泰乡高顶村2个帮扶点开展慰问、企业调研指导等帮扶工作，协调落实帮扶资金、物资60万元。2月，全委干部职工到帮扶村开展“精准帮扶连心日”暨走访农村返乡人员活动。4月，会同广西科学技术出版社向帮扶村捐赠《广西农家百事通》书籍1000册，价值6.80万元。7月，组织党员干部到帮扶村开展“党建带扶贫”暨纪念建党96周年活动。8月，组织皇氏集团股份有限公司、广西南宁百洋食品有限公司、广西金陵农牧集团有限公司3家企业到澄泰乡高顶村开展产业发展指导。10月，全委干部职工到帮扶村开展“扶贫日”活动，捐赠扶贫物资3200元。

【民族特色村寨培育】 2017年，市民宗委部署开展“十三五”时期少数民族特色村寨培育工作，组织民族特色村寨申报中国少数民族特色村寨。3月3日，上林县大丰镇云里村内里庄、乔贤镇恭睦村内旦庄、巷贤镇长联村古民庄、镇圩瑶族乡排红村排岜庄和马山县古零镇乔老村小都百屯5个少数民族特色村寨被国家民委命名为第二批“中国少数民族特色村寨”。6月7日至8日，会同上林县、马山县政府分别举办“中国少数民族特色村寨”挂牌仪式。

【少数民族教育】 2017年，市民宗委系统有70名大学生、182名高中生获2017年度广西特困少数民族优秀学生入学专项经费补助49.80万元，其中大学生每人3000元、高中生每人1000元。武鸣高中、宾阳中学、南宁沛鸿民族中学、南宁市第三职业技术学校、马山县中学、隆安县中学、上林县民族中学、马山县民族中学、隆安县民族中学9所学校开设自治区级寄宿制民族高中班、民族初中班，在校民族高中（含职高）生1500人，民族初中生750人；每人每年享受生活补助费600元。南宁沛鸿民族中学、西乡塘区那龙民族中学、邕宁区民族中学、武鸣区民族中学、横县民族中学、宾阳县民族中学、上林县民族中学、马山县民族中学、隆安县民族中学9所独立建制的民族中学，有在校初中生1.85万人，其中壮族学生1.37万人、瑶族学生604人，高中生1882人，其中壮族学生1088人，教师1372人；获少数民族教育补助资金200万元，实施项目36个，其中实施“民族文化三进”（民族体育进机关、民族风情进校园、民族歌曲进酒店）项目22个，民族团结宣传进校园项目8个，民族体育进校园项目4个，少数民族传统体育训练基地建设项目2个。培育、命名市第四十一中学、市邕宁高级中学、横县民族中学等20个学校为第一批南宁市民族文化进校园示范基地。

【壮汉双语教学实验】 2017年，南宁市开展壮族语言、汉族语言双语教学的区县9个，其中武鸣区、上林县确定为自治区级壮汉双语教学示范基地；有壮汉双语小学（教学点）85所（点），在校小学生1.76万人（壮族学生1.55万人），在校初中生1083人（壮族学生580人），教职工1224人；民族中学7所，在校初中生1.40万人（壮族学生1.07万人），教职工940人；双语教学教师每人每月获岗位补贴15元。

【民族语言文字工作】 2017年，南宁市纪念国务院颁布《壮文方案》60周年，通过政务网站、报纸、刊物、民族团结宣传月等平台，宣传《国家民委“十三五”少数民族语言文字工作规划》等政策法规、南宁民族语文工作；组织12个区县民语局检查110多家机关单位、200多个乡镇、村（社区）民族语文政策落实、壮文规范使用情况；举办“跟我学壮文”公益讲座4期。市政府联合自治区教育厅、自治区少数民族语言文字工作委员会举办为期2周的“纪念国务院颁布《壮文方案》60周年暨壮文推行工作成就展”，以图片、实物、音频、视频资料展现60年壮语文发展成就，观展群众6.50万人。联合市直属机关工作委员会、市教育局、市旅游发展委员会举办纪念国务院颁布《壮文方案》60周年暨南宁市民族文化“三进”活动成果展示专场晚会，以山歌、壮剧、舞蹈、诗朗诵展示阶段性成果，观众2000多人；召开纪念国务院颁布《壮文方案》60周年座谈会，通报南宁市民族语文工作情况，听取区县民语工作部门情况汇报、意见建议。通过政府购买服务方式为451家机关和事业单位翻译牌匾、公章998块（枚），会标、横幅、民族团结宣传海报等527条，地名标识、门牌、台卡等1574条，歌词、文字片段3篇1600字。

【壮语广播影视】 2017年，市民宗委、民语委支持武鸣区、上林县、隆安县做好壮语广播影视工作，协调推动区县丰富壮语节目内容、增加播出时间。武鸣区广播电视台有《壮乡新闻》《教您学壮语》《壮乡风情》《壮语讲故事》4档壮语栏目，壮语主持人3人、编辑2人;《壮乡新闻》播出238期、新闻1420条,《壮乡风情》播出50多期,《壮语讲故事》播出100多期。上林县广播电视台新增《壮家美食》《上林特产》《魅力山歌》3档壮语栏目,9集90分钟。隆安县《隆安壮语新闻》覆盖85%以上的壮族群众,每天播出5小时以上;10个乡镇118个行政村建有广播站,安装农村有线广播,配备壮语播音员,初步形成有线、无线、调频相结合的广播网络。放映壮语配音电影1872场,观众25万人次。

【全国民族团结进步示范市创建】 2017年,国家民委授予横县"全国民族团结进步创建活动示范县"称号,授予西乡塘区"全国民族团结进步创建活动示范区"称号,授予昆仑关战役旧址"全国民族团结进步教育基地"称号。开展"全市民族团结进步创建活动示范单位"评比命名,印发《关于命名兴宁区民宗局等单位为南宁市民族团结进步创建活动示范单位的决定》,表彰单位94家。向自治区民宗委推荐国家级民族团结进步创建示范单位2个、自治区级民族团结进步创建示范单位10个。分别在南宁轨道交通1号线、火车东站发布民族团结宣传标语。组织开展南宁市2017年民族团结主题系列征集活动,包括"壮族三月三"暨民族团结主题山歌征集活动、"民族团结·中国梦·壮乡情"征文比赛、民族团结微电影微视频大赛、民族团结摄影比赛,历时近3个月,参赛作品3365篇(件、幅),评出山歌组一等奖3件,二等奖6件,三等奖9件,优秀奖10件;征文组一等奖5篇,二等奖10篇,三等奖15篇,优秀奖30篇;微电影微视频组一等奖1件,二等奖2件,三等奖3件,优秀奖10件;摄影组一等奖3幅,二等奖5幅,三等奖10幅,优秀奖20幅。

【民族团结宣传教育】 2017年3月20日至4月20日,南宁市开展以"和谐壮乡,团结进步"为主题的2017年民族团结进步宣传月活动,区县设置宣传点,现场提供咨询服务,接待群众咨询9800多人次;在全市主要电子广告牌及机关、企事业单位、公交车和出租车等电子牌上滚动播出民族团结公益宣传广告6万余次;发放宣传品、宣传资料12.30万份;悬挂宣传横幅4816条,张贴宣传标语2923条,制作宣传栏、墙报及板报1120多张;举行文艺演出124场。

【少数民族传统体育】 2017年4月22日,南宁市直机关职工"民族团结"健身趣味运动会在李宁体育园举办,市直机关68个单位近900人参加摸石过河、障碍板鞋、壮乡绣球、竹棒球、珍珠传递、垒积木6个预赛项目,勇往直前、齐心协力、快乐向前冲、龟兔赛跑、大力士5个决赛项目。11月5日,市民宗委会同市教育局、市体育局在市外国语学校举办南宁市第十届中学生少数民族传统体育运动会,43所学校900多名运动员参加抛绣球、毽球、踢毽子、板鞋竞速4个项目比赛。11月20日至24日,南宁市第十一届少数民族传统体育运动会在市体育场举行,18个代表团1499名运动员、256名裁判员参加珍珠球、毽球、投绣球、板鞋竞速、高脚竞速、射弩、打陀螺、武术8个竞赛项目,竞技类、技巧类、综合类3个表演项目,产生奖牌426枚。

【民族关系监测评价】 2017年,市民宗委完善民族关系状况监测和评价信息网络,有民族工作信息员130人,民族关系协调员75人,民族工作专家顾问20人;民族关系监测点53个,联谊会会员183人。完成年度民族检查报告课题,报送市委、市政府;加强部门协调,及时处置、协调民族关系;组织开展少数民族人员游南宁活动,巩固各民族群众在南宁你中有我、我中有你的氛围。全年未发生涉及民族因素矛盾纠纷。

【社区民族工作示范点】 2017年,南宁市继续建设20个市级社区民族工作示范点,为少数民族流动人口提供就业创业服务1100人次,解决住(租)房问题105人次,技能培训2000人次,提供法律咨询320人次,解决子女入学50人次。

【壮族"三月三"节庆】 2017年,南宁市在南宁电视台、老友网、"南宁头条"等媒体平台集中宣传壮族"三月三"节庆活动;组织举办活动60多场次,主要有2017南宁市"民歌湖畔三月三"文化活动、中国壮乡·武鸣"三月三"歌圩暨骆越文化旅游节活动、江南水街"民族风情三月三"嘉年华活动、壮族"三月三"文化旅游系列活动暨"兴宁非遗风采秀"等,群众参与或关注50多万人次,其中参加武鸣"三月三"歌圩群众13万人。 (刘建安)

宗教事务

【概 况】 2017年,南宁市民族宗教事务委员会贯彻宗教政策、法律法规,推进民族团结进步创建进宗教场所试点建设;将宗教场所安全放在第一位,重点检查辖区内宗教活动场所消防、建筑、卫生等规章制度落实情况;围绕景区内宗教活动场所出入管理、宗教场所依法管理、抵御境外宗教渗透、民间信仰场所管理等开展专题调研,帮助宗教团体解决实际问题;以"守法规、讲修行、树形象"为主题,组织教风建设"四个一"(开展一次宗教有关政策法规学习活动、发出一份加强教风建设倡议书、召开一次教风问题分析会、召开一次教风建设座谈会)活动,推动宗教政策法规学习月活动开展;加强宗教干部、宗教代表人士思想政治建设,依法管理宗教事务;落实宗教团体、宗教活动场所信息公开查询,网上公布5个宗教团体、41个宗教活动场所相关信息。

【打击非法传教活动】 2017年,市民宗委利用区县民宗局工作网络,坚持"属地管理"原则,依法取缔辖区内发生的非法宗教活动,协调处理涉及宗教问题。年内,依法处置上林县金莲湖综合旅游景区宗教造像、宾阳县露圩镇库利村私建教堂、青秀区中山堂擅自在南国街外滩新城举办活动、北部湾航空公司举行火供法会计划、兴宁区绿地城开办非法宗教活动场所等问题。

【宗教队伍建设】 2017年,市民宗委组织市级宗教团体领导班子成员、重点宗教活动场所负责人深入学习贯彻中共十九大精神,举办宗教界学习新修订的《宗教事务条例》座谈会,向市级5个宗教团体赠送参考资料400多册。组织区县召开宗教工作典型案例剖析会,对照分析典型案例,查摆自身问题,明确整改方向和措施。4月14日,上林县成立民族宗教信息中心,从县事业编中调剂编制5名。

【民族团结进步创建进宗教场所试点】 2017年,市民宗委制定《南宁市民族团结进步创建进宗教场所试点工作实施方案》,以南宁市清真寺、兴宁区基督教共和路教堂为试点实施场所,以"爱国爱教,知法守法;端正教风,促进团结稳定;规范场所管理,服务社会"为创建目标,引导试点场所开设民族团结进步宣传板报,举办民族宗教法规知识培训班,开展民族宗教政策法规知识竞赛活动,通过网站、微信、微博、电子显示屏等新媒体宣传党的民族宗教政策法规。鼓励宗教教职人员把法治精神融入讲经论道,引导信教群众自觉依法开展宗教活动。12月14日,兴宁区基督教共和路教堂获第三届自治区创建"和谐寺观教堂"先进集体表彰。

(刘建安)

中国人民政治协商会南宁市委员会

重要会议

【政协第十一届南宁市委员会第二次会议】 2017年2月14日至16日在南宁人民会堂召开。应出席委员489人，实到委员475人。听取、审议政协第十一届南宁市委员会常务委员会工作报告，政协第十一届南宁市委员会常务委员会关于市政协十一届一次会议以来提案工作情况的报告。列席南宁市第十四届人民代表大会第二次会议，听取并讨论市政府工作报告及其他有关报告。审议通过政协第十一届南宁市委员会第二次会议政治决议，政协第十一届南宁市委员会第二次会议关于常务委员会工作报告的决议，政协第十一届南宁市委员会第二次会议关于政协十一届二次会议提案审查情况的报告。期间，收到委员提案438件，立案376件；收到大会发言材料28份；编印简报2期32份(第一期小组讨论22份，第二期联组讨论10份)。

【政协第十一届南宁市委员会常务委员会会议】 2017年召开会议7次。

第4次会议　1月20日在市政协多功能厅召开。传达学习自治区“两会”精神；审议通过市政协十一届二次会议有关文件材料、《中国人民政治协商会议南宁市委员会常务委员会工作规则(送审稿)》《2017年市政协常委会工作要点(送审稿)》《政协南宁市委员会2017年度协商工作计划(送审稿)》。

第5次会议　2月15日在南宁饭店召开。大会秘书处综合汇报小组讨论情况；大会秘书处材料组汇报委员分组审议大会政治决议(草案)、常委会工作报告决议(草案)情况；审议两决议一报告(草案)。

第6次会议　3月23日在市政协多功能厅召开。传达学习全国“两会”精神；审议通过《中国人民政治协商会议南宁市委员会全体会议工作规则(送审稿)》《中国人民政治协商会议南宁市委员会常务委员会2017年工作要点任务分解方案(送审稿)》；邀请自治区政协领导专题辅导全国“两会”精神。

第7次会议　6月28日在市政协多功能厅召开。传达学习习近平总书记视察广西重要讲话精神；市委常委、副市长张卫通报南宁市2017年上半年经济社会发展情况及2017年下半年主要工作安排；市政协秘书长储朝晖通报2017年上半年市政协常委会主要工作情况；各视察组汇报2017年上半年市政协常委及部分委员视察情况；市政协办公厅、专门委员会、研究室、选举联络工作办公室汇报2017年上半年工作情况及下半年工作计划；审议《政协南宁市委员会专门委员会通则(草案)》《中国人民政治协商会议南宁市委员会委员履职工作规则(试行)(草案)》。

第8次会议　9月26日在市政协多功能厅召开。学习贯彻习近平总书记7月26日在省部级主要领导干部专题研讨班上的重要讲话精神、自治区和全市县域经济发展大会暨年中工作会议精神；通过《中国人民政治协商会议南宁市委员会提案审查工作细则(草案)》、人事事项。

第9次会议　11月24日在市政协多功能厅召开。学习贯彻中国共产党第十九次全国代表大会精神；审议通过政协第十一届南宁市委员会常务委员会第九次会议议程；市政协副主席魏凤君传达全国政协十二届二十三次常委会议精神、自治区政协十一届二十五次常委会议精神；自治区宣讲团成员作学习宣传贯彻中共十九大精神专题报告。

第10次会议　12月21日在市政协多功能厅召开。学习贯彻市委十二届四次全会精神；听取副市长朱会东通报南宁市2017年经济社会发展情况及2018年重点工作计划、市政府办理市政协十一届二次会议提案的工作情况，市纪委领导通报2017年党风廉政建设工作情况，市中级人民法院领导通报2017年工作情况，市人民检察院领导通报2017年工作情况，市政协各视察小组汇报2017年下半年市政协常委和部分委员视察情况，市政协各重点课题调研组汇报2017年重点课题调研情况，市政协秘书长储朝晖通报2017年下半年市政协常委会主要工作情况，市政协办公厅、专门委员会、研究室、选举联络工作办公室汇报2017年工作情况及2018年工作计划；对《中国人民政治协商会议第十一届南宁市委员会常务委员会2018年工作要点》《政协南宁市委员会2018年度协商工作计划》《政协南宁市委员会2018年度人民政协民主监督工作计划》《政协南宁市委员会2018年度课题调研工作计划》征求意见；审议通过市政协十一届三次会议有关材料、人事事项。

【政协第十一届南宁市委员会双月协商座谈会】 2017年，市政协首次创建“双月协商座谈会”的协商平台，每两个月开展一次例行协商。年内，召开会议5次。

第1次会议　4月6日在市政协多功能厅召开。以加快发展农村电商助力精准扶贫为主题。民革市委会、致公党市委会、九三学社市委会和市政协委员庞于栋、庄银锋、陈声瑶作主题发言，专家学者黄光强、周青发言，市委政策研究室、市政府发展研究中心、市发改委、市工信委、市财政局、市农委、市商务局、市扶贫办、市人社局、市教育局等相关职能部门作回应式发言。

第2次会议　5月26日在市政协多功能厅召开。以加快培育轨道交通经济带为主题。市九三学社杨海翔、市政协常委庞晓民、市政协委员苏拥军作主题发言，专家学者朱晓兵、麦为明发言，其他市政协委员自由发言，相关职能部门作回应式发言。

2017年5月26日，市政协召开第2次双月协商座谈会，就加快培育轨道交通经济带协商议政　　唐卓慧提供

第 3 次会议　7 月 28 日在市政协多功能厅召开。以全力打造环大明山生态旅游圈为主题。市政协委员覃祯威、韦隽群、蒋延荣、夏发娥、郑天雄,民革市委会作主题发言;专家文军、滕建发言,其他市政协委员自由发言,市直有关单位作回应式发言。

第 4 次会议　10 月 23 日在市政协多功能厅召开。以规范南宁市共享单车管理为主题。民盟南宁市委会、致公党南宁市委会、市工商联、市政协委员韦隽群、张瑞海作主题发言,专家学者谭耀武、蓝波涛发言,其他市政协委员自由发言,相关职能部门作回应式发言。

第 5 次会议　11 月 14 日在市政协多功能厅召开。以加强人民政协民主监督工作为主题。市政协副主席谭玫现代表市政协重点调研课题组发言,横县政协、上林县政协、隆安县政协、青秀区政协、民盟南宁市委会、民进南宁市委会、市重点办、市法制办、市政协提案委员会、市政协研究室、市政协选举联络工作办公室、市政协委员徐洪虎、张雯捷作重点发言,其他市政协委员自由发言、座谈交流。

主要工作

【概　况】2017 年,政协南宁市委员会下设提案委员会、经济委员会、文史学习委员会、教科文卫体委员会、海外联谊民族宗教委员会、人口资源环境与城乡建设委员会、社会法制委员会 7 个专门委员会,市政协办公厅、研究室、选举联络工作办公室 3 个办事机构,1 个机关党委;市政协办公厅设秘书科、行政接待科、人事教育科、综合科 4 个科室,研究室设理论信息科,选举联络工作办公室设委员联络科;编制 102 名,在编 102 人。市政协围绕产业转型、培育轨道交通经济带、改革攻坚任务、生态宜居南宁建设、"南宁渠道"升级、对外投资和对外贸易情况、重大项目建设等中心工作,通过提案、调研、视察、协商等形式建言献策,探索创建"双月协商座谈会"协商平台,举办协商活动 22 次。以助推精准扶贫、精准脱贫为履职重点,围绕"加快发展农村电商助力精准扶贫"议题,提出全面营造电商发展生态环境,完善农村物流配送体系、互联网农村金融,打造本地特产网等意见建议;专题视察旅游扶贫发展、农耕文化资源等情况;组织委员、委员企业、社会各界人士筹集帮扶资金,在武鸣区、马山县、隆安县建成"美丽中国网络教学试点学校"9 所;先后派驻 3 名干部担任上林县洋造村、佛子村驻村扶贫第一书记,为两个村争取到 1000 万元,政协委员、爱心企业家、社会各界捐资 200 万元助学济困。在中共南宁市委党校、北京大学、西安交通大学、中山大学等高校举办学习培训班 22 期,培训 1460 人次;协助选派人员参加自治区政协和市直有关部门开展的培训及自治区内外教育培训。与越南海防市祖国阵线委员会代表团签署《友好合作谅解备忘录》;借助昆明南宁贵阳三市政协主席联席会议、滇黔桂三省(区)八州(市)政协主席联席会议平台,加强城市间政协联系。

【民主监督】2017 年,市政协学习宣传贯彻中共中央《关于加强和改进人民政协民主监督工作的意见》,围绕"加强和改进南宁市政协民主监督工作"开展调研,形成调研报告报市委,获市委主要领导批示,为出台相关规定提供理论支撑。政协民主监督与政协经常性工作结合,贯穿履职全过程,寓监督于协商会议、视察、提案、专题调研、大会发言、反映社情民意等活动之中,增加监督性议题比重。利用委员民主监督绿色通道、电视问政、政协委员活动室等平台开展民主监督,向市 18 个部门推荐监督员 22 批 136 人次,参加"电视问政"10 期。推荐协调委员 168 人参加政府工作征求意见会、法院庭审、明察检查工作等民主监督活动。"南宁市政协开展民主监督实践探索"经验做法在全国政协"中共十八大以来人民政协的创新实践"理论研讨会上作书面交流,在自治区市县政协工作经验交流会上作大会发言。

【调研与视察】2017 年,市政协改进调研视察活动组织方式,以专委会为基础,依托委员小组衔接协商、监督、议政等活动,采取集中视察与分散视察、集体座谈与个别走访、明察与暗访相结合的形式,围绕南宁企业"走出去"、对外投资和对外贸易情况、重大项目建设、农村生活污水处理、创建国家食品安全示范城市、养老服务业综合改革试点、农村饮水安全巩固提升工程、社会治安综合治理互联网建设等问题开展调研视察,形成调研视察报告 22 份,其中《南宁市对外投资和对外贸易情况的视察报告》《我市养老服务产业综合改革试点工作情况的视察报告》《关于我市创建国家食品安全示范城市工作情况的视察报告》等报告中意见建议得到市发改委、市人社局、市民政局、市食品药品监管局、市卫计委等部门的采纳。

【政协提案】2017 年,市政协研究制定《南宁市政协提案办理协商办法》,修改完善《南宁市政协提案审查工作细则》。收到委员提案 449 件,审查立案 386 件(集体提案 72 件、委员个人或联名提案 314 件),立案率 85.96%;提案获采纳 234 件,列入计划 136 件,未采纳 16 件;提案者对提案办理工作满意和基本满意率 98%。政协委员聚焦产业转型,提出加快工业园区建设、发展现代农业、推动县域现代服务业集聚发展等意见建议;围绕培育轨道交通经济带,提出运用 TOD(以公共交通为导向的发展模式)理念、轨道交通连接大型商业网点及服务设施、轨道交通可持续发展等意见建议;聚焦改革攻坚,提出优化司法资源配置、建设分级诊疗制度、义务教育学区制管理改革、深化"放管服"改革、构建"亲""清"新型政商关系等意见建议;围绕生态宜居南宁建设,提出建设城市管理综合预警系统、构建城市管理"大数据"平台等意见建议;聚焦"南宁渠道"升级,提出深化"一带一路"背景下双向开放合作、企业集群式"走出去"等对策建议;围绕对外投资和对外贸易,提出制定自主品牌总体发展规划、打造"南宁品牌"、建设共享服务平台等意见建议;聚焦重大项目建设,市政协领导率队实地协调解决项目建设困难和问题。《关于实施工业强市战略　优化我市工业结构的提案》等 28 件列为市委、市政府、市政协领导督办重点提案。《关于进一步完善我市双创要素助推南宁·中关村双创示范基地发展的建议》《关于全面推进南宁市海绵城市建设的建议》《关于完善南宁市快环交通管理提升改造的建议》《关于优化食品安全基层网格化监管模式的建议》《关于提升南宁市"小微"排污企业治理水平的建议》《关于实施中华优秀传统文化传承发展工程的建议》等分别被市政府、市海绵城市与水城建设工作领导小组办公室、市公安交警支队、市食品药品监管局、市环保局、市委宣传部采纳、实施。

【对口协商与界别协商】2017 年,市政协围绕推进南宁市农村电子商务和信息服务业创新发展、加快发展南宁市竞技体育、促进南宁市企业"走出去"参与"一带一路"建设、推进南宁市历史文化街区保护与开发利用、推进养老服务业综合改革试点等协商议题,结合委员视察、实地调研,组织民主党派、专家学者和政府相关单位开展对口协商。建立界别联系制度,坚持市政协领导联系、走访委员制度,加强市政协副主席指导协调界别联系、界别活动,完善专门委员会联系界别、界别联系委员、委员联系群众机制。组织教育界别委员开展《关于加强我市农村中小学校医配备的建议》重点提案督办活动;联系医药卫生界别委员开展"送医疗卫生下乡"活动;联合文化界别委员开展"喜迎十九大,同心奔小康"之助推脱贫攻坚"送文化教育下乡"主题活动;首次组织港澳委员界别视察活动，搭建履职新平台；组织13个界别市政协委员80人参加在中山大学举办的2017年南宁市政协委员（界别）培训班。参考委员界别和专长，26次推荐协调委员168人参加政府工作征求意见会、法院庭审、明察检查工作等民主监督活动。

【合作共事】 2017年，市政协以召开委员全体会议、常委会议等形式，为市各民主党派、工商联和无党派人士参政议政搭建平台，民主党派人士提出集体提案57件，占集体提案总数79.17%，提交大会发言59篇、社情民意信息286条。市政协联系走访民主党派、工商联和政协委员300人次。贯彻落实中央民族工作会议精神和《宗教事务条例》，联系沟通民族宗教界代表人士，完成乌龙寺（原址位于兴宁区民生路南宁市邮政局民生支局附近，始建于北宋皇祐年间，民国时期因城市改造拆除，新址位于西乡塘区石埠街道石埠镇）恢复重建征地和规划。加强与港澳委员、台湾同胞和海外侨胞联系交流，组织港澳地区委员到南宁学习考察，举办“港澳委员活动日”活动；首次组织港澳委员界别视察活动，传达中共十九大精神，通报南宁市经济社会发展和市政协工作情况，搭建履职新平台。

【宣传信息】 2017年，市政协编发《南宁政协信息》24期、《社情民意》12期；南宁市政协综合信息网实时发布信息600余条；刊发《心桥》4期，2000余册，约20万字。《人民政协报》《广西政协报》《南宁日报》、南宁电视台、南宁电台等新闻单位、媒体宣传报道市政协重要会议、重要活动的新闻240余篇（次）。

【文史编纂】 2017年，市政协编纂出版《邕城诗韵（下册）》《南宁文史资料》第29辑——《忠勇城隍》，编发《学习参考资料》《政协工作参考》。完成自治区政协交办的《广西传统村落保护纪实》组稿任务，撰写上报史料5篇；完成“逐梦新时代，讴歌十九大”书画展组稿任务，入选展出作品9幅。举办邕州书画院书画展，以书会友、以画联谊团结统战。赴北京、哈尔滨等地考察学习政协文史馆建设经验和做法，启动南宁市政协文史馆建设前期准备工作。

【理论研究】 2017年，市政协组织开展人民政协理论与实践问题专题研究，就“加强人民政协民主监督研究”重点课题开展座谈研讨、网络咨询、实地调研。《南宁市政协开展民主监督实践探索》编入全国政协理论研究会“中共十八大以来人民政协的创新实践”理论研讨会交流材料；《践行“五个坚持”扎实推进政协民主监督不断创新发展》《政协民主监督议题确定探析》等论文编入广西第九次人民政协理论与实践研讨会《论文集》。召开南宁市人民政协理论研究会第一届理事会第二次会议暨更好发挥人民政协作为爱国统一战线组织的作用理论研讨会，编印《更好发挥人民政协作为爱国统一战线组织的作用理论研究论文集》。

（市政协办公厅）

纪律检查与行政监察

【概 况】 2017年，中共南宁市纪律检查委员会机关、南宁市监察局合署办公，履行纪检、监察两项职责，实行一套机构、两个机关名称；设办公厅、组织部、宣传部、研究法规室、党风政风监督室、信访室、案件监督管理室、第一纪检监察室、第二纪检监察室、第三纪检监察室、第四纪检监察室、第五纪检监察室、案件审理室、纪检监察干部监督室14个科室，编制68名，在编61人。全市有市级、区县纪律检查委员会、监察局13个，其中市本级1个、区县12个。市纪委派驻机构28个，其中单独派驻纪检组13个、综合派驻纪检组14个、派出纪工委1个。城区（不含武鸣区）纪委设派驻机构18个，县纪委（含武鸣区）设派驻机构54个；乡镇设纪委102个，街道设纪工委24个。全市在职行政纪检监察干部795人，其中市纪委、监察局机关61人，市纪委派驻机构146人；区县纪委、监察局机关206人，区县纪委派驻机构154人；乡镇纪委180人，街道办纪工委48人。市纪委聚焦扶贫领域监督执纪问责，实行一周一统计、一月一通报、一季度一约谈制度，对全市56个深度贫困村开展第一轮全覆盖督导检查，约谈12个区县纪委书记、19家派驻扶贫开发单位纪检组负责人；与市人大代表、市政协委员、民主党派人士、无党派人士、特邀监察员调研走访农户72户、收集意见建议100余条、提出意见建议49条；以“新媒体＋监督”方式在全市行政村（社区）建立微信公众号80个，建成民生资金公示、监督、举报的信息化系统102个，形成网格化监督；通过“随手拍”“一键举报”举报软件，构建群众身边的监督网络；印发区县纪委书记、副书记、派驻纪检组组长、副组长以及国企纪委书记、副书记提名考察办法和操作规程，将265名年轻干部纳入后备人才库；推进“两学一做”（学党章党规、学系列讲话、做合格党员）学习教育常态化、制度化，组织纪检监察干部参加培训61期，约1800人次。

【市十二届纪委二次全会】 2017年2月17日，中共南宁市第十二届纪律检查委员会第二次全体会议在市委、市政府会议中心召开。市委常委、市人大常委会、市政府、市政协、其他厅级中共党员领导及市纪委委员43人出席，列席127人。会议学习贯彻十八届中央纪委七次全会和自治区十一届纪委二次全会精神，总结2016年全市党风廉政建设和反腐败工作，部署2017年工作任务；审议通过《强化政治担当 忠诚履行职责 推动全面从严治党向纵深发展》工作报告和全会公报。自治区党委常委、市委书记王小东出席会议并讲话，代表市委与区县、五象新区、开发区党委（党工委）签订2017年落实党风廉政建设主体责任责任书。市委常委、市纪委书记王祝广代表市纪委与区县纪委签订2017年落实党风廉政建设

2017年2月17日，市十二届纪委二次全会在市委、市政府会议中心举行 唐文君 摄

监督责任书。

【市十二届纪委三次全会】 2017年11月27日,中共南宁市第十二届纪律检查委员会第三次全体会议在市委、市政府会议中心召开。市纪委委员41人出席,列席31人。市纪委常委会主持会议,市委常委、市纪委书记王祝广作讲话。会议深入学习贯彻党的十九大、十九届一中全会、十九届中央纪委一次全会、自治区党委十一届三次全会、自治区纪委十一届三次全会和市委十二届四次全会精神,部署全市纪检监察机关学习宣传贯彻党的十九大精神。审议通过《中国共产党南宁市第十二届纪律检查委员会第三次全体会议公报》。

2017年8月31日,南宁市在上林县开展扶贫领域监督执纪问责公开大接访活动
吴长杰 摄

【“两个责任”落实】 2017年,市委、市纪委表率落实党风廉政建设党委主体责任、纪委监督责任。市委针对党的建设、党的事业责任缺失问题,建立完善“六位一体”责任链条(责任清单明责、全程纪实溯责、深化约谈督责、实施绩效考责、述职评议评责、严格执纪问责),逐层逐级细化责任清单,推行领导班子、领导干部落实党风廉政建设主体责任纪实制度;全市3000多名领导干部填写纪实手册。市纪委监督落实管党治党政治责任,查处、追究不履行或履行主体责任不力的领导干部16名;纪检监察机关参与议事协调机构退出22个,保留或继续参与议事协调机构17个,确保各级纪委在职责上聚焦再聚焦;完成市、县纪委派驻机构改革,实现派驻监督全覆盖;与区县纪委、派驻纪检组签订《2017年度党风廉政建设监督责任书》;出台《南宁市党委(党组)实践运用监督执纪“四种形态”工作规则(试行)》《南宁市纪检监察机关实践运用监督执纪“四种形态”工程实施方案》《南宁市贯彻落实监督执纪“四种形态”实施办法(试行)》,全市运用监督执纪“四种形态”(党内关系要正常化,批评和自我批评要经常开展,让“咬耳扯袖”“红脸出汗”成为常态;党纪轻处分和组织处理要成为大多数;对严重违纪的重处分、作出重大职务调整应当是少数;严重违纪涉嫌违法立案审查的只能是极少数)4658人次,其中运用第一、第二种形态占93.60%,结构向良性转变。建立监督执纪协作机制,将全市12个区县纪委、28个派驻机构整合成5个战区,实施划片联管、交叉协作、跨区域跨行业执纪,解决基层纪委、派驻机构不能、不会、不敢、不愿办案问题。

【中央八项规定精神落实】 2017年,南宁市开展“十盯十查”(紧盯紧查忠诚担当、调查研究、服务群众、项目建设、会议文件、决策拍板、工作实效、职责履行、政治立场、作风纪律)专项治理活动,整治形式主义、官僚主义。开展贯彻落实中央八项规定精神“回头看”,自查自纠问题5276个,给予党纪政纪处分87人、组织处理37人、问责66人。推进“四风”(形式主义、官僚主义、享乐主义、奢靡之风)和违反中央八项规定精神突出问题区域化、系统化专项治理,常态化开展消费数据信息大数据比对,加大明察暗访力度。查处违反中央八项规定精神问题95起,给予党纪政纪处分132人,通报、曝光26批次74起。督促职能部门完善规章制度200多项,消除政策制度模糊地带;利用网站、微博、微信等新媒体拓宽群众监督渠道,构建“互联网+监督”模式。针对落实重大决策部署中的作风、纪律问题,约谈责任单位169个、责任人437人,问责责任单位130个、责任人594人。

【纪律审查】 2017年,南宁市各级纪检监察机关受理信访举报案件4735件,处置问题线索5096件,立案2152件,给予党纪政纪处分1627人,其中处级干部16人、科级干部258人。组织开展执纪审查安全工作自纠自查、检查督查7次,发现问题37个,督促整改问题32个。出台《关于建立容错纠错机制支持和鼓励改革创新的实施办法》《纪检监察机关“走读式”谈话安全工作暂行办法》,开展“案件质量提升年”活动,实现执纪审查“零违纪”“零事故”。

【扶贫领域“四风”与腐败问题查处】 2017年,南宁市各级纪检监察机关围绕脱贫攻坚战,突出政策执行、干部作风担当、资金项目管理使用、“两个责任”落实等重点;研究制定《中共南宁市委员会关于深入治理扶贫领域形式主义、官僚主义若干规定(试行)》;督促职能部门修订完善制度100多项。建立纪委领导班子挂点联系督导指导制度,采取分片包干、实地督战方式,深入乡镇、村屯暗访督查,挂牌督办案件193起,集中约谈4轮108人次;开展为期8个月的分系统排查治理,督促市扶贫办、市发改委、市财政局等23个市直扶贫攻坚责任单位大起底、大清查,建立政策、项目、资金、人员、问题5类台账,排查廉洁风险防控薄弱点219个、整改问题200余个;通过脱贫攻坚大数据平台、市公共资产负债管理智能云平台“地毯式”扫描资金发放情况,发现贯彻脱贫攻坚决策部署不坚决不到位、弄虚作假、阳奉阴违、贪污侵占、行贿受贿、虚报冒领、截留挪用、挥霍浪费、吃拿卡要、优亲厚友等突出问题,比对信息13万条,甄别疑点信息759条,转立案85件;市县两级开展扶贫领域专项巡察17轮,发现问题线索625件,转立案40件;立案查处扶贫领域违纪案件754件,给予党纪政纪处分485人,其他处理388人,移送司法机关6人。

【基层廉洁工作站建设】 2017年,南宁市出台《南宁市加强基层廉洁工作站组织建设的实施意见》《南宁市基层廉洁工作站监督工作规则》,通过现场督导、召开推进会、总结推广经验做法等方式,指导区县、乡镇分类打造基层廉洁工作站示范点,打通全面从严治党“最后一公里”,打造群众家门口的“纪委”,建立基层廉洁工作站1276个,接访群众2772人次,受理来信来电1933件次,发现问题线索并提请核查186件,转立案76件。

【巡察工作】 2017年，南宁市整改落实中央巡视组“回头看”反馈意见，将与南宁市相关的问题分解细化为10方面33大项152小项整改措施；配合自治区党委巡视组开展扶贫领域机动式巡视；制定出台《中共南宁市委员会巡察工作实施办法（暂行）》《中共南宁市委员会巡察工作规划（2017—2021年）》，遴选党员干部322名列入南宁市十二届党委巡察组组长库、巡察工作人才库；全市开展巡察24轮，发现问题线索781个，转立案37件，给予党纪政纪处分28人。

【监督教育管理】 2017年，南宁市组建13个宣讲团集中宣讲党纪党规，宣讲242场，听讲2.44万人。运用电视、广播、报纸、网站、微信、微博等载体，开展落实中央八项规定精神、扶贫领域监督执纪问责等主题宣传，在中央、自治区及市属媒体、网站刊发稿件1137篇，在《南宁日报》开设“党风廉政建设和反腐败斗争永远在路上”等专栏24版；拍摄制作“党的十八大以来党风廉政建设和反腐败工作综述”“南宁市贯彻落实中央八项规定精神成果展示”2部专题片在南宁电视台播放。专项检查“两准则四条例”（《关于新形势下党内政治生活的若干准则》《中国共产党廉洁自律准则》《中国共产党纪律处分条例》《中国共产党问责条例》《中国共产党党内监督条例》《中国共产党巡视工作条例》）学习情况，发现、纠正问题37个。开展“廉洁教育进家庭”“廉政文化进地铁”、新任领导干部亲属廉政教育、“四微”（廉政漫画、廉政微小说、廉政微广告、廉政微电影）作品征集评选等系列活动。开展正面典型教育和反面警示教育，推荐宣传南宁“勤廉榜样”6名，编印《百案镜鉴》等警示教育读本2000册，拍摄陈载华等典型违纪案例警示教育片，组织309批次2.10万人次到市反腐倡廉警示教育基地接受教育。

【“两重两问”工作】 2017年，南宁市围绕脱贫攻坚、“美丽南宁”建设、扬尘污染治理、服务“两会”、邕江综合开发利用、轨道交通工程、第12届中国（南宁）国际园林博览会筹办、为民办实事、迎接自治区成立60周年大庆等重点工作、重大项目开展监督检查，问责问效。全市“两重两问”工作机构开展监督检查4.53万人次，发现督促问题整改3.81万个，发出督办、挂牌督办函3651份，约谈责任单位169个、责任人437人，问责单位130个、责任人594人。

【电视问政】 2017年，南宁市通过南宁电视台直播《向人民承诺——电视问政》节目10期，上线接受问政单位领导36人次。节目围绕“创新社会治理　协调城乡发展”“民生福祉升级　发展成果共享”“保护生态环境　守住绿水青山”主题，聚焦城市治理、食品安全、行政效能、社会保障、城市建设、行政执法、民生热点等领域问题53个，收到市民反馈问题1582个（市民现场热线电话723个、通过网络反映问题859个），问责处理100人。衍生节目《问政观察室》制作播出38期，以“新闻＋访谈”形式剖析《电视问政》所反映问题、现象的根源，紧追问题整改措施、时限，播出承诺事项兑现回访7期，及时跟进、公开民生热点问题，倒逼上线单位自觉改进工作作风。 （林世才）

【绩效管理】 2017年，南宁市绩效考评领导小组办公室组织区县（开发区）、市直党群机关、政府机关、市直属参公事业单位和双管单位113个单位制定年度绩效考评指标、评分标准，采取季度监控、不定期现场督查等方式，贯彻落实自治区绩效考评南宁市的目标任务（三级指标70项、四级指标256项）及市委、市政府年度重大工作。对2016年度全市115个被考评责任单位年度考评，区县（开发区）评出兴宁区、江南区、青秀区、邕宁区、横县、宾阳县、马山县、南宁经济技术开发区、广西－东盟经济技术开发区一等单位9个，西乡塘区、良庆区、武鸣区、上林县、隆安县、南宁高新技术产业开发区二等单位6个；市直单位评出市委办公厅、市人大常委会办公厅、市政府办公厅、市政协办公厅、市委组织部等一等单位45个，市委党校、市科学技术局、市城市应急联动中心等二等单位36个，市委老干部局、市委党史研究室、市交通运输局等三等单位19个。

（市绩效考评领导小组办公室）

民主党派

中国国民党革命委员会南宁市委员会

【概　况】 2017年，中国国民党革命委员会南宁市委员会设办公室、组织科、宣传科、联络调研科4个科室，编制14名（工勤编制1名），在编11人。有青秀区、江南区、兴宁区、西乡塘区、邕宁区、良庆区6个城区总支部，基层支部20个；党员420人（新发展19人，具有高级、中级专业技术职务任职资格238人），其中经济界133人，科技、教育界93人，医卫界69人，行政机关95人，其他30人。党员中担任民革广西区委会副主委1人，民革广西区委会常务委员1人，自治区政府参事1人；当选自治区人大代表1人，市人大代表5人，城区人大代表4人；担任自治区政协委员1人，市政协委员20人（常委3人），城区政协委员32人（常委6人、城区政协副主席1人）；担任市政府参事1人，城区副区长2人；受聘担任各级特邀监察员、执法监督员、行风评议员12人。

【思想建设】 2017年，民革市委会组织学习、贯彻中共十九大精神，学习中共中央总书记习近平视察广西时的重要讲话精神，组织党员开展学习中共十九大精神教育实践活动。开展“不忘合作初心，继续携手前进”专题教育活动、“观故居·走多党合作之路”活动，举办“民革大讲坛”4期，学习全国“两会”精神，学习贯彻自治区党代会、市党代会精神。组织2名干部参加南宁市党外骨干培训班。利用报纸、

2017年12月21日，民革市委会开展“同心·送温暖”活动　刁男男提供

网站等舆论平台宣传习近平新时代中国特色社会主义思想，在南宁民革网站发表报道110篇、图片70多张，其中民革中央网站、民革自治区网站、市政务信息网采用20篇，民革中央信息刊物采用6篇，自治区党委统战部刊物采用9篇，《广西民革》采用21篇，市统战、政协杂志采用15篇；《南宁日报》对民革市委会工作进行2个专版、8条时政新闻的宣传报道。出版《南宁民革》报4期，宣传板报4期。开通“南宁民革”微信公众号。

【参政议政】 2017年，民革市委会《关于南宁市农村集体经济的调研报告》被中共南宁市委组织部、市农业局、市人社局等单位采用。在市人大、政协“两会”期间，提交大会发言2篇，集体提案11件、个人提案27件，其中2件集体提案、2件委员提案分别被评为市政协十一届一次、二次会议优秀提案；集体提案《关于加快南宁医养结合的养老服务机构建设的建议》被选为市政协重点督办提案；《关于系统提升昆仑关品牌综合影响力的建议》《关于大力发展南宁市农村电子商务的建议》《关于加强中小学生法制教育遏制校园暴力的建议》等提案被列为督办提案或专题协商提案。参加市委、市人大、市政府、市政协召开的专题协商会15次。各支部、党员上交提案建议150多篇，上报社情民意、统战信息130多条，被各级党委、政府、政协采纳30多条，其中《关于大力整治发送反动宣传册的建议》获中共自治区委员会书记彭清华批示。社情民意工作在自治区民革市级组织排名第一，被评为民革参政议政全国先进集体、广西民革参政议政先进集体。

【社会服务】 2017年，民革市委会围绕精准扶贫、脱贫攻坚战等中心工作，开展服务社会活动。举行“同心”品牌建设活动8次，开展脱贫攻坚服务社会活动20次，参与党员400多人次，投入社会服务物资和经费15.61万元，帮扶贫困户95户，直接受益群众约500人。春节、重阳节等重大节日，组织慰问老党员及患病党员130人次。民革市委会联合民革青秀总支部到青秀区伶俐镇独岭村开展精准扶贫慰问活动3次，向30多户贫困户捐赠价值2万多元的电器、生活用品、食品；联合江南总支部到江南区苏圩镇德隆村、延安镇敬德村开展“同心·献温暖”活动，为特困户和特困学生捐赠价值5000元的生活物资，为贫困户捐赠风扇、面条等生活物品，为80多名村民义诊；与西乡塘总支部到西乡塘区双定镇武陵村开展调研及慰问贫困户活动，为20多户贫困户捐赠价值1万元的棉被、粮油等慰问品和慰问金。与市红十字会到广西军区驻邕某营联合开展“八一”拥军慰问暨庆祝建军90周年活动，捐赠价值2万多元的慰问品。联合市红十字会、市关心下一代工作委员会、西乡塘区红十字会，在市明天学校开展“南宁市红十字文化进校园宣传活动”，捐赠价值约6000元的生活用品；与中共南宁市委统战部、市民委合作，为兴宁区昆仑小学添置5万多元的教学设备和生活用品，为马山县里当乡争取扶贫项目资金5万元。开展“博爱牵手·关爱抗战老兵”活动，慰问南宁市区内40名抗战老兵，捐赠慰问金及物资价值近4万元。参与昆仑关建设，为昆仑关“同心·爱国主义教育”基地建设筹集经费5万元。

【对台工作】 2017年，民革市委会学习贯彻中共中央对台工作方针政策，特别是习近平总书记在中共十九大报告中对台工作重要讲话精神，关注中国台湾地区局势变化，开展涉台参政议政和对台联谊活动，上报涉台信息。撰写涉台理论文章2篇，上报涉台社情民意3条；接待中国台湾地区友好交流访问团2次，与中国台湾地区中华擎天协会参访团在南宁学院进行座谈，共商交流合作事宜。（刁男男）

中国民主同盟南宁市委员会

【概　况】 2017年，中国民主同盟南宁市委员会设组织科、宣传科、社会服务科、办公室4个科室，编制15名，在编12人。辖兴宁区、江南区、青秀区、西乡塘区4个基层委员会，邕宁区、良庆区、武鸣区、横县4个总支部，支部31个；盟员712人（新发展32人，具有高级、中级以上专业技术职务任职资格542人），其中本党派界别特色576人。盟员当选全国人大代表1人，自治区人大代表2人，市人大代表7人，区县人大代表5人；担任自治区政协委员2人，市政协委员18人（副主席1人），区县政协委员35人（副主席1人、常委9人）；受聘担任各级特邀监察员、执法监督员、行风评议员16人。

【思想建设】 2017年，民盟市委会学习贯彻中共十九大精神，组织引导基层组织和盟员学习中共十九大文件精神、习近平新时代中国特色社会主义思想、习近平总书记视察广西重要讲话精神。学习贯彻全国“两会”、民盟十二大等重要会议精神，强化民盟传统教育，持续开展“不忘合作初心，继续携手前进”专题教育。分别在昆明市、贺州市的民盟中央传统教育基地举办基层组织负责人培训班、新盟员培训班等，培训160人。开展“同心”文化下乡活动，联合民盟广西区委到西乡塘区坛洛镇举办“不忘合作初心，筑梦伟大时代”宣传中共十九大精神文艺演出。利用民盟市委会网站、《南宁民盟》刊物、“南宁民盟”微信公众号等阵地宣传盟务工作。民盟市委会组织、采写稿件60多篇，基层组织上交信息稿件40多篇，其中被中共南宁市委统战部采用30多篇；组织撰写社情民意72篇，其中被中共自治区委统战部采用6篇。报送民盟中央教育论坛论文2篇，西部盟务工作会议征文4篇，自治区政协民主监督征文4篇，统战理论论文10篇，其中林海副主委的《民主党派重点调研课题成果转化的思考——以南宁为例》获自治区统战理论政策研究创新成果二等奖。社情民意获民盟广西区委“议政建言”评选一等奖、二等奖、优秀奖各1篇。

【参政议政】 2017年，民盟市委会在政党调研协商座谈会、市委经济工作专题协商座谈会、市人大立法规划协商座谈会、市政府工作报告征求意见座谈会、市政协双月协商座谈会及专题议政性会议等协商会议上发言，参加重要协商活动15次。抓好“南宁市安全生产情况调研”重点课题，推进“公办幼儿园发展”“乡村旅游可持续发展”“农村水环境污染治理”“农村老年人关爱服务体系建设”等立项课题以及民盟广西区委合作课题“广西产业互联网金融研究”的调研，先后与民盟广西区委以及厦门、桂林、北海等地民盟组织共同开展“特色小镇建设”“新能源汽车产业”“陶瓷文化发展”等方面调研，完成参政议政立项课题16项。在市政协十一届二次会议上，民盟界别提交大会发言和集体提案5件，盟员政协委员提交提案42件；民盟大会口头发言《关于全面推进南宁市海绵城市建设的建议》获市领导重点督办；2件集体提案、1件委员提案分别被评为市政协十一届一次、二次会议优秀提案。在市十四届人大二次会议上，盟员人大代表提交的《关于南宁市大力发展互联网居家养老的建议》获立案办理。社情民意信息《一带一路建设框架下广西文化旅游融合创新发展研究》获自治区领导批示。在市政协双月协商座谈会上就“加强政协民主监督”提出意见建议；参加市纪委组织的扶贫领域监督执纪问责巡查调研、市政协组织的公安局办理提案情况民主评议活动等。

【社会服务】 2017年，民盟市委会响应深入开展“我们的节日”主题活动的号

2017 年 5 月 7 日，民盟市委会在南宁孔庙举办"五月五·只为爱"端午节文化宣传活动
覃紫斌提供

召，组织、鼓励基层开展主题活动。推动文化教育发展，进一步培育和践行社会主义核心价值观。开展"同心服务社区"活动，分别到万力社区、望州南社区、新锦社区开展"迎新春"义务写春联活动 3 场，同时开展法律知识宣传、义务理发、义诊、修理家电等社会服务。与西乡塘区基层委、市一职校团支部、新技术创业者中心等单位在万力社区联合开展为民理发、维修家电、创业咨询等"学雷锋"活动。在南宁孔庙开展"五月五·只为爱"端午节文化宣传活动。各基层组织开展"我们的节日"主题活动，市十五中支部在市养老院开展"学雷锋"活动，青秀教育二支部在二塘小学开展"迎六一·献爱心"活动，西乡塘综合一支部开展"春日暖心·烛光行"活动等。组织优秀教师分赴西乡塘区、邕宁区等乡镇学校开展"同心·农村教育烛光行动"，举办专题讲座，受益教师 1000 余人次；为坛洛中学捐赠 1 套价值近 5 万元的教学设备。各基层组织开展"农村教育烛光行动"，组织盟员到兴宁区二塘镇，横县新福镇、平琅镇，隆安县南圩镇，良庆区良庆镇等乡镇学校，为乡村学校教师上示范课，捐赠价值近万元的文体用品，受益师生 2000 余人。配合民盟广西区委"烛光行动"，邀请优秀教师到东兴华侨学校举办专题培训讲座；推进"互联网＋教育"模式下的"烛光行动"发展，促成新民学校、天桃实验学校、壮锦学校、南宁外国语学校 4 所学校成为北京四中"烛光行动·千校计划"数字校园合作学校，共享北京四中优质教学资源；与钦州民盟市委会联合开展调研，了解南宁市"数字校园平台"使用情况，助推民盟"远程教育·千校计划"落实。南宁民盟盟员多次到隆安县南圩镇、都结乡，西乡塘区金陵镇等乡镇开展扶贫慰问活动，个人累计捐资捐物 1.77 万元。民盟市委会与民盟广西区委在广西新康监狱联合开展"黄丝带"帮教行动，举办专题讲座，捐赠图书价值 1 万元。12 月，部分盟员书画家到桂林市参加"民盟中央美术院桂林分院成立暨纪念民盟广西地方组织成立 75 周年书画作品展"，与自治区内外书画家进行文化交流。（覃紫斌）

中国民主建国会南宁市委员会

【概　况】 2017 年，中国民主建国会南宁市委员会设办公室、组织科、宣传科、社会服务科 4 个科室，编制 10 名（其中工勤编 1 名），在编 10 人。有直属、青秀区、兴宁区、西乡塘区、江南区总支部 5 个，支部 18 个；会员 493 人（新发展 20 人，具有高级、中级专业技术职务任职资格 238 人），在职会员 368 人中公有经济界 83 人、新社会阶层 165 人（含非公经济人士 110 人）、其他 120 人。会员担任民建广西区委委员 4 人（常委 1 人）；当选全国人大代表 2 人，市人大代表 3 人，城区人大代表 6 人（副主任 1 人）；担任自治区政协委员 3 人（常委 1 人），市政协委员 18 人（常委 4 人），城区政协委员 28 人（副主席 1 人，常委 4 人）；受聘担任各级特邀监察员、执法监督员、行风评议员 7 人。

【思想建设】 2017 年，民建市委会组织学习宣传贯彻中共十九大精神、习近平总书记视察广西时的重要讲话精神以及《关于加强和改进人民政协民主监督工作的意见》等；举办"不忘合作初心，继续携手前进"演讲比赛；赴广州社会主义学院举办骨干会员学习中共十九大精神研讨班暨新会员培训班，培训 42 人；组织 4 人参加中共南宁市委统战部在武汉大学举办的南宁市党外干部培训班，组织 1 名机关专干赴井冈山参加广西民建骨干会员培训班，组织 3 名会员赴井冈山参加广西民建企业家会员培训班；报送统战理论政策研究文章 12 篇，关于加强和改进人民政协民主监督工作理论研究论文 9 篇；报送重大会议活动、特色亮点信息等 50 多篇，民建中央网站采用 14 篇、广西民建网站采用 43 篇、《广西民建》刊登 41 篇、《南宁统战信息》采用 12 篇；编辑《南宁民建》4 期；更新门户网站信息 50 多篇。

2017 年 5 月 31 日，民建市委会到武鸣区开展教育扶贫调研暨"同心·六一"慰问活动
邓　行提供

【参政议政】 2017年,民建市委会开展《加快推动闲置厂房招商运营,促进南宁园区经济倍增发展》重点课题调研;参加南宁市关于《政府工作报告》征求意见以及经济工作征求意见座谈会,分别提出加快推进市属国有上市公司资本运作、切实降低南宁市非公企业税费负担等意见和建议;参加市政协召开的专题协商、双月协商会议,提出推进南宁市申报国家历史文化名城、加快南宁市人力资源社会保障数据中心建设,促进南宁市劳动关系信息大数据共享、促进劳动关系和谐稳定、加快大明山开发建设、提升环大明山生态旅游圈核心竞争力等意见建议;向市人大十四届二次会议提交议案、建议4件;向市政协市十一届二次会提交提案34件(集体提案7件、个人提案27件),梁明志副主委代表民建市委会在会上作题为《关于推进市属上市公司资本市场运作,促进国有资产保值增值的建议》的发言,并作为提案获市政府领导领衔督办;《关于整合扶贫和相关涉农资金,建设广西扶贫产业园,精准实施产业扶贫的建议》《关于加强社区干部队伍建设的建议》2件提案获中共市委领导领衔督办;《关于加快推进南宁市属上市公司资本运作,促进国有资产保值增值的建议》《关于全面落实小区垃圾分类工作的建议》《关于整合扶贫和相关涉农资金,建设扶贫产业园,精准实施产业扶贫的建议》3件提案获评优秀提案;向民建广西区委会投标议政调研课题4篇,中标1篇;报送社情民意110条,获中共市委、市政府办公厅信息刊物采用7条,《关于加强我市安全校园建设的建议》等4条获中共市委领导批示,《关于抓住工业机器人产业发展新机遇打造我市经济增长新引擎的建议》等6条获市政府领导批示。

【社会服务】 2017年,民建市委会以"服务基层、服务企业、服务会员"为宗旨,机关、基层组织、个人参与开展企业培训、政策解读、项目推介、法律宣传服务、节日慰问、捐资助学、扶贫助困等活动13次。主办"2017第五届六省市民建企业家交流年会(南宁)"活动,天津西青区、黑河市、滨州市、九江市、晋中市、景德镇市等兄弟城市约100名企业家参加,邀请市投资促进局、市林业和园林局作南宁市大健康产业投资环境推介和第12届中国(南宁)园博会招商招展情况介绍,举办民建建华课堂"大健康·大产业·大机遇"讲座。组织会员企业参加市中小企业服务中心举办的越南老挝投资指南讲座;召开企业与社会服务委员会及议政调研委员会年会,邀请有关部门就非公企业降本减负、社会保险缴费、相关事业性收费等政策问题与企业家会员进行沟通解答。在埌西小学、广西水产畜牧学校、南宁职业技术学院开展以未成年法制宣传、毕业就业合法权益保障、校园金融风险防范为主题的"同心"民建律师团法律服务活动,近400名师生受益。联合民建广西区委会企业委员会在南宁国际会展中心举办民建建华课堂"新产融新动力——2017广西互联网产业金融展望",相关行业企业家代表300多人参会。赴武鸣区太平镇郁太村开展新春慰问,捐赠价值约1万元的红十字暖心包等慰问品。联合民建壹方慈善基金会赴武鸣区开展教育扶贫调研暨"同心·六一"慰问活动,视察"一千零一夜"课后故事阅读项目,向城东小学、郁太村捐赠价值约5万元的文体用品;向"同心"品牌建设基地——南宁市育才实验中学捐赠5万元用于特色教室建设。会员企业广西中缘五象投资有限公司在河池市环江毛南族自治县成立30周年文艺晚会上向环江毛南族自治县政府捐赠200万元,成立广西环江"中缘五象"教育发展基金。 (邓 行)

中国民主促进会南宁市委员会

【概 况】 2017年,中国民主促进会南宁市委员会设组织科、宣传科、社会服务科、办公室4个科室,编制12名,在编10人。有兴宁区、青秀区、江南区、西乡塘区、邕宁区、良庆区总支部6个,支部34个;会员541人(新发展10人,具有高级、中级专业技术职务任职资格456人),其中教育界351人,科学技术、医药卫生、文化艺术、新闻出版等界别47人,经济界49人,人大、政府、政协、党派、司法、工商联等机关58人,团体3人,法律界10人,其他23人。会员当选自治区人大代表2人,市人大代表6人,区县人大代表6人;担任自治区政协委员3人,市政协委员23人(副主席1人、常委3人),城区政协委员45人(副主席1人、常委9人);受聘担任各级特邀监察员9人。会员被评为全国模范教师1人,全国优秀教师1人,全国维护妇女儿童权益先进个人1人,自治区特级教师6人,自治区劳动模范1人,自治区先进工作者1人,自治区"三八红旗手"1人,南宁市劳动模范2人,南宁市专业技术拔尖人才2人,南宁市巾帼建功标兵1人。获民进中央授予"民进坚持和发展中国特色社会主义学习实践活动先进集体""民进全国机关工作先进集体"称号。

【思想建设】 2017年,民进市委会深入学习宣传贯彻中共十九大精神并举办培训班,组织常委、委员,各级人大代表、政协委员,专委委员,总支部、支部班子成员100人集中培训和现场教学,邀请中共市委宣讲团成员作中共十九大精神专题宣讲辅导。各总支部举办专题学习会6场次。在退休会员中开展"学习中共十九大,同心迈向新时代"敬老节活动。举办"学习中共十九大,喜迎民进十二大"南宁民进第12届气排球赛。江南区、兴宁区总支部与共建社区举办学习贯彻中共十九大精神文艺晚会。邀请全国政协常委、民进广西区委会原主委陈自力作主题教育讲座,各级人大代表、政协委员、基层组织和专委负责人90人参加。学习贯彻习近平视察广西的重要讲话精神,组

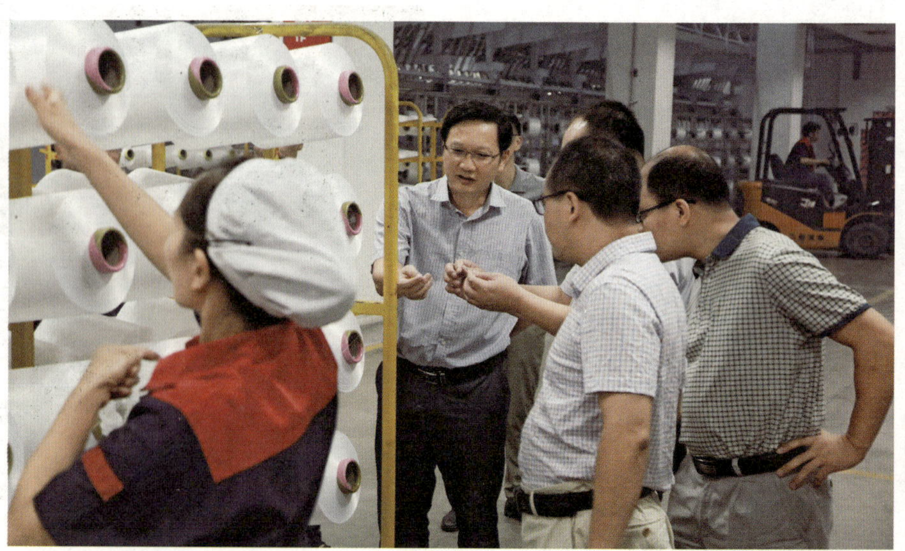

2017年7月17日,民进市委会重点课题调研组在浙江省义乌市工业园区企业调研

刘瀚钟提供

织会员到南宁·中关村创新示范基地、那考河湿地公园等实地参观学习。与基层组织开展专题教育活动35场次。开展春节走访慰问及教师节慰问活动，走访慰问78人次。报送宣传信息124篇，被中央级媒体、刊物采用37篇，自治区、市级媒体刊物采用60篇，在微信公众号推送信息83条，阅读量2480人次。基层组织继续开展"创星争旗"和"三个一"主题活动；全年开展主题活动31场次，提出意见建议7件，编写活动案例7篇、支部主任先进事迹5篇。民进江南区五一支部主任作为先进基层组织代表参加民进全国基层组织建设经验交流会。在广西民进"创星争旗"活动评比中，获"红旗支部"3个、"十星级支部"12个；在广西民进市级组织专项工作评比中，获"基层组织建设工作先进单位"称号。举办南宁民进基层组织建设研讨班，组织40名支部负责人到民进江南区五一支部与五一中路社区共建基地参观学习，与北海市民进基层组织开展学习交流，参观考察合浦汉代博物馆和北海铁山港。组织10名会员中的中小学校长和教学骨干到大连市开展"2017年南宁·大连民进教育专题研讨活动"。投入11.20万元建设南宁民进"同心讲堂"及江南区、兴宁区、青秀区总支部"同心"品牌实践基地。参与主办南宁市"中国－东盟(南宁)孔子文化周"大型活动，承办《中华交往礼仪》《孝以立身》2场名家讲座。各基层组织与社区共建"同心品牌"实践基地，围绕民进"机关建设主题年"活动，在民进全区机关建设专题培训班上介绍经验。

【参政议政】 2017年，民进市委会在中共南宁市委、政府协商活动中履职建言，围绕助推南宁市县域经济发展，承担中共南宁市委党政协商调研课题《南宁大都市区下的中小城市特色产业调研》，赴市内9个区县、开发区，及浙江省开展考察调研，形成调研报告《加快特色产业发展，促进中小城市建设》。在党政调研协商座谈会上，提出打造临港和生态特色产业、推进产城融合、培育龙头企业等建议。在中共南宁市委经济工作专题协商座谈会上，从推进产业园区建设、培育新业态、强化金融创新等方面建言县域经济发展。在市政府召开的《政府工作报告》征求意见座谈会上，就发展实体经济、推进服务业发展、深化重点领域改革等方面提出意见建议。完善和落实议政调研工作机制，加强经济科技、文化教育、社会法制3个专委会制度建设，制定《民进南宁市委会专门委员会工作规程》。立项课题调研工作制度基本成形，结题重点课题3项、普通课题10项，调研成果转化为市政协十一届三次会议的大会发言、集体提案。全年提交社情民意信息58条，获民进中央采用3条，自治区党委办公厅采用1条，自治区党委统战部采用1条，民进广西区委会采用13条，中共南宁市委采用6条。向市政协十一届二次会议提交大会发言2件、集体提案13件、第五委员小组提案1件、委员提案10件。5篇会员调研成果被采纳为民进广西区委会提交自治区政协十一届五次会议的大会发言和集体提案，其中《加快县域产业园区发展促进县域经济提质增量》被采纳为大会口头发言。会员参与完成的《关于大力发展中职教育，助力农村脱贫攻坚的提案》获评第十二届全国政协优秀提案，被评为民进中央参政议政成果一等奖；提案《关于加快我区县域产业园区发展的建议》获自治区党委书记彭清华批示和重点督办；提交市政协的集体提案《关于进一步完善我市双创要素助推南宁·中关村双创示范基地发展的建议》获市长周红波批示和重点督办；集体提案《关于加快实施我市全域旅游发展的建议》《关于打造"一江两山"文化品牌的建议》获市政协领导督办。5件集体提案被评为市政协十一届一次、二次会议优秀提案。在市政协专题议政协商常委会议、市政协双月协商会、重点提案督办协商会上作专题发言。

【社会服务】 2017年，民进市委会组织民进南宁一职校支部教师到上林县职校开展汽修、计算机专业支教帮扶，开展"职业教育教学改革项目结题报告的撰写"专题讲座。会员教育专家到良庆区五象中学、那陈中学、大塘中学，江南区苏圩中学和邕宁区、青秀区、横县、河池市都安瑶族自治县等地14所乡镇中学开展中考、高考考前心理辅导讲座，受益学生4100人。邕宁区总支部、青秀区总支部联合到邕宁区新江镇汉林小学开展"感恩教育进校园"帮扶活动，举办"农村小学微课题申报的选题及论证"讲座。助力产业扶贫，组织专业人士对上林县下水源庄特色民宿管理人员进行客房管理服务、早餐糕点制作等技能培训。联合市政协、上林县政协，在上林县开展"喜迎十九大，同心奔小康"——政协委员助推脱贫攻坚主题活动，为上林县发展特色民宿推动脱贫攻坚建言献策，形成《关于打造下水源庄特色民宿品牌的建议》。协助贫困村横县马山乡新龙村落实扶贫产业项目规划，协调组织村"两委"成员到上林县考察学习小龙虾养殖扶贫产业项目。开展"同心·扶贫解困"系列微公益活动，开展"春联万家"等"三下乡"活动。联合民进广西区委会到兴宁区昆仑镇免费写春联、送春联。与基层组织到兴宁区、江南区、西乡塘区开展"春联万家"活动5场次，免费书写春联1100幅，服务基层群众1500人。联合民进广西区委会开展社会服务进社区活动，组织9名医生、律师到江南区五一中路社区开展义诊和法律咨询。民进江南区五一支部开展"同心·献爱心""中秋送温暖"活动，为困难群众捐赠价值8630元的爱心月饼、水果、米、油，资助5名贫困学生助学金1.20万元。良庆区总支部参与城区统战系统"同心圆梦大学"项目捐资助学活动，向建档立卡贫困学生捐款5000元。 （刘瀚钟）

中国农工民主党南宁市委员会

【概 况】 2017年，中国农工民主党南宁市委员会设办公室、组织科、宣传科、社会服务科4个科室，行政编制10名，后勤服务人员控制数1名，在编9人(行政8人、后勤1人)。辖青秀区、兴宁区、西乡塘区、江南区、邕宁区、良庆区总支部6个，基层支部34个；党员650人(新发展39人，具有高级、中级专业技术职务任职资格459人)，其中医卫界346人、教育界96人、财税界42人、科技界21人、文化出版界10人、法律界8人、国有经济24人、非公经济26人、机关63人、其他14人，本科学历328人、研究生以上学历78人(博士5人)。任农工党广西区委委员6人(常委1人)；当选自治区人大代表1人，市人大代表8人，区县人大代表8人(副主任3人、常委2人)；担任自治区政协委员3人(常委1人)，市政协委员24人(常委4人)；城区政协委员46人(副主席1人、常委9人)；担任党委、政府部门处级实职7人、科级职级56人；担任市政府参事1人；受聘担任各级特邀监察员、执法监督员、行风评议员等9人。党员中被授予"全国卫生计生系统先进工作者"称号1人，被评为南宁市第九批拔尖人才2人、南宁市第八批优秀青年人才1人，获2016年广西医药卫生适宜技术推广奖19人、2016年度南宁市科学技术进步奖10人。

【思想建设】 2017年，农工党市委会召开传达学习中共十九大精神专题会议，赴江苏省社会主义学院举办学习中共十九大精神专题培训班，在市委会网站和微信公众号推出《南宁市农工党员热议中共十九大报告》专题报道4期，深入学习贯彻习近平新时代中国特色社会主义思想和中共十九大精神。组织市委会班子成员及部分骨干党员赴广东省惠州市邓演

2017年6月9日，农工党市委会到南宁三峰能源有限公司开展"公众评污·我为南宁环保建言献策"活动 严用明提供

达纪念园开展"不忘合作初心、继续携手前进"党史教育活动。开展"文化建设年"活动，举办读书会、心理健康讲座、金融讲座、国学教育沙龙等，探索和尝试思想教育新形式。把坚持和发展中国特色社会主义学习实践活动融入自身建设的各个方面，在农工党中央开展坚持和发展中国特色社会主义学习实践活动评选表彰中，农工党市委会被评为优秀地市级组织，西乡塘总支被评为组织建设先进基层组织，1名党员被评为先进个人。开展统战理论研究，征集上报的理论研究论文获农工党广西区委理论研究优秀论文评比三等奖2篇、优秀奖1篇，入选自治区政协《加强和改进人民政协民主监督工作理论研究论文集》1篇；农工党市委会获农工党全区理论研究先进组织奖。组织采写、征集宣传稿件90多篇，被农工党中央网站采用19篇，《广西农工》和农工党广西区委会网站采用30多篇，《南宁统战信息》等采用20多篇，在农工党市委会网站和微信公众号发布、更新信息60多篇。

【参政议政】 2017年，农工党市委会完成重点调研课题《新人口政策下我市出生缺陷防控工作情况的调查》，承担农工党广西区委下达的《广西青少年心理状况调查》《降低实体经济企业成本研究》《广西"互联网+"推动绿色农产品发展研究》3个调研课题，以及农工党广西区委招投标的《"互联网+"时代加快广西文化产业发展和结构化升级问题研究》《广西南宁市与桂林市县域经济发展模式与路径选择》2个课题；各总支、专委会完成《南宁市中医药发展情况的调查》等调研报告6篇。农工党市委会及党员中的各级人大代表、政协委员在各级人大、政协"两会"上提交议案、提案、意见、建议87件，向市政协大会提交《关于加强南宁市疾病应急医疗救助管理工作的建议》等集体提案8件，在市政协大会的发言《关于提升南宁市"小微"排污企业治理水平的建议》获自治区党委常委、市委书记王小东批示。《关于提升南宁市"小微"排污企业治理水平的建议》《关于加强我市农村中小学校医配备的建议》2个集体提案获得市政协重点督办。市委会在市政协十一届一次会议期间提交的《关于进一步促进我市"院前急救体系"建设的建议》、在市政协十一届二次会议期间提交的《关于加强我市农村中小学校医配备的建议》《关于提升南宁市"小微"排污企业治理水平的建议》被评为优秀提案。报送社情民意信息128条，获农工党中央采用6条、自治区党委办公厅采用1条、自治区政协采用2条、自治区党委统战部采用15条，获市领导批示2条。

【社会服务】 2017年，农工党市委会开展"同心"品牌建设活动10余次，受益群众2000余人。在"中国环境与健康宣传周"，组织各总支支委、骨干党员到兴宁区五塘镇南宁三峰能源有限公司开展"公众评污·我为南宁环保建言献策"活动，就南宁市垃圾处理问题提出意见建议10多条。在西乡塘区中尧路社区开展第29届"国际科学与和平周"活动，为社区群众举办健康知识讲座，发放价值2000多元的生活卫生用品。到马山县林圩镇三中开展"同心"助教活动，为教师备考辅导，为学生捐献学习参考书。江南区总支在江西镇同宁村建立"同心"创建活动基地，捐钱捐物送技术，支持村卫生室建设，开展扶贫慰问活动；到南宁市金太阳老年公寓开展爱牙日义诊慰问活动。邕宁区总支组织党员与邕宁区疾控中心技术人员到辖区托幼机构开展为期1个月的手足口病防治知识巡回讲座39场。兴宁区总支赴崇左市天等县开展义诊活动，为200多名群众提供体检和健康咨询服务。高新区支部与金融支部组成"同心·健康行"服务队到玉林市兴业高中开展"献爱心进校园"活动，对毕业班学生进行考前心理咨询辅导，资助贫困学生6名。 (严用明)

中国致公党南宁市委员会

【概　况】 2017年，中国致公党南宁市委员会设办公室、组织科、宣传科3个科室，专职干部编制7名、后勤服务人员控制数1名，在编7人(后勤人员1人)。有兴宁区、江南区、西乡塘区、青秀区、邕宁区、良庆区6个总支部和武鸣华侨投资区1个直属支部，其中青秀总支部下辖4个支部、其余各总支部下辖2个支部。党员396名(新发展13人，具有中级以上专业技术职务任职资格314人)。其中，侨海关系(含港澳台属)214名；具有大学以上学历261人；科技、教育界116人，经济界94人，医卫界69人，文化出版界5人，党政机关界94人，其他9人。党员当选市人大代表9人，区县人大代表7人(副主任1人、常委2人)；担任自治区政协委员3人(常委2人)，市政协委员17人(副主席1人、常委2人)，区县政协委员38人(副主席2人、常委6人)；受聘担任各级特邀监察员、执法监督员、行风评议员5人。

【思想建设】 2017年，致公党市委会学习领会中共十九大精神和习近平新时代中国特色社会主义思想，提升自身建设，致公党员在思想上、政治上、行动上同以习近平同志为核心的党中央保持高度一致，以专题学习、骨干培训及各基层组织学习生活会等多种形式，学习习近平总书记视察广西重要讲话、"7•26"重要讲话、全国新的社会阶层人士统战工作会议、全国党外知识分子座谈会等内容，提高党员政治素质、理论修养。把理论政策学习与主委会、常委会、全委会学习相结合，做到领导班子成员"每会必学""每学必感"。开展"不忘合作初心，继续携手前进"专题教育活动，号召党员"学多党合作史，做政治明白人"。在各基层组织中开展主题征文活动、事迹宣讲活动，把基层组织工作经验、党员本职工作成绩作为专题教育学习活动的内容，形成《她把自己献给了侨》等6篇宣讲稿，编印会刊《南宁致公》2期，推荐《用匠心演绎美食，让世界品味中国》《不忘初心，扎实办学，"同心"实现育人梦》参加致公党广西区委承办

2017年11月10日，致公党南宁市委会组织各基层组织支委和机关干部赴北海开展"不忘合作初心，继续携手前进"专题教育学习实践活动　　李　茜提供

的"中国梦·侨海情"宣讲活动。

【参政议政】 2017年，致公党市委会参加中共南宁市委、市政府组织的专题协商和党外人士座谈会，就南宁市经济社会发展的重大问题提出意见和建议，获重视采纳。"党委出题、党派调研"重点调研课题《关于借助"南宁渠道"提升我市现代物流业发展水平的建议》为中共市委决策提供参考。市人大、政协"两会"期间，致公党市委会围绕"南宁渠道"升级、生态宜居城市建设、精准脱贫攻坚等问题提交人大议案建议9件，政协集体提案10件；在市政协十一届二次会议上，致公党市委会大会发言《关于加快发展农村电子商务助力精准扶贫的建议》获自治区党委常委、市委书记王小东批示；致公党员中各级人大代表、政协委员在市人大、政协"两会"提出提案议案68件。获优秀提案4件，1件集体提案被市领导领衔重点督办、1件委员提案被列为自治区党委领导督办重点提案。制定《关于加强参政议政工作的实施办法》《参政议政信息宣传理论研究工作鼓励办法(试行)》，完善参政议政从选题定题、调研结题到成果运用的环节规范。完成《关于深化与粤港澳合作，推动南宁科技与金融融合发展的建议》等调研课题16个。全年整理撰写报送社情民意86篇，其中获中央统战部采用6篇(《零讯》采用4篇)，致公党中央采用3篇，自治区党委统战部采用41篇，自治区政协信息专报采用1篇，致公党广西区委会采用53篇，市委、市政府办公厅信息刊物采用6篇。在市统战系统信息工作评比中获一等奖、排名第二位。

【社会服务】 2017年，致公党市委会以精准扶贫、精准脱贫为主线，探索社会服务工作有效途径，借助"侨"力在脱贫攻坚上取得新成效，动员全市致公党党员参与脱贫攻坚任务，鼓励基层组织开展形式多样的社会服务，捐款、捐物，送产业、送健康。组织江南区总支联合南宁市第二人民医院、邕宁区总支联合邕宁区人民医院分别开展"送医送药下乡义诊"、慰问留守儿童、到学校开展爱眼知识讲座等活动。各基层组织或个人参与扶贫公益等社会服务19次，捐助资金物品价值92万元，惠及群众400余人。发挥拥有经营主体、"侨""海"关系的党员优势，有针对性地开展社会服务，形成具有示范性和可持续性的活动品牌。依托邕宁区总支党员企业形成"企业＋基地＋贫困户"的服务模式，在邕宁区3个贫困村开展产业帮扶，打造"以花生为支撑点，辣木、蔬菜为产业链循环经济示范点，带动当地600多名贫困户脱贫"的成功范例。致公党市委会被致公党中央授予"中国致公党社会服务工作先进集体"称号，刘筱瑾、庄银锋2名党员获"中国致公党社会服务工作先进个人"称号。

(李　茜)

九三学社南宁市委员会

【概　况】 2017年，九三学社南宁市委员会设办公室、组织科、宣传科、科技社会服务科4个科室，编制9名，在编7人。有基层委员会2个(九三学社南宁市西乡塘区基层委员会、九三学社南宁市青秀区基层委员会)，支社13个(九三学社南宁市友爱支社委员会、九三学社南宁市北湖支社委员会、九三学社南宁市新秀支社委员会、九三学社南宁市南铁支社委员会、九三学社南宁职业技术学院支社委员会、九三学社南宁市高新支社委员会、九三学社南宁市青秀一支社委员会、九三学社南宁市青秀二支社委员会、九三学社南宁市青秀三支社委员会、九三学社南宁市兴宁支社委员会、九三学社南宁市江南支社委员会、九三学社南宁市良庆支社委员会、九三学社南宁市邕宁支社委员会)，基层组织15个；在册社员354人(新发展21人，具有高级、中级以上专业技术职务任职资格315人)，其中工程技术界138人、医药卫生界70人、政府机关53人、教育界32人、财政经济界29人、农林界11人、党派机关8人、法律界5人、科学研究界4人、文化艺术界1人、其他3人。社员当选市人大代表8人，城区人大代表8人；担任自治区政协委员2人，市政协委员18人(副主席1人、常委3人)，城区政协委员30人(常委8人)；当选南宁市第十四届妇代会代表1人；受聘担任市政府特邀监察员、执法监督员、行风评议员8人，市人民检察院人民监督员1人、自治区公安厅特邀监督员1人、西乡塘区政府特邀监督员1人、市教育系统行风监督员1人。被评为九三学社中央组织建设先进集体、九三学社中央2013—2017年度参政议政工作先进集体、九三学社广西区委2014—2016年度参政议政工作先进集体、九三学社广西区委2014—2016年度社会服务工作先进集体，获九三学社广西区委2017年度信息工作先进集体一等奖、九三学社广西区委2017年度理论研究征文优秀组织奖。

【思想建设】 2017年，九三学社市委会学习宣传贯彻中共十九大精神，召开九三学社南宁市委会八届十一次常委(扩大)会议专题学习会、九三学社市委会学习专题会，组织30名骨干社员参加九三学社广西区委会学习会议等常委专题学习会、骨干社员专题培训学习会、机关专题学习会7次。组织各基层组织和广大社员开展学习十九大精神、习近平总书记视察广西重要讲话精神、九三学社第十一次代表大会精神、"不忘合作初心，继续携手前进"等主题教育活动17次，学习贯彻各级"两会"精神和南宁市统战工作会议精神。到珠海社会主义学院举办骨干社员培训班，培训38人。组织骨干社员及机关专干参加九三学社广西区委及市委统战部组织的社情民意信息专题培训。上报宣传信息稿件92篇，被采用56篇(次)。出版中共十九大精神宣传专栏、习近平总书记视察广西重要讲话精神宣传专栏、唐历村实践基地建设展示专栏等板报4期。编辑出版《纪念九三学社成立三十周年书画摄影集》，编印《九三南宁》5期。撰写报送理论研究文章29篇。在九三学社

2017年9月27日，九三学社市委会、中共南宁市委统战部、九三学社南宁市企业家联谊工作委员会联合到隆安县都结乡陇割村开展“同心同行·扶贫助困”公益捐赠活动 徐 青提供

广西区委理论研究征文评比活动中，《弘扬爱国民主科学精神与传承九三学社文脉》等3篇文章获优秀征文二等奖，《强化民主监督打赢南宁市脱贫攻坚战》等3篇文章获优秀征文三等奖。

【参政议政】 2017年，九三学社市委会参与南宁市“十三五”规划专题协商会、征求意见会等。在南宁市经济工作专题协商会议上，提出运用TOD理念培育“轨道交通经济带”、保证房地产市场平稳发展等4个方面的建言建议。在市政协十一届二次会议上，九三学社市委会发言《运用TOD理念加快培育我市“轨道交通经济带”的建议》获自治区党委常委、市委书记王小东批示并入选重点提案。参加市政协召开的发展农村电子商务助力精准扶贫、加快培育轨道交通经济带、加强民主监督3次双月协商会；在市政协5月召开加快培育南宁市“轨道交通经济带”双月协商会上，九三学社市委会做重点发言，提出5个方面建言建议。社员姚娟提案《关于加强我区青少年法治教育的建议》作为集体提案被自治区政协列为重点督办提案；集体提案《关于进一步加快南宁市休闲农业发展的建议》、汪烈委员提案《关于五象新区开发建设的建议》被列为南宁市政协重点提案。市人大、政协“两会”期间，提交集体提案10件，其中3件被评为市政协优秀提案，汪烈委员提案《关于五象新区开发建设的建议》、邓静敏委员提案《关于加强推行医疗机构检验结果互认工作的建议》被评为市政协优秀委员提案。社内各级人大代表、政协委员提交提案、议案、建议71件。收集上报社情民意信息52条，其中《关于推进完善五象新区核心区范围内被征地拆迁农民安置工作的建议》获市长周红波批示；被中共自治区委统战部、九三学社广西区委采用11条。

【社会服务】 2017年，九三学社市委会联合市水利局、南宁水利电力设计院，到邕宁区那楼镇开展农业技术培训、送医送药、水法规及水资源知识宣传活动，参与举办“心连心共建水生态文明家园”文艺晚会。帮助南宁水利电力设计院定点扶贫村邕宁区那楼镇中山村联系到美丽南方示范点、八桂田园园区参观学习，提高农户科技种养新理念；联合南宁水利电力设计院到中山村开展“情满中秋”慰问活动，赠送中山村委《广西农家百事通》64本，看望慰问贫困户4户。联合南宁水利电力设计院到马山县周鹿镇双联村开展帮扶捐资活动，向双联村委捐赠电脑4台、彩色打印机1台，价值2万元。9月27日，九三学社市委会、中共市委统战部、九三学社南宁市企业家联谊工作委员会到隆安县都结乡陇割村开展“同心同行·扶贫助困”公益捐赠活动，筹集公益款10万元用于陇割村基础设施建设，捐赠电动垃圾清运车2辆用于村屯清洁工作，给困难户代表发放大米、花生油等慰问物品，向龙角小学学生捐助校服120套。联合广西科技出版社、中共武鸣区委统战部到武鸣区甘圩镇唐历村开展文化扶贫赠书活动，向村委捐赠价值2.45万元的《广西农家百事通》；为唐历小学申请“同心”品牌建设资金5万元，改善学校教育教学设施和办学条件；联合中共武鸣区委统战部为唐历村建设阅读栏2处，价值约1万余元。指导基层组织以“同心”品牌建设为依托开展精准扶贫活动，青秀二支社、青秀三支社资助良庆区七齐小学2名贫困学生3200元；邕宁支社联合邕宁区妇联主办“邕宁女性讲坛”之“健康相伴幸福一生”女性中医养生讲座；南宁职业技术学院支社到广西残疾人高等职业教育学院开展扶残助残慰问活动；江南支社参加中共市第二人民医院委员会组织的“仁爱引领·共筑乡民幸福梦”帮扶贫困生主题活动；良庆支社到那马镇那僚村看望慰问4名贫困孤儿，送去2000元慰问金、价值近3000元的生活用品；九三学社南宁市企业家联谊委联合良庆支社开展中秋节“同心”精准帮扶捐赠活动，向良庆区捐赠价值6.50万元的物品；兴宁支社到兴宁区昆仑镇黄宣村进行扶贫调研，捐资约3万元为村民文化室购置6台乒乓球桌等健身器材。 （刘潇潇）

社会团体

南宁市总工会

【概 况】 2017年，南宁市总工会机关设经费审查委员会办公室、组织部、宣教部、劳动保护部、女职工部、民主管理部、财务部、保障工作部、办公室、研究室、中国教育工会南宁市委员会、中国财贸工会南宁市委员会12个机构，行政编制33名、工勤编制3名，在编32人。有直属事业单位工人文化宫、职工技协办公室、职工学校、工人休养所、困难职工帮扶中心5个，区县(开发区)总工会13个，工会工作委员会6个，产业工会4个(其中驻会产业工会3个)；乡镇(街道)总工会33个，工会工作委员会92个。基层工会涵盖法人单位3.56万个，工会会员146万人。南宁市总工会获自治区2017年工会工作先进单位特等奖。

【组织建设】 2017年，市总工会以25人以下小型非公有制企业、现代特色农业示范区、工业园区、服务业为建会重点，开展基层工会“大联建”活动。打造兴宁区“十里花卉长廊”联合工会、西乡塘区“美丽南方”联合工会、南宁市劳务协会工会联合会等521个基层工会；指导宾阳县总工会开展“小区域联建，大平台服务”活动，发动骨干企业带动小微型企业组建工会，通过结对子开展活动，缓解小微型企业工会组建难、开展活动难问题。年内，全市企业法人单位新增工会1819个，新增工会会员8.60万人。制定《南宁市总工会关于对基层工会建设工会工作站、联合工会(工会联合会)、职工之家、工友村补助经费暂行办法》，明确“职工之家”凡建必补，全年向18家“职工之家”发放补助金140万元。

2017年11月24日，市总工会举办南宁市首届技术创新成果展暨职工技术创新论坛。图为职工技术创新成果展现场　　市总工会提供

【技术创新】 2017年，市总工会围绕市政府重点工程项目、服务行业、推进科技创新、技术进步等方面，在全市范围内开展劳动竞赛，参赛企事业单位1297家，参赛职工44万多人；按照“创新业务相通、创新目标相近”原则，在工业（交通）、农业（金融）、电力（水利）、食品（加工）、园林（环保）、制药（保健）、教育（培训）、卫生（医疗）、科研（技术）、建筑（建材）10个行业搭建劳模创新工作室联盟，全市114个劳模·技术标兵创新工作室团队组织开展技术创新活动596次，提出合理化建议1118条，参加职工1.80万人次，完成技术创新、技术改造、技术攻关、发明创造项目998项，成果转化233项，其中获国家专利115项，创经济效益4.59亿元。举办以“共创　共享　共进”为主题的南宁市首届技术创新成果展暨职工技术创新论坛，成果涵盖发明创造、工艺改进、服务提升等方面，设展区5个、展位40个，参展单位60个，参展劳模·技术标兵创新工作室12个，展出技术创新成果200多项，宣传创新领军人物100多名，评出论坛优秀发言人10名。

【评先活动】 市总工会做好2017年全国、广西五一劳动奖章、奖状和工人先锋号的评选推荐。获全国五一劳动奖章2人（南宁邦尔克生物技术有限责任公司梁树华，南宁市明天学校覃锋），中国建筑第八工程局有限公司广西分公司获全国五一劳动奖状，获全国工人先锋号2个（广西送变电勘察设计有限公司配网工程部、广西超大运输集团有限责任公司广西南宁超大公共交通有限责任公司801班线），杜丽群当选党的十九大代表；获广西五一劳动奖章10人（江南区人民法院陈玉萍，南宁市第二人民医院丁可，西乡塘区环境卫生管理站刘永梅，广西叶茂机电自动化有限责任公司陆志高，南宁市保障住房资格审核和管理中心石桂明，上林县西燕镇大龙洞小学刁望教学点教师石兰松，广西现代运输集团有限公司王玉玺，南宁市机关事务管理局杨泽云，广西电网有限责任公司南宁供电局周毅波，中铁隧道集团四处有限公司左强），广西五一劳动奖状5个（中建三局第二建设工程有限责任公司南宁分公司、横县供电公司、富士康科技集团南宁科技园工会委员会、广西南宁壮家女家庭服务有限公司、青秀区地方税务局），广西工人先锋号8个［南宁城市路桥投资管理有限责任公司石埠收费站、南宁公共交通有限责任公司营运二分公司西乡塘车队4路、广西建工集团第一建筑工程有限责任公司广西亿鼎安吉商业广场项目部、武鸣供电公司府城供电所、广西巨星科技有限公司影像生产科GC5班组、广西华润红水河水泥有限公司余热发电工段、广西华兴食品有限公司一工段（吊挂班）、自治区马山公路管理局木棉养护站］，并在《南宁日报》《广西工人报》等新闻媒体公布获奖单位及获奖者先进事迹。市总工会在南宁市企事业单位开展创建“工人先锋号”“工人先锋岗”活动，授予南宁“工人先锋号”集体282个，覃海鹏等280人获南宁“工人先锋岗”称号；开展“广西工匠”和“南宁工匠”选树活动，广西叶茂机电自动化有限责任公司韦雨忠获“广西工匠”称号；组织劳模艺术团、宣讲团开展文艺演出、宣讲活动10多场次。

【就业服务】 2017年，市总工会协助全国总工会、自治区总工会、自治区人社厅、市政府在南宁市举办2017年“全国工会就业创业援助月”专项活动暨大型招聘会，提供就业岗位近10万个，求职者与用人单位签订就业意向6800名。开展“春风行动”专项活动，组织举办专场招聘会80场，为2.30万人免费提供就业服务，介绍农村劳动者就业1.80万人次。组织剩余劳动力跨地区劳务输出1380人，组织参加职业技能培训1164人，其中参加家政服务培训369人，参加创业培训121人；享受培训补贴457人。接待劳动者就业创业咨询524人，为劳动者提供劳动维权服务、法律援助1425人，提供小额贷款54万元。开展“送培创工程”（内容包括技能培训、创业培训、家政培训）活动，举办在岗农民工技能提升培训班，培训农民工、下岗失业人员1万人次。

【民主管理】 2017年，市总工会贯彻《广西壮族自治区企业民主管理条例》，推行厂务公开和职工董事职工监事等制度的落实，继续实施《2014—2018年南宁市厂务公开民主管理五年规划》，健全和完善以职工代表大会为基本形式的企事业单位民主管理制度。全市已建工会组织的公有制企事业单位执行厂务公开制度100%，职代会建制率巩固在100%；已建工会组织的非公有制企业厂务公开率90.30%，职代会建制率94.90%。实施《2015—2018年职工代表培训规划》，培训职代会师资190人；继续选树、培育中铁隧道集团四处有限公司、广西富凤农牧有限公司、广西农垦国有东湖农场3个“厂务公开民主管理”示范点。

【职工职业技能大赛】 2017年，市总工会举办南宁市职工职业技能大赛，设35个工种，涵盖现代制造业、现代服务业、新兴产业3大领域；新增BIM技术、主动双向平衡比赛、自动化设备维修、轨道交通接触网技能比武及无人机航拍等助推转型项目；有25万职工参加比赛，评出团体奖40个、优秀组织单位奖9个、优秀选手奖255名。市总工会承办广西职工职业技能大赛车辆钳工、西式面点师、抄表核算收费员、汽车驾驶员（公交车）4个工种决赛，南宁市获第一名4个、第二名3个、第三名4个；组队参加2017年广西职工职业技能大赛数控车工等9个工种决赛，南宁市获第一名4个、第二名3个、第三名6个，获团体总分第二名。

【职工权益维护】 2017年，市总工会制定出台《关于建立和推行〈工会维权意见书〉〈工会维权建议书〉制度的通知》；做好日常信访接待，接待、协调处理职工来信来访与12351热线求助235件次，涉及6035人，为职工追回工伤补偿金和欠缴的社会保险费836.14万元；发挥工会仲裁庭作用，提高信访案件审理效能，审理案件9件,涉及169人,为职工追回拖欠工资、经济补偿金749.52万元;在全市开展"工资集体协商、集中要约行动",签订集体合同、工资专项集体合同各6455份,覆盖企业3.45万家。

【安全生产】 2017年,市总工会开展"安全生产月"活动,发放宣传资料18万份,举办安全知识讲座8900场次,参加职工22.10万名;开展安全大检查10.70万次,责令整改事故隐患、职业隐患1.70万件;参与安全生产事故调查22起。

【"安康杯"竞赛】 2017年,市总工会组织开展"安康杯"竞赛活动,参赛企业2万家,参赛职工131.50万人。南宁市手表厂、广西送变电建设有限责任公司、中国建筑第五工程局有限公司广西分公司、中国石化销售有限公司广西南宁石油分公司、中船西江造船有限公司5个单位获2016年度广西"安康杯"竞赛"优胜单位"称号;南宁市手表厂夹板车间夹板工段、广西送变电建设有限责任公司铁塔厂联板车间、中国建筑第五工程局有限公司广西分公司南宁市轨道交通4号线01土建1工区项目部、广西鑫利华房地产开发有限公司南宁五象丽景分公司、中国石化销售有限公司广西南宁石油分公司金龙二加油站5个班组获广西"安康杯"竞赛"优胜班组"称号;南宁市总工会获2016年度广西"安康杯"竞赛"优秀组织单位"称号;南宁市总工会江明获2016年度广西"安康杯"竞赛"优秀组织个人"称号。通报表扬2016年度南宁市"安康杯"竞赛优胜单位62个,优胜班组57个,优秀组织单位46个,优秀组织个人60名。

【职工帮扶】 2017年,市总工会贯彻落实《广西壮族自治区人民政府办公厅关于进一步做好困难职工解困脱困工作的实施意见》精神,帮助困难职工家庭解困脱困467户;开展元旦、春节"送温暖"活动,慰问困难职工、农民工、困难劳模1555人,发放慰问款物173.47万元;开展夏季"送清凉"活动,走访企业、建设工地214家次,慰问农民工5万人,发放防暑降温物品价值123万元;开展"金秋助学"活动,资助在档困难职工、困难农民工子女入学446名。组织劳动模范、生产一线职工600名到广西境内疗休养院开展慰问活动,发放慰问金23.46万元、补助金255万元。做好医疗互助保障服务,完成职工互助参保14.30万人,受理补助申请1166例,发放互助保障补助金133.50万元。开展女职工"关爱行动",举办女性心理健康讲座54场,为595名女职工进行"两癌"(宫颈癌、乳腺癌)筛查,为743名女性农民工提供健康体检。推动"工会爱心驿站"项目实施,建成"工会爱心驿站"80家。

【职工文化】 2017年,市总工会成立党的十九大精神宣讲团,进园区、企业、车间班组开展宣讲活动10场次;开展"我们的节日"主题活动,举行"五一"升国旗仪式,开展学雷锋·职工志愿服务、道德模范评选、微视频创作比赛、摄影书画展、"南工杯"全市职工气排球比赛,开设道德讲堂等;参加基层工会组织1万个、职工逾100万人次。举办"中国梦•劳动美"全市职工舞蹈比赛,评出一等奖2名、二等奖6名、三等奖10名;举办职工歌手演唱大赛,评出一等奖2名、二等奖3名、三等奖5名、优秀歌手奖10名、优秀组织奖6名;举办职工风采礼仪展示大赛,评出一等奖1名、二等奖2名、三等奖3名、优秀组织奖7名、最美家庭风采奖4名、个人礼仪风采奖6名;举办职工诗词诵读大赛,评出一等奖2名、二等奖3名、三等奖5名。由南宁市职工艺术团编创的歌舞节目《广西尼的亚》代表广西参加2018年全国首届职工春晚演出。全市建立职工书屋310家,电子书屋40个,农民工流动图书站12个。

【工会改革】 2017年6月29日,市总工会召开南宁市工会改革工作动员部署会,市、区县(开发区)工会领导60多人参加;7月10日至16日,在中国劳动关系学院举办工会改革创新培训班,培训52人。年内,在全市范围内,就加强和改进党对工会工作的领导、加强工会基层组织建设、做深做实服务农民工等课题开展专题调研,起草《南宁市总工会改革实施方案(征求意见稿)》,形成方案审议稿报请市委常委会研究审定,市委办公厅9月30日印发,区县总工会制定出台改革实施方案、改革任务清单、改革任务一览表、改革工作督导提纲。12月6日,在宾阳县召开南宁市工会改革工作经验交流现场会,推广宾阳县工会改革经验,区县总工会常务副主席、负责改革工作人员、市总工会机关内设机构负责人等60人参加。江南区、邕宁区、武鸣区、横县、宾阳县、上林县、马山县、隆安县8个区县在改革实施方案中明确乡镇街道工会专职副主席享受副科级待遇,武鸣区、宾阳县、马山县3个区县工人文化宫确定为公益一类事业单位,核定事业编制;横县、宾阳县所有行政事业单位按照工资总额2%计提工会经费。 (师 吕 赵振套)

共青团南宁市委员会

【概 况】 2017年,共青团南宁市委员会设办公室、组织部(市团校办公室)、宣传部、统战和联络部、城市青年工作部、农村青年工作部、学校部、维护青少年权益部8个部(室);行政编制19名,后勤事业编制2名,在编21人。全市有团员21.35万人,占14周岁至28周岁青年总数17.38%;专职团干部533名;基层团组织8418个。其中,团委380个,团工委33个,团支部7687个,团总支部318个。年内,团市委加大宣传力度,在媒体发表、报道团工作254篇(条),其中自治区及以上媒体报道61篇(条)、市级媒体报道193篇(条)。

【基层组织建设】 2017年,团市委要求各基层团组织、共青团员按比例上缴团费,向共青团自治区委员会上缴团费8.79万元。加大基层团组织工作支持力度,协调、督促区县党委、政府落实每个乡镇(街道)共青团工作经费每年不低于3万元、预防专项经费2万元。建成"青空间"综合服务平台72个;推进"共青团干部+青少年社工+志愿者队伍"服务模式,以心理辅导、法律援助、爱心帮扶、创业指导、志愿服务等项目为依托,开展活动1000多场次,服务青少年8万多人;建成"青空间"云平台36家,开展活动400多场,其中有效活动200多场,报名1000余人次。年内,团市委印发《南宁市共青团干部直接联系青年制度》《南宁市共青团干部1+100联系青年工作制度》,全市团干部开通"1+100"管理系统2795名,直接联系普通青年12.64万名,开展活动、青年互动25.12万次。

【青年就业创业服务】 2017年3月,团市委开展以"就业促进增收 青春助力脱贫"为主题的青年创业就业服务活动。联合市人社局在南宁市人才市场举办共青团"帮助青年就业"专场招聘会,组织用工单位55家进场招聘,提供就业岗位1223个,应聘青年1360多人,其中贫困村青年74人,达成用工意向312人。加大对青年创业孵化基地建设力度,广西金岸网络科技有限公司获命名"南宁市青年创业孵化基地";5月,帮助3个青年创业孵化基地获南宁市众创空间孵化基地补助资金140万元,其中"C沃克"创业孵化器获51万元,创青春Ptc创业园获34万元,华南城创业孵化基地获55万元。

为南宁市青年创业团队提供培训、资金、场地、办公设备、政策等帮扶，成功孵化团队22个，在孵项目40个。6月，团市委配合共青团广西区委在广西财经学院明秀校区，承办“百企入校——南宁市青年企业家协会高校毕业生就业专场招聘会”，组织32家用工单位进场招聘，提供涉及市场营销、电子商务、财会类、人力资源类、管理类、文秘类、综合性服务类等岗位，包括管理岗、技术岗、销售岗等就业岗位560多个，达成用工意向100人。开展“三个百场”（百场沙龙进社区、百场沙龙进农村、百场沙龙进学校）创业创新沙龙活动、电子商务创业培训，全年开展沙龙进社区活动25场，举办电商培训3100人次、转移就业技能培训1900人次、SYIB创业培训1900人次。联合市商务局、市“两新”（新经济组织、新社会组织）工作委员会启动电子商务创业大赛，在南宁日报社举办大赛启动仪式并召开新闻发布会；走进15所高校开展宣传，有参赛团队350个。开展“青春展风采 创业赢未来”南宁市青年电商创业项目路演活动，组织青年企业协会等会员单位28家、风险投资界人士与大赛获奖项目路演，广西特色产业投资联盟、广西长云智能数据有限公司、广西创青春科技有限公司、广西俞希商贸有限公司4家企业与“基于大数据的育肥猪智能养殖系统”“租时联盟”“装修设计攻略”“人人在线”4个项目团队签订“融资意向协议”“帮扶意向协议”；团市委授予18名企业家“南宁市青年创业导师”称号。购买青年电商培训创业就业服务，承接政府采购电商培育项目价值17.80万元。走进江南区、邕宁区、宾阳县、隆安县对青年创业者进行电商就业培训1008人，辅助孵化青年创业者开办网店，为青年提供电商就业指导。12月23日，团市委选派14个创业项目参加“中国梦＋青年力量”2017广西青年创业创新大赛总决赛，其中《基于高精度动态压力测量技术与物联网的交通信息监测系统》《农产品直通车》《壮素仙草》分别获创意初创组、互联网创业组、综合产业创业组一等奖，《基于三维激光扫描的新一代体积计量收货系统》获互联网创业组二等奖，《基于现实虚拟技术的科学教育》获创意初创组三等奖。

【青年志愿者行动】 2017年，团市委组织开展学雷锋志愿服务活动60场次，覆盖青少年10万人次。组织团员青年、驻邕高校大学生、返乡大学生、少先队员等青少年志愿者8万余人次，参与第14届中国－东盟博览会、中国－东盟商务与投资峰会、第19届南宁国际民歌艺术节、2017年中国杯国际足球锦标赛、环广西公路自行车世界巡回赛等大型会议、赛事志愿服务活动。开展“整洁畅通有序大行动”志愿服务活动，组织团员青年开展文明交通劝导、清洁卫生、城市站点服务等志愿服务活动225场次，劝导、教育不良行为市民7100人次；开展青秀山红绿蓝志愿服务，上岗志愿者500余人次，开展活动30余次。实施2017年“春苗之声”——乡村校园宿舍广播计划，在横县、宾阳县、上林县、马山县、隆安县的10所村小学建设校园广播站，设置广播员培训课程。开展线上线下录制爱心音频活动，通过“公益朗读亭”“南宁青年圈”招募音频3000多条。接待1973名青年志愿者，吸引10万余人次在新浪微博参与讨论。举办“志愿新时代 共筑中国梦”2017年南宁市第三届志愿服务项目交流洽谈会暨南宁公益年会，组织爱心企业20家、青年社会组织20个参会，有15个志愿服务项目获支持资金78万元；向社会志愿服务组织招标，扶持资金295万元。打造“互联网＋志愿服务”品牌，充实“邕i志愿”平台内容，建设南宁市志愿服务公众号微信矩阵，有34个组织公众号入驻，3.04万人注册使用“邕i志愿”，累计志愿服务时长20万小时。

【青少年事务】 2017年，团市委落实预防青少年违法犯罪工作人员1321人，其中专职工作人员145人，兼职工作人员1176人；落实专项经费326.19万元，其中市级财政拨款21.50万元，区县、乡镇（街道）配套经费304.69万元。全市青少年犯罪率逐年下降，青少年（6岁～25岁）犯罪人数964人，占犯罪总数17.18%，犯罪率比上年同期下降2.02%；未成年人（6岁～18岁）犯罪人数239人，占4.26%，犯罪率下降1.01%。联合南宁市卫生和计划生育委员会、南宁职业技术学院，先后到学校、社区开展“青少年远离毒品行动”“青春红丝带”“青春健康联盟·向零艾滋迈进”禁毒、防艾主题宣传教育活动60场次，普及群体约1.50万人次。整合香港资深督导等师资资源，通过开展交流沙龙活动、召开座谈会、推进会等形式，培训社工911人次，其中青少年事务社工303名；发展培育社工督导17名。

【青少年活动中心活动】 2017年，团市委开展“写最美中国字 做中国好少年”“红领巾相约中国梦”“红领巾心向党”“我向习爷爷说句心里话”、南宁市少年儿童“学雷锋、讲文明、树新风”等主题教育活动450场次，参加青少年约6万人次；联合公益组织开展青少年书法公益课堂、“希望的声音”大型公益音乐活动、红领巾成长体验营活动50场次，参与青少年5000多人次。3月5日，区县团委组织开展“争做好少年 喜迎十九大”——南宁市少年儿童“学雷锋、讲文明、树新风”主题活动63场次，通过组织青少年参加雷锋事迹图片展、童声小组唱、模范家庭朗读雷锋日记、情景剧表演、少先队员代表宣读倡议书、在横幅上签名等活动，体验、传承雷锋精神。开展“城乡手拉手，快乐共成长”——南宁市红领巾体验营六一活动、书画作品展、精准扶贫（扶智部分）汇报、“美丽中国”项目展、绿城青少年电视台红领巾小主播“红领巾爱南宁喜看首府新变化”节目录制、青少年科技实践教育嘉年华等活动31场次。评出优秀少先队员1.80万名，优秀少先队辅导员625名，十佳少先队辅导员10名；2016—2017年度南宁市少先队先进集体404个，优秀共青团员4396名，优秀共青团干部1187名。开展“传承壮文化 同庆三月三”

2017年7月，南宁市志愿者为环广西公路自行车世界巡回赛（南宁站）提供志愿服务。图为南宁市青年志愿者 团市委提供

民俗传统活动、“感恩母亲　母爱永恒”母亲节活动、“诗韵飘香　情寄明月”少年儿童中秋诗会、“经典传颂·书香邕州”青少年书法绘画大赛等主题教育活动，参与青少年1万余人次。

【青少年服务台建设】 2017年，南宁市入围团中央“为了明天——青春自护·益起来”首批试点城市，团市委通过网站、新闻媒体、进高校实地招募等方式，扩充青少年服务队伍。招募青少年服务台专家志愿者113名；利用公众微信、官网、“青年之声”“青少年维权在线”等平台，组织开展线上线下活动325场次。开展“平安春节”“呵护花蕾”“红盾护蕾”“暑期自护”等主题宣传教育活动120多场次，覆盖青少年及家长3万余人次。组织心理咨询专家、法律专家志愿者25名，到初中、高中学校开展“轻松备考　12355与你同行”中高考减压阳光活动75场次，通过个案、团队辅导、专线咨询等方式，为青少年考生提供心理情绪疏导服务；举办“12355陪伴·成长”公益讲坛，邀请专家志愿者围绕亲子沟通、学习策略、青春期等青少年成长问题，为青少年及家长提供帮助，受益人群2500人。年内，“12355”青少年维权、心理咨询服务热线接听青少年来电进行心理咨询620次，其中心理问题184例，法律咨询93例，家庭教育及家庭关系问题65例，学习问题55例、青春期成长困惑47例，人际关系烦恼问题36例，性心理问题21例，情绪情感问题17例，面询需求9人，其他问题咨询93次。组织专家志愿者援助小组，协助解决西乡塘区金陵镇小学、爱华小学、宾阳女童猥亵案3起校园欺凌未成年人个案。

【希望工程活动】 2017年，团市委开展青春助力脱贫攻坚行动和希望工程“圆梦行动”，筹集善款82.50万元，资助贫困学生165名。8月29日，举行“圆梦行动”助学金发放仪式暨受助学子入学指导培训会，有25名受助学生代表参加。协助南宁市希望工程办公室，团市委机关统战部、城青部、学校部等部室整合各方资源，筹集资金92万元，建设“希望书屋”46所。2014年9月至2017年7月，团市委在中国青基会、自治区青基会、地方政府和爱心企业支持下，援建县、乡镇、村中小学校“希望厨房”48所，其中为隆安县13所中小学配备价值183.30万元的厨房电气化设备，所需电费成本为柴火成本的30%～45%；受益学生8290名。开展以“微爱传递·童心圆梦”为主题的微心愿征集活动，征集微心愿315个，微心愿实现率100%。到横县、上林县、隆安县开展先天性心脏病筛查义诊活动，有190名患儿参加义诊，其中被确诊为先天性心脏病患儿59人，提出申请救助43人。

（冯媛媛）

南宁市妇女联合会

【概　况】 2017年，南宁市有市级妇女联合会1个，区县妇女联合会12个，开发区妇女联合会(妇委会)3个；乡镇(街道)妇联128个，村(社区)妇女代表会(妇联)1769个(9月至12月，村妇代会改建妇联村1371个)；市级党政机关、科教文卫等事业单位妇女委员会543个；市妇联内设办公室、组织联络部、宣传部、妇女发展部、权益部、儿童工作部、市妇女儿童工作委员会办公室7个部室，行政编制17名，事业编制2名，后勤服务事业编制3名，在编20人，直属管理事业单位2个(市妇女儿童活动中心、市妇女儿童事业发展中心)，有南宁女企业家协会、南宁市离退休女干部联谊会、南宁市家庭教育指导中心、南宁市巾帼志愿者协会4个女性联谊会、协会。全市设置市级、区县(开发区)、乡镇(街道)妇联主席143名，乡镇(街道)妇联执委957名，村(社区)妇联主席1769名。年内，市妇联被自治区党委宣传部、自治区司法厅、自治区人力资源和社会保障厅、广西法治建设工作领导小组办公室联合授予“2011～2015年广西法治宣传教育先进集体”称号。

【妇女儿童权益维护】 2017年，市妇联围绕《中华人民共和国反家庭暴力法》实施、农村妇女土地经营权确权、禁毒和预防艾滋病等主题开展维权。承办《反家庭暴力法》宣传暨“三八”妇女维权活动，受益群众5000多人；举办《反家庭暴力》知识讲座1期，区县(开发区)新上任村(社区)妇联主席200人参加；制作《一分钟读懂家暴告诫制度》反家暴宣传短片，在腾讯网站宣传，点击5009次；开展法治及禁毒防艾宣传500场次，受益群众21.60万人；在《广西法治日报》《南宁晚报》开设妇女维权专栏，制作《南宁市妇女儿童维权案例集(二)》普法教材；出台《南宁市实施家庭暴力告诫制度的指导意见》《南宁市应对家庭暴力案件联动细则》《南宁市妇联关于给予困难妇女儿童临时救助的管理办法(试行)》等文件。创建妇女儿童维权岗28个、反家暴庇护中心3家、惜缘工作室9个。全年接到来电、来信、来访645件次，信访调处率98%。

【妇女干部培养】 2017年，市妇联联合市委组织部，在市委党校举办南宁市科级女干部培训班1期，培训50人。实施“自治区万名基层妇女干部大培训”、村“两委”(村党支部委员会、村民委员会)女干部轮训，争取配套资金44.50万元，举办培训班16期，培训2766人；推荐40名妇联系统干部分别参加自治区基层女干部师资培训班、妇联系统“政府购买服务项目”专题培训班学习；举办或参与邕城女性大讲坛、“女性创业之旅”、女性成长论坛、女企业家产品展销会等活动，举办妇女培训班、交流活动6期次，参加770人。

【妇女就业创业服务】 2017年，市妇联实施“产业到家牵手妈妈”巾帼脱贫行动，开展“金绣球农家乐”创建活动。全市妇女创办、领办“农家乐”37个，推荐“金绣球农家乐”示范点7个。依托公司、村委会、社区“妇女之家”平台，在兴宁区、江南区、西乡塘区、武鸣区、横县、上林县、马山县打造基层“壮乡巧娘”工作站10个；盘活“壮乡巧娘”品牌，开展技能培训、产品展洽活动，采用“协会(企业)+基地+农户(手工编织户)”模式，开发经营手工编织、传统刺绣、民族服饰配饰、传统特色小吃等项目，实现“壮乡巧娘”手工产品线上线下销售；举办“壮乡巧娘”培训134期，培训5780人次。创建“巾帼科技示范基地”，确认市级“巾帼科技示范基地”13个、“巾帼电商示范基地”3个；落实基地项目扶持资金46万，培育并获认定全国巾帼脱贫示范基地2个(上林县西燕镇江卢村桑杆食用菌种植农民专业合作社、南宁市旭东职业技能培训学校)，获自治区巾帼脱贫示范基地5个(上林县维度泉水泥鳅生态养殖有限公司、广西巴更农业发展有限公司、良庆区安老坡百香果种植专业合作社、南宁市新创黑豚养殖专业合作社、武鸣区府城镇永共村哈密瓜种植基地)；在邕宁区新江镇新乐村(市妇联对口扶贫村)举办返乡妇女交流座谈会、巾帼扶贫产业现场推进会，组织女企业家向新乐村宝盈食用菌合作社赠送食用菌种1万包、价值2.30万元；开展“爱在行囊走进基层”关爱女农民工活动，慰问环卫工人、医院护理工人、育婴员、企业工作人员等200多人次；联合南宁市人力资源和社会保障局、南宁市扶贫开发领导小组办公室举办“春风行动”技能培训班，召开妇女创业就业会、专场招聘会、职业技能现场展示洽谈会等75场次，发放资料32.56万份，免费服务群众3.25万人次，介绍女性就业5440人次。

【巾帼家政培训发展】 2017年，市妇联开展“巾帼家政培训‘大篷车’进贫困村”活动。指导家政培训机构到27个贫困村屯举办培训班27场次，受益群众3010

人；培训农村妇女 1211 人，其中建档立卡贫困户对象 215 人，上岗 150 人次。开展女农民工职业技能培训，争取市级财政支持 483 万元专项经费，委托 6 家定点职业培训机构到区县、乡镇开展育婴、家政、养老、手工编织、电子商务、特色小吃制作、茶艺、保洁员工作 8 个项目培训，培训 5000 人，其中 2060 名女农民工获职业资格鉴定证书。

【巾帼建功创先活动】 2017 年，市妇联以“巾帼建新功　喜迎十九大”为主题，开展“巾帼文明岗”创建活动。创建全国巾帼文明岗 5 个（青秀山风景名胜旅游开发有限责任公司导游班、南宁市第二人民医院生殖医疗中心、南宁市中级人民法院立案庭、西乡塘区衡阳街道中华中路社区居委会、兴宁区国税局办税服务厅），自治区巾帼文明岗 8 个（南宁市气象局气象台、南宁市第五人民医院心理科森田病区、江南区富士康 MBD 事业处梦之队、马山县中心幼儿园教研组、南宁市国家税务局车辆购置税征收管理分局、广西美泉新农业科技有限公司配药组、广西壮家女家政职业培训学校养老护理培训就业部、兴宁区环卫站清保队中华班），南宁市巾帼文明岗 75 个；为女企业家、女科技人员、城乡女能人搭建交流互动平台，组织女企业家、女能人、女科技人员 20 人次及 16 家企业女领导参加在柳州市举办的“巾帼心向党　牵手助脱贫”暨广西第三届创新创业产品（成果）展销会，南宁馆展出产品 150 多种，销售展品 2000 多件（套），销售金额 48.20 万元，达成合作意向项目 10 个、金额 500 多万元。

【农村妇女“两癌”救助项目】 2017 年，市妇联实施农村妇女“两癌”（宫颈癌、乳腺癌）免费普查与救助项目；开展“两癌”预防宣传咨询活动，举办“两癌”知识讲座、培训班 87 期，培训 5200 多人次；健全“两癌”患病妇女信息库，进行跟踪服务管理，收集上报 1300 名“两癌”患病贫困妇女信息；采用全国妇联“两癌”信息填报系统填报，申请社会救助，争取专项经费 294 万元，慰问患“两癌”贫困母亲 294 名，实现建档立卡贫困患癌妇女、低保户患癌妇女救助全覆盖。

【“朱槿之约”志愿服务品牌】 2017 年，市妇联组织开展妇女儿童家庭领域公益服务项目创意“金点子”征集活动，征集金点子 51 个。“朱槿之约”志愿服务成为南宁市志愿者服务的品牌。年内，市妇联组织实施巾帼志愿服务项目 10 个，发动、组织巾帼志愿者 20 多万名、巾帼志愿服务队 5000 多支，开展文明礼让乘车劝导服务、乡村巾帼志愿服务、“我们的节日”主题等活动；在公交站点引导乘客文明排队，有序上下车，服务教育群众 120 万人次；在村社区协助保洁队开展环保宣传、清洁环境、垃圾清运，宣传教育 23 万人次，清理垃圾 2.50 万吨；到广场、车站、集市、村（社区）开展普法宣传、卫生保健、禁毒防艾、扶贫惠民、植绿护绿、关爱空巢老人、关爱留守儿童等志愿服务活动，受益群众 5 万人。

【妇联改革】 2017 年 9 月 27 日，市委办公厅印发《南宁市妇联改革实施方案》，从加强自身建设，建设市本级机关阵地；坚持群团组织基本定位，改进妇联机构设置；优化妇联干部队伍结构，增强妇联广泛性和代表性；夯实基础，壮大妇联基层力量；面向全体女性，建立直接联系服务妇女群众制度；强化职能，履行好服务大局和妇女的双重使命；创新服务手段，提升维护妇女合法权益的能力；创新开展网上妇女群众工作，构建“互联网＋妇联”新格局 9 个方面提出 29 项改革措施。市妇联相应制定《南宁市妇联改革实施方案任务分解表》，推进市委改革方案实施。至年末，12 个区县先后出台妇联改革实施方案；村（社区）“两委”换届同步推进妇代会换届和“会改联”（村妇女代表会改建村妇联）工作，村“两委”班子 100% 配备 1 名女干部，100% 完成“会改联”工作；128 个乡镇（街道）完成区域化建设改革、覆盖率 100%。打造“网上妇女之家”，建有妇联网站 2 个、微信公众号 14 个，信息沟通渠道 39 个，新设市妇联网络信息文化传播中心。

【家庭教育】 2017 年，市妇联开展“争做合格家长，培养合格人才”家庭教育大讲堂活动，举办家庭教育报告会 485 场次，帮助 8.23 万名家长提高科学教子能力。关注留守儿童、困难家庭、单亲家庭的家教指导，开展“正面管教”亲子沟通分享会、“代理家长”“爱心妈妈”“亲情热线”等社会关爱行动，构建留守儿童关爱教育监护网络。开展特色家庭主题宣传实践活动，组织参加 2017 年“童心向党　爱创未来”——广西第七届“八桂画童”美术、书法、摄影大赛，征集参赛作品 1528 幅，其中 546 幅作品获奖。做好全国开展家书抵万金——现代家书家信征集、社会主义核心价值观进家庭优秀案例征集、“让爱留守·关爱农村留守儿童特别行动”创新案例征集 3 项活动，征集作品 56 例，承办 2017 年自治区家庭教育骨干教师培训班暨自治区家庭文明建设工作现场推进会，提升全市家教指导服务能力。

【家庭文明建设】 2017 年，市妇联在自治区妇联系统率先建成首个家风馆，家风馆平均每月接待观众逾万人。举办南宁市第八届家庭文化艺术节、南宁市 2017 年感恩母亲“国际家庭日”文艺晚会；承办 2017 年广西“最美家庭”揭晓会暨“秀家风　晒亲恩”家庭微视频大赛颁奖晚会等活动。开展好家训好家规征集、文明家风宣讲会等活动，深入机关、社区、学校等开展家风、家训宣传活动 93 场。参与全国、自治区“最美家庭”申报，全市各级妇联组织推选“最美家庭”1178 户，其中蓝淋、林珏瑛 2 户家庭获全国“最美家庭”称号，覃丽娟、蓝莲青、隆美红、陆兰珍、张波、郑磊、刘洪娥 7 户家庭获广西“最美家庭”称号。

2017 年 5 月 24 日，2017 年全国“最美家庭”揭晓会在北京人民大会堂召开，市妇联推选的蓝淋家庭、林珏瑛家庭获全国“最美家庭”称号，蓝淋（左四）代表广西参加揭晓仪式

市妇联提供

【"三留守"人员关爱工程】 2017年,市妇联实施"扶贫济困送温暖"项目,关爱"三留守"(留守妇女、留守儿童、留守老人)人员。筹集资金、物资,慰问困难妇女、特困妇女干部、特困母亲、留守(孤残)儿童、空巢老人等2000多人,将资源、项目、经费向贫困地区倾斜;实施"春蕾计划"等项目,资助贫困女生135名,资助5.08万元;联合爱心企业为邕宁区、武鸣区、横县、上林县、马山县10多所学校的留守儿童及南宁安琪之家、市福利院的残疾孩子捐赠价值40多万元的文体和生活用品。

【儿童家园建设】 2017年,市妇联落实自治区政府2017年为民办实事工程,完成248所儿童家园(之家)创建任务,其中脱贫摘帽贫困村儿童家园(之家)86所。市、区县财政支持儿童家园(之家)创建资金561.15万元,其中市财政支持资金124万元、区县财政支持资金437.15万元(含垫支自治区以奖代补资金248万元)。创建市级示范性儿童家园(之家)12所,每所创建经费1万元;全市累计创建示范性儿童家园(之家)82所。开展"大学生志愿者服务儿童家园"主题活动,在暑假期间组织返乡大学生志愿者2500人,服务儿童家园(之家)517所,受益儿童15万人次。

【妇女儿童之家项目】 2017年,市妇联引入社工服务项目,创新构建"妇联+社工机构+社工"的"妇女儿童之家"服务新模式,整合儿童家园(之家)和妇女之家服务,解决基层村(社区)服务人手不足和社会工作专业服务能力欠缺的困难。与汉达社工签订协议,在上林县6个村(社区)妇女儿童之家实施政府购买服务试点;在兴宁区澳华社区、江南区新锦社区、青秀区星湖社区、西乡塘区南铁北四区社区、邕宁区新兴社区、良庆区银沙社区6个社区创建示范点,邀请社区组织进驻开展服务。通过社工组织在维护妇女儿童合法权益、促进儿童成长教育、困境帮扶、和谐家庭及社区创建、提供妇女创业就业服务、宜居乡村建设理念等方面提供专业服务,实现妇女儿童之家项目化、专业化服务和规范化管理。

【助力"美丽南宁"建设】 2017年,市妇联开展"美丽南宁·宜居乡村——巾帼在行动"活动。通过慰问走访、宣传咨询、培训宣讲、文艺演出等宣教活动,促进农村妇女群众转变观念,树立生态文明理念,带动家庭成员参与改善和维护生产、生活环境的行动。与区县、开发区签订项目协议,核拨专项经费在乡镇成立"巾帼志愿服务队",制定志愿服务活动计划,组织巾帼志愿者联合村(社区)"巾帼保洁队"到村屯、社区开展卫生宣教、村屯绿化、农村环境卫生综合治理、垃圾分类、"洁美家园"集中清扫等乡村建设"巾帼志愿服务"活动。 (黄家玉 周燕丽)

南宁市文学艺术界联合会

【概 况】 2017年,南宁市文学艺术界联合会设办公室、组织联络部、文学艺术研究室3个部室,编制16名,在编16人;二层事业单位2个(南宁文学院、南宁书画院);有区县文联12个,市属文艺家协会11个(市作家协会、市戏剧曲艺家协会、市音乐家协会、市美术家协会、市舞蹈家协会、市摄影家协会、市书法家协会、市电视艺术家协会、市文艺理论家协会、市民间艺术家协会、市文艺志愿者协会),产业文联2个(市质量技术监督系统文联、市公安局文联);会员4236名。

【文艺报刊】 2017年,市文联主办的《红豆》杂志主要栏目设有红豆头条、小说长廊、南宁名片、散文空间、诗歌部落、文化随笔6个栏目,发行12期,每期刊发原创文学作品约5万字;出版增刊《红豆小说双年选2016—2017》《红豆随笔双年选2016—2017》,共39万字。《红豆》杂志以高品质作品跃升全国地级市文学期刊前列。年内,南宁文学院举办全国第二届《红豆》系列中小学校园文学创作征文大赛,收到征文1.50万篇;打造"绿城公益文学讲堂",开办讲座8场(进基层1次、高校1次),先后邀请潘小萍、鲍学谦、陈祖君、陈敢、陈莉、黄莉莉、陈启文、陈永林、丘晓兰9名作家分别开讲。

【特色活动】 2017年,市文联开展系列主题鲜明的文艺活动。元旦、春节期间,举办"2017年'我们的中国梦'——文艺进万家"新春文艺惠民活动,开展写春联、画红鸡、拍全家福等活动。3月22日,中国文联在南宁召开组联工作会议,市文联介绍基层组织建设、文艺志愿服务、千村万户文艺惠民工程等重点工作开展和创品牌情况,展示展演以"美丽南方·绿城风采"为主题的美术摄影作品和获中国民间文艺"山花奖"的特色民间文艺节目,南宁经验获中国文联国内联络部,各省(自治区)、直辖市文联,新疆生产建设兵团文联、全国产业行业文联等150余名与会代表的肯定。4月20日,经过近2年编撰的《南宁历史文化精选》举行首发仪式。7月15日,"传承·升华——潘琦、潘立远、潘继坦书法作品展"在广西博物馆开展,展出作品200多幅,是继2013年"翰墨亲缘——潘琦、潘立远、潘继坦书法作品展"之后的第2次联袂展出作品。7月26日至8月下旬,举办雅风墨韵当代中国知名书画家精品展暨罗晶晶、黄成文、李德道、黄浦书画展,展出绘画、书法作品60多幅。8月27日,少儿"书法成长课堂"2016级学生结业典礼·作品汇报展暨2017级开学仪式在南宁市少年儿童图书馆举行,自2015年开班以来受益学生100多名。9月8日,举行主题为"发展新成就 人民获得感"暨迎接党的十九大专题图片展南宁巡展开幕式,分发展新成就、人民获得感、党建新气象、南宁展区4大展区,展出摄影精品120幅。9月16日,首个公益少儿书法教育课堂——"书法成长课堂"2017级(工人文化宫教学点)开班暨授牌仪式在南宁市工人文化宫举行,市文联、市总工会、市书法家协会、市工人文化宫、兴宁区文联、兴宁区教育局、兴宁区书法家协会、兴宁区小学的学生和家长代表

2017年4月20日,市委宣传部、市文联在市文联会议室举行《南宁历史文化精选》首发仪式
李 雁 摄

等200多人参加。10月25日，以“国富民强·健康长寿”为主题的广西首届百岁寿星风采摄影大赛获奖作品展在自治区图书馆1楼大厅举办，展示100多名百岁老寿星的精彩人生。11月1日，“杨宇云从艺72载书法篆刻艺术作品展”在市文化宫开展，展出书法、篆刻、陶艺等精品180多幅；市文联、市书法家协会出版《杨宇云书法篆刻作品集》。12月12日，“南昌—济南—南宁书画交流展”在江西省南昌市365艺术馆开幕，展出三地书画佳作120余幅。12月28日，“万锦杯”首届南宁摄影艺术展览在自治区图书馆开展，展出影赛纪实类、艺术类作品100幅。12月29日，电影《完美绅士》在南宁国际会展中心举办新闻发布会，是第1部反映南宁市青年在中国－东盟自贸区、“一带一路”建设大环境下创业的青春励志片。

【特色品牌】 2017年3月5日，市作协为庆祝“绿城玫瑰”成立6周年，组织“绿城作家群”开展文学交流、采风活动，打造名刊《红豆》杂志，启动“文学进校园”活动。3月30日至6月1日，举办第二届《红豆》系列中小学文学创作征文大赛，收到来自全国90%的省、自治区、直辖市稿件1.50万篇，其中小学组1万篇，中学组5000篇，体裁涵盖诗歌、散文、小说、童话故事等样式。评出小学组一等奖3名、二等奖10名、三等奖40名、优秀奖150名，中学组特等奖1名、一等奖3名、二等奖10名、三等奖30名、优秀奖100名；评出小学组优秀组织单位8个（安徽省怀远县作家协会、怀远县教育和体育局教研室，深圳市大鹏新区葵涌街道新思维作文培训中心，铭师堂教育，南宁市凤翔路小学，南宁市滨湖路小学，南宁市民主路小学，南宁市秀田小学，南丹县第一小学），中学组优秀组织单位6个（安徽省五河县教育和体育局、南宁市第四中学、南宁市第二中学、南宁市第四十七中学、南宁市邕宁高级中学、南宁市第四十六中学），韦露莎、黄雨青分获中学组、小学组优秀指导老师。年内，培育“绿城画韵”工笔画家群、“绿城翰墨”书家群、“绿城乐风”音乐家群等“绿城”系列文艺品牌，打造“我家春联我书写”品牌，推动人才培养、精品创作，提升协会综合实力和影响力。拓展“绿城文学公益讲堂”内涵，打造首府特色公益品牌“绿城文艺讲堂”。由市摄协、市音协、市舞协、市书协主办的“艺联摄影公益讲堂”、声乐公益讲座、舞蹈编导技法培训班、“书法成长课堂”等公益讲堂陆续开讲，受益群众8500人次。

【千村万户文艺惠民工程】 2017年，市文联创新开展“千村万户文艺惠民工程”，把定期的“送”文化变为常态的“种”文化，在丰富基层文化生活的同时筑牢基层文联组织根基。年内，全市有16个村（社区）被命名为广西文联“千村万户文艺惠民工程”文艺村、31个家庭被命名为文艺户。5月，市文联组织18名党员志愿者到武鸣区灵马镇坡江村开展政策法律法规咨询、权益维护、社会救助、环境卫生整治等志愿服务活动，通过结对子开展活动，不定期到结对家庭走访并提供帮助。组织文艺志愿者赴隆安县丁当镇开展志愿辅导、创作采风暨“到人民中去”志愿服务活动，组织文艺志愿者分赴江南区、西乡塘区、武鸣区、宾阳县、隆安县开展文艺扶贫志愿服务主题活动和“薪火相传——书画进校园文艺志愿辅导活动”。市、区县文联举办“精准扶贫”“到人民中去”等文艺志愿服务活动，开展书画摄影展览，文学、音乐、舞蹈等培训活动114场次，参与的文艺志愿者1363人次、受益群众约2.40万人次。市文联选取乡村少年宫学校6所，组织志愿者为农村孩子开展音乐、美术、书法、舞蹈等文艺辅导47次58场，培训学生约2000人次。

【文艺成果】 2017年，市文联及所属11个文艺家协会获省（自治区）级以上奖项作品219部（件），编辑出版文集、专著17部。其中，小说《青碟》（作者：王勇英），获第三届《儿童文学》金近奖优秀作品奖；诗集《心中的灰熊》（作者：陆辉艳），获第八届广西文艺创作铜鼓奖；长篇小说《卢旺达往事》（作者：钟日胜），由人民日报出版社出版。谭艳艳获2017年广西音乐舞蹈比赛器乐类第二名；《金环传》（编剧：杨建伟，编剧、导演：潘春竹）、《小卖店的故事》（编剧、导演：张笑）2部原创小品入选自治区“深入生活　扎根人民”创作成果展演作品；歌曲《把梦带回家》（陆坚词、韦洪曲），获第十四届广西“五个一工程”奖；歌曲《小世界》（黄钰词、刘长武曲），获国家艺术基金小型舞台剧（节）目、作品创作资助项目，入选“深入生活　扎根人民”音乐创作成果展演（声乐类）作品。舞蹈《骆越先歌》（编导：王竹），获国家艺术基金小型舞台剧（节）目和作品创作资助项目。油画作品《海景》（作者：龙建辉），获第五届广西艺术作品展美术作品展优秀奖，入选自治区人民政府主办的美术展览作品。《槿艳繁花满树红》（作者：宋忠阳）、《在湄边》（作者：罗晶晶）、《花鸟》（作者：苏凌云）、《清影》（作者：李洁华）4幅工笔画作品和《骆越家山传古韵》（作者：李统就）、《街巷一角》（作者：覃勇）、《八桂织锦绣丝路》（作者：陶义美）、《玉颜和风》（作者：曾翠玲）4幅国画作品入选第五届广西艺术作品展美术展览作品。潘继坦、刘小静2人书法作品入展香港大公文汇传媒集团主办的庆祝香港回归祖国二十周年中国书法·美术名家作品展；潘文志、张逢波2人书法作品，入展（不设奖）全国第四届草书作品展，梁富振、肖智芳靖2人书法作品，入展（不设奖）全国第四届青年书法篆刻作品；梁富振、魏波2人书法篆刻作品获第五届广西艺术作品展览——广西书法篆刻作品展优秀奖（最高奖）。摄影作品《璀璨之夜》（作者：张艺军），入选第十届中国西南六省区市摄影联展，摄影作品《桥上桥下》（作者：滕忠），获全国第十三届“外来青工风采”摄影大赛优秀奖。电视剧《兵变1929》获广西第十四届精神文明建设“五个一工程”优秀作品奖；《故事》入选第23届中国纪录片十佳栏目。歌舞《猴鼓舞》入选第十三届中国民间文艺山花奖·鼓舞鼓乐评奖活动总决赛；《丰收乐舞》马山会鼓代表广西参加中国民协、陕西省民协主办的“喜迎十九大全国优秀民间欢庆锣鼓展演”。论文《广西民族地区学困生发展的期待效应》（作者：韦美日），获自治区“2016—2017年度优秀研究成果特等奖”；专著《壮族〈麽经〉神话探析》（作者：林安宁）、《言说与现场——中国当代文学的一种读法》（作者：李仰智）获第八届广西文艺创作铜鼓奖。

（李　雁）

南宁市归国华侨联合会

【概　况】 2017年，南宁市归国华侨联合会设办公室、经济联络部2个部室，编制12名，在编13人；有直属团体会员16个，华侨农林场有广西－东盟经济技术开发区、邕宁区五合华侨林场、隆安华侨管理区、武鸣白合华侨农场4个，县级侨联机构13个；社区、华侨农林场（含分场）、厂矿企业侨联13个，侨联小组168个。全市有南宁籍或与南宁有渊源的海外华侨华人、港澳台同胞近100万人，分布于世界五大洲80多个国家和地区；有归侨、侨眷14万多人，其中新老归侨、侨眷2万多人，主要分布在武鸣华侨农场、白合华侨农场、浪湾华侨农场、五合华侨林场和市级机关、城区机关、医教文卫系统及企业单位。

【为侨服务】 2017年春节、“七一”期间，市侨联开展“送温暖”活动，走访慰问侨界群众600多人次，发放慰问金、慰问品等价值15万元；慰问村“两委”（村党支部委员会、村民委员会）干部、困难群众，发放慰问金、慰问品、生产物资等价值3万多元，拨付2万元帮助村民发展集体经济。年内,委派干部农婧、黄彩色到定点扶贫点——宾阳县思陇镇马岭村挂任贫困村第一书记开展精准扶贫,市侨联领导多次专题研究帮扶工作,主要领导带队8次深入扶贫点调研,筹措资金2万元建设马岭村百香果农副产品农贸市场,实地考察广西恒巨达有限责任公司投资建设的马岭文化生态园;至年末,宾阳县思陇镇马岭村百香果农副产品农贸市场建成投入使用。市侨联召开学习黄大年先进事迹暨基层组织建设座谈会,区县侨联、华侨农林场侨联,联谊(校友)会负责人,市侨联机关全体人员40人参加会议。协调、动员中法服装实业协会、市侨心慈善基金会联合开展扶困助学活动,向马山县白山镇民族小学、隆安浪湾华侨管理区幼儿园捐款14.95万元,资助贫困生和改善学校教学条件。11月9日,中国华侨公益基金会与市侨联、市侨心慈善基金会、南宁爱尔眼科医院签订“精准脱贫光明行”三方协议书,中国华侨公益基金会捐款200万元,帮助贫困白内障患者实施手术治疗,受益群众2000人次;世界广西同乡联谊会向青秀山风景区侨心亭建设工程捐款15万元;市侨心慈善基金会收到捐款捐物127.28万元,拨付用于精准扶贫、教育公益事业37.28万元。市侨联首次在上林县举办第四期华商人才培训班暨“华商上林行”,华商会员、企业家参加培训50多人次,为华商企业家在区县寻找合作商机搭建平台;继续实行法律义务咨询轮值制度,为侨界群众提供法律服务;做好侨界信访工作,处理重要信访件5件,处理率100%。

【“侨胞之家”挂牌成立】 2017年,南宁市挂牌成立“侨胞之家”10个。6月30日,在南宁市正培五金机电有限公司举行广西侨联、南宁市侨联“侨胞之家”暨南宁市首个“侨胞之家”揭牌仪式,归侨侨眷群众代表150多人参加;“侨胞之家”建筑面积1680平方米,有多功能球馆、书画馆、游泳馆、舞蹈馆、棋牌馆5个功能区,总投资200多万元,由华商企业南宁市正培五金机电有限公司无偿提供。

【海内外联谊】 2017年,市侨联加强海外联谊,开展“走出去、请进来”活动。3月,组织代表团出访南非、肯尼亚等国家、赴中国香港地区考察,在南非约翰内斯堡、东非国家肯尼亚首都内罗毕分别举办投资环境推介洽谈会,并在南非开普敦、中国香港地区召开投资合作座谈会,南部非洲华人华侨、香港同胞等企业家100多人参加;市侨联与南部非洲华侨华人工商联合总会、东部非洲中国总商会签订友好侨社团协议书,聘请侨领(其他国家或地区在华侨华人群体中有影响力或号召力的人物,也指一些华侨华人社团主要负责人)海外顾问15名。做好第18届世界广西同乡联谊大会相关服务,会前市侨联副主席陪同广西侨联副主席温深文和澳门国都制衣厂有限公司黄国贤等10人赴广西－东盟经济开发区考察,世界道教法师联谊会会长温国平向广西－东盟经济开发区华侨社区赠送书籍价值10万元;张卫副市长接待澳大利亚广西海外联谊会代表团一行20多人,就促进中澳两国间的经贸往来与文化交流合作等事宜进行洽谈。3月8日,广西侨联、市侨联在瑶王府酒店接待戴国光等马来西亚居銮乡团会馆访问团一行30多人,举行联欢活动。4月21日至26日,市侨联组织代表团出访中国香港、澳门地区,拜访香港湛江社团总会、香港华侨华人总会、澳门缅华互助会,与香港湛江社团总会负责人商讨签订友好侨社团事宜,参加缅华泼水节活动。6月15日,日中文化协会常务理事任健牵线搭桥,在南宁桂雅路小学举行《中国－日本国际儿童画交流展》。7月,市侨联、广西华侨学校协办的2017年“亲情中华”(广西·南宁)夏令营暨全国各民族大中专学生暑期同心营活动,在广西华侨学校举行闭营仪式,40名加拿大华裔青少年和广西壮族自治区、云南省、湖南省、广东省、海南省等7省区55位同心营营员参加广西民俗文化交流活动。7月,港缅友好协会主席王锦彪一行5人到南宁市考察“中缅经济文化园”项目。9月,市桥联邀请法国、新加坡、马来西亚等国家、中国澳门地区的嘉宾、客商等9人到南宁市参加中国－东盟博览会、投资贸易洽谈会。年内,接待南非、澳大利亚、瓦努阿图、匈牙利、马来西亚、泰国等国家和中国香港、澳门、台湾地区客人20多批、近500人次。

【参政议政】 2017年南宁市人大、政协“两会”召开期间,市归侨、侨眷的人大代表、政协委员围绕华侨农林场的改革发展、侨界生产生活环境、精准脱贫等问题提出议案、意见、建议和提案15件,其中《关于进一步凝聚侨心汇聚侨力助推广西“一带一路”建设的建议》等5件议案、意见、建议、提案被列为重点,由自治区、南宁市领导督办。11月28日,市侨联组织侨界人大代表、政协委员赴隆安浪湾华侨农场侨资企业——广西永江食品工业有限公司开展调研视察,举行“侨心工程”捐款仪式、“侨胞之家”挂牌仪式等活动,与农场领导召开座谈会,协商研究人员编制落实和债务处理等问题。 (廖嗣松)

南宁市科学技术协会

【概　况】 2017年,南宁市科学技术协会设办公室、学会部、科技普及部、青少年教育部4个部室,机关事业编制19名,机关后勤服务人员控制数2名,在编21人。有二层机构2个(市科学技术咨询服务中心、市科技馆),区县科学技术协会12个,市级学会、协会44个,企业科协64个,院士专家工作站7个,科普示范学校70所,青少年科学工作室95个,青少年创新实践工作站11个;有科普示范社区65个(国家级9个、自治区级11个),科普惠农服务站110个,社区科普益民服务站58个,农村专业技术协会129个,科普示范基地89个(国家级15个、自治区级12个),科普教育基地20个(国家级6个、自治区级8个)。年内,市科协分别在市本级、武鸣区、宾阳县举办科技辅导员培训班3期,培训中小学校科技辅导员、科技教育工作者近500人;在华星酒店举办创新培训班,所属学会、协会,企事业科协120多人参加,培训专利应用工程师(含高管)200人。南宁市成为2017年中国科协11个创新驱动助力工程试点单位之一,市科协被自治区政府授予“自治区科技工作者状况调查站点工作优秀区域责任部门”称号,获第32届广西青少年科技大赛基层赛事优秀组织奖,被评为第五届广西青少年科学节优秀组织单位、实施“五个一”农村适用技术培训工程先进单位。6月15日,市政府召开2017年南宁市全民科学素质工作会议,南宁市全民科学素质工作领导小组32个成员单位的分管领导及联络员参会,会议主要解读《南宁市全民科学素质行动计划纲要实施方案(2016—2020年)》,递交《2017年南宁市全民科学素质建设目标管理责任状》,通报表扬2016年南宁市全民科学素质工作表现突出单位(集体)19个、表现突出个人55名;通报表扬2016年南宁市“十月科普大行动”活动表现突出集体65个、表现突出个人91人。

【科普活动】 2017年,市科协实施科技助力精准扶贫行动,组织科技人员208名组成专家团,到农村(社区)开展“百名专家进百村(社区)志愿服务活动”235场,服务农民、城镇居民近4万人次,带动1200名贫困户脱贫。5月22日,在江南区南城百货购物广场举行以“科技强国,创新圆梦”为主题的全国科技活动周南宁活动启动仪式暨科普进广场活动,市科协会员单位开展科普游园有奖知识问答、科普知识宣传展示、社区医疗义诊等活动,向居民发放《社区居民健康知识手册》《居民突发事件应急防范与自救手册》《地震应急避灾手册》等科普宣传资料200多册。5月30日首个"全国科技工作者日"，市科协发动区县科协、学会协会、企业科协开展宣传优秀科技工作者、走访慰问基层一线科技工作者等活动。9月下旬至12月，市科协牵头组织开展主题为"创新驱动发展，科学破除愚昧"全国科普日暨"十月科普大行动"活动，展出科普板报800多版，发放科普资料30多万份，参与活动40多万人。市科协、市委组织部联合举办"科普远程教育活动月"活动，在全市1800多个远程教育终端站点全面铺开，受益群众10多万人。

【学术交流】 2017年，市科协分别在南宁学院、南宁市第四人民医院、南国弈园组织召开专题报告会3次，邀请中国工程院院士李培根、中国科学院院士王福生、中国工程院院士任南琪到会分别作《新工业革命和工程教育》《艾滋病、肝病临床诊疗新进展》《海绵城市建设——城市水系统4.0》专题报告，邀请长江学者特聘教授朱宏平作《土木工程结构振动分析与隔震减振控制》报告，全市一线科技工作者1500多人参加。6月15日，召开南宁市第七届学术年会，中国建筑设计研究院李存东、德国莱茵曼应用技术大学废气处置研究所FranjoSabo(弗兰霍·萨博)、华蓝设计(集团)有限公司市政设计院秦德全、广西财经学院人文地理与城乡规划系李银春分别在会上作专题发言，所属学会、协会、研究会、企业科协、区县科协、科研院所科技人员等200多人参加。9月16日，组织召开主题为"助力创新驱动，共建海外人才离岸创新创业平台"的海外科技社团座谈会，中欧绿色科技协会、新英格兰华人科技协会等13家协会负责人参加，市科协与中欧绿色科技协会签署人才交流合作协议。9月17日，市科协承办2017年南宁·东盟人才交流活动月开幕暨第四届南宁市海外高层次人才与项目对接会，43名海外高层次人才(其中国家"千人计划"专家13人)携46个项目与南宁市90多家企业交流、洽谈合作事宜，促成南宁市新科健生物技术有限公司、广西博世科环保科技股份有限公司等4家企业与海外高层次人才签署合作协议。

【基层科普行动】 2017年，市科协加强基层科普组织建设，以培育农村专业技术协会、科普示范社区、科普惠农服务站、科普益民服务站为抓手，促进科普基础薄弱区县科普组织建设，组建科普人才队伍、完善科普基础设施，推进"基层科普行动计划"项目培育，指导区县培育成立农村专业技术协会12个。全市获2017年"基层科普行动计划"中央资金项目扶持单位14个：农村专业技术协会3个(江南区苏圩镇无公害蔬菜协会、上林县大明山名优种养协会、隆安县雁江香米协会)、科普示范基地3个(邕宁区振企农业科技有限公司联团基地、兴宁区富凤鸡产业科普示范基地、马山县古零农家生态葡萄种植科普示范基地)、科普示范村2个(横县马岭镇龙山屯、上林县巷贤镇木字村)、科普示范社区3个(江南区二桥西社区、青秀区星湖社区、宾阳县永武社区)、科普示范学校3所(市沛鸿中学、市第三十六中学、宾阳县中华镇中心小学)获2017年广西"科普惠农兴村计划"先进单位3个：农村专业技术协会2个(横县校椅镇甜玉米协会、武鸣区太平镇葛阳村水果协会)、马山县乔利乡盛世生态农业种植科普示范基地；隆安县雁江镇红良村凌维利获"先进个人"称号；全市获2017年南宁市"基层科普行动计划"项目先进单位24个：西乡塘区明秀社区获第六批广西科普示范社区、农村专业技术协会9个、农村科普示范基地8个、科普示范社区6个；获先进个人(农村科普带头人)12人。

【自然科学优秀论文评选】 2017年，市科协开展南宁市自然科学优秀论文评选活动，评出获奖论文33篇，其中《对乙酰氨基酚产期处理后对后代肝细胞功能代谢的影响》(吴咖、郭超、陆秀丽著)、《铸造包覆板对汽车热交换器用铝合金复合箔抗下垂性能的影响》(朱玉涛、刘莹、莫肇月著)、《广西麦冬草坪杂草调查及药剂防除试验》(陆仟、杨思霞、马跃峰著)3篇获一等奖，《大规格高性能2219铝合金圆锭铸造工艺研究》等10篇获二等奖，《溴氰菊酯和氯氰菊酯作为产卵驱避剂在瓜实蝇防治中的应用技术研究》等20篇获三等奖。

【科技信息推广应用】 2017年，市科协推进中国科学技术协会科普信息推广应用服务项目的实施，发动、引导118家企业注册科普信息平台，推动专利信息的应用和推广；开展科技信息企业精深定制服务，13家企业申请项目专利应用资金补助服务券12.26万元，40多家企业新增科技创新发明专利近60项，产生直接经济效益2500万元，间接经济价值6000万元，节约研发投入270多万元，培育12家应用科技信息典型企业案例。

【青少年科技活动】 2017年3月16日至19日，第32届广西青少年科技创新大赛在广西科技馆举行。市科协选送95项作品参赛，获一等奖36项、二等奖24项、三等奖31项；赵日雄、陆俊达、杨杰获自治区优秀科技辅导员，南宁市北湖路小学获科技教育创新优秀学校；市科协获广西青少年科技创新大赛基层赛事优秀组织单位奖。8月15日至18日，市科协组织20个项目参加第32届全国青少年科技创新大赛，有16个项目获奖，其中获二等奖10个、三等奖4个、优秀创意奖2个。9月26日至27日，市科协组织开展"快乐科普校园行——中科院科普演讲团南宁市系列科普报告会活动"，中国科学院潘习哲、王渝生、焦维新3位科学家分赴兴宁区、江南区、隆安县等11所学校举办科普讲座，3000多名学生参加。9月30日，市科协、市文明办、市教育局、市科技局、团市委联合举行"第五届广西青少年科学节南宁市活动启动仪式"，以"启迪科学智慧·成就科学梦想"为主题，设四驱车辆模型亲子拼装与轨道竞速体验赛、海洋知识科普讲座与展示、遥控车辆模型表演、青少年教育机器人亲子互动搭建体验与表演、3D打印与创客比赛等15个项目，参加活动3000多人。11月14日至19日，市科协在市科技馆举办以"创新、体验、成长"为主题的2017年南宁市青少年科技创新大赛作品评比、展览，收到参赛作品942个，评出获奖作品669个，其中一等奖126个、二等奖219个、三等奖324个；评出优秀科技辅导员11人。

【科普阵地建设】 2017年，市科协指导成立市第四人民医院院士专家工作站暨南宁市第7家企业院士工作站，培育、创建第9批南宁市学校青少年科学工作室，新建青少年科学工作室5个、学会1家(南宁市心理咨询师协会)、公司科协2家(南宁北部湾人才金港有限公司科协、广西和泽盛教育科技有限公司科协)；在南宁北部湾人才金港有限公司成立海智基地工作站。加强基层科普组织建设，在区县培育农村专业技术协会12个。6月29日，市科协命名南宁市科普教育基地3个(广西中医药大学第一附属医院、南宁海王健康生物科技有限公司、南宁市巴比树文化传媒有限公司)。年内，建成"科普中国"校园科普e站15个、"科普中国"社区e站27个、"科普中国"乡村e站64个。

【市科技馆开馆】 2017年9月30日，位于铜鼓岭路10号的南宁市科技馆开馆试运营，中央电视台、广西电视台、南宁电视台等多家媒体报道。市科技馆项目2008年9月获市发改委批复立项，2011年1月开工建设，占地3.33公顷，总建筑面积3.52万平方米，总投资3.50亿元；设主馆、科学会堂2个大馆，常设科普展厅面积约

1.22万平方米，属特大型馆；以“人与未来”为主题，设7个主题展厅(科学乐园、自然乐园、科学生活、智能世界、虚拟世界、运动健康、航天世界)、2个功能区(职业体验城、青少年工作室)、1个4D特效影院；展项涵盖航空航天技术、民族医药与心理健康、虚拟技术、机器人应用、安全避险、竞技运动等方面的科学知识，展品305件(套)；至年末，接待自治区内外游客4万多人。 (肖重虎)

南宁市社会科学界联合会

【概　况】 2017年，南宁市社会科学界联合会设办公室、学会部2个部室，行政编制9名，工勤编制1名，在编10人；有下属学会8个、协会2个、研究会9个，团体会员31个，会员2.30万人。市社科联发动市属学会、协会、研究会的专家、学者申报资助项目，参与研究专家学者200多名；全年收到申报项目65项，其中获课题立项资助52项，资助金额19万元。完成《南宁市官商清廉关系研究》《南宁市中小学校创建文明校园研究》《南宁市耕地面积奇缺村屯精准扶贫措施探究》3项重点课题研究；市社科联课题获自治区社科联专项课题立项1项，区县课题获立项8项。市级组织开展科普宣传活动8场次，指导区县开展科普宣传活动30多场次；新建社会科学普及宣传基地1个。审批学会开展活动20多场次，现场指导活动8场次；指导3个学会完成换届，发展新学会1个，完成学会脱钩1个；举办大型学术研讨会1次，组织学会参加全国大中城市社科联工作会议1次，参加大型学术研讨会1次。

【会员管理与服务】 2017年，市社科联加强学会、协会、研究会的指导，印发《2017年学会管理考评细则》，做好学会年审；协调、督促所属学会、协会、研究会做好年检。加强与中华人民共和国国家安全局、国内安全保卫局的联系，认真审核学会对外学术交流和课题研究内容。指导南宁市税务学会、南宁市社科交流研究会、南宁市高等职业技术教育研究会完成换届选举；发展新会员单位1个(南宁市经济与法治建设研究会)；指导1个所属市企业、企业家联合会完成脱钩。

【社会科学普及】 2017年，市社科联组织机关干部职工学习《科普条例》，发放宣传册400多份。组织、指导区县申报自治区社会科学普及项目，全市获自治区社会科学普及项目立项10项，立项数量、立项比例居自治区14个地市前列。指导兴宁区、西乡塘区、邕宁区、武鸣区、宾阳县、上林县、马山县社科联进社区、进乡村开展科普活动30多场次。指导兴宁区社科联、民生街道办事处在燕子岭社区文化广场开展社会科学知识进社区宣传活动；通过举行文艺演出、知识问答、宣传品发放等方式，向社区居民宣传世界人口日的意义、社会科学知识、卫生和计划生育政策、食品安全等知识，参加活动居民200多人；组织市社科联专家到兴宁区澳华社区开展科普进社区活动，通过开展现场咨询、板报展示、发放社科知识手册、发放科普资料和书画表演等方式宣传社会科学普及知识，展出科普知识展板24块，发放宣传资料340份，参与咨询群众80多人次；到隆安县开展“网络安全进万家”社会科学知识普及活动，惠及群众400多人次；组织市属社科联学会、协会、研究会，联合隆安县扶贫办、县卫生和计划生育局、县安全监督管理局、县司法局等20家社科联成员单位40名工作人员，在县城开展活动，向居民发放“网络安全”知识、宣传资料2500多份；与邕宁区社科联联合主办“2017年全区社会科学普及联合大行动之广西社会科学大讲坛”活动，邀请邕宁区民族传统文化研究专家、城区政府顾问苏凯精作“传承民族传统文化　打造八音文化品牌”专题报告，参与干部群众200多人；市社科联2名专家到宾阳县开展以“如何提高科研水平和科研管理能力”为主题的科学普及报告会；全年开展社会科学普及宣传活动8场次。组织专家参加市政协双月协商会、南宁市传统工艺美术研讨会、西乡塘区“美丽南方”博物馆布展等专题研讨会5次。到宾阳县思陇镇六岑村开展“党建带扶贫·扶贫促党建”慰问活动4次，慰问困难党员家庭、贫困户100多户次，发放慰问金、慰问物资价值2万多元，捐赠《果树病虫害生物防治》《高效养鹅技术》等科技书籍23本，扶持沃柑育苗基地建设经费1万元。6名社科专家开展《耕地面积奇缺村屯精准扶贫措施探究》课题研究。12月6日，市社科联、市博物馆共同建设的南宁市社会科学普及基地在市博物馆挂牌成立。

【学术交流】 2017年3月，市社科联组织区县社科联、市社科联所属学会领导及工作人员到柳州市参加全国大中城市社科联第28次工作会议，市社科联、市纪律监察学会、市审计学会获“全国先进社科组织”称号。10月30日，市社科联在马山县苏博工业园区举办党的十九大精神进企业宣讲活动，参与活动200多人。11月17日，市委宣传部、市社科联联合组织召开南宁市社会科学界系统学习党的十九大精神座谈会，参会领导、专家、学者80多人。11月22日至23日，组织社会科学专家到广东省中山市中山大学参加“菲律宾蓝皮书编委会暨2017年菲律宾形势分析研讨会”，来自中山大学、北京大学、南京大学、中国政法大学、中国社科院、社科文献出版社等重点高校、研究和出版机构专家学者84人参加。11月24日，市社科联到武鸣区仙湖镇六冬村开展党的十九大精神宣讲报告，党员、群众70多人参加。 (李国燕)

2017年11月17日，市委宣传部、市社科联组织召开南宁市社科界学习党的十九大精神座谈会，邀请广西社会科学院党组书记李海荣作学习辅导　　市社科联提供

中国国际贸易促进委员会南宁市支会

【概　况】 2017年，中国国际贸易促进委员会南宁市支会设办公室、会展联络部、法律事务部3个部室，机关事业编制10名，工勤编制1名，在编11人。年内，

市贸促会接待来自美国、法国、澳大利亚、巴西、马来西亚、柬埔寨等10多个国家和中国台湾地区的商务代表团及客商10批39人次;接待中国台湾贸易中心广州代表处驻南宁联络点、泛珠三角城市会展联盟,辽宁省沈阳市、大连市,江苏省连云港市,浙江省温州市,广东省广州市、广州市番禺区、黄埔区,湖南省岳阳市,广西壮族自治区梧州市等10多个省(自治区)、市、城区贸促会、贸促机构人员40多人。组织企业家走出去,学习国内外同行工作经验,先后走访陕西省、黑龙江省、云南省、陕西省西安市、四川省成都市、福建省厦门市、山东省烟台市、湖南省长沙市、贵州省贵阳市、黑龙江省大庆市、内蒙古自治区呼伦贝尔市满洲里市、广西壮族自治区梧州市、中国澳门地区等10多个省(自治区)、市贸促会、贸促组织;带领有关企业负责人到越南、印度尼西亚、马来西亚、泰国等国家、中国澳门特别行政区进行商务访问和考察;举办、参加经贸洽谈会、展览会22场;参与"东盟经济共同体(AEC)绿色市场合作发展与建设研究项目""第3届城市会展合作发展高峰论坛"等经济学术交流活动6场。举办会员企业组织跨境电子商务、经贸摩擦应对、法律风险防范、境外涉税风险防控等专业知识培训8期;新发展会员企业12家。编印"南宁贸促信息"12期2000多份,向市委信息办、市政府信息办上报经贸信息40多条,被采用7条。

【经贸活动】 2017年3月17日,市贸促会组织企业参加印度驻广州总领事馆在南宁举办的中国－印度贸易投资旅游推介会。6月26日,组织企业参加由广西贸促会和泰国开泰银行在南宁举行的"投资新机遇　发展新前沿——越南金融服务推介会"。8月4日,组织企业参加由自治区商务厅与越南平顺省工贸厅在南宁市联合举办的"2017越南(平顺)火龙果销售推介会";16日,参加由泰国黎府皇家大学、泰国驻南宁总领事馆商务处在南宁市联合主办的"东盟经济共同体(AEC)绿色市场合作发展与建设研究项目"研究活动;19日,市贸促会与柳州、贵港、桂林、钦州、防城港等10个地级市、农垦行业贸促支会领导及负责人出席第14届中国－东盟商务与投资峰会筹备工作会议。12月16日,出席南宁国际商会副会长单位广西金百大科技有限责任公司在扶绥空港经济区举行的投产仪式。

【对外交流与合作】 2017年2月17日,市贸促会组织会员企业参加泛珠三角城市会展联盟主办的"第3届城市会展合作发展高峰论坛"。3月9日,组织举办"南宁国际商会马来西亚市场信息交流会",邀请南宁国际商会马来西亚顾问、亚太杰出品牌国际认证委员会总主席陈宥全介绍马来西亚市场信息情况;10日,邀请台湾贸易中心广州代表处驻南宁代表郑凯岳一行到南宁走访交流。4月18日至22日,组织企业赴越南参加"第27届越南国际贸易博览会";28日,协助、配合梧州商会在南宁市举办梧州市蒙山县招商引资推介会暨万众同心助力脱贫工作座谈会。5月8日,组织南宁国际商会会员企业5家,与浙江省温州市贸促会,温州市瓯海区商务局、龙湾区贸促会、永嘉县贸促会,温州企业团组座谈;3日至12日,带领会员企业前往印度尼西亚、马来西亚、泰国等东南亚国家考察;12日,联合广州市番禺区贸促会、广州市舞台灯光音响行业协会、广西演出行业协会在良庆区新良港大酒店举办"2017第2届全国演艺装备行业新产品及应用技术交流(南宁)巡展会",并确定音响灯光品牌巡展将定期到南宁办展;18日至22日,联合钦州市、玉林市贸促会组成广西代表团,带领企业参加在新疆维吾尔自治区乌鲁木齐市举办的第7届国际餐饮博览会;20日,受泰国商业部驻南宁办事处的邀请,参加"2017泰剧文化展播季"启动仪式;25日至26日,参加教育部高校旅游管理类专业教育指导委员会、中国会展经济研究会、泛珠三角城市会展联盟主办的"第2届中国(广州)会展教育合作创新大会"。6月2日至5日,组团参加"2017第12届东亚国际食品交易博览会";16日至18日,参加在西安举办的"第7届中国西部国际物流产业博览会";23日至25日,邀请南宁国际商会驻柬埔寨办事处主任李业翰到南宁市就柬埔寨黑胡椒进入中国市场进行洽谈。7月初,南宁国际商会邀请巴西费利斯港市政企交流团到南宁考察;21日,在南宁市红林大酒店举办"南宁市—费利斯港市经贸交流会"。7月13日至16日,组织企业参加(柬埔寨金边)2017澜沧江—湄公河国家经济技术展览会,拜访市贸促会驻柬埔寨办事处;27日至28日,派代表参加在山西省晋中市举行的2017世界贸易中心协会华语地区年度工作会议暨管理培训开幕式和中国论坛(中国·山西)开幕式,并在"世界贸易中心全球网络,助力山西连接一带一路"主题对话中作发言。8月18日,参加由中国国际商会在满洲里主办的2017中国(满洲里)国际贸易与投资博览会及国际贸易与投资发展论坛,考察满洲里口岸边境贸易情况和中俄、中蒙贸易情况。9月9日至10日,参加泛珠(贵阳)会展发展高峰论坛活动;邀请世界贸易中心协会首席执行官Scott Ferguson参观南宁市世贸中心,并参加第14届中国－东盟博览会、中国－东盟商务与投资峰会;11日,接待澳大利亚工业信息部原常务副部长Bob Baldwin(鲍勃·鲍德温)为团长的澳大利亚国际商会中澳旅游年访华团一行;14日,接待第14届中国－东盟博览会、中国－东盟商务与投资峰会期间来访的法国布尔昆雅里昂市政府商务代表团,向代表团成员罗佳君颁发南宁国际商会海外顾问聘书。10月13日至15日,组织企业参加自治区政府在陕西省西安市举行的第12届广西名特优农产品交易会,派员参加在西安市举办的第6届中国西部跨国采购会;25日至26日,派员参加在四川省成都市举办的第12届中国－欧盟投资贸易科技合作洽谈会。11月7日,参加在福建省厦门市召开的贸促系统会展联盟第十次会议;16日至18日,参加在广州华南理工大学城校区举行的第2届《中外会展大讲堂》、大湾区合作发展峰会暨第10届穗港澳会展合作论坛等活动;24日,参加在昆明市举行的2017澜湄合作滇池论坛暨第2届澜沧江—湄公河国家商品博览会。12月7日至9日,派员参加在湖南省长沙市举行的"2017泛珠三角城市会展联盟(长沙)年会"。

【会员管理与服务】 2017年,市贸促会做好会员企业、商会的发展和管理,组织企业出访、参展参会。1月5日至8日,市贸促会组织企业参加北京2017年(第13届)进出口政策及海外市场说明会。3月10日,市贸促会带领会员企业拜访中国澳门特别行政区贸易投资促进局广州代表处,了解中国澳门特别行政区政府对企业在澳门特别行政区举办展会补贴标准。3月13日至17日,带领南宁国际商会会员企业赴广州市参加中国贸促会(中国国际商会)培训中心主办的"一带一路"与跨境电子商务创新发展专题培训班。4月8日,带领广西海图国际贸易公司一行拜访市体育局,就海图公司在南宁推广棒垒球项目计划进行交流。4月10日至12日,参加中国贸促会主办,黑龙江省贸促会、大庆市贸促会共同协办的"中国贸促会综合保税区政策解读和农产品流通法律风险防范培训班"。6月22日,在南宁市举办"2017中国企业'走出去'机遇与挑战培训班",参加培训企业负责人员100多人。8月30日,促成南宁国际商会柬埔寨顾问、柬埔寨兴旺国际贸易公司董事长李业翰与广西机械工程协会就进军柬埔寨市场进行合作。9月,促成意大利文化中心克雷马市落户南宁高新区中关村双创基地;促成会员企业博莱威翻译有限公司与意大利文化中心合作，打造专业外语学习平台—贝塔英语；15日，帮助广西国际商会理事单位、南宁国际商会副会长单位广西海图国际贸易有限公司与美国汉昌公司联合在南宁市举办“广西优质食品走进美国对接会”。11月30日，组织企业参加2017年中国贸促会法律风险防范和经贸摩擦应对(南宁)培训班。12月11日至13日，组织会员企业负责人参加全国贸促会在福建省厦门市举办的中国贸促会商事认证资格培训暨中国－格鲁吉亚自贸协定优惠原产地签证培训；15日，参加南宁市税务学会、市国税局国际税务管理科举办的“一带一路”走出去企业涉税风险防控与预警讲座。年内，市贸促会通过组织企业出访、参展、培训、投融资洽谈会等渠道发展国际商会会员，全年发展优秀会员企业12家。向会员企业编发“南宁贸促信息”12期2000多份，发布经贸信息700多条，为企业提供有关市场信息咨询40余次。12月15日，南宁市贸促会成为中国标准化协会服务贸易分会会员参加(北京)中国标准化协会服务贸易分会成立大会；28日，市贸促会举办“2017南宁国际商会会员企业产品信息交流会”。（王颖谊）

南宁市残疾人联合会

【概　况】2017年，南宁市残疾人联合会设办公室、康复科、教育就业科、组织联络科、宣传文体科、维权科6个科室和机关党总支部，编制23名，在编21人(其中后勤服务人员2人)。有区县、开发区残联组织15个，乡镇(街道)残联组织127个，村(社区)残疾人协会1705个；乡镇(街道)兼职理事长127人，选聘残疾人专职委员1783人。全市有残疾人53.40万人，占总人口7.23%。市残联坚持以推进残疾人保障体系、服务体系“两个体系”建设为主线，对残疾人家庭开展精准扶贫，做好残疾人康复、就业、培训、教育等服务，组织开展残疾人文化体育活动，保障残疾人合法权益。

【基层残疾人组织建设】2017年3月，市残联在市直机关、企事业单位对残疾人开展全面调查，发放《南宁市市级各单位在编残疾人就业信息采集表》700多份；建立南宁市优秀残疾人干部、残疾人人才信息库。8月，区县、乡镇残联先后召开残疾人代表大会，选举产生新一届区县、乡镇残联主席团、执行理事会班子；至年末，县乡两级残联换届全部完成。举行“残疾人之家”挂牌仪式，全市村(社区)100%挂牌成立“残疾人之家”。

【残疾人康复服务】2017年，南宁市各区县残联联合卫生和计划生育局、民政局等部门搭建服务平台，对残疾人开展支持性康复服务。全市12个区县均通过采购服务方式，与辖区内家政服务公司、社区卫生院、专科精神病院等企业和医疗机构签约。市残联拓宽残疾人康复服务渠道，为1.74万名残疾人提供基本康复服务。全市有定点儿童康复机构21家，其中广西江滨医院、市妇幼保健院、市福利院、武鸣区妇幼保健院、宾阳县妇幼保健院、隆安县妇幼保健院、上林县妇幼保健院7家公办医疗机构加入残疾儿童康复定点服务机构；全年救助6岁以下残疾儿童943名，其中救助听障儿童106名、脑瘫儿童249名、智障或孤独症儿童588名。5月19日，市残联联合青秀区残联，在安琪之家康复教育活动中心开展第二十七次“全国助残日”主题活动，向80名残疾儿童发放慰问金、慰问品价值2万多元。至年末，区县残联发放残疾人基本辅助器具1.03万件(套)。采取经费配套补贴方式开展残疾人精神病患者免费救助活动，市本级完成精神病患者免费服药救助5000名，增加服药救助2000名；完成住院救助150名，增加住院补助300名。

【残疾人就业】2017年，市残联拓宽残疾人就业渠道，新增残疾人培训1353人、就业804人；协调、动员24家企业招聘残疾人，为残疾人提供就业岗位近100个，应聘残疾人200多名，有145人与企业达成就业意向；娃哈哈、沃尔玛、屈臣氏等72家用人单位在市残疾人劳动就业服务指导中心招聘，提供网络营销、文员、普工、保洁等岗位275个。在兴宁区、江南区、青秀区、西乡塘区、邕宁区、高新区建立残疾人辅助性就业机构7家，安置残疾人380人。确定南宁市君雄职业培训学校、南宁市仁心职业培训学校、南宁市职业技术学院、南宁市职业技术培训中心为中标培训机构，开设盲人初级保健按摩、美发、电动车维修、手工艺编织、服装裁剪、创业类小项目等技能培训项目16个，培训城镇残疾人999人；开展柑橘病预防、家禽养殖、种桑养蚕、果树栽培、食用菌培育5个实用技术培训项目，培训2892名(城镇残疾人999名、农村残疾人1893名)；组织区县残疾人就业服务机构人员20人参加清华大学远程残疾人岗位能力提升中级培训班学习，组织就业中心工作人员21人参加北京师范大学远程岗位能力提升培训班学习；举办年度盲人保健按摩培训班，培训50人，选送3名盲人医疗按摩人员参加全国盲人医疗理论知识广西选拔赛，获自治区第二名。

【残疾人教育】2017年，南宁市有特殊教育学校10所、开设特教班小学9所；患有视力、听力、智力残疾的少年儿童义务教育阶段入学率90%以上。获中央残疾人事业发展补助资金助学项目贫困残疾儿童学前教育补助资金102.90万元，资助学前儿童343人；广西广播电视大学残疾人远程高等教育阳光班2名专科学生获资助经费2000元，南宁市残疾人高等职业教育学院4名在校生获资助经费2万元。全市考上高中、中职中专、大专以上院校残疾考生36人、残疾人子女312人获补助金共67.25万元。

【残疾人文化体育】2017年，南宁市选派19名残疾人运动员参加国家级、自治区级残疾人田径、游泳、乒乓球、射箭、雪上运动等项目集训。残疾人运动员刘翠青代表中国参加在英国举办的2017年世界残疾人奥运会田径锦标赛，获女子T11级400米金牌、T11级200米银牌；残疾人运动员黄小凡代表中国参加在土耳其举办的第23届夏季听障奥运会，获游泳男女混合4×100米自由泳接力赛第四名、游泳男女混合4×100米混合泳接力赛第六名、游泳女子4×100米混合泳接力赛第六名、游泳女子50米蝶泳第八名。残疾人运动员刘翠青、杨苑被评为自治区劳动模范。9月18日至24日，与市体育局联合组织教练员到区县选拔残疾人运动员47名；10月30日至12月3日，开展田径、游泳、乒乓球、盲人柔道4个项目集训。组织残疾人文艺团体参加第九届自治区残疾人艺术会演，选送节目7个(舞蹈2个、声乐2个、器乐2个、戏曲1个)，获创作一等等次1个、二等等次1个，获辅导一等等次2个、二等等次2个、三等等次2个、优秀等次1个。南宁市残疾人文艺代表队被评为团体一等等次。

【残疾人权益维护】2017年，市财政投入资金100万元，由市残联实施贫困残疾人家庭无障碍改造668户，其中自治区415户、市本级改造253户。全年接待残疾人来访28人次，来信3件次，处置率100%；为困难残疾人提供法律援助(诉讼)案件1件次；做好12385残疾人热线服务，对残疾人反映的213件事项办理情况进行跟踪督促，办结率100%；组织残疾人参加汽车驾驶培训，34人获汽车驾驶证。

【残疾人综合服务设施】2017年，市残联完成市残疾人服务中心物业服务、地面停车棚等预算采购项目20项，零星维修、维保材料采购项目11项；增设瑜伽馆、器乐教室、手工活动室等场馆6间，新建亲子活动室、无声体验馆、盲人体验馆3间，服务群众6.29万人次(其中服务残疾人3.11万人次)；为残疾人、老年人、妇女儿童免费提供场地，开展球类、棋牌类、唱歌舞蹈类、阅读类等项目14类；开展残疾人公益活动、残疾人节日活动17次，服务人员2918人次，其中残疾人1920人次。开设残疾人串珠、滚球、飞镖、象棋、笛子、二胡、古筝、书法等训练班18类29个班次；举办盲人按摩知识讲座2期，培训3777人次。在市残疾人活动中心挂牌设立市残疾人辅助器具服务中心，向区县发放残疾人辅助器用具710件。做好2017年—2018年度“阳光伴我行”集善明门儿童轮椅、2017年“集善工程——助听行动”广西项目申报，为区县残联申报儿童轮椅84台、助听器222台。

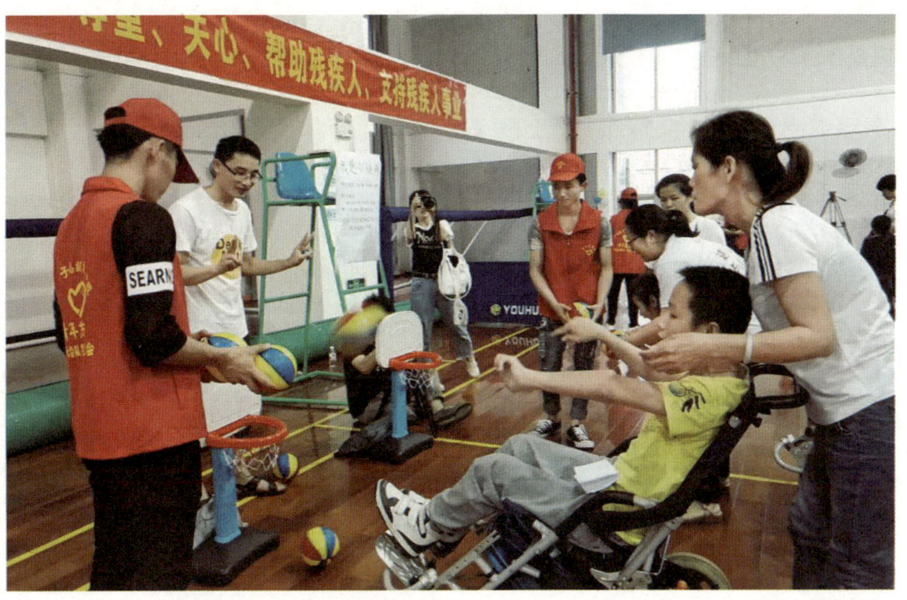

2017年，市残联和安琪之家康复教育活动中心联合举办“助残日”活动　　市残联提供

【市残疾人康复托养基地建设】 2017年，南宁市残疾人康复托养基地建设被列入市政府重大项目建设。位于邕宁区八鲤片区公曹路北面，占地4.03公顷，总建筑面积7.64万平方米，计划总投资4.36亿元，获中央资金1200万元；12月9日，一期工程开始围挡施工。

【社保扶残惠民助残工程】 2017年春节期间，市残联走访慰问贫困残疾人5200户(其中市本级915户)，送去慰问金、慰问品价值108.75万元。市财政向重度残疾人4.98万名发放护理补贴2988万元(每人每月50元)，向困难残疾人2.26万名发放生活补贴1356万元(每人每月50元)。实施残疾人托养“阳光家园计划”项目，为有智力障碍患者、精神病患者、重度残疾人的贫困家庭提供集中托养、日间照料、居家托养服务进行补助，补助标准为每人每年1500元，其中自治区财政给予每人每年补助1000元、市本级财政每人每年补助500元。市残联完成2268名受助对象补助资金发放，比年初任务2183名超出的85名残疾人补助资金由区县财政配套拨付。

【残疾人扶贫】 2017年，南宁市实施自治区级“阳光助残扶贫基地”建设13个，市本级2个。12个区县全年落实自治区农村贫困残疾人扶贫基地补助资金240万元，市本级财政配套区县扶贫基地建设资金60万元，扶持残疾人创业1600名。2017年自治区下达南宁市扶持任务2200户，由区县党委组织部、区县财政局、区县残联、区县各乡镇党委组织实施，每个村党支部扶持有劳动能力、就业愿望强，有可行性项目的贫困残疾人家庭1户以上，补助项目扶持资金每户1000元；帮助扶持对象掌握1至2门致富实用技术。11月24日，扶持资金全部拨付完成。市级财政拨付扶贫资金54.75万元，由市残联在上林县、马山县、隆安县3个贫困县开展石漠化集中连片特困地区残疾人扶贫试点工作，扶持贫困残疾人家庭155户，每户扶持3500元。　　(谢长伟)

南宁市红十字会

【概　况】 2017年，南宁市红十字会设办公室、救助救护部、组织发展部3个职能部室，编制11名，在编13人；二层事业单位2个(备灾救灾服务中心、造血干细胞捐献管理中心)，区县红十字会12个；全市有专兼职干部职工51人，其中市本级有专职干部17人、兼职干部3人，区县有专职干部27人、兼职干部4人。乡镇街道办、村(社区)、大中专院校和中小学校基层红十字会组织751个，有红十字医院等团体会员单位267个，会员2.90万人；有红十字会志愿者5386人。市红十字会系统全年募集款物价值66万元，收到上级红十字会下拨款项204万元；为受灾群众、其他困难人群发放救济款物270万元，救助困难群众5564人次。市红十字会在全市选取7个社区和学校，投入35万元建设红十字元素设施，创建一批达到市级示范点要求的基层组织。在南京大学举办南宁市红十字会理事履职能力提升研修班，市红十字会理事单位、区县红十字会、基层组织负责人55人参加。

【红十字志愿服务】 2017年，市红十字会发挥红十字志愿者服务作用。筹建成立市红十字会心理救援志愿服务队，结合“5.8”红十字博爱周活动，举行志愿服务队授旗仪式，组织志愿服务队员开展“我是红十字人”宣誓活动。市红十字会造干志愿服务队提出的“造干之家，温暖万家”项目入选南宁市优秀志愿服务项目，广西中医药大学、广西医科大学服务志愿分队申请到中国红十字总会的2个大学生志愿服务项目。1月，市红十字会在西乡塘美丽南方景区江左盟拓展主题园，建立南宁市红十字会志愿服务培训基地，全市各级红十字会组织开展志愿服务活动近200场，服务群众10万多人次。深入社区、学校、农村开展防病治病、防灾避险、“三救三献”(救灾、救护、救助，献血、造血干细胞捐献、人体器官捐献)等知识宣传，发放资料20万份，开展为群众免费理发、维修家电、义诊和健康咨询等志愿服务活动，服务群众1万多人次。

【红十字公益宣传】 2017年，市红十字会加大公益广告推广力度。在南宁电视台持续播放1分钟红十字公益宣传片近6个月，在武鸣区、横县、宾阳县、上林县、马山县、隆安县6个区县电视台持续播放1年；南宁电台在主要交通时段播放红十字宣传语；在南宁地铁1号线10个站点投放红十字公益广告。市红十字会官方网站、微信公众号全年发布工作信息300多条，网站增添社会救助项目库、在线捐款及救助款项查询等栏目内容；联合市电视台在市民歌湖广场举办主题为“凝聚人道力量　构建博爱邕城”暨纪念第70个“世界红十字日”宣传晚会，通过小品、歌舞等节目表演形式宣传新修订的《中华人民共和国红十字会法》，到场观看群众2000人；组织市3.50万名红十字青少年参加《中华人民共和国红十字会法》暨全国红十字应急救护知识竞赛，南宁市红十字会获2017年全国红十字防灾避险知识竞赛最佳组织奖一等奖。

【社会募捐】 2017年，市红十字会做好扶贫捐款的接收和使用。青秀区红十字会、西乡塘区红十字会分别接收精准扶贫捐赠资金21.70万元、8.70万元；组织区县红十字会系统参加首届全国红十字系统众筹扶贫捐款大赛，推送的横县"茉莉茶香包"项目获中国红十字总会"红品项目奖"二等奖、"木瓜丝酱菜"获三等奖，横县那阳镇那市社区、横州镇学明村分别获扶贫资金10万元，项目负责人梁巧恩、马小华分别获中国红十字总会"优秀脱贫带头人"称号。

【人道救助】 2017年春节期间，市红十字系统筹集97.83万元。其中，中国红十字会总会下拨款物价值11.18万元，市本级筹措款物51.53万元(温暖箱3000个、价值33万元，慰问金18.53万元)，爱心企业捐赠物品价值10.80万元(米粥2000箱、毛衣480件)，区县筹措款物价值24.32万元；慰问困难群众3687户、受益1.59万人。年内，拨付社会募捐专项款81万元，救助白血病患儿25名、先天性心脏病患儿10名、"健康母亲行动"中救助患者2名。为12户器官捐献困难家庭发放救助金31万元。发放红十字桂嘉汇助学金10.62万元，受益学生32人。

【项目建设】 2017年，梧州制药集团捐资250万元，在邕宁区新江镇大化移民点实施的红十字博爱广场备灾项目建成并通过验收。市红十字会争取到上级红十字会备灾项目10个(西部地区博爱家园项目5个、社区备灾项目3个、人饮工程项目1个、红十字博爱卫生站项目1个)，资金171万元；公益基金书库项目1个、资金6000元，扶贫项目(养殖基地建设项目)1个、资金2000元，受益6000多人。

【应急救护培训】 2017年，南宁市万人应急救护培训工程纳入市政府为民办实事项目。市政府投入资金118.40万元，开展进社区、进农村、进学校、进机关、进企业举办应急救护培训活动375场次，培训2.74万人。市红十字会、市人力资源和社会保障局在市委党校举办新录用公务员(选调生)初任培训班，培训红十字救护知识，参训1190人；与市委组织部、市人力资源和社会保障局联合，组织举办市直机关应急救护培训班5期，培训600人；举办应急救护师资培训班2期，培训135人；推荐20名学员参加自治区红十字会师资培训班学习。"5.8世界红十字日""5.12防灾减灾日"，在中小学校开展应急救护知识普及活动，发放宣传资料5万多份。

【无偿献血与造血干细胞捐献】 2017年，市红十字会开展无偿献血宣传活动，发动2.30万名群众参加献血，献血量1500万毫升，缓解临床用血紧张情况；完成自治区下达1400人份造血干细胞血样采集，成功捐献造血干细胞20例。

【遗体与人体器官捐献】 2017年，市红十字会组织开展人体器官和遗体捐献。举办人体器官、遗体捐献志愿者培训班1期，培训50人；完成器官捐献登记16例，遗体捐献登记30例；完成器官捐献35例，遗体捐献9例。

【应急救援】 2017年，市红十字会坚持开展自然灾害等突发事件救援。8月，争取自治区红十字会支持，向武鸣区、上林县、马山县等区县洪涝灾害严重地区紧急调拨20万元救灾物资；采购家庭包、夹克衫、棉被、蚊帐等储备物资价值40万元，帮助灾区群众渡过难关。市红十字蓝天救援队参与邕江冬泳、端午节龙舟赛等全市大型赛事的水上安全保障服务，完成灾害救援、水上救援、水下搜救等大型搜救任务50多场次。加强广西红十字(南宁)赈济救援队志愿者队伍建设，投入20万元建设综合训练塔，打造赈济救援队综合演练基地；投入10万元，采购赈济救援队装备、潜水服等救援装备。

【红十字备灾中心建成使用】 2017年，市红十字推进中国红十字会(东盟)人道交流基地建设。建成备灾救灾服务中心并启用，仓储面积4800多平方米；新建成红十字生命健康安全体验馆、红十字文化展示馆、红十字应急救护培训教室。9月11日至12日，举办中国－东盟红十字博爱论坛，市红十字会接待由中国红十字会副会长王平带队、来自红十字国际委员会、红十字会与红新月会国际联合会、中国－东盟国家和地区红十字会、红新月会的中外嘉宾约100人到访，参观南宁市红十字会备灾救灾服务中心；接待罗马尼亚登博维察红十字会、越南谅山省红十字会代表团。市人大常委会副主任黎琳会见罗马尼亚登博维察红十字会代表团；市委常委、宣传部部长、副市长崔佐钧会见越南谅山省红十字会代表团，双方就红十字文化传播、志愿服务、备灾救灾等进行交流，进一步深化南宁市与东盟国家红十字组织之间的交流与合作。 (郑 静)

2017年2月16日，罗马尼亚登博维察省红十字会代表团在市红十字会备灾救灾服务中心观看应急救援演练，图为代表团与市红十字会合影　杨朝东　摄

南宁市工商业联合会

【概　况】 2017年，南宁市工商业联合会(总商会)设办公室、会员部、联络部、经济咨询部4个科室，编制13名，在编14人；有下属正科级事业单位市工商联会员服务中心，编制5名，在编5人。有区县商会12个，乡镇(街道)商会113个，直属商会29个(含异地商会16个)；会员1.03万名，其中企业会员2508家、团体会员214个、个人会员7570名(含原工商业者老会员25名)。会员当选自治区人大代表3人，市人大代表11人，区县人大代表25人；担任自治区政协委员13人，市政协委员56人，区县政协委员420人。

【参政议政】 2017年，市工商联完成中共市委重点课题《关于鼓励和引导民营企业参与脱贫攻坚工作的建议》调研并上报。开展民营企业信息直报工作，组织企业参与全国工商联上规模民营企业调研。组织21家企业参与降低实体经济企业综合成本调研，向自治区工商联上报调查问卷和南宁市降低实体经济企业成本调研材料。协助自治区工商联开展非公经济专题调研，上报非公经济数据、典型案例和亮点材料。与市发改委、市工信委、市财政局、市统计局等部门合作编撰《2016年南宁市非公有制经济发展报告》。向市政协十一届二次会议提交集体提案4件，并作题为《关于大力开展南宁特色小镇建设，打造新的经济增长点的建议》大会发言；《关于加强南宁市民营企业专业技术人才职称评审工作的建议》被列为市政协十一届二次会议重点提案。年内答复5件市政协提案。会员中各级人大代表提交议案19件，其中市人大代表议案4件、区县人大代表议案15件；各级政协委员提交提案274件，其中自治区政协委员提案8件、市政协委员提案54件、区县政协委员提案212件。

2017年9月19日至28日，市工商联赴泰国、柬埔寨、老挝开展调研活动　　李照刚提供

【招商引资】 2017年，南宁市总商会推进海外联络，市政协十一届二次会议期间，接待回南宁参加政协会议的部分驻外联络处负责人，听取推进总商会对外联络、加强本地企业与境外商会、企业间合作交流的意见建议。接待越南联络处主任、越南盛隆地产发展投资公司董事长，商讨利用东盟博览会、越南国际贸易博览会等平台进一步扩大两地企业合作交流事宜；接待法国布尔昆雅里昂市政府商务考察团，并与法国全法亚华商会联合会签署合作备忘录。发动组织从事经贸、地产、金融等相关行业的工商界人士与以李治荣拿督为团长的马来西亚广西总商会考察团一行座谈交流。与市政协联合举办对越南、老挝投资指南讲座，邀请老挝中国总商会副会长、老挝广西同乡会会长邓良慧，以及自治区政府法律顾问人才库专家陈宇航分别作专题介绍，市工商联组织200多名非公经济人士参加讲座。与市政协、市政府发展研究中心组团赴泰国、柬埔寨、老挝开展“加强对外开放，促进南宁市企业‘走出去’参与‘一带一路’建设”专题调研，拜访总商会驻泰国、老挝联络处，走访当地工业园区及企业。接待固原市工商联经贸考察团到南宁考察文化旅游产业、农业产业化、商贸流通等企业情况；接待鄂尔多斯市工商联到南宁实地考察非公党建、非公人才引进、非公企业转型升级及百企帮百村等工作经验和做法，并签订友好商会协议；接待佛山市顺德区工商联考察团到南宁考察，探讨如何在粤桂黔经济圈中发挥工商联的作用及加强两地工商联及民营企业的交流合作事宜。接待恒大集团常务副总裁兼恒大旅游集团董事长一行到南宁考察投资大型旅游综合体项目事宜；协助市投促局接待由深圳市工商联主席、研祥高科技控股集团董事局主席带领的深圳市知名企业家考察团一行45人到南宁考察事宜；接待碧桂园集团董事局主席一行到南宁考察项目用地；在第14届中国－东盟博览会期间，为非公经济人士500多人办理博览会证件，组织非公经济人士400多人参加柬埔寨劳动密集型、技术密集型等专场投资推介会；组织企业参加越中（芒街—东兴）国际商贸旅游博览会招商推介会；协助市商务局组织企业参加马来西亚榴梿及亚热带水果推介会。

【服务会员】 2017年，市工商联实行每周走访商会及会员企业制度，主动了解会员企业的服务需求，倾听、了解企业的发展状况，为企业献计献策。陪同自治区工商联法律部到五象新区管委会了解广西扬翔股份有限公司反映的项目延期开竣工相关问题、到自治区地税局南宁稽查局了解南宁银象房地产开发有限责任公司反映的补缴退税等相关问题；参与协调隆门开发旅游公司与劲达兴纸业债务纠纷问题，并将相关情况报市政府督查室；组织31家企业参加自治区工商联、自治区人民检察院“依法保护民营企业产权”商会讲坛。与市国税局联合举办“营改增”税收政策座谈会，部分制造业、建筑业、房地产业、生活服务业的企业负责人、企业高层管理人员及财务人员61人参加。与中国建设银行、广西北部湾银行、广西西江开发投资集团联合举办银企座谈会，100多人参加。组织非公经济人士200多人参加“两会”精神专题讲座；组织非公经济人士100多人参加“习近平总书记视察广西时重要讲话精神专题讲座”；组织非公经济代表人士65人参加“南宁市非公经济代表人士（哈尔滨工业大学）培训班”学习；组织非公经济代表人士70人参加“南宁市非公经济代表人士中山大学培训班”；举办第24期助企工程培训班，非公经济人士300人参加。与市仲裁委合作举办“建设工程合同纠纷法律风险控制”专题培训，会员200多人参加。

【光彩事业】 2017年，市工商联引导民营企业参与“万企帮万村”活动，全市工商联系统有240家民营企业与贫困村开展结对帮扶，帮扶贫困人员3.40万人，安置贫困村农民就业2145人，开展智力培训帮扶1700人，企业公益捐赠437.70万元，企业投入金额9955万元。会员企业广西菜进万家供应链管理有限公司、广西金福农业有限公司被评为全国“万企帮万村”精准扶贫行动先进民营企业。发动会员为市工商联定点帮扶贫困村——宾阳县思陇镇黄冠村、洋桥镇凌达村捐款捐物50多万元；引导企业对贫困村进行产业帮扶，通过电商平台推广农产品；组织企业家为宾阳县黄冠村小学、凌达村小学捐赠价值2.40万元的文体用品和课桌、教学仪器设备等。组织93家民营企业参加在南宁国际会展中心举办的2017年“全国工会就业创业援助月”南宁大型招聘会，提供就业岗位2533个；组织38家企业参加2017年南宁市民营企业招聘周专场招聘会，提供就业岗位1273个。

（李照刚）

责任编辑　梁　坤　覃涓铌
唐柯杰　郑小娟

法　治

政法委及综治

政法委工作

【概　况】 2017年，南宁市设市、区县两级党委政法委机关13个（市级1个、区县级12个）；中共南宁市委政法委员会设办公室、政治部、调研室、执法监督室、宣传科、流动人口服务管理科；合署办公的有市维稳办、市综法办、市610办、市法学会；编制41名，在编38人。全市政法系统在职1.15万人。年内，全面推进平安建设、法制建设、过硬队伍建设，开展反渗透、反间谍、反分裂、反邪教斗争，依法打击两抢一盗、非法集资、电信网络诈骗、传销贩毒等违法犯罪活动，运用法律手段调节经济社会关系，为首府提供社会保障、法律服务。

【维护社会稳定】 2017年，南宁市加强维稳力度，组织对重大决策、重大工程项目进行社会稳定风险评估，其中经评估准予实施620项，无暂缓实施项目，无因存在重大稳定风险不准实施项目。排查调处矛盾纠纷2.62万件，调解成功2.55万件。组织防范、处置等实战演练184次。加强反恐维稳研判，培训维稳信息员346人，报送处理信息4959条。处置群体性事件及苗头106件4986人次，未引发重大影响。开展治安重点和问题突出整治，排查治安重点地区和突出问题298个；实现中共十九大期间零进京非正常上访。

【执法监督检查】 2017年，市委政法委督办转办案件102件，发出督办函84件，其中自治区政法委转办34件，自治区、市两级领导批示件21件，撰写调查报告21篇；办理中央政法委交办的涉党政机关执行案件和自治区政法委转来的中央第三巡视组交办的横县百合镇征地拆迁信访案、广西宏达物业服务公司信访案等影响较大的案件。召开、参加案件协调会、汇报会、专题研究会29次，协调处理“红日山湖”“国玺华商”等重大疑难复杂案件；推动开展有重大社会影响、群众反映强烈的“永乾”案件、“广屋”案件等涉众型案件涉案物品处置，疏导涉众型案件当事人的抵触和不满情绪。接待群众来访265批473人次，其中群体来访4批120人次，来信来电280多次，引导群众依法维权。对确需督办的事项办文82件次，发出通知32件。开展案件评查、执法检查、涉法涉诉信访工作培训等，完善反家暴联动机制，印发《南宁市应对家庭暴力案件联动细则》《南宁市实施家庭暴力告诫制度的指导意见》等制度；推动“以审判为中心”的刑事诉讼制度改革；开展领导包案化解涉法涉诉信访案件活动；加强涉法涉诉信访案件司法巡查，维护社会安全稳定。

【法学法治】 2017年，南宁市注重校园法治教育，有示范基地43个，市北湖北路学校示范基地、市第二十一中学示范基地被自治区法学会命名为自治区示范性基地。市法学会推荐文章在自治区法学会评选的优秀成果中获奖篇数占地级市获奖总数79.80%。6月，市青少年法治教育示范基地建设经验在全国重点城市法学会会议上作经验介绍。区县法学会利用第三方身份搭建信访代理工作平台，组织各方力量化解信访积案。6月至7月，市法学会举办为期1个月的“东盟国家民商法研修班”，邀请菲律宾、印度尼西亚、缅甸、老挝等东盟国家法学专家授课。区县、乡镇（街道）、市直部门举办“法治南宁讲堂”讲座215场，其中市级重点报告会2场、区县（开发区）重点报告会15场，听报告6万多人次。

【邪教防范与处理】 2017年，南宁市政法部门接报邪教案件99起，其中立案47起，破案45起。捣毁邪教“法轮功”地下窝点3个，抓获邪教违法犯罪嫌疑人33人。通过学习班教育转化邪教痴迷人员4人，上门帮教转化10人。开展“防邪知识进家庭、进学校、进社区（村）”等宣传教育，推动“文明家庭，拒绝邪教”网络签名人数36.43万人，市、区县分别举办反邪教，增加防范知识和能力的培训班，其中市级培训班1期，培训60人次；区县举办培训班13期，培训580人次。开展“无邪教创建”活动，全市创建“无邪教创建示范乡镇（街道）”3个（西乡塘区金陵镇、上林县巷贤镇、马山县古寨瑶族乡），“无邪教创建示范村（社区）”37个。

【政法队伍建设】 2017年，南宁市政法系统开展从严治警“五查五整治”（查思想、查纠纷、查作风、查担当、查管理，整顿思想信念滑坡问题、整顿有令不行问题、整顿不严不实问题、整顿不作为乱作为问题、整顿领导责任落实不力问题）专项教育，查处违法违纪的政法干警73人；在全市政法队伍中开展法治讲座5场次，听课3200人次；举办培训班260期，培训政法干警1.36万人次。协助党委调整政法部门领导班子成员，提拔干部285人。全市遴选入额法官574人、检察官313人；组织干警参加创先争优活动，有510个单位、3980名干警获表彰。　（傅荣华）

社会治安综合治理

【概　况】 2017年，南宁市有各级社会治安综合治理委员会及办公室16个，其中市社会治安综合治理委员会及其办公室各1个，区县、开发区社会治安综合治理委员会及其办公室各15个。有乡镇（街道）综治办127个。推进社会治安网格化管理和综治信息化建设，组织社会治安综合整治统一行动、流动人口和出租屋统一清查各6次，排查调处矛盾纠纷，维护社会稳定。

【社会治安防控体系建设】 2017年，南宁市加强治安防控体系建设，建有警务工作站111个，配备警力1532人，出动警力38.85万人次，设置视频监控探头4.11万个。建立专职巡防队伍1525支2.76万人，加强群防群治；建有乡镇（街道）综治办127个，占乡镇（街道）总数100%；社区（村）治保组织和人民调解会全覆盖，占应建数的100%，基层政法综治组织全覆盖。基层政法综治组织成功调解民间矛盾纠纷1.11万起，无上访上诉。创建平安区县12个，平安乡镇（街道）127个，占总数100%。推进网格化管理和综治信息化建设，以政府下拨资金创建，社会单位投资自筹建设相结合，树立西乡塘区万秀村立体化防控标本，在全市编织大网格、大服务、大平安平台。至年末，全市划分网格7047个，聘请网格员7047人，开通电脑账号2168个，移动账号7188个，社会自建视频探头2000多个，融入综治

视联网。（傅荣华）

【社会治安整治行动】 2017年，市公安局围绕“保平安、促稳定”总目标，组织社会治安综合整治统一行动6次，通过“打系列、打团伙、挖幕后、清逃犯”，整治涉黑恶、枪爆、盗抢骗、黄赌毒、传销等违法犯罪活动。盘查人员3.35万人次，可疑车辆3.11万辆次，抓获在逃人员34人，破获刑事案件305起，治安案件301起，抓捕犯罪嫌疑人1555人；打掉犯罪团伙84个，其中涉黑恶团伙44个；查处交通违法1117起；检查出租屋1.69万间，清查流动人口3.50万人，查获“三非人员”（非法入境、非法居留、非法就业的外籍人员）13人；检查旅馆4678家，娱乐场所1307家，桑拿洗浴按摩店1209间，寄递物流企业704家，机修企业70家，网吧1619家，人员密集场所750处。（黄静洁）

【流动人口与特殊人群管理】 2017年，南宁市加强流动人口及出租屋管理，开展全市流动人口和出租屋统一清查6次，登记在册流动人口108.64万人，办理流动人口居住证138.96万张，无户口人员1.07万人，清查流动人口4.76万人，其中涉疆涉维人员56人、“三非人员”11人；清查出租屋1.77万间，检查治安问题突出场所4602处。6月30日，市公安局人口支队启用南宁市流动人口信息管理平台，以信息化手段杜绝违法违规业务办理。7月1日，启用南宁市流动人口网上信息申报服务平台、手机APP及微信端，通过互联网办理居住登记业务2000余起。注重开展特殊人群服务管理。加强刑释人员安置帮教，衔接刑释解教人员2134人，安置帮教2134人；新接收社区矫正人员1268人，解除矫正1244人；年末，有社区矫正人员1828人，社区矫正人员重新犯罪率0.13%；加强吸毒人员社区管控，推进社区戒毒、社区康复启航工程，戒毒康复1226人。（黄静洁　傅荣华）

【城乡综治网格化管理与信息化建设】 2017年8月，南宁市社会治理网格管理中心成立，全市区县、开发区相继完成组建，形成党委总揽、政府负责、综治主导、社会协同、公众参与的“大网格”格局。依托市、区县、乡镇、村（社区）流动人口管理系统转制，将各类社区工作人员、部门协管员整合为网格员，搭建网格化管理队伍。至年末，市财政累计投资4000万元，完成网格化管理基础建设，划分网格7042个，配网格员6000多人，配备网格手机6000多部。录入实有人口数据771多万人，其中流动人口（流入）120万人，特殊人群1.60万人，实有房屋195万套，实有数据录入率95%以上，重点场所1万处，学校3792所。网格员通过网格手机上传各类矛盾纠纷、安全隐患、城市治理乱象、环境卫生死角等信息70多万条，办结率98%以上。各级网格中心建有微信公众平台、QQ群，民声和民愿通过面对面、键对键沟通解决。开通微信公众号，拥有粉丝2.60万户。注册综治信息系统用户8323个，在用账号5292个，综治视联网接入点229个，网格员开展日常服务工作40万人次，网格上解决矛盾纠纷及服务事项90%以上。

【社会稳定维护】 2017年，市委、市政府加强维稳工作领导，市委常委会召开维稳工作专题会3次，自治区党委常委、市委书记王小东，市长周红波等领导一线协调解决维稳工作重大问题，督促落实23次。市各级部门加强维稳力度，组织对重大决策、重大工程项目进行社会稳定风险评估，经评估准予实施620项。排查调处矛盾纠纷2.62万件，调解成功2.55万件。组织防范和处置等实战演练184次。加强反恐维稳研判，培训维稳信息员346人，报送处理信息4959条。处置群体性事件及苗头106件4986人次。整治治安重点地区和突出问题298个。实现环广西公路世界自行车巡回赛（南宁站）、中国－东盟博览会等敏感期间平安稳定，中共十九大期间零进京非访。年内，督办转办案件102起，发出督办函84件，办理中央第三巡视组交办的横县百合镇征地拆迁信访案、广西宏达物业服务公司信访案等案件。召开和参加案件协调会、汇报会、专题研究会29次，协调处理“红日山湖”“国玺华商”等重大复杂案件；推动有重大社会影响“永乾”案件、“广屋”案件等涉众型案件涉案物品处置，疏导涉众型案件当事人的抵触和不满情绪。接待群众来访265批473人次，其中群体来访4批120人次，来信来电280余次，引导群众依法维权。对确需督办的事项办文82件次，发出通知32件。开展案件评查、执法检查、涉法涉诉信访工作培训，完善反家暴联动机制，维护社会安全稳定。

【矛盾纠纷排查化解】 2017年，南宁市各级综治部门实行每月一排查矛盾纠纷，在第14届中国－东盟博览会、第14届中国－东盟商务与投资峰会、中共十九大召开期间和环广西公路世界自行车巡回赛（南宁站）等重要敏感时期实行每天一排查、一研判和零报告制度。年内全市排查出各类矛盾纠纷2.69万起。对矛盾纠纷排查梳理出来的重大矛盾纠纷、突出案件和重点稳控人员，逐案落实具体责任人，逐一制订化解方案，逐一确定解决期限或稳控措施。年内，全市调解矛盾纠纷2.62万起，成功率97.39%；调解疑难复杂案件302起，成功化解重大矛盾纠纷5起，涉及协议金额5637.75万元；防止民间纠纷转化为刑事案件143起1731人，防止群体性上访225件8396人，防止群体性械斗84起8640人。

【青少年犯罪预防】 2017年，南宁市落实预防青少年违法犯罪工作人员1321人（专职人员145人、兼职人员1176人）；安排预防青少年违法犯罪专项工作经费326.19万元，其中市级21.50万元，区县、乡镇（街道）304.69万元。市综治委预防青少年违法犯罪专项工作组成单位相互协作，全市25岁以下青少年犯罪率下降2.02%，未成年人犯罪率下降1.01%，延续青少年犯罪率逐年稳步下降趋势。

【校园环境综合治理】 2017年，南宁市所有学校均配备政法干警担任的法制副校长，强化法制理念教育，配备责任民警1185人，接受法律知识教育6830次，建立校警务室580个。加强学校、幼儿园及周边治安环境管理，排查影响学校、幼儿园安全隐患127处；排查化解涉校矛盾纠纷116起，全部检查督改；牵头与全市教育部门设定“太阳花”帮扶对象38人。（傅荣华）

地方立法

【概　况】 2017年，南宁市十四届人民代表大会常务委员会推进科学立法、民主立法。首次组织召开立法协商会，听取市政协委员、各民主党派、工商联等方面对立法工作的意见，邀请专家参与各项法规草案审改论证。首次编制五年立法规划，确立届内立法项目38件，在市十四届人大常委会会议第8次会议上审议通过。年内，审议《南宁市昆仑关保护管理条例（草案）》《南宁市道路交通安全条例（草案）》《南宁市机动车和非道路移动机械排气污染防治条例（草案）》《南宁市公园条例（草案）》《南宁市中小学幼儿园用地保护条例（修改草案）》《南宁市出租汽车客运管理条例（修订草案）》地方性法规6件，开展《南宁市违法建设查处条例》立法后评估，开展《南宁市户外广告设置管理条例》《南宁市出租汽车客运管理条例（修订草案）》《南宁市科学技术进步若干规定》及南宁市电动自行车管理、南宁市农产品质量安全管理、南宁市地下综合管廊管理、南宁市城市管理综合执法、南宁市民族团结进步工作、南宁大王滩湿地公园保护、南宁市生活垃圾管理、南宁市城市扬尘治理11个项目立法调研。

【立法审议与评估】 2017年3月23日至24日,市十四届人大常委会会议第4次会议审议《南宁市昆仑关保护管理条例(草案)》(二审);5月25日至27日,市十四届人大常委会会议第5次会议审议《南宁市昆仑关保护管理条例(草案)》(三审)、《南宁市机动车和非道路移动机械排气污染防治条例(草案)》(一审);7月25日至28日,市十四届人大常委会会议第6次会议审议《南宁市道路交通安全条例(草案)》(一审)、《南宁市公园条例(草案)》(一审);9月26日至28日,市十四届人大常委会会议第7次会议审议《南宁市出租汽车客运管理条例(修订草案)》(一审)、《南宁市中小学幼儿园用地保护条例(修改草案)》(一审)。11月28日至30日,市十四届人大常委会会议第8次会议,听取和审议市人大常委会立法后评估工作组关于《南宁市违法建设查处条例》立法后评估报告,审议《南宁市道路交通安全条例(草案)》(二审)、《南宁市第十四届人大常委会五年立法规划(草案)》《南宁市人民代表大会常务委员会规范性文件备案审查办法(修订草案)》,关于通过《南宁市人民代表大会常务委员会规范性文件备案审查办法》的决定。 (韦杉娜)

法治政府建设

【概　况】 2017年,南宁市法制办公室设综合科、法律事务科、法规科、规范性文件审查科、行政执法监督科、行政复议应诉科6个科室,编制23名,在编22人。年内,市法制办统筹推进全市法治政府建设,完善依法行政制度体系,全面清理"红头文件",严格规范公正文明执法,化解社会矛盾纠纷,做好仲裁工作。全市有现行地方性法规42件,政府规章71件,政府规范性文件329件。9月26日,中国政法大学法治政府研究院发布的《中国法治政府评估报告(2017)》显示,南宁市法治政府建设在全国100个城市中位居第五,在西部20个城市中位居第一。配合市委做好党内法规制定试点工作,对《中共南宁市委关于深入治理扶贫领域形式主义官僚主义若干规定(试行草案)》《南宁市村党组织党务公开办法(试行草案)》2件党内法规提修改意见及合法性审查意见。南宁仲裁委员会受理仲裁案件953件,结案600件,涉案标的31.66亿元。

【推进依法行政】 2017年3月,市政府分别向自治区政府、市委和市人大常委会书面报告2016年法治政府建设情况。4月10日,市全面推进依法行政工作领导小组听取法治政府建设工作情况汇报,审议2016年法治政府建设考评结果、考评报告和在法治政府建设中表现优异的单位、集体及个人候选名单。4月14日,市政府印发《关于做好2017年法治政府建设工作的通知》。5月12日,十二届市委常委会第20次会议审议通过市法制办牵头组织编制的《南宁市法治政府建设工作方案(2017—2020年)》,对南宁市推进法治政府建设各项工作列出具体时间表和责任主体,是全面建设法治南宁的纲领性文件。6月2日,市委全面深化改革领导小组第十次全体会议审议通过市法制办牵头编制的《关于加强基层法制机构和队伍建设的实施意见》。至年末,各区县政府落实法制机构人员编制4名以上;建立基层法制员队伍,全市12个区县的政府部门、102个乡镇、25个街道办事处落实专职(兼职)法制员741名。11月15日至28日,市法制办组织开展2017年法治政府建设专项考评现场检查,57个被考评单位均达优秀等次(91分以上),优秀率比上年上升3.40%,34个被考评单位考评分100分。

【政府立法】 2017年,市法制办报请市政府提请市人大常委会审议《南宁市机动车和非道路移动机械排气污染防治条例(修订草案)》《南宁市公园条例(草案)》《南宁市出租汽车客运管理条例(修订草案)》《南宁市中小学幼儿园用地保护条例(修订草案)》地方性法规草案4件;报请市政府出台《南宁市规章制定办法》《南宁市人民防空管理办法》《南宁市安全生产监督管理办法》政府规章3件。修改《南宁市已购公有住房上市出售管理办法》《南宁市公共租赁住房保障办法》政府规章2件;废止《南宁市建设工程地震安全性评价管理规定》《南宁市食用农产品质量安全管理办法》《南宁市分散按比例安排残疾人就业规定》《南宁市盲人保健按摩管理暂行规定》政府规章4件;开展《南宁市房屋使用安全管理规定》《南宁市农贸市场管理办法》2件政府规章立法后评估。落实立法专家论证和征求意见制度,报请市政府确定南宁市人民政府立法基层联系点36个,召开立法专家论证会及征求意见会12次,到立法基层联系点开展立法征求意见活动2次。完善立法工作体制,出台《南宁市人民政府立法基层联系点工作规定》《南宁市政府立法基层联系点工作经费使用管理规定》《南宁市法制办公室政府立法工作征求人大代表意见工作规定》《南宁市法制办公室开展政府立法协商工作规定》。

【规范性文件审查】 2017年1月1日,市政府颁布实施《南宁市行政规范性文件管理办法》,以规章形式明确"红头文件"制定程序和相关制度。建立健全"红头文件"有效期制度、到期评估制度、公开征求意见制度、异议审查制度和"三统一"(统一登记、统一编号、统一公布)制度。年内,市政府出台规范性文件43件,按规定履行征求意见、合法性审查、集体审议、对外公布等程序,按时向自治区政府、市人大常委会报备。市法制办对市委、市政府文件及市政府部门制定的规范性文件进行事前合法性审查或出具法律意见169件,办理区县、开发区及市级各部门出台的规范性文件备案审查211件。3月13日,市政府办公厅印发《关于开展南宁市人民政府规章和文件清理工作的通知》,市法制办牵头组织市级各部门对1978年至2017年6月市政府印发的3万余件政府公文档案进行摸底、识别和分类,将全部规章和近5000件政策性文件纳入清理范围,12月下旬完成清理;12月28日,市十四届人民政府第27次常务会议审议通过清理结果,决定废止规章4件、修改规章2件、修改规范性文件13件,宣布失效文件3706件、确认继续有效文件310件。

【政府法律事务】 2017年,市法制办落实重大决策合法性审查程序,对市委、市政府决策事项、重大合同、其他涉法事务及部门涉法事务出具合法性审查意见1137件(次),其中对市委办公厅、市纪委、市委宣传部、市委组织部等19个市委部门转来的文件出具法律意见或合法性审查意见72件(次)。参加涉法事务会议475次。牵头组织开展新一届政府法律顾问选聘,经过自荐、推荐、公示等程序,确定40名法律专家、学者、法制工作者为市十四届人民政府法律顾问。会同市财政局、市审计局、市监察局、市编办等部门完成对全市50个市级部门确定、报备的本部门重大行政决策事项范围审查。3月,市法制办根据自治区关于重大行政决策后评估试点要求,指导并配合市发改委、市交警支队开展"南宁市主体功能区规划""电动自行车注册登记管理"2项重大行政决策后评估;11月,完成评估并将试点经验上报自治区。

【行政执法监督】 2017年,市法制办组织开展南宁市行政裁量权基准制度建立工作。承担行政裁量权基准制度制定任务的市级27个部门对南宁市地方性法规、规章设定的自由裁量条款进行梳理,11月30日完成南宁市出台的68部地方性法规和政府规章设定的行政裁量权基准制定，形成规范性文件27件，统一规范行政裁量的范围、种类和幅度，在部门门户网站公布。5月，市法制办先后赴武鸣区罗波镇、马山县白山镇、宾阳县古辣镇、兴宁区五塘镇、良庆区南晓镇和大塘镇6个乡镇开展乡村清洁行政执法调研指导。6月，市法制办组织各级各部门对2016年办结的各类行政执法案卷进行自查自评，其中市级39个行政执法部门自查自评行政执法案卷2267份，15个区县、开发区自查自评行政执法案卷3000多份，市法制办抽取256份行政执法案卷集中评查，提供24份优秀案卷供观摩学习活动交流。南宁市网上行政执法暨电子监察系统运行稳定，市法制办每季度印发《关于南宁市网上行政执法暨电子监察系统运行情况的通报》，纠正监察过程发现的执法问题。年内，全市32个市级部门通过系统办理行政处罚一般程序立案1011起，结案904起；简易程序立案51起，结案51起。

【行政复议应诉】 2017年，市政府行政复议办公室接待来访群众1103人次，收到行政复议申请395件，受理327件，不予受理26件，告知当事人选择其他方式解决纠纷42件。审结行政复议案件386件，其中维持234件、驳回申请46件、撤销26件、责令重新履行2件、确认违法22件、调解终止结案56件。实地勘察复议案件现场4次，召开复议案件听证会、调查会68次。落实行政机关负责人出庭应诉制度，8月至10月市政府副市长眭国华、刘为民、朱会东以行政机关负责人身份到市中级人民法院出庭参与市政府作为被告的行政诉讼案件审理4件；市法制办指导部门代市政府出庭应诉行政诉讼案件166件；市法制办代市政府出庭应诉行政诉讼案件228件，代市政府参加自治区政府行政复议案件审理31件。

【依法行政能力建设】 2017年，南宁市举办市政府常务会议学法活动3次，学习《党政主要负责人履行推进法治建设第一责任人职责规定》《中华人民共和国网络安全法》《中华人民共和国中医药法》，市政府常务会议组成人员11人参加学习，区县、开发区及市级部门主要负责人60人通过视频同步学习。5月24日至26日，市法制办举办2017年南宁市政府法制工作业务培训班，培训区县、开发区法制办、市级部门法制机构业务骨干130人。7月5日至11日，在中国政法大学举办“2017年南宁市政府立法专题培训班”，培训市和区县法制机构、市政府立法基层联系点法制干部和法律工作者69人。8月13日至19日，在中国政法大学举办“2017年推进法治南宁升级提高领导干部依法行政水平专题培训班”，培训区县政府、开发区和市直部门领导干部72人。10月16日至27日，举办行政执法人员培训班，培训3200多人。11月，市法制办组织参加培训的行政执法人员参加自治区行政执法资格（续职）考试，参加3310人，通过2613人，考试平均成绩、通过率分别为69.30分、78.94%，均位居自治区14个地级市之首。12月6日至10日，举办基层法制员业务培训班，培训区县政府工作部门、102个乡镇、25个街道办事处的基层法制员571人。

【仲裁事务】 2017年，南宁仲裁委员会受理仲裁案件953件、标的额31.66亿元，分别比上年增长58.04%、98.62%，居自治区仲裁机构前列。审结仲裁案件600件，其中裁决409件、调解94件、撤诉97件。仲裁裁决被人民法院撤销和不予执行的件数在1%以下。制定《南宁仲裁委员会首席及独任仲裁员选任办法》《南宁仲裁委员会仲裁员管理办法（试行）》《异地办理仲裁案件相关费用支出规定》《关于国家机关工作人员担任仲裁庭成员时开庭时间的规定》《南宁仲裁委员会仲裁费用收取办法》《南宁仲裁委员会办案费用支出办法》《南宁仲裁委员会仲裁员、办案人员办案费用支出办法实施细则》7项管理制度。向社会各界发放《仲裁指南》《金融仲裁》《南宁仲裁委员会宣传画册》等仲裁宣传资料4500余份。12月，在南宁轨道交通1号线朝阳广场、南湖、万象城、埌东客运站等站点显要位置投放仲裁广告6块。 （黄莉莉）

公 安

【概 况】 2017年，南宁市有县级以上公安机关18个，其中市公安局1个，公安分局12个（兴宁分局、江南分局、青秀分局、西乡塘分局、邕宁分局、良庆分局、南湖分局、高新分局、青秀山分局、华侨分局、地铁公交分局、武鸣分局），县公安局5个（横县公安局、宾阳县公安局、上林县公安局、马山县公安局、隆安县公安局）；直属支队20个（刑侦支队、巡警支队、交警支队、禁毒支队、治安支队、特警支队、警航支队、国保支队、经侦支队、技侦支队、经文保支队、预审支队、网安支队、督察支队、邪侦支队、出入境支队、人口支队、反恐支队、法制支队、情报支队）；关押场所20个（看守所8个、拘留所7个、戒毒所4个、收容教育所1个）；人民警察训练学校1所。市公安局设政治部、纪律委员会、办公室、科技信息化处、机要保密处、后勤管理处、装备处、计划财务处、审计处、研究室、指挥中心、宣传处、信访处、对外联络处、劳动教养管理委员会审批办公室、机关党委16个机关处（室）；全市设派出所197个。编制7908名（市公安局、城区分局6326名，县公安局1582名），在编7791人（市公安局、城区分局6250人，县公安局1541人）。年内，全市公安机关获公安部记个人一等功1人，获自治区公安厅记个人二等功11人、记个人三等功31人。市公安局青秀分局中山派出所获公安部授予“全国优秀公安基层单位”称号，马山县公安局获自治区公安厅记集体二等功，市公安局兴宁分局治安大队、青秀分局新城派出所、刑事侦查支队九大队、治安支队五大队、特警支队一大队、网安支队二大队等获自治区公安厅记“公安基层单位集体二等功”，市公安局青秀分局中山派出所等13个基层单位获自治区公安厅记“公安基层单位集体三等功”，市公安局西乡塘分局华强派出所获“全区十佳派出所”称号，市公安局交通警察支队指挥中心获“全区十佳指挥中心（调度室）”称号。市公安局纪检部门受理群众投诉195件，其中重要信访件64件，办结187件（为涉基层领导违法违纪案件）；立案审查40起40人，其中移送检察院立案调查2人、诫勉谈话3起3人；指导分局、县局纪委立案审查18起18人。自编自导的微电影《雷霆救援》获中宣部组织的2017年社会主义核心价值观主题微电影优秀作品评比一等奖。

【接警处警】 2017年，市公安局指挥中心受理报警142.49万起，比上年上升0.68%。有效警情51.04万起，上升11.5%，调度警力26.82万次。其中，刑事类警情5.43万起，下降0.80%；治安类警情10.47万起，上升17.39%；交通警情16.79万起；消防警情8306起；灾害事故8起；120医疗救援6.60万起；群众求助8.56万起；举报线索2.19万起；投诉监督1725起，未出现重大责任投诉事件。8月29日起实行“四班二运转”（人员分成四班，每天分两个时间段由两班人员轮流值班）排班制度，接警席增至12席，突发重大事件报警电话接通率100%。

【刑事案件侦查】 2017年，市公安局继续升级合成作战平台和“反诈中心”，开展打击犯罪“神剑”系列活动、治安整治行动，立刑事案件6.70万起，比上年下降9.53%；破案1.75万起，上升28.11%；刑事拘留1.13万人，逮捕7765人，分别

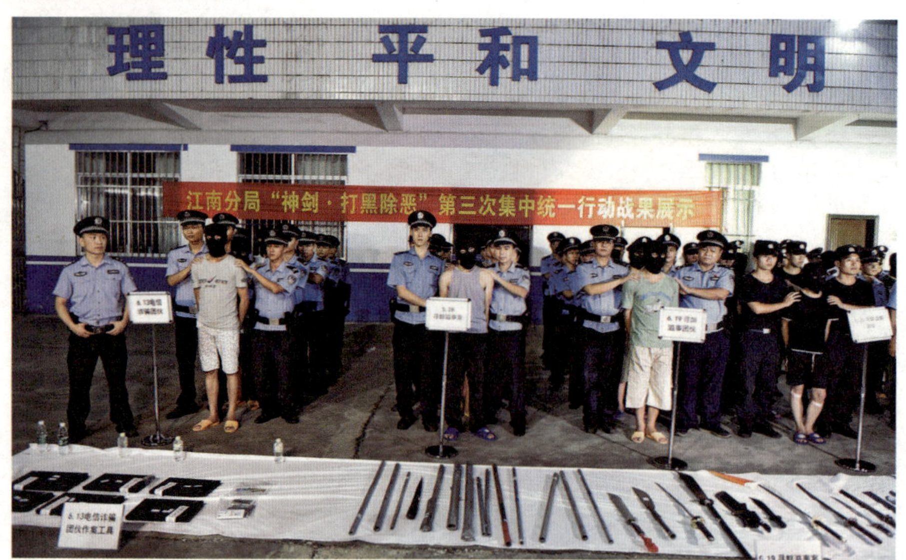

2017年7月8日，市公安局江南分局开展"神剑·打黑除恶"第三次集中统一行动。图为战果展示 黄静洁提供

上升8.68%、11.07%。受理治安案件7.37万起，上升10.68%；查处7.09万起，上升10.80%，查处违法人员2.40万人，上升0.14%。开展"神剑·打黑除恶"集中统一行动，抓捕犯罪嫌疑人2324人，打掉犯罪团伙326个，缴获作案工具及物品一批。全年逮捕、起诉涉黑恶犯罪人员1672人，打掉犯罪团伙379个，破案666起。发生命案64起，全部破案，发案下降28.89%。巩固"宾阳县电信网络诈骗"重点地区的整治成效，破获电信诈骗案件1881起，上升751.13%，其中宾阳籍网络犯罪嫌疑人1125名，刑拘1114人；抓获网络犯罪在逃人员846人，打掉网络违法犯罪团伙84个，捣毁县内网络违法犯罪窝点55个，破获网络违法犯罪案件1730余起。立涉枪涉爆刑事案件175起，破案168起，查处打击涉枪犯罪人员291人，打掉非法制贩枪支弹药犯罪团伙4个，缴获各类枪支467支。破获公安部督"7•31"特大网络贩枪案件(涉28个省市，1000余人网络贩枪团伙)，抓获犯罪嫌疑人16人。

【毒品犯罪案件侦查】 2017年，市公安局组织开展"神剑"系列活动之禁毒整治专项行动，加强禁毒侦查、堵源截流、禁吸戒毒、禁毒宣传和禁毒管理。查破毒品刑事案件1094起(重特大案件174起、一般贩毒案件920起)，破获公安部、自治区公安厅级目标案件15起，抓获毒品刑事案件犯罪嫌疑人1318人，缴获各种毒品2219.72千克，查处吸毒人员1.07万人，强制隔离戒毒3352人。缴获毒品数量比上年增加30倍，缴毒量占自治区总量一半以上，破案总数、逮捕人数均排自治区第一。

【经济犯罪案件侦查】 2017年，市公安局打击传销、非法集资、假币、假发票、侵权假冒、假银行卡、证券期货、地下钱庄等经济犯罪，立经济犯罪案件1510起，涉案金额29.80亿元，破案641起，抓获犯罪嫌疑人2455人，打掉犯罪团伙296个，刑事拘留1814人，逮捕651人，移送起诉625人；开展打击传销清查整治行动487次，立传销犯罪案件207起，侦破148起，查获涉嫌传销人员8321人，刑事拘留1108人，逮捕326人，移送起诉277人，打掉团伙166个，捣毁窝点521个。

【黄赌犯罪案件侦查】 2017年，南宁市立破黄赌刑事案件381起，比上年上升10.90%；刑事拘留1000余人，上升23.40%；逮捕(直诉)386人，上升28.20%。查处黄赌治安案件4244起，上升20.70%；行政拘留8921人，上升4.50%。

【道路交通管理】 2017年，市公安交警部门开展重点交通违法行为专项整治及中南片区联合整治等10个45次专项整治行动，常态化整治"飙车"、酒驾、醉驾等严重交通违法行为和城市工程运输车、电动自行车等重点车辆。全市发生道路交通事故707起，死亡346人，受伤666人，直接财产损失383.08万元，分别比上年下降6.97%、4.95%、17.47%、31.73%。加强农村道路交通安全管理，建成乡镇交通安全管理站104个、农村交通安全义务劝导站(点)1318个，开展劝导工作4050余次，劝阻违法行为9.85万起。

【人口管理】 2017年，市公安部门办理二代身份证审核、上传自治区公安厅制证信息71.29万条；开通制证"绿色通道"办理急需用证12.39万张；发放临时身份证制证材料2.92万张；发放军人身份证1182张；办理自治区内跨市身份证6.53万张。建立居民身份证全国异地受理、挂失申报和丢失招领制度，办理挂失登记16.25万张，捡拾登记40张，发还登记6张；受理全国异地申领居民身份证1.99万张。摸排无户口人员1.07万人，其中不符合计划生育政策3394人，未办理《出生医学证明》3830人，未办理收养手续事实收养779人，被宣告失踪或宣告死亡后户口被注销545人，农村因婚嫁被注销原籍户口946人，户口迁移证件遗失或超过有效期限造成无户口611人，与外国籍(无国籍)人非婚生育544人，其他20人，均按政策办理落户。

【消防安全管理】 2017年，南宁市公安消防支队严防社会火灾隐患，全市发生火灾1708起、死亡1人、伤5人、直接财产损失1651.60万元，比上年分别下降20.41%、95.65%、83.87%、2.70%。出动消防警车7092车次，警力3.69万人次，接、处警2973起，抢救遇险群众1132人，保护财产4215万元。组建地震、水域、交通事故、高层建筑、地下建筑、大型综合体、石油化工企业、山岳救援、危险化学品处置9支专业救援队伍。围绕城中村、"一高一低一大一化"(高层建筑、地下建筑、大型综合体、石油化工企业)、人员密集场所，组织实战化拉动演练12次，开展地震救援拉动演练2次、水域救援演练1次。全市2100家消防安全重点单位全部建成单位微型消防站。开展夏季消防检查、电动车火灾防控、"一高一低一大一化"、高层建筑、电气火灾等专项集中整治行动11项，检查单位8.10万家，督促整改10.06万处，临时查封单位1329家，责令"三停"(停业、停电、停止施工)单位974家，罚款1411万元，拘留103人。通过微信、微博推送消防信息1.30万条，关注人群34万余人；发布消防安全提示信息10.60万条；全市消防宣传教育馆和消防站接待群众11.30万人；消防宣传车开展宣传561次，服务市民72万人。针对重点行业、节点、协理员、受众、典型火灾、全媒体六方面建设宣传矩阵，开展公益消防专项宣传活动60次，覆盖社会人群95万人；在高速路口、城市主干道的182块户外大型广告牌、297块LED电子显示屏发布消防宣传广告，实现机场、码头、地铁沿线和公交站台"宣传全覆盖"。全市连续17年未发生重大以上火灾事故，武警消防支队连续5年未发生有影响的部队事故案件。

【出入境管理】 2017年，市公安局出入境管理部门接待办证群众67万人次，受理公民出国(境)证件申请61.29万证次(境内居民60.74万证次、境外居民5511证次)。其中，受理护照申请19.57

万证次，内地居民往来港澳通行证及签注35.19万证次，往来台湾通行证及签注5.92万证次，港澳单程证217证次；受理台胞证补换发证件215证次，一次出入境有效台胞证30证次；受理外国人签证382证次，停留证件305证次，居留许可4657证次，外国人出入境证167证次，出入境通行证89证次。审批中国公民出国（境）证件申请60.62万证次，其中审批护照24.55万证次，审批往来港澳通行证及签注29.41万证次，审批往来台湾通行证及签注6.66万证次。复核及制作外国人普通签证657人次，居留许可4673人次，外国人出入境证162人次，出入境通行证86人次。为"急事急办"申请人加急审批1.06万人次，非工作日时间开通"绿色通道"为需赴境外探病、奔丧等处理紧急事务审批3921人次。办理出入境行政违法案件74起。侦办偷越国（边）境刑事案件3起（其中公安部督办案件1起、自治区公安厅督办案件1起），刑事拘留16人。指导各分（县）局办理行政案件249起，侦办偷越国边境刑事案件2起，查获"三非"（非法入境、非法居留、非法就业）人员741人。5月22日，公安出入境管理部门正式启用全国公安出入境管理信息系统，将出入境业务"三表合一"（护照、往来港澳通行证、往来台湾通行证，由三个不同信息界面分别完成，需要单个界面登记完毕退出后再进入下一个信息界面）提升为受理界面"三证合一"（护照、往来港澳通行证、往来台湾通行证信息在一个界面内完成全面登记采集）。推出电子港澳个人旅游续签立等可取业务、为办出入境证群众提供免费自助照相服务等便民新措施。

【经文保管理】 2017年，市公安局经文保部门采取"预防为主、单位负责、突出重点、保障安全"措施，深入全市37所高校、49家医院、69座加油站、9个水厂、1100家银行网点、1110个自助银行、15家大型商业场所、7家公交公司、11家出租车公司，加强监督指导，推动单位人防、物防、技防建设，年内无安全责任事故发生。

【公安信息化建设】 2017年，市公安局完善南宁公安监督管理信息平台建设，平台涵盖执法管理监督、日常监督、短信评警监督、审计监督、涉警舆情监督、信访汇聚、执纪问责监督、党廉考评、分析研判和廉政档案等功能模块。运用平台加大信息收集，以重要会议、重大节假日、敏感时期以及大型活动安保为重点，提供科学研判及对策能力。落实重点部位"一分钟处置"信息反应机制，增强快速打击处置能力。严密警卫安保，保障习近平总书记在邕视察、中共十九大、第14届中国－东盟博览会、中国－东盟商务与投资峰会、环广西公路自行车世界巡回赛（南宁站）、第2届中国－东盟大法官论坛等重大活动及春节、三月三、清明、国庆等重要节庆活动安全保卫，实现"万无一失、绝对安全"工作目标。推进"互联网＋警务"，依托网上服务平台，微信公众号、APP应用，提升南宁公安"一网、一微、一端"（南宁市公安局网上服务平台、"南宁警方"微信公众号、"i微警"APP移动手机端）综合服务能力；全国首创建立电子身份证技术体系，推动电子身份证在公安业务及社会管理上应用；使用微信、支付宝支付服务，群众通过手机即可缴纳户籍办证、交通违缴、外管办证等费用。通过"警务评议子系统"，开展对接处警、案件办理、窗口服务等执法管理满意度评议，提升群众满意度。全市分（县）局"情指行"（情报、指挥、行动）一体化建成并实体化运行。创新"警企合作模式"（警方利用优质企业的技术及资金优势，共同建设项目，向群众推广使用），建设电动自行车智能防盗系统工程（简称"地网工程"），4月8日起推广使用。8月30日，全国公安首套社会治安风险洞察系统（简称"风洞系统"）正式启用，至9月4日上线测试期间，抓取数据47亿条，发出预警风险提示500次，利用"风洞系统"发现及抓获犯罪嫌疑人200多名。

【公安队伍建设】 2017年，市公安局实行面向社会公开招考和自公安院校公安专业毕业生招录的"双轨"招警机制，招录民警70人配备基层单位，其中参加自治区公务员统一考试招录26人，机要岗位特殊招录2人，面向公安院校公安专业应届毕业生招录42人。3月，选派2名领导干部赴北京、新疆公安机关挂职锻炼。年内，完成南宁市公安局人民警察职务序列改革试点。首次套改（警察级别套改是指公安部及其内设机构和地方公安机关及其内设综合管理机构的警官、警员职务称谓，按照《公务员法》及其实施方案执行。根据《广西壮族自治区公安机关执法警务机构人民警察警员职务套改工作方案》，制定《南宁市公安局关于开展公安机关执法警务机构人民警察警员职务套改工作方案》，实行分类管理，完善执法勤务警员职务序列，建立警务技术职务序列，并建立健全相关管理制度）二级高级警长8名，三级高级警长78名，四级高级警长9名，一级警长745名，二级警长115名，三级警长1111名，四级警长28名，一级警员1113名，二级警员6名；上报套改为警务技术三级主任2名，警务技术一级主管26名，警务技术二级主管2名，警务技术三级主管38名，警务技术四级主管1名，警务技术员83名。经市编办批准成立警务辅助人员管理处，制定《警务辅助人员晋级晋升管理办法（试行）》《警务辅助人员薪酬管理办法（试行）》《警务辅助人员考核办法（试行）》等9个配套制度，对辅警分级分类管理、职务管理和绩效管理，形成奖勤罚懒、优胜劣汰体制机制；规划辅警设定管理职位和职级两种晋升渠道，拓展辅警职业成长空间。举办警衔晋升培训班3期，培训244人；选派3人参加公安部全国新任县市公安局长政委培训班，参加自治区公安厅专业技能培训班396人，参加公安厅警衔晋升培训班797人；举办特种岗位、专业技能培训班14期，培训民警1273人。9月，邀请浙江大学

2017年10月22日，市公安局安全保障环广西公路自行车世界巡回赛（南宁站）。图为民警在现场执勤　　黄静洁提供

EDP中心及浙江工商大学特聘教授裴少桦、新疆警察学院反暴恐案件专家林克，以现场讲座和视频会议的形式，讲授公务礼仪与职场形象管理、暴恐案件第一时间第一现场指挥与处置。推行城区派出所合署办公改革，34个派出所的部分便民业务合署到18个所集中办公，提升派出所综合实力；推行“一村一警务助理”，全市1471个村全部纳入配置警务助理范畴。

【社会治理创新】 2017年，市公安局继续推进“放管服”行政职级改革。推进公安交管改革，推行跨省异地缴纳交通违法罚款，试点机动车号牌网上预约选号，开展“礼让斑马线”活动，实施“以学促管”“学罚结合”电动自行车管理模式，依托“扬尘污染治理综合管理平台”对工程运输车从源头到末端全流程管控。6月9日，公安部在南宁市召开全国城市道路交通管理工作现场推进会，向全国推广南宁电动自行车、工程运输车等管理经验和做法。推进户籍制度改革，取消购买房屋、投资纳税落户等不合理的落户限制，对农村学生升学和参军进入城镇的人口、在城镇就业居住5年以上和举家迁徙的农业转移人口、新生代农民工等重点群体，全面放开放宽落户限制，促进有能力在城镇稳定就业和生活的农业转移人口举家进城落户。制定更加宽松的户口迁移政策，放开对高校毕业生、技术工人、职业院校毕业生、留学归国人员的落户限制。

【案件选介】

谢某某等组织偷越国境案 2017年，南宁市公安局出入境管理支队在案件侦办中发现，广西宾阳县韦某某(男，花名“小二”)长期勾结国内外不法人员组织他人偷越国境。6月1日，专案组截获该团伙组织偷越国境的12名非法入境越南籍嫌疑人。6月6日，再次截获26人；同日，专案组在崇左市宁明县爱店镇抓获越南籍女蛇头谢某某(越文名TATHIQUYNH，花名“爱店大姐”，越南北江省陆岸县贵山镇人)，在南宁市抓获韦某某、宁明县蛇头邓某某(男)、韦某某(男，花名“阿六”)。经审讯，谢某某在宁明县爱店镇边境囤人，在越南谅山省招募欲到中国务工的越南人偷渡入境，通过邓某某将偷渡人运送到南宁市，由韦某某、韦某某接应并联系前往广东、福建、上海等地非法务工。6月7日，谢某某、邓某某、韦某某、韦某某4人因涉嫌组织他人偷越国(边)境罪，被市公安局刑事拘留，涉案的38名非法入境人员被拘留审查。7月12日，经兴宁区检察院批准，谢某某被执行逮捕，韦某某因证据不足取保候审。9月26日，经市检察院批准，韦某某、邓某某被执行逮捕，案件进一步侦办。10月3日，被公安部列为督办案件。

国际红色通报犯罪嫌疑人徐某被押解回国案 2016年，市公安局治安支队侦办的公安部督办非法经营案中，犯罪嫌疑人徐某潜逃出境，仍继续遥控指挥犯罪，性质恶劣，社会危害大。11月1日，市公安局通过自治区公安厅治安总队向国际刑警组织中国国家中心局申请，对徐某发布国际刑警组织红色通报(通缉令)获批准。2017年3月10日，将被泰国警方抓获的徐某押解回国。为市公安局、广西公安治安系统通过国际刑警组织对潜逃出境人员发布红色通报开展全球布控，在国外抓获犯罪嫌疑人并押解回国的第一例案例。

“16.414”特大传销专案 2017年5月1日，市公安局调集2600名警力，对“16.414”特大传销专案收网，摧毁人员主要来自东北三省及山东、浙江等地的6个传销组织，抓获涉嫌传销人员368人，其中高层人员82人、骨干249人、下层人员37人，冻结涉案银行账户520个，涉案资金3128万元，缴获涉案资金480万元。6月7日，经检察机关批准，该案92名主要犯罪嫌疑人被依法执行逮捕。

“17.705”传销专案 2017年11月17日，市公安局调集1000多名警力，对安徽、山西、河北、四川籍人员在南宁市开展传销非法活动的“17.705”传销专案收网，抓获传销人员326人，刑事拘留147人，捣毁传销窝点102个，冻结传销账户资金1500多万元，查扣车辆55辆，查封房产32套，查扣电脑、银行卡、传销账本、传销网络图等涉传物品一批。至12月27日，报捕141名犯罪嫌疑人，检察机关批准逮捕102人，其中兴宁区检察院批准逮捕35人、青秀区检察院批准逮捕58人(青秀分局41人，南湖分局17人)、西乡塘区检察院批准逮捕9人。

“2017.7.31”特大非法买卖枪支弹药案 2017年7月，市公安局刑侦十大队侦获武鸣区梁某有在网络买卖枪支重大作案嫌疑。通过研判分析，勾勒出涉及广西、海南、福建、安徽、河南、河北、浙江等地的整个网络买卖枪支弹药的网络资金关系图。分成8个抓捕小组同时开展抓捕。至11月8日，抓获犯罪嫌疑人16人，其中逮捕7人，刑拘3人，行政处罚5人；缴获枪支39支，火药枪1支，弹簧枪、钢弩等11支，枪管149根，铅弹5256颗。并向全国发出1295条涉枪线索，涉及全国28个省、自治区、直辖市人员1000余人。10月，被公安部列为挂牌督办案件。

大自然花园小区系列入室盗窃案 2017年10月，市公安局组织五大队、青秀山刑侦大队组成专案组，打掉一凤山籍入室盗窃团伙。抓获犯罪嫌疑人8人，依法逮捕并移送起诉5人；破获10月发生在南宁的入室盗窃案件6起，其中4起发生在大自然花园小区。经强化审讯，龙某某等犯罪嫌疑人供述年内多次在广东中山市实施入室盗窃作案，经最终依法查证，查实龙某某等5名犯罪嫌疑人的犯罪事实，团伙年内在南宁市交叉结伙实施入室盗窃作案6起。2018年1月26日，被依法移送起诉。

“2016.11.3”托斯卡纳小区特大入室盗窃案 2016年11月4日，青秀区仙葫大道托斯卡纳小区发生特大入室盗窃案件，被盗手表、手镯、玉器、白金项链，损失价值约58万元。刑侦支队五大队与合成作战研判中心同步开展侦查研判，联合西乡塘分局历时半年查控，2017年4月13日，在南宁市将犯罪嫌疑人韦某某抓获归案，其供述伙同牙某某结伙窜至托斯卡纳小区入室盗窃犯罪事实。7月18日被移送起诉。犯罪嫌疑人牙某某被列为网逃人员后，8月10日在广东省江门市江海区被抓获，并供述犯罪事实，广东江门市江海公安分局将案件并案移送审查起诉，案件破获。

“2017.9.25”系列飞车抢夺案 2017年9月22日至25日，江南区、青秀区、良庆区连续发生飞车抢夺案17起、抢劫案1起。市公安局刑侦支队合成作战中心应用联动机制与案发辖区分局二级平台合作，以案发现场为中心，辐射至周边各主要路口，全面调集视频监控资料，比对分析和追踪。通过技术分析侦获犯罪嫌疑人是一伙长期活动于良庆区大沙田一带的未成年人，通过对在大沙田活动的抢夺前科未成年人进行研判，锁定犯罪嫌疑人。25日下午，抓捕组民警打掉一个在市区疯狂作案的飞车抢夺犯罪团伙，抓获团伙成员4人。其中嫌疑人何某某、陈某某因涉嫌抢劫被刑事拘留，马某某、罗某因未满14周岁经教育后释放。破获抢夺案17起、抢劫案1起。 (黄静洁)

检　察

【概　况】 2017年，南宁市人民检察院设机构整合为反贪污贿赂局、公诉部、侦查监督处、民事行政检察处、监所检察处、未成年人检察部、控告申诉检察处、案件管理办公室、法律政策研究室、办公室、政治部、监察处、检察技术处、行政装备处、司法警察支队15个处(室)辖区县检察院12个及茅桥地区人民检察院(派出机关)。市两级检察院编制957名，在编833人(检察干部 776 人、工勤人员 57 人),具有检察员以上法律职务 446 人(检察员 324 人、检察委员会委员 66 人、副检察长 42 人、检察长 14 人),助理检察员 78 人;实行检察人员分类管理,员额制检察官 290 人、检察官助理 234 人、书记员 37 人、司法警察 54 人、检察技术人员 19 人、检察行政人员 95 人、工勤人员 57 人。市检察院编制 184 名,在编 156 人(检察干部 144 人、工勤人员 12 人),具有检察员以上法律职务 94 人(检察员 80 人、检察委员会委员 9 人、副检察长 4 人、检察长 1 人),助理检察员 11 人;实行检察人员分类管理,员额制检察官 60 人、检察官助理 28 人、书记员 11 人、司法警察 14 人、检察技术人员 6 人、检察行政人员 25 人、工勤人员 12 人。实施司法体制改革和检察改革,完成检察人员分类管理,确定检察辅助人员 344 人、检察行政人员 95 人。完成人员归类定岗,85% 的人力资源投入司法办案一线。开展"两学一做"(学党章党规,学系列讲话,做合格党员)和"五查五整顿"(查思想,整顿理想信念滑坡;查纪律,整顿有令不行;查作风,整顿不严不实;查担当,整顿不作为和乱作为;查管理,整顿领导责任落实不力)教育活动,举办专题培训班 15 期,培训 3022 人次。市检察院公诉二处副处长韦恒,被最高人民检察院公诉厅评为"全国优秀公诉人"。邀请市人大代表、市政协委员视察检察工作 18 次,走访联系市人大代表、市政协委员 164 人次,针对市人大代表、市政协委员提出的意见建议,落实整改措施 66 条,办结市人大常委会和市人大代表转交案件 11 件。落实案件信息公开,通过信息网络向社会发布案件信息 1.76 万条。

【刑事检察】 2017 年,市两级检察院深化对公安派出所刑事侦查活动监督改革,市检察院在南宁海关成立检察监督办公室,加强对走私犯罪、毒品犯罪、海关系统职务犯罪的侦查活动监督。开展破坏环境资源犯罪和危害食品药品安全犯罪专项立案监督。要求公安机关说明应立案而不立案理由 145 件 220 人;公安机关主动立案 141 件 216 人;通知公安机关立案 1 件 1 人;要求公安机关说明不应立案而立案理由 129 件,公安机关收到通知主动撤案 118 件;建议行政执法部门向侦查机关移送涉嫌犯罪案件 9 件 10 人;追加逮捕 247 人,追加起诉 172 人;纠正侦查活动违法行为 214 件;依法不批准逮捕 2337 人,批准延长侦查羁押期限 174 人;审查羁押必要性 368 人,建议变更强制措施或释放 290 人,办案部门采纳 277 人;清理久押不决预警案件 9 件 23 人,直接排除非法证据后决定不起诉 9 件 10 人;纠正在侦查和审判活动中阻碍辩护人、代理人行使诉讼权利的违法行为 12 件;审查逮捕听取辩护人意见 86 人,审查起诉阶段听取辩护人意见 105 人;维护刑事裁判公正,提出刑事抗诉 24 件,法院改判 15 件、发回重审 5 件;受理不服法院刑事生效判决裁定申诉案件 65 件,提请抗诉 7 件,法院开庭审理 2 件,改判 1 件,维持 1 件;发出刑事再审检察建议 1 件,法院改判 1 件。

【审查逮捕】 2017 年,市两级检察院受理审查逮捕 6819 件 1.01 万人,批准逮捕或决定逮捕 5277 件 7211 人,不批准逮捕和决定不逮捕 1542 件 2924 人。不批准逮捕复议 8 件 21 人,维持原决定 14 人,改变原决定 7 人;不批准逮捕复核 4 件 10 人,维持原决定 8 人,改变原决定 2 人;不批准逮捕申诉 30 件,维持原决定 28 件 36 人,改变原决定 2 件 5 人。年内,增强审查逮捕司法属性,在侦查监督业务配备 35 名员额制检察官,明确检察官权力清单,除危害国家安全等重大案件,将原检察长的逮捕决定权下放给检察官。增强听证审查,听取 86 名犯罪嫌疑人的辩护人意见,听取 69 名被害人的意见,启动非法证据调查 1 件,取消附条件逮捕。审查逮捕方式从行政化审批向诉讼式审查转变,确定上林县检察院和邕宁区检察院为逮捕案件诉讼式审查试点单位,逮捕案件试行诉讼式审查 3 件 5 人。通知法律援助机构指派律师为 7 名犯罪嫌疑人提供法律服务,不批准逮捕说明理由 794 人。参与互联网金融专项整治,依法审查逮捕广西跨世纪酒店非法吸收公众存款案、广西同城人人贷前程互联网金融服务有限公司非法吸收公众存款案、深圳市前海国融金融控股有限公司广西分公司集资诈骗案等大金额涉众案件。

【审查起诉】 2017 年,市两级检察院受理审查起诉 7643 件 1.04 万人,提起公诉 6096 件 8204 人,不起诉 579 件 964 人,撤回起诉 24 件 27 人。第一审判程序出席法庭支持公诉 5992 件,出席法院庭前会议 5 件。提出量刑建议 1476 人,法院采纳 673 人。年内,整合司法资源,市检察院公诉一处、公诉二处整合为公诉部;在区县由同一名检察官办理轻微刑事案件的审查逮捕和审查起诉。贯彻证据裁判规则,协调证人出庭作证 61 人次,不起诉证据不足的 306 名犯罪嫌疑人(其中排除非法证据 9 件 10 人)。推进审理刑事案件繁简分流,建议法院适用简易程序审理 1632 件、适用速裁程序审理 12 件。西乡塘区检察院应用远程视频庭审系统参与法庭审理 23 次,审理刑事案件 102 件(每件平均用时 15 分钟)111 人。保障律师诉讼权利,听取辩护人意见 105 人。参与电信网络犯罪治理,网络诈骗罪提起公诉 60 件 109 人;参与生态环境治理,起诉破坏环境资源犯罪 131 件,敦促犯罪嫌疑人恢复生态环境。办理传销案件,涉案金额 15.19 亿元,起诉非法传销犯罪 67 件 278 人。促进社会矛盾化解,调解达成和解 23 人,建议刑事和解 5 人,被评为 2017 年自治区检察机关公诉部门化解社会矛盾精品刑事案件 3 件。办理西乡塘区检察院起诉替代考试犯罪自治区第一案和非法组织卖血犯罪案件 4 件。

【贪污贿赂案件查办】 2017 年,市两级检察院受理贪污贿赂犯罪线索 399 件,初查 378 件 397 人,立案侦查 147 件 187 人(乡科级干部 43 人、县处级干部 18 人、地厅级干部 1 人、其他 125 人),属于重大特大案件 18 件 27 人;移送审查起诉 166 件 209 人(含积存),移送审查不起诉 7 件 7 人,撤销案件 4 件 6 人。起诉 133 件 174 人,不起诉 53 件 67 人,撤回起诉 3 件 3 人。通过侦查贪污贿赂犯罪为国家挽回经济损失 3156.84 万元。贪污贿赂犯罪生效判决被告人 133 人。年内,集中立案侦查国家新闻出版广电总局综合司原司长王某受贿案、良庆区原区长谷某受贿案。开展查处发生在群众身边的腐败问题,立案侦查商业贿赂和工程建设领域贪污贿赂犯罪 68 人、扶贫领域贪污贿赂犯罪 37 人。邕宁区检察院查处民警违规办理居住证窝窜贿赂案,立案侦查 12 件 16 人。开展食品药品领域和贪污贿赂犯罪专项整治,立案侦查贿赂犯罪 12 件 12 人。开展"办案百日冲刺"活动,以信访遗留问题处置为重点,清理案件线索 50 条,清理久立未结 14 人,清理涉案款项 5405 万元及 5000 美元。追逃追赃,抓获在逃职务犯罪嫌疑人 4 人,追回赃款 6057 万元。青秀区检察院办理南宁高新技术产业开发区管理委员会原办公室副主任兼接待办主任丘某贪污案,市检察院办理桂林市公安局原副局长孙某受贿案,被评为 2017 年度自治区检察机关反贪污贿赂精品案件。

【渎职案件查办】 2017 年,市两级检察院受理渎职侵权案件线索 80 件,初查 71 件 74 人;立案侦查 24 件 33 人(乡科级干部 12 人、县处级干部 1 人、其他 20 人);移送审查起诉 25 件 34 人,撤销案件 1 件 1 人。起诉 19 件 25 人,不起诉 6 件 7 人。通过侦查渎职侵权犯罪案件,为国家挽回经济损失 50 万元。渎职侵权犯罪生效判决被告人 18 人。年内,立案侦查群众反映强烈、社会影响较大的渎职侵权犯罪,涉及司法领域 4 人、惠农扶贫领域 3 人、环境执法领域 2 人。邕宁区检察院立案侦查市公安局良庆分局 4 名民警徇私枉法案。西乡塘区检察院查处安宁街道连畴村原村主任黄某等 5 人贪污征地拆迁补偿案件，挖出征地拆迁领域系列渎职犯罪案件 3 件 3 人。邕宁区检察院办理市扶贫开发办公室综合科原科长农某玩忽职守、受贿、贪污案，被评为 2017 年度自治区检察机关反渎职侵权精品案件。

【职务犯罪预防】 2017 年，市两级检察院结合办案开展警示教育 997 次、预防调查 290 次，提出预防检察建议 175 件，职务犯罪案例分析 305 件，供党委、政府和相关部门决策参考。向社会提供行贿档案查询 14.01 万次。年内，履行职务犯罪预防职责，在南宁轨道交通工程、广西文化艺术中心等重点建设项目和惠农扶贫等重点领域提供“精准预防”服务。开展“精准扶贫、廉洁为民”专题警示宣传教育基层行活动，市检察院与中国邮政举办“预防职务犯罪邮路”活动。市检察院制作廉政短片《预防监督护航，诚信精准为民》和横县检察院制作公益广告《飞镖要瞄准、扶贫要精准》，被评为全国检察机关“精准扶贫、廉洁为民”专题警示宣传教育基层行优秀作品。江南区检察院向江南区城市管理局提出检察建议，横县检察院向横县财政局提出检察建议，被评为 2016 年自治区检察机关职务犯罪预防“精品检察建议”；市检察院对相思湖新区投资建设发展有限公司原董事长万凌云受贿案的分析，被评为 2016 年自治区检察机关职务犯罪预防“精品案例分析”；宾阳县检察院关于宾阳县私分国有资产领域的职务犯罪预防调查、青秀区检察院关于青秀区公安系统渎职犯罪的预防调查，被评为 2016 年自治区检察机关职务犯罪预防“精品预防调查”；市检察院关于 2016 年惩治和预防职务犯罪综合报告，被评为 2016 年自治区检察机关职务犯罪预防“精品惩治和预防职务犯罪综合报告”。

【监所检察】 2017 年，市两级检察院审查刑事执行机关提请减刑 2555 人、假释 8 人、暂予监外执行 6 人，纠正提请减刑不当 87 人。审查法院裁定减刑 1959 人、假释 8 人，纠正裁定减刑不当 73 人。出席减刑假释案件开庭审理 125 件 125 人。检察指定居所监视居住 24 人。监督法院执行死刑过程及尸体火化，防止罪犯器官被移植利用。纠正监管活动违法 82 件，针对安全隐患提出书面检察建议 68 件。惩治刑事执行腐败，立案侦查职务犯罪案件 2 件 2 人；维护刑事执行场所秩序，办理服刑罪犯又犯罪案件 3 件 3 人。在监区监舍新设检察信箱，完善检察官接待制度，办理控告申诉案件 42 件，维护在押人员合法权益。年内，武鸣区、横县、宾阳县、上林县、马山县、隆安县检察院监所的检察科与民事行政检察科、控告申诉检察科、派驻乡镇检察室合并为诉讼监督部；兴宁区、江南区、青秀区、西乡塘区、邕宁区、良庆区检察院新成立诉讼监督部履行刑事执行检察职责。开展纠正判处实刑未执行专项活动“回头看”，督促公安机关对 7 名未收监罪犯采取上网追逃措施，其中 2 名罪犯被收监执行刑罚。开展财产刑执行专项检察“回头看”，督促法院对 1696 名罪犯执行罚金 2536.60 万元，督促法院对 9 名罪犯执行没收财产金额 249.98 万元。社区矫正检察工作模式实现常态化，利用社区矫正信息共享平台，实地核查问题并提出纠正意见。巡视检察强制医疗执行场所 7 次，监督强制医疗执行 11 例（含年内新增 2 例），监督解除强制医疗 1 例。兴宁区检察院与市第五医院建立强制医疗信息通报和问题处理机制。监督收押体检执行情况，督促落实疾病就医制度。市检察院把社区矫正机构、强制医疗执行场所、看守所特殊病区等纳入巡视检察范围，发现违法问题 21 件，当场提出纠正意见 10 件，责成检察室提出纠正意见 11 件。区县检察机关与市司法局社区矫正信息联网，茅桥地区检察院驻南宁监狱检察室、驻黎塘监狱检察室与监狱完成监控联网和信息联网。市内 13 个派驻刑事执行场所检察室被自治区检察院评为二级规范化检察室，茅桥地区驻南宁监狱检察室、驻市第一看守所检察室，被最高人民检察院评为一级规范化检察室。获评全国检察机关羁押必要性审查精品案件 2 件（江南区检察院办理的张某添羁押必要性审查案、西乡塘区检察院办理的韦某鹏羁押必要性审查案）和优秀案件 2 件（青秀区检察院办理的黄某羁押必要性审查案、马山县检察院办理的范某平羁押必要性审查案）。

【控告申诉检察】 2017 年，市两级检察院受理来信来访 2023 件；检察长接待来访群众 104 件次 181 人。办理举报线索不立案审查 135 件。受理不服检察机关处理决定刑事申诉案 50 件，维持原决定 40 件，变更原决定 2 件；受理不服法院刑事判决裁定申诉案 65 件，不予抗诉 57 件，提请抗诉 7 件，中止审理 1 件。法院开庭审理抗诉案件 2 件，改判 1 件，维持 1 件；发出刑事案件再审检察建议 1 件，法院改判 1 件。受理国家赔偿申请 52 件，立案审查 38 件，决定赔偿 30 件，支付赔偿金 134.32 万元。受理司法救助申请 104 件，为生活困难的刑事被害人或近亲属 132 人发放司法救助金 95.80 万元。年内，实行信访接待责任制和控告申诉司法责任制，细化检察官权力清单，改进工作流程和办案流程。坚持日常窗口接访、季度公开大接访、分管检察长对口接访相结合，依法处理“汇丰公司非法吸收公众存款案”等涉众型上访案件。探索实行律师代理申诉和参与化解涉法涉诉信访案件，市律师协会每周三安排 1 名律师到市检察院综合检务服务中心值班接待来访，提供法律服务。公开审查刑事申诉案件，以公开促公正。市检察院就梁某刑事申诉案举行公开听证，邀请律师 2 名、人民监督员 2 名、医事法学专家 1 名担任听证员，全国人大代表和最高人民检察院申诉检察厅、自治区检察院、市人大常委会等派员到场指导。兴宁区检察院和江南区检察院分别举行刑事申诉案件公开听证 1 件。市检察院继续获“全国检察机关文明接待示范窗口”称号。

【民事行政检察】 2017 年，市两级检察

2017 年 8 月 29 日，南宁市检察院举行刑事申诉案件公开审查听证会　　蒙　旗提供

院受理民事行政申诉586件，提请抗诉26件，自治区检察院审结26件、采纳18件、提出抗诉3件。法院再审民事行政案件审结13件(含提请抗诉案件和抗诉案件)，改变11件；发出民事行政审判活动违法监督的检察建议77件，法院采纳171件(含积存)；发出民事行政执行监督的检察建议169件，法院采纳56件；发出督促政府部门履行职责的检察建议43件，相关单位采纳39件。排查公益诉讼案件线索96件，立案办理公益诉讼案件15件，发出公益诉讼诉前检察建议13件。疏导当事人服判息诉6件。市检察院提请抗诉柳某等人与上海锦洋置业有限公司南宁分公司财产损害赔偿纠纷系列案，自治区高级法院改判标的额330万元。隆安县检察院查明被执行人黄某未如实向法院申报财产，被执行人黄某履行给付12万元赔偿款义务。市检察院与市环境保护局签署《关于在办理环境公益诉讼案件工作中加强协作的实施意见》。宾阳县检察院向宾阳县农业局发出广西公益诉讼首例诉前检察建议，依法收回"池塘改造"补助项目违规发放的国家财政补助113.99万元。上林县检察院向上林县住房和城乡规划建设局发出检察建议，督促依法收取15个商业楼盘防空地下室易地建设费1667万元；向上林县农林水利局发出检察建议，督促履行大龙湖网箱养鱼水体污染治理职责，清除网箱2064个。

【检察技术】 2017年，市两级检察院受理技术案件2101件，其中检验鉴定68件、技术性证据审查1044件、技术协助989件、技术性证据审查976件、检验鉴定5件、技术协助37件，临场监督7次。文件检验类：检验鉴定34件，技术性证据审查9件。司法会计类：检验鉴定9件，技术性证据审查7件。电子证据类：检验鉴定20件，技术性证据审查52件，技术协助299件，心理测试技术协助39件。运用手机定位系统31次。开展同步录音录像335件次，录制399人次、时长1.18万小时。年内，市检察院探索检察技术专家辅助人制度，首次指派1名法医以"专家辅助人"身份出席西乡塘区法院刑事法庭。对缠诉28年的李某挪用公款申诉案，出具司法会计鉴定书，为最高人民检察院开展息诉息访提供科学技术证据支持。市检察院司法鉴定实验室取得自治区质量技术监督局颁发司法鉴定实验室资质认定资格证书，成为自治区检察系统首家通过实验室资质认定的司法鉴定机构。市检察院电子检务工程配套的10台服务器及2套存储设备安装到位，完成由虚拟化到超融合平台过渡；调整内网外网机房，优化网上办公系统运行平台，建设远程提讯室2间，完成视频监控联网平台搭建。

【未成年人检察】 2017年，市两级检察院受理审查逮捕未成年人232件413人，批准逮捕172件274人，不批准逮捕134人；受理审查起诉未成年人319件488人，起诉未成年人涉嫌犯罪233件365人，撤回起诉2人，直接不起诉40人；附条件不起诉6人，附条件不起诉考验期满后不起诉1人。对被逮捕的16名未成年人进行羁押必要性审查，办案部门根据检察建议，解除羁押或变更强制措施16人。审查广西未成年犯管教所提请减刑232人、假释1人，没有发现提请不当。为未成年被害人提供司法救助20人，发放救助金额11.35万元；对未成年被害人近亲属提供司法救助8人，发放救助金额4.80万元。市检察院和兴宁区、江南区、青秀区、武鸣区、宾阳县设置未成年人检察部，西乡塘区、邕宁区、良庆区、横县、上林县、马山县、隆安县检察院配备检察官专门从事未成年人检察业务。市检察院依法起诉上林县2名女童被当街砍杀恶性案件；市两级检察院起诉侵害未成年人的犯罪190件288人；不批准逮捕523名没有社会危险性的犯罪嫌疑人，不起诉632名犯罪情节轻微的被告人；起诉校园暴力犯罪15件25人。通知法律援助机构为57名未成年人指派辩护人。促成7名涉案未成年人与被害人达成刑事和解。市检察院编印青少年普法漫画口袋书《南检微报·第三季》1万册向中小学发放，举行以"防治校园欺凌，护航未成年人成长"为主题的检察开放日活动。市检察院公诉一处获"全国维护妇女儿童权益先进集体"称号。隆安县检察院办理的刘某帮故意伤害案、西乡塘区检察院办理的黄某强诈骗案入选自治区检察机关维护妇女儿童合法权益十大典型案例。

【人民监督员监督】 2017年，市两级检察院接受人民监督员监督职务犯罪案件95件(拟不起诉81件、拟撤销案件14件)；人民监督员评议办结84件，同意办案部门处理意见84件。年内，省级以下检察机关办理的职务犯罪案件由上一级检察机关组织接受人民监督员监督，南宁市区县检察院在内设机构整合中不再设置人民监督员办公室，联系和服务人民监督员实施监督的职能由市检察院案件管理部门承担、区县检察院协助。市检察院配合市司法局开展人民监督员检察业务知识培训，举办人民监督员评议案件观摩会；邀请人民监督员参加检察开放日等检务活动，保障人民监督员对检察工作的知情权；邀请人民监督员参加刑事申诉案件公开审查活动2次，听取人民监督员意见。

【案件选介】

法办陆某猥亵儿童案　陆某，男，广西扶绥县人。2017年1月7日，陆某驾驶电动车途经南宁市永和立交桥旁树林，路遇被害人小红(化名，女，时年10岁)，遂拿出10元让小红帮买饮料。用余款7元引诱小红随其到家中玩。陆某将小红引领至家中实施猥亵。当晚，小红告知母亲；红母向公安机关报案。1月8日，陆某被市公安局江南分局刑事拘留；1月20日，经江南区检察院批准，次日由市公安局江南分局执行逮捕。3月21日，公安机关将案件移送江南区检察院审查起诉。7月18日，江南区检察院以陆某涉嫌猥亵儿童罪向江南区法院提起公诉。9月5日，江南区法院依法不公开审理。9月7日，江南区法院以猥亵儿童罪判处陆某有期徒刑3年。审查起诉中，针对案件证据薄弱问题，坚持释法说理，促使陆某供述犯罪事实，通过制作同步录音录像补强证据，保证刑事指控有效。承办检察官发现，小红曾有被性侵经历，本案再次伤害小红，委托心理专家给小红做心理测评和疏导，帮助她回归正常生活。鉴于小红的父母分居多年、母亲外出工作并独立抚养小红，承办检察官与控告申诉部、江南区妇联共同落实司法救助事宜，发放司法救助金，让小红及其家人感受到司法温暖。12月25日，自治区检察院政治部、公诉办公室通报，江南区检察院办理的陆某猥亵儿童案被评为广西检察机关公诉部门化解社会矛盾精品刑事案件。

监督公安机关立案侦查李某诈骗案　李某，男，广西横县人。2010年，李某为骗取农村土地承包经营权流转补助，伪造《耕地承包合同书》《农村土地承包经营权证明书》等材料，虚构承包两处土地1070亩(71.33公顷)事实，骗取国家补助资金21.40万元。2015年10月，横县检察院在办案中发现李某涉嫌犯罪，将线索移送横县公安局，横县公安局不予立案侦查；11月2日，横县检察院向横县公安局发出《要求说明不立案理由通知书》，横县公安局接到通知后立案侦查；11月17日，横县检察院批准逮捕犯罪嫌疑人李某。2016年1月12日，横县公安局将本案移送审查起诉；7月1日，横县检察院将李某诈骗案向横县法院提起公诉；11月8日，横县法院作出判决：李某犯诈骗罪，判处有期徒刑4年3个月，并处罚金2.50万元，责令李某将违法所得21.40万元退回横县财政。检察机关未抗诉，被告人李某未上诉，判决生效。2017年12月28日，自治区检察院通报，监督公安机关立案侦查李某诈骗案被评为2017年全区检察机关精品刑事立案监督案件。

（蒙　旗）

法　院

【概　况】2017年,南宁市中级人民法院设政治部、办公室、监察室(纪检组)、审判管理办公室、立案庭、刑事审判第一庭、刑事审判第二庭、未成年人案件审判庭、民事审判第一庭、民事审判第二庭、民事审判第三庭、民事审判第四庭、民事审判第五庭、行政审判庭(赔偿委员会办公室)、审判监督庭、执行工作局(执行庭)、研究室、司法行政装备管理科、司法警察支队19个机构,辖区县基层法院12个、基层法院派出法庭31个。兴宁区法院在南宁商会旧址设立"老南宁·三街两巷"历史文化保护巡回法庭、在南宁市嘉和城游客服务中心设立"十里花卉长廊"旅游巡回法庭、在兴宁区工商联设立全市首个"民营企业合法权益保障巡回法庭";邕宁区法院设立驻第十二届中国(南宁)国际园林博览会法官工作站;宾阳县法院设立黎塘法庭驻黎塘工业园区法官工作站。全市两级法院编制1585名(工勤编79名),在编1475人(工勤编78人),其中法官969人。市中级法院机关编制285名(工勤编20名),在编264人(工勤编20人),其中法官183人。年内,南宁市法院实行法官员额制改革,原有法官969人,员额制法官编制663名,实际入额法官574人。市中级法院机关员额制法官编制119名,入额法官104人。兴宁区法院民一庭第二次获最高人民法院授予"全国青年文明号"称号,市中级法院立案庭获中华全国妇女联合会授予"全国巾帼文明岗"称号。

【审判管理与司法改革】2017年,南宁市司法体制改革施行人员分类管理,产生员额法官574名,组建新型审判团队,配置85%以上的审判力量到办案一线。主审法官或审判长签发法律文书,由审理者裁判,裁判者负责,落实司法责任制。进行审判权运行机制改革,建立专业法官会议制度,统一裁判尺度。落实院庭长办案制度,入额院庭长审结案件5.52万件,占结案数50.40%。家事审判改革全国试点法院江南区法院和良庆区法院创新家事少年审判新模式,家事案件调撤率高于73%,未成年人案件审判庭更名为家事案件和未成年人案件审判庭;江南区法院推行离婚证明制度,以离婚证明代替离婚裁判文书;良庆区法院设立广西首个婚姻家庭纠纷人民调解委员会工作室,探索以法官为主导,调解员为主力的新调解模式。以审判为中心的刑事诉讼制度改革自治区示范法院市中级法院、兴宁区法院、江南区法院,召开公检法联席会议,推进庭审实质化,完善庭前会议制度、探索非法证据排除规则、保障律师诉讼权益,鼓励证人、鉴定人、侦查人员出庭,启用证人出庭保护系统。民商事案件繁简分流改革全国示范法院江南区法院,采取"窗口粗分、后台细分、专业化审判、多元化调解"举措;自治区试点法院兴宁区法院构建"诉前、立案、庭审、文书"四次分流模型,出台《民商事案件繁简分流分案操作规程实施细则》;民商事速审团队收案率45%以上,结案率92%以上。刑事案件繁简分流、简案快审机制改革自治区试点法院西乡塘区法院,针对23个常见罪名制定《证据收集指引》,统一证据搜集标准,推行简化裁判文书。

【刑事审判】2017年,市两级法院受理刑事案件7503件1.04万人,审结6435件8846人。其中,一审受理6743件9204人,审结5840件7770人;二审受理760件1194人,审结595件1076人。判决发生法律效力5311件6830人,其中判处5年以上有期徒刑直至死刑452人,重刑率6.64%,连续三年递减。市中级人民法院受理一审刑事案件160件307人,审结97件144人;二审受理760件1194人,审结595件1076人。全市受理一审刑事案件主要案件类型:故意杀人、故意伤害、绑架、强奸等暴力犯罪案件697件955人,抢劫、抢夺、盗窃等多发性犯罪案件2271件2862人,毒品案件965件1060人,赌博案件18件20人,走私案件2件11人,合同诈骗等犯罪案件54件60人,贪污、受贿、挪用公款和渎职等职务犯罪案件200件271人。开展打击传销、"两抢一盗"(抢劫、抢夺、盗窃)、非法集资、"扫黄打非"等专项行动,审结破坏市场经济秩序犯罪案件318件682人。把握宽严相济刑事司法政策,化解社会矛盾,依法免予刑事处罚19人,管制22人,单处罚金30人,适用缓刑717人,比上年下降1.10%;对2852名有悔罪表现、服从改造的罪犯予以减刑、假释,下降49.74%。审结相关保护人权和维护稳定一审、二审刑事案件6435件,上升1.53%。依法促反腐败,审理职务犯罪案件136件179人。年内,依法判处无罪3人,裁定准许公诉机关撤回起诉案件24件;判决适用非监禁刑769人,其中未成年人犯罪案件适用非监禁缓刑52人,下降10.34%。

【民商事审判】2017年,市两级法院受理民商事案件9.58万件,比上年上升37.52%;审结7.17万件(一审6.38万件、二审7933件),上升48.82%。诉讼标的金额142.55亿元。主要案件类型:农村土地承包合同纠纷等涉农纠纷112件,劳动争议3278件,房地产纠纷8566件,买卖纠纷8386件,借款纠纷2.40万件,婚姻家庭7049件,知识产权1068件,涉外、涉中国港澳台地区民商事170件。一审民商事案件调撤率37.43%。市中级人民法院受理民商事案件1.46万件,审结8942件(一审1009件、二审7933件)。受理知识产权案件1068件,审结715件,分别上升35.90%、7.35%;发布《南宁法院知识产权司法保护状况(2012—2016年)》白皮书、2012—2016年南宁法院知识产权司法保护十大典型案例;召开司法与企业知识产权保护座谈会,了解企业司法需求,支持大众创业、万众创新;审结南宁首例涉及驰名商标认定的不正当竞争案(贺州丽会大酒店等侵害"LV"注册商标专用权纠纷案),强化商标品牌保护。受理涉外、涉中国港澳台地区民商事案件116件(涉外33件、涉中国港澳台地区83件),成立涉东盟案件合议庭,平等保护中外及中国港澳台地区当事人合法权益。

【行政审判】2017年,市两级法院一审、二审受理行政案件2683件,比上年上升25.32%;审结1811件(一审1336件、二审475件),增长43.28%。其中:一审维持行政机关处理决定858件(驳回诉讼请求307件、驳回起诉384件、撤诉165件、判决确认合法或有效2件),撤销行政机关处理决定95件,判决履行法定职责15件,判决确认违法或无效82件,移送75件,其他211件;二审维持判决189件,改判24件,发回重审3件,撤诉30件,调解1件,驳回216件,其他12件。审查非诉行政案件724件,准予执行203件,不准予执行521件。市中级人民法院受理行政案件1523件,审结956件(一审481件、二审475件),其中一审维持行政机关处理决定343件(驳回诉讼请求129件、驳回起诉129件、撤诉83件、判决确认合法或有效2件),撤销行政机关处理决定19件,判决确认违法或无效45件,移送67件,其他7件。

【申诉复查与再审】2017年,市两级法院接待来访当事人1311人次,处理来信593件。受理审查申诉、申请再审案件399件,结案361件;受理再审案件374件,办结261件(维持原判129件、改判43件、调解8件、撤诉10件、其他71件)。对检察机关提出抗诉、当事人申诉和申请再审的案件,依照审判监督程序进行审理,再审维持率49.43%,再审改判、发回重审率16.48%。市中级法院受理再审案件235件,审结167件(维持118件、改判21件、调解1件、撤诉7件、其他20件）。

【国家赔偿与司法救助】 2017年，市两级法院受理国家赔偿案件35件，审结18件。推行国家赔偿案件公开质证制度，健全国家赔偿联动工作机制，对符合条件的申请赔偿人予以赔偿救济。救助408人、金额240.50万元，对符合规定当事人免交、减交、缓交诉讼费1159.50万元。新建（恢复）苏圩人民法庭、昆仑人民法庭、伶俐人民法庭、仙葫经济开发区人民法庭、坛洛人民法庭、甘棠人民法庭6个法庭，方便人民群众诉讼。

【案件执行】 2017年，市两级法院受理执行案件2.99万件，比上年上升36.64%；执结2.33万件，上升20.01%；执结标的金额205.61亿元，上升2.16%；结案率77.66%。市中院受理执行案件1731件，执结986件，执结标的金额144.03亿元，结案率56.96%。市两级法院开展涉民生案件、反规避执行活动等专项清理活动，对8个案件8名被执行人追究拒不执行判决、裁定罪。建立信用惩戒机制，将1.68万名被执行人列入失信"黑名单"，敦促被执行人履行判决。

【阳光司法】 2017年，市两级法院建立"每日庭审直播"制度，每个工作日至少庭审直播案件1件，庭审直播3459次。推送裁判文书上网，公布裁判文书5.48万份。通过新媒体平台、新闻发布会、公众开放日、大接访等拓宽监督渠道，市中级人民法院及青秀区、兴宁区、江南区、马山县4个基层法院司法宣传工作获最高人民法院通报表扬。

【司法监督】 2017年，市中级法院执行市人大及其常委会决议，办理本级人大常委会审议意见和人大代表相关建议，办结人大代表建议2件、政协提案7件。市人大常委会作出《关于加强人民法院民事执行工作的决定》。市中级人民法院邀请各级人大代表、政协委员视察工作、旁听庭审、监督执行和参加活动123人次；通过向代表和委员赠阅书籍、发送信息等形式报告法院重要工作动态，接受人大及政协监督。横县法院法官进驻人大代表之家，市中级人民法院法官撰写代表议案、政协提案被自治区人大、政协采用。接受和配合检察机关监督，市中级人民法院邀请检察长列席审判委员会讨论案件18次。人民陪审员参与审理案件3.67万件。公开审判流程、执行过程信息14.09万条，保障当事人知情权接受当事人监督。

【便民利民诉讼机制建设】 2017年，市两级法院开展"百日清案"专项活动，推广难案精审、简案快审，加强示范性、关联性诉讼案件审理，建立"红黑榜"通报制度，审结案件3.70万件，人均结案数居自治区之首。市中级人民法院开展涉诉信访积案化解"百日攻坚"专项行动，处理重点、敏感信访案件59件。与市18个部门构建联动司法机制，举办以矛盾纠纷多元化解为主题的"第十四届全国少数民族自治区首府城市中级人民法院审判工作交流会"；开展"预防校园欺凌"等法制教育活动227次，新航少年司法心理辅导项目获全国青少年心理行业创新创业奖。马山县法院创新推出"贝侬"（壮语中指兄弟姐妹、朋友或关系特别好的人）调解工作法。市中级法院升级诉讼服务中心，完善12368诉讼服务热线，打造"多位一体"诉讼服务体系；良庆区法院设立广西首个便民书吧；宾阳县法院设立"1+1"模式导引岗；青秀区法院启用微信立案登记系统；江南区法院引入自助录入机；兴宁区法院开发"掌上法院"平台、引入智能机器人等便民诉讼服务。

【审判队伍建设】 2017年，市两级法院采取多种方式开展思想政治教育，谈心、帮教活动230余人次。创建"公正耀党徽"党建品牌，举行宪法日集体宣誓活动。履行党风廉政建设主体责任、监督责任，立案审查3件，党纪政纪处分3人。举办专项培训班培训干警500余人，组织选训260余人。强化审判业务专家培养，4名法官获"全区审判业务专家"称号；组织通过司法考试的干警参加法官助理培训39人次；组织干警参加远程网络培训1586人次。论文6篇获全国法院第29届学术论文奖项，占自治区获奖总数37.50%，调研成果34篇获全市政法调研课题优秀成果奖，占全市获奖总数42.50%。市中级法院机关晋升副处长级2人，岗位交流正科长级14人、副科长级14人，提请市人大常委会任命审判委员会委员4人、庭长7人、副庭长14人、审判员4人。提拔副院长4人，从市外调入25名法官助理到市中级法院及基层法院工作，抽调基层法院年轻骨干4人到市中级法院业务部门跟班学习；推荐市中级法院机关优秀干部2人到乡镇挂职锻炼。有7个集体、5人次获国家级表彰奖励，36个集体、145人次获自治区级表彰奖励。

【案件选介】

韦某某受贿案　被告人韦某某利用担任自治区公安厅交通管理局（交通警察总队）局长（总队长）的职务便利，非法收受、索取财物2097.06余万元。2017年3月23日，市中级人民法院一审以受贿罪对其判处有期徒刑15年，并处罚金200万元，追缴犯罪所得。12月20日，自治区高级人民法院二审维持原判。

丘某某贪污案　被告人丘某某利用担任南宁高新技术产业开发区管理委员会办公室副主任、接待办主任的职务便利，非法套取公款3680.76余万元。2017年7月12日，市中级人民法院以贪污罪对其判处有期徒刑15年，并处罚金500万元，追缴犯罪所得。

王某某等组织领导传销案　被告人王某某等人在南宁进行"资本运作"传销活动，涉案传销人员57人。2017年7月25日、10月20日、11月30日，良庆区法院、江南区法院和西乡塘区法院分别以组织、领导传销活动罪分别判处王某某等57人3个月至7年不等的有期徒刑，并处罚金，没收犯罪所得。

卓某某抢劫案　2016年9月15日，

2017年11月27日，智能导诉机器人"贝侬"在马山县法院"安家落户"　潘伟坚提供

被告人卓某某驾驶摩托车途经江南区壮锦大道，为抢劫被害人曾某某，用右脚从曾某某左侧朝其胯部踹一脚，致使曾某某摔倒在地造成头部受重伤，在当地造成较大影响。2017年5月17日，江南区法院一审以抢劫罪判处卓某某有期徒刑10年，并处罚金1万元，剥夺政治权利2年。卓某某不服提起上诉，11月20日，市中级人民法院二审驳回上诉，维持原判。

贺州丽会大酒店等侵害"LV"注册商标专用权纠纷案　原告"LV"商标注册人路易威登马利蒂(LouisVuittonMalletier)以被告贺州丽会大酒店等经营者在其经营的酒吧、微信公众号中使用与"LV"注册商标相似的标识作为店面招牌、经营用品及宣传图片标识，侵害其驰名商标权利为由诉至市中级人民法院。2017年5月18日，市中级人民法院一审认定"LV"商标属于驰名商标，判决贺州丽会大酒店等被告停止使用该商标，并赔偿原告损失15万元。案件系市中级人民法院首例认定驰名商标案件。原告不服一审判决，提起上诉。

邕宁区农村信用合作联社申请执行广西万旺房地产开发有限公司等金融借款合同纠纷案　申请执行标的2550万元，判决生效长达5年仍未履行。邕宁区法院在扶绥县法院及有关部门的协助配合下，对用于抵债的扶绥县一地块的国有土地使用权以及地块上的酒店1层至12层100余间房间、餐厅及娱乐场馆等进行强制腾迁，移交申请人。2017年4月28日执行完毕。　（潘伟坚）

司法行政

【概　况】2017年，南宁市司法行政系统有市司法局1个、区县司法局12个、开发区司法局3个，乡镇、街道司法所127个；市司法行政系统政法专项编制561名（市司法局73名，区县司法局146名，乡镇、街道司法所342名），在编522人（市司法局70人，区县司法局133人，乡镇、街道司法所319人）。市司法局设办公室、法制宣传科、律师管理科、公证管理科、基层工作科、社区矫正工作科、法制科、计划财务装备科、政治部、人事科、组织培训科、人民监督员管理科12个机构和机关党委，编制77名，在编74人（工勤4人）。全市有公职律师办公室3家，公职律师18人；律师事务所164家；执业律师1570人；市司法行政系统法律援助律师32人；基层法律服务机构57家，基层法律服务工作者429人。有1510家政府部门、企事业单位聘请律师担任法律顾问，1769个村（社区）聘请律师、基层法律服务工作者担任法律顾问。有公证处9家、执业公证员30人；司法鉴定机构5家、执业司法鉴定人50名。南宁市法律援助中心被司法部授予"全国司法行政系统先进集体"称号；青秀区司法局被中国关工委、司法部、中央综治办评为"关爱明天，普法先行"青少年普法教育活动先进单位，青秀区司法局局长唐蓓被评为"关爱明天，普法先行"先进个人；宾阳县甘棠镇人民调解委员会主任吴凯、良庆区大塘镇南荣村人民调解委员会主任农武民、江南区吴圩镇人民调解委员会副主任滕仁持获"全国模范人民调解员"称号。

【法治宣传教育】2017年，市司法局调整南宁市依法治市领导小组成员，印发南宁市"七五"普法实施方案和计划表、责任分解表、2017年南宁市普法工作要点、普法重点工作实施方案及"七五"普法责任状，细化区县（开发区）、各单位的目标任务，明确普法的重点内容以及方法措施。实施"十百千万"工程，即在全市范围内建设10个法治教育基地、100个法治示范村（社区），开展1000场法治南宁讲堂、1万次"法律六进"（法律进机关、进乡村、进社区、进学校、进企业、进单位）活动。组织在职副处级以上领导干部1000多人参加法治南宁讲堂，1642名新提拔领导干部参加法律知识考试、合格率96.78%。开放青少年法治教育示范基地14个，培训普法骨干、法治副校长100多名。与南宁电台合作，每周二在1014频道播出电台节目《说法讲理》，播出40期。在《广西日报》《广西法治日报》《南宁日报》《南宁晚报》等报纸媒体刊登稿件111篇。运用"南宁普法网""南宁在线微信""南宁普法微博""南宁普法头条号"等新媒体平台，创新普法形式。开展"12•4"国家宪法日、"法治南宁讲堂""税法宣传进校园"第二课堂等法治宣传；组织"法律六进"活动2600多次，开展民主法治示范村（社区）创建活动，建设法治示范村（社区）27个。接受法律咨询1.80万次，发放宣传资料175万份，受教育群众超过231万人次。

【律师事务】2017年，中共南宁市委政法委印发《南宁市律师工作联席会议制度》，建立在市委政法委领导下，由市中级人民法院、市检察院、市公安局、市国家安全局、市司法局、市律师协会参加的南宁市律师工作联席会议，推动法律法规赋予律师执业权利落实到位。南宁市律师协会成立"维护律师执业权利中心""投诉受理查处中心"，提供网络、电话维权受理渠道。全市有公职律师办公室3家，公职律师18人；律师事务所164家，执业律师1570人；法律援助律师32人。全市律师代理刑事案件1893件、民事案件9468件、行政案件996件，办理法律援助案件5059件，办理非诉讼法律事务2567件，担任政府部门和企事业单位法律顾问1510家，21名律师被推选为各级人大代表和政协委员。年内，全市149家律师事务所及1432名律师、10家法律援助中心及33名法律援助律师、1家公职律师办公室及4名公职律师参加年度考核。

【公证事务】2017年，邕江公证处恢复执业，南宁市有桂南公证处、德芳公证处、武鸣公证处、横县公证处、宾阳公证处、上林公证处、马山公证处、隆安公证处、邕江公证处9家。办理公证2.08万件，其中国内公证1.55万件、涉外公证4889件、涉中国港澳台地区公证463件。接待咨询4.97

2017年11月29日，市司法局在市中级法院诉讼服务中心举行南宁市法律援助中心南宁市中级人民法院工作站挂牌仪式　潘伟坚提供

万人次，其他来电咨询2883人次，比上年增加4.90%。公证收入613.35万元，增长9.63%，办证件数、公证费收入平稳增加。全市9家公证机构单位性质由行政体制公证机构转为公益二类全额拨款事业体制，办理事业单位法人证。桂南公证处受理窗口由4个增至6个，咨询窗口由2个增至4个；精简办证流程，出证时间由10个工作日缩短为7个工作日；为10余家签约企业办理法定代表人身份证明公证13件、文书签名（印鉴）公证163件、授权书公证1106件，制作公证书3871本，涉及标的金额超500亿元；上门办证服务65件。

【基层法律服务】 2017年，南宁市开展基层法律服务年审注册、执业行为监督管理。开展基层法律服务所、法律工作者年度检查和执业注册，进行基层法律服务所、基层法律服务工作者信息采集。全市参加年审注册的基层法律服务机构57家，基层法律工作者429人。

【法律援助】 2017年，市法律援助中心扩大法律援助网络，完成全市14个法院、15个检察院、11个看守所法律援助工作站的设立，实现法、检、公法律援助工作站全覆盖。全年办理法律援助案件5059件，比上年增长2.74%，为受援人挽回损失或争取利益2837.02万元。法律援助受援人5203人，按各分类标准分，农民2156人，占受援人比例41.44%；农民工1791人，占34.42%；妇女1689人，占32.46%；未成年人1040人，占19.99%。来电来访咨询1.87万人次，其中12348来电咨询7194人次。全市法律援助机构开展法律援助工作人员、法律援助工作站和村（社区）法律援助联络员等培训班98场次，培训6762人。

【人民调解】 2017年，南宁市成立自治区首家婚姻家庭纠纷人民调解委员会，有人民调解员8名。江南区司法局苏圩司法所等13个司法所被自治区司法厅授予“五好”（队伍建设好、职能发挥好、所务管理好、物质保障好、公众评价好）司法所称号，青秀区、西乡塘区开展物业纠纷人民调解示范点建设，上林县做好全市基层矛盾纠纷排查调处示范点建设。推荐马山县加方乡人民调解委员会主任莫洪林为2017年度全国、自治区“最受欢迎人民调解员”候选人。全市开展纠纷排查3.11万次，调解矛盾纠纷2.62万件、调解率100%，调解成功2.55万件、成功率97%；防止民间纠纷引起自杀案件6件6人，防止民间纠纷转化为刑事案件143件1731人，防止群体性上访225件8396人，防止群体性械斗84件8640人。

【社区矫正】 2017年，市司法局开展社区矫正基层基础建设加强年活动，全市127个乡镇（街道）司法所合理设置社区矫正办公室。完成社区矫正办公室人脸指纹考勤仪和高清扫描仪等硬件设备安装调试，实现社区服刑人员人脸指纹识别考勤。完善优化社区矫正信息平台，录入率100%，定位成功率93%。重点检查社区矫正执法环节和社区矫正档案的规范化建设，执法检查3次，全市127个乡镇（街道）司法所全覆盖检查，采取“依法严格、整改提高”的推进模式解决存在问题；区县组织开展社区矫正业务技能培训班32场次；组织社区矫正工作档案全面检查和社区服刑人员档案质量评比24场次；结合敏感时期开展社区矫正突发事件应急处置演练18场次。全市累计接收社区矫正人员7837人，累计解除6009人，接收解矫2512人（接收1268人、解矫1244人），在册社区服刑人员1828人，累计再犯罪率0.13%，低于全国平均水平，无重大恶性案件和社区服刑人员参与的群体性事件发生。

【安置帮教】 2017年，市司法局加强服刑人员信息核查和释放前衔接，重点对象接送率100%。推动过渡性安置帮教基地建设，江南区、青秀区司法局各筹建1个过渡性安置帮教基地。全市衔接刑满释放人员2963人，安置帮教2963人，安置帮教率100%；接送重点帮教对象263人，接送率100%；无安置帮教人员重新违法犯罪。

【国家司法考试】 2017年，南宁考区报考国家司法考试6507人，比上年增加581人，增长9.80%。设考点8个，考场217个，实际参加考试人数试卷一至试卷四分别为4958人、4907人、4851人、4792人，平均参考率74.95%。落实司法部“考卷安全、考场安全、考试安全、人员安全”要求，启用考务安全管理系统、手持机等设备。通过国家司法考试1043人，授予法律职业资格672人（不含2018年应届毕业生）。

【司法鉴定】 2017年，市司法局履行对司法鉴定机构管理、监督、检查职责，严格把好行业准入关，对新增司法鉴定机构、司法鉴定人和鉴定机构、鉴定人的变更、延续、注销、换证等各项申请开展初审核。在市司法局登记管理的司法鉴定机构有市金盾司法鉴定所、市第五医院司法鉴定所、市阳光法医物证司法鉴定所、市社会福利医院司法鉴定所、南宁狮山机动车检测有限公司5家，执业司法鉴定人50人，完成司法鉴定业务5332件，未接到司法鉴定投诉。市阳光法医物证司法鉴定所被自治区司法鉴定协会评为优秀司法鉴定机构。

【人民监督员管理】 2017年，市司法局落实人民监督员制度改革，完善机构设置，增设人民监督员管理科负责人民监督员管理。建立人民监督员信息库，录入70名人民监督员信息，完善随机抽选制度，在规定时限内根据检察院要求在信息库中随机抽选评议人选4次。加强与检察院协调配合，建立健全人民监督员履职流程、保障制度，规范监督程序，拓宽人民监督员监督查办职务犯罪案件范围。市人民监督员依法监督职务犯罪案件90件。

【公共法律服务体系建设】 2017年，市司法局继续推进公共法律服务体系建设，以为民办实事工程为抓手，建设公共法律服务实体、“12348”公共法律服务热线、南宁市公共法律服务网络三大平台，将“法律超市”开设在群众身边，为市民提供“家门口、一站式”的公共法律服务。牵头建设市、区县、乡镇（街道）三级互联互通、数据共享的南宁市公共法律服务网络平台，升级改造“12348”公共法律服务热线平台。建成市级公共法律服务中心1个、区县公共法律服务中心12个、公共法律服务工作站120个、法治建设示范村（社区）27个，在自治区率先实现全市1769个村（社区）法律顾问全覆盖，1769个村（社区）法律顾问由413名律师和255名基层法律服务工作者担任。建成市、区县、乡镇（街道）、村（社区）四级“纵向贯通、横向联通、相互支撑”的公共法律服务网络。

【南宁市公共法律服务中心正式启用】 2017年9月28日，市司法局举办南宁市公共法律服务中心启用仪式。市公共法律服务中心是南宁市公共法律服务体系的指挥、协调、处置枢纽，位于明秀西路108号，建筑面积4016.6平方米，由实体平台、“12348”公共法律服务热线平台和南宁市公共法律服务网络平台三部分组成，设置桂南公证处以及法律服务、法治宣传教育、法律援助等13个便民服务子中心，形成“线上”与“线下”相结合、“虚拟”与“实体”相呼应的“公共法律服务共同体”。群众可到实体中心接受“一站式、面对面”法律服务，也可通过电脑、手机、电话、触屏等，从微信服务、APP、网上服务、“12348”电话热线任一端口登录南宁市公共法律平台，获取“查找律师、办理公证、申请法援、寻求鉴定、司法考试”等法律服务。 （易　莉）

责任编辑　卢景林

中国人民解放军广西南宁警备区

【概　况】 2017年，中国人民解放军广西南宁警备区贯彻党中央、中央军委和习近平主席的决策指示，落实军委国防动员部和广西军区部署，扭住维护核心、落实改革、突出主业、确保安全聚焦用力，部队全面建设稳步发展。横县、邕宁区人民武装部被广西军区评为全面建设先进团级单位，8名官兵分别被广西军区表彰为“十佳”国防动员标兵、优秀团级单位主官、优秀机关干部、优秀基层干部和记三等功。

【思想政治建设】 2017年，警备区以习近平新时代中国特色社会主义思想和强军思想为指导，抓好党的十九大精神学习宣传贯彻，抓好警备区党委中心组理论学习和“维护核心、听从指挥”主题教育，推进“两学一做”（学党章党规、学系列讲话、做合格党员）学习教育常态化、制度化，广大官兵维护核心、看齐追随的政治自觉进一步强化。突出干部转业、士兵退役、机构调整等特殊敏感时期做细做实思想政治工作，确保官兵思想稳定。跟进改革进程及时规范健全各级党组织，加强新体制运行后党委班子建设，党委核心领导作用发挥明显。

【战备训练】 2017年，警备区主动适应新体制新要求，抓好日常战备制度落实，加强检查抽查、明察暗访，保持良好战备状态。先后组织民兵参加南宁“两会”和南宁国际民歌艺术节、中国（横县）茉莉花文化节、宾阳炮龙节、中国壮乡·武鸣“三月三”歌圩暨骆越文化旅游节等重大活动安保执勤；完成良庆区南晓镇抗洪抢险救灾任务，在实战用兵中进一步提高备战应急能力。先后组织现役干部开展“4个专题业务训练”，专职武装干部、冲锋舟操作骨干、安保骨干、试训分队骨干“4个集训”，防暴恐、抗洪抢险、防空警报试鸣暨人员疏散“3个演练”，民兵新大纲试训和役前教育训练“2个试点”，干部、战士、民兵应急连和营区常驻民兵应急分队“4个考核”，推动军事训练水平提升。

【部队管理】 2017年，警备区学习贯彻中央军委国防动员部、广西军区有关文件指示精神和部队改革调整期间安全管理措施，先后集中组织安全（保密）教育4次、组织车辆驾驶安全教育训练与考核2次；传达学习上级事故案件通报，增强官兵法治思维、法纪观念和安全意识，正规部队管理秩序。购置完善防暴恐、安防和保密等设施设备，通过购买社会服务的方式聘请地方保安公司加强营门警卫，完成营门警卫执勤规范化建设试点任务，进一步打牢安全工作基础。先后召开安全形势分析会7次、安全稳定工作电视电话会议3次，组织安全工作检查4次、“四不两直”（不发通知、不打招呼、不听汇报、不用陪同接待、直奔基层、直插现场）检查6次，开展安全隐患排查整治4次。严密组织开展“百日安全”活动，确保部队安全稳定。

【民兵预备役】 2017年，警备区组织开展具有涉军潜力的重大企业调研活动，协助南宁市申报国家级军民融合创新示范区，推进军民融合深度发展。邀请海军指挥学院教授就南海形势和国家安全问题授课，强化国防动员委员会领导和成员的国防观念。协调组建南宁市特种用油动员中心、广西医药（器械）仓储动员中心，组织广西军械装备维修保障中心人员野外维修训练，组织国防动员委员会专业队伍进行专业训练，提升专业队伍保障能力。抓好征兵工作各环节落实，严格遵守廉洁征兵各项规定，完成年度新兵征集和士官直招任务。

【综合保障】 2017年，警备区修订完善财务管理规定，强化经费预算管理，严格经费审批权限，落实经费管理责任制，财务管理秩序进一步规范。坚持党委集体理财，优化经费投向投量，最大限度发挥经费保障效益。成立军地领导小组，抽调成员单位人员开展集中办公，推进全面停止有偿服务。完成警备区综合楼主体工程建设、民兵武器装备仓库进出通道工程建设和巡查道路整治等任务，指导良庆区人民武装部完成整体搬迁，推进2个干休所营院整治，部队基础设施不断完善。组织老旧废装备清查整改，抓好仓库看守队伍安全教育和业务培训，武器装备维护保养和安全管理水平进一步提高。

【拥政爱民】 2017年，警备区落实上级精准扶贫任务推进会精神，持续推进扶贫攻坚。投入21万元，帮助挂钩帮扶的上林县白圩镇龙楼村修建桥梁和公厕；春节期间，慰问龙楼村169户贫困户，发放慰问品折款、慰问金共21万多元。

【警备区党委二届五次全体（扩大）会议】 2017年3月10日，中国共产党广西南宁警备区党委二届五次全体（扩大）会议在南宁召开。会议分析2016年南宁警备区党的建设和部队全面建设形势，总结经验，指出问题，部署2017年警备区党的建设任务。

南宁警备区领导人

司令员	沈彪	大校
政治委员	杨文件	大校
	（任至2017年6月）	
	顾成祥	大校
	（2017年6月任）	
副司令员	韦正义	大校
	（2017年5月任）	
	雷云久	大校
	（2017年5月任）	
副政治委员	韦正义	大校
	（任至2017年5月）	
参谋长	雷云久	大校
	（任至2017年5月）	
政治部主任	经启国	大校
	（任至2017年5月）	
后勤部部长	刘庆寿	上校
	（任至2017年6月）	
战备建设处处长	莫林兴	中校
	（2017年6月任）	
动员处处长	郝生发	上校
	（2017年6月任）	
政治工作处主任	阳德斌	上校
	（2017年6月任）	
保障处处长	曾斌	中校
	（2017年6月任）	

（凌才弢　林　猛）

中国人民武装警察部队南宁市支队

【概 况】2017年，中国人民武装警察部队南宁市支队以中央军委主席习近平系列重要讲话精神为统领，贯彻武警总部、武警广西总队党委决策部署，坚持以维护核心引领看齐，以备战维稳抓实任务，以强基固本丰厚底蕴，以严实作风推动工作，以公正关爱催生动力，部队全面建设呈现稳中有进、向上向好的发展态势。执勤三大队、机动大队获“基层建设先进大队”称号，执勤五中队获“基层建设标兵中队”称号，9个中队获“基层建设先进中队”称号；执勤五中队立集体三等功，立二等功2人、立三等功41人。

【思想政治建设】2017年，武警南宁市支队落实从严治党要求，坚持用习总书记新时代中国特色社会主义思想和系列讲话精神武装头脑，抓好党的十九大精神学习和贯彻，配发系列学习书籍，形成爱学好研之风，官兵头脑清醒、政治坚定。强化思想引领，坚持用思想教育铸魂育人，抓好两项重大教育（改革强军主题教育、“两学一做”学习教育），组织开展“新时期共产党员好样子”大讨论和“谈心关爱”活动，常态落实“日人员思想分析”“案例1+1”、周三理论学习日，官兵信念更加坚定。注重文化引领，持续开展“周末育才”活动，完成基层中队政治环境建设、荣誉室改造，建好基层网上荣誉室，新闻报道成绩排名武警广西总队第一。

【执勤训练】2017年，武警南宁市支队深化战备集训成果，完成基层战备库室建设，常态保持备战状态，成功处置横县“6·14”劫持人质事件，完成良庆区南晓镇抗洪抢险任务。严格勤务制度，连续24年执勤无事故；建强执勤阵地，消除执勤隐患；规范勤务秩序，加强勤务督导，抓好警卫勤务规范化建设和勤务部署调整；完成习主席视察南宁、“两会”、环广西公路自行车世界巡回赛（南宁站）等临时勤务292次。严格训练，严密组织考比拉抗、野营拉练、“魔鬼周”“创破纪录”活动，训练绩效明显，执勤标兵评比获武警广西总队第一，参谋业务比武获第二。

【安全管理】2017年，武警南宁市支队强化“安全靠建”理念，严格落实安全规定，开展“安全工作‘八个规范’40个问题怎么看、怎么办”大讨论活动，牢固官兵法纪意识、安全理念。注重安全教育，树立问题导向，狠抓经常性、基础性安全工作落实，组织开展安全大检查，开展安全工作“回头看”5次，排除安全隐患，确保部队安全稳定。

【基层建设】2017年，武警南宁市支队注重精准指导基层建设，落实“六跟五帮”（跟勤、跟训、跟课、跟会、跟餐、跟事，帮建支部、帮理思路、帮带干部、帮抓骨干、帮解难题）“分片联建”“三下一上”（支队干部每月前三周下基层指导抓建、后一周回支队机关汇总分析情况的蹲点帮建制度）等措施。坚持每日备勤督导、每周交班讲评、每月网上培训、每季检查考评，先后派出8批次联合工作组指导帮建基层中队，常态督导末端工作落实，提升机关帮带质效，增强基层自主抓建能力。

2017年8月25日，武警南宁市支队官兵在良庆区南晓镇抗洪救灾　武警南宁市支队提供

【后勤保障】2017年，武警南宁市支队坚持打造“六型”（学习型、技能型、创新型、管理型、效益型、和谐型）后勤，抓实“一组五队”建设，常态开展训练演练，建好战备库室，配齐战备物资，保障任务完成高质高效；总队后勤专业兵比武中，财务专业和卫生专业均获第一；强化依法管理，坚持党委集体理财，严格落实财经纪律，抓好军委审计问题清查治理，后勤规范化水平不断提升。在接受南部战区审计、武警广西总队财务督查中获好评，在武警广西总队财务管理业务会审中被评为优秀单位。推进隆安县中队、横县中队和机动二中队整体搬迁，提前完成全面停止有偿服务。投入200多万元，完善基层中队“四项设施”（执勤、训练、文化、生活）全配套，抓好“1126”“6211”组伙模式，深受官兵欢迎。

武警南宁市支队领导人

职务	姓名	警衔
支队长	庞湘华	大校
第一政治委员	唐　斌（兼）（副市长、公安局局长）	二级警监
政治委员	徐　勇	大校
副支队长	张昌寿	上校
	罗文海	中校
副政治委员	刘　烜	上校
参谋长	周志达	上校
政治工作部主任	谢增来	上校
保障部部长	陈秀峰	中校

（莫小鹏）

广西陆军预备役步兵师高炮团

【概 况】2017年，广西陆军预备役步兵师高炮团学习贯彻习近平新时代中国特色社会主义理论和系列重要讲话精神，贯彻落实战区陆军、师党委决策部署，坚持“稳中求进”总基调，服从、推进改革固军魂，扭住龙头谋打赢，从严治军保稳定，突出基层强基础，团队建设呈现新势头、新气象、新局面。思想政治建设不断加强，“维护核心、听从指挥”主题教育、“两学一做”学习教育两项重大教育活动成效明显；军事斗争准备加快推进，战备训练基础不断夯实；安全管理工作常抓不懈，部队保持安全稳定；作风建设紧抓不放，完成大项任务表现突出；迎接南部战区陆军主要首长视察，并得到肯定。

【思想政治建设】2017年，高炮团党委坚持把学习贯彻党的十九大精神作为重大政治任务来抓，以习主席系列重要讲话精神为指导，组织团以上党委中心组和机关开展专题理论学习4次，打牢部队听党指挥、看齐追随的思想根基。重点抓好两项重大教育，落实教育每个规定动作，确保全员覆盖不漏人，以教育制度化、常态化为目标，以向预备役延伸为着力点，抓好教育落实，确保思想看齐追随，队伍纯洁可靠。利用预任军官集训、应急训练和"七一"活动等时机上专题党课、召开专题民主生活会；借助地方平台抓好"融合式"教育，确保规定动作落到实处，自选动作有特色。

【战备训练】 2017年，高炮团把军事训练作为部队中心工作，坚持从实战出发，以使命任务为牵引，不断强化"当兵打仗、带兵打仗、练兵打仗"战备观念，做好军事斗争各项准备工作。围绕应急应战需要，组织机关和各营连修改完善作战方案、战备方案、应急预案及配套计划150余份。坚持在编组中把专业对口、素质过硬的转业退伍人员编进来，进一步优化部队结构，全团所有单位"四率"均达到上级规定标准要求。按照岗位能力素质指标体系，突出首长机关和现役干部常态化训练、预任预编官兵专业训练和分队成建制训练。先后组织首长机关训练5期，参训112人次；预任官兵集训5期，参训400余人次，并同步展开指挥所快速动员演练，夯实部队基础训练。

【部队管理】 2017年，高炮团重视安全工作，以"争创安全年"活动为牵引，以具体专项整治清查等活动为抓手，开展安全专项活动9次。着眼改革形势的变化特点，围绕"稳思想稳安全，强训练强安全，细管理保安全"思路，探索新形势下部队管理特点规律，抓好安全形势分析、重大活动风险评估等制度落实，做到每月有部署，每季度有检查，整改有成效。开展"条令条例学习月"活动，学习贯彻《共同条令》《安全条例》等6个规范性文件，不断提升部队法制化水平。发挥安全委员会、政法委员会、保密委员会3大功能作用，抓法治宣传教育、作风纪律整顿和管理督查；针对季节性事故特点及时组织官兵进行安全常识教育，落实战备值班、营区应急值班制度，提高安全防范意识。每季度对各类库室、训练基地等进行安全隐患排查，及时消除安全隐患；年内，迎接上级专项指挥管理和部队管理不定时抽查、检查，均无问题发生。

【基层建设】 2017年，高炮团党委以《军队基层建设纲要》为指导，把抓建基层工作摆在更加突出位置。全团所有营级、连级单位落实"三室一库"（兵器室、器材室、学习室、给养库）和"两室一库"（办公室、资料室、物资器材库）标准，达到基本设施配套完善、战备物资器材和资料齐全的要求。抓好基层预建党组织建设，落实预建党委（支部）每季度1次理论学习日、每半年1次基层组织生活、每年1次班子成员集训，杜绝"有组织无活动，有活动不经常"现象。3月，迎接上级营连部建设情况检查，全团所有营部、连部均达标，优秀率90%以上，其中6个单位被师评为基层营连部建设先进单位。4月，对各营连进行点验、拉动，到点率均在90%以上。12月，有1个营、3个连被师评为全面建设先进单位。

【综合保障】 2017年，高炮团围绕"打仗打保障"的根本指向，建立健全运行机制，组织后勤装备保障，提高部队完成多样化军事任务后勤保障能力。及时购置更新后勤装备物资器材和维护保养装备器材，对仓库进行综合整治，规范管理秩序。开展财务管理情况检查，严格预算编制，压减公务消费支出。组织召开承租方协调座谈会，解读相关政策法规，建立常态化协调机制，严格按时间节点全面停止有偿服务。完成通用装备预征预储需求精算，探索"力量统合、军民融合、修训结合"的维修路子，装备完好率、配套率保持在规定的标准内。利用预编修理所平台，整治老旧装备，确保装备性能良好，保障部队战备、训练顺利推进。

广西陆军预备役步兵师高炮团领导人

团长	韦辉	上校
政治委员	黎海燕	上校
参谋长	敖国旗	中校
政治处主任		缺编
后勤和装备处处长		缺编

（卢雄）

人民防空

【概况】 2017年，南宁市人民防空办公室设秘书人事科、指挥通信科、工程科、法规宣传科、计划财务科5个科，编制23名，在编22人。市人防办贯彻第七次全国人民防空会议精神和自治区人民防空会议精神，履行"战时防空、平时服务、应急支援"使命任务，全面推动人民防空军事斗争准备。市人防办被《中国人民防空》杂志社评为2017年度通讯报道先进单位；被自治区人民防空办公室评为2017年度人民防空工作目标管理达标先进单位。

【战备训练】 2017年，市人防办以自治区人防整装应急拉动训练为契机，坚持按纲施训、规范秩序、抓好落实、提升质量，强化实战训练演练，提高基于信息系统的体系防护能力。全年训练300余小时，在岗人数参训率95%以上；配合自治区人防办，联合百色市、崇左市、南宁铁路局人防办，开展跨区域和复杂天气环境下综合演习演练，赴河池市参加抗冰冻灾害应急人防通信保障拉练；联合南宁市市直机关和区县人防办，分别在上林县和南宁市大王滩开展2期联合通

2017年3月23日，南宁市人防指挥信息保障中心组织应急拉动训练。图为队伍到达邕宁区训练场地 市人防办提供

信训练；组织开展警报操作维护技能培训，培训320人次；完成警报控制系统升级改造任务，在"9•18"警报试鸣暨人口疏散隐蔽演练活动中，参加演练21.50万人，警报鸣响率100%；对江南区人防指挥所、青秀区人防指挥中心加强维护管理，指导武鸣区人防办操作地面应急指挥中心指挥信息系统；坚持人防战备24小时值班制度，确保空情接收和人防通信畅通；参照《广西人防志愿者队伍规范化建设指南》《广西人防专业队伍规范化建设指南》，开展人防群众防空组织建设和训练演练。

【防护工程】 2017年，市人防办做好轨道交通项目中人防工程建设协调、审批及验收，确定南宁轨道交通4号线、5号线、2号线东延工程防护等级；轨道交通2号线兼顾人防面积约21万平方米。完成1352个人防工程普查，在556个项目安装人防标识牌1.21万块（人防标识牌5837块、指向牌3537块、人防须知地图牌2682块）；推进市本级、青秀区南阳镇花雨湖人口疏散基地、火炬路地下人防工程、埌东小学地下人防工程建设，完成广西大学地下人防工程立项批复、工程勘察、可行性研究和初步设计评审、施工监理的招标；完成《南宁市城市地下空间规划建设管理导则研究报告》评审；凤岭综合客运枢纽站工程兼顾人防预算获批复，兼顾人防部分工程土建基本完成。

【平战结合】 2017年，市人防办开展新华街地下人防工程、人民公园海底世界、人民东路地下人防工程等大型公共人防工程的开发和利用，抓好"9811""0209""9353""7412"等人防工程的续租及收费管理；人防工程平战开发收入422万元。年内，投入经费240万元，开展新华街地下人防工程配电增容和五区、六区中央空调增容项目建设；协助地铁建设部门，就施工征用的新华街二期中庭广场移交事项达成协议；完成火车站站前广场地下人防工程平战开发招投标，完成新华街二期人防工程4台扶梯的招投标采购和安装。投入维护经费170万元，开展人防工程防水堵漏、主体抢险、管道疏通、设备维修、系统更新改造等维护管理，完成日常维护项目11项；组织人防工程安全大检查8次、消防演练3次、停电应急演练1次、防汛演练1次，排除人防工程安全和洪涝隐患。

2017年12月，市人防办被自治区人民防空办公室评为2017年度人民防空工作目标管理达标先进单位　　市人防办提供

【宣传教育】 2017年，市人防办推进人防宣传教育"五进"（进机关、进学校、进社区、进企业、进网络）活动，在全市260所初级中学开展人防知识教育，并组织考试；在12个区县30个社区开展人防知识宣传教育活动，发放《人防知识》挂图200套，《人防科普知识》1万册，《学校人防知识教材》9万多册；组织全市人防系统干部、社区干部、人防志愿者，举办为期2天的南宁市2017年度人防应急能力综合素质培训班，培训120多人。年内，人防教育展示厅、地面指挥中心接待社区干部、中小学生和相关单位参观约2000人次；利用"百名科长上热线"、南宁人防网站、南宁人防微博、南宁人防微信公众号等平台，开展人防知识宣传教育。

【防空培训】 2017年，市人防办严格按照《人民防空训练规定》和《人民防空训练与考核大纲》要求，6月、10月，分别组织全市人防系统（含区县）120余人，赴陕西省西安市、山东省威海市参加国家人防信息科技应用研发协同创新基地举办的国家人防信息化培训，针对人防基本业务知识、人防训练、人防考核等内容开展理论、专业和实战培训，从国际战略形势及中国周边安全环境、人防信息化实践与应用、人民防空演习的组织准备、人防法制建设、军民融合发展战略等课目进行授课和演示。

【人防行政审批】 2017年，市人防办深化行政审批制度改革，推行政府部门权力清单制度，完成权力清单和责任清单"两单融合"编制；以"规范承诺、充分授权、提高即办率"为重点，提高服务质量和行政效能。进一步规范市人防办重大行政决策程序，重新调整重大行政决策事项范围，研究确定将人防工程规划、财政预决算等8个方面事项列入重大行政决策事项范围。依法取消行政审批事项3项，1项行政审批事项划转至南宁市行政审批局，委托南宁市行政审批局办理行政服务事项4项。全年受理人防行政审批事项381项，按时办结379项；完成结建审批112项、审批易地建设项目119项、办结防空地下室易地建设95项、办结防空地下室竣工验收备案57项、办理其他事项71项，依法收取人防工程易地建设费6600万元；行政审批事项按时办结率100%，服务对象满意率98%以上。

【执法检查】 2017年3月18日，南宁市第十四届人民政府第10次常务会议审议通过《南宁市人民防空管理办法》，5月1日正式实施。12月，国家人防办在河南省郑州市组织召开"新时代人民防空创新发展研讨交流会"，南宁市修订并经过实践的《南宁市人民防空管理办法》作为经验交流作现场汇报。全年办理人防质量监督登记108项，累计开展现场质量监督项目231个，追缴14个易地建设项目易地建设费1053万元；完成人防工程现场检查278个项目1046项（次），完成人防工程竣工项目现场核查107项（次），完成南宁轨道交通2号线、3号线人防工程质量监督。组织人防系统人员10人参加自治区统一行政执法人员资格（续职）考试，获行政执法资格8人，通过率80%。

（乐清林）

责任编辑　李敬江

教　育

综　述

【概　况】2017年，南宁市教育局设办公室、政策法规科、计划财务科、基础教育科、招生考试科、职业教育与成人教育科、教育督导团办公室、体育卫生与艺术教育科、语言文字工作科、学校安全稳定工作科、人事科、机关党委办公室12个科(室)；编制51名，在编48人。下设二层机构8个：市招生考试院、市教育科学研究所、市现代教育技术中心、市职业教育中心、市中小学校外教育活动中心、市中小学卫生保健中心、市教师培训中心、市学生资助管理办公室(市教育基金会)。全市有幼儿园、中小学、中等职业学校3258所，在校生146.55万人，专任教师7.90万人。其中，幼儿园1693所，在园人数32.01万人，专任教师1.41万人；小学1168所，在校生64.68万人，专任教师3.54万人；初中276所，在校生27.17万人，专任教师1.83万人；普通高中82所，在校生13.70万人，专任教师8616人；中等职业学校29所，在校生8.85万人，专任教师2122人；特殊教育学校10所，在校生1295人，专任教师281人。师生比例：幼儿园4.36%，小学5.47%，初中6.73%，普通高中6.29%，中等职业学校3.58%(不含非全日制在校生)。少数民族在校生比例：幼儿园50.11%，小学56.17%，初中57.78%，普通高中53.69%，特殊教育55.21%。校园面积(不包括非产权校园面积)、生均校园面积：幼儿园171.80万平方米、5.37平方米，小学1467万平方米、22.68平方米，初中1021.10万平方米、37.58平方米，普通高中602.74万平方米、43.99平方米，中等职业学校354.76万平方米、40.08平方米。义务教育普及程度(指城区，不含县，下同)：小学学龄儿童入学率100%、初中入学率100%，九年义务教育巩固率96.50%。

全市教育经费总收入153.93亿元，比上年增加19.59亿元，增长14.58%，其中公共财政预算教育经费130.91亿元，增加16.90亿元，增长14.82%。教育经费总支出155.88亿元，增加20亿元，增长14.72%，其中人员经费支出73.79亿元，对个人及家庭补助支出17.94亿元，商品及服务支出22.28亿元，其他资本性支出29.44亿元，基本建设支出11.51亿元。

【学校基础设施建设】2017，南宁市新建成并投入使用五象新区第二实验小学、五象新区第三实验小学、秀田小学五象校区、民主路小学五象校区、市第三中学初中部五象校区、市第十四中学初中部五象校区等18所中小学校，新增学位2.83万个；建成西乡塘区鑫利华幼儿园、青秀区吉祥路幼儿园等公办幼儿园18所，新增学位6950个。全市1879个“全面改薄”(全面改善贫困地区义务教育薄弱学校基本办学条件)项目，开工项目1832个，占97.50%；竣工项目1728个，竣工率92%。总投入资金22.23亿元(含中央、自治区、市县资金)，其中基建项目资金17.63亿元，累计完成投资15.16亿元、占基建投资86%；设备采购资金4.60亿元，采购设备634.08万台(件、套、册)，完成采购金额4.39亿元，占设备投资95.30%。

【特殊教育】2017年，南宁市有市培智学校、广西南宁阳光特殊教育学校、市孤残儿童特殊教育学校等特殊教育学校10所，在校生1295人，专任教师281人。规范特殊教育管理，对普通学校开设特教班情况和特殊学校、特教班招生计划情况进行全面调查。协助举办自治区特殊教育“医教结合”改革工作研讨会，“医教结合”南宁模式在自治区得到推广。做好中央和自治区特殊教育补助经费建设特殊教育“随班就读”示范点建设，民族大道东段小学、人民路东段小学、衡阳路小学、福建路小学4所学校为南宁市首批“随班就读”示范点。举办南宁市“贯彻落实十九大精神，努力办好特殊教育”专题研讨培训会暨特殊教育教学改革现场会和全市特殊教育教师课堂教学培训会；举办2017年特殊教育教师课堂教学视频比赛，评选出一等奖5名、二等奖12名、三等奖15名、优秀组织奖15个；参加

2017年自治区驻南宁市高等院校名录
(35所)

广西大学
广西医科大学
广西中医药大学
广西民族大学
广西教育学院
广西师范学院
广西艺术学院
广西财经学院
广西大学行健文理学院
广西民族大学相思湖学院
广西师范学院师园学院
广西中医药大学赛恩斯新医药学院
广西机电职业技术学院
广西水利电力职业技术学院
广西职业技术学院
广西交通职业技术学院
广西工业职业技术学院
广西国际商务职业技术学院
广西农业职业技术学院
广西建设职业技术学院
广西经贸职业技术学院
广西工商职业技术学院
广西演艺职业学院
广西电力职业技术学院
广西经济职业学院
广西卫生职业技术学院
广西金融职业技术学院
广西安全工程职业技术学院
广西体育高等专科学校
广西幼儿师范高等专科学校
广西警察学院
广西外国语学院
广西壮族自治区经济管理干部学院
广西政法管理干部学院
广西壮族自治区广播电视大学

2017 年，南宁阳光特殊教育学校全景　　市教育局提供

2017 年广西特殊教育教师教学视频比赛 16 人，获一等奖 4 名、二等奖 9 名、三等奖 3 名。投入约 46 万元对 134 名特殊教育管理干部和骨干教师进行特殊教育师资培训。

【教师队伍建设】 2017 年，南宁市印发《2017 年南宁市教育系统师德教育活动方案》，以“不忘初心，廉洁从教；弘德树人，立教圆梦”为主题，在全市教育系统开展师德践行系列活动。市第三中学陈康、天桃实验学校范昕昱、市第十九中学谢小兰等 20 名教师获 2017 年南宁市“我最喜爱的老师”称号和“李国伟、荣慕蕴教育园丁奖”。公开招聘录用中小学教师 2779 人。推进职称改革，对全市中小学教师职称评审情况与岗位聘任、乡村教师从教满 20 年情况摸底调查，确保中小学教师职称评审公平公正；全市评定中小学教师系列正高级专业技术职务任职资格 8 人，副高 1038 人，一级 1264 人，二级 352 人；评定中等职业学校教师系列中级 25 人，初级 37 人。落实自治区中小学教师支教走教计划，支教教师 281 人、走教教师 273 人。组织校级领导 330 人、专任教师 4017 人（骨干教师 1607 人）参与区县域内义务教育阶段交流轮岗。确定西乡塘区、兴宁区为全市首批“区管校聘”教师管理改革试点，完善校长教师交流轮岗机制、奖励激励与服务保障机制，探索教师队伍按需合理流动，教育资源按需均衡配置。西乡塘区中小学校级领导调整交流 151 人，乡村学校教师到城市学校轮岗学习 711 人；兴宁区校级领导调整交流 36 人，乡村学校教师到城市学校轮岗学习 98 人。指导市第六职业技术学校开展事业单位法人治理结构建设试点。开展 2017 年南宁・东盟人才活动月基础教育高端班级管理、教学人才巡讲活动，举办以“学科核心素养发展与课堂教学变革”为主题的南宁市特级教师发展论坛。特级教师 22 人成立工作室，在职特级教师成立工作室累计 107 个。开展“十三五”期间首批南宁市教坛明星学科带头人教学骨干评选，评选教坛明星 11 人、学科带头人 298 人、教学骨干 1303 人。评选广西八桂教育家摇篮工程培养对象教师 7 人，认定南宁市高层次人才教师 45 人。投入经费 1661.70 万元组织市教育局机关及直属学校开展学前教育教师培训、义务教育教师培训、中小学校长及教育行政管理干部培训、普通高中及中等职业教师培训、网络研修、特殊教育教师培训、心理健康教师培训 7 类培训，培训项目 113 个、培训 6374 人次。

【教育督导】 2017 年 2 月，南宁市成立市人民政府教育督导委员会；9 月，完成第四届南宁市人民政府督学聘任，聘任市政府督学 93 人。对江南区、邕宁区、良庆区、横县、上林县 5 个区县义务教育均衡发展情况开展专项调研，完成义务教育学校办学基本标准达标情况市级复核，均通过自治区督导评估验收。督查隆安县义务教育均衡发展自治区督导评估整改情况，指导隆安县通过国家督导评估。开展 2017 年南宁市示范幼儿园、南宁市示范乡镇（街道）幼儿园验收评估，新申报幼儿园 7 所，市南站幼儿园、青秀区盛天茗城小酷星幼儿园、西乡塘区丽园幼儿园、广西－东盟经济技术开发区育杰幼儿园、横县峦城镇中心幼儿园 5 所幼儿园通过评估验收。开展 2017 年南宁市示范幼儿园、南宁市示范乡镇（街道）幼儿园复查评估，复查评估幼儿园 33 所，宾阳县宾州镇中心幼儿园、西乡塘区童洲・春天幼儿园、南宁高新技术产业开发区东师双语学校附属幼儿园等 32 所幼儿园通过复查评估。全市累计市级示范幼儿园 104 所、市级示范乡镇（街道）幼儿园 60 所。江南区被教育部定为全国义务教育质量监测的样本区县，配合教育部、自治区教育厅完成监测；被评为 2017 年国家义务教育质量监测实施优秀组织单位。开展全市规范幼儿园办园行为、“全面改薄”20 条底线标准、落实《教育督导条例》等专项督导检查。做好教育部春季、秋季学期开学情况督查迎检工作。6 月、12 月，分别组织市级巡考人员 11 人到百色市、河池市进行高中学业水平考试交叉巡考。指导兴宁区通过全国中小学校责任督学挂牌督导创新县（市、区）国家督导评估。

【语言文字工作】 2017 年，南宁市开展县域居民普通话普及调查，组织区县、开发区语言文字工作委员会办公室成立调查小组 15 个，深入城镇、农村人口以及公务员、教师队伍调查普通话普及情况，掌握基层使用普通话基本数据。组织公务员、教师、在校生以及社会人员 1.10 万人次参加普通话测试；采取“送测入校”“送测下乡”等便民方式，前往武鸣区、横县、马山县为公务员、教师队伍开展普通话水平培训与测试 5 次，测试人数超过 2400 人。开展第二十届全国推广普通话宣传周宣传活动，发放宣传资料 1.50 万套，在上林县、马山县等地开展“推普农村行”现场宣传活动。检查南宁轨道交通 1 号线、2 号线等公共服务窗口单位的语言文字工作，规范语言文字运用。指导马山县开展国家三类城市语言文字复评，马山县 12 月 14 日通过自治区、市级复查评估。举办全市中小学生汉字听写大赛，200 多所初中学校上万人次参加。开展第十届南宁市校园中华经典诵读活动，选送参加自治区总决赛优秀节目 18 个，获一等奖 3 个、二等奖 6 个、三等奖 3 个、优秀奖 2 个，优秀指导教师 8 名，市教育局获优秀组织奖。举办“讲解经典名家进校园”活动，中央电视台原副台长高峰，著名朗诵艺术家詹泽，中华诗词大会点评嘉宾、著名文化学者郦波等名家走进南宁市第三中学，为师生解读经典，现场及通过网络在线观看人数近百万人次。组织语言文字管理干部和骨干教师参加国家级、自治区级语言文字应用培训、中华经典诵读培训超过 400 人次。

【教育科研】 2017 年，南宁市组织教师申报自治区级教育科学规划课题 50 个，获评立项重点课题 49 项，其中 A 类 9 项，B 类 14 项，C 类 26 项。开展市级教育科学

2017年12月26日，义务教育均衡发展国家督导检查组到隆安县开展义务教育均衡发展国家评估认定。图为国家义务教育发展基本均衡县(市、区)督导检查反馈会　　市教育局提供

“十三五”规划课题申报立项工作，评出规划课题275项，其中A类7项，B类48项，C类220项。与广西教育学院体育教研室共同研究“民族地区农村小学体育课堂游戏化教学的研究与实践”成果报告，参加自治区教学成果评选。高中音乐教学结合歌唱、舞蹈、演奏、戏剧4个方向，每月专题研讨一个模块，参与500多人次，形成常态化教学研讨活动。10月，“基于培养学生核心素养的高中音乐模块教研实践研究”获准立项广西“十三五”规划2017年度C类课题。举办市直属高中美术教师高中美术学科素养与美术高考研讨会、全市高中美术高考速写学科“同课异构”专题研讨活动。开展文化建设示范学校评审推荐工作，评审项目学校79所，推荐A等学校10所、B等学校20所、C等学校30所。市第十四中学、南湖小学被评为全国心理健康教育特色学校，市第三中学、园湖路小学被评为自治区心理健康教育特色学校。开展“亲近母语，快乐阅读”实验暨全国“十二五”规划课题“新课改视野下壮族地区开展儿童快乐阅读的策略研究”课题成果展示、市级“十二五”规划课题“红星小学‘星动课堂’的实践研究”成果推广活动，滨湖路小学数学教研成果展示交流活动，江南区、邕宁区小学数学教研团队连片主题教研活动；参加活动教师近3000人。组织小学语文、数学、道德与法治、英语、科学学科和学前教育学段骨干教师赴宾阳县、上林县开展城乡教研互助活动，参加活动乡镇教师近660人。举办南宁市幼儿园优秀教育教学论文评比活动，评选出一等奖64篇、二等奖152篇、三等奖156篇。开展南宁市幼儿园课题培训活动、幼儿园“走进游戏、读懂儿童”骨干教师专题培训活动、学前教育科研兴园巡回交流暨骨干教师培训活动，推动学前教育发展。

【课程改革】 2017年，南宁市牵头广西北部湾经济区四市同城九年级学科素养统一检测，探索南宁市、北海市、钦州市、防城港市四市考试命题、考试科目、考试形式、考试时间、考试内容、评卷方式、成绩“七统一”，完成首次同城中考备考和组考。举办校园体育特色项目教师公益培训班，开展校园足球、校园花样跳绳、少儿趣味田径3项培训，参训体育教师550人。以城乡教研一体化为理念，启动“乘着歌声的翅膀”南宁市中小学音乐教师巡回研讨活动，走进隆安县等8个区县，参与教师37人次，受众学生358人。组织中小学美术教师150多人到贵港市观摩第26届广西中小学美术教师优质课现场执教比赛。部分艺术特色高中校级领导和学科骨干教师32人赴河南学习艺术特色高中管理。组织南宁市中小学实验教学说课比赛，评选代表60人参加自治区实验说课比赛，获一等奖16人、二等奖20人、三等奖17人、优秀奖7人，获奖数居自治区第一。推荐广西职业教育自治区级教学成果66项，获奖21项，其中一等奖3项、二等奖9项、三等奖9项；组织全市中等职业学校教师申报年度广西职业教育教学改革研究项目36项，获立项为重点项目14项，一般项目20项。组织南宁市中小学校教师参与全国“一师一优课，一课一名师”活动，教师3.41万人晒课3.46万节，推出省级优课778节、市级优课1286节。

【学科教学竞赛】 2017年，南宁市举办小学学科教学技能比赛，评出一等奖48人、二等奖67人、三等奖122人。参加自治区中小学幼儿园教师技能大赛，获一等奖1人、二等奖1人。指导教师参加各级别小学英语教学技能与优质课比赛，获一等奖14人、二等奖5人、三等奖2人。参加中小学信息技术与学科教学深度整合优秀课例展示观摩评选活动，展示课19节，获一等奖14节、二等奖4节、三等奖1节。参加中国教育学会2017年度课堂教学展示与观摩系列活动暨第七届全国中小学优秀体育课教学观摩展示活动、第二届全国中小学优秀健康课教学观摩展示活动，获一等奖3节、二等奖6节，2名教师课程入选全国大赛现场展示课。开展南宁市中小学第十届、幼儿园第九届心理辅导课评比暨心理健康教育专项技能评比活动，参赛教师106人，评出心理辅导课一等奖15节、二等奖34节、三等奖53节；心理专项技能一等奖15人、二等奖31人、三等奖51人。开展南宁市中小学幼儿园第三届心理健康教育微系列作品评比活动，参赛作品869部，评出微电影一等奖9部、微课一等奖12部、家教微讲堂一等奖9部、微广告一等奖11部、微故事一等奖14个。举办南宁市中小学班主任技能比赛，评出一等奖16人、二等奖25人、三等奖39人；开展2017南宁市中小学课程育德案例、论文评选活动，收到学科育德论文637篇、案例419篇，评出案例一等奖18篇、二等奖81篇、三等奖224篇；论文一等奖19篇、二等奖71篇、三等奖193篇。参加全国中小学教师语数英系列教学基本功比赛，获一等奖10个、二等奖7个、三等奖1个；参加广西中小学幼儿园教师教学技能大赛，获一等奖3个、二等奖5个、三等奖2个；参加广西各学科优质课比赛，获一等奖13个、二等奖1个、三等奖3个。参加2017年广西职业院校信息化教学大赛，获一等奖11项、二等奖24项、三等奖29项；参加2017年广西中等职业学校文化课教师教学技能大赛，获一等奖6项、二等奖16项、三等奖10项。举办2017年南宁市中等职业学校教师专业技能基本功比赛、文化课教师教学技能比赛。

【学校体育卫生艺术教育】 2017年，南宁市遴选全国青少年校园足球特色学校及试点区(县)。举办南宁市第三届“千里杯”校园足球比赛，组建市代表队参加2017年广西第三届“千里杯”校园足球联赛，获中学男子组自治区冠军、中学女子组自治区亚军。举办市第十届中小学少数民族传统体育运动会、第十六届“新阳杯”小学生乒乓球比赛和市中小学生师生“三对三”男子篮球比赛。组织全市15所小学、3所中学共26个代表队参加2016—2017年全国啦啦操联赛总决赛暨中国啦啦之星争霸赛总决赛，获冠军24项、亚军4项、季军5项。组织考生7.60万人参加2017年初中毕业升学体育与健康考试。

加强学校食品安全和传染病防控，排查学校食品、饮用水安全隐患，督查手足口病、结核病等传染病预防工作；建立市、区县（开发区）、学校三级公共卫生知识培训体系。申报自治区级“卫生优秀学校”；开展创建自治区级“食品安全示范学校食堂”活动，通过自治区验收学校24所，获2017年自治区“餐饮服务食品安全示范单位”称号。开展南宁市“健康学校”“流动人口健康促进学校”创建，被评为2017年南宁市“健康学校”10所、“流动人口健康促进学校”2所。开展艾滋病知识宣传教育，扩大小学高年级防艾宣传试点范围，各城区试点小学由3所扩大至10所。举办市第十九届中小学艺术节，26个合唱团、29个校园剧团、59个舞蹈团、24个乐团参加展演，参评艺术作品2.50万幅。举办“中华经典·美韵邕城”——南宁市中小学“庆祝十九大·共筑中国梦”主题专项美育系列活动、“全民美育·诗歌的样子”青少年优秀声画作品展、南宁市中小学生民族器乐比赛、第五届小学生英语歌曲歌谣比赛。南宁市教师合唱团参加自治区“喜迎十九大·感恩祖国”歌咏比赛，获一等奖；参加第十四届中国合唱节合唱比赛，获金奖3项。

2017年4月21日，市教育局举办第八届“享受阅读 快乐成长”阅读表演秀邀请赛

市教育局提供

【教育国际交流合作】 2017年，南宁市举办第21届南宁国际学生用品交易会暨2017中国·东盟（南宁）国际教育展览会，市第三中学等32个市直属学校参加展览活动。市本级中小学开展教育国际交流活动，分别接待马来西亚驻南宁总领事、英国驻广州总领事、马来西亚大学境外办公室（中国）主任、英国爱丁堡普雷斯顿·洛奇高中风笛艺术代表团、意大利克雷马市政府代表团等国家和地区约官员、教育同行、学生200人实地参访和交流。组织教育行政人员和教师赴澳大利亚昆士兰参加首届国际教育与培训峰会，赴新西兰学习新西兰基础教育先进经验，赴英国学习英国现代学徒制物流管理模式。完善教育对外交流系列管理制度，规范与境外学校结对工作管理。推进南宁国际学校建设，在自治区对外交流大会上作为基础教育唯一代表作经验介绍。

【校外教育活动】 2017年，南宁市举办“百年追梦·全面小康”青少年爱国主义读书教育活动。举办第八届“享受阅读快乐成长”阅读表演秀邀请赛，市秀厢东段小学、市中山路小学获一等奖，市虹桥小学、市燕子岭小学、市邕宁区城关第一小学、市凤翔路小学4所学校获二等奖，市五象小学、市园艺路小学、市融晟小学、市普罗旺斯小学、市友爱小学、市五一西路学校6所学校获三等奖。举办市中小学英语演讲、讲故事比赛，市中小学生国际象棋比赛，市中小学师生象棋公开赛；协办城市围棋联赛2017赛季揭幕战少儿围棋团体精英赛。参加第十四届中国中小学校园影视奖评选活动，获一等奖22个、二等奖57个、三等奖54个；市第二中学的影视教学作品《金属氢的前世今生》入围最佳创意奖提名，南宁市现代教育技术中心获优秀组织奖。举办微视频、微电影活动培训班及校园电视节目制作培训班，培训师生160人次。开办微电影、Q版简笔画、中小学动画课件制作师资培训等公益培训班，培训170多人次。

【中小学生科学实践活动】 2017年，南宁市科学技术协会、南宁市教育局在广西同创三维科技有限公司挂牌共建“南宁市青少年创新实践工作站”。组织中小学参加世界教育机器人锦标赛，获一等奖63人、二等奖29人、三等奖28人；市新民中学获扩展任务赛亚军、市第二中学获最佳展现奖、市新秀学校获最佳创新奖。参加全国中小学电脑制作活动，竞赛类获一等奖2人、二等奖2人、三等奖2人，评选类获三等奖1人。组织11所学校36支队伍80多人参加广西青少年机器人竞赛，获项目冠军4个，其中市第二中学获机器人WER工程创新赛高中组冠军，市五一中路学校获机器人创意比赛中学组冠军。举办第十六届南宁市中小学生机器人竞赛、第一届南宁市中小学生创客竞赛。参加首届广西青少年科技运动会，获第一名4个、第二名3个、第三名3个，二等奖3个、三等奖36个。举办南宁市第二届中学生虚拟创新创业大赛，市第一职业技术学校T004公司获冠军，市第六职业技术学校T014公司获亚军，邕宁高级中学T041公司获季军；市第六职业技术学校T014公司等6所学校获杰出CEO奖。举办信息技术应用培训班等培训7期，培训660人次。

【教育信息化建设】 2017年，南宁市本级投入资金1.25亿元加快教育信息化建设，其中投入市本级学校1.08亿元，涉及32所学校86个项目；投入区县学校1700万元。配备“班班通”多媒体设备教室500间。建设教育系统专网，投入156万元建成60条百兆点对点专线电路。升级改造市直属学校校园网，投入资金补助49万元建设98所区县义务教育阶段中小学校园宽带。

【家庭困难学生资助】 2017年，南宁市投入助学（含奖、贷）资金7.18亿元，受惠学生64.97万人次，其中资助建档立卡贫困户学生20.55万人次，发放及拨付建档立卡贫困户学生免、奖、助资金1.72亿元。实施自治区为民办实事学生资助项目4个：农村义务教育家庭困难寄宿生生活费补助项目发放1.25亿元，资助学生21.07万人次；普通高中免学费项目拨付补助2061.55万元，免学费学生4.42万人次；中等职业教育免学费项目拨付补助9930.78万元，免学费学生11.77万人次；高等学校国家助学金项目发放2603.50万元，资助学生1.82万人次。实施其他教育阶段资助项目15项：免除学前教育保教费2304.27万元，资助建档立卡贫困户幼儿3.07万人；市财政义务教育段资助项目发放1125万元，资助学生2.52万人次；城市义务教育家庭经济困难寄宿生生活补助发放323.63万元，资助学生5244人次；中等职业国家助学金项目发放2162.34万元，资助学生2.18万人次；自治区中等职业教育奖学金项目发放

267.60万元,奖励学生1338人次;南宁市中等职业教育奖学金项目发放300万元,奖励学生3000人次;市中职师范生生活费补助项目发放673.20万元,补助学生9017人次;普通高中国家助学金项目发放6243.41万元,资助学生5.99万人次;普通高中建档立卡等家庭经济困难学生免除学杂费项目免除学杂费1503.52万元,资助学生2.02万人次;自治区大学新生路费项目发放266.60万元,资助学生3840人次;市财政大学新生资助项目发放1200万元,资助学生2988人次;中国教育发展基金会大学新生路费项目发放69.25万元,资助学生1064人次;"泛海助学行动"发放资助款478.50万元,资助建档立卡贫困户大学新生957人次;区县和学校自筹资金资助项目发放2863.27万元,资助学生3.83万人次;生源地信用助学贷款项目贷款2.49亿元,贷款学生3.54万人次。

【学校安全稳定】 2017年,南宁市向中小学校发放反恐宣传单8万多张、反恐宣传挂图500多幅、反恐防恐宣传海报300多张、反恐知识手册1万份;反邪教挂图5000幅、反邪教板报150张;印发《中小学安全知识防护手册》《校园安全稳定工作日志》《中小学安全教育精彩一课优秀作品集》《学生安全教育挂图》等宣传图卡约20万册,开展安全教育宣传活动3000次。市教育局每季度召开全市中小学校幼儿园安全稳定研判会暨专题培训会,组织"安全生产月""安全生产万里行"活动,开展安全生产专项排查治理,全面整治消除隐患。加强校园安全保卫防范,强化青少年儿童防溺水、学生交通安全教育和禁毒预防宣传教育,组织开展全市教育系统电气火灾防范综合治理和火灾防控行动,做好信访维稳,确保师生安全和校园稳定。

【教育收费监督】 2017年,南宁市加大对中小学教育收费监督力度,签订《教育收费治理工作责任书》,落实规范教育收费责任制。制定全市春、秋季中小学收费检查工作方案,检查全市2000多所中小学教育收费情况,其中公办中小学校检查率100%。南宁市治理教育乱收费局际联席会成员单位(市物价局、市财政局、市审计局、市文新出版广电局)对各级中小学校开展专项检查,规范中小学服务性收费、代收费管理。制定《南宁市教育局廉政风险排查及预警制度》等制度,完善财务管理制度,规范财务公开制度,杜绝教育乱收费现象。加强查信办案力度,严肃查处教育乱收费行为,年内收到涉及教育乱收费信访件65件,办结65件。

【招生考试】 2017年,南宁市接纳招生考试考生报考30多万人次。报名参加全国普通高考6.29万人,参加普通高考统考4.34万人,其中市区2.48万人、横县5124人、宾阳县6966人、上林县2668人、马山县2314人、隆安县1585人。报名成人高考1.96万人,其中市区1.29万人、横县1648人、宾阳县2331人、上林县1111人、马山县1128人、隆安县468人;全市成人高考报考高中起点升本科1149人,高中起点升专科9556人,专科起点升本科8914人。报名参加中考7.57万人,其中市直属学校9957人、兴宁区2572人、江南区2816人、青秀区2735人、西乡塘区7120人、邕宁区5107人、良庆区4166人、南宁经济技术开发区1748人、南宁高新技术产业开发区802人、武鸣区5836人、横县1.11万人、宾阳县9832人、上林县3878人、马山县4521人、隆安县3571人。4月、10月,分别组织高等教育自学考试,报考7450人,报考科目1.79万科。6月,学业水平考试全市报考22.12万科,其中市区12.70万科、横县2.74万科、宾阳县3.29万科、上林县1.26万科、马山县1.25万科、隆安县8915科;12月,学业水平考试报考23.32万科,其中市区13.70万科、横县2.96万科、宾阳县3.17万科、上林县1.19万科、马山县1.36万科、隆安县9480科。全市小学计划招生10.62万人,实际招生12.24万人;初中计划招生9.22万人,实际招生9.67万人;普通高中计划招生4.62万人,实际招生4.82万人。优待军人子女入学359人,增长63%。

【民办教育】 2017年,南宁市支持和规范民办教育发展。开展市属民办普通高中和中等职业学校年检,参检学校27所,合格27所;未参检学校2所。全市民办教育发展专项资金安排经费832万元,教师培训经费42万元,保障民办学校设备购置经费和教师培训,惠及民办幼儿园、中小学和中等职业学校44所,培训民办学校法人、校长、中层管理干部、骨干教师133人次。

【社区教育】 2017年,南宁市举办全民终身学习活动周活动,开展切合百姓学习需求培训活动近6万人次。打造西乡塘区秀湖社区"乐茵足球"青少年培训班、兴宁区燕子岭社区"红领巾加油站"、青秀区凤岭北社区"七彩假日"、良庆区银海社区青少年篮球培训、市第一职业技术学校"广西美食讲堂"等社区特色品牌,逐步开放社区教育学校教育教学资源,吸引社区居民参与社区教育活动。建设南宁终身学习公共服务平台,通过平台"市民大讲堂""在线课堂"专栏,发布社区教育培训活动信息、电子课程资源,由社区居民免费学习。推动青秀区与市第四职业技术学校共建青秀区社区教育学院。

【教育培训服务业管理】 2017年,全市教育培训机构252家,教育培训机构开展文化教育培训14.10万人次。市教育局联合市公安局、市工商局开展南宁市文化教育培训机构发展情况专题调研和整治。

基础教育

【学前教育】 2017年,南宁市有幼儿园1693所,在园人数32.01万人,专任教师1.41万人,校舍面积171.80万平方米;全市学前三年毛入园率95.78%。新增自治区示范幼儿园5所(兴宁区美中幼儿园、青秀区翡翠园万花童国际幼儿园、西乡塘区小博士幼儿园、宾阳县新桥镇新星幼儿园、宾阳县宾州镇顾明幼儿园),全市累计自治区示范幼儿园52所。重新认定多元普惠幼儿园134所;全年下达多元普惠幼儿园生均补助经费9959万元,惠及幼儿园557所。支持学前教育集团化办园试点,拨付29个龙头园补助经费145万元。投入60万元,培训学前教育管理干部、幼儿园园长300名。摸底排查、清理整顿无证幼儿园;组织开展以"游戏——点亮快乐童年"为主题的学前教育宣传月活动。

【义务教育】 2017年,南宁市有小学1168所,在校生64.68万人,专任教师3.54万人,校园面积1467万平方米;初中276所,在校生27.17万人,专任教师1.83万人,校园面积1021.10万平方米。小学学龄儿童入学率100%,初中入学率100%,九年义务教育巩固率96.50%。开展市区初中学校教育教学视导活动,参与视导学校11所,参加活动教师6000多人次。印发《南宁市全面推进义务教育学区制管理改革实施方案》,形成县域内义务教育城乡一体化改革发展新机制;印发《南宁市消除义务教育学校大班额、大通铺专项规划》,扩大城镇学位供给,推进实施消除大班额计划。

【农村义务教育学生营养改善计划】 2017年,南宁市武鸣区、横县、宾阳县、上林县、马山县、隆安县实施农村义务教育学生营养改善计划的学校(含教学点)春季学期1480所、受益学生40.10万人,秋季学期1461所、受益学生41.20万人;经费投入2.87亿元(中央1.64亿元、自治区0.41亿元、市本级0.82亿元)。

2017年10月24日，市教育局联合市中级法院在市第三中学初中部青秀校区举办"预防校园欺凌"法律知识竞赛　　市教育局提供

【高中教育】 2017年，南宁市有普通高中82所（其中自治区示范性普通高中25所），在校生13.7万人，专任教师8616人，校园面积602.74万平方米。制定《南宁市高中阶段教育普及攻坚实施方案（2017—2020年）》，高中阶段毛入学率95.56%。开展南宁市普通高中课程改革总结研讨系列活动。出台《南宁市普通中学提升教育教学质量指导意见》，以"提升质量"为主线，创新采取分类视导、团队指导、专题引领相结合的方式开展高中毕业班视导活动。2017年高考，南宁学子获清华大学、北京大学录取51名，本科一本上线人数近7000人。宾阳县开智中学通过自治区示范性普通高中验收评估，宾阳县宾阳高中、隆安县隆安中学通过自治区示范性普通高中复查评估。

【进城务工人员随迁子女就学】 2017年，南宁市按照市政府《关于进一步加强进城务工人员随迁子女接受义务教育工作的通知》精神，严格实行随迁子女就学"同等编班、同等享受教育资源、同等参加各种教育活动"，保障随迁子女平等受教育权利，实现"城乡一体、同城待遇"。全市义务教育阶段学校接收进城务工人员随迁子女14.60万人，其中小学接收10.97万人、初中接收3.54万人。

【中小学道德法制教育】 2017年，南宁市开展课程育德教学案例、科研论文征集评选活动，被评为全国中小学德育教育工作优秀案例4个。市教育局与市文明办联合开展第一届自治区和南宁市"文明校园"评比推荐，被评为全国文明校园2所（市第三中学、市滨湖路小学），自治区文明校园5所（市第四中学、市第十中学、市第四十七中学、市第四职业技术学校、市盲聋哑学校），南宁市文明校园198所。开展"文明校园·共同践行"微视频、微电影征集活动，评选出优秀作品175件。组织中小学德育工作研讨会暨德育干部培训班、德育干部领导力能力提升高级研修班，培训超过300人次。组织全市中小学校开展第十四届全国法治动漫微电影征集展播活动，报送42件作品参加全国评选。组织参加第二届全国学生"学宪法讲宪法"演讲比赛，市第二中学初中部李明威获全国初中组总冠军。市教育局联合市中级法院在市第三中学初中部青秀校区、市第二十一中学举办南宁市中小学"预防校园欺凌"法律知识竞赛。组织33万中小学生参加第二届全国青少年学生法治知识网络大赛，获教育部全国青少年普法网杰出组织奖。协办"关爱未来·法治护航"自治区青少年法治教育主题实践活动，提升青少年法律素养。

中等职业教育

【概　况】 2017年，南宁市有中等职业学校29所（公办13所、民办16所），其中国家中等职业教育改革发展示范学校5所（市第一职业技术学校、市卫生学校、市第六职业技术学校、市第四职业技术学校、横县职业教育中心），广西中等职业教育示范特色学校7所（国家级5所，市第三职业技术学校、广西南宁技师学院）；有在校生8.85万人（全日制学生5.93万人、非全日制学生2.92万人），专任教师2122人。全市中等职业学校设专业大类18个、专业74个；毕业生就业率96.43%。

【专业建设】 2017年，南宁市中等职业学校设专业大类18个、专业74个，其中自治区示范专业36个；专业覆盖农林、资源与环境、加工制造、交通运输、商贸与旅游、社会公共事务及医疗卫生等13个产业门类。有自治区示范特色专业及实训基地26个，其中职业教育示范特色专业及实训基地2个（市第一职业技术学校制冷和空调设备运行与维修专业、市卫生学校口腔修复工艺专业实训基地），并列入自治区2017年度为民办实事工程，每个基地获自治区财政补助建设经费500万元。组织中等职业学校申报新增专业，8所学校新设置9个专业：市第三职业技术学校新设汽车电子技术应用专业，上林县职业技术学校新设民族音乐与舞蹈、运动训练专业，马山县民族职业技术学校新设旅游服务与管理专业，市艺炫艺术职业技术学校新设戏曲表演、民族音乐与舞蹈专业，南宁商贸学校新设美容美体专业，市中南理工职业技术学校新设旅游服务与管理专业，市赛口职业技术学校新设航空服务专业，广西演艺职业学院附属中职学校新设航空服务、基地技术应用专业。市第一职业技术学校"高星级饭店运营与管理"专业被评为教育部全国职业院校旅游类示范专业点。

【职业教育专业集团建设】 2017年，南宁市开展职业教育专业集团建设专题调研，了解南宁市职业教育专业集团名师成长工作室、"双师型"教师培训基地、人才小高地建设情况。组织专业集团内相应专业类学生到合作企业开展实习实训。依托职业教育专业集团加强全市9个中等职业教育"双师型"教师培训基地和9个名师成长工作室建设，组织集团内专业教师到培训基地进行企业实践锻炼，促进教师专业化发展，健全校企合作培养专业教师机制，推动职业教育优秀教师团队、教科研团队建设。

【学生技能比赛】 2017年，南宁市中等职业学校组织学生参加广西职业院校技能大赛的酒店服务、蔬菜嫁接、农机维修、工程测量、数控综合加工、机械装配技术、焊接技术、制冷与空调设备组装与调试（A组）、制冷与空调设备组装与调试（B组）、机器人技术应用等55个赛项，获一等奖43项、二等奖58项、三等奖69项；9名专业选手入选广西代表队参加全国职业院校技能大赛的酒店服务、智能家居安装与维护、通信与控制系统（高铁）集成与维护、服装设计与工艺、汽车涂装、网络搭建与应用、网络空间安全、护理技能、蔬菜嫁接9个赛项，获二等奖6项、三等奖8项。参加自治区师范生教学技能大赛，获一等奖1项、二等奖2项、三等奖2项。参加第十三届自治区中等职业学校"文明风

2017年,南宁市中等职业学校学生展示调酒技能　陈媚　摄

采”竞赛活动,获一等奖253人、二等奖569人、三等奖807人;市第一职业技术学校、市第六职业技术学校、市卫生学校、横县职业教育中心获优秀组织奖。参加第十三届全国中等职业学校“文明风采”竞赛活动决赛,获一等奖2项、二等奖7项、三等奖11项、优秀奖61项。

【招生送生】2017年,南宁市建立招生送生工作月报制度;举办“职业教育活动周”、初中学校渗透职业教育政策宣讲培训会、招生宣传“大篷车”“宣讲团”等活动。年内,全市中等职业学校全日制招生2.38万人,非全日制招生1.03万人;全日制全口径送生3.19万人。

【升学与就业】2017年,南宁市中等职业学校毕业生升入高职、本科院校就读5044名。中等职业学校毕业生就业率96.43%,就业方向多分布在第三、第二产业,其中到国家机关、企事业单位就业占就业总数49%;本地就业率75%。向富士康科技集团南宁科技园输送毕业生4690人。

【县级中专综合改革】2017年,南宁市开展县级中专综合改革调研,推进县级中等专业学校综合改革。支持县级中专办好涉农专业和特色专业,上林县职业技术学校、马山县职业技术学校新增民族音乐与舞蹈等专业3个。9月,宾阳县职业技术学校被列入自治区第三批示范特色中等职业学校建设计划,获建设经费500万元。在自治区县级中专综合改革年度考评中,五县一区(含武鸣区)获奖补资金1370万元。横县职业教育中心获综合改革优秀奖,奖补资金450万元;武鸣区职业技术学校、宾阳县职业技术学校获综合改革进步奖,每校获奖补资金260万元;宾阳县职业技术学校获招生奖、送生奖,每项获奖补资金50万元;武鸣区职业技术学校获送生奖、办学条件改善奖,每项获奖补资金50万元;隆安县职业技术学校获办学条件改善奖、体制机制创新奖、师资队伍建设奖、信息化建设奖,每项获奖补资金50万元。　(叶　康)

高等教育

【南宁学院】

概　况　南宁学院是南宁市政府、中国国民党革命委员会广西区委员会合作共办的国有民办二本高校,是国家应用技术大学试点高校,首批广西新建本科学校转型发展试点学校,全国非营利性民办高等学校联盟盟员,经教育部批准可向中国港澳台地区招收本科生。位于市龙亭路8号,占地91.64公顷,建筑面积42.81万平方米。2017年,学院有教职工734人,其中专任教师486人;具有高级专业技术职务任职资格109人,占专任教师22.43%;硕士研究生及以上学历260人,占53.50%;“双师型”(双职称型、双素质型)教师247人,占50.82%。全日制在校生1.41万人,其中本科生1.04万人、专科生3719人。教学科研仪器设备总值1.03亿元,馆藏纸质图书114.27万册。设教学与教辅机构14个:机电与质量技术工程学院、土木与建筑工程学院、交通学院、信息工程学院、管理学院、艺术设计学院、会计与审计学院、高博软件学院、思想政治理论教学部、公共教学部、创新创业学院、继续教育学院、网络信息中心、图书馆;设行政机构12个:学校办公室、人事处、教务处、学生工作处、财务处、后勤基建处、产学研处、发展规划处、质量评估办公室、招生就业办公室、审计处、国际交流处(港澳台事务办公室)。年内,通过自治区教育厅2016年度民办高校年检、2016年自治区级“卫生优秀学校”复评。

招生就业　在全国11个省(自治区)录取新生4550人(本科3500人、专科1050人),报到4132人,其中年内录取新生报到4002人(本科3078人、专科924人)、复学24人、专升本83人、新生报到后保留学籍应征入伍23人。新生报到率88.46%(本科88.43%、专科88.57%)。广西本科文史类投档分数线405分,超自治区控制线18分;本科理工类投档分数线334分,超自治区控制线16分;预科文史类投档分数线384分,理工类投档分数线322分;专科文史类投档分数线323分,超自治区控制线143分;专科理工类投档分数线297分,超自治区控制线117分。2017届毕业生3980人,至8月26日落实工作单位毕业生3718人,就业率93.42%;通过培训获SIYB创业培训合格证2522人,入伍16人,自主创业16人。学院被评为“2017年广西普通高校毕业生就业创业工作突出单位”。

教育教学　制定《南宁学院深化应用技术大学建设暨迎接本科教学合格评估三年行动计划(2017—2019)》,召开学院第二届教学科研工作大会。成立南宁学院专业建设指导委员会;交通运输规划与管理学科获批2017年广西重点学科;获批新增设汽车服务工程、数字媒体技术、工程造价、食品质量与安全、机械设计制造及其自动化5个工学本科专业;组织申报工程审计、视觉传达设计、数据科学与大数据3个2018年本科新专业。出台《南宁学院应用型课程改革与建设实施方案(2017—2021)》,加入教育部应用型课程建设联盟;获批自治区级教育教学改革工程项目立项19项(本科教育教学改革立项14项、职业教育教学改革立项5项),校级教育教学改革项目立项40项;立项建设校级重点(优质、特色)专业项目13个、校级教学团队建设项目8个、校级教育教学软件项目10个;遴选大学计算机基础、高等数学A、市场营销学、企业战略管理等26门本科示范课程开展改革试点工作;修订完善2017级人才培养方案;获2017年自治区本科教学成果奖三等奖1项,创新创业教育教学成果奖一等奖1项、三等奖3项,广西职业教育教学成果奖一等奖1项;参加第十七届广西高校教育教学信息化大赛获一等奖1项、二等奖3项、三等奖1项;参加第四届自治区高校青年教师教学竞赛获三等奖3项。制定《南宁学院实验室三年规划(2017—2019年)》并启动建设;商科仿真综合模拟实训中心、ICT产教融合基地等实验实训室建成并投入使用,与机电类实验室、轨道交通类实验室、中兴ICT实验室、商科模拟仿真综合实训中心等构成学校实验实训体系。开设创新创业基础课程,全员普及创新创业教育;举办国家二级创业咨询师培训，教师84人获国家二级创业咨询师，数量居自治区高校首位；以学校大学生创业园为核心的南宁学院“中国－东盟大学生创新创业特区”被命名为“广西青年创业创新孵化基地”，教师3人入选教育部创新创业导师专家库。

师资队伍建设　聘用教师89人，其中硕士40人、博士2人，有正高级专业技术职务任职资格7人、副高级6人。引进来自企业、行业教师13人；实施“拔尖人才”“教授培育工程”“百人计划”“金园丁工程”“青年教师助教制度”等人才培养专项工程，入选“广西高等学校千名中青年骨干教师培育计划”第一期拟培养人选1人、确定为教授培育对象12人；申报职称66人，通过评审、认定等取得相应职称56人，其中高级专业技术职务任职资格15人、中级38人、初级3人；培育创新创业教育“金园丁导师”84人，均为国家二级创业咨询师。学校专家参加教育部未来教育创新周活动、“智慧创新·制造未来”产教融合2.0时代项目创新发展研讨会并发言，参加中国高等教育学会创新创业教育分会2017年工作年会暨第八届全国高校创新创业教育高峰论坛、自治区教育厅“十三五”高校设置调研与决策咨询等活动，到桂林旅游学院、广西教育学院、广西科技大学鹿山学院作南宁学院应用技术大学建设专题讲座。

科研与社会服务　科研经费306.99万元，其中进校科研经费201.99万元（含横向项目47.5万元）。获科研立项项目124项，其中厅局级以上项目51项、校级项目73项；获市发展和改革委重大研究课题1项；获2017年度南宁市科学技术进步奖三等奖1项。教师发表论文152篇，其中EI（工程索引）3篇，CSSCI（中文社会科学引文索引）2篇，中文核心论文46篇。申请专利203件，其中发明专利160件、实用新型专利39件、外观专利4件；授权发明专利17件。被评为南宁市专利工作突出单位，被中国科学技术协会评为全国科技工作者状况调查优秀站点。服务邕宁区百济镇的重点项目——坛里坡村史馆、发展规划馆设计布展通过验收；以自治区科技计划重点研发项目《空店电商科技扶贫模式在贫困地区的应用研究与创新示范》成果为引领，挂牌成立“互联网＋精准扶贫”创新创业基地，在河池市天峨县建立“南宁学院校地协同育人基地”，推广及应用“空店科技精准扶贫”模式。

合作办学　与市商务局、中国航空工业集团天马微电子股份有限公司、北京交通大学轨道交通运行控制系统国家工程研究中心、方正集团深圳方正微电子有限公司等25家企业签署校企合作协议，校企合作覆盖所有专业。培育桂商研究团队，加强对区域经济社会、工商业面临的前沿性及现实性重大问题的研究；举办桂商研讨会5次；出版新桂商研究论文集2本；走访调研桂商企业6次；指导举办第二届广西创业者大赛暨首届新桂商榜单颁布活动。教育部—中兴ICT产教融合创新基地建设稳步推进；与自治区质监局合作共建地理标志保护产品展销厅及电商、物流平台，依托“中国－东盟质量科学协同创新中心”建设，获自治区食品药品监管局横向科研项目《食品召回联系点工作》，资助经费8万元；9月14日，由国家质量监督检验检疫总局发展研究中心牵头，联合上海交通大学、清华大学、西安交通大学、武汉大学、中国计量大学5所院校共同发起的中国质量研究与教育联盟在上海正式成立，南宁学院为全国首批加盟高校，是广西唯一第一批成员；12月10日，国家质量监督检验检疫总局发展研究中心领衔与自治区质量技术监督局、自治区教育厅、自治区人力资源与社会保障厅、南宁市人民政府在南宁学院联合共建“中国质量研究与教育（南宁）基地”，实现学政产研用五位一体的新模式。共建方计划投入资金5000万元，将南宁学院建设为质量人才培养培训中心、质量科学研究高地、质量研究学术交流中心与资料库、质量发展公共服务平台；学院的“南宁（东盟）轨道交通国际科技合作示范基地”和“广西－东盟标准研究国际合作示范基地”被认定为2017年度南宁市国际科技合作示范基地。12月20日，与中国人工智能行业领导者科大讯飞股份有限公司共建广西首家人工智能学院，签订合作办学协议。在2017年广西高校科技服务北海新发展活动上，与广西北海南珠研究所签订《海水珍珠和淡水珍珠鉴定关键技术研究》合作协议。

思想政治教育　成立思想政治课教学指导委员会；制定《南宁学院思想政治理论课实践教学实施方案》；投入思政专项科研课题经费10万元。教师董艳获“全国思想政治理论课教学骨干”称号，教师董艳、李森获2017年自治区思想政治理论课教学基本功大赛暨“精彩一课”比赛三等奖。增设家庭经济特别困难学生生活补贴、学费减免、特殊困难补助和校园无息助学贷款4个资助项目。发放奖助学金1398.70万元，其中获国家奖学金学生16人、励志奖学金412人、自治区政府奖学金70人、国家助学金3809人，奖助学金受益面30.49%。校长奖学金发放170.82万元；提供勤工助学岗位796个，帮助家庭经济困难学生6596人次，发放勤工助学工资210.10万元。改建大学生心理健康咨询中心，对学生4059人进行心理健康普查并建立新生心理档案，接待来访咨询学生111人次。有一线专职辅导员48人，学工干事7人。成立辅导员发展研究中心，举办第四届辅导员职业能力大赛、每月开展一期辅导员活动日活动，邀请专家开展思想政治教育专题报告。开展“践行新思想，拥抱新时代”主题团日活动、纪念五四运动95周年等系列活动。

对外交流与合作　接待英国西伦敦大学、艾克教育集团、马来西亚驻南宁总领事馆等14个国内外院校和机构约80人次到校考察交流；邀请泰国、马来西亚6所高校和4个泰国政府单位参加2017中国－东盟职业教育联展暨论坛；与马来亚大学工程学院签订合作意向书，拟成立南宁学院和马来西亚马来亚大学工程教育研究中心，聘任马来西亚教授3人

2017年12月10日，国家质量监督检验检疫总局发展研究中心、自治区质量技术监督局、自治区教育厅、自治区人力资源与社会保障厅、南宁市人民政府在南宁学院联合共建“中国质量研究与教育（南宁）基地”　南宁学院提供

为学校客座教授;邀请马来西亚马来亚大学、泰国清迈大学、中国台北海洋科技大学、加拿大温莎大学多名教授到校举办宣讲会3场、讲座1场;选派学生3人赴中国台湾东南科技大学交流,学生2人赴马来西亚拉曼大学交流。

技能竞赛　组织学生参加技能比赛,获市厅级及以上奖励201项,其中国家级10项、省部级185项、市厅级6项;获第三届中国"互联网+"大学生创新创业大赛全国铜奖1项,自治区级金奖1项、银奖3项、铜奖17项、优秀奖22项、入围奖78项;获第三届"创青春"中国青年互联网创业大赛全国铜奖1项;获2017广西青年创业创新大赛一等奖1项;获2017年全国大学生电子设计竞赛国家级二等奖1项,自治区级二等级4项、三等奖7项;获第九届全国大学生广告艺术大赛国家级一等奖1项、三等奖3项。

校园文化建设　制定《南宁学院加强与改进校风建设的实施方案》;开展第五届校园科技文化艺术节和"语言表达能力训练与综合素质培养项目"系列活动,学生参与率80%,组织参加广西大学生艺术展演赛获二等奖6项、三等奖19项,学校获优秀组织奖;开展青年志愿服务和社会实践活动。注册登记志愿者1.08万人、占在校生75.70%,开展志愿服务活动200多次、参与人数1.20万人次。获2016—2017年度南宁市大型赛会"青年志愿服务工作优秀高校奖"、被评为2016年驻邕大中专院校无偿献血促进单位;邀请知名专家学者、优秀校友代表到校讲学,举办校内讲座、报告会近30场;编印《南宁学院学校精神文化价值释义读册》《跃上新高度——南宁学院师生学习宣传贯彻党的十九大精神专题汇编》《产学研发展在路上》,出版南宁学院走应用技术大学之路第四部论文集《创新创业教育新体验——南宁学院走应用技术大学之路论文集(2016)》《南宁学院年鉴2015》;学院官方微信公众平台关注量8万余人,推荐文章290篇,阅读量超23万次。

(黎　丹)

【南宁职业技术学院】

概　况　南宁职业技术学院是市政府举办、自治区政府与市政府共建的全日制综合性高等职业院校。前身是1984年创建的南宁职业大学,是全国首批、广西首家国家示范性高等职业院校。占地130多公顷,校舍建筑面积50多万平方米。2017年,有二级学院10个,设招生专业72个,比上年减少19个;全日制高职在校生1.74万人,成人教育大专在籍学生1973人;实际录取新生6430人,新生报到5653人,报到率87.92%。7月,初次就业率94.95%。获2017年广西普通高校就业创业工作突出单位、2017年全国优秀成人继续教育院校(培训机构)。

师资队伍建设　在编专任教师508人,其中具有高级专业技术职务任职资格教师占28.24%,硕士以上学位教师占51.18%,"双师型"教师占70%以上。享受国务院政府特殊津贴人员1人,国家教学名师1人,国家"万人计划"教学名师1人,第五届黄炎培职业教育奖杰出教师1人,国家优秀教学团队1个;自治区教学名师3人,广西高校卓越学者1人,第三批广西知识产权(专利)领军人才1人,自治区优秀教学团队7个,第三批广西高等学校高水平创新团队1个;南宁市特聘专家2人,市专业技术拔尖人才3人,市优秀青年专业技术人才1人,市新世纪科技与学术带头人18人,市高层次人才5人,市首席技师5人。年内,参加培训教师100多人;其中参加广西高校优秀教师出国留学计划2人,广西高校优秀中青年骨干教师培养工程1人,西部地区人才培养特别项目1人,广西高校青年教师业务能力提升计划16人,博士研究生培养5人,通过高校教师资格认定29人。

专业与课程建设　设招生专业72个,覆盖交通运输、艺术设计传媒、财经、制造、轻纺食品、建筑、电子信息、旅游、公共事业、环保、气象与安全等13个专业大类。酒店管理专业入选全国职业院校旅游类示范专业建设点、国家旅游局职业教育校企合作示范基地。编制室内艺术设计、移动通信技术、数控技术及连锁经营管理4个专业试点任务建设方案,入选全国第二批现代学徒制试点单位。建筑室内设计专业教学资源库成为国家职业教育专业教学资源库备选库;推进建筑室内设计技术等示范特色专业及实训基地项目后续建设;编制《国际经济与贸易示范特色专业及实训基地项目建设方案及任务书》。制定内部质量保证体系建设与运行方案、建立内部质量保证体系数据平台及考核制度、完善专业建设管理系统、完成质量保证体系目标链制定,推进学院专业与课程体系建设。开设创新研发与应用课程102门、创业指导类课程20门、创新思维开发(培养)等课程8门。在超星云课程平台创建网络课程100多门,搭建完成网络课程50多门;开展精品在线开放课程建设,获自治区教育厅推荐申报首批国家精品在线开放课程2门。

教育科研　组织申报校外科研项目,获批立项111项,获科研项目资助经费96.70万元,其中获"教育部人文社会科学研究一般项目"立项1项,是2017年广西唯一获立项的高职院校。教职工专利申请23项、授权21项;出版专著5部、发表论文168篇,其中核心期刊论文35篇。获广西职业教育自治区级教学成果奖一等奖1项、二等奖3项、三等奖2项,第六届广西社会科学学术年会论文三等奖2项,南宁市自然科学优秀论文三等奖1项。承担自治区党委统战部《广西职业教育做好港澳台青少年统战工作问题研究》课题,获全国统战理论创新成果三等奖。产业集聚与新型城镇化研究团队被评为第四批广西高等学校高水平创新团队,是广西唯一的高职院校创新团队。

思想政治教育　实施2017年思想政治理论课教学质量年专项工作,确立以提升学生思想政治素质教育为核心的七类课程框架,利用"互联网+"线上线下互通共融教学管理平台,深化思想政治理论课综合改革。整合组建思想政治理论教学部。选派教师到自治区内外专题学习、挂职锻炼60人次。实施学生素养积分工程,把学生社会实践纳入学院教育教学总体规划和教学大纲,建立社会实践与专业学习、服务社会、勤工助学、择业就业、创新创业相结合的机制。召开全院意识形态和思想政治工作会议,与基层党组织签订《2017年度中共南宁职业技术学院委员会落实意识形态工作主体责任责任书》。抓好课堂教学督导巡查、讲座论坛管理、校园安全隐患定期排查等工作。宣传金葵校园文化品牌,组织师生浏览"砥砺奋进的五年"大型成就展,组织拍摄2017年"百部"党员教育电视系列片《以党员光辉引领青年学子成长成才》。组织制作的《"桥"见南宁》微电影作品获"我心中的思政课"全国高校学生微电影大赛三等奖。清退2016年10月1日至2017年5月31日学院承担旧校区教工生活区物业管理费,追缴14.36万元。

招生与就业　单独对口网上报名1.48万人,网上交费1.31万人,比上年增加2280人。单独对口、统考招生实际录取新生6430名,实际报到5653人,报到率87.92%;其中普通高考招生报到2567人,单独招生报到2181人,对口招生报到905人。报考率、招生数为广西高等职业学校首位。毕业生4871人,其中建档立卡精准帮扶毕业生848人,占毕业生总数17.41%,比上年增加2%。为毕业生提供1238个用人单位18958个岗位需求信息,有效供需比为1∶2.42。至7月,就业4625人,初次就业率94.95%;其中建档立卡贫困家庭毕业生就业率98.58%,完成建档立卡贫困家庭毕业生就业帮扶。邀请校外创业导师为学生提供项目辅导、分享创业经验,开展校级大学生创业系列论坛20讲,创业讲座、学生创业活动60场,参与学生1.20万人次。

技能比赛　承办广西职业院校技能

大赛高职组中餐主题宴会设计、西餐宴会服务、服装设计与工艺、动漫制作、嵌入式技术与应用开发、软件测试、物联网应用技术、电子产品芯片级检测维修与数据恢复项目比赛8个。承办全国职业院校技能大赛西餐宴会服务项目，接待来自全国28个省、自治区、直辖市的66所高职院校选手80人参加比赛。组织全校师生参加中国－东盟职业教育展，选送参展作品22件。组织教师参加全国职业院校信息化教学大赛获二等奖2项、三等奖1项；参加广西职业院校信息化教学大赛获一等奖2项、二等奖6项、三等奖7项；参加第十七届广西高校教育教学信息化大赛获一等奖1项、二等奖3项、三等奖1项；获自治区级教学成果奖一等奖1项、二等奖3项、三等奖2项。组织学生参加全国职业院校技能大赛西餐宴会服务赛项等项目，获一等奖1项、二等奖3项、三等奖8项，实现国赛一等奖零的突破；参加广西职业院校技能大赛会计技能、园林景观设计、测绘、风光互补发电系统安装与调试、建筑工程识图等46个项目比赛，获一等奖11项、二等奖14项、三等奖23项。参加自治区党委宣传部、自治区文明办主办的“迎十九大·感恩祖国”主题歌咏会演获一等奖。参加2017年第三届中国“互联网＋”大学生创新创业大赛师生2000多人、提交作品218件，获自治区总决赛银奖2项、铜奖2项。学院创业园项目“物联网医疗尿液分析仪”获2017年广西首届工业创新大赛高校组二等奖。

对外交流与合作　与国(境)外机构签订合作协议或合作意向书6份，其中与美国饭店协会教育学院签订《全球学术教育合作伙伴GAP协议》《GAP补充服务协议》《校企合作协议》，加盟GAP项目，引进优质课程资源，设立美国饭店协会教育学院国际职业资格认证(桂港)中心；与泰国佛统皇家大学、帕纳空皇家理工大学2所大学开展合作办学。选派95名全日制在校学生赴东盟合作院校留学，选派优秀学生5人赴中国台湾地区参加交换生项目，师生赴国(境)外参加会议、学习交流30人次；招收“一带一路”沿线东南亚国家(地区)学生来校留学29人。聘请外籍教师3人，柔性引进中国台湾地区教师作学院客座教授1人，为国外高校培训师资20人。举办2017年海外华裔青少年中国“寻根之旅”夏令营——南宁职业技术学院营活动，参加泰国营员40人。推进桂港现代职业教育发展中心建设，中心大楼建设落实资金5600多万元，完成第22层楼层主体建设和封顶。“中央统战部港澳台青少年文化交流与创新创业基地”落户挂牌，开展自治区高职院校骨干教师赴中国香港地区专题培训班、酒店《收益管理》课程师资高级研修班各1期。组织2017中国－东盟职业教育联展暨论坛活动，举办2017中国－东盟职业院校学生烹饪技能大赛。选派学生参加广西高职院校青年学生赴中国香港地区开展香港现代职业教育体验和交流活动。举办2017年桂台(南宁)少数民族民俗文化交流周暨桂台青年创业就业体验营活动，成立“桂台青年实训就业基地”。选派师生参加第四届桂台高等教育高峰论坛、第四届海峡两岸大学生营销模拟决策竞赛等两岸交流活动。

校企合作　实施校企“双主体”育人办学模式，在课程建设、基地建设、学生培养、师资队伍建设、科技社会服务等方面开展全面合作。2017年校企合作项目113个，涵盖全校77个专业(方向)，占专业(方向)总数98%。课程建设方面，与合作企业共同开发课程51门，引入企业课程36门，与合作企业编写教材23种，制定教学标准15个；基地建设方面，累计投入场地1.92万平方米，引入企业资金1122万元，开展真实生产性实训项目20多项；学生在合作企业实习、实训、顶岗实习率80%；企业支持学院兼职教师165人，学院到企业挂职锻炼教师132人；二级学院派教师深入企业，与企业合作进行科研项目开发，实现科技成果转化7项，成果转化收益7万元，成果转化为企业创造经济效益53万元。开展南宁富士康学院建设，与中国台湾旺旺中时文化传媒(北京)公司合作开设金犊创意学院，举办“时报金犊奖分享会”“旺旺太阳星双创计划校园说明会”，推动桂台青年创业实践。与南宁·中关村创新示范基地、自治区人才爱迪实验室和南宁市五象新区电商小镇等创业孵化园区开展校企合作，指导学生创业实践。大学生创业园入驻项目16个(注册公司4个)，在园孵化项目29个，在校生参与创业人数80多人，带动在校生创业350多人。

校园文化　总结《南宁职业技术学院校园文化建设三年(2014—2016)规划》成果，形成“人文南职、创意南职、科技南职”三大核心文化。开展新年音乐会、“金葵奖”评选与颁奖等活动，落实新媒体矩阵建设与运营项目。宣传报道“南职故事”，推进“成长故事”系列讲座和“道德讲堂”活动。建设融媒体平台，按照“文化融入、专业融合、创新融汇、技能融通、环境融洽”的理念打造校园版“中央厨房”——南职融媒体平台，形成“一统八”格局，以校园融媒体平台为中心，统筹学院门户网站、官方微信、官方微博、校园广播台、校园电视台、信息展示平台、校园手机报、校园宣传栏，实现媒体聚合、导向一致、资源整合。有校级学生社团32个，开展包括乐器演奏、球类、骑行旅游、戏剧小品、魔术表演等活动200多项。

社会服务　开办专业人员培训、职业技能培训等社会培训1.47万人次，培训收入120万元；为政府职能部门和行业企业提供政策与专业咨询、技术研发、技术改造、技术服务等服务193项，为企业实现效益447.79万元、出口创汇2.79万元。其中，为政府职能部门提供政策与专业咨询20项，为行业、企业提供政策与专业咨询42项，技术研发13项，技术改造2项，技术服务116项，参与教师166人。与南宁·中关村创新示范基地、广西建筑工程质量检测中心、广西中科索顿科技有限公司等合作共建双创校企合作基地、多功能实验室等产学研教合作平台，联合为区域产业经济发展培养高技能人才，促进科研创新和成果转化。

(张治中　梁国越　孙连光)

责任编辑　温燕聪

2017年3月29日，南宁职业技术学院与中关村校企合作共建产学研创基地战略框架协议签约及揭牌仪式在中关村举行　　南宁职业技术学院提供

科学

科学技术

综述

【概况】 2017年，南宁市科学技术局(南宁市知识产权局)设办公室(市国防科技动员办公室、行政审批办公室)、政策法规与社会发展科、发展计划与基础研究科(市科教兴市办公室)、科研条件与财务科、高新技术发展及产业化科(市火炬计划办公室)、农村科技与科学技术普及科(市星火计划办公室)、成果管理与国际合作科、知识产权法律事务科、知识产权协调管理科、人事科、机关党委11个科室，编制31名，在编32人。年内，市科技体制改革出台实施专利权质押融资、孵化平台建设、科研经费管理等科技创新政策12项；出台深化科技计划和科技项目管理改革实施方案，发布《2018—2020年度南宁市科技计划项目申报指南》；全市5家试点单位完成事业单位科技成果使用处置和收益管理试点改革方案制定。知识产权战略获评国家知识产权试点示范城市工作先进集体，全市每万人口发明专利拥有量8.35件，比上年增长24.32%。实施本级科学研究与技术开发计划项目257项，总投资11.31亿元，科技经费投入1.06亿元，年增产值41.24亿元，年增利税6.47亿元，年节约创汇2635万美元。南宁高新区双创示范基地获批为广西首个国家级双创示范基地；新增自治区级农业科技园区3家、星创天地5家。通过高新技术企业认定企业214家，全市高新技术企业451家，增长48.80%，占自治区总数37.45%；新增广西"瞪羚企业"13家。全市完成广西科技成果转化大行动项目76项，获自治区科技成果登记465项，增长30%；获广西科学技术奖33项，获南宁市科学技术奖57项。举办、参与科技合作对接活动14场，促成签约金额2.30亿元；促成建设高层次研发创新平台5家。

【科技体制改革】 2017年，南宁市出台《关于深化南宁市本级财政科技计划和科技项目管理改革实施方案》，建立市财政科技计划管理联席会议制度，确立包含科技重大专项、重点研发计划、技术创新引导专项、科技基地专项四大专项科技计划体系。发布《2018—2020年度南宁市科技计划项目申报指南》，科技计划项目管理改革实现项目实行常年申报，驻邕大专院校、科研院所可以作为第一申报单位，取消项目申报负责人年龄限制和负责人职称限制三大突破。健全完善科技创新配套政策，出台实施《南宁市企业专利权质押融资项目贴息和补助资金管理办法》《南宁市国际科技合作基地管理办法》《南宁市众创空间备案认定管理办法》《南宁市专利资助奖励办法》等科技创新配套政策12项。南宁市5家(南宁市勘察测绘地理信息院、南宁市蔬菜研究所、南宁学院、南宁职业技术学院、南宁市国土测绘地理信息中心)改革试点单位出台试行改革方案，科技成果转移转化收益用于奖励科研团队等相关方比例70%。

【知识产权管理】 2017年，南宁市实施知识产权战略，获评国家知识产权试点示范城市工作先进集体；全市77家企业获各级知识产权优势企业称号，其中国家知识产权示范企业1家(广西田园生化股份有限公司)，国家知识产权优势企业25家(广西壮族自治区化工研究院、广西博世科环保科技股份有限公司、广西农垦明阳生化集团股份有限公司、广西力源宝科技有限公司、广西博科药业有限公司、广西南南铝加工有限公司、广西新方向化学工业有限公司、广西华锑科技有限公司、横县桂华茧丝绸有限责任公司、横县南方茶厂、南宁天亮精细化工有限责任公司、广西金雨伞防水装饰有限公司、广西宏发重工机械有限公司、广西吉宽太阳能设备有限公司、广西万寿堂药业有限公司、广西麦克健丰制药有限公司、广西福美耀节能门窗有限公司、广西恒日科技股份有限公司、广西华纳新材料科技有限公司、广西云燕特种水泥建材有限公司、广西圣保堂健康产业股份有限公司、南宁燎旺车灯股份有限公司、广西万德药业有限公司、广西立盛茧丝绸有限公司、广西农垦糖业集团良圻制糖有限公司)，自治区知识产权优势企业培育单位51家。通过知识产权管理体系认证企业14家。引导培育专业化、规模化和多功能的知识产权中介服务机构，发展知识产权代理、评估、咨询、检索、交易等多形式中介服务机构，为社会提供便捷、优质、高效的知识产权服务。举办知识产权相关培训班，培训500余人，覆盖企业50余家。开展专利"护航"行动，组织知识产权执法检查11次，出动执法人员80人次，检查商品8000多件；立案涉嫌假冒专利47件，处理专利侵权案件5件。

【国家知识产权试点城市建设】 2017年，

2017年2月28日，全市科技创新暨知识产权工作会议在市政府会议室召开

市科技局提供

南宁市创建国家知识产权试点示范城市，出台《南宁市专利资助奖励办法》《南宁市企业专利权质押融资项目贴息和补助资金管理办法》等政策文件。全市有国家知识产权强县工程试点县1个(横县)、国家知识产权试点园区1个(南宁高新技术产业开发区)、广西知识产权示范区县4个(江南区、西乡塘区、横县、宾阳县)、广西知识产权示范园区1个(南宁高新技术产业开发区)、广西知识产权试点区县4个(邕宁区、良庆区、武鸣区、隆安县)。获广西高价值专利培育示范中心认定企业2家，2家企业(广西路桥工程集团有限公司、南宁糖业股份有限公司)获第十九届中国专利优秀奖。全市有十百千知识产权人才291人，其中实用人才172人，中青年专家96人，领军人才23人。

2017年，青秀区自治区级农业科技园区“金花小镇”长塘镇巴兰坡生态综合示范村插殖繁育基地 市科技局提供

【工业科技创新】 2017年，南宁市组织实施工业科技创新项目91项，其中工业重大科技项目5项，重点研发科技项目和后补助类项目86项。科技经费投入3030万元，带动全社会投入科研经费6.18亿元。引导企业在电子信息制造、先进装备制造、生物医药等重点产业领域开展共性关键技术攻关。由南南铝业股份有限公司承担完成的市级重大科技项目“新型铝镁合金及相关产品的研发”，解决5005系列铝镁合金的熔炼铸造、烧损控制、挤压成型等生产技术，成功开发美国双反倾销法案规定以外的高技术新产品，提升出口产品的技术含量、产品附加值，项目申请发明专利5件，销售收入1.71亿元，利税1917万元。

【农业科技创新】 2017年，南宁市农业技术创新以“10+3”(粮食、糖料蔗、水果、蔬菜、茶叶、桑蚕、食用菌、罗非鱼、肉牛肉羊、生猪10大传统农业产业加富硒农业、有机循环农业、休闲农业3个新型产业)特色农业产业为重点，开展农业科技攻关，开展农业新品种、新技术的研发和推广，重点开展柑橘黄龙病、香蕉枯萎病等关键技术瓶颈攻关，成功选育广西首个抗(耐)枯萎病香蕉新品种“桂蕉9号”，实现香蕉枯萎病发病率由常规品种30%降至0.23%。农业科技项目“西南地方鸡活体基因库建设”研发成果获2017年度广西科学技术进步奖一等奖。年内，新增江南区、青秀区、广西－东盟经济开发区3家自治区级农业科技园区。培育认定市级农业良种培育中心7个、标准化生产技术示范基地9个。培育打造现代农业双创平台“星创天地”(农村创新天地服务平台，发现现代农业的众创空间)农村创新天地服务平台，鼓励科技特派员、大学生、返乡农民工深入农村创新创业，新增“星创天地”5家。

【民生科技创新】 2017年，南宁市组织实施民生领域科技计划项目77项，投入科技经费1263万元，总投资1.30亿元，推进医疗卫生、生物医药、环境治理、公共安全等社会发展领域科技发展。民生领域重大科技项目——广西金边蚂蟥活性提取物制备治疗中风病新壮药制剂研发“蛭血通肠溶胶囊”获得自治区民族制剂生产批件。重大科技项目——血小板免疫生物学重点实验室研究广西多民族血小板抗原基因多态性等课题，为全国血小板免疫研究提供技术支持。南宁市智慧管廊建设管理平台为南宁管廊试点城市建设提供科技支撑。

【高新技术产业】 2017年，南宁市有214家企业通过高新技术企业认定，高新技术企业累计451家，比上年增长48.80%，占自治区总数37.45%，居自治区各地市首位；新增广西“瞪羚企业”13家；受理科技保险保费补贴申请企业8家，投保额61.69亿元，保费185.05万元，财政保费补贴62.70万元。

【科技成果转化】 2017年，南宁市开展科技成果转化大行动，完成10万元以上科技成果转化项目76项，技术交易额5253.21万元，其中100万元以上重大项目7项，技术交易额2662.80万元。获自治区科技成果登记466项(包含专利成果登记)，比上年增长26.63%。输出类技术合同登记1111项，增长16.58%，合同成交金额25.52亿元，其中技术交易金额12.24亿元。吸纳类技术合同登记1894项，增长7.67%，合同成交金额46.91亿元，其中技术交易金额27.34亿元。获广西科学技术奖33项，南宁市科学技术奖57项。

【产学研合作】 2017年，南宁市与上海理工大学、中山大学、武汉大学、广西大学等开展产学研合作，在3大(电子信息、先进装备制造、生物医药)领域实施产学研合作项目117项，投入科技经费2961万元。引进清华启迪控股有限公司打造启迪东盟科技城；引进全球语音人工智能领军企业科大讯飞公司与南宁学院共建人工智能学院；协调引进华中科技大学国家大学科技园南宁基地。促成南宁企业和单位与清华大学、泰国孔敬大学、中国科学院宁波材料研究所等10余家重点高校、国家科研院所共建院士专家工作站等高层次研发创新平台5家。

【科技中介服务体系建设】 2017年，南宁市科技文献信息共享与服务平台完善中草药文献信息数据库和新产品样品数据库2个物色资源数据库建设，提升更新数据库信息量，中草药文献信息数据库数据总量348万条(项)，新产品样品数据库数据总量425万条(项)。组织南宁市科技型中小企业技术创新资金项目227项。其中，电子信息78项，生物医药22项，新材料13项，光机电一体化25项，节能环保32项，农业科技54项，后补助资金项目3项。完成市级创新资金项目验收75项，协助自治区完成14家获国家创新基金项目企业结题。

【区域性科技创新体系建设】 2017年，南宁·中关村创新示范基地入驻行业重点企业33家、入孵企业37家,实现产值2.35亿元。以南宁·中关村为核心的南宁高新技术产业开发区双创示范基地获批为广西首个国家级双创示范基地。以南宁高新技术产业开发区为依托的自治区级自主创新示范区获批建设,出台《南宁自治区级自主创新示范区建设总体方案》。推进南柳桂北国家自主创新示范区创建。建设科技服务业集聚区,中国—东盟检验检测认证高技术服务集聚区获"自治区科技服务业集聚区"称号。

【科技示范试点建设】 2017年,南宁市建设科技扶贫示范基地8个(上林生态循环肉牛产业化基地、马山乔利果蔬扶贫产业开发基地、隆安肉牛养殖示范基地、邕宁香流溪热带水果产业示范基地、邕宁红星村柑橘产业基地、邕宁一遍天种猪核心示范基地、隆安砂仁低产改造科技扶贫示范基地、上林县北林村生态渔业科技扶贫示范基地)。

2017年南宁市新增高新技术企业情况表
(214家)

表21

企业名称	证书编号	企业名称	证书编号
广西长长路桥建设有限公司	GR201745000006	广西界围信息科技有限公司	GR201745000103
广西南宁齐顺化工有限公司	GR201745000010	广西广播电视信息网络股份有限公司	GR201745000109
南宁联创天下信息科技有限公司	GR201745000013	广西南宁博恩康生物科技有限公司	GR201745000111
广西绿康环保有限公司	GR201745000014	广西柏睿通建材科技有限公司	GR201745000112
广西珠江啤酒有限公司	GR201745000025	南宁市南北动力有限公司	GR201745000116
广西安捷讯电子科技有限公司	GR201745000028	广西南宝特电气制造有限公司	GR201745000124
广西威尔森环保科技开发有限公司	GR201745000029	广西地凯科技有限公司	GR201745000125
广西博士海意信息科技有限公司	GR201745000030	广西钱盆科技股份有限公司	GR201745000126
南宁庞博生物工程有限公司	GR201745000034	南宁东恒华道生物科技有限责任公司	GR201745000128
南宁华资电子科技有限公司	GR201745000037	广西南南铝箔有限责任公司	GR201745000132
广西福宁工贸有限公司	GR201745000038	广西联正达通信技术有限公司	GR201745000136
广西建工集团第一建筑工程有限责任公司	GR201745000046	南宁八菱科技股份有限公司	GR201745000138
广西益和工程项目管理有限公司	GR201745000050	广西高源淀粉有限公司	GR201745000140
广西三立科技发展有限公司	GR201745000051	南宁云启网络科技有限公司	GR201745000142
南宁千年工艺股份有限公司	GR201745000053	广西桂能科技发展有限公司	GR201745000143
广西文韬智能科技有限公司	GR201745000056	广西博世科环保科技股份有限公司	GR201745000146
广西友迪资讯科技有限公司	GR201745000058	华蓝设计(集团)有限公司	GR201745000147
南南铝业股份有限公司	GR201745000060	广西南宁中远电气科技有限公司	GR201745000149
广西青龙化学建材有限公司	GR201745000061	广西景鹏科技有限公司	GR201745000160
中铁上海工程局集团第五工程有限公司	GR201745000062	广西华南通信股份有限公司	GR201745000166
广西阳工电线电缆有限公司	GR201745000063	广西壮族自治区数字证书认证中心有限公司	GR201745000167
广西南宁市康之豆食品科技有限责任公司	GR201745000065	广西颐生园生态农业有限公司	GR201745000170
广西七三科技有限公司	GR201745000068	广西联源电缆有限公司	GR201745000175
广西交通规划勘察设计研究院有限公司	GR201745000069	南宁可煜能源科技有限公司	GR201745000176
广西商大科技股份有限公司	GR201745000073	广西善成科技有限公司	GR201745000177
广西金中软件有限公司	GR201745000077	广西纵深供应链管理有限责任公司	GR201745000178
广西捷佳润科技股份有限公司	GR201745000081	广西金步电力科技有限公司	GR201745000181
广西中船北部湾船舶及海洋工程设计有限公司	GR201745000083	广西卓信网络技术有限公司	GR201745000182
广西神环环保有限公司	GR201745000086	广西南宁智博电子科技有限公司	GR201745000185
广西诺方储能科技有限公司	GR201745000090	广西迅裕电力科技有限公司	GR201745000190
广西壮族自治区机械工业研究院	GR201745000091	广西绿能电力勘察设计有限公司	GR201745000191
广西巨哲科技有限公司	GR201745000092	广西亿程科技有限公司	GR201745000195
广西捷通高速科技股份有限公司	GR201745000095	广西国博科技有限公司	GR201745000197
广西智宇科技有限公司	GR201745000097	广西日海信息技术有限公司	GR201745000200

续表 1

企业名称	证书编号	企业名称	证书编号
广西鸿生源环保科技有限公司	GR201745000202	广西华蓝建筑装饰工程有限公司	GR201745000313
广西维威制药有限公司	GR201745000206	广西壮族自治区农业机械研究院	GR201745000316
广西南宁平衡信息技术有限公司	GR201745000207	广西奥士达环境工程有限公司	GR201745000319
广西盛誉糖机制造有限责任公司	GR201745000209	广西光普新能源设备有限公司	GR201745000323
南宁超伏电气科技有限公司	GR201745000213	广西南宁德致药业有限公司	GR201745000329
广西金雨伞防水装饰有限公司	GR201745000216	广西三实园林景观工程有限公司	GR201745000332
广西进联德环保工程有限公司	GR201745000223	广西华都建筑科技有限公司	GR201745000334
广西宝世光科技有限公司	GR201745000227	广西交投科技有限公司	GR201745000335
广西华翼联创科技有限公司	GR201745000229	广西明电电气股份有限公司	GR201745000336
广西福美耀节能门窗有限公司	GR201745000233	广西建工集团第一安装有限公司	GR201745000340
广西超博网络科技有限公司	GR201745000235	广西明昇科技有限公司	GR201745000342
南宁市南昌电缆有限责任公司	GR201745000237	中国检验认证集团广西有限公司	GR201745000344
南宁立诚企业管理有限公司	GR201745000238	广西海德利科技有限公司	GR201745000345
广西地源之本肥业有限公司	GR201745000248	广西祥博信息技术有限公司	GR201745000346
广西壮族自治区计算中心	GR201745000249	南宁市德钢联重工机械有限责任公司	GR201745000348
广西朗杰智慧科技发展有限公司	GR201745000251	广西易启联科技有限公司	GR201745000349
广西丰锦园林建设有限公司	GR201745000252	南宁市嘉大混凝土有限公司	GR201745000350
广西京和科技有限公司	GR201745000255	广西南宁永明信息技术有限公司	GR201745000353
广西固荣消防技术事务所有限公司	GR201745000256	广西华鸿环保设备有限公司	GR201745000354
广西宏业环保节能工程有限公司	GR201745000257	广西东蒙乳业有限公司	GR201745000357
广西岑科电子工业有限公司	GR201745000259	广西源正新能源汽车有限公司	GR201745000359
广西华瑞立信科技有限公司	GR201745000265	南宁特标检测科技有限公司	GR201745000360
广西桂盾科技有限公司	GR201745000267	广西百旺金赋科技有限公司	GR201745000363
广西南宁泰诺生物工程有限公司	GR201745000269	广西新鸿通科技产业园有限公司	GR201745000366
广西益隆盛科技有限公司	GR201745000270	广西特飞云天航空动力科技有限公司	GR201745000374
广西壮族自治区水利科学研究院	GR201745000272	中国－东盟信息港股份有限公司	GR201745000377
广西曼彻彼斯自动化设备有限公司	GR201745000276	广西点通科技有限公司	GR201745000378
广西彬伟装饰材料有限公司	GR201745000277	广西锐武信息技术有限公司	GR201745000379
广西南宁市精祥仪表有限责任公司	GR201745000280	南宁戎马科技有限公司	GR201745000380
南宁兴典混凝土有限责任公司	GR201745000282	南宁市庆恒游乐设备有限公司	GR201745000381
广西联怡科技有限责任公司	GR201745000287	广西金陵农牧集团有限公司	GR201745000384
中交一公局第四工程有限公司	GR201745000289	广西建工集团第二建筑工程有限责任公司	GR201745000385
广西瑞特种子有限责任公司	GR201745000292	广西江宇通信工程有限公司	GR201745000391
广西绿晨环境工程有限公司	GR201745000294	广西南宁科冠医药科技开发有限公司	GR201745000395
南宁市平方软件新技术有限责任公司	GR201745000296	宾阳县建丰混凝土有限公司	GR201745000400
广西优耐信息技术有限公司	GR201745000300	广西博环环境咨询服务有限公司	GR201745000404
广西多得乐生物科技有限公司	GR201745000302	广西龙杰科技有限公司	GR201745000407
广西南宁市龙传信息科技有限公司	GR201745000304	广西凌晨教学设备有限公司	GR201745000408
广西南宁市博睿通软件技术有限公司	GR201745000306	南宁市绿城环保设备有限责任公司	GR201745000417
上林县中兴丝业有限公司	GR201745000308	广西绿德华天环保投资有限公司	GR201745000418
广西南翔环保有限公司	GR201745000310	广西安硕尔安全技术有限责任公司	GR201745000420

续表 2

企业名称	证书编号	企业名称	证书编号
南宁新泰瑞科建材股份有限公司	GR201745000421	广西金茶王油脂有限公司	GR201745000503
南方电网综合能源广西有限公司	GR201745000425	广西南宁嘉泰水泥制品有限公司	GR201745000506
广西万信工程咨询有限责任公司	GR201745000427	广西金奔腾汽车科技有限公司	GR201745000508
广西新章物电防伪技术开发有限公司	GR201745000432	中机国能(广西)能源科技有限公司	GR201745000509
广西南山白毛茶茶业有限公司	GR201745000433	广西同城小鸟网络有限公司	GR201745000513
南宁易速德机械设备有限公司	GR201745000435	南宁车泰科技有限责任公司	GR201745000515
广西北仑河医科工业集团有限公司	GR201745000436	广西南宁商佳信息科技有限公司	GR201745000521
广西春茂电气自动化工程有限公司	GR201745000437	广西智宸科技有限公司	GR201745000522
南宁夏阳化工科技有限责任公司	GR201745000439	广西南宁天海测绘科技有限公司	GR201745000526
广西卓天能源科技有限公司	GR201745000443	南宁市创宇茶叶机械有限公司	GR201745000527
广西华赣电力设备有限公司	GR201745000445	广西兴宏源科技有限公司	GR201745000529
广西中联信息技术有限公司	GR201745000448	南宁晟运科技有限公司	GR201745000533
南宁汉和生物科技股份有限公司	GR201745000452	广西盛润数通科技有限公司	GR201745000534
南宁市永元兴创信息科技有限责任公司	GR201745000453	广西润亚环保科技股份有限公司	GR201745000536
广西横县恒丰建材有限责任公司	GR201745000458	南宁智阳科技咨询管理有限公司	GR201745000538
中建泓泰通信工程有限公司	GR201745000460	广西及时雨金融服务有限公司	GR201745000542
广西卡斯特动漫有限公司	GR201745000467	广西新时代信息技术有限公司	GR201745000543
广西华信建筑勘察设计有限公司	GR201745000468	广西手拉手智能科技有限公司	GR201745000544
广西中科索顿科技有限公司	GR201745000471	广西赫阳能源科技有限公司	GR201745000545
广西北部湾环境科技有限公司	GR201745000472	广西科源工程咨询有限责任公司	GR201745000547
广西万通制药有限公司	GR201745000474	广西长润环境工程有限公司	GR201745000549
广西零贰零网络科技有限公司	GR201745000475	广西银洲科技有限公司	GR201745000551
广西正豪电气有限公司	GR201745000476	南宁广发重工集团有限公司	GR201745000552
广西浪潮国强软件有限公司	GR201745000480	广西吉锐安全技术有限公司	GR201745000555
南宁市武拖机械有限责任公司	GR201745000481	广西东显电子有限公司	GR201745000558
南宁艾科普实验设备有限责任公司	GR201745000485	广西桂宁网络科技有限公司	GR201745000561
广西宾阳县建华混凝土有限公司	GR201745000487	广西桂能软件有限公司	GR201745000562
南宁市城规地理信息技术中心	GR201745000489	南宁天亮精细化工有限责任公司	GR201745000563
广西信凯安防工程股份有限公司	GR201745000491	广西乐土生物科技有限公司	GR201745000564
广西经正科技开发有限责任公司	GR201745000494	广西华银医学检验所有限公司	GR201745000565
广西桂仪科技有限公司	GR201745000498	广西泰诚土地咨询有限公司	GR201745000568
广西南宁人防防护设备有限责任公司	GR201745000500	广西三维遥感信息工程技术有限公司	GR201745000569

科学研究与技术开发

【概　况】2017年,南宁市实施市本级科学研究与技术开发计划项目257项,其中重大科技项目15项,工业科技项目23项,农业科技项目41项,社会发展科技项目17项,专利知识产权项目14项,产学研合作与成果转化项目20项,科技型中小企业技术创新资金项目93项,专利质押融资贷款科技项目8项,科技项目经费后补助24项,其他2项;总投资11.31亿元,科技经费投入1.06亿元,年增产值41.24亿元,年增利税6.47亿元,年节约创汇2635万美元。

【科学研究与技术开发计划项目实施】2017年,南宁市实施本级科学研究与技术开发计划项目257项,总投资11.31亿元,科技经费投入1.06亿元。按领域划分:工业科技项目45项,科技经费投入3030万元,带动全社会投入科研经费5.97亿元;农业科技项目46项,总投资8059万元,科技经费投入1830万元;社会发展科技计划项目22项,总投资1.37亿元,科技经费投入1318万元;专利知识产权项目22项,总投资1998万元,科技经费投入666万元;产学研合作与成果转化项目24项,总投资4917万元,科技经费投入750万元;市本级科技型中小企业技术创新资金项目93项,总投资1.99亿元,科技经费投入1395万元;其他领域项目5

项，科技经费投入1630万元。按计划类别划分：重大计划专项15项，总投资1.01亿元，科技经费投入920万元；重点研发计划项目56项，总投资2.47亿元，科技经费投入2784万元；技术创新引导专项152项，总投资3.76亿元，科技经费投入690万元；科技基地专项26项，总投资3.85亿元，科技经费投入1254万元；科技成果转化与示范推广项目4项，总投资513万元，科技经费投入110万元；科技创新能力与条件建设2项，总投资185万元，科技经费投入65万元；其他领域项目2项，总投资1500万元，科技经费投入1500万元。

【工业科技项目实施】 2017年，南宁市实施工业科技创新项目45项，其中围绕三大重点产业、战略性新兴产业实施重大科技项目“石墨烯三维构造粉体材料规模化制备与产业化示范”“石墨烯增效锂离子电池技术及产业化示范”“海洋工程用高性能耐蚀铝合金材料关键共性技术研究及产业化”“污染场地土壤修复关键技术装备—通用低耗型热脱附系统开发及产业化应用”“木薯淀粉固相性关键技术攻关和产业化示范”5项，围绕高新技术企业培育、企业科技平台建设等方面实施“全自动高精密高频制管机关键技术研究与开发应用”“新型高效蒽醌再生催化剂关键技术研究”“新能源汽车轻质合金车身及零部件轻量化研究与产业化开发”等科技项目40项；科技经费投入3030万元。

【农业科技项目实施】 2017年，南宁市围绕“10+3”特色农业产业，开展富硒水稻、沃柑、绿色蔬菜及金花茶、朱槿等农业新品种研究，开展罗非鱼生态养殖技术、牛养殖发酵床新技术等高效种养技术研发推广及水稻、甘蔗等领域新机械产品开发。下达农业科技项目46项，总投资8059万元；科技经费投入1830万元，选育、引进、示范推广农业新品种42个，引进、试验、示范推广实用新技术33项，研发农业新产品15个；其中下达科技扶贫项目28项，投入财政资金664万元，通过土地流转、务工、合营等方式直接参加并受益的农户1951户（包括贫困农户1033户）。

【社会发展科技项目实施】 2017年，南宁市组织民生领域科技项目22项，其中实施壮药三藤养心通脉胶囊研发、复方鱼腥草片产业化等生物医药技术与中药民族药创新技术研究项目8项，实施生态环保及污染防控技术研究科技项目7项，给予技术标准后补助项目2项；科技经费投入1318万元。

【软科学研究项目实施】 2017年，南宁市组织开展“南宁市扩大企业R&D投入的对策研究”“南宁市加快培育高新技术企业的对策研究”“南宁市校企共建创新开放实验平台的探索与实践”“南宁市生物技术企业开展产学研合作问题及对策研究”等市本级软科学研究项目10项，财政科技拨款100万元。

【技术创新资金项目实施】 2017年，南宁市实施科技型中小企业技术创新资金项目93项，涉及农业科技、电子信息、生物医药、光机电、新材料、新能源等领域，科技拨款1395万元。项目实施带动年增销售收入8.07亿元，净利润1.65亿元。

【产学研合作项目实施】 2017年，南宁市与北京林业大学、上海理工大学、中山大学、武汉大学、桂林理工大学等建立产学研合作关系，强化与广西大学、南宁职业技术学院等既有合作伙伴关系。在装备制造、电子信息、生物医药等领域支持产学研合作项目117项，其中有“石墨烯三维构造粉体材料规模化制备与产业化示范”“海洋工程用高性能耐蚀铝合金材料关键共性技术研究及产业化”等重大项目9项，总投资8576万元，科技经费投入560万，年增产值4772万元，利税1248万元。

2017年，南宁市科技扶贫示范基地之一——上林县山水牛公司肉牛养殖科技扶贫示范基地肉牛养殖生产一线 市科技局提供

【科学技术支出】 2017年，南宁市科技财政支出6.47亿元（含七城区五县），其中市本级科学技术财政支出3.12亿元（应用技术研究与开发支出2.04亿元），占市本级财政一般预算支出1.37%。

科学技术普及

【概　况】 2017年，南宁市以科技活动周、“十月科技大行动”“科技服务春耕生产活动”等全市性大型活动为契机，以南宁市科普联席会议为平台，联合高等院校、青少年科技教育基地、科研机构及部分科技型企业等开展科技政策、“宜居乡村”科普宣传、产业富民技术培训和惠民科普系列服务，提高企业对科技创新政策的知晓率及民众科技创新意识。年内，组织认定7家（南宁青秀山风景名胜旅游开发有限责任公司、南宁市北湖路小学、南宁市五象小学、宾阳县青少年校外活动中心、南宁市中山路小学、广西顺来茶业有限公司、南宁市科技馆）青少年科技教育基地；开展科普活动105场次，发放农业实用栽培技术书籍2200册，直接受益群众22万多人次。

【“三下乡”活动】 2017年，南宁市以“科技强国，创新圆梦”为主题，在国家、自治区、南宁市科技活动周举办期间，各区县开展科技卫生文化“三下乡”活动，深入社区、村屯开展知识产权、卫生、法律、食品安全、安全生产等科普知识宣传及农业先进技术培训。组织科技特派员、农业科技项目承担单位开展科技下乡服务，累计参与开展下乡服务科技人员7257人次，服务农村合作组织827个，示范推广新品种、新技术802项，服务建档立卡贫困户1.84万户。

【科技培训】 2017年，南宁市围绕“10+3”特色农业产业，组织农业专家深入贫困村开展科技指导服务、举办使用技术培训、推广农业新品种先进技术,开设《农村科技新视界》电视栏目,实地培训1180场次,培训5.92万人次;举办电视培训25期。

【科普活动】 2017年,南宁市科普联席会议成员单位开展科普展创新系列活动,提高企业对科技创新政策的知晓率及民众科技创新意识。5月22日,市政府在江南区举办2017年全国科技活动周南宁市活动启动仪式暨科普进广场活动,29家科普联席成员单位、18家科技型企业参展;参与现场科普知识竞答、宣传咨询互动等广场科普活动人数约2000人次。6月3日,市教育局、市中小学校校外教育活动中心举办2017年南宁市中小学生航空、航天模型训练、竞赛。9月30日,市科协联合市科技局等单位在南宁市科技馆举办第五届广西青少年科学节南宁市活动启动仪式,超过1000名青少年参加活动。10月28日,市教育局联合市科技局等单位举办2017年南宁市中小学车辆和建筑模型比赛,中小学生600多人参与太阳能动力车直线竞速等竞赛活动。

【科技活动周】 2017年5月20日至27日,全国、自治区、南宁市科技活动周同期举办,围绕"科技强国、创新圆梦"主题,南宁市各区县相继开展2个大项10个专题的51场次科普活动,包括南宁市创新驱动发展成就展、科技成果转移转化系列对接、明星高企创新成果展、科技农业展、优秀科技创新平台及科普资源开放、民生知识普及、青少年机器人大赛、明日科技之星科普教育等系列活动。全市科普场馆、科普基地、青少年科技教育基地等免费向公众开放。期间,展出科普展板650多块,发放科普宣传小册子1.20万册、宣传单2万份,直接受益群众16万多人次。

科技合作与交流

【概　况】 2017年,南宁市政府出台《南宁市国际科技合作基地认定管理办法》,新增南宁市国际科技合作基地15家,设立国际科技合作专项,举办、参与国际科技合作对接活动14场,组织参加第二十届中国北京国际科技产业博览会、第十九届中国国际高新技术成果交易会、2017年广西创新驱动发展成就展。

【国际科技合作与交流】 2017年,南宁市政府出台《南宁市国际科技合作基地认定管理办法》,认定南宁市国际科技合作基地15家,其中国际联合研究中心1家(广西－泰国特色农产品加工国际联合研究中心),国际技术转移中心4家(广西国博国际技术转移中心、北部湾人才金港国际技术转移中心、广西迅尔迪国际技术转移中心、南宁双创科技国际技术转移中心),国际科技合作示范基地10家[南宁市慢病精准治疗国际科技合作示范基地、南宁－老挝罗非鱼养殖试验国际科技合作示范基地、南宁市壮瑶药物研究国际科技合作示范基地、南宁(东盟)轨道交通国际科技合作示范基地、广西－东盟标准研究国际合作合作示范基地、广西精细化工国际科技合作示范基地、广西－柬埔寨光伏技术国际科技合作示范基地、广西－越南新能源技术国际科技合作示范基地、广西－越南新材料国际科技合作示范基地、广西(南宁)－缅甸农作物优良品种国际科技合作示范基地]。全市国家、自治区、市级国际科技合作基地分别为10个、8个、24个。年内,举办、组织参与国际科技合作对接活动14场。促成签约及意向项目114项,签约金额超2.30亿元。支持国际科技合作领域项目7个,总投资1008万元,科技经费投入150万元,预计年增产值5950万元,年节约创汇915万美元;支持项目涵盖太阳能、木薯淀粉技术、水稻、香蕉栽培技术及医疗护理等领域,涉及越南、老挝等东盟国家。

2017年5月20日,全国科技活动周、广西科技活动周、南宁科技活动周在南宁国际会展中心开幕。图为南宁市展位　　市科技局提供

【区域科技合作与交流】 2017年,南宁市举办、参与科技合作与科技成果转化对接活动52场,其中国内39场、国际13场,促成签约85项、金额2.60亿元。推动达成合作意向181项。开展科技成果转化相关政策解读和宣传10场,1000余人次参加。利用中国国际高新技术成果交易会、中国北京国际科技产业博览会、桂陕生物技术对接会等科技招商合作展会,进一步加强与江西省南昌市、湖南省长沙市、河南省新乡市、广东省东莞市等地科技部门的合作关系,开展科技计划项目异地评审、科技成果转化对接等。举办共促区域科技创新与科技成果转化座谈会,联合广西13个地级市科技局、7所高校科研院所、部分技术转移服务机构,达成共建广西区域科技创新与科技成果转化联盟的合作意向。

【产学研合作项目】 2017年,南宁市立项支持产学研合作项目117项,科技经费投入2961万元。引进华中科技大学国家大学科技园南宁基地、启迪控股有限公司打造启迪东盟科技城、全球语音人工智能领军企业科大讯飞公司与南宁学院共建人工智能学院。年内,新增重点实验室6家(广西铝合金材料与加工重点实验室、广西多媒体通信与网络技术重点实验室、广西农产资源化学与生物技术重点实验室、广西三七综合利用技术重点实验室、广西高工效农药及施用技术重点实验室、广西水工程材料与结构重点实验室),促成南宁企业、有关单位与国家重点高校、科研院所共建院士专家工作站、联合实验室等高层次研发创新平台7家[纳米碳酸钙复合材料技术工程中心、南宁市正林林木产品深加工技术研究院、南宁市第四人民医院院士专家工作站、广西交通投资集团有限公司院士专家工作站、广西新发展交通集团有限公司院士专家工作站、广西力源宝科技有限公司院士专家工作站、华蓝设计(集团)有限公司院士专家工作站],涉及碳酸钙产品开发、木材深加工与检测、海绵城市建设等领域。

【参加北京科博会】 2017年6月8日至10日,南宁市精选广西电友科技发展有限公司的电缆金属性接地定位设备、广西贝尼环保科技有限公司的SMART CITY智慧照明云平台、南宁市神华振动时效技术研究所的时效振动仪、广西康博普生物降解塑料有限公司的完全生物降解材料、广西习缘辣木有限公司的木本硒粮等来自装备制造、智能平台、生态环保、健康食品等领域的5项高新技术成果参加在北京举行的第二十届中国北京国际科技产业博览会；开展科技成果转化对接活动14场，现场签订合作协议5项、合作金额301万元，达成合作意向41项。

2017年11月17日至18日，第十九届中国国际高新技术成果交易会在深圳举办。图为南宁市企业广西特飞云天航空动力微型化科技有限公司现场介绍公司产品　　市科技局提供

【参加深圳高交会】 2017年11月16日至21日，南宁市参加在深圳会展中心举办的第十九届中国国际高新技术成果交易会的企业有广西特飞云天航空动力科技有限公司、广西电友科技发展有限公司、广西同创三维科技有限公司、广西易耀焕天科技股份有限公司4家高新技术企业，涵盖动力冲浪板、电网电力、3D打印、智能化电动车等高新技术领域，重点展示南宁市高新技术产业最新科研成果和先进技术4项；达成合作意向8项，现场签订协议3项，促成合作金额160万元。

【参加广西创新驱动发展成就展】 2017年，南宁市组织33个项目参加广西创新驱动发展成就展，其中电子信息、先进装备制造、生物医药大健康、现代农业、战略新兴产业等领域技术成果26项参加“南宁创新成果展”，5家［广西南南铝加工有限公司、广西博世科环保科技股份有限公司、华蓝设计（集团）有限公司、广西田园生化股份有限公司、广西皇氏乳业股份有限公司］知名科技型企业受邀参加自治区“明星高企创新成果展”，2家（广西兆和种业有限公司、广西穗片农业科技有限公司）农业科技企业受邀参加自治区“农业创新成果展”；现场达成合作意向协议8项，意向合作金额超过1000万元。

【参加广西第七届发明创造成果展览交易会】 2017年10月27日，南宁市组织50家企业（个人）80个项目参加在玉林市举行的第七届广西发明创造成果展览交易会，涉及先进装备制造、新材料、生物医药、节能环保等领域；南宁市达成交易总额1.40亿元，其中专利转让和合作项目签约6项，合同成交额6000万元；专利拍卖成交2项，合同成交额160万元；签署技术转让与合作协议、意向5项，成交额7640万元；产品销售200万元，达成专利质押融资意向1.20亿元。

2017年南宁市产学研合作项目情况表
（117项）

表22

项目名称	承担单位
石墨烯三维构造粉体材料规模化制备与产业化示范	广西北部湾石墨烯产业技术开发有限公司、广西大学
石墨烯增效锂离子电池技术及产业化示范	广西北部湾石墨烯产业技术开发有限公司、广西大学
海洋工程用高性能耐蚀铝合金材料关键共性技术研究及产业化	广西南南铝加工有限公司、广西大学、广西航空航天铝合金材料与加工研究院
木薯淀粉固相改性关键技术攻关和产业化示范	广西农垦明阳生化集团股份有限公司、广西大学
广西砂仁低产改造技术研究与示范	广西药园中药材种苗有限公司、隆安县屏山乡上孟特色种养合作社、隆安县渌龙中草药种植合作社、广西壮族自治区药用植物园
澳大利亚安格斯、西门塔尔良种肉牛的引进与健康养殖技术研究与示范推广	广西四野牧业有限公司、广西大学
南宁市万亩富硒稻种植技术研究与示范—宾阳优质富硒关键技术研究与示范推广	广西九龙腾农业科技有限公司、广西大学
南宁市万亩富硒稻种植技术研究与示范—纳米硒硅肥提高稻米富硒的技术研究与示范推广	广西力拓农业开发有限公司、广西大学
南宁市智慧管廊建设管理平台的研究	南宁城建管廊建设投资有限公司、上海同筑信息科技有限公司、南宁市勘察测绘地理信息院
轻质高强剑麻－碳纤维可降解汽车部件技术研究与新产品开发	广西鑫翔玻璃钢有限公司、广西大学
甘蔗糖蜜高效转化丁二酸的关键技术研发	南宁邦尔克生物技术有限责任公司、广西科学院
甘蔗轻压洗析提汁节能高效新技术开发	广西南宁科利威科技有限公司、广东省生物工程研究所（广州甘蔗糖业研究所）、广西农垦糖业集团股份有限公司、广西农垦糖业集团金光制糖有限公司

续表 1

项目名称	承担单位
餐厨垃圾回收及资源化技术的研究	广西蓝德再生能源有限责任公司、广西大学
搅拌摩擦－轧制复合工艺制备新型 Cu/Mo/Cu 复合材料的关键技术研究	广西南宁市汉东金属复合材料有限责任公司、广西大学
以三维石墨烯为载体的农药产品研发	广西田园生化股份有限公司、广西大学
中空粒子模板材料球形碳酸钙制备及关键技术研究	广西碳酸钙产业化工程院有限公司、广西大学
钢铁热浸镀高抗蚀性锌铝合金的开发及应用	南宁凯源铁塔有限公司、广西大学
物联网技术条件下白糖仓库智能管理云平台研发与示范	广西北部湾弘信供应链管理有限公司、广西师范学院
面向零库存的医药物流 SPD 系统建设与示范	广西南宁柳药药业有限公司、广西大学
车联网条件下车主信用信息系统平台研发	广西金奔腾汽车科技有限公司、广西师范学院
中科院与广西华纳共建纳米碳酸钙复合材料研发创新平台	广西华纳新材料科技有限公司、中国科学院宁波材料技术与工程研究所
紫外光交联型水性聚氨酯的研究开发	广西新晶科技有限公司、中山大学
新型电热功能复合纤维板制造的关键技术研发与推广	广西丰林木业集团股份有限公司、广西大学
保健食品葛桑降糖胶囊开发研究	广西中医药大学制药厂、广西中医药大学
茉莉黑茶二次发酵科技成果推广应用与示范	横县南方茶厂、广西民族大学
葡萄春果调控关键技术熟化与产业化示范	广西万佳葡萄科技有限公司、广西农科院葡萄与葡萄酒研究所
防治家禽消化道类疾病新药“连蒲双清散”应用试验示范	广西普大动物保健品有限公司、广西大学
兜兰种质资源收集评价及高效繁育技术研究与示范	南宁青秀山风景名胜旅游开发有限责任公司、广西壮族自治区农业科学院花卉研究所
国土时空数据模型设计与技术开发	南宁市国土测绘地理信息中心、武汉大学
莪术地膜覆盖栽培技术研究及其在贫困地区的应用示范	宾阳县三丰现代农业有限公司、广西壮族自治区药用植物园
隆安县巴香村猫豆高产栽培技术应用示范	隆安县布泉乡巴香龙凤特色种养专业合作社、隆安县科技情报研究所、南宁市科技成果转化服务中心
罗非鱼池塘循环流水生态养殖技术研究与示范	广西康佳龙农牧集团有限公司、广西壮族自治区水产科学研究院
沃柑溃疡病绿色防控关键技术研究与示范	上林县罗艺果业种植基地、广西大学
火龙果桂热 1 号高产高效栽培技术研究与示范	广西绿园农庄农业科技有限公司、广西壮族自治区亚热带作物研究所、广西山区综合技术开发中心
南宁市市花朱槿品种选育及示范应用	南宁市园林科研所(南宁市绿化工程管理处)、南宁圣特生物科技有限公司
茉莉香露新产品研制	广西横县正大花茶香料厂、广西大学
休闲观光葡萄园产期调节技术集成示范和推广	广西最鲜农业科技有限公司、兴宁区三塘镇农业技术推广站
PRF 优化纳米脂肪来源干细胞促进脂肪组织再生的机制研究与临床应用	南宁市第一人民医院、南宁维尔凯生物科技有限公司、南宁梦想医疗美容门诊部
南宁市儿科疾病诊疗中心建设	南宁市第一人民医院、南宁市妇幼保健医院、马山县人民医院、南宁市邕宁区人民医院、南宁市武鸣区人民医院、宾阳县人民医院、马山县妇幼保健院
振幅整合脑电图在早产儿脑损伤中的应用研究	南宁市第二人民医院、南宁市妇幼保健院、广西壮族自治区妇幼保健院
南宁市登革热流行风险评估及健康教育策略构建	南宁市疾病预防控制中心、南宁中心血站
基于项痹病对朱琏“新设”穴的腧穴功能及针刺安全性研究	南宁市针灸研究所、南宁市第七人民医院、南宁市中西医结合医院
功能化石墨烯增强改性 PE 管材的研制及产业化	广西八桂塑胶有限公司、桂林理工大学
石墨烯纳米复合材料掺杂制备稀土荧光粉及低表面能涂料的研发	广西经正科技开发有限责任公司、广西大学
低醇甘蔗果酒、果醋的研究开发及产业化	广西石埠乳业有限责任公司、广西壮族自治区农业科学院农产品加工研究所
罗非鱼生物活性肽高效制备技术及产品研发	广西嘉盈生物科技有限公司、广西大学
基于“互联网＋”的数字化企业信息平台关键技术研究与应用	广西航天信息技术有限公司、广西财经学院
医学三维技术在脑出血微创血肿清除术中的研究与应用	南宁市疏微医学研究有限公司、广西医科大学
基于城市共同配送的智慧物流云平台研发与应用	广西昊晟国际物流有限公司、广西机电职业技术学院
新能源汽车轻质合金车身及零部件轻量化研究与产业化开发	南南铝业股份有限公司、广西大学
电力供需侧输电网大概率极端雷击防护产品开发及共性技术研究	南宁超伏电气科技有限公司、广西大学

续表2

项目名称	承担单位
多点分布的基站数传型公共电动(单)车云充电物联网管理系统开发与推广	南宁特安电子科技有限公司、广西财经学院
广西甾体药物生物工程技术研究中心建设	广西万德药业有限公司、广西师范学院
面向中小企业的高校技术转移服务能力建设	广西博士海意信息科技有限公司、上海理工技术转移有限公司(上海理工大学)
宠物用氟尼辛葡甲胺掩味口腔崩解片的研制	广西北斗星动物保健品有限公司、广西大学
风湿灵薄膜衣片的制备和质量标准研究	广西大海阳光药业有限公司、广西中医药研究院
桂香红碎茶加工技术示范与推广	南宁茗韵茶业有限公司、广西南亚热带农业科学研究所
高品质米粉生产关键技术的推广应用示范	广西品冠食品有限责任公司、广西大学
桉木饰面胶合板关键技术研究与应用示范	南宁市创锦胶合板有限责任公司、广西大学
桑树作猪牛羊饲料科技成果转化示范与推广	南宁欣欣壮德农牧科技有限公司、广西大学
基于智能计算和新媒体技术的广西大明山旅游文化构建及应用研究	广西大明山旅游开发有限责任公司、广西师范学院
耐寒抗病辣椒新品种“桂椒10号”的中试与示范	横县六六八大棚蔬菜种植专业合作社、广西壮族自治区农业科学院蔬菜研究所
高压电缆金属性接地故障快速定点检测设备开发与应用	广西电友科技发展有限公司、广西大学
茶树新品种桂热2号改接低效茶园的应用推广	广西圣山投资有限责任公司、广西南亚热带农业科学研究所、广西职业技术学院
中泰木薯淀粉技术研究与应用推广	南宁市万宇食品有限公司、广西轻工业科学技术研究院
面向东盟国家的太阳能水肥配给灌溉系统研发及应用	南宁迅尔迪电子科技有限公司、广西科学院应用物理研究所
筛选中国杂交水稻品种在越南示范推广	广西万川种业有限公司、广西壮族自治区农业科学院水稻研究所
广西—老挝无公害香蕉栽培技术研究与应用示范	广西华亚金桥农业科技开发有限责任公司、广西壮族自治区农业科学院农业科技信息研究所
南宁市横县正林林木产品深加工技术研究院建设	广西横县正林木业有限公司、北京林业大学
桂南蔗区糖料蔗“双高”新品种引进、选育与高效繁育技术研究与示范	广西农垦国有良圻农场、广西南亚热带农业科学研究所
抗香蕉枯萎病新品种的种植试验与示范	南宁市西乡塘区坛洛镇兴坛农业服务部、广西壮族自治区农业科学院生物技术研究所
火龙果保鲜标准化关键技术及材料的研究	广西佳年农业有限公司、广西大学
台湾桤木等速生优良阔叶树种栽培与示范	南宁市林业技术推广站、广西富贺银科技发展有限公司、南宁市生态公益林工作站
节瓜新品种杂交种子的繁育研究与推广	南宁科农种苗有限责任公司、广西大学
三元杂交肉山羊健康养殖研究开发	广西横县阳光畜牧有限公司、广西大学
南方山羊中草药添加剂推广应用与开发示范	广西武鸣地保利农牧有限公司、广西壮族自治区牧草工作站、广西大学
奶水牛场良种繁育技术研究及规模标准化养殖技术示范	南宁市雄牛牧业有限责任公司、广西壮族自治区水牛研究所
水牛“畜－肥－林－草”生态循环种养模式的示范与推广	广西巴弗罗牧业投资有限公司、广西壮族自治区畜禽品种改良站
赤芍耐药逆转技术在养猪产业中的应用研究	马山县林圩镇片圩村覃氏生态种养专业合作社、广西大学
猪场废污无害化处理应用于甘蔗增产资源化循环体系建设与示范推广	广西农垦永新畜牧集团金光有限公司、广西农垦国有金光农场、广西壮族自治区兽医研究所
药用保健兰花仿野生种植技术研究与示范	广西坤益达农业科技有限公司、广西壮族自治区农业科学院花卉研究所
农产品电子商务平台与精准配送管理系统的开发与应用	广西凯投网络有限公司、南宁亿捌科技有限公司、广西大学
百岁老人源罗伊氏乳杆菌水牛发酵乳关键技术研究与示范	广西普生三凤乳业有限公司、广西大学
微波真空协同渗透干燥水果干的品质调控关键技术研究与产品开发	南宁市尖兵食品科技有限公司、广西大学
废弃木芯镶嵌结构实木集成材生产关键技术研究	广西南宁侨盛木业有限责任公司、广西大学
绿色生态富硒水稻示范与推广	上林县心农科技有限责任公司、广西大学
坛洛镇贫困村柑橘扶贫产业新品种推广与示范	广西谷源种业有限公司、南宁市西乡塘区坛洛镇农业技术推广站
特色甘薯品种引进筛选与示范推广	宾阳县思陇山里红薯种植农民专业合作社、广西壮族自治区农业科学院玉米研究所

续表 3

项目名称	承担单位
特色花生新品种桂花黑1号的示范推广	广西南宁人人想食品有限公司、广西壮族自治区农业科学院经济作物研究所
南圩镇菜心提质增效关键技术及产业扶贫示范模式探讨	隆安县清水湾农业有限责任公司、广西壮族自治区农业科学院蔬菜研究所
肉牛零排放生态养殖模式的研究与示范	上林县镇圩瑶族乡洋造村启明种养农民专业合作社、上林县动物疫病预防控制中心
小鳄龟生态养殖技术示范与推广	广西鸽龟三农业科技有限公司、南宁市青秀区伶俐镇水产畜牧兽医站
胡子鲶标准化生产技术示范基地建设	南宁市朗多畜禽水产养殖专业合作社、南宁学院
山凤土鸡生态循环养殖技术的推广与示范	南宁市山凤农牧投资有限公司、南宁市金天汇家禽养殖农民专业合作社、南宁学院
马山县白山镇立星贫困村果蔬科技扶贫产业示范基地建设	广西沃康生态农业开发有限责任公司、广西大学
稻田生态种养模式在精准扶贫中的应用与示范	隆安县生态那乡养殖专业合作社联合社、广西壮族自治区水产科学研究院
隆安县板栗低改科技扶贫示范村建设	隆安县科学技术情报研究所、隆安县古谭乡安明板栗产销专业合作社、广西大学
打造“四位一体”的青少年创客教育模式	南宁市中小学校外教育活动中心、南宁市第二中学、广西民族大学
加工型野山椒引进示范与推广	马山县古寨乡秋江农业技术服务部、马山县绿源农业科技发展有限公司
早熟耐低温辣椒新品种“新康2号”的引进及示范推广	南宁市蔬菜研究所、南宁市赛普多农业有限公司、南宁市隆康种植专业合作社
壮药三藤养心通脉胶囊的研制	广西子持医药科技有限公司、广西中医药大学第一附属医院
板山岗颗粒、金钱草清淋颗粒产业化关键技术研究	南宁市第一人民医院、广西壮族自治区药用植物园、广西药用植物园制药厂
大天冬种苗快速繁育、生态种植和绿色加工技术体系研究	南宁市圣亿隆生物技术有限责任公司、广西壮族自治区药用植物园
便携式稳定高效的二氧化氯发生器研制及工程化示范	南宁绿普环保科技有限责任公司、南宁市化工研究设计院
地下综合管廊防水新技术及工程应用示范	广西金雨伞防水装饰有限公司、广西大学
南宁轨道交通荷载作用下路基土体动力特性及沉降预测研究	广西壮族自治区交通规划勘察设计研究院、南宁轨道交通集团有限责任公司
公共安全空间气粉尘自动测控预警关键技术研究与示范	广西德高仕安全技术有限公司、广西民族大学相思湖学院
南宁花雨湖生态文化旅游智慧综合服务系统及应用示范	南宁海源投资有限公司、广西大学
基于物联网的旅游安全预警与全景展示APP的研发	广西南宁市东森动力信息科技有限公司、广西大学
亚热带种质资源技术集成的特色旅游研究与开发示范	南宁亚热带绿源园林绿化工程有限公司、广西壮族自治区亚热带作物研究所、广西农业职业技术学院
水牛乳及其乳制品掺入牛属乳快速检测方法建立	广西壮牛水牛乳业有限责任公司、广西壮族自治区水牛研究所
不含分散剂的氧化锡锑(ATO)水性环保型纳米浆料的研制	广西纳拓科技有限公司、广西大学
新型土地改良用营养土用于矿山复垦农田的土壤修复技术研究与示范	广西鸿生源环保股份有限公司、上海交通大学环境科学与工程学院
基于藻类生物膜的水体富营养化治理技术集成与研发	广西南方流域生态治理研究院、广西大学
汉泰机械机器翻译系统的研究与开发	广西达译商务服务有限责任公司、东北大学信息学院
汽车内饰用环保防霉纤维板的研制与产业化	广西华峰林业集团股份有限公司、广西大学
提高夏季种公猪有效精子数目的关键营养技术研究与示范	广西商大科技股份有限公司、四川农业大学动物营养研究所

科技成果与应用

【科学成果管理改革】 2017年,南宁市政府出台《南宁市事业单位科技成果使用处置和收益管理改革工作推进方案》,明确南宁市事业单位科技成果使用权、处置权和收益分配权改革工作要求和进度安排。选择南宁市勘察测绘地理信息院等7家事业单位为改革试点单位。组织人员前往安徽省合肥市、上海市、湖北省武汉市等地调研,组织试点单位到广西林业科学研究院调研学习事业单位改革成功经验。落实7家改革试点单位出台关于成果转化和收益分配管理的试行方案。

【科技成果登记】 2017年,南宁市获自治区科技成果登记466项,比上年增长26.63%。自治区技术合同登记3005项,技术合同成就额72.43亿元,技术交易额39.58亿元;其中输出类技术合同登记1111项,增长16.58%,合同成交金额25.52亿元,技术交易金额12.24亿元;吸纳类技术合同登记1894项,增长7.67%,成交额46.91亿元,技术交易额27.34亿元。

【科技成果获奖】 2017年,南宁市90项科技成果获自治区、市级科学技术奖,其中广西科学技术奖33项(技术发明二等奖1项、三等奖5项,科技进步奖一等奖4项、二等奖11项、三等奖12项）；南宁市科学技术奖57项（科技进步奖一等奖5项、二等奖13项、三等奖30项，技术发明奖一等奖1项、二等奖2项、三等奖6项），获奖项目中，工业类项目24项、农业类项目17项、社会发展类项目16项。

【科技成果转化与示范推广】 2017年，南宁市开展科技成果转化，完成广西科技成果转化大行动项目76项。设立技术转移示范机构服务能力建设专项，支持技术转移示范机构利用中国－东盟技术转移中心、国家科技成果转化服务（南宁）示范基地等平台，开展技术转移和科技成果转化，近两年累计支持经费1000余万元。建设提升国家科技成果转化服务（南宁）示范基地，年内新增成果数据8082条、推荐成果信息970项、征集技术需求126项。南宁·中关村创新示范基地成为国际科技合作交流新窗口，成功引进中国－以色列科技成果（南宁）交流转化中心。

2017年南宁市获广西科学技术发明奖项目表

表23

等 级	序 号	项目名称	主要完成单位
二等奖	1	岩土体预应力锚索施工控制及其配套锚索关键技术	桂林理工大学、山东科技大学、柳州欧维姆机械股份有限公司、广西地矿建设集团有限公司
三等奖	1	配电网高效供电关键技术创新与应用	桂林电子科技大学、广西电网有限责任公司桂林供电局、桂林君泰福电气有限公司、南宁广开电气有限责任公司、桂林市万进电子技术有限责任公司
	2	木塑制品及其母粒用超分散剂技术创新与应用	桂林理工大学、桂林舒康建材有限公司、启仲化工（广西）有限公司（港澳台独资企业）
	3	深水同步、安全围堰技术研发与应用	中铁上海工程局集团第五工程有限公司
	4	混凝土圆柱环向附模脚手架的施工方法	广西路建工程集团有限公司
	5	治疗乳腺增生病中药乳结泰胶囊的发明与产业化应用	广西昌弘制药有限公司

2017年南宁市获广西科学技术进步奖项目表

表24

等级	序号	项目名称	完成单位
一等奖	1	高强高韧耐蚀航空铝合金大规格中厚板制备技术研究	广西南南铝加工有限公司
	2	超大型塔式起重机节能运行和安全保障关键技术及产业化	广西建工集团建筑机械制造有限责任公司、中国特种设备检测研究院、南宁科拓自动化设备有限公司、中冶建筑研究总院有限公司
	3	抗寒粉蕉新品种“金粉1号”的选育与应用	广西壮族自治区农业科学院生物技术研究所、广西植物组培苗有限公司、广西美泉新农业科技有限公司
	4	基于广西地方鸡遗传资源评价的肉鸡新品种选育及绿色健康养殖技术集成应用	广西壮族自治区畜牧研究所、广西金陵农牧集团有限公司、广西春茂农牧集团有限公司、岑溪市外贸鸡场有限公司、广西兴业和丰禽业有限公司、岑溪市宝然禽业养殖有限公司
二等奖	1	大功率高效无线供电装置研发关键技术及应用	广西电网有限责任公司电力科学研究院、重庆大学、武汉大学、广西电网有限责任公司柳州供电局、广西电网有限责任公司贺州供电局
	2	缺电地区微电网群可靠供电关键技术创新及应用	广西电网有限责任公司、清华大学、中国农业大学、湖南大学、天津大学、东莞钜威新能源有限公司
	3	茄果类蔬菜多抗砧木新品种选育及产业化应用	广西大学、南宁市桂福园农业有限公司、南宁科农种苗有限责任公司、广西科宏蔬菜育苗有限公司
	4	广西水稻两迁害虫防控策略与关键技术应用	广西壮族自治区农业科学院植物保护研究所、广西田园生化股份有限公司、田阳县农作物病虫测报站、恭城瑶族自治县植物保护工作站
	5	制糖工业葡聚糖快速检测与清除技术开发及应用	广西农垦糖业集团股份有限公司、广东省生物工程研究所（广州甘蔗糖业研究所）、厦门大学、南京工业大学、广西农垦糖业集团防城精制糖有限公司、广西农垦糖业集团金光制糖有限公司、中诺生物科技发展江苏有限公司
二等奖	6	离子型稀土矿高效清洁开采开发利用研究与产业化	中铝广西有色稀土开发有限公司、中铝广西有色金源稀土有限公司、中铝广西国盛稀土开发有限公司、中铝广西有色崇左稀土开发有限公司、北京科技大学
	7	城市三维地下空间关键技术研究与应用	南宁市勘察测绘地理信息院、北京睿城传奇科技有限公司
	8	基于可信计算的电网网络安全自适应防护关键技术及应用	广西电网有限责任公司、桂林电子科技大学
	9	广西百万亩糖料蔗高效节水灌溉关键技术创新集成与应用	广西壮族自治区水利科学研究院、桂林市农田灌溉试验中心站、中国水利水电科学研究院、上海市环境科学研究院、广西捷佳润科技股份有限公司、大禹节水集团股份有限公司、北京绿园大成节水技术有限公司
	10	山区大跨混合梁斜拉桥施工成套技术	广西路桥工程集团有限公司
	11	富水软弱地层高铁大断面城市隧道施工关键技术	广西大学、广西金雨伞防水装饰有限公司、中铁隧道集团四处有限公司、中铁四局集团第五工程有限公司、中铁二十四局集团福建铁路建设有限公司、中铁二十四局集团有限公司、中铁四局集团有限公司

续表

等级	序号	项目名称	完成单位
三等奖	1	施工升降机结构损伤动态监测与节能关键技术的创新及产业化	广西壮族自治区特种设备检验研究院、广西建工集团建筑机械制造有限责任公司、南宁科拓自动化设备有限公司
	2	船舶建造工艺数字化智能设计系统开发与推广应用	钦州学院、上海船舶工艺研究所、中船广西船舶及海洋工程有限公司、上海申博信息系统工程有限公司、广西中船北部湾船舶及海洋工程设计有限公司
	3	提升500kV关键设备运行可靠性技术研究及应用	广西电网有限责任公司电力科学研究院、中国南方电网有限责任公司超高压输电公司检修试验中心、重庆大学
	4	高效省工甘蔗杀虫药肥关键技术及应用	广西田园生化股份有限公司
	5	沼气工程绿色循环技术研发与规模化应用	广西壮族自治区林业科学研究院、农业部沼气科学研究所、广西壮族自治区国有钦廉林场、玉林市容县奇昌种猪养殖有限公司、广西壮族自治区国有七坡林场
	6	木薯废弃物基质肥料化利用关键技术开发与产业化	广西壮族自治区农业科学院农业资源与环境研究所、广西壮族自治区农业科学院微生物研究所、中国热带农业科学院环境与植物保护研究所、广西南宁赛绿农业科技有限公司
	7	小孔径多孔淀粉及其颗粒状吸附材料的技术创新与应用	广西中烟工业有限责任公司、江南大学、广西真龙实业有限责任公司
	8	敦煌莫高窟游客服务中心工程整体关键技术与工程应用	广西建工集团第一建筑工程有限责任公司
	9	铅锌尾矿库区高速公路路基刚性桩加筋处治技术研究	广西桂和高速公路有限公司、同济大学、广西交通投资集团有限公司
	10	梁桥抗震性能评价与优化成套技术及工程应用	广西交通科学研究院有限公司、广西大学、广西翔路建设有限责任公司
	11	智慧城市三维动态测绘基准关键技术及应用	南宁市国土测绘地理信息中心
	12	人胚胎干细胞建系技术及应用	南宁市第二人民医院、十堰市太和医院

2017年南宁市获市级科学技术进步奖项目表

表25

等级	序号	项目名称	完成单位
一等奖	1	高速动车组用6008-T4铝合金防撞型材关键技术研究	广西南南铝加工有限公司
	2	北斗实时精密定位关键技术与应用	南宁市国土测绘地理信息中心、武汉大学
	3	工业酶制剂性能改良及其高效制备的技术创新与产业化应用	南宁邦尔克生物技术有限责任公司、南宁中诺生物工程有限责任公司、广西科学院
	4	蔬菜规模生产清洁高效技术集成研究与示范	广西博元生态农业科技有限公司、广西壮族自治区农业科学院蔬菜研究所
	5	城市内河黑臭水体综合治理关键技术研究与应用	广西博世科环保科技股份有限公司、广西大学
二等奖	1	国家级新兽药盐酸头孢噻呋注射液的产业化技术开发	广西北斗星动物保健品有限公司、广西大学
	2	机插水稻生产技术研究与示范推广	南宁市农业机械化技术推广服务站、广西大学、武鸣区农机化技术推广服务站
	3	HIV/AIDS患者淋巴结结构改变与疾病进展的关系	南宁市第四人民医院
	4	复合有机铁安全高效预混合饲料生产技术中试	南宁市泽威尔饲料有限责任公司
	5	大型机场航站楼关键施工技术研究与应用	中国建筑第八工程局有限公司广西分公司、中国建筑第八工程局有限公司、中建安装工程有限公司、广西景典钢结构有限公司、广西大业建设集团有限公司、中建八局广西建设有限公司
	6	甘蔗生产全程机械化技术集成研究和应用示范	广西天华高科技有限公司、广西壮族自治区农业机械研究院、广西壮族自治区农业科学院甘蔗研究所、广西职业技术学院、广西桂中糖厂
	7	全自动高频制管机的开发与应用推广	南宁市安和机械设备有限公司
	8	功能性低聚糖制备新技术及益生元产品的开发推广	广西南宁泰诺生物工程有限公司、广西壮族自治区农业科学院农产品加工研究所、南宁纵联科技有限公司
	9	杂交水稻新品种博Ⅲ优869选育及示范推广	南宁市农业科学研究所、广西万禾种业有限公司
	10	南宁市农林植物白蚁发生种类调查及防治关键技术研究与应用示范	南宁市白蚁防治所、广西大学

续表

等级	序号	项目名称	完成单位
二等奖	11	危重症病人救护中护理用具与护理技术的创新研究与推广应用	南宁市第二人民医院
	12	植保旋翼无人机施药技术集成与应用	广西田园生化股份有限公司
	13	横县南山白毛茶优质高效关键生产技术研究及产品开发	广西南山白毛茶茶业有限公司
三等奖	1	5005 铝合金冰箱把手生产工艺技术研究与应用	南南铝业股份有限公司、广西大学
	2	利用猪多肋骨主效基因培育杜洛克新品系的应用与示范	广西柯新源原种猪有限责任公司、江西农业大学
	3	基于云计算快速处理与发布共享海量多源异构地理信息数据关键技术与应用	南宁市国土测绘地理信息中心
	4	HLA 高分辨基因分型结果模棱两可难题解决技术体系的建立与应用	南宁中心血站(南宁输血医学研究所)
	5	联合应用酚妥拉明治疗重症脓毒症、降低患者病死率的临床研究与应用	南宁市红十字会医院
	6	亚航系列高产多抗型玉米新品种选育及推广应用	广西亚航农业科技有限公司、广西壮族自治区农业科学院微生物研究所、广西恒茂农业科技有限公司
	7	指天椒新品种的引进与示范推广	马山县科技情报研究所、广西大学
	8	南宁市城乡儿童感染性疾病治疗研究中心建设	南宁市妇幼保健院
	9	高浓缩高韧性尼龙用氧化锑复配阻燃母粒关键技术创新及应用	广西华锑科技有限公司
	10	超高频远距离 RFID 中国－东盟博览会安保系统	广西申能达智能技术有限公司
	11	基于物联网的税务信息化运维服务平台研究开发与应用	广西航天信息技术有限公司、广西财经学院
	12	南宁市城市地下管线数据库建设及关键技术应用	南宁市勘察测绘地理信息院
	13	南宁市艾滋病疫情影响因素探索及综合防控策略的快速应用	南宁市卫生和计划生育宣传信息中心
	14	环保防潮纤维板的研究与推广应用	广西丰林木业集团股份有限公司
	15	多种广西壮药动物药材质量评价研究	广西华夏本草医药有限公司、广西壮族自治区药用植物园
	16	高产、耐瘠、多抗玉米自交系的创新与利用	广西青青农业科技有限公司
	17	多学科整合建设卒中平台的效果研究	南宁市第三人民医院
	18	新型复合保温管技术的开发	广西吉顺能源科技有限公司
	19	高品质茉莉花精油生产关键技术	横县瑞丰香料有限公司、广西壮族自治区林业科学研究院、中国科技开发院广西分院、广西大学
	20	高产优质水稻新品种“特优 1683”高效栽培技术研究和示范推广	广西瑞特种子有限责任公司
	21	国家免费艾滋病抗病毒治疗社区模式的探索性研究	南宁市第四人民医院、广西壮族自治区疾病预防控制中心
	22	配电网故障快速复电关键技术创新与应用	广西电友科技发展有限公司、广西电网有限责任公司柳州供电局
	23	新型高效蒽醌再生催化剂关键技术研究及应用	广西新晶科技有限公司、广西壮族自治区化工研究院
	24	超短波联合抗氧化剂治疗糖尿病周围神经病变技术创新研究与推广应用	南宁市第二人民医院
三等奖	25	广西濒危珍稀中药材三叶青种质资源评价及繁育技术研究	马山县绿帆苗木场、广西壮族自治区药用植物园
	26	红心免人工授粉火龙果新品种引进筛选与示范推广	广西益宾农业科技发展有限公司、南宁市成果转化服务中心
	27	水稻除草药肥 0.42% 苄嘧·苯噻酰颗粒剂的研制与应用	广西乐土生物科技有限公司
	28	产前凶险性前置胎盘的磁共振成像技术与临床应用	南宁市第一人民医院
	29	基于 OBD Ⅱ的车道偏离预警系统及车窗防夹系统的研究与应用	南宁学院
	30	南宁轨道交通网络换乘枢纽客运组织安全综合仿真研究	南宁轨道交通集团有限责任公司、同济大学

2017年南宁市获市级科学技术发明奖项目表

表26

等级	序号	名称	完成单位
一等奖	1	龟鳖性别控制孵化技术与推广应用	南宁市水产畜牧兽医技术推广站
二等奖	1	一种压榨机轴瓦密封结构	南宁钛银科技有限公司
	2	有机物料自动环保发酵系统的创新与应用	广西力源宝科技有限公司、广西田东力源宝科技有限公司
三等奖	1	复合肌醇六磷酸糖醇酯螯合剂的制备技术及推广应用	广西新方向化学工业有限公司、南宁汉和生物科技股份有限公司
	2	新型无机艺术矿物装饰砂浆的推广应用	广西青龙化学建材有限公司
	3	一次性鸭嘴式口壶在颈椎骨折病人中的应用与推广	南宁市第九人民医院
	4	金花茶组培关键技术研究与应用示范	南宁市金花茶公园
	5	一种用于陶瓷打印的数码印刷机	南宁市汇彩印刷包装技术研究院、广西汇彩印刷包装有限公司、广西职业技术学院
	6	保温砖的灌装装置	广西宏发重工机械有限公司

专利管理

【概　况】2017年，南宁市办理专利申请资助奖励7134件，经费539.86万元；其中发明专利申请资助4034件，经费359.14万元；发明专利年费资助和授权奖励1237件，经费53.67万元；其他专利资助1863件，经费127.04万元。与6家高校、科研院所，22家专利代理机构签订工作协议，配套经费约400万元，共同推进发明专利双倍增。专利资助奖励、专利产业化、质押融资、企业培育、培训宣传等知识产权工作经费约2000万元。

【南宁市专利情况】2017年，南宁市发明专利各项指标继续保持自治区前列。每万人口发明专利拥有量8.35件，比上年增长24.32%；有效发明专利拥有量5835件，增长24.95%；专利申请量1.63万件（发明专利10882件、实用新型4568件、外观设计870件），增长2.45%；专利授权量4496件（发明专利1657件、实用新型2304件、外观设计535件），增长8.15%。

【获国家专利奖】2017年，广西路桥工程集团有限公司发明的大型钢管混凝土结构管内混凝土真空辅助灌注方法及灌注系统（专利号ZL201210184040.7），南宁糖业股份有限公司发明的制糖用二氧化碳饱充系统（专利号ZL201520753962.4）2家发明专利获国家专利奖。

（市科技局编写组）

气象事业

【概　况】2017年，南宁市气象局辖横县、宾阳县、上林县、马山县、隆安县5个县气象局及武鸣区、邕宁区2个城区气象局，市局设办公室、人事教育科、业务科、政策法规科4个科室，市、区县局编制133名（参公编制44名，事业编制89名），在编134人（参公管理人员41人，中央事业编制82人、地方事业编制11人，市局69人、区县局65人）；下辖气象台、财务服务中心、气象科技服务中心、气象信息与技术保障中心、南宁国家基本气象站、高空探测站、新一代天气雷达站、生态与农业气象观测站，设地方机构2个（南宁市人工影响天气办公室、南宁市防雷管理中心），有国家地面观测站8个，高空探测站1个，新一代天气雷达站1个，国家农业气象一级观测站1个，大气成分观测站1个，酸雨站2个，雷电监测站1个，DVB卫星接收站2个，卫星接收站7个，移动自动监测站1个，乡镇及城市加密观测站290个，GPS-MET基准站1个，电离层测高仪站1个。市气象局获“全国气象工作先进集体”称号。

【决策气象服务】2017年，南宁市各级气象部门严密监测、提早预警、主动服务，所有重大天气过程均提前准确做出预报。启动重大气象报告3次、应急响应7次。完成“两会”及南宁国际民歌艺术节、“环

2017年1月1日，位于武鸣区城厢镇大梁村的武鸣国家气象观测站新站址建成启用

冯　婷　摄

广西”公路自行车世界巡回赛等重大社会活动气象保障服务。发布决策气象服务材料200期，提供气象短信130条，接收人数50多万人次。

【气象设施建设】 2017年，南宁市气象业务综合楼建成，市气象台、市突发事件预警信息发布中心投入业务试运行。应用数字虚拟演播技术的市级气象影视中心，首个基于云计算、虚拟化技术的气象桌面云投入业务使用。“邕城晓天”——南宁市气象信息智能定制服务平台获评广西气象部门创新工作项目。气象综合探测基地和生态基地建设，高空地面业务一体化的南宁综合大气探测基地、大明山立体生态气象监测基地建设初具规模。南宁气象站被自治区气象局推荐参评全国首批百年气象站。市人工影响天气基地建设完成可行性研究报告编制和评估，场地平整工程设计，风廓线雷达机房基础和楼板建设。县级台站气象基础设施建设进展顺利。邕宁新综合业务楼建设封顶；武鸣区、横县新观测站业务用房建设竣工；宾阳县业务楼扩建工程完工并投入使用；上林县气象灾害防御中心业务楼建设进入装修阶段，上林县国家地面观测站启动迁站并完成新址红线图设计。7个人工影响天气标准化作业站通过自治区气象局验收并投入使用。四要素自动气象站建设实现乡镇全覆盖。

【公众气象服务】 2017年，南宁市气象部门通过电视、广播、手机短信、气象微博、微信、网站、电子显示屏、农村预警大喇叭等向社会公众发布预警信号(大雾、暴雨、雷电、大风、冰雹、高温、霜冻等)958次，其中全网发布暴雨红色预警32次、台风预警信号24次。首席预报员接受新闻媒体采访150人次，专家连线17次。官方微博粉丝34万人；“南宁气象”微信公众号用户7.80万人，比上年增长350%，微信功能菜单年点击量150多万次，获市委宣传部授予“南宁市优秀政务新媒体”称号。

【人工增雨作业】 2017年，南宁市人工影响天气工作部门组织进行人工影响天气作业68次，为上年的4.50倍，其中除尘消霾专项作业63次。市政府与自治区人工影响天气指挥部签订《2017年人工影响天气工作安全责任书》，与7个区县(横县、宾阳县、上林县、马山县、隆安县、武鸣区、邕宁区)政府签订《2017年人工影响天气工作安全责任书》；调整市人工影响天气指挥部成员，增加市环保局、市城乡建委、市城管局3个单位；完成全市8个作业单位能力等级评估、55个作业站点安全等级评估。市气象局获“2017年度自治区人影工作先进单位”称号。

【气象科普宣传】 2017年，南宁市气象局开展科普活动28场。其中，科教基地开放活动20次，科普“六进”(进校园、进机关、进企业、进社区、进军营、进乡镇)活动8场。开展科普讲座13场，自制科普展板4块；利用新媒体开展科普知识宣传报道64篇；受众人数8000人，发放科普材料逾1万份，网络在线参与气象科普活动人数近12万人。在气象网站、当地媒体刊登科普宣传稿件8篇，召开科普活动新闻发布会1次。联合市科协、市教育局举办纪念世界气象日观云识天有奖拍天气活动，6000多人上传天气作品。“气象科普进校园　领略气象科学魅力”系列活动被中国科协评为2017年全国科普日优秀活动。

(谢宗圣　马　艺　黄增俊　阳　擎　蓝长贵)

水文事业

【概　况】 2017年，南宁市水文水资源局、南宁市水环境监测中心(一套人员、两块牌子)属自治区水利厅、南宁市人民政府双重领导的相当副处级参照公务员法管理事业单位，设办公室(人事科)、计划财务科、水情科、站网监测科、基建科、水质监测科6个科室；编制70名，在编68人，其中高级工程师10人、工程师20人。管辖南宁、武鸣、横县、宾阳、上林、马山、隆安7个中心水文站，包括20个水文站、17个水位站、233个雨量站、24个水质监测站、3个泥沙站、2个墒情站、4个地下水站、6个蒸发站，拥有《水文、水资源调查评价乙级证书》《资质认定计量认证证书》资格。年内，实施“水文提质增效年”活动，打响应急测报、项目建设、基层改革“三大攻坚战”，抓好水文供给侧结构性改革，完成水文测验、水文情报预报、水资源水生态监测服务、水文项目建设、水文改革创新等，做好重点防洪城市(镇)水文监测站网建设和中小河流水文监测系统建设，报送水文服务信息186万条。

【水文测验】 2017年，市水文水资源局对7个国家基本水文站进行水位、流量、含沙量、降水量等项目观测。有流量测验任务的有南宁、邹圩、上林、隆安、镇龙5个水文站，南宁水文站、隆安水文站均使用水平式ADCP(声学多普勒流速剖面仪)在线监测，有时配合使用流速仪法、走航式ADCP法施测。5个水文站用流速仪法施测流量193次，用走航式ADCP施测47次。有泥沙测验任务的有南宁、隆安、邹圩3个水文站，南宁站、隆安站全年施测输沙率29次，3个站施测单沙993次。

【水文资料整编】 2017年，市水文水资源局完成年度水文资料整编，其中包括7站年水位资料、8站年流量资料、3站年泥沙资料、46站年降水量资料、3站年水温资料，6站年蒸发量资料，3站年岸温资料，审查水文数据整编项目17项、238站次，17.08万字组数，向自治区水文水资源局提交完整的水文资料成果，资料错情率低于万分之一，资料质量达到优秀等级。同时完成年度水资源公(简)报资料统计、上报。

【水文情报预报】 2017年，南宁市各水文站的水情电报大部分通过遥测，南宁水情报汛系统网络平台自动转发。交换水

2017年2月28日，水文工作人员在邕江采集含沙量水样　　卢　静　摄

雨情信息248万条,错情率控制在0.01‰以内,30分钟到报率96.10%;32个大中型水库站30分钟到报率96.90%。整个汛期,辖区内江河发生需要发布洪水预报的洪水6站次,为有关防汛指挥部门发布预报6次。平均预报精度92.80%。向社会提供服务信息12份,启动应急响应2次,发布水情预警53期,水情快报53期,发送水雨情短信11.60万条次。

【汛期洪水】 2017年,南宁市汛期洪水出现时间稍早,结束时间提前,辖区部分中小河流4月下旬开始出现明显涨水过程,9月基本没有发生洪水。主要江河洪水场次多出现在主汛期7月至8月,大河流发生的洪水31站次,其中右江隆安水文站发生19次,郁江南宁水文站发生12次。中等河流发生洪水17站次,其中清水河上林水文站5次,邹圩水文站11次,武鸣河武鸣水文站1次。小河流发生洪水5站次,其中东班江露圩水文站4次,姑娘江马山水文站1次。境内最大河流郁江控制站南宁站没有出现超警洪水,但郁江小支流武鸣河、新江河、良凤江及中等河流清水河等均出现超警戒的较大洪水。主要河流最大涨幅0.81米~6.12米,其中右江隆安站、郁江南宁站最大涨幅6.12米,姑娘江马山站最大涨幅0.81米。洪水受水利工程调节影响大。右江洪水受百色水库调度影响较大,同时受沿河那吉航运枢纽、鱼梁滩、金鸡滩水利枢纽调度影响;左江受左江电站、山秀电站影响;郁江受西津电站、老口电站调度调节。

【水质监测调查】 2017年,市水文水资源局采用《地表水环境质量标准》(GB3838-2002)、《地表水资源质量评价技术规程》(SL395-2007)对南宁市25个重点水功能区(18个全国重要水功能区、6个自治区级水功能区、1个市级水功能区)、1个城市重要饮用水水源地、6个跨设区市界河流交接断面进行水质监测。18个全国重要水功能区年度水质评价全部达标,评价河长420.30千米,达标率100%;水功能区个数达标率100%,比上年提高5.90%;河长达标率100%,提高1.40%。6个自治区级水功能区年度评价达标率100%,评价河长127.20千米,达标率100%,水质状况与上年基本持平。1个市级水功能区年度评价达标,水质状况与上年持平。南宁市邕江饮用水源地水质类别为Ⅰ类~Ⅲ类,水质合格率100%,水质状况与上年持平。6个跨设区市界河流交接断面分别为:清水河南宁—来宾、乔建河崇左—南宁、八尺江防城港—南宁、右江百色—南宁、左江崇左—南宁、郁江南宁—贵港,全年监测所有交接断面水质类别Ⅰ类~Ⅲ类,达标率100%,提高8.30%。

【水文基础设施建设】 2017年,市水文水资源局完成固定资产投资119.30万元。完成广西大江大河水文监测(二期)建设工程邕宁、横县、峦城、六景、金鸡滩坝上、金鸡滩坝下6个水文(位)站工程建设,完成广西重点中心水文站上林、宾阳、横县、马山、武鸣5个中心水文站能力提升工程可行性研究报告,初步设计报告实施方案编制;推进南宁水文巡测站技术改造、南宁水文科技示范与研究基地建设、南宁水生态文明试点城市水文测报系统项目前期工作。完成广西中小河流水文监测系统马山、双桥中心水文站附属工程及广西应急仓库项目建设;完成上林水文站发电机房改造、邹圩水文站生活用房维修、隆安水文站观测场维修改造等水文基础设施维修维护项目11个,投入资金45.30万元。完成国家地下水监测系统工程南宁市辖区监测站点仪器设备安装、验收。

(卢 静)

2017年南宁市江河主要控制站汛期(4月至9月)及年最高水位

表27　　水位:米

河名	站名	月份						年度最高水位	年最高水位多年平均值	2016年最高水位	警戒水位
		4	5	6	7	8	9				
镇龙江	镇龙	126.30	127.20	126.37	126.71	127.42	126.67	127.42	127.89	127.37	129.00
东班江	露圩	70.41	72.27	71.20	71.12	72.11	70.79	72.27	73.04	70.25	73.90
武鸣河	武鸣(四)	99.22	99.69	99.65	104.30	100.15	99.43	104.30	101.90	78.18	103.10
右江	隆安	76.12	76.12	79.85	83.54	83.22	82.10	83.54	84.46	101.58	85.00
郁江	横县	44.18	44.58	46.99	50.34	49.98	49.19	50.34		50.26	54.00
郁江	南宁(三)	62.61	63.60	66.91	70.43	69.83	68.94	70.43	72.47	72.52	73.00
姑娘江	马山	161.88	162.66	163.54	163.31	162.99	162.67	163.54			164.50
清水河	邹圩	85.49	87.45	87.39	86.53	88.72	85.90	88.72	88.95	88.39	88.00
清水河	上林(二)	106.85	107.33	107.52	107.12	109.15	106.83	109.15	108.54	107.98	108.30

防震减灾

【概 况】 2017年,南宁市地震局设办公室、震害防御科、应急救援科、政策法规科、科技监督科、地震监测中心6个科室,编制27名(行政编制17名、事业编制10名),在编25人;有地震台站34个(投入使用12个、未投入使用22个)。市地震监测台网中心监测到全球地震事件109次(国外4次、国内5次、自治区内100次)。有地震应急避难场所196.83万平方米;市本级201项一般建设工程履行抗震设防要求行政许可。12月14日,市地震局列入市本级承担行政职能事业单位改革试点,按照改革路径撤销,原承担的市本级防震减灾职能整体划归南宁市城乡建设委员会。

【台站建设】 2017年,南宁市推进广西地震烈度速报与预警系统项目(南宁项目)附属工程建设,总投资250万元,12月31日竣工并通过自治区验收。启动广西地震背景场观测网络项目(南宁项目)建设,主要包括新建测震基准站2个、测震基本站1个、GNSS(全球卫星导航系统)站3个,改建测震基准站3个、宏观观测网络点20个、数据处理与加工系统分中心1个及地下流体台站2个。至年末,广西地震背景场观测网络项目(南宁项目)完成新建台站台址勘选及2个地下流体台站改建,落实项目建设资金300万元。

【监测预报】 2017年,南宁市10个测震子台平均运行率95%以上,2个微观前兆台平均运行率98%以上。市地震监测台网中心监测到全球地震事件109次。其中,国外4次,国内5次,自治区内85次,市内15次。国外最大地震为北京时间1月22日12时30分所罗门群岛海域发生的7.3级地震,国内最大地震为1月28日2时46分四川宜宾市发生的5.5级地震,市内最大地震为9月4日4时56分西乡塘区坛洛镇发生的2.1级地震(无震感),其他地震震级均在2.0级以下。

【抗震设防】 2017年,南宁市投入22万元推广使用第五代地震参数区划图,强化城市危旧房改造项目和农村建房抗震设防监管。市本级201项一般建设工程履行抗震设防要求行政许可。南宁市桂雅路小学、南宁市红星小学、南宁市逸夫小学、隆安县宝塔实验学校经自治区防震减灾工作领导小组确定为自治区级防震减灾示范性学校,南宁市北湖路小学、南宁市天桃实验学校经南宁市防震减灾工作领导小组确定为市级防震减灾科普示范性学校。至年末,南宁市有自治区级防震减灾示范性学校6所,市级防震减灾示范性学校4所,自治区级地震安全示范社区3个;市内有地震应急避难场所15个,总面积196.83万平方米,其中南湖公园地震应急避难场所面积最大,总面积36万平方米。

【防震减灾宣传教育】 2017年,南宁市结合"5·12"防灾减灾日、"7·28"唐山大地震纪念日等重点宣传时段,依托"流动图书馆""送书下乡""送戏下乡""送法下乡"等活动,到乡镇宣传防震减灾知识和有关政策,发放宣传资料5万余份;在地铁、公交车、大型户外广告牌等公共文化平台上播放防震减灾动漫作品,投放公益宣传广告100余小时,普及地震科普、自救互救、抗震技术等知识。依托全市教育资源,定期在全市中小学校开展地震应急专项演练、防震减灾演练、科普教育讲座等,覆盖市民百万人次。

【应急救援】 2017年,南宁市根据自治区防震减灾工作划分的桂西区地震应急联动机制,针对河池市南丹县4级、来宾市忻城县3.7级、百色市靖西县4.1级有感地震,派出现场流动监测队伍赶震中区架设地震流动台,协助自治区、邻近地市加密震情监测跟踪。年内,市民政局、市地震局、市红十字会等部门联合组织应急救援演练1次。 (蒙泳杉)

社会科学

社会科学研究

【概 况】 2017年,南宁市社会科学院设办公室、经济发展研究所、社会发展研究所、城市发展研究所、农村发展研究所、东盟研究所、科研管理所、《创新》杂志编辑部,编制42名,在编38人;其中具有高级专业技术职务任职资格12人,中级12人;管理岗位4人;博士2人,硕士21人。完成年度社科研究重点课题8项,院级课题研究10项;出版《创新》杂志6期,刊登文章79篇。1月,《创新》期刊被第五届《中国学术期刊评价研究报告(武大版)》评为中国核心学术期刊;10月,市社科院在全国城市社科院院长联席会上再度获评为全国城市社科院先进单位。

【课题研究】 2017年,市社科院开展《加强南宁市公办幼儿园建设和管理问题研究》《南宁市公共体育服务供给问题研究》《南宁市国有企业供给侧改革发展路径研究》《南宁市创建食品安全城市研究》《南宁市房地产市场平稳健康发展长效机制研究》《"一带一路"背景下南宁市文化、商业、旅游融合发展研究》《南宁市支持实体经济发展的账册有效度研究》《南宁市激发民间投资活力研究》8项重点课题研究,均完成并通过专家评审。立项开展《2016年南宁市经济运行状况研究》《2016年南宁市社会发展状况研究》《南宁市"两会一节"落户以来产业结构特征研究》《建立完善南宁市分级诊疗制度研究》《南宁市发展家庭农场对策研究》《提升南宁市与东盟国家进出口贸易发展水平对策研究》《南宁市特色小镇建设发展研究》《论综合性社科期刊的特色化——基于CSSCI来源期刊的研究》《创新南宁市社科人才引进与培养机制研究》《加强与规范党内政治生活的途径和机制研究——以南宁市为例》10项院级课题研究,9月完成结题评审。

【编书办刊】 2017年,市社科院出版《创新》期刊6期,刊登文章79篇;其中独著或第一作者为博士生或具有高级专业技术职务任职资格以上的77篇,占文章总数97.50%,比上年增加2个百分点。完成基金项目支持的文章51篇(国家级基金项目15篇、省部级基金项目17篇),占64.60%,增加4.40个百分点。市人大从《创新》期刊全文转载论文7篇。11月,市社科院编辑出版的《南宁蓝皮书》(《南宁蓝皮书经济发展报告》《南宁蓝皮书社会发展报告》)由社会科学文献出版社出版发行。

【理论宣传】 2017年,市社科院围绕重大理论和现实问题开展研究和宣传,科研人员在《社会科学家》《农村经济》《广西日报》等报刊发表理论文章、学术论文30余篇,其中在核心期刊发表4篇;有4位专家接受媒体采访10余次,涉及贯彻学习党的十九大精神、"一带一路"研究、海绵城市建设、定点扶贫等内容。

(谢强强)

中共地方史

【概 况】 2017年,南宁市有党史研究机构9个,其中市级机构1个,区县机构8个(独立常设机构4个、与地方志办公室合署4个);有工作人员74人(其中聘用15人)。中共南宁市委党史研究室设秘书科、党史宣传教育科、征研一科、征研二科和机关党支部,编制14名,在编12人(其中机关后勤服务人员2人)。年内,修改完善《中国共产党南宁历史(1949—1978)》,区县正在编写的党史基本著作第二卷3部;落实《广西壮族自治区领导干部学习党史国史制度》,为全市300名处级以上领导干部和副厅级以上离退休人员订阅《中国人民解放军简史》《党史文化的精髓 实事求是》《习近平的七年知青岁月》最新党史、军史著作;承担人民公园革命烈士纪念碑雾森项目、"老南宁三街两巷"核心区一期项目文化遗产保护项目、南湖公园陈列馆维护及布展项目、王阳明文化研讨项目、打造南宁历史文化名城项目的建设任务。论文《浅析军民融合发展与"一带一路"的战略对接》《隆安县剿匪战的胜利及其经验启迪》分获广西军区政治工作局、自治区党委党史研究室、广西党史学会"纪念建军90周年"征文活动优秀奖。

【党史资料征集】 2017年,南宁市在编的市、区县党史基本著作第二卷4部(市1部、区县3部)。《中国共产党南宁历史(1949—1978)》完成第六轮编纂核稿,形成第三次征求意见稿;《中国共产党马山历史(1949—1978)》完成资料征集,形成第一次征求意见稿;《中国共产党横县历史(1949—1978)》《中国共产党上林历史(1949—1978)》启动资料征集工作。出版和在编、待出版的市、区县大事记9部(市3部、区县6部)。其中:《南宁市大事记(2015)》《隆安动态速览》4期出版发行;《南宁市大事记(2016)》《南宁市西乡塘区大事记(2005—2015)》《横县大事记(2014)》《横县大事记(2015)》《隆安大事记(2006—2015)》《马山大事记(2011—2015)》形成送审稿;《南宁市大事记(2017)》形成初稿。年内,编纂出版《南宁兵变》丛书(含图录)、《中共上林县委执政纪事(2016)》。

【课题研究】 2017年,南宁市党史研究部门继续开展《中国工农红军滇黔桂边游击队革命斗争》南宁市课题组材料收集及编纂工作,按要求报送中央、自治区相关资料70余份、图片35张,形成市级课题成果汇编(初稿);完成《中共广西区委执政纪事》2016年卷、《中共南宁市委年度工作纪事(2017卷)》的撰写,经市委审定后报送自治区;完成《广西改革开放纪实》2个专题资料征集;制定《南宁改革开放纪实》课题编纂方案,市直相关单位陆续开展课题研究、编写;完成《广西抗战印记》(南宁市部分)相关资料征集报送。统计148位南宁市健在抗战老战士名单,征集口述资料、回忆录等资料;完成查找新民主主义革命时期南宁党组织机要交通的相关线索和资料,整理现存的历史照片,为建立和完善图片库打基础。

【党史国史宣讲】 2017年,市委从市党委党史研究室、市直机关工作委员会、市政协、市委党校、市社会科学院抽调人员组成南宁市党史国史宣讲团,在全市开展以"喜迎十九大·共圆中国梦"为主题的宣讲活动,举办专题宣讲31场,有关信息在南宁党史网登载。隆安县委党史研究室深入县直部门、中小学校、挂点村举办党史宣讲15场。

【专题培训】 2017年5月25日,召开全市党史研究室主任会议,8个区县党史研究室主任、副主任参加;会议传达全国、自治区党史研究室主任会议精神。11月16日,《南宁市大事记(2015)》发行暨培训会在南宁召开,市直有关单位、企业党史工作联络员154人参会;会议总结《南宁市大事记(2015)》编纂情况,培训大事记编写要求。10月23日至27日,市委党史研究室与防城港市委党史研究室、崇左市委党史研究室、百色市委党史研究室在百色干部学院联合举办党史干部专题培训班,培训学员72人。 (于 杨)

地方志工作

【概 况】 2017年,南宁市地方志工作机构有市级1个,区县12个(独立常设机构3个、与党史研究室合署5个、挂靠区县政府办公室4个);有工作人员130人(其中外聘36人)。南宁市人民政府地方志编纂办公室设秘书科、年鉴编辑科、志书编审科、地情信息科、馆藏资料管理科、机关党支部(11月更名党总支部,下属党支部2个);编制21名,在编20人(其中机关后勤服务人员2人);具有高级、中级专业技术职务任职资格8人。《南宁市志1991—2005》编纂完成报送市政府审批出版。市地方志办公室加快第二轮市、区县志编修(任务14部),区县志出版2部,通过自治区审查验收2部,召开三级评稿会1部。市、区县年鉴实现"一年一鉴、公开出版"全覆盖,12个区县出版2015年度年鉴11部,出版2016年度年鉴6部,出版2017年度年鉴2部。年内,收到资料年报稿件120份、206.27万字、图片1498张。市地方志办公室启动建设"智慧南宁方志"(包含"一库、两网、两平台")项目:一库(地情资料全文数据库),两网(南宁地情网、智慧方志馆),两平台(南宁方志微信、南宁方志APP),并列入南宁市年度电子政务建设项目投资计划。《南宁通史》修改完善后做好协调出版印刷等相关事宜。南宁市方志馆项目建设完成,举行竣工仪式。8月5日,市地方志办公室编纂出版的《南宁年鉴(2016)》获全国地市级综合年鉴二等奖。

【《南宁市志1991—2005》进入出版程序】 2017年,市地方志办公室完成《南宁市志1991—2005》(500多万字)审查验收稿的修改;10月,《南宁市志1991—2005》完成修改送自治区地方志办公室初步备案,同时做好志稿印刷出版前的打磨、校对和完善;12月,《南宁市志1991—2005》编纂完成报送市政府审批出版。

【《南宁年鉴2017》出版】 2017年9月,南宁市地方志编纂委员会编纂的《南宁年鉴2017》由广西人民出版社出版发行1200册。全书16开本,封面烫金溜银,色调素雅;163.10万字、图片606张、表格72个,页码482页;内容分为综合情况、动态信息、辅助资料和检索系统4个部分,设置类目25个,包括"五位一体"(政治建设、经济建设、文化建设、社会建设、生态文明建设)内容,突出南宁地方特色和年度亮点;首次推出年度"十大要闻",全面记述中国-东盟博览会,增加南宁市发展数据与其他城市对比、南宁市非物质文化保护与传承等内容。

【《南宁通史》编修】 2017年,《南宁通史》编写组根据专家评审意见,对《南宁通史》(240万字)中存在的问题进行修改完善;市志办做好协调出版印刷等相关事宜。

【《南宁地情手册2017》出版】 2017年7月,市地方志办公室、南宁市档案局(南宁市国家档案馆)联合编纂的《南宁地情手册2017》,由广西人民出版社出版发行2000册,同步在"南宁地情网"发布。全书18.40万字、186张图表,页码216页,简装32开本;设"南宁速览""南宁聚焦""产业发展""社会民生""文化南宁""区县概览""邕城纵览""生活资讯"8个栏目,体现南宁市年度特征和地方特色;集中反映全市2016年经济社会发展大事和人文情况,加大南宁"两会"(中国-东盟博览会、中国-东盟商务与投资峰会、南宁国际民歌艺术节)的宣传,增加精准扶贫、南宁地铁等方面内容;翔实介绍南宁市产业发展、文化和旅游及"南宁市主要星级酒店""主要传统节假日""南宁红色与革命旅游景点、文化遗址"等内容。

【《南宁新百年图录2011—2015》编纂】 2017年,市地方志办公室完成《南宁新百年图录2011—2015》篇目框架设计初稿,责任编辑根据框架内容收集材料、图片并进行编辑。图录以图片为主,初稿收集图片1111张、资料7.95万字,分11章记述,包括南宁市"十二五"规划、综述、经济发展、"南宁渠道"、改革创新、民生改善、政治文明、城乡发展、宜居城市、社会生活、人物风采、承办第四十五届世界体操锦标赛等内容;以图片形式全面反映2011年至2015年南宁市政治建设、经济建设、文化建设、社会建设、生态文明建设等方面的情况。

【《南宁体操世锦赛志》出版】 2017年6月,市地方志办公室、南宁市档案局(南宁市国家档案馆)联合编纂,由广西人民出版社出版发行的《南宁体操世锦赛志》正式出版发行,同步上传南宁地情网。全书

35万字、260多幅图片，页码251页，开本16开；采用章节体记述方式，分组织机构、申办筹办、场馆建设与管理、竞赛、城市建设与管理、赛事宣传与文化活动、保障服务、市场开发、世锦赛财务9章，另设卷首图片、概述、大事记、专记、附录等内容；全面、客观、翔实地记载2012年至2014年南宁市申办、承办及服务第四十五届世界体操锦标赛的全过程；展现出首府南宁城市美、风情美、人文美，竞技体操的力量美、姿态美、精神美。

【地情信息咨询服务】 2017年，市地方志办公室为市委、市政府科学决策提供地情信息，向市委信息办报送信息21条、被采用8条，向市政府信息办报送信息9条、被采用5条，上报自治区地方志编纂办公室1条；派员参加市政协文史资料汇编评审会、市规划局组织的《关于征集第十二届中国(南宁)国际园林博览会广西特色元素》座谈会、《南宁市城市总体规划》《南宁市创建国家历史文化名城总体规划》部门对接会和南宁市文化新闻出版广电局组织召开的王阳明文化研讨会等会议6次。3月3日，市地方志办公室在金花茶公园北门开展南宁"地情宣传进社区"暨学雷锋志愿服务活动，向市民发放《南宁年鉴》《南宁地情手册2016》等书籍200册。

【地方志信息化建设】 2017年，市地方志办公室政务网更新信息221条，政府信息公开平台更新信息151条，南宁地情网更新信息303条(志鉴动态信息68条、其他信息235条)；新增"两学一做"(学党章党规、学习总书记系列讲话、做合格党员)专题教育等栏目；做好信息安全、政府网站普查等工作。南宁地情网2012年1月开通，设置具有地方特色的南宁简介、南宁·北部湾、南宁·东盟、南宁视点、街巷故事、民风民俗、一周大事等栏目，为读者读志用志提供便捷渠道，尤其每周更新1次的南宁市"一周大事"栏目，在同内容信息百度搜索中排位第一；年内，南宁地情网点击量227万人次(累计点击量434万人次)，读者访问量、栏目设置、内容编排、实用性、信息更新频率等方面在广西地方志系统网站中名列前茅；搭载的志鉴编纂平台、办公OA系统运行功能稳定，实现志鉴编纂无纸化、办公自动化现代办公模式；利用编纂平台，完成《南宁年鉴2017》编纂、分纂、总纂仅用3个月时间。12月，市地方志办公室启动建设"智慧南宁方志"，并列入南宁市年度电子政务建设项目投资计划。

【方志馆建设】 2017年3月28日，南宁市方志馆项目建设完成，举行竣工仪式；

2017年3月28日，南宁市方志馆竣工　　许杨群　摄

8月，完成南宁市方志馆家具配备及物业管理招标；11月，《中国地方志集成》《北京大学图书馆藏稀见方志丛刊》采购项目进入合同审核签订环节，完成《文渊阁四库全书·广西通志》图集影印出版项目的书前设计、内文核对，即将交付印刷厂印刷。

【地方志行政执法检查】 2017年，市地方志办公室完成权力清单、责任清单"两单融合"的梳理，向市政府报送行政权力5项(地方志工作督促检查、对违反规定出版地方志书或综合年鉴及未按规定参与或配合地方志编纂行为查处的提请、地方志资料征集、市级地方志书审核、市级综合年鉴出版批准)，制定行政权力实施流程。3月，召开市、区县地方志办主任会议，提出地方志依法治志新要求，将行政执法检查与绩效考评合并执行；12月，组织开展地方志行政执法检查，对区县地方志工作进行行政执法检查，同时对列入年度南宁市机关绩效考评范围的各区县、市直有关单位(113个)进行绩效考评。

【地方志专业培训】 2017年，市地方志办公室派员参加首届全国方志馆馆长论坛暨中国苏州文化创意设计产业交易博览会"方志中国"展览、全国第一次《汶川特大地震抗震救灾志》编纂工作经验交流会暨地方志质量建设研讨会、网络年鉴试点工作研讨会、全国市州区县年鉴研讨会、广西地方志业务培训等。12月，市地方志办公室在广西转业军官培训中心举办《南宁年鉴》创新会暨年鉴业务培训班，邀请中国版协年鉴工作委员会名誉会长许家康、市地方志办公室主任王德宾授课；各区县(史)志办、开发区年鉴工作负责人，市直、驻市供稿单位的撰稿人249人参加。

【地方志资料年报征集】 2017年，市地方志办公室完善地方志资料年报制度。4月，梳理和调整部分资料年报承报单位名单及编写提纲；5月，印发报送2016年地方志资料年报的通知；7月，督促各承编单位上交年报资料稿件；12月31日，收到资料年报稿件120份、206.27万字、图片1498张。

【地方志学术委员会成立】 2017年6月，南宁市地方志学术委员会成立。学术委员会由来自南宁市地方志、地方文史、工业、农业、商业及科技等行业的24名专家组成，主要职责是参与地方志编纂、评审，地方志事业发展规划编制，推进地方志理论研究、开展优秀成果评选等。

【《南宁市城北区志》出版】 2017年8月，南宁市西乡塘区地方志编纂委员编纂、西乡塘区地方志编纂办公室承编的《南宁市城北区志》由广西人民出版社出版发行。全书约73万字，记事时间上限溯至有史可考的事物发端，最早为东晋大兴元年(318年)，下限一般至2004年，机构记述至2005年3月，个别事物记述适当下延；设31章199节，包括行政区划、自然环境、人口与计划生育、城乡规划建设与管理、国土资源管理、环境保护、交通邮电等章和附录、索引、后记。

【《宾阳县志1986—2005》出版】 2017年9月，《宾阳县志1986—2005》出版发行。全书218.70万字，具体记述宾阳县1986年至2005年自然、经济、政治、文化、社会、生态文明等方面的历史和现状，设28章，包括行政区划、自然环境、工业、金融、名优特产、城乡建设、综合经济管理、精神文明建设、文化、历史文化遗产等;志末为附录(文辑、碑记等)、索引、编修始末。

【《横县志 1986—2005》通过审查验收】 2017年12月,《横县志 1986—2005》审查验收会在横县县城召开;自治区和南宁市地方志学术委员会及横县行业专家14人参会。审验评分79.48分通过审查验收。

【《马山县志 1986—2005》通过审查验收】 2017年12月,《马山县志 1986—2005》审查验收会在马山县城召开;自治区和南宁市地方志学术委员会专家、马山县行业专家等15人参会。审验评分78.04分通过审查验收。

【《上林县志 1986—2005》三级评稿会召开】 2017年3月15日至17日,《上林县志 1986—2005》三级评稿会在上林县城召开;自治区地方志办专家6名、市地方志办公室专家和上林县行业专家12人参会。

【《扬美村志》出版】 2017年3月,市地方志办公室、自治区地方志办公室代表广西与中国地方志指导小组办公室签订《中国名村志文化工程丛书编纂责任状》。市地方志办公室与江南区政府组成扬美村志编纂委员会,历时9个月完成《扬美村志》编纂,通过中国地方志指导小组评审,最终进入全国首批出版发行之列;12月,《扬美村志》由方志出版社出版,为广西唯一列入中国名村志文化工程的村志。《扬美村志》全书31.80万字、224张图片、11个表格,页码248页,开本16开;记录江南区江西镇扬美村上下1000多年的历史和村民生产、生活变迁,突出扬美村的"名"和"特",是南宁市乡土文化的缩影和传承。12月29日,中国地方志指导小组办公室主办的首届中国地情论坛、首届全国名村论坛在北京人民大会堂举行,作为中国名村志文化工程首批出版的全国27部村志之一的《扬美村志》正式"面世"。 (钟婉悦)

经济与社会发展研究

【概 况】 2017年,南宁市人民政府发展研究中心设办公室、区域经济研究科、产业经济研究科、农村发展研究科、城市发展研究科、社会发展研究科、科研管理和信息科7个科室,编制33名,在编30人(含工勤2人);开展重点课题研究、决策咨询服务、重要文稿起草,完成重大课题研究报告2篇、重点课题研究报告7篇、一般课题研究报告4篇,完成访谈、典型经验等重要文稿20余篇,参与研究制定重要政策文件5份,审核市政府重要文件数十篇,编发《南宁市专家咨询委员会专报》26期、《调研参阅》9期,在自治区政府信息公开统一平台南宁市子平台发布信息27条,报送信息32篇(条),被市政府办公厅采纳15篇(条)、自治区政府办公厅采用2篇。

【区域经济发展研究】 2017年,市政府发展研究中心推动《健康南宁考核评估体系(初稿)》《市委市人民政府关于推进健康南宁建设的决定(初稿)》《南宁市人民政府关于进一步做好落实政策稳增长工作的通知》《南宁市开展中国－中南半岛经济走廊试点示范建设实施方案》等成果转化。协助北京市人民政府研究室开展南宁市城市治理先进经验调研;协助吉林省政府决策咨询委员会办公室开展学习借鉴广西决策咨询委员会在运行模式、管理体制等方面经验调研;协助甘肃省人民政府研究室到邕开展中关村创新示范基地、欧洲小镇、那考河生态综合整治项目实地调研。完成《关于赴昆明、西安、杭州学习新型智库建设的考察报告》《关于上林县贫困村创业致富带头人创业带贫模式的调查与思考》《2017年国研中心重点关注九个问题》《城市治理法治化的"南宁经验"》《城市治理法治化的"南宁路径"》《通过海绵城市试点 发展南方海绵产业》《关于东盟市场的三大误读》《横县:发展特色产业,壮大县域经济》《宾阳:加快工业转型升级,助推县域经济发展》《上林:"四扶一共享",旅游助脱贫》《武鸣:城厢镇科教特色小镇发展模式研究》11个报告。

【年度重大发展项目研究】 2017年,市政府发展研究中心完成12个重大发展项目课题研究结题,其中2个重大课题研究——《打造中国－东盟双向招商引资平台及其操作研究》《广西北部湾经济区物流一体化和降成本研究》,6个重点课题研究——《北部湾城市群国家战略下南宁建设核心城市的对策研究》《"互联网＋城市管理"探索与研究》《建设南宁养老服务业综合改革核心区对策研究》《农村基础设施管理维护政策研究》《南宁市职住平衡关系研究》《南宁市政府平台公司市场化转型及混合所有制》,4个一般课题研究——《南宁市"双创"问题研究》《打造"南宁渠道"升级版对策研究》《南宁吴圩空港经济区与经开区产城融合发展研究》《装配式建筑与BIM技术融合发展研究》。

【专家咨询】 2017年,南宁市专家咨询委员会完成换届,由55位专家组成第二届专家咨询委员会。市政府办公厅印发《南宁市专家咨询委员会专项经费管理暂行办法》,提出按劳、按绩取酬,激发专家建言献策主动性。王国栋院士提出的《关于南宁建设先进铝加工基地的建议》、宋乾武高级工程师提出的《关于采用先进技术处理垃圾渗滤液的建议》分获市领导批示有关部门落实,实现决策咨询成果转化。年内,市专家咨询委员会收到专家建议29条,均获市领导批示;编辑《南宁市专家咨询委员会专报》26期。

(李雅欣)

2017年12月29日,首届中国地情论坛、首届全国名村论坛在北京人民大会堂举行,中国名村志文化工程首批出版27部村志之一的南宁市《扬美村志》正式"面世" 许杨群提供

责任编辑 方 明

文化　体育

文　化

综　述

【概　况】2017年，南宁市文化新闻出版广电局设办公室、政策法制科（改革办公室）、综合科、艺术科、公共文化科、文化产业科、非物质文化遗产科、文物科、市场管理科、版权管理科（南宁市"扫黄打非"工作小组办公室）、宣传报刊出版管理科、印刷发行科、传媒机构和网络视听节目管理科、科技事业科、规划财务科、人事科16个科室和机关党委，编制62名，在编55人；有二层机构13个（市文化市场综合执法支队、南宁人民广播电台、南宁电视台、南宁广播电视技术中心、市群众艺术馆、市图书馆、市民族文化艺术研究院、市博物馆、市少年儿童图书馆、南宁孔庙管理所、市顶蛳山遗址博物馆、市艺术剧院有限责任公司、南宁广播电视技术开发总公司），在职1259人。全市有公共图书馆14个（市属公共图书馆2个、区县公共图书馆12个），市级群众艺术馆1个，区县文化馆12个，乡镇文化站102个，村级服务中心768个。文物保护单位284个，其中国家级文物保护单位5个，自治区级文物保护单位43个，市级、县级文物保护单位236个。有国家级非物质文化遗产代表性项目7项，代表性传承人3人；自治区级非物质文化遗产代表性项目116项，代表性传承人58人；市级非物质文化遗产代表性项目173项，代表性传承人148人。有文化产业示范基地（园区）91个，其中国家级示范基地2个，自治区级示范基地33个，市级示范基地55个，自治区级示范园区1个。有自治区特色文化产业园区县2个；自治区级文化创意产品开发示范基地4个，自治区特色文化产业（项目）示范区县5个；国家认定动漫企业5家，自治区级动漫骨干企业14家，动漫人才培养基地8个，广西动漫试验园区1个，市级动漫骨干企业7家。有文化经营场所2649家，其中互联网上网服务营业场所（网吧）464家，娱乐场所164家，文艺表演团体33家，演出场所经营单位23家，音像制品经营单位130家，出版物发行单位862家，印刷复制企业937家，美术品经营单位1家，演出经纪机构35家。

【文化惠民工程】2017年，南宁市继续实施文化惠民工程。完成自治区为民办实事项目4项：村级公共服务中心项目116个（含贫困村47个），年内全部开工建设，自治区到位资金2900万元，地方配套资金实际到位1261万元，其他资金到位310万元，累计完成投资1969万元，考核指标完成率100%；公共文化基础设施场所免费开放项目，自治区财政下达南宁市免费开放经费731.80万元，市财政将经费下拨至相关单位；广播电视村村通工程项目，完成5个乡镇广播电视发射台站建设任务；农家书屋项目，按期对390个农家书屋图书进行更新。完成南宁市为民办实事项目3项：送戏进基层、进校园项目，组织专业艺术院团深入区县各乡镇、社区、企业开展惠民文艺演出300场，到10所高校演出传统戏曲、精品剧目20场，到校园演出儿童剧、卡通剧、地方戏曲129场；扶持乡村社区业余文艺队项目，投入经费339万元扶持200支乡村社区业余文艺队演出6140场，完成年度任务109%，观众560万人次，全年每支文艺队演出30场（合唱、地方稀有剧种及小戏小品等特殊团队演出20场），其中完成1场扶持成果展演；社区电影公益放映项目，到全市210个城市社区、167个乡镇社区放映电影4607场（含重点建设项目工地农民工专场放映100场），完成年度任务101%，农村放映16979场，完成年度任务101%。

【重大文化项目建设】2017年，南宁市实施广西文化艺术中心、市图书馆新馆、市群众艺术馆重建3个建设项目。广西文化艺术中心项目是自治区成立60周年大庆献礼工程，采用PPP（政府和社会资本合作）模式建设，德国GMP国际建筑设计有限公司、华东建筑设计研究院有限公司设计；是一座有1800个座位的歌剧院、1200个座位的音乐厅、600个座位的多功能厅3个核心演出功能的建筑体；12月18日，建设项目竣工并通过验收。广西文化艺术中心是全国第一个使用台口声柱设计的歌剧院，是广西体量最大的综合性文化演艺中心，具有承办国际一流文艺活动的能力，能满足大型歌剧、芭蕾舞剧、综合文化演出的需要，具备接待世界级优秀表演艺术团体演出的条件和能力，建筑规模名列全国同类建筑第四。市图书馆新馆建设项目用地2.81万平方米，总建筑面积3.61万平方米，总投资4.18亿元；累计完成投资2.48亿元，主体工程建设完成封顶，并进行室内装饰。5月23日，市群众艺术馆重建项目竣工，占地8259.43平方米，总建筑面积14624平方米，其中剧场建筑面积2557平方米；10月27日，综合大楼投入使用，高11层、建筑面积8176平方米；12月，剧场和综合大楼建设全部完工并进行整体验收；累计完成投资8759万元。

【文化产业建设】2017年，南宁市培育壮大本地文化企业，文化产业年增加值近150亿元，占全市地区生产总值4%左右。

产业扶持政策推荐与申报　推荐广西韬智文化传播有限公司的"韬智书店"、广西千年传说影视传媒股份有限公司的"东盟题材动画连续剧《那世纪》"、南宁亚联文化传媒有限公司的"广西非物质文化遗产（民族乐器）生产性保护及创意设计（一期）"、广西卡斯特动漫有限公司的"广西海上丝绸之路动漫素材数字资源平台"4个项目，获中央文化产业发展专项资金扶持350万元；推荐6个项目，获自治区文化产业发展专项资金扶持360万元；推荐5个项目入选"2017自治区特色文化产业重点项目"，获扶持资金25万元；推荐1家企业（广西金壮锦文化艺术有限公司）申报并入选"2017—2018年度国家文化出口重点企业和重点项目"及"2017年度文化服务出口奖励资金企业"，2个项目（南宁峰值文化传播有限公司的"'一带一路'动漫内容输出链式营销发行服务"、广西中视嘉猴影视传媒投资有限责任公司的"动漫影视《白头叶猴之嘉猴壮壮》"）入选"2017—2018年度国家文化出口重点项目"；推荐6家文化企业申报并获"第七批自治区级文化产业示范基地"称号，全市文化产业示范基地（园区）突破90家；推荐4家文化企业申报并获"自治区首批文化创意产品开发示范基地"称号；推荐4个优秀动漫项目申报"自治区优秀原创动漫作品"评选并获入选；推荐南宁峰值文化传播有限公司的“‘一带一路’动漫内容输出链式营销发行服务”、广西千年传说影视传媒股份有限公司的“用于医疗培训(腰椎穿刺)的VR技术项目”、南宁九金娃娃动漫有限公司的“海洋科普动漫作品《大海宝贝》数字化文化传播应用”3个项目申报“2017年度国家文化创新工程项目”;推荐参评“原动力”中国原创动漫出版扶持的计划项目4个。

文化产业聚集区挖掘　挖掘出基本达到或易于达到标准要求的园区15个,其中建成5个(南宁软件园、南宁·中关村创新示范基地、老木棉·匠园、中国-东盟绿色创意印刷产业园南宁园区、唐人文化园),重点扶持建设的中国-东盟绿色创意印刷产业园南宁园区入驻企业32家;在建的准文化创意集聚区4个(猪八戒网广西总部园区、南宁万达茂、南宁403国际艺术中心、安吉·华尔街工谷)。

文化产品展销平台搭建　组织企业参与中国-东盟博览会文化展、中国-东盟博览会动漫游戏展、第十三届深圳文博会、第二届丝绸之路(敦煌)国际文化博览会、第十届海峡两岸(厦门)文化产业博览交易会、2017广西艺术作品展览第六届工艺美术作品展览等区内外大型展会,继续指导企业举办“月邪动漫盛典”等活动。

重点文化产业支持与引导　指导协调影院加强经营管理,全市46家数字影院电影票房总收入4.24亿元,占自治区同期票房10.33亿元的41.05%,票房收入再创历史新高。影视动画生产继续强化“南宁制造”印记,电视连续剧《烟花易冷》、动画片《百越历险记之壮锦密码》获发行许可证;动画片《大海宝贝》登陆广西电视台公共频道播出。产品营销深入拓展,加强与阿里巴巴跨境B2B平台、猪八戒网等互联网平台合作,扩大宾阳县造型藤编、横县茉莉花文创衍生品等文化产品的海外输出;发展民族文化,对接知名外资企业百盛集团共同打造广西首家“肯德基广西民族文化主题餐厅”;民族织锦、民族刺绣产品出口东南亚及欧洲国家,并与南宁万象城在中国所有商铺签订战略合作协议,进驻展销;动画片《白头叶猴之嘉猴壮壮》与泰国辉煌国际集团签约输出;通过技术输出与柬埔寨内政部共建柬埔寨首个卫星电视频道NICETV;文创工艺品“一叶知心”成为市政府外交访问礼品赠予马来西亚、老挝、澳大利亚、奥地利等国家与南宁市建立友好关系的城市。

文化产业创收能力提升　年内,南宁电视台策划举办晚会、活动110多场,实现经营收入1.13亿元(含技术中心),比上年增长3.96%,完成年度任务108%。南宁电台举办南宁市少年儿童故事大王演讲比赛、广西首届“诗礼乐小主播”大赛总决赛等活动260多场次;实现经营创收2471.66万元,增长11.60%,完成年度任务95.06%。

2017年9月,中国-东盟(南宁)戏剧周大联欢晚会菲律宾艺术家展示民族舞蹈
宋延康　摄

【对外文化交流】 2017年1月,南宁电视台联合马来西亚嘉丽台、菲律宾菲中电视台、澳大利亚天和中文电视台、新西兰华人电视台、湖南卫视金鹰传媒、中新网、三沙卫视、中国香港卫视、中国澳门电视台等14家境内外媒体,推出《春天的旋律·2017》跨国春节晚会;晚会播出信号辐射亚洲、欧洲、大洋洲、北美洲,覆盖观众超过1.50亿人。联合中央电视台国际频道、中国新闻社共同推出的2017“南宁渠道丝路交响”媒体走东盟跨国采访行动,先后到马来西亚、柬埔寨、泰国、缅甸、菲律宾、印度尼西亚6个东盟国家进行采访,完成20集大型系列报道和1部5集纪录片的制作,并借助中国新闻社的海外合作平台,在阿联酋迪拜中华网、东盟卫视、加拿大多伦多电视台落地播出。6月7日至12日,组团赴国际友好城市菲律宾达沃市参加达沃市“丰收节”庆祝活动,开展两地经贸、文化等领域交流。6月26日至7月14日,组建“中国广西南宁民族艺术团”赴以色列、土耳其2国开展“丝绸之路文化之旅”品牌活动,参加第32届以色列国际民间舞蹈节和土耳其第31届布尔萨国际民间舞蹈比赛。9月6日至12日,举办2017年中国-东盟(南宁)戏剧周,汇集中国和10个东盟国家的24个优秀院团、40多家艺术机构推出42场剧目展演,首次举办中国-东盟艺术院(团)长高峰论坛,促成44家中国、东盟文化机构签署《中国-东盟戏剧合作交流机制谅解备忘录》。10月28日至11月4日,组织开展“文化走亲东盟行”活动,赴越南河内、泰国曼谷开展文艺演出、非物质文化遗产展示、艺术座谈等系列文化交流活动,举办非物质文化遗产展览3场、戏剧专场演出5场、艺术研讨4场。

(郭李宏茜　葛应俊　吴朝霞)

群众文化

【概　况】 南宁市群众艺术馆位于江南区五一东路1号,是国家设立的公益性群众文化事业单位。2017年,设办公室、调研部、文艺部、美术部、活动部5个部室;编制57名,在编54人,其中具有高级专业技术职务任职资格12人、中级19人。全市有区县文化馆12个,乡镇文化站102个。市群众艺术馆持续开展“文化志愿春风行”活动,在宾阳县宾州镇、上林县大丰镇、隆安县古潭乡、马山县古零镇杨圩村、横县校椅镇青铜村、青秀区刘圩镇那列村、良庆区那马镇、武鸣区双桥镇腾翔村、邕宁区蒲庙镇、兴宁区五塘镇、江南区江西镇、西乡塘区坛洛镇、经开区吴圩镇、东盟开发区中心社区、南国之光残疾人艺术团、中山路小学等乡镇、村屯、社区、学校建立培训服务点20多个,组建基层舞蹈队20支、合唱团6个、民族乐队4个、戏曲表演队3支,受惠群众3万多人次。年内,市群众艺术馆定期派员到全市10个艺术培训和辅导基地开展艺术培训服务,培训1万余人;组织开展“与明星同唱”南宁民歌湖百姓歌圩培训活动19场,培训群众近2万人次;举办“新年广场音乐会”“壮族三月三大型民歌专场”“律动南宁”第12届南宁市青春艺术大赛、2017南宁国际民歌艺术节“绿城歌台”系列文化活动等大型主题文化活动140多场;创新推出“相约民歌湖畔·共春天下民歌”——2017大型民歌专场演出活动方式,将社会主义核心价值观教育融入“周周演”品牌建设,让民歌湖大舞台成为全市弘扬社会主义核心价值观新高地。全年累计完成云南专场、内蒙古专场、陕西专场、越南专场、中国香港台湾专场等演出10场,参演演员近800人、观众逾3万人次,打造“天下民歌眷恋的地方”城市名片;组织文化志愿者赴内蒙古开展2017年“春雨工程”—广西文化志愿者走进内蒙古活动,以“大舞台”“大展台”的形式把文化服务送到呼伦贝尔市以及呼和浩特市,获文化部评为2017年文化志愿服务示范活动典型案例。

2017年10月27日,“庆祝十九大 共筑中国梦”2017年南宁市大型群众歌咏晚会暨“相约民歌湖畔·共春天下民歌”专场演出在民歌湖举行 市文新广局提供

【外来务工文化艺术节】 2017年,南宁市继续举办“外来务工文化艺术节”活动,主题为“建设宜居南宁·劳动人民最美”。6月18日,市文化新闻出版广电局主办,市群众艺术馆承办,南宁电视台协办的“建设者之歌”2017年南宁市外来务工人员优秀文艺节目展演,在民歌湖大舞台举行,100多名来自全国各地的个体户、搬运工、环卫工、企业质检员、盲人按摩师、厨师等外来务工人员登台展示风采。

【第十四届南宁市社区文化艺术节】 2017年11月27日,市文化新闻出版广电局主办,市群众艺术馆承办的“贯彻十九大共筑中国梦”2017年第十四届南宁市社区文化艺术节家庭才艺大赛(决赛)在南宁民歌湖大舞台举行。大赛10月中旬开始启动,全市各社区40个才艺家庭报名参赛;11月23日至24日,在南宁民歌湖举行初赛,评选出排在前20名的参赛家庭进入决赛。决赛评出一等奖2名、二等奖3名、三等奖5名、优秀奖10名;其中陆平家庭节目《山那边的外婆家》、杨露家庭节目《快乐童话家》获一等奖。

【“文化志愿春风行”培训】 2017年,市群众艺术馆把免费开放与“文化志愿春风行”服务活动相结合,开展培训辅导,打造“文化志愿春风行”培训服务品牌;把培训工作重点放在农村、厂矿、学校、社区等基层单位,先后在马山县白山镇、横县横州镇城东社区、江南区江南街道新屋村、兴宁区朝阳街道虎邱村等建立辅导培训基地30个;开设电子琴、二胡、琵琶、曲艺、声乐、美术、书法等培训班近100期,培训学员近10万人。

【大型民歌专场演出活动】 2017年1月7日,自治区文化厅、广西群众艺术馆指导,市委宣传部、市文化新闻出版广电局主办,市群众艺术馆承办的“相约民歌湖畔·共春天下民歌”——2017大型民歌专场演出活动在南宁民歌湖正式启动,以“合唱+歌舞+情景表演+互动”的形式,打造民歌交流盛会,形成“台上唱来台下和,台上台下齐欢乐”的场面。民歌湖大舞台“百姓大舞台·想秀你就来”是南宁市民歌湖周周演群众文化活动的固定阵地。2017大型民歌专场演出活动以民歌为载体,以反映地方民族特色、内容积极向上的各地优秀节目为主,以民歌为元素、形式多样化,通过原生态、民族、通俗、美声唱法等演唱方式和舞蹈、杂技等表演形式展现当地民歌的特点;全面展示民族文化精粹,展现中国改革开放的成果和各民族的融合以及世界文化的交融。全年举办活动启动仪式、云南专场、新疆专场、贵州专场、湖南专场、内蒙古专场、陕西专场、广西专场、宁夏专场、西藏专场、港澳台专场、东盟专场12场。

【第12届青春艺术大赛】 2017年4月初,市文化新闻出版广电局主办、市群众艺术馆承办的南宁市第12届青春艺术大赛开始启动,大赛推出“律动南宁”组合演唱比赛;通过网站、公众微信号以及广播电视媒体,多渠道宣传;有40个组合报名参赛。既有来自驻邕高校的青年学生、社会各界人士组合,也有本土音乐圈的知名组合;风格包括民谣、说唱、歌舞、阿卡贝拉、原生态等。“律动南宁”组合演唱比赛是南宁市首次举办组合类性质的音乐比赛;经过2场初赛,1场多环节的决赛,伴音组合和S-AK组合获大赛金奖,蓓花组合等4个组合获银奖,僚哥组合等6个组合获铜奖,月弯弯组合等11个组合获优秀奖。5月27日,颁奖盛典在南宁民歌湖大舞台举行。

【绿城歌台群众文化活动】 2017年9月13日至15日,南宁国际民歌艺术节绿城歌台群众文化活动推出文艺演出18场。其中,中心歌台演出6场,12个区县分歌台各演1场。绿城歌台群众文化活动中心歌台设在民歌湖,各分歌台采取特色节目互换的方式展现区县特色文化,观众20万人次。

【“喜迎十九大 共筑中国梦”专场晚会】 2017年10月15日,市委宣传部、市文学艺术界联合会主办,市群众艺术馆、南宁电视台协办的“喜迎十九大 共筑中国梦”南宁市文艺界专场晚会,在南宁民歌湖举行。10月27日,市委宣传部、市文化新闻出版广电局主办,市群众艺术馆承办的“庆祝十九大 共筑中国梦”2017年南宁市大型群众歌咏晚会暨“相约民歌湖畔·共春天下民歌”专场演出,在南宁民歌湖举行,参加的演职人员、观众约3000人。11月11日,“庆祝十九大共筑中国梦”2017年第113期南宁市民歌湖大舞台周周演群众文化活动、南宁市“夕阳秀”优秀文艺节目展演,在南宁民歌湖举行,参加活动3000多人。

(姚 彧)

专业文艺

【概 况】 2017年,南宁市专业艺术团体有南宁市民族文化艺术研究院、南宁市艺术剧院有限责任公司2家。南宁市民族文化艺术研究院(保持南宁市戏剧院、南宁市非物质文化遗产保护中心两块牌子)专业从事艺术生产、研究、非物质文化遗产保护传承,设办公室、人力资源部、非遗部、文化艺术研究部、展演舞美部、文化活动部、信息部、创作部8个工作部门,有职工84人,其中具有正高级专业技术任职资格4人、副高15人、中级31人、初级23人,其他11人。全年开展专业演出434场次,惠及群众近17万人次;其中文化惠民工程演出253场次,其他指令性演出11场次,大型邕剧《玄奘西行》全国巡演40场次,新会书院"邕州神韵地方戏曲周周演"118场次,"邕州剧场地方戏曲月月演"12场次。承办2017年中国-东盟(南宁)戏剧周、2017年"文化走亲东盟行"等大型对外交流文化活动,举办2017年南宁市"民歌湖畔三月三"文化活动、2017年"文化和自然遗产日"南宁市壮族歌圩进校园成果展等非物质文化遗产宣传展示活动;完成全市地方戏曲剧种普查工作。抢救复排南派粤剧折子戏《贵妃醉酒》《拾玉镯》《小宴》《水淹七军》和粤剧传统剧目《全家福》等一批剧目,推动南派粤剧艺术传承传播。南宁市非物质文化遗产(粤剧、邕剧)传承保护基地、壮族歌圩文化(南宁)生态保护区等建设工作取得新进展。大型邕剧《顶蛳山传奇》(暂定名)、《南宁市非物质文化遗产系列文化丛书》被列为南宁市迎接自治区成立60周年文化文艺精品项目。加大人才队伍建设,做好戏曲接班人才队伍的培养,委托广西艺术学校培养粤剧、邕剧演员、乐队学生60人。

南宁市艺术剧院有限责任公司是专业艺术表演团体、具有独立法人资格的国有文化企业,设董事长办公室、党群工作部、行政办公室、人力资源部、财务部、市场营销推广部、创作中心、舞美工程部、话剧团、歌舞团10个工作部门;有职工106人,其中具有正高级专业技术任职资格3人、副高25人、中级24人、初级23人,一般职员31人。全年演出446场,其中文化惠民工程"送戏下基层"演出240场次,文化惠民工程"儿童剧目进校园"演出活动103场次;"美丽南宁大舞台"艺术精品演出引进剧目4场次,出访菲律宾、以色列、土耳其文化交流演出23场次;其他指令性演出41场次,公益性演出11场次,商业性演出22场次,慰问部队演出2场次;观众人数约38万。6月,当代群舞《骆越先歌》、歌曲《小世界》入选国家艺术基金年度资助项目;10月,话剧《金银花开》入选文化部年度剧本扶持工程"征集新创剧目"戏剧类项目;有7个作品获省级奖励。

【艺术成果】

舞台艺术类 2017年,南宁市民族文化艺术研究院的话剧《水街》6月入选广西第十四届精神文明建设"五个一工程"奖,11月获第八届广西文艺创作铜鼓奖。7月,南宁市艺术剧院有限责任公司的《舞蹈编导人才培养》获2017年国家艺术基金艺术人才培养资助项目,舞蹈《骆越先歌》、歌曲《小世界》获2017年国家艺术基金小型舞台剧(节)目和作品创作资助项目。9月,市民族文化艺术研究院创作演出的壮族唱天《咪洛甲》入选由中国文联和中国曲协共同主办的"说唱中国梦·喜迎十九大"全国优秀曲艺节目展演活动。10月,市艺术剧院有限责任公司的话剧《金银花开》入选文化部2017年度剧本扶持工程"征集新创剧目"戏剧类项目。在自治区文化厅举办的第九届广西音乐舞蹈比赛中,市艺术剧院有限责任公司的群舞《耕》获创作一等奖、表演二等奖,独舞《与妻书》获优秀创作奖、表演三等奖,群舞《城市的旋律》获优秀创作奖、优秀表演奖;市民族文化艺术研究院创作选送的作品高胡独奏《邕江春暖》获创作优秀奖,高胡独奏《邕江春暖》《行花街》获演奏二等奖;隆安县文化新闻出版广电和体育局选送的作品《请月亮》《相聚更望》获优秀演唱奖,市文化新闻出版广电局获优秀组织奖。

电视文艺类 4月,在中国电视艺术家协会电视文艺委员会举办的2017年春节晚会、春节特别节目讲评交流活动中,南宁电视台选送的《春天的旋律·2017跨国春晚》获春节晚会优秀作品奖,《我梦飞扬——2017南宁市少儿迎春晚会》获春节晚会好作品奖。6月,南宁电视台的电视剧《兵变1929》、广西千年传说影视传媒股份有限公司的动画电影《勇闯天空岛》入选广西第十四届精神文明建设"五个一工程"奖。11月,《勇闯天空岛》获第八届广西文艺创作铜鼓奖。南宁电视台的《故事》栏目获中国电视艺术家协会电视纪录片学术委员会评为第23届中国纪录片十佳栏目。

其他作品 南宁市作家协会会员陆辉艳的诗集《心中的灰熊》获自治区政府颁发的第八届广西文艺创作铜鼓奖;南宁市音乐协会会员谭艳艳获自治区文化厅主办的2017年广西音乐舞蹈比赛器乐类第二名,陆坚作词、韦洪作曲的歌曲《把梦带回家》获自治区党委宣传部主办的第十四届广西精神文明建设"五个一工程"奖;南宁市美术协会会员龙建辉的油画作品《海景》获2017年第五届广西艺术作品展——美术作品展优秀奖;梁富振、魏波的书法篆刻作品获第五届广西艺术作品展览——广西书法篆刻作品展优秀奖(最高奖);滕忠的摄影作品《桥上桥下》获全国第十三届"外来青工风采"摄影大赛优秀奖。

【演出活动】 2017年9月6日至12日,中国-东盟(南宁)戏剧周在南宁举办,有10个东盟国家14个艺术团体和国内10个艺术团体700多名演员到南宁参与活动;开展演出活动42场,观众5万多人。

市民族文化艺术研究院演出活动 年内,市民族文化艺术研究院组织开展演出活动434场,其中开展送戏进基层演出60场,儿童剧进校园演出26场,传统戏曲、精品剧目进高校活动20场,"戏曲进校园"演出147场,新会书院"邕州神韵地方戏曲周周演"活动118场次,"邕州剧场地方戏曲月月演"活动12场次,大型邕剧《玄奘西行》全国巡演40场,其他指令性演出11场次。4月24日至10月15日,大型邕剧《玄奘西行》赴山东省济南市、四川省成都市、云南省昆明市、玉溪市以及在广西各地级市巡演40场,观众3万多人次。6月6日至12日,姚

2017年10月28日,市戏剧院在越南国家剧院演出南派折子戏专场　市文新广局提供

艳、黄俊成携粤剧《海棠亭》片段“咏棠”赴中国澳门参加在澳门特别行政区举办的“根与魂”——广西非物质文化遗产展演活动。8月26日至29日，邕剧小戏《红杏醉酒》在柳州文化艺术中心参加由自治区文化厅主办的“深入生活，扎根人民”小戏小品成果展演。9月26日，壮族唱天《咪洛甲》在北京民族文化宫大剧院参加“说唱中国梦喜迎十九大”全国优秀曲艺节目展演。10月28日至11月4日，组织艺术团体分别走进越南、泰国，开展“文化走亲东盟行”活动，进行戏剧专场演出5场；为东盟友人献演大型邕剧《玄奘西行》和南派粤剧折子戏《贵妃醉酒》《小晏》《拾玉镯》等剧目。11月4日至12月10日，组织大型粤剧《江姐》赴梧州市参加第三届广西（梧州）粤剧节。

市艺术剧院有限责任公司演出活动　6月8日至9日，市艺术剧院有限责任公司派出文艺演出队15人，随市政府代表团赴菲律宾达沃市参加“达沃市南宁日”文化交流演出3场。6月26日至7月14日，受文化部、自治区文化厅和市文新广局委派，由市艺术剧院有限责任公司组建“中国广西南宁民族艺术团”20人赴以色列、土耳其2个国家开展文化部品牌活动“丝绸之路文化之旅”对外文化交流演出14场，节日游行演出6场，观众人数约2万多人。8月4日至10日，市艺术剧院有限责任公司赴北京参加2017《中国民歌大会》（第二季）录制；8月27日至29日，小品《小卖店的故事》《金环传》赴柳州市参加自治区“深入生活、扎根人民”小戏小品创作成果展演及戏曲进社区汇报演出5场。9月12日，参加在广西体育中心体育馆举行的“丝路山水·画里民歌”第19届南宁国际民歌艺术节“大地飞歌·2017”晚会演出；20日至22日，大型舞剧《百鸟衣》节目片段进市第六职业技术学校、广西民族大学、南宁迪声培训机构进行推广演出活动3场。市艺术剧院有限责任公司承办的“美丽南宁大舞台”，举办精品演出活动8场。其中，市艺术剧院有限责任公司创作的大型壮族舞剧《妈勒访天边》、大型舞剧《百鸟衣》、大型民族歌舞秀《风情东南亚》、原创精品展演《歌舞飞扬》演出4场；引进中外经典剧目4部（4月26日中国歌剧舞剧院大型民族舞剧《昭君》、5月11日美国百老汇男子芭蕾舞团芭蕾舞剧《男子芭蕾也疯狂》、11月17日俄罗斯民族芭蕾舞剧院大型芭蕾舞剧《天鹅湖》、12月16日中国歌剧舞剧院大型舞剧《赵氏孤儿》），演出4场。参与“百姓大舞台·想秀你就来”南宁民歌湖周周演、“相约民歌湖畔·共眷天下民歌”2017年大型民歌专场演出7场。　　　（许燕滨　韦思私）

文化市场管理

【概　况】2017年，南宁市文化市场综合执法支队（隶属市文化新闻出版广电局）编制15名，在编13人，外聘2人；区县文化市场综合执法机构编制149名，在编111人。全市有互联网上网服务营业场所（网吧）464家，娱乐场所164家（其中电子游戏游艺娱乐场所19家），美术品经营单位1家，演出经纪机构35家。年内，市文化市场综合执法支队出动检查人员613人次，检查文化经营单位220家次；其中游艺娱乐场所1家次，歌舞娱乐场所24家次，网吧80家次，互联网文化单位2家次，演出经纪机构13家次，书报刊经营单位42家次，音像制品经营单位9家次，印刷经营单位49家次。立案调查案件27件（网吧8件、印刷经营单位13件、出版物经营单位5件、侵犯著作权案1件），结案27件，办结率100%；罚款18.31万元。12318电话受理举报案件59件，办结59件，办结率100%。开展文化新闻出版广播影视行政执法案卷评查，市文化综合执法支队办结广西南国印务有限责任公司非法印刷案，获文化部评为2016年度重大案件办案单位；西乡塘区文化市场综合执法大队办理的南宁市魅力四射娱乐服务有限公司擅自举办演出案、武鸣区文化市场综合执法大队办理的武鸣县爱维星影院管理有限公司放映未取得电影片公映许可证的电影案，列为文化部2016—2017年度全国文化市场重大案件。

【“扫黄打非”专项整治】2017年，南宁市开展“扫黄打非”、净化社会文化环境集中整治和“护苗、净网、清源、固边、秋风”五大专项整治。创新推出“扫黄打非”送戏进基层活动，委托专业剧团创作小品、快板等宣传节目，开展进乡镇（街道）、农村（社区）、城市各大施工项目工地演出100场，提升广大基层群众对“扫黄打非”工作的知晓率和认同感。组织开展2017年全国侵权盗版制品和非法出版物集中销毁（广西南宁分会场）活动，销毁盗版光碟、非法书刊5万余份（册）。加大对印刷复制市场和出版物市场的监管力度，查处无证印刷厂6家，没收非法印刷品1.63万份（册）、PS版572张，处罚款7.30万元；查处印刷非法出版物的印刷企业1家，没收非法出版物4100册及散页1万份，罚款1万元；查处承印内部资料性出版物未按规定验证“准印证”的印刷企业3家，处罚款2万元；查处出版物发行单位发行侵权盗版出版物案1件，没收侵权复制品119册及违法所得360元，罚款5000元。

【文化市场监管】2017年，市文化新闻出版广电局加强文化市场监管，组织全市有关部门开展文化市场排查整治行动；出动执法人员3.88万人次，检查经营单位1.51万家次；立案调查322件，警告经营单位224家次，责令改正83家次，责令停业整顿2家；办结案件328件，罚款94.20万元。加强对文艺演出市场和娱乐市场的监管，现场监管涉外经营性演出42场，包括临时搭建舞台的大型演出2场。立案查处娱乐场所擅自举办涉外演出案件1件（查处期间公安机关对场所作出取缔、案件终结），取缔无证经营娱乐场所2家。加强网吧市场监管，查处互联网上网服务营业场所接纳未成年人7家，取缔无证经营1家，罚款3.23万元。加强网络文化市场监管，查处网络传播淫秽信息、传播侵权音乐作品、无证经营网络游戏各1件。加强营业场所的安全生产监管，在日常巡查的同时有针对性地开展安全隐患排查整治，在重大节日、重大活动、重点时期开展安全隐患专项检查，以网吧、电子游艺游戏、印刷、出版物经营场所、歌舞娱乐场所为排查重点，对存在安全隐患的营业场所及时整改。

【社会文化环境净化】2017年，南宁市开展净化社会文化环境集中整治，通过听取汇报、查阅台账、实地暗访抽查等方式，对全市15个区县（开发区）开展净化社会文化环境集中整治行动情况进行全面检查；出动检查人员4544人次，检查经营单位2110家次；立案调查23件，警告65家次，罚款42家次。开展印刷复制发行专项行动和出版物发行市场专项检查行动，检查出版物经营单位2536家次、印刷企业1118家次，查办非法印刷案件11起、非法发行案件37起。对印刷企业和出版物发行单位进行年度核验，加大对印刷企业和出版物发行单位的抽查力度，规范企业单位经营行为；全市新闻出版行政部门累计抽查印刷企业和出版物发行单位175家次，对违法违规经营的3家印刷企业和7家出版物发行单位依法进行查处。

【互联网上网服务场所转型升级】2017年，南宁市以“改变上网服务场所环境”“鼓励多元化经营”为出发点，推动上网服务行业转型升级，扩大和促进文化消费。年内，报文化部、自治区文化厅进行备案99家，其中完成转型升级94家；指导上网服务营业场所19家，其中完成文化娱乐行业场所转型升级6家。

（吴朝霞　郭李宏茜）

非物质文化遗产保护

【概　况】 2017年，南宁市有市级非物质文化遗产保护中心1个(南宁市非物质文化遗产保护中心)，区县非物质文化遗产保护中心6个(武鸣区、横县、宾阳县、上林县、马山县、隆安县)。全市累计有7个项目(壮族民间故事白鸟衣、壮族三声部民歌、邕剧、粤剧、壮族歌圩、宾阳炮龙节、壮族三月三)入选国家级非物质文化遗产代表性项目名录，116个项目入选自治区级非物质文化遗产代表性项目名录，173个项目入选市级非物质文化遗产代表性项目名录，区县级非物质文化遗产代表性项目名录近400个。年内，公布为第七批市级非物质文化遗产代表性项目名录25个；申报国家级非物质文化遗产代表性项目扶持资金，邕剧保护项目获120万元扶持资金；举办“壮族三月三·八桂嘉年华”和2017年南宁市“民歌湖畔三月三”文化活动、首届“文化和自然遗产日”南宁市系列活动；推进壮族歌圩文化(南宁)生态保护区建设、非物质文化遗产传承基地建设，开展《壮族歌圩文化(南宁)生态保护区总体规划》编制前期工作。

【市级非物质文化遗产代表性项目名录申报】 2017年，南宁市组织开展第七批市级非物质文化遗产代表性项目名录及第六批市级非物质文化遗产代表性传承人的申报。2月，市非物质文化遗产保护中心印发通知；3月，指导区县按照评审程序填报申报材料；5月，组织专家召开论证会，对申报项目及推荐人进行评审、论证，选出《青山流米洞故事》等25个项目及曾麒璋等代表性传承人23人，向社会公示期满后上报市政府审定；10月，市政府发文公布《青山流米洞故事》等25个项目及曾麒璋等23名代表性传承人为第七批市级非物质文化遗产代表性项目名录及第六批市级非物质文化遗产代表性传承人。

【国家级非物质文化遗产代表性项目扶持资金申报】 2017年4月，南宁市组织粤剧、邕剧2个国家级非物质文化遗产代表性项目申报国家级非物质文化遗产代表性项目扶持资金，经文化部审核通过并下拨120万专项扶持资金，用于邕剧下一步剧目整理、创作生产、编导排练、服装道具的购置、人才培养和教育、传习活动等保护工作。

【首届“文化和自然遗产日”活动】 2017年6月10日(6月的第二个星期六)为中国首个“文化和自然遗产日”。11日，南宁市结合全面开展壮族歌圩文化(南宁)生态保护区建设，在南宁市电视台8号演播厅举办“壮族歌圩进校园”专场成果展，宣传壮族歌圩保护成果，增强社会各界对非物质文化遗产保护的责任感。

【传承保护基地建设】 2017年，依托南宁市民族艺术基地建设的南宁市非物质文化遗产(粤剧、邕剧)传承保护基地项目稳步推进。经国家发改委审批，项目纳入文化部“十三五”非物质文化遗产保护利用设施建设项目。9月15日，市发展和改革委员会对项目立项作出批复；29日，南宁市工程咨询规划事务所组织专家对《南宁市非物质文化遗产(粤剧、邕剧)传承保护基地可行性研究报告》进行评审，提出修改意见。10月，完成项目前期审批，报市发展和改革委员会。

【非物质文化遗产课题研究】 2017年，南宁市文物保护部门完成《南宁市非物质文化遗产代表性项目名录图典(2011–2015)》和南宁市科学研究与技术开发计划项目课题《壮族刺绣研究》编撰工作。

(梁　敏)

2017年1月，南宁市戏剧院演出的传统邕剧《三进士》　　市文新广局提供

公共图书与图书经营

【概　况】 2017年，南宁市有公共图书馆14个，其中市级馆2个(南宁市图书馆、南宁市少年儿童图书馆)，区县图书馆12个(兴宁区图书馆、江南区图书馆、青秀区图书馆、西乡塘区图书馆、邕宁区图书馆、良庆区图书馆、武鸣区图书馆、横县图书馆、宾阳县图书馆、上林县图书馆、马山县图书馆、隆安县图书馆)；在编132人，其中市本级71人、区县61人。有南宁市新华书店有限责任公司1个、区县级新华书店有限公司7个(邕宁区、武鸣区、横县、宾阳县、上林县、马山县、隆安县)。市级图书馆拓展服务范围，推进分馆、基层站点建设，市图书馆建立“城乡一体化联合图书馆”四级网络试点12个，挂牌新建“互联网+”模式建立的“图书小站”13个；市少儿图书馆新建分馆4家，流通站4个，流动书架4个。年内，市级图书馆对390个农家书屋补充更新出版物；对全市10家社区24小时自助图书馆进行图书更新交换，解决维护问题，保障自助服务平台的正常运行。　(赵　璐)

【南宁市图书馆】 2017年，南宁市图书馆设办公室、采编部、外借部、期刊部、技术部、信息部、读者活动部、业务辅导部和物业管理部9个部门；编制63名，在编57人，其中具有高级专业技术任职资格2人、中级31人、初级17人，本科学历35人、硕士研究生及以上学历5人。有24小时自助图书馆、“启智书苑”少年儿童阅览室、市民阅读中心、文学借阅室、自然科学借阅室、社会科学借阅室、综合借阅室、特色藏书阅览室、参考文献阅览室、电子阅览室、残疾人阅览室、过报过刊阅览室等服务窗口，阅览座位1016个；设自修室、静阅阁、多功能厅等读者活动场所。安排专项购书经费预算166万元，其中纸质文献120万元、占购书经费72.29%，数字资源10万元、占6.02%。文献入藏1.85万种4.07万册，馆藏总量124.14万册。全年总流通量170万人次，其中文献外借10.26万人次，电子书借阅4.62万次；新办理借书证7199张，累计有效证件7.07万张；解答咨询3442人次；新建馆外图书流通站24个，馆外流通图书6万册，累计馆外流通服务站129个。市图书馆被中国图书馆协会、韬奋基

金会、中国出版集团、新华书店协会评为“出版界图书馆界全民阅读年会(2017)”全民阅读案例三等奖。年内,市图书馆实施图书自助借还设备改造,全市10家“社区24小时自助图书馆”纳入全市通借通还服务联盟;做好24小时自助图书馆和全市10家“社区24小时自助图书馆”服务点的开放管理,打造“书香绿城、阅读南宁”自助服务体系,使南宁成为广西乃至西南地区首个实现“自助阅读服务”全覆盖的城市。10家社区自助图书馆全年办证3018张,服务读者4.80万人次,借阅书籍11.15万册次。继续深化“城乡一体化联合图书馆”四级网点建设,建成联合服务体系四级服务网络。市图书馆与各区县图书馆共同完成12个村级公共服务中心图书室“一卡通”建设任务;继续延伸“互联网+”思维,与网咖、星巴克等合作,在全市建立“图书小站”26个。市图书馆微信公众平台累计发布图文193篇,制作微刊66期,图文页阅读19.90万次,分享转发6816次,微信收藏697人,关注人数1.30万人,菜单点击9.25万次;官方微博发布博文136条,微博粉丝841人,博文阅读50.43万次,粉丝互动283次。开展“北部湾区域图书馆服务联盟”建设,8月,南宁市城乡一体化联合图书馆与北海市公共图书馆群开展城际间文献通借通还图书馆联合服务,实现南宁市、北海市共17家公共图书馆读者证借阅一卡通、文献资源通借通还功能。城际间文化服务实现互通互连,进一步提升南宁市公共图书馆服务的整体效能。继续创建“一馆一品”,打造“七彩童年”新品牌。针对少年儿童特点,策划并举办文化教育知识讲座、文艺展演、科普创新、亲子阅读、小小志愿者服务体验等活动。举办“绿城讲坛·绿城公益文学讲堂”,邀请名家为广大市民、广大文学爱好者开展文学专题讲座,营造崇文、尚文的文化氛围。不断巩固“绿城讲坛”“绿城展廊”“绿城舞台”等老品牌阵地建设,全方面开展全民阅读活动。举办读者活动150场次12.93万人受益,其中“绿城讲坛”34场7431人受益,“绿城展廊”60场10.53万人受益;举办阵地宣传219期,挂横幅2049条,媒体发表宣传文章85篇、电视台播放127次;接受单位、个人806人次捐赠图书1645册。8月8日,市图书馆新馆建设项目主体结构建设完成,累计完成投资2.48亿元,占总投资59.48%;其中完成年度投资1.61亿元,占年度计划107.35%。

(杨粒彬　李舒琳)

【南宁市少年儿童图书馆】 2017年,南宁市少年儿童图书馆编制25名,在编20人,其中具有高级专业技术任职资格3人、中级10人、初级6人,其他1人。馆内有阅览座席689个,分未成年人阅读中心、益智科普乐园2个区域。未成年人阅读中心设少儿阅览区、中学生阅览区、教学参考室、图书外借库;益智科普乐园设“小瓦特科普实验室”“爱薇园绘本馆”“爱薇园玩具图书馆”“爱薇园芽芽馆”等适合低龄儿童阅读和活动的空间。年内,完成加工、分编入库图书1.27万种3.92万册,其中连环画532种2548册,绘本、低幼读物3184种1.02万册,期刊合订本550种1768册,报纸合订本57种322册。馆藏有66.83万册(纸质图书46万册、期刊合订本1.60万册、视听文献1.31万册、电子图书17.83万册)。按第六次全国公共图书馆评估要求,建成小人书书库、智慧家长库、绘本库和东盟书库4个特色馆藏。接待借阅读者64.74万人次、图书外借(含联网分馆)32.89万册;新办读者借书证5914个。1月,将爱薇园绘本馆与智慧家长阅览室合二为一,完成爱薇园绘本馆的改造提升;内设1台“行知国学”电子图书一体机(存有1万册电子绘本)、8000册纸质绘本和1000册家庭教育类图书,改造升级后的智慧家长阅读中心、爱薇园绘本馆正式对外开放。6月13日,由南宁电视台新媒体部协助启动的南宁市少儿图书馆网站全新改版设计制作完成,正式上线运行。8月,与广西南宁爱与乐文化传播有限公司合作,完成增设0岁~3岁婴幼儿服务爱薇园芽芽馆建设并免费对外开放;9月,实现绘本图书自助借还。开展图书馆分馆(流通站)建设,建成青空间北宁社区、五村岭社区2个图书馆分馆(流通站),与市图书馆共同创建青秀山书院分馆、孔庙国学分馆等5家分馆;为已建分馆和流通站配送图书17次1.06万册。举办“绿城蒲公英讲坛”“绿城蒲公英舞台”、爱薇园绘本故事会、汽车图书馆进校园、绿城蒲公英成长课堂等阅读品牌活动755场次,受益4.36万人次。推进数字图书馆推广工程,采购1000集原创动漫数字资源、4900册少儿电子图书。9月,澳通(大连)科技发展有限公司捐赠乐儿资源全平台远程体验1年(平台包含5245集原创视频及动画,容量420G)和42寸触摸屏一体机1台。增加触摸屏一体机、微信平台等数字资源推送方式,数字资源访问量8.79万册,比上年增长8%。推进盲人阅读推广与社会教育示范应用项目开展,组织、配合、指导舍得学校分馆开展公益讲座、好书分享、爱薇园绘本故事会等活动,开展读书周、“走进盲画世界,用爱点亮未来”文化联欢会及盲画心禅课堂暨曾柏良师生盲画艺术展等活动20多场次,有近2000人次参加。4月,南宁市少年儿童图书馆获“全国盲人阅读优秀组织奖”。8月,被确定为中国盲文图书馆南宁市少年儿童支馆。

(周　明)

【农家书屋建设】 2017年,南宁市实施为民办实事工程项目,对390个农家书屋进行补充、更新出版物。补充图书种类425种,总册数16.58万本,总码洋448.05万元;补充音像制品DVD光碟3种,总数量3510张,总码洋3.08万元;补充月刊杂志4种,共6期,总册数9360本,总码洋8.73万元。11月,追加配送党的十九大辅导读物,给1417个农家书屋配送图书4种、总册数5752本,总码洋7.91万元;12月,追加配送《习近平谈治国理政》(第二卷),图书1种、总册数1417本,总码洋11.50万元。1417个农家书屋全部实现规范化管理,牌匾、管理员姓名、联系方式、开放时间及各项管理制度均清晰、整洁、规范、统一,悬挂位置明显;书柜、桌椅、照明、防火消防设备设施齐全;图书借阅登记手续完备,达到每周开放时间3天以上要求。开展元旦、春节期间农家书屋文化活动,农家书屋结合实际开展免费赠读者春联,举办精品图书展阅、有奖竞猜游园活动等。在2017年“我的书屋,我的梦”农村少年儿童阅读实践活动中,市文化新闻出版广电局收到区县文体局选送小学组作品174篇,中学组作品60篇;评选出优秀作品87篇(小学组47篇、中学组40篇)。经自治区新闻出版广电局评审,全市小学组作品获奖18篇、2篇选送国家新闻出版广电总局;中学组获奖24篇、3篇选送国家新闻出版广电总局,参加全国农村少年儿童优秀作品评选。

(黎　慧)

【南宁市新华书店有限责任公司】 2017年,南宁市新华书店有限责任公司有员工271人,经营总面积约5万平方米,经营网点有南宁书城新华店、南宁书城金湖店、南宁书城科园分店、南宁书城邕宁分店4个;实现图书销售收入1.45亿元,国有资产保值增值率124%。在南宁书城新华店、南宁书城金湖店分别举办“书香绿城·全民阅读”、寒暑假“好书伴我成长”“建党96周年”“建军90周年”“庆祝‘世界读书日’暨新华书店建店80周年”“欢度国庆·喜迎十九大——庆祝南宁书城开业20周年”“喜迎十九大·不忘初心跟党走”等大型主题图书展10多次。设置“习近平新时代中国特色社会主义思想”“中华腾飞展雄姿”“创建全民阅读·共建和谐社会”“两学一做”(学党章党规、学系列讲话,做合格党员)、“支部建设升级”“走进阅读世界,共享阅读快乐”“书廊下的韵香——4.23世

2017年10月,南宁书城金湖店举办"喜迎十九大·不忘初心跟党走"主题图书展

市新华书店提供

界读书日图书展""聚焦两会"图书展、"大国政治——中国理政新理念新战略图书展""改革热点全知道——中国新经济解读图书推荐""品读国学升华人生——国学经典"图书展、"我与书有个约会——青少年阅读图书展""工匠精神——把工作做到极致的哲学""心随手动创意生活——手工制作""情商必修课——从认知情商到提高情商""传统文化阅读""趣味益智图书""重温美好的阅读时光——作家进校园畅销书回顾展""6.1礼物·儿童礼品书""在阅读中成长——读书月优质少儿图书推荐""创意无限的手工世界——益智手工"等主题展区、展台250多个。举办"迎新春写对联""党史我知道——看图知党史竞猜活动""暑假我在书城等你来——小小管理员体验计划""寻找朗读者——读者即兴朗读沙龙""最美的阅读最简单——绘本阅读""分享阅读·享受快乐""手工体验·开发益智""VR9D体验·科技体验(机器人)""趣味诗词竞答大比拼""我是小小造物主——黏土创意手工沙龙""'动手动脑探究科学'——科学手工主题沙龙""小手工大智慧——折纸沙龙活动""趣味绕口令——亲子互动沙龙""步步为营——五子棋挑战赛""'我们来讲'——以讲故事方式展开的沙龙活动""Ta从书中来——趣味手工沙龙"等读书沙龙活动148场。在庆祝"世界读书日"、新华书店建店80周年暨南宁书城开业20周年之际,分别邀请徐鲁、伍美珍、芝麻、北猫、郁雨君、王勇英等名家走进南宁市锦华小学、衡阳路小学、东葛路小学、民族东小学、虹桥小学、明秀东小学、邕宁城关第一小学等55所学校开展"书香绿城·全民阅读——书香校园行"主题读书活动,举办巡回公益讲座、图书签售、图书展销活动。销售《新华字典(第11版)》8828册、《现代汉语词典(第7版)》4819册,《习近平谈治国理政》《习近平讲故事》《习近平用典》《习近平的七年知青岁月》等习近平新时代中国特色社会主义思想系列图书2万多册,《党的十九大文件汇编》《十九大学习辅导百问》《十九大学习笔记本》《新党章》等党的十九大相关重点图书13万多册。全年完成图书销量12万种、415.78万册,其中销量100册~300册的图书5505种、约92万册,销量300册~500册的图书959种、约36万册,销量500册~1000册的图书500种、约34万册,销量1000册以上的图书406种、约120万册。

南宁书城新华店 位于新华路15号(民生路80号),是全国首家由企业自筹资金兴建的大型书城,全国新华书店系统中率先使用BIMS图书营销管理系统进行图书进、销、存、调、退管理的书店。经营面积约6000平方米,经营图书10万多种、音像制品1万多种。销售图书10.10万种、229.90万册。其中,社科类图书0.86万种、15.65万册,文学类图书0.82万种、22.14万册,科技类图书0.95万种、4.26万册,少儿类图书1.73万种、51.50万册,文教类图书1.93万种、68.20万册,其他类图书3.81万种、68.15万册。

南宁书城金湖店 位于民族大道98-1号金湖广场南面,经营面积约1.10万平方米,经营图书10万多种、音像制品1万多种。销售图书9.30万种、148.30万册。其中,社科类图书0.86万种、17.24万册,文学类图书0.82万种、13.80万册,科技类图书0.69万种、2.77万册,少儿类图书1.67万种、35.90万册,文教类图书1.79万种、36.90万册,其他类图书3.47万种、41.69万册。 (谭继来)

文物·博物

【概 况】 2017年,南宁市有文物、博物单位11个(市级4个、区县级7个):南宁市博物馆(南宁市文物考古研究所)、南宁孔庙管理所、昆仑关战役博物馆、南宁市顶蛳山遗址博物馆(新增);横县博物馆(横县文物管理所)、宾阳县文物管理所、上林县文物管理所、隆安县文物管理所、马山县文物管理所、武鸣区文物管理所、邕宁区文物管理所。全市文物、博物单位,在编72人(其中具有高级专业技术职务任职资格9人、中级28人)。有重点文物保护单位283个,其中全国重点文物保护单位5个,自治区级文物保护单位43个,市(县)级文物保护单位235个。新增自治区级文物保护单位23个,新增市级文物保护单位40个。

【文物调查】 2017年,南宁市文物部门完成文物调查和配合城市基本建设及旧城改造等工作。对八尺江环境综合整治一期工程建设,锦露寺、南棉片区旧城改造项目用地,西乡塘区北湖水泥厂片区旧城改造项目,西园饭店片区旧城改造项目,中山路基督教堂建设项目,邕宁区那楼镇那利村那近坡建设项目,宾阳县中华镇施村,江南区江南街道富德村,南宁市邕江凌铁渡口,位于武鸣区城西的陆荣廷墓建设项目等17个建设项目用地的文物情况、文物保护现状等进行调查,提出处理建议并形成书面报告;协助自治区文物保护与考古研究所,完成贵阳至南宁高铁(南宁段)沿线范围内文物情况调查和局部勘探;进行摩崖石刻调查,完成青秀区、邕宁区、良庆区、隆安县160多幅(组)石刻的调查,拓取珍贵石刻拓片130余份。

【文物考古】 2017年6月15日至17日,南宁市文物考古研究所在自治区文物保护与考古研究所的组织下,对江南区吴圩镇平垌村驮良坡药岭的1座清代墓葬进行清理,出土有玉镯、银镯、铜钱、角木器4件珍贵文物。

【文物维修与保护】 2017年,南宁市各级政府、各有关部门和社会团体组织实施多项文物维修与保护。文物保护完成1865件(套)书画、牌匾、民歌节纸制文物的资料登记,对874件(套)陶瓷器进行清点及拍摄,完成玉器、石器、铜器、铁器、骨器、玻璃器、料器等1445件(套)文物及资料的清点，完成2枚青铜钱币的修复及2830枚青铜钱币的清洗剥离，对180余件(套)木制文物进行熏蒸，完成96件(套)杨如及先生书画作品的装裱与拍摄。完成邕江两岸文物保护工程可行性研究报告编制和招标采购，配合做好邕江铁路桥拆除、邕江综合整治文物保护、历史文化景观建设调研及论证、洋关码头及关务署建设方案审核、邕江两岸文物保护单位考古发掘等，推进邕江两岸文物保护工程项目建设。落实南宁市文物维修勘察设计规划编制，完成项目招标采购、文物维修勘察；推进“三街两巷”(兴宁路、民生路、解放路、金狮巷和银狮巷)核心区改造一期工程建设，负责城隍庙恢复重建，“三街两巷”文化遗产(文物、非物质文化遗产)的挖掘、研究及资料整理、宣传和南宁城隍庙历史文化陈列、邓颖超故居陈列馆、南宁建制馆筹建等相关工作，编制完成《“三街两巷”核心区一期项目文化挖掘和宣传方案》《“三街两巷”核心区一期项目维修整体风貌控制策划工作方案》《南宁城隍庙恢复重建工作方案》《南宁市“三街两巷”陈列馆(纪念馆)陈列布展工作方案》《城隍庙恢复重建策划方案》《街区改造整体风貌控制策划方案》6个方案；整理石船头遗址、豹子头遗址抢救性发掘的成果，对出土的石器、蚌器、骨器等文物进行分类、统计、整理、拍摄等。投入131万元，对3个自治区级文物保护单位进行维修、除锈保护。其中，投入81万元，对宾州南桥进行维修保护；投入30万元，对石塘北帝庙进行维修保护；投入20万元，对镇宁炮台和石碑进行除锈保护。投入2万元，对文物点清后宫进行清漏；投入2万元，对粤东会馆(市级文物保护单位)的前檐面、侧偏门、瓦顶等进行抢险加固和局部维修，更换门楼前檐面檐下糟朽的椽木及板瓦、滴水等。

【文物捐赠与征集】 2017年，南宁市博物馆获捐赠、征集历史文物或实物资料1270件(套)。文物捐赠：3月，杨如及先生捐赠96件(套)书画作品；11月，廖佛焕先生捐赠551件(套)个人藏品，包括毛主席瓷质像章、金属质像章，抗美援朝及抗美援越战争相册、老照片、奖章、书籍，防空兵荣誉奖章，防空兵表彰大会合照复印件，根艺大师证书及根雕作品《扭动》等；收到其他单位、个人及团体捐赠的油画、艺术品等66件(套)。文物征集：3月，征集到83件(套)织锦及29件(套)银饰；5月，从广东省文物总店征购325件(套)瓷器；7月，从广西文物商店及收藏家征购22件(套)瓷器和96件(套)陶器；12月，赴贵州省凯里市台江县施洞镇、黔东南苗族侗族自治州黄平县征集2套民族银饰及所配的服装。

【物质文化遗产宣传】 2017年，南宁市文物部门利用博物馆网站、微信平台、APP、报刊媒体、单位共建等平台，开展形式多样的活动，宣传文化遗产和文物保护法。重点打造南宁博物馆特色活动品牌，针对不同受众群体的特点，开展“非常6+1”品牌(创艺教室、陶艺坊、博艺苑、舌尖上的博物馆、幼儿绘画比赛、文物鉴赏、博物馆奇妙夜)活动；开展“南宁历史文化”进社区、进中小学、进幼儿园等活动，着重打造博物馆教育的“第二课堂”，先后走进良庆区那马镇坛良小学、自治区直属机关第一幼儿园、五象湖初级中学等10所学校；开展文博大讲堂，先后邀请文博界专家学者举办12场专题讲座；“5·18国际博物馆日”“文化和自然遗产日”期间，开展进校园、免费讲解、专家讲座、创艺教室手工、南宁文化古迹一日游、制作“文化遗产月，我与‘一带一路’同行”主题任务卡等活动；通过微信平台、广西电视台、广西电台、网站及APP等平台发布活动信息，其中微信平台推送信息490余期，关注粉丝5400多人；组织开展博物馆基地共建，先后与南宁市壮志路小学、良庆区良庆镇蟠龙社区、南宁市社会科学界联合会等单位签订共建基地协议。

【隆安娅怀洞考古】 娅怀洞遗址位于隆安县乔建镇博浪村博浪屯，是一处洞穴遗址，总面积100多平方米。2014年发现，2015年开始发掘，经过3年的科学发掘，2017年，出土有距今16000多年前的完整人类头骨化石，是岭南地区迄今为止所发现的唯一具有确切地层层位和可靠测年的完整人类头骨及体骨化石，对研究更新世晚期人群的多样性、人群迁徙与交流以及旧石器时代晚期人类的埋葬习俗具有重大的学术价值；发现距今28000年前的疑似稻属植物植硅体，为研究野生稻的利用及栽培稻的驯化提供珍贵的实物依据；出土超过1万件富有区域特色的旧石器时代小型打制石制品和处于旧石器时代—新石器时代之交的磨制石器、穿孔石器、蚌器和少量骨器、陶片等文化遗物，填补旧石器时代中晚期缺环的文化遗存，且属岭南地区晚期旧石器文化中一种新的类型，对研究更新世晚期人群的多样性、人群迁徙与交流以及本土民族(壮族)的起源具有重大学术价值。娅怀洞遗址的发现与发掘，为研究中国南方及东南亚地区史前文化，更新世晚期人类行为及文化的多样性提供珍贵资料，填补右江流域史前文化的缺环，完善广西史前文化序列，成为研究华南及东南亚地区此类遗存的重要标尺。

【南宁市博物馆】 南宁市博物馆位于五象新区龙堤路15号。2017年，设办公室、陈列展览研究部、文物保护与保管部、宣传教育与信息部、文物考古工作队5个部门；编制31名，在编30人，其中具有高级专业技术职务任职资格3人、中级15人，研究生学历20人、本科学历8人。全年举办主题展览18个，开展活动200余场次；接待观众58万人次；所辖展馆邓颖超纪念馆年接待观众31.80万人次。年内，做好顶蛳山考古遗址公园建设，完成顶蛳山遗址一期文物勘探、可研性调查报告及顶蛳山遗址博物馆建筑设计效果评审等工作，顶蛳山遗址博物馆陈列内容设计方案通过自治区文化厅评审；推进南宁好人馆建设，完成陈列大纲撰写、版面立面排版、场景及艺术品创作、多媒体制作等；配合做好“美丽南宁”乡村建设和村史室建设，对江南区、青秀区、西乡塘区、上林县、

2017年9月30日，南宁市博物馆举办品牌活动——博物馆奇妙夜　　梁翔宇　摄

马山县等区县乡村建设中，涉及到的文物古建筑维修及村史室建设的流程、陈列内容要求等进行具体的业务指导。南宁市博物馆获中国国际文化交流中心颁发的“国际友好交流合作最佳典范奖”；讲解员潘雅丽在“2017年全区博物馆十佳讲解员案例评选活动”中获自治区“十佳讲解员”称号。

【陈列展览】 2017年，南宁博物馆举办展览18个，其中引进举办展览8个(泥火幻彩——唐都长安三彩精华展、烁金繁花——广东民间工艺博物馆珐琅工艺精品展、风华清漪——颐和园藏乾隆文物精品展、文化记忆——中国丝绸之路非物质文化遗产展、锦绣万千——南海博物馆藏广绣精品展、饰美人生——苗族银饰展、千年瓷都——江西省博物馆藏景德镇瓷器精品展、金山伯的荣耀——近代广东侨汇展)，合作举办展览7个(高棉的微笑——中国艺术家摄影绘画展、漆彩多耶——三江侗族农民漆画作品展、钟家佐临池八十二年诗书展、唯美无界——当代朝鲜油画精品展、匠心艺韵——2017年南宁传统工艺美术作品展、匠心筑梦——“燕京八绝”宫廷艺术精品展、笔端龙蛇——林鹏先生草书展)，赴外举办展览1个(“美丽南宁市情展”赴菲律宾达沃市展出)。举办十九大专题展览2个(“发展新成就人民获得感”——迎接党的十九大专题图片展南宁巡展、中华经典美韵邕城——南宁市中小学“庆祝十九大·共筑中国梦”作品展)。 (周梅清)

【南宁孔庙】 南宁孔庙管理所(南宁孔庙博物馆)位于青环路9号。2017年，设党政办公室、宣教活动部、文物保护部、陈列研究部、安全保卫部5个部室，编制17名，在编17人，其中具有高级专业技术职务任职资格3人、中级8人、初级3人，研究生学历4人，本科学历10人。年内，举办“迎新春书画展”“南宁家风展”“雷沛鸿专题展”“二十四孝展”“邕城石刻拓片精品展”5个展览；开展“党建带扶贫，扶贫促党建”主题活动，“七一”期间、中秋节前夕，组织党员干部和职工分别到马山县古寨瑶族乡民兴村小学、定点帮扶村横县平朗乡笔山村小学举行开笔礼活动，促进文化扶贫；接待中外游客约19万人次，其中未成年人约10万人次；为3.50万人次提供免费讲解服务。

文物保护 利用中央文化专项补助经费20万元，完成崇圣祠瓦面翻修、山花气眼隔扇安装。征集清代至民国时期文物65件(套)，其中瓷器60件(套)、铜镜1件(套)、牌匾3件(套)、木雕寿屏1套(12件)。完成“三街两巷”核心区项目文保修缮设计方案评审，南宁城隍庙历史文献资料收集整理以及实地勘查、文物调查、碑刻搬迁，南宁城隍庙、南宁建制馆设计方案评审、展览资料搜集、陈列大纲编写等。

2017年9月30日，中国-东盟(南宁)孔子文化周国学大赛获奖选手(含东盟国家组)合影
南宁孔庙管理所提供

南宁市第五届新春文化庙会 1月28日至2月2日(春节期间)在南宁孔庙举办。以“逛庙会，品美食，祈安康”为主题，推出文化展示、文艺演出、趣味游艺和文化集市4大系列活动，其中大成礼乐·古乐器弹奏、祭孔仪式、舞龙舞狮表演成为活动的3大亮点；接待游客6万人次。

2017中国-东盟(南宁)孔子文化周 9月28日至10月4日在南宁孔庙举办。围绕祭祀、展演、比赛、讲座、体验开展祭孔大典、千人拜师礼、汉式婚礼、大成礼乐公益晚会、尼山师道——大型礼乐表演、国学大赛、龙狮争霸赛、中秋拜月大典等活动，吸引包括东盟各国代表在内共1.60万人次参加。其中，祭孔大典活动邀请越南、柬埔寨驻南宁领事馆总领事，国学大赛中的外国组选手多数来自东盟国家，龙狮争霸赛有来自新加坡、马来西亚的龙狮队伍参赛。

传统文化活动 元宵节、壮族三月三、青年节、国际博物馆日、端午节、儿童节、孔子诞辰日、中秋节、重阳节等节日，联合南宁市中小学校举办开笔礼、成人礼、祭奠孔子、誓师大会等系列活动80场次。道德讲堂举办道德讲堂12场，公益讲座10场；礼乐国学公益培训班12场。 (陆彩红)

档　案

【概　况】 2017年，南宁市有市级国家档案馆1个，区县国家综合档案馆12个；专业档案馆(城建档案馆)1个，部门档案馆2个(房地产档案馆、国土资源档案馆)。南宁市档案局(南宁市国家档案馆)设办公室、业务指导科、法规科、档案管理科、档案信息科5个科室；编制49名，在编33人。全年投入档案事业发展经费2.95亿元，创历史新高；全面贯彻落实《南宁市关于加强和改进新形势下档案工作的实施意见》《南宁市档案管理办法》，重点抓好《南宁市档案事业发展“十三五”规划》实施。

【档案征集收集】 2017年，南宁市各级各类档案馆、档案室接收档案56.13万卷，全市新增档案门类20种177卷1001件；馆藏、室藏档案总数1120万卷。各级国家档案馆全年征集档案33卷800多件。市国家档案馆收集“中国2016——第32届亚洲国际集邮展览”档案448件；青秀区国家档案馆征集“壮族三月三”“壮族芭蕉香火龙舞”“壮族斗竹马”、《青秀区南阳镇施厚村志》等档案100多件；马山县国家档案馆征集第九届文化旅游美食节、苏式和徐氏族谱等档案；宾阳县国家档案馆征集《广西宾阳赵氏族谱(支系)》《宾阳炮龙源流考》《关于打造宾阳炮龙品牌的报告》《石牛冈文史资料》等档案。各级各类档案馆、室接待查档49.12万人次，提供档案87.56万卷；档案部门和民政部门共同完成西乡塘区婚姻档案数据录入42147条；利用馆(室)藏档案编辑出版史料26种266.68万字。完成馆藏1987年以前(含1987年)到期档案开放鉴定，开放鉴定档案40639卷，划控档案1619卷；发挥政府公开信息查阅中心作用，向公众提供查阅利用服务；开展档案珍品和城市历史记忆等陈列展览24个，接待社会人士参观4393人次。

【档案安全管理】 2017年，南宁市各级档案部门不断完善档案信息系统和安全管理机制，执行馆(室)库房、计算机中心机房安全检查制度，坚持档案信息公开、上网安全保密和审核审批制度，确保实体档案和档案信息安全。市国家档案馆完成重点档案抢救修裱394卷15849页；建立全市国家重点档案目录数据库，向自治区档案局报送国家重点档案目录34650条，完成年度任务。

【机关档案管理】 2017年，南宁市各级档案部门继续开展机关档案年度检查、监督。全市933个机关单位参加档案年检，评出优秀单位530个；优秀率56.81%，合格率100%。全市完成档案室等级复查226个，决定升级46个。

【企事业档案管理】 2017年，南宁市有723个企事业单位参加档案年检，参检率100%；评出优秀等级单位210个，优秀率29.04%；合格单位710个，合格率98.20%。

【农业农村与社区档案】 2017年，南宁市完成105个乡镇建档，乡镇档案室合格率100%；为1147个村1.12万名村干部建立档案，建档率达100%；建立档案工作示范乡镇(街道)15个，档案工作示范村(社区)28个。开展土地承包经营权确权登记档案培训班23期，培训1854人；整理归档土地确权档案14956卷，整理原新农合档案178998卷；完成12个乡镇精准扶贫档案规范化建设试点；兴宁区望州南社区等10个社区通过南宁市档案工作示范社区认定。

【重大项目档案】 2017年，南宁市各级档案部门推进重大建设项目档案工作，监督指导、做好492个自治区级、市级、县级层面重点建设项目档案登记备案；对全市329个重大项目开展检查指导，重点跟踪指导南宁轨道交通1号线、2号线运营情况、南宁市竹排江上游植物园段(那考河)流域治理PPP工程、郁江老口航运枢纽工程、禅方标准厂房建设、昌桂·东盟科技园建设项目、东盟机电五金标准厂房项目等建设项目档案立卷归档工作；专项验收12个重大建设项目档案。南宁市重大建设项目档案工作通过自治区档案局巡查。

【档案信息化】 2017年，南宁市继续规范档案数字化，全市各级国家档案馆完成馆藏纸质档案数字化397万页；推进市国土资源局国家级数字档案室试点建设，各项指标均达到验收标准，向国家档案局、自治区档案局提交测评申请。南宁市电子文件(档案)备份中心项目建设加快，开展电子文件规范管理培训，在全市113家市直单位开展“南宁市电子文件(档案)备份中心系统”应用、测试和数据移交接收，迁移目录数据21.93万条，全文数据180GB，并做好数据备份。完成项目监理服务、第三方系统测评、安全保护测评、硬件采购；修改完善“南宁档案信息网”网站安全管理制度，增设“两学一做”学习教育和“学习宣传贯彻党的十九大精神”等专栏，全年更新发布信息381条，网站点击量230万人次。南宁市国家档案馆获自治区2017年度档案数字化数据报送工作二等奖。

【区县国家档案馆新馆建设】 2017年，南宁市国家档案馆、区县国家档案馆严格按照《档案馆建设标准》《档案馆建筑设计规范》开展建设。以新馆建设为契机，配备馆库安全监控、自动报警和自动灭火设备，落实“三铁八防”(铁门、铁窗、铁柜，防火、防盗、防虫、防潮、防尘、防强光、防高温、防霉)措施，完善人防、物防、技防系统建设，做好馆库安全检查、库房日常温湿度登记调控，确保国家档案资源安全。宾阳县、马山县、良庆区3个区县档案馆新馆建成并投入使用，邕宁区、西乡塘区新馆通过竣工验收，横县、武鸣区新馆进入装饰安装收尾阶段，青秀区新馆开展初步设计。

【档案法制宣传】 2017年，南宁市各级档案行政管理部门加大对各单位档案行政执法检查、专项督查力度，强化依法治档。年内，对全市32家国家机关、企事业单位进行档案执法检查，重点检查《中华人民共和国档案法》《南宁市档案管理办法》等法律法规的执行情况；专项督查市委办公厅、市政府办公厅《关于印发〈南宁市落实国家档案行政执法检查反馈意见整改方案〉的通知》的落实情况；针对档案馆建设存在相对滞后、档案事业发展经费缺口较大和档案人才队伍结构不合理等突出问题提出整改意见和建议、制定整改措施并逐项落实，营造依法治档的社会氛围。开展纪念《中华人民共和国档案法》颁布30周年宣传月活动，组织开展“6·9”国际档案日“档案—我们共同的记忆”主题宣传活动和“12·4”全国法制宣传日活动，组织人员参加自治区档案系统“档案—我们共同的记忆”演讲比赛、征文活动和“宝葫芦杯”档案法律法规知识有奖竞赛活动。举办法律法规等专题培训(讲座)24期，培训7005人次；开展集中(专题)宣传活动30多次，接待群众咨询9137人次；制作宣传展板、横幅标语9553块(条)，发放宣传资料4.42万份；利用电视、报刊、网络等媒体平台发布信息4.36万条，营造良好的档案宣传氛围。 (章　聪)

报　刊

【概　况】 2017年，南宁日报社做好市委机关报《南宁日报》的编辑、发行和《南宁晚报》、南宁新闻网、金狮巷网以及南宁日报社印刷厂的管理。有职工447人，其中新闻专业人员195人，经营管理、行政后勤人员160人，印刷厂职工92人；具有高级专业技术职务任职资格10人、中级49人、初级114人。《南宁日报》为周7刊，对开12版，彩色印刷，平均日发行量9万份，年总印张9720万印张。《南宁晚报》周7刊，4开32版，彩色印刷，平均日发行量10万份，年总印张1.44亿印张。南宁新闻网继续优化升级官方网站、官方微博、官方微信、全景南宁、美丽南宁·腾讯视频V+、头条号、企鹅号等新媒体矩阵，微信粉丝20多万人，微信公众号在广西传媒榜单前5名，城市网站传播力综合前10名。与腾讯合作开辟“美丽南宁”视频专栏播放量1000多万次；与今日头条合作的南宁新闻网头条号，总阅读量3545万次。金狮巷网主要功能为广告信息储存和发布，销售商品及传递商品信息。南宁日报社印刷厂是广西首家通过“绿色认证”的报业印刷企业，承印的《南宁日报》获中国报业协会印刷工作委员会评为“精品级报纸”，是自治区唯一连续3年获此殊荣的报业印刷企业。南宁文学院(《红豆》杂志社)编制15名(含工勤1名)，在编14人，其中具有高级专业技术职务任职资格2人、中级3人、初级4人。

【南宁日报社重要宣传报道】

南宁市人大、政协“两会”报道　2017年2月14日至16日，中国人民政治协商会议南宁市委员会第十一届第二次会议在南宁人民会堂举行；2月15日至17日，南宁市第十四届人民代表大会第二次会议在南宁人民会堂举行。其间，《南宁日报》《南宁晚报》、南宁新闻网采写刊登(发)的消息、评论、报告摘录、访谈摘登等150多篇；图文专版42个，将市人大、政协“两会”分组审议、讨论《政府工作报告》的侧记和对人大代表、政协委员访谈以及议案建议、提案等方面的内容整合一体，推出涉及全市政治、经济、社会、文化、生态等方面的24个“两会关键词”专题报道专版、9个“数说两会”专题报道专版和3个图片专版；利用ZAKER南宁平台，开展市人大、政协“两会”图文直播，制作人大代表、政协委员访谈视频等。

重大项目与重大专题报道　年内，南宁日报社围绕市委、市政府推进“六大升级工程”（产业转型升级、“南宁渠道”升级、绿城品质升级、深化改革升级、法治南宁升级、民生福祉升级）建设和市委十二届三次全会精神，推出“稳中求进　扎实开局”系列报道——加快建设“四个城市”（面向东盟开放合作的区域性国际城市、“一带一路”有机衔接的重要门户城市、对全区经济社会发展具有较强支撑带动作用的首府城市、具有浓郁壮乡特色和亚热带风情的生态宜居城市），勇当广西营造“三大生态”（风清气正的政治生态、团结和谐的社会生态、山清水秀的自然生态），实现“两个建成”（与全国同步全面建成小康社会和基本建成国际通道、战略支点、重要门户）的排头兵等重大项目；采写《党旗在一线高高飘扬——南宁市加强党建促进发展实现2017年良好开局》《加快形成以创新为引领的发展新模式南宁·中关村创新示范基地成效显现》等专题进行报道。《砥砺奋进的五年——重大项目巡礼》栏目聚焦南宁市过去5年以“治水建城为民”为主线，开展重大项目建设取得的新进展新突破，讲述南宁市发展故事；采写通讯35篇，字数约7万字。紧扣“共建21世纪海上丝绸之路，旅游助推区域经济一体化”主题，服务中国－东盟自由贸易区升级版建设。按照南宁市服务中国－东盟博览会工作领导小组的部署和要求，营造“两会”系列活动宣传氛围；刊发报道167篇，专版24个。关注全市经济社会建设进展，重点报道《国际园博会前期工作稳步有序推进》《加快中国—东盟信息港南宁核心基地项目建设目前落地南宁市重大项目共64个，总投资规模达459亿元》《部分站点拟增设电梯BRT设施将更完善》等项目建设情况，展示南宁市经济社会发展潜力和良好势头。做好南宁城市轨道交通工程建设的报道，推出《地铁带动沿线消费经济一站式综合体人气爆棚》等稿件；对南宁轨道交通1号线投入运营后带来的经济效益以及2号线、3号线、4号线的建设进展情况进行系统地跟踪报道。

精准扶贫系列报道　在“砥砺奋进的五年——聚焦精准扶贫”栏目系列报道中，以记者调查、现场探访的形式，描绘脱贫攻坚中典型事例和人物。报道《并肩走好脱贫致富路》，凸显脱贫工作队员在脱贫攻坚工作中发挥的引领带头作用；《“扬长补短”实施精准扶贫》《“双高”基地助农民增产增收》《从“看天吃饭”到“产业造血”》等，从不同角度呈现各贫困村脱贫攻坚的好办法、新经验；展现南宁市各项扶贫、脱贫举措落实情况和成效。南宁市脱贫攻坚通过自治区核验后，专题报道以“组合拳”的形式，推出《牵住扶贫“牛鼻子”探索发展新模式——我市以产业扶贫新模式为贫困群众铺就脱贫致富》《合作社成为脱贫“造血”主力军》《脱贫重任扛在肩　扶贫战场建功勋——我市第一书记驻村工作综述》《众志成城齐参与　撸起袖子加油干——我市构建多元化帮扶体系助力脱贫攻坚》等全景式综述；讲好南宁好故事，推出《不忘初心、扶贫到底——访邕宁区百济镇新平村“网红”第一书记杨修凯》《一个人，一辈子，守着那个乡——记马山县加方司法所所长莫洪林》《用青春点亮万家灯火》等报道。

党的十九大宣传报道　围绕习近平总书记视察广西和南宁等重大事件，组织采写并报道《肩负使命奋发有为——习近平总书记视察广西重要讲话精神让我市广大干部群众备受鼓舞》等，从不同角度展现首府各界干部群众认真学习、贯彻落实总书记重要讲话。在党的十九大召开前夕，采写、报道《不负期许守好山清水秀自然生态》《牢记嘱托南南铝实现“鸟枪换炮”华丽升级》《遵循嘱托创新驱动助推产业升级》《凝心聚力民族团结之花绚丽绽放》等；党的十九大召开期间，推出《推进商事制度改革激发经济活力》《坚定信心绘就自然和谐新画卷》《不忘初心牢记使命推动全面从严治党向纵深发展》等报道；党的十九大闭幕后，推出南宁市各界群众“学习贯彻党的十九大精神”栏目，集中报道社会各界、各领域、各阶层人士开展形式多样的学习、宣传活动和对党的十九大报告精神的解读，利用各种形式和手段，开展党的十九大精神进企业、进农村、进机关、进校园、进社区活动。10月，《南宁晚报》开设《热烈庆祝迎接党的十九大胜利召开》《党的十九大时光》《党的十九大代表风采》等栏目，平均每天3个版块刊载“喜迎党的十九大”新闻报道，刊发稿件500篇，推出专版逾250个；推出“我的这五年——迎接党的十九大胜利召开”主题报道，采访100个家庭，聚焦100个普通人家庭心中的中国梦。

精神文明建设报道　开设《美丽南宁宜居乡村》《点赞南宁人》专版，推出《打造重庆宜居绿城　共建共享文明家园——南宁市推进城市精细化管理实现文明创造建常态化》《建设崇德向善文化厚重和谐宜居的文明南宁》等深度报道弘扬南宁人文明风尚。围绕“美丽南宁·整洁畅通有序大行动”内容，推出专栏，持续曝光信号灯配时不合理、交通设施不完善、电动自行车违规等城市交通管理乱象；结合市交通管理部门城市交通治理新举措，开展酒驾、飙车专项整治行动，推出《交警早高峰突袭查车10名酒司机被查获》《交警“白加黑”整治酒驾》等专题报道；针对交警部门利用大数据精准打击交通违法的举措，推出《依托“大数据”精准打击交通违法》等专题报道。成立扬尘污染治理专项专题行动报道组，围绕做好扬尘治理宣传报道工作重点，通过专版、专栏、专题，对扬尘污染治理专项行动进行报道，刊发通讯、消息总计137篇。做好“美丽南宁大舞台”艺术精品月月演出活动，南宁民歌湖周周演群众文化活动、南宁国际民歌艺术节、“中国杯”国际足球锦标赛、环广西自行车公路自行车赛等重大文化活动和体育赛事的报道。年内，刊发社会主义核心、价值观为主题的图、文180多篇(幅)、公益广告794幅(条)共210版。

【爱心公益活动】 2017年，南宁日报社以党员为主体，先后7次到对口帮扶贫困村宾阳县思陇镇昆仑村、武陵镇六蒙村慰问贫困户，了解单位派出的“第一书记”和驻村工作队员扶贫开展工作情况，捐赠2万元慰问金和价值1.50万元的慰问品，以及文体、生活用品价值4600多元；投入资金5.50万元，帮助挂点村建设图书馆，和电子阅览室。制定贫困村产业帮扶计划，为昆仑村建0.93公顷(14亩)养鸡场，0.67公顷(10亩)养殖场、养鱼3500尾；采取土地流转方式，种植坚果19.33公顷(290亩)；投入资金4.65万元，为对口计划生育扶贫点西乡塘区坛洛镇三景村建成卫生计生大院。　　（邓家全）

【《红豆》杂志发行】 2017年，《红豆》杂志发行12期，每期刊发原创文学作品约5万字，全年刊出作品约60万字；杂志主要栏目有红豆头条、小说长廊、南宁名片、散文空间、诗歌部落、文化随笔等，以高品质作品跃升全国地级市文学期刊前列；出版增刊《红豆小说双年选2016—2017》《红豆随笔双年选2016—2017》，约39万字。年内，南宁文学院举办全国第二届《红豆》系列中小学校园文学创作征文大赛，包括“红豆·耕耘杯”中学生文学创作征文赛、“红豆·小作家杯”小学生文学创作征文赛2个类别。3月30日起，面向全国征稿，收到全国90%的省、自治区、直辖市作者来稿1.50万篇；12月，经过大赛评审组初选、审核、复评、终评4个环节，评出小学组一等奖3名，中学组特等奖1名、一等奖3名；小学组、中学组二等奖、三等奖和优秀奖各若干名。

（李　雁）

广播电影电视

【概 况】 2017年，南宁市（含驻市）有广播电台、电视台10家，其中省级广播电台1家（广西人民广播电台），市级广播电台1家；省级电视台1家（广西电视台），市级电视台1家；县级广播电视台6家。南宁人民广播电台有4个广播频率，南宁电视台有4个电视频道；县级广播电视台分别开通1个电视频道，其中3家分别开通广播频率1个。市属有线电视用户110万户；市辖区电视综合覆盖率100%。市级广播电视播出机构有员工663人，其中具有高级专业技术职务任职资格20人、中级115人、初级472人。县级广播电视播出机构有员工475人，其中具有高级专业技术职务任职资格1人、中级58人、初级255人。推出的《电视问政》《政风行风热线》等栏目影响力进一步扩大，促进政府机关转变作风、依法行政。年内，南宁人民广播电台、南宁电视台开展大型活动200多场次。南宁人民广播电台被中央人民广播电台《央广新闻》采用稿件2条；南宁电视台被中央电视台采用新闻稿件74条，其中8条在《新闻联播》栏目播出，新闻上稿数量保持在自治区各市媒体第一方阵。全市有47家数字影院（市区40家、县级7家）；年度电影票房4.30亿元，占自治区年度电影票房总额10.30亿元的41.75%；面向全市1394个行政村、209个城市街道社区、170个乡镇社区完成公益放映电影2.13万场；引导全市数字影院配合开展精神文明宣传，利用LED屏、电影屏等播放新版"帮帮侠"、防艾、防火、禁毒、法制宣传等公益广告3.85万次，总计时长8.72万分钟，受益400万人次。市文化新闻出版广电局局属广播电视机构获省级以上（含省级）广播电视奖120多个。

【南宁人民广播电台】 2017年，南宁人民广播电台设总编室、综合部、全媒体新闻中心、新闻广播部、交通音乐广播部、音乐广播部、汽车广播部、全媒体播控中心、全媒体广告中心、全媒体产业中心、全媒体研发中心11个部门，编制65名，有干部职工115人（在编48人、外聘67人），其中具有高级、中级专业技术职务任职资格36人。设有FM101.4综合广播（1014新闻台）、FM107.4交通音乐广播（1074交通台）、FM104.9乡村音乐广播（经典1049）、FM89.5故事广播（动感895）4套频率、南宁手机台APP客户端，广播覆盖南宁市区及周边27个县（市），覆盖人口1000多万。全台4套广播播出、手机台采用稿件11.94万条，其中录音新闻3360多篇、图片6970多幅、视频250多条；播出公益广告2.38万条次，共计1.29万分钟；实现经营收入2424万元。在宣传党的十九大精神工作中发挥主流媒体作用，出动记者890多人次，采集播发系列报道561篇，现场连线报道330多条次，图片及视频报道1250多条次。组织开展"第四届创新、创优、创意大赛"和"十周考核、市场检验——南宁电台2017年节目考核"活动，促进节目和主持人的良性循环。开展广播进社区活动，与11个社区达成合作关系，在新闻服务、民生服务和社区联动上开创新路。3月16日，"全媒体新闻中心"正式成立，人员主要由1014新闻台、1074交通台记者构成，实行记者全媒体化、采编全媒体化、发布全媒体化，建成兼具视频、音频、文字、连线、网络图文等多产品生产发布能力的全媒体采编中心。南宁人民广播电台获中央人民广播电台"中国之声"2016年度中央人民广播电台新闻报道（供稿）突出贡献奖。（区柱北）

【南宁电视台】 2017年，南宁电视台设办公室、人力资源部、总编室、全媒体新闻中心、全媒体广告活动中心、全媒体研究中心、影视娱乐频道、公共频道、新媒体部、节目部、电视剧工作室11个部门，二层机构有广西发扬文化传媒有限公司、南宁广电传播商务发展有限责任公司、南宁广播电视技术开发公司。有员工357人，其中具有高级专业技术职务任职资格13人、中级57人、初级171人。有4个电视频道（新闻综合、都市生活、影视娱乐和公共频道）。自办栏目、自制节目播出时间：每年2652小时。电视节目综合覆盖率69.20%、约500万人。南宁电视台4个频道全年本地总收视率1.75%，比上年同期下降21.35%；市场份额8.45%，下降10.05%。播出喜迎十九大，讲文明、树新风公益广告等共2.10万条次，1.56万分钟；开办南宁首家具有网络视频传播资质的网站"老友网"，策划、制作28个网络热点专题。全年经营创收1.08亿元。1月1日起，南宁电视台对新闻综合频道、都市生活频道节目进行求新求变、全新改版。新开设自办节目《新闻社区》《我的心灵花园》，《帮得行动》改版为《金牌帮女郎》，《新闻多看点》改版为《新闻晚点评》，形成新闻综合频道以新闻为主、都市生活频道"法理人情+电视剧"为特色的频道定位。《南宁新闻》开设《认真学习贯彻总书记视察广西重要讲话精神以优异成绩迎接党的十九大胜利召开》《砥砺奋进的五年》专栏，随后相继开设《喜迎十九大》等专栏，全面展示和反映南宁市各项事业发展所取得的成就；继续打造好头条工程，每月开设专刊专栏，除重点开设十九大相关专栏外，还开设《加快建设四个城市勇当广西营造三大生态实现两个建成的排头兵》《两会时刻》《2017南宁渠道丝路交响》等10多个主题专栏。《新闻夜班》等自办节目开设《我家这五年》《厉害了我的南宁》等专栏，推出《南宁蓝》等主题微视频。《扶贫故事》栏目全年走访五县七城区73个贫困村，制作播出75期节目。完成2017"南宁渠道丝路交响"中国－东盟跨国采访行动，与中央电视台中文国际频道、中新社等媒体共同组成摄制组，完成制作20集大型系列报道和1部5集纪录片。全新打造短视频节目《这里是南宁》，推出《南宁蓝》《魅夜南宁》《那考河风光》等作品，通过融合传播，影响力增强。南宁电视台"两微一端一网"对壮族三月三活动30天的网络传播中，播发新闻600多条，网络点

2017年8月27日，第六期《向人民承诺》电视问政节目在南宁电视台直播

市文新广局提供

击量突破60万，观众覆盖全球11个国家和地区。推动媒体融合，南宁头条APP进行多次改版，可视阅读感更强。与广州台进行网络视频合作，使用彩云直播系统，联合全国200多家城市电视台新媒体平台和城市云平台，运作全国性的大型手机联合直播。南宁头条新闻客户端承接市委宣传部例行新闻发布会微直播任务，粉丝数量超过30万。南宁电视台的微信公众号有10多个，与南宁电视台官方微博初步形成以南宁电视台为总品牌的两微集群产品，增强新媒体时代南宁电视台的媒体影响力。年内，南宁电视台播发与党的十九大相关稿件350多条，公益宣传片2600多条次；被中央电视台各栏目采用稿件121条，其中《新闻联播》采用22条；被广西电视台采用稿件404条，其中上《广西新闻》139条，创历史新高；电视台官方微博粉丝151万多人，微信集群的订阅量近20万；完成10期电视问政节目《向人民承诺》；举办"春天的旋律·2017跨国春晚"；牵头联合广西13家地级市电视台，自筹资金联制联播大型系列纪录片《广西的味道》，向自治区成立60周年大庆献礼。南宁电视台、县级电视台获省级以上奖项85个，其中南宁电视台制作的电视剧《兵变1929》获自治区"五个一工程"奖；《故事》获第23届中国纪录片十佳栏目奖。 （夏启伟）

【南宁广播电视技术中心】 2017年，南宁广播电视技术中心设综合部、制作部、播出发射部、技术发展部4个部门，在职105人，其中具有高级专业技术职务任职资格7人、中级21人、初级44人。年内，完成设备更新改造15项、采购金额1171万元。进行技术制作创新，丰富节目的制作形式，适应节目改版包装需求，提升节目技术制作档次；加大虚拟结合包装在全景演播室录制节目中的应用，为《走东盟》《新闻社区》《帮女郎》等节目制作出虚实结合的场景。1号演播室全面投入使用，为电视台节目搭建起全新的演播室舞美平台和技术制作系统，改善全台节目播出背板场景雷同的问题；4K摄像机与飞行器在节目拍摄中的应用，"靓化"新闻中心播出的节目；9月30日，双回路供电改造通过验收开始供电，发射台双回路专用配电建设项目启动，增强发射台的供电安全。完成北部湾文化传媒云平台项目建设，主要包括全媒体指挥调度中心、信号监测中心、多功能展示中心3个部分；完成现场直播51场、录播92场，其中南宁2017国际全程马拉松比赛的直播采用微波、光纤、卫星以及4G等多种结合模式，信号传输至广西电视台和南宁电视台新闻综合频道播出；完成制作2017环海南岛自行车赛的起终点信号转播系统和其他赛段分段直播，由中央电视台全程直播；完成《春天的旋律·2017跨国春节晚会》《2017年宾阳炮龙节炮龙直播》《环崇明岛国际自盟女子公路自行车世界巡回赛》《首届格力环广西公路自行车世界巡回赛》《世界女子九球锦标赛》等重要现场录播直播任务，时长1万多分钟；完成春节、全国人民代表大会和全国人民政治协商会议、中国－东盟博览会、中国－东盟商务与投资峰会与南宁国际民歌艺术节、党的十九大召开等重要直播转播任务。年内，广播电视完成安全播出2.70万小时，无线电发射台完成安全播出3.50万小时。 （黄国丽）

【南宁广播电视报】 2017年，南宁广播电视报由南宁电视台主办。全年出版发行50期，820个版面，180万字的编辑、审核与校对。报纸经过与读者和市场的磨合，版面经过不断地创新改革，更加符合南宁市民的需求；在服务、生活、娱乐资讯等方面更加凸显个性特色。开设"真探社""民生""亲子""健康"等版面，结合电视台相关活动进行宣传；对不同版面进行个性化设计，并通过文字和图片的配合，报纸呈现更为立体和美观；通过建立读者联盟、微信互动、征稿、报纸进社区等多种形式与读者互动。 （夏启伟）

【重大项目宣传与大型活动】

党的十九大宣传 2017年，南宁广播电视媒体把做好党的十九大宣传作为首要政治任务，以专题专栏为主要窗口，以全媒体发布为主要特色，在党的十九大宣传工作中发挥主流媒体作用。4月，开设《认真学习贯彻总书记视察广西重要讲话精神，以优异成绩迎接党的十九大胜利召开》《砥砺奋进的五年》《喜迎十九大》《为了总书记的嘱托》《十九大时光》《热烈庆祝党的十九大胜利召开》等专栏，围绕市委中心工作，聚焦脱贫攻坚和医疗服务、绿色发展和绿色生活、创新发展和科学发展3项民生工程，全面反映党的十八大以来南宁市取得的新成就，基层干部群众对党的十九大召开的热情期盼；展现全市各族人民群众跟党走的决心和信心。南宁电台出动记者890人次，充分发挥全媒体发布手段，采集播发系列报道561篇；现场连线报道330条次；图片及视频报道1250条次。在党的十九大会议期间，南宁电台主要新闻栏目播出新华社、《广西日报》《南宁日报》、中国城市广播联盟等有关党的十九大召开稿件2780篇。南宁手机台组织、部署迎接党的十九大宣传报道，同步推出《喜迎十九大》《砥砺奋进的五年》《十九大代表风采》等专题报道，以大时段图文、短视频、即时推送、滚动公告的方式，聚焦南宁迎接盛会，反映南宁瞩目成就，以及全市学习宣传贯彻落实党的十九大精神相关报道。南宁手机台共编发党的十九大新闻资讯920篇，专题专栏5个；总访问量超过251万人次，其中党的十九大公益广告宣传视频访问量8.70万人次。南宁电视台《南宁新闻》开设《认真学习贯彻总书记视察广西重要讲话精神以优异成绩迎接党的十九大胜利召开》《砥砺奋进的五年》2个专栏后，相继开设《喜迎十九大》等党的十九大专栏，展示、反映南宁市各项事业发展成就。在《新闻夜班》等自办节目中开设、推出《我家这五年》《厉害了我的南宁》等专栏和《南宁蓝》等主题微视频。老友网完成策划、制作28个网络热点专题。南宁电视台播发与党的十九大相关稿件350条，公益宣传片2600条次。

"头条工程"报道 南宁电台在1014新闻台、1074交通台的主频率开设《美丽南宁宜居乡村》《加快建设"四个城市"，勇当广西营造"三大生态"、实现"两个建成"的排头兵》《学习贯彻党的十八届六中全会精神》《学习贯彻习近平总书记"七一"重要讲话精神》《聚焦脱贫攻坚战》《砥砺奋进的五年》《喜迎十九大》《热烈庆祝党的十九大胜利召开》《十九大代表风采》《十九大时光》等25个专栏，对各个阶段的重点宣传工作进行提前策划，有计划、有步骤地进行集中报道。完成策划加快建设"四个城市"，勇当广西营造"三大生态"、实现"两个建成"的排头兵——"六大升级"工程系列报道，反映2017年南宁市在"六大升级"工程上取得的成绩。4月19日至21日，中共中央总书记习近平专程到广西视察指导，南宁人民广播电台重点采访报道南宁市各行各业学习贯彻习近平总书记视察南宁的重要讲话精神，以及总书记接见过的各界代表人员谈体会、谈感想等，播发相关稿件36篇。10月11日，1014新闻台开设《砥砺奋进的五年，为了总书记的嘱托》专栏，记者重访习近平总书记在南宁考察调研的地点、接见过的人，再现总书记在南宁调研考察时的感人细节。南宁电视台《南宁新闻》每月开设有专刊专栏，除重点办好党的十九大相关专栏外，还开设有《加快建设"四个城市"，勇当广西营造"三大生态"、实现"两个建成"的排头兵》《两会时刻》《2017南宁渠道丝路交响》等10多个主题专栏。

《政风行风热线》 年内，南宁人民广播电台播出《政风行风热线》节目180

期，有72个单位、182名科长、167名副科长上线；接听群众电话1015个，其中投诉类275个，投诉回复率100%；内容涉及物价、食品安全、产品质量、物业管理、噪音扰民、交通管理、环境卫生等群众关心的热点、难点问题。1074交通台《大嘴说交通》等频道曝光车辆乱停乱放、交通违法等650人次，同时在新媒体平台进行互动，线上主持人、嘉宾与网友互动，发挥舆论监督作用。

电视问政直播　南宁电视台围绕市委、市政府中心工作，完成制作播出《向人民承诺》电视问政节目10期，聚焦扬尘治理、重大项目建设进展、食品安全等选题，打造出内容精彩、社会评价高、影响力大的电视直播节目。新媒体传播"老友网"平台在线播放电视问政相关节目，访问量最高达19万。据新浪提供数据，南宁电视问政节目开播以来，新浪微博"南宁电视问政"话题阅读量累计2670.80万。

中国－东盟跨国采访行动　7月11日至8月2日，南宁电视台与中央电视台中文国际频道、中新社等媒体共同组成摄制组，开展2017"南宁渠道丝路交响"中国－东盟跨国采访行动，分3条线路赴6个国家分批进行，先后赴马来西亚—柬埔寨、泰国—缅甸、菲律宾—印度尼西亚等东盟国家进行采访；以"政策沟通、道路联通、贸易畅通、货币流通、民心相通"为主题，重点采访在海外打拼奋斗的广西人以及海外广西企业，反映经贸合作实况，凸显"南宁渠道"作用；完成制作20集大型系列报道和1部5集纪录片。借助中新社的海外合作平台，在迪拜中华网、东盟卫视、加拿大多伦多电视台落地播出，进一步向海外传播南宁声音。

中国－东盟博览会、商务与投资峰会宣传　中国－东盟博览会、中国－东盟商务与投资峰会与南宁国际民歌艺术节举办期间，南宁人民广播电台、南宁电视台统一开设《两会时刻》《2017大地再飞歌》等专栏，南宁人民广播电台联合北京音乐台和全国卫星音乐广播协作网共26家省、市电台进行《"2017大地飞歌"晚会》大型直播，节目覆盖广播媒体、互联网站等全国各地7亿听众。

公益广告制作播出　南宁人民广播电台进一步加大公益广告制作、播出力度，电台4个频率密集播出《电动车充电注意安全》《创文明城》《礼让斑马线》《社会主义核心价值观》《中国梦》《喜迎十九大》等公益广告，在重点时段、重点栏目中滚动播放公益广告2.38万条次，1.29万分钟。南宁电视台播出喜迎党的十九大，讲文明、树新风公益广告等2.10万条次，1.56万分钟。

【影视剧生产】 2017年，南宁电视台影视剧投资稳步增长。总投资400万元，拍摄《锦衣之下》《觉醒》2部电视剧，销售电视剧版权收入486万元。12月，南宁电视台参与投资的电视剧《东风破》在中央电视台电视剧频道（央视八套）播出，取得频道全年收视排名第一的好成绩，获中央电视台2017年度电视剧突出贡献奖。

【广播电视媒体与新媒体融合发展】 2017年3月16日，南宁电台"全媒体新闻中心"正式成立，人员主要由1014新闻台和1074交通台记者构成，实行记者全媒体化、采编全媒体化、发布全媒体化管理模式；建成兼具视频、音频、文字、连线、网络图文等多产品生产发布能力的全媒体采编中心，推动新闻生产模式转型升级。南宁手机台经过9个月运行测试，11月6日正式上线，定位"新闻＋政务＋服务"，重点打造4大核心产品：以服务市委市政府为主的新闻专栏——邕有头条，以直播新闻事件和活动为主的直播专栏——瞄直播，以服务市民方便政务为主的政务专栏——南宁号，以倡导全民读书为主的阅读专栏——朗读者。年内，南宁手机台总点击量超过1000万，最高日活跃用户15.60万人次；1074交通台上线运行"开吧"、经典1049上线"一元课堂"、动感895上线"895来一发"专业性APP，全年访问量超100万人次。南宁电视台启用南宁市文化新闻出版广播电视局新媒体播控中心，多个文化网站重新搭建，建立统一的内容管理后台、用户中心、安全监管机制。"两微"规模不断扩大，形成以南宁电视台为统一品牌的两微集群。电视台根据市场需求、精心设计不同特色开发建立新的微信号，南宁电视台微信公众号达到10多个；与南宁电视台官方微博初步形成以南宁电视台为总品牌的两微集群产品，增强新媒体时代南宁电视台的媒体影响力。台官方微博粉丝150多万人，微信集群订阅量20多万。南宁头条APP进行10次改版，可视阅读感更强。与广东省广州电视台进行网络视频合作，使用彩云直播系统，联合全国200多家城市电视台新媒体平台、城市云平台，45次运作全国性的大型手机联合直播。南宁头条新闻客户端承接南宁市例行新闻发布会微直播，粉丝数量超过30万。

【电影放映单位选介】

五一影城　位于兴宁区望州南路90号时代茗城4楼，面积4500余平方米，按照全国一线影院标准建设，2017年影城新建成。有高标准专业电影厅6个，全部采用国际先进的高清数字放映装置，其中3个影厅装备激光放映设备；有座位1100多个，最大的DMAX巨幕影厅可以容纳422人，最小的影厅有180个座位；影院配备DOLBY数码立体声环音设备和4K高清数字放映机系统。

中影环球影城　位于兴宁区朝阳路9号百盛步行街广场6楼，2017年影城新建成。有影厅8个，8套放映设备全部采用激光放映；有座位675个。是南宁第一家全厅引进按摩椅的影院，也是广西第一家24小时营业的影城；对VIP会员提供专属毛毯、拖鞋、3D眼镜、充电宝以及送餐到位服务。

南宁万达电影城（悦荟店）　位于兴宁区青云街18号悦荟广场B座三层。建筑面积4537平方米，有影厅6个（含1个IMAX影厅、2个6FL全景厅），每个影厅内高度超过9米；有座位1361个，阶梯式座椅排距达1.20米。是广西首家IMAX影院。

金逸红星电影城　位于兴宁区步行街59号3楼。有影厅6个，放映设备采用巴可数字放映机，其中一号影厅为数字双机放映厅；有座位728个。2017年，进行影城大堂风格更新。

幸福蓝海国际影城　位于兴宁区民主路20号南宁百货"跨境购"三楼，总面积近5000平方米。有专业影厅9个（含2个杜比全景声ATMOS巨幕影厅、1个进口MX4D影厅）；有座位近1200个。是江苏幸福蓝海影视文化集团全力打造的连锁影院品牌，也是广西首家按照超五星级标准建立的智慧科技影城。

万达影城（江南店）　位于江南区亭洪路48-1号江南万达广场4楼，占地9000平方米，总建筑面积13.50万平方米，2017年影城新建成。有影厅10个，特色影厅为IMAX（芝华仕座椅）、MX4D、VIP（芝华仕座椅）等；有座位1665个。

江南电影院　位于江南区星光大道25号。有影厅2个，配备国际先进的SR/D数字还音系统；有座位571个。是具有多年外映作业的国有控股电影院。

南宁橙天嘉禾江南影城　位于江南区白沙大道20号南城百货江南购物中心4层，隶属橙天嘉禾集团。影城内设大、中、小3D数字影厅7个，均采用国际领先的专业视听设备；可同时容纳1000名以上观众，座席采用国际流行的全方位大坡度最佳观影视野设计。

南宁横店影城　位于江南区五一东路19号江南水街。有3D影厅6个，其中358座的双机4K巨幕厅1个。有座位1151个。影城参照星级影院标准进行装修,采用国际领先的巴可放映机设备。

南宁大地影院(江南梦之岛店) 位于江南区五一东路3号梦之岛百货6楼。有放映厅4个,全部更换采用金属屏;有座位718个。

大地影院(南宁淡村店) 位于江南区五一东路7号淡村商贸城6号楼5楼。有放映厅5个,全部更换采用金属屏;有座位760个。

中影泰得影城(龙光世纪店) 位于青秀区东盟商务区中柬路8号(中菲路南面)2层,2017年新建成。影城采用国际专业设计团队,由国际知名顶级设计大师Shayne专业执掌;有专业豪华影厅7个,有座位560个,为观众提供舒适的真皮座椅;配备美国顶级JBL品牌专业音响设备,以及专业激光放映机。

南宁万达影城青秀店 位于青秀区东葛路延长线118号青秀万达广场2号门5层。有多功能影厅15个,含中国首家MediaMationMX4D动感影厅、最佳视听感受杜比影厅、最佳视效IMAX厅、6个6FL全景厅、1个VIP厅、1个儿童主题影厅,其余为RealD3D影厅,同时配备6台4K高清放映设备;可同时容纳2700多人观影;是万达院线集合全球最新电影科技和服务打造的观影体验"新概念"中国航母级影院。

南宁沃美影城 位于青秀区民族大道136号南宁华润万象城L5层。总面积近6000平方米,有放映厅9个,包括拥有全球第五块中国巨幕放映厅、影院听觉最佳音质的杜比全景声设备;有座位1700余个。2017年,影城放映设备从原有的氙灯设备改为亮度更高、对比度更高的激光放映设备,完成4号厅、5号次巨幕厅、9号厅的设备升级。

民族影城 位于青秀区民族大道街150号二楼、三楼。有影厅9个,含IMAX巨幕影厅、4K全景巨幕厅、4K巨幕厅、VIP贵宾厅、摩摩哒VSPA影厅;配置技术高端、先进的放映、音响设备,有座位2108个。

中影国际影城(南宁青秀航洋城店) 位于青秀区民族大道131号会展航洋购物中心城五楼、六楼。设原生版杜比全景声中国巨幕,有影厅7个,所有影厅一字水平布置,内设购票、卖品、休息、电影衍生品购物区等场所;有座位1188个。

南宁中影国际影城(水晶城店) 位于青秀区金湖路61号水晶城三层。有影厅4个,按照五星级标准,采用数码视听设备,包括巴可2K数字放映机、杜比数码SRD、DTS等系统还原设备、美国QSC功放系统、德国施耐德高端镜头以及金属超清晰巨幅银幕等;有座位606个。

南宁新星时代电影大世界 位于青秀区新民路与七星路交汇处华星时代广场五楼、六楼,是浙江时代院线旗下"时代电影大世界"品牌连锁影院之一。经营和配套设施总面积近8000平方米,有放映厅8个;有座位1399个;由中国美院根据国际一流声像标准设计,按国家五星级现代影院标准建设。

星湖影城 位于青秀区星湖路1号。占地2000平方米,有影厅4个;有座位841个;是集电影、购物、餐饮、娱乐、休闲等现代时尚元素的国有控股影城。

实验电影院 位于青秀区建政路17号,是自治区下属国有控股电影企业。有影厅3个,配备进口数字放映设备、金属银幕、采用多声道高保真立体声环音系统、JBL功放及JBL音箱;有座位192个。

南宁泰和影城(民族宫店) 位于青秀区民族大道49号新梦之岛5楼西区,严格按照国家星级影城标准设计和施工,全部采用索尼4k数字放映机等国内外最先进的电影软件设施。有放映厅4个,均设计为超豪华的VIP贵宾影厅,配置的全是舒适宽大的真发沙发座(躺)椅,配有电动可调式的功能,是目前南宁市唯一能"躺着看电影"的影城;有座位220个。

南宁橙天嘉禾盛天地影城 位于青秀区中越路8号盛天华府负一层,是自治区唯一地下大型影院。有全数码影厅6个,有座位614个;有VIP专属影厅(内置可调式单人真皮沙发)、吧台、休息区及特殊定制服务,南宁率先采用会所式全新经营模式。

广西南宁广湛影院 位于青秀区双拥路东一巷25号国立又一城商场4楼,为南宁第一家加盟大地院线的非大地影院集团直营影院。有影厅4个,采用目前最先进索尼4K超清放映机和超清金属荧幕;有座位464个。

南宁安吉万达影城 位于西乡塘区高新大道55号万达广场四楼。有影厅10个,包括芝华士头等舱IMAX厅、儿童厅、VIP厅等特色影厅;有座位1678个。

南宁华纳数字影城 位于西乡塘区西明商业广场A座四楼,是深圳时代华纳影业集团旗下的分影城之一。有国际化标准3D放映厅5个,采用数码立体声音响,超大的银幕;影厅以"青春45°"为主题,按照国际五星级影院标准,集国际先进电影元素和视听技术,兼具单位观影包场、会议包场、生日聚会等功能。有座位422个。

广影万福电影城 位于西乡塘区友爱北路26号的广西电影制片厂影视制作生产大楼三楼。有全数字高清放映厅5个,全部使用2K数字放映设备;有座位518个。

万达影城(万达茂店) 位于邕宁区良堤路万达茂娱乐楼三楼,2017年新建成。有影厅10个,包括拥有IMAX、4D、VIP特殊影厅;IMAX、VIP影厅,采用芝华士真皮沙发座椅;4D影厅在采用国内最先进的MAX4D设备。有座位1942个。影城装修突出壮族风格,多处以壮锦图案为元素进行装饰和点缀,烘托出浓郁的壮族风情。

金视华艺国际影城 位于良庆区玉洞社区的银海大道、玉洞大道交界处瑞和购物公园2楼。有10米层高的巨幕厅1个,影厅内配备杜比全景声、进口JBL音响、全金属高增益银幕、索尼4K双机高清放映机;有座位541个。

威尼斯国际影城 位于良庆区五象大道15号金盛广场三楼。有影厅4个,放映设备有SONY数字4K投影机;有座位420个。

永恒晶钻国际影城 位于西乡塘区大学东路118号,总面积12495平方米。有影厅9个(1个IMAX厅、8个豪华数字3D影厅),放映设备10台(2台DP4K-32B、2台DP2K-32B、6台CP2210);有座位1078个。是全国首家进驻豪华酒店的IMAX星级影城。

星美国际影城 位于西乡塘区大学东路98号南宁百货大楼新世界购物中心3楼。拥有影厅4个(含3D厅),影厅内配备环绕立体声音响、全进口超高清金属银幕及数字放映设备;有座位920个。2017年,影城的内部环境进行升级(厕所改造、座椅套更新),新增候影休息区娱乐设备(按摩椅、娃娃机)。

大地影院(南宁东凯国际店) 位于西乡塘区鲁班路东凯国际商业广场1号楼B座3楼。有放映厅数为6个,均采用SONY4K放映机,给顾客高亮观影体验;有座位468个。

星星国际影城广西南宁店 位于西乡塘区高新南二路5号华成都市广场5楼。有影厅10个,放映设备10套。2017年,影城将8个影厅升级为激光厅;有座位1545个。影院空间大、光源细腻、观影效果好。

奥斯卡国际影城(普罗旺斯店) 位于白沙大道109号龙光普罗旺斯香奈儿庄园7号楼,建筑面积约4000平方米;五星级标准建设,2017年新建成。有标准放映厅6个,影城由著名米高梅设计公司设计，放映机器使用最先进的索尼4K投影机，音响选用广州飞科；有座位500余个。

恒大影城　位于那洪大道9号恒大城商业楼三楼，2017年影城新建成。有影厅7个；有座位1204个。是恒大院线公司在南宁登录的首家已开业影城，影院依托恒大住宅项目定位为社区型影城，打造家门口的五星级影城，实现巨幕、3D影视体验零距离引入社区。

爱维星影城　位于武鸣区兴武大道167号恒宁·太阳物中心3层。有影厅5个［1个杜比(DolbyAtoms全景声巨幕厅、4个主题风格厅］，采用三光路玲珑3D、超视距曲面金属银幕，矩阵式环绕音响系统及超视网膜放映设备；有座位740个。

横县电影院　位于横县横州镇槎江路45号。有影厅3个，座位472个。其中，1号影厅有252个座位，配备有1台科视CP42304K高清专业放映设备(为广西县级电影院首台)、16米宽的弧形巨幕、杜比音效的音响系统；新建2号影厅有94个座位，配备有1台科视CP2208高清专业级放映设备、8米宽的大银幕、杜比音效的音响系统，观影环境舒适；新建3号影厅有126个座位，配备有1台科视CP2220高清专业级放映设备、10米宽的大银幕、杜比音效的音响系统。

大地影院(南宁横县太阳广场店)　位于横县宝华中路太阳广场3楼。有影厅5个，均为索尼放映设备；有座位410个。

宾阳时代电影城　位于宾阳县商贸城广场南路小花园。有影厅5个，放映设备引进2K、4K数字放映机；有座位651个。2017年，影城更新放映设备，将2套第一代的巴可放映机换为NEC激光放映机。

上林世纪彩溢影院　位于上林县大丰镇澄洲路23号锦林大厦5楼C区，面积1100平方米。有3D观影厅3个，采用3台巴可2K放映设备；有座位368个。是上林县第一家数字影院。

马山县星海影城　位于马山县体育馆西门一楼。有影厅3个，放映设备采用NEC2K放映机，兼容2D/3D影片的播放，国内知名品牌5.1环音系统；有座位262个。2017年，扩建108平方米的观众休息区域。

隆安县思宇世纪影城　位于隆安县恒源市场三楼，占地1500平方米，超三星级标准建造的数字化影城。有数字化电影厅4个，使用索尼4K放映设备；有座位202个。是隆安县首家规模化、专业化的现代影城。　　（葛应俊）

新闻出版管理

【版权管理】　2017年，市文化新闻出版广电局加大版权保护力度，组织开展打击网络侵权盗版“剑网2017”专项行动，办结侵权盗版案件12起。11月2日，《中国新闻出版广电报》对南宁市办结的“皮皮小说网”侵犯著作权案情况进行宣传报道。履行版权纠纷调解职能，全年受理并调解文字作品版权纠纷投诉1件；推进政府机关使用软件正版化，举办2017年全市政府机关软件正版化培训班，培训230余人次。组织市、区县(开发区)党委、人大、政府、政协、法院、检察院、民主党派、人民团体等政府机构开展软件正版化自查自纠。对市级和区县行政机关推进政府机构使用正版软件工作情况进行抽查、检查，并在全市通报。市文化新闻出版广电局被国家版权局评为2016年度查处侵权盗版案件有功集体三等奖。　　（廖　斌）

【印刷发行】　2017年，市文化新闻出版广电局组织全市印刷企业452家参加年度报告，其中按规定提交年度报告的印刷企业434家，未提交年度报告的印刷企业18家。全市印刷企业资产总额55.80亿元；完成销售收入44.60亿元，比上年增长9.80%；实现工业总产值46.60亿元，增长6.10%；工业增加值10.80亿元，增长6.90%。有规模以上重点印刷企业(年印刷工业总产值超过5000万元)23家，其中超亿元企业9家；实现工业总产值累计28.40亿元。组织全市出版物发行单位1148家参加年度核验，其中获年度核验通过908家，被要求暂缓办理年度核验230家，不予通过年度核验10家。全市出版物发行单位资产总额128.40亿元，完成销售总额53.50亿元，实现营业收入98.30亿元。　　（孙焕盈）

【中小学教辅材料印刷发行监管】　2017年，市文化新闻出版广电局在南宁市中小学校春季、秋季学期开学前后，组织各级文化市场执法人员，对文印店、文具店、超市、图书批发市场等销售中小学教辅的经营单位进行集中专项检查；结合各地实际情况统筹协调，会同教育、物价等部门利用圩日对农贸市场无证销售出版物的摊点进行整治；通过教育部门做好学校教辅教材的征订，加强宣传、教育和监管，让学校师生从思想上认识到假冒伪劣教材的危害，主动使用正版教材；组织有关部门联合开展进校教辅检查，采取听学校领导汇报、询问学生和教师、查看学生书包、访问学生家长等方式，随机抽查学生使用的教辅材料，向学生及家长了解各学校对教辅资源的管理和使用情况，从源头上杜绝假冒伪劣教材进校园。　　（黎　慧）

【公益广告监管】　2017年，市文化新闻出版广电局加强对公益广告制作、内容和播出的管理，引导各播出机构围绕党的十九大召开、宣传党的十九大精神、讲文明树新风、实现中国梦、树立社会主义核心价值观、廉洁从政、安全生产、防范和处置非法集资等主题和内容进行制作、播出；针对部分播出机构存在播出游动字幕广告、违规插播广告等现象，开展违规广告专项治理行动，对群众投诉问题及时约谈相关单位负责人，要求播出机构组织广告从业人员学习新颁布的《中华人民共和国广告法》并遵照执行；进一步完善广告发布审核制度，对广告内容实行“三级审批制度”，保证广告内容真实、合法；取缔广播电视广告播出违规的医疗器械及滋补品广告内容，逐步实现虚假医疗药品广告尤其是涉及性病、肝病、肿瘤等禁播广告杜绝在媒体上播出。引导公益广告播出机构加强精品公益广告创作，先后组织各播出机构参加全国节能公益广告作品征集活动、全国知识产权公益广告作品征集活动、全国禁毒公益广告作品征集活动、全国敬老养老助老公益广告作品征集活动及南宁市2017年“讲文明树新风”公益广告创作大赛等；推进“绿色频道、频率”建设，指导广播电视媒体创新创收手段，用好媒体融合平台，培育和强化广播电视媒体公信力。全年累计制作公益广告352条，播出公益广告6.10万次、总时长10.56万分钟。　　（谢　榭）

【内部资料性出版物监管】　2017年，市文化新闻出版广电局严格执行内部资料性出版物审读制度，规范内部资料性出版物监管，确保内部资料性出版物不出现原则性问题。年内，完成内部资料性出版物审读92种、198期(批)、390份(册)。

（张震宇）

体　育

竞技体育

【概　况】　2017年，南宁市体育局设办公室、竞技体育科、群众体育科、青少年体育科、人事科5个科室，编制22人(含工勤2人)，在编21人。有二层单位8个：市体育运动学校、南宁吴数德举重学

2017年9月7日，在天津进行的第十三届全国运动会体操男子跳马比赛中，南宁市籍运动员黄明淇(右)夺冠　　市体育局提供

校、市体育管理培训中心、市体育产业发展服务中心、市体育场、南宁手球训练基地、市老年人体育服务中心、市社会体育发展中心。

南宁市籍运动员参加国际体育比赛，获金牌6枚、银牌7枚、铜牌2枚；参加全国体育比赛，获金牌37枚、银牌36枚、铜牌49枚；参加自治区各单项青少年锦标赛，获金牌224枚、银牌152枚、铜牌147枚。审批国家二级运动员89人，一级裁判员17人、二级裁判员198人、三级裁判员297人。

【参加体育比赛】

2017年蹼泳世界杯总决赛　2017年9月22日至23日在土耳其举行。南宁市籍运动员许艺川获女子4×100米蹼泳接力冠军、女子100米器泳亚军、女子100米蹼泳亚军、女子200米蹼泳亚军。

2017年国际泳联跳水系列大奖赛　11月9日至12日在澳大利亚举行。南宁市籍运动员黄小惠获女子3米板季军。

2017年苏迪曼杯世界羽毛球混合团体锦标赛　5月28日在澳大利亚举行的决赛中，南宁市籍运动员鲁恺获混合团体季军。

2017年德国羽毛球黄金赛　2月28日至3月5日在德国举行。南宁市籍运动员鲁恺获混合双打亚军。

2017年全英羽毛球公开赛　3月12日在英国举行的决赛中，南宁市籍运动员鲁恺获混合双打冠军。

2017年印度羽毛球公开赛　4月2日在印度举行的决赛中，南宁市籍运动员鲁恺获混合双打冠军。

2017年马来西亚羽毛球公开赛　4月4日至9日在马来西亚举行。南宁市籍运动员鲁恺获混合双打亚军。

2017年新加坡羽毛球公开赛　4月11日至16日在新加坡举行。南宁市籍运动员鲁恺获混合双打冠军。

2017年亚洲羽毛球锦标赛　4月26日至5月1日在武汉市举行。南宁市籍运动员鲁恺获混合双打冠军。

第16届亚洲蹼泳锦标赛　12月9日至12日在山东省烟台市举行。南宁市籍运动员许艺川获女子4×100米蹼泳接力冠军、女子4×200米蹼泳接力冠军、女子100米器泳冠军、女子200米蹼泳亚军、女子100米蹼泳季军。

第十三届全国运动会　8月27日至9月8日在天津市举行。南宁市籍体操运动员黄明淇获男子跳马冠军、水球运动员李晨颖获女子水球季军、羽毛球运动员鲁恺获混合双打季军、跳水运动员黄小惠和韦颖获跳水女子团体季军。

(严　明)

群众体育

【群众体育活动】

冬泳邕江活动　2017年1月1日上午，南宁冬泳邕江活动在邕江大桥冬泳码头及所处水域举办。市体育局、市体育总会主办。南宁、广州、佛山、柳州、梧州、钦州、贵港、玉林、百色、崇左等地的冬泳爱好者3000多人参加，比上年增加近1000人。

第九届广西体育节　8月8日至11月18日，广西壮族自治区人民政府主办的第九届广西体育节在广西各地举办，主题为“喜迎十九大，健身助健康”。8月8日，第九届广西体育节开幕式南宁主会场活动在青秀山风景区举行，自治区、南宁市的有关领导及各界干部群众等约5000人参加。同时，各市、县(市、区)分别设分会场举办开幕式活动。开幕式主会场组织进行太极拳、健身操等多个全民健身项目展示，并举行“助威环广西　骑行嘉年华”自行车骑行及2017年“全民健身　健康广西”广西百万群众健身走活动。体育节期间，南宁市举办98项赛事活动(国家级、自治区级、市本级赛事活动29项，区县级赛事活动69项)，有153.75万人次参与活动。

【民族体育】

参加广西“壮族三月三·民族体育炫”活动　2017年3月28日至31日在来宾市、崇左市举办广西“壮族三月三·民族体育炫”系列比赛、活动，南宁市派出6支队伍101人参加。花炮队、珍珠球队获三等奖；高脚竞速男子组100米、200米获三等奖，2×200米接力获二等奖；高脚竞速女子组100米获二等奖、三等奖，200

2017年8月8日，第九届广西体育节开幕式南宁主会场健身走活动　　市体育局提供

米获三等奖，2×200 米接力获三等奖；高脚竞速混合组 4×100 米混合接力获二等奖；板鞋竞速男子组 60 米、100 米，混合组 4×100 米混合接力均获三等奖；表演项目获二等奖。

筹备参加广西第十四届少数民族传统体育运动会　2017 年，南宁市通过第十一届少数民族传统体育运动会，以及在少数民族青年学生较集中的大中专院校发现、储备少数民族传统体育运动人才，并加强完善 10 个民族传统体育训练基地建设，抓紧队伍培养，为参加广西第十四届少数民族传统体育运动会做好筹备。

【南宁市第十一届少数民族传统体育运动会】 2017 年 11 月 20 日至 24 日，南宁市第十一届少数民族传统体育运动会在青秀区举办，南宁市人民政府主办。横县、宾阳县、上林县、马山县、隆安县、兴宁区、江南区、青秀区、西乡塘区、邕宁区、良庆区、武鸣区和南宁高新技术产业开发区、南宁经济技术开发区、广西—东盟经济开发区、青秀山风景区及南宁职业技术学院、广西南宁技师学院 18 个代表团、1499 名运动员、256 名裁判员参加。设有珍珠球、毽球、投绣球、板鞋竞速、高脚竞速、射弩、打陀螺、武术 8 个竞赛项目和 3 个表演项目；颁发奖杯 54 座，产生奖牌 426 枚。

【学校体育】 2017 年，南宁市开展学校体育运动比赛，遴选全国青少年校园足球特色学校及试点县（区）；举办南宁市第三届“千里杯”校园足球比赛，组建南宁市代表队参加 2017 年广西第三届“千里杯”校园足球联赛，分别获中学男子组全区冠军和中学女子组全区亚军。举办市第十届中小学少数民族传统体育运动会、第十六届“新阳杯”小学生乒乓球比赛。举办南宁市中小学生师生“三对三”男子篮球赛，平西小学获小学组冠军，市四职校篮球学校获初中组、高中组冠军，二十六中获教师组冠军；高新小学南校区、九中、武鸣高中、荣和实验学校分别获定点投篮比赛小学组、初中组、高中组和教师组冠军。组织南宁市 15 所小学、3 所中学共 26 个代表队参加 2016—2017 年全国啦啦操联赛总决赛暨中国啦啦操之星争霸赛总决赛，夺得 24 项冠军、4 项亚军、5 项季军、3 项第四名和 1 项第五名。组织 2017 年初中毕业升学体育与健康考试，7.60 万名考生参加考试。

【农村体育】 2017 年，南宁市利用中央、自治区、南宁市三级政府投入资金，建设一批乡镇农民体育健身工程、农民体育健身工程暨“两项工程”村级篮球场、健身路径、乒乓球台等农村体育场地和设施；结合传统节庆，区县因地制宜地开展具有地域特点的农民体育健身活动。影响较大的有：武鸣区“体彩杯”迎春气排球大赛、2017 年“信用社杯”武鸣区乡镇篮球赛暨第 22 届武鸣体育先进乡镇男子篮球赛，横县 2017 年春节乡镇篮球赛、横县 2017 年五人制足球赛，西乡塘区坛洛镇男子篮球赛、双定镇迎春拔河比赛，马山县里当乡龙那村篮球赛、百龙滩镇大龙村迎新春体育活动等。

【老年人体育】 2017 年，南宁市开展老年人体育重大赛事活动 5 项，举办老年人体育单项比赛 11 项，组织外出参与国内协作区、自治区举办的各类比赛交流活动 5 项次，发动参与赛事、培训活动的中老年人约 12000 人次；组织举办老年体育各项目培训班 21 项次，累计培训学员约 1600 人次，其中 205 名中老年健身指导骨干经考核合格，获“二级社会体育指导员”称号。市区有各类型体育健身指导晨（晚）练站点 530 个。南宁市老年人体育服务中心获国家体育总局授予“2013—2016 年度群众体育工作先进单位”称号，1 名职工获国家体育总局授予“2013—2016 年度群众体育工作先进个人”称号。3 月 23 日至 26 日，市老年网球代表队（10 人）赴云南省曲靖市参加第 31 届全国十城市老年人网球比赛，获优胜奖。4 月 26 日至 28 日，南宁市选手苏静代表广西队参加在广州举行的全国第十三届运动会群众项目比赛暨 2017 年太极拳健康工程系列活动太极拳公开赛（华南、华东赛区），获女子 D 组规定吴式太极拳项目一等奖，并在第十三届全运会群众项目决赛阶段的女子吴式太极拳 45 式比赛中获第二名。5 月 5 日至 11 日，国家体育总局、全国老龄委办公室、中国老年人体育协会联合主办，广西老年人体育协会、市体育局、市总工会、兴宁区人民政府共同承办的第三届全国老年人体育健身大会气排球交流活动在市工人文化宫举办。全国 36 个省（自治区、直辖市、设区市）老年人体育协会和行业老年人体育协会的 36 支代表队、818 人参加。南宁市组队分别参加男子组（36 支队伍）和女子组（34 支队伍）的比赛，均获优胜奖。5 月 16 日至 17 日，南宁市组成地掷球男、女代表队参加在南宁举行的 2017 年广西西南三市（区直）老年人地掷球比赛，分获男子组、女子组第一名，并获优胜奖。9 月底至 11 月初，南宁市组建老年体育代表团（125 人），参加分别在南宁市和钦州市举行的广西第七届老年人体育健身运动会乒乓球、气排球等全部 8 个项目的交流活动。10 月 25 日至 29 日，南宁市选派 14 人代表广西老年人体育协会赴贵州省兴义市参加全国第三届老年人体育健身大会健步走项目交流活动。

【社团体育】 2017 年，南宁市有单项体育协会 36 个，单项体育俱乐部 103 个，晨（晚）练站 530 个，市级、区县级、乡镇级，以及行政村、社区、居委会级老年体育协会 1825 个，居委会、社区和行政村普遍建有全民健身活动站点。年内，体育社会组织承办大型赛事和活动主要有：2017 年南宁冬泳邕江活动、“我是球王　我要上全运”2017 年广西气排球选拔赛南宁市决赛、2017 年“我爱足球”中国足球民间争霸赛广西赛区比赛暨第二届广西足球民间争霸赛南宁赛区海选赛、“中国体育彩票杯”第十三届南宁·东盟国际龙舟邀请赛、2017 年全国蹼泳锦标赛、2017“建行杯”ITF 国际女子网球巡回赛·南宁站等。

【社区体育】 2017 年，南宁市培训及审批二级社会体育指导员 809 人，全市各级各类社会体育指导员总数 23000 多人，超额完成每千人拥有 2 名（每千人有 3 名）社会体育指导员的目标要求。8 月至 10 月，派出各项目社会体育指导员在市中心城区的 10 个社区开展气排球、健身舞或八段锦等项目指导，每个社区利用周末及闲暇时间开展 4 次以上指导活动。市国民体质监测中心定期、免费为广大市民开展体质测试。城乡社区各健身站（点）、健身场所、全民健身活动均有社会体育指导员参与。12 月 30 日至 31 日，在市体育场举行南宁市首届社会体育指导员素质技能大赛，设 4 个项目（技能竞赛、体能竞赛、知识竞赛、教学竞赛），各区县、开发区及市属高校组队参赛。

【妇女体育】 2017 年，南宁市利用元旦冬泳、端午节龙舟赛、气排球赛、解放日长跑等传统品牌赛事和活动，组织妇女参加体育活动；通过组织开展活动，激发广大妇女参与全民健身和坚持日常锻炼的积极性，营造更加浓厚的全民健身氛围。同时，安排超过 2000 名妇女进行免费的国民体质测试。

【职工体育】 2017 年 11 月下旬始，南宁市组织 8 个机关事业单位、6 家企业、5 个社区、20 所学校、1 个行政村共同开展全民健身联建共建活动（至次年 1 月结束）。机关、企事业单位主要开展国民体质监测，社区进行八段锦、太极拳等项目的培训，学校开展足球、篮球、跳绳进校园的活动,行政村组织进行相关体育活动,掀起全民健身新热潮。

【城乡体育设施建设】 2017年,南宁市利用中央、自治区、市三级政府投入资金1825万元,建设308个体育场地和设施项目,面积约10万平方米。其中,国家安排中央集中彩票公益金780万元,建设6个项目(公共体育场田径跑道和足球场建设项目1个、乡镇农民体育健身工程4个、公园配建体育设施项目1个);自治区财政安排325万元,建设65个村级篮球场;市财政投入约420万元,在全市范围内建设120套健身路径器材,体彩公益金安排300万元,扶持区县新建117个体育设施项目(健身路径52套、标准篮球场9个、乒乓球场56片),组建和培养37支乡村运动队、59名乡村社会体育指导员等。

【国民体质监测】 2017年7月至9月,南宁市开展国民体质监测工作。完成检测3960人,包括在职机关公务员、企业人员、退休人员、农民和幼儿等群体。同时,发布2017年南宁市国民体质监测报告,为群众健身运动提供科学指导。

(谢昆宇)

承办体育赛事

【2017年"中国杯"国际足球锦标赛】 2017年1月10日至15日在南宁市广西体育中心主体育场举办。中国足球协会、广西壮族自治区体育局、南宁市人民政府、万达体育有限公司主办。中国、智利、冰岛、克罗地亚4国的国家队参赛,智利队获冠军,冰岛队获亚军,克罗地亚队获季军。

【2017年ITF国际网球女子巡回赛·南宁站比赛】 2017年4月8日至16日在南宁市广西体育中心网球中心举办。中国网球协会、广西壮族自治区体育局主办,市体育局、市体育总会承办。中国、斯洛伐克、俄罗斯、日本、希腊、哈萨克斯坦、捷克、印度等29个国家和地区近100名职业球员参赛;哈萨克斯坦迪亚斯获单打冠军,中国鲁晶晶与俄罗斯萨维内赫组合获双打冠军。

【第十三届中国·东盟国际龙舟邀请赛】 2017年5月30日在南湖下湖举办。市体育局、市体育总会主办,设4个组别8个项目:国际公开组22人龙舟200米、500米直道赛;国际公开组12人龙舟200米、500米直道赛;绿城组22人龙舟200米、500米直道赛;绿城组12人龙舟200米、500米直道赛。66支队伍(国际公开组20支队伍、绿城组46支队伍)、1135人参赛。广西民族大学队获国际公开组22人龙舟200米、500米直道赛冠军;印度尼西亚队获国际公开组12人龙舟200米、500米直道竞速冠军;宁村清水泉龙舟队、易乐宝队分获绿城组22人龙舟200米、500米直道竞速冠军;隆安县周家小龙队、桂冠电力队分获绿城组12人龙舟200米、500米直道竞速冠军。

【2017年南宁市体育黄金联赛】 2017年8月下旬至12月在南宁市举办,首次把年度各单项联赛整合为一。市体育局、市体育总会主办,设乒乓球、气排球、网球、篮球、羽毛球、足球6个项目。乒乓球比赛采用分级赛、分站赛和总决赛的新赛制,分3站进行(第一站91人、第二站139人、第三站170人)。气排球比赛有39支队伍、359名选手参赛,根据年龄和性别分青年男子组、中年男子组、青年女子组、中年女子组。广西广投队、国桂电气队、玉林市新力队、自由队分获中年男子组、青年男子组、中年女子组、青年女子组冠军。网球比赛设老年组、公开组和青少年组3个组别,有近300人参赛。梁善生、苏文宁和梁维理、叶峻分获老年A组冠亚军;梁斌与孙小红获老年女双冠军;周密、陈子雄获老年B组冠军;罗毅获公开组男单冠军,黄钰崴、覃谨获公开组男双冠军;徐海城获青少年B组男单冠军,汤欣烨获女单冠军。羽毛球比赛为混合团体赛,按参赛选手的水平和年龄设甲组、乙组、丙组、中年组、青少年组。甲组有6支、乙组9支、丙组49支、中年组14支、青少年组8支队伍,共1000多人参赛。宝中王队、飞羽队、君武小学队、蓝天长青藤一队、荣耀队分获甲组、乙组、丙组、中年组、青少年组冠军。足球比赛有12支队伍、约420人参赛。龙桂达足球俱乐部获冠军,正发南尊足球俱乐部获亚军,广西大学足球俱乐部获季军。篮球比赛分男子组(甲组、乙组)、女子组,有7支男子甲组队、48支男子乙组队及10支女子组队,835人参赛。男子甲组的参赛队伍中有4支拥有外籍球员。广西大秦集团队、广西昊润建设队、国际文化传媒中心队分获男子甲组、男子乙组、女子组冠军。

【2017年全国蹼泳锦标赛】 2017年8月3日至6日在南宁市广西体育中心游泳跳水馆举办,同期举行全国青少年蹼泳锦标赛暨广西青少年蹼泳锦标赛。国家体育总局水上运动管理中心、广西壮族自治区体育局主办,市体育局、市体育总会承办,竞赛项目包括男子与女子50米蹼泳、50米屏气潜泳、200米蹼泳、400米蹼泳、100米器泳、400米双蹼、800米蹼泳、4×200米蹼泳。全国蹼泳锦标赛参赛队伍7支,参赛运动员58人;全国青少年蹼泳锦标赛参赛队伍17支,参赛运动员338人;广西青少年蹼泳锦标赛参赛队伍11支,参赛运动员266人。赛事设置奖项:2017年全国蹼泳锦标赛团体男子组前三名,团体女子组前三名,单项冠军32项;2017年全国青少年蹼泳锦标赛团体男子组前三名,团体女子组前三名,单项冠军74项;2017年广西青少年蹼泳锦标赛团体总分前三名,单项冠军36项。

【中国－东盟·第九届南宁武术大会】 2017年8月25日至28日在南宁市举行。市体育局、市体育总会主办,设武术套路比赛和武术散打比赛。中国、泰国、新加坡、越南、缅甸、马来西亚、老挝等国家的74支队伍、718人参加。

【2017年中国·东盟棋牌国际邀请赛】 2017年9月23日至26日在南宁市西乡塘区龙门水都养心谷大酒店举办。市体育局、市体育总会、西乡塘区人民政府主办。赛事有第十三届中国－东盟围棋国际邀请赛、第十二届中国－东盟桥牌国际邀请赛和第九届中国－东盟象棋国际邀请赛3项。桥牌赛有156人、象棋赛149人、围棋赛47人参加,选手来自中国、新加坡、越南、泰国、印度尼西亚、柬埔寨、老挝、菲律宾、文莱、美国等。桥牌设公开队式赛、公开双人赛,印度尼西亚队获公开队式赛冠军,北京队沈青峰、黄伟明获公开双人赛南北向冠军,湘潭一队杨乾亮、王广军获东西向冠军;象棋设个人赛,广东队张学潮获冠军;围棋设公开团体赛、公开个人赛、女子个人赛,中华台北队获团体冠军、南宁队王立国获男子冠军、中华台北队白昕卉获女子冠军。

【中国·东盟第八届南宁国际山地自行车越野公开赛】 2017年9月26日在南宁美丽南方景区举办。市体育局、西乡塘区政府、广西社会体育运动发展中心、市体育总会主办。设国际男子公开组(18岁～55岁)、女子公开组(18岁～55岁)、青少年组(12岁～17岁)、男子大众A组(18岁～26岁)、男子大众B组(27岁～35岁)、男子大众C组(36岁～45岁)、男子大众D组(46岁～55岁)7个组别;加拿大、乌克兰、越南、泰国、中国等国家和地区近400名业余选手和爱好者参赛,其中全国排名前20位的业余顶尖骑手无一缺席,泰国著名车队——泰国狮牌啤酒赞助车队的4位车手也参加比赛。凯路仕烈

2017 年 10 月 21 日，环广西公路自行车世界巡回赛（南宁站）进行市内绕圈赛

市体育局提供

风车队的封宽杰获国际男子公开组第一名，海南琼中奔格内车队的何冲获女子公开组第一名，马卵古车队的罗晓祥获青少年组第一名，Tci 车队的陈永景获男子大众 A 组第一名，广西喜德盛 MAX 车队的黄世腾获男子大众 B 组第一名，代表个人参赛的陈湘源获男子大众 C 组第一名，北海凡伟谐车队的苏文利获男子大众 D 组第一名。

【2017 中国·东盟城市羽毛球混合团体邀请赛】 2017 年 10 月 7 日至 8 日在广西体育馆举行。广西球类运动发展中心、市体育总会共同主办，广西桂景山泉俱乐部队、南宁宇冠俱乐部队、马来西亚九鼎铜业俱乐部队、泰国 FYC 俱乐部队、中华台北腾云生活俱乐部队和印度尼西亚北京房建俱乐部队参赛。印度尼西亚北京房建俱乐部队获冠军、泰国 FYC 俱乐部队获亚军、马来西亚九鼎铜业俱乐部队获季军。

【环广西公路自行车世界巡回赛（南宁站）】 2017 年 10 月 20 日至 22 日在南宁市举办。世界排名前 20 位中的 18 支顶级职业车队，126 名选手参赛。南宁站的比赛有 3 个赛段，约 360 公里。10 月 20 日，钦州—南宁赛段（起点设在钦州，终点设在南宁青秀山风景区北门）全长 162 公里。比利时快步车队的哥伦比亚籍车手费尔南多·加维里亚获赛段总成绩第一，并获赛段"最佳年轻车手"、"冲刺王"；BMC 车队的西尔文·迪利耶获"爬坡王"，巴林美利达车队的中国车手王美银获"敢斗奖"。10 月 21 日，南宁市内绕圈赛（起点、终点设在民族广场），比赛距离 128.80 公里。费尔南多·加维里亚获赛段冠军及总成绩第一，并获"最佳年轻车手""冲刺王"；BMC 车队的西尔文·迪利和丹尼尔·奥斯耶分获"爬坡王""敢斗奖"。10 月 22 日，南宁—马山弄拉风景区赛段（起点设在南宁青秀万达广场，终点设在马山县弄拉风景区），全长 154 公里。乐透·速德奥车队的韦伦斯获赛段冠军及总成绩第一；乐透·珍宝车队的坎佩纳特获"敢斗奖"；快步车队的加维利亚和阿拉菲利普分获"冲刺王""最佳年轻车手"；BMC 车队的罗什获"爬坡王"。

【第十二届南宁国际马拉松比赛】 2017 年 12 月 3 日，首次升格为"全程马拉松"的第十二届南宁国际马拉松比赛暨第三十五届南宁解放日长跑活动在南宁市举行。中国田径协会、广西壮族自治区体育局、南宁市人民政府主办，市体育局、市体育总会承办，设全程马拉松、半程马拉松、10 公里跑、4 公里健康跑和老年人健身走 5 个比赛项目。美国、德国、加拿大、澳大利亚、巴西、肯尼亚、埃塞俄比亚、泰国等 14 个国家、57 名外国运动员，以及中国（包括港澳台地区）约 2.30 万名国内运动员、爱好者参加。埃塞俄比亚的 TIGU SEFE WENDEMU、TSEGAW SELAMAWIT GETNET 分获马拉松男子组、女子组冠军；肯尼亚的 KOTUTJAC KSON KIPKOECH、MATHATHI LYDIAH NJERI 分获半程马拉松（国际组）男子组、女子组冠军；中国的明定邦、岑玉琴分获半程马拉松（居民组）男子组、女子组冠军；尼日利亚的 OGUAMA SOLOMON OKECHUKWU、中国的杨英分获 10 公里跑男子组、女子组冠军。

【2017 年中国－东盟城市足球邀请赛】 2017 年 11 月 29 日至 12 月 2 日在南宁市体育场举办。市体育局、市体育总会主办，广州恒大淘宝、泰国芭提雅联合足球俱乐部、越南广宁煤炭俱乐部、越南南定足球俱乐部 4 支职业队参赛。泰国芭提雅联合足球俱乐部获冠军，越南南定足球俱乐部获亚军，广州恒大淘宝足球俱乐部获季军。

【2017 年南宁市游泳公开赛暨第一届南宁市全民游泳大赛】 2017 年 12 月 30 日至 31 日在南宁市李宁体育园举办。市体育局、市体育总会主办。南宁市体育俱乐部、中小学校、社会团体、游泳场馆、区县业余体校、市体育局青少年体育训练点、各市游泳协会会员单位的 15 支代表队、358 人次参赛，设 50 米、100 米自由泳，三代 3×50 米自由泳接力等 20 多个比赛项目。（严　明）

对外体育交流

【出访参会与交流】 2017 年 3 月 15 日至 19 日，南宁市组成 6 人陈述代表团，由市委常委、副市长陈颖带队，赴马来西亚吉隆坡向世界羽联理事会作 2019 年"苏迪曼杯"世界羽毛球混合团体锦标赛申办陈述。经世界羽联批准，南宁市获该项赛事举办权，继北京市、广东省广州市和东莞市、山东省青岛市之后，南宁成为第五个举办"苏迪曼杯"的中国城市，也是第一个获"苏迪曼杯"举办权的少数民族自治区首府城市。3 月 7 日至 12 日，2017 年举重裁判员培训班及中国举重协会裁委会会议在浙江省海宁市举行，南宁市派出南宁吴数德举重学校 2 名教练员参加会议和培训。4 月 21 日，市体育局局长李兵受邀赴北京出席由中央电视台和中国田径协会联合主办的"奔跑中国"项目启动仪式。4 月 25 日，市委副书记、市长周红波，市委副书记冯学军，市委常委、副市长陈颖等率有关人员前往钦州市，对环广西公路自行车世界巡回赛钦州至南宁赛段线路情况进行考察。5 月 5 日至 7 日，南宁市派出相关人员赴湖北省武汉赛区，考察全国第十三届运动会资格赛。5 月 7 日至 9 日，南宁市组织市体育局、市发展和改革委员会等相关部门人员，由市委常委、副市长陈颖带队赴江苏省扬州市考察，学习先进地区发展体育产业的经验及体育公园的建设运营理念，了解体育服务综合体的多种运营方式、建立商业模式、转变消费方式、提升运营水平等。5 月 12 日至 14 日，南宁市组成 11 人观摩团，赴辽宁省大连市观摩"大商杯"第 30 届大连国际马拉松赛，学习举办全程马拉松赛事的成功经验。5 月 25 日至 29 日，南宁市组成以市人民政府副秘书长蔡志忠为团长的代表团,赴澳大利亚布里斯班考察学习2017年苏迪曼杯赛办赛经验,并参加会旗交接仪式,宣告2019年苏迪曼杯将在广西壮族自治区南宁市举行。8月27日至28日,南宁市组织相关人员应邀赴广东省广州市观摩2017年首届亚太记忆公开赛决赛,并与比赛执行单位洽谈合作。11月21日,市体育局副局长高翔等3人赴北京,向中国田径协会汇报第十二届南宁国际马拉松比赛赛前筹备工作。

【来访与业务交流】 2017年1月12日,参加2017年“中国杯”国际足球锦标赛的中国、智利、冰岛、克罗地亚队的球员代表,利用休战期到南宁市滨湖路小学,与同学们进行亲密互动,把足球文化及理念带进校园;中国男子足球队领队李铁代表国足向同学们赠送足球。1月12日至24日,江苏女子手球队到南宁进行冬训,市体育场、南宁手球训练基地分别提供场地和后勤保障等服务。2月21日,羽毛球世界联合会高级赛事经理塞尔曼到南宁市的广西体育中心体育馆,听取南宁申办小组对申办苏迪曼杯赛事筹备情况的介绍,并对体育馆的各项设施进行细致的考察。3月16日,江西省萍乡市体育学校一行7人到南宁吴数德举重学校考察,重点就学校管理、运动选材、运动员梯队建设及技术训练等业务进行交流。6月15日,越南举重协会举重队一行7人到南宁吴数德举重学校进行为期约2个月的体育交流和训练。9月2日至3日,国际自行车联合会主席高级顾问约翰·乐庄、竞赛高级顾问托马斯雷·吉尔、环广西公路自行车世界巡回赛竞赛总监奥利维尔·塞恩、竞赛副总监大卫·罗素到南宁,对环广西公路自行车世界巡回赛(南宁站)赛事全程线路、场地及接待酒店进行实地考察,充分肯定南宁市的筹备工作。10月26日至27日,湖北省荆门市文化体育新闻出版广电局有关人员到南宁市考察体育产业发展情况,就攀岩特色小镇建设、运动休闲产业发展、体育综合体建设及大型体育场馆免费、低收费开放等情况进行交流。11月2日至20日,越南河内市体育训练和竞赛中心跆拳道队组成的体育交流团一行22人到南宁,与市体育运动学校开展交流活动。 (黄佳思)

体育产业

【体育产业政策落实与服务】 2017年起,南宁市政府每年划拨500万元专项资金支持体育产业发展,成为自治区首个设立市级体育产业引导资金的城市。年内,申请中央大型体育场馆免费、低收费开放补助资金(获2057.20万元)、自治区体育局重大赛事补助资金、体育产业引导资金等,扶持引导社会力量踊跃参与体育产业建设。在广西率先开展年度体育产业市级层面统计工作,完成2034家企业的统计调查,推动5家企业入统上规。9月底,自治区体育产业工作现场会在南宁市召开,与会人员对南宁市体育产业发展成就予以充分肯定,南宁市在经验交流会上作典型发言。

【体育产业发展】 2017年,南宁国际马拉松比赛被评为中国金牌马拉松赛事,华智城围联体育产业股份公司、南宁市李宁体育园分别被评为国家体育产业示范单位、示范项目;广西南宁跑马场运动文化街区、南宁市西乡塘区美丽南方休闲运动基地、华智城围联体育产业股份公司、城市围棋联赛、南宁市李宁体育园分别被评为广西体育产业示范基地、示范单位、示范项目;广西南宁跑马场运动文化街区、李宁体育园获广西体育产业示范综合体。李宁体育园、马山县弄拉国际山地户外基地被自治区体育局、自治区旅游发展委员会评为首批广西体育旅游示范基地;“中国杯”足球锦标赛、第十二届南宁国际马拉松赛、中国－东盟山地马拉松系列赛(马山站)、城市围棋联赛被评为2017年度广西体育旅游十大精品赛事。率先建设首个大型体育综合市场,并成立大型体育产业综合体南宁跑马场运动文化街区。马山县创办中国－东盟山地马拉松赛、中国－东盟山地户外体育旅游大会,攀岩特色小镇入选全国第一批运动休闲特色小镇试点项目,走出“体育＋旅游＋扶贫”新路子;西乡塘区“美丽南方”依托邕江水系资源和自然田园环境,发展水上、航空、马术、垂钓、山地自行车、卡丁车竞技等一批户外运动项目;邕宁区的万达茂体育公园、樱花园极速小镇等都市型休闲体育产业集聚区形成规模。百里秀美邕江、环青秀山、环大明山、环大龙湖、环十里花卉长廊运动集聚带正逐步形成。

【体育彩票】 2017年,南宁市把体育彩票销售任务分解到区县,结合元旦、春节、国庆等节假日开展即开卖场销售,利用“中国杯”国际足球锦标赛、环广西公路自行车世界巡回赛等赛事做好营销活动。完成体育彩票销售9.01亿元,比上年增长4.04%,筹集体育彩票公益金1亿多元。

【首届南宁体育产业博览会】 2017年12月1日至3日,首届南宁体育产业博览会在南宁国际会展中心举办,市体育总会主办。主题为“全民运动,你我同行”;展区面积15000多平方米,设特装展位10个、标准展位126个,近100家国内外知名体育用品销售商参展;展示运动服饰、商用家用健身器材、场馆设施营造等;现场设综合格斗、铁笼足球、3V3篮球、国民体质监测、体操、轮滑、电子竞技7个运动体验区。其间,举办首创的中国体育时装周活动,包括体育品牌服装秀、体育运动形象大使选拔赛、体育运动彩妆大赛3部分;举办南宁旅游购物节、广西体育项目推介会、2017年南宁市加快体育产业发展促进体育消费工作部门联席会议、互联网营销＋体育论坛、青少年足球教育论坛等,现场观展10万人次。

(黄永铁)

责任编辑 李敬江 李志楠

2017年12月1日,首届南宁体育产业博览会开幕式在南宁国际会展中心举办

市体育局提供

卫生　计生

卫　生

综　述

【概　况】2017年，南宁市卫生和计划生育委员会机关设办公室、规划和信息科、财务科、法制科、体制改革科、卫生应急办公室、疾病预防控制科、医改医管科、基层卫生科或市新型农村合作医疗办公室、妇幼健康服务科、食品安全监测和事故处置科、综合监督科、行政审批科、药物政策与基本药物管理科、计划生育基层指导科、考核督查科、计划生育家庭发展科、流动人口计划生育服务管理科、宣传科、科技教育科、中医药管理科或市中医药管理局、艾滋病防控干预科、艾滋病救治科、人事科或对外交流合作科、党委办公室25个科室，行政编制75名(含市爱卫办6人)，在编70人；下属事业单位22个，其中正处级事业单位2个(市第一人民医院、市第二人民医院)，副处级事业单位13个(市第三、第四、第五、第六、第七、第八人民医院，市中医医院，市红十字会医院，市妇幼保健院，市卫生计生监督所，市疾控中心，南宁中心血站，市卫生学校)，正科级事业单位7个(市第九人民医院、市第二妇幼保健院、南宁急救医疗中心、市医药学会办公室、市卫生计生宣传信息中心、市计生药具管理中心、市计生协会)。委属单位事业编制6962名，在岗12102万人，其中在编5535人，聘用6567人。

医疗卫生机构数量　南宁市辖区有卫生计生机构4532个(含计划生育技术服务机构、村卫生室)，其中医院115个(公立医院59个、民营医院56个)，基层医疗卫生机构4348个(乡镇卫生院121个，社区卫生服务中心47个，社区卫生服务站66个，门诊部、诊所和医务室2559个，村卫生室1555个)，专业公共卫生机构55个(疾病预防控制中心17个、专科疾病防治所1个、健康教育所1个、妇幼保健院9个、急救中心1个、采供血机构5个、卫生监督所15个、计划生育技术服务机构6个)，其他卫生机构14个。

市属医疗卫生机构4497个(含计划生育技术服务机构、村卫生室)，其中医院97个，乡镇卫生院121个，疾病预防控制机构16个，卫生监督所14个，妇幼保健机构8个，社区卫生服务中心(站)113个，专科疾病防治所1个，急救中心1个，采供血机构5个，门诊部、诊所、卫生所、医务室2559个，村卫生室1555个，计划生育技术服务机构5个，其他卫生机构2个。

医疗卫生机构床位　市辖区有医疗卫生机构床位数47082张，比上年增加3989张，增长9.26%；每千常住人口医疗卫生机构床位数由上年6.10张提高至6.58张，增长7.87%。医院床位数35623张，增加3177张，增长9.79%。其中，中医民族医医院床位数7561张，增加519张；民营医院床位数3926张，增加733张；乡镇卫生院床位数8188张，增加650张，增长8.62%。

市属医疗机构床位数30854张，其中医院20266张、卫生院8188张、社区卫生服务中心450张，比上年增加2457张，增长8.68%。

医疗卫生人员　市辖区有卫生人员80884人(含乡村医生3069人、卫生员337人)，比上年增加3660人，增长4.74%；每千常住人口卫生人员11.31人，增加3.38人。卫生技术人员65642人，增加4418人，增长7.22%；每千常住人口卫生技术人员9.17人，增加5.84人。执业医师和执业助理医师23469人，增加1565人，增长7.14%；每千常住人口执业医师和执业助理医师3.28人、增加0.18人，其中中医类别执业医师和执业助理医师4152人，每千常住人口中医类执业医师和执业助理医师0.58人。全科医生数1175人，增加193人，增长19.65%；每万常住人口全科医生1.64人，增加0.25人。注册护士29163人，增加2369人，增长8.84%；每千常住人口注册护士4.07人，增加0.29人。乡镇卫生院卫生人员9354人，增加388人，增长4.33%；乡镇卫生院卫生技术人员7966人，增加376人，增长4.95%；乡镇卫生院执业医师和执业助理医师2278人，增加101人，增长4.64%；乡镇卫生院注册护士3031人，增加181人，增长6.35%。

市属医疗卫生机构有卫生人员56536人，卫生技术人员45908人，执业(助理)医师16750人，注册护士19352人，分别增加6.61%、10.00%、8.09%、12.71%。

【卫生基建项目建设】2017年，南宁市加快推进2011年至2016年中央、自治区支持市、区县建设项目274个，其中完成工程项目建设255个、未完成19个。项目总投资16.06亿元，完成投资15.57亿元。项目涵盖县级医院、乡镇卫生院、村卫生室以及城市医院、社区卫生服务中心的基础设施建设和设备配备。其中，中央安排专项资金5.49亿万元，支持17个医疗卫生机构(县级医院3个、妇幼保健院2个、重大疾病防控体系1个、乡镇卫生院标准化项目11个)建设项目，建设面积1.27万平方米；所有项目全部开工建设，完成投资2.53亿元。自治区投资资金9840万元，支持基层医院医疗能力建设项目19个(1个县级精神病医院、18个乡镇卫生院)，项目建设面积3.73万平方米；开工建设项目16个，未开工3个；完成投资679.15万元。

【市级卫生项目建设】2017年，南宁市市级卫生项目建设如期推进。市第一人民医院建设项目5个(特殊医技用房项目建设完成、医技综合楼正在办理开工手续、全科医生培养基地进行施工图设计及备案、相思湖医院完成可行性研究报告、老干部医疗保健中心进行初步设计)；市第二人民医院建设项目2个(10月30日，江南区人民医院开工建设，医院门急诊内科综合楼项目开工建设)；市第三人民医院门诊住院综合楼项目主体封顶；市第四人民医院传染病门诊住院大楼项目建设获立项批复；市第五人民医院3个项目均完成项目立项；市儿童医院建设PPP项目公司已注册成立；4月19日，市中西医结合医院项目正式开工建设；市第八人民医院南宁西站院区项目申报立项受限于床位编制；市第九人民医院门诊综合大楼开展内外装修；市妇幼保健院保健综合楼项目开始进行基础施工；9月，市卫校新校址一期、二期工程建设完成并投入使用；南宁中心血站业务副楼办理二次装修立项工作；南宁急救中心3个急救分中心建设项目获市发改委立项批复；市卫生计生监督所建设项目获市发改委立项批复。

【卫生采购项目】 2017年，南宁市本级卫生计生系统集中采购项目118项，政府采购部门采购预算资金2.25亿元。完成部门集中采购项目114个，完成部门集中采购成交金额2.14亿元，财政性预算完成率98.84%，节约资金829.49万元，节约率3.73%。

【医疗服务】 2017年，南宁市辖区医疗卫生机构总诊疗人数4779.08万人次，比上年增加362.82万人次。医疗机构住院人数159.69万人，增加11.72万人，其中医院住院人数108.75万人。市辖区医院病床使用率87.71%，出院者平均住院9.90日，医师人均日担负诊疗6.80人次，日担负住院2.40床；医疗机构门诊病人人均医疗费167.10元，住院病人人均住院费8750.90元。年内，全市卫生系统继续开展“进一步改善医疗服务行动计划”“平安医院”和护理、药学、检验、输血、院感、病案等专项督查工作1次，对南宁市39家二级以上医疗机构进行医疗质量检查，推行临床路径管理工作；35家公立医疗机构均开展临床路径工作，17万多份病例纳入临床路径管理，完成率94.16%。35家二级以上医疗机构开展双休日及节假日门诊、推行检验检查结果互认工作。

【中医诊疗】 2017年，南宁市实施《中华人民共和国中医药法》《中医药发展战略规划纲要》，出台《南宁市中医药壮瑶医药发展规划(2016—2020年)》。落实中央、自治区2017年投入南宁市中医药民族医药项目经费1256.50万元。88.88%的中医医院达到“二甲”以上要求；98%的社区卫生服务中心，98%的乡镇卫生院，100%的社区卫生服务站，83.64%的村卫生室能够提供中医药民族医药服务。25个社区卫生服务中心和乡镇卫生院完成中医综合服务区(中医馆)建设。评选出首届南宁市名中医7名、南宁市基层名中医8名，推动中医药领军人才建设。实施基层中医药民族医药适宜技术培训项目，培训基层卫生技术人员933人。组织综合医院、专科医院开展中医药工作示范单位创建，市第四人民医院通过国家初审。启动南宁市中医·中药·中国行——中医药健康文化推进行动，实施南宁市中医药文化进校园试点活动，先后在7所小学、5所中学举办中医药宣传讲堂40场，参与学生9628人。中医药参与“一带一路”建设取得进展，朱琏针灸国际研究基地项目首个海外二级基地在马来西亚挂牌成立；配合自治区旅游发展委员会，创建首批国家中医药健康旅游示范区。

【社区卫生服务】 2017年，南宁市有社区卫生服务中心47个，社区卫生服务站66个；社区医护工作者(含专职防保人员)2710人，其中卫生技术人员2413人(执业医师和执业助理医师1021人，注册护士938人)。社区卫生服务中心门诊病人人均医药费用71.80元，比上年增加2.80元；出院病人人均医药费用3620元，增加48.60元；住院者平均每日住院医疗费383.80元，增加110.20元。

【卫生应急保障】 2017年2月，南宁市卫生计生委出台《南宁市卫生计生系统应对H7N9疫情联防联控工作方案(2017版)》；3月，报市政府审核通过后出台《南宁市H7N9疫情防控工作实施方案》，规范对H7N9疫情的防控，实现多单位多部门跨系统联合协同防控，有效控制H7N9疫情的蔓延；同时做好H7N9人感染禽流感、手足口及流行性感冒等疫情的防控。3月，草拟《2017年南宁市建设15个乡镇卫生院急救示范点暨为民办实事项目实施方案》，为建设乡镇卫生院急救示范点提供依据。年内，处置医疗突发事件14起，组织卫生应急综合演练活动4次，强化卫生应急处置能力。3月24日至27日，组织南宁市卫生应急队全体队员赴马山县白龙滩镇大球村开展拉练活动。8月2日至4日，在南宁市湘桂大酒店举办2017年南宁市职工职业技能大赛暨南宁市卫生应急技能竞赛；28日至30日，南宁市代表队参加自治区急救技能比赛，突发中毒事件处置、突发事件紧急医学救援2个项目获“团体一等奖”，突发急性传染病防控项目获“团体二等奖”，9名参赛队员获不同等级的个人单项奖。11月5日至7日，组织南宁市卫生应急队(第3期)及人防队伍全体队员赴良庆区那马镇开展野外生存、义诊、战地医疗救护技能培训。12月21日，在南宁市兴宁区五塘镇中心卫生院开展“2017年度人感染H7N9疫情卫生应急处置综合演练”，280余人参加活动。市卫生计生委牵头组织实施2016年南宁市人民政府为民办实事项目——为15家乡镇卫生院急救示范点按照“6个1”(添置一批院前急救设备，配置一辆具有抢救监护功能的救护车，培训一批基层卫生院急救业务骨干，升级一批急诊抢救治疗场所，健全一套院前急救管理规范、工作流程和规章制度，完善一个基层医疗机构急救网络)标准进行配置，对委属医疗机构配备救护车，在广西体育中心举行30辆救护车交车仪式。

【重大活动医疗保障】 2017年，市卫生计生委完成第12届南宁国际马拉松比赛暨第35届南宁解放日长跑活动、2017年“中国杯”国际足球锦标赛、环广西公路自行车世界巡回赛(南宁站)、2017年“两会”和南宁国际民歌艺术节等重大会议、重大活动的医疗卫生保障。

【国家基本药物制度实施】 2017年，南宁市22家县级公立医院、121家乡镇卫生院、1384家政府办行政村卫生室及所有政府或公立医院举办的社区卫生服务机构，全部实施国家基本药物制度并执行“零差率”销售政策，城市公立医院按规定比例优先配备使用基本药物。

【公立医院改革】 2017年，南宁市城市公立医院全面取消药品加成，同步调整1698项医疗服务价格；减少群众看病药费3亿多元；调整医疗服务价格整体补

2017年4月26日，南宁市辖区32家城市公立医院启动综合改革新闻发布会

市卫生计生委提供

偿达到85%以上。推广分级诊疗，21家县级医院与94家乡镇卫生院建立“一体化”管理模式。开展家庭医生签约服务，家庭医生签约率37.57%，重点人群签约率63.43%；医养结合机构34家。5月1日，市辖区内32家公立医院（含驻邕自治区属、南宁市属及城区属、崇左市属公立医院）启动医院综合改革，全部取消药品加成（中药饮片除外），同步调整1698项医疗服务价格。年内，辖区内城市公立医院取消药品加成，减少患者负担医药费超过5亿元，降低检查检验费用超1亿元；南宁市属公立医院药占比从33.30%降至28.50%，百元医疗收入消耗的卫生材料从27.35元降至22.21元。医院医疗收入结构更加合理，各医院通过医疗服务价格调整补偿达到85%以上，实现公立医院新旧机制平稳转换。开展2016年县级公立医院综合改革效果评价，查找、梳理各区县医院在落实政府办医责任、建立现代医院管理制度等方面的问题和不足。新增县级公立医院5家、34家乡镇卫生院参与县乡医疗服务一体化管理改革，全市21家县级医院、99家乡镇卫生院纳入一体化管理，初步实现以县级医院带动乡镇医院、县乡医院互动、质量共同提升、群众直接受益的目标。

【公共卫生服务项目实施】 2017年，南宁市有12个区县（开发区）建成数字化预防接种门诊18家，其中武鸣区4家，宾阳县3家，西乡塘区2家，良庆区、青秀区、经开区、邕宁区、兴宁区、上林县、横县、广西－东盟经开区、高新区各1家。年内，处置学生集体性腹泻、水痘局部暴发疫情等突发公共卫生事件24起，处置H7N9流感疫情、做好手足口病疫情防控。加强对严重精神障碍患者的排查和管理，全市精神障碍患者在册数2.86万人、检出率4.06%、管理率83.72%、服药率62.71%、病情稳定率97.22%。防治艾滋病攻坚工程方面完成市本级按全市总人口数落实人均1元艾滋病防治经费770万元，为首次入组抗病毒治疗的艾滋病感染者及病人减免首次上药辅助检查596例，完成任务43.82%。减免首次复查肝功能检查费用476例，完成任务43.35%。开展公共卫生监督检查1.35万户次，市本级食源性疾病监测率100%；开展爱国卫生运动，实施健康“细胞”工程，创建健康社区示范单位17个、健康促进学校13所；创建自治区卫生镇65个、卫生村1088个、卫生先进单位606个。年内，南宁市筹措并拨付资金3.49亿元；建立规范化电子健康档案601.76万份，电子建档率86.14%；高血压患者规范管理率77.90%；糖尿病患者规范管理率77.65%；0岁～6岁儿童健康管理率93.43%。

【卫生计生法治制度建设】 2017年，市卫生计生委落实《南宁市行政规范性文件管理办法》以及规范性文件“三统一”（统一登记、统一编号、统一公布）制度，加强规范性文件监督管理，落实备案制度；组织专家对全市卫生计生部门出台的规范性文件进行合法性审查，对涉及社会公众的规范性文件征求社会公众意见；先后出台《南宁市营利性医疗机构“黑名单”管理制度》《南宁市基层卫生和计划生育工作规范（试行）》《流动人口基本公共卫生计生均等化服务实施办法》等5件规范性文件，均按照“三统一”的要求，进行统一登记、统一编号、统一公布，按时报市法制办备案并获批准，进行备案。

【权责清单】 2017年，市卫生计生委在2016年推行政府部门权力清单制度工作取得阶段性成效的基础上，调整完善部门权责清单，把责任清单与权力清单相对应，逐一厘清与行政权力相对应的责任事项，实现权责一致，两单融合。市卫生计生委经梳理、融合，有权责清单事项77项，其中行政许可1项，行政处罚18项，行政强制12项，行政征收4项，行政检查17项，行政确认8项，行政奖励8项，行政裁决1项，其他行政权力8项。市卫生计生委依据《编制和优化市县乡三级行政权力运行流程工作指南》，组织实施、统筹协调市卫生计生系统行政权力运行流程编制和优化；完成12个区县卫生计生部门权力运行流程审核，提出审核意见80多条；市卫生计生委行政权力运行流程优化后的承诺办结时限比法定办结时限提速均50%以上。

【卫生计生信息化建设】 2017年，南宁市智慧健康信息平台项目纳入市政府为民办实事项目，建成市级电子健康档案和电子病历数据库平台，全市完成200多万人的健康信息、电子病历数据汇集，实现13家市直属医院病历资料、检查结果等信息互通互查；建设市直属医院统一预约诊疗与服务平台，市民可在平台上预约诊疗及查询检验检查结果；建设市级区域影像和心电诊断中心平台，在上林县、市第二人民医院进行试点应用。南宁急救医疗中心为南宁市33家院前急救网络医院全部配备车载调度导航系统和建立车载移动急救平台、车载监控系统等，为南宁市城区（武鸣区除外）30家乡镇卫生院全部配备车载导航系统；开通“微急救”微信公众服务平台，提高120调度员的接警派车效率，现场急救人员可以准确定位报警人位置；建设社区老人应急救助平台，接警后监控摄像机获取住户内的实时视频。

医政管理

【医疗安全管理】 2017年，市卫生计生委继续开展平安医院建设。8月29日，联合市严厉打击涉医违法犯罪专项活动协调小组各成员单位，召开驻邕二级、三级医疗机构“2017年南宁市严厉打击涉医违法犯罪专项行动工作总结暨平安医院建设工作联席会议”。12月，全市35家二级及以上公立医疗机构有33家建立警务室，20家在院内重点部门安装应急报警装置，二级医院设立警务室比例达到93%；三级医院警务室建设率100%。35家二级及以上公立医疗机构均参加医疗责任保险，覆盖率100%；128家基层医疗机构有94家参加医疗责任保险，覆盖率73.40%。市卫生计生委以改善服务态度、优化就医流程、落实医疗安全为重点，加强医疗质量管理，对全市35家二级及以上公立医疗机构的医疗服务质量与医疗安全、执业安全、医德医风等方面进行检查，提高和强化医疗机构依法执业及安全生产意识。

【医疗纠纷处理与医疗事故鉴定】 2017年，市卫生计生委组织南宁市医学会专家进行医疗事故技术鉴定69起，其中市卫生计生委直接受理并委托权威机构进行医疗事故技术鉴定37起，法院委托或直接申请进行医疗事故技术鉴定26起；鉴定结果为医疗事故的有19起。

【医院感染管理】 2017年，市卫生计生委加强医务人员培训，提高医务人员对医院感染管理相关法律法规和规范、标准的正确掌握，提高各级医院医院感染规范化、标准化管理水平；落实国家卫生计生委2016年颁布的12项院感新规范。5月19日至22日，市卫生计生委在市第一人民医院多功能厅举办“2017年南宁市医院感染管理培训班”，培训240余人。11月1日至4日，市卫生计生委组织南宁市感控、质控中心对全市39家各级医疗机构开展医院感染管理专项督查，对发现的问题通报批评、责令整改。

【药品集中分类采购】 2017年，南宁市公立医疗卫生机构继续执行以政府为主导，以自治区为单位的药品网上集中分类采购政策。全市基层医疗卫生机构药品订单总额3.41亿元，配送到位金额3.09亿元，到位率90.71%；县级（含县）以上医疗卫生机构药品网上集中采购订单总额18.68亿元，占药品采购总额90%以上。

【医疗机构药事管理】 2017年，市卫生计生委继续开展抗菌药物临床应用专项整治。各医疗机构贯彻落实《处方管理办法》《抗菌药物临床应用指导原则》，制定专项整治活动工作方案并组织实施；加强日常监管，建立抗菌药物临床应用管理支撑体系，做到合理检查、合理用药、因病施治；开展麻醉药品临床使用与规范化管理培训7期，培训1646人。严把麻醉药品准入关，做好医疗机构使用麻醉药品的监管；开展医疗机构药事管理信息定期报送。

【护理管理】 2017年，市卫生计生委组织南宁市护理质控中心、南宁护理学会开展护理培训和优质护理工作。7月、9月分别举办护士长胜任力培训班2期；加强南宁市护理管理队伍建设和职业素养。9月7日至8日，组织举办基层岗位大练兵，二级及以上医疗机构选派医务人员参加护理理论与护理技能项目比赛；39家二级及以上医疗机构、117位选手参加比赛。11月1日至3日，根据南宁市《优质护理服务评价工作方案》，南宁市护理质量控制中心对全市39家二级及以上医疗机构开展"南宁市2017年优质护理服务专项督查"，对发现的问题通报批评、责令限时整改。

【"服务百姓健康行动"大型义诊】 2017年9月9日至14日，市卫生计生委组织区县卫生局、市属医疗机构40家、医师420名、药剂师15名、护士165名，开展"服务百姓健康行动"大型义诊活动；通过开展贫困地区义诊、公共场所义诊、城乡医院对口支援县级医院义诊、健康大讲堂等形式，为群众义诊7975人次；进行农村贫困人口建档立卡441人，发放宣传资料1.53万份，参加大讲堂人数3510人次，减免患者费用110万元。

【社会救助】 2017年，南宁市规范城乡困难群众医疗救助行为，完善城乡医疗救助制度，开展社会救助。全年救助城乡困难群众311人次，支出救助资金203.41万元。按广西壮族自治区道路交通事故社会救助基金管理要求，规范审核交通事故受害人社会救助申请材料13份。

疾病预防控制

【传染病疫情报告】 2017年，南宁市无甲类传染病疫情发生。乙类传染病报告发病率275.23/10万，死亡率7.16/10万，病死率2.60%(发病19437例、死亡506人)；乙类传染病报告发病率与上年相比上升6.83%，主要是肝炎、麻疹、肺结核、猩红热、淋病和疟疾等病种报告发病率略有上升；死亡率下降5.02%，主要是艾滋病和狂犬病报告死亡率有所下降。乙类传染病发病率居前5位的病种依次为病毒性肝炎、肺结核、淋病、梅毒和艾滋病；病死率前3位的病种依次为狂犬病、人感染H7N9禽流感和艾滋病。无传染性非典型肺炎、脊髓灰质炎、人感染高致病性禽流感、流行性出血热、乙脑、炭疽、流脑、百日咳、白喉、血吸虫病的发病和死亡报告。丙类传染病报告发病率1077.55/10万，死亡率0.10/10万，病死率0.01%(发病75279例，死亡7人)；丙类传染病占法定传染病总数80.40%，手足口病(发病64422例)占法定传染病总数64.96%。

全市有传染病诊疗机构257家，网络正常运行传染病诊疗机构257家；传染病诊疗机构网络正常运行率100%。全年报告传染病卡片139119张，及时报告139050张，及时报告率99.95%；审核卡片138772张，及时审核138759张，及时审核率99.99%。收到公共卫生突发事件报告46起，其中一般公共卫生事件41起，未分级公共卫生事件5起；无较大、重大和特别重大公共卫生事件发生。接收预警信号3522条，其中疑似事件57条；排除3465条。

【免疫规划】 2017年，南宁市常规免疫冷链运转12次以上。完成适龄儿童建卡151119人，出生上卡率20.10‰。基础免疫接种情况：完成卡介苗接种率99.67%，乙肝疫苗接种率99.47%，乙肝疫苗首针及时接种率96.13%，脊髓灰质炎疫苗接种率99.30%，百白破疫苗接种率99.32%，麻疹类疫苗(含麻疹、麻风、麻腮风疫苗)接种率99.30%，A群流脑接种率99.27%，A+C群流脑接种率97.94%，甲肝疫苗接种率99.25%，乙脑疫苗接种率93.20%；完成576人次的预防接种异常反应的调查处理。收到报告麻疹病例10例，发病率0.143/10万；报告AFP病例49例，报告率2.18/10万；全市无脊髓灰质炎野毒株引起的脊髓灰质炎病例报告。

【结核病防治】 2017年，南宁市以乡镇为单位现代结核病控制策略(DOTS策略)覆盖率100%。登记活动性肺结核病人5127例，发现新涂阳肺结核病人1078例，治愈上年登记的新涂阳肺结核病人1023例；治愈率90.37%(1023/1132)。发现、报告肺结核病人1239人，累计治愈上年纳入为民办实事项目肺结核病人1203人，治愈率94.21%(1203/1277)；投入经费75万元，所有项目病人均享受市政府提供的免费检查和治疗。按发病日期计算的结核病发病率为6186例(87.59/10万)，比上年同期(79.37/10万)上升8.22个百分点。报告肺结核或疑似肺结核患者11328人，总体到位10395人，总体到位率91.76%；县级以上结核防治机构通知乡镇、社区卫生机构管理肺结核患者4859人，实际管理4832人，管理率99.44%；乡镇、社区卫生机构上年同期管理已治疗肺结核患者4045人，其中规则服药3803人，规则服药率94.03%。

【精神疾病防治】 2017年，市第五人民医院组织成立南宁市精神卫生医联体联盟，升级为三级精神病专科医院。南宁

2017年9月，马山县妇幼保健院开展"预防出生缺陷"服务百姓健康宣传义诊活动

市卫生计生委提供

市实现国家基本公共卫生服务严重精神障碍管理服务项目和中央补助严重精神障碍管理治疗项目全覆盖；199个基层医疗卫生服务机构和17个精神医疗机构开通《国家严重精神障碍信息系统》直报账号，构建全市基层精神卫生防治网络。全市登记在册有严重精神障碍患者28416人，在册患者检出率4.06‰；在管患者24390人，年管理率85.83%；年规范管理22209人，年规范管理率78.16%；居家患者22467人，病情稳定率98.42%。救助贫困精神障碍患者项目首次获市政府批准纳入南宁市2017年为民办实事项目，市财政专项配套768万元；通过提供免费药物治疗、开展治疗效果评估等服务，提高严重精神障碍患者的治疗率，使得患者规律服药，病情得到有效控制，有利于降低严重精神障碍患者肇事、肇祸危险行为，促进患者社会功能康复。与市委政法委综合治理办公室、市公安局等部门配合，建立精神卫生工作领导小组与部门协调配合，按照部门间信息交换制度要求，累计评估报送危险性评估3级以上高风险患者信息5359例(2017年新增446例)，开展社区严重精神障碍患者网格化管理和落实患者监护责任以奖代补政策。

【手足口病防控】 2017年，南宁市报告手足口病发病64587例，其中重症387例，死亡1例；发生突发疫情3起。手足口病病原学监测检测结果显示，优势病原体1月至3月为EV71、4月至12月为其他肠道病毒，手足口病危重病例的病原以其他肠道病毒为主。

【艾滋病防控】 2017年，经性传播途径是南宁市艾滋病传播的首要途径，其中异性传播为主；经静脉吸毒传播逐年减低，部分区县经男性同性性传播比例较高(高新区、青秀区、西乡塘区、兴宁区、江南区)。全年筛查艾滋病2052256人次，筛查率29.06%；筛查率比上年上升8.10%。报告艾滋病感染者/病人1503例，下降0.79%。新报告艾滋病感染病例以农民、中老年为主，感染人群分布广，部分乡镇存活数集中(横县、宾阳县、隆安县)。疫情发展趋势已由高危人群向一般人群扩散、城镇向周边农村地区扩散。

【碘缺乏病防治】 2017年，南宁市疾病预防控制中心完成碘盐监测3613份，合格率94.14%；合格碘盐食用率95.96%，碘盐覆盖率99.81%；无碘食盐率0.19%，达到GB5461-2000国家消除IDD(碘缺乏病)标准。5月15日，组织相关单位开展“坚持科学补碘，建设健康中国”为主题的宣传活动，发放预防缺碘宣传资料5.88万份，接受相关知识咨询13120人次。

【狂犬病防治】 2017年，南宁市狂犬病发病2例，发病率0.03/10万，病例暴露后均没有进行规范伤口处置和接种疫苗。9月28日第11个“世界狂犬病日”，市疾控中心专业人员到横县横州镇开展狂犬病知识宣传活动，指导狂犬病防治措施的落实，举办狂犬病防控技术培训班1期，培训从事犬伤暴露后伤口处置的医务人员166人。

【血吸虫病防治】 2017年，市疾病预防控制中心组织、指导武鸣区、横县、宾阳县查螺面积292.06万平方米，宾阳县、武鸣区未发现残存螺点及新螺点，横县原有钉螺面积55.83万平方米，未发现阳性钉螺；对螺点实施药物灭螺，灭螺面积8.29万平方米。感染监测两县一区本地人群和流动人群2697人，未发现血吸虫病患者。至年末，南宁市连续29年无本地血吸虫病报告。

【重点疾病监测】

鼠疫监测　2017年，南宁市疾病预防控制中心采集鼠血400份，鼠疫F1抗体检测结果均为阴性；动物监测50份，结果均为阴性；鼠类内脏鼠疫杆菌培养200份，未培养出鼠疫杆菌。

疟疾监测　完成未外出居民血检5819人次，未检出疟原虫阳性者；流动人口血检1506人次，检出疟原虫阳性43例(恶性疟22例、间日疟8例、卵形疟7例、三日疟2例、混合感染4例)，所有病例得到及时、全程治疗，无继发二代病例。

霍乱监测　完成霍乱监测标本4353份，其中重点人群515份，医院腹泻病人3105份，外环境733份；所有标本检测结果为阴性。

流感哨点监测　完成流感监测采集标本2049份，检出阳性327份，其中B型流感病毒阳性135份，甲型H1N1流感病毒阳性83份，季节性H3N2流感病毒阳性109份。

手足口病监测　监测手足口病轻症病例951例，检出阳性743例；其中EV71阳性164例，CoXA1615例，其他肠道病毒564例。

人禽流感监测　采集标本2147份，其中外环境标本2047份，职业暴露人群血清标本100份。外环境标本检测结果阳性168份，其中A型(H7N9亚型)流感病毒核酸阳性33份，A型(H9亚型)流感病毒核酸阳性74份，A型(H5亚型)流感病毒核酸阳性25份；禽流感病毒(非H5、H7、H9)核酸阳性33份，禽流感病毒H5、H9亚型流感病毒核酸同时阳性3份。

人间布鲁氏菌病监测　采集职业人群血清标本445人份，布病抗体检测结果呈阳性11份。报告布病病例16例。

登革热监测　监测发热病人血清标本579人份，结果登革热病毒IgM抗体阳性3份。报告境外(越南、喀麦隆)输入病例5例、省外(广东)输入病例2例。

农村卫生

【基层医疗卫生机构标准化建设】 2017年，南宁市实施乡镇卫生院标准化建设业务用房建设项目29个，其中中央投资项目自治区成立60周年大庆乡镇卫生院建设项目11个，自治区基层能力建设投资乡镇卫生院建设项目18个。年内，开工建设项目27个，开工率93.10%，超自治区绩效指标目标任务(开工率70%达标)。南宁市获自治区基层能力建设乡镇卫生院设备采购项目(乡镇卫生院标准化建设购置设备项目)79个，其中签订合同项目76个，签订率96.20%，超额完成目标任务(合同签订率60%达标)；未签订合同项目3个(设备采购3次流标的隆安县那桐镇、城厢镇卫生院，兴宁区三塘镇卫生院)。76个乡镇卫生院签订合同项目中有71个乡镇卫生院完成采购任务，有5个卫生院只完成项目设备采购任务；未完成救护车采购任务的卫生院有兴宁区三塘镇、四塘镇、昆仑镇卫生院，宾阳县露圩镇、新圩镇、洋桥镇卫生院。

【基层医疗卫生人员培训】 2017年，南宁市加强人才队伍建设规划，完善人才培养、引进、管理使用、保障待遇等工作机制，为基层吸引人才、留住人才提供保障；出台《南宁市关于加强卫生人才队伍建设的实施方案》《南宁市进一步加强乡村医生队伍建设实施方案》，提出到2020年全市拥有全科医生达到1480人以上，实现每万人口有全科医生2人以上，每个乡镇卫生院至少配备全科医生1人、助理全科医生2人的目标。投入5831万元，实施人才队伍培养工程；在市第一、第二、第八人民医院建立全科医生培训基地，为全市基层卫生人才培训培养提供服务平台。投入1400万元，依托市卫生学校分批次开展为期3个月的在岗乡村医生脱产培训，计划用4年时间完成3000多名在岗乡村医生全部轮训任务。投入264.59万元，5月、9月分别举办培训班1期，组织全市在岗乡村医生627人参加脱产培训3个月(在市卫生学校参加理论培训2个月、在市属医院参加实践培训1个月)。为基层医疗卫生机构免费培养医学专科或高职医生。实施基层人才"本土化"培养计划,引导医疗卫生院校毕业生返回生源所在地乡镇卫生院或村卫生室工作,在校学习期间学费、住宿费由市财政承担。

【卫生对口支援】 2017年,南宁市安排33家市、区县二级及以上医疗卫生机构对口帮扶37家乡镇卫生院;各支援单位派出工作队员3名~5名驻点受援卫生院开展对口帮扶,每批工作队驻点时间不少于6个月;通过开展临床带教、病例讨论、巡回医疗、专题讲座、支援单位免费接收受援卫生院人员进修培训、推广新项目和新技术、扶持基础设施建设等多种形式,提升乡镇卫生院的综合能力;对派出医疗卫生人员到乡镇卫生院进行帮扶的支援单位,中央、自治区财政给予拨付补助资金233.10万元。至年末,全市33家二级及以上医疗卫生机构派出工作人员到受援单位开展帮扶工作222人,其中副高以上职称14人、中级97人、初级111人次。培训受援卫生院人员6212人次(长期培训88人次、短期培训6124人次)。接待门诊群众16.66万人次;建设特色科室14个,开发适宜新技术97项;赠送仪器设备103件,药品38种。

妇幼保健

【孕产妇保健】 2017年,南宁市分娩产妇105740人,活产106563人;建卡105474人,早孕建册率99.75%,超过自治区92%以上的项目要求;开展产前健康检查5次以上的孕产妇80498人,产前健康管理率75.54%,未达到自治区85%以上的目标要求;实施孕产妇系统管理73430人,系统管理68.91%,未达到自治区85%以上的目标要求;进行产后访视96439人,访视率90.50%,超过自治区85%以上的目标要求;住院分娩活产106540人,住院分娩率99.98%,超过自治区96%以上的目标要求。

【儿童卫生保健】 2017年,南宁市活产106563人,对新生儿访视95564人,访视率89.68%,未达到自治区要求大于90%以上的目标要求;0岁~6岁儿童有778378人,进行健康管理724118人,管理率93.03%,超过自治区80%以上的目标要求;0岁~3岁儿童有381274人,实施儿童系统管理347846人,管理率91.23%。其中,城市儿童199634人,系统管理180571人,管理率90.45%;农村儿童181640人,系统管理167275人,管理率92.10%;均达到自治区要求大于80%以上的目标。婴儿死亡371人,死亡率3.48‰;5岁以下儿童死亡518人,死亡率4.86‰。没有新生儿破伤风发生。

【降消农村住院分娩补助】 2017年,南宁市农村户籍产妇住院分娩活产80579人,其中获住院分娩补助14791人,补助率18.36%,补助金额623.44万元。

【贫困危重孕产妇医疗救助】 2017年,南宁市继续将救助贫困危重孕产妇列入为民办实事项目。全市各级妇幼保健部门通过举办各级妇幼人员专题培训,建立健全城乡妇幼三级保健管理网络和产科急救网络,加强孕产妇的健康教育和保健管理。年内,各级妇幼保健部门抢救危重孕产妇1406人,抢救成功率99.15%;死亡12人,孕产妇死亡率15.95/10万,控制在自治区孕产妇死亡率平均低于18/10万的目标要求。救助贫困危重孕产妇40人,提供救助经费56.66万元,资金到位率达100%。上林县、隆安县、江南区3个区县孕产妇死亡率为零。

【农村妇女增补叶酸】 2017年,南宁市各医疗保健机构给育龄群众110639人发放叶酸(维生素B9,一种水溶性维生素),完成自治区下达任务数91.90%(110639/120390)。年内,应服用叶酸136128人,服用110639人,服用率81.28%,比上年同期下降18.55%。叶酸服用依从91108人,依从率82.35%(91108/110639),下降17.03%;开展知晓调查,问询110639人,知晓110614人,知晓率99.98%,上升1.25%。各项目指标率均达到自治区要求。全年神经管缺陷上报63例,神经管缺陷发生率0.66/万,上升10%。

【农村妇女"两癌"普查】 2017年,南宁市各区县实施农村妇女宫颈癌、乳腺癌免费检查项目。全市宫颈癌筛查任务118400人,实际完成111519人,完成率94.19%;其中阴道镜检查1765人,病理检查404人,确诊宫颈癌29例,宫颈病变治疗84人。国家HPV检测项目HPV检查任务5000人,实际完成5000人,完成率100%;HPV阳性人数599人,TCT检查异常182人,阴道镜检查异常18人,组织病理检查10人,检查出CIN1、CIN2及CIN3癌前病变12人,确诊宫颈癌4人,宫颈病变治疗3人。乳腺癌筛查任务123500人,实际完成118754人,完成率96.16%;其中乳腺X检查2794人,可疑阳性359人,病理检查202人,确诊乳腺癌48例,乳腺癌治疗43人。阳性个案均已按要求录入《桂妇儿健康服务信息管理系统》。

【婚前医学检查】 2017年,南宁市婚育综合服务中心为新婚对象提供免费婚检服务。全市结婚登记人数78728人,提供免费婚检人数77824人,免费婚检率98.85%;其中12个区县提供免费婚检率均达到自治区96%以上绩效考核要求。所有参加婚检对象都进行地中海贫血、HIV、梅毒的筛查,负责婚检医师对检查中发现HIV阳性患者30例、梅毒阳性患者243例、2442对地贫初筛双阳夫妇等各类患病人群给予针对性的保健指导、治疗建议和优生咨询,并开展追访,预防出生缺陷,提高出生人口素质。

【产前筛查及新生儿疾病筛查补助】 2017年,南宁市分娩产妇数105740人,应筛孕产妇数68017人;完成产前筛查的孕产妇56478人,筛查率83.04%,达到自治区80%以上项目指标要求;其中农

2017年3月28日,南宁市妇幼保健院组织专家到西乡塘区坛洛镇义诊并向育龄妇女发放叶酸　　市卫生计生委提供

村户籍孕妇建卡数80065人，获补助产妇43617人，补助金额501.60万元；机构活产数106563人，新生儿疾病筛查102137人，筛查率95.85%，达到自治区93%以上绩效考核要求。其中，农村户籍住院分娩活产数80579人，获补助产妇70740人，补助金额403.27万元。年内，相关医疗保健机构均按照规范进行采样、送检，对产前筛查和新生儿疾病筛查的阳性个案开展追踪，督促阳性人群复诊，预防代谢性疾病缺陷儿出生。

【地中海贫血防控】 2017年，南宁市进行婚前地中海贫血筛查人数77726人，孕妇地中海贫血筛查129571人，有5266对已孕双阳夫妇，有5136对已孕双阳夫妇进行地贫基因诊断；有5450对夫妇获得地贫基因诊断补助。其中，2753对是孕期进行基因诊断获得补助，2697对在婚检时发现双阳进行基因诊断获得补助，基因诊断补助率100%，达到自治区要求98%水平，补助经费545万元。需地贫产前诊断孕妇1607人，实际进行产前诊断1571对，有1545例获得地贫产前诊断补助，产前诊断补助率100%，达到自治区要求98%以上，补助经费285.83万元。确诊为中间型或重型地贫胎儿244例，有242例进行终止妊娠，妊娠干预率99.18%。

卫生监督

【卫生行政许可】 2017年1月1日至8月28日，南宁市政务服务中心卫生计生委窗口接待群众现场或电话咨询1万余人次，受理各类事项4729件，办结4713件，行政审批4606项。所有受理审批事项全部在承诺时限内办结，提前办结率100%，作出许可决定均合法有效。被评为政务服务中心"优质服务流动红旗窗口"2次，被评为"优质服务标兵"3人次、"优质服务岗位"12人次。

【卫生行政处罚】 2017年，南宁市本级卫生行政部门立案123起，其中医疗卫生30起，公共场所卫生47起，消毒卫生5起，饮用水卫生12起，学校卫生20起，放射卫生1起，传染病8起。没收违法所得42.77万元，警告73起，没收药品器械15起，吊销许可证1起；结案108起，累计结案金额67.67万元。合议案件123起，简易程序28起，一般程序85起，听证程序10起，应当事人申请举行听证会3次。《吴某为他人进行非医学需要的选择性别的人工终止妊娠案》《陆某吾组织、介绍妊娠妇女进行非医学需要的胎儿性别鉴定案》2个案例被评为全国优秀执法案例。

【食品安全检验监测】 2017年，南宁市卫生监督部门计划监测18大类103种食品样品3534份，实际完成食品样品监测3566份，完成率100.91%。市辖区43家食源性疾病监测哨点医院计划监测4500例，完成监测食源性疾病病例5221例，完成率116.02%。

【医疗机构监督】 2017年，南宁市有市本级监管医疗机构166家，其中非营利性三级医院22家，非营利性一级、二级医院43家，民营医院27家，门诊部24家，医务室14家，诊所28家，采供血机构6家，医学检验机构2家。监督检查医疗卫生机构244家次，监督完成100%。立案14起，发出处罚决定书13起，罚没金额31.04万元；其中结案12起，结案金额9.19万元。查处涉及医疗美容案件13起，其中未取得"医疗机构执业许可证"擅自开展医疗美容活动案件7起，超范围开展诊疗活动、使用非卫生技术人员从事医疗卫生技术工作等案件5起，出租医疗美容科室案件1起。接到投诉举报21起，办结21起；实施行政处罚4起。取缔非法医疗美容场所37家，立案查处无证医疗美容案件26起，罚没金额45.79万元，没收医疗器械价值近20万元，涉嫌非法行医罪移送公安机关处置1起；查处医疗美容机构违法违规行为案件6起，涉案金额近7万元。

【放射卫生监督】 2017年，南宁市市本级管辖放射诊疗机构85家，监督检查85家（综合医院47家、专科医院27家、综合门诊部6家、专科门诊部3家、诊所1家、医务室1家），覆盖率100%。所检机构有效"放射诊疗许可证"持证率100%，"大型医用设备配置许可证"持证率100%；有放射诊疗建设项目42项，其中进行职业病危害预评价并通过卫生计生行政部门预评价审核42项，进行职业病危害放射防护控制效果评价并通过卫生计生行政竣工卫生验收28项。有检查放射工作人员2227名，其中2220名进行放射卫生培训，培训率99.69%；2225名进行职业健康检查（上岗前体检285名、在岗期间体检1921名、离岗体检19名），检查率99.91%，未检出职业禁忌者；2225名进行个人剂量监测，监测率99.91%。对33家放射诊疗机构发出《卫生监督意见书》，责令限期整改，并对1家放射诊疗机构处以警告行政处罚。

【公共场所卫生监督】 2017年，南宁市卫生监督部门完成市公共场所卫生重点监督检查。抽检31家公共场所（包括学校游泳池）93份水样，全部项目合格29家，合格率93.55%；抽检41家公共场所单位顾客用品用具样品205份，全部项目合格38家，合格率92.58%；抽检47家公共场所的室内空气质量样品423份，合格率100%；抽检6家公共场所集中空调通风系统样品60份，合格5家，合格率83.33%。在告知抽检不合格的单位检测结果的同时，下达监督意见书责令限期整改；对其中9家存在问题比较严重或整改不力的单位进行行政处罚，处罚金额2.25万元。立案处罚41起，结案41起，结案金额14.89万元。

【生活饮用水卫生监督】 2017年，南宁市设城市生活饮用水监测点56个，其中出厂水12个，末梢水33个，二次供水11个。按丰水期、枯水期的要求进行监督监测，四个季度水质监测合格率分别为89.28%、80.36%、87.50%、91.07%，并将检测结果向社会公示。执行国家卫生计生

2017年，市疾病预防控制中心技术人员在实验室检验食品样品　　市卫生计生委提供

委“双随机”(随机抽取被检查对象、随机选派检查人员)事项 20 件,完成 15 件、完结 5 件;市政府“双随机”1 件,完成 1 件。涉水产品抽检合格率 100%,集中式供水出厂水抽检合格率 100%,二次供水抽检合格率 92%,现制现售出水水质抽检合格率 80%。查处水质不合格单位 14 家,立案 13 家、结案 10 家,处罚金额 4.30 万元。

血液采供

【血液采集】 2017 年,南宁市献血人数 12.96 万人次,比上年同期减少 2207 人次,下降 1.67%。其中,全血采集 11.86 万人次,减少 3864 人次,下降 3.16%;机采血小板采集 1.86 万人份,增加 2317 人份,增长 14.23%;互助献血人数 23 人次,占总献血人数 0.02%,下降 15.10%。团体招募 6.46 万人次,增加 1.20 万人次,增加 22.75%。血液采集总量 21.36 万 U(约 53.26 吨),减少 3561.50U,下降 1.64%。其中,全血采集 18.87 万 U,减少 7471.50U,下降 3.81%;机采血小板采集 2.49 万 U,增加 3910U,增加 18.62%;互助献血量 37U,减少 3.34 万 U,减少 99.89%。采血招募中,城市居民献血占 83.94%,下降 2.04%;农村居民献血占 16.06%,增加 0.26%;团体献血占 49.86%,增长 22.75%;街头献血占 50.12%,增加 9.70%;固定献血者比例 34.34%,上升 23.27%;献 200 毫升率 28.89%,上升 0.30%,献 300 毫升率 22.83%,下降 1.71%;400 毫升采集 5.65 万人次,比例为 47.64%,减少 3337 人次,下降 5.58%。

【临床供血】 2017 年,南宁中心血站向临床提供去白红细胞 18.62 万 U,比上年同期减少 4835U,下降 2.53%;冰冻血浆 20.85 万 U,增加 1.32 万 U,增长 6.76%;机采血小板 1.85 万人份,增加 2334 人份,增长 14.41%;冷沉淀 3.67 万 U,减少 151U,下降 0.41%。

【血液制备】 2017 年,市中心血站制备成分血 32.40 万袋。其中,去白红细胞 19.31 万 U,比上年同期减少 2.69%;新鲜冰冻血浆 1966.18 万毫升,增长 4.95%;普通冰冻血浆 897.94 万毫升,下降 16.08%;冷沉淀 3.69 万 U,增加 665U,增长 1.83%;其他血液成分制备:冰冻加甘油保存红细胞 0U,冰冻解冻去甘油保存红细胞 12U,洗涤红细胞 1720 袋。血液隔离与放行、贴签、包装的正确率 100%,无质量投诉。

【血液检验】 2017 年,市中心血站对 12.95 万份血液标本进行 HBV、HCV、HIV、TP、ALT 检测,比上年同期减少 2093 份,下降 1.61%;合格 12.73 万份,合格率 98.32%;不合格 2172 份,不合格率 1.68%。不合格项目中,HBsAg+ 占 32.73%,抗 −HCV+ 占 5.76%,抗 −HIV+ 占 5.67%,抗 −TP+ 占 14.04%,ALT 为 23.25%;核酸标本检测 16.96 万份,阳性 185 例;HIV 初筛阳性标本 123 份。

【无偿献血宣传】 2017 年,市中心血站人员利用节假日及特殊纪念日到区县、社区、高校、企业开展活动,宣传无偿献血知识,发放宣传资料 20 万余册,张贴宣传海报 1000 张,悬挂横幅 200 余条,展出宣传展板约 80 块。在媒体刊发、播放无偿献血相关新闻报道 931 篇次。走进中小学校、社区开展血液知识专题讲座,发放血液科普宣传资料近 5000 份,血型趣味漫画 1800 本,接受咨询 2000 余次。在广西电视台公交车移动频道每天黄金时段投放无偿献血公益广告 2 次,广西电台 930 频道每天黄金时段播放无偿献血音频广告 1 次。利用短信、微博、微信等新传媒平台对无偿献血进行宣传,发布微博、微信 700 多条,关注人数 6 万余人。利用微信平台在全区首创“感动邕城,寻找最美献血者”大型公益活动,参与投票人数累计超过 80 万人,访问量超 250 万。通过主题活动宣传无偿献血,扩大公益影响力。开展“6·14 世界献血者日”庆祝系列活动、录播“平凡点亮生命”世界献血者日大型庆祝晚会,表彰获得“全国无偿献血奉献奖”献血者,增强献血者的荣誉感及全社会对无偿献血公益事业的关注;首次将无偿献血公益和环境绿化公益结合,打造广西首个“无偿献血爱心林”,传播绿色环保和热心公益的健康理念;打造全国首部涂鸦无偿献血车,以涂鸦艺术形式,制造宣传焦点,吸引年轻群体对无偿献血的关注和支持;推出广西首个无偿献血题材 MV《生命之花》,传递无偿献血的意义和精神;举办“献血者百人公益相亲趴”;开展“医务人员献血月”活动、“公务员献血月”系列活动。

【献血服务】 2017 年,南宁市免费用血报账 1340 人次,比上年同期减少 435 人,下降 24.51%;免费用血金额 131.90 万元,减少 36.40 万元,下降 21.62%;献血者常规回访 3600 多人次,接听解答献血者电话及现场咨询 1.60 万人次,补办献血证 252 人次。对 7.49 万献血者进行满意度调查,满意率 98.75%;短信反馈 506 名 ALT 不合格献血者,电话反馈 1404 名其他不合格献血者;电话回访献血不良反应 812 人次,其中 16 人次发生较重献血反应,均及时送往医院处理并进行跟踪回访,每位献血者都恢复良好。发送慰问、感激、献血间隔提醒等短信 169 万多条。组织献血者开展联谊活动 5 次。

【血液质量管理】 2017 年,市中心血站完成对去白悬浮红细胞、血浆、冷沉淀、单采血小板等 9 种血液成分 1402 袋次的质量抽检,抽检合格率 98.28%,比上年同期略有下降。完成对血袋、机采耗材、检测试剂(ELISA、血型、ALT)、一次性使用卫生用品等 233 批次的质量抽检和资质审核,合格率 100%。完成包括大容量冷冻离心机、冷链设备等在内的关键设备 1479 台次的质量检查,完成采血秤、温度计、微量加样器、天平、砝码等一般使用计量器具的 605 台次比对校准,完成对采血车、捐血点、成分制备室、储血冰箱、血液运输箱等 1062 频次染菌数的监测。定期做好对采供血关键科室的日常巡检,完成质量体系内审

2017 年 1 月 10 日,市中心血站在市第二人民医院举行市医务人员献血月启动仪式

市卫生计生委提供

和管理评审;编制质量月报 12 期。

【医学科研】 2017 年,南宁市医疗卫生单位获科研项目立项 152 项,其中国家级 2项,省部级 13 项,厅级 92 项,市级 45 项。获国家专利 23 项。获广西医药卫生适宜技术推广奖 19 个奖项,其中二等奖 3 项、三等奖 16 项。拟获 2017 年度广西科学技术进步三等奖 1 项(已公示);获南宁市科学技术进步奖 10 个奖项(已公示),其中二等奖 2 项、三等奖 8 项。组织开展第三周期市医学重点学科评估,择优评选出全市第三周期医学重点学科 6 个,特色专科 10 个,重点实验室 3 个。

【继续医学教育】 2017 年,南宁市承办继续医学教育项目 109 项,比上年同期增加 10%;其中国家级继续医学教育项目 13 项,自治区继续医学教育项目 96 项。参加继续医学教育培训 2.11 万人,增加 12.50%。实施基层医疗卫生机构人员全科医师转岗培训 35 名,其中乡镇卫生院全科医生 25 名,社区卫生服务中心 10 名。组织县级医疗卫生机构 100 名医务人员参加自治区“万名医生肿瘤学培训班”项目。

中医・民族医

【中医医院管理】 2017 年,南宁市开展中药饮片规范管理专项培训,提升中医药工作者业务水平。市卫生计生委部署各区县、开发区卫生计生局,委属医疗机构开展中药饮片管理专项督查,迎接自治区“医疗机构中药饮片管理”检查评估,提升各级医疗机构中药饮片管理水平,保证中药饮片质量。同步推进公立中医医院综合改革,推进中医药分级诊疗制度实施,加强中医专科医联体建设,促进优质医疗资源下到基层。持续开展中医优势病种临床疗效研究和评价,形成诊疗方案并推广应用。

【中医科研】 2017 年,南宁市医疗机构申报中医类科研课题,加强在中医民族医特色的诊疗手法及中药制剂等方面的研究,获得中医药壮医药科研课题立项 12 项(市中医医院 5 项、武鸣区中医医院 5 项、市中西医结合医院 1 项、横县中医医院 1 项),参与市厅级中医药壮医药科研课题 7 项(市中西医结合医院 5 项、市中医医院 1 项、武鸣区中医医院 1 项)。在自治区内外刊物上发表中医药壮医药论文 36 篇,参与编辑中医药相关书籍 3 册。

【中医药文化科普】 2017 年,南宁市启动中医・中药・中国行——中医药健康文化推进行动,结合市中医医院第三届膏方节系列活动,营造中医药健康文化氛围。“壮族三月三”期间,组织全市中医医疗机构开展以普及中医药壮瑶医药知识为主题的科普宣传活动。10 余家医疗机构以制作中医药壮瑶医药科普宣传栏、现场义诊、科普讲座等方式开展活动。派出专家 102 人次,举办科普讲座 10 场,义诊 15 场次,服务群众 4500 人次;制作中医药知识宣传展板 20 幅,播放宣传片 1 集,发放宣传资料 6650 份。组织开展南宁市 2 个普查点(上林县、江南区)中国公民中医药健康文化素养调查督导。

【中医药民族医药产业发展】 2017 年,南宁市推进中医药参与“一带一路”建设,朱琏针灸学术国际研究基地项目获自治区推荐为国家中医药管理局中医药国际合作项目。全市中医药民族医药制造业、种植业产值全面增长。中医药民族医药制造业产值 109.36 亿元,比上年增加 15.93 亿元。中药材种植面积 1.11 万公顷,产量 13.10 万吨,分别增加 5.18%、3.97%;产值 8.82 亿元,增长 6.14%。

【中医药服务能力建设】 2017 年,南宁市加强全国名老中医韦立富传承工作室、全国基层名老中医药专家韦月梅传承工作室的建设。开展首届南宁市名中医、基层名中医评选,与市人社部门联合认定南宁市名中医 7 名、基层名中医 8 名。能提供中医药服务的社区卫生服务中心、乡镇卫生院、卫生服务站、行政村卫生室(所)分别为 98%、98%、100%、84%;县级中医医院 88.88% 达到二级甲等水平。基层医疗卫生机构中医综合诊疗区(中医馆)25 个项目全部建设完成。落实国家基本公共卫生服务中医药健康管理服务项目,老年人中医药健康管理服务率 48.37%,0～36 个月儿童中医药健康管理服务率 55.25%。实施南宁市基层中医药民族医药适宜技术培训项目,分别在 9 个区县 56 所乡镇卫生院、8 所社区卫生服务中心开展中医药民族医药适宜技术培训,累计培训中医类别医师、村医 800 余人。

【中医重点专科建设】 2017 年,南宁市推进市中西医结合医院“朱琏针灸国际研究基地”项目建设,首个海外二级基地在马来西亚挂牌成立。加强市中医医院脑病科、市中西医结合医院针灸康复科、武鸣区中医医院壮医推拿科 3 个国家重点专科建设,以及 3 个自治区级重点专科建设(骨伤科、脾胃病科、妇产科)。

【基层中医改革试点】 2017 年,南宁市继续在武鸣区实施中医药壮医药服务县乡一体化试点,13 个镇卫生院中医门诊量比上年同期增长 72.60%,中药饮片处方量增长 87.30%,中医非药物疗法处方 1.13 万张,增长 34.10%。

爱国卫生运动

【概　况】 2017 年,南宁市爱国卫生运动委员会办公室以“加快推进健康南宁建设,打造国家卫生城市升级版”为重点,抓创卫“每月一评”、健康教育、病媒生物防制、基层卫生创建等工作,开展“爱国卫生月”“世界无烟日”“除‘四害’统一行动周”“城乡环境卫生整洁行动”等群众性爱国卫生运动。开展健康社区(小区)建设,推进“细胞”工程建设;开展“世界无烟日”劝阻吸烟、控烟宣传及控烟联合执法检查;结合“美丽南宁”乡村建设,开展城乡卫生综合整治,完成年度卫生村镇、卫生先进单位创建,马山县、上林县被全国爱国卫生运动委员会命名为“国家卫生县城”,市疾病预防控制中心在河南郑州市举办的第十八届全国控烟学术研讨会上被中国控制吸烟协会评为先进单位,市爱卫办唐莉被评为先进个人。

【国家卫生城市巩固提升】 2017 年,南宁市将国家卫生城市复审部分指标纳入“美丽南宁・整洁畅通有序大行动”目标专项考评。开展首府南宁国家卫生城市“每月一评”,每月通报当月考评情况,每季度登报公布季度考评结果。绝大多数区域及各类重点场所保持卫生城市常态化管理水平,市容环境卫生状况良好,符合国家卫生城市标准要求。开展城乡环境卫生综合整治,深化扬尘污染治理,完善扬尘治理综合管理系统建设应用,提升治理信息化水平,构建长效治尘机制,打赢蓝天保卫战。加强市政公用基础设施维护管理,推动垃圾分类处置等,巩固提升国家卫生城市成果,为实现 2018 年国家卫生城市“三连冠”目标、打造国家卫生城市升级版夯实基础。

【病媒生物防制】 2017 年,南宁市爱卫办印发《南宁市病媒生物监测实施方案(2017 版)》,按照“环境治理为主,化学防制为辅”的综合防制方针,开展环境卫生大整治,消除“四害”滋生场所,组织开展以防控重点传染病为主的爱国卫生运动。结合 H7N9 禽流感疫情防控,重点以环境卫生整治、清除病媒滋生地、清洗消毒活禽市场为内容,组织各级各部门在市区及城乡接合部、县城及周边、村屯及周边等集中开展环境卫生整治。组织干部群众对村屯生活垃圾、污水、禽畜粪便全面清扫,对房前屋后的沟、渠、塘水面漂浮物全面清理,对田间地头农业生产废弃物全面清捡。举办2017年南宁市病媒生物监测项目启动会暨监测技术培训班,提高区县(开发区)爱卫办、消杀公司及相关单位工作人员除"四害"知识。专项督查重大会议及赛事所涉及区域、场所,营造干净整洁环境。开展病媒生物防制及环境卫生专项督查,印发《2017年南宁市"两会一节"病媒生物防制工作实施方案》《南宁市服务2017年度环广西公路自行车世界巡回赛南宁赛道病媒生物防制工作方案》,确保第14届中国－东盟博览会、第14届中国－东盟商务与投资峰会、第19届南宁国际民歌艺术节、环广西公路自行车世界巡回赛(南宁站)期间,病媒生物得到有效防制。

【健康教育与健康促进】 2017年,南宁市爱卫办打造健康"细胞"工程,推进健康城市建设。2016年南宁市申报创建9个健康社区(小区)通过考核验收,被命名为"南宁市2016年度健康社区(小区)"。举办2017年度南宁市建设健康村镇居民健康水平监测培训班,做好12个项目乡镇、14个项目村居民健康素养水平的监测评估。组织开展控烟联合执法检查,重点检查城区(开发区)的医疗卫生机构、机关单位和机关服务窗口、上网服务营业场所、提供住宿服务的场所、餐饮服务经营场所、商场超市、文娱场所、体育场馆和汽车客运站等,检查各场所控烟工作执行情况,对不落实《南宁市控制吸烟规定》、存在突出问题的公共场所提出整改意见。市爱卫办印发《携手灭烟拥抱晴天》宣传册2万册,组织编印《中国公民健康素养66条—基本知识与技能》宣传册3.50万册发放到各区县;编印《健康南宁"细胞工程"系列读本》8.40万册发放给各项目建设单位。年内,广西电视台、南宁电视台制作播出创卫、健康教育相关宣传报道视频18个,内容涵盖劝阻吸烟、健康城市、环境卫生、空气质量、市容管理、乡村生态建设等;《广西日报》《南国早报》《南宁日报》《南宁晚报》等报刊刊发相关报道443篇次。

【基层卫生创建】 2017年,南宁市爱卫会审定命名2016年申报市级卫生单位84个、卫生村222个、卫生镇8个。申报459个自治区级基层卫生创建单位(卫生单位128个、卫生村316个、卫生镇15个)通过自治区爱卫办考核鉴定,分别被命名为"自治区卫生先进单位""自治区卫生村"以及"自治区卫生镇(乡)"。组织横县、宾阳县、隆安县巩固自治区卫生县城年度检查工作,巩固提升创卫成果。配合市城乡建委做好农村改厕技术指导、宣传资料发放等。引导农村居民建立科学、文明、健康的生活模式,促进改厕专项活动规模化推广。编印宣传读本和挂图10万册(张)。 (苏 熹)

计划生育

【目标管理】 2017年,南宁市建立卫生计生目标考核工作机制,出台《南宁市卫生和计划生育目标管理责任制考核督查办法》,将卫生、医改、防艾工作与计划生育整合实施目标责任制管理融合开展考核督查。市委、市政府与七区五县、3个开发区及35个市直部门签订卫生计生目标管理责任状;组织开展综合督查及半年考核、年终考核2次。12月,派出10个考核组,对15个区县(开发区)、35个市直部门开展年终考核评估,评估结果全部合格;通过自治区考核验收达标。西乡塘区、武鸣区获"2017年全区计划生育优质服务先进单位"称号,青秀区获"广西诚信计生示范县(市、区)"称号。

【计生宣传教育】 2017年,南宁市采取重点宣传与市民健康宣教相结合,开展医联体建设成效、医养结合、创建全国幸福家庭示范市等多个重点民生宣传;围绕全市32家公立医院综合改革进行全程报道,结合H7N9、手足口病、流感等突发疫情开展宣教。围绕"新春三下乡""7·11世界人口日""9·12预防出生缺陷日"等主题,通过开展健康义诊、宣传咨询等形式,提升卫生计生系统公共服务能力。结合三八国际妇女节、5·12护士节、七一建党等节日活动,借助媒体开展系统典型人物宣传,传递正能量。市第四人民医院感染科护士长杜丽群、市红会医院美沙酮门诊主任石珊获"中国好医生好护士"月度人物称号。

【诚信计生】 2017年,南宁市以构建和谐诚信计生为主线,完善政策对接。对全面两孩政策放开实施之前,符合计划生育政策的家庭,实施计生奖励扶助政策,继续按原规定审核发放奖励扶助金。年内,发放计生奖励扶助金1.70万人次,兑现奖励扶助金4552.14万元。继续抓好计划生育家庭爱心保险、小额贴息贷款项目实施,发放小额贴息贷款2399万元,发放贷款贴息金86.97万元,扶持1206户计生家庭。投入616.38万元为5.73万个农村计生家庭、4.43万名城镇独生子女、2001名计生特殊家庭成员购买爱心保险;485户计生家庭获保险公司理赔,赔付总金额332.40万元。

【性别比综合治理】 2017年,南宁市区间出生人口11.11万人,其中男婴5.92万人、女婴5.19万人,出生人口性别比114.01,比自治区下达的指标(116)低1.99个比值。市、县两级累计投入出生人口性别比综合治理工作经费328万元,将性别比综合治理纳入卫生计生目标责任考核和绩效考核内容。开展打击"两非"(非医学需要的胎儿性别鉴定、非医学需要的选择性别的人工终止妊娠)承诺活动,统一制作3700块打击"两非"宣传提示牌,

2017年,南宁市开展健康社区(小区)建设。图为居民在北部湾社区"健康小屋"免费测量血压 市爱卫办提供

在医疗保健机构的妇产科病房、计划生育门诊、B超检查室及个体诊所、卫生院和村卫生室等张贴；加强“两非”事前监督。设置公益广告牌、户外固定宣传栏和宣传牌551块，制作宣传标语2183条，开展关爱女孩、打击“两非”和性别比治理等宣传活动。组织区县结合节假日、纪念日活动，开展广场文化、街道文化、社区文化、乡村文化宣传活动140多场次，印制发放关爱女孩、综合治理性别比和打击“两非”等宣传资料20多万份。年内，组织开展联合整治“两非”专项行动55次，检查医院185家、个体诊所1276个、药店1063个、其他单位67个；立案查处“两非”案件34件，结案32件，罚款31.65万元，处理责任人员17人，处理责任医疗机构11个。市本级开展出生人口性别比综合治理专项督查活动2次，区县每季度开展联合督查整治1次，在卫生计生目标管理责任制半年、全年考核中重点检查区县开展性别比综合治理情况。

2017年6月6日，市卫生计生委工作人员专项督查出生人口性别比综合治理

市卫生计生委提供

【计生家庭奖励扶助】 2017年，南宁市办理生育登记7.40万份，再生育审批发证1209本。实施计生家庭爱心保险等计生惠民项目，为5.71万户农村计生家庭0岁～18周岁的独生子女家庭和双女户购买爱心保险。开展“生育关怀行动”行动，为245对不孕不育患者实施援助治疗，其中有35对患者成功怀孕。为符合国家部分农村计划生育奖扶政策的对象7829人、计划生育特殊扶助对象2002人，分别兑现国家奖励扶助金、特扶金1127.38万元、2063.69万元；为4110名55周岁～59周岁广西农村部分计划生育家庭扩面扶助对象兑现奖扶金295.92万元；为1574名广西农村计划生育家庭奖励扶助对象兑现奖扶金182.99万元；为3306名南宁市农村计划生育奖励扶助对象兑现奖扶金253.16万元；为2546名市级计划生育特别扶助对象兑现特扶金1249万元；计划生育利益导向政策兑现率100%。为2140名计生特殊家庭老年人提供养老照护服务，1947人获得医疗服务，122人获住院医疗补贴，39人享受住院减免费用待遇，85人获住院护理补贴，1381人获居家或机构养老补贴等待遇。

【计生家庭发展建设】 2017年，南宁市实施“优质服务、健康促进、家庭创业、帮扶救助”四大工程，提高城乡家庭尤其是计划生育家庭的发展能力、生活质量和幸福指数。计生家庭养老照护对象2140人，其中计生特殊家庭人数1433人。投入到养老照护专兼职人员1386人。为计生家庭老年人建立健康档案2140人，签订医疗服务协议1530人；开展免费体检1547人，发放居家养老补贴75万元，发放住院护理补贴18万元。建立南宁市计生家庭养老照护培训师资库，首批入库专家讲师60名，举办养老照护培训班76期。

【医养结合】 2017年，南宁市确定2个试点城区和12个试点单位探索开展医养结合服务。全市有医养结合机构34家，89%以上养老机构能够为入住老年人提供医疗卫生服务，91%以上医疗机构为老年人开设挂号就医等便利服务绿色通道；基层医疗卫生机构为65岁以上居家老年人提供健康管理服务的家庭医生，签约率62%；所有公立二级以上综合医院都设置老年病科，14个医养结合项目纳入自治区重大项目库，各区县、开发区建设1个以上医养结合试点项目。12月27日，南宁市获国家卫生计生委授予全国第二批“创建幸福家庭活动示范市”奖牌。

【流动人口服务管理】 2017年，南宁市有9个区县（含2个开发区）、25个镇（街道）、80个村（居）、有100个样本点被确定为全国流动人口动态监测样本单位。市卫生计生委联合市综治办、市农民工办、市民政局、市财政局联合出台《南宁市流动人口基本公共卫生计生服务实施办法》，为流动人口基本公共卫生计生服务能力提供制度保障。开展流动人口健康促进示范企业、学校及健康家庭创建活动。恒安（广西）纸业有限公司、西乡塘区扶壮学校被确定为全国第一批流动人口健康促进示范企业、学校。开展流动人口卫生计生关怀关爱专项行动，增强流动人口的归属感和幸福感，促进流动人口社会融合。发放宣传资料23多万份，开展义诊咨询活动1.73万人次，开设健康讲座199场；为留守儿童进行健康体检3729人次，进行心理辅导3776人次；为留守儿童父母开展健康教育4426人次，慰问“三留守”（留守儿童、留守妇女、留守老人）人员5639人次。

【计划生育基层基础工作】 2017年，南宁市有25名乡镇卫生计生服务所负责人获提拔为乡镇副科级领导干部；招录30名卫生计生干部充实到乡镇卫生计生服务所。行政村（社区）配备卫生计生专干2898人。卫生计生监督执法机构增加编制227名，增配执法人员41人，比上年同期增长18.10%。举办计生业务培训班120多期。保障卫生计生改革发展财政投入，出台《关于进一步完善南宁市卫生计生事业财政投入保障机制的实施意见》，保持稳中有增的投入机制。市本级预算投入人口计生工作经费4567.71万元，区县、开发区累计预算投入2.55亿元。将“智慧健康”信息工程纳入政府为民办实事项目，投入2000多万元，建立卫生计生云数据中心，实现公共卫生、计划生育等6大业务应用系统的互联互通和业务协同。加强村级信息直报平台建设，全市100%的社区和35%的行政村完成人口信息直报平台建设。

【人口计生行政执法】 2017年，南宁市人民政府组织市公安局、市卫生计生委、市食药监局、市工商局等部门联合开展为期3个月的打击“两非”专项行动；查处“两非”案件34起，结案32起，罚款31.65万元，处理责任人员17人，处理责任医疗机构11个。实施有奖举报制度，受理群众举报“两非”案件5起，发放举报奖励金2.60万元。开展“关爱女孩行动”宣传活动140场次。 （肖裕翰 龚可奉）

责任编辑 方 明

社会民生

城乡居民收入

【概　况】 国家统计局南宁调查队2006年12月成立，是国家统计局垂直管理的正处级机构。2017年，设办公室、综合和法规科、农业调查科、住户调查科、工业调查科、统计监测科、居民消费价格调查科、生产投资价格调查科、专项调查科9个科室，编制50名，在编39人。全市居民人均可支配收入24984元，比上年同期增长9.30%。全市城镇居民人均可支配收入33217元，增长8.10%；兴宁区36322元、增长7.70%，江南区32156元、增长8.60%，青秀区42138元、增长8.40%，西乡塘区31188元、增长7.90%，邕宁区30609元、增长8.80%，良庆区28901元、增长7.50%，武鸣区32014元、增长8.90%，横县31762元、增长7.40%，宾阳县31489元、增长8.20%，上林县25225元、增长8.50%，马山县25889元、增长7.80%，隆安县25912元、增长8.10%。全市农村居民人均可支配收入12515元，增长9.80%；兴宁区13585元、增长9.50%，江南区13819元、增长9.20%，青秀区14021元、增长10.30%，西乡塘区12679元、增长9.90%，邕宁区12559元、增长9.60%，良庆区13356元、增长10.70%，武鸣区14594元、增长9.70%，横县12703元、增长10.10%，宾阳县12867元、增长10.50%，上林县10199元、增长9.80%，马山县9807元、增长9.30%，隆安县10720元、增长9.40%。

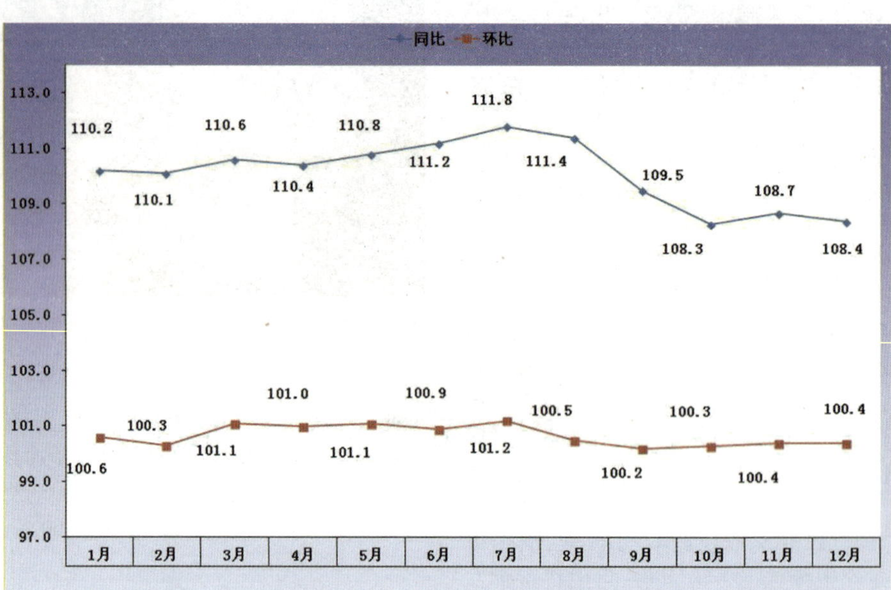

说明：上年同期＝100；数据由国家统计局南宁调查队提供

图7　2017年南宁市住宅销售价格指数走势

【居民消费价格指数】 2017年，南宁市居民消费价格指数（CPI）比上年同期上涨2.30%，创近5年新高，涨幅同比扩大0.90个百分点，比全国总水平（1.60%）高0.70个百分点，比自治区水平（1.60%）高0.70个百分点；在全国36个大中城市排名第五，在西南地区5个省会城市排名第一，在自治区14个地级市中排名第四。从类别看，除食品烟酒价格与上年持平外，其他7大类指数均不同程度上涨：医疗保健类价格上涨10.60%，居住类价格上涨3.80%，衣着类价格上涨4.20%，交通和通信类价格上涨1.20%，教育文化和娱乐类价格上涨0.90%，生活用品及服务价格上涨0.10%，其他用品和服务类价格上涨1.50%。

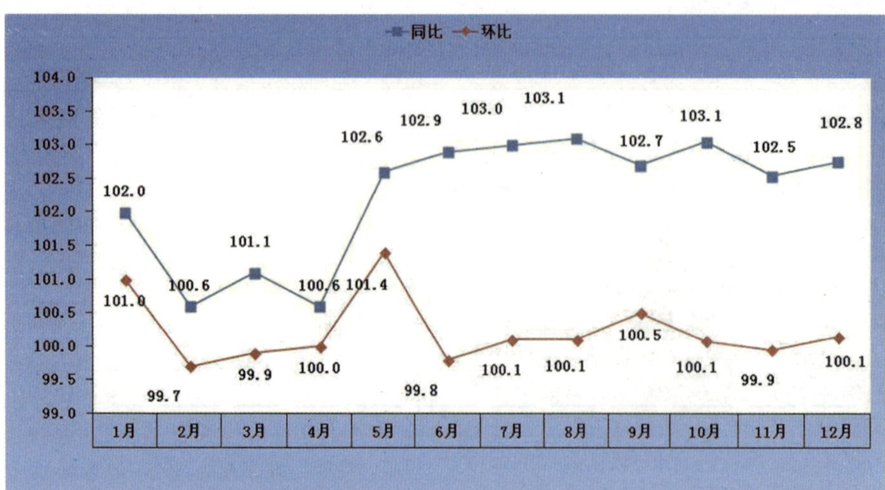

说明：上年同期＝100；数据由国家统计局南宁调查队提供

图6　2017年南宁市居民消费价格指数走势

【住宅销售价格指数】 2017年，南宁市新建住宅（含保障性住房）价格各月同比涨幅分别为10.20%、10.10%、10.60%、10.40%、10.80%、11.20%、11.80%、11.40%、9.50%、8.30%、8.70%、8.40%，其中新建商品住宅价格各月同比涨幅分别为11.20%、11.20%、11.70%、11.50%、11.90%、12.30%、13.00%、12.50%、10.40%、9.10%、9.60%、9.20%。全市新建住宅价格各月环比分别上涨0.60%、0.30%、1.10%、1.00%、1.10%、0.90%、1.20%、0.50%、0.20%、0.30%、0.40%、0.40%，其中新建商品住宅各月环比分别上涨0.70%、0.40%、1.20%、1.10%、1.20%、1.00%、1.30%、0.60%、0.20%、0.30%、0.50%、0.40%。全市新建住宅同比、环比价格指数均在7月达最高值后，出现明显回落态势。

（申智慧　杨桂苏　周伟明　施杨勇　周延松　罗　莎）

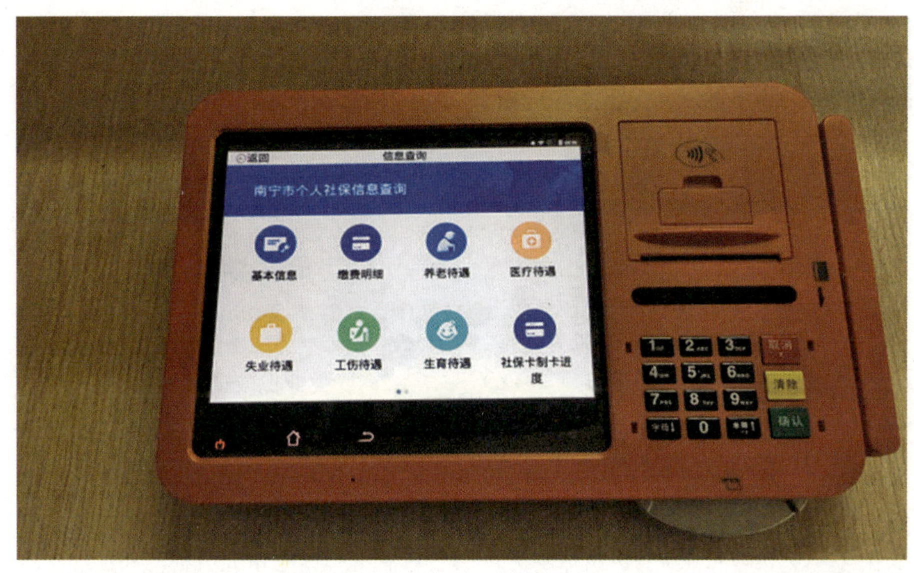

2017 年 12 月 15 日，南宁市设置在各行政村的 1383 台就业社保便民服务小型终端正式启用

市人社局提供

劳动就业

【概　况】 2017 年，南宁市将高校毕业生等青年群体就业摆在首位，引导毕业生到基层就业，实现城镇新增就业 7.73 万人。开展就业服务专项活动 180 场，其中“就业援助月”25 场、“春风行动”131 场、“民营企业招聘周”24 场。创建充分就业区县、开发区，新增国家级充分就业社区 2 个、自治区星级充分就业社区 43 个。新增高校毕业生 56 人到基层从事“三支一扶”（大学生在毕业后到农村基层从事支农、支教、支医和扶贫工作）服务。实施“绿城南宁产业工人培训三年行动计划”“农民工职业技能提升培训计划”，推进职业培训，促进劳动者就业创业。建立全面治理拖欠农民工工资问题长效机制，首次将全面治理拖欠农民工工资问题纳入南宁市绩效考评体系，建立责任追究机制。加大劳动保障行政与刑事衔接力度，将 50 起涉嫌拒不支付劳动报酬案件移交公安机关处理。完善劳动保障监察管理系统，将用人单位劳动监察书面材料审查改为网上申报审查。创新建立流程简易、双线服务、多方联动的劳动人事争议速裁快审机制。12 月 15 日，设置在行政村的 1383 台就业社保便民服务小型终端正式启用，完成 2017 年为民办实事就业社保便民服务项目建设。

【就业创业】 2017 年，南宁市实施“扶持创业促就业项目”促进和扶持高校毕业生、城镇登记失业人员、就业困难人员、复员转业退役军人、刑释改教人员、农民工等群体就业创业；全市城镇新增就业 7.73 万人，城镇失业人员再就业 1.92 万人，就业困难人员再就业 5649 人，城镇登记失业率控制在 2.63%。全市农村劳动力转移 8.11 万人，其中自治区内转移就业 4.54 万人，向自治区外转移输出 3.57 万人。全市扶持创业 1.92 万户(家)，发放创业担保贷款 3220 笔，发放贷款 2.74 亿元。认定“创业孵化基地”10 个，入驻企业 235 家，通过创业带动就业 2000 多人。为 3 家众创空间型创业孵化基地发放房租、宽带接入费补贴 140.86 万元；为符合条件的孵化企业发放场地水电补贴 56.74 万元，社会保险补贴 21.87 万元，一次性创业补贴 4000 元；为 8 家企业发放新增就业岗位社会保险补贴 1123 人 72.05 万元。

【人力资源市场管理】 2017 年，南宁市办理人力资源服务许可事项 54 项，其中新申请事项 29 项、申请延续事项 12 项、申请变更事项 12 项、申请注销事项 1 项，按时办结率 100%。年审人力资源服务机构 92 家，合格 86 家，年审不合格或未提交年审材料依法注销人力资源服务许可证 6 家。

【劳动关系】 2017 年，南宁市企业劳动合同签订率 95%，涉及职工 59.42 万人；集体合同签订率 83%。依法受理审批行政许可 324 件，其中劳务派遣行政许可 251 件、特殊工时行政许可 63 件。集体合同备案企业 39 家。

【劳动保障监察】 2017 年，南宁市劳动保障监察机构检查用人单位 3.77 万户，书面材料审查用人单位 3.31 万户；立案查处劳动保障违法案件 1191 起，结案 1149 起(含上年度结转)，其中举报投诉案件立案 1043 起(结案 1006 起)，劳动保障监察举报投诉案件法定期限结案率 100%；追发劳动者工资待遇 1.44 亿元，涉及劳动者 1.09 万人；督促缴纳社会保险费 4.94 万元，督促补签劳动合同 6115 人；对 37 个严重违反劳动法律法规的用人单位给予行政处理、处罚；将 50 起涉嫌拒不支付劳动报酬案件移交公安机关处理，公安机关立案 42 起。

【劳动人事争议仲裁】 2017 年，南宁市创新建立劳动人事争议速裁快审机制，优化立案、审理、审批、制作文书等流程；建立劳动人事争议调解工作任务共担机制，分解调解成功率指标下达区县人社部门。全市劳动争议调解组织、仲裁机构处理劳动人事争议案件 1.23 万起，涉案标的 2.79 亿元。仲裁机构立案受理 5318 起，不予受理 510 起，2016 年结转 419 起；仲裁机构结案 5392 起，当期结案率 93.99%，其中裁决结案 3379 起(一裁终局 637 起、终

2017 年，“全国工会就业创业援助月”活动启动仪式暨南宁大型招聘会在南宁国际会展中心举行

宋延康　摄

局裁决率 18.85%)。南宁市乡镇街道和商会(协会)、工会、企业劳动争议调解组织成功调解争议案件 6061 起,全市调解成功率 62.83%。

【职业技能培训】 2017 年,南宁市加强职业技能培训,参加职业培训 3.84 万人。重点实施"农民工职业技能提升培训计划",为农村劳动者开展多种技能培训,提高就业创业能力。实施"绿城南宁产业工人培训三年行动计划",引导培训机构与企业主动对接,加强校企合作,通过在岗培训、脱产培训、业务研修、岗位练兵等方式,为企业一线生产员工开展岗位技能培训、技能提升培训。实施职业培训支持精准脱贫,根据建档立卡贫困劳动力的培训需求,精准开展职业培训,促进贫困劳动力实现技能脱贫。做好技工院校结对帮扶建档立卡贫困家庭"两后生"(未继续升学的适龄初、高中毕业生含退学、辍学等)职业技能培训,组织 1303 名"两后生"到驻邕技工院校就读。

【高技能人才队伍建设】 2017 年,南宁市组织开展第二批首席技师评定活动,评定南宁市首批首席技师 28 人。加强高技能人才阵地建设,评定广西交通技师学院为南宁市高技能人才培训基地建设项目,评定南宁市鹏鸽工艺品有限公司的黄冬鹏技能大师工作室、南宁市德泰电梯制造有限公司的张智勇技能大师工作室、南南铝业股份有限公司的韦杰军技能大师工作室、南宁职业技术学院的文歧福技能大师工作室 4 家单位为 2017 年南宁市技能大师工作室建设项目。依托广西工业技师学院、广西南宁技师学院的技师、高级技师培训,为企业培养一批技术技能型、知识技能型、复合技能型人才。新增高技能人才 3552 人,其中高级工 2927 人,技师、高级技师 625 人。

【技工教育】 2017 年,南宁市进行技工教育改革,提高办学层次。广西南宁技师学院通过加强教学研究,促进专业建设,加强国际教育合作、校企合作,做好学生教育管理和校园文化建设等。招生 4155 人,完成招生任务 138.50%;毕业生实际就业 2977 人,就业率 98.06%。

【劳动能力鉴定】 2017 年,南宁市受理劳动能力鉴定申请 1376 人次,开展劳动能力鉴定 12 期,做出鉴定结论 1376 人,其中工伤致残与职业病致残等级鉴定 1090 人,非因工伤残或因病丧失劳动能力程度鉴定 286 人。 (谢 伟)

社会保障

【概 况】 2017 年,南宁市超额完成社会保险年度征缴任务,"城镇五险"(养老保险、医疗保险、失业保险、工伤保险、生育保险)征收 173.23 亿元,其中生育保险参保 58.76 万人,生育保险费征缴收入 2.32 亿元;社保基金实现当期收支结余。至年末,全市社保基金滚存结余 264.69 亿元,比上年同期增加 44.04 亿元、增长 19.96%。实施"全民参保登记计划",全市社保参保 1218.93 万人次。贯彻阶段性降低社保费率、全面下调社保最低缴费基数等政策,为全市企业减少社保成本 7.38 亿元,审批稳岗补贴 6806.21 万元。

【基本养老保险】 2017 年,南宁市城乡居民社会养老保险参保 215.82 万人,参保率 94.79%,享受待遇 66.07 万人。城镇职工基本养老保险参保 133.30 万人(企业 114.86 万人、机关事业单位 18.44 万人),养老保险费征缴收入 84.81 亿元。调整全市 36.97 万退休人员(企业退休 31.13 万人、机关事业单位退休 5.84 万人)基本养老金;企业退休人员基本养老金实现"十三连涨",每人每月 2183.60 元;机关事业单位退休人员每人每月 4705.10 元。

【基本医疗保险】 2017 年,南宁市基本医疗保险参保 694.56 万人(职工医保 98.97 万人、城乡居民医保 595.59 万人),城镇职工基本医疗保险征缴收入 34.98 亿元。城镇居民医保财政补助标准由年人均 380 元提高至 420 元。职工医保、城乡居民医保统筹基金年度最高支付限额分别提高至 32.98 万元、15.84 万元;城乡居民参保人员在一级及以下基层医疗机构发生的,医保政策范围内住院费用报销比例 90%。

【失业保险】 2017 年,南宁市失业保险参保 54.70 万人,失业保险费征缴收入 3.03 亿元。2016 年 5 月失业保险费率调整后每月为参保企业减负 1728.31 万元,2017 年减负 2.05 亿元。全市登记失业人数 2.84 万人,享受失业保险待遇 1.90 万人,总金额 1.12 亿元。

【工伤保险】 2017 年,南宁市工伤保险参保 61.78 万人,工伤保险费征缴收入 2.45 亿元。南宁市人力资源和社会保障局受理工伤认定申请 2430 起,办结 2387 件,其中简易程序办结 1798 起,占工伤认定申请办结总数 75.32%。

【社保基金监管】 2017 年,南宁市加强社会保险基金监管,拒付 70 家定点医疗机构违规金额 402.26 万元,停止 2 家定点医疗机构及 16 家定点零售药店服务协议。完善事前事中事后全面实时监管的"医保基金智能审核系统""定点医疗机构管理系统",实现对医疗费用 100% 审查,每年减少医保基金不合理支出近 600 万元。

【社会保险经办服务】 2017 年,南宁市优化社保经办管理服务。开展"人脸识别"养老保险待遇资格认证,应参加资格认证的退休人员和供养人员 23.85 万人,认证人数 23.63 万人,认证率 99.08%。推动智慧社保诊疗"一卡通"平台在全市 9 家三甲医院上线,通过平台进行门诊自助就

2017 年 5 月 8 日,市人社局工作人员在青秀区刘圩镇卫生院开展城乡居民医保"人脸结算"测试 市人社局提供

2017 年 4 月 28 日，南宁市救助管理站工作人员（右一）指导求助人员填写救助表格　　市民政局提供

医患者 11.71 万名；完善异地就医结算平台建设和社会保障“一卡通”服务，直接结算自治区内异地就医购药费用 5742.91 万元；制发社保卡 444.61 万张。南宁市开通“南宁市社会保险事业局网上申报与查询系统”、工行网银缴费系统、就业社保自助服务一体机、“南宁智慧社保”手机 APP、“南宁医保 123”手机 APP 等网上社保业务办理平台，实现网上经办职工增加、职工减少、职工缴费工资申报、单位和个人参保证明自助打印、医保个账授权自助绑定、养老待遇资格实名认证、工伤待遇资格认证、掌上自助缴费等业务。至年末，市本级开通网上办理社保业务的用人单位 2.04 万家。　（谢　伟）

【社会救助】 2017 年，南宁市以开展“社会救助精准兜底保障年”为主线，成立市、县两级困难群众生活保障工作领导小组，提升医疗救助能力，健全完善临时救助制度，完成特困人员救助供养制度改革，推行社会救助业务网上无纸化审批，精准识别救助对象，做到“应保尽保、应救尽救、救助及时”。委托第三方机构对低保家庭入户核查，发挥低保制度兜底保障作用。为低保、特困人员 206.83 万人次发放供养资金 4.66 亿元；医疗救助、临时救助救济 21.91 万人次，救助资金 7571.06 万元，其中临时救助金 1639 户次、3918 人次、468.47 万元。

【医疗救助】 2017 年，南宁市累计救助 21.52 万人次，救助资金 7102.59 万元，其中资助参合参保支出 3036 万元，住院救助支出 4020 万元，门诊救助支出 46.52 万元。南宁市医疗救助信息管理系统增设重特大疾病医疗救助审批管理模块，完善“一站式”即时结算机制，实现重特大疾病医疗救助即时结算。　（梁　敏）

【流浪乞讨人员救助】 2017 年，南宁市救助管理站牵头，城区救助站配合开展街头劝助、主动服务，救助流浪乞讨人员 9900 人次，其中未成年人 205 人次。市救助管理站对长期滞留流浪乞讨人员进行 DNA 信息采集和人脸识别比对，首次通过人脸识别成功 15 人。协调公安部门为滞留在南宁市社会福利医院、南宁市社会福利院、南宁儿童康复中心等托养机构 6 个月以上的 344 名流浪乞讨人员办理户籍，使其享受南宁市民相关惠民待遇。开展救助管理机构站外托养和中央财政补助资金使用管理情况检查，加大生活无着落流浪乞讨人员寻亲服务力度，实现全市滞留人员寻亲信息推送、DNA 信息采集全覆盖。6 月，市救助管理站被授予“广西实施妇女儿童发展规划先进集体”称号。　（李群峰）

【城乡低保】 2017 年 1 月 1 日起，南宁市城区（开发区）城市低保补助标准由每人每月 310 元提高至 340 元，农村低保补助标准由每人每月 150 元提高至 180 元；各县城乡低保补助标准不低于自治区规定的城市每人每月 330 元、农村每人每月 170 元的补助标准。10 月 1 日，城区（开发区）以及横县、宾阳县农村居民最低生活保障标准由每人每年 3100 元提高至 3500 元，上林县、马山县、隆安县农村居民最低生活保障标准由每人每年 2800 元提高至 3200 元。全市发放城市低保 5.78 万户次、9.61 万人次、3847.80 万元，月人均补助 401 元；发放农村低保 67.26 万户次、173.22 万人次、3.08 亿元，月人均补助 178 元。农村低保对象 13.38 万人，其中建档立卡贫困户 9.09 万人。

【特困供养】 2017 年 8 月 1 日起，《南宁市特困人员救助供养办法》（简称《办法》）施行，2013 年印发的《南宁市人民政府关于印发南宁市农村五保供养工作实施办法的通知》废止，南宁市全面建立特困人员救助供养制度。《办法》将农村五保对象、城市低保中的“三无”（无劳动能力，无生活来源，无法定赡养、抚养、扶养义务人或者法定义务人无履行义务能力）人员直接确定为特困人员，享受特困人员救助供养待遇；增加供养内容，除提供吃、穿、住、医、葬 5 个方面的生活照顾和物质帮助，对生活不能自理的特困人员增加提供照料服务及关爱服务；提高特困人员救助供养标准。发放城市特困人员救助供养 0.42 万户次、0.43 万人次、351.97 万元；农村特困人员救助供养 22.76 万户次、

2017 年 11 月，南宁市全部保障房小区——南宁市青秀区仙葫苑建成　　市住房局提供

23.56万人次、1.16亿元。打造武鸣区双桥镇敬老院，上林县三里镇敬老院、明亮镇敬老院、西燕镇敬老院、大丰镇敬老院，宾阳县新桥镇敬老院、甘棠农村养老服务中心7个特困人员示范供养机构；兴宁区三塘农村养老服务中心、武鸣区双桥镇敬老院、上林县明亮镇敬老院、宾阳县甘棠农村养老服务中心具备供养失能半失能特困人员条件。 （梁 敏）

【保障房建设分配】 2017年，南宁市将住房保障目标完成情况纳入市级绩效考核指标，与区县、开发区签订目标责任书。全年办理保障住房审核、查档等业务8万多宗，比上年增长近50%；新增公租房资格审核3.85万户，完成任务量1.70倍；组织保障户网上选房报名1.85万户，新增签订租赁合同2.30万套住房，货币补贴保障家庭签订公共租赁住房货币补贴协议1564户，向4744户公共租赁住房低收入保障家庭发放住房补贴1115万元。扩大公租房保障范围，将农民工、新就业大中专毕业生、外来务工人员等纳入保障范围，优化公租房申请流程，推行大中专毕业生网上申请，开展企事业、机关单位集中申请公租房保障，农民工等新市民住房保障专项行动，定向为环卫工人等住房困难特殊群体配租公租房614套，向城区提供公租房2300多套作为征地拆迁临时过渡安置房源。超额完成自治区下达目标任务。全年新开工危旧房改住房任务1548套，新开工危旧房改住房1548套，完成率100%；危旧房改住房任务818套，基本建成危旧房改住房890套，完成率109%；基本建成公租房任务6000套，基本建成公租房2.73万套，完成率455.42%；新增分配公租房任务量2.19万套，新增分配公租房2.39万套，完成率109.15%，分配任务创历史新高，总量自治区最大。

【保障房管理】 2017年，南宁市修订《南宁市公共租赁住房保障办法》，调整准入门槛，加大对外来务工人员等新市民群体的公租房保障力度，核查处理不符合公共租赁住房保障条件家庭3968户；变更家庭保障方式1780户，其中停发租赁补贴1765户、调整租赁补贴5户；核查处理住房保障对象解除房产登记限制申请125户；核查处理因购置汽车、逾期未年审、收入超标等原因被停止保障家庭1639户，查处购置他处住房家庭5户，收回公租房5套，动员年审逾期家庭重新递交住房保障申请1500户。全年投入保障房维修经费880万元，其中直管公房维修费530万元、公租房专项维修经费350万元。

（宁怀庆 何宁祖 曹 婧）

城市应急联动服务

【概 况】 2017年，南宁市城市应急联动中心设办公室、政治处、接处警科、指挥调度科、信息科、应急管理科、应急协调处置科、应急平台技术科、技术保障科9个科室，编制77名(含工勤编制8名)，在编77人；辅警93人。接报警求助电话142.49万起；有效警情52.06万起，其中110事件27.51万起、119事件0.83万起、120事件6.93万起、122事件16.79万起。指挥调度警力28.02万人次，完成习近平总书记视察广西、第14届中国－东盟博览会与投资峰会、环广西公路自行车世界巡回赛(南宁站)等重大活动的应急安保任务。通过广西公安动态信息研判系统收集动态信息2.80万条，分发、流转有价值信息超过10万条，制作专题研判刊物《两抢两盗警情分析》12篇、《110黄赌毒简报》12篇、《公安动态信息直报汇总》365篇、《110警情每日通报》365篇、《110警情动态每周分析专刊》57篇，印发《公安动态信息直报》1080期。

【城市公共应急管理】 2017年，市应急联动中心开展基层应急管理规范化建设示范点创建，从组织体系、应急机制、应急预案、队伍建设、物资储备、宣传培训、应急演练、隐患排查、避难场所、应急平台、经费保障、应急处置12个方面规范基层应急管理示范点建设。年内，组织3个基层应急管理规范化建设示范点检查小组检查验收15个区县(开发区)60个示范点建设。完善应急平台体系规划建设和维护，保障全市应急资源配备到位。通过应急平台视频系统，做好自治区政府值班视频点名及突发应急管理工作会议的会务和技术保障23次，视频会议设备故障维修30余次。配合南宁市“美丽南宁·整洁畅通有序大行动”指挥部办公室处置2017年“美丽南宁·整洁畅通有序大行动”各类事件7002起，其中交警受理处置3542起、城管受理处置3460起；编辑《美丽南宁视频整治信息周报》50期。推进110社会联动工作，印发《进一步深化应急联动机制处置社会联动事项工作方案》，制定警务与非警务警情、紧急与非紧急警情划分标准，明确各社会联动单位职责。

【应急协调处置】 2017年，市应急联动中心做好突发事件应急演练和现场协调处置，完善突发事件应急处置机制。与有关部门配合组织实施水上突发事件、危险化学品重大危险源突发事件、地铁灭火救援、南宁轨道交通2号线运营突发事件、尾矿库塌方引发水污染突发环境事件、大型活动场馆突发事件人员疏散、防空警报试鸣暨人员疏散隐蔽、局部暴发传染病事件卫生处置等综合高速应急演练。现场协调处置“1·23兰海高速危化品运输车交通事故”“2·17邕宁区30吨浓硫酸运输车侧翻事故”“3·2泉南液化石油气罐车侧翻事故”“4·10绕城高速4车相撞10人死亡重大交通事故”“6·9泉南高速危化品运输车辆自燃事故”“11·21三岸大桥检测人员坠江事故”“11·26马山县周鹿镇山体崩塌致人伤亡事件”等突发应急事件。开展突发事件定期会商分析，

2017年“五一”期间，市应急联动中心民警、辅警坚守岗位。图为接处警科民警正在处理警情

市应急联动中心提供

分析每月全市突发事件基本情况和发展态势，出版《南宁市突发事件定期会商分析报告》12期。

【应急知识普及】 2017年，市应急联动中心开展科普宣教活动，普及突发事件预防、避险、自救、互救、减灾等应急防护知识；编印《应急知识宣传手册》5万册，发放各区县的乡镇、村屯；委托专业公司制作南宁应急宣传小短片10个投放市区公交车和地铁。1月10日，在中心大楼广场举办110宣传月启动仪式暨应急联动110平台公众开放日活动，向市民宣传南宁市公安110发展历程，传授防范违法犯罪知识。 （黄 晟）

社会福利

【概 况】 2017年，南宁市民政局推进养老服务业综合改革，建立完善养老服务体系。放开养老服务市场，引导社会资本进入养老服务业。落实完善孤儿福利政策，保障孤儿基本生活。完善残疾人社会保障体系，为重度和困难残疾人发放护理补贴、生活补贴4144.22万元，发放82.88万人次。

【养老服务】 2017年，南宁市有社区居家养老日间照料机构106个（社会化运营50个），城市养老服务中心21个，社区居家养老覆盖面60.48%；自治区福利彩票公益金及市财政预算资金下达30个社区日间照料中心建设补助资金900万元、6个城市养老服务中心（兴宁区三塘城市养老服务中心、青秀区通福社区城市养老服务中心、江南区菠萝岭城市养老服务中心、邕宁区民政福利园城市养老服务中心、武鸣区老干部休养所城市养老服务中心、南宁高新技术产业开发区恒安社区城市养老服务中心）项目资金1800万元。南宁市有4个县级社会福利机构［上林县社会福利院（上林福寿老年公寓）、马山县社会福利院（马山一心养老院）、西乡塘区老年人活动中心（市新阳真情养老院）、武鸣区社会福利院（武鸣区佳益颐养中心）］、6个乡镇敬老院（市武鸣真情养老中心、宾阳县新桥镇敬老院、西燕敬老院、三里敬老院、明亮敬老院、大丰敬老院）、53个社区日间照料中心实行公建民营；动工建设市第二福利院。推进300张～500张床位公办示范性养老机构建设；7月，举办第四次居家养老社会化运营推介会，将32个项目面向社会推介，中国民生投资股份有限公司、中国普天信息产业集团有限公司、三胞集团有限公司、广东索库科技有限公司等大型企业参会商洽。开展养老机构评估考核暨以奖代补，落实奖励资金250万元，公办民办养老机构、乡镇敬老院参评132个，评出五星级养老机构1家（市社会福利院）、四星级养老机构2家（金太阳老年公寓、市新阳真情养老院）、三星级养老机构12家（市夕阳红康复护养中心、市家丽怡康馨园、武鸣真情养老中心、市仁普养老服务中心、横县社会福利院、华侨投资区社会福利院、宾阳县社会福利院、市一心护理康复养老中心、市金桥养老院、武鸣区社会福利院、市中科护理院、马山县一心养老院）、二星级养老机构4家（横县阳光谷老年养生中心、兴宁区重阳康寿公寓、市颐康养老院、上林县福寿老年公寓）；落实自治区、市本级扶持民办养老机构建设补助和运营补助资金1619万元。推进医养结合试点、乡镇敬老院和乡镇卫生院两院合一试点。采用政府购买服务方式，向有资质的专业培训机构购买服务，培训养老护理员440人。开展南宁市养老护理专业技术人员从业奖励，向符合条件的人员发放一次性奖励资金11.40万元。培训养老服务评估员30名，64家养老机构开展老年人入院评估。

（庞俊琳）

【儿童福利】 2017年，南宁市录入农村留守儿童信息管理系统人数4万人。建立“四级”［市、区县、乡镇（街道）、村（社区）］联动服务体系，挂牌成立区县（开发区）未成年人保护中心15个，乡镇（街道）未成年人保护站127个，已建立村级“儿童之家”的村（居）1192个；配备行政村村级儿童福利督导员1383人，配备率100%。市妇联、团市委、市民政局等部门开展“春蕾计划”“杏林春雨行动”“青少年维权岗”“手拉手”“爱心助孤”等活动关爱保护儿童。通过政府购买服务方式将自治区福利彩票公益金35万元用于高风险农村留守儿童及城市困境儿童精准保护项目、良庆区那马镇未成年人社会保护项目。配合开展“杏林春雨”行动——南宁市贫困脑瘫患儿义诊救助项目，全市13名患儿前往北京京军医院、北京国康医院接受全额免费治疗救助，救助金额55.59万元。做好孤残儿童、弃婴的救助和收养安置，确保孤儿供养金按时足额发放，集中供养孤儿每人每月1200元，散居孤儿每人每月800元。 （李群峰）

【残疾人两项补贴】 2017年，南宁市本级、自治区财政下拨残疾人两项补贴（困难残疾人生活补贴、重度残疾人护理补贴）补助资金3265万元到区县。全市发放补贴82.88万人次、4144.22万元，其中困难残疾人生活补贴26万人次、1300.14万元，重度残疾人护理补贴56.88万人次、2844.08万元。

【福利彩票发行】 2017年，南宁市福利彩票发行中心即开型福利彩票销售额3.72亿元，比上年同期增长14.27%；全年销售任务3.58亿元，完成年度任务103.91%。其中，刮刮乐彩票销量1.10亿元，增长3.54%，连续8年销量超亿元；中福在线视频彩票销量2.62亿元，增长19.44%。

【慈善捐赠】 2017年9月5日，南宁市举办第二个中华慈善日公益活动，收到

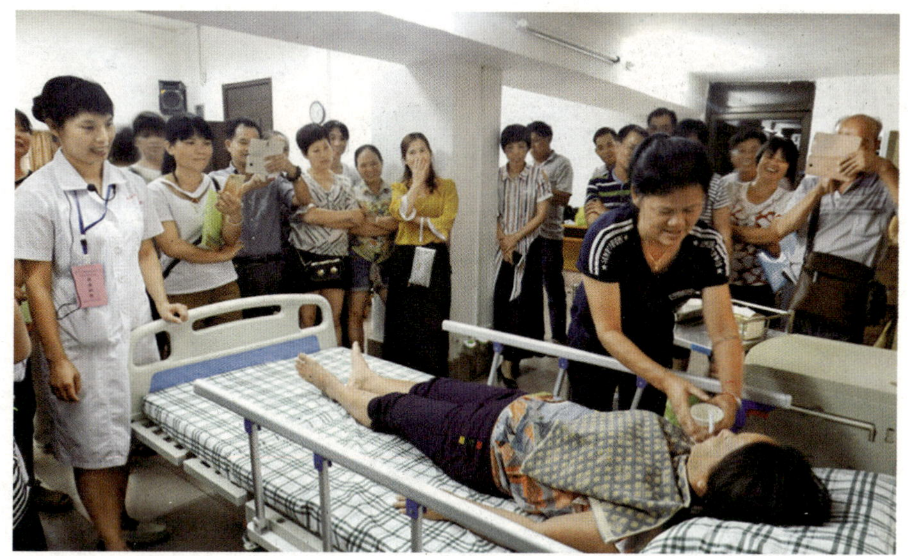

2017年8月，市民政局在广西电信职工培训中心举办首期南宁市乡镇敬老院服务人员护理技能培训班 市民政局提供

2017年中华慈善日捐赠款55.37万元。年内,市慈善总会接收捐赠款物500.57万元,其中资金448.53万元(含中华慈善日活动捐款55.37万元)、物资价值52.04万元。(庞俊琳)

【殡葬服务】 2017年,全市殡仪馆火化遗体2.17万具。3月28日,市民政局举行南宁市2017年公益花坛葬安葬仪式,200多户家庭1000多名家属参加活动,安葬骨灰249具。4月2日至4日,南宁市5个殡葬服务单位[南宁市殡葬服务管理处(含殡仪馆),武鸣区、横县、宾阳县殡仪馆,青龙岗长安墓园]接待祭扫群众58.60万人次,车辆9.30万辆次;投入工作人员(服务人员)1953人。南宁市城乡规划设计研究院完成马岭公益性公墓工程图纸设计,市殡仪馆殡仪服务区改建二期工程业务楼顶层垃圾清理、内墙刮腻子,市殡葬服务管理处(含殡仪馆)殡葬服务信息平台资金获审批。(李群峰)

老龄事业

【老年人优待】 2017年3月28日,市政府出台《南宁市人民政府关于对全市80周岁以上老人发放高龄补助的通知》,2017年1月1日起施行,有效期5年。区县、开发区负责发放高龄老人补助,南宁市老龄工作委员会办公室(市民政局设在机构,编制7名,在编5人)负责高龄补助发放的监督管理。补助标准为80周岁~89周岁高龄老人每人每月80元,90周岁~99周岁高龄老人每人每月150元,100周岁以上高龄老人每人每月400元。区县、开发区完成对80周岁~89周岁老人高龄补助全年发放,发放42.61万人次、金额3.79亿元;发放90周岁~99周岁老人高龄补助6.68万人次、金额3105.31万元;发放100周岁以上老人高龄补助2610人次、金额325.06万元。全市办理"老年人优待证"3.51万本,其中60周岁~69周岁老年人1.36万本(绿证),70周岁以上老年人2.08万本(红证);市本级为651名外省户籍长期居住南宁市的老年人申办"老年人优待证",为152名南宁市60周岁以上因公病残、孤寡老人办理"老年人优待证"。

【敬老慰问】 2017年春节期间,南宁市慰问城乡百岁老人680名,发放慰问金19.84万元。"敬老月"期间,市老龄办、南宁市慈善总会组织开展"慈善助老·情暖夕阳"活动,救助年满60周岁以上,生活特别困难的孤、寡、病、残贫困老年人200人,每人1000元。市老龄办从敬老月专项经费中拨款10万元,开展"慰问特困老人·送温暖"活动,全市慰问100名老年人(每名老年人慰问金1000元),帮助孤、寡、病、残贫困老年人解决衣、食、住、行、医等困难。

【银龄行动】 2017年10月,市老龄办组织科技专家、医疗人员、广西12349社区为老服务信息平台工作人员35人,分别到青秀区南阳镇、江南区江西镇、横县校椅镇青桐村、宾阳县武陵镇开展医疗、科技、种养殖业"三下乡"活动,为471名老年人义诊,462名村民普及科普知识,发放宣传资料6560份,制作宣传板报10版,参与活动老人1000多人次。组织市"银龄行动"文艺辅导组到宾阳县、横县分别开展3天的老年文艺辅导。

【基层老年协会建设】 2017年,自治区分配南宁市基层老年协会创建任务16个,南宁市自主创建示范点6个。市老龄办将基层老年协会创建列为全年老龄工作重点,4月,印发《2017年南宁市创建示范性村级老年协会实施方案》;6月,自治区扶持资金48万元、市级补助资金66万元下拨到位。年内,全市完成22个示范点创建任务,创建的协会完成注册登记、健全协会班子、设置室内外活动场所、完善"七簿一册"(财产登记簿、走访慰问登记簿、会议记录簿、老年人名册簿、活动登记簿、维权登记簿、接收捐赠登记簿,会员花名册)制度、规章制度上墙等,活动设施设备配置齐全。

【老年人文体活动】 2017年9月26日至10月30日"敬老节"期间,市老龄办与市老年人活动中心联合开展2017年度"关爱老年人·欢庆十九大"敬老月系列活动,2500名老年人参与。主要有文艺会演(包括舞蹈、服饰、健身操、声乐、器乐、戏曲表演)、乒乓球团体赛、象棋比赛、扑克比赛、麻将比赛、桌球赛、气排球赛等活动。

【为老服务信息平台服务】 2017年,南宁市12349为老服务信息平台接听老年人需求电话1.20万次,处理紧急事件83起,其中走失62起、紧急救助21起;开展精神慰藉、入户帮扶和进社区为老服务活动。将12349公共电子阅读屏引入市老年人活动中心;定期开放12349电子商城,老人可在社区居家养老服务中心12349服务平台工作人员指导下,自行下单或致电服务平台代为购物,解决老人出行不便的难题。

【老年人维权】 2017年10月21日,市老龄办联合青秀区民政局、市老年人活动中心在青秀区桃源社区举办老年人维权、预防诈骗活动,活动有老年文艺表演、老年法律知识抢答、板报展示等,800多名老年人参加。12月6日、8日,市老龄办组织法律专业人士、市老科技工作者协会、市第四人民医院、市中医医院医务人员36人分别赴宾阳县武陵镇、中华镇开展敬老维权、科技普及、医疗"三下乡"活动,制作宣传板报10版,发放法律、科普资料2830份,为村镇200多名老年人普及科技知识、义诊。(蒋罗阑)

2017年10月10日至27日,市老龄办举办南宁市第四届"风采夕阳"敬老月系列活动。图为水果拼盘比赛现场 市老龄办提供

责任编辑 钟婉悦

生　态

国土资源管理

【概　况】2017年，南宁市国土资源局设办公室、行政审批办公室、政策法规科、规划科技科（调控和监测科）、财务科、土地出让金征收科、耕地保护科、建设用地科、地籍管理科、不动产登记局、测绘管理科、信访与土地纠纷调处科、土地利用管理科、矿产资源管理科、地质环境科、执法监察科、人事科17个科室和机关党委、机关纪委2个机构。编制114名，在编106人。设派出机构城区（开发区）分局11个：兴宁分局、江南分局、青秀分局、西乡塘分局、邕宁分局、良庆分局、南宁高新技术产业开发区分局、南宁经济技术开发区分局、广西－东盟经济技术开发区（南宁华侨投资区）分局、五象新区分局、南宁龙象谷国际旅游度假区分局。直属事业单位7个：市国土资源执法监察支队、市土地储备中心、市国土资源出让服务中心、市国土资源档案馆、市土地开垦整理中心、市国土测绘地理信息中心、市不动产登记中心。全市新增建设用地指标2813.15公顷，用地报批获批2853.08公顷，盘活存量地4368.01公顷。补充耕地3308.04公顷，完成自治区下达补充耕地任务254.46%。获确认批复耕地提质改造项目15个、面积560.09公顷。市国土资源局发现、制止土地违法行为1447宗，涉及面积354.61公顷，其中耕地92.98公顷。处置闲置土地118宗，涉及面积280.30公顷。完成征地2716.58公顷，完成年度任务116.41%；完成拆迁222.14公顷。全市收储入库土地640.53公顷，供应土地658.40公顷。市本级组织国有建设用地使用权“招拍挂”公开出让102期，成交宗地135宗、面积40.11公顷，成交总额318.02亿元。有偿出让采矿权20宗（含武鸣区、横县、宾阳县、上林县、马山县、隆安县），收取采矿权价款4675.78万元。接待来访群众819人次，办结信访来信382件，受理信访复查案件2件、市长公开电话交办59件。编制《广西壮族自治区南宁市关于完善建设用地使用权转让出租抵押二级市场试点的实施方案》获国土资源部批复。在自治区率先建设并启用南宁市征地拆迁信息管理系统，实现征地拆迁全过程网上审批、动态监管等。

【建设项目用地管理】2017年，市国土资源局落实新增建设用地指标2813.15公顷，完成年度任务184.15%。全市有144个项目纳入自治区层面统筹推进重大项目，涉及新增建设用地4270公顷；保障99个重大项目用地，保障率68.75%。对市、县立项的自治区统筹推进重大项目应保尽保；市各级土地利用总体规划调整完善方案（市本级1个，市本级乡镇28个；横县1个，横县乡镇17个；宾阳县1个，宾阳县乡镇16个；武鸣区1个，武鸣区乡镇13个；上林县1个，上林县乡镇11个；马山县1个，马山县乡镇11个；隆安县1个，隆安县乡镇10个）均获批，为市轨道交通、泰康医院、园博园、南宁教育园区等项目用地提供规划保障。完成市易地扶贫搬迁可复垦宅基地及城乡建设用地增减挂钩潜力调查。上报申报立项城乡建设用地增减挂钩项目11个，涉及拆旧区面积329公顷，城乡建设用地增减挂钩项目通过验收7个，获批下达用地周转指标303.38公顷。盘活存量建设用地4368.01公顷，完成年度任务197.11%。审查上报批次和单独选址项目109个，上报用地总面积2572.26公顷，获批复2853.08公顷（含往年上报批次、项目），完成年度任务159%。

【土地市场交易】2017年，南宁市住宅用地供应1541.40公顷，其中采用“双限一竞”（限房价、限地价，竞产权移交住房）方式成交项目34个，成交面积196.20公顷，移交产权住房配建面积40.36公顷。组织市本级土地“招拍挂”出让102期，出让宗地135宗，成交面积601.60公顷，比上年上涨19.04%，成交金额318.02亿元，上涨13.09%，成交金额首次突破300亿元；其中工业用地成交面积211公顷，增长108%。

【耕地保护】2017年，南宁市推进永久基本农田划定，区县完成“落地快”“明责任”“设标志”“建表册”“入图库”5项永久基本农田划定任务，划定成果通过自治区验收复核。完成全市“十三五”土地整治规划编制，报自治区国土资源厅备案。全年获批复确认新增耕地3308.04公顷（土地开垦项目新增耕地3304.57公顷、土地整治项目新增耕地3.47公顷），超额完成自治区任务目标。以“先补后占”“占一补一”形式落实耕地占补指标1453.30公顷，保障173个批次用地占补平衡需求。出台《南宁市建设占用耕地耕作层土壤剥离与利用实施办法》，组织实施表土剥离建设项目18个，剥离耕地面积187.15公顷。

【地籍管理】2017年，南宁市完成2016年度土地变更调查与遥感监测，核查遥感

2017年6月16日，南宁市公共资源交易中心首次采用“两限一竞”方式公开出让国有建设用地　　李　旭　摄

监测图斑5690个,涉及土地面积4136.92公顷。印发《不动产登记权籍调查实施细则(试行)》《南宁市继承、受遗赠的不动产登记操作规则》,完善不动产统一登记配套政策。印发《南宁市集体土地及地上房屋不动产登记试点工作方案》及制定集体土地不动产登记收件清单与登记流程,开始全面受理集体土地及地上房屋不动产统一登记。

【不动产登记】 2017年,市国土资源局完成不动产登记机构整合,实现登记机构、登记依据、登记簿册、信息平台"四统一"。不动产登记业务流程环节从12个减至5个,不动产登记办理事项从106项整合为38项,一般登记业务提速33.30%,部分业务现场办结。完成市级及横县、宾阳县、上林县、马山县、隆安县、武鸣区中间库建设,接入市级不动产登记系统,实现全市不动产登记系统并网及房地数据融合。创新"互联网+不动产登记"模式,在自治区率先实现"网上提交、网上审核、网上预约、现场领证"一站式服务以及不动产登记信息智能自助查档服务。年内,市本级受理房屋、土地不动产登记业务36.76万宗,其中房产类36.54万宗,占99.40%;土地类2227宗,占0.60%。完成落宗19.17万宗,其中房产类19.16万宗、土地类96宗。完成登簿34.36万宗,其中房产类34.16万宗、土地类1977宗。

【征地拆迁】 2017年,市国土资源局出台《南宁市集体土地征收与补偿安置办法》《关于聘请政策研究员建立征地拆迁专家库的实施方案》《南宁市集体土地地上附着物补偿标准定期调整更新实施方案》等文件,在自治区率先建设并启用南宁市征地拆迁信息管理系统,实现征地拆迁全过程网上审批动态监管。征收集体土地面积2716.58公顷、完成年度任务116.41%,完成拆迁222.14公顷。其中,市本级(不含武鸣区和华投区)征地面积1696.76公顷,拆迁213.47公顷;五县一区、东盟经开区征地1019.82公顷,拆迁8.67公顷。

【土地开垦整理】 2017年,市国土资源局出台《南宁市土地整治项目参建单位信用评价暂行办法》《南宁市土地整治项目参建单位"红黑名单"暂行管理制度》《南宁市土地开垦整理中心项目合同管理制度》《南宁市土地开垦整理中心档案管理制度》等,规范全市土地整治项目管理。推进甘蔗种植"双高"(高产、高糖)基地土地整治项目,完成2014年"双高"基地土地整治项目工程复核面积2781.60公顷(51个项目片区:江南区3个、武鸣区20个、横县6个、宾阳县8个、上林县4个、隆安县10个);完成2015年"双高"基地土地整治项目工程复核面积6017.87公顷(113个项目片区:江南区9个、武鸣区40个、横县20个、宾阳县22个、上林县16个、隆安县6个);2016年"双高"基地建设任务1.10万公顷,落实1.12万公顷(228个项目片区:江南区21个、武鸣区65个、横县54个、宾阳县43个、隆安县38个、东盟经开区7个),完工1.10万公顷。2017年"双高"基地建设任务1.10万公顷,落实1.16万公顷(251个项目片区:江南区38个、武鸣区63个、横县50个、宾阳县49个、隆安县43个、东盟经开区8个),开工1.16万公顷,完工2493公顷。有15个耕地提质改造项目获确认批复,批复确认面积560.09公顷,完成168.25%。

【土地储备】 2017年,市国土资源局制定《涉及占用储备土地的江南区农民回建和产业安置用地划拨供地及成本结算流程》,简化安置地划拨供地流程及提高供地效率。全年收储入库土地640.53公顷,其中市本级入库288.80公顷、城区及开发区入库351.73公顷,完成土地供应658.40公顷。

【国土执法监察】 2017年,南宁市开展国土资源执法监察。土地监察出动巡查7663次(包含市、县、乡级),出动8651车次、2.64万人次,发现并制止土地违法行为1447宗,涉及土地面积354.61公顷,其中耕地92.98公顷;矿产监察出动巡查4437人次、1108车次,遣散违法人员770人,证据保全现场作业大型车辆55辆,收缴罚款532.50万元。处置闲置土地118宗,涉及土地280.30公顷。卫片(卫星拍的影像图)核查全市违法用地1387宗,地块443.91公顷,涉及耕地188.36公顷;核查全市矿产违法图斑26个,立案查处15个,罚款22.65万元,落实率100%。

【矿产资源管理】 2017年,市国土资源局完成《南宁市第三轮矿产资源规划》《南宁市采石场专项规划》编制、报批,出台《南宁市国土资源局采矿权管理暂行规定》;搭建采石场监管信息平台,督促133家露天采石场完成实时视频监控系统建设,推进采石场扬尘污染治理。推进西乡塘区双定镇净采矿权出让试点建设,双定镇秀山村岽利坡陇集山建筑石料用灰岩矿以5339万元挂牌出让。依法推进矿业权出让,全市探矿权延续出让7宗,有偿出让采矿权20宗,其中延续有偿出让(含变更)16宗、挂牌出让4宗,收取采矿权价款4675.78万元。

【地质灾害防治】 2017年,市国土资源局制定《南宁市国土资源局地质灾害防治管理工作标准化规范化建设指南》,获自治区国土资源系统推广。深化地质灾害防治高标准"十有县"(有制度、有机构、有经费、有监测、有预警、有评估、有避让、有宣传、有演练、有效果)建设,西乡塘区获国土资源部地质灾害防治高标准"十有县"称号。完成全市城市土地地下空间开发利用调查及建立市三维可视化城市地质环境信息系统。安排地灾治理资金4024.4万元,实施地质灾害点、隐患点治理项目36个,受益人口2.09万人。开展地质灾害隐患专项排查,巡查排查426次,出动人员866人次,复核排查地质灾害点或易发区807处,新发现隐患点7处。组织市地质环境专家86人对43起突发地质灾害灾情、险情进行应急调查处置,转移避让受灾害威胁群众173人次。发布地质灾害气象风险预警信息155日次,初步建成市地质灾害查询与辅助救援分析信息平台,实现地质灾害综合管理与预警预报信息化、网络化。组织地质灾害应急演练9次,参演5007人次;开展地质灾害防治知识培训23期,培训1489人次;举办宣传活动51场次,参加1.25万人次。

【地质环境保护】 2017年,市国土资源局推进矿山地质环境恢复治理,印发《南宁市国土资源局加强矿山地质环境恢复和综合治理工作方案》《南宁市采石场矿山地质环境恢复治理专项工作方案》。开展市本级发证的矿山地质环境调查和矿山地质环境保护与恢复治理规划编制;组织调查生产矿山、废弃矿山和政策性关闭矿山的主要地质环境问题、分布、规模及危害程度。完善钟乳石洞穴旅游开发、科学研究和教学需采掘钟乳石样品等项目审批流程。审查通过矿山地质环境恢复治理与土地复垦方案30宗,收缴矿山保证金403万元,落实财政资金100万元用于招标委托专业单位开展矿山地质环境动态巡查,提升矿山地质环境管理水平。

【测绘地理信息】 2017年,市国土资源局编制《南宁市市区基础测绘"十三五"规划》获市政府批复实施。完成"天地图"市级节点建设,被评为五星级市级节点。设立自治区首个"资源三号"卫星影像云服务平台市级节点。全面开展数字城市建设,数字南宁地理空间框架建设项目新增建设示范应用4个,示范应用总数17个,获2017年中国地理信息产业优秀工程奖银奖。推动各县启动数字县域地理空间框架建设项目，其中数字上林地理空间框架建设项目完成竣工验收，成为自治区首个通过竣工验收的非试点县域数字城市地理空间框架建设项目。在全市成立首个自治区测绘地理信息产品质量检验站市级分站。启用2000国家大地坐标系，完成各类国土资源数据向2000国家大地坐标系转换。开展测绘资质巡查、保密检查和“问题地图”排查整治等测绘地理信息监管，全市测绘地理信息工作在自治区测绘地理信息系统综合排名第一，获自治区测绘地理信息系统集体二等功。

【国土资源信息化建设】 2017年，南宁市推进全市国土资源信息化均衡发展，完成市辖各县和武鸣区国土资源OA系统部署应用，在上林县成立市国土测绘地理信息中心上林分中心。持续优化国土资源“一张图”应用功能建设，完成“一张图”三维发布、展示平台的搭建及制定数据三维发布规范。加快“国土资源云”建设成果落地应用，完成耕地保护管理、矿产资源管理、测绘成果管理、法律法规管理、信访信息管理等9个系统建设，初步完成国土综合APP系统建设。建设国土资源“三级联管”（自治区、市、县三级国土资源主管部门联合管理）、“三级联审”（县、设区市、自治区三级国土资源主管部门，按照统一审批系统、统一数据平台、统一审查流程，各负其责、逐级会审、逐级上报的建设用地审批管理）系统，完成土地供应、闲置土地、征地情况、地灾等模块上报接口的建设以及自治区建设用地报批“三级联审”系统部署。自主研发的“南宁市实景三维不动产地理信息系统”项目获2017年全国地理信息科技进步二等奖、“智慧城市三维动态测绘基准关键技术及应用”项目获广西科技进步三等奖，“北斗实时精密定位关键技术与应用”项目获南宁市科技进步一等奖，“基于云计算快速处理与发布共享海量多源异构地理信息数据关键技术与应用”项目获南宁市科技进步三等奖。 （莫厚杰）

环境保护

【概　况】 2017年，南宁市环境保护局设办公室、规划财务科、政策法规科、自然生态和农村环境保护科、环境评价和监测管理科、水环境管理科、大气环境管理科、环境保护综合监察科、核与辐射安全监督管理科、人事科10个科室；设南宁高新技术产业开发区分局、南宁经济技术开发区分局、广西－东盟经济技术开发区（南宁华侨投资区）分局、南宁青秀山风景名胜旅游区分局4个派出机构；行政编制42名（含分局8名），在编39人。直属管理事业单位5个，其中市环境保护监测站（市核与辐射安全监督管理站、市机动车排气污染管理中心）、市环境监察支队为参照公务员法管理事业单位，市环境宣传教育中心、市环境信息中心、市环境应急与事故调查中心（市环境保护科学研究所、市固体废物管理中心）为财政全额拨款事业单位；事业编制172名，在编156人。

年内，市区空气质量达标（AQI优良率）92.30%，分别高出自治区平均优良率、全国地市级城市平均优良率3.80个百分点、14.30个百分点，在自治区14个地级市中排名第二。其中空气质量优191天，比上年同期增加42天，全年未发生重度及以上污染天气。可吸入颗粒物（PM10）、细颗粒物（PM2.5）年平均浓度分别为每立方米56微克、35微克，分别下降9.70%、2.80%，参与空气质量评价的二氧化硫、二氧化氮、臭氧日最大8小时、一氧化碳、细颗粒物（PM2.5）和可吸入细颗粒物（PM10）6项污染物指标首次均达到国家二级标准（二氧化硫、二氧化氮、一氧化碳达国家一级标准）。完成国家“大气十条”（减少多污染物排放、调整优化产业结构，推动产业转型升级、加快企业技术改造，提高科技创新能力、加快调整能源结构，增加清洁能源供应、严格节能环保准入，优化产业空间布局、发挥市场机制作用，完善环境经济政策、健全法律法规体系，严格依法监督管理、建立区域协作机制，统筹区域环境治理、建立监测预警应急体系，妥善应对重污染天气、明确政府企业和社会的责任，动员全民参与环境保护）是南宁市实施空气质量新标准以来的最好水平，刷新“南宁蓝”纪录。主要江河水环境质量良好，市区、县级地表水集中式饮用水源地水质达标率均100%。完成建成区基本消除黑臭水体任务，达到国家“水十条”（全面控制污染物排放、推动经济结构转型升级、着力节约保护水资源、强化科技支撑、充分发挥市场机制作用、严格环境执法监管、切实加强水环境管理、全力保障水生态环境安全、明确和落实各方责任、强化公众参与和社会监督）阶段性考核要求。那考河生态综合整治项目获“中国人居环境范例奖”。城市区域声环境质量总体达国家指标要求、城市道路交通噪声环境质量总体达国家指标要求。上林县获环境保护部授予第一批“国家生态文明建设示范县”称号，为自治区首个。南宁市成功申办2018年中国生态文明论坛年会，被中国生态文明研究与促进会评为全国“2017美丽山水城市”。南宁市纳入自治区申报国家第二批山水林田湖生态保护与修复工程试点。2016年度102个农村生活污水整治项目通过验收并投入使用，启动2017年102个农村生活污水整治项目建设。南宁那兰鹭鸟自然保护区管理站在良庆区正式挂牌成立。推进中央环保督察反馈意见整改，全市5类8个问题基本完成整改，自治区同意7个问题销号。完成燃煤小锅炉整治108台，累计拆除烟囱近1000根，完成淘汰或清洁能源改造锅炉400多台，完成率99.50%；淘汰黄标车和老旧车2.43万辆，完成率201.10%；建立机动车排气污染减排体系，检测车辆62.15万辆，6.56万辆汽车经检修尾气达标通过年检，机动车环保检测率82.40%。接到建筑施工噪声扰民投诉9236件次，下降10%，处理率100%；出动执法人员1380人次，检

2017年9月28日，南宁网友看“南宁蓝”活动　　市环保局提供

查建筑工地550家次,立案查处133起,处罚金额175.90万元。全市环境信访投诉量1.26万件次,下降10.29%,投诉量实现2年连续下降。获中央、自治区下达环境保护专项资金8160万元,市本级下达环境保护专项资金7330万元。

【环境空气质量】

市区空气质量　2017年,南宁市区(不含武鸣区)空气质量达标(AQI优良率)92.30%,空气质量达标天数337天(优191天、良146天),出现轻度污染27天,中度污染1天,未发生重度以上污染天气。出现污染时,首要污染物为细颗粒物。空气优良率比上年下降2.80个百分点。市区环境空气中二氧化硫、二氧化氮、可吸入颗粒物、细颗粒物、臭氧、一氧化碳平均浓度分别为每立方米11微克、35微克、56微克、35微克、119微克、1.40毫克。其中二氧化硫和二氧化氮达到《环境空气质量标准》(GB3095-2012)年均值一级标准,一氧化碳达到日均值一级标准,臭氧达到8小时平均二级标准,可吸入颗粒物、细颗粒物达到年均值二级标准。与上年相比,二氧化硫、可吸入颗粒物、细颗粒物分别下降8.30%、9.70%、2.80%;二氧化氮、一氧化碳、臭氧分别上升9.40%、7.70%、4.40%。市环境空气质量预报预警平台发送空气质量预报信息330期,其中24小时、48小时预报AQI范围准确率分别为72%、65%;AQI级别准确率分别为96%、94%;首要污染物准确率分别为88%、84%。3月1日起,根据环境保护部要求增加72小时预报,其AQI范围、级别和首污预报准确率分别为68%、93%、84%。市区、开发区空气质量优良率(不含武鸣区)按好到差排名依次为南宁经济技术开发区、南宁高新技术产业开发区、邕宁区、青秀区、兴宁区、五象新区、江南区、西乡塘区、良庆区;可吸入颗粒物浓度按低到高排名依次为经开区、青秀区、邕宁区、兴宁区、五象新区、高新区、江南区、西乡塘区、良庆区;细颗粒物浓度按低到高排名依次为经开区、邕宁区、高新区、青秀区、五象新区、兴宁区、西乡塘区、江南区、良庆区。综合指数按低到高排名依次为经开区、邕宁区、青秀区、五象新区、高新区、良庆区、江南区、兴宁区、西乡塘区。

区县空气质量　武鸣区AQI优良率(统计已去除无效天,下同)89.70%,其中优161天,良162天,轻度污染35天,中度污染1天,重度污染1天;二氧化硫、二氧化氮、可吸入颗粒物、细颗粒物年平均浓度分别为每立方米26微克、15微克、60微克、41微克。宾阳县AQI优良率94.50%,其中优183天,良160天,轻度污染19天,中度污染1天;二氧化硫、二氧化氮、可吸入颗粒物、细颗粒物年平均浓度分别为每立方米23微克、17微克、49微克、29微克。横县AQI优良率88%,其中优163天,良130天,轻度污染37天,中度污染2天,重度污染1天;二氧化硫、二氧化氮、可吸入颗粒物、细颗粒物年平均浓度分别为每立方米15微克、18微克、56微克、35微克。上林县AQI优良率97%,其中优198天,良122天,轻度污染9天,严重污染1天;二氧化硫、二氧化氮、可吸入颗粒物、细颗粒物年平均浓度分别为每立方米15微克、15微克、45微克、29微克。马山县AQI优良率97%,其中优205天,良120天,轻度污染10天;二氧化硫、二氧化氮、可吸入颗粒物、细颗粒物年平均浓度分别为每立方米15微克、24微克、44微克、25微克。隆安县AQI优良率96.30%,其中优178天,良137天,轻度污染11天,重度污染1天;二氧化硫、二氧化氮、可吸入颗粒物、细颗粒物年平均浓度分别为每立方米23微克、25微克、46微克、29微克。武鸣区、横县、宾阳县、上林县、马山县、隆安县空气质量优良率按高到低排名,依次为上林县和马山县、隆安县、宾阳县、武鸣区、横县。可吸入颗粒物浓度按低到高排名,依次为马山县(并列)、上林县、隆安县、宾阳县、横县、武鸣区。细颗粒物浓度按低到高排名,依次为马山县、(宾阳县、上林县、隆安县并列)、横县、武鸣区。市区酸雨频率3.13%,降水平均pH值6.13,酸雨频率较上年升高。远郊监测点邕宁区新江镇的降水酸雨频率2.99%,降水平均pH值6.14。市区整体酸污染程度继续保持在低水平。武鸣区、横县、马山县、隆安县均未监测到

2017年南宁市区空气质量日报(AQI)统计情况表

表28

质量级别	项目质量状况	空气污染指数(AQI)范围	出现天数(天)		
			2017年	2016年	增　减
一级	优	0-50	191	149	42
二级	良	51-100	146	199	-53
三级	轻度污染	101-150	27	17	10
四级	中度污染	151-200	1	0	1
五级	重度污染	201-300	0	1	-1
六级	严重污染	>300	0	0	0
优良率			92.30%	95.10%	-2.80%

2017年南宁市环境空气质量在74个重点城市和省会城市(直辖市)排名情况表

表29

月　份	在74个重点城市中的排名	在31个省会城市和直辖市排名	在27个省会城市排名
1月	26	7	6
2月	14	6	6
3月	6	3	3
4月	11	5	5
5月	11	5	5
6月	12	5	5
7月	16	6	6
8月	11	6	6
9月	12	8	8
10月	34	10	8
11月	27	10	8
12月	24	9	7

酸雨。宾阳县酸雨频率6.54%,上升6.54%,上林县酸雨频率1.39%,下降0.16%。

【水环境质量】

主要江河水质　2017年,南宁市监测河流断面10个(左江上中、右江雁江、武鸣河叮当、邕江老口、水塘江、蒲庙、郁江六景、平朗、南岸、清水河廖平桥),按年均值评价,境内左江、右江、武鸣河、邕江、郁江、清水河等主要江河总体为二类、三类水质,10个断面三类水质保持达标率100%,除水塘江、蒲庙、六景3个断面水质为三类,其余7个断面水质为二类,总体水质类与上年一致。上中、雁江、叮当、老口、蒲庙、六景、南岸、廖平桥8个考核断面水质均达相应水质考核目标,其余断面均达相应水功能区目标。南宁市与上、下游交界的右江雁江、左江上中、郁江南岸、清水河廖平桥4个断面水质均为二类。

饮用水水源水质　市区邕江三津、陈村、西郊、中尧、河南5个地表水集中式饮用水源地水源达标率保持100%。8个县级(含武鸣区)饮用水源地水源达标率100%。

城市内河水质　南宁市监测的18条主要城市内河中,四塘江继续保持四类水质,属轻度污染,八尺江水质为五类,属中度污染,其余16条内河水质仍为劣五类,属重度污染。影响市内河水质的主要污染指标为氨氮、五日生化需氧量、总磷、化学需氧量和阴离子表面活性剂。

主要湖泊与水库水质　天雹水库、峙村河水库、西云江水库、凤亭河水库、西津水库水质为二类,龙潭水库、老虎岭水库、大王滩水库、东山水库水质均为三类;南湖水质为五类,主要污染指标为总磷、五日生化需氧量;民歌湖水质为劣五类,主要污染指标为总磷、氨氮、五日生化需氧量;相思湖水质为劣五类,主要污染指标为氨氮、总磷、五日生化需氧量;五象湖水质为劣五类,主要污染指标为氨氮、五日生化需氧量、总磷。与上年相比,龙潭水库、凤亭河水库水质有明显好转,东山水库水质有所好转,老虎岭水库、五象湖水质有所下降,其余均无明显变化。按综合营养状态评价,南宁市专项湖库2个和备用水库、规划水源水库8个均为正常中营养状态。南湖、相思湖、五象湖均为中度富营养化状态,民歌湖为重度富营养化状态。与上年相比,大王滩水库、龙潭水库、天雹水库、西云江水库以及五象湖综合营养状态指数不同程度下降,其余有所上升。

【声环境质量】

城市区域声环境质量　2017年,南宁城市区域环境噪声平均值56.10分贝,比上年上升1.90分贝。城市区域声环境质量总体属一般水平。城市声源构成以社会生活噪声、交通噪声和建筑施工噪声为主,占全市声源构成89.50%。

道路交通声环境质量　南宁市城市道路交通噪声昼间平均等效声级68分贝,下降0.30分贝;监测路段超标率18.30%,下降3.40%。道路交通噪声环境质量总体达国家指标要求,属较好水平。

功能区噪声质量　按照《声环境质量标准》(GB3096-2008)评价,南宁市功能区噪声达标率75.70%,下降1.20%。昼间噪声达标率88.40%,下降5.60%;夜间噪声达标率50.40%,上升7.50%。与上年相比,1类区昼间、2类区夜间和4类区昼夜间达标率上升,1类区夜间、2类区昼间和3类区昼夜间达标率下降。市区声环境1类、2类功能区昼夜噪声均达标;3类、4类功能区昼间噪声达标,夜间噪声均超标。1类、4类功能区昼夜噪声、2类功能区夜间噪声下降,3类功能区昼间噪声、2类功能昼夜噪声均上升。

武鸣区、横县、上林县、马山县、隆安县的县城区域环境噪声均达小于60分贝的考核要求,宾阳县县城区域环境噪声60.60分贝,高于60分贝的考核要求。横县、宾阳县、上林县区域噪声上升,其余3个区县下降。武鸣区、横县、上林县、马山县、隆安县的县城道路交通噪声均达小于70分

2017年南宁市主要湖泊水库水质综合营养状态指数

表30

类别	点位名称	2017年			2016年		
		水质类别	综合营养指数	级别	水质类别	综合营养指数	级别
专项湖库	大王滩水库	三类	44.40	中营养	三类	48.50	中营养
	西津水库	二类	45.20	中营养	二类	38.90	中营养
备用、规划水源	龙潭水库	三类	48.60	中营养	五类	57.60	轻度富营养
	天雹水库	二类	34.80	中营养	二类	37.50	中营养
	老虎岭水库	三类	47.20	中营养	二类	38.60	中营养
	峙村河水库	二类	34.70	中营养	二类	34.20	中营养
	西云江水库	二类	32.40	中营养	二类	35.50	中营养
	东山水库	三类	36.40	中营养	四类	34.70	中营养
	凤亭河水库	二类	34.80	中营养	四类	29.70	贫营养
	大王滩水库(取水口)	三类	47.60	中营养	三类	41.40	中营养
城市湖泊	南湖	五类	63.10	中度富营养	五类	62.20	中度富营养
	五象湖	劣五类	63.70	中度富营养	五类	64.10	中度富营养
	民歌湖	劣五类	71.70	重度富营养	劣五类	70.80	重度富营养
	相思湖	劣五类	66.70	中度富营养	劣五类	65.50	中度富营养

2017年南宁市城市功能区噪声情况表

表31　　单位:分贝

功能区类型	1类区域		2类区域		3类区域		4类区域	
	以居住、文教为主的区域		居住、商业、工业混杂区		工业区		交通干线道路两侧区域	
	昼间	夜间	昼间	夜间	昼间	夜间	昼间	夜间
2016年	49.10	42.30	56.70	45.50	59.50	55.20	64.70	57.00
2017年	45.50	42.00	58.60	44.60	61.90	57.10	63.90	56.10
同比增减	−3.60	−0.30	1.90	−0.90	2.40	1.90	−0.80	−0.90
环境噪声标准	≤55	≤45	≤60	≤50	≤65	≤55	≤70	≤55

贝的考核要求,宾阳县县城道路交通噪声72.60分贝,高于70分贝的考核要求。宾阳县、马山县道路交通噪声上升,其余4个区县下降。

声环境监测 南宁市交通噪声测点93个。市区4种噪声功能区类型设监测点7个,每季度监测1次,每次连续监测24小时。市区域环境噪声网格划分为1400米×1400米,网格总数114个,监控面积223.44平方千米,每年秋季监测1次。监测道路总长159.68千米,每年秋季监测1次。在市区2条主要交通干线设噪声监测点2个,每半年监测1次,每次2天,每天交通平峰期和高峰期各监测1次。横县、宾阳县开展功能区噪声监测,监测频次每季度1次。武鸣区、横县、宾阳县、上林县、马山县、隆安县开展区域环境噪声和道路交通噪声监测,每年春季或秋季监测1次。

【辐射环境质量】

电离辐射环境质量 2017年,南宁市区辐射环境质量安全。市区γ(伽马)辐射空气吸收剂量率监测值范围(扣除马宙射线响应值)无异常变化,年平均值每小时47纳戈瑞;市内29个监测点年平均值范围每小时25纳戈瑞~87纳戈瑞。

电磁辐射环境质量 市区环境电磁辐射年平均值:电场强度每米0.76伏,功率密度每平方米0.002瓦。市区10个监测点位的环境电磁辐射综合场强监测值均低于《电磁环境控制限值》(GB8702-2014)在30兆赫兹~3000兆赫兹频率范围的公众暴露控制限值。

【污染物排放处置】

废水污染物排放 2017年,南宁市废水排放总量3.63亿吨,比上年下降15.18%。其中,工业废水4199万吨,增加9.50%;生活污水3.21亿吨,下降17.69%。废水中主要污染物化学需氧量(COD)排放量10.12万吨,下降2.56%。工业排放0.67万吨,下降18.29%;生活排放6.36万吨,增加25.20%。废水中主要污染物氨氮排放量1.12万吨,下降4.12%。其中,工业排放0.037万吨,与上年基本持平;生活排放0.47万吨,下降30.88%。全市重点污染企业有工业废水处理设施169台(套)。工业污染物中,化学需氧量排放量90.55%来源于农副食品加工业,造纸和纸制品业,酒、饮料和精制茶制造业,化学原料和化学制品制造业,医药制造业等;氨氮排放量77.65%来源于酒、饮料和精制茶制造业,化学原料和化学制品制造业、农副食品加工业、造纸和纸制品业、纺织业等。

废气污染物排放 全市工业废气排放总量692.02亿标立方米,下降19.44%。二氧化硫排放量37.65万吨,下降2.95%,其中工业排放0.84万吨;氮氧化物排放量5.97万吨,下降2.29%,其中工业排放1.69万吨,生活源排放0.11万吨(含机动车排放);烟(粉)尘排放量0.96万吨,下降44.51%,其中工业排放0.95万吨。全市重点污染企业有工业废气处理设施785台(套),其中脱硫设施142台(套)、脱硝设施55台(套),除尘设施310台(套),VOCs(挥发性有机物)处理设施68台(套)。工业污染物中,二氧化硫排放量80.40%来源于电力、热力生产与供应业以及非金属矿物制品业、农副食品加工业、化学原料和化学制品制造业、造纸和纸制品业等;氮氧化物78.43%来源于非金属矿物制品业,电力、热力生产和供应业,农副食品加工业,造纸和纸制品业等;烟(粉)尘排放量75.81%来源于非金属矿物制品业,农副食品加工业,木材加工和木、竹、藤、棕、草制品业,化学原料和化学制品制造业,造纸和纸制品业等。

工业固体废物 全市工业固体废物产生量164.58万吨,下降3.50%,综合利用量136.80万吨(含综合利用往年贮存量1.52万吨),处置量27.64万吨(含处置往年贮存量0.08万吨),贮存总量1.74万吨,无倾倒丢弃。工业固体废物综合处置利用率99.91%,与上年基本持平。

工业危险废物污染源 全市工业危险废物产生量3.08万吨,综合利用量0.47万吨(含综合利用往年贮存量0.08万吨),处置量2.75万吨,工业危险废物综合处置利用率96.43%,贮存总量0.11万吨,无倾倒丢弃。危险废物主要种类为垃圾焚烧处置残渣、其他废物、废矿物油与含矿物油废物、废酸以及感光材料废物。

医疗废物处置 全市医疗垃圾集中收运、处置覆盖五县七城区,主要通过焚烧处置、高温蒸汽灭菌处置。全年收运、处置医疗废物9759.66吨,下降10.05%,医疗废物集中处置率100%。全市医疗卫生机构及部分企业产生的医疗废物全部交由中节能(广西)清洁技术发展有限公司收运处置,医疗废物安全处置率100%。

城市生活垃圾与生活污水处理厂污泥处置 南宁市印发《南宁市城镇生活污水处理厂污泥处理处置暂行管理办法》,对生活污水处理厂进行规范管理。全市污泥处置主要委托广西腾龙环保科技有限公司、华润水泥(南宁)有限公司。市环保部门定期对投入运营(试运营)生活垃圾填埋场进行监督性环境监测。城南生活垃圾填埋场封场、南宁市平里静脉产业园生活垃圾焚烧发电工程BOT项目正式运营,垃圾处理模式由卫生填埋逐步转变为焚烧。市区生活垃圾产生量135.23万吨,增长19.45%,生活垃圾处理率100%;污水厂污泥产生量16.90万吨,增长21.06%,污泥处置率100%;12个区县有运行正常污水处理厂27家,大部分污泥由具备污泥处置能力企业处置,形成土地改良用营养土。

危险废物处置设施及危险废物经营许可证颁发 全市有危险废物经营许可证持证单位7家,处置利用单位6家,收集贮存单位1家。其中,中节能(广西)清洁技术发展有限公司和武鸣红狮环保科技有限公司为危险废物综合处置经营单位,南宁市安明油脂有限责任公司、南宁市圣达净水材料有限公司、广西伟康环保科技有限公司、广西桂物资源循环产业有限公司分别为废物矿物油、废盐酸、废显(定)影液、废电路板利用处置企业,广西兄弟创业环保科技有限公司为收集贮存企业,均持有由自治区环保厅核发的危险废物经营许可证。

电子废物管理 市内废弃电器电子产品拆解处理企业为广西桂物资源公司,其许可处理能力为100万台,其中电视机60万台、冰箱10万台、空调10万台、洗衣机10万台、微型计算机10万台;全年拆解处理废旧电视机39.48万台,废旧冰箱6.31万台,废旧洗衣机10万台,废旧空调2.75万套,废旧电脑7.64万套,产生拆解产物1.65万吨。年内,市环保部门根据《中华人民共和国环境保护部废弃电器电子产品处理企业补贴审核指南》《广西废弃电器电子产品拆解处理审核工作方案》要求,重点审核废弃电器电子产品拆解的规范性,确保企业拆解活动规范、有序。

【主要污染物减排】 2017年,南宁市化学需氧量减排10.12万吨,比上年下降2.56%;氨氮1.12万吨,下降4.12%。完成节能减排财政示范市的年度化学需氧量削减2.54%,氨氮削减3.17%。二氧化硫净减量3.88万吨,下降2.95%;氮氧化物净减量5.97万吨,下降2.29%。完成节能减排财政示范市的二氧化硫新增量不超过0.94%、氮氧化物新增量不超过1.03%的目标。完成自治区下达的4项主要污染物总量减排指标。

【污染防治】

大气污染防治 2017年,出台《南宁市重污染天气应急预案》《南宁市大气污染防治规划(2014—2025)》《南宁市大气污染防治年度实施计划》《南宁市

餐饮油烟污染专项整治方案》《南宁市市区扬尘专项治理方案》《南宁市机动车尾气污染专项行动方案》《南宁市工业污染源大气污染防治实施方案》《南宁市秋冬季应对重污染天气专项方案》《南宁市春节期间烟花爆竹禁限放方案》等文件或方案，推进大气环境治理。按照《大气污染防治行动计划》考核要求，全市可吸入颗粒物(PM10)浓度每立方米56微克，超额完成《大气污染防治行动计划》考核要求。全市二氧化硫排放量3.76万吨，比上年同期削减1413.30吨，削减3.60%；氮氧化物排放量5.97万吨，削减1825.50吨，削减3.00%。二氧化硫、氮氧化物均完成自治区下达年度减排任务。其中，重点工程减排方面：水泥行业氮氧化物减排571.60吨；电力行业氮氧化物减排1045.70吨，二氧化硫减排147.30吨；玻璃行业氮氧化物减排957.30吨，二氧化硫减排1266吨。实现重点工程氮氧化物减排2574.60吨，二氧化硫减排1413.30吨。其他工程减排方面：全市机动车氮氧化物新增量1709.10吨，消减量960.10吨，实际减排量-749吨。

水污染防治 全市建成区黑臭水体涉及内河13条、河段38个，总长99.40千米；建成区外黑臭水体总长18.80千米(涉及马巢河、四塘江、石灵河等9个河段)。年内，基本消除建成区黑臭水体，满意度90%。全市采用市财政直接投资、PPP模式实施黑臭水体整治。融合污水直排口整治、流域治理PPP项目(那考河、沙江河、水塘江、心圩江)、城市内河黑臭水体治理PPP项目、河道环境综合整治等工程项目，计划投资1021亿元，累计投资413亿元。市区建成市政污水处理设施项目91个，累计投资5.59亿元，其中管网建设长度279千米。完成建制镇污水处理设施项目建设65个，其中入围“十三五”第一批镇级污水处理设施项目22个，累计投资3.74亿元，计划配套管网92.05千米。县级以上污水处理厂污泥无害化处理率100%。市中心城区有水源地13个，县级水源地16个；12个区县有乡镇集中式饮用水水源地93个、农村集中式饮用水水源地483个。市区供水以邕江河流型水源地为主，分别为陈村水厂、三津水厂、西郊水厂、中尧水厂、河南水厂，设计供水规模每日140万吨，采用暗管输送泵房取水后集中处理供水方式，服务250万人。三津、陈村、西郊、中尧、河南5个水源地水质达标率100%，5个在用饮用水源地水质状况良好，水源地管理良好，水质监测指标完成率，一级、二级、准保护区划分率，保护区标志设置，隔离防护，监控能力以及风险防控与应急能力均为100%。

工业集聚区水污染集中治理 全市有自治区级以上工业园区7个，其中国家级工业园区3个(南宁高新区、南宁经开区、广西东盟经开区)，自治区级工业园区4个(广西良庆经济开发区、南宁江南工业园区、南宁六景工业园区、南宁仙葫经济开发区)。全市工业集聚区均建成集中式污水处理设施并安装在线监控与环保部门联网。市政府制定《中央环境保护督察反馈意见(工业集聚区环保基础设施建设滞后问题)整改方案》，全市7个自治区级以上工业园区均出台专项整改方案。每季度组织开展中央环境保护督察反馈意见整改督查1次；市工信委会每季度督查工业集聚区污水集中处理设施建设，对部分未完成污水集中处理设施建设的工业集聚区提出整改，对已建设污水集中处理设施的工业集聚区要求配套安装污染源自动监控设施；每季度按比例督查自动监控设施。年内，3个工业园区建成园区自有污水处理设施，分别为东盟经开区(武鸣县污水处理厂)、南宁六景工业园区(华鸿污水处理厂)、南宁仙葫经济开发区，其余4个工业园区污水处理厂依托城镇污水处理厂进行处理。

河长制落实 市政府召开实施市河长会议、草拟信息共享、信息报送、工作督察、考核问责与激励、验收、巡河7项市河长制工作配套制度。涉及西江干流(红水河)、郁江(右江、邕江、横县段)、左江(南宁段)、八尺江、清水河、武鸣河6条江河。设手工监测断面10个，国家考核断面6个(右江雁江断面、左江上中断面、武鸣河丁当断面、邕江老口断面、郁江六景断面、郁江南岸断面)；自治区考核断面3个(邕江水塘江断面、邕江蒲庙断面、清水河廖平断面)；市控断面1个(郁江平朗断面)。国家、自治区考核断面每月监测1次，市控断面1月、3月、4月、7月、11月各监测1次。水质自动监测站6个(邕江老口、右江雁江、左江上中、邕江三岸、郁江南岸、右江白马水质自动监测站)，每个自动站开展监测项目7项，每4小时出数据1次，每年发布水质周报52期。全市在郁江干流(邕江段)设置饮用水水源监控断面5个，均依国家、自治区下发的环境监测方案进行监测。加强城市内河水质监控，将18条内河监测频次由每年1次提升至每月1次。市、区县环保局不定期组织开展入河工业企业和规模化养殖污染源执法检查，处罚案件2起，查封扣押案件28起，限产停产案件6起，移送公安行政拘留案件4起，移送涉嫌环境犯罪案件1起，行政处罚案件4起，处罚金额25.25万元。

土壤污染防治 全市设立疑似污染地块名单。组织区县、开发区环保局筛查辖区内有色金属冶炼、化工等6大行业企业，确认污染地块1个。开展污染地块治理与修复环境监管，督促指导污染地块做好搬迁地块场地环境调查、风险评估、治理与修复、治理修复效果评估等。部署应用污染地块信息系统，实现与国土、建设和规划部门信息共享。组织编制《南宁市土壤污染治理与修复规划》，督促区县政府与重点企业签订土壤污染防治责任书，并向社会公开。配合自治区环保厅开展农用地土壤详查。

重点行业污染防治 全市对南宁化工、南糖造纸、蒲庙造纸、华劲纸业、凤凰纸业等市区重点排污大户企业20多家实行政策性停产；关停淘汰小造纸企业48家、富锰渣企业19家、制革企业10家，宾阳县制革行业整体退出；淘汰木薯淀粉酒精小企业9家，钢铁企业1家，规模以上万元工业增加值能耗远低于自治区下达的目标任务。

施工噪声污染防治 全市通过环境监管网格化、多部门协调联动、噪声专项整治行动等机制，遏制施工噪声污染增长势头。全年接到建筑施工噪声扰民投诉9236件次，下降10%，处理率100%；组织出动执法人员1380多人次，检查建筑工地550多家次，立案查处133起，处罚175.90万元。

重金属污染防治 4月，全市组织核实重点行业重金属污染物产排污情况，重新核定“十三五”重金属污染物排放总量控制指标，并与自治区环保厅重金属处进行对接，初步摸清全市涉重金属企业基本状况，确定重点行业、重点重金属企业排放基础数据。完成《南宁市“十三五”重金属污染防治计划初稿》编制。开展涉重企业遗留含重金属废渣应急处置项目排查。在横县高山经济发展有限责任公司莲塘垌尾矿开展尾矿库塌方引发涉重金属水污染环境应急综合演练。纳入《目标责任书》土壤污染治理与修复试点项目2个(宾阳县沙江河重金属污染综合整治项目、宾阳县制革重金属污染土壤修复与安全利用项目)。宾阳县沙江河重金属污染综合整治项目于3月进场施工，年内项目工程完成95%以上。宾阳县制革重金属污染土壤修复与安全利用项目于2017年查清土壤污染分布和程度，编制《宾阳县重金属污染农田土壤详查与质量评估》《宾阳县重金属污染农田土壤详查与分级管理实施方案》通过自治区环保厅组织的专家评审，初步确定土壤修复与安全利用措施和技术方法。

污染排放许可 全市组织开展排污许可证核发，指导、核发火电、造纸、水泥、制糖、农药等行业80家企业排污许可证。

其中,火电行业2家,造纸行业29家,水泥行业14家,制糖行业15家,化学农药行业13家,电镀1家,制革1家,原料药制造1家,氮肥制造2家,其他行业2家。

【雾霾治理】

燃煤小锅炉整治　2017年,南宁市严格执行禁燃禁售区通告,禁燃禁售区内禁止新建、扩建燃用燃煤等高污染燃料的锅炉、工业窑炉、炉灶等燃烧设施,现有燃用其他燃料的上述设施不得改用高污染燃料。完成燃煤小锅炉整治108台,累计拆除企业烟囱近1000根,完成淘汰或清洁能源改造锅炉400多台,"大气十条"考核要求年度建成区内燃煤小锅炉淘汰95%以上,完成99.50%,超额完成考核要求。

城市扬尘污染控制　全市完成扬尘治理综合管理平台框架初步搭建,逐步整合交警路面视频监控,建筑工地、采石场、水泥搅拌站、消纳场的视频监控资源实现在线实时监控查看。在城市主要出入口设立扬尘治理联合执法卡点9个,加强对城市工程运输车辆的路面执法管控。每周定期开展全市联合整治行动1次,重点查处针对夜间工程车辆违章高峰时段的违法行为。把采石场纳入扬尘整治,出台采石场建设标准,召开整治现场会,推进采石场扬尘整治。

工业企业烟粉尘治理　市环保局重点监控火电、水泥、制浆造纸、玻璃等行业。实行大气污染物超标排放周报制度,对污染源在线监控数据进行监控、分析和科学预警,每周形成市污染源自动监测监控报告。鼓励制糖企业采用锅炉清洁燃烧技术,全市有3家糖厂采用清洁燃烧技术。

机动车排气污染防治　全市落实新车"国五标准"(国家第五阶段机动车污染物排放标准)入户审核,对5.70万辆入户机动车进行车型审核,落实国家二手车迁入政策,控制新入户车辆及外地转入高污染排放车辆。与市交通、公安交警部门联合开展黄标车限行检查,检查公交车、道路客运车2400辆,对群众有效投诉的冒黑烟车辆56辆采取限期整改,并提交合格检测报告处理措施。对限期内未完成整改的车辆,不予通过下个年度车辆年审,建立上路行驶尾气超标车辆与年审挂钩管理模式。淘汰黄标车及老旧车2.60万辆,完成年度任务214.98%,其中淘汰黄标车9463辆。经环保检测的车辆62.15万辆(含参与外市环保检测的桂A车牌车辆3.54万辆),首检合格率89.40%,重检合格车辆6.56万辆,参与年检机动车75.46万辆,全市机动车环保定期检测率82.40%。

【农村环境保护】2017年,南宁市区县申报国家级生态乡镇,上林县明亮镇、三里镇、澄泰乡、西燕镇4个乡镇达国家级生态乡镇建设要求;武鸣区锣圩镇,上林县巷贤镇、乔贤镇,马山县永州镇、古零镇、周鹿镇6个乡镇被评为自治区级生态乡镇;良庆区那陈镇坛留村等78个行政村被评为自治区级生态村。完成2016年度农村生活污水整治项目102个验收并投入使用;制定实施方案下达项目清单,启动2017年农村生活污水整治项目建设102个;指导上林县实施2016年自治区第二批整县推进农村环境综合整治项目建设,21套农村生活污水处理设施完成主体管网建设,其中2套建成试运行。宾阳县、隆安县、上林县申报2017年自治区第一批和第二批整县推进农村环境综合整治项目,获上级支持资金2105万元。争取节能减排财政政策综合示范市专项资金900万元,继续支持大王滩水库入库村屯生活污染源第一批整治项目建设。《南宁市农村水环境综合整治"十三五"规划》通过专家评审、修改完善。印发《南宁市"清洁水源"专项活动工作目标专项考评数据采集办法及评分标准》《南宁市2017年"清洁水源"专项活动工作方案》,组织完成"清洁水源"考评数据现场采集。对建成的农村生活污水处理设施实施第三方运维管理,除邕宁区外,其余11个区县均落实第三方运行维护或确保责任单位运维。

【核与辐射安全监督管理】2017年,南宁市有核技术利用单位337家,其中涉源单位64家(环保部直管1家、部队直管1家、售源单位4家),密封放射源198枚、非密封放射性物质27项,纯射线装置使用单位242家,射线装置729台(套)。全市组织开展年度辐射安全监督检查和放射源专项检查,核技术利用单位辐射安全许可证持证率100%,辐射环境质量保持良好水平,全年未发生放射源丢失、被盗、失控等辐射事故。区县环保部门、核技术利用单位做好辐射事故应急预案编制修订。强化对移动通信基站、高压输变电等电磁辐射建设项目环境监管。全年处理电磁辐射环境污染投诉信访案件71起,督查涉及环境违法部分移动通信基站整改情况,投诉信访件办结率100%。

【环境督察】2017年,市环保局对宾阳县、隆安县、青秀区、西乡塘区和广西－东盟经济技术开发区环保机构开展环境监察稽查,检查记录、案卷277个。重点稽查2016年以来建设项目和污染源现场监督检查记录、生态和农村环境监察记录、环境违法行为查处案卷、环境污染和生态破坏纠纷调解处理案卷等;对群众举报、上级督办、部门移送或下级环保部门申请、日常督查或检查发现以及反映环境监察机构或人员规范行政、依法行政问题专案稽查;下达《环境监察稽查意见书》5份,责令被稽查单位整改。

【环境信访投诉】2017年,市环保局接到建筑施工噪声扰民投诉9236件次,比上年下降10%,处理率100%;组织出动执法人员1380人次,检查建筑工地550家次,立案查处133起,处罚金额175.90万元。集中开展环境信访投诉专项整治,全市环境信访投诉量1.26万件次,下降10.29%,其中12345市长热线转办1356件次、自治区环保厅转办68件次、市领导阅批件及其他部门转办50件次、来信21件、来访25件次,政民互动、网上信访、数字城管及公众互动和市环保局官网380件,微信举报平台受理举报投诉3458件,均按时办理完成。环境信访投诉量连续2年下降。

【排污申报登记与收费】2017年,南宁市核定1132家企业排污申报,全市排污费入库6630.79万元,其中市本级征收3418.02万元,开发区征收812.53万元,城区征收1109.22万元,县征收1291.03万元。组织区县、开发区排污费征收部门及时交接收费数据。全市交接《环境保护税基础信息采集表》645家,均完成年度排污费档案交接。

【环境监管执法】2017年1月,南宁市成立环保公安联合执法办公室,打击环境违法犯罪行为。出动环境监管执法1.05万人次,排查重点企业约3380家次、工业园区19个、尾矿库36座,发现存在一般环境安全隐患170个(完成整改168个),发现"清废打假促达标"专项隐患43个(完成建设43个)。落实污染源日常环境监管"双随机一公开"(在监管过程中随机抽取检查对象,随机选派执法检查人员,抽查情况及查处结果及时向社会公开)制度,随机检查企业1172家。立案查处环境违法企业案件394起,下达处罚决定书379起,处罚797.80万元。适用新《中华人民共和国环境保护法》配套办法案件38起,其中按日连续处罚2起、罚金5.79万元,查封扣押6起,限产、停产21起,移送公安机关行政拘留8起,移送涉嫌违法1起。环境行政处罚案件立案407起(市本级 155 起),作出行政处罚决定 392 起(市本级 142 起),结案 267 起(市本级 89 起),罚款 868.30 万元(市本级 248 万元);收到行政复议申请 4 件(行政处罚 2 件、行政征收 1 件、责令限期整改 1 件),受理 4 件,审结 3 件,其中维持行政行为 2 件,申请人撤回行政复议申请 1 件。环境违法企业处罚信息录入《南宁市信用信息系统》142 条,录入中国人民银行征信系统 142 条。

【环境应急管理】 2017 年,市环保局启动应急预警应急处置涉突发环境事件 16 起,除 2 起构成突发环境事件外,交通事故引发突发环境事件 1 起,安全生产引发突发环境事件 1 起,其余事件没有造成污染升级或衍生造成环境污染。开展环境风险与隐患专项检查,出动检查人员 4275 人次,检查企业 1337 家;被查企业涉及制糖、淀粉、酒精、制浆造纸、涉重金属、危险化学品、工业园区和重点排污单位、尾矿库、涉核与辐射企业、群众投诉与信访问题较多企业及危险废物产生、使用或经营单位。印发《南宁市环境保护委员会办公室关于进一步加强园区突发环境事件应急预案备案管理工作的通知》,完善突发环境事件应急预案体系。在横县组织开展"2017 年南宁市尾矿库塌方引发水污染突发环境事件综合应急演练"。开展大气污染区域联防联控,与防城港市、钦州市、贵港市、百色市、河池市、来宾市、崇左市 7 个市环保部门共同采取重污染天气应对措施和区域边界突发大气环境事件共同应对等事宜达成合作备忘录。

【环境监测】

环境空气监测 2017 年,南宁市环境空气自动监测站建成空气自动监测子站 21 个,其中国控站 8 个、区(省)控站 2 个、市控站 5 个、县级站 5 个、流动监测车 1 辆。监测二氧化硫、二氧化氮、可吸入颗粒物、一氧化碳、细颗粒物、臭氧 6 项基本污染物,24 小时不间断采样。其中,国控点监测数据同时上传环境保护部、自治区环境保护厅、市环境保护局 3 个数据中心,其余站点数据同时上传自治区环境保护厅、市环境保护局数据中心。市国控点空气质量监测数据实时发布在环境保护部、自治区环境保护厅、市环境保护局的官方网站和市空气质量 APP 等平台,每小时更新 1 次。全市环境空气质量监测村庄 13 个,其中武鸣区、青秀区各监测村庄 1 个,上林县、宾阳县各监测村庄 3 个,马山县监测村庄 5 个。每个村庄在居民区布设点位 1 个,每次连续监测 20 天,监测项目 6 个。采用自动监测和手工监测,其中自动监测项目为可吸入颗粒物、细颗粒物、二氧化硫、二氧化氮、一氧化碳、臭氧 6 项指标;手工监测项目为可吸入颗粒物、二氧化硫、二氧化氮 3 项指标。自动监测每月至少有 27 个日平均浓度值(二月至少有 25 个日平均浓度值);采用手工监测,每季度至少监测 1 次,每年至少监测 4 次。

水质监测 全市有水站 6 个,在建水站 4 个,其中监测邕江水质水站 3 个,监测邕江上游来水右江水质水站 2 个,监测右江重要支流武鸣河水质水站 1 个,监测邕江上游来水左江水质水站 1 个,监测邕江下游郁江水质水站 3 个,基本覆盖全市主要河流。监测指标包括水温、pH 值、溶解氧、电导率、浊度、氨氮、高锰酸盐指数 7 个参数;六景、叮当 2 个新建站点监测水温、pH 值、溶解氧、电导率、浊度、氨氮、高锰酸盐指数、总磷、总氮 9 个参数;各水站全年在每间隔 4 小时监测 1 次,每天采集数据 6 个;每周二前形成水质周报,在市环境保护局官网发布。4 月至 6 月,值班人员每天向应急小组报送各水站地表水敏感指标(pH 值、溶解氧、氨氮、高锰酸盐指数)自动监测数据,提升水质监测预警能力,保障流域水质安全。

声环境监测 市区布设功能区、区域环境、道路交通、交通干线 4 种噪声监测点 7 个,2 月、5 月、8 月、11 月各监测 1 次,每次连续监测 24 小时。7 个监测点均设噪声自动监测、环境信息路边公布系统。市区域环境噪声网格总数 114 个,监控面积 223.44 平方千米;每年秋季监测 1 次。全市道路交通噪声测点 93 个,监测道路总长 159.71 千米;每年秋季监测 1 次。宾阳县开展功能区噪声监测,每季监测 1 次;市区(含武鸣区)、横县、宾阳县、马山县、上林县、隆安县开展区域环境、道路交通噪声监测,每年秋季监测 1 次。设交通干线噪声监测点 2 个,每半年监测 1 次,每次连续监测 2 天,每天交通平峰期及高峰期各监测 1 次。

辐射环境监测 环境辐射自动监测站点——环境外照射自动监测站设在市民主路 45 号、市环境保护监测站主要用于对环境外照射 X-γ 剂量率 24 小时不间断监测。市区设环境 γ 外照射常规监测点位 29 个,年均值每小时 25 纳戈瑞～87 纳戈瑞,平均值每小时 47 纳戈瑞,监测频次为每季度监测 1 次。市区环境电磁辐射监测布设监测点位 10 个,每半年监测 1 次。

农村环境质量监测 全市在青秀区、武鸣区、上林县、马山县、宾阳县 5 个区县开展农村环境质量监测,监测村庄 13 个。对村庄环境空气、饮用水源地、土壤、县域地表水、生态环境质量进行全面布点监测,其中村庄环境空气点位 13 个,村庄地表水饮用水源地点位 4 个,村庄地下水饮用水源地点位 9 个,村庄土壤点位 55 个,县域地表水点位 15 个。

水环境质量监测 水环境质量监测包括饮用水源地和县域地表水监测。饮用水源地监测村庄 13 个,其中武鸣区、青秀区各监测村庄 1 个,上林县、宾阳县各监测村庄 3 个,马山县监测村庄 5 个。其中,地表水村庄 4 个,地下水村庄 9 个,地表水监测项目 29 个,地下水监测项目 23 个,每季度监测 1 次,全年监测 4 次。县域地表水监测 5 个区县断面 15 个,监测 60 次,上林县、宾阳县、马山县、武鸣区、青秀区各监测断面 3 个。

地表水水质监测 马山县设六朝水库、姑娘江 2 个监测断面,上林县设置大龙湖鲤鱼山、澄江河快流庄 2 个断面。监测指标为《地表水环境质量标准》(GB3838-2002)除粪大肠菌群以外 23 项指标。每月监测 1 次,全年监测 12 次。

集中式饮用水水源地水质监测 马山县设六朝水库断面,上林县设北仓河鲤鱼山取水口断面。监测指标为地表水饮用水水源地常规监测指标。地表水饮用水水源地每季度监测 1 次,每年 4 次,每 2 年开展水质全分析监测 1 次。

土壤环境质量检测 全市有土壤环境质量监测布设监测点 50 个。监测项目包含土壤理化指标、无机污染物、有机污染物,全年监测 1 次。全市土壤环境质量监测村庄 11 个,布设土壤监测点位 55 个,其中武鸣区、青秀区各监测村庄 1 个,上林县、马山县、宾阳县各监测村庄 3 个。监测点位有饮用水源地周边、垃圾场周边、基本农田、水产养殖场周边、活水灌溉的农田、长期受工业粉尘影响土壤,监测项目 7 个,全年监测 1 次。

国家重点监控企业监督性监测 全市有国控重点污染源企业 55 家,其中废水污染源 22 家、废气污染源 11 家、城镇污水处理厂 16 家、重金属企业 4 家、危险废物企业 2 家。国家重点监控企业增加 12 家,其中废水污染源增加 11 家,废气污染源增加 5 家,污水处理厂增加 4 家,重金属企业减少 5 家,危险废物企业减少 3 家。一年监测污染物排放 2 次,每年开展全指标监测不少于 1 次。存在超标现象的企业,适当增加监测频次。装有在线监测设备的企业,每个季度对企业的在线监测设备开展比对监测 1 次。废水在线比对监测项目主要有 pH 值、化学需氧量、流量、氨氮;废气在线比对监测项目有颗粒物、烟温、烟气二氧化硫、氮氧化物、氧量和流速。废水、废气在线比对监测每季度监测 1 次。

【环境信息公开】 2017 年，市环保局官方网站公开政府环境信息 4312 条，其中在自治区政务公开统一平台公开政府环境信息 1031 条。发布城市空气质量日报、预报信息 365 期，环境质量综合信息 12 期，全国主要流域重点断面水质周报 52 期，集中式生活饮用水水源水质状况信息 12 期，辐射环境质量报告 4 期，重点排污超标企业名单 4 期，重点污染源监督性监测及比对监测数据 12 期；监察执法信息 272 条，建设项目环评审批、验收信息 891 条，环境监管重点排污单位名录信息 3 条，环保政策法规信息 21 条，环境污染投诉处理案件情况 68 条，排污费征收有关信息 26 条，午间、夜间施工证明办理信息 49 条，环境应急有关信息 4 条。向市“一中心两馆”(政务服务中心、档案馆、图书馆)报送政府环境信息 92 条。

【污染源自动监控】 2017 年，南宁市加强自动监控能力建设，新增视频监控专线 28 条，完成废水重点排污单位视频监控设施安装联网工作 28 家。年内有企业安装在线监控设施 143 家，安装设备总套数 231 套，建成覆盖区域大气、饮用水源地、废水重点排放企业视频监控点 41 个。

【自然生态保护】 2017 年，南宁市加快推进大明山矿区和上、下公路生态破坏问题整改及水电站退出清理和补偿评估、生态修复等工作。建立全市自治区级以上自然保护区排查发现问题整改管理台账，完成迎接自治区督查组和国家“绿盾 2017”专项行动巡查组的巡检任务。联合市林园局督促良庆区加快设立南宁那兰鹭鸟自然保护区管理机构；11 月 8 日，那兰鹭鸟市级自然保护区管理站在良庆区正式挂牌成立。

【环保科研】 2017 年，市环境保护监测站开展课题研究 4 个，分别为《郁江(邕江)流域水环境保护专项研究》《南宁市饮用水源地重金属污染现状调查、风险评估与预警体系研究》《南宁市机动车尾气排放超标治理技术路线研究及应用示范》《南宁市主要河流中抗生素残留状况调查与风险评估》。10 月 27 日，《郁江(邕江)流域水环境保护专项研究》课题通过验收，11 月，《南宁市主要河流中抗生素残留状况调查与风险评估》课题完成沉积物样品采集；12 月，《南宁市饮用水源地重金属污染现状调查、风险评估与预警体系研究》课题通过市科技局验收。《南宁市机动车尾气排放超标治理技术路线研究及应用示范》进入结题验收阶段。

2017 年 12 月 26 日，南宁市生态环境教育馆开馆　　市环保局提供

【环保科普基地建设】 2017 年 3 月，南宁市启动第六批国家环保科普基地申报；11 月，环保部验收组对南宁市三峰能源有限公司、南宁盛都城市开发有限责任公司、广西药用植物园 3 个单位进行考评。年内，南宁市印发《南宁市生态环保科普教育实践基地建设方案》，将全市生态环保科普教育实践基地的功能定位分为大气污染防治类、水污染防治类、固体废物污染防治类、工业治污类、生态农业示范类、生物多样性保护类 6 大类。12 月，创建并命名“南宁青秀山风景区生态环保科普教育实践基地”“三峰环境广西南宁生态环保科普教育实践基地”“美丽南方·广西南宁生态环境教育基地”，并各核拨环保专项资金 50 万元；3 个基地开展中小学生环保科普教育实践活动超过 150 场(次)。至年末，全市有国家环保科普基地 1 个(南宁市良凤江国家森林公园)，自治区绿色环保科普教育基地 7 个(南宁市埌东污水处理厂、上林县白圩镇高长村不孤庄、三峰环境广西南宁环保发电厂、青秀山风景名胜旅游区、广西固体废物危险废物处置中心、广西药用植物园、广西南宁金满园农业科技有限公司)，市级生态环保科普教育实践基地 3 个(南宁青秀山风景区生态环保科普教育实践基地、三峰环境广西南宁生态环保科普教育实践基地、美丽南方·广西南宁生态环境教育基地)。

【南宁市生态环境教育馆】 2017 年 10 月，南宁市生态环境教育馆更新改造正式动工；12 月 18 日竣工，总投资约 193 万元，占地 600 平方米；12 月 26 日举行开馆仪式。馆内更新改造以中共十九大提出的生态文明建设和生态环境保护系列要求，以习近平总书记“山水林田湖是一个生命共同体”的整体系统观为主线，分序厅、领导关怀、历史沿革、环境质量、全景看南宁、突出环境问题、区县特色、能力建设、展望未来、演播厅 10 个展区，开馆后将免费向公众开放。

【参加中国生态文明论坛惠州年会】 2017 年 12 月 2 日至 3 日，中国生态文明论坛惠州年会在广东省惠州市举行。十一届全国政协副主席、中国生态文明研究与促进会会长陈宗兴，环保部党组书记、部长李干杰出席年会，并在全国生态文明建设成果(惠州)展上参观南宁市生态文明建设成果展区。南宁市市长周红波率团出席年会，参与“市长热点对话”，并代表南宁市领取“2017 美丽山水城市”证书，在年会授旗仪式上接旗并致辞。南宁市生态文明建设成果展区，首批国家生态文明建设示范市县(上林县)展区，以及博世科、华灿、三峰等南宁环保企业展区吸引众多参观者。

(张　心　曾　宇)

园林绿化

【概　况】 2017 年，南宁市林业和园林局设办公室、政策法制科(山林纠纷调处办公室)、规划建设科、绿化管理科(首府绿化委员会办公室)、营林科、林政资源管理科(林业改革发展科)、公园景区管理科、野生动植物保护与自然保护区管理科、产业科(科学技术与对外合作科)、森林防火科(市森林防火指挥部办公室)、计划财务科、人事科12个科室,编制55名,在编45人。局属单位27个,其中行政单位1个(市森林公安局);事业单位26个,分别为市林业科学研究所、市绿化工程管理中心、市南湖公园、市人民公园、市动物园、市金花茶公园、市石门森林公园、南宁园博园管理中心、市乡镇林业工作站(市林业技术推广站)、市农村能源工作站、市林业种苗站(市森林病虫害防治站)、市林政稽查大队、市野生动植物保护站(市野生动植物救护中心)、市生态公益林工作站、市五象岭森林公园、市园林规划设计院、市花卉公园、市狮山公园、市邕江南岸公园、市新秀公园、市邕江北岸公园、市体育休闲公园、市儿童公园、市江南公园、市五象湖公园、市丁当林场。全系统在职在编1361人,其中公务员(含参照公务员法管理人员)147人,机关(含参照公务员法管理单位)工勤人员27人;事业单位管理人员221人,专业技术人员465人,工勤人员501人。全年处理市政绿化方面信访件38件,人民网网友留言1件,市长热线151件,政民互动6件,市政协、市人大提案4件。

【“中国绿城”建设】 2017年,南宁市建成区绿地总面积1.09万公顷。其中,公园绿地、生产绿地、防护绿地、附属绿地、其他绿地面积分别为3864.93公顷、2.67公顷、857.44公顷、4734.07公顷、1485.44公顷,全市建成区绿地率、绿化覆盖率、人均公园绿地面积分别为37.45%、43.39%、12.02平方米。市林园部门推进生态宜居环境建设,重点实施南宁园博园项目、邕江综合整治和开发利用工程PPP项目、南湖水质改善项目等市级层面重点项目,推进江南公园、民族大道北侧绿地山体公园、大王滩国家湿地公园等公园绿地建设。年内,人民公园基础设施完善项目提升改造工程(三期)、人民公园革命烈士纪念碑雾森项目、体育休闲公园海绵化改造工程、厢竹大道绿化改造提升工程、五象新区蟠龙片区彩凤路和飞龙路道路两侧绿化工程、东站东环快速路(长堽路延长线—凤岭北路段)生态林绿化工程二期等项目完工,“中国绿城”生态宜居品位不断提升。2017—2018年邕江综合整治和开发利用工程PPP项目4个标段实施方案获市政府批复,A标、C标、D标完成社会资本采购,11月起各标段陆续开工建设;南湖水质改善项目PPP实施方案获市政府批复,完成社会资本采购,9月开展清鱼捕捞;推进大王滩国家湿地公园及水环境工程前期工作,修建性详规提交市规划管理局待批,完成研究报告初稿,推进环境影响、防洪、地灾、节能评估等前期工作。

【海绵城市建设】 2017年,南宁市海绵城市建设工程项目有南湖水质改善项目、南湖公园海绵化综合改造提升工程项目、体育休闲公园海绵化改造项目、南宁市南湖公园北大门及服务配套设施项目(海绵建设部分)4个,至年末项目均完成建设。

【街道绿化与养护】 2017年,南宁市林园部门组织开展街道绿化植物养护。城市道路绿化养护投入人工10.20万个工日;植物日常淋水1.93万车次,补种乔木、孤植灌木0.87万株,补种片植灌木、地被植物5.94万平方米,植物施肥(复合肥、尿素、钾肥等)76吨,修剪乔灌木27.20万株(修剪乔木低枝及遮挡交通指示牌、红绿灯、路灯、公交车路线等1.20万株),修剪片植灌木188.70万平方米;绿地保洁投入人工1.80万人次,清理绿化垃圾1.40万吨。完成昆仑大道、南梧大道、厢竹大道、星光大道、秀厢大道、机场高速等165条道路绿化养护社会化招投标,面积653.45万平方米。组织协调道路绿化养护单位、建设单位整治提升竹溪大道、白沙大道、壮锦大道、秀厢大道、民族大道、厢竹大道等道路绿化。服务“两会”期间,道路绿化整治提升投入人工1.02万个工日,修剪乔木低枝7339株,修剪片植灌木24.58万平方米、孤植灌木3863株、草坪3.80万平方米,清除杂草26.57万平方米,补种绿化面积2.79万平方米,清理垃圾525车,淋水、清洗路树2509车次。

【环广西公路自行车世界巡回赛(南宁站)赛段绿化整治】 2017年10月20日至22日,环广西公路自行车世界巡回赛(南宁站)举行赛段涉及南宁市部分国道、城市道路,南宁市组织责任单位和良庆区、武鸣区、马山县、高新区对赛道沿线绿化进行排查,制定绿化提升整治工作方案,定期开展督查督办。通过补种、修剪、鲜花下地、村屯绿化、绿屏遮蔽等方式完成比赛途经道路绿化整治提升。投入人工6276个工日,完成修剪片植灌木26.39万平方米,修剪乔木、孤植灌木7090多株,补种地被植物2.78万平方米,清理垃圾530多车次,植物淋水和冲洗路树1200多车次,布置花卉39.50万盆,完成赛道沿线1000米范围内可视荒山荒坡和村屯绿化提升7.87公顷,村屯绿化提升种植大苗2030株,沿线采石及取土陡坡绿屏遮蔽绿化面积4.28万平方米,累计投入资金816.90万元。

【公园建设】

南湖公园　2017年,南湖公园完成北大门、前广场及服务配套楼建设;南湖水质改善项目开工建设,完成投资165.45万元;进行园内老旧基础设施维修,完成投资约176万元。开展“公厕革命”,每个厕所配备厕纸、洗手液、芳香剂、吹地机等物品;完成鲜花下地65万盆;引进月季(玫瑰)品种20余个,打造“月季园”约3000平方米。公园海绵化综合改造项目累计完成投资约7100万元,建设雨水花园16个,面积1.60万平方米;透水铺装3.20万平方米,建植物缓冲带约45万平方米、植草沟1400米、线性排水沟4100米、泵房4座;安装雨水回收利用系统3套、雨水管道6460米、绿化给水管网9351米、自动喷灌系统管网8305米;新建亭廊5座、

2017年12月2日至3日,市长周红波(前左六)代表南宁市领取“2017美丽山水城市”证书

市环保局提供

2017年7月,南湖公园"雾森仙境"景观　　市林园局提供

修缮亭廊6座、公厕3座、服务设施用房7座;绿化修复2468.20平方米,公厕给排水590.80平方米,新增花池等景观小品和坐凳、垃圾桶等800个;陆域面积海绵化综合完成改造90.80公顷;公园海绵化改造完成,实现"渗、滞、蓄、净、用、排"一体化,园综合净流控制率73.80%,径流污染控制率52%,蓄水量1313立方米。接待国内外考察团138批次。其中,考察名树博览园88批次、2265人次;考察海绵化建设50批次、750人次;李明瑞、韦拔群等革命烈士纪念馆接待入馆参观单位388个、23.47万人次。

人民公园　开展"三优一满意"(优美环境、优良秩序、优质服务、让群众满意)公园创建。协办2017年南宁市职工职业技能大赛一类赛事插花花艺师比赛、承办南宁市公园管理经验交流会等。完成人民公园基础设施完善项目提升改造工程(三期),5023平方米花海梯田景观成为新景点;革命烈士纪念碑雾森景观系统启用;摩天轮拆除;在市近现代国防教育陈列馆建设微型消防站1座,达到城市消防站建设标准;全年投入改造费用120多万元,加固、修补、更新公园破损老旧基础设施。采取植草格绿化恢复方式整治黄土裸露,绿化补植5496.50平方米,百花步道、山谷区域播种与补植完成3678平方米;完成陈列馆、办公楼屋顶立体绿化1100平方米;生产、布置花卉和种植苗木14.80万盆(株);打造公园革命烈士碑区雾森景观系统,覆盖面积2.35万平方米。投资260万元,安装造雾主机7台、大型水质净化设备2套,使用高压铜管6300米、喷头2600个。开展毛杜鹃花芽分化促控试验,阴生植物园重新开放,王阳明展馆完成布展。创新工作室正式投入使用,被命名南宁市劳动模范·技术标兵创新工作室。全年入园游客量1200万人次。其中,陈列馆、纪念馆接待游客95万人次,引导入园祭扫革命烈士碑800多个团体、4万人次。

动物园　总面积37.40公顷,国家AAAA级景区。主要动物展示区有海洋动物保护教育活动中心、陆生动物保护教育活动中心、大象馆、黑猩猩馆、长臂猿馆、猛兽馆、两栖爬行馆等。常态展出有长臂猿、金丝猴、海豚、亚洲象、东北虎、双角犀鸟等200多个种群,珍稀动物3000多头(只)。园区有水陆两大主题游乐园和4D影院,主题游乐园有神龙过山车、大摆锤、自旋滑车等20个,陆地大型游乐项目和海浪海啸、大喇叭、四螺旋等水上游乐项目28个。全年接待游客300万人次。年内,获"全国文明单位""南宁市十佳景区"称号。

金花茶公园　完成6个经营点招租。新建公厕1座,2016年改建的公厕被评为国家AA级旅游厕所;更换石木休闲椅20张、果皮箱81个、灭蚊灯13盏;安装道路指示牌10套;完成科普中国e站建设,设置电子触摸机2台、LED户外显示屏1块。改造"百品茶魂""金茶映月"亲水平台2处景点,完成公共立体绿化面积64平方米,补植黄土裸露面积6400平方米,种植乔木灌木、水生植物1224株。完成"神韵茶花秀邕城"为主题的第六届南宁市茶花文化展等6组景点布置,展出盆苗、地苗茶花品种500余个、1万余株。举办科普活动2次,被评为2016年度自治区优秀科普教育基地,获2017年广西"十月科普大行动"优秀特色活动奖。国家重点研发计划项目《国外金花茶物种园建设及栽培繁殖技术研究》完成物种园基础设施建设,引种国外金花茶物种6个,培育金花茶袋苗2500株;制定南宁市重点研发计划专项项目《金花茶花叶品种选育及评价》,对38个金花茶物种的生物学和生态学习性持续观测、记录。全年协助社会团体举办活动57次、大中小学校踏青140多次;接待游客265万人次。

石门森林公园　维修更换园内及楼道灯泡96盏,更换安装时控开关12个。更换冲水阀、水龙头开关31个;新增、修复园内墙砖、地面7处,加固康体设施维修10处;制作指示牌43块,增设监控摄影头23处。黄土裸露补植铺设草皮5600多平方米,补种麦冬等地被植物9000多平方米。完成鲜花下地种植6批次、6.17万盆。开展园林植物养护管理,修剪绿篱花灌木6次1.20万平方米,修剪低枝、勾除干枯枝2次约900株,进行樱花抹芽5次,修剪草坪6次;清除杂草6次,每次清除草坪杂草面积约15万平方米;全园进行施肥4次;病虫害化学防治18次,包括乔木5000株,灌木花5000平方米;清理枯死树265余株。做好病媒生物预防,投放除"四害"药物50次,累计投放毒鼠溴30千克、蚂蚁药13盒,毒谷15千克,堵掉鼠洞200多个。开展红火蚁防治排查和防治行动38次,出动人员60人次,防治蚁巢1000多个。全年接待考察团来园考察42批次、1420人次。

花卉公园　完成公园三期工程高压电迁改下地,消除高压电过低的安全隐患,拆除10千伏架空高压线5.60千米,移除电杆、电塔44座,新建安装开闭所2座,新建电缆井18个,迁改下地电缆铺设1.50千米,投资365万元;投资270万元,完成科研楼配套、配电工程建设;完成公园绿化养护及安保环卫市场化服务招标;完成应急避险场所发电机房建设、幽兰苑古建筑群屋顶加固维修、幽兰苑大门翻修等工程6个,维护维修设施350处;完成绿化养护整改1500处,黄土裸露补种面积约7000平方米,种植植物近万株;开展灭鼠灭蝇等10次;完成保洁整改318处,清理垃圾190车;更换温室大棚2号温室遮阳网约6000平方米,清洗温室顶棚薄膜2万平方米。生产中高档盆花及阴生类小盆栽21.93万盆,引进露薇花、袋鼠爪及凤梨等新品种4个,完成露地花卉生产数量近100万盆;完成四季鲜花下地种植76.30万盆。

狮山公园　公园水体生态综合治理工程获市建委原则同意该项目在可行性研究报告完成后方案设计完成前采用总承包模式(EPC)招标;勤廉文化二期工程完成项目方案评审;公园总规划修编完成设计方案评审,完善后报市规划局待批。完成狮山公园新建公厕项目、公园服务设施立体绿化建设和公园四期工程建设。重建公厕1座,新增公厕3座;完成职工电动自行车停车棚棚架、五人制足球场外墙等服务设施立体绿化600平方米;建成园内路4844平方米、广场529平方米、曲桥380平方米、管理房1座;种植乔木60株、大灌木227株、小灌木2036.23平方米、马尼拉草955.34平方米。引进竹子品种34个、429株,园内有竹品种200个;引进荷花品种56个1060株、睡莲品种8个80株。完成重要道路及节点四季鲜花工程种植68.99万盆。

邕江南岸公园　9月13日,江南滨江(南岸)休闲公园实施提升改造工程开工建设,主要有景观工程、景观亮化、通用设施、雕塑小品及苗木移植、修剪。年内,移植乔木192株、棕榈79株、灌木43株;亲水平台二平整场地200平方米,亲水平台三打搅拌桩800平方米,建成临时游泳平台。完成投资169.20万元。完成休闲公园东区绿化提升改造项目,改造面积约5000平方米;更换老化及长势不良的地被植物及灌木,新增七彩竹芋、山菅兰、黄纹万年麻、葱兰、韭兰、万年青、龙船花等彩色叶植物和开花乔木、灌木;实施旧园区危旧围墙改造,主要包括拆除旧围墙,新建围墙基础、混凝土梁柱,砌筑墙体、墙面装修及电气安装等,总长78米,8月完成竣工验收交付使用。修理更换照明灯具600套,维修、更换公厕洗手池水龙头155个次;维修、快速取水阀165处;安装公园植物铭牌350块,游园提示牌58块;维护受损的健身器材20次,更换安装健身路径器材3套、66组;修理盲道150处,更换电缆30米;休闲公园东、西区安装更换石凳360张;更换破损垃圾桶5组,完成垃圾桶翻新喷漆140组;更换公厕隔断5座,使用板材296.14平方米;协调处理有安全隐患的闲置电箱2处。完成6次鲜花下地的更换,累计6万盆。

新秀公园　4月27日,新秀公园收到市规划局《南宁市新秀公园总体修编设计方案技术审查复核意见》,9月26日报修改完善后的总规修编方案至市规划局待批复。投资50万元,完成东门新建公厕1座;投资25万元,完成北门公厕扩建改造;完成北门办公楼修缮,旧烧烤场管理房、东门旧公厕拆除及恢复绿地,北门花池景观改造提升;完成花圃绿篱围栏立体绿化改造;原北门小卖部改建为保安值班室。清理杂物156车次、枯枝落叶312吨,投放鼠药60千克,开展“四害”消杀、病媒防治;完成日常花卉生产、布置1.84万盆。

邕江北岸公园　1月,完成荔园饭店周边景观工程建设。对办公区停车场、五象新建公厕的屋顶、垃圾池进行立体绿化,完成简单式墙面垂直绿化面积492平方米。4月至5月,打造公园“一园一品”,完成对岩石花卉区景观提升改造,种植开花植物3.60万余株;增设便民挂包架10组。9月,组织种植花卉面积868平方米、花卉盆栽3.13万盆;服务环广西公路自行车世界巡回赛(南宁站),在荔红亭广场增设LED屏幕宣传栏,对公园停车场进行路面维修4处。12月,邕江滨水公园提升工程(北岸)景观工程开工建设;邕江滨水公园提升工程(北岸)护岸工程完成部分前期工作。开展绿化种植、广场铺装、景观灯柱安装等,累计完成投资199万元。完成广场铺装1166平方米、草皮铺设3447平方米、鲜花种植约400平方米;安装景观灯柱6座,景石布置1块;改造公园原一期、二期红线区域40.17公顷;开展景观、灯光亮化、苗木移植修剪等建设,移植苗木600株。全年接待区外考察团5批次、250人,接待游客30万人次。

凤岭儿童公园　完成公园基础设施完善工程(二期)项目;增加水果亭7座、风车亭3座、飘带彩廊1组;改造景观墙3幅,景点沿线新建观光车候车亭5座;推进玉兰路、金菊路、丹凤路道路后排绿地建设绿化工程前期工作及云景路生态公园项目建设;完成公园消防验收;佛子岭路扩建一期绿化景观提升工程竣工验收及移交,完成公园(一期工程)基础设施工程及南宁市凤岭儿童公园工程(二期)结算审计;新建公厕2座。种植花卉5.18万盆、乔木176株、孤植2360株、片植灌木4.87万袋,补种地被蟛蜞菊、麦冬和草皮5860平方米。推进基础设施完善工程(二期)核心区项目,改造提升公园核心区6.30万平方米,累计完成投资1180万元。项目完成道路广场铺装4978平方米,水体治理2765平方米,绿化提升5.24万平方米,其中种植乔木850株、地被4000平方米、草皮4000平方米,建设仿生水果亭9个、休息廊10个、组装桌凳36套、坐凳89个,新建公厕1座。召开安全生产和综治形势分析会8次,开展游乐设备专项安全督查8次,开展水世界、大摆锤应急演练2次,重大节假日迎接、组织安全生产检查20次。

江南公园　累计完成投资2388万元。完成木栈道及木平台铺设工程、给水管安装1610平方米、电气安装225万元、铺装8310平方米、建成停车场800平方米、建成路缘石3430米、建成沥青路面4.50万平方米、办公区围墙380米;种植乔木4450株、地被8300平方米、草皮8.30万平方米,完成工程管养;采购城市家具53万元;完成南区铁路保留区场地平整等工程。建筑工程(一期)项目包含单体46个,总建筑面积5600平方米。完成投资960万元,完成基础主体结构、砖墙砌筑抹灰、装饰装修、强弱电预埋、给排水安装、室外雨污井等砌筑;浇筑混凝土3000平方米、砌筑砖墙2200平方米,屋面瓦铺设6000平方米,外墙贴青砖5700平方米,刮腻子粉3.70万平方米,铺设地板4100平方米,地面大理石2600平方米,门窗1500平方米,便盆便器安装800套、灯具3350套,木扶手栏杆安装380平方米、石凳300米、木花架安装460米、电线电缆埋设7.60万米。完成公园专变10千伏配电工程(安装工程)并启用,投资104.52万元,配电房砌筑1座,电缆管埋设781米,电缆井15座,安装高压柜2组、变压器1组、低压柜5组。南化铁路景观遗址采购工程采购完毕后签订合同并验收合格,火车头安装1台、钢轨铺设50吨、夹板182块、垫板安装809块、枕木铺设745根、道岔道口栏杆信号灯各1个,完成投资108.48万元。投入采购金额186.90万元,安装健身游乐器材40套、多区域标识牌113块、智能水泵系统3组、一体化污水处理设备1套、八桂文化广场雕塑1组。

五象湖公园　继续打造一园一品“生态湿地,水岸花园”,完成五象湖公园提升工程二期海绵建设和竣工验收。完成精品路线植物种植配置,增种开花乔木107株、灌木937株、地被9100平方米。完成城市展园设施设备维修133处,其中亭子3座、凳子45张、木栈道1200平方米、围栏12处。

【古树名木保护】2017年,南宁市开展第二次古树名木资源普查,调查古树1.31万株(一级216株、二级632株、三级9811株),准古树2428株,名木57株。举办市古树名木资源普查数据审查培训班,培训58人。召开全市第二次古树名木资源普查工作进展通报会;印发《南宁市“广西古树名木保护条例”宣传工作方案》,根据“八个一”(制定一个宣传方案、召开一次动员会议、印发一批宣传资料、悬挂一条宣传横幅、编发一条宣传短信、举办一期宣传板报、播报一次电视新闻和刊登一次报纸媒体、安排一定管护资金)推进全市古树名木资源普查及保护管理。指导区县(开发区)加强古树名木保护和管理。落实专项古树名木保护经费80万元,对全市129株濒危、衰弱古树进行复壮、白蚁防治、树洞修补、树体支撑、施肥喷药、砌树池、清理寄生物、去枯枝等救治工作。

【义务植树】2017年,南宁市承办自治区“营造山清水秀自然生态”义务植树

2017年3月12日，市民在江南公园义务植树　　赖有光　摄

活动的筹备工作。2月20日，"营造山清水秀自然生态"义务植树活动在南宁市十二届中国(南宁)国际园林博览会园博园核心区域举行，市四家班子领导及驻邕官兵代表、干部职工、学生代表近1000人参加，种植扁桃、红花风铃木、红花羊蹄甲、海南菜豆、仪花、大腹木棉等开花乔木、灌木763株。2月至5月，组织区县、开发区开展"兴水利、种好树、助脱贫、惠民生"主题植树活动。市领导到区县、开发区乡镇与干部群众参加植树活动，其中厅(市)级领导36人，县处级领导280多人，干部职工6500多人，村民3.39万人；种植扁桃、洋紫荆等花果苗木154.45万株，播种松树种子2.50千克。3月10日，广西壮族自治区首府绿化委员会办公室、市林园局、共青团南宁市委员会组织全市企事业单位、机关团体、新闻媒体、青年志愿者代表、市民群众代表550多人，在市江南公园开展南宁市2017年"3•12"植树节义务植树活动。植树区域2000平方米，种植黄花风铃木、四季桂、金葡萄等开花乔木350株。

【园林规划修编】 2017年，《南宁市园林绿化管理技术规定》完成中期评审，《南宁市园林绿化工程质量安全监督管理办法》完成市内市外立法调研。市政府印发《南宁市园林绿化发展"十三五"规划》《南宁市林业发展"十三五"规划》；推进人民公园、动物园、石门森林公园、新秀公园、南湖公园、狮山公园6个公园总体规划修编；6月，石门森林公园东盟博览会主题概规获市政府批复。

【园林科研】 2017年，南宁市推广应用城市园林绿化数字化管理系统，10月启用系统手机端，全年通过系统派发和处理案件394起。《南宁市市树扁桃全冠移植关键技术研究》《三角梅花期调控关键技术研究与应用》《南宁市园林绿地红火蚁生态治理技术研究与应用》3个项目完成专家现场查定。《市花朱槿品种选育及示范应用》项目组建繁育基地3处，引进新品种20余种。《南宁市常见园林植物病虫害原色图谱与防治》《南宁市常见园林植物图谱与识别》2个项目进入图片收集和品种鉴定阶段，《南宁市人行天桥、立交桥三角梅种植养护技术规程》进入修改论证阶段，《南宁市大树移植技术规程》进入验收阶段。发表核心科技论文2篇，获授权发明专利1项；新申请植物新品种权2个、专利5项。《广西烟粉虱传双生病毒分子鉴定及防控关键技术研究与应用》课题获2016年度自治区科技进步三等奖，《园林菟丝子发生危害特性及药剂防除关键技术创新与应用》课题获2017年度广西农业科学院科技进步二等奖。

【第十二届中国(南宁)国际园林博览会筹办】 2017年，第十二届中国(南宁)国际园林博览会(简称"园博会")筹办工作完成60%，累计完成投资18亿元，完成年度投资10.05亿元；累计接收场地334.47公顷。完成室外展园招展74个(中华城市展园44个、东盟园10个、丝路园9个、企业园11个)；完成展园设计方案评审69个。筹备园林艺术馆赏石、盆景、插花、根艺、书画、摄影6项临展招展。协调各级媒体及宣传平台刊播相关新闻资讯1700余篇次，评选树园博会先进典型7人。制作推广园博会招商招展宣传片、广告片，获2016年度"广西广播电视奖"电视商业广告类一等奖；整合全市公益宣传资源，在广西卫视、南宁新闻综合频道、大型户外LED电子屏等投放园博会宣传片及宣传画；在市内5辆双层公交车投放园博会车体广告。完成园博会标志与视觉识别系统设计，上线运行官网及"两微一端"(微博、微信、APP手机客户端)，邀请国内著名词曲作家开展主题曲创作，推进纪实片拍摄。7月7日，召开第十二届园博会筹办工作新闻发布会，向公众介绍园博会概况并通报园博会筹办情况；12月27日，召开第十二届园博会LOGO、吉祥物、宣传口号新闻发布会，正式对外发布园博会LOGO、吉祥物和宣传口号。开展知名艺术家园博园采风、"网友看南宁——走进园博园"采风等宣传活动。借助三月三"文化园博•风情南宁""血脉相连•爱心流淌"无偿献血、2017年中国－东盟棋牌国际邀请赛、全国蹼泳锦标赛等平台宣传推介园博会。推进《第十二届园博会展会活动总体方案》《第十二届园博会开幕式总体方案》《第十二届园博会开幕仪式创意方案》《第十二届园博会认捐系列活动总体方案》《"中国－东盟博览会15周年纪念林"植树活动方案》5个方案编制与报审。推进园博园周边村庄风貌改造。园区干道附近改造涉及总户数93户，改造面积3.70万平方米，田园风光区涉及总户数619户，改造面积约14.50万平方米，开工建设124户。排查整治园博园周边主要道路和精品线路的"两违"(违法建设、违法占地)行为，拆除违法建筑构物9.48万平方米，清理违法占地5.43万平方米。落实自治区支持园博园建设资金5亿元。向国家发展和改革委员会、自治区林业厅等部门申报2018年度文化旅游提升工程中央预算内投资补助资金1200万元、自治区林业特色名木专项补助资金400万元。市财政落实征拆、前期和工程建设资金12.72亿元，其中项目前期及征地拆迁款7.72亿元，项目资本金5亿元。

【园林园艺博览会展园】

第十一届中国(郑州)国际园林博览会南宁展园　总面积2705平方米，总投资约500万元。2017年2月开工建设，7月建成，9月29日开园，南宁园·嘹歌园被列入开幕当日参观的5个城市展园之一。10月28日，开展南宁"城市文化活动周"启动仪式。南宁园•嘹歌园围绕"壮族嘹歌"文化，分为"闻歌触忆""探源寻歌""汇乐赞歌""传歌扬情"4个景区，打造"嘹歌迎宾""听鼓闻乐"等7个景点。园区建设八音楼、壮族村寨寨门、壮族民族乐器铜鼓景墙、“田”字形洗衣亭等建筑，铺装融入壮锦、马脚印、羊脚印的民族文化元素，绿化种植市花朱槿、美人蕉等广西特色品种，沿路设置雾森景观等，突显广西壮乡特色和民族文化。

第十届广西（贺州）园林园艺博览会南宁园　总面积5000平方米，总投资500万元。3月开工建设，8月建成；8月29日，开展南宁“城市活动日”启动仪式。南宁园以“山水贺寿·诗意乡愁”为主题，突出“泛舟江畔·词话邕城”主题，从“武篇—文篇—乐章”三方面阐释南宁“南蛮纷战—文教儒化—安定民乐”历史脉络，运用岭南传统园林的造园手法，以“邕州八景”为主线，融入邕城书院文化，展示南宁历史、民族文化、地域特色等。本届园博会，南宁市获奖17项，其中南宁园获城市展园造园艺术奖、插花艺术展获团体金奖1项、一等奖3项、二等奖1项、三等奖1项、优秀奖1项，盆景展获金奖1项、银奖2项、铜奖4项、优秀奖2项。

第十一届广西（贵港）园林园艺博览会南宁园　总面积5000平方米，总投资500万元。9月开工，12月建成。南宁展园·源园以“水墨绿都，壮乡情缘”为主题，以“水”为重点，辅以“壮”“韵”“绿”元素，从总体布局、空间营造、小品设计、绿化设计等入手，打造壮乡园林景观，展现南宁民族文化、地方特色。　（易贝贝）

宜居乡村建设

【概　况】2017年，南宁市打造“宜居、宜业、宜游”美丽乡村，全市1383个行政村按“六有”（有人员、有场地、有设备、有流程、有网络、有经费）标准建成并挂牌成立村级综合服务中心，开展“产业富民”的“五个一”（制定一个村级发展规划、培育一个带动农户增收的新型农业经营主体、打造一个现代农业生产示范基地、发展一个村级集体经济项目、建设一个农村电子商务服务点），“十项进村”（经济规划谋划进村、种植业结构调整与“三品”提升进村、生态规模养殖进村、林下经济提升进村、新型经营主体进村、农旅结合休闲农业进村、科技推广与改革创新进村、农产品保鲜加工和冷链物流进村、电子商务进村、社会化服务提质进村）活动。完成“村级就业、社保经办、教育助学、卫生健康、群众文化体育、法律”6项服务，65.74万名符合条件老人获发放基本养老待遇，发放率100%；村卫生室配备率100%，乡村医生签约覆盖率100%。以“改厕、改厨、改圈”为突破口，推进农村垃圾整治、道路通行、饮水安全、村屯特色、住房安全和能源利用水平提升工程。

（市乡村办）

【“产业富民”专项活动】2017年，南宁市开展“产业富民”的“五个一”活动，1383个行政村完成制定一个村级经济发展计划，完成年度任务100%；完成制定一个村级集体经济项目任务698个，完成年度任务222%；完成打造一个现代农业生产示范基地任务1387个，完成年度任务200%；完成培育一个带动农户增收的新型农业经营主体任务1089个，完成年度任务223%；完成建设一个农村电子商务服务点任务1151个，完成年度任务195%。开展“十项进村”活动，整合市本级农业资金1.06亿元，支持邕宁区、上林县、马山县、隆安县发展产业扶贫项目，动员280多家（次）企业与421个贫困村洽谈产业扶贫项目，达成帮扶合作意向1758项。培育和引导农民合作社1239个、龙头企业8家，参与149个产业扶贫，带动贫困人口22.92万人。西乡塘区发展特色水果、秋冬蔬菜、家禽、龟鳖、罗非鱼规模生产，新建特色农产品标准化生产示范基地10个以上；邕宁区建成沃柑种植示范基地3个，在建桑蚕示范园1个；武鸣区、上林县规模养殖场生态养殖达标，比重分别为32%、30%；宾阳县引入澳洲坚果种植，发展农户160户、面积56.44公顷；隆安县促进甘蔗、水果、蔬菜、桑蚕、食用菌、中药材、桂西牛、黑山羊、丁当鸡等特色农业产业发展，林下经济12个项目列入建设任务，发展林下种植金花茶、鸡骨草、牛大力、砂仁，林下养猪、养鸡等。新增农民合作社562家、家庭农场159家，6家企业获自治区水产畜牧业产业化重点龙头企业评定。上林县、马山县申报全国休闲农业和乡村旅游示范县，19个项目申报创建自治区休闲农业与乡村旅游示范点。建设冷库32个（兴宁区4个、江南区1个、青秀区6个、西乡塘区6个、邕宁区4个、横县3个、隆安县8个），武鸣区建设农产品冷藏设备75座。电子商务进村完成率97.38%，形成由农村淘宝、乐村淘、村邮乐购等电商平台及自营网店组成的农村电商体系，农村电子商务交易额比上年增长35%；电商企业与贫困村结对子56对，电商125家与贫困户650多户结对子，95个村淘合伙人与56个贫困村第一书记结对子，促进贫困村增收8500多万元。全市新增村镇银行3家、“三农金融服务室”157个。兴宁区设“三农金融服务室”24个，新增乡镇为农服务站1个、村级服务社2个；江南区新增行政村“三农金融服务室”17个、村级综合服务社2个，农作物耕种收综合机械化60%；邕宁区建成基层公共就业服务平台49个；横县农资经营服务网点308家；隆安县118个行政村设“三农金融便民服务点”，开展科学施肥、病虫害防治服务3.80万公顷，建立乡镇农业技术社会化服务示范面积1226.67公顷，发展农机社会化服务16家，农作物全程机械化服务60%以上，节水灌溉技术推广率65%。　（胡君高）

【“服务惠民”专项活动】2017年，南宁市1383个行政村按“六有”标准建成并挂牌成立村级综合服务中心；配备网络，均建成社保就业窗口；配备村级协管员6040人。城乡居民基本养老保险参保213.52万人，参保率94.75%；城乡居民医疗保险参保584.65万人，参保率98.95%；发放65.74万名符合条件老人的基本养老待遇，发放率100%；录入劳动力信息数据258万条。行政村配备村级儿童福利督导员1383名，配备率100%；乡村卫生室配备率100%，乡村医生签约覆盖率100%，乡村医生配备率97.50%；农村常住居民家庭户签约率37.57%。发放资助政策宣传资料20多万份，资助贫困户家庭学生5万多人。完成农村放映电影1.67万场，组织文艺演出6257场。配备村级法律顾问800人，所有行政村全覆盖；排查矛盾纠纷2.24万次，调解成功率97%。江南区完成辖区100%行政村（社区）法律援助联络员选任，联络员档案留存司法局备案。

【“基础惠民”专项活动】2017年，南宁市开展“三改”（改厕、改厨、改圈），推进“六提三增”工程（完成农村垃圾治理、道路通行、饮水安全、村屯特色、住房安全和能源利用水平提升工程，增强供电、通信和公共照明保障能力）。完成改厕11.24万户，完成率108.61%；改厨10.73万户，完成率103.65%；改圈5户、完成率100%。农村危房改造竣工7194户，竣工率100.46%，其中建档立卡贫困户5598户。镇级污水处理设施项目竣工22个并通水调试，完成率100%。易地扶贫搬迁项目开工28个，建成住房8063套，完成投资33.58亿元，搬迁入住1.73万人。上林县新建成沼气管道化用户1个，西燕镇东敢村云雷庄村民46户安装沼气管道；社会化管理（托管服务）签约率460%。新建、改造3座110千伏和35千伏变电站，完成新增及更换配电变压器556台；新建及改造输配电线路139.96千米；完成电表一户一表改造1.07万户；完成农村公共照明试点项目建设154个，完成率104.80%；行政村光纤网络工程试点项目建设完工113个，完成率100%。

【“三清洁”专项活动】 2017年，南宁市开展“三清洁”（清洁家园、清洁田园、清洁水源）专项活动。推进乡镇集中式饮用水水源保护区建设，新建农村生活污水整治项目102个；完成34个乡镇和89个村级垃圾处理中心建设任务，乡镇片区和边远乡镇垃圾无害化处理设施建设项目除1个未完工外均通过验收。农村生活垃圾有效处理率和无害化处理通过国家、自治区专项验收。制定印发《农村生活垃圾处理管理制度》《乡村清洁有奖举报监督制度》。投入资金645.18万元，组建“清洁田园”工作队1175个、9721人，累计进村37.23万人次，农民参与112.69万人次，配备村屯保洁员1.71万人，培训117.69万人次；建立清洁田园示范点271个，清捡田园面积42.93万公顷；回收农药瓶513.10万个，清捡秧盘农膜等废弃物947.37吨，清洁技术推广面积57.62万公顷；发放资料344.33万份，自然村制定村规民约1.13万个。回收秸秆总量648.63万吨，秸秆综合利用率87.16%。青秀区投入780万元，引入社会化服务方式，确定广西超大运输公司负责城区4个镇及仙葫开发区农村垃圾清运；投入500多万元，维修各镇（开发区）垃圾池。开展农产品产地重金属监测与综合防治，在武鸣区、横县、宾阳县、上林县开展农产品及产地土壤重金属污染情况调查，采集化验水稻样品2050个，土壤样品700个，在宾阳县土壤重金属综合防控试验示范项目中完成效果监测点5个。

【“三化”专项活动】 2017年，南宁市开展“三化”（村屯绿化、道路硬化、饮水净化）专项活动，落实“村屯绿化”示范村屯专项管护经费（每年每村500元），区县（开发区）自筹资金做好一般村管护。创建“绿色村屯”100个，评选市级“绿色示范村屯”20个、“绿色村屯”80个。实施农村饮水安全巩固提升工程建设281个，完工243个。累计建设屯级水泥路2500千米，村级以上农村公路通畅里程1.25万千米，具备条件的建制村客运通达率99.43%；建设安防工程65个，完成安全隐患路段整治480千米。兴宁区推进“十里花卉长廊”（核心）示范区农旅结合建设，实现旅游服务收入550万元。南宁经济技术开发区在吴圩镇平山坡种植桃树、山茶花等苗木1000多株，拨付村屯绿化苗木养护经费35.28万元。

2017年，江南区江西镇根竹坡农民新舍　　徐鲁平　摄

【环广西公路自行车世界巡回赛（南宁站）赛道环境整治】 2017年，南宁市整治环广西公路自行车世界巡回赛（南宁站）赛道沿线环境卫生、改造沿线城乡风貌。组织整治队伍843批次，累计完成赛道沿线环境整治233千米、铁路沿线环境整治1657千米，推进沿线房屋外立面改造1.62万户、屋顶装饰改造1.55万户，完成重要节点村屯乡土特色改造13个。其中良庆区完成沿线房屋外立面改造3235户，屋顶改造9799户，投资1350万元，建成南晓镇晓元村古元坡、大塘镇南荣村垌圩坡、那马镇那僚村那派坡3个景观项目；武鸣区以壮乡建筑风格为基础，改造沿线风貌和屋顶整治，打造双桥镇伏林村德伏屯等节点村5个；马山县打造弄拉“最美赛道”1条。　　（市乡村办）

【生态示范村建设】 2017年，南宁市建成市级生态综合示范村31个，在建5个（邕宁区蒲庙镇梁村伏坛坡、梁村美梨坡、孟连村孟达坡、新新村九碗新坡、新新村九碗旧坡），完成6个市级生态综合示范村考评验收，总投资2.95亿元。安排市级专项经费6000万元，区县筹集1.40亿元，引进企业资金9534万元，群众自筹188.32万元，实施项目建设199个，包括农民住房改造、农村道路硬化、村庄绿化、饮水净化、村庄基础设施、公共服务设施、生态改造、污水处理、产业发展等工程。完成农民住房新建、改扩建91户，3.09万平方米；农村房屋外立面改造703户、改造面积26.39万平方米。新建、扩建通村（屯）路10.54千米，屯内道路硬化23.47千米；新安装路灯448盏，新建停车场停车位717个。新建、改扩建村级公共服务综合楼5栋，建筑面积5111平方米。新建、改扩建污水雨水排放管道1.74万米，新建污水处理设施实现日处理污水615吨；新建、扩建供电设施3座，铺设电力线路20.95千米；新建、改扩建垃圾处理设施117座（处）；新建公厕8座、公共活动场所1.05万平方米、健身设施22座；种植绿化树木1.38万株、灌木花草3.53万平方米；改造池塘13.46公顷；设立文化景观、壁画、景观廊亭桥27处。流转土地673.33公顷，引进规模企业8家，实施连片规模产业化经营面积593.33公顷；惠及765农户、3444人。　　（马　战）

【农村能源建设】 2017年，南宁市有农村能源管理机构48个（市级1个、县级14个、乡镇33个），管理人员171人。累计建成农村户用沼气池50.60万座，适宜建池农户入户率71.20%；每年可生产生活沼气2.02亿立方米，节本增支12.56亿元，节约薪材101.20万吨，保护耕地6.75万公顷，减少二氧化碳排放775万吨、甲烷排放0.63万吨。完成生物天然产业化试点工程建设1个（武鸣区）、沼气工程建设5个（市区2个、武鸣区1个、宾阳县1个、横县1个）；建成自治区财政投资农村能源项目17个，其中粪污集中处理项目4个（邕宁区1个、马山县3个），沼气管道化集中供气供肥项目1个（上林县），“三沼”（沼气、沼渣、沼液）综合利用示范项目1个（东盟经开区），旧病沼气池修复改造工程项目1个（横县），有机垃圾户用处理池100户项目1个（横县），太阳能路灯项目9个（马山县1个、宾阳县1个、隆安县1个、上林县6个）。　　（卢　永）

责任编辑　唐祯麟　谢萍萍

区 县

兴宁区

【概 况】兴宁区位于南宁市区东北部。东与青秀区相邻，东北与宾阳县接壤，南与江南区隔邕江相望，西与西乡塘区相连，西北与武鸣区毗邻；土地面积751平方千米。2017年，有镇3个、街道3个，村37个、社区37个。年末户籍总人口33.41万人，流动人口9.08万人。人口自然增长率8.80‰。耕地面积1.48万公顷，林地面积2.28万公顷，森林覆盖率55.69%。地区生产总值413.55亿元。财政收入41.16亿元（一般公共预算收入9.15亿元），一般公共预算支出17.99亿元。固定资产投资274.62亿元。城镇居民人均可支配收入36322元，农村居民人均可支配收入13585元。有三塘工业园区、五塘工业基地。主要河流有竹排冲、三塘河、沙江河等。有湘桂铁路、南昆铁路、国道322线，以及南宁火车站，金桥汽车客运站，地铁1号线、2号线换乘点（朝阳广场站、火车站）等。主要旅游景区（点）有国家AAAA级景区广西药用植物园、嘉和城温泉谷、九曲湾温泉度假村、人民公园、乡村大世界、昆仑关旅游风景区，国家AAA级景区凤凰谷景区、狮山公园、南宁海底世界。自治区三星级以上农家乐11个。主要矿产资源有褐煤、石英砂矿、砂砾石矿、磷矿、金矿、钨矿、高岭土、花岗岩、水晶、黄铁矿等。主要地方特产有罗非鱼、甘蔗、苦瓜、茄子、淮山等。是中国商埠民俗文化之乡，被评为2017年度全国投资潜力百强区。

【经济发展】

第一产业　2017年，兴宁区农林牧渔业总产值17.97亿元，其中农业产值11.07亿元、林业产值1.52亿元、牧业产值4.21亿元、渔业产值0.86亿元、农林牧渔服务业产值0.31亿元。第一产业增加值10.98亿元。粮食作物种植面积1.07万公顷、总产量5.27万吨，其中水稻0.85万公顷、产量4.49万吨，玉米1830公顷、产量7410吨；经济作物种植面积0.32万公顷，其中甘蔗620公顷、产量4万吨，木薯900公顷、产量1.03万吨。水果产量1.19万吨。蔬菜种植面积8881公顷、产量16.63万吨。肉类总产量1.85万吨。水产品产量8573吨。生猪出栏13.89万头，存栏13.75万头；肉牛出栏0.18万头，存栏0.54万头；山羊出栏0.57万只，存栏0.45万只；家禽出栏493.26万羽，存栏217.17万羽。植树造林1.71万公顷。“十里花卉长廊”（核心）示范区被评为自治区现代特色农业五星级（核心）示范区；蔬菜产业示范区、富凤鸡产业示范区被评为自治区现代特色农业三星级示范区；华兴鸭产业示范区、百香果示范区分别入围自治区县级、乡级示范区；昆仑镇黄宣村建成百香果示范区，吸纳贫困户参与土地流转及到示范区务工。推进“产业富民”专项行动，打造现代农业生产示范基地35个，发展村级集体经济22个，建成农村电子商务服务点22个。新增土地流转287.19公顷。实施农村人饮水工程12处，解决0.67万人口饮水安全问题。

第二产业　有工业企业388家，工业总产值41.04亿元，规模以上工业企业25家（亿元以上产值企业12家），总产值35.26亿元。第二产业增加值70.19亿元，其中工业增加值12.12亿元，规模以上工业增加值9.92亿元。利税总额2.62亿元，利润1.61亿元。工业投资42.70亿元，技术改造投资27.97亿元。新增规模以上工业企业3家、高新技术企业1家。金雨伞防水科技公司G/T501—2016建筑构件连接处防水密封膏项目被评为2017年自治区重要行业标准。主要工业产品产量：配混合饲料11.31万吨、中成药1344吨、商品混凝土327.71万立方米、沥青和改性沥青防水卷材2104.25万平方米、焊钢材10.11万吨。利用土地收储政府购买服务政策，完成五塘工业基地征地签约面积200.60公顷。

第三产业　有登记企业1.62万户（新增3206户），注册资本265.72亿元（新增103.49亿元）；个体工商户3.50万户（新增6297户），注册资本18.84亿元（新增5.34亿元）。有专业市场8个，农贸市场21个，商场、超市32个（含新、旧和平商场，交易场）。第三产业增加值332.37亿元，社会消费品零售总额464.93亿元。房地产开发建设投资95.01亿元，商住房施工1011.59万平方米（新开工149.98万平方米），竣工38.79万平方米，销售236.01万平方米，销售额185.53亿元。服务业投资占固定资产投资比重80.50%。年内新增限额以上商贸企业23家，其他营利性服务业企业9家。北京华联、南城百货、沃尔玛等大型连锁超市布点增加，百盛步行街广场开业。新增AAAA级物流企业1家（广西南天物流有限公司）。推进新城吾悦广场、苏宁配送中心、玉柴物流电子商务运营中心一期建设，促进三塘片区商贸物流功能提档升级。百果苑生态园、嘉和城温泉谷智慧温泉完成升级改造，侯哥花果山等项目完成固定资产总投资8535万元，嘉和城温泉谷、九曲湾温

2017年，兴宁区汽车城初步形成集聚效应。图为兴宁区金桥二手车市场

兴宁区志办提供

泉度假村通过国家AAAA级景区复核，昆仑关旅游风景区、广西药用植物园纳入全市创建国家AAAAA级景区计划，广西药用植物园被评为自治区生态旅游示范区；新增高峰·原乡聚落、三姐故事周末生活文化园2家自治区三星级农家乐，嘉宝果(舒心园)生态农庄升级为自治区四星级农家乐，辖区内自治区三星级以上农家乐增至11家。接待国内游客1796.49万人次，旅游消费203.85亿元。

招商引资　实际到位内资51.20亿元，实际利用外资1.55亿美元。引进广西玉柴机器集团有限公司、碧桂园控股有限公司、龙光地产控股有限公司3家中国500强企业及中国烟草总公司，引进新城控股集团(民营500强企业)投资吾悦广场，签约泰康保险集团股份有限公司(中国500强企业)投资大健康产业项目、软通动力投资大数据项目，泰康医养综合社区、京东电子商务基地及结算中心列入自治区重大项目。兴宁长江村镇银行正式营业。年内，有世界500强企业投资项目3个、中国500强企业投资项目15个、民企500强企业投资项目6个，总投资超350亿元。兴宁创业园完成销售面积2.62万平方米，引进中铝广西有色稀土开发有限公司等总部企业。出让土地22块，面积100.60公顷，金额37.71亿元。

城乡建设　投资3.36亿元建设道路62条，完工30条。昆仑大道及配套市政设施建设完成98%，城郊示范道路初步建成；金桥片区交通状况改善，降桥路一期，金桥路一期、二期等道路通车，昆岭路、那况路、天德路启用；三塘片区松柏路、三塘南路、昆仑大道五塘互通连接线通车，东虹、雅岭路主线完成竣工验收；规划八路、昆仑大道立交桥和五塘镇主街改造工程开工建设。"老南宁·三街两巷"核心区动工建设。推进那平江、四塘江等7个生活污水直排口黑臭水体整治；推行河长制，强化东山水库、西云江水库饮用水水源保护区整治。推进海绵城市建设，投资2056万元完成公园绿地、公共建筑、住宅小区等海绵提升改造项目11个，那考河海绵城市建设项目获"中国人居环境范例奖"。全年空气质量优良率93%。完成试点村屯公共照明5个，完成3个示范性村庄、6个一般性村庄规划编制。实施农村改厕改厨项目2700户。

脱贫攻坚　有建档立卡贫困人口2801人，财政补助1433人、11.19万元，参加城乡居民基本医疗保险100%。开展"五个一批"(发展生产脱贫一批、异地搬迁脱贫一批、生态补偿脱贫一批、发展教育脱贫一批、社会保障兜底脱贫一批)、"七大工程"(道路硬化、安全用水、安全用电、危房改造、互联网+扶贫、文化设施、乡村环境)建设，全年投入扶贫资金2025万元。五塘镇坛棍村脱贫摘帽，贫困户338户、1149人脱贫。投入588万元，进行三塘镇那笔村无花果扩种、五塘镇坛棍村肉鸭养殖基地及昆仑镇百香果扩种、续种建设以及以奖代补项目。采取"合作社+贫困户""公司+基地+合作社"等模式带动贫困农户增产增收。城区6个贫困村集体平均年收入2万元以上。发放贫困人口城乡医疗保险补助3507人、52.61万元；医疗救助94人次、19.46万元，临时救助14人次、3.36万元。建档立卡贫困人口医疗费报销2294人次、230.88万元。农村低保补助提至每人每月199元；纳入农村低保范围的建档立卡贫困对象933人，占农村低保对象数43%，低保兜底发放低保金270.09万元。实现贫困学生资助全覆盖，发放建档立卡贫困户学生874人次、50.65万元，发放"雨露计划"补助49人、10.85万元。发放扶贫小额贷款3934万元、贴息689.24万元，受益农户465户；培训贫困劳动力27人，实现贫困劳动力转移就业146人。出台健康扶贫医疗救助兜底方案，发放住院财政兜底金146人、31.70万元。完成建档立卡贫困户60户危房改造。

【社会事业发展】

文明创建　2017年，兴宁区确立"千年古城，百年商埠""十里花廊、时尚兴宁"城区形象宣传口号。发布"讲文明树新风"公益广告1000多次，制作宣传栏100多个，出版板报24期；在建筑工地围挡张贴、喷涂公益广告、道德文化墙6000多平方米；开展"我们的节日"为主题的春节、"三月三"等传统民俗文化活动；开展"邻里守望"志愿服务；有青年志愿服务队、巾帼志愿者队伍、"老妈妈巡逻队""夕阳红"等志愿服务组织(团队)50多支，志愿者2万多人；参加全国第五届文明村镇、南宁市第二十九批文明村镇、文明单位评选推荐，三塘镇围村被评为第五届全国文明村，三塘镇那笔村被评为南宁市文明村，那笔村花围坡被评为第一批市级乡土特色示范村屯，福禄村福禄坡村史室被评为第二批市级示范性村史室。

科教文卫体事业　科技项目立项17项，科技成果转化1项；申请发明专利694件，万人发明专利平均拥有量9.22件；高新技术企业12家。有幼儿园66所，在园幼儿1.52万人，教师964人；小学49所，学生3.75万人，教师1843人；初中15所，学生9784人，教师670人；十二年一贯制学校1所，学生2946人，教职工188人。投入教育经费3.67亿元，拨付义务教育学校公用经费4136万元；完成农村义务教育学校改造31个，新建项目18个。确定"三生教育"(生命教育、生存教育、生活教育)示范校2所、文化特色学校3所；三塘镇中心小学、五塘镇六塘民族小学被评为自治区民族文化教育示范校；创建全国中小学责任督学挂牌督导创新县区，成为自治区首批接受教育部督导认定的城区。资助家庭经济困难在校(园)生(儿童)4902人次、292.86万元。接收进城务工人员子女小学生2761人、初中生1150人(残疾儿童4人)。深化解放路小学"南宁民谣"项目和三塘镇中心小学"松柏平话山歌"非物质文化遗产传承基地项目建设。建成村级公共服务中心2个。扶持乡村社区业余文艺队16个，放映电影852场，"送戏下乡进校园"30场。五塘镇西龙村农家书屋获"全国示范农家书屋"称号。有医疗卫生机构239个(国有52个、社会办187个)，村卫生室(含诊点)38个，个体医疗诊所175个；卫生技术人员5782人(城区直属455人)；医院病床4308张(乡镇卫生院382张、社会办医疗卫生机构276张)。建立居民健康档案31.78万份，规范化电子档案29.33万份。完成兴宁区卫生综合服务大楼项目主体建设(含疾病预防控制中心、妇幼保健院、金禾湾社区卫生服务中心3个子项目)。推进兴宁区人民医院、南宁市第七人民医院——南宁市中西医结合医院合建项目；出台《兴宁区开展医养结合工作实施方案》，将南宁市家丽怡康馨园作为医养结合试点。东沟岭农贸市场食品安全监管服务站示范点投入使用。承办第三届全国老年人体育健身大会气排球交流活动，参加818人。开展第九届广西体育节系列活动、2017年"好家庭杯"广西八段锦王民间争霸赛兴宁赛区选拔赛、第二届广西万名全民健身志愿者服务百县千乡兴宁区活动；兴宁区气排球女子青年队获自治区气排球选拔赛第一名、女子中年队获第三名，男子中年队获第四名、男子青年队获第六名。

民政事业　发放城市最低生活保障金1.39万人次、608.85万元，农村低保金2.70万人次、536.07万元；实施困难群众医疗救助2399人次，发放救助金166.08万元；资助新农合特困人员、低保对象1945人，每人150元。建立医疗救助经费即时结算平台，符合条件的救助对象在定点医疗机构治疗后实行医疗救助。市内10家定点医院建立医疗救助"一站式"服务；临时救助204人次、31.41万元。发放困难残疾人生活补贴1.25万人次、62.73万元；发放重度残疾人护理补贴2.55万人次、127.25万元。为农村居民住房购买政策性保险3.44万户，理赔14户、5.84万元。建设金牛桥、望仙坡、望州南、兴宁、长堽西、五村岭、将桥7个社区日

2017年兴宁区乡镇(街道)情况表

表32

名 称	土地面积(平方千米)	村民委员会(个)	社区居民委员会(个)	自然屯(个)	年末人口(人)	农林牧渔业总产值(万元)	粮食产量(吨)
三塘镇	289.00	13	8	79	67984	102339	15167
五塘镇	280.00	13	1	125	68601	58689	27176
昆仑镇	133.00	8	1	121	28307	18001	10403
朝阳街道	6.07	1	9	0	67872	0	–
民生街道	8.07	1	12	0	68062	0	–
兴东街道	13.09	1	6	10	33307	577	–

间照料中心。发放双拥慰问金91万元,优待、抚恤金1343万元。办理结婚登记2274对,离婚登记983对。

劳动与社会保障　城镇新增就业1.11万人;农村劳动力转移就业3193人,扶持创业2355户。建立企业拖欠工资问题联席会议制度,处理劳资纠纷147起,追回拖欠工资7000余万元。城乡居民医疗保险实时报销结算,基本医疗保险参保人数17.61万人。城乡居民基本养老保险参保6.68万人。开展城乡最低生活保障和困难人员救助,发放低保金、救助金1612万元,惠及4.20万人次。实施惠民项目271个。完成19个保障性安居工程建设,100%分配入住。　(潘宇素)

江南区

【概　况】江南区位于南宁市区西南部,邕江南岸。东邻良庆区,南连防城港市上思县,西接崇左市扶绥县,北与兴宁区、青秀区、西乡塘区隔邕江相望;土地面积1154平方千米。2017年,有镇4个(吴圩镇由南宁经济技术开发区代管)、街道5个(那洪街道、金凯街道由南宁经济技术开发区托管),村68个(南宁经济技术开发区22个)、社区46个(南宁经济技术开发区18个)。年末户籍总人口52.43万人(南宁经济技术开发区户籍人口15.09万人)。人口自然增长率10.10‰(含南宁经济技术开发区)。耕地面积2.14万公顷;林地面积4.27万公顷(集体林区林地1.44万公顷、南宁经济技术开发区林地0.79万公顷、国有林场2.04万公顷),森林覆盖率42.27%。地区生产总值602.97亿元。财政收入22.33亿元(一般公共财政预算收入5.15亿元),一般公共财政预算支出19.78亿元。固定资产投资237.28亿元。城镇居民人均可支配收入32156元,农村居民人均可支配收入13819元。湘桂铁路、黔桂铁路、南昆铁路、南防铁路、桂柳高速公路、南宁至友谊关高速公路、南宁至扶绥二级公路、邕江河道过境,南宁吴圩国际机场、南宁铁路南站坐落辖区内;有江南港、西江港、金鸡港3个港口;邕江大桥、中兴大桥、白沙大桥、清川大桥、永和大桥、葫芦鼎大桥、凌铁大桥、北大桥、桃源桥横跨邕江两岸。主要旅游风景区(点)有国家AAAA级景区良凤江国家森林公园,国家AAA级景区扬美古镇、南宁华南城,自治区三星级乡村旅游区苏圩镇朝阳坡、四季那廊生态园,以及三江口、麻子畲中国文化名人旧居、木村名古树群、莫文骅故居等。主要矿产资源有煤、石灰石。主要地方特产有"扬美三宝"(豆豉、梅菜、沙糕)、扬美木瓜丁等;特色农产品有西瓜、紫色糯玉米、豆角。

【经济发展】

第一产业　2017年,江南区农林牧渔业总产值32.42亿元,其中农业产值25亿元、林业产值0.74亿元、牧业产值4亿元、渔业产值1.43亿元、农林牧渔业服务业产值1.26亿元。第一产业增加值(含南宁经济技术开发区)30.02亿元。粮食作物种植面积1.22万公顷、总产量6.63万吨,其中谷物种植面积1.15万公顷、总产量6.49万吨,豆类种植面积414公顷、总产量757吨;经济作物种植面积1.64万公顷,其中糖蔗种植面积1.18万公顷、总产量115.29万吨,果蔗种植面积484公顷、总产量6.11万吨。荒山荒(沙)地造林面积36公顷,更新造林面积790公顷,未成林抚育作业面积1800公顷,成林抚育面积1200公顷。生猪出栏8.03万头,家禽出栏394.97万只;生猪存栏7.37万头,家禽存栏170.12万只;肉类总产量1.47万吨,禽蛋产量3669吨;水产品产量1.40万吨。新增市级龙头企业1家,成立农民专业合作社22家、家庭农场21家。创建和提档升级现代特色农业示范区5个,核心区建设面积超过451.33公顷,引入43个经营主体和龙头企业参与示范区建设,流转土地658公顷,经营总收入1.72亿元。"江韵扬美"休闲农业示范区被确定为自治区三星级核心示范区。建设"双高"(高产、高糖)糖料蔗基地1440公顷;投资471.94万元,完成农村饮水安全巩固提升工程5个,巩固农村居民4927人安全饮水保障。

第二产业　有工业企业328家(不含个体工商户),工业总产值509.03亿元。规模以上工业企业32家,工业总产值503.66亿元。第二产业增加值422.89亿元(含南宁经济技术开发区),其中工业增加值391.03亿元(规模以上工业增加值387.91亿元)。完成工业投资88.36亿元,技术改造投资61.37亿元。主要工业产品产量:大米产量5.72万吨,商品混凝土172.59万立方米,电子元件2.95亿只,塑料制品1.95万吨,日用塑料制品1723吨,平板玻璃280.75万重量箱,钢化玻璃8.63万平方米,中空玻璃3.99万平方米,饲料47.47万吨,铝材40.14万吨,精制食用植物油2.34万吨,自来水生产量4.03亿立方米,中成药6970.47吨。电子信息、铝精深加工两大产业产值457.89亿元,增长18.30%,占规模以上工业总产值90.91%。富士康南宁科技园产值376.24亿元,增长17.38%,进入"2017广西制造业50强",排名第六;广西南南铝加工有限公司产值51.19亿元,增长25.22%,被评为国家技术创新示范企业,是自治区唯一上榜企业。标准厂房引进工业企业121家,正式投产14家。

第三产业　有国有企业175家,注册资金6122.65万元;集体企业34家,注册资金4190.80万元;私营企业1.01万家,注册资金155.64亿元,从业人员1.45万人;个体工商户2.52万户,注册资金1.47亿元,从业人员5.42万人。第三产业增加值150.06亿元。社会消费品零售总额206.76亿元,外贸进出口总额322亿元。在建房地产项目29个,完成投资76.16亿元,商品房销售79.35万平方米。"智慧江南"暨银江江南智慧科技小镇项目落户。海吉星、华南城被确认为首批广西现代服务业集聚区,富士康东盟硅谷科技园创新产业集聚区被确认为南宁市现代服务业集聚区。新增限额以上商贸企业

20家。承办第14届中国－东盟博览会轻工展、2017年南宁·东南亚国际旅游美食节。新增自治区三星级饭店、三星级乡村旅游区、三星级农家乐各1家。接待游客712.65万人次，旅游收入83.75亿元。

招商引资 签约引进项目6个，投资金额16.38亿元。全年实际到位内资36.58亿元，增长17.58%；实际利用外资（自治区全口径）3353万美元，增长28.96%。依托标准厂房引进优质企业，电子科技、医药器械、商贸物流等行业的121家企业入驻江南工业园区。

城乡建设 建成通车江南区智兴路延长线等道路5条，推进建设华府路等道路14条，开工建设贵义路等道路7条；建成福园街等城市支路，15条小街小巷“白改黑”工程完工；启动苏圩至延安镇公路建设项目，修建贫困村通屯道路12.17千米，非贫困村通屯道路24千米。开工建设江南区人民医院二期、江南区民政综合园、南宁市第三十六中学江南校区、南宁市第十中学沙井校区、沙井中学迁建等项目，推进亭洪路延长线、高棠路和金华路地下综合管廊、广西－东盟国际医疗健康电子信息科技综合产业园等项目建设，定秋路（三期）等项目竣工。开工建设南宁亭子码头，建成亭子滨江公园。完成重大项目征地160.53公顷，房屋拆迁76.17万平方米。新增工业用地出让面积63.47公顷。开展项目改造22个，完成国有房屋征收8.69万平方米，完成土地熟化人征集项目5个，筹集土地熟化资金10.68亿元。完成10个老旧居住小区环境综合整治改造，建成回建安置房2136套、保障性住房467套，分配入住保障性住房431套。拆除违法建筑39.34万平方米，清理违法占地43.67万平方米。清退龙潭水库周边养殖场，镇级污水垃圾处理项目投入运营。完成农村改厨5130户、改厕4986户。完成扬美村、同新村木村坡、同江村三江坡3个传统村落修缮。创建市级“绿色村屯”7个。加快江西镇、苏圩镇、延安镇总体规划修编，完成江西镇大闸坡等5个示范性村庄规划编制。

脱贫攻坚 有贫困村4个，建档立卡贫困户1051户，贫困人口3086人。安排财政专项扶贫资金3322.96万元实施脱贫攻坚。实现9个贫困村、1405人脱贫摘帽。发放到户奖补金372.12万元，扶持贫困户发展种养；9个贫困村村集体经济收入均达2万元以上。动员民营企业与9个贫困村结对帮扶，投入社会扶贫资金2200多万元建设扶贫产业基地；在华南城打造全国首家“扶贫”主题产业园——广西第一书记扶贫产业园；修建贫困村道路20条、22.55千米，建档立卡贫困户危房改造138户；发放扶贫小额信贷贷款241户、1201万元，累计拨付到户贷款贴息166.33万元，兑付委托经营分红132.20万元；发放贫困户学生教育资助款103.80万元、“雨露计划”扶贫补助70.05万元；支出贫困户低保金257万元。

2017年，入驻江南区的猪八戒网广西总部园区开园　　江南区政府提供

【社会事业发展】

文明创建 2017年，江南区开展社会主义核心价值观进单位、进学校、进社区、进农村、进企业等活动。开展“深入生活、扎根人民”三下乡、四进社区主题实践活动68场次；打造江南区政务中心、五一中路社区2个主题示范点；设置公益广告文化墙2.29万平方米，工地围栏7300平方米；在重点公共场所张贴社会主义核心价值观、市民公约等板报381版、海报1.50万张，发放文明餐桌、禁烟标识2.50万份。通过第七轮自治区文明城市和第五届全国文明城市实地测评迎检。开展文明创建活动，苏圩镇佳棉村被评为全国文明村镇。广西淡村商贸城、南城百货亭江店被评为南宁市文明单位，苏圩镇那海村被评为南宁市文明村镇；评出市级“十星级文明户”50户。

科教文卫体事业 组织实施科技项目36个；富士康东盟硅谷科技园入驻企业4家，江南区农业科技园区建设项目通过自治区评审，每万人口发明专利拥有量7.40件。有义务教育公办学校65所，其中九年一贯制学校5所，初级中学4所，完全中学2所，小学54所；教学点10个；幼儿园61所（公办园3所、民办园58所）。在校中小学生4.34万人，在园幼儿1.64万人。有中学教师546人、小学教师1634人；执证幼儿园教职工1886人，教师1085人（教师资格证798人，公办园在编教师34人）。民办学校13所，其中小学4所、九年一贯制学校9所，在校小学生1.13万人、初中生2832人，民办教师573人。投入义务教育均衡发展攻坚经费1.30亿元，实施教育项目454个；尚贤湾小学、南站路幼儿园启用，新开工建设学校4所，改扩建学校16所，义务教育均衡发展工作通过自治区督导评估验收。建成村级公共服务中心33个，建设乡镇无线台站2个；放映公益电影900场（农村552场、社区348场）；扶持农村社区文艺队31个，演出917场，观众20多万人；举办平话文化旅游节等节庆活动，建成山歌传承基地3个。12月29日，广西唯一列入首批中国名村志文化工程的《扬美村志》出版。有医疗卫生机构304个，其中国有医疗卫生机构57个（城区直属21个、乡镇36个），社会办医疗卫生机构247个；有村卫生室47所（含诊点），个体医疗诊所233个；卫生技术人员2581人；医院病床262张。城乡居民基本医疗保险参保25.18万人，缴费3777.20万元。江南区基层卫生服务综合楼启用，江南区妇幼保健院、亭子卫生院、苏圩镇中心卫生院等项目加快推进。打造仁普养老服务中心等4个“医养结合”试点，5家卫生院与南宁市第二人民医院组建区域医疗联合体。新增或更换户外全民健身路径器材11套；新建小型体育活动广场10个；安装篮球场灯光设备12个。组织或承办第二届广西足球民间争霸赛江南赛区海选赛等活动；组织扬美古镇龙舟上水节暨端午节龙舟比赛，参与200人次；举办广西万名全民健身志愿者服务百县千乡（江南区）活动及第九届广西体育节江南区分会场活动等。

民政事业 审批城镇最低生活保障对象5501人次，发放城市低保金254.85万元；审批农村低保对象2.34万人次，发放农村低保金452.44万元；发放特困人员供养金4979人次、247.46万元。实施城乡医疗救助313人次、114万元。推进民政综合园建设，改扩建日间照料中心7个。发放义务兵优待金155户、339.12万元。安排村（社区）惠民资金580万元，实施公益民生设施维修等项目214个。办理结婚登记3763对，离婚1418对。

劳动与社会保障　城镇新增就业1.14万人，帮助城镇失业人员再就业4048人，农村富余劳动力转移就业3813人；城镇登记失业率2.96%。农村劳动力转移就业技能培训1143人，产业工人技能提升培训1052人。整合村级综合服务中心46个。缴存机关事业单位养老保险单位184家、4105人；城乡居民基本养老保险参保9.27万人，参保率94.62%；拨付职工基本养老保险缴费补助204.79万元。开展"就业援助月活动""春风行动""民营企业招聘活动周"等促就业活动，举办招聘会9场次，进场企业365家，提供岗位3万个，参加农民工2.65万人次，达成就业意向1400多人次。

【广西南南铝加工有限公司入选国家技术创新示范企业】　2017年11月，南南铝公司被工业和信息化部、财政部授予"国家技术创新示范企业"称号，是自治区唯一上榜企业。企业位于江南区亭洪路55号，占地64.55公顷，建筑总面积32万平方米，有职工1200人。主要生产铝合金铸造板块材料、大型挤压型材、热轧中厚板、冷轧卷带材和汽车板等产品，产量30.04万吨，产值51.19亿元。年内，南南铝公司自主研发每小时350千米高速动车组车体用铝合金型材及船板，航空航天用铝合金铸锭制备技术、南宁地铁1号线车体铝合金型材、高铁用铝合金锻造坯料等产品（技术）。　（梁尚家）

2017年江南区乡镇（街道）情况表

表33

名称	土地面积（平方千米）	村民委员会（个）	社区居民委员会（个）	自然屯（个）	年末人口（人）	农林牧渔业总产值（万元）	粮食产量（吨）
江西镇	214.00	10	1	103	47688	99500	22124
吴圩镇	394.00	10	2	129	79756	95160	20543
苏圩镇	223.00	15	1	120	68379	126000	25040
延安镇	132.00	5	1	69	27244	58815	10570
福建街道	16.68	4	15	–	192359	–	–
江南街道	24.70	3	7	–	106234	–	–
沙井街道	46.30	9	4	53	73506	22483	605
那洪街道	63.00	7	10	54	100125	–	–
金凯街道	33.00	5	6	28	45698	–	–

青秀区

【概　况】　青秀区位于南宁市东南部，东邻横县、宾阳县，南邻邕宁区，西接西乡塘区，与江南区、良庆区隔江相望，北接兴宁区；土地面积865平方千米。2017年，有镇4个、街道5个，村46个、社区58个，园艺场4个，自治区级经济开发区1个（仙葫经济开发区）。年末户籍总人口73.34万人（城镇人口72.55万人），流动人口22.78万人。人口自然增长率9.80‰。耕地面积2.05万公顷（第二次全国土地调查）；林地保有量4.40万公顷，森林覆盖率49.10%。地区生产总值913.96亿元，居广西各区县前列。财政收入（含金融保险业）184.14亿元，居广西各区县第一，其中一般公共预算收入31.05亿元，一般公共预算支出37.12亿元。城区居民人均可支配收入39614元，其中城镇居民人均可支配收入42138元，农村居民人均可支配收入14021元。湘桂铁路、桂海高速公路过境；辖区内有南宁火车东站、埌东客运站和南宁东、伶俐等高速公路口。主要旅游景区（点）有国家AAAAA级景区青秀山风景区，国家AAAA级景区广西民族博物馆、广西科技馆、凤岭儿童公园、民歌湖风景区，国家AAA级景区金花茶公园、地王•云顶观光旅游景区、花雨湖生态休闲旅游区，有自治区农业旅游示范点4个（伶俐镇独岭村渌口坡，长塘镇定西村加踏坡、定西村团岩坡，南阳镇古岳坡）。花雨湖生态休闲旅游区成为自治区休闲农业与乡村旅游示范点；古岳坡非物质文化遗产传承村和横龙观光景区被评为自治区四星级乡村旅游区。主要矿产资源有页岩、重晶石、石英砂、灰岩、砖瓦用黏土。主要地方特产有富硒米、香芋、甜瓜、火龙果、龙眼、竹笋、花生、甘蔗等。获"广西科学发展进步城区"称号；继续入选全国"综合实力百强区"排名第八十五、"投资潜力百强区"排名第三十四、"创新创业百强区"排名第二十五、"新型城镇化质量百强区"排名第七十六，是自治区唯一连续两年同时入选全国4个"百强区"的区。

【经济发展】

第一产业　2017年，青秀区农林牧渔业总产值34.86亿元，其中农业产值15.52亿元、林业产值3.23亿元、牧业产值9.62亿元、渔业产值1.24亿元、农林牧渔服务业产值5.25亿元。第一产业增加值17.88亿元。粮食作物种植面积1.48万公顷，总产量8.45万吨，其中谷物1.40万公顷、产量8.45万吨（水稻1.16万公顷、产量6.56万吨，玉米2435公顷、产量1.56万吨，高粱19公顷、产量72吨），豆类种植257公顷、产量674吨，薯类种植558公顷、产量2475吨。经济作物种植面积1.04万公顷，其中花生2900公顷、产量9525吨，甘蔗6329公顷、产量54.52万吨，木薯789公顷、产量9121吨，中草药材274公顷，其他经济作物59公顷。其他农作物种植面积1.28万公顷，其中蔬菜8180公顷、产量17.90万吨，食用菌222公顷、产量1.61万吨，瓜果类3327公顷、产量9.77万吨。果园面积2076公顷，水果产量2.18万吨。活立木蓄积量301.30万立方米，人工造林面积786.76公顷；林下经济涉及林地面积8013.33公顷，产值3.80亿元，惠及6906户。生猪出栏29.64万头，存栏16.32万头；家禽出栏754.42万羽（鸡613.39万羽），存栏350.82万羽。肉类总产量3.48万吨。水产养殖面积

1240公顷,水产品产量8113吨。刘圩镇田野牧歌肉牛产业示范区被评为国家肉牛养殖标准化示范区、自治区现代特色农业(核心)示范区(四星级),长塘镇巴兰坡金花小镇休闲农业示范区被评为自治区现代特色农业县级示范区,并作为林下经济示范点在自治区现代特色农业示范区建设增点扩面提质升级动员部署会上推广,刘圩镇那床肉牛扶贫产业示范园和长塘镇乐谷优质稻米产业示范园被评为自治区现代特色农业乡级示范园。重点打造"金花茶""岭南牛""刘圩香芋""力拓稻源香""鸽龟三""四季土嘢"农业品牌,新认证肉牛、紫砂香粘米等"三品一标"(无公害产品、绿色食品、有机农产品)农产品5个。37个村完成村级集体经济发展计划和现代农业生产示范基地建设,30个村完成新型农业经营主体培育,17个村完成发展村级集体经济项目,3个村建成农村电子商务服务点。推广"新型经营主体+基地+农户"模式,新增农民专业合作社21家、家庭农场12家。有市级示范性合作社3家、示范性家庭农场2家;有农业龙头企业19家、农民专业合作社227家,出资总额10.63亿元。完成农村承包土地流转2066.67公顷。水利建设投入4123.15万元,建设项目89个,其中贫困村农村饮水安全项目4个,重点水利工程2个,市、城区两级水利建设项目83个。列入年度水利工程竣工验收攻坚25个,完成验收14个。开展镇、村农业培训班88期,培训6029人次;蔬菜基地抽检蔬菜样品4139个,合格率100%。"清洁田园"专项活动面积9633公顷,组织群众2.24万人次清捡回收农药瓶1.79万个,清捡废弃物2.02吨。开展农作物秸秆综合利用试点,引进四野牧业农作物秸秆综合利用处理项目,回收秸秆6万吨。

第二产业 有工业企业269家,工业总产值53.93亿元;规模以上工业企业28家,工业总产值50.06亿元,工业增加值11.62亿元,利税总额7.25亿元,利润5.77亿元。第二产业增加值104.78亿元,其中工业增加值13.09亿元,建筑业增加值91.69亿元。固定资产投资第二产业60.22亿元。完成工业投资39.17亿元,制造业投资32.81亿元,技术改造投资9.24亿元;兑现工业扶持资金2400.58万元(城区本级资金256万元、上级专项资金2144.58万元)。

第三产业 有私营企业6.36万户,注册资金1970.63亿元;内资企业2696户,注册资金43.70亿元;个体工商户4.06万户(新增1.08万户),注册资金63.47亿元(新增10.11亿元),新增从业人员2.78万人;香港、澳门、台湾居民个体户新开业32户,注册资金147.1万元。第三产业增加值791.30亿元。外贸进出口金额61.21亿元。社会消费品零售总额448.64亿元。房地产投资142.47亿元,商住房地产开发建设施工面积1504.25万平方米(新开工142.62万平方米),竣工198.10万平方米,商品房销售266.91万平方米,销售额275.96亿元。金融业增加值242.42亿元;中国进出口银行广西分行、工银安盛人寿保险广西分公司、永安财险广西分公司开业运营;广投资本管理有限公司、民生通海投资广西分公司等企业落户;南宁市跨境贸易中心挂牌成立,东盟创业园投入运营,软通大数据创新孵化基地引入企业51家,入驻企业年度销售收入超5000万元;"哎哟喂"文化传媒集团、南宁圈、创客中心等30余家企业成立联合会,打造"新媒体产业集群"。举办2017年国际创意文化旅游节,开展"创意青秀季""魅力东盟风""民俗文化周"等文化旅游活动。新增亿元楼宇2栋,楼宇税收完成31.50亿元,占财政收入比重17%。接待国内旅客约3700万人次,旅游消费约350亿元。

招商引资 开展招商活动60次,引进广西建工智能制造、南宁大健康特色小镇、刘圩"市民农庄"、长塘"水墨洞江"及中民投资集团西南总部、中国铁建集团广西总部、九次方大数据广西总部等重大项目,预计总投资300亿元;洽谈红星美凯龙国际广场、国人青秀智慧产业园、中民亿达低碳智慧产业园、沃易购总部、前海人寿总部等项目。实际到位内资99.58亿元;实际利用外资9500万美元。

城乡建设 协调解决资金、用地、报建问题200个,完成征地314.80公顷,征收国有土地地上房屋面积7.02万平方米,新增土地储备8.16公顷,完成土地出让39.67公顷。二塘煤矿片区棚户区改造(一期)项目签约率90%,"香港街"二期地块旧城改造项目签约率72%,长堽村五组棚户区改造、南宁大健康特色小镇项目完成土地征收。推进自治区、市重大项目邕宁水利枢纽工程、邕江综合整治工程、轨道交通3号线一期工程、南宁农产品交易中心、东西向快速路、凤岭综合客运枢纽站征地拆迁。自治区、市重大项目完成投资18.59亿元,完成151.25%。整治黑臭水体,完成31个生活污水直排口截流改造;推进106个小区和市直机关单位海绵化改造,开工率90%,完工率52%,超额完成目标任务。完成126条河流名录信息调查,确定河长456人,设立河长公示牌168块。升级"青秀通"系统平台,推行"城市网格化管理+服务"模式,数字城管系统案件处置率98.80%。新改扩建公路12条,硬化道路11.30千米,修复破损公路3.50千米,获自治区"四好农村路"示范县区称号;新建村屯污水处理站15座、乡镇公厕8座,改造农村危房190栋,改厨、改厕各2100户。建成巴兰坡市级生态综合示范村、那念坡乡土特色示范村等11个示范村,建设生态综合示范带,打造"广西第一郊野运动公园"。长塘镇天堂村被评为第五届全国文明村镇;南阳镇被评为2016年南宁市科学与发展先进乡镇;伶俐镇成为首批2017—2018年市级生态宜居特色小镇示范创建试点。

脱贫攻坚 有贫困村2个,建档立卡贫困户674户,贫困人口1967人。安排扶贫资金4781万元实施脱贫攻坚,实现2个贫困村、466户、1411人脱贫摘帽。投入331万元,扶持贫困户发展自主产业;扶持贫困村优势特色产业8个,组建农民合作社49个。培训贫困劳动力350人,转移就业280人,安排农村公益性岗位就业283人。发放教育补助106万元。

2017年1月18日,南宁市跨境贸易中心揭牌暨广西云图全球供应链平台上线启动仪式在青秀区三祺广场举行 宋延康 摄

实施医疗救助“一站式”即时结算服务，贫困户城乡居民医疗保险报销1000余人次、199万元。投入3000多万元完善贫困村屯内道路硬化、小型水利、电网改造、文体设施、电视村村通等设施建设。实行脱贫攻坚网格化管理。

【社会事业发展】

文明创建　2017年，青秀区上报“身边好人信息”1850条、“身边好人”38人。承办自治区“好家风好家训”进社区现场会。中央电视台专题纪录片《将改革进行到底》，报道青秀区践行社会主义核心价值观成果。黄毅喆当选“中国好人榜”诚实守信好人。开展道德讲堂活动22场，在《南宁晚报》刊登传递正能量专版21个。城区“双创”产业转型升级、宜居乡村、精准扶贫情况被中央电视台、《人民日报》、新华网等中央媒体刊登（播发）报道47次；国家、自治区、市级媒体刊播城区原创稿件1317篇、头版50篇、专版91个。“青秀发布”微信公众号发布文章1346篇（条），点击量130万人次。南宁市第四十七中学、南宁市逸夫小学获“自治区文明校园”称号。18所学校被评为南宁市文明校园。开展“优秀儿童戏曲戏剧进校园”活动30场，“未成年人流动影院进校园进社区”活动95场。新竹街道办公室被评为自治区未成年人思想道德建设工作先进单位。青秀区被评为全国青少年普法教育示范区；凤岭北社区被评为全国“扫黄打非”先进基层示范点，建政街道、凤岭北社区、新竹社区被评为首批自治区“扫黄打非”进基层示范标兵点。

科教文卫体事业　组织实施科技项目47项；申请发明专利3907件，有效发明专利765件，每万人口发明专利拥有量9.98件，兑现专利奖励2956项、404.89万元。自治区青少年科技创新大赛获奖作品27件，在第三十二届全国青少年科技创新大赛中获二等奖4个、三等奖3个；在南宁市玉兰路小学举办青秀区青少年科技创新大赛，城区选送作品1483件，获奖372个（一等奖56个、二等奖95个、三等奖221个）。开展“科普惠农，扶贫攻坚”科普活动4场、志愿服务活动14场。软通大数据创新孵化基地入驻孵化企业51家。举办创业讲座9期，参与400多人次。有幼儿园125所（公办8所、企事业办15所、民办102所），在园幼儿3.28万人，教师2545人；小学91所（公办80所、企业办民办11所），在校生7.46万人，教师3378人；初中15所（含九年一贯制学校7所）（公办12所、企业办民办3所），在校生3.06万人，教师2042人。新建并启用学校（幼儿园）5所（含民主路小学五象校区），新增学位4950个。教育基础建设投资4.15亿元，建成教学用房面积14.07万平方米。竣工项目251个，总投资8643.83万元（含农村基础教育工程土建项目86个，总投资3938.71万元）。设备类固定资产投资项目及为民办实事项目累计投入1487.48万元。接收外来务工人员随迁子女1.41万人。资助义务教育阶段家庭经济困难中小学生2151人次、66.18万元，资助建档立卡贫困户幼儿111人、13.15万元。青秀区教育局被评为“全国第三届‘关爱明天，普法先行’青少年普法教育活动先进单位”；辖区17所学校获全国“零犯罪学校”称号；南宁市滨湖路小学被评为全国文明校园。投入100万元扶持业余文艺团队50支、演出1500场次，获自治区级以上奖项19次。开展“东盟之窗创意青秀”民歌湖周周演百场群众文化活动，举办创意文化旅游节等活动，参加演员450人，观众超1.20万人。青秀区图书馆获“国家县级二级图书馆”称号。有医疗卫生机构605个（含自治区直及市直医疗卫生机构），其中一级以上综合及专科医院19个、卫生院4个、社区卫生服务中心（站）25个、门诊部46个、诊所371个、卫生所及医务室71个，其他医疗机构69个；辖区内医疗机构床位1.25万张（医院1.22万张、卫生院228张、社区卫生服务中心132张）；卫生从业人员1.76万人（执业及助理医师7145人、注册护士9011人、其他卫生技术人员1428人）。城乡居民基本医疗保险农村居民参保17.98万人，参保率98.86%，个人缴费2697.64万元。投资805万元，承办自治区、市、城区为民办实事项目13项。其中，投入160万元，新建沱江村村级公共服务中心；投入470万元，建设农村文体中心广场4个、灯光球场5个、健身路径30条，人均体育场地面积2.1平方米；投入60万元开展“两馆一站”（图书馆、文化馆、文化站）免费开放活动；投入15万元在乡镇放映公益电影552场。承办南宁市第十一届少数民族传统体育运动会，全市18个代表团运动员1499人参加，其中青秀区代表团120人。被国家体育总局授予“2013—2016年度群众体育先进单位”称号。

民政事业　投资27.55亿元，完成为民办实事项目73项。救助城市低保对象5852人次，发放保障金260.27万元；救助农村低保对象2.62万人次，发放保障金594.78万元。开展应急救护培训63场，培训3700多人。采取政府购买服务方式开展区县消防培训，新建微型消防站5个，在全市率先实现镇、街道（开发区）微型消防站全覆盖。救助困难群众700多人，发放救助款物28.79万元。发放困难残疾人生活补贴6956人次、34.78万元，发放重度残疾人护理补贴3.01万人次、150.46万元。发放救灾补助资金27.80万元。投入231万元走访慰问驻辖区部队32次，发放优抚金2230人、1459万元；发放重点优抚对象医疗补助84人、27.85万元，发放伤残军人护理费10人、24.95万元，发放死亡抚恤金16人、653.30万元。发放自主就业退役士兵经济补助金125人、122.45万元。发放80周岁以上老年人高龄补助1.49万人次、1223.55万元，办理老年优待证4831张。建成社区日间照料中心11个（市级8个、城区3个）。投入1160万元实施社区惠民项目372个。办理结婚登记6308对、离婚登记2674对。

劳动与社会保障　城镇新增就业1.22万人，城镇登记失业率控制在2.38%以内。46个村各配置1台就业社保便民服务小型终端机，群众自助查询就业信息、社保政策以及办理部分社保业务，发布用工信息4100余条，为企业招募员工437名。举办招聘会18场，进场单位343家，提供就业岗位1.31万个，进场求职4300多人，完成招聘或达成就业意向1300人。投入160万元，培训职业技能1213人，培训产业工人640人。扶持创业企业1921家，发放财政贴息贷款219笔、1311万元。城乡居民基本养老参保6.38万人，参保率100%；财政补助3272.59万元（中央1155万元、自治区554万元、市级147.26万元、城区1328.33万元、丧葬费补助88万元）；60周岁以上人员参保2.28万人，待遇发放率100%。开展人力资源市场清理整顿专项检查，检查用人单位1308家，处理劳动保障监察举报投诉案168起，追回务工人员工资288.89万元。

【行政管理体制改革】　2017年，青秀区取消行政许可事项33项，调整行政许可事项159项，新增行政许可事项2项。实施商事制度“先照后证”“多证合一、一照一码”“两证整合”（个体工商户营业执照和税务登记证整合）改革，探索“互联网＋工商登记”新模式，启用“微信办照”云平台电子化登记和电子营业执照，推进“四所合一”（乡镇国土资源、村镇规划建设和环境卫生、环境保护、安全生产监管等机构和职能整合为一个机构）改革。建设“互联网＋法治政府”平台，集成政务公开、行政执法监督、行政复议、政府法律顾问等。建设“智慧政务”，19个部门375项事项进驻网上审批大厅，其中324项审批事项可在线预审，上线率86%。完成并公布权责清单“两单融合”，受理人民网网友留言57份。完善茅桥、通福社区卫生服务中心等基层三级医疗架构“互联网＋分级诊疗”改革。开展土地确权登

2017 年青秀区乡镇(街道)情况表

表 34

名　称	土地面积(平方千米)	村民委员会(个)	社区居民委员会(个)	自然屯(个)	年末人口(人)	耕地面积(公顷)	农林牧渔业总产值(万元)	粮食产量(吨)
长塘镇	165.72	7	1	76	28951	2833.00	52463	13896
伶俐镇	240.04	8	1	64	36492	2501.00	63347	14523
南阳镇	95.06	7	1	51	34969	2933.33	70938	23093
刘圩镇	158.90	14	1	46	57703	5736.50	110806	31589
新竹街道	5.14	1	11	–	129782	–	29683	–
中山街道	12.67	2	10	–	175618	–	875	–
建政街道	9.29	1	7	–	106108	–	501	–
南湖街道	34.68	3	8	–	146347	–	7847	–
津头街道	38.22	3	11	–	248257	–	2276	–

记改革,农村土地确权面积 1402 公顷,可颁证率 95%;开展津头街道埌西村七组农村集体产权股份制改革试点;继续开展集体林权制度改革"回头看",完成集体林权整改 5773 公顷。推进农村公路养护体制试点改革,农村公路列养率 100%。完成乡镇小学人事管理体制改革试点。

(李　影　陆克强)

西乡塘区

【概　况】 西乡塘区位于南宁市中西北部。东邻兴宁区,南与江南区隔邕江相望,西连隆安县、崇左市扶绥县,北与广西高峰林场及武鸣区接壤;土地面积 1298 平方千米。2017 年,有镇 3 个、街道 10 个(心圩街道、安宁街道由南宁高新技术产业开发区托管),村 78 个、社区 72 个。年末户籍总人口 79.60 万,流动人口 37 万。人口自然增长率 8.90‰。耕地面积 4.38 万公顷(水田 3333.33 公顷);林地面积 2.70 万公顷(含国有林场,有林面积 2.04 万公顷),森林覆盖率 29.04%。地区生产总值 888.41 亿元。财政收入 36.03 亿元(一般公共财政预算收入 8.02 亿元),一般公共财政预算支出 28.86 亿元。固定资产投资 231.22 亿元。城镇居民人均可支配收入 31188 元,农村居民人均可支配收入 12679 元。湘桂铁路、南(宁)昆(明)铁路贯穿境域,设南宁火车站、南宁西站和武康站;南(宁)昆(明)、兰(州)海(口)高速公路,南宁市外环高速公路和快速环城路贯通辖区,设高速公路安吉、石埠、自治区林科院出入口。南宁地铁 1 号线 11 个车站、南宁地铁 2 号线 7 个车站坐落辖区。邕江、左江、右江航道过境,广西郁江老口航运枢纽位于邕江上游。南宁高新技术产业开发区落户境内。辖区内有中等、高等院校 30 多所,科研院所 20 多所。主要旅游景区(点)有国家 AAAA 级景区南宁动物园、广西八桂田园(广西现代农业技术展示中心),以及"美丽南方"景区、圣名岭、龙门水都、亿仓花海、青瓦房古村落、老木棉匠园、民生广场滨江景观、相思湖湿地公园、明月湖湿地公园、花卉公园、新秀公园、南宁希望田野(广西现代农业科技示范园)、坛洛金满园(广西甘蔗果树良种繁育中心)、天雹水库、金沙湖水库、下楞民俗文化村、越南育才学校总部遗址等。矿产资源主要有煤、石灰岩等。主要农产品有"洛洛香""甜弯弯""桂姿"等品牌香蕉,是自治区香蕉主产区之一。西乡塘区被国家民族事务委员会命名为全国民族团结进步创建示范区;西乡塘区社会治安综合治理委员会被评为全国社会治安综合治理先进集体;中共西乡塘区委宣传部被评为全国未成年人思想道德建设工作先进单位;石埠街道忠良村被评为全国文明村;华强街道华强社区被授予国家级"充分就业社区"称号。

【经济发展】

第一产业　2017 年,西乡塘区农林牧渔业总产值 33.20 亿元,其中农业产值 21.56 亿元、林业产值 0.42 亿元、牧业产值 8.37 亿元、渔业产值 1.40 亿元、农林牧渔服务业产值 1.49 亿元。第一产业增加值 19.94 亿元。粮食作物种植面积 1.20 万公顷,总产量 6.18 万吨,其中水稻 7031 公顷、产量 3.92 万吨,玉米 4312 公顷、产量 2.14 万吨;经济作物种植面积 8132 公顷,其中甘蔗 2796 公顷、产量 18.53 万吨,木薯 2100 公顷、产量 2.33 万吨。瓜果种植面积 5117 公顷,产量 10.13 万吨,其中西瓜和香瓜种植面积 5111 公顷、产量 10.12 万吨。果园面积 1.91 万公顷,产量 59.20 万吨,其中香蕉 1.46 万公顷、产量 52.80 万吨,柑橘类 1901 公顷、产量 2.48 万吨,其他水果 1305 公顷、产量 1.42 万吨;蔬菜种植(含复种)面积 1.48 万公顷、产量 30.86 万吨。造林面积 666.67 公顷,义务植树 50 万株,中幼林抚育面积 3400 公顷。肉类总产量 3.69 万吨,禽蛋产量 1.85 万吨,水产品产量 1.29 万吨。有农业生产企业 450 家(新增 59 家),自治区级、市级农业产业化重点龙头企业 8 家(自治区 5 家、南宁市 3 家),农民专业合作社 197 家(新增 40 家),家庭农场 35 家(新增 8 家)。在坛洛镇三景村举办 2017 年中国(南宁)鲜食玉米大会,并确定为永久举办地。"美丽南方"田园综合体成为国家级农业综合开发田园综合体建设试点项目,被评为广西现代特色农业(核心)示范区(五星级)。农村土地确权登记可发证率 95% 以上,累计流转耕地面积 8627 公顷,占耕地总面积 24%。完成水利工程 25 项,解决 5230 人饮水安全问题。

第二产业　有工业企业 541 家,工业总产值(在地口径)1240.17 亿元。规模以上工业企业 23 家(亿元以上产值企业 16 家),规模以上工业总产值 1111.86 亿元,利税总额 4.50 亿元,利润 4.30 亿元。第二产业增加值(在地口径)496.39 亿元,其中工业增加值(在地口径)414.45 亿元。工业投资 65 亿元,技术创新及两化融合项目 27 项,投资 5896.10 万元;新增工业产值 2.55 亿元;完成技术改造投资 31.69 亿元。工业主要产品产量:水泥 408 万吨、商品混凝土 207 万立方米、啤酒 0.90 亿升、配混合饲料 10.30 万吨。入产业园区项目 19 个,总投资 30 亿元。引进华润水泥(南宁)公司年产千万吨骨料及 30 万吨干混砂浆项目。广西中烟工业有限责任公司"智能工厂"项目总投资 7760 万元。广西金陵农牧集团有限公司、南宁市德钢联重工机械有限公司等9家企业被确认为国家级高新科技企业。安吉华尔街升级为国家级科技企业孵化器，广西阳升新能源有限公司、广西森格自动化股份有限公司等15家企业被评为国家高新科技企业。与广西电视台合作创办“930创客厅”，组织召开全国大众创业万众创新活动周分会场之“智慧创业·创新共赢”——广西“双创”论坛活动。

第三产业　有国有企业74家，集体企业149家，注册资金0.77亿元，从业人员0.50万人；私营企业1.90万家，注册资本287.55亿元，从业人员5.24万人；个体工商户4.73万户(新增1.08万户)，从业人员12.45万人；微型企业563家，注册资本5415.10万元，从业人员427人。有农副产品专业市场4个、消费品综合市场3个、工业消费品市场12个、农贸市场49个。社会消费品零售总额391.36亿元。第三产业增加值372.08亿元。有四星级酒店1家(相思湖国际大酒店)。限额以上商贸企业累计108家(新增19家)，其中亿元龙头企业35家。房地产开发建设投资45.10亿元，商品房施工面积312.36万平方米(竣工34.46万平方米)，商品房销售58.24万平方米，销售额42.56亿元。举办安吉万达·金街元宵花灯节、广西首届每日淘车会二手车广隆展销会、南宁安吉万达广场年中庆活动、西乡塘区“迎国庆·百店惠”狂欢购活动、南宁安吉万达“双十一”活动，推介安吉片区。龙门水都创建国家AAAA级旅游景区、青瓦房古村落创建自治区五星级农家乐、老木棉匠园创建自治区三星级乡村旅游区，均通过验收。接待国内游客1303.21万人次，旅游收入150.15亿元。

招商引资　“两会”期间，签订项目合作协议1个，计划投资4亿元。实际到位内资62.26亿元，完成107.34%；直接利用外资(自治区全口径)6800万美元，完成123.64%。协助举办2017“广西壮族三月三”电商节暨农村淘宝春耕农牧节启动大会和京东商城·广西红木产业交流会，自治区各地农村淘宝合伙人、电商人才、企业负责人150人参加。

城乡建设　推进重大项目建设118个(新开工27个、竣工投产15个、续建30个、预备46个)，完成投资36.44亿元。完成地铁、邕江沿岸整治与开发利用、城市东西向快速路等征地拆迁，征收集体土地81.82公顷及国有土地地上房屋面积35.46万平方米；超额完成邕宁水利枢纽移民安置任务。推进自治区级、市级重大项目建设15个，完成投资12.06亿元。完成商业、物流仓储、“三旧”改造及其他房地产等9个项目(净地)出让，出让面积36.87公顷，成交金额45.33亿元。建设棚户区和“三旧”(旧城镇、旧厂房、旧村居)改造项目23个，改造用地214.67公顷，其中北湖南棉片区一期、屯渌村一队一期、伞厂片区一期、北湖旧货市场一期、大学东路35号二期、雅际片区二期东侧6个项目完成(地块净地)出让并开工。推进项目建设25个，通过土地熟化人或国家开发银行贷款落实征收资金项目17个(新增壮锦片区旧城改造等项目6个)。储备项目14个、161.20公顷；新增待储项目20个、266.67公顷。建成保障性住房1759套。完成荷湖路、新峰路、龙腾路东二巷道路、衡阳东路明秀小区人行天桥、双定大道二期改造工程及金陵镇河西路、荷花池公园建设。完成村级公共服务中心示范建设26个，完成饮水安全项目16个、农村道路通行提升项目101个，修缮和重建农村垃圾池379个，改厨、改厕7600户，农村通信基站、网络建设全覆盖，建制村宽带信息网络系统覆盖率99%，5个村屯公共照明试点项目启用。

脱贫攻坚　有贫困村5个，建档立卡贫困户1463户，贫困人口4568人。安排扶贫资金1300万元实施脱贫攻坚。坛洛镇富庶村、合志村、上正村，金陵镇乐勇村，双定镇武陵村5个贫困村，2285人脱贫摘帽。完成贫困村道路硬化79.98千米、水利设施建设6个，改造贫困户危房86户。投入资金1012万元，帮助12个贫困村452户次未脱贫贫困户及850户次已脱贫户(享受跟踪政策2年)发展产业；实施武陵示范养殖、上正旱鸭养殖、三景林下养鸡、那坛辣木种植等扶贫项目24个；派出科技特派员12人，组织广西大学等专家到12个贫困村开展“点单式”种养培训及指导，组织扶贫培训班22期，培训2265人；发放“雨露计划”补助535人次、98.50万元；实行贫困户住院和特殊慢性病门诊个人自付部分兜底543人次、113.55万元，补助贫困人口城乡医疗保险费7068人、127.22万元，发放医疗救助累积42人次、11.56万元，发放临时救助贫困人口累积3人次、0.65万元；开展“送岗下乡”活动，在坛洛镇、金陵镇乐勇村、双定镇武陵村、坛洛镇上正村举行扶贫招聘会7场，组织企业163家、9712个岗位进村招聘。

【社会事业发展】

文明创建　2017年，西乡塘区开展“弘扬雷锋精神·共建社会和谐稳定模范城区”、一起来做“搬搬侠”、“12•5”国际志愿者日活动等志愿服务活动，万力社区爱心家教志愿服务获“广西学雷锋志愿服务先进典型最佳志愿服务项目”称号；在南宁志愿者网注册12.15万人。开展“未成年人流动影院进社区”活动133场，开展吟咏赛诗、写春联、猜灯谜、包粽子等活动。开展城区“道德讲堂”总堂活动12场，培训1200多人，开展“道德讲堂”活动2000多场次。南宁市明天学校等3所中小学获评第一届自治区文明校园。中共西乡塘区委宣传部获“全区2014—2016年度未成年人思想道德建设工作先进单位”称号，及第四届全国未成年人思想道德建设工作先进单位。金陵镇中心小学获自治区乡村学校少年宫素质技能竞赛三等奖。石埠街道忠良村获评第五届全国文明村；南宁市动物园获评全国文明单位。推荐“身边好人”先进典型，缉毒英雄甘科伟获评第六届全国道德模范。

科教文卫体事业　市级下达科技项目43个，其中产业化项目2个，开发工业新产品4个、新技术6项，立项资金666.25万元；广西同熙科技有限公司等3家企业申请市科技型中小企业技术创新资金项目资金45万元获批。南宁市德钢联重工机械有限责任公司、广西农科院等70多家企事业单位申报市科技项目74项，申请资金4012万元。发明专利申请量922件，授权量226件，有效发明专利761件。高新技术企业保有量16家(新增9家)。有科企联合工作站27家(新建5家)。建成葡萄一年两熟标准化种植示范基地2个、蔬菜新品种新技术展示基地1个、三红蜜柚高产高效栽培示范基地1个。“美丽南方”无为谷葡萄庄园的“阳光玫瑰”葡萄在第二十三届全国葡萄学术研讨会评选中获优质奖牌，为自治区唯一；广西习缘辣木有限公司的“木本硒粮”牌富硒辣木粉片获第二十四届中国杨凌农业高新科技成果博览会最高奖“后稷特别奖”。开展科普活动852期次，参加80.10万人次。有幼儿园146所(公办9所、企业办11所、民办126所)，在园幼儿3.19万人，教职工3555人；小学77所(不含市直属学校和高新区学校，下同；社会办8所)，在校生8.96万人，教职工4005人；中学34所(普通初中11所，九年一贯制学校23所)，在校生2.64万人，教职工3309人。接受外来务工人员随迁子女入学4.73万人，购买学位1412个。21所学校新增为全国、自治区特色学校。投入1.81亿元，建成金陵镇金腾小学教学楼等项目14个，在建9个。打造“周末大舞台·敢秀你就来”“平话山歌王争霸赛”等文化活动品牌。举办南宁国际民歌艺术节“绿城歌台”暨西乡塘区香蕉文化旅游节、“美丽南方”休闲农业嘉年华活动。龙门水都被评为自治区文化产业示范基地。开展“戏曲进校园”53场；将自治区级非物西乡塘区质文化遗产古傩戏《大酬雷》引入校园。西乡塘区图书馆通过第六次全

2017 年西乡塘区乡镇（街道）情况表

表 35

名　称	土地面积（平方千米）	村民委员会（个）	社区居民委员会（个）	自然屯（个）	年末人口（人）	农林牧渔业总产值（万元）	粮食产量（吨）
金陵镇	221.00	14	2	114	65914	94332.00	17221
坛洛镇	345.00	19	-	165	81196	131504.00	27620
双定镇	187.00	6	-	33	31505	60621.00	10945
西乡塘街道	20.00	1	11	-	87968	-	-
北湖街道	14.50	2	13	-	107820	-	-
衡阳街道	14.60	2	11	-	87604	-	-
华强街道	2.30	-	4	-	25467	-	-
新阳街道	4.40	2	10	-	86132	-	-
上尧街道	10.00	3	4	-	28803	-	-
安吉街道	16.00	4	7	-	57643	5165.00	-
安宁街道	79.50	6	2	37	25404	1128.00	-
石埠街道	118.00	11	2	85	48110	-	-
心圩街道	19.00	8	6	39	51784	16.70	-

国县级以上公共图书馆评估定级考核。组织文艺演出690场次、参演5万多人次，观众16万多人次。有医疗卫生机构697个，其中驻区自治区、市、部队医院12个，城区直属卫生院9个，社区卫生服务中心（站、所）44个，村卫生室74个，民营医院（门诊）3个，个体诊所521个。城区直属卫生院有医务人员468人，医院病床281张。建设西乡塘区人民医院、西乡塘区中心医院、西乡塘区妇幼保健医院；南宁市第八人民医院“医养结合”试点取得成效；新建数字化接种大厅10个。城乡居民医疗保险参保27.49万人，参保率100.40%（按照上年农业人口基数）。组织开展“壮族三月三”美丽南方民俗体育活动等群众赛事12项；承办中国・东盟南宁国际山地自行车越野公开赛、中国・东盟棋牌国际邀请赛等赛事。“美丽南方”休闲运动基地被评为广西体育产业示范基地。

民政事业　发放城市低保2.16万人次、978.82万元，农村低保3.68万人次、735.74万元，城市特困人员基本生活补助1242人次、97.89万元，农村特困人员基本生活补助2809户次、2992人次、146.11万元。发放冬春衣被541件（套、床），折款7.60万元，受益536人；发放大米17.85吨，折款26.86万元，受益1269人。大学西路社区、大学东路社区、安吉路社区、明秀社区、北湖南路社区5个社区日间照料中心项目完工。大塘村、刚德村、乐勇村、兴贤村、群南村、富庶村6个村（社区）一站式服务大厅项目完工。办理结婚登记5585对、离婚2535对。

劳动与社会保障　城镇新增就业1.58万人；培训1629人。城乡居民养老保险参保9.41万人，参保率95.57%。接收进入社会化管理人员8.94万人。接待举报劳动投诉咨询691起，立案及协调处理案件249起、1486人，追回工资1279.34万元。举办招聘会8场，组织企业496家、提供岗位1.77万个。

2017年11月4日，中国（南宁）鲜食玉米大会在西乡塘区坛洛镇三景村天贵坛洛庄园举行现场会　　西乡塘区委宣传部提供

【2017年中国（南宁）鲜食玉米大会】2017年11月4日，中国（南宁）鲜食玉米大会在西乡塘区坛洛镇三景村天贵坛洛庄园举行现场会，展示最新鲜食玉米品种259个。农业部种子管理局、中国种子协会将中国南方鲜食玉米大会举办地永久落户广西南宁。

（张增清　唐建华　黄　源）

邕宁区

【概　况】邕宁区位于南宁市区东南部。东邻横县，南接钦州市钦北区、灵山县，西交良庆区，北与青秀区接壤；土地面积1231平方千米。2017年，有镇4个、乡1个，村65个、社区9个。年末户籍总人口36.28万人（城镇人口14.99万人、乡村人口21.29万人），流动人口3.99万人。人口自然增长率7.50‰。耕地面积4.44万公顷（水田1.61万公顷）；林地面积4.67万公顷，森林覆盖率45.61%。地区生产总值90.88亿元。财政收入14.35亿元（一般公共预算收入2.99亿元），一般公共预算支出23.54亿元。固定资产投资219.01亿元。城镇居民人均可支配收入30609元,农村居民人均可支配收入12559元。有八鲤工业集中区、东部工业集中区。湘桂线黎(塘)南(宁)铁路南环线、南(宁)北(海)高速公路、省道101线和邕江河道过境;五象大道、龙岗大道及玉洞大道东段直通城区;蒲庙大桥、龙岗大桥横跨邕江连接邕宁区与青秀区;邕宁至浦北二级公路穿境而过。南宁外环高速公路经蒲庙镇、新江镇。途经城区的2条高速公路设蒲庙、八鲤、新江3个出入口。主要旅游景区(点)有蒲津公园、清水泉、顶蛳山贝丘遗址、灵龟山、雷婆岭摩崖石刻、五圣宫、那莲街古建筑、那贵樱花园等。主要矿产资源有石灰石、铜、铅、锌、重晶石、泥岩、黏土、河砂等。地方特产有甘蔗、桑蚕茧、淮山、火龙果等。被评为2016年度广西科学发展进步县(区)、2014—2016年广西无传销县(市、区)、2015—2016年度建设平安广西活动先进县(区);入围广西特色旅游名县创建县。

【经济发展】

第一产业　2017年,邕宁区农林牧渔业总产值46.10亿元,其中农业产值26.17亿元、林业产值1.48亿元、畜牧业产值16.49亿元、渔业产值1.44亿元、农林牧渔服务业产值5270万元。第一产业增加值27.65亿元。粮食作物种植面积2.64万公顷,总产量13.86万吨,其中水稻2.09万公顷、产量11.56万吨,玉米3536公顷、产量1.89万吨;经济作物种植面积4.70万公顷,总产量160.65万吨,其中蔬菜1.30万公顷、产量28.39万吨,花生5169公顷、产量1.42万吨,木薯1113公顷、产量1.66万吨,甘蔗1.55万公顷、产量110.30万吨,西甜瓜2458公顷、产量6.98万吨,中药材1806公顷、产量5.95万吨,果园面积7988公顷、水果产量5.95万吨。桑园种植面积2180公顷,蚕茧产量5934吨,产值2.57亿元。畜牧养殖面积295.77公顷,肉类总产量6.28万吨,水产品产量1.44万吨。完成荒山造林137公顷、萌芽造林402公顷、义务植树40万株;审批林木采伐蓄积量12.98万立方米,出材量10.46万立方米;林下经济年产值4.31亿元,涉林面积9045公顷。投入2.57亿元推进现代农业示范区基础设施建设,创建绿野香樟示范区为自治区县级示范区,屯了牛大力、中山柑橘、新平金香柑示范园为自治区乡级示范园,创建自治区四星级示范区2个、自治区县级示范区2个、自治区乡级示范园6个。培育新型农业经营主体45家(新引进农业龙头企业6家,成立农民专业合作社31家、家庭农场8家)。新增土地流转面积670公顷。桂柑柑橘、国宸柚类、田野火龙果、杧果番石榴4类农产品获无公害农产品认证。国家地理标志农产品产地规模1400公顷,产量5.50万吨;无公害农产品产地规模1720.97公顷,产量3.13万吨;绿色食品产地规模333.30公顷,产量2500吨。完成上级下达水利项目28项,总投资5366.55万元,受益人口18.52万人,改善灌溉面积642.12公顷。

第二产业　有工业企业1073家,工业总产值57.17亿元。规模以上工业企业24家,工业总产值55.12亿元。第二产业增加值22.71亿元,其中工业增加值13.67亿元(规模以上工业增加值13亿元)。有亿元以上工业企业15家,工业总产值51.10亿元。工业投资15.86亿元,技术改造投资13.53亿元。轨道交通装备制造、新能源汽车、铝精深加工三大主导产业初具规模。

第三产业　有国有企业61家,注册资金0.40亿元,从业人员2104人;有私营企业1063家,注册资金24.40亿元,从业人员359人;个体工商户7617户,注册资金2.81亿元,从业人员1.37万人。市场(含农贸市场)22个,超市41家(含分店),年成交额3.02亿元。第三产业增加值40.51亿元。社会消费品零售总额23.21亿元。有外贸进出口企业1家,外贸进出口额0.39亿元。房地产开发投资111.75亿元,商品房施工524万平方米,销售115.25万平方米,销售额90.12亿元。南宁万达茂开业运营,日均客流量3万人次以上。那贵樱花园被评为国家AAA级旅游景区,百味坛里田园综合体、田野乡村旅游区被评为自治区三星级乡村旅游区,竹乡缘农庄被评为自治区三星级农家乐。开展"顶蛳山文化旅游年"活动;实施广西标准《邕宁生榨米粉制作技术规程》,举办"邕宁味道"生榨米粉文化旅游美食节。接待游客606.63万人次,旅游收入60.21亿元。

招商引资　签约项目18个,总投资82.81亿元。实际到位内资37.50亿元,直接利用外资(自治区全口径)2200万美元。实行投资项目目录清单管理,形成"建设一批""储备一批""筹划一批"的良性滚动。收集固定资产投资项目221个,新入库园博园、中国－东盟质检园等5000万元以上项目15个。引进华润水泥投资有限公司装配式建筑构件厂项目,总投资1.58亿美元;中达汽车有限公司中达汽车城项目,总投资603万美元。

城乡建设　新兴产业园区基础设施建设累计完成投资67.80亿元。开工建设道路4条,蒲兴大道等道路6条建成通车;完成沥青路面铺设60千米。完成3条道路污水管道全线铺设,累计44个污水管工程全线或部分铺设。新邕路、龙岗1号路综合管廊工程进展顺利。完成征地面积276.08公顷,签订房屋征收协议面积14.55万平方米;采取房票、放开片区限制等推进"上房"(组织被拆迁农民申购、入住政府统建的安置小区公寓房)安置,累计完成901户、2622人申购安置住房1698套,发放"房票"(被征收人在当地城市总体规划用地范围内购买商品住宅结算的特定票据)384张;40个村民集体小组产业用地申请获批,开工建设项目2个;推进永久安置房项目建设4个。五象新区第三实验小学、民主路小学五象校区,邕宁区人民医院龙岗新院、龙岗派出所、江湾派出所等建成启用。龙岗东等4个邻家广场、联合—江湾垃圾转运站和滨堤—新邕路垃圾转动站开工建设。开工建设园博园田园风光区外立面改造工程房屋117栋、棚户区改造工程房屋400套,建成"五象一号"等安置房项目;开工建设林业片区旧城改造一期工程,完成

2017年,南宁中车轨道交通装备基地　　邕宁区史志办提供

9个老旧居住小区综合整治和7条小街小巷提升改造工程。拆除违法建设面积18.41万平方米,清理违法占地面积13.79万平方米。建成农村垃圾中转站5个,推进农村生活污水处理项目8个,完成改厕9790户、改厨9721户,那楼镇区污水处理厂通水试运行,启动新江、百济、中和3个污水PPP项目前期工作。蒲庙镇良勇村获国家级美丽乡村标准化试点项目。那楼镇那蒙坡、那佃坡和中和乡孙头坡入选广西传统村落名录。完成蒲庙镇中心片区、南片区控制性详细规划和百济镇、那楼镇、中和乡总体规划。完成农村道路建设项目106个。

脱贫攻坚　有贫困村13个,建档立卡贫困户6788户,贫困人口26211人。安排财政资金4.24亿元实施脱贫攻坚,实现8个贫困村、524人脱贫摘帽。贫困发生率由2.80%降至2.30%。修建通屯道路122条、184千米,安排贫困村安全饮水项目15个,修建贫困村办公场所20个、村级服务中心1个,完成贫困户危旧房改造506户。创建那楼那度、百济坛里2个市级精准扶贫示范村。那楼镇三江村桑蚕"动车"扶贫模式在全国丝绸工作会上作经验介绍。7月,《邕宁区脱贫攻坚责任书》在国家"砥砺奋进五年"大型成就展中展出。

【社会事业发展】

文明创建　2017年,邕宁区开展社会主义核心价值观宣传教育,制作刊播公益广告7000多平方米;开展道德讲堂活动500多场,参与近万人次;编发"好人365"等网络文明传播信息2000多篇(条)。开展"邕宁区百条优秀家风家训"征集评比,入围家风家训83条。开展"朱槿之约""宜居邕宁·青年在行动"等志愿服务,派出志愿者5000多人次。推进文明村镇、文明单位、文明家庭、文明校园建设,那楼镇三江村被评为市级文明村,邕宁区地税局、邕宁区审计局被评为市级文明单位,蒲庙镇良勇村被评为全国文明村;50户家庭被评为市级"十星级文明户";城关第一小学被评为自治区文明校园;6个单位获"南宁市巾帼文明岗"称号。开展全国、广西五一劳动奖和工人先锋号评选,百济镇新平村党组织第一书记杨修凯被评为《中国妇女报》年度十大女性人物,《人民日报》、中央电视台等媒体报道。

科教文卫体事业　申报科技项目15项(市级),获立项13项,获科技补助295万元;城区投入科技经费470万元。培育高新技术企业4家、中小创新型企业6家,新成立市级科技企业孵化器1家。组织实施农业科技项目32项,推广农业新品种12个、新技术7项,新建农业科技示范基地7个,良种、良法覆盖率96%以上,培植三红蜜柚、秋葵、果桑等新兴种养业11个;研发食品加工新技术3项,开发新产品6个,申请专利技术4项。发明专利申请量252件,授权22件,有效发明专利55件。有幼儿园56所(民办50所),在园幼儿1.25万人,教职工869人(专任教师545人);小学70所(社会办1所),在校生2.26万人,教职工1525人(专任教师1497人);初中12所(民办1所),在校生1.52万人,教职工1216人(专任教师1063人);特殊教育学校1所,在校生109人,教职工28人(专任教师23人)。投入资金2.20亿元推进义务教育均衡项目,通过自治区、市评估验收;城乡义务教育补助资金7339万元,受益学生2万多人。开工建设中和、新江2个中心幼儿园;实施五象新区邕宁区域内学校建设项目10个(竣工1个、新开工3个、前期工作6个),总建筑面积30.57万平方米;实施义务教育均衡发展基建项目214个,总建筑面积63.52万平方米,完工135个、施工49个、前期工作30个。有医疗卫生单位138个(城区医疗卫生单位2个,镇卫生院6个,村卫生所71个,门诊部、所59个);有卫生技术人员1522人,其中城区医疗卫生单位840人、镇卫生院468人;开放病床1541张(城区医疗卫生单位672张、镇卫生院836张)。5月1日起,邕宁区人民医院、邕宁区中医医院正式实行药品零差价销售,医院所有药品(除中药饮片外)取消药品加成。城乡居民医疗保险参保28.47万人,获补偿157.46万人次、9565.23万元。投入专项经费65万元,做好"两馆一站"免费开放;放映公益电影3650场,受益46.50万人次;扶持村屯(社区)文艺队26支,演出700多场;完成"送戏下乡进校园"20场;组织群众文化演出50多场;开展国学公益大课堂等公益文化活动60多次;辅导基层文艺骨干600多人次;开展不可移动文物安全检查64次;出版《邕宁碑刻艺术》《邕宁节庆文化》《邕宁庙宇文化》等专集;审批文化市场经营单位6家。累计投入资金160多万元,建成村级篮球场5个和全民健身路径33条;举办体育竞赛活动60次(项),参加比赛2.5万人次;完成国民体质监测320个样本测试;完成全区民族传统体育项目普查,收集、整理壮族抢花炮、壮族采茶舞、含火犁头走火练等30个项目材料。

民政事业　发放农村特困供养(五保户)资金1.87万人次、924.04万元(含春节慰问);发放城市最低生活保障金2485人次、109.48万元;发放农村低保8.89万人次、1622.04万元;发放困难残疾人生活补贴1.37万人次、68.66万元,重度残疾人护理补贴2.61万人次、130.27万元;发放80周岁以上老年人高龄补助8.17万人次、716.43万元;发放孤儿保障金816人次、78.24万元。代缴重点优抚对象(农村低保户、五保户)个人合作医疗统筹资金1.09万人次、164.10万元。实施医疗救助969人次,发放救助金257.75万元。发放冬春受灾群众生活救助金4831人、104.23万元。购买农房政策性保险7.24万户、81.10万元。配备冲锋舟2艘、橡皮艇2艘、帐篷50顶、衣被4500件套床、蚊帐50床等救灾物品(折款58.50万元)。发放优抚金812.78万元、"八一"及春节慰问金104.72万元。办理结婚登记2358对,离婚登记540对;登记收养9例。核查钦州市钦北区、灵山县、邕宁区毗邻界线63.50千米,修复界桩4个;提高离任村(居)干部生活补贴标准,发放资金

2017年邕宁区乡镇情况表

表36

名　称	土地面积(平方千米)	村民委员会(个)	社区居民委员会(个)	自然屯(个)	年末人口(人)	农林牧渔业总产值(万元)	粮食产量(吨)
蒲庙镇	250	17	4	160	148308	128559	31175
那楼镇	354	20	2	92	96026	156616	42850
新江镇	165	8	1	61	34043	52444	13512
百济镇	310	13	1	105	49358	64542	31295
中和乡	176	7	1	37	35108	58863	19807

9660 人次、340.82 万元。

劳动与社会保障 城镇新增就业1929 人,新增农村劳动力转移就业 3458人。公益性岗位在岗 57 人(新增 5 人);新增享受大龄就业困难人员就业“两金”(养老金和医疗保险金)补贴 34 人。开展育婴师等培训班 37 个,培训 1265 人。发放创业担保贷款 479.60 万元、职业培训补贴 111.82 万元。劳动监察巡查用工企业 1989 户,涉及劳动者 3262 人;协调劳资纠纷 32 起,涉及劳动者 749 人、金额615.44 万元。完成机关事业单位人员养老保险资格确认及信息采集,代扣养老金、职业年金到账单位约 200 个、8017.59万元。城乡居民基本养老保险参保 10.36万人,参保率 98.54%;年满 60 周岁以上参保居民养老金发放率 100%,发放城乡居保养老金 4499.31 万元。落实农村居民基本医疗保险基金补偿 7758.25 万元。投入 6.94 亿元,建设保障性住房 3047 套,审核公共租赁住房保障资格 1465 户,完成率 121%。蒲庙镇新兴社区获“国家级充分就业示范社区”称号。

【国家级美丽乡村标准化试点项目启动】 2017 年 1 月,国家级美丽乡村标准化试点项目在邕宁区蒲庙镇良勇村那贵坡启动。试点实施期限为 3 年(2016 年至2018 年),围绕整体推进那贵坡美丽乡村“生态人居、生态环境、生态经济、生态文化”建设,建立“结构合理、层次分明、亮点突出、科学适用”的农村建设标准体系,形成可复制、可推广经验,制定“美丽乡村”建设标准。 (覃燕萍)

良庆区

【概　况】 良庆区位于南宁市区南部。东邻邕宁区,南接防城港市上思县、钦州市钦北区,西连江南区,北隔邕江与青秀区相望;土地面积 1369 平方千米。2017年,有镇 5 个、街道 2 个,社区 17 个、行政村 57 个。有自治区级经济开发区 1 个(良庆经济开发区)。年末户籍总人口 28.85万人,流动人口 15.98 万人。人口自然增长率 10.10‰。耕地面积 53.40 万公顷;林地面积 7.08 万公顷(森林面积 5.18 万公顷),森林覆盖率 53.80%。地区生产总值156.21 亿元。财政收入 38.19 亿元(一般公共预算收入 7.89 亿元),一般公共预算支出 19.22 亿元。固定资产投资 428.39亿元。城镇居民人均可支配收入 28901 元,农村居民人均可支配收入 13356 元。南宁至北海高速公路、市外环高速公路、南宁至北海二级公路、南宁至防城铁路、湘桂铁路过境;有良庆、那马、玉洞 3 个高速公路出入口,宁村、那铺、大拟、百浪 4 个火车站点。处南宁市城市“重点向南、重点建设五象新区、再造一个新南宁”发展核心区。主要旅游景区景点有国家 AAA 级景区大王滩风景区;五象岭森林公园、凤亭湖、绿温泉、竹泉岛、那兰生态自然村(白鹭村)、蕾帽岭摩崖石刻。主要矿产资源有铁、铅、锌、铜、钛、重晶石、花岗岩、石灰石。地方特产有南晓土鸡、芝麻鸭、龙眼、荔枝、杧果、西瓜、红龙果、菠萝、柠檬、淮山、彩色蚕茧等。入选第二批自治区可持续发展实验创建单位,为南宁市唯一入选的区;大沙田街道金象社区、阳光社区获“全国创建无邪教示范社区”称号。

【经济发展】

第一产业 2017 年,良庆区农林牧渔业总产值 36.98 亿元,其中农业产值23.82 亿元、林业产值 2.74 亿元、畜牧业产值 8.29 亿元、渔业 1.74 亿元、农林牧渔服务业 0.39 亿元。第一产业增加值23.05 亿元。粮食作物种植面积 1.83 万公顷,总产量 9.25 万吨,其中水稻 1.48 万公顷、产量 7.88 万吨,玉米 0.24 万公顷、产量 1.26 万吨;经济作物种植面积 4.52万公顷,其中甘蔗 1.68 万公顷、产量 107万吨,木薯 0.16 万公顷、产量 2 万吨,果园面积 1.12 万公顷、水果产量 7.80 万吨,蔬菜 1.33 万公顷、产量 36.80 万吨。牛存栏 1.40 万头,出栏 0.59 万头;生猪存栏1.46 万头,出栏 14 万头;家禽存栏 492.37万羽,出栏 155.44 万羽。肉类产量 3.94万吨。水产品产量 1.40 万吨。农业机械总动力 28.78 万千瓦,拖拉机拥有量 1.17万台。完成拖拉机年度安全技术检验、检测 1143 台,拖拉机驾驶员培训考试发证40 人。完成农机购置补贴结算 44.02 万元,补贴机具 26 台,受益农户 17 户。实施农村饮水安全巩固提升工程建设项目16 个,投资 490.04 万元。新增自来水入户受益 9000 多人。土地承包经营权确权登记颁证完成调查摸底 3.26 万户,完成外业地块指认 1.31 万公顷,测量耕地面积 1.56 万公顷。

第二产业 工业总产值 50.36 亿元,其中规模以上工业企业 56 家、工业总产值 158.43 亿元,利税总额 5.48 亿元,利润4.01 亿元。第二产业增加值 86.36 亿元,其中工业增加值 50.36 亿元(规模以上工业增加值 48.93 亿元)。有亿元以上工业企业 35 家,工业总产值 147.99 亿元。工业投资 20.51 亿元,制造业投资 18.89 亿元。农副食品加工主要以饲料生产、制糖业为主,产值 27.89 亿元;医药制造业以生产中成药为主,产值 26.82 亿元;有色金属冶炼及压延加工业主要生产氧化锑产品,产值 18.99 亿元;木材加工业主要以生产纤维板为主,产值 6.39 亿元;建材业主要以混凝土、钢材为主,产值 49.53亿元;造纸和纸制品业产值 3.10 亿元。

第三产业 国有企业 38 家,注册资金 1415.30 万元,内资企业 326 家,注册资金 3.68 亿元,从业人员 0.36 万人:私营企业 6599 家,注册资金 176.27 亿元,从业人员 1.60 万人:个体工商户 1.66 万户(新增3405 户,),注册资金 10.89 亿元(新增 2.56亿元),从业人员 3.43 万人(新增 7529 人)。有农贸市场 12 个、较大超市 7 家,年成交额 14.35 亿元。第三产业增加值 46.80亿元。社会消费品零售总额 37.14 亿元。外贸进出口企业 20 家,外贸出口额 44.14亿元。房地产开发建设投资 28.60 亿元,房屋施工面积 1656.11 万平方米,竣工337.35 万平方米;商品房销售 307.92 万平方米,销售额 307.92 亿元。接待游客638.68 万人次,旅游收入 74.97 亿元。

招商引资 新签约企业 15 家、项目17 个,金额约 164 亿元。其中,引进世界500 强企业 4 家,有较大影响力的外资企业 1 家(宜家家居),中国 500 强企业 2 家;工业项目 9 个、服务业项目 7 个、金融类项目 1 个,其中战略性新兴产业项目 11个。落实中国电信、中国移动南宁五象新区国际通信枢纽项目及广西远洋 IDC 大数据产业园项目。第 14 届中国 - 东盟博览会期间,签订投资项目协议 3 个,其中华润南宁市良庆区康养项目列入自治区签约项,远洋集团有限公司金象 IDC大数据产业园、诺佰克(武汉)生物科技有限公司南宁微生态谷项目列入市级签约项。引进广西新村淘网络科技有限公司农村电商项目,总投资 2225 万元。建成良庆农村电子商务物流中心 1 个、线上良庆农村电子商务服务系统 1 个、良庆农村电子商务创业孵化基地 1 个、良庆农村电子商务产品开发销售中心 1 个、农村电子商务服务站 54 个。自治区外境内到位内资 70.79 亿元,实际利用外资(自治区全口径)9012 万美元。

城乡建设 完成金象三区建福路等排水(排污)整治项目 3 个,投入 120 万元。新建五象大道南、玉洞大道南、体强路西公厕 3 个,投入 285 万元。城市棚户区改造项目 5858 套(户)房屋开工。受理公共租赁住房申请 499 份、经济适用房 387 份。数字城管“网上办案”1.48 万起,结案 1.28万起。开展环卫管理站项目建设 5 个。改造环广西自行车世界巡回赛良庆区赛段沿线房屋外立面 3235 户、屋顶 56 户和景观节点工程 5 个。建设南宁金钢水泥有限公司片区旧城改造项目。组织扬尘治理检查 319 次,监察项目 139 个,处理扬尘投诉及督办案件 24 起。完成立体绿化6217平方米。玉洞村回建安置小区B地块主体、农民回建房6号新区安置房、新村回建安置小区A地块3个项目完工;3号、4号农民回建安置点项目竣工;那黄村农民回建安置小区、新村农民安置小区项目7号地块2个项目在建。完成农村危房改造265户。投入1596万元,完成黑臭水体整治。镇级污水处理设施项目4个、村级生活垃圾处理项目4个完工。农村改厕7966户、改厕7732户。那马—大塘—南晓农旅生态综合示范带建设通过市级验收。大塘镇太安村那廖坡乡土特色示范村建设竣工验收。

脱贫攻坚　有贫困村10个,建档立卡贫困户3494户,贫困人口11472人。安排扶贫资金0.59亿元实施脱贫攻坚,实现4个贫困村、2547人脱贫摘帽。投资1000万元,完成贫困村通屯道路硬化11条、25千米;投资281.06万元,完成贫困村人饮安全工程9个。完成建档立卡贫困户农村危房改造236户。引进龙头企业5家,组建农民专业合作社14个。1916户贫困户获产业补助786万元。城区10个贫困村均有1个以上集体经济项目。就业扶贫培训382人。"雨露计划"资助学生380人、78.60万元。建档立卡贫困人口患病住院报销606人次、389.69万元,获自治区城乡居民医疗保险报销政策补偿251.34万元。

【社会事业发展】

文明创建　2017年,良庆区开展"我推荐、我评议身边好人""文明家庭创建""星级文明户、文明村镇、文明单位创建评选",推荐和评议身边好人36人;评出城区文明家庭、美丽家庭100户;那马镇坛良村被评为全国第五届文明村,那陈镇邕乐村被评为南宁市文明村,南宁市大联小学被评为自治区文明校园,南宁市五象小学等8所学校被评为南宁市文明校园。50户农户被评为市级"十星级文明户",100户农户被评为城区"星级文明户"。开展道德讲堂活动200多场次,宣传道德模范10多名、身边好人故事,观众8000人次。组建"邻里守望·微心愿"志愿服务队,2000多人参加;慰问道德模范、劳动模范、身边好人、五星志愿者、留守儿童、困难群众400人,发放慰问金(慰问品)12万元。18所中小学校开展"童心向党"歌咏活动。开展"喜迎十九大争当时代小先锋"主题教育实践活动暨青少年爱国主义教育读书等活动,3万多名未成年人参加。

科教文卫体事业　申报自治区、市科技项目15项,获市级立项12项,获科技经费335万元。安排本级科技项目24项(工业类7项、农业类9项、社会发展类3项、知识产权类3项、其他2项),补助460万元。落实企业创新项目12项,其中开发工业新产品4项、新产品产业化2项、工业新技术2项、科技成果转化4项。申报企业工程技术研究中心建设3家。南宁市桂润环境工程有限公司被确认为广西首批"瞪羚企业"。新增高新技术企业7家。首次以单个大项目形式推进科技服务脱贫攻坚,投资360万元建设高清LED终端10个。发明专利申请量307件,发明专利授权12件,有效发明专利96件。有幼儿园70所,在园幼儿1.76万人,教职工1723人(专任教师865人);小学40所,在校生3.64万人,教职工1790人(专任教师1692人);中学20所,在校生1.49万人,教职工1419人(专任教师1236人)。实施教育项目295个(竣工、完工150个,在建50个,前期工作95个),完成投资2.35亿元。五象新区第二实验小学、南宁市第十四中学五象校区、南宁市第三中学五象校区落户。发放农村义务教育家庭困难寄宿生生活资助1万人次、483万元;拨付中小学生补助经费4.83万人次、3747.15万元;办理大学生生源地贷款786人、561.21万元。投资1000万元,以国家三级馆标准建设文化馆、图书馆。投资371万元,新建村级公共服务中心7个。开展大型群众文化活动17场。有卫生机构279个(含个体),其中公立医院2个、民营医院10个、乡镇卫生院5个、村卫生室60个、社区卫生服务中心3个、社区服务站4个、个体医疗机构189个、卫生监督所1个、卫生防疫机构1个;卫生机构有床位1987张(卫生院232张);卫生专业技术人员2405人(含个体),其中执业医师737人,执业助理医师865人,其他卫生技术人员79人。城乡居民基本医疗保险参保21.82万人,参保率99.80%,缴纳保险费3272.66万元,城区参保农民报销补偿14.30万人次、5982.97万元。举办2017年澳瑞特杯第二届广西跳绳王民间争霸赛良庆赛区比赛等群众体育活动。协办环广西公路自行车世界巡回赛、中国杯国际足球锦标赛等体育赛事。良庆区新桂系实验学校获市第二届青少年"未来之星"阳光体育大会五人制足球冠军,那马中学获市第三届"千里杯"校园足球联赛冠军,城区运动员参加"龙光地产杯"2017年广西青少年男子、女子举重锦标赛,获女子抓举、挺举及总成绩金牌3枚。

民政事业　审批城市最低生活保障对象175人,发放低保金77.11万元;审批农村低保对象4592人,发放低保金1141.57万元;发放抚恤金及定补金1510人、600万元,退伍义务兵家属优待金480万元。发放冬令春荒救助口粮款52.25万元、衣被款35.46万元,救助4288人。发放残疾人补贴2120人、126.14万元,发放城乡医疗救助5855人次、234.94万元,发放特困供养对象基本生活费771人、467.64万元,临时救助233户次、43.39万元,发放80周岁以上老年人高龄补助1.26万人次、369.45万元。办理老年优待证938本。办理结婚登记2373对,离婚登记469对。

劳动与社会保障　城镇新增就业4444人,新增农村劳动力转移就业2131人,实现就业困难人员再就业58人、建档立卡贫困户转移就业237人。扶持创业2868家(户),发放财政贴息贷款174笔,放贷总额1404万元。完成职业技能培训1073人,产业工人技能提升培训399人,农民工职业技能提升培训606人。协调处理劳动者投诉68起,涉及583人,涉及工资1065.86万元。城乡居民养老保险参保6.93万人,缴费续保率77.71%。发放基础养老金2.73万人、3253.93万元。

(潘艳明)

2017年,良庆大桥远景　　黄祥心　摄

2017年良庆区乡镇(街道)情况表

表37

名 称	土地面积(平方千米)	村民委员会(个)	社区居民委员会(个)	村民小组(个)	年末人口(人)	农林牧渔业总产值(万元)	粮食产量(吨)
良庆镇	45	6	1	252	58772	12166	7298
那马镇	168	7	1	211	30364	28220	10882
那陈镇	293	15	1	264	36034	70696	15381
大塘镇	500	13	1	411	50454	84973	32885
南晓镇	294	13	1	404	46233	45124	24756
大沙田街道	16	–	10	–	32713	–	–
玉洞街道	53	3	2	112	33900	1218	1338

武鸣区

【概 况】 武鸣区位于南宁市北部。东与上林县、宾阳县交界,南靠南宁市兴宁区,西邻隆安县、百色市平果县,北与马山县接壤;土地面积3388.99平方千米。2017年,有镇13个,村198个、社区20个。年末户籍总人口71.57万人(城镇人口21.33万人),其中壮族人口60.21万人,占总人口86%。人口自然增长率-1.12‰。耕地面积11.69万公顷(水田3.27万公顷);林地15.14万公顷,森林覆盖率47.22%。地区生产总值353.20亿元。财政收入27.23亿元(一般公共预算收入14.88亿元),一般公共预算支出46.12亿元。固定资产投资386.49亿元。城镇居民人均可支配收入32014元;农村居民人均可支配收入14594元。有伊岭工业园区,广西-东盟经开区、东风农场驻城区内。主要河道有武鸣河。都(安)南(宁)高速公路、国道210线、省道20321线过境,有南宁至武鸣城市大道一级公路。主要旅游景区(点)有国家AAAA级景区伊岭岩、大明山、花花大世界,以及灵水、明秀园、春霞园、黄道山、起凤山、三十六弄自然保护区等。主要矿产资源有铜、锰、钨、金、铁、铅、锌、煤、磷等20多种,其中探明铜矿储量2600万吨,占自治区蕴藏总量30%。主要地方特产有灵水牌龙眼、下渌沙糖桔、沃柑、茂谷柑、那羊香米、石牛干笋、旋力威辣椒、大明山白砂糖、古府白砂糖、锣皎淀粉、玉泉土鸡、骆越山鸡、灵马鲶鱼等。沃柑种植面积2万公顷,是自治区最大生产区。武鸣砂糖桔获农业部地理标志农产品认定,佳年公司火龙果基地被农业部评为热作标准化生产示范园,佳年火龙果被评为2017年中国名特优产品。武鸣区获"全国生猪调出大县(区)""中国骆越文化之乡""中国龙母文化之乡""自治区县域经济发展进步县(区)"称号。双桥镇、罗波镇被评为自治区生态镇,府城镇、罗波镇入选自治区历史文化名镇。马头镇那堤村等24个村被评为自治区生态村。太和·自在城被评为首批"广西养生养老小镇"。

【经济发展】

第一产业 2017年,武鸣区农林牧渔业总产值138.91亿元,其中农业产值86.81亿元、林业产值6.93亿元、牧业产值36.27亿元、渔业产值5.30亿元、农林牧渔服务业产值3.60亿元。第一产业增加值81.17亿元。粮食作物种植面积6.78万公顷,总产量34.90万吨,其中水稻种植面积3.70万公顷、产量20.99万吨,玉米种植面积1.88万公顷、产量10.70万吨;经济作物种植面积4.83万公顷,其中甘蔗种植2.19万公顷、产量179.08万吨,木薯种植1.04万公顷、产量13.90万吨(干片);水果产量100.50万吨;蔬菜种植面积5.27万公顷,产量133.85万吨。肉类产量14.63万吨。水产品产量4.99万吨。协办自治区现代特色农业示范区建设现场会。新增武鸣绿之都果蔬产业示范区、武鸣香山源种羊产业示范区、武鸣四明生态种猪产业示范区3个县级产业示范区,武鸣忠党那羊香米产业示范区、武鸣造庆顾柑产业示范区、罗波镇罗波潭花卉苗木产业示范区、太平镇庆乐柑橘产业示范区4个乡级现代特色农业示范区。投入1433.37万元,完成"小块并大块"土地整治项目59个。农机购置补贴533台297户、1950万元,农业机械总动力75.52万千瓦,农机作业值6.75亿元,主要农作物农业机械化水平63.30%,被农业部列为全国甘蔗生产全程机械化示范县。农村土地承包经营权颁证率96.70%,农村承包土地经营权抵押贷款5278万元。投入2.34亿元,实施水利工程建设96个。

第二产业 有规模以上工业企业712家,实现工业总产值508.55亿元(其中城区本级178.95亿元)。第二产业增加值162.36亿元(工业增加值137.89亿

2017年,武鸣区沃柑种植2万公顷,是自治区种植面积最大的区县。图为沃柑丰收场景

武鸣区史志办提供

元,其中城区本级工业增加值46.84亿元),规模以上工业增加值131.99亿元。伊岭工业园区入驻企业138家。碳酸钙、新型建材等专业产业园落地建设,培植建材企业12家。扶持建材企业实施技改10家。推进生物质天然气产业化试点工程,木薯淀粉酒精企业完成整合。完成《伊岭工业集中区产城互动发展规划》等5个规划编制;新征工业用地93.33公顷,落地工业项目21个;组建武鸣区富岭投资开发有限责任公司,筹集资金完善道路、排污、水电等基础设施,企业签约租用或购买标准厂房27家、14.80万平方米,入驻率62.70%。伊岭工业园区规模以上企业总产值完成113亿元。

第三产业　实现社会消费品零售总额87.84亿元。第三产业增加值109.67亿元。商品房销售面积111.62万平方米。接待游客602.28万人次、旅游收入46.63亿元。

招商引资　签订项目协议20个,总投资189.30亿元,涉及工业、农业、旅游、教育、房地产开发及新能源等,其中外出招商9次,签约项目5个;2017年中国壮乡·武鸣"壮族三月三"歌圩暨骆越文化旅游节洽谈签约项目8个,计划总投资56.58亿元。引进投资额10亿元以上项目5个(君华集团有限公司武鸣灵水壮乡文化小镇、武鸣新天绿色能源有限公司武鸣安凤岭风电场、广西工业职业技术学院武鸣校区、广西工商职业技术学院武鸣校区、广西那园旅游投资有限公司南国乡村·农村综合旅游景区)。自治区外境内到位资金39.70亿元,实际利用外资(自治区全口径)到位资金1800万美元。

城乡建设　完成编制《标营新区控制性详细规划》《红岭片区控制性详细规划》《城北(中心城)片区控制性详细规划》《城南片区控制性详细规划》4个片区控制性规划和63个村庄规划。投入4962万元,完成武华大道、定罗路、香山大道路面修复及"白改黑"工程;投入951.50万元,完成部分道路建设和非机动车停车位标识、厢式变压器及路灯安装;投入380万元,完成定罗湖休闲公园二期改造工程;投入600多万元,提升改造武华大道绿化景观,立体绿化3平方千米;投入1.20亿元,整治环广西公路自行车世界巡回赛赛道沿线1千米范围内环境,对2830户民居进行拆违和屋顶装饰,改造民居外立面5914户。建成保障性住房65套;开工建设公共租赁住房3635套;企业职工迁入安置房192套,两江镇棚户区改造项目迁入672户。完成危房改造780户(建档立卡贫困户480户)。改建垃圾中转站3个、公厕5座。建成自治区镇级农村垃圾治理项目17个。科天水性产业园开工建设,总投资60亿元。

脱贫攻坚　有贫困村23个,建档立卡贫困户4395户,贫困人口12819人,落实帮扶单位123个,下派驻村工作队员266名、干部2499名结对帮扶。实现10个贫困村、1137户、3893人脱贫摘帽。下达贫困村科技精准脱贫项目18项,经费466.85万元;扶持贫困户产业项目资金680万元;投入46.85万元为40个贫困村配备台式电脑、打印机等100台。投入8682.60万元,实施贫困村通村通屯道路升级改造91条、人饮工程项目59个、电网升级改造项目41个、有线电视信号覆盖项目4个、公共服务设施项目23个;投入2105.50万元扶持贫困户实施种养项目4919户,受益1.86万人;开发乡村公益性岗位206个;投入685.80万元资助贫困户家庭学生6343人次;为贫困人口代缴城乡居民基本医疗保险2.30万人,发放医疗救助1511.60万元,惠及3177人次;投入2530万元发展贫困村集体经济。

【社会事业发展】

文明创建　2017年,武鸣区建设定罗湖公园、马头镇骆越广场、广泰丽园公园、红岭社区4个中国传统文化、社会主义核心价值观主题阵地,印发倡议书及宣传册16万份,制作宣传栏920块,文明提示牌1220块,建筑工地围挡公益广告1.36万平方米。电子显示屏播放"讲文明树新风"公益广告每月3万次。志愿服务联合会吸收会员单位63个,成立志愿服务队82支,设立志愿者服务站280个,有志愿者12万多人,在南宁志愿者网实名认证注册志愿者1.02万人。报送"身边好人"先进事迹36个、线索2400条,梁莲桂获评中国好人、第四届南宁市道德模范,黄天恒获评第四届南宁市道德模范提名奖。开展"道德讲堂"总堂活动6期,组织学习中共十九大传播正能量"德耀中华·武鸣道德模范故事汇巡演"活动10场;送戏送文化下乡14次、5万多人次参加。评选市级、城区级"十星级文明户"200户。

科教文卫体事业　科技项目获市级以上立项17项,投入经费312万元;城区本级立项54项,下拨资金540万元;重大科技专项4项,经费1200万元;伊岭工业集中区科技企业孵化器通过自治区验收。广西华纳新材料科技有限公司硅酮密封胶专用纳米碳酸钙的研制技术获2016年度广西科学技术进步奖二等奖,宁武一鸣红香蕉专业合作社参与研究的"香蕉优良品种'桂蕉1号'选育与产业应用"技术获2016年度广西科学技术进步奖三等奖。选派科技特派员31人,进行技术指导449次、试验示范69次、实用技术培训40期,引进示范优新品种26个、先进适用技术88项,攻关解决关键技术、问题79项,建立示范基地59个。发明专利申请179件;发明专利拥有量82件。有幼儿园282所(民办182所),在园幼儿2.75万人;小学98所,在校生3.72万人;初中19所,在校生1.80万人;普通高中6所,在校生1.01万人;中等职业学校1所,在校生5498人;特殊教育学校1所,在校生107人。资助学生3.34万人次,办理生源地信用助学贷款3053人,发放贷款2101.64万元。资助建档立卡贫困户子女3123人。投入3045万元,为教师周转房配备热水器、电视、电风扇2750套,配备办公电脑3879台、激光打印机1326台。投入8756.20万元,建设双桥镇、府城镇、马头镇中心幼儿园及双桥镇平稳小学附设幼儿园。投入2.37亿元,建设标营新区小学、城镇三小新校区,改建城区民族中学;投入1.38亿元建设武鸣高中定罗湖校区。实施"优质资源班班通""宽带网络校校通"工程,投入844.60万元采购教学计算机2122台。武鸣区民族中学、太平镇庆乐小学被评为首批自治区民族文化教育示范学校。建成村级公共服务中心11个,总投资457万元(自治区补助275万元、市级配套143万元、城区配套39万元);"送戏进基层"81场次。特掘传说、武鸣榨粉、府城土制红糖、高峰柠檬鸭制作技艺、灵马旱藕粉制作技艺5个项目入选市级非物质文化遗产名录,6名传承人列为市级非物质文化遗产传承人。举办2017年中国壮乡·武鸣"壮族三月三"歌圩暨骆越文化旅游节。有医疗卫生计生单位32个(城区直属6个、中心卫生院5个、普通卫生院8个、卫计所13个);卫技人员1945人(城区直属951人、乡镇卫生院994人);开放病床1737张(城区直属685张、镇卫生院1052张);有村卫生所201个,乡村医生333人,村妇幼保健员238人;厂矿企事业单位医务室、卫生室11个,营利性医疗机构(民营医院、个体诊所、综合门诊部)131个。投资1157万元,建设妇幼保健院和5个乡镇卫生院。城镇医保和新农村合作医疗实现"二合一",参加基本医疗保险66.67万人,征缴保险金1.30亿元,陆斡中心卫生院、仙湖镇卫生院、城厢镇卫生院申报创建国家级"群众满意的乡镇卫生院"。投资1743万元(含个人投资),建造农村卫生户厕所3.20万户。武鸣区选手获南宁市第十一届少数民族传统体育运动会单项冠军19个。

民政事业　发放城市和农村低保对象救助金10.92万人次、2064.90万元,发放特困救助2.32万人次、1049万元,发放特困护理1644人、88万元。为农民房屋

2017 年武鸣区乡镇情况表

表 38

名　称	土地面积（平方千米）	村民委员会（个）	社区居民委员会（个）	自然屯（个）	年末人口（人）	农林牧渔业总产值（万元）	粮食产量（吨）
城厢镇	256.48	21	8	146	111008	154823	32507
太平镇	394.93	12	1	157	40386	92596	25506
双桥镇	221.05	15	1	129	60105	119920	31903
甘圩镇	102.70	4	1	18	26234	49770	12004
宁武镇	213.96	13	1	92	40513	116345	21814
锣圩镇	408.08	25	1	227	66558	170824	34707
灵马镇	194.95	13	1	127	55275	60608	19506
仙湖镇	214.58	10	1	146	41702	90711	30908
府城镇	295.49	23	1	226	60202	118812	28616
陆斡镇	268.63	23	1	202	63582	141400	41108
两江镇	277.68	14	1	135	42645	66216	28305
罗波镇	164.79	13	1	97	38075	64793	21015
马头镇	170.88	12	1	93	24564	55282	16014

投保 14.01 万户、157 万元。发放困难残疾人生活补贴、重度残疾人护理补贴 9.02 万人次、458.02 万元，高龄津贴 1.53 万人、1598.71 万元，医疗救助 6301 人次、356.30 万元，困难群众救助金 3326 户 6548 人、176 万元，优待抚恤金 2950.40 万元，安置转业士官 11 人。实施村（社区）惠民资金项目 56 个，投资 200 万元。办理结婚登记 5554 对，离婚登记 1542 对。

劳动与社会保障　城镇新增就业 3668 人，帮助下岗和大龄人员再就业 1086 人。城镇登记失业率 2.41%。新增农村劳动力转移就业 1.07 万人。扶持创业 1005 户，发放创业担保贷款 108 笔，放贷总额 1000 万元。参加失业保险 1.92 万人，征缴保险费 1022 万元；参加工伤保险 2.39 万人，征缴保险费 824.23 万元；参加生育保险 2.69 万人，征缴保险费 710.87 万元；参加城镇职工基本养老保险 6.60 万人，征缴保险费 1.17 亿元。举办职业技能培训班 16 期，培训 1676 人。完成产业工人技能培训 602 人，补贴 66.36 万元；开展职业技能鉴定 1676 人，核发职业资格证书 1593 人。监察用人单位 603 户次，涉及劳动者 2.42 万人次，处罚用人单位 1 家，处罚金 2 万元；处理投诉举报案件 181 起，涉及农民工 2806 人、工资 2948 万元。　　（潘星环）

横　县

【概　况】 横县位于南宁市东部。东邻贵港市覃塘区，南接钦州市灵山县、浦北县，西界青秀区、邕宁区，北与宾阳县接壤；土地面积 3448 平方千米；县政府驻横州镇。2017 年，有镇 14 个、乡 3 个，村 276 个、社区 31 个。年末户籍总人口 126.56 万人（城镇人口 36.56 万人、乡村人口 90.00 万人）；壮族人口 47.03 万人，占总人口 37.16%。人口自然增长率 5.60‰。耕地面积 11.03 万公顷（水田 5.22 万公顷）；林地面积 16.89 万公顷（有林面积 16.74 万公顷），森林覆盖率 48.65%。地区生产总值 304.58 亿元。财政收入 19.07 亿元（一般公共财政预算收入 13.43 亿元），一般公共财政预算支出 53.71 亿元。固定资产投资 270.52 亿元。城镇居民人均可支配收入 31762 元，农村居民人均可支配收入 12703 元。有六景工业园区（自治区级）。郁江上通南宁、百色，下通粤、港、澳。桂海、南广、六钦高速公路及国道 209 线、湘桂铁路、黎钦铁路等交通要道过境。主要港口有六景港口。主要旅游景区（点）有国家 AAA 级景区九龙瀑布群国家森林公园，西津国家湿地公园、中华茉莉园、圣茶谷、宝华山旅游风景区、伏波庙、六景泥盆系标准剖面保护区。主要矿产资源有金、铜、芒硝、膨润土、石灰石、三水铝等，其中石灰石储量丰富，芒硝矿储量 5.20 亿吨。有茉莉花、优质稻、糖料蔗、桑蚕、蘑菇、甜玉米、水产畜牧、商品林等优势农业产业，被称为中国茉莉之乡。横县获"全国重点产茶县"称号；被评为全国品牌农业示范县和最具农业投资价值县、国家级出口食品农产品质量安全示范区、全国首批农村生活垃圾分类和资源化利用示范县、广西第一批商标品牌战略实施示范县、第七轮自治区文明城市（县级）。西津国家湿地公园通过国家林业局验收；校椅镇入选第二批全国特色小镇（茉莉小镇）。

【经济发展】

第一产业　2017 年，横县实现农林牧渔业总产值 123.26 亿元，其中农业产值 73.85 亿元、林业产值 5.50 亿元、牧业产值 34.82 亿元、渔业产值 5.24 亿元、农林牧渔服务业产值 3.86 亿元。第一产业增加值 72.87 亿元。粮食作物播种面积 7.67 万公顷、总产量 40.77 万吨，其中水稻 5.76 万公顷、产量 32.29 万吨，玉米 1.51 万公顷、产量 7.54 万吨；经济作物种植面积 8.40 万公顷，其中甘蔗 2.08 万公顷（含果蔗）、产量 200.04 万吨，茉莉花 7000 公顷，年产鲜花 8.50 万吨、产值 17 亿元，茉莉花茶加工 6.50 万吨、产值 53 亿元，木薯种植 0.22 万公顷、产量 2.25 万吨；果园面积 1.58 万公顷，水果产量 18.07 万吨；蔬菜种植面积 4.14 万公顷（含甜玉米），产量 84.53 万吨。肉类产量 8.12 万吨。水产品产量 4.92 万吨。完成植树造林 2500 公顷（荒山造林 500 公顷、其他造林 2000 公顷），义务植树 150 万株。出栏生猪 64.34 万头，出栏家禽 1923.72 万羽。新增土地流转面积 320 公顷，累计土地流转面积 1.33 万公顷。新增农民专业合作社 88 家，累计 712 家，其中国家级示范社 5 家、自治区级示范社 16 家。新增家庭农场 44 家，累计 122 家。有市级以上农业产业化重点龙头企业 21 家（国家级 1 家、自治区级 2 家）。农民专业合作社、农业龙头企业获扶持资金 490 万元。农业招商引资签订引资合同 1.25 亿元。建设农业优势特色产业生产基地23个;建设甜玉米高产示范基地200公顷、水稻全程机械化基地40公顷;建设"双高"糖料蔗示范基地1个、蔬菜基地2个、农产品标准化示范基地16个。农业机械原值718.50亿元,农机总动力68.86亿千瓦,拖拉机2.45万台,耕种收综合机械化水平82.75%。水利建设投入8348.69万元,开工建设项目86个,完成83个;完成病险水库除险加固7座、水毁工程修复5处、农村饮水巩固提升工程33处,涉及乡镇17个,受益3.43万人;完成渠道防渗工程67.36千米。在首届中国国际茶叶博览会上,横县茉莉花茶作为自治区唯一代表品牌,被评为中国优秀茶叶区域公用品牌。

第二产业　有工业企业523家,实现工业总产值292.49亿元。有规模以上工业企业110家(新增8家),实现工业总产值283.36亿元。第二产业增加值120.89亿元(工业增加值88.88亿元),规模以上工业增加值完成85.41亿元。完成工业投资94.27亿元,技术改造投资45.17亿元。主要工业产品产量:大米3.09万吨,饲料12.98万吨,成品糖21.68万吨,鲜、冷藏肉5.33万吨,罐头2.66万吨,食品添加剂4.86万吨,精制茶10.82万吨,茉莉花茶加工10万吨,蚕丝2572吨,轻革35.01万平方米,人造板117.58万立方米,纸浆(原生浆及废纸浆)24.77万吨,机制纸及纸板(外购原纸加工除外)9.31万吨,纸制品31.56万吨,中成药7085吨,塑料制品3.94万吨,硅酸盐水泥熟料207.68万吨,水泥309.62万吨,商品混凝土107.03万立方米,钢材35万吨,民用钢质船舶1.63万载重吨,发电量45.28亿千瓦时。

第三产业　有企业2697家,从业人员6.43万人;个体工商户2.37万户,从业人员4.03万人。第三产业增加值110.82亿元。社会消费品零售总额104.02亿元。外贸出口总额8770万元。在建房地产项目19个,完成投资12.47亿元,建成商品房4.66万平方米;商品房销售面积44.77万平方米。限额以上商贸企业60家,其中批发业10家、零售业34家、住宿餐饮业16家,亿元以上工业企业66家。接待游客273.73万人次,旅游收入27亿元。

招商引资　完成自治区外境内实际到位资金57.14亿元,全口径利用外资1800万美元。推动重点招商项目落地开工建设,签约重点项目15个,总投资40.75亿元,主要有日昌升年产3000万吨优质骨料、景典装配式建筑产业基地、钢材综合开发产业一期、履带移动式破碎筛分设备生产配套、年产30万吨包装纸、年产4000吨高档生活用纸加工包装、年产5万吨生活用纸技改、年产36万吨生物饲料、年产4万吨预混合饲料、年产1万吨有机肥料、年产6000吨饲料添加剂、年产5000吨涂料及油漆、年产7000吨古法制作现代食品项目,新增年产2万吨生活用纸项目,扩建年产5万吨食品级磷酸项目以及600千瓦光伏并网发电项目等投资项目。

城乡建设　完成县城固定资产投资46.40亿元,建筑业总产值26.17亿元。分配入住公共租赁类保障性住房64套,其他类型74套,城市棚户区改造开工建设72户。开展"美丽横县·生态乡村"活动,建成农村饮水安全水质检测中心16个,硬化非贫困村通屯道路45条、46.23千米,推进9个镇级垃圾处理设施、18个村级垃圾处理设施、14个农村生活污水处理设施、3个(新建)民俗民居示范村、1个(续建)市级茉莉花综合示范区(带)、1个乡土特色示范村屯建设,完成厕所改造1.70万户、厨房改造1.70万户、农村小散养殖户畜圈改造3户。编制完成示范性村庄规划6个、一般性村庄规划10个。完成脱贫摘帽贫困村集中居住20户以上通屯道路建设项目村34个、40.52千米,完成集中居住20户以上的水库移民村屯道路硬化工程10个,完成"一事一议"资金补助自然村屯内道路硬化项目39个。11个村屯被评为南宁市绿色村屯(3个为示范村屯)。

脱贫攻坚　有贫困村38个,建档立卡未脱贫贫困户1.11万户,贫困人口3.79万人。实现12个贫困村,8326人脱贫摘帽。投入扶贫产业开发经费3047.14万元,主要发展养鸡、养猪、优质稻种植、茶叶种植与加工、中药材种植项目。完成道路硬化302条,总里程295.79千米。建成贫困村公共服务娱乐中心4个、篮球场1个、戏台1个。完成11个贫困村的网络连接、光纤入户等,解决5863户贫困户用电问题,完成农村危房改造1068户(建档立卡户900户)。

【社会事业发展】

文明创建　2017年,横县开展"我推荐、我评议身边好人""文明家庭创建""星级文明户、文明村镇、文明单位创建评选"等活动,被评为自治区文明城市(县级);校椅镇石井村被评为全国文明村,横县食品药品监督管理局、横县政务服务中心被评为第二十九批南宁市文明单位,横县食品药品监督管理局、横县消防大队被评为年度军(警)民共建精神文明先进单位。横县横州镇中心学校本校、横县民族中学被评为自治区级文明校园,横县中学等21所学校被评为南宁市文明校园,黄宏芬、黄滢、吕良红获第四届"南宁市道德模范提名奖",150户家庭获南宁市"十星级文明户"称号。

科教文卫体事业　投入科技经费3617万元(南宁市655万元),实施科技项目28项(全部为市级项目,不含市人才小高地项目)。举办科技培训班124期,培训8746人次。有幼儿园262所(民办142所),在园幼儿4.50万人,教师1584人;小学205所,教学点193个,在校生8.59万人,教师3948人;初中30所(含县体校1所、九年一贯制学校1所),在校生3.57万人,教师2127人;普通高(完)中6所,在校生1.71万人,教师1046人;职业教育中心1所,在校生5231人,教师195人;特殊教育学校1所,在校生110人,教师26人;民办学校6所(小学2所、九年一贯制学校4所)。实施农村义务教育学生营养改善计划,补助膳食资金9000万余元,受惠学生近12万人。落实学前教育入园补助、学前教育免除贫困户在园幼儿保教费、义务教育阶段家庭经济困难寄宿生生活补助等资助项目13个,资助学生

2017年,横县茧丝厂生产场景　　横县县委宣传部提供

7.81万人次、5202.77万元；办理生源地信用助学贷款7328人，发放贷款5302.37万元；组织实施义务教育基建项目804个，竣工541个，累计完成投资2.17亿元；新建乡镇公办幼儿园2所，改扩建农村小学附设幼儿园35所，完成投资1500万元。建成南宁市村级公共服务中心19个。有医疗卫生机构576个，其中国有医疗卫生机构24个（县属6个、乡镇18个），民营医疗卫生机构249个，集体医疗卫生机构44个，村（屯）卫生所71个，个体医疗诊所177个。卫生技术人员4457人（县属卫生技术人员2000人）。医疗病床3632张（县级医院1838张、乡镇卫生院1289张）。参加城乡居民基本医疗保险114.57万人，参保率99.98%，实际缴费113.64万人，个人缴费1.70亿元。投资2040万元，完成农村卫生户厕建造1.70万座。举办或组织体育赛事27场次；参加全国性体育比赛获金牌2枚、银牌1枚；参加自治区体育比赛获金牌15枚、银牌14枚、铜牌12枚。

民政事业　审批城镇最低生活保障对象救助0.94万人次，发放低保金310.71万元；审批农村低保对象救助28.14万人次，发放保障金4824.99万元。发放抚恤金、定补金3489.91万元，退伍义务兵家属优待金1260万元。发放临时救助金48.93万元，临时救助199户次。投入冬春救助资金5万元，救助受灾困难群众141人。确定特困老人6.31万人次，其中集中供养6675人次；发放特困供养定补金2713.99万元。实施城乡医疗救助5900人次，救助金额413.69万元。社区惠民资金投入620万元，村委会服务用房新建、扩建、维修投入500万元。办理结婚登记7562对，离婚登记1945对。

劳动与社会保障　城镇新增就业3244人，帮助下岗失业人员实现再就业533人。城镇登记失业率2.25%。培训农村劳动力1605人，新增农村劳动力转移就业1.20万人。参加基本养老保险企业725家、参保5.43万人，征缴保险费2.37亿元，支出6.43亿元；参加失业保险2万人，征缴保险费1082.32万元，支出761.88万元；参加基本医疗保险4.52万人，征缴保险费1.42亿元，支出1.21亿元；参加工伤保险1.96万人，征缴保险费617.83万元，支出263.95万元；参加生育保险1.60万人，征缴保险费713.35万元，支出746.43万元。发放劳动保障宣传资料1.90万份；检查用人单位249家；下发《劳动保障监察询问通知书》56份、《劳动保障监察限期改正指令书》26份、《劳动保障监察行政处理（罚）决定书》12份，办理违法案件47起，移送司法机关案件14起；追回劳动者被拖欠、克扣的工资626.70万元；检查劳务派遣单位5家，涉及用工单位3家、派遣劳动者28人。

（袁业铀）

【横县西津国家湿地公园通过国家林业局验收】 2017年12月26日，横县西津国家湿地公园通过国家林业局验收，正式成为国家湿地公园。公园位于横县西津水库米埠坑库区，面积1853.29公顷，其中湿地面积1619.93公顷，湿地率87.41%。2013年1月被国家林业局批准为试点，主要进行湿地保护、湿地恢复、科普宣教、科研监测、合理利用、基础设施、保护管理基础能力7个工程建设。年内，完成沙埠管理服务区、龙泉潭保护站建设，包括沙埠管理服务区游客集散地、科普宣教活动基地建设、生态停车场、巡护步道、亲水平台、环岛路等。

【校椅镇入选全国特色小镇】 2017年12月15日，校椅镇入选第二批全国特色小镇（茉莉小镇），为南宁市首家。校椅镇土地面积236.60平方千米，辖区内设中华茉莉园，有标准化茉莉园连片种植面积200公顷，其中有机茉莉花生产基地133.33公顷，辐射带动周边160平方千米茉莉花种植。6月，中华茉莉园入选首批

2017年横县乡镇情况表

表39

名　称	土地面积（平方千米）	村民委员会（个）	社区居民委员会（个）	自然村（个）	年末人口（人）	农林牧渔业总产值（万元）	粮食产量（吨）
横州镇	182.24	21	11	159	173166	81893	33392
峦城镇	77.55	15	1	46	59019	28117	20335
南乡镇	342.17	18	2	181	98851	53790	33395
六景镇	316.79	27	2	105	105222	93368	33406
百合镇	184.17	27	1	138	110050	65312	31310
那阳镇	139.95	15	1	96	65632	49733	23975
莲塘镇	154.47	11	1	49	44724	34219	13805
平马镇	144.09	8	1	55	39168	37749	13671
新福镇	347.53	16	2	149	59007	25152	22823
石塘镇	221.93	15	2	88	77627	90519	26068
陶圩镇	184.48	18	1	126	93534	98913	45922
校椅镇	248.84	21	1	129	108561	193247	40540
云表镇	255.05	13	1	118	85129	196758	23377
马岭镇	83.55	12	1	32	30766	93595	11924
平朗乡	125.60	13	1	52	30019	17434	12431
马山乡	130.03	16	1	131	64971	23217	15561
镇龙乡	266.23	10	1	83	20169	16653	5707

创建国家现代农业产业园。全镇配套建设茉莉花茶标准化生产加工区30.13公顷,60多家花茶企业进驻,有茉莉花茶品牌20多个,其中本土品牌"周顺来"获中国茉莉花茶十大品牌和自治区著名商标,带动本地及周边17万多人务工和就业转移,占全镇就业人口比例超过65%。至年末,校椅镇农民人均可支配收入13873元,超出横县农民人均可支配收入9.21%,超出南宁市11.02%。(谢萍萍)

宾阳县

【概 况】宾阳县位于广西中南部、南宁市东北部。东邻贵港市覃塘区,南连横县、青秀区,西接兴宁区、武鸣区,北与上林县、来宾市兴宾区接壤;土地面积2308平方千米;县政府驻宾州镇。2017年,有镇16个,村192个、社区41个。年末户籍总人口105.59万人(城镇人口33.29万人、乡村人口72.3万人)。人口自然增长率4.40‰。耕地面积9.19万公顷;林地面积9.51万公顷,森林覆盖率42.85%。地区生产总值218.39亿元。财政收入18.43亿元(一般公共财政预算收入12.60亿元),一般公共财政预算支出47.96亿元。固定资产投资276.10亿元。城镇居民人均可支配收入31489元,农村居民人均可支配收入12867元。有黎塘工业园区。湘桂铁路、黎(塘)湛(江)铁路、黎(塘)钦(州)铁路在县内黎塘镇交汇,南(宁)柳(州)、南(宁)广(州)高速铁路在县境内并轨;桂海高速公路、南(宁)梧(州)二级公路(国道324线)、南(宁)柳(州)公路(国道322线)过境;有宾阳至上林、宾阳至横县、忻城周安至宾阳新桥3条二级公路过境。主要旅游景区(点)有昆仑关战役旧址(国家AAAA级景区)、古辣蔡氏书香古宅群旅游景区(国家AAA级景区)、宾州古城文化景区、白鹤观竹海旅游度假区、程思远故居、情人谷相思潭旅游风景区等。宾阳炮龙节列入第二批国家级非物质文化遗产名录,每年农历正月十一举办;游彩架、丝弦戏、宾阳壮锦、宾阳酸粉、邹圩陶器制作技艺等列入自治区级非物质文化遗产名录。主要矿产资源有钨、钼、铋、铜、铅、锌、三水铝、铁、金、石灰石、毒砂、花岗岩等;主要地方特产有瓷器、小五金、壮锦、莲藕、香米等。是全国商品粮生产基地县、广西"小五金之乡"。宾阳县农村产业融合发展示范园获批为首批国家农村产业融合发展示范园、国家农业综合开发现代农业园区项目,获"全国水稻绿色高产高效创建标兵县"称号,被评为全国"优质粮食工程"行动示范县。

【经济发展】

第一产业　2017年,宾阳县农林牧渔业总产值83.15亿元,其中农业产值46.31亿元、林业产值3.95亿元、牧业产值27.02亿元、渔业产值4.73亿元、农林牧渔服务业产值1.14亿元。第一产业增加值50.24亿元。粮食作物播种面积7.16万公顷、总产量36.24万吨,其中水稻5.75万公顷、产量30.64万吨,玉米8218公顷、产量4.12万吨;经济作物种植面积2.93万公顷,其中甘蔗1.93万公顷、总产量170.58万吨,木薯2110公顷、产量2.14万吨;桑园面积1.09万公顷,鲜茧产量2.76万吨;蔬菜种植面积3.24万公顷,产量70.98万吨;果园面积3821公顷,水果产量3.37万吨。肉类总产量6.40万吨。水产品产量4.33万吨。完成高标准农田建设7266.67公顷,农田灌溉面积3.05万公顷,农业耕种收综合机械化水平61%。实施"双高"糖料蔗种植基地、有机稻种植、畜禽标准化生态养殖等特色农业项目。"宝蕾"牌白砂糖被认定为自治区名牌产品,"帝之享"优质大米成为自治区著名商标,邹圩牛大力种植基地被评为国家牛大力种植标准化示范区,"古辣香米""王灵胡萝卜"列入全国名特优新农产品目录,"古辣香米"获批国家地理标志保护产品。投入3.06亿元推进现代特色农业示范区扩面提质增效,通过市级示范区验收1个。创建自治区级出口食品农产品质量安全示范区,品绿留香休闲农业示范区被认定为广西休闲农业与乡村旅游示范点。农村土地经营权登记颁证,完成96.20%,新增耕地流转1466.67公顷,累计1.17万公顷。新增农民专业合作社163家,累计754家;新增家庭农场24家,累计66家。组建宾阳县农业信贷担保有限公司,为自治区唯一县级农业信贷担保试点。

第二产业　有工业企业545家,工业总产值187.38亿元。规模以上工业企业64家(减少3家),其中亿元以上产值企业44家(减少2家);规模以上工业总产值165.65亿元,主营业务收入150.40亿元,利润11.53亿元,税收3.33亿元。第二产业增加值68.18亿元,其中工业增加值45.40亿元(规模以上工业增加值37.14亿元)。全县技术建造投资69.08亿元;有粮食生产加工企业30家(规模以上企业16家),大米注册商标16个,总产值22.59亿元,香米产业成为宾阳县支柱产业之一。规模以上工业企业主要产品及产量:大米41.53万吨,饲料63.02万吨,成品糖17.26万吨,人造板103.31万立方米,商品混凝土100.57万立方米,水泥混凝土电杆16.97万根。工业投资117.66亿元。东林木业技改、华润搅拌站、红太阳木业等项目竣工;在建浮法玻璃、亿能居等项目;开工建设昆安混凝土、建丰混凝土搬迁、亿凯玻璃、岑科电子二期、中桂电力设备等项目;彬伟竹木纤维板、海桥塑业等12个项目入驻标准厂房,签约租用3.40万平方米。投资1亿元,新建黎塘工业园区道路6.30千米、铺设污水管网5.10千米;投入1800万元,完善园区供水、供电、通信等配套设施。

第三产业　有国有企业508家,私营企业4591家(新增827家),从业人员4.51万人;个体工商户2.61万户(新增4517户),从业人员7.49万人;微型企业累计1132家;年内培育限额以上商贸企业14家。第三产业增加值99.97亿元。社会消费品零售总额115.82亿元。以四星级标准开工建设宾阳华美达广场酒店,凤凰湖购物城开业经营,改造升级永武、枫江农贸市场,组织县级展销会7场。批发业销售额103.70亿元,零售业销售额140.10亿元,住宿业营业额0.24亿元,餐饮业营业额15.70亿元。开展全国电子商务进农村示范县建设,新建镇级电商工作站16个、村级电商服务点109个,村点覆盖率94%。累计发展电子商务企业5家、网店2680家,提供就业岗位5000多个,网络销售额2.20亿元。完善古辣民俗小镇创建国家AAAA级旅游景区提升规划、相思潭生态旅游区总体规划等旅游建设规划4个,推出宾州—品绿留香生态园—大陆村等精品旅游线路3条,累计完成旅游固定资产投资7025万元。举办宾阳炮龙节、大陆村稻田艺术文化节等节庆活动。接待国内游客330.54万人次,旅游收入31.47亿元。

招商引资　开展物流、机械制造、农副产品加工、旅游等产业招商及考察。签约岑科电子二期、中桂电力设备生产等项目11个,计划投资36.40亿元。自治区外境内到位资金47.66亿元,实际利用外资2316万美元。

城乡建设　办理"一书两证"(选址意见书、建设用地规划许可证、建设工程规划许可证)1086宗,办理规划条件通知书及红线图477宗,完成土地利用总体规划中期评估和调整,投资400万元建设数字城管平台。推进重大项目119个,完成投资61.38亿元。其中,自治区级重大项目2个,完成投资6.95亿元;市级重大项目28个,完成投资8.41亿元;县级重大项目89个,完成投资46.02亿元。凤凰科技文化广场、政务服务中心综合楼等10个项目竣工,推进南宁市中小学综合实践中心、宾阳县中医医院整体搬迁等项目,开工建设宾阳县看守所及拘留所迁建、宾阳县综合检验检测中心等项目。黎塘镇龙珠山片区改造项目基础配套设施、洋桥镇新区文化广场、高铁新城标准厂房等项目竣工;推进广西百镇建设示范工程等项目，开工建设炮龙文化广场一期。建成思陇镇陶石村安置房63套、广西煤炭地质局黎塘基地棚户区改造项目7栋252套住房，基本完成城东新区二期新廖村改造项目15栋1500套住房主体工程，完成农村危房改造1000户。完成绿化补植及新种植面积2700平方米、立体绿化3429.30平方米。清平水库补水工程完工，累计完成投资2.05亿元，清平水库抗旱应急供水工程完成投资1104.50万元；清水河提水工程基本完成项目前期工作。实施农村饮水安全巩固提升工程26个；完成水利建设投资4.60亿元；投资1.20亿元，完成古辣镇、武陵镇等6个乡镇级污水处理厂及配套管网建设。柳南高速公路改扩建项目（宾阳段）完成投资31.40亿元，贵港至隆安高速公路项目（宾阳段）完成投资20.30亿元。和宾路、政通大道、城东大道、宾莲路改造项目竣工，文明路、东环路改造工程分别完成投资2500万元、5822万元。金城路至广源路、政和路、内东环路“白改黑”工程基本完成。投入1200万元，升级改造社区街巷道路。完成非贫困村通屯道路建设82.27千米，新增通畅村屯57个。

脱贫攻坚　有贫困村22个，建档立卡贫困户11996户，贫困人口41678人。投入财政专项扶贫资金1.30亿元，实现11个贫困村、6310人脱贫摘帽。发展“5+2”扶贫主导产业，培育地方特色产品品牌15个，38个贫困村村集体经济收入2万元以上，受益贫困人口1.75万人，贫困人口转移就业1951人。完成贫困村道路硬化203.79千米、桥涵61延米，建设安全用水项目26个，贫困户危房改造949户，贫困村电力、广播电视、通信网络全覆盖。贫困人口医疗保险参保率98.87%，建档立卡贫困户住院实际报销比例91.78%，首创自治区极贫户门诊特殊慢性病、重大疾病治疗政策兜底。在自治区率先实现对建档立卡贫困户中小学生资助全覆盖，资助建档立卡贫困学生2.20万人次、1984万元，“雨露计划”资助学生536万元。开展“千家民营企业帮扶千个贫困村”活动，投入扶助资金3000多万元。

2017年宾阳县乡镇情况表

表40

名　称	土地面积（平方千米）	村民委员会（个）	社区居民委员会（个）	自然屯（个）	年末人口（人）	农林牧渔业总产值（万元）	粮食产量（吨）
宾州镇	223.83	33	15	267	230967	93594	14621
黎塘镇	219.51	14	9	79	121723	84357	7420
甘棠镇	191.51	14	1	97	54291	53827	5844
思陇镇	173.66	15	2	233	62665	21616	4655
新桥镇	107.80	15	1	132	84776	33493	7347
新圩镇	75.80	6	1	48	30795	35389	4712
邹圩镇	143.92	14	1	112	50078	50521	6261
大桥镇	114.68	16	1	128	78490	75575	8306
武陵镇	158.41	13	1	104	63886	44937	6274
中华镇	77.22	5	1	78	36892	29813	4643
古辣镇	113.92	9	2	80	53760	66536	6808
露圩镇	124.76	5	1	49	39382	36540	5002
王灵镇	160.53	9	1	70	43778	49218	5912
和吉镇	119.61	8	1	52	43035	44085	4473
洋桥镇	138.22	8	1	80	35274	42441	4619
陈平镇	154.78	8	2	133	26120	16832	2164

【社会事业发展】

文明创建　2017年，宾阳县持续推进社会主义核心价值观建设，开展先进文化进基层、“讲文明树新风”公益广告创作等活动。刊播公益广告版面30多个，音频、视频3100分钟，树立宣传广告牌500多个，重编印发《宾阳县市民文明手册》《宾阳县市民文明公约》；升级改造中华镇官村精神文明建设主题园，建设中华镇兴隆村中华传统美德文化长廊，打造凤凰湖公园等100多个社会主义核心价值观示范点和“种文化”示范点；开展“我们的价值观·我们的中国梦”主题活动30多场。开展“我推荐、我评议身边好人”“文明家庭创建”“星级文明户、文明村镇、文明单位创建评选”等活动。谢伟、邓四书、叶兰珍获南宁市“道德模范”提名奖；创建自治区文明城市（县级）成绩排自治区提名城市第一，4个单位被评为市级文明村镇、文明单位，评出县级文明单位6个、文明村镇8个；张清秀家庭被评为自治区文明家庭，露圩镇中心学校被评为自治区文明校园，开智中学等21所学校被评为南宁市文明校园；150户农户被评为市级“星级文明户”，496户农户被评为县级“十星级文明户”。开展道德模范巡讲30多场次，举办道德讲堂1000多期、乡贤文化讲坛15场次，征集“好家风好家训”278条，打造道德文化进基层示范村100多个；开展中华优秀传统文化传承、爱国主义教育活动200多场次；建立志愿服务站18个，开展志愿服务400多场，中华镇“代理妈妈”志愿服务队入选

2017年，宾阳县古辣香米获国家质量监督检验检疫总局批准为国家地理标志保护产品。图为香米种植基地　　宾阳县委宣传部提供

全国百个最佳学雷锋志愿服务组织。开展诚信宾阳“十佳”评选、“百城万店讲诚信”等活动，举办诚信宣讲30多场次，公布失信人员590多人。

科教文卫体事业　实施科技项目31项（自治区级8项、市级9项）。发明专利申请量179件，有效发明专利72件，引进、开发工业新产品5个、先进技术4项，引进、推广农业优良品种3个、新技术3项。新增高新技术企业认定4家。有幼儿园312所（公办5所、民办307所，小学教学点附设幼儿班84个、特殊学校附设学前班1个、民办幼儿看护点21个），在园幼儿4.41万人，专任教师1593人；小学192所（社会办学2所），在校生6.93万人，专任教师3623人；初级中学28所（九年一贯制3所、社会办学3所），在校生3.22万人，专任教师2117人；高中7所（社会办学2所），在校生1.91万人，专任教师1132人；特殊教育学校1所，在校生117人，专任教师23人；中等职业技术学校1所，在校生6658人（全日制1808人），专任教师102人；教师进修学校1所。创建自治区多元普惠幼儿园28所，自治区示范幼儿园2所；投入9814万元实施义务教育学校建设项目57个，投入2520.40万元为89所学校添置现代化教学设备，撤并初中8所，调整18所村委小学为教学点；推进高中教育晋位提级，投入2966万元实施普通高中建设项目7个，投入967.60万元建设县职校学生食堂、塑胶田径运动场。实施文化“双百工程”“两馆一站”（图书馆、文化馆、文化站）免费开放等惠民工程，开展文化活动5520场次，惠及群众60.50万人次。开展南桥、梁瀚嵩小休楼等文物保护单位维修和非遗进校园挂牌，宾阳莞（草）席、露圩传统武术入选市级非物质文化遗产代表性项目名录。有卫生医疗机构533个（市级1个、县级4个、乡镇级卫生院21个、村级卫生所314个、个体诊所163个、医务室18个、民营医院7个、监狱医院1个、综合门诊部1个、专科门诊部1个、口腔门诊部2个）。有卫生技术人员4194人（县属卫生技术人员2027人）；医院病床3270张（市级医院500张、县级医院988张、乡镇卫生院1227张、民营医院555张）。推进县乡医疗服务一体化，实施分级诊疗，县域内就诊率88.20%；重大项目建设完成投资9179万元。城乡居民健康档案电子建档率86.26%。完成农民体育健身工程32个子项目建设，完成宾阳县骑行基地、威风龙鼓等体育精品工程和县群众艺术馆主体工程建设。开展全民健身系列体育活动320场次，竞赛活动获国家级奖牌3枚、自治区级奖牌40枚，获批为自治区全民健身与全民健康深度融合试点县。

民政事业　审批城镇低保对象8431人次，发放保障金270.64万元；审批农村低保对象16.16万人次，发放保障金2707.14万元。开展宾阳县健康养生城（民政园）一期项目建设，计划总投资1.97亿元，总建筑面积6.44万平方米，设置床位1173张；投资300万元对甘棠镇敬老院进行装修、绿化美化及添置设施。将符合条件的建档立卡贫困户纳入农村低保范围，确认农村低保对象14869人，其中建档立卡贫困对象9295人；将五保户供养纳入特困人员救助供养，发放特困人员生活补助2684户、2777人，金额113.86万元；开展失能和半失能特困人员认定，发放护理补贴1239人次、77.63万元。资助特困人员、孤儿和低保对象参合参保1.94万人、291.59万元；审批发放医疗救助4455人次、754.65万元。发放80周岁以上老年人高龄补助2.07万人、2113.26万元，办理老年人优待证4360本。救助冬春荒灾民7250户、1.55万人，发放救济款284万元。救助流浪乞讨人员280人。发放参战退役人员及民兵抚恤金1884万元；发放优待金712人、1422.40万元；发放退役士兵自主就业补助323人、337.65万元；发放重点优抚对象医疗补助239人次、27.04万元；投入78.01万元，培训退役士兵技能222人。全年新增社会组织登记46个，变更登记21个，注销登记2个，年度检查222个。办理结婚登记7174对，离婚登记1997对。办理收养登记58例。

劳动与社会保障　城镇新增就业人员3951人，城镇登记失业率3.31%，新增转移农村劳动力1.30万人。应届大中专毕业生离校未就业毕业生1527人，经跟踪回访再就业1402人，离校未就业毕业生就业率95.78%。开发公益性岗位93个，开展就业招聘会30场，进场单位154个，提供就业岗位1.60万多个，动员本地企业吸纳3679名农民工就业。城镇职工基本养老保险参保6.78万人，征缴保费3.50亿元；城乡居民养老保险应参保41.72万人，参保39.01万人，参保率93.66 %.；发放养老待遇11.09万人、金额1.28亿元，发放率100 %。失业保险参保2.44万人，失业金保费征缴1150.51万元；发放失业待遇3862人次、573.62万元；组织失业职工职业培训203人，支出培训补贴29.52万元。职工生育保险参保2.91万人，发放企业职工生育保险待遇1187人次、728.16万元。参加工伤保险3.07万人，征缴保费758.51万元，发放工伤保险待遇299人次、234.02万元。

【宾阳县农村产业融合发展示范园入选首批国家农村产业融合发展示范园创建名单】 2017年12月30日，宾阳县农村产业融合发展示范园入选国家发展和改革委员会、农业部、工业和信息化部、财政部等部门联合发文公布的100个国家农村产业融合发展示范园区创建名单。园区以宾阳古辣香米“良种繁育—标准化种植—精深加工—销售渠道—品牌打造—休闲农旅香米”产业链为主线，融合“互联网+”智慧农业、农业高新科技、农业金融协同扶持、美丽乡村及特色加工产业，形成“育种—种苗—种植—加工—营销—品牌—观光”产业链雏形，核心区有龙头加工企业3家。

【古辣香米获批国家地理标志保护产品】 2017年12月29日，国家质量监督检验检疫总局批准对古辣香米实施国家地理标志产品保护，产地范围宾阳县行政区域。古辣香米最早产自宾阳县古辣等镇的不丈垌平原，种植历史可追溯至宋朝。宾阳古辣香米产业示范基地总规划9751.70公顷，核心区635公顷、拓展区1023.30公顷、辐射区8093.30公顷。

【自治区唯一县级农业信贷担保试点创建】 2017年10月9日，经自治区金融工作办公室批准，宾阳县农业信贷担保有限公司成立，是自治区唯一县级农业信贷担保试点。注册资金3000万元，由宾阳县政府授权出资设立的国有独资公司，属政策性担保机构，为全县范围内从事粮食生产及农业适度规模经营的家庭农场、种养大户、农民合作社、农业社会化服务组织、小微农业企业等新型农业经营主体提供担保服务。 （卓家林）

上林县

【概　况】 上林县位于南宁市东北部。东邻来宾市兴宾区，南连宾阳县，西南毗武鸣区，西北交马山县，北与来宾市忻城县接壤；土地面积1869.64平方千米；县政府驻大丰镇。2017年，有镇7个、乡4个（瑶族乡1个），村115个、社区16个。年末户籍总人口49.97万人（城镇人口10.23万人、乡村人口39.74万人），其中壮族人口38.51万人，占总人口77.02%。人口自然增长率6.80‰。耕地面积4.78万公顷（水田面积1.20万公顷）；林地面积6.27万公顷（有林面积5.75万公顷），森林覆盖率52.76%。地区生产总值56.75亿元。财政收入4.31亿元（一般预算收入2.53亿元），一般预算支出31.36亿元。固定资产投资46.25亿元。城镇居民人均可支配收入25225元，农村居民人均可支配收入10199元。有象山工业园区。平果至梧州高速公路，宾阳至上林、上林至马山、忻城周安至宾阳新桥3条二级公路过境。主要旅游景区（点）有国家AAAA级景区大明山景区、大龙湖风景区、金莲湖综合旅游景区，国家AAA级景区云里湖现代农业观光园、鼓鸣寨旅游景区、霞客桃源壮乡旅游度假区、上林禾田农耕文化园、万古茶园景区，以及三里·洋渡风景区、石门龙母圣殿、不孤村人文景区、唐智城垌古城垌遗址、东红湿地公园等。主要矿产资源有黄金、煤炭、钒矿、石煤、滑石、锰矿、水晶石、石英石、大理石、花岗岩、铁、铅、铜、锌等31种，其中钒矿探明储量2.70亿吨，属全国较大钒矿矿床之一。主要地方特产有优质米、茶叶、果蔗、八角等。“上林大米”“上林八角”为国家地理标志保护商品。年内，被列入国家电子商务进农村综合示范县创建单位，获国家有机产品认证示范县创建资格，被评为国家生态文明建设示范县，国家全域旅游示范区创建工作通过自治区验收，群众安全感在自治区111个市、区县中排名第一。

【经济发展】

第一产业　2017年，上林县农林牧渔业总产值37.43亿元，其中农业产值16.53亿元、林业产值2.38亿元、牧业产值16.05亿元、渔业产值2.34亿元、农林牧渔服务业1243万元。第一产业增加值21.99亿元。粮食作物种植面积3.85万公顷、总产量18.20万吨，其中水稻2.68万公顷、产量13.46万吨，玉米0.86万公顷、产量3.98万吨；经济作物种植面积1.45万公顷，其中糖料蔗9103公顷、产量48.87万吨。桑园面积8437公顷、鲜茧产量1.50万吨；果园面积3316公顷，水果产量1.11万吨；八角种植1万多公顷，干八角产量3329吨；茶园面积176公顷，茶叶产量505吨；油料作物3572公顷；蔬菜种植7237公顷，产量14.23万吨；食用菌种植1607万棒，产量4819吨。完成造林68.23公顷，更新改造林1466.67公顷。完成农村土地承包经营权登记颁证试点二轮审核公示乡镇11个，可发证8.58万户。完成土地流转733.33公顷。创建自治区三星级农业示范区1个（上林县山水牛扶贫产业示范区）、自治区县级农业示范区2个（上林县禾田生态休闲农业核心示范区、上林县山水牛扶贫产业示范区）、自治区乡镇级示范区1个（上林县金湖休闲农业示范区）、市级示范区3个（上林县山水牛扶贫产业示范区、上林县禾田生态休闲农业示范区、上林县云里湖现代农业示范区），创建乡镇级示范区14个。建设“双高”糖料蔗示范基地640公顷。新增农民专业合作社110家、家庭农场42家、农业企业8家。完成水利项目投资4261.29万元（中央1252万元、自治区398万元、市本级2147.52万元）。完成水库除险加固1座，“五小”（小水窖、小水池、小泵站、小塘坝、小水渠）水利工程3个，开工建设农村饮水巩固提升工程26个。

第二产业　有工业企业156家，工业总产值20.34亿元。规模以上工业企业16家（产值超亿元企业5家），工业总产值19.19亿元，利税总额9979万元，利润5470万元。第二产业增加值10.73亿元，其中工业增加值5.19亿元（规模以上工业增加值4.76亿元）。工业固定资产投资10.22亿元，技术改造投资9.84亿元。工业主要产品产量：成品糖4.40万吨、白厂丝1669吨、水泥66.87万吨。工业园区固定资产投资5.03亿元；入园企业41家，投产企业27家，其中规模以上企业11家；实现园区工业总产值14.70亿元，规模以上工业增加值完成3.45亿元，利税3625万元；园区企业安排就业岗位2500人，其中贫困人口就业90人。

第三产业　有国有企业61家，注册资金3362.10万元；集体企业16家，注册资金2662万元；内资企业208户，注册资金9.43亿元；私营企业2125家，注册资金380.57亿元；个体工商户1.39万户，注册资金9.22亿元。第三产业增加值24.03亿元。社会消费品零售总额21.97亿元。房地产投资10.28亿元，商住房地产施工面积133.67万平方米（新开工20万平方米），竣工12.25万平方米；商品房

2017年9月21日，上林县获“国家生态文明建设示范县”牌匾　　上林县志办提供

销售29.66万平方米,金额9.70亿元。完成“三湖一寨一江一园”(龙母湖、金莲湖、云里湖、鼓鸣寨、大庙江、农耕文化园旅游景区)等项目投资2.29亿元,累计投资8.55亿元。推进国家全域旅游示范区建设,通过自治区初审。新增自治区四星级乡村旅游区2家(淘金乐园、下水源乡村旅游区)、自治区三星级农家乐2家(六山生态农庄、云田素食养生农庄);有农家乐(乡村旅游区)130家(自治区级旅游度假区1家、自治区级旅游生态示范区2家);四星级乡村旅游区4家、三星级乡村旅游区2家、三星级农家乐14家;四星级酒店1家(天龙湾国际大酒店),三星级酒店3家(圣龙大酒店、翔源大酒店、景兴大酒店)。入选广西特色旅游名县。举办2017年中国旅游日南宁主会场暨上林生态旅游养生节、葵花节等活动。接待游客507.12万人次,旅游收入51.42亿元。

招商引资　赴湖南等地招商10次,对接企业40多家;接待项目客商120多批、400多人,对接项目40个。承办自治区“壮族三月三”健康产业投资推介活动现场会;举办南宁市家居建材商会上林招商推介会、年度大健康产业招商推介会,在旅游健康、生态资源领域招商。年内,签约上林县凤凰山风电场、力拓优质大米智能加工厂及稻谷烘干中心、上林县厚德祖康保健品生产基地建设、上林县服饰产业园、云姚谷生态农业休闲度假、上林霞客灯笼特色小镇等项目19个,合同资金109.86亿元,项目入库15个,到位资金10.16亿元,完成122.45%。

城乡建设　完善县城总体规划(2014—2035),完成县城控规评审稿及县城南丹卫控规核心区修规、县域乡村规划编制的专家评审,开展进城大道扶贫产业带规划编制。完成城乡建设固定资产投资13.08亿元,其中投资1.73亿元建设大丰镇扶贫移民搬迁工程市政道路28条、12.50千米,面积28.36万平方米;投资2673万元完成县城污水管网建设16.70千米。完成改厕3199户、改厨3000户。完成农村危房改造568户。清理“两违”(违法用地、违法建设)48处、1.35万平方米。建成乡镇垃圾处理中心6个、村级垃圾处理设施10处;实施农村公共照明试点村屯27个,安装太阳能路灯227杆;实施农村太阳能路灯建设村屯33个,安装太阳能路灯440杆。

脱贫攻坚　有建档立卡贫困户2.06万户、8.11万人,安排财政资金6.97亿元实施脱贫攻坚,实现16个贫困村,4403户、18857人脱贫摘帽。干部职工4696人与建档立卡贫困户2.06万户结对帮扶,落实教职工1891人、医务人员419人与2015年退出户3358户、2017年新增贫困户及返贫户1069户帮扶。发展高值渔、山水牛、生态鸡、生态旅游、光伏发电5大扶贫产业,建成高值渔养殖示范基地2个,流转土地71.73公顷,成立肉牛养殖合作社87个,建成邑独村、北林村蛋鸡养殖基地2个,辐射带动贫困户3834户,旅游企业用工贫困人口1282人。上级下达及县本级财政扶贫专项资金2.82亿元,支出2.82亿元,资金执行率100%。整合涉农资金到位4.45亿元,支出4.11亿元,资金执行率92.24%。县财政安排风险担保基金1900万元,与广西金融投资集团有限公司、广西农业信贷担保有限公司、南宁市小微企业融资担保3家公司合作,提供1.90亿元贷款担保额度支持扶贫龙头企业、农村合作社等发展扶贫产业;与中国人民财产保险股份有限公司合作,试点支农惠农融资业务,安排1000万元风险基金撬动1个亿的融资额度。发放小额信用贷款2.84亿元,涉及贫困户5760户。投入374.14万元,召开贫困劳动力专场招聘会13场,引导274名贫困劳动力转移就业;发放农村低保金29.68万人、5140.70万元;贫困对象申请临时救助112人次,发放救助金8.68万元;贫困参保居民医疗保险报销1.52万人次、5674.57万元,补偿报销3690.72万元。发放学生资助6.28万人次、4443.10万元;补助在培“两后生”(初中、高中毕业未能继续升学的贫困家庭中的富余劳动力)219人、59.57万元;发放“雨露计划”补助3522人、655.70万元。开工建设明亮、象山、大丰、西燕、塘红、巷贤、镇圩、三里安置点8个,明亮镇安置点交付安置房918套,签约拿钥匙贫困人口3856人。投入9219.95万元,建成屯级硬化路279条、280.53千米;投入4523.73万元,建成饮水安全工程154处;投入644万元,升级改造2个贫困村电网;完成农村危房改造568户。

【社会事业发展】

文明创建　2017年,上林县开展社会主义核心价值观教育实践活动,开展道德讲堂、志愿服务、文明旅游、“讲文明树新风”公益广告宣传、网络文明传播、“上林好人”“美德少年”评选及“我们的节日”活动。蓝凤秀、杨世亮、邓杰鹏入围“中国好人榜”候选人名单,被评为南宁市第四届道德模范;蓝坚高、黄立温、蓝学忠获南宁市第四届道德模范提名奖。大丰镇云里村被评为全国文明村,上林县民族实验学校、上林县城关中学被评为自治区文明校园,7所学校被评为南宁市文明校园,乔贤镇恭睦村、巷贤镇高贤社区(农村社区)被评为南宁市文明村,80户农户被评为市级“十星级文明户”,548户被评为县级“星级文明户”,1457户农户被评为乡镇“十星级文明户”。明亮镇中心学校被评为2014—2016年度自治区未成年人思想道德建设工作先进单位。建成大丰镇内里庄、乔贤镇内旦庄、镇圩乡排邑庄、巷贤镇磨庄、澄泰乡阳山庄、白圩镇不孤村等8个好家风好家训示范点。

科教文卫体事业　投入806万元,实施科技项目5项,实施到期通过上级验收科技项目3项。申报科技计划项目14项,获立项5项。专利申请173件(发明专利92件),授权31件(发明专利12件),有效发明专利45件。开展科普主题活动38场次,举办科普展览、讲座31场次,受益3万人次。选派科技特派员45名,下乡服务65次,举办培训班23场次,培训534人次。引进新品种2个(益甜608玉米、无核沃柑),推广沃柑溃疡病绿色防控技术、金秋砂糖桔新品种栽培技术、富硒水稻高产栽培技术、肉牛零排放生态养殖、罗非鱼越冬养殖5项新技术。有幼儿园111所(公办11所、民办100所),在园幼儿1.64万人,教师1404人;小学64所,在校生3.08万人,教师1970人;初中(含九年一贯制学校)12所,在校生1.32万人,教师1018人;高中4所,在校生7303人,教师525人;特殊教育学校1所,在校生89人,教师21人;中等职业技术学校1所,在校生2571人,教师41人;教师进修学校1所,无教师。投入2.23亿元,实施教育基础设施工程245个,建筑面积24.12万平方米。11月17日,义务教育均衡发展工作通过自治区督导评估。发放社会资助资金297人次、123.89万元。资助家庭经济困难学生35.01万人次、8186.35万元。发放生源地信用助学贷款4753人、3337.90万元。实施农村义务教育学生营养改善计划,拨付经费3501.39万元,受益学生4.41万人。举办南宁国际民歌艺术节“绿城歌台”上林分歌台文艺演出等群众文艺演出1020场,参与970人,观众21万人,协办中国(广西)首届壮语春节联欢晚会。实施“千村万户文艺惠民工程”,投资576万元,新建村级公共服务中心18个。扶持农村文艺队伍36个,投入28万元,演出1016场次;电影进村放映1380场次、进社区192场;开展“送戏进基层进校园”60场。参加南宁市第八届乡村社区和谐文艺大展演比赛获一等奖2个、二等奖3个;舞蹈《心心相印》参加“践行价值观,南宁我先行”文艺专场演出获银奖。有医疗

2017 年上林县乡镇情况表

表 41

名 称	土地面积（平方千米）	村民委员会（个）	社区居民委员会（个）	自然屯（个）	年末人口（人）	农林牧渔业总产值（万元）	粮食产量（吨）
大丰镇	176	9	4	69	65383	40671	12341
明亮镇	120	8	1	75	33029	28670	14582
巷贤镇	172	12	1	93	45889	46960	21406
白圩镇	234	17	2	172	84288	64300	37831
三里镇	192	14	1	157	55878	35861	28235
乔贤镇	126	7	1	92	37072	20658	11336
西燕镇	292	11	1	131	45731	24862	16058
澄泰乡	112	11	1	118	42751	29755	16935
木山乡	124	6	1	72	20914	17703	3859
塘红乡	181	10	2	175	43306	32596	11215
镇圩瑶族乡	113	10	1	121	25493	12024	4376

卫生机构 231 个，其中国有医疗卫生机构 13 个（县属 3 个、乡镇 11 个），村卫生室 115 个，社区卫生室 16 个，个体医疗诊所 84 个，民营医院 3 家。有卫生人员 1675 人（县属 970 人），乡村医生 241 人。医院病床 1241 张（县级医院 440 张、乡镇卫生院 691 张、民营医院 110 张）。参加基本医疗保险 46.78 万人（职工 1.89 万人，城乡居民 44.89 万人），征缴保险费 1.39 亿元，支出 2.47 亿元；在自治区率先推行新型农村合作医疗、城镇居民基本医疗保险制度“两险合一”管理。建成县重点传染病防治综合楼、壮医瑶医综合楼；扩建白圩镇、巷贤镇、镇圩瑶族乡、塘红乡、西燕镇、三里镇 6 个乡镇卫生院业务楼。在全市范围率先实行县域内住院就医“先诊疗、后付费”业务。获“国家卫生县城”称号。南宁智慧信息工程（一期）项目在上林县试点实施。投资 300 多万元，建设村屯标准篮球场 8 个、戏台 2 个、村屯文化活动室 3 个，安装全民健身路径 22 套，给 36 支业余文艺队配备音响设备各 1 套。举办“勇闯天涯杯”迎春篮球赛、“全民健身健康广西”百万群众健身走等群众体育赛事。上林县业余体校女子手球队获全国女子手球比赛第五名，获自治区手球锦标赛第二名，获自治区青少年女子手球锦标赛第三名；上林县业余体校代表队获南宁市青少年田径锦标赛金牌 3 枚、银牌 2 枚、铜牌 1 枚；上林县业余体校代表队获南宁市中学生篮球比赛女子第三名；上林民族中学代表队获中国足球民间争霸赛“我爱足球”南宁市赛区社会组女子冠军、男子亚军，上林县女子足球队获广西总决赛第二名。

民政事业　审批城镇最低生活保障对象 0.49 万人次，发放保障金 165.40 万元；审批农村低保对象 31.86 万人次，发放保障金 5519.70 万元。发放参战退役人员生活补助 558 人、390.67 万元；发放参战民兵生活补助 2122 人、356.99 万元；安置退役士兵 116 人（岗位安置 7 人），发放自主择业补助 114.90 万元；发放优待金 358 人、517.74 万元。发放农村特困人员供养金 1736 人、827.29 万元。建立“五位一体”（资助参合参保、门诊救助、临时救助、住院救助、慈善救助）医疗救助制度，缴纳农村低保户、特困户及孤儿参加新型农村合作医疗保险费 3.21 万人、480.90 万元；审核发放城乡大病医疗救助金 2623 人、498.50 万元。发放临时生活救助金 120 人次、9.50 万元。参加农村住房政策性保险农户 9.52 万户、106.66 万元；办理因灾倒塌损坏房屋农户保险理赔 154 户、91.86 万元。救济农村困难户 2.52 万人、261 万元。有老年公寓 1 家、敬老院 13 所。办理结婚登记 3270 对，离婚登记 925 对。

劳动与社会保障　城镇新增就业 2229 人，下岗失业人员再就业 301 人，帮助大龄困难人员再就业 142 人。城镇登记失业率 2.68%。新增农村劳动力转移就业 8662 人；发放创业担保贷款 1773 万元，扶持创业 1123 户（家）。发放首批城乡居民社会保障卡 8.94 万张。建成保障性住房 84 套，分配入住 215 套。企业在职职工参加基本养老保险 1.26 万人，征缴保险费 9519.33 万元，支出 1.97 亿元；参加失业保险 1.14 万人，征缴保险费 558.68 万元，支出 258.08 万元；参加工伤保险 0.99 万人，征缴保险费 343.96 万元，支出 152.54 万元；参加生育保险 1.02 万人，征缴保险费 359.95 万元，支出 388.31 万元。参加城乡居民社会养老保险 17.18 万人，参保率 96.63%，征缴保险费 1394.98 万元；发放养老金 6.34 万人、7183.78 万元，发放率 100%。完成异地就医备案，公立医院纳入跨省异地就医结算系统，实现跨省就医就地结算。立案处理劳动争议案件 37 件，结案 36 件（中止审理 1 件）。

【医改“上林模式”】 2017 年，上林县推行分级诊疗、双向转诊制度，在南宁市范围率先实行县域内住院就医“先诊疗、后付费”业务，推行“五个一”（一个药箱、一张宣传单、一张联系卡、一份协议书、一本服务手册）家庭医生签约服务；开辟“医养结合，两院合一”模式，实现县人民医院与市第二人民医院互联互通。医改“上林模式”成为自治区先进典型，中央电视台新闻频道《朝闻天下》栏目以“国家级贫困县‘医改’突围”为题进行报道。

【首届中国－东盟环上林大龙湖国际山地自行车越野赛】 2017 年 5 月 21 日，在上林县大龙湖风景区举行。上林县委、县政府和自治区体育局、自治区社会体育运动发展中心、南宁市体育局、广西紫荆体育文化有限公司联合举办。近 400 名中外选手参加，其中菲律宾、越南、文莱、印度尼西亚、泰国等东盟国家选手 21 名。赛段全程 33 千米，路线为大龙湖景区游客服务中心—那域—那里—石盘—江头—岜独—报台—马安—内盘—大龙湖景区游客服务中心。赛道难度系数达国家级比赛中上水平。道卡斯（中国）车队梁力麒获国际赛男子青年组冠军,浙江飞龙体育车队荀祥卫获男子中年组冠军,深圳安道中国车队邓湖平获女子组冠军;何建金获本地(上林)组男子青年组冠军,韦剑获男子中年组冠军,覃秋婵获女子组冠军。

(樊守辉)

马山县

【概　况】 马山县位于南宁市北部。东与上林县、来宾市忻城县交界,南与武鸣区相邻,西与河池市大化瑶族自治县、百色市平果县接壤,北与河池市都安瑶族自治县隔红水河相望;土地面积2340.76平方千米;县政府驻白山镇。2017年,有镇7个、乡4个(瑶族乡2个),村133个、社区18个。年末户籍总人口57.12万人(城镇人口10.55万人、乡村人口46.57万人),流动人口10.55万人;壮族人口41.85人,占总人口73.27%;区间(2016年10月至2017年10月)人口自然增长率9.85‰。耕地面积4.60万公顷(水田1.27万公顷);林地面积14.95万公顷(有林面积5.81万公顷、灌木林面积8.31万公顷),森林覆盖率65.09%。地区生产总值55.18亿元。财政收入3.42亿元(一般公共预算收入1.95亿元),一般公共预算支出33.93亿元。固定资产投资42.19亿元。城镇居民人均可支配收入25889元,农村居民人均可支配收入9807元。有苏博工业园区、百龙滩工业园区。主要河道有一级河红水河;二级河清波河、乔利河、周鹿河、兴科河、姑娘江、府城河、仙湖河、杨圩河、小明山河9条。有水任(河池)至南宁、来宾至马山、马山至平果高速公路,马山至大化、马山至上林至宾阳二级公路,国道210线过境。主要旅游景区(点)有金伦洞、水锦·顺庄、弄拉生态自然风景区、灵阳寺、百龙滩红水河、中国玄河——永州暗河、金钗石林城堡、小都百乡村旅游区、三甲乡村旅游区、西山庄园、古寨风情小镇、古寨金银花公园、加方石田景观等。主要矿产资源有煤、锰、铁、钨、铜、滑石、重晶石、方解石、叶腊石、石灰石、高岭土等23种。主要地方特产有黑山羊、金银花、旱藕粉、八角、黑豆、里当鸡等。被评为国家卫生县城、全国休闲农业与乡村旅游示范县、全国标准化气象为农服务示范县、中国山地马拉松"最美赛道",自治区文明城市,入围自治区全民健身与全民健康深度融合试点县。

【经济发展】

第一产业　2017年,马山县农林牧渔业总产值33.45亿元,其中农业产值16.28亿元、林业产值3.04亿元、牧业产值11.28亿元、渔业产值2.76亿元、农林牧渔服务业产值950万元。第一产业增加值20.26亿元。粮食作物种植面积3.91万公顷、总产量17.86万吨,其中水稻1.53万公顷、产量8.01万吨,玉米1.87万公顷、产量9.08万吨,黄豆(大豆)2850公顷、产量4025吨,红薯951公顷、产量1.09万吨,其他杂粮320公顷、产量300吨;经济作物种植面积1.09万公顷,总产量46.31万吨,其中甘蔗3301公顷、产量20.56万吨,木薯1635公顷、产量1.77万吨,花生1194公顷、产量2651吨,中草药4523公顷、产量2389吨;桑树种植面积2093公顷,桑蚕饲养量8.60万张,鲜茧产量3504吨;蔬菜种植面积9420公顷、产量23.12万吨;果园面积2813公顷,水果产量2.11万吨。完成荒山造林221公顷,石漠化治理封山育林2086公顷,迹地更新1400公顷,义务植树91万株;发展林下经济33.3公顷,建成林下经济示范点1个。黑山羊出栏6.71万只,存栏6.38万只;肉牛出栏2.87万头,存栏8.56万头;生猪出栏37.90万头,存栏30.43万头;家禽出栏484.89万羽,存栏191.52万羽。肉类总产量4.03万吨,水产品产量1.26万吨。新建种植基地46个,面积200公顷。完成土地流转7001.80公顷。投入7254万元(市级1200万元、县级1044万元、经营主体5010万元),建设市级特色农业示范区1个(马山县华星果蔬产业示范区);投入6253.57万元(县级1929.20万元、经营主体4324.35万元),建设马山县永州镇菜根谱蔬菜产业示范园、马山县周鹿镇马周柑橘产业示范园、马山县古零镇石丰四黄水产养殖示范园、马山县乔利乡三乐柑橘产业示范园4个乡镇现代特色农业示范区。开展"三品一标"认定申报,盛世生态农产品生产基地获评自治区级无公害农产品产地,马山里当鸡通过自治区地理标志保护产品初审,马山黑山羊地理标志商标(证明)通过自治区审核及工商总局商标局的形式审查。新增农民合作社218家(累计608家)、家庭农场37家。发放粮食补贴9.70万户、3886.02万元,农机购置补贴303台(户)、85.61万元。投入7179.29万元,完成水库除险加固等工程39处,改善灌溉面积1750公顷。实施农村人饮水工程63个,解决2.56万人口饮水安全问题。

第二产业　有工业企业772家,工业总产值10.44亿元。规模以上工业企业13家,工业总产值8.16亿元,利税总额9600万元,利润5783万元。第二产业增加值10.35亿元,其中工业增加值3.31亿元(规模以上工业增加值2.44亿元)。工业投资7.80亿元、技术改造投资5.90亿元。规模以上工业主要产品产量:机制糖1.77万吨、水泥32.75万吨、酒精31800千升、发电量1209.86万千瓦时(小型水电站),售电量3.57亿千瓦时。投入3373万元,完善苏博工业园区基础设施建设,新增标准(租用)厂房6000平方米;新入驻企业3家(广西马山县永麒皮革制品有限公司、广西康巴科技有限公司、广西特飞航空动力科技有限公司),投产企业5家(广西马山县永麒皮革制品有限公司、广西特飞航空动力科技有限公司、广西博禄德电子有限公司、广西马山明达新材料有限公司、广西马山万祥矿业有限公司)。

第三产业　有国有企业226家,私营企业1852家(新增286家),注册资金34.21亿元,从业人员7562人。个体工商户1.29万户(新发展1903户),注册资金7.94亿元,从业人员2.42万人。微型企业577家,注册资金5763.50万元,从业人员2037人。注册资金5.73亿元。有市场(含农贸市场)18个。第三产业增加值24.57亿元。社会消费品零售总额25.34亿元。在建房地产项目13个,计划总投资17.07亿元,完成投资1.89亿元,房屋施工面积31.20万平方米,商品房销售6.43万平方米,销售额2.10亿元。推进15个重点旅游扶贫村规划与《广西天鹅寨休闲度假旅游区总体规划》《马山大弄拉石漠化国家公园总体规划》《马山县乡村旅游规划》《马山县旅游产业招商项目库》《马山县全域旅游总体规划》《马山县旅游集散中心详细性修建规划》编制。弄拉生态旅游区入选全国优秀旅游项目;三甲乡村旅游区被评为自治区休闲农业与乡村旅游示范点;水锦·顺庄景区被评为国家AAAA级景区;古寨金银花公园被评为自治区三星级乡村旅游区,三潮水山庄、青山丽水农家乐、石丰鱼庄农家乐被评为自治区三星级农家乐,易珑山庄被评为自治区三星级酒店。接待游客319.50万人次,旅游收入22.30亿元。

招商引资　签订项目合作协议19个,计划投资99.20亿元。其中,签订合同7个,合同总投资9.95亿元;意向协议12个,意向总投资89.25亿元。自治区外境内到位内资3.21亿元。接待考察客商30多批次,组织外出考察洽谈项目9次,举办专题招商推介会2次;引进一铭软件股份有限公司、北京康之维科技有限公司等,与中国华能集团签订马山县状元山风电场项目合作协议,进行粤桂扶贫项目协作招商。在广东省茂名市举行的南宁市国家扶贫开发工作重点县产业扶贫对口招商推介会上签约项目3个(红浪康养城、大厚码头、旅行社合作),计划投资22.50亿元。

城乡建设　组织编制永州、周鹿、林

圩、金钗等5个重点村和10个一般村屯规划。重点建设县城新兴街、马山中学新华书店一带排水排洪管道治理工程、姑娘江翻板坝工程。建成保障性住房60套,改造农村危房1471户,绿化3000平方米。改造环广西公路自行车世界巡回赛建设沿线房屋立面6785栋。实施农村改厕改厨项目1.30万户。建成乡镇片区垃圾处理设施项目9个、村级垃圾处理中心10个。完成乡土特色示范村项目建设1处。

脱贫攻坚 有贫困村68个,有建档立卡贫困户17826户,贫困人口69100人。安排扶贫资金13.80亿元实施脱贫攻坚,全县干部8256人全覆盖帮扶贫困户,实现11个贫困村、15109人脱贫摘帽;与广东省茂名市电白区签订对口帮扶协议,落实帮扶资金2000万元,开工建设马山电白小学;获南宁市青秀区、南宁经济技术开发区对口帮扶资金1000万元及扶贫善款1660万元。启动"十三五"75个贫困村整村推进项目,修建贫困村屯级道路149千米、砂石路110千米,解决9493户、4.07万人行路难问题;实施饮水安全项目110处,惠及贫困村75个,自来水普及率75%以上;竣工农村电网改造升级项目295个;改造贫困户农村危房1471户;安排奖补资金3937.80万元,扶持贫困人口6.80万人发展果蔬、桑蚕、禽畜养殖等产业;培育和引导农民合作社300多个参与产业扶贫,带动贫困户955户、3725人增收。实施"党旗领航·电商扶贫",上线农产品16类、47个品种,销售16.60万元。审核易地扶贫搬迁对象2.20万人;投入7.18亿元,建成里当、加方安置点2个,建设金钗、合作、板伏、苏博安置点4个,建成安置房1711套、入住2834人。补助贫困人口城乡医疗保险费5.56万人、500.40万元,医疗及临时救助贫困人口2.50万人次、7000多万元;发放教育补助6739.30万元;发放扶贫小额贷款4320万元、贴息991.32万元,受益1155户;开展转移就业培训34期,培训1089人,实现"两后生"就业138人,扶持创业户823户、发放贴息贷款1843万元;设置生态护林员岗位1528个,每户每年增加工资性收入7980元。

2017年5月6日,中国－东盟山地户外体育旅游大会在马山县三甲屯举行。图为攀岩比赛中 马山县委宣传部提供

【社会事业发展】

文明创建 2017年,马山县开展社会主义核心价值观、"讲文明树新风"公益宣传。设立未成年人心理健康辅导站,建立中央福利彩票基金项目少年宫5所、市级少年宫7所。在南宁志愿网注册的志愿者队伍85支、7894人;34支、4150人次的志愿者队伍参与"我们的节日"系列活动。春节期间,慰问贫困家庭户等1300户,慰问物资价值3100元,慰问资金2.46万元;服务自驾摩托车返乡务工人员1200多人。开展"我推荐、我评议身边好人""文明家庭创建""星级文明户、文明村镇、文明单位创建评选",推荐和评议身边好人40人,获自治区道德模范和提名奖1人、南宁市道德模范和提名奖15人、县级道德模范和提名奖17人,蓝莉芬、农海年、韦仕珠登"中国好人榜";莫洪林家庭被评为自治区文明家庭;古零镇、永州镇三村村被评为南宁市文明村镇,苏博工业园区管委会被评为市级文明单位,80户农户被评为市级"十星级文明户"。

科教文卫体事业 组织实施科技项目5项(自治区级1项、市级4项);实施到期通过上级验收科技项目1项。推广应用新技术项目1项(林圩镇片圩覃氏肉猪养殖示范基地)。举办科技培训班5期,培训420人次。建立林圩镇片圩村"赤芍耐药逆转技术在生猪产业中的应用研究"基地、白山镇立星村果蔬科技扶贫产业示范基地、乔利乡东良村"优质高产甜糯玉米种植关键技术示范与推广"基地、古寨瑶族乡加善村"加工型野山椒引进示范与推广"基地。有幼儿园236所(公办130所、民办106所),看护点10个,在园幼儿2.25万人,教师1013人;小学105所,教学点55个,在校生3.70万人,教师2186人;初中17所,在校生1.74万人,教师1021人;高中3所,在校生7611人,教师543人;特殊教育学校1所,在校生194人,教师32人;中等职业学校1所,在校生779人,教师40人。下拨贫困县农村义务教育阶段学生营养改善资金4064.01万元。资助家庭经济困难学生9962人次、1153.08万元;免除贫困学生学费1.48万人次、674.21万元;发放贫困大学生补助41人、1.74万元;办理大学生生源地信用助学贷款4236人、2891万元。实施教育基础建设项目44个(含续建、改扩建项目),建筑面积3.86万平方米,完成投资8100万元。被教育部评为中小学校长"优秀项目县"。建成村级公共服务中心21个、建设乡镇无线台站3个;放映公益电影1956场(农村1740场、社区216场);扶持农村社区文艺队35个,演出1546场,观众40多万人;开展"送戏进基层进校园"活动91场。有文学协会、山歌协会等13个,会员654人。壮族传扬歌、壮族刺绣成功申报第五批自治区级非物质文化遗产项目传承人,瑶族剪刀歌、马山丝弦戏、"上刀山下火海"申报第六批市级非物质文化遗产项目传承人,永州豆腐制作技艺、永州米酒制作技艺、永州鱼片制作技艺申报第七批市级非物质文化遗产名录获通过。对永州镇宁寿村一带进行考古调查,发现先秦时期的陶片,宋、元、明、清、民国时期的瓷器。有医疗卫生机构412个,其中国有医疗卫生机构15个(县属4个、乡镇11个),社会办医疗卫生机构4个,村卫生室308所(含诊点),个体医疗诊所85个;卫生技术人员2061人(县属970人);医院病床1589张(县级医院802张、乡镇卫生院630张、社会办医疗卫生机构157张)。投资2647.66万元(含个人投资),建造农村卫生户厕1.30万座,累计建成农村卫生户厕12.92万户。参加新型农村合作医疗农民52.58万人,参合率100.03%,个人缴费7502.40万元。建设村(屯)级篮球场13个,修缮登山步道9条,建设环姑娘江、周鹿独秀山健身步道、三甲攀岩核心区至小都白自行车骑行道等。举办中国第三届马山县全民健身运动会等赛事34场(次),1978个队、1.86万名运动员参加,观众40多万人次。被国家体育总局评为"2013—2016年度全国群众体育工作先进单位"。

民政事业　审批城镇最低生活保障对象5036人次,发放保障金171.84万元;审批农村低保对象37.98万人次,发放保障金6752.17万元。发放优抚金1876人、998.59万元;安置退役士兵2人,发放补偿金95.90万元。发放应急救灾物资折款34.98万元,救助3400人;发放救济粮398.50吨、棉被4000床、衣物1.09万件套(折款408.70万元),解决1.10万户、3.50万人缺粮缺衣困难。确定2.85万人次,发放农村特困人员供养定补金1172.30万元;有养老机构122个(敬老院13个、五保村108个、县社会福利院1个),入住五保老人228人。发放80周岁以上老年人高龄补助1.12万人、119.60万元,办理老年人优待证391本。城乡医疗救助3979人次、615.84万元。办理结婚登记3805对,离婚登记729对;收养登记81例。

劳动与社会保障　城镇新增就业2003人,帮助下岗失业人员再就业483人、大龄困难人员再就业225人,城镇登记失业率1.99%以内。完成职业技能培训965人,补贴163.17万元;完成产业工人技能提升培训151人。新增农村劳动力转移就业8620人。参加城镇企业职工"五险"(基本养老保险、失业保险、城镇基本医疗保险、工伤保险、生育保险)7.39万人,征缴保险费1.59亿元,支出3.07亿元。参加城乡居民基本养老保险19.95万人,征缴保险费1713.45万元;发放养老保险金6.24万人、6859万元,发放率100%。受理劳动保障监察举报投诉33件,立案33件,结案33件;受理劳动人事争议仲裁案件88件,结案88件。

【中国-东盟山地户外体育旅游大会】 2017年5月至11月举办。国家体育总局登山运动管理中心、中国登山协会、自治区旅游发展委员会、自治区体育局联合主办,北京国奥中健体育发展有限公司等承办。主要有开幕式、体育扶贫公益行动启动仪式、攀岩精英挑战赛、群众体育休闲活动、第二届中国-东盟山地马拉松赛等体育赛事和活动、闭幕式颁奖晚会及攀岩特色小镇点亮仪式。5月6日,大会开幕式活动暨体育扶贫公益行动启动仪式在马山县古零镇三甲屯举行。其间,举办攀岩精英挑战赛,来自英国、中国香港、北京市等选手138人参赛,比赛分专业组、公开组两种形式,中国湖南选手翟昌凤以3分43秒获男子专业组冠军,中国江西选手潘旭华以2分55秒获女子专业组冠军,中国选手方业飞、谢月分获公开组男子组、女子组冠军;举行走扁带、三人板鞋、背篓绣球、平台舟体验、半山飞索等群众体育休闲活动,参与群众2000多人次,接待游客3000多人次。募捐到体育公益基金(物)价值21万元;市体育局、南宁体育产业协会等单位及个人捐赠体育用品价值15万元;捐助10名贫困孤儿由小学到大学毕业的学费和生活费。11月5日,大会闭幕式颁奖晚会及攀岩特色小镇点亮仪式在县会鼓广场举行。国家体育总局登山运动管理中心副主任、中国登山协会副主席王勇峰等出席;晚会举行点亮"马山攀岩特色小镇"仪式并为东盟山地马拉松赛42千米男子组和女子组、21千米男子组和女子组的获奖选手颁奖。

【2017格力环广西公路自行车世界巡回赛第四赛段比赛】 2017年10月22日,在南宁—马山弄拉景区段举行。自治区政府、中国万达集团主办。哈萨克斯坦阿斯塔纳车队、巴林美利达车队、美国BMC车队、比利时快步车队、英国天空车队等18支职业车队、126名选手参赛。比利时韦伦斯获冠军、比利时加维利亚获"冲刺王"称号、美国罗什获"爬坡王"称号、比利时阿拉菲利普获"最佳年轻车手"称号、荷兰尼古拉斯·坎佩纳特获"敢斗奖"。

【2017中国-东盟山地马拉松赛(马山站)比赛】 2017年11月5日,在马山县环弄拉风景区举行。国家体育总局登山运动管理中心、中国登山协会、自治区体育局、自治区旅游发展委员会主办。中国、尼泊尔、印度尼西亚、埃及、叙利亚、黎巴嫩、也门、保加利亚、德国、西班牙、美国、墨西哥、肯尼亚、埃塞俄比亚等国家和中国香港、澳门、台湾地区的运动员1081人参赛,设42千米、21千米个人赛及8千米群众健身赛项目3个。埃塞俄比亚选手AmotoEsayasData获山地马拉松42千米个人赛男子组冠军,中国重庆选手向付召获42千米个人赛女子组冠军;中国广西选手明定邦获山地马拉松21千米个人赛男子组冠军,埃塞俄比亚选手BilenMekonenTafesse获21千米个人赛女

2017年马山县乡镇情况表

表42

名　称	土地面积(平方千米)	村民委员会(个)	社区居民委员会(个)	自然屯(个)	年末人口(人)	农林牧渔业总产值(万元)	粮食产量(吨)
永州镇	199.21	17	1	176	57204	45490	21626
周鹿镇	341.47	18	1	221	97445	45127	33905
林圩镇	320.91	18	1	240	99708	38441	30228
乔利乡	171.34	9	1	111	42633	34887	16317
白山镇	234.65	13	8	243	87689	29081	19031
百龙滩镇	88.00	5	1	134	22587	15428	6550
古零镇	258.99	13	1	190	59052	30572	19666
金钗镇	124.38	7	1	267	31428	25032	8015
加方乡	204.69	16	1	443	30764	13628	10174
古寨瑶族乡	151.25	8	1	260	21338	9924	7266
里当瑶族乡	147.04	9	1	295	21389	8878	5453

子组冠军。

【中国首个攀岩特色体育小镇】 2017年8月，马山县古零镇攀岩特色体育小镇列入体育总局公布全国第一批休闲特色小镇项目试点，是中国首个攀岩特色体育小镇。规划面积3.60平方千米，以三甲屯攀岩运动为核心，涉及2个乡镇18个村屯。至年末，攀岩小镇完成核心区一期建设，开发15面壁岩攀岩线路201条，建成攀岩学校6所、登山栈道6条、攀岩平台9个、露营大草坪4公顷，完成攀岩之家等配套设施建设。古零初级中学被确定为攀岩特色学校。　（陆惠华）

隆安县

【概　况】 隆安县位于南宁市西北部，东邻武鸣区、西乡塘区，南连崇左市江州区、扶绥县，西接崇左市大新县、天等县，北与百色市平果县接壤。土地面积2305.59平方千米；县政府驻城厢镇。2017年，有镇6个、乡4个，村118个、社区13个。年末户籍总人口42.24万人(城镇人口8.45万人、乡村人口33.79万人)。壮族人口40.38万人，占总人口95.60%。人口自然增长率6.90‰。耕地面积6.23万公顷(水田1.45万公顷)；林地面积13.37万公顷(有林面积8.01万公顷)，森林覆盖率59.89%。地区生产总值73.18亿元。财政收入5亿元(一般公共财政预算收入2.71亿元)，一般公共财政预算支出25.91亿元。固定资产投资57.81亿元。城镇居民人均可支配收入25912元，农村居民人均可支配收入10720元。有宝塔医药产业园区、华侨管理区2个工业园区。广西西部第一条高速铁路——南昆客运专线、南宁至昆明铁路、南宁至百色二级公路、南宁至百色高速公路、G324国道、S316省道及右江水路过境。主要旅游景区(点)有龙虎山自然保护区(国家AAAA级景区)、渌水江、布泉河景区、雁江古镇、金穗生态园乡村旅游区。主要矿产资源有金、银、煤、水晶石，其中凤凰山银矿藏量居全国第三、自治区第一。地方特产有板栗、荔枝、龙眼、香蕉、叮当鸡等。有“中国板栗之乡”“那文化之乡”之称。

【经济发展】

第一产业　2017年，隆安县农林牧渔业总产值46.13亿元，其中农业产值27.87亿元、林业产值2.18亿元、牧业产值11.20亿元、渔业产值3.57亿元、农林牧渔服务业产值1.28亿元。粮食作物种植面积3.83万公顷、总产量17.86万吨，其中水稻1.45万公顷、产量7.69万吨，玉米1.73万公顷、产量8.42万吨，豆类5292公顷、产量8822吨，薯类1190公顷、产量1.05万吨；经济作物种植面积1.43万公顷，总产量63.75万吨，其中油料作物2466公顷、产量5718吨，甘蔗6670公顷、产量57.12万吨，木薯4298公顷、产量5.92万吨，中草药材608公顷、产量1349吨。果园面积2.01万公顷，水果产量44.44万吨，其中蕉类1.26万公顷、产量40.14万吨，火龙果1743.67公顷、产量0.69万吨。兑现生态公益林补偿金1496万元，完成造林1003.33公顷(荒山造林70公顷、其他造林933.33公顷)，桉树萌芽更新933.33公顷，中幼林抚育4200公顷，义务植树80万株；退耕地还林2800公顷。出栏肉猪42.11万头、牛2.59万头、山羊7.19万只，年末存栏生猪38.12万头、牛9.05万头、山羊9.50万只；家禽出栏596.34万羽(鸡513.26万羽)，存栏619.75万羽(鸡580.33万羽)。肉类总产量4.64万吨。水产品产量1.67万吨。开展农村土地承包经营权确权登记颁证，累计落实经费3440.95万元，完成土地流转2.53万公顷。创建农业示范区15个(自治区级1个、市级2个、自治区乡级3个)，入驻企业17家，新成立农民专业合作社7家。发放农机购置补贴农户242户、222.98万元，结算机具242台、196.22万元。建设农村饮水安全巩固提升工程项目33个，投资2966.07万元，受益3.33万人，其中15个项目安排在贫困村，解决贫困人口6182人饮水困难。

第二产业　工业总产值52.17亿元。规模以上工业企业37家，工业总产值50.31亿元。第二产业增加值19.77亿元，其中工业增加值10.62亿元(规模以上工业增加值9.90亿元)。超亿元企业18家，产值40.54亿元。工业投资9.65亿元、技术改造投资7.50亿元。规模以上工业主要产品产量：饲料55.44万吨、成品糖3.54万吨、淀粉及淀粉制品8.10万吨、食品添加剂2.10万吨、发酵酒精36251千升、蚕丝113.91吨、人造板49.61万立方米、甲醛10.25万吨、合成氨2.92万吨、农用氮磷钾化学肥料1.19万吨、松香0.80万吨、松节油0.13万吨、硅酸盐水泥熟料189.82万吨、水泥158.90万吨。发展木业、铂洋香蕉浆粉等项目，扶持三鑫电子、鸿博药业、睦丰家居、富利时儿童地垫等企业，开工建设振宁西南薄板钢管、明锐混凝土搅拌站等项目13个，桑葚酒、果之梦等项目9个竣工投产。宝塔医药产业园区入驻企业23家(工业企业17家，规模以上1家、投产7家)，累计完成固定资产投资27.74亿元，其中年内投资1.72亿元(工业投资)的企业入驻3家，实现工业总产值7394.20万元(规模以上企业工业总产值4298万元)。

第三产业　登记在册市场主体1.44万户，注册资金82.92亿元，从业人员2.20万人。其中，企业2276户(新增244户)，注册资本66.06亿元(新增9.54亿元)，从业人员4854人(新增765人)；个体工商户1.16万户(新增1514户)，注册资本6.51亿元(新增1.87亿元)，从业人员1.69万人(新增2961人)；农民专业合作社256户(新增52户)，注册资本5.21亿元(新增1.88亿元)，成员3487人(新增576人)。有市场(含农贸市场)15个。第三产业增加值25.46亿元。社会消费品零售总额21.22亿元。在建房地产项目10个，计划总投资42.31亿元，年内完成投资20.69亿元，房屋施工131.44万平方米，商品房销售28.84万平方米，销售额9.33亿元。建立乐村淘体验店344家，“村邮乐购”“电子商务进万村”农村电商网点(店)100家。有农产品保鲜加工、冷链物流27个，建成启用县级电商店1个。接待游客249.58万人次，旅游收入20.65亿元。

招商引资　自治区外境内到位资金7.50亿元。接待来访客商80批次、330人次，洽谈项目26个。引进富利时儿童爬行垫及运动垫生产、海螺石灰岩新型材料生产、神宇年产1000万平方米防水卷材及1万吨混凝土添加剂生产线、年产10万扇防盗安全门、绿色建筑装饰材料、感光材料及蓄电池处置利用、中农集团与丰登公司氮肥生产、广西超大隆安物流中心、中山三礼电子高新微型电磁产品生产、华润集团生物质能源发电项目10个。

城乡建设　编制13个村屯规划。实施市政设施“两纵五横”建设，完成投资1.90亿元；开工建设隆南大道“那城”段、供水管网过江管道。建成体育健身活动中心室内馆区；完成县城西宁水厂厂区建设及设备安装。完成农民工创业园标准厂房项目二期建设6万平方米。征地160.48公顷。建设镇级污水处理项目4个、处理设施(中转站)16个。那桐镇岜帽屯乡土特色示范项目竣工验收，开工建设布泉乡布泉社区发达屯河源头、雁江镇雁江社区塘铺屯示范村项目。震东集中安置区开工建设楼房53栋、房屋7123套，主体封顶30栋、4105套，竣工20栋、2800套，累计投资6.41亿元，占总工程量35.60%。续建交通运输项目4个、里程21.04千米；投资4324.20万元，新建交通基础设施项目76个，建成农村公路801.40千米。投入810万元，实施农村公路管养、修复。有公交线路26条(新增3条)，公交车81辆(新增3辆)。完成农村改厕6958户、改厨6828户。15个垃圾处理中心、处理设施项目完工。硬化非贫困村通电路32

条、44.70千米;硬化建设通屯路31条、56.90千米,竣工3条。实施农村危房改造718户,其中开工618户,竣工356户。建设新一轮农村电网改造升级项目,完成项目核准100个,开工140个,竣工投产80个。投资3000万元,建设200个通信基站300项光纤网络工程。

脱贫攻坚　有建档立卡贫困户8739户,贫困人口32752人。实现17个贫困村、19555人脱贫摘帽。获广东省化州市对口帮扶2140万元,自治区、市直单位帮扶1065万元。完成人饮工程、村屯道路硬化、公共服务设施等项目176个;完成贫困户危房改造606户。扶持"一户一增收"项目2.54万户次;安排扶贫资金2331万元,扶持777户特困户与广西汇生牧业发展公司合作实施桂西牛代养代销项目;扶持63个贫困村发展村集体经济,实施示范项目10个、村扶贫产业项目28个,49个村年度集体经济收入2万元以上。实施金融、旅游、电商等扶贫项目,发放扶贫小额贷款8289户、3.25亿元,安排扶贫政策资金6.62亿元。发放贫困学生教育补助1.49万人、2965.58万元;"雨露计划"补助1761人、311.11万元。"两后生"补助174人、47.85万元。易地扶贫搬迁对象5918户、2.47万人。震东集中安置区向贫困户2749户、11775人分房交钥匙,101户、370人搬迁入住。补贴贫困人员城乡居民基本医疗保险6.89万人、722.95万元。实施贫困村农村饮水安全巩固提升工程项目20个,农村自来水普及率90%以上。贫困户子女享受学前教育免除保教费3198人、义务教育生活补助6163人、免除学杂费1274人。建档立卡贫困人口获农村最低生活保障金11.71万人次、1667.61万元。

【社会发展概况】

文明创建　2017年,隆安县通过2016年度自治区级文明县达标测评。组织开展"践行核心价值观·全民公益、全民敬业""公共文明引导日"及关心关爱特殊青少年儿童活动、关爱留守儿童活动,参加200多人次。开展"学雷锋"志愿服务,参加志愿者300多人。"璐曦爱心之家"被评为自治区最佳志愿服务组织;推荐隆安山鹰爱心自行车队敬老爱老等项目3个参加自治区"学雷锋"先进评选。开展"我推荐、我评议身边好人""文明家庭创建""星级文明户、文明村镇、文明单位创建评选",推荐和评议身边好人33人,获南宁市道德模范和提名奖2人;覃小松家庭被评为自治区文明家庭,隆安县食品药品监督管理局被评为市级文明单位,75户农户被评为市级"十星级文明户";隆安县人民医院、隆安县人民武装部被评为市级军(警)民共建精神文明先进单位;隆安县那桐镇定江村被评为第五届全国文明村;隆安中学、隆安县第三中学被评为自治区文明校园,7所中小学校被评为市级文明校园。建成启用丁当镇中心小学少年宫、都结乡中心小学少年宫,隆安华侨管理区小学少年宫项目列入中央项目。

科教文体卫事业　实施科技项目11项(自治区级4项、市级7项),申报市级科技项目23项。专利申请量71件,专利授权量21件;有效发明49件;每万人发明专利拥有量1.58件;奖励2016年度专利申请单位(个人)15.62万元。派驻科技特派员40人帮扶贫困村63个,开展培训70多场次,培训500多人次;参与实施科技扶贫项目11项,引进新品种9个,推广新技术13项。有科技致富示范村7个,科技致富示范户160户,种养大户331户。广西隆安瑞丰工贸有限公司与市科技局达成"活性白土生产废水联产明矾和石膏技术开发与应用示范"科技成果转化,技术交易额25万元。投入815万元,建设城厢镇中心幼儿园3450平方米;投资近1000万元的宝塔幼儿园启用。第一批2016年"全面改薄"(农村义务教育薄弱学校改造计划)资金项目竣工14个,总建设面积2.57万平方米,总投入3080万元;第二批项目完工3个,投入57万元。交付使用第一批2016年农村中小学校舍维修改造资金项目14个,总建设面积1.42万平方米,总投入1295万元;实施2017年项目26个(开工25个,未开工1个),总投入1180万元。建成乡镇中心幼儿园7所。学生资助项目到位资金3452.92万元,春季学期发放1637.41万元,受惠学生2.44万人次。实施义务教育学生营养改善计划,受惠学生8.86万人;营养改善专项资金到位2679.02万元。有幼儿园193所(公办42所,民办151所),在园幼儿1.86万人,教师609人;小学66所(社会办学1所),教学点69个,在校生3.21万人,教师1380人;初中13所(社会办学1所),在校生1.47万人,教师867人;高中3所,在校生5436人,教师308人;特殊教育学校1所,在校生69人,教师13人;中等职业学校1所,在校生1874人(全日制223人,非全日制1651人),教师40人。扶持10个乡镇村屯业务文艺队16支,演出140场,农村公益性电影放映1584场。建设村级公共服务中心28个、完成广播电视节目无线发射台站项目建设2个;开展"送戏进基层进校园"活动35场。建设贫困村有线电视村村通工程32个,光纤总里程385.50千米。举办隆安县"那之星"才艺电视大赛等活动约70场;组织开展建街节、庙会、"稻神祭"等传统活动。累计列入自治区级非物质文化遗产代表性项目名录11个、市级名录15个,建立项目传承基地11个;申报第七批南宁市非物质文化遗产代表性项目名录2个。广西文物保护与考古研究所在隆安县行政中心召开娅怀洞遗址成果汇报会;开展"那"文化博物馆文物征集,征集清代及民国等时期瓷器150件。有医疗卫生机构214个,其中国有医疗卫生机构17个(县级5个、乡镇12个)、村卫生所130个、个体医疗诊所67个;卫生技术人员1167人(县属卫生技术人员713人);医疗病床1195张(县级医院730张、乡镇卫生院465张)。开展村级体育活动262场;建设贫困村健身路径10条;完成全民健身工程村(屯)级篮球场等项目17个。举办隆安端午节龙舟赛、那桐镇"四月八"农具节篮球赛等活动1000多场次,参与6万人次;向自治区、市体校输送运动员23人。获自治区第二届青少年科技运动会比赛金牌6枚、银牌8枚、铜牌

2017年9月20日,隆安运德城际快线开通　　隆安县志办提供

7枚。选派28支龙舟队参加第13届南宁·东盟国际龙舟邀请赛，获奖牌22枚。

民政事业　审批城镇最低生活保障对象0.37万人次，发放保障金111.96万元，审批农村低保对象16.37万人次，发放保障金2342万元。将城市“三无”人员（城市居民中无劳动能力，无收入来源，无法定赡养、抚养、扶养人员）转为城市特困人员，农村五保户转为农村特困人员。发放城乡特困人员补助及护理补贴1.53万人次、619.05万元。资助农村低保对象、农村特困人员、孤儿参加新型农村合作个人缴费部分1.69万人、253.89万元。医疗救助1.78万人次、465.35万元；发放临时救助资金1218人次、145.41万元。发放冬春生活救助补助365人次、16.30万元；受灾3.59万人，发放灾害临时救助6405人次、10.47万元。发放重度残疾人护理补贴3.86万次、175.05万元，发放困难残疾人生活补贴2.52万人次、126.06万元。发放孤儿生活保障金490人次、39.20万元。发放优抚金3.82万人次、1116.59万元，发放义务兵优待金239户、394.21万元。发放退役士兵补助70人、75.60万元；发放“八一”建军节等节日慰问金63.01万元。建设村（居）民委员会服务用房项目53个。13个社区实施社区惠民资金项目。开展农村社区试点建设项目2个。发放80周岁以上老年人高龄补助8.37万人次、715.49万元。办理结婚登记2004对，离婚登记458对；收养登记34例。发放农村最低生活保障金4.57万户次、13.06万人次，累计资金1867.85万元。

劳动与社会保障　城镇新增就业1708人，失业人员再就业297人，就业困难人员实现就业153人。完成职业技能培训998人，补贴79.11万元，获职业资格证书771人；完成产业工人技能提升培训173人，培训贫困家庭“两后生”175人。完成农村劳动力转移就业7565人次。登记失业率2.75%。审批贫困劳动转移就业补助3126人、547万元。举办专场招聘会19场，50多家单位提供岗位4580个，达成就业意向870人，推荐成功287人。南宁市三鑫电子有限公司等10家企业进驻农民工创业园，吸纳就业300人。参加城镇企业职工“五险”9.87万人，征缴保险费1.72亿元。城乡居民养老保险参保率94.92%，发放养老金34.30万人次、3309.86万元；城乡居民医疗保险参保率98.92%。机关事业单位养老保险参保9600人，征缴9000万元。完成参保16.30万人；缴费9.63万人。9.56万人签订代扣代缴三方协议书，征收社会养老保险费1332万元；足额发放60周岁以上老人基本养老保险待遇49.14万人次。中央配套、自治区、县级的基础养老金分别为3630万元、1404万元、681.31万元。养老保险参保居民36.28万人，参保率98.92%。应筹集基金2.25亿元，到位2.17亿元。发放社会保障卡11.93万张。农民工工资投诉结案18件，涉及360人，追讨欠薪252.15万元。向公安机关移交涉嫌拒不支付劳动报酬案件1件，涉及劳动者3人、金额6.69万元。主动监察用人单位109户，涉及5623人。处理劳动人事争议案件88件，调解成功75件，涉及劳动者70人、89.22万元；立案18件，结案17件，涉及104.37万元。

【广西首条“城际快线”落户隆安】 2017年9月20日，广西运德集团投资的广西首条“城际快线”隆安至南宁埌东站专线开通。线路往返于隆安县汽车总站与南宁埌东汽车站，中途经停县农贸市场、震东宝塔开发区，全程1小时20分钟。实行流水发班与定时发班相结合，每天往返36班。

【娅怀洞遗址发掘成果公布】 2017年9月28日，隆安县娅怀洞遗址发掘成果汇报会公布发掘成果。娅怀洞遗址位于乔建镇博浪村博浪屯大苍头山，总面积100多平方米。2014年发现，2015年6月发掘，分A、B、C、D四区，总揭露面积40多平方米，发掘深度约8米，文化堆积厚度5米。遗址出土距今1.60万年的完整人类头骨化石1个、距今2.80万年的疑似水稻植硅体及石制品、陶片、骨器、蚌器、螺壳等文化遗物和自然遗存，发现史前人类用火遗迹2处。文化遗物主要是石制品，包括石锤、石核、大石铲、石锛、穿孔石器等。出土文化遗存分4期，第1期距今4.40万年至3.40万年，第2期距今2.50万年，第3期距今1.60万年，第4期距今5000年至4000年。　（黄东明）

2017年隆安县乡镇情况表

表43

名　称	土地面积（平方千米）	村民委员会（个）	社区居民委员会（个）	自然屯（个）	年末人口（人）	农林牧渔业总产值（万元）	粮食产量（吨）
城厢镇	386	14	3	187	75207	76951	34571
南圩镇	314	18	2	185	63564	51014	26055
雁江镇	122	9	1	87	28599	28883	16265
那桐镇	187	11	1	137	51111	58443	18488
乔建镇	218	14	1	76	44197	54210	18693
丁当镇	273	10	1	105	36645	71700	13354
古潭乡	124	6	1	63	26537	23726	6202
都结乡	215	19	1	199	39241	24241	18437
布泉乡	174	8	1	111	24391	12350	11901
屏山乡	236	9	1	102	18584	14345	7716

责任编辑　谢萍萍

人 物

模范人物

全国五一劳动奖章获得者

梁树华

1964年9月生，广西梧州人，中共党员，硕士，高级经济师。1982年7月参加工作，现任南宁邦尔克生物技术有限责任公司技术研究中心主任。曾成功主持“α－乙酰乳酸脱羧酶的科技合作与示范”国际科技合作项目；负责实施“国际科技合作重大专项”的“热带大型真菌基因资源的引进和开发”国际科技合作项目，驯化和杂交选育出食用菌新品种，2014年至2016年在广西推广种植5800万包，累计增产5000万千克，产值超10亿元；2010年以来先后编写《蝎子高效养殖技术一本通》等农业科普书籍21本，全部入选“农村书屋”系列科普图书，著作《蚂蚁高效养殖技术一本通》获2012年南宁市第三届优秀科普作品一等奖、2013年自治区优秀科普作品三等奖；申请发明专利9件获授权。《新型整合表达酶制剂的生产和科技兴贸》获广西技术发明奖；领衔创建“劳动模范、技术标兵创新工作室”，提出合理化建议25条，增收节支124万元。2014年，获自治区五一劳动奖章。2015年，获“自治区劳动模范”称号。2017年4月，被中华全国总工会授予全国五一劳动奖章。

覃　锋　1968年5月生，广西南宁人，中共党员，大学本科，小学高级教师。1988年7月参加工作，现任广西第一所孤儿学校——南宁市明天学校校长。十六年接收来自南宁市及百色、河池革命老区的孤儿485名。致力学校宣传，先后得到各级媒体报道5000多次，获捐款2300多万元，社会各界爱心人士一帮一结对帮扶孤儿230人次。2014年10月，南宁市明天学校迁建工程（一期）动工，占地6.65万平方米，总投资2.50亿元，办学规模72个教学班，可接受3420名学生就读，其中孤儿学生1770多人。2015年，新校区一期工程建成使用，二期工程开工建设。2005年至2008年连续4年被评为南宁市先进（生产）工作者。2008年6月，获“南宁市劳动模范”称号。2011年5月，获自治区五一劳动奖章；6月，被授予自治区“优秀共产党员”称号。2015年9月，被评为自治区先进工作者。2016年7月，被授予自治区“优秀共产党员”称号。2017年4月，被中华全国总工会授予全国五一劳动奖章。

（市总工会）

第六届全国道德模范

黄大年

1958年8月生，广西南宁人，中共党员，博士。1975年10月参加工作，曾任国家“千人计划”专家联谊会第三届执行委员会副会长、吉林大学新兴交叉学科学部部长、地球探测科学与技术学院教授、博士生导师。1992年，获“中英友好奖学金项目”全额资助选送至英国利兹大学攻读博士学位。1996年，获地球物理学博士学位。2008年，响应国家“海外高层次人才引进计划”的号召回国。回国后负责管理跨部门和跨学科优势技术资源和团队，充分挖掘在超高精密机械和电子技术、纳米和微电机技术、高温和低温超导原理技术、冷原子干涉原理技术、光纤技术和惯性技术等领域取得的最新进展成果并形成技术能力，推动中国快速移动平台探测技术装备研发，攻关技术瓶颈，突破国外技术封锁。2017年1月8日，因病医治无效，在长春逝世，享年58岁；4月，教育部追授“全国优秀教师”称号；5月，中共中央宣传部追授“时代楷模”称号；7月，中共中央追授“全国优秀共产党员”称号；9月，获2017年度全国教书育人楷模特别奖；11月，获第六届全国道德模范（敬业奉献类）奖项。

甘科伟

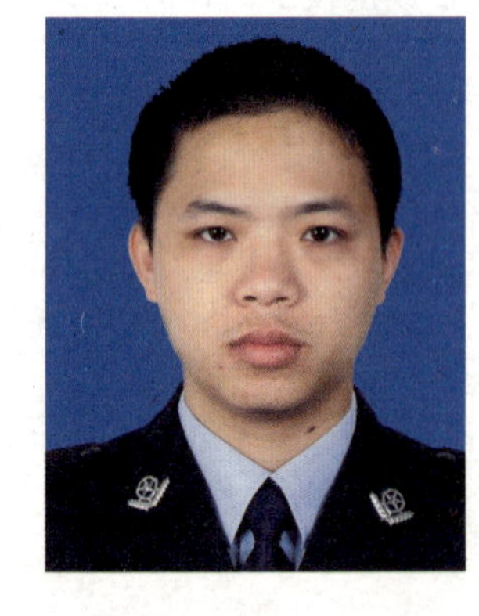

1980年9月30日生，壮族，中共党员，大学本科。2004年3月参加工作，曾任南宁市公安局禁毒支队民警。从事禁毒工作7年多，深入毒窝卧底，创造系列信息导侦、科技破案的战术战法并推广，参与破获重特大毒品犯罪案件137起，缴获毒品3000多千克，抓获毒品犯罪嫌疑人197人。2015年5月至11月，协调相关省、市破获公安部督办毒品案件4起，抓获犯罪嫌疑人36名，捣毁制毒工厂4个，缴获毒品约2吨、毒资105万元、枪支3支、子弹817发、涉案车辆19辆、制毒原料4吨、制毒原料半成品30吨。2016年12月，参与侦破“2016—1028”特大制毒目标案件，抓获犯罪嫌疑人12名，查获制毒物品10吨、毒品成品2.15吨、半成品3.80吨，总价值3000多万元。12月28日晚，甘科伟与同事赶赴江西瑞金收集、研判案件线索；12月29日，经过一天一夜的加班辛劳，几次出现头痛但仍坚持工作；12月30日，赶回南宁，继续投入案件的收网行动；当晚，突感头部剧痛，呕吐后昏迷不醒，被紧急送往医院抢救。2017年1月15日，因抢救无效逝世。2013年，被广西警察学院聘为客座教师；2016年，被自治区公安厅

聘为业务技能中级教官，并被纳入广西公安厅第一批科技专家库、公安部禁毒局专家库。7年间，立个人一等功1次、二等功1次、三等功4次，获"全区优秀人民警察""全市优秀人民警察""信息化破案标兵"等称号。2017年4月，上榜中央精神文明建设指导委员会办公室主办的中国好人榜——敬业奉献好人；11月，获第六届全国道德模范（敬业奉献类）奖项。（市委政法委）

全国三八红旗手获得者

韩秀清

1966年12月生，福建莆田人，中共党员，硕士，高级经济师。现任广西富丰集团有限公司总裁。创办国家级农业产业化重点龙头企业广西富丰集团，总注册资本3.60亿元，总资产10多亿元，员工数千人，为农民、女大学生、留守妇女提供就业岗位。子公司春江食品公司招收当地留守妇女约200人，集团下的天妃酒店解决上百名低学历女性职工就业问题；在南宁、柳州等地，以"公司＋农户"模式指导贫困农户发展农业养殖，帮助农民脱贫致富。率富丰集团为贫困地区捐赠500多万元。先后被评为全国城乡妇女岗位建功先进个人、全国杰出创业女性、中国饲料工业协会先进工作者并获全国优秀创业女性突出成就奖等奖项。2017年2月，被全国妇女联合会授予"全国三八红旗手"称号。

（市妇联）

全国优秀人民警察

（1人，2017年5月公安部授予）

黄　礼　壮族，中共党员，市公安局中山派出所所长

全国法院办案标兵

（1人，2017年1月最高人民法院授予）

邵　晨　瑶族，中共党员，青秀区人民法院民事审判第二庭审判员

（市委政法委）

全国维护妇女儿童权益先进个人

（3人，2017年2月全国妇女联合会授予）

谭　靖　女，市妇女联合会党组成员、副主席

黄　睿　女，中共党员，兴宁区人民法院副院长

谢宛颖　女，壮族，广西桂三力律师事务所副主任、律师

全国巾帼建功标兵

（2人，2017年4月全国妇女联合会授予）

李玉红　中共党员，南宁北部湾现代农业有限公司总经理

陈美杏　中共党员，江南区劳动保障监察大队大队长、党支部书记

（市妇联）

全国模范人民调解员

（3人，2017年5月司法部授予）

吴　凯　壮族，中共党员，宾阳县甘棠镇人民调解委员会主任、司法所所长

农武民　壮族，良庆区大塘镇南荣村人民调解委员会主任

滕仁持　壮族，中共党员，江南区吴圩镇人民调解委员会副主任、司法所所长

全国法院信息化工作先进个人

（1人，2017年5月最高人民法院授予）

张　岱　满族，市中级人民法院行装处技术员

个人一等功获得者

（1人，2017年5月公安部授予）

韦圆勇　壮族，中共党员，市公安局禁毒支队二大队大队长

（市委政法委）

广西五一劳动奖章获得者

（10人，2017年4月自治区总工会授予）

陈玉萍　女，江南区人民法院党组成员、副院长

丁　可　壮族，市第二人民医院放射科主任，主任医师

刘永梅　女，西乡塘区环境卫生管理站城中村村管队副队长

陆志高　壮族，广西叶茂机电自动化有限责任公司电焊工，技师

石桂明　市保障住房资格审核和管理中心办公室副主任，中级工程师

石兰松　瑶族，上林县西燕镇大龙洞小学刁望教学点小学教师，小学高级教师

王玉玺　壮族，广西现代运输集团有限公司董事局主席、总裁、党委书记，高级政工师

杨泽云　女，市机关事务管理局主任科员

周毅波　女，广西电网有限责任公司南宁供电局计量中心主任，高级工程师

左　强　中铁隧道集团四处有限公司技术科研组组长，高级工程师

广西三八红旗手获得者

（6人，2017年3月自治区妇联授予）

邓洪涛　中共党员，市妇联副主席、党组成员、调研员

石玉清　壮族，中共党员，上林县妇联主席

辛相艺　中共党员，市第十四中学高中部教师

梁嘉丽　壮族，中共党员，市交警六大队事故中队指导员

马瑾瑾　中共党员，南宁电视台新闻播音员

熊　新　南宁城市建设投资集团有限责任公司副总经理

（市妇联）

新闻人物

黄毅喆

1993年10月生，河南固始人，中共党员，高中学历，中国人民解放军空军南宁基地通信站无线技工、下士。2016年5月30日，黄毅喆乘车回河南，在汽车站厕所看到一个黑色布袋，打开发现数十沓钞票。到车站警务室未看到值班警察，后到信阳市公安局报案。在执法记录仪监督下，与民警清点现金有29万元。信阳市老城派出所接到失主报案后，派民警将黄毅喆接回，将钱款一分未少当面归还失主。失主殷先生拿出2万元欲酬谢黄毅喆，被婉言谢绝。2017年1月，上榜中央精神文明建设指导委员会办公室主办的中国好人榜——诚实守信好人。

杨世亮

1964年生，上林县明亮镇甘六村寺表庄农民。1982年2月至4月，两度受伤生病，生命垂危，所幸获邻居樊运连悉心照顾得以康复。1985年始，杨世亮夫妇每年都返回来宾平阳镇看望樊运连，并一直保持书信往来。2006年始，尽管杨世亮收入微薄，但每月总会给樊运连汇生活费。2015年中秋，将樊运连接到上林赡养，如母亲般对待。34年来，感恩孝道、信守承诺，报恩故事在来宾、南宁两市传扬，被《人民日报》《广西日报》《南宁日报》等媒体报道。2017年5月，上榜中央精神文明建设指导委员会办公室主办的中国好人榜——诚实守信好人。

梁秀旺

1979年9月生，广西南宁人，壮族，南宁市中鹿出租汽车有限公司驾驶员。

2014年1月13日凌晨，路遇1起车祸，出租汽车侧翻，驾驶员被困，汽油倾泻，梁秀旺立即挖泥土盖住汽油，将车门撬开，救出驾驶员。2014年6月15日凌晨，在天池山小区发现1辆摩托车起火，立即找保安一起用灭火器灭火。在油箱爆燃之际，让他人散开，自己坚持灭火。油箱爆燃后，引燃后方1辆越野车，又冲过去近距离喷射干粉灭火剂，将火扑灭。2015年7月27日晚，梁秀旺路过星光大道看见一男一女摔倒，查看伤势较轻的男青年后，将伤势严重的女青年送至医院救治。2014年，获第十一届“昆仑奖”全国十大“见义勇为英雄司机”称号。2015年，获交通运输部“爱岗敬业驾驶员楷模”“广西见义勇为英雄”称号。2017年8月，上榜中央精神文明建设指导委员会办公室主办的中国好人榜——见义勇为好人。

李德广、潘秀英(女)

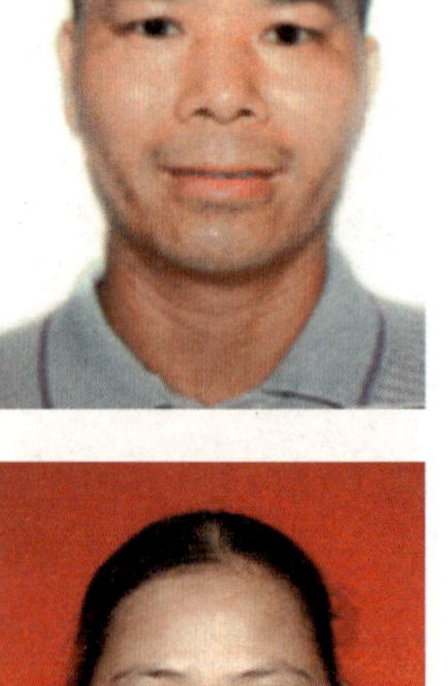

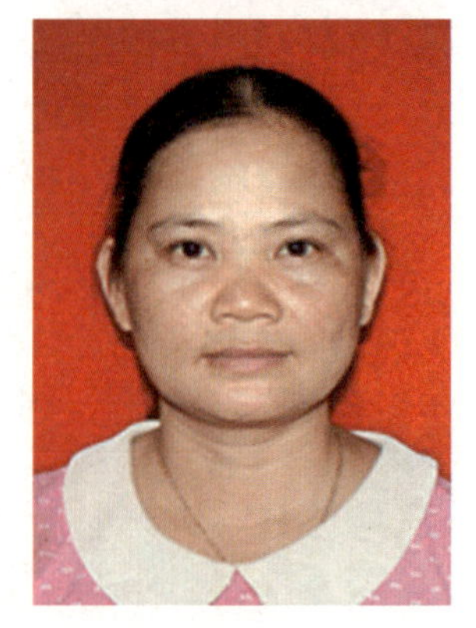

横县马岭镇莲新村6队村民，夫妻。十几年来，夫妻俩细心照顾2个聋哑哥哥和2个残疾大嫂，以及80多岁的老母亲。为照顾家人，李德广放弃待遇优厚的工作，用实际行动诠释着文明和谐家庭的深刻内涵。夫妻俩自学哑语，和哥哥进行简单的交流；潘秀英自学理发，在家里给行动不便的大嫂理发、洗头，一人替智力有缺陷的二嫂照看小孩。他们教育孩子，要相互扶持、宽容，传承美德。2017年11月，上榜中央精神文明建设指导委员会办公室主办的中国好人榜——孝老爱亲好人。

黄晓光

1963年9月生，武鸣区晓光果蔬种植家庭农场场主。2003年初，辞掉工作回到家乡，开展水牛品种改良试验，走村串户讲技术、讲好处，计算成本、分析行情，带动村民养殖“品改牛”，承诺全包收购，打消村民顾虑。2007年，第一批“品改牛”出栏，黄晓光以每头比市场价高100元的价格收购，倒贴3000多元，赢得村民的信赖。成立新科养牛技术协会。2007年，推广种植桂花梨，免费为村民提供技术、收购、销售支持，并自费组织群众举办技术培训班，邀请果蔬专家上课；成立新科生态桂花梨合作社。2017年，桂花梨合作社成员有200多户，种植面积260多公顷，年收入1000多万元。2013年11月，注册“武鸣县晓光果蔬种植家庭农场”，建设桂花梨基地。2014年，获第三届南宁市诚实守信模范提名奖。2017年12月，上榜中央精神文明建设指导委员会办公室主办的中国好人榜——诚实守信好人。

（市委宣传部）

其他重要人物

（副厅级、享受副厅级以上待遇）

徐明晖 （1919年11月至2017年10月28日）浙江上虞人。1940年10月参加工作。1941年3月加入中国共产党。历任新四军抗日军政大学学员、军卫生部医务员、军南下工作团指导员，山东大学组织干事，松江军区政治部组织干事、代教导员，152师454团组织股股长、一营指导员，广西武鸣军分区政治部直工科副科长，广西军区军政干部学校三队队长兼指导员、政治部组织科副科长，广西容县军分区政治部组织科副科长，广西军区政治部组织科副科长、科长，广西军区兵役局办公室副主任、主任，自治区高级人民法院司法行政处副处长、处长，自治区革委会人民保卫组第五小组副组长、审判结案小组副组长，南宁市革委会政工组副组长，南宁市委常委、宣传部部长，南宁市副市长。1985年10月，离休。2015年8月起享受按自治区政府副主席级标准报销医疗费待遇。

韩文魁 （1927年10月至2017年7月24日）山西榆社人。1942年2月参加工作。1946年2月加入中国共产党。历任太行军区第28团战士、工务员、通讯员、警卫员、干校学员，第二野战军第九纵队尹鲁嵩独立团粮米股长，55军219师656团连长、指导员，贵县糖厂车间主任、办公室主任、生产科科长、副厂长，南宁糖纸厂副厂长、厂长，南宁民族印刷厂副厂长，南宁市七三食品厂党总支书记，南宁市第二轻工业局副局长、党委副书记、顾问。1985年6月，离休，享受厅局级政治、生活待遇。 （市委组织部）

百岁老人

2017年，南宁市有百岁以上老人636人（女542人），其中年内新晋百岁老人239人（女199人）；年纪最大的是上林县镇圩瑶族乡的蓝吉爱（女，1901年5月生），现年116岁。

兴宁区（12人）

张桂荣 女，1917年2月3日生，居民，住兴宁区当阳街74号独栋3楼302房。

方丽荣 女，1917年2月13日生，村民，住兴宁区五塘镇友爱村细村坡13号。

黄淑珍 女，1917年3月2日生，居民，住兴宁区望州南路90号。

马超英 女，1917年4月15日生，居民，住兴宁区人民路北一里1号5栋2101房。

周义莲 女，1917年4月16日生，居民，住兴宁区杭州路22号1栋1单元6-5号。

李美结 女，1917年7月6日生，村民，住兴宁区昆仑镇联光村那罗坡12号。

陆志英 女，1917年7月6日生，村民，住兴宁区昆仑镇八塘村下胡坡7号。

陆进喜 女，1917年8月13日生，村民，住兴宁区昆仑镇群星村坛麓坡11号。

张美英 女，1917年8月15日生，居民，住兴宁区燕子岭上西街54号。

韦群仙 女，1917年8月17日生，村民，住兴宁区三塘镇同仁村苏村坡58号。

陆俏英 女，1917年8月27日生，村民，住兴宁区五塘镇王竹村下瑶坡65号。

谢美英 女，1917年12月5日生，村民，住兴宁区五塘镇西龙村驿上坡86号。

江南区（5人）

黄秀娇 女，1917年4月11日生，村民，住江南区沙井街道三津村八冬坡37队109号。

曾春榜 女，1917年8月9日生，居民，住江南区延安镇中兴街22号。

雷美娟 女，1917年9月10日生，村民，住江南区延安镇新城村朗圩坡50号。

吴秀云 女，1917年10月17日生，村民，住江南区苏圩镇敬团村桥头坡221号。

杨明凤 女，1917年10月17日生，居民，住江南区五一路南一里1号6栋203号。

青秀区（15人）

蒋惠清 1917年2月6日生，居民，住青秀区植物路50-2号16-2-10。

施绍雄 女，1917年2月8日生，村民，住青秀区刘圩镇大里村那崛坡8队。

占秀英 女，1917年2月8日生，村民，住青秀区伶俐镇望齐村。

麦文奎 1917年3月17日生，居民，住青秀区天桃路31号4栋。

韦秀娥 女1917年6月24日生，居民，住青秀区桃源路4号4栋1单元5号。

谭娇莲 女，1917年7月5日生，村民，住青秀区刘圩镇刘圩村。

易懿芳 女，1917年7月8日生，居民，住青秀区植物路33号。

蒙丽芳 女，1917年7月9日生，村民，住青秀区仙葫开发区那舅社区新塘坡。

覃光熙 1917年7月29日生，居民，住青秀区双拥路6号510栋1-402房。

陈素珍 女，1917年8月11日生，居民，住青秀区七星路经文街阳光综合楼2单元604号。

李忠爱 女，1917年9月6日生，村民，住青秀区南阳镇新楼村新楼坡17队。

黄少娥 女，1917年10月17日生，村民，住青秀区长塘镇长塘村长塘街。

郭志奇 女，1917年10月26日生，村民，住青秀区南阳镇新楼村新楼坡16队。

刘毅生 1917年11月7日生，居民，住园湖南路2号26-2号。

朱揖兰 女，1917年11月15日生，居民，住青秀区锦春路2号2-403房。

西乡塘区（18人）

柳英卿 女，1917年1月5日生，村民，住西乡塘区坛洛镇武康村三冬坡25号。

梁丽娥 女，1917年2月21日生，村民，住西乡塘区上尧村11组中团坡35号。

李亚七 女，1917年3月8日生，村民，住西乡塘区坛洛镇下楞村下楞航运社18号。

黄贤芳 女，1917年4月6日生，村民，住西乡塘区坛洛镇武康村定志坡7号。

沉秀兰 女，1917年5月1日生，村民，住西乡塘区金陵镇陆平村那万坡74-3号。

陈显生 1917年5月4日生，居民，住西乡塘区衡阳西路2号9栋1单元106号房。

李亚五　女,1917年6月3日生,居民,住西乡塘区明秀西路53号14栋2-304号。

罗启金　女,1917年6月9日生,居民,住西乡塘区高峰林场银岭分场25号楼房1栋1单元1号。

周家庆　女,1917年8月5日生,居民,住西乡塘区明秀东路238号88栋1单元502号房。

黄玉桃　女,1917年8月22日生,村民,住西乡塘区坛洛镇定顿村那客坡36号。

孙锡秋　女,1917年9月4日生,居民,住西乡塘区明秀西路100-3号1栋8号房。

马骥英　1917年9月6日生,村民,住西乡塘区坛洛镇中北小学14号。

廖建娴　女,1917年9月8日生,居民,住西乡塘区秀灵路东四里10号英华公寓1栋2-203房。

梁凤英　女,1917年10月10日生,村民,住西乡塘区双定镇英龙村垒英坡20号。

梁婉成　女,1917年10月15日生,居民,住西乡塘区五里亭三街53号。

苏莲英　女,1917年10月20日生,居民,住西乡塘区南铁北四区57栋2单元11号。

黄保华　1917年12月10日生,居民,住西乡塘区金陵镇金城路67号。

朱秀英　女,1917年12月14日生,居民,住西乡塘区华强路49-1号。

邕宁区(10人)

李兰芳　女,1917年1月24日生,村民,住邕宁区蒲庙镇联团村屯朗四冬坡89号。

黄德英　1917年3月15日生,村民,住邕宁区百济镇新平村那晓坡23号。

黄益清　女,1917年4月6日生,村民,住邕宁区蒲庙镇孟连村中坡39号。

李桂英　女,1917年5月12日生,村民,住邕宁区那楼镇棠梨村棠梨坡180号。

青月园　女,1917年6月8日生,村民,住邕宁区蒲庙镇联团村那严坡3号。

卢金桂　女,1917年7月8日生,村民,住邕宁区新江镇新乐村清河坡5号。

黄三妹　女,1917年7月19日生,居民,住邕宁区八尺江路85号5栋1单元302号。

黄金秀　女,1917年10月8日生,村民,住邕宁区蒲庙镇州同村州同坡。

韦秀英　女,1917年11月8日生,村民,住邕宁区蒲庙镇孟连村中坡50号。

廖伯棠　1917年12月9日生,村民,住邕宁区那楼镇那务村那务坡48号。

良庆区(3人)

黎裕华　女,1917年2月14日生,村民,住良庆区那陈镇那徐村那徐坡52号。

黄和运　女,1917年2月18日生,村民,住良庆区大塘镇那造村那造坡15号。

韦桂新　女,1917年5月9日生,村民,住良庆区良庆镇坛泽村坛坡20队92号。

武鸣区(38人)

姆　勤　女,1917年1月1日生,村民,住武鸣区锣圩镇培联村下邑屯70号。

梁栋才　1917年1月6日生,村民,住武鸣区双桥镇腾翔村伏梁屯244号。

黄太贞　1917年1月16日生,村民,住武鸣区太平镇庆乐村上下律屯29号。

潘团兮　1917年2月1日生,村民,住武鸣区双桥镇伊岭村东巴屯106号。

黄　氏　女,1917年3月16日生,村民,住武鸣区两江镇龙英村旧龙母屯104号。

潘生明　女,1917年3月20日生,村民,住武鸣区两江镇云川村板迫屯198号。

卢秀芬　女,1917年3月29日生,村民,住武鸣区陆斡镇共济村坛齐屯54号。

李姆华　女,1917年4月6日生,村民,住武鸣区陆斡镇十五街27号。

杨　氏　女,1917年4月10日生,村民,住武鸣区府城镇陆杨村五月屯49号。

姆耀锋　女,1917年4月16日生,村民,住武鸣区仙湖镇连才村定历屯29号。

覃秀开　女,1917年4月18日生,村民,住武鸣区城厢镇濑琶村濑琶大屯167号。

王秉义　1917年5月4日生,村民,住武鸣区两江镇江宁路48号。

潘贵妹　女,1917年5月5日生,村民,住武鸣区锣圩镇济力村弄楼屯3号。

潘柳荣　女,1917年5月10日生,村民,住武鸣区锣圩镇玉泉村伏古屯78号。

李美琴　女,1917年5月29日生,居民,住武鸣区城厢镇建设社区建设街212号。

韦玉荣　女,1917年6月13日生,村民,住武鸣区两江镇合耸村百俭屯6号。

莫绸恩　1917年6月18日生,村民,住武鸣区宁武镇张朗村可祥屯16号。

陶玉贞　女,1917年6月20日生,村民,住武鸣区府城镇和平村岜狂屯9号。

李兆华　女,1917年6月25日生,村民,住武鸣区两江镇龙英村那娘屯56号。

李美芳　女,1917年7月1日生,村民,住武鸣区双桥镇腾翔村伏梁屯145号。

马进流　1917年7月2日生,村民,住武鸣区宁武镇雄孟村杜轩屯228号。

苏振伦　1917年7月7日生,村民,住武鸣区双桥镇平陆村坦雷屯376号。

覃秀兰　女,1917年7月8日生,村民,住武鸣区罗波镇中山路291号。

潘余香　女,1917年7月15日生,村民,住武鸣区锣圩镇英圩村独山屯8号。

潘月花　女,1917年7月25日生,村民,住武鸣区锣圩镇英圩村独山屯8号。

姆　善　女,1917年7月30日生,村民,住武鸣区陆斡镇十二街21号。

姆建行　女,1917年8月12日生,村民,住武鸣区马头镇小陆村马玉屯25号。

谭爱花　女,1917年8月16日生,村民,住武鸣区灵马镇坡江村思毫屯7号。

黄美秀　女,1917年8月26日生,村民,住武鸣区陆斡镇育秀村崇陈屯30号。

梁雪梅　女,1917年9月22日生,村民,住武鸣区仙湖镇那溪村新圩屯100号。

黄青丹　女,1917年9月23日生,村民,住武鸣区锣圩镇锣圩村伏林屯49号。

陶志华　1917年9月23日生,村民,住武鸣区府城镇大同村四月屯8号。

韦　氏　女,1917年9月29日生,村民,住武鸣区陆斡镇坡班村伏扬屯8号。

潘洋荣　1917年10月2日生,村民,住武鸣区锣圩镇济力村枯排村22号。

潘月香　女,1917年10月12日生,村民,住武鸣区陆斡镇共济村坛闭屯65号。

韦秀芬　女,1917年10月15日生,村民,住武鸣区府城镇公馆街7号。

黄玉兰　女,1917年12月11日生,村民,住武鸣区城厢镇邓广村圩上屯14号。

何　平　1917年12月20日生,居民,住武鸣区城厢镇和平社区和平街460号。

横　县(44人)

黄月华　女,1917年1月14日生,村民,住横县南乡镇板路社区石岭村56号。

蒙增梅　1917年2月13日生,村民,住横县那阳镇大六村委大六村167号。

梁显秀　女,1917年3月5日生,村民,住横县百合镇同莱村委白地村31号。

邓先庆　女,1917年3月9日生,村民,住横县云表镇旺庄村委武寨村111号。

谢成海　1917年3月10日生,村民,住横县校椅镇龙省村委新龙村54号。

吴满泽　1917年4月7日生,村民,住横县六景镇石板村委石板村70号。

李文英　女,1917年4月13日生,村民,住横县马山乡新龙村委马头村。

雷达创　1917年4月15日生,村民,住横县横州镇新桥村委小岭村131号。

杨凤基　女,1917年4月28日生,村民,住横县六景镇利垌村委雅山村39-1号。

蒙秀英　女,1917年5月28日生,村民,住横县新福镇飞龙街18-2号。

韦秀清　女,1917年6月6日生,村民,住横县陶圩镇六秀村委冠头村十三队53号。

马洁瑞　女,1917年6月7日生,村民,住横县百合镇庙庄村委庙脚村149号。

翁乃英　女,1917年6月10日生,村民,住横县南乡镇广龙村委良务村51号。

陈炳英　女,1917年6月16日生,村民,住横县横州镇蒙村村委零屋村90号。

零乃金　女,1917年6月18日生,村民,住横县南乡镇民生村委鸭水村183号。

谢海文　女,1917年7月1日生,村民,住横县云表镇云表村委云表街23号。

黎深源　女,1917年7月1日生,村民,住横县云表镇宿龙村委宿龙村56号。

梁焕芳　1917年7月5日生,村民,住横县百合镇同莱村委甜菜村352号。

玉桃英　女,1917年7月10日生,村民,住横县新福镇那河村委楂务村1-1号。

韦昌广　1917年7月30日生,村民,住横县石塘镇大料村委旺宅村105号。

陈慧贤　女,1917年8月4日生,居民,住横县横州镇魁星路3号。

郑锦英　女,1917年8月7日生,村民,住横县马山乡西竹村委西乡村111号。

农少英　女,1917年8月8日生,村民,住横县校椅镇韦村村委文村133号。

仇爱连　女,1917年8月9日生,村民,住横县新福镇那河村委吴村130号。

张炤华　女,1917年8月9日生,村民,住横县六景镇张村村委张村645号。

陆家英　女,1917年8月10日生,村民,住横县南乡镇大沙村委秧地村19号。

雷秀兰　女,1917年8月19日生,村民,住横县横州镇宋村村委岭头村203号。

黄桂英　女,1917年9月6日生,村民,住横县峦城镇下滕村委下滕村14队103-1号。

莫秀华　女,1917年9月9日生,村民,住横县南乡镇蔡村村委江坪村19号。

卢月华　女,1917年9月9日生,村民,住横县莲塘镇廖村村委泉塘村38号。

韦秀芳　女,1917年9月13日生,村民,住横县南乡镇天亮村委硬叶村55号。

梁秀珍　女,1917年9月16日生,村民,住横县百合镇坡塘村委坡塘村96号。

何家汉　1917年9月18日生,居民,住横县横州镇魁星路65号。

卢泽秀　女,1917年9月21日生,村民,住横县峦城镇莫村村委莫村24队127号。

韦同意　女,1917年9月22日生,村民,住横县镇龙乡盐田村委盐田村21号。

黄雄秀　女,1917年10月9日生,村民,住横县石塘镇石塘村委元新村20号。

黄金光　女,1917年10月19日生,村民,住横县陶圩镇苏村村委苏村14队260号。

黄玉兰　女,1917年11月12日生,村民,住横县石塘镇双河村委定稔村254号。

南宁年鉴

陈金英　女,1917年11月20日生,村民,住横县六景镇陇西村委排草村6队。

黄国珍　女,1917年11月22日生,村民,住横县陶圩镇上塘村委学福村三队38号。

蒙玉华　女,1917年12月4日生,村民,住横县莲塘镇莲塘街委会镇南街36号。

卢秀清　女,1917年12月14日生,村民,住横县马岭镇新塘村委19号。

马　英　女,1917年12月18日生,村民,住横县六景镇八联村委佛巴村20号。

李秀珍　1917年12月20日生,居民,住横县六景镇良圻实业总公司第三分场65号。

宾阳县(32人)

龙福英　女,1917年1月15日生,村民,住宾阳县大桥镇三王村委老谢村48号。

杨超林　1917年1月18日生,村民,住宾阳县新桥镇马村村委黄屋村。

詹培贤　1917年2月3日生,村民,住宾阳县陈平镇新安村委高峰村45号。

蒙继美　女,1917年2月7日生,村民,住宾阳县黎塘镇帽子村委帽子村142号。

黄文堂　女,1917年3月7日生,村民,住宾阳县武陵镇沙井村委蒙寨村12号。

黄静珍　女,1917年3月8日生,村民,住宾阳县宾州镇镇兴社区治兴街242号。

杨玉华　女,1917年3月8日生,村民,住宾阳县黎塘镇仁爱社区仁爱路99号。

廖翠珍　女,1917年3月18日生,村民,住宾阳县宾州镇中兴村委六这村。

曾秀兰　女,1917年3月20日生,村民,住宾阳县宾州镇宝水村委周背村27号。

丘现秀　女,1917年3月24日生,村民,住宾阳县大桥镇周岭村委官岭村101号。

黄丽珍　女,1917年3月25日生,村民,住宾阳县宾州镇枫江社区枫江街14号。

陆支良　女,1917年4月1日生,村民,住宾阳县陈平镇新安村委高峰村10号。

张英秀　女,1917年5月3日生,村民,住宾阳县新桥镇白岩村委岩上村130号。

黄芝兰　女,1917年5月4日生,村民,住宾阳县甘棠镇那宁村委那利村165-1号。

廖文香　女,1917年5月28日生,村民,住宾阳县洋桥镇坐椅村委谭高村143号。

叶秀清　女,1917年5月29日生,村民,住宾阳县武陵镇理化村委龙村397号。

黄连美　女,1917年6月2日生,村民,住宾阳县思陇镇平安村委谭围村8号。

韦方辉　女,1917年6月11日生,村民,住宾阳县黎塘镇司马村委林村103号。

彭高秀　女,1917年7月8日生,村民,住宾阳县中华镇老卢村委北门村62号。

韦月明　女,1917年7月10日生,村民,住宾阳县新圩镇公义村委公义村1号。

梁菊初　女,1917年7月13日生,村民,住宾阳县黎塘镇建设社区建设路54号。

游云英　女,1917年7月20日生,村民,住宾阳县宾州镇黄卢村委六思村67号。

李秀凤　女,1917年8月16日生,村民,住宾阳县露圩镇上塘村委下富村八队326号。

黄福灵　女,1917年9月15日生,村民,住宾阳县邹圩镇同礼村委细江西头村66号。

黄祥新　女,1917年10月26日生,村民,住宾阳县黎塘镇龙胜村委老罗村317号。

陆志英　女,1917年11月8日生,村民,住宾阳县武陵镇武陵村委振武街248号。

吴守兴　女,1917年11月9日生,村民,住宾阳县露圩镇八凤村委稔桥村四队242号。

韦桂芳　女,1917年11月12日生,村民,住宾阳县甘棠镇那宁村委那利村106号。

黄金芝　女,1917年11月13日生,村民,住宾阳县露圩镇浪利村委六思村三队186号。

玉秀英　女,1917年11月16日生,村民,住宾阳县甘棠镇旺龙村委庞村122号。

杨锦兰　女,1917年12月13日生,村民,住宾阳县宾州镇王明村委王明村三队110号。

刘达容　女,1917年12月14日生,村民,住宾阳县和吉镇三民村委老石碑村34号。

上林县(21人)

蓝玉贵　女,1917年1月3日生,村民,住上林县塘红乡万福村板内庄35号。

韦精扬　1917年1月20日生,村民,住上林县乔贤镇龙保村中厄庄40号。

蓝金梅　女,1917年2月2日生,村民,住上林县木山乡那良村登力庄50号。

陈秀花　女,1917年2月12日生,村民,住上林县澄泰乡高顶村比头庄17号。

黄春杏　女,1917年3月5日生,村民,住上林县西燕镇寨鹿村六鹿庄51号。

覃汉光　女,1917年3月30日生,村民,住上林县三里镇双罗村新圩庄47号。

卢美玉　女,1917年4月3日生,村民,住上林县巷贤镇光全村邦光庄34号。

覃建花　女,1917年5月20日生,村民,住上林县澄泰乡澄泰村委石灰窑庄2号。

黄彩花　女,1917年6月7日生,村民,住上林县乔贤镇龙保村内厄庄70号。

何桂芳　女,1917年6月8日生,村民,住上林县三里镇云姚村王马庄6号。

刘玉兰　女,1917年6月18日生,村民,住上林县镇圩瑶族乡东罗村内才庄18号。

韦景芬　女,1917年7月24日生,村民,住上林县三里镇大黄村护营庄20号。

李玉榴 女,1917年8月1日生,村民,住上林县西燕镇岜独村上岭庄78号。

石金秀 女,1917年8月20日生,村民,住上林县巷贤镇卢柱村东院庄58号。

石惠莲 女,1917年9月3日生,村民,住上林县塘红乡万福街111号。

莫善风 女,1917年9月7日生,村民,住上林县镇圩瑶族乡东罗村内罗庄26号。

蒙兰花 女,1917年10月4日生,村民,住上林县三里镇黄镜村弄来庄18号。

白清秀 1917年10月8日生,村民,住上林县巷贤镇苏仁村苏桥庄10号。

莫桂英 女,1917年10月12日生,村民,住上林县塘红乡龙祥村南岩庄139号。

蓝春风 女,1917年12月7日生,村民,住上林县镇圩瑶族乡佛子村凌浅庄23号。

苏桂杨 女,1917年12月9日生,村民,住上林县白圩镇赵坐村赵庄。

马山县(27人)

杨志忠 1917年1月19日生,村民,住马山县加方乡龙头村内养屯6号。

韦美京 女,1917年1月25日生,村民,住马山县周鹿镇杨树村王雷屯28号。

苏彩亮 女,1917年2月6日生,村民,住马山县里当乡龙琴村下孟屯5号。

陆 氏 女,1917年2月16日生,村民,住马山县周鹿镇马周村南棋屯4号。

黄景昌 1917年2月17日生,村民,住马山县永州镇台山村坡丰屯30号。

潘吉河 1917年2月18日生,村民,住马山县周鹿镇大坛村大坛屯12号。

蓝秀梅 女,1917年3月7日生,村民,住马山县白山镇新汉村和气屯19号。

郭连花 女,1917年3月21日生,村民,住马山县古零镇杨圩村红浪屯152号。

蓝清香 女,1917年4月25日生,村民,住马山县百龙滩镇大球村中屯2号。

韦 氏 女,1917年5月4日生,村民,住马山县永州镇龙角村局迈屯8号。

韦秀林 女,1917年5月15日生,村民,住马山县永州镇五弄村定台屯18号。

王玉连 女,1917年6月5日生,村民,住马山县加方乡局仲村塘四屯7号。

磨秀英 女,1917年6月5日生,村民,住马山县林圩镇新华村宋屯32号。

潘乃连 女,1917年6月9日生,村民,住马山县古寨瑶族乡加显村老问屯3号。

兰秀仙 女,1917年6月15日生,村民,住马山县周鹿镇上荣村可帽屯3号。

韦秀梅 女,1917年7月13日生,村民,住马山县乔利乡兴科村古荣屯33号。

廖凡香 女,1917年7月21日生,村民,住马山县白山镇大同村六新屯36号。

莫秀桂 女,1917年8月9日生,村民,住马山县林圩镇七贤村竹屯94号。

韦兆良 1917年8月23日生,村民,住马山县白山镇内昂路1号。

蓝奶光 女,1917年9月9日生,村民,住马山县加方乡内双村地尾屯2号。

陆爱梅 女,1917年9月18日生,村民,住马山县周鹿镇妙圩村六茂屯10号。

陆秀杰 女,1917年9月20日生,村民,住马山县周鹿镇妙圩村上王屯15号。

罗 才 1917年10月9日生,村民,住马山县白山镇古腰村古腰屯54号。

黄秀花 女,1917年10月15日生,村民,住马山县古寨瑶族乡古棠村古欧屯。

韦桂廷 女,1917年10月23日生,村民,住马山县白山镇同富街甘台27号。

梁 氏 女,1917年11月10日生,村民,住马山县周鹿镇上荣村上力屯64号。

蒙秀英 女,1917年12月30日生,村民,住马山县古零镇安善村上安屯48号。

隆安县(14人)

农加丰 女,1917年4月1日生,村民,住隆安县南圩镇爱华村龙微屯18号。

陆理春 1917年5月18日生,村民,住隆安县乔建镇鹭鸶村板内屯17号。

杨连香 女,1917年6月7日生,村民,住隆安县南圩镇四联村多勒屯41号。

陆娇泉 女,1917年7月19日生,村民,住隆安县古潭乡振义村龙布外屯67号。

李秀香 女,1917年8月14日生,村民,住隆安县南圩镇灵利村驮马屯17号。

黄妹兰 女,1917年8月18日生,村民,住隆安县城厢镇震东村渌吐屯14号。

黄月培 女,1917年8月20日生,村民,住隆安县古潭乡育英村平启屯。

张金荣 女,1917年10月10日生,村民,住隆安县雁江镇东义村内任屯14号。

方梧增 1917年10月16日生,村民,住隆安县那桐镇向阳街42号。

梁振造 1917年10月20日生,村民,住隆安县布泉乡兴隆村上农屯4组。

陆秀清 女,1917年11月8日生,村民,住隆安县乔建镇鹭鸶村板内屯28号。

隆美金 女,1917年11月24日生,村民,住隆安县布泉乡布泉社区外辇屯11号。

韦德广 1917年12月2日生,村民,住隆安县古潭乡旧街66号。

潘天龙 女,1917年12月12日生,村民,住隆安县城厢镇兴阳社区板空屯。

(蒋罗阐)

责任编辑 梁富鑫

2017 年南宁市国民经济发展统计公报

南宁市统计局

2017 年,全市深入贯彻落实中央、自治区、市各项决策部署,牢牢把握稳中求进的工作总基调,深入贯彻新的发展理念,攻坚克难,精准发力,全市经济呈现总体平稳、结构优化、质量提升的良好态势。

一、综合

经济增长:初步核算,全年地区生产总值 4118.83 亿元,按可比价格计算,比上年增长 8%。按常住人口计算,全市人均地区生产总值 57948 元,增长 6.7%,按平均汇率折算为 8583 美元。三次产业中,第一产业增加值 404.18 亿元,增长 4.1%;第二产业增加值 1599.50 亿元,增长 8.6%;第三产业增加值 2115.15 亿元,增长 8.4%。

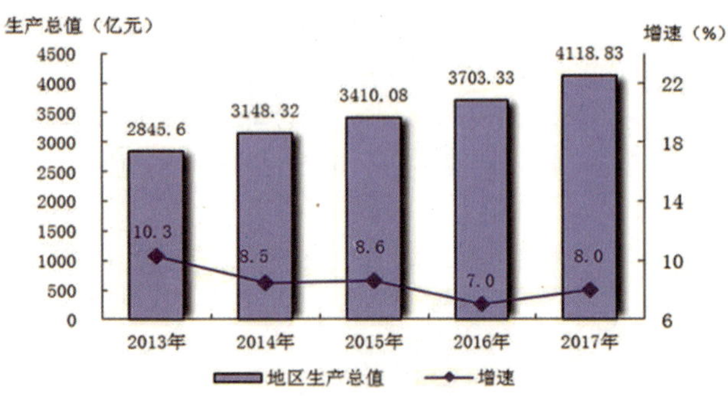

2013 年至 2017 年全市地区生产总值及增长速度

三次产业的比重为 9.8 : 38.8 : 51.4。与上年比较,第一产业比重下降 1 个百分点,第二产业比重上升 0.2 个百分点,第三产业比重上升 0.8 个百分点。

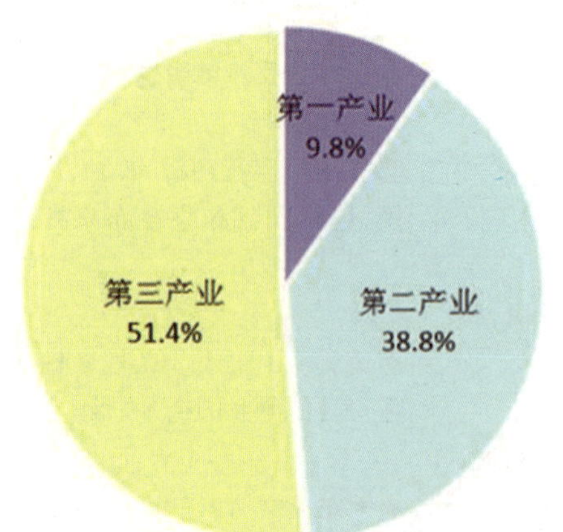

2017 年三次产业增加值占全市地区生产总值比重

价格:全年居民消费价格比上年上涨 2.3%,分类别看,八大类消费价格指数呈"七升一平"。(见下表)

2017 年居民消费价格指数

指　标	2017 年	比上年涨跌(%)
居民消费价格总指数	102.3	2.3
食品烟酒	100.0	持平
衣着	104.2	4.2
居住	103.8	3.8
生活用品及服务	100.1	0.1
交通和通信	101.2	1.2
教育文化和娱乐	100.9	0.9
医疗保健	110.6	10.6
其他用品和服务	101.5	1.5

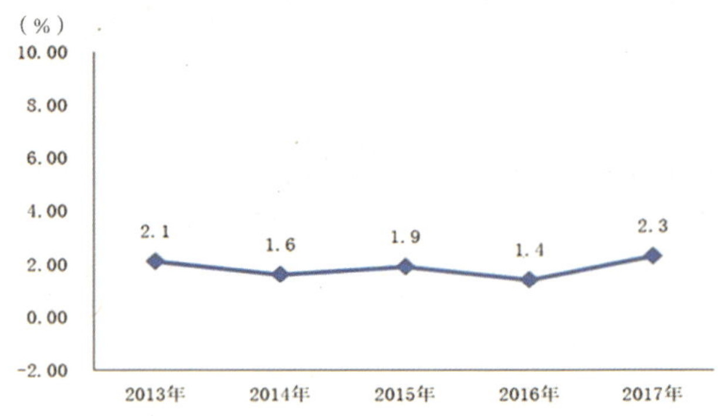

2013 年至 2017 年居民消费价格涨跌幅度

二、农业

产值:全年全市实现农林牧渔及服务业总产值 704.72 亿元,增长 4.1%。其中,农业产值 393.71 亿元,增长 3.5%;林业产值 39.30 亿元,增长 24.8%;畜牧业产值 198.99 亿元,增长 2.1%;渔业产值 29.35 亿元,增长 5.2%;农林牧渔服务业产值 43.38 亿元,增长 4.1%。占农林牧渔及服务业产值的比重分别为:农业 55.9%,比上年上升 0.4 个百分点;林业 5.6%,上升 1.2 个百分点;畜牧业 28.2%,下降 2.7 个百分点;渔业 4.2%,上升 0.1 个百分点;农林牧渔服务业 6.1%,上升 1 个百分点。

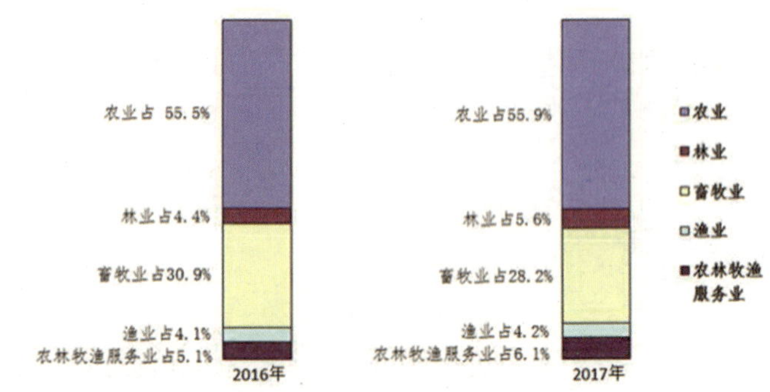

2016 年至 2017 年农林牧渔业总产值构成(%)

农作物种植面积:全年农作物播种面积 97.88 万公顷,增长

0.2%。其中，粮食种植面积 43.04 万公顷，下降 1.4%。经济作物种植面积 24 万公顷，下降 0.4%，其中，甘蔗种植面积 14.13 万公顷，上升 0.8%；油料种植面积 5.33 万公顷，增长 1.6%。其他农作物种植面积 30.81 万公顷，增长 3.3%，其中蔬菜种植面积 24.12 万公顷，增长 3.8%。各类经济作物（含其他农作物）种植面积占农作物总播种面积的比重为 56.1%，全年粮食作物和经济作物的种植面积比例为 1∶1.3。

农作物产品产量：全年粮食总产量 216.81 万吨，比上年下降 2.9%；蔬菜产量 545.40 万吨，增长 5.4%；水果产量 248.32 万吨，增长 6.2%；甘蔗产量 1161.58 万吨，增长 4.1%；花生产量 15.95 万吨，增长 3.2%；木薯产量 35.20 万吨，下降 8.1%。

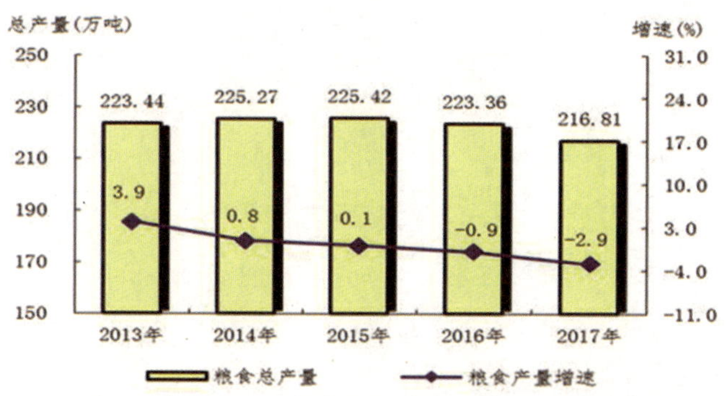

2013 年至 2017 年全市粮食总产量及增长速度

养殖业产品产量：全年肉类产量 65.81 万吨，比上年增长 1.2%，其中猪肉产量 38.10 万吨，增长 2.5%；全年生猪出栏 507.11 万头，增长 1.8%；生猪存栏 411.43 万头，下降 1.5%；禽蛋产量 4.11 万吨，增长 4.0%；牛奶产量 4.86 万吨，下降 3.8%；水产品产量 27.45 万吨，增长 5.1%。

林业生产：全社会木材采伐量 453.78 万立方米，比上年增长 30.5%。荒山荒地（沙）造林面积 2575 公顷，其中，用材林 2110 公顷，增长 23.4%；经济林 465 公顷，增长 156.9%。当年中、幼龄林抚育面积 3.37 万公顷，增长 19.3%。育苗面积 2936 公顷，下降 44%。

农村基础设施：全年农村用电量 11.83 亿千瓦时，比上年增长 1.3%。化肥使用量（折纯）53.83 万吨，增长 10.1%。有效灌溉面积 23.16 万公顷，增长 0.6%。全市 1380 个行政村中，自来水受益村 1369 个，比上年增加 24 个。自来水受益村占行政村数的比例达 99.2%。

三、工业和建筑业

工业：全年全部工业总产值 4070.88 亿元，比上年增长 13.7%。规模以上工业总产值 3989.82 亿元，增长 13.9%；其中国有企业增长 7.7%，集体企业增长 16.1%，股份制企业增长 14.3%，外商及港澳台投资企业增长 14.2%。全年全部工业增加值 1189.89 亿元，比上年增长 9.7%。

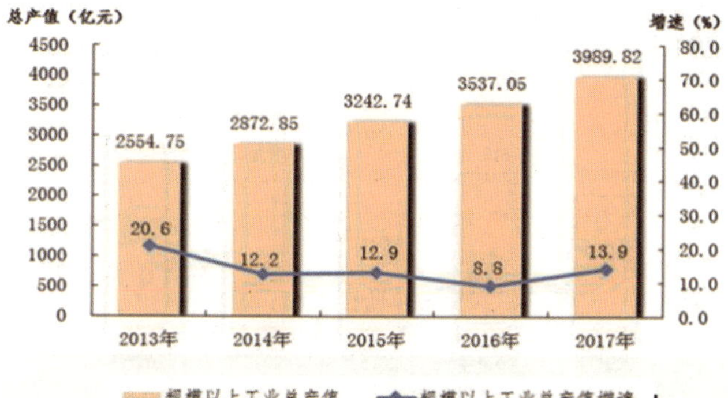

2013 年至 2017 年全市规模以上工业总产值及增长速度

分轻重工业看，全市规模以上轻、重工业总产值分别为 1559.68 亿元、2430.14 亿元，分别增长 10.2%、16.4%，重工业增速快于轻工业 6.2 个百分点。轻重工业产值比例为 39.1∶60.9，重工业产值比例高于轻工业 21.8 个百分点。

全年规模以上工业产值最高的六个行业完成工业产值 2161.87 亿元，占规模以上工业总产值比重 54.2%，拉动规模以上工业总产值增长 7.7 个百分点。其中计算机、通信和其他电子设备制造业产值 570.41 亿元，增长 19.1%；农副食品加工业产值 522.31 亿元，增长 7.7%；化学原料和化学制品制造业产值 319.58 亿元，增长 20.2%；非金属矿物制品业产值 267.87 亿元，增长 9.4%；电气机械和器材制造业产值 261.38 亿元，增长 13.4%；木材加工和木、竹、藤、棕、草制品业产值 220.33 亿元，增长 17.5%。

全市规模以上工业企业主营业务收入 3702.25 亿元，比上年增长 13.6%；利润 227.92 亿元，增长 8.2%。全年规模以上工业产销率 95.8%，下降 0.7 个百分点。

年末全市拥有规模以上工业企业 946 家。工业产值超亿元企业 660 家，比上年增加 27 家。

2017 年主要工业产品产量及增长速度

产品名称	单　位	产　量	比上年增长(%)
配混合饲料	万吨	653.91	5.8
成品糖	万吨	91.08	-1.9
软饮料	万吨	235.40	10.9
啤酒	万升	32.48	-11.5
卷烟	亿支	360.63	-0.5
人造板	万立方米	1049.09	13.6
纸浆	万吨	24.77	-0.8
机制纸及纸板	万吨	17.67	-17.0
合成复合肥料	万吨	129.72	-4.5
硅酸盐水泥熟料	万吨	1225.20	-2.4
水泥	万吨	1488.28	-4.9
平板玻璃	万重量箱	280.75	-46.0
铝材	万吨	40.65	6.2
乳制品	万吨	21.88	14.1
电力电缆	万米	210.91	-12.5
塑料制品	万吨	103.51	11.6

建筑业：年末，全市具有资质等级的建筑企业 422 家，比上年下降 3.0%。全年实现建筑业增加值 409.61 亿元，增长 6.0%。全市建筑施工企业（资质企业）完成施工产值 1469.11 亿元，增长 23.9%。

四、固定资产投资

全年完成固定资产投资 4307.95 亿元，比上年增长 12.6%。其中，项目投资 3349.86 亿元，增长 12.8%；房地产开发投资 958.09 亿元，增长 12.2%。分投资主体看，国有经济投资 1374.33 亿元，增长 12.4%，占固定资产投资比重 31.9%；集体经济投资 52.52 亿元，下降 28.1%，比重为 1.2%；私营个体投资 2019.71 亿元，增长 5.5%，比重为 46.9%；港澳台商投资 85.73 亿元，下降 12.7%，比重为 2.0%；外商投资 37.70 亿元，下降 7.1%，比重为

0.9%;其他经济投资726.25亿元,增长53.5%,比重为16.9%。

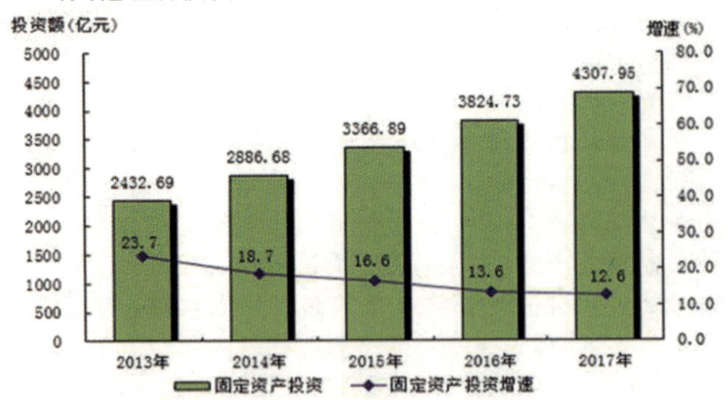

2013年至2017年固定资产投资及增长速度

在固定资产投资中,第一产业投资149.07亿元,增长3.2%;第二产业投资1122.15亿元,增长8.9%,其中工业投资1074.13亿元,增长7.5%;第三产业投资3036.73亿元,增长14.7%。固定资产投资主要集中在房地产业,制造业,水利、环境和公共设施管理业,交通运输、仓储和邮政业,批发和零售业等行业。

2017年分行业固定资产投资及增长速度

行　业	投资额(亿元)	比上年增长(%)
固定资产投资	4307.95	12.6
农、林、牧、渔业	149.07	3.2
采矿业	23.65	-4.8
制造业	954.29	8.4
电力、燃气及水的生产和供应业	96.19	1.8
建筑业	48.02	54.1
批发和零售业	252.63	21.7
交通运输、仓储和邮政业	355.69	-3.3
住宿和餐饮业	53.49	9.8
信息传输、软件和信息技术服务业	152.60	42.5
金融业	23.78	-47.8
房地产业	1134.72	14.8
租赁和商务服务业	181.29	8.6
科学研究和技术服务业	54.18	-7.7
水利、环境和公共设施管理业	523.14	35.7
居民服务、修理和其他服务业	23.81	4.5
教育	132.23	4.8
卫生和社会工作	58.33	36.4
文化、体育和娱乐业	69.47	11.6
公共管理、社会保障和社会组织	21.37	9.8

全年房地产开发投资958.09亿元,比上年增长12.2%。其中,商品住宅投资679.13亿元,增长16.5%;办公楼投资65.95亿元,下降1.9%;商业营业用房投资77.49亿元,下降8.4%。商品房施工面积7171.62万平方米,增长15.8%;商品房竣工面积578.22万平方米,增长22.6%;商品房销售面积1544.13万平方米,增长16.3%;商品房销售额1200.77亿元,增长31.3%。

2017年房地产开发和销售主要指标及增长速度

指　标	单　位	绝对数	比上年增长(%)
房地产开发投资	亿元	958.09	12.2
其中:住宅	亿元	679.13	16.5
商品房施工面积	万平方米	7171.62	15.8
其中:住宅	万平方米	4704.22	16.6
商品房新开工面积	万平方米	1486.21	-0.6
其中:住宅	万平方米	1021.72	7.2
商品房竣工面积	万平方米	578.22	22.6
其中:住宅	万平方米	440.47	30.3
商品房销售面积	万平方米	1544.13	16.3
其中:住宅	万平方米	1307.68	13.7
商品房销售额	亿元	1200.77	31.3
其中:住宅	亿元	1006.96	29.4
本年实际到位资金小计	亿元	1423.03	12.9
其中:国内贷款	亿元	225.91	13.9
自筹资金	亿元	385.30	11.4
定金及预收款	亿元	404.60	0.1
个人按揭贷款	亿元	327.91	19.5

五、交通和邮电通信业

交通运输:全年货物运输总量35142.27万吨,比上年增长8.4%。旅客运输总量9244.53万人,增长3.9%。其中,铁路货物运输量226.46万吨,下降14.7%;铁路旅客运输量3040.33万人,增长18.0%;公路货物运输量31212万吨,增长8.9%;公路旅客运输量5482万人,下降4.1%;水路货物运输量3697.5万吨,增长6.1%;民航旅客发送量722.2万人,增长19.8%;航空货邮发送量6.31万吨,增长15.6%。

邮电通信:全年邮电业务总量191.43亿元,增长40.9%,其中电信业务总量185.79亿元,增长42.5%;邮政业务总量5.64亿元,增长2.3%。

六、国内贸易

全年全市社会消费品零售总额2204.16亿元,比上年增长11.3%。其中限额以上消费品零售额1095.11亿元,增长11.6%。按销售单位所在地统计,城镇消费品零售额2030.84亿元,增长11.3%;乡村消费品零售额173.31亿元,增长11.7%。按消费类型统计,商品零售额2000.45亿元,增长11.3%;餐饮收入额203.70亿元,增长10.8%。

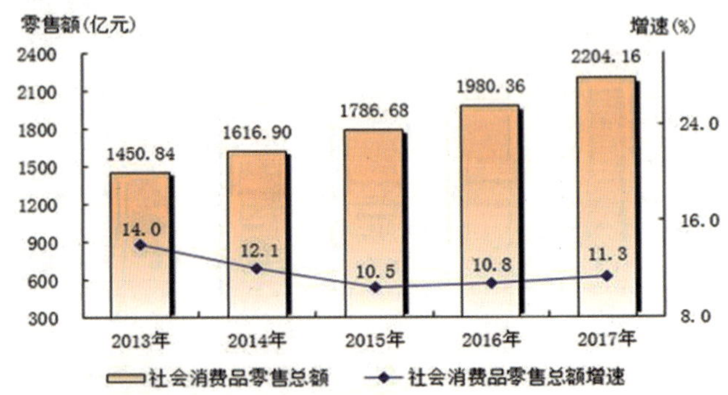

2013年至2017年社会消费品零售总额及增长速度

在限额以上企业商品零售额中，汽车类零售额比上年增长12.9%，家用电器和音像器材类增长8.2%，通信器材类增长5.5%，体育娱乐用品类增长14.4%，文化办公用品类增长8.2%，家具类增长0.5%，建筑及装潢材料类增长26.1%，日用品类增长8.0%，粮油、食品类增长11.8%，饮料类下降25.9%，烟酒类增长14.3%，服装、鞋帽、针纺织品类增长13.0%，化妆品类增长16.5%，金银珠宝类增长10.0%，中西药品类增长18.3%。

七、对外开放和旅游业

对外贸易：全年外贸进出口总值607.09亿元，比上年增长48.8%。其中：出口总值275.69亿元，增长35.8%；进口总值331.40亿元，增长61.6%。

2013年至2017年全市进出口总值及增长速度

招商引资：全年区外境内实际到位内资776.89亿元，增长13.8%。全年全口径实际利用外资9.6亿美元，增长24.4%。年末全市实有三资企业1129家，其中建成投产三资企业595家。

开发区：年末全市共有开发区、工业集中区15个。其中，南宁高新技术产业开发区、南宁经济技术开发区和广西－东盟经济技术开发区年末累计入园企业18781家，比上年末增加2394家；财政收入90.35亿元，增长9.5%；实现规模以上工业总产值2240.03亿元，增长17.5%；完成固定资产投资894.10亿元，增长13.3%。

旅游：全年共接待国内游客11001.08万人次，比上年增长15.8%；接待入境过夜游客59.13万人次，增长6.5%。其中，外国游客40.77万人次，下降3.5%；中国香港地区游客6.73万人次，增长50.0%；中国澳门地区游客4.53万人次，增长52.3%；中国台湾地区游客7.10万人次，增长22.0%。国内旅游消费1109.80亿元，增长22.9%。国际旅游(外汇)消费2.60亿美元，增长11.9%。年末全市实有星级宾馆49家。拥有AAAA级旅游景区24个，AAAAA级旅游景区1个。拥有旅行社131家，其中出境旅行社38家。

八、财政、金融和保险

财政收入：全年财政收入687.98亿元，比上年增长12.0%。其中一般公共预算收入332.15亿元，增长6.2%。一般公共预算收入中，税收收入248.10亿元，增长6.5%。全年一般公共预算支出646.31亿元，比上年增长10.1%。财政支出中，投向城乡社区、科学技术、教育的支出增长较快。其中，城乡社区支出104.07亿元，增长40.9%；科学技术支出6.47亿元，增长25.3%；教育支出117.14亿元，增长20.2%。

金融：年末全市共有金融机构42家，营业网点1236个。年末全市金融机构人民币各项存款余额9367.53亿元，比上年增长5.2%。其中，住户存款余额3176.69亿元，增长8.6%。金融机构人民币贷款余额10470.44亿元，增长11.1%。

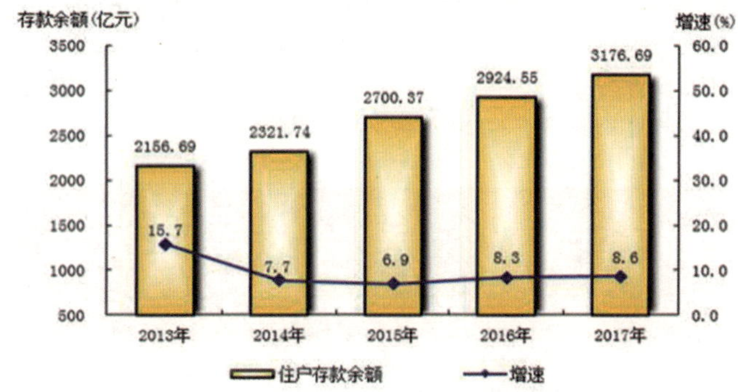

2013年至2017年住户存款余额及增长速度

保险：年末全市共有各类保险公司40家，其中，财产险公司23家，寿险公司17家。全年保费收入181.66亿元，比上年增长23.6%。其中：财产险保费收入73.50亿元，增长18.8%；寿险保费收入108.16亿元，增长27.1%。全年各项保险赔款及给付51.15亿元，其中，财产险业务赔款及给付31.20亿元；寿险、健康险和意外伤害险赔款及给付19.95亿元。

九、人口、人民生活和社会保障

人口：年末全市户籍人口756.87万人，比上年增加5.13万人，增长0.7%，其中市区人口375.38万人，增加5.29万人，增长1.4%。全市人口出生率为15.2‰，比上年增长1.7个千分点；人口死亡率5.7‰，增长0.4个千分点；人口自然增长率9.5‰，增长1.3个千分点。年末常住人口715.33万人。

城乡居民生活：全年全市居民人均可支配收入24984元，比上年增加2122元，增长9.3%。按常住地分，城镇居民人均可支配收入33217元，增加2489元，增长8.1%；农村居民人均可支配收入12515元，增加1117元，增长9.8%。

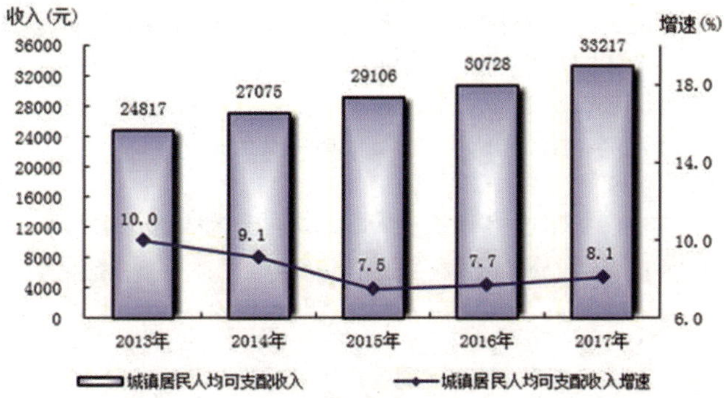

2013年至2017年城镇居民人均可支配收入及增长速度

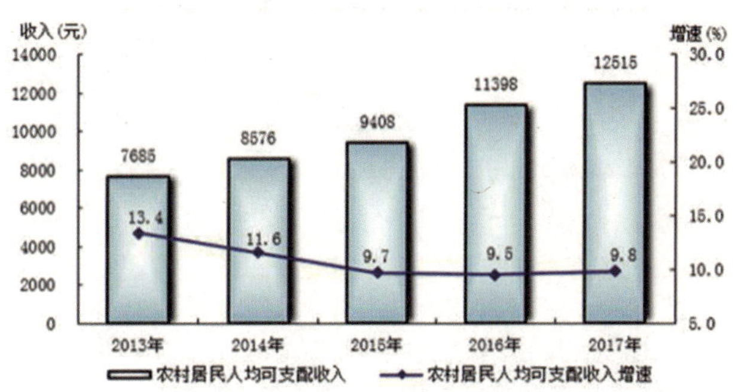

说明：2012-2015年统计口径为农民人均纯收入，2016年起统计口径更改为农村居民人均可支配收入

2013年至2017年农村居民人均可支配收入及增长速度

说明：1. 本文数据来自市统计局统计公报；

2. 地区生产总值、三次产业增加值、工业增加值、农业产值绝对数按现行价格计算，增长速度按可比价格计算；工业总产值增速按现行价格计算；

3. 规模以上工业企业是指年主营业务收入 2000 万元及以上的全部法人工业企业；限额以上批发零售企业是指年主营业务收入 2000 万元及以上批发企业和年主营业务收入 500 万元及以上零售企业；

4. 邮电业务总量按 2010 年不变价格计算。

2017 年南宁市社会发展状况及 2018 年展望

吴金艳　岑家峰　黄旭文　苏　静　王许兵　张　伟

2017 年，南宁市社会发展实现新跨越，“南宁渠道”影响力持续提升，“绿城”品质魅力彰显，重点改革富有成效，法治建设迈上新台阶，民生福祉大幅提升。但随着社会主要矛盾的变化，人民美好生活需求日益广泛，在公平、正义、安全、环境等方面的要求日益提高。2018 年，南宁市将在继续推动发展的基础上，着力解决好社会发展不平衡不充分的问题，大力提升发展质量和效益，更好地推动人的全面发展、社会全面进步。

一、2017 年南宁市社会发展总体情况

（一）城乡居民收入持续增长

2017 年，南宁市居民消费价格（CPI）同比上涨 2.3%，住宅价格持续上涨。居民人均可支配收入 24984 元，同比增长 9.3%，扣除价格因素，实际增长 6.8%；居民人均可支配收入较全国平均水平低 990 元，同比增长率较全国平均水平高 0.3%，实际增长率较全国平均水平低 0.5%。按常住地分，城镇居民人均可支配收入 33217 元，同比增长 8.1%，扣除价格因素，实际增长 5.7%。农村居民人均可支配收入 12515 元，同比增长 9.8%，扣除价格因素，实际增长 8.6%；全国农村居民人均可支配收入 13432 元，比上年增长 8.6%，扣除价格因素，实际增长 7.3%。南宁市农村居民人均可支配收入和增速均高于全国平均水平。

2013 年至 2017 年南宁市居民人均可支配收入及增长率

年　份	常住地	居民人均可支配收入（元）	同比增长率
2013 年	城镇	24817	10%
	农村	7685	13.4%
2014 年	城镇	27075	9.1%
	农村	8576	11.6%
2015 年	城镇	29106	7.5%
	农村	9408	9.7%
2016 年	城镇	30728	7.7%
	农村	11398	9.5%
2017 年	城镇	33217	8.1%
	农村	12515	9.8%

资料来源：南宁市人民政府网站

（二）新型城镇化加速推进

规划管理进一步强化，全市各级土地利用总体规划调整成果获批实施。实施大县城战略，加快以县城为中心的重点镇建设，横县校椅镇入选第二批全国特色小镇，六景镇全面启动第三批国家新型城镇化综合试点工作，宾阳县持续推进自治区新型城镇化示范县工程，马山县古零镇、西乡塘区金陵镇完成自治区百镇建设示范工程。全年新建装配式建筑面积 62 万平方米，超额完成年度 20 万平方米的目标任务，其中广西建工集团建筑产业现代化项目成为首批国家级装配式建筑示范产业基地。第十二届中国（南宁）国际园博会园博园项目主体工程规划设计全面收尾，28 个配套项目累计完成投资 25.1 亿元。南宁市棚户区改造开工 16560 套，基本建成 2924 套。南棉片区、西园饭店片区等一批重点旧改项目相继启动实施。南宁市 19 个综合管廊项目开工建设，累计建成管廊长度 32.14 千米。南宁轨道交通建成 1 号线、2 号线，形成“十”字形线网骨架，规划新增机场线、武鸣线两条线路；完成玉洞大道、城西道路升级，江湾路、华安路、新平路等多条道路通车，南宁快速路东段建成通车，全长 13.33 千米，最高时速设置为 80 千米 / 时，全程约 30 分钟；青山大桥、沙井—南站立交、中华—园湖立交等城市跨江桥梁及立交建成通车，打通了城市交通网络的一批关键节点。

（三）生态环境治理形成长效机制

城市水环境改善明显。推进邕江综合治理、海绵城市建设、内河流域治理、排水管网普查和雨污分流改造等工作。海绵城市 3 年试点建设基本完成，累计实施海绵项目 203 个，消除 54.6 平方千米示范区内黑臭水体和内涝点。加快落实河长制、湖长制，完善河长制信息平台。整治邕江两岸景观 61 千米，建设民生旅游码头，“百里秀美邕江”景观带愈加成熟。

大气污染治理卓有成效，刷新“南宁蓝”纪录。2017 年全年市区空气质量优良率为 92.3%，其中空气质量为优 191 天，比 2016 年增加 42 天，同期增加 11.6%；PM10、PM2.5 平均浓度分别为 56 微克 / 立方米、35 微克 / 立方米，比去年同期分别下降 9.7%、2.8%。其中，3 月至 9 月连续 7 个月空气优良率达 100%。

（四）法治建设水平不断提升

2017 年 9 月，中国政法大学法治政府研究院发布《法治政府评估报告（2017）》，对全国 100 个主要城市进行综合评估，南宁市评估总分位列第 5 位、西部城市第 1 位。在全国首创公共资产负债管理智能云平台，加强对政府公共资产负债的管控和监测；29 个市直部门 182 项行政许可事项统一由市行政审批局行使，实现“一枚公章管审批”；推进平安南宁 • 法治南宁建设，构建“七位一体”立体化社会治安防控体系，守住反恐维稳工作底线；推进“智慧警务”，严厉打击网上虚假信息诈骗等违法犯罪行为，不断完善应急管理机制。深入开展“美丽南宁 • 整洁畅通有序大行动”，推进“智慧交通”建设，规范网约车、电动自行车、共享单车等的管理，形成城市道路交通管理的“南宁经验”“文明行车 • 礼让斑马线”主题活动。“135 审批体制改革路径”获“中国政务服务突出贡献奖”，不动产登记改革举措获国土资源部批示推广。

（五）更加注重创新引领发展

2017 年，南宁市出台实施《南宁市企业专利权质押融资项目贴息和补助资金管理办法》《南宁市国际科技合作基地管理办法》等配套政策措施，研究完成《南宁市本级财政科研经费管理办法》（讨论稿）、《南宁市专利资助奖励办法》（修订稿）等政策。通过国家创新型试点城市建设第三方专家评估验收，获批建设自治区级自主创新示范区，全市高新技术企业 415 家；自治区级以上重点实验室 44 家；自治区级以上企业工程技术中心 101 家；企业科技孵化器和众创空间 34 个；科技成果获国家科学技术进步奖二等奖 1 项，获 2016 年度广西科学技术奖 38 项，获自治区科技成果登记 443 项；全市专利申请量 16320 件，每万人发明专利拥有量 8.35 件；技术合同成交额 724 亿元；完成重点科技成果推广项目 76 项；科技进

步对经济增长贡献率达 56%。

（六）教育改革创新均衡发展

2017 年，南宁市继续深化教育综合改革，加快推进首府教育现代化建设，推动城乡义务教育一体化发展，4 个区县通过国家义务教育均衡发展督导评估认定，基本普及高中阶段教育，接收进城务工人员随迁子女入学约 14.5 万人，高考成绩领跑全区。教育基本建设投资计划安排项目 208 个，安排市级筹措资金 10.45 亿元，全年投资完成率 103%；市第三中学初中部五象校区等 18 所中小学校落成，新增学位 2.83 万个。新增 5 所自治区示范幼儿园，全市累计自治区示范幼儿园 52 所。推行集团化办学改革，形成"核心校 + 分校"的集团化办学模式，进一步增加五象新区、凤岭片区优质教育资源供给，拉动新区教育的高品位发展。加快发展现代职业教育，扶持引导民办教育健康发展，促进特殊教育融合发展，市卫生学校相思湖校区、阳光特殊教育学校建成。南宁教育园区累计签约入驻院校 16 所，其中开工建设 6 所、实现办学招生 1 所。

（七）文化惠民和文化产业共繁荣

广西文化艺术中心、南宁市图书馆新馆、南宁市群众艺术馆新馆等文化性公共场馆迎接自治区成立 60 周年大庆重点项目建设已基本落成。扶持华夏文博园、百益·上河城等新开工项目、吉·华尔街工谷、南宁华南城创新谷（猪八戒网广西总部园区）等新建成园区，万达茂·万达乐园、老木棉·匠园等新开业园区，跟踪服务东盟文化博览园等在建园区，逐步引导形成具有重要影响力的区域文化集聚区。深入实施文化惠民工程，公共文化基础设施场所免费开放项目、广播电视村村通建设项目、农家书屋项目、送戏进基层进校园项目等进展顺利。举办"南宁市新春广场音乐会""壮族三月三大型民歌专场演出""书香绿城·阅读圆梦"南宁市 2017 年民歌湖"我的书屋·我的梦"主题活动日、"律动南宁"第十二届南宁市青春艺术大赛等大型主题文化活动 70 多场。邀请国内及东盟国家的演出团体到南宁参与"周周演"活动民歌专场演出。举办南宁市第五届新春文化庙会、2017 年"文化和自然遗产日"宣传展示活动、南宁市歌王大赛暨大明山六月歌圩等。

（八）"健康南宁"建设惠及全民

2017 年，南宁市推进南宁市体育运动学校项目建设，在城乡体育公共设施建设方面，中央、自治区、南宁市三级政府投入资金 859.48 万元，建设体育场地设施 308 个，面积约 10 万平方米。举办中国杯国际足球锦标赛、环广西自行车世界巡回赛（南宁站）等重大赛事活动，搭建"互联网 + 全民健身"平台，率先在全区推进"智慧健身"项目建设。城市公立医院改革顺利实施，医药卫生体制改革持续深化。全面启动公立医院综合改革，全市辖区内 32 家城市公立医院全面取消药品加成（中药饮片除外），同步调整 1698 项医疗服务价格，同步落实取消药品加成后的财政补贴。新增隆安县、宾阳县 5 家县级公立医院，29 家乡镇卫生院参与改革。市级三级医院和三级专科医院牵头，全市组建 6 个医疗联合体，成员单位 151 家，实现医联体覆盖所有县区。实施家庭医生签约服务，截至 10 月 31 日，全市家庭医生签约率 33.70%，重点人群签约率 54.56%，贫困人口签约率 97.22%。推进医养结合工作，探索形成机构融合型、社区嵌入型、医养产业型三大类型七种医养结合模式。

（九）社会保障水平逐步提升

财政支出持续向民生和社会保障方面倾斜。2017 年全年财政民生支出 500.73 亿元，增长 14.97%，占一般公共预算支出 77.48%。与部分省会城市相比，南宁市民生支出在一般公共预算支出中所占的比重较高。

2017 年南宁市与部分省会城市民生支出及比重

城　市	民生支出（亿元）	占一般公共预算支出的比重
南宁市	500.73	77.48%
贵阳市	376	65%
成都市	852	66.8%
昆明市	583.5	75.2%

资料来源：各市政府网站

2017 年，南宁市完成"社保惠民工程——城乡居民基本养老保险项目""健康惠民工程——城乡居民基本医疗项目"等工作，城乡居民基本养老保险和基本医疗保险参保率分别达 95%、98.95%。企业退休人员基本养老金实现"十三连涨"。城市居民最低生活保障标准提高 20%。全市社区居家养老日间照料机构 106 个，城市养老服务中心 21 个，社区居家养老覆盖面 60.5%，新增医养结合机构 12 家，新、改、扩建社区日间照料中心 30 个。开展社会救助精准兜底保障，南宁市各城区（开发区）城市居民最低生活保障标准由每人每月 500 元提高到每人每月 600 元，各县城市居民最低生活保障标准由每人每月 400 元提高到每人每月 480 元，保障标准居全区首位。南宁市政府将"扶持创业促就业项目"列入"为民办实事工程"，全市扶持创业 19205 户（家），创业担保贷款累计发放 3220 笔，发放金额 27378.2 万元，分别完成目标任务 128.03%、107.33%、109.51%。基本建成公共租赁住房 2.73 万套，分配入住 2.39 万套。老旧居住区综合整治改造任务完成 100 个，超额完成自治区下达危旧房改住房改造目标任务，新开工危旧房改住房 1548 套，完成率 100%；基本建成 890 套，完成率 109%；完成投资额 4.2 亿元，完成率 210%。

（十）精准扶贫成效显著

年度脱贫攻坚任务顺利完成。筹集安排各级财政专项扶贫资金 23.33 亿元投入脱贫攻坚。培育和引导 149 家龙头企业、1239 个农民合作社积极参与产业扶贫，带动 23 万多名贫困人口增收。年度易地扶贫搬迁安置点全部开工建设，累计搬迁入住 18258 人。317 个贫困村村级集体经济收入均达 2 万元以上。落实 61 家企业结对帮扶 56 个深度贫困村，华润集团对口帮扶隆安县都结乡。推进茂名—南宁扶贫协作。截至 10 月 31 日，全市辖区贫困人口签约率 95.89%，农村建档立卡贫困人口动态管理电子健康档案建档率 99.98%。贫困村学校基础建设项目资金 1000 万元，配备 30 所贫困村学校（教学点）90 间教室"班班通"设备，为贫困村学校培训教师不少于 1000 人等。投入资金 318.48 万元（含为民办实事项目），帮助全市 147 个贫困村完成"五个一"（一片标准篮球场、一片乒乓球场、一套健身路径器材、一支运动队、一名社会体育指导员）建设。下达科技扶贫项目 28 项，投入财政资金 664 万元，受益农户数 1951 户，其中贫困农户 1033 户。组织贫困劳动力参加职业技能培训 4945 人，召开贫困劳动力专场招聘会 104 场，建档立卡贫困户成员实现转移就业 1.22 万名。

二、2017 年南宁市社会发展存在的问题

（一）城乡发展不平衡问题仍突出

发展不平衡不充分问题日益显现，其中最大的不平衡是城乡发展不平衡。一是城乡基础设施差异大，随着新型城镇化推进，城市基础设施建设方面固定资产保持较快增长，而很多农村地区基础设施投入主体单一、投入力度不够。二是城乡教育资源分配失衡，无论是在校园校舍、教学设施、仪器设备等硬件方面，还是在师资力量等软件方面，城市和乡村地区的差距

都较明显。与城市相比，农村地区教育经费投入不足，城乡教育资源分布差距较大。三是城乡医疗卫生资源配置不合理，卫生资源过于集中在大医院和大设备上，基层医疗硬件设施不完善，卫生技术人员医疗水平跟不上，部分基层卫生院、服务站营运情况堪忧。

（二）房价持续上涨导致人民生活成本加大

房地产市场需求旺盛，新建商品住宅价格同比上涨11.1%，自2016年12月以来，全市新建商品住宅价格环比连续13个月上涨。5月25日，南宁市出台《关于进一步加强房地产市场调控促进房地产市场平稳健康发展的通知》，打击房地产市场投机行为，抑制房地产市场过热发展，政策效应显现，下半年房价上涨势头有所遏制，但总体上新建商品房价格呈量稳价涨态势。二手住宅价格走势与新建商品住宅基本一致，处上涨态势。住房价格过快上涨，增加城市居民购房难度，提升房屋租金，提高租房者租房支出占家庭消费支出比重，制约居民储蓄和其他消费增长，最终导致城市生活成本上升。2017年以来南宁市房价过高的因素导致对人才的吸引力下降。同时，房价上涨不利于城市实体经济发展及金融风险防控等。

（三）城乡居民收入差距扩大

2016年，城乡收入差距绝对值19330元；2017年，扩大到20702元，南宁市城乡居民收入比为2.65 ： 1。

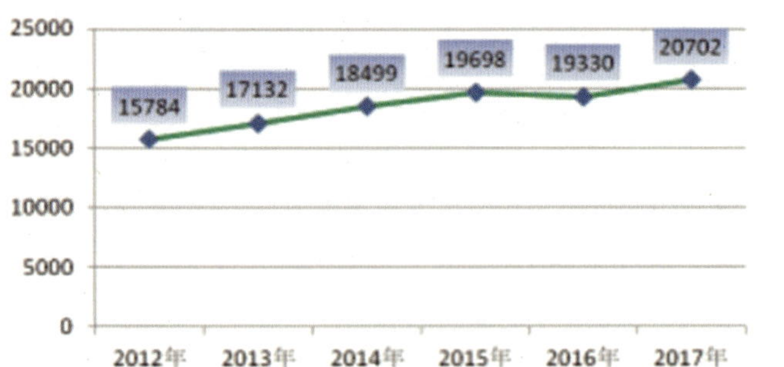

数据来源：2012年至2016年数据来源于《南宁统计年鉴》，2017年数据来源于南宁市政府工作报告

2012年至2017年南宁市城乡居民收入差距情况

区县之间居民收入差距较大，青秀区、西乡塘区、兴宁区、江南区居民人均可支配收入居全市前列，分别为39614元、29292元、32749元和28388元；县份均低于全市平均水平，其中马山县居民人均可支配收入13966元，为青秀区的35.25%。从收入来源看，城镇居民可支配收入来源主要包括工资性收入（56.4%）、家庭经营净收入（16.1%）、转移净收入（14.9%）和财产净收入（12.6%），城镇居民收入渠道主要依靠就业者工资收入和家庭经营净收入，但是受经济宏观环境趋紧、市场消费意愿不足等因素影响，从事生产经营活动成本增加，餐饮、娱乐、住宿等服务行业下滑，经营利润缩小，城镇居民经营净收入增长放缓，国家统计局南宁调查队数据显示，2017年南宁市城镇居民经营净收入增速较上年同期低4.7个百分点；农村居民可支配收入主要包括经营性收入（41.47%）、工资性收入(39.91%)、转移性收入(13.62%)和财产净收入(5%)，农民收入渠道主要依靠家庭经营性收入和就业者的工资收入，但是近年来农业生产成本快速上升，农业发展的资源环境约束趋紧等因素影响，农产品市场价格波动较大，农民家庭经营性收入增长放缓，依靠农业持续增收的空间收窄。

（四）深度贫困地区脱贫任务艰巨

受历史、地理位置、经济、社会等因素影响，一些贫困地区面貌尚未完全改变，尤其是深度贫困地区脱贫攻坚任务繁重艰巨，脱贫攻坚工作越到后面难度越大。深度贫困地区的贫困人口大都是贫中之贫、困中之困，主要包括残疾人、孤寡老人、长期患病者等“无业可扶、无力脱贫”的贫困群众以及部分教育文化水平较低、缺乏技能的贫困群众。贫困特征表现为自然条件恶劣，道路、水、电、通信、垃圾集中处理等基础设施滞后，教育、医疗、文化、社会保障等基本公共服务匮乏，人均可支配收入低，群众住房条件差等。经过几年的脱贫攻坚战，群众生产生活条件有了极大改善，但村屯道路连通度不高、饮用水净化困难，上学便利性不足、生态环境脆弱、农业耕作条件差、群众内生发展能力弱等问题依然突出，部分贫困人口在外界帮扶下暂时脱离贫困状态，但日后很容易因病、因学再次返贫。

（五）基本公共服务供给相对不足

随着南宁市城市快速发展和人口迁移，基本公共服务结构性供求矛盾愈发突出。根据中国社会科学院马克思主义研究院与华图政信公共管理研究院每年出版发布的调查研究成果——公共服务蓝皮书《中国城市基本公共服务力评价》显示，南宁市基本公共服务满意度与周边省会城市相比，2017年满意度最低，与上年相比明显下降。

教育方面，教育资源供给压力大。据教育部门统计，2011年至2015年，南宁市共保障59.8万名进城务工人员随迁子女接受义务教育，约占全区义务教育学校接收人数的三分之一，是广西接收随迁子女入学最多的城市。随着新型城镇化建设推进，将有更多外来人口进入南宁发展，城市教育资源紧张局面将会更加突出。随着生活水平提高，市民对优质教育资源需求不断上升，现有优质教育资源稀缺，名校空间分布不均衡，难以满足人民群众需求，群众反映强烈的“大班额”等问题没有

2013年至2017年南宁市与周边省会城市基本公共服务满意度情况

城　市	2013年		2014年		2015年		2016年		2017年	
	得　分	排　名	得　分	排　名	得　分	排　名	得　分	排　名	得　分	排　名
南宁市	55.56	6	51.35	7	57.87	4	59.69	4	60.09	7
昆明市	55.54	7	54.59	5	60.44	2	59.32	5	62.71	5
重庆市	59.11	4	59.38	2	61.80	1	62.23	3	65.08	2
成都市	59.24	3	59.46	1	57.89	3	57.82	6	63.45	4
贵阳市	59.81	2	56.98	4	57.56	6	55.98	7	61.54	6
长沙市	60.70	1	59.08	3	56.15	7	63.78	1	65.81	1
广州市	57.02	5	53.87	6	57.68	5	63.48	2	64.45	3

资料来源：刘志昌、钟君、万相昱、罗紫罗兰等，《2017年中国城市基本公共服务满意度评估与发展报告》，社会科学文献出版社

从根本上缓解。

医疗卫生方面，南宁市医疗卫生资源总量相对不足，公立医疗机构所占比重过大，社会办医疗机构占比过小，专科医院发展相对较慢，儿科、精神卫生、康复、老年护理等领域明显薄弱，每千人口执业（助理）医师数、护士数、床位数相对较低，难以满足群众就医需求。养老服务方面，2016年南宁总人口751.7万，其中60岁以上人口121.6万，占总人口的16.1%。南宁市养老服务资源相对匮乏、公办养老机构数量少、床位有限，难以满足群众日益增长的养老需求，随着南宁市人口老龄化速度加快，“老有所养”成为越来越迫切的社会问题，急需进一步加大对民办养老机构发展的扶持。

此外，人民群众普遍较关心的公共文化、公共体育、环境保护、养老保险等领域发展短板仍然比较突出，与之相应的公共服务产品稀缺，与公众期待还有不少距离。造成基本公共服务供给不足的原因主要包括两大方面，一是当前经济结构深度调整，财政增收压力加大，使得民生投入保障面临巨大压力；二是与广大人民群众日益增长的美好生活需求相比，基本公共服务供给主体仍较单一，引入市场机制的步伐相对滞后。

（六）城市治理能力有待提高

城市治理法制化进程缓慢，难以适应新形势下城市管理执法工作，迫切需要对城市管理规章制度进行修订细化，对城市管理涉及的范围、职责、流程、法律责任等作出科学合理界定。城市流动人口管理方面，城市的快速发展吸纳大量外来人口流入城市发展，给城市治理带来巨大压力，衍生出交通拥堵、违法经营、治安隐患、出租房屋管理、电动车管理等方面问题。停车管理方面，随着城市车辆保有量迅猛增长，停车难成为困扰城市交通和城市日常管理的问题。城市共享单车管理方面，共享单车的快速发展也引发系列问题，如车辆挤占车行道、人行道、盲道，使用者故意破坏车辆、将车辆乱停乱放等，严重影响市容市貌。

（七）社会领域民间投资活力不足

一是民间资本渠道不畅的问题较为突出，覆盖全市的基础设施领域和社会领域的民间资本投资平台不完善，民间资本难以掌握相应的投资信息，对领域方向不清晰，影响了民间资本投资效率；二是民间资本投资在投资过程遇到阻碍，存在精简审批不彻底不配套问题，民间资本在投资运营过程中制度性交易成本高，影响投资者信心；三是民间资本投资扶持政策不到位，政府出台的促进民间资本投资扶持政策落实不到位，投资环境不佳，投资空间狭窄，使得一些民间投资不愿投、不敢投，因此投资的主动性和积极性不高。

三、2018年南宁市社会发展面临的形势

（一）党的十九大精神为社会高质量发展指明了方向

党的十九大报告明确以人民为中心的发展思想，提出我国社会主要矛盾产生变化的历史性论断，我国社会发展进入了更高质量发展阶段，人民在学有所教、劳有所得、病有所医、老有所养、住有所居、弱有所扶等方面提出了更高的要求。十九大报告在教育、就业与人民收入、社会保障、脱贫攻坚、健康中国、社会治理以及国家安全等方面进行了新的部署，提出要提高保障和改善民生水平，加强和创新社会治理。党的十九大精神为南宁高质量社会发展指明了方向，需要紧紧扣住我国社会主要矛盾发生的历史性变化，要牢牢把握人民日益增长的美好生活需要和不平衡不充分的发展之间的矛盾，持续补齐社会发展的短板，推进南宁社会持续高质量发展。

（二）改革开放40周年助力社会领域各项改革纵深推进

2018年，是我国改革开放40周年，从中央到地方，将会推出更多的改革开放措施，使我国改革开放水平走向新的高度。改革开放40周年将为南宁推进社会多领域改革向纵深推进提供强大政策动力与舆论氛围。教育体制改革将取得新进展，人民将会享受到更为公平、优质的教育；医疗体制改革持续向纵深推进，分级诊疗与公立医院改革取得新突破，人民将会享受到更为便捷、高效、优质的医疗服务；大众创业，万众创新活力将持续迸发，不断为社会发展增添新动能；社会治理改革创新将再上新台阶，智慧南宁、平安南宁等取得更大进展，人民将会拥有更加和谐、安全的社会环境等。

（三）自治区成立60周年将推动社会事业建设进入快车道

2018年，是广西壮族自治区成立60周年，意义重大。既是对60年来广西走过不平凡历程的重要回顾与总结，也是对进入新时代以后广西未来发展的一次重要规划与展望。南宁作为广西的首府，是广西发展的标识与缩影，在社会建设各领域都走在广西各城市前面。广西60周年庆给南宁社会事业发展提供了重要机遇，使一批批社会建设项目和民生服务项目走向发展的快车道，一大批60周年庆献礼项目将陆续在2018年开花结果，包括科技、教育、卫生、公共交通基础设施、文化等重要的民生项目，为日后南宁社会事业走向更高质量发展打下坚实基础。

（四）“智慧南宁”建设综合提升社会治理现代化水平

未来南宁市将围绕信息惠民、便民、利民的核心理念，不断创新发展思路，打破部门行政壁垒，破除数据孤岛，整合数据信息资源，实施共建共享。智慧政务、智慧民生、智慧产业将是南宁市智慧城市建设的重点。当前智慧医疗、智慧教育、智慧交通、智慧警务等已初见成效，改变了以往一个部门一个便民APP的局面，实现“爱南宁APP”一码通城，不断集合和整合全市各项智慧业务，实现“让数据多跑路，让百姓少跑腿”。基础设施智能化、社会治理精细化、公共服务便利化将成为南宁市智慧城市建设的成果惠及越来越多的人民群众。

（五）人民日益增长的美好生活需要亟待高质量满足

近年来南宁市在城市基本公共服务满意度方面相对处于靠后的位置，与周边城市相比较缺乏竞争力，且影响南宁市人民的获得感和幸福感。随着新的形势变化，这会给社会事业的发展带来更大的不同程度的挑战，也提出了更高要求。社会事业建设归根到底仍然是政府对于公共产品和公共服务的投入，随着城镇化发展加速，人民对于公共产品和公共服务的需求大大增加，不仅对于量的需求增加，也对于质的要求提升。所以，这对南宁市在公共产品供给能力方面提出了更大挑战，未来一段时期在社会事业发展层面，南宁市必须适应新时代新的发展特点，在公共产品供给上更加注重量和质的双提升。

（六）各城市人才竞争日趋激烈

2017年，成都、西安、武汉、长沙、重庆、天津、大连等城市掀起了新一轮人才争夺战，通过多元政策优惠组合吸引各类人才，各类媒体均给予了高度关注。主流一二线城市间的人才争夺竞争，势必进一步加剧中西部地区欠发达城市在人才竞争的边缘化地位，加快这些城市人才向主流一二线城市转移。各项社会事业的发展离不开人才支撑，南宁作为西部地区和少数民族地区省会城市，面临的人才竞争压力越来越大，因此未来的经济社会发展应更注重人才的引进、培养和使用。

（七）脱贫攻坚任务依然艰巨

2018年南宁市脱贫攻坚进入深水区。据自治区初步核定，南宁2017年底剩余贫困村216个、贫困人口218795人。深度贫困形势严峻，有深度贫困县1个、深度贫困乡1个、深度贫困村56个，深度贫困人口29207人，占全市贫困人口的13.35%。每年需脱贫8万人左右，并确保贫困发生率维持低点，南宁市才能在2020年全面脱贫。深度贫困地区脱贫、集体经济发展薄弱、产业扶贫做大做强优势不突出、扶贫领域作风问题成为扶贫领域的四大挑战。

责任编辑　温燕聪

统计资料

说 明

一、《统计资料》中地区生产总值、工业增加值及农林牧渔业总产值绝对数按当年价格计算，其增长速度按可比价格计算。
二、统计数据中使用的“#”表示“其中”数，指数的对比均把上年数定位100。
三、部分统计项目为当年新增统计内容，故无之前年份数据。
四、数据由南宁市统计局提供。

南宁市历年主要指标

表44

年份	年末总人口（万人）	GDP（亿元）	GDP指数（%）	财政收入（亿元）	农林牧渔业总产值（亿元）	全部工业总产值（亿元）	社会消费品零售总额（亿元）	固定资产投资（亿元）
1950	228.55	1.43	100.0	0.08	1.47	0.12	0.58	0.03
1965	329.84	5.34	116.8	0.63	3.18	3.26	2.56	0.46
1978	451.77	14.74	111.5	2.32	8.16	13.68	5.44	1.69
1980	470.05	18.01	105.5	2.75	9.70	15.71	7.69	1.61
1985	519.06	30.93	112.7	4.26	17.25	26.08	16.73	3.84
1990	558.20	70.88	109.6	8.25	36.17	67.17	35.65	6.00
1995	594.92	235.81	114.5	21.96	99.52	198.44	108.85	43.21
2000	625.27	377.94	107.7	37.54	137.79	241.73	212.43	87.81
2001	629.75	418.17	108.8	45.29	140.72	260.81	231.35	97.45
2002	634.68	463.18	110.9	52.53	145.57	291.19	256.78	122.36
2003	641.67	521.78	110.9	61.06	151.93	334.20	288.45	169.92
2004	648.85	619.12	113.2	74.63	179.29	404.07	332.05	240.11
2005	659.54	727.90	113.4	100.22	207.10	490.92	378.00	346.24
2006	671.89	880.10	116.8	120.36	241.51	639.28	435.51	407.75
2007	683.51	1089.07	117.4	150.84	294.46	830.21	515.62	517.92
2008	691.69	1320.43	114.7	191.17	338.07	1050.62	631.68	650.02
2009	697.90	1527.71	115.1	231.37	351.20	1175.76	757.01	977.24
2010	707.37	1800.26	114.2	300.88	403.24	1501.18	905.93	1389.30
2011	711.49	2211.44	113.5	363.52	507.16	2000.23	1073.15	1966.13
2012	713.50	2503.18	112.3	421.99	536.41	2287.90	1255.59	2517.61
2013	724.43	2803.54	110.3	473.66	578.15	2661.97	1450.84	2432.69
2014	729.66	3148.30	108.5	526.59	609.33	2984.23	1616.90	2886.68
2015	740.23	3410.09	108.6	572.48	638.81	3323.82	1786.68	3366.89
2016	751.74	3703.39	107.0	613.83	689.03	3628.07	1980.36	3824.73
2017	756.87	4118.83	108.0	687.98	704.72	4070.88	2204.16	4307.95

说明：1.2011年起以“固定资产投资”口径取代原“城镇固定资产投资”口径；
2.2013年起，固定资产投资起报点从计划总投资50万起报调整为计划总投资500万元起报

南宁市社会经济主要指标（2013年至2017年）

表45

指标名称	单位	人口　土地面积					
		2013年	2014年	2015年	2016年	2017年	
		总量	总量	总量	总量	总量	比上年增长(%)
土地面积	平方千米	22099	22099	22099	22099	22099	持平
常住总人口	万人		691.38	698.61	706.22	715.33	1.3
常住人口城镇化率	%		58.39	59.31	60.23	61.35	1.1*
年末户籍总人口	人	7244309	7296565	7402302	7517446	7568656	0.7
#城镇人口	人		2938564	3262903	3272396	3324893	1.6
乡村人口	人		4358001	4139399	4245050	4243763	0.0
#市区人口	人	2797307	2843789	2904637	3700817	3753763	1.4
市辖县人口	人	4447002	4452776	4497665	3816629	3814893	0.0
#男性	人	3792969	3826517	3875130	3929997	3944813	0.4
女性	人	3451340	3470048	3527172	3587449	3623843	1.0
#18岁以下人口	人	1510714	1580734	1625625	1677874	1764708	5.2
18—59岁人口	人			4610733	4629970	4633507	0.1
60岁以上人口	人			1165944	1209602	1170441	−3.2
人口密度	人/平方千米	328	330	335	340	342	0.7
年出生人数	人	161716	142243	118098	121285	153268	26.4
年死亡人数	人	26040	35425	32303	33995	143628	322.5
年末总户数	户	2198494	2200923	2223817	2249585	2253672	0.2
年平均人口	人	7189644	7270437	7349434	7433440	7543051	1.5
市区人口比重	%	38.61	38.97	39.24	49.23	46.60	0.4*
市辖县人口比重	%	61.39	61.03	60.76	50.77	50.40	−0.4*
男性人口比重	%	52.36	52.44	52.35	52.28	52.12	−0.2*
女性人口比重	%	47.64	47.56	47.65	47.72	47.88	0.2*

说明：1. 人口数据由市公安局提供，年出生人数、年死亡人数含历年出生、历年死亡而在本年登记的人数（上年市公安局将历年未销户的死亡人口全部清查，故年死亡人数大增）；

2. 2016年市区口径调整为兴宁区、青秀区、西乡塘区、江南区、良庆区、邕宁区和武鸣区；

3. “*”表示增减百分点，下表同；

4. 乡村人口、市辖县人口比上年增长数值较小，省略小数后为0

指标名称	单位	地区生产总值					
		2013年	2014年	2015年	2016年	2017年	
		总量	总量	总量	总量	总量	比上年增长(%)
地区生产总值（当年价）	万元	28035444	31482973	34100859	37033897	41188293	8.0
第一产业	万元	3499263	3550862	3703546	4006676	4041842	4.1
第二产业	万元	11108853	12515391	13456560	14271567	15994974	8.6
工业	万元	8205984	9234941	10003669	10631406	11898899	9.5
建筑业	万元	2902869	3280450	3452891	3640160	4096076	6.0
第三产业	万元	13427329	15416720	16940753	18755654	21151476	8.4

续表 1

指标名称	单　位	地区生产总值					
		2013 年	2014 年	2015 年	2016 年	2017 年	
		总　量	总　量	总　量	总　量	总　量	比上年增长(%)
交通运输仓储邮政业	万元	1168603	1407627	1469534	1609627	1744961	8.8
批发和零售业	万元	2608702	2852253	3041837	2990438	3103088	5.7
住宿和餐饮业	万元	951779	840727	917147	959162	1030673	6.8
金融业	万元		3076400	3690546	4057963	4505732	7.7
房地产业	万元	1340056	1508880	1557417	1826410	2377253	7.2
营利性服务业	万元	2308930	2338484	2619347	2992088	3552302	19.7
非营利性服务业	万元	2638159	3247795	3576269	4170450	4623439	4.1
人均地区生产总值(当年价)	元	38994	43303	49066	52724	57948	6.7
地区生产总值构成	%	100	100	100	100	100	—
第一产业	%	12.48	11.28	10.86	10.82	9.81	−1.0★
第二产业	%	39.62	39.75	39.46	38.54	38.83	0.3★
工业	%	29.27	29.33	29.34	28.71	28.89	0.2★
建筑业	%	10.35	10.42	10.13	9.83	9.94	0.1★
第三产业	%	47.89	48.97	49.68	50.64	51.35	0.7★

说明：人均生产总值按户籍人口计算

指标名称	单　位	农　业					
		2013 年	2014 年	2015 年	2016 年	2017 年	
		总　量	总　量	总　量	总　量	总　量	比上年增长(%)
农林牧渔业总产值(当年价)	万元	5781504	6093295	6388114	6890319	7047245	4.1
农业	万元	3128265	3379031	3522950	3828079	3937085	3.5
林业	万元	296913	286257	302022	301655	392955	24.8
牧业	万元	1847706	1842637	1928175	2126944	1989862	2.1
渔业	万元	225879	254212	266869	282524	293519	5.2
服务业	万元	282740	331157	368098	351118	433824	4.1
农林牧渔业总产值(构成)	%	100	100	100	100	100	
农业	%	54.11	55.46	55.15	55.55	55.87	0.3★
林业	%	5.14	4.70	4.73	4.38	5.58	1.2★
牧业	%	31.96	30.24	30.18	30.87	28.24	−2.6★
渔业	%	3.91	4.17	4.18	4.10	4.17	0.1★
服务业	%	4.89	5.43	5.76	5.10	6.16	1.1★
播种面积							
粮食	万公顷	44.29	44.14	44.19	43.67	43.04	−1.4
甘蔗	万公顷	16.89	16.25	14.08	14.01	14.13	0.8

续表 2

指标名称	单 位	农 业					
		2013 年	2014 年	2015 年	2016 年	2017 年	
		总 量	总 量	总 量	总 量	总 量	比上年增长(%)
油料	万公顷	4.77	4.92	5.24	5.25	5.33	1.6
蔬菜	万公顷	18.13	20.25	22.04	23.23	24.12	3.8
粮食总产量	吨	2234391	2252668	2254186	2233587	2168063	−2.9
油料产量	吨	139426	143744	157918	155344	160221	3.1
甘蔗产量	吨	12369908	12399757	10853284	11154659	11615755	4.1
蔬菜产量	吨	3959195	4439699	4861980	5176992	5453998	5.4
肉类总产量	吨	655561	653693	660196	650442	658062	1.2
#猪肉	吨	385229	392753	386435	371685	381043	2.5
牛羊肉	吨	25078	26046	27195	29063	30276	4.2
禽肉	吨	238571	227625	233003	237914	235561	−1.0
猪年末存栏数	万头	429.4	429.98	433.9	417.5	411.43	−1.5
当年出栏肉猪	万头	523.31	530.40	519.23	498.10	507.11	1.8
大牲畜年末存栏数	万头	72.53	73.62	74.11	75.94	76.64	0.9
#牛	万头	71.05	71.09	73.03	75.5	76.19	0.9
羊年末存栏数	万只	25.43	32.39	30.74	31.71	32.01	1.0
水产品产量	吨	232972	244635	254440	261172	274533	5.1
禽蛋产量	吨	31185	32098	34491	39540	41125	4.0
牛奶产量	吨	49417	50011	50286	50504	48566	−3.8
水果产量	吨	1705101	1826919	2139284	2338025	2483209	6.2

指标名称	单 位	工 业					
		2013 年	2014 年	2015 年	2016 年	2017 年	
		总 量	总 量	总 量	总 量	总 量	比上年增长(%)
全部工业总产值(当年价)	万元	26619725	29842285	33238249	36280744	40708847	13.7
#规模以上工业总产值	万元	25547515	28728501	32427354	35370531	39898166	13.9
规模以下工业总产值	万元	1072210	1113784	810895	910213	810681	5.2
规模以上工业							
按等级注册类型分:							
#国有企业	万元	3268159	2326278	3399840	3125321	1587043	7.7
集体企业	万元	141876	112544	48183	52071	60450	16.1
股份制企业	万元	15915804	19093721	21684372	24210172	29238221	14.3
外商及港澳台	万元	4834044	5750997	6373400	7034638	7982987	14.2
其他经济类型企业	万元	1385201	1383792	921559	948329	1029465	10.3
按轻重工业分:							
轻工业	万元	11554940	12278523	13272089	14133784	15596779	10.2

续表 3

指标名称	单 位	工 业					
		2013 年	2014 年	2015 年	2016 年	2017 年	
		总 量	总 量	总 量	总 量	总 量	比上年增长(%)
重工业	万元	13992575	16449977	19155266	21236747	24301387	16.4
按企业规模分:							
大中型企业	万元	10752224	13930158	15408913	17408947	20404381	11.9
小微型企业	万元	14795291	14798343	17018441	17961584	19493785	16.0
规模以上工业企业							
主要经济指标							
企业单位数	个	968	967	937	954	946	-0.8
#产值超亿元企业	个	548	592	635	633	660	4.3
亏损企业	个	97	109	105	104	90	持平
工业总产值(现价)	万元	25547515	28728501	32427354	35370531	39898166	13.9
工业增加值(现价)	万元	7775170	8811702	9695529	10285525	11590840	9.9
资产总计	万元	16864126	18479787	20879725	22859601	25672654	13.1
负债总计	万元	9666037	10523623	12027862	13205343	14911405	12.9
应收账款	万元				3438545	3835425	12.1
存货	万元				2482546	3022112	23.3
#产成品	万元				866890	970238	13.2
流动资产合计	万元				10698099	12424259	16.9
主营业务收入	万元	23862488	26508596	30113468	32805566	37022500	13.6
主营业务成本	万元		21703069	24949447	27434435	31039494	14.0
利润总额	万元	1462127	1600335	2016068	2111970	2279184	8.2
亏损企业亏损额	万元	103177	96924	70577	52305	74848	53.2
销售费用	万元		616251	621835	661826	731125	10.4
管理费用	万元		1004517	1036842	1094109	1204656	12.4
财务费用	万元		215822	212447	180576	201831	12.8
#利息支出	万元		194516	194721	184374	190995	4.4
主要工业产品产量							
配混合饲料	万吨	477.83	502.65	586.40	619.33	653.91	5.8
成品糖	万吨	145.52	130.26	108.86	92.87	91.08	-1.9
啤酒	千升	230888	303137	448235	366854	324806	-11.5
软饮料	万吨	157.81	156.31	197.96	212.33	235.40	10.9
卷烟	万支	384.25	392.26	368.57	362.35	360.63	-0.5
人造板	万立方米					1049.09	13.6
纸浆	万吨	109.43	58.98	27.77	25.03	24.77	-0.8
机制纸及纸板	万吨	127.33	56.55	27.02	21.69	17.67	-17.0

续表 4

指标名称	单 位	工 业					
		2013 年	2014 年	2015 年	2016 年	2017 年	
		总 量	总 量	总 量	总 量	总 量	比上年增长(%)
硅酸盐水泥熟料	万吨					1225.20	−2.4
水泥	万吨	1569.51	1620.50	1652.08	1578.20	1488.28	−4.9
平板玻璃	万重量箱	638.14	623.00	616.55	520.06	280.75	−46
铝材	万吨	11.98	23.31	28.61	38.29	40.65	6.2
小型拖拉机	万台	15.45	13.90	12.69	11.94	10.92	−6.9
电力电缆	千米	1797594	1716376	2127007	2410489	2109094	−12.5
乳制品	万吨	16.23	14.82	17.88	19.18	21.88	14.1
合成复合肥料	万吨					129.72	−4.5
化学试剂	万吨					6.25	59.7
塑料制品	万吨	63.30	72.25	79.12	92.67	103.51	11.6
卫生陶瓷制品	万件	424.37	406.11	427.74	387.91	423.94	9.3
钢材	万吨	69.71	71.17	96.58	88.69	93.56	4.2
配电或电器控制设备(11 万伏以下)	台					385722	9.2
家用电风扇	万台	41.92	33.63	36.28	32.22	43.58	35.3

说明：1. 规模以上工业是指年主营业务收入达到 2000 万元以上的工业企业；

2. 工业增加值增长速度按价格指数缩减法计算；

3. 国有企业总产值、个数是按照两年内均为规模以上的工业企业之间进行比较，由于企业数减少，所以数值下降，但却是增长的情况

指标名称	单 位	固定资产投资					
		2013 年	2014 年	2015 年	2016 年	2017 年	
		总 量	总 量	总 量	总 量	总 量	比上年增长(%)
固定资产投资总额	万元	24750080	29338739	34184261	38247267	43079465	12.6
#项目投资	万元			27097016	29707291	33498598	12.8
房地产开发投资	万元	4163709	5518214	6571897	8539976	9580867	12.2
#民间投资	万元			21280684	24609655	28017935	13.9
#建筑工程	万元	14543941	17321987	20395627	22380491	25567001	14.2
安装工程	万元	1569613	2002146	2362337	3236157	4106438	26.9
设备工器具购置	万元	5294597	6352836	6825038	7936347	7763123	−2.2
房屋施工面积	万平方米	11922.30	7286.15	8118.14	8282.23	9018.94	8.9
#住宅	万平方米	3013.54	3459.23	3743.42	4290.07	4870.58	13.5
房屋竣工面积	万平方米	997.13	946.08	970.55	905.88	877.20	−3.2
#住宅	万平方米	321.24	472.56	487.00	395.19	453.15	14.7
商品房施工面积	万平方米	3812.35	4519.36	5174.93	6191.24	7171.62	15.8

续表 5

指标名称	单 位	固定资产投资					
		2013 年	2014 年	2015 年	2016 年	2017 年	
		总 量	总 量	总 量	总 量	总 量	比上年增长(%)
#住宅	万平方米	2767.50	3107.84	3502.95	4034.47	4704.22	16.6
商品房竣工面积	万平方米	325.58	465.43	574.97	471.61	578.22	22.6
#住宅	万平方米	234.47	329.78	423.16	338.10	440.47	30.3
商品房销售面积	万平方米	702.60	802.57	1000.73	1327.53	1544.13	16.3
#住宅	万平方米	633.14	720.95	878.87	1150.15	1307.68	13.7
商品房销售额	万元	4889652	5318663	6650817	9142399	12007743	31.3
#住宅	万元	3896706	4400254	5474861	7783453	10069617	29.4

说明：固定资产投资统计起点为计划投资 500 万元以上

指标名称	单 位	国内商业					
		2013 年	2014 年	2015 年	2016 年	2017 年	
		总 量	总 量	总 量	总 量	总 量	比上年增长(%)
商品销售总额	万元	37344861	40357211	43611658	49231802	55184950	12.1
批发业商品销售总额	万元	22923934	24069341	26226518	29360586	32581442	11.0
#限额以上	万元	16010844	17412852	18809946	22033286	24702736	11.2
零售业商品销售总额	万元	14420927	16287870	17358141	19871216	22603508	13.8
#限额以上	万元	5169931	5928750	6600398	7527055	9389663	13.0
住宿业营业额	万元	398071	418285	421994	451165	519797	15.2
#限额以上	万元	202932	202634	212371	217726	249418	13.4
餐饮业营业额	万元	1390743	1623362	1769813	2017587	2349442	16.5
#限额以上	万元	158531	229559	243648	269245	332078	16.0
社会消费品零售总额	万元	14508367	16169020	17866839	19803601	22041551	11.3
按销售地域分							
城镇零售额	万元	13654519	15231506	16392442	18295563	20308449	11.3
乡村零售额	万元	853848	937514	1474396	1508038	1733102	11.7

指标名称	单 位	居民收入 物价					
		2013 年	2014 年	2015 年	2016 年	2017 年	
		总 量	总 量	总 量	总 量	总 量	比上年增长(%)
全体居民人均可支配收入	元				22862	24984	9.3
城镇居民人均可支配收入	元	24817	27075	29106	30728	33217	8.1
农村居民人均可支配收入	元	8503	9489	10409	11398	12515	9.8
居民消费价格指数	%	102.1	101.6	101.9	101.4	102.3	2.3

续表 6

指标名称	单位	居民收入　物价					
		2013 年	2014 年	2015 年	2016 年	2017 年	
		总　量	总　量	总　量	总　量	总　量	比上年增长(%)
食品烟酒	%					100.0	持平
#粮食	%	101.4	101.9	101.6	100.7	100.1	0.1
鲜菜	%	106.9	102.9	104.2	106.8	95.9	-4.1
禽肉	%	103.2	103.5	105.6	110.2	95.3	-4.7
水产品	%	107.4	109.6	101.4	104.1	104.9	4.9
衣着	%	104.7	97.2	110.8	102.9	104.2	4.2
居住	%	102.3	101.2	99.4	100.5	103.8	3.8
生活用品及服务	%				99.6	100.1	0.1
交通和通信	%	98.7	99.7	100.3	98.2	101.2	1.2
教育文化和娱乐	%	100.5	102.5	101.9	102.6	100.9	0.9
医疗保健	%	99.7	101.5	102.4	101.6	110.6	10.6
其他用品和服务	%				104.2	101.5	1.5

指标名称	单位	财政　对外经济					
		2013 年	2014 年	2015 年	2016 年	2017 年	
		总　量	总　量	总　量	总　量	总　量	比上年增长(%)
财政收入	万元	4736644	5265905	5724781	6138280	6879808	12.0
#上划中央税收收入	万元	1660336	1923649	2100905	2349303	2807411	19.3
上划自治区税收收入	万元	513822	593938	653375	661362	750897	13.0
一般公共预算收入	万元	2562467	2748518	2970501	3127615	3321500	6.2
一般公共预算支出	万元		4657665	5276948	5870654	6463123	10.1
财政收入占 GDP 比重	%	16.90	16.73	16.79	16.57	16.70	0.1*
海关进出口总额	万元 / 万美元	442117*	481410*	3644564	4162345	6070866	48.8
进口总额	万元 / 万美元	235270*	261702*	1619745	2051000	3313969	61.6
出口总额	万元 / 万美元	206847*	219708*	2024820	2111345	2756897	35.8
外商直接投资（广西全口径）	万美元	58021	63950	70109	77000	95753	24.4

说明：总量统计中，带“*”的数据单位为万美元

指标名称	单位	金融　保险					
		2013 年	2014 年	2015 年	2016 年	2017 年	
		总　量	总　量	总　量	总　量	总　量	比上年增长(%)
金融机构存款余额	亿元	6483.52	7064.49	8257.77	8901.72	9367.53	5.2

续表 7

指标名称	单 位	金融 保险					
		2013 年	2014 年	2015 年	2016 年	2017 年	
		总 量	总 量	总 量	总 量	总 量	比上年增长(%)
境内存款	万元			82424833	88847758	93507897	5.3
住户存款	万元			27003678	29245457	31766881	8.6
非金融企业存款	万元			33037564	36396569	39676699	9.0
广义政府存款	万元			18837136	17841466	19290385	8.1
非银行业金融机构存款	万元			3546455	5364266	2773932	-48.3
境外存款	万元			152897	169489	167444	-1.2
金融机构贷款余额	亿元	6115.88	7091.46	8228.66	9423.79	10470.44	11.1
境内贷款	亿元	6113.23	7089.69	8219.29	9420.01	10457.38	11.0
住户贷款	亿元	1118.44	1296.06	1841.87	2297.26	2816.32	22.6
非金融企业及机关团体贷款	万元				71227459	76410643	7.3
境外贷款	亿元	2.65	1.76	9.37	3.78	13.06	245.2
保费收入	万元	899509	1019664	1240756	1479014	1845769	25.1
#财产险保费收入	万元	415126	475191	510860	577893	689097	19.4
人身险保费收入	万元	484382	544473	729896	901121	1156671	28.7

南宁市区县统计资料(2013 年至 2017 年)

表 46

区县名称	年末户籍人口数					
	2013 年	2014 年	2015 年	2016 年	2017 年	
	总量(人)	总量(人)	总量(人)	总量(人)	总量(人)	比上年增长(%)
全 市	7244309	7296565	7402302	7517446	7568656	0.7
兴宁区	303293	308311	316760	327033	334134	2.2
江南区	475547	482178	497376	514119	524286	2.0
青秀区	652326	673527	687048	712342	733436	3.0
西乡塘区	761110	766582	777358	792036	795982	0.5
邕宁区	348131	349645	354076	359746	361754	0.6
良庆区	256900	263546	272019	279640	288470	3.2
武鸣区	698839	700090	708127	715901	715701	-0.0
横 县	1242225	1245548	1259577	1269240	1265615	-0.3
宾阳县	1043419	1043801	1051283	1057876	1055912	-0.2
上林县	490021	492164	496007	498892	499733	0.2
马山县	559092	555887	593310	568572	571237	0.5
隆安县	413406	415286	419361	422049	422396	0.1

续表 1

区县名称	人口自然增长率				
	2014 年	2015 年	2016 年	2017 年	
	(‰)	(‰)	(‰)	(‰)	比上年增减千分点
全　市	7.0	6.0	6.2	7.4	1.2
兴宁区	7.3	7.0	8.5	8.8	0.3
江南区	9.0	8.2	9.4	10.1	0.7
青秀区	7.2	7.2	8.8	9.8	1.0
西乡塘区	7.1	6.7	7.8	8.9	1.1
邕宁区	4.7	7.8	6.6	7.5	0.9
良庆区	10.2	9.1	9.2	10.1	0.9
武鸣区	4.2	4.4	6.5	8.7	2.2
横　县	7.6	6.0	4.8	5.6	0.8
宾阳县	7.1	4.9	4.5	4.4	−0.1
上林县	7.6	4.1	3.9	6.8	2.9
马山县	6.7	5.4	4.6	6.7	2.1
隆安县	5.4	5.0	4.2	6.9	2.7

说明：表中数据按户籍人口中本年出生和本年死亡人口计算

区县名称	年末常住人口数		
	2016 年	2017 年	
	总量(万人)	总量(万人)	比上年增长(%)
全　市	706.22	715.33	1.3
兴宁区	42.89	43.54	1.5
江南区	62.68	64.03	2.2
青秀区	77.75	79.17	1.8
西乡塘区	121.77	123.38	1.3
邕宁区	28.16	28.58	1.5
良庆区	37.02	37.61	1.6
武鸣区	56.54	57.18	1.1
横　县	90.17	90.84	0.7
宾阳县	81.42	82.03	0.7
上林县	35.85	36.32	1.3
马山县	40.72	41.11	1.0
隆安县	31.25	31.54	0.9

续表 2

区县名称	地区生产总值					
	2013 年	2014 年	2015 年	2016 年	2017 年	
	总量(亿元)	总量(亿元)	总量(亿元)	总量(亿元)	总量(亿元)	比上年增长(%)
全　市	2803.54	3148.30	3410.09	3703.39	4118.83	8.0
兴宁区	288.48	299.50	340.77	371.49	413.55	8.0
江南区	317.38	370.14	424.55	536.17	602.97	10.0
青秀区	610.12	637.06	751.14	829.52	913.96	6.1
西乡塘区	637.91	707.84	807.30	802.63	888.41	8.5
邕宁区	54.38	58.62	67.63	77.12	90.88	12.5
良庆区	108.16	116.21	125.14	134.25	156.21	8.2
武鸣区	243.76	266.07	294.95	324.30	353.20	8.7
横　县	247.25	238.65	263.15	278.47	304.58	7.0
宾阳县	152.95	165.18	184.61	203.33	218.39	9.4
上林县	44.08	45.10	50.39	53.26	56.75	4.8
马山县	43.45	45.41	47.74	50.81	55.18	5.2
隆安县	54.67	56.44	62.65	66.23	73.18	6.6

区县名称	第一产业增加值					
	2013 年	2014 年	2015 年	2016 年	2017 年	
	总量(亿元)	总量(亿元)	总量(亿元)	总量(亿元)	总量(亿元)	比上年增长(%)
全　市	349.93	355.09	370.35	400.67	404.18	4.1
兴宁区	13.91	9.80	10.74	11.23	10.98	4.7
江南区	26.98	25.73	25.85	27.55	30.02	2.3
青秀区	19.24	17.45	16.07	17.58	17.88	2.0
西乡塘区	26.44	22.41	20.72	21.58	19.94	2.2
邕宁区	22.19	23.27	24.40	27.13	27.65	3.2
良庆区	19.55	20.06	20.11	22.30	23.05	3.9
武鸣区	65.73	70.05	72.39	81.36	81.17	4.9
横　县	60.84	65.05	67.16	68.38	72.87	3.9
宾阳县	40.63	41.93	43.35	47.76	50.24	3.8
上林县	17.77	18.43	19.31	21.08	21.99	4.3
马山县	14.72	15.34	16.72	17.64	20.26	4.3
隆安县	21.90	23.18	23.95	25.67	27.95	4.1

续表 3

区县名称	第二产业增加值					
	2013 年	2014 年	2015 年	2016 年	2017 年	
	总量(亿元)	总量(亿元)	总量(亿元)	总量(亿元)	总量(亿元)	比上年增长(%)
全　市	1110.89	1251.54	1345.66	1427.16	1599.50	8.6
兴宁区	60.90	60.94	61.25	63.57	70.19	3.9
江南区	194.59	242.69	277.66	374.19	422.89	11.7
青秀区	85.88	90.83	94.15	95.43	104.78	5.8
西乡塘区	350.40	412.72	464.00	437.53	496.39	10.1
邕宁区	12.60	14.43	15.59	17.33	22.71	14.0
良庆区	61.95	67.97	70.97	71.41	86.36	8.6
武鸣区	129.14	137.45	146.16	148.66	162.36	5.0
横　县	121.27	107.73	110.92	112.27	120.89	4.5
宾阳县	55.75	62.75	64.80	66.39	68.18	6.1
上林县	10.42	10.09	11.36	10.40	10.73	2.2
马山县	11.97	12.47	10.20	10.35	10.35	1.4
隆安县	17.89	17.90	18.49	18.44	19.77	6.9

区县名称	第三产业增加值					
	2013 年	2014 年	2015 年	2016 年	2017 年	
	总量(亿元)	总量(亿元)	总量(亿元)	总量(亿元)	总量(亿元)	比上年增长(%)
全　市	1342.73	1541.67	1694.08	1875.57	2115.15	8.4
兴宁区	213.67	228.77	268.79	296.69	332.37	9.0
江南区	95.81	101.72	121.04	134.43	150.06	7.5
青秀区	505.00	528.78	640.93	716.51	791.30	6.2
西乡塘区	261.07	272.71	322.58	343.52	372.08	6.5
邕宁区	19.59	20.92	27.64	32.66	40.51	19.3
良庆区	26.66	28.17	34.06	40.54	46.80	9.7
武鸣区	48.89	58.58	76.40	94.28	109.67	18.3
横　县	65.14	65.87	85.08	97.82	110.82	12.3
宾阳县	56.57	60.50	76.46	89.18	99.97	15.2
上林县	15.89	16.58	19.71	21.78	24.03	6.4
马山县	16.76	17.60	20.82	22.83	24.57	7.7
隆安县	14.88	15.36	20.21	22.12	25.46	9.2

续表 4

区县名称	财政收入					
	2013 年	2014 年	2015 年	2016 年	2017 年	
	总量(亿元)	总量(亿元)	总量(亿元)	总量(亿元)	总量(亿元)	比上年增长(%)
全　市	473.66	526.59	572.48	613.83	687.98	12.0
兴宁区	28.34	31.59	37.29	38.61	41.16	6.6
江南区	18.39	16.43	18.12	20.25	22.33	10.3
青秀区	93.97	109.68	133.05	147.66	184.14	24.7
西乡塘区	33.32	38.07	38.61	31.79	36.03	13.3
邕宁区	5.88	6.65	10.26	12.84	14.35	11.8
良庆区	10.22	14.14	22.28	32.12	38.19	18.9
武鸣区	16.14	19.46	22.74	10.50	27.23	9.3
横　县	15.08	16.80	18.29	18.38	19.07	3.0
宾阳县	14.06	15.60	17.24	17.44	18.43	4.8
上林县	3.66	3.99	4.50	4.05	4.31	4.9
马山县	3.26	3.29	3.34	3.34	3.42	1.3
隆安县	4.64	5.13	5.51	4.58	5.00	7.9

区县名称	一般公共预算收入					
	2013 年	2014 年	2015 年	2016 年	2017 年	
	总量(亿元)	总量(亿元)	总量(亿元)	总量(亿元)	总量(亿元)	比上年增长(%)
全　市	256.25	274.85	297.05	312.76	332.15	6.2
兴宁区	6.43	7.34	9.65	9.11	9.15	0.5
江南区	5.81	3.94	4.71	4.45	5.15	15.7
青秀区	20.25	23.70	30.61	31.92	31.05	−2.8
西乡塘区	9.26	10.22	10.60	7.83	8.02	2.4
邕宁区	2.28	1.77	2.90	3.06	2.99	−2.5
良庆区	2.78	3.85	5.91	7.52	7.89	4.9
武鸣区	10.26	11.90	12.89	5.46	14.88	−1.1
横　县	10.58	11.97	12.66	13.03	13.43	3.0
宾阳县	9.60	11.09	12.23	12.29	12.60	2.5
上林县	2.59	2.44	2.82	2.54	2.53	−0.5
马山县	2.25	2.11	2.07	2.21	1.95	−11.7
隆安县	2.92	3.17	3.44	2.55	2.71	6.2

续表 5

区县名称	一般公共预算支出				
	2014 年	2015 年	2016 年	2017 年	
	总量(亿元)	总量(亿元)	总量(亿元)	总量(亿元)	比上年增长(%)
全　市	465.77	527.69	587.07	646.31	10.1
兴宁区	12.65	14.52	16.80	17.99	10.0
江南区	11.52	13.63	16.11	19.78	29.9
青秀区	24.56	30.30	34.14	37.12	10.5
西乡塘区	22.10	24.48	25.53	28.86	17.4
邕宁区	12.68	15.72	17.69	23.45	40.9
良庆区	11.50	14.39	16.38	19.22	23.2
武鸣区	28.48	37.68	43.26	46.05	6.4
横　县	34.51	41.02	48.03	53.71	12.0
宾阳县	34.05	39.70	44.79	47.96	7.1
上林县	20.15	22.85	26.25	31.36	19.5
马山县	18.61	23.69	28.01	33.93	21.1
隆安县	16.77	20.73	23.55	25.91	10.0

区县名称	农林牧渔业总产值					
	2013 年	2014 年	2015 年	2016 年	2017 年	
	总量(亿元)	总量(亿元)	总量(亿元)	总量(亿元)	总量(亿元)	比上年增长(%)
全　市	578.15	609.33	638.81	689.03	704.72	4.1
兴宁区	14.62	15.90	17.63	18.54	17.96	4.9
江南区	35.86	40.47	41.59	44.59	47.88	1.5
青秀区	29.01	30.46	31.91	34.54	34.86	2.1
西乡塘区	34.82	36.83	35.15	36.64	33.89	3.0
邕宁区	37.02	38.85	41.13	45.66	46.10	3.2
良庆区	31.24	32.16	32.61	36.13	36.98	4.0
武鸣区	108.43	115.46	121.86	137.29	136.34	5.1
横　县	99.36	105.90	111.13	113.87	123.26	3.9
宾阳县	66.25	68.25	71.21	78.89	83.15	4.1
上林县	30.15	31.09	32.64	35.97	37.43	4.4
马山县	24.53	25.49	27.80	29.73	33.45	5.0
隆安县	35.69	37.66	39.93	42.95	46.13	4.1

续表 6

区县名称	规模以上工业增加值					
	2013 年	2014 年	2015 年	2016 年	2017 年	
	总量(亿元)	总量(亿元)	总量(亿元)	总量(亿元)	总量(亿元)	比上年增长(%)
全　市	777.52	881.17	969.55	1028.55	1159.08	9.9
兴宁区	8.90	8.92	8.86	9.04	9.92	-1.5
江南区	145.00	186.59	223.42	318.68	370.71	14.6
青秀区	13.96	14.65	15.42	12.76	11.62	2.1
西乡塘区	210.75	251.72	305.54	262.49	315.47	14.5
邕宁区	3.41	4.15	5.68	7.22	13.00	47.4
良庆区	42.31	41.95	42.67	40.76	48.93	3.2
武鸣区	104.23	111.99	120.96	120.56	131.99	6.0
横　县	93.89	77.51	80.30	79.76	85.41	4.3
宾阳县	28.06	32.80	36.33	36.45	37.14	8.6
上林县	6.19	5.27	6.25	4.87	4.76	1.1
马山县	5.57	5.01	2.72	2.78	2.44	3.4
隆安县	11.08	10.16	10.46	9.39	9.91	9.5

区县名称	规模以上工业总产值					
	2013 年	2014 年	2015 年	2016 年	2017 年	
	总量(亿元)	总量(亿元)	总量(亿元)	总量(亿元)	总量(亿元)	比上年增长(%)
全　市	2554.75	2872.85	3242.74	3537.05	3989.82	13.9
兴宁区	33.99	33.70	32.80	33.04	35.26	5.7
江南区	532.98	680.57	804.49	1162.45	1339.10	16.5
青秀区	46.18	49.55	54.92	48.34	50.06	2.8
西乡塘区	743.01	862.00	1050.19	950.17	1111.86	17.1
邕宁区	14.10	16.73	23.68	33.00	55.12	49.6
良庆区	137.11	141.59	153.36	142.96	158.43	12.0
武鸣区	339.86	386.92	415.93	446.82	489.31	10.8
横　县	280.93	252.88	262.37	263.11	283.36	10.9
宾阳县	117.28	129.00	138.19	150.02	165.65	14.8
上林县	23.83	26.06	28.95	19.85	19.20	3.7
马山县	16.01	13.45	8.87	9.03	8.16	13.0
隆安县	51.72	53.24	53.30	45.91	50.31	14.8

续表 7

区县名称	固定资产投资					
	2013 年	2014 年	2015 年	2016 年	2017 年	
	总量(亿元)	总量(亿元)	总量(亿元)	总量(亿元)	总量(亿元)	比上年增长(%)
全　市	2432.69	2886.68	3366.89	3824.73	4307.95	12.6
兴宁区	177.84	208.33	231.34	251.41	274.62	9.2
江南区	267.11	318.58	373.99	440.50	507.68	15.3
青秀区	522.66	595.21	666.70	789.65	885.21	12.1
西乡塘区	461.52	544.95	638.96	608.44	677.81	11.4
邕宁区	66.43	92.25	128.26	176.18	219.01	24.3
良庆区	120.19	167.69	233.47	333.35	428.39	28.5
武鸣区	229.44	271.98	311.73	355.98	386.49	8.6
横　县	183.39	186.90	218.20	245.77	270.52	10.1
宾阳县	153.93	184.26	214.90	244.23	276.10	13.1
上林县	41.90	50.28	56.41	41.66	46.25	11.0
马山县	41.50	48.03	34.39	38.10	42.19	10.7
隆安县	53.75	61.82	68.64	53.48	57.81	8.1

说明：2013 年起，固定资产投资统计起点为计划总投资 500 万元及以上

区县名称	规模以上工业综合能源消费量					
	2013 年	2014 年	2015 年	2016 年	2017 年	
	总量(万吨标准煤)	总量(万吨标准煤)	总量(万吨标准煤)	总量(万吨标准煤)	总量(万吨标准煤)	比上年增长(%)
全　市	586.96	524.25	471.69	470.61	469.23	−1.1
兴宁区	1.80	1.68	1.59	9.65	12.76	32.2
江南区	47.63	46.74	51.14	60.47	59.76	−4.0
青秀区	1.13	1.04	0.94	0.81	0.82	0.7
西乡塘区	61.26	60.85	61.51	71.22	74.95	0.8
邕宁区	7.80	6.50	6.41	5.94	3.94	−32.6
良庆区	14.29	12.13	10.42	8.62	7.34	−3.0
武鸣区	80.44	78.13	71.87	67.91	66.02	−3.7
横　县	220.15	182.33	148.31	160.92	154.64	−3.7
宾阳县	58.45	53.81	49.61	45.15	44.96	0.0
上林县	9.65	9.10	8.33	5.34	4.48	−15.9
马山县	6.18	9.00	3.45	3.21	4.98	71.6
隆安县	33.91	32.85	31.32	31.36	33.54	6.7

续表 8

区县名称	万元工业增加值能耗				
	2013 年	2014 年	2015 年	2016 年	2017 年
	上升或下降(+-,%)				
全　市	-4.61	-19.76	-17.15	-5.76	-10.0
兴宁区	-4.53	-6.87	-4.96	501.73	34.2
江南区	-15.79	-18.97	-4.80	-13.32	-15.3
青秀区	-10.06	-16.98	-13.13	-6.07	-1.4
西乡塘区	-8.09	-11.68	-10.24	-10.19	-8.9
邕宁区	-44.04	-29.57	-4.12	-22.58	-54.3
良庆区	-4.18	-15.82	-18.29	-14.59	-6.0
武鸣区	-4.85	-11.70	-12.30	-8.96	-8.8
横　县	4.47	-12.85	-20.88	7.77	-7.7
宾阳县	-4.95	-14.70	-12.18	-11.96	-7.9
上林县	-17.20	-14.28	-14.91	-21.70	-16.8
马山县	-25.68	17.02	-56.56	-6.76	66.0
隆安县	7.70	-4.63	-4.69	4.57	-2.6

区县名称	社会消费品零售总额					
	2013 年	2014 年	2015 年	2016 年	2017 年	
	总量(亿元)	总量(亿元)	总量(亿元)	总量(亿元)	总量(亿元)	比上年增长(%)
全　市	1450.84	1616.90	1786.68	1980.36	2204.16	11.3
兴宁区	328.54	342.75	373.22	415.79	464.93	11.8
江南区	207.20	258.74	288.95	318.80	357.28	12.1
青秀区	305.30	332.91	367.22	406.88	448.64	10.3
西乡塘区	329.03	362.55	402.68	447.29	496.75	11.1
邕宁区	14.86	16.87	18.64	20.56	23.21	12.9
良庆区	25.40	28.70	30.33	33.33	37.14	11.4
武鸣区	56.55	65.02	72.17	79.52	87.84	10.5
横　县	66.21	75.21	83.82	92.94	104.02	11.9
宾阳县	72.74	83.08	92.95	103.04	115.82	12.4
上林县	14.48	16.51	18.24	19.99	21.97	9.9
马山县	16.50	18.84	21.02	23.04	25.34	10.0
隆安县	14.02	15.72	17.43	19.18	21.22	10.6

续表 9

区县名称	全体居民人均可支配收入		
	2016 年	2017 年	
	总量(元)	总量(元)	比上年增长(%)
全　市	22862	24984	9.3
兴宁区	30299	32749	8.1
江南区	26060	28388	8.9
青秀区	36424	39614	8.8
西乡塘区	27033	29292	8.4
邕宁区	17475	19264	10.2
良庆区	22270	24228	8.8
武鸣区	20046	22075	10.1
横　县	18163	19955	9.9
宾阳县	18640	20520	10.1
上林县	13527	14910	10.2
马山县	12686	13966	10.1
隆安县	13825	15173	9.8

区县名称	城镇居民人均可支配收入					
	2013 年	2014 年	2015 年	2016 年	2017 年	
	总量(元)	总量(元)	总量(元)	总量(元)	总量(元)	比上年增长(%)
全　市	24817	27075	29106	30728	33217	8.1
兴宁区	27417	29939	31945	33725	36322	7.7
江南区	22987	25332	27181	29610	32156	8.6
青秀区	31492	34421	36830	38873	42138	8.4
西乡塘区	22299	24507	26198	28905	31188	7.9
邕宁区	21721	23958	25827	28133	30609	8.8
良庆区	21266	23393	25054	26885	28901	7.5
武鸣区	23568	25831	27872	29398	32014	8.9
横　县	23118	25152	27189	29574	31762	7.4
宾阳县	22333	24321	26145	29103	31489	8.2
上林县	18714	20174	21788	23249	25225	8.5
马山县	19274	20720	22295	24016	25889	7.8
隆安县	19332	20840	22445	23970	25912	8.1

续表 10

区县名称	农村居民人均可支配收入					
	2013 年 *	2014 年 *	2015 年 *	2016 年	2017 年	
	总量(元)	总量(元)	总量(元)	总量(元)	总量(元)	比上年增长(%)
全　市	7685	8576	9408	11398	12515	9.8
兴宁区	8906	9939	10843	12406	13585	9.5
江南区	8842	9903	10923	12655	13819	9.2
青秀区	9004	10075	11012	12712	14021	10.3
西乡塘区	8203	9171	10079	11537	12679	9.9
邕宁区	7958	8873	9805	11459	12559	9.6
良庆区	8384	9398	10244	12065	13356	10.7
武鸣区	9042	10154	11210	13304	14594	9.7
横　县	7981	8883	9727	11538	12703	10.1
宾阳县	8136	9047	9916	11644	12867	10.5
上林县	5748	6334	6980	9289	10199	9.8
马山县	5497	6058	6664	8973	9807	9.3
隆安县	6008	6615	7277	9799	10720	9.4

说明：带“*”数据统计口径为农村居民人均纯收入，与农村居民人均可支配收入的统计口径不同

全国、全区、全市主要指标及南宁占广西比重(2013 年至 2017 年)

表 47

区　域	年末常住总人口										
	2013 年		2014 年		2015 年		2016 年		2017 年		
	绝对数(万人)	南宁占广西的比重(%)	绝对数(万人)	南宁占广西的比重(%)	绝对数(万人)	南宁占广西的比重(%)	绝对数(万人)	南宁占广西的比重(%)	绝对数(万人)	增长(%)	南宁占广西的比重(%)
全　国	136072*		136782*		137462*				139008	5.3	
广　西			5475*	13.33	5518*	13.41	4838	14.60	4885	1.0	14.64
南　宁	724*		730*		740*		706		715	1.3	

说明：带“*”数据统计口径为年末总人口，与年末常住总人口的统计口径不同

区　域	国内生产总值										
	2013 年		2014 年		2015 年		2016 年		2017 年		
	绝对数(亿元)	南宁占广西的比重(%)	绝对数(亿元)	南宁占广西的比重(%)	绝对数(亿元)	南宁占广西的比重(%)	绝对数(亿元)	南宁占广西的比重(%)	绝对数(亿元)	增长(%)	南宁占广西的比重(%)
全　国	568845		636463		676708		744127		827122	6.9	
广　西	14378	19.50	15673	20.09	16803	20.29	18245	20.30	20396.25	7.3	20.19
南　宁	2804		3148		3410		3703		4118.83	8.0	

续表 1

区域	第一产业生产总值										
	2013 年		2014 年		2015 年		2016 年		2017 年		
	绝对数（亿元）	南宁占广西的比重(%)	绝对数（亿元）	南宁占广西的比重(%)	绝对数（亿元）	南宁占广西的比重(%)	绝对数（亿元）	南宁占广西的比重(%)	绝对数（亿元）	增长(%)	南宁占广西的比重(%)
全　国	56957		58332		60863		63671		65468	3.9	
广　西	2343.57	14.93	2412	14.72	2566	14.43	2798.6	14.32	2906.87	4.1	13.90
南　宁	350		355		370		401		404.18	4.1	

区域	第二产业生产总值										
	2013 年		2014 年		2015 年		2016 年		2017 年		
	绝对数（亿元）	南宁占广西的比重(%)	绝对数（亿元）	南宁占广西的比重(%)	绝对数（亿元）	南宁占广西的比重(%)	绝对数（亿元）	南宁占广西的比重(%)	绝对数（亿元）	增长(%)	南宁占广西的比重(%)
全　国	249684		271392		274278		296236		336423	6.1	
广　西	6863.04	16.19	7336	17.07	7695	17.49	8219.9	17.36	9297.84	6.6	17.20
南　宁	1111		1252		1346		1427		1599.50	8.6	

区域	工业生产总值										
	2013 年		2014 年		2015 年		2016 年		2017 年		
	绝对数（亿元）	南宁占广西的比重(%)	绝对数（亿元）	南宁占广西的比重(%)	绝对数（亿元）	南宁占广西的比重(%)	绝对数（亿元）	南宁占广西的比重(%)	绝对数（亿元）	增长(%)	南宁占广西的比重(%)
全　国	210689		—		—		247860		279997	6.4	
广　西	5749.65	14.27	6065	15.22	6338	15.78	6764.1	15.72	7663.71	6.8	15.53
南　宁	821		923		1000		1063		1189.89	9.5	

区域	第三产业生产总值										
	2013 年		2014 年		2015 年		2016 年		2017 年		
	绝对数（亿元）	南宁占广西的比重(%)	绝对数（亿元）	南宁占广西的比重(%)	绝对数（亿元）	南宁占广西的比重(%)	绝对数（亿元）	南宁占广西的比重(%)	绝对数（亿元）	增长(%)	南宁占广西的比重(%)
全　国	262204		306739		341567		384221		427032	8.0	
广　西	5171.39	25.96	5925	26.03	6542	25.89	7226.6	25.95	8191.54	9.2	25.82
南　宁	1343		1542		1694		1876		2115.15	8.4	

区域	固定资产投资										
	2013 年		2014 年		2015 年		2016 年		2017 年		
	绝对数（亿元）	南宁占广西的比重(%)	绝对数（亿元）	南宁占广西的比重(%)	绝对数（亿元）	南宁占广西的比重(%)	绝对数（亿元）	南宁占广西的比重(%)	绝对数（亿元）	增长(%)	南宁占广西的比重(%)
全　国	436528		502005		551590		596501		631684	7.2	
广　西	11383.93	21.37	13288	21.73	15655	21.51	17653	21.67	19908.27	12.8	21.64
南　宁	2433		2887		3367		3825		4307.95	12.6	

续表 2

区域	第一产业固定资产投资				
	2016 年		2017 年		
	绝对数(亿元)	南宁占广西的比重(%)	绝对数(亿元)	增长(%)	南宁占广西的比重(%)
全国	18838	15.23	20892	11.8	12.39
广西	948.89		1203.6	26.8	
南宁	144		149.07	3.2	

区域	第二产业固定资产投资				
	2016 年		2017 年		
	绝对数(亿元)	南宁占广西的比重(%)	绝对数(亿元)	增长(%)	南宁占广西的比重(%)
全国	231826	15.79	235751	3.2	16.02
广西	6526.7		7004.23	7.3	
南宁	1031		1122.15	8.9	

区域	第三产业固定资产投资				
	2016 年		2017 年		
	绝对数(亿元)	南宁占广西的比重(%)	绝对数(亿元)	增长(%)	南宁占广西的比重(%)
全国	345837	26.02	375040	9.5	25.95
广西	10177		11700.05	2.2	
南宁	2648		3036.73	14.7	

区域	房地产开发										
	2013 年		2014 年		2015 年		2016 年		2017 年		
	绝对数(亿元)	南宁占广西的比重(%)	绝对数(亿元)	南宁占广西的比重(%)	绝对数(亿元)	南宁占广西的比重(%)	绝对数(亿元)	南宁占广西的比重(%)	绝对数(亿元)	增长(%)	南宁占广西的比重(%)
全国	86013	29.18	95036	30.03	95979	34.42	102581	35.61	109799	7.0	35.70
广西	1427.08		1838		1909		2398		2683.48	11.9	
南宁	416		552		657		854		958.09	12.2	

区域	城镇居民人均可支配收入					
	2013 年	2014 年	2015 年	2016 年	2017 年	
	绝对数(元)	绝对数(元)	绝对数(元)	绝对数(元)	绝对数(亿元)	增长(%)
全国	26955	28844	31195	33616	36396	8.3
广西	23305	24669	26416	28234	30502	7.7
南宁	24817	27075	29106	30728	33217	8.1

区域	农村居民人均可支配收入					
	2013 年 *	2014 年 *	2015 年 *	2016 年	2017 年	
	绝对数(元)	绝对数(元)	绝对数(元)	绝对数(元)	绝对数(亿元)	增长(%)
全国	8896	9892	10772	12363	13432	8.6
广西	6791	7565	9467	10359	11325	9.3
南宁	7685	8576	9408	11398	12515	9.8

说明：带“*”数据统计口径为农村居民人均纯收入，与农村居民人均可支配收入的统计口径不同

续表 3

区域	粮食总产量										
	2013 年		2014 年		2015 年		2016 年		2017 年		
	绝对数（万吨）	南宁占广西的比重(%)	绝对数（万吨）	南宁占广西的比重(%)	绝对数（万吨）	南宁占广西的比重(%)	绝对数（万吨）	南宁占广西的比重(%)	绝对数（万吨）	增长(%)	南宁占广西的比重(%)
全　国	60194		60710		62143		61624		61791	0.3	
广　西	1521.8	14.68	1534	14.69	1524.8	14.78	1521.3	14.68	1467.7	−3.5	14.77
南　宁	223.44		225.27		225.42		223.36		216.81	−2.9	

区域	社会消费品零售总额										
	2013 年		2014 年		2015 年		2016 年		2017 年		
	绝对数（亿元）	南宁占广西的比重(%)	绝对数（亿元）	南宁占广西的比重(%)	绝对数（亿元）	南宁占广西的比重(%)	绝对数（亿元）	南宁占广西的比重(%)	绝对数（亿元）	增长(%)	南宁占广西的比重(%)
全　国	234380		262394		300931		332316		366262	10.2	
广　西	5083.08	28.54	5716.60	28.28	6348.06	28.15	7023.31	28.18	7813.03	11.2	28.21
南　宁	1450.84		1616.90		1786.68		1980.36		2204.16	11.3	

区域	进出口总额										
	2013 年		2014 年		2015 年		2016 年		2017 年		
	绝对数（亿美元）	南宁占广西的比重(%)	绝对数（亿美元）	南宁占广西的比重(%)	绝对数（亿元）	南宁占广西的比重(%)	绝对数（亿元）	南宁占广西的比重(%)	绝对数（亿元）	增长(%)	南宁占广西的比重(%)
全　国	41603		43026		245849		243344		277923	14.2	
广　西	328.37	13.46	405.53	11.87	3190.30	11.42	3170.42	13.13	3866.34	22.6	15.70
南　宁	44.21		48.14		364.46		416.23		607.09	48.8	

区域	出口总额										
	2013 年		2014 年		2015 年		2016 年		2017 年		
	绝对数（亿美元）	南宁占广西的比重(%)	绝对数（亿美元）	南宁占广西的比重(%)	绝对数（亿元）	南宁占广西的比重(%)	绝对数（亿元）	南宁占广西的比重(%)	绝对数（亿元）	增长(%)	南宁占广西的比重(%)
全　国	22100		23426		141357		138409		153321	10.8	
广　西	186.95	12.58	240.30	9.14	1739.90	11.64	1523.83	13.86	1855.2	22.3	14.86
南　宁	23.53		21.97		202.48		211.13		275.69	35.8	

区域	财政收入										
	2013 年		2014 年		2015 年		2016 年		2017 年		
	绝对数（亿元）	南宁占广西的比重(%)	绝对数（亿元）	南宁占广西的比重(%)	绝对数（亿元）	南宁占广西的比重(%)	绝对数（亿元）	南宁占广西的比重(%)	绝对数（亿元）	增长(%)	南宁占广西的比重(%)
全　国	—		—		—		—		—	—	
广　西	2000.51	23.68	2162.40	24.35	2332.96	24.54	2454.05	25.01	2604.21	6.1	26.42
南　宁	473.66		526.59		572.48		613.83		687.98	12.0	

续表 4

区域	一般公共预算收入										
	2013 年		2014 年		2015 年		2016 年		2017 年		
	绝对数(亿元)	南宁占广西的比重(%)	绝对数(亿元)	南宁占广西的比重(%)	绝对数(亿元)	南宁占广西的比重(%)	绝对数(亿元)	南宁占广西的比重(%)	绝对数(亿元)	增长(%)	南宁占广西的比重(%)
全国	129143		140350		152217		159552		172567	7.4	
广西	1316.84	19.46	1422.05	19.33	1515.08	19.61	1556.24	20.1	1615.03	3.8	20.57
南宁	256.25		274.85		297.05		312.76		332.15	6.2	

区域	一般公共预算支出										
	2013 年		2014 年		2015 年		2016 年		2017 年		
	绝对数(亿元)	南宁占广西的比重(%)	绝对数(亿元)	南宁占广西的比重(%)	绝对数(亿元)	南宁占广西的比重(%)	绝对数(亿元)	南宁占广西的比重(%)	绝对数(亿元)	增长(%)	南宁占广西的比重(%)
全国	139744		151662		175768		187841		203330	7.7	
广西	3192.26	13.11	3455.44	13.48	4076.42	12.94	4472.48	13.13	4912.89	10.6	13.16
南宁	418.40		465.77		527.69		587.07		646.31	10.1	

区域	金融机构存款余额										
	2013 年		2014 年		2015 年		2016 年		2017 年		
	绝对数(亿元)	南宁占广西的比重(%)	绝对数(亿元)	南宁占广西的比重(%)	绝对数(亿元)	南宁占广西的比重(%)	绝对数(亿元)	南宁占广西的比重(%)	绝对数(亿元)	增长(%)	南宁占广西的比重(%)
全国	1043846		1138600		1357000		1505900		1641000	9.0	
广西	18267	35.49	20079	35.18	22567	36.59	25478	34.94	27900	9.5	33.58
南宁	6484		7064		8258		8902		9368	5.2	

区域	金融机构贷款余额										
	2013 年		2014 年		2015 年		2016 年		2017 年		
	绝对数(亿元)	南宁占广西的比重(%)	绝对数(亿元)	南宁占广西的比重(%)	绝对数(亿元)	南宁占广西的比重(%)	绝对数(亿元)	南宁占广西的比重(%)	绝对数(亿元)	增长(%)	南宁占广西的比重(%)
全国	718961		816800		939500		1066000		1201000	12.7	
广西	13653	44.79	15585	45.5	17657	46.6	20641	45.66	23226	12.5	45.08
南宁	6116		7091		8229		9424		10470	11.1	

区域	居民消费价格指数(上年 =100)					
	2013 年	2014 年	2015 年	2016 年	2017 年	
	绝对数(%)	绝对数(%)	绝对数(%)	绝对数(%)	绝对数(%)	增长(%)
全国	102.6	102	101.4	102	101.6	1.6
广西	102.2	102.1	101.5	101.6	101.6	1.6
南宁	102.1	101.6	101.9	101.4	102.3	2.3

27个省会城市历年主要经济指标及排位(2013年至2017年)

表48

城市	地区生产总值											
	2013年		2014年		2015年		2016年		2017年			
	总量(亿元)	位次	总量(亿元)	位次	总量(亿元)	位次	总量(亿元)	位次	总量(亿元)	位次	比上年增长(%)	位次
南宁	2803.54	18	3148.30	18	3410.09	18	3703.39	17	4118.83	18	8.0	13
太原	2412.87	20	2531.09	20	2735.34	21	2955.60	20	3382.18	20	7.5	20
合肥	4672.90	15	5158.00	14	5660.30	12	6274.30	9	7213.45	9	8.5	8
福州	4678.50	14	5169.16	13	5618.10	13	6197.77	11	7104.02	11	8.7	7
南昌	3336.03	17	3667.96	17	4000.01	16	4354.99	15	5003.19	16	9.0	5
郑州	6201.90	8	6782.98	8	7315.19	7	7994.16	7	9130.20	7	8.2	9
长沙	7153.13	7	7500.00	7	8510.13	6	9323.70	6	10535.51	6	9.0	5
石家庄	4863.60	13	5100.20	15	5350.60	15	5857.80	14	6460.90	13	7.3	22
海口	904.64	26	1005.51	26	1161.28	25	1257.67	23	1390.48	25	7.5	20
★西宁	978.53	25	1077.14	25	1131.62	26	1248.16	24	1284.91	26	9.5	4
★银川	1273.49	24	1395.67	24	1480.73	24	1617.28	22	1803.17	24	8.0	13
★乌鲁木齐	2400.00	21	2510.00	21	2680.00	22	—		2743.82	21	8.1	10
★兰州	1776.83	23	1913.50	23	2095.99	23	2264.23	21	2523.54	23	5.7	25
★贵阳	2085.42	22	2492.27	22	2891.16	20	3157.70	19	3537.96	19	11.3	1
★昆明	3450.00	16	3712.99	16	3970.00	17	4300.43	16	4857.64	17	9.7	3
★呼和浩特	2710.39	19	2894.05	19	3090.52	19	3173.59	18	2743.72	22	5.0	26
沈阳	7158.57	6	7510.00	6	7280.50	8			5865.00	15	3.5	27
长春	5003.20	11	5382.00	11	5530.00	14	5928.50	13	6530.00	12	8.0	13
哈尔滨	5010.80	10	5332.70	12	5751.20	11	6101.60	12	6355.00	14	6.7	24
南京	8011.78	5	8820.75	5	9720.77	5	10503.02	5	11715.10	5	8.1	10
杭州	8343.52	4	9201.16	4	10053.58	4	11050.49	4	12556.16	4	8.0	13
济南	5230.19	9	5770.60	9	6100.23	9	6536.12	8	7201.96	10	8.0	13
武汉	9000.00	3	10069.48	2	11000.00	2	11912.61	3	13410.34	3	8.0	13
广州	15420.14	1	16706.87	1	18100.41	1	19610.94	1	21503.15	1	7.0	23
★成都	9108.90	2	10056.60	3	10801.16	3	12170.23	2	13889.39	2	8.1	10
★西安	4884.13	12	5474.77	10	5810.03	10	6257.18	10	7469.85	8	7.7	19
★拉萨	312.00	27	347.45	27	389.46	27	424.95	25	479.25	27	10.0	2
南宁在11个西部省会城市排位★		4		4		4		4		4		7
南宁在5个自治区首府城市排位		1		1		1		1		1		3

续表 1

城 市	第一产业增加值											
	2013 年		2014 年		2015 年		2016 年		2017 年			
	总量(亿元)	位次	总量(亿元)	位次	总量(亿元)	位次	总量(亿元)	位次	总量(亿元)	位次	比上年增长(%)	位次
南 宁	349.93	5	355.09	5	370.35	5	400.67	5	404.18	6	4.1	8
太 原	38.73	24	38.93	24	37.43	25	38.22	24	40.82	24	3.0	17
合 肥	247.20	12	257.60	12	263.40	12	270.20	11	272.75	11	3.7	12
福 州	402.26	3	416.09	3	434.74	3	492.65	2	519.49	2	3.7	12
南 昌	157.24	17	166.10	17	171.26	17	181.77	16	192.13	16	4.0	9
郑 州	146.96	18	149.52	18	150.96	18	156.35	17	158.60	17	2.6	22
长 沙	291.16	9	311.90	9	341.78	8	370.95	7	379.45	7	3.0	17
石家庄	488.70	2	488.30	2	494.40	2	480.90	3	480.50	4	2.4	23
海 口	58.54	21	54.58	22	58.12	21	67.68	20	63.72	20	3.7	12
★西 宁	36.10	25	37.75	25	37.46	24	39.15	23	41.80	23	5.1	4
★银 川	55.71	22	56.66	21	57.46	22	58.61	22	61.38	22	4.2	7
★乌鲁木齐	27.00	26	30.00	26	31.20	26			29.62	25	2.7	21
★兰 州	49.70	23	53.60	19	56.22	23	60.36	21	61.47	21	5.9	3
★贵 阳	81.52	20	108.02	20	129.89	19	137.14	18	147.33	18	6.3	1
★昆 明	175.27	16	187.57	16	188.10	16	200.51	15	210.13	15	6.0	2
★呼和浩特	134.72	19	125.46	19	126.23	20	113.49	19	107.74	19	2.8	19
沈 阳	335.52	6	325.29	8	341.40	9			268.20	12	3.6	16
长 春	332.00	8	340.10	7	343.30	7	323.50	8	315.10	8	3.8	11
哈尔滨	592.60	1	639.80	1	672.60	1	691.20	1	688.80	1	3.7	12
南 京	204.64	15	223.96	13	232.39	13	252.51	12	263.01	13	1.2	25
杭 州	265.42	11	274.36	11	287.69	11	304.84	10	311.67	9	1.9	24
济 南	284.71	10	299.11	10	305.39	10	317.31	9				
武 汉	335.40	7	350.06	18	359.81	6	390.62	6	408.20	5	2.8	19
广 州	228.87	13	237.52	14	228.09	14	240.04	13	233.49	14	−1.0	27
★成 都	353.20	4	370.80	4	373.15	4	474.94	4	500.90	3	3.9	10
★西 安	217.76	14	214.55	15	220.20	15	232.01	14	281.12	10	4.6	5
★拉 萨	11.72	27	12.94	27	13.80	27	15.12	25	17.54	26	4.5	6
南宁在11个西部省会城市排位★		2		2		2		2		2		8
南宁在5个自治区首府城市排位		1		1		1		1		1		3

续表 2

城市	第二产业增加值											
	2013 年		2014 年		2015 年		2016 年		2017 年			
	总量(亿元)	位次	总量(亿元)	位次	总量(亿元)	位次	总量(亿元)	位次	总量(亿元)	位次	比上年增长(%)	位次
南宁	1110.89	18	1251.54	18	1345.66	18	1427.16	17	1599.50	17	8.6	5
太原	1052.08	19	1012.31	19	1020.14	20	1068.04	19	1271.42	19	7.0	14
合肥	2583.70	10	2872.00	9	3097.90	9	3189.20	8	3643.08	8	8.6	5
福州	2133.60	12	2352.15	12	2482.44	11	2598.31	11	2962.94	10	6.9	15
南昌	1850.49	15	2017.01	15	2179.96	14	2307.24	13	2666.10	12	8.4	7
郑州	3470.50	7	3771.09	6	3625.52	7	3780.68	7	4247.50	7	7.6	9
长沙	3946.97	4	4241.25	4	4478.20	4	4513.23	4	4998.26	4	7.7	8
石家庄	2359.50	11	2439.30	11	2452.90	12	2638.00	10	2913.90	11	3.7	22
海口	217.03	26	215.68	26	223.67	26	233.56	24	252.22	25	5.0	20
★西宁	514.50	25	560.73	25	543.47	25	595.64	23	556.44	24	10.6	1
★银川	678.80	24	760.27	24	787.11	23	825.46	21	908.60	20	6.5	16
★乌鲁木齐	930.00	20	955.00	21	788.80	22			827.63	22	7.4	12
★兰州	820.42	23	829.20	23	782.65	24	790.09	22	881.74	21	3.1	24
★贵阳	848.64	22	976.59	20	1108.52	19	1218.79	18	1375.18	18	10.0	3
★昆明	1537.11	17	1642.03	17	1588.40	17	1660.46	16	1865.97	15	9.0	4
★呼和浩特	866.74	21	848.19	22	867.08	21	884.43	20	755.75	23	2.6	26
沈阳	3709.24	5	3541.41	8	3499.00	8			2261.40	14	2.7	25
长春	2658.70	9	2862.80	10	2770.90	10	2926.20	9	3175.20	9	7.5	10
哈尔滨	1743.90	16	1785.30	16	1862.80	16	1896.70	15	1820.70	16	3.6	23
南京	3450.58	8	3671.45	7	3916.11	5	4117.20	5	4454.87	5	5.1	19
杭州	3661.98	6	3858.90	5	3910.60	6	3977.39	6	4387.19	6	5.3	18
济南	2053.24	14	2215.16	13	2307.00	13	2368.90	12				
武汉	4396.17	2	4785.66	2	4981.54	2	5227.05	3	5861.35	3	7.1	13
广州	5227.38	1	5606.41	1	5786.21	1	5925.87	1	6015.29	1	4.7	21
★成都	4181.50	3	4561.10	3	4723.49	3	5232.02	2	5998.20	2	7.5	10
★西安	2117.66	13	2205.37	14	2165.54	15	2197.81	14	2596.08	13	5.5	17
★拉萨	107.56	27	127.75	27	140.95	27	162.80	25	189.38	26	10.4	2
南宁在11个西部省会城市排位★		3		4		4		4		4		5
南宁在5个自治区首府城市排位		1		1		1		1		1		2

续表 3

城　市	第三产业增加值											
	2013 年		2014 年		2015 年		2016 年		2017 年			
	总量(亿元)	位次	总量(亿元)	位次	总量(亿元)	位次	总量(亿元)	位次	总量(亿元)	位次	比上年增长(%)	位次
南　宁	1342.73	19	1541.67	18	1694.08	19	1875.57	17	2115.15	17	8.4	19
太　原	1322.06	21	1479.85	21	1677.77	20	1849.34	19	2069.94	18	7.9	23
合　肥	1842.00	15	2028.30	15	2298.90	15	2814.80	12	3297.62	12	8.9	16
福　州	2142.63	12	2400.92	12	2700.92	12	3106.81	11	3621.60	10	11.0	3
南　昌	1328.30	20	1484.85	20	1648.79	22	1865.98	18	2144.96	16	10.2	7
郑　州	2584.40	10	2862.37	11	3538.71	7	4057.14	7	4724.10	7	9.0	13
长　沙	2915.01	7	3271.66	6	3690.15	6	4439.52	6	5157.80	6	10.9	4
石家庄	2015.40	13	2172.60	14	2493.30	13	2738.90	13	3066.40	13	11.6	2
海　口	629.06	24	735.26	24	879.49	24	956.43	22	1074.54	23	8.4	19
★西　宁	427.93	26	478.66	26	550.69	26	613.37	24	686.67	25	8.7	18
★银　川	529.97	25	578.74	25	636.16	25	733.21	23	833.18	24	10.1	8
★乌鲁木齐	1443.00	18	1525.00	19	1860.00	18			1886.56	20	8.4	17
★兰　州	906.74	23	1030.65	23	1257.11	23	1413.78	21	1580.34	22	7.2	24
★贵　阳	1155.26	22	1412.66	22	1652.75	21	1801.77	20	2015.45	19	12.6	1
★昆　明	1702.93	17	1883.40	17	2193.50	16	2439.46	15	2781.54	15	10.5	5
★呼和浩特	1708.93	16	1920.40	16	2097.21	17	2175.67	16	1880.23	21	6.1	25
沈　阳	3113.80	6	3232.02	8	3440.10	9			3335.40	11	4.0	26
长　春	2012.50	14	2179.10	13	2415.80	14	2678.80	14	3039.70	14	9.0	13
哈尔滨	2674.30	9	2907.60	10	3215.80	11	3513.80	10	3845.50	9	9.0	13
南　京	4356.56	4	4925.34	5	5572.27	4	6133.31	5	6997.22	5	10.3	6
杭　州	4416.12	3	5067.90	3	5855.29	2	6768.26	2	7857.30	2	10.0	9
济　南	2892.24	8	3256.33	7	3487.84	8	3849.91	8				
武　汉	4319.70	5	4933.76	4	5564.25	5	6294.94	4	7140.79	4	9.2	11
广　州	9963.89	1	10862.94	1	12086.11	1	13445.03	1	15254.37	1	8.2	22
★成　都	4574.20	2	5124.70	2	5704.52	3	6463.27	3	7390.30	3	8.9	16
★西　安	2548.71	11	3054.85	9	3424.29	10	3827.36	9	4592.65	8	9.2	11
★拉　萨	185.59	27	206.77	27	227.60	27	247.04	25	272.33	26	10.0	9
南宁在 11 个西部省会城市排位★		6		5		6		5		4		8
南宁在 5 个自治区首府城市排位		3		2		3		2		1		3

续表 4

城市	一般公共预算收入											
	2013 年		2014 年		2015 年		2016 年		2017 年			
	总量(亿元)	位次	总量(亿元)	位次	总量(亿元)	位次	总量(亿元)	位次	总量(亿元)	位次	比上年增长(%)	位次
南宁	256.25	20	274.85	20	297.05	20	312.76	20	332.15	20	6.2	24
太原	247.33	21	258.85	21	274.24	21	282.69	21	311.85	21	10.3	15
合肥	438.62	13	500.34	12	571.54	11	614.85	11	655.90	10	12.8	4
福州	453.97	11	510.87	11	560.46	12	598.91	12	634.16	12	10.4	14
南昌	291.91	18	342.21	17	389.22	15	402.18	16	417.08	16	3.7	26
郑州	723.63	7	833.88	6	942.90	6	1011.20	7	1056.67	6	9.6	17
长沙	536.63	8	632.80	8	718.95	7	1231.02	4	800.35	7	11.5	9
石家庄	315.20	16	343.50	16	375.00	17	410.70	15	460.70	14	12.2	6
海口	86.73	25	100.12	26	111.50	25	115.51	25	125.36	25	12.8	4
★西宁	67.11	26	168.13	23	94.79	26	75.22	26	79.20	27	18.2	2
★银川	134.60	23	153.62	24	171.28	24	173.13	24	177.46	24	9.2	18
★乌鲁木齐	301.90	17	340.62	18	368.67	19	369.67	18	400.78	17	8.4	19
★兰州	124.50	24	152.33	25	185.58	23	215.50	23	234.20	22	11.9	7
★贵阳	277.21	19	331.60	19	374.15	18	366.32	19	377.77	18	8.0	23
★昆明	450.75	12	477.97	13	502.22	13	530.00	13	560.86	13	8.2	22
★呼和浩特	182.02	22	211.54	22	247.40	22	269.70	22	201.63	23	−23.0	27
沈阳	801.00	6	785.50	7	606.20	10	620.90	10	656.20	9	5.7	25
长春	381.80	15	397.30	15	388.20	16	415.50	14	450.10	15	8.3	21
哈尔滨	402.30	14	423.50	14	407.70	14	376.20	17	368.10	19	8.4	19
南京	831.31	5	903.49	5	1020.03	5	1142.60	6	1271.91	5	11.9	7
杭州	945.20	3	1027.32	3	1233.88	3	1402.38	1	1567.42	1	17.4	3
济南	482.10	10	543.10	10	614.30	9	641.20	8	677.20	8	10.5	13
武汉	978.52	2	1101.02	2	1245.63	2	1322.10	3	1402.93	3	11.2	11
广州	1141.79	1	1241.53	1	1349.09	1	1393.85	2	1533.06	2	10.9	12
★成都	898.50	4	1025.20	4	1154.40	4	1175.40	5	1275.50	4	11.3	10
★西安	501.98	9	583.76	9	650.91	8	641.10	9	654.50	11	9.8	16
★拉萨	50.00	27	64.79	27	82.42	27	70.79	27	89.63	26	26.0	1
南宁在11个西部省会城市排位★		6		6		6		6		6		10
南宁在5个自治区首府城市排位		2		2		2		2		2		4

续表 5

城 市	规模以上工业增加值									
	2013 年		2014 年		2015 年		2016 年		2017 年	
	总量(亿元)	位次	总量(亿元)	位次	总量(亿元)	位次	总量(亿元)	位次	比上年增长(%)	位次
南 宁	777.52	16	881.17	16	969.55	15	1028.55		9.9	3
太 原	770.94	17	647.24	19	600.48	18	571.81		9.0	10
合 肥	1907.40	11	2126.59	10	2255.65	8	2269.13		9.4	9
福 州	1665.39	12	1837.93	12	1927.90	11	1983.02		8.2	15
南 昌	1159.48	14	1380.60	13	1451.84	12	1611.50		9.5	7
郑 州	2857.70	6	3094.00	5	3312.00	4	3215.40		7.8	16
长 沙	2653.28	7	3042.05	6	3228.21	5	3253.03		8.5	13
石家庄	1955.40	10	2071.70	11	2117.30	10	2190.30		3.6	25
海 口	133.81	24	122.07	24	124.52	22	124.17		4.5	24
★西 宁	380.38	23	406.80	23					9.7	5
★银 川	492.16	22	471.70	22	487.81	21	533.06		8.5	13
★乌鲁木齐	699.81	19	654.95	18	576.87	19			9.5	7
★兰 州	575.10	20	565.00	21	515.00	20	502.00		4.8	23
★贵 阳	550.98	21	636.06	20	711.60	17	780.82		9.7	5
★昆 明	906.51	15	969.00	15	1050.00	14			10.4	2
★呼和浩特									6.1	19
沈 阳	3522.24	2	3614.90	2			1208.30		2.8	26
长 春	2103.30	9	2415.70	9	2131.80	9	2332.20		9.0	10
哈尔滨	767.10	18	849.40	17	930.40	16	1001.60		5.0	22
南 京	2907.78	5	2999.44	7	3043.50	6	3050.55		6.0	20
杭 州	2523.88	8	2805.25	8	2903.30	7	2983.91		7.0	18
济 南									9.8	4
武 汉	3113.30	3	3453.35	3	3504.00	2			7.7	17
广 州	4430.88	1	4859.55	1	4840.42	1	4877.85			
★成 都	2917.60	4	3272.87	4	3502.00	3			9.0	10
★西 安	1265.64	13	1195.28	14	1174.67	13	1178.39		5.8	21
★拉 萨			29.67	25	48.03	23	45.20		14.5	1
南宁在11个西部省会城市排位★										3
南宁在5个自治区首府城市排位		1		1		1				2

说明：1.2014 年、2015 年规模以上工业增加值总量南宁在西部省会城市排位，因缺值较多，故不排位；

2. 因 2016 年较多城市规模以上工业增加值总量不公布，故对总量指标不予排位；

3.2017 年因多数省份不公布规模以上工业增加值，缺少数据过多，故不进行统计

续表 6

城市	固定资产投资											
	2013 年		2014 年		2015 年		2016 年		2017 年			
	总量(亿元)	位次	总量(亿元)	位次	总量(亿元)	位次	总量(亿元)	位次	总量(亿元)	位次	比上年增长(%)	位次
南宁	2432.69	19	2886.68	18	3366.89	17	3824.73	17	4307.95	16	12.6	8
太原	1670.74	20	1746.09	19	2025.61	20	2027.71	19	964.86	26	6.8	18
合肥	4535.37	8	5302.60	7	5851.90	5	6501.17	5	6351.43	6	5.0	22
福州	3834.22	13	4388.62	12	4853.61	12	5184.36	11	5823.39	11	12.3	9
南昌	2909.76	17	3434.25	15	4000.07	15	4540.26	14	5115.18	14	12.7	7
郑州	4400.21	10	5259.65	8	6288.00	4	6998.60	3	7573.44	3	8.2	15
长沙	4593.39	7	5435.75	5	6363.29	3	6693.32	4	7567.77	4	13.1	5
石家庄	4369.20	11	5076.40	9	5689.90	6	5916.00	6	6310.10	7	6.7	19
海口	649.33	26	821.53	25	1012.05	26	1271.73	24	1415.50	24	11.3	13
★西宁	925.44	25	1176.61	24	1295.95	25	1399.30	23	1600.03	21	14.3	3
★银川	1149.00	24	1392.76	23	1540.88	24	1723.31	21	1719.05	20	1.4	23
★乌鲁木齐	1271.59	23	1526.00	22	1708.39	23			2020.00	19	25.7	1
★兰州	1623.70	21	1610.70	21	1803.75	22	1990.95	20	1315.35	25	−33.9	27
★贵阳	3030.38	15	3489.41	14	2804.45	19	3380.73	18	3850.60	18	18.1	2
★昆明	2931.50	16	3138.17	16	2957.34	18	3920.07	16	4217.90	17	7.6	16
★呼和浩特	1504.83	22	1736.50	20	2010.00	21			1490.80	22	−19.4	26
沈阳	6383.91	2	6564.10	3	5326.00	10	1631.60	22	1484.00	23	−9.0	25
长春	3408.40	14	3924.50	13	4400.00	14	4659.00	13	5194.80	13	11.5	12
哈尔滨	5214.00	4	6361.00	27	4595.70	13	5040.10	12	5395.50	12	7.1	17
南京	5093.78	6	6430.77	6	5425.98	8	5533.56	9	6215.20	8	12.3	9
杭州	4263.89	12	4952.70	10	5556.32	7	5842.42	7	5856.65	10	1.4	23
济南	2638.30	18	3063.40	17	3498.40	16	3974.30	15	4363.60	15	13.5	4
武汉	6001.96	3	7002.85	1	7680.89	1	7093.17	2	7871.66	2	11.0	14
广州	4454.55	9	4889.50	11	5405.95	9	5703.59	8	5919.83	9	5.7	20
★成都	6501.10	1	6620.40	2	7007.00	2	8370.50	1	9404.20	1	12.3	9
★西安	5134.56	5	5903.98	4	5165.98	11	5191.36	10	7556.47	5	12.9	6
★拉萨	376.00	27	455.39	26	538.00	27	582.27	25	611.73	27	5.1	21
南宁在11个西部省会城市排位★		5		5		3		4		3		5
南宁在5个自治区首府城市排位		1		1		1		1		1		2

续表 7

城市	居民消费价格总指数										
	2013 年		2014 年		2015 年		2016 年		2017 年			
	指数	位次	指数	位次	指数	位次	指数	位次	指数	位次	比上年涨(跌)(%)	位次
南宁	102.1	26	101.6	24	101.9	6	101.4	21	102.3	5	2.3	5
太原	103.1	9	102.2	10	100.4	16	101.2	24	101.8	13	1.8	13
合肥	102.7	17	102.0	17	101.6	9	102.6	5	101.4	17	1.4	17
福州	102.6	20	101.8	23	101.7	8	102.3	9	101.1	25	1.1	25
南昌	102.3	25	102.5	8	101.6	9	102.1	12	102.1	7	2.1	7
郑州	102.8	14	102.0	17	101.1	13	102.3	9	101.8	13	1.8	13
长沙	102.8	14	102.7	5	101.1	13	101.9	14	101.3	23	1.3	23
石家庄	102.9	12	102.0	17	101.0	14	101.6	19	101.4	17	1.4	17
海口	102.9	12	102.2	10	101.2	12	103.0	1	103.3	2	3.3	2
★西宁	103.8	2	102.8	3	102.5	1	102.1	12	101.4	17	1.4	17
★银川	103.5	4	102.1	16	101.6	9	101.7	16	101.7	15	1.7	15
★乌鲁木齐	103.5	4	102.8	3	100.7	15	101.5	20	102.8	3	2.8	3
★兰州	103.5	4	102.2	10	101.3	11	100.8	27	101.5	16	1.5	16
★贵阳	103.2	8	102.7	5	102.3	3	101.1	25	101.0	26	1.0	26
★昆明	103.9	1	103.1	1	102.4	2	101.7	16	100.5	27	0.5	27
★呼和浩特	103.8	2	101.2	27	101.8	7	101.4	21	101.4	17	1.4	17
沈阳	102.5	22	102.2	10	101.2	12	101.7	16	101.4	17	1.4	17
长春	103.0	11	102.2	10	101.3	11	101.4	21	101.3	23	1.3	23
哈尔滨	102.1	26	102.0	17	101.4	10	101.8	15	103.5	1	3.5	1
南京	102.7	17	102.6	7	102.0	5	102.7	2	101.9	11	1.9	11
杭州	102.5	22	102.0	17	101.8	7	102.6	5	102.5	4	2.5	4
济南	102.8	14	102.2	10	101.9	6	102.7	2	102.0	8	2.0	8
武汉	102.4	24	101.9	22	101.4	10	102.4	8	101.9	11	1.9	11
广州	102.6	20	102.3	9	101.7	8	102.7	2	102.3	5	2.3	5
★成都	103.1	9	101.3	26	101.1	13	102.2	11	102.0	8	2.0	8
★西安	102.7	17	101.4	25	100.7	15	100.9	26	102.0	8	2.0	8
★拉萨	103.4	7	103.0	2	102.2	4	102.6	5	101.4	22	1.4	22
南宁在11个西部省会城市排位★		11		8		5		7		2		2
南宁在5个自治区首府城市排位		5		4		4		4		2		2

续表 8

城市	海关进出口总额										
	2013 年		2014 年		2015 年		2016 年		2017 年		
	总量（亿美元）	位次	总量（亿美元）	位次	总量	单位	总量	单位	总量	单位	增速(%)
南宁	44.21	22	48.14	21	364.46	亿元	416.23	亿元	607.09	亿元	48.8
太原	91.63	17	106.71	16	106.77	亿美元	879.38	亿元	915.25	亿元	4.1
合肥	181.90	9	200.87	11	1262.99	亿元	186.87	亿美元	249.59	亿美元	33.6
福州	314.29	6	346.10	7	2065.48	亿元	2082.20	亿元	2336.06	亿元	12.0
南昌	97.22	15	122.26	15	114.64	亿美元	619.70	亿元	669.20	亿元	8.3
郑州	427.49	5	464.31	6	570.30	亿美元	3645.66	亿元	4015.65	亿元	10.1
长沙	98.93	14	772.50	2	806.47	亿元	746.75	亿元	938.02	亿元	29.0
石家庄	140.00	13	143.00	14	121.40	亿美元	116.10	亿美元	862.20	亿元	12.3
海口	51.01	21	34.01	24	270.49	亿元	258.18	亿元	210.22	亿元	−18.5
★西宁	12.41	27	15.97	27	114.13	亿元	85.08	亿元	32.91	亿元	−61.4
★银川	24.11	25	47.80	22	32.67	亿美元	163.47	亿元	270.62	亿元	65.6
★乌鲁木齐	77.98	18	82.85	18	361.91	亿元	323.73	亿元	460.34	亿元	45.2
★兰州	40.63	23	45.60	23	31.51	亿元					
★贵阳	63.18	20	78.42	19	91.22	亿美元	39.04	亿美元			
★昆明	174.22	11	177.87	12	123.64	亿美元	66.81	亿美元	78.18	亿美元	18.2
★呼和浩特	16.00	26	21.95	25	20.72	亿美元	13.09	亿美元	15.99	亿美元	22.2
沈阳	143.29	12	158.00	13	140.80	亿元	113.30	亿美元	128.50	亿美元	13.4
长春	204.00	8	207.20	10	139.90	亿美元	141.60	亿美元			
哈尔滨	65.40	19	68.10	20	47.80	亿美元	39.70	亿美元	33.50	亿美元	−15.8
南京	557.57	3	572.21	4	532.40	亿美元	3315.33	亿元	4143.00	亿元	24.8
杭州	650.70	2	679.98	3	665.66	亿美元	4485.97	亿元	5085.08	亿元	13.3
济南	95.66	16	105.00	17	99.10	亿美元	639.70	亿元	708.10	亿元	10.5
武汉	217.52	7	264.29	8	280.70	亿美元	1570.10	亿元	1936.20	亿元	23.2
广州	1188.88	1	1306.00	1	8306.41	亿元	8566.92	亿元	9714.36	亿元	13.7
★成都	506.00	4	558.50	5	2454.90	亿元	2713.40	亿元	3941.80	亿元	45.4
★西安	179.82	10	249.83	9	1761.92	亿元	1828.46	亿元	2545.41	亿元	39.1
★拉萨	32.05	24	20.76	26	41.29	亿元	41.21	亿元	44.27	亿元	7.4
南宁在11个西部省会城市排位★		6		6							
南宁在5个自治区首府城市排位		2		2							

说明：2015 年、2016 年、2017 年海关进出口数因各市计量单位不同，故不予排位

续表 9

城市	社会消费品零售总额											
	2013 年		2014 年		2015 年		2016 年		2017 年			
	总量(亿元)	位次	总量(亿元)	位次	总量(亿元)	位次	总量(亿元)	位次	总量(亿元)	位次	比上年增长(%)	位次
南宁	1450.84	17	1616.90	17	1786.68	17	1980	17	2204.16	17	11.3	8
太原	1281.46	18	1411.13	19	1540.80	19	1666	19	1767.82	19	6.1	25
合肥	1480.84	16	1666.75	16	2183.65	15	2446	15	2728.51	15	11.6	5
福州	2611.29	10	2991.98	9	3488.74	8	3763	9	4193.87	8	11.4	7
南昌	1270.01	19	1429.21	18	1662.87	18	1868	18	2096.96	18	12.3	2
郑州	2586.42	11	2913.61	11	3294.71	12	3666	12	4057.22	10	10.7	11
长沙	2801.97	7	3162.07	7	3690.59	7	4117	6	4547.68	6	10.5	12
石家庄	2154.50	13	2423.50	13	2680.90	13	2975	13	3296.00	13	10.8	10
海口	490.05	24	541.27	24	595.53	24	654	23	726.12	24	11.0	9
★西宁	365.07	25	412.86	25	461.94	26	513	25	560.79	26	9.3	20
★银川	348.06	26	382.47	26	477.63	25	514	24	562.31	25	9.4	19
★乌鲁木齐	970.00	21	1070.00	21	1152.00	22			1317.00	23	6.5	24
★兰州	843.80	22	944.90	22	1152.15	21	1263	21	1358.72	21	7.6	23
★贵阳	785.67	23	888.58	23	1060.17	23	1195	22	1335.28	22	11.7	4
★昆明	1702.30	15	1905.89	15	2061.66	16	2310	16	2590.95	16	12.2	3
★呼和浩特	1142.36	20	1256.08	20	1353.53	20	1481	20	1570.95	20	6.0	26
沈阳	3186.09	6	3570.10	6	3883.20	6	3986	7	3989.80	12	0.1	27
长春	1970.00	14	2217.50	14	2409.30	14	2650	14	2922.80	14	10.3	16
哈尔滨	2728.30	8	3070.90	8	3394.50	11	3744	10	4044.80	11	8.0	21
南京	3504.17	5	3957.97	4	4590.17	5	5088	5	5604.66	5	10.2	17
杭州	3531.17	4	3838.73	5	4697.23	4	5176	4	5717.43	4	10.5	12
济南	2633.90	9	2964.40	10	3410.30	9	3765	8	4146.10	9	10.1	18
武汉	3878.60	2	4369.32	2	5102.24	2	5611	3	6196.30	3	10.4	15
广州	6882.85	1	7697.85	1	7932.96	1	8706	1	9402.59	1	8.0	21
★成都	3752.90	3	4202.40	3	4946.19	3	5647	2	6403.59	2	11.5	6
★西安	2548.02	12	2872.90	12	3405.38	10	3731	11	4329.51	7	10.5	12
★拉萨	150.00	27	180.33	27	205.80	27	230	26	258.76	27	12.7	1
南宁在11个西部省会城市排位★		4		4		4		4		4		5
南宁在5个自治区首府城市排位		1		1		1		1		1		2

续表 10

城市	城镇居民人均可支配收入											
	2013 年		2014 年		2015 年		2016 年		2017 年			
	总量(元)	位次	总量(元)	位次	总量(元)	位次	总量(元)	位次	总量(元)	位次	比上年增长(%)	位次
南宁	24817	19	27075	18	29106	17	30728	20	33217	19	8.1	21
太原	24000	21	25768	21	27727	23	29632	24	31469	25	6.2	25
合肥	28083	13	29348	13	31989	12	34852	13	37972	13	9.0	6
福州	32265	8	32451	10	27782	22	37833	9	40973	9	8.3	13
南昌	26151	15	29091	15	31942	13	34619	14	37675	14	8.8	8
郑州	26615	14	29095	14	31099	15	33214	16	36050	16	8.5	10
长沙	33662	6	36826	5	39961	4	43294	4	46948	4	8.4	11
石家庄	25000	18	26071	20	28097	21	30459	22	32929	21	8.1	21
海口	24461	20	22632	26	28535	19	30775	19	33320	18	8.3	13
★西宁	19444	27	21291	27	25232	27	27539	27	30043	26	9.1	3
★银川	23776	22	26118	19	28261	20	30478	21	32981	20	8.2	18
★乌鲁木齐	21304	25	23755	23	31500	14	34200	15	37028	15	8.3	13
★兰州	20767	26	23030	25	27088	25	29661	23	32331	23	9.0	6
★贵阳	23376	23	24961	22	27241	24	29502	25	32186	24	9.1	3
★昆明	28354	12	31295	12	33955	9	36739	10	39788	10	8.3	13
★呼和浩特	35629	5	34723	7	37362	6	40220	6	43518	6	8.2	18
沈阳	29074	11	31720	11	36664	7	39135	8	41359	8	6.1	26
长春	26034	16	28585	17	29090	18	31069	18				
哈尔滨	25197	17	28816	16	30977	16	33190	17	35546	17	7.1	24
南京	39881	2	42568	3	46104	3	49997	3	54538	3	9.1	3
杭州	39310	3	44632	1	48316	1	52185	1	56276	1	7.8	23
济南	35648	4	38763	4	39889	5	43052	5	46642	5	8.3	13
武汉	29821	10	33270	8	36436	8	39737	7	43405	7	9.2	2
广州	42049	1	42955	2	46735	2	50941	2	55400	2	8.8	8
★成都	29968	9	32665	9	33476	10	35902	11	38918	11	8.4	11
★西安	33100	7	36100	6	33188	11	35630	12	38536	12	8.2	18
★拉萨	21421	24	23057	24	26096	26	29383	26	32408	22	10.3	1
南宁在11个西部省会城市排位★		5		5		6		6		6		11
南宁在5个自治区首府城市排位		2		2		3		3		3		5

续表 11

城 市	农村居民人均可支配收入											
	2013 年 *		2014 年 *		2015 年		2016 年		2017 年			
	总量(亿元)	位次	总量(亿元)	位次	总量(亿元)	位次	总量(亿元)	位次	总量(元)	位次	比上年增长(%)	位次
南 宁	7685	26	8576	25	9408*		11398	25	12515	24	9.8	3
太 原	11288	14	12616	14	13626		14591	14	15595	16	6.9	26
合 肥	10352	17	14407	11	15733		17059	8	18694	8	9.0	12
福 州	12910	10	14012	12	15203		16347	10	17865	9	9.3	6
南 昌	10806	15	12414	16	13693*		14952	13	16364	13	9.4	5
郑 州	14009	6	15470	7	17125*		18426	7	19974	7	8.4	19
长 沙	19713	1	21684	27	23601		25448	2	27360	2	7.5	24
石家庄	10010	19	10542	20	11609*		12345	22	13345	21	8.1	21
海 口	9155	22	10630	19	11635		12679	19	13763	19	8.6	18
*西 宁	9004	24	10097	23	8865*		9678	27	10548	26	9.0	12
*银 川	9036	23	10275	22	11148		12037	23	13087	22	8.7	17
*乌鲁木齐	11496	13	13335	13	15200*		16400	9	17839	10	9.1	8
*兰 州	7114	27	8067	26	9621		10391	26	11305	25	8.8	15
*贵 阳	9595	20	10826	18	11918*		12967	18	14264	18	10.0	2
*昆 明	9273	21	10366	21	11444		12555	21	13698	20	9.1	8
*呼和浩特	12736	11	12538	15	13491		14517	15	15710	14	8.2	20
沈 阳	14467	5	15945	6	13498		14445	16	15461	17	7.5	24
长 春	10240	18	27299	1	11749		12576	20				
哈尔滨	10800	16	12125	17	13375*		14439	17	15614	15	8.1	21
南 京	16531	4	17661	4	19483*		21156	4	23133	4	9.3	6
杭 州	18923	2	23555	2	25719*		27908	1	30397	1	8.9	14
济 南	13248	7	14726	8	14232*		15346	11	16594	11	8.1	21
武 汉	12713	12	16160	5	17722		19152	5	20887	5	9.1	8
广 州	18887	3	17663	3	19323		21449	3	23484	3	9.5	4
*成 都	12985	8	14478	9	17690*		18605	6	20298	6	9.1	8
*西 安	12930	9	14462	10	14072*		15191	12	16522	12	8.8	15
*拉 萨	8537	25	9258	24	10736*		11448	24	12994	23	13.5	1
南宁在 11 个西部省会城市排位*		10		10				9		9		3
南宁在 5 个自治区首府城市排位		5		5				5		5		2

说明：1. 带“*”数据统计口径为农村居民人均纯收入，与农村居民人均可支配收入的统计口径不同；

2.2015 年数据因各省份统计口径不同，故不予排位

广西14个城市主要指标及排位(2013年至2017年)

表49

城市	地区生产总值											
	2013年		2014年		2015年		2016年		2017年			
	总量(亿元)	位次	总量(亿元)	位次	总量(亿元)	位次	总量(亿元)	位次	总量(亿元)	位次	比上年增长(%)	位次
全　区	14378.00		15672.97		16803.12		18245.07		20396.25	—	7.3	—
南　宁	2803.54	1	3148.30	1	3410.06	1	3703.39	1	4118.83	1	8.0	6
柳　州	2010.05	2	2208.51	2	2298.62	2	2476.94	2	2755.67	2	7.1	10
桂　林	1657.90	3	1827.05	3	1942.97	3	2075.89	3	2045.18	3	3.9	14
梧　州	991.71	5	1064.82	5	1078.59	5	1175.65	5	1338.11	6	6.7	11
北　海	735.00	9	856.01	7	892.08	8	1007.28	8	1229.84	8	10.2	1
防城港	525.15	12	588.94	12	620.72	11	676.12	11	741.62	11	6.7	11
钦　州	753.74	7	854.96	8	944.42	7	1102.05	7	1309.82	7	8.8	4
贵　港	742.01	8	805.40	9	865.20	9	958.76	9	1082.18	9	9.0	3
玉　林	1198.46	4	1341.75	4	1446.13	4	1553.91	4	1699.54	4	7.6	8
百　色	803.87	6	917.92	6	980.35	6	1114.31	6	1361.76	5	8.8	4
贺　州	423.85	14	448.38	14	468.11	14	518.22	14	548.83	14	5.3	13
河　池	528.62	11	601.39	11	618.03	12	657.18	12	734.60	12	7.8	7
来　宾	515.57	13	551.24	13	557.70	13	589.11	13	663.69	13	7.4	9
崇　左	584.63	10	649.72	10	682.82	10	766.20	10	907.62	10	9.3	2

城市	第一产业增加值											
	2013年		2014年		2015年		2016年		2017年			
	总量(亿元)	位次	总量(亿元)	位次	总量(亿元)	位次	总量(亿元)	位次	总量(亿元)	位次	比上年增长(%)	位次
全　区	2343.57		2412.21		2565.97		2798.61		2906.87	—	4.1	—
南　宁	349.93	1	355.09	1	370.35	1	400.67	1	404.18	1	4.1	8
柳　州	159.29	6	157.12	7	168.42	7	180.15	7	189.54	7	3.7	12
桂　林	299.44	2	323.07	2	339.42	2	356.18	2	381.83	2	4.3	5
梧　州	115.32	12	119.58	12	122.37	12	131.30	12	136.41	12	4.4	3
北　海	142.81	9	151.36	8	159.43	8	175.09	8	190.54	6	3.7	12
防城港	68.45	14	70.84	14	75.75	14	80.88	14	89.27	14	3.9	9
钦　州	181.77	4	193.91	4	205.18	4	221.12	4	234.95	4	3.9	9
贵　港	160.76	5	160.82	5	173.98	5	190.21	5	193.65	5	4.2	7
玉　林	243.83	3	248.81	3	258.92	3	278.07	3	276.91	3	3.2	14
百　色	149.06	8	158.69	6	169.30	6	182.25	6	189.24	8	4.5	2
贺　州	92.58	13	97.99	13	103.14	13	111.77	13	115.76	13	4.3	5
河　池	133.78	11	137.27	10	140.81	10	150.83	10	158.96	11	3.8	11
来　宾	134.45	10	133.43	11	136.60	11	147.51	11	159.96	10	4.6	1
崇　左	149.44	7	147.37	9	155.25	9	167.69	9	181.25	9	4.4	3

续表 1

城市	第二产业增加值											
	2013 年		2014 年		2015 年		2016 年		2017 年			
	总量(亿元)	位次	总量(亿元)	位次	总量(亿元)	位次	总量(亿元)	位次	总量(亿元)	位次	比上年增长(%)	位次
全区	6863.04		7335.60		7694.74		8219.86		9297.84	—	6.6	—
南宁	1110.89	2	1251.54	2	1345.66	1	1427.16	1	1599.50	1	8.6	7
柳州	1274.93	1	1312.54	1	1300.11	2	1361.80	2	1487.08	2	4.4	12
桂林	792.87	3	865.05	3	900.98	3	939.48	3	791.94	3	−0.5	14
梧州	654.83	4	646.06	4	623.96	5	681.52	4	785.71	5	5.2	11
北海	373.65	7	454.51	7	450.13	7	516.14	7	668.66	7	10.5	4
防城港	296.08	10	340.36	8	353.00	9	386.26	10	421.23	10	6.4	9
钦州	316.85	8	338.94	9	381.75	8	481.89	8	625.01	8	11.2	2
贵港	303.35	9	325.51	10	348.50	10	393.20	9	465.86	9	11.3	1
玉林	526.62	5	591.66	5	635.83	4	665.11	5	734.14	6	8.1	8
百色	432.59	6	490.03	6	511.69	6	594.74	6	789.33	4	9.5	5
贺州	196.30	13	192.02	14	188.68	14	211.55	13	210.91	14	1.6	13
河池	189.78	14	205.27	13	200.01	13	199.82	14	231.49	13	9.4	6
来宾	219.51	12	228.21	12	218.05	12	219.95	12	250.08	12	5.3	10
崇左	248.24	11	277.45	11	274.61	11	310.69	11	398.20	11	10.8	3

城市	第三产业增加值											
	2013 年		2014 年		2015 年		2016 年		2017 年			
	总量(亿元)	位次	总量(亿元)	位次	总量(亿元)	位次	总量(亿元)	位次	总量(亿元)	位次	比上年增长(%)	位次
全区	5171.39		5925.16		6542.41		7226.60		8191.54	—	9.2	—
南宁	1342.73	1	1541.67	1	1694.08	1	1875.57	1	2115.15	1	8.4	13
柳州	575.84	2	738.85	2	830.10	2	934.99	2	1079.05	2	11.6	2
桂林	565.59	3	638.93	3	702.57	3	780.23	3	871.41	3	8.5	12
梧州	221.55	2	299.18	7	332.25	7	362.82	7	415.98	7	10.4	5
北海	218.53	9	250.15	10	282.52	9	316.05	9	370.64	9	13.3	1
防城港	160.61	13	177.74	13	191.98	13	208.98	13	231.12	13	8.3	14
钦州	255.13	6	322.12	5	357.49	5	399.04	5	449.86	5	8.9	9
贵港	277.90	5	319.07	6	342.72	6	375.34	6	422.68	6	8.8	10
玉林	428.01	4	501.27	4	551.37	4	610.73	4	688.49	4	9.1	8
百色	222.22	7	269.20	8	299.36	8	337.32	8	383.20	8	9.8	7
贺州	134.97	14	158.36	14	176.28	14	194.89	14	222.16	14	9.9	6
河池	205.06	10	258.85	9	277.21	10	306.53	10	344.15	10	8.7	11
来宾	161.61	12	189.59	12	203.05	12	221.66	12	253.65	12	11.5	3
崇左	186.95	11	224.90	11	252.96	11	287.82	11	328.17	11	10.6	4

续表 2

城市	农林牧渔业总产值											
	2013 年		2014 年		2015 年		2016 年		2017 年			
	总量（亿元）	位次	总量（亿元）	位次	总量（亿元）	位次	总量（亿元）	位次	总量（亿元）	位次	比上年增长（%）	位次
全区	—	—	—	—	—	—	—	—	—	—	—	—
南宁	578.15	1	609.33	1	638.81	1	689.03	1	704.72	1	4.1	9
柳州	263.31	6	274.16	6	288.27	6	310.29	6	324.67	6	4.1	11
桂林	471.74	2	514.05	2	543.88	2	577.40	2	609.44	2	4.4	6
梧州	187.89	12	202.21	12	208.74	12	225.90	12	231.98	12	4.6	4
北海	225.39	9	232.41	9	254.43	8	280.20	8	302.46	8	3.9	13
防城港	111.60	14	118.04	14	124.59	14	136.25	14	149.33	14	4.1	8
钦州	291.72	4	314.19	4	333.42	4	360.14	4	377.75	4	4.1	9
贵港	270.28	5	278.65	5	301.46	5	331.42	5	334.75	5	4.4	7
玉林	405.25	3	426.92	3	448.04	3	483.72	3	475.97	3	3.5	14
百色	239.54	7	257.50	7	275.49	7	298.22	7	307.56	7	4.9	1
贺州	146.41	13	157.65	13	166.40	13	181.29	13	186.38	13	4.5	5
河池	222.26	10	231.68	10	238.00	10	257.36	10	271.75	10	4.1	12
来宾	216.53	11	219.07	11	224.22	11	243.05	11	263.16	11	4.9	1
崇左	239.43	8	240.69	8	254.25	9	275.60	9	295.81	9	4.9	1

城市	规模以上工业总产值											
	2013 年		2014 年		2015 年		2016 年		2017 年			
	总量（亿元）	位次	总量（亿元）	位次	总量（亿元）	位次	总量（亿元）	位次	总量（亿元）	位次	比上年增长（%）	位次
全区	18917.67		20460.30		22461.63		24524.33		27138.43	—	13.9	—
南宁	2554.75	2	2872.85	2	3242.74	2	3537.05	2	3989.82	2	13.9	10
柳州	3907.15	1	4308.68	1	4450.31	1	4685.11	1	5025.22	1	7.5	12
桂林	1917.11	3	2116.65	3	2355.68	3	2521.04	3	1980.39	5	0.2	13
梧州	1745.54	4	1917.18	4	2141.27	4	2310.03	4	2659.65	3	14.9	9
北海	1300.91	5	1597.86	5	1871.38	5	2180.74	5	2537.29	4	16.4	8
防城港	959.35	9	1138.20	8	1323.06	8	1501.24	8	1770.10	9	20.1	5
钦州	1136.55	7	1291.44	7	1373.88	7	1524.14	7	1846.31	7	24.8	2
贵港	730.04	10	796.81	10	865.92	10	985.66	10	1182.25	10	19.5	6
玉林	1228.55	6	1439.27	6	1590.49	6	1675.97	6	1901.38	6	13.6	11
百色	969.64	8	1110.38	9	1284.75	9	1480.63	9	1824.91	8	23.5	3
贺州	360.36	13	381.73	13	422.59	13	483.60	13	431.64	13	−11.1	14
河池	342.45	14	374.33	14	376.43	14	340.80	14	403.05	14	20.4	4
来宾	500.18	12	517.70	12	505.44	12	526.81	12	611.11	12	17.0	7
崇左	523.70	11	584.21	11	657.69	11	747.06	11	938.86	11	25.7	1

续表 3

城市	固定资产投资											
	2013 年		2014 年		2015 年		2016 年		2017 年			
	总量(亿元)	位次	总量(亿元)	位次	总量(亿元)	位次	总量(亿元)	位次	总量(亿元)	位次	比上年增长(%)	位次
全区	11383.93		13287.60		15654.95		17652.95		19908.27	—	12.8	—
南宁	2432.69	1	2886.68	1	3366.89	1	3824.73	1	4307.95	1	12.6	9
柳州	1522.12	2	1765.49	2	2050.55	2	2338.61	2	2697.20	2	15.3	5
桂林	1308.46	3	1536.88	3	1837.32	3	2131.62	3	2234.24	3	4.8	14
梧州	803.40	5	876.04	6	1045.51	5	1168.51	5	1330.15	5	13.8	8
北海	674.91	7	786.16	7	920.37	7	1011.10	7	1099.68	7	8.8	13
防城港	455.81	10	478.31	12	526.15	12	600.14	12	672.77	12	12.1	11
钦州	559.03	8	658.97	8	810.10	8	950.89	8	1088.85	8	14.5	7
贵港	463.44	9	547.17	10	689.67	10	841.69	9	983.81	9	16.9	1
玉林	953.59	4	1123.71	4	1332.12	4	1467.10	4	1689.33	4	15.1	6
百色	802.49	6	895.23	5	1022.05	6	1061.40	6	1226.41	6	15.6	4
贺州	451.84	11	530.28	11	625.93	11	650.83	11	722.02	11	10.9	12
河池	296.88	14	343.22	14	395.69	14	404.02	13	453.20	13	12.2	10
来宾	410.42	13	431.18	13	449.07	13	370.91	14	432.16	14	16.5	3
崇左	450.84	12	548.64	9	691.57	9	831.41	10	970.50	10	16.7	2

城市	社会消费品零售总额											
	2013 年		2014 年		2015 年		2016 年		2017 年			
	总量(亿元)	位次	总量(亿元)	位次	总量(亿元)	位次	总量(亿元)	位次	总量(亿元)	位次	比上年增长(%)	位次
全区	5083.08		5716.60		6348.06		7027.31		7813.03	—	11.2	—
南宁	1450.84	1	1616.90	1	1786.68	1	1980.36	1	2204.16	1	11.3	6
柳州	758.42	2	858.20	2	944.11	2	1045.13	2	1155.64	2	10.6	12
桂林	604.03	3	682.87	3	751.96	3	836.45	3	928.12	3	11.0	10
梧州	292.34	6	328.30	6	364.93	6	395.95	6	445.87	6	12.6	2
北海	167.03	10	185.81	10	202.93	10	225.34	10	250.13	10	11.0	9
防城港	81.43	14	91.67	14	101.03	14	111.89	14	124.02	14	10.8	11
钦州	268.82	7	303.25	7	333.50	7	373.63	7	411.75	7	10.2	14
贵港	321.72	5	359.56	5	389.06	5	431.89	5	480.70	5	11.3	5
玉林	482.91	4	545.71	4	600.34	4	660.43	4	728.86	4	10.4	13
百色	178.60	9	201.06	9	221.18	9	246.84	9	277.35	9	12.4	4
贺州	119.00	12	133.63	12	146.94	11	160.98	11	178.85	12	11.1	8
河池	198.97	8	223.79	8	243.38	8	267.96	8	301.20	8	12.4	3
来宾	120.87	11	134.17	11	145.11	12	159.11	12	180.29	11	13.3	1
崇左	96.38	13	108.44	13	119.39	13	131.34	13	146.09	13	11.2	7

续表 4

城市	进出口总额												
	2013 年		2014 年		2015 年		2016 年		2017 年			
	总量(万美元)	位次	总量(万美元)	位次	总　量	单位	总　量	单位	总量(万元)	位次	比上年增长(%)	位次
全　区	3283700		4055300		31903100	万元	31704215	万元	38663400	—	22.6	—
南　宁	442117	2	481410	4	3644564	万元	4162345	万元	6070900	3	48.8	2
柳　州	288479	4	226825	6	222657	万美元	1353756	万元	1722399	7	26.7	7
桂　林	92370	8	94327	8	573196	万元	590191	万元	704009	8	19.2	9
梧　州	176506	7	124948	7	567181	万元	405743	万元	602406	9	48.9	1
北　海	269833	6	350016	5	379048	万美元	2047465	万元	2308562	5	12.5	11
防城港	430030	3	546866	2	860140	万美元	5789124	万元	7685445	2	32.4	4
钦　州	287056	5	533447	3	582738	万美元	442813	万美元	3404683	4	16.6	10
贵　港	22123	12	30603	12	32258	万美元	187879	万元	238816	11	26.6	8
玉　林	41679	11	44654	11	45092	万美元	267161	万元	339935	10	27.2	6
百　色	59786	9	72845	9	164091	万美元	1380719	万元	1890278	6	35.4	3
贺　州	19951	13	17306	13	64120	万元	51915	万元	48443	14	-6.3	14
河　池	48148	10	47929	10	39168	万美元	181096	万元	195498	12	8.0	13
来　宾	11965	14	10688	14	6722	万美元	58873	万元	77312	13	31.3	5
崇　左	1027713	1	1469407	1	2013277	万美元	1856300	万美元	13394020	1	10.0	12

说明：2015 年、2016 年海关进出口数因各市计量单位不同，故不予排位；崇左市与防城港市外贸进出口额自 2015 年起含互市贸易额

城市	金融机构存款余额											
	2013 年		2014 年		2015 年		2016 年		2017 年			
	总量(亿元)	位次	总量(亿元)	位次	总量(亿元)	位次	总量(亿元)	位次	总量(亿元)	位次	比上年增长(%)	位次
全　区	18267.24		20078.97		22566.96		25477.80		27899.64	—	9.5	—
南　宁	6483.52	1	7064.49	1	8257.77	1	8901.72	1	9367.53	1	5.2	14
柳　州	2343.58	2	2553.66	2	2807.12	2	3305.14	2	3700.55	2	12.0	8
桂　林	2067.01	3	2269.76	3	2607.11	3	2979.80	3	3284.51	3	10.2	10
梧　州	758.07	7	853.32	7	918.23	7	1044.91	7	1133.48	7	8.5	12
北　海	651.49	10	699.52	10	748.49	10	815.63	10	938.84	10	15.1	4
防城港	433.62	13	470.24	13	508.27	14	562.31	14	618.88	14	10.1	11
钦　州	693.56	7	768.10	9	818.40	9	906.42	9	976.54	9	7.7	13
贵　港	817.52	5	905.75	5	972.95	5	1089.92	6	1262.28	5	15.8	2
玉　林	1178.28	4	1302.45	4	1445.26	4	1636.12	4	1876.23	4	14.7	5
百　色	770.89	6	880.56	6	948.11	6	1111.76	5	1235.81	6	11.2	9
贺　州	404.84	14	459.85	14	535.32	12	615.07	12	724.80	12	17.8	1
河　池	725.52	8	812.26	8	883.18	8	1001.37	8	1126.69	8	12.5	6
来　宾	448.10	12	494.84	12	528.09	13	606.68	13	702.47	13	15.8	3
崇　左	501.11	11	561.55	11	606.78	11	699.48	11	784.81	11	12.2	7

续表 5

城市	住户存款余额											
	2013 年		2014 年		2015 年		2016 年		2017 年			
	总量(亿元)	位次	总量(亿元)	位次	总量(亿元)	位次	总量(亿元)	位次	总量(亿元)	位次	比上年增长(%)	位次
全区	9499.36		10499.47						—	—	—	—
南宁	2156.69	1	2321.74	1	2700.37	1	2924.55	1	3176.69	1	8.6	12
柳州	989.38	3	1061.01	3	1207.59	3	1313.64	3	1447.92	3	10.2	9
桂林	1232.23	2	1334.22	2	1564.00	2	1699.98	2	1820.69	2	7.1	13
梧州	480.79	6	529.52	6	594.87	6	658.14	7	729.86	6	10.9	6
北海	402.37	10	432.53	10	483.45	10	524.15	10	578.55	10	10.4	8
防城港	247.97	14	272.87	14	289.11	14	320.34	14	341.84	14	6.7	14
钦州	430.24	9	486.35	9	529.10	9	586.01	9	652.17	9	11.3	4
贵港	586.23	5	659.96	5	733.37	5	817.33	5	912.82	5	11.7	3
玉林	881.73	4	993.04	4	1127.09	4	1253.03	4	1379.83	4	10.1	10
百色	460.59	7	528.67	7	583.36	7	659.95	6	729.01	7	10.5	7
贺州	252.48	13	284.53	13	328.04	12	378.75	12	424.11	12	12.0	2
河池	449.65	8	506.86	8	551.71	8	624.90	8	694.33	8	11.1	5
来宾	254.34	12	285.47	12	307.83	13	346.75	13	389.49	13	12.3	1
崇左	316.93	11	355.91	11	401.26	11	453.17	11	495.12	11	9.3	11

城市	金融机构贷款余额											
	2013 年		2014 年		2015 年		2016 年		2017 年			
	总量(亿元)	位次	总量(亿元)	位次	总量(亿元)	位次	总量(亿元)	位次	总量(亿元)	位次	比上年增长(%)	位次
全区	13653.38		15585.46		17656.76		20640.54		23226.14	—	12.5	—
南宁	6115.88	1	7091.46	1	8228.66	1	9423.79	1	10470.44	1	11.1	11
柳州	1614.74	2	1770.26	2	2032.08	2	2273.90	2	2459.49	2	8.2	14
桂林	1225.77	3	1389.55	3	1580.79	3	1862.14	3	2149.77	3	15.4	6
梧州	537.44	6	620.27	6	665.61	6	721.92	6	787.52	7	9.1	13
北海	372.98	10	434.02	10	484.13	10	535.15	10	654.52	10	22.3	3
防城港	335.40	11	380.21	11	425.34	11	511.47	11	629.76	11	23.1	1
钦州	493.17	7	524.37	8	547.13	8	594.98	8	661.13	8	11.1	11
贵港	480.23	8	546.92	7	596.71	7	683.85	7	814.51	6	19.1	4
玉林	646.26	4	747.87	4	843.68	4	1014.94	4	1205.05	4	18.7	5
百色	588.80	5	673.33	5	711.66	5	815.08	5	922.29	5	13.2	10
贺州	241.98	14	279.00	14	310.13	14	370.36	14	454.68	13	22.8	2
河池	412.94	9	467.18	9	505.18	9	575.04	9	660.19	9	14.8	9
来宾	299.84	12	330.15	13	358.50	13	405.46	12	467.14	12	15.2	7
崇左	294.47	13	335.72	12	373.06	12	390.23	13	449.33	14	15.1	8

续表 6

城市	财政收入											
	2013 年		2014 年		2015 年		2016 年		2017 年			
	总量(亿元)	位次	总量(亿元)	位次	总量(亿元)	位次	总量(亿元)	位次	总量(亿元)	位次	比上年增长(%)	位次
全　区	2000.51		2162.40		2332.96		2454.05		2604.21	—	6.1	—
南　宁	473.66	1	526.59	1	572.48	1	613.83	1	687.98	1	12.0	3
柳　州	285.06	2	316.55	2	343.81	2	370.16	2	403.82	2	9.1	5
桂　林	180.37	3	195.18	3	209.19	3	223.76	3	239.54	3	5.5	8
梧　州	118.23	5	122.42	7	123.74	7	127.59	7	121.09	8	−5.8	12
北　海	113.60	7	127.39	6	142.99	5	166.31	4	200.67	4	20.1	1
防城港	59.26	10	65.33	11	70.64	11	75.61	10	74.51	10	−2.3	10
钦　州	136.12	4	138.31	4	162.23	4	154.08	5	145.08	6	−6.4	14
贵　港	57.42	11	66.11	10	72.75	10	78.96	9	90.03	9	12.7	2
玉　林	113.81	6	128.17	5	139.57	6	148.95	6	160.18	5	6.6	7
百　色	107.69	8	108.70	8	114.51	8	123.22	8	135.05	7	8.6	6
贺　州	35.76	14	40.60	14	47.14	14	50.90	13	53.11	13	3.3	9
河　池	50.23	13	54.67	13	56.14	12	62.24	11	69.45	11	10.5	4
来　宾	56.13	12	58.11	12	50.02	13	49.60	14	48.25	14	−3.4	11
崇　左	73.02	9	73.16	9	75.15	9	58.20	12	55.25	12	−5.9	13

城市	一般公共预算收入											
	2013 年		2014 年		2015 年		2016 年		2017 年			
	总量(亿元)	位次	总量(亿元)	位次	总量(亿元)	位次	总量(亿元)	位次	总量(亿元)	位次	比上年增长(%)	位次
全　区	1316.84		1422.05		1515.08		1556.24		1615.03	—	3.8	—
南　宁	256.25	1	274.85	1	297.05	1	312.76	1	332.15	1	6.2	5
柳　州	125.12	2	133.16	2	146.68	2	159.16	2	179.79	2	13.0	2
桂　林	111.00	3	123.89	3	134.53	3	145.33	3	144.16	3	−0.8	9
梧　州	85.74	4	90.45	4	92.37	5	95.61	5	84.55	5	−11.6	12
北　海	42.11	9	47.25	9	47.61	10	50.07	8	64.34	7	28.5	1
防城港	40.71	10	45.45	10	52.05	7	55.65	7	47.60	10	−14.5	13
钦　州	44.95	8	47.64	8	50.34	8	49.50	9	52.81	8	6.7	4
贵　港	31.22	12	36.45	12	42.57	11	47.62	10	50.41	9	5.9	6
玉　林	75.48	5	88.81	5	97.16	4	104.81	4	105.55	4	0.7	8
百　色	65.70	6	70.91	6	72.98	6	79.48	6	82.50	6	3.8	7
贺　州	21.95	14	24.41	14	28.97	14	32.42	13	30.89	13	−4.7	10
河　池	26.97	13	29.93	13	31.45	12	33.36	12	36.22	11	8.6	3
来　宾	36.37	11	37.95	11	30.29	13	30.32	14	27.64	14	−8.9	11
崇　左	47.48	7	48.40	7	50.12	9	40.76	11	34.07	12	−16.4	14

续表 7

城市	一般公共预算支出											
	2013 年		2014 年		2015 年		2016 年		2017 年			
	总量(亿元)	位次	总量(亿元)	位次	总量(亿元)	位次	总量(亿元)	位次	总量(亿元)	位次	比上年增长(%)	位次
全区	3192.26		3455.44		4076.42		4472.48		4912.89	—	10.6	—
南宁	418.40	1	465.77	1	527.70	1	587.07	1	646.31	1	10.1	7
柳州	239.75	3	261.11	4	308.64	4	339.62	4	374.28	4	10.2	6
桂林	282.17	2	304.43	2	356.04	2	399.70	2	434.71	2	8.9	10
梧州	175.95	7	184.05	7	214.55	7	228.26	7	242.15	7	6.2	11
北海	99.46	13	104.97	13	131.76	14	150.06	13	157.54	13	5.0	13
防城港	89.71	14	97.52	14	136.94	13	127.07	14	122.16	14	−4.3	14
钦州	134.26	10	141.27	10	192.54	8	200.08	10	205.94	10	6.1	12
贵港	140.41	8	146.84	9	186.68	9	212.12	8	233.82	8	10.0	8
玉林	203.73	5	229.10	5	285.76	5	318.09	5	351.63	5	10.7	4
百色	231.69	4	261.13	3	310.99	3	340.28	3	376.52	3	10.4	5
贺州	107.26	12	118.32	12	154.75	11	163.88	11	181.60	11	12.7	2
河池	196.35	6	222.24	6	259.12	6	290.68	6	328.92	6	13.2	1
来宾	123.68	11	129.05	11	139.33	12	159.61	12	179.78	12	12.7	2
崇左	139.28	9	155.51	8	185.10	10	204.88	9	221.62	9	9.2	9

城市	居民消费价格总指数											
	2013 年		2014 年		2015 年		2016 年		2017 年			
	指数	位次	指数	位次	指数	位次	指数	位次	指数	位次	比上年增长(%)	位次
全区	102.2		102.1		101.9		101.6		101.6	—	1.6	—
南宁	102.1	8	101.6	13	101.9	1	101.4	7	102.3	3	2.3	3
柳州	101.9	12	102.6	3	101.7	5	101.8	4	101.3	14	1.3	14
桂林	102.5	3	102.0	10	101.9	3	102.3	2	101.6	8	1.6	8
梧州	102.3	6	102.1	9	101.0	11	101.2	10	102.3	3	2.3	3
北海	102.0	9	102.8	1	100.4	13	101.1	11	102.9	1	2.9	1
防城港	102.6	2	102.6	3	101.1	9	101.1	11	102.7	2	2.7	2
钦州	102.1	7	102.5	6	101.1	9	101.6	5	102.1	6	2.1	6
贵港	102.7	1	101.8	12	101.4	7	101.2	9	101.6	7	1.6	7
玉林	101.6	14	102.6	3	101.7	5	102.4	1	102.2	5	2.2	5
百色	102.5	3	102.3	8	101.9	1	101.1	11	101.4	10	1.4	10
贺州	102.0	9	101.9	11	101.8	4	101.4	7	101.4	10	1.4	10
河池	101.9	12	102.8	1	100.7	12	101.0	14	101.4	10	1.4	10
来宾	102.0	9	101.5	14	101.2	8	102.0	3	101.4	10	1.4	10
崇左	102.5	3	102.4	7	100.4	13	101.6	5	101.6	8	1.6	8

续表 8

城市	全体居民人均可支配收入					
	2016 年		2017 年			
	总量(元)	位次	总量(元)	位次	比上年增长(%)	位次
全 区	18305		19905		8.7	
南 宁	22862	2	24984	2	9.3	9
柳 州	23009	1	25075	1	9.0	11
桂 林	20543	6	22480	5	9.4	7
梧 州	18657	7	20330	8	9.0	11
北 海	21467	4	23536	4	9.6	5
防城港	21841	3	23916	3	9.5	6
钦 州	17765	9	19215	10	8.2	13
贵 港	18642	8	20344	7	9.1	10
玉 林	20726	5	22371	6	7.9	14
百 色	15340	13	16841	13	9.8	3
贺 州	16940	11	18590	11	9.7	4
河 池	13175	14	14529	14	10.3	1
来 宾	17607	10	19269	9	9.4	7
崇 左	15897	12	17541	12	10.3	1

城 市	城镇居民人均可支配收入											
	2013 年		2014 年		2015 年		2016 年		2017 年			
	总量(元)	位次	总量(元)	位次	总量(元)	位次	总量(元)	位次	总量(元)	位次	比上年增长(%)	位次
全 区	23305		24669		26416		28234		30502	—	7.7	—
南 宁	24817	1	27075	1	29106	1	30728	1	33217	1	8.1	5
柳 州	24355	5	26693	3	28722	4	30270	2	32661	2	7.9	7
桂 林	24552	2	26811	2	28768	3	30124	3	32534	3	8.0	6
梧 州	22537	9	24272	9	25898	9	27260	9	29359	9	7.7	9
北 海	23407	8	25818	6	27729	6	29412	6	31912	6	8.5	1
防城港	24423	3	26523	5	28433	5	29758	5	32079	5	7.8	8
钦 州	23695	6	25425	7	27281	7	29360	7	31415	7	7.0	13
贵 港	21361	12	23262	12	24890	12	26771	12	28806	13	7.6	10

续表 9

城市	城镇居民人均可支配收入											
	2013 年		2014 年		2015 年		2016 年		2017 年			
	总量(元)	位次	总量(元)	位次	总量(元)	位次	总量(元)	位次	总量(元)	位次	比上年增长(%)	位次
玉林	26366	4	26681	4	28842	2	30083	4	32159	4	6.9	14
百色	21458	11	23282	11	24958	11	26919	10	29126	10	8.2	4
贺州	21682	10	23590	10	25194	10	26883	11	28899	11	7.5	11
河池	19653	14	21363	14	22752	14	23660	14	25647	14	8.4	2
来宾	23563	7	25401	8	27077	8	28962	8	31047	8	7.2	12
崇左	21289	13	23184	13	24668	13	26605	13	28813	12	8.3	3

城市	农村居民人均可支配收入											
	2013 年 *		2014 年 *		2015 年		2016 年		2017 年			
	总量(元)	位次	总量(元)	位次	总量(元)	位次	总量(元)	位次	总量(元)	位次	比上年增长(%)	位次
全区	6791		7565		9467		10359		11325	—	9.3	—
南宁	7685	7	8576	8	9408★	8	11398	6	12515	6	9.8	5
柳州	7663	8	8606	7	9449★	7	11107	7	12151	7	9.4	8
桂林	8361	2	9431	2	10365★	2	12176	2	13345	3	9.6	7
梧州	7475	9	8342	7	9051★	9	10142	9	11085	9	9.3	9
北海	8239	4	9079	5	9923★	5	11622	4	12749	4	9.7	6
防城港	8557	1	9524	1	10429★	1	12113	3	13373	2	10.4	2
钦州	8054	6	8892	6	9710★	6	10947	8	11801	8	7.8	14
贵港	8189	5	9131	4	10017★	4	11572	5	12544	5	8.4	12
玉林	8272	3	9314	3	10292★	3	12590	1	13597	1	8.0	13
百色	5418	13	6145	13	6766★	13	9348	13	10171	13	8.8	10
贺州	6557	12	7337	12	8056★	12	9552	12	10498	14	9.9	4
河池	5198	14	5723	14	6164★	14	7509	14	8260	14	10.0	3
来宾	7085	10	7751	10	8379★	10	9820	10	10674	11	8.7	11
崇左	7077	11	7707	11	8308★	11	9801	11	10860	10	10.8	1

说明：带“★”数据统计口径为农村居民人均纯收入，与农村居民人均可支配收入的统计口径不同

责任编辑　李　康

《南宁政报》2017 年总目录

表 50

类 别	文 件	发文字号	期 数	页 码
政府工作报告	2017 年 2 月 15 日在南宁市第十四届人民代表大会第二次会议上　市长周红波		4	1
政府令	南宁市规章制定办法	第 2 号	3	1
	南宁市人民防空管理办法	第 3 号	8	1
	南宁市安全生产监督管理办法	第 4 号	9	1
南府规	南宁市人民政府关于印发南宁市生产经营单位安全生产风险分级管控暂行办法的通知	南府规〔2016〕29 号	1	1
	南宁市人民政府关于进一步加强进城务工人员随迁子女接受义务教育工作的通知	南府规〔2016〕30 号	1	5
	南宁市人民政府关于印发南宁市国有改制企业生活区属地化管理实施办法的通知	南府规〔2016〕31 号	1	6
	南宁市人民政府关于进一步加快发展农民合作社的意见	南府规〔2016〕32 号	1	6
	南宁市人民政府关于印发南宁市加快电子信息制造业发展的若干意见的通知	南府规〔2016〕33 号	3	6
	南宁市人民政府关于印发南宁市加快生物医药产业发展的若干意见的通知	南府规〔2016〕34 号	3	10
	南宁市人民政府关于印发南宁市加快节能环保产业发展的若干意见的通知	南府规〔2016〕35 号	3	13
	南宁市人民政府关于印发南宁市重点货运源头监管制度的通知	南府规〔2016〕36 号	3	16
	南宁市人民政府关于印发南宁市治理车辆违法超限运输黑名单制度的通知	南府规〔2016〕37 号	3	18
	南宁市人民政府关于印发南宁市整合城乡居民基本医疗保险制度实施意见的通知	南府规〔2016〕38 号	3	19
	南宁市人民政府关于推进建筑信息模型技术推广应用的实施意见	南府规〔2017〕1 号	5	1
	南宁市人民政府关于加快推动装配式建筑发展实现建筑产业现代化的实施意见	南府规〔2017〕2 号	5	5
	南宁市人民政府关于印发南宁市地下综合管廊管理暂行办法的通知	南府规〔2017〕3 号	5	10
	南宁市人民政府关于印发《南宁市国土资源网上挂牌出让规则(试行)》的通知	南府规〔2017〕4 号	5	13
	南宁市人民政府关于促进城市基础设施项目办理用地划拨手续的通知	南府规〔2017〕5 号	5	17
	南宁市人民政府关于国有企业发展混合所有制经济的意见	南府规〔2017〕6 号	5	18
	南宁市人民政府关于印发《南宁市加快电网建设管理办法》的通知	南府规〔2017〕7 号	5	21
	南宁市人民政府关于印发南宁市加快跨境电子商务发展若干意见的通知	南府规〔2017〕8 号	5	25
	南宁市人民政府关于调整南宁市道路路内停车泊位机动车停放服务收费标准的通告	南府规〔2017〕9 号	5	28
	南宁市人民政府关于对全市 80 周岁以上老人发放高龄补助的通知	南府规〔2017〕10 号	7	1
	南宁市人民政府关于促进建筑业加快发展的若干意见	南府规〔2017〕11 号	7	2
	南宁市人民政府关于印发南宁市沿边金融综合改革试验区建设加快金融业发展扶持政策的通知	南府规〔2017〕12 号	8	6
	南宁市人民政府关于印发南宁市鼓励和扶持企业上市(挂牌)若干规定的通知	南府规〔2017〕13 号	8	8
	南宁市人民政府关于印发《南宁市网络预约出租汽车经营服务管理实施细则》的通知	南府规〔2017〕14 号	9	5

续表 1

类别	文件	发文字号	期数	页码
南府规	南宁市人民政府关于印发《南宁市关于私人小客车合乘出行的意见》的通知	南府规〔2017〕15 号	9	11
	南宁市人民政府关于印发《南宁市推进市政道路同步建设电力管沟管理规定》的通知	南府规〔2017〕16 号	9	12
	南宁市人民政府关于印发南宁市无偿献血奖励办法的通知	南府规〔2017〕17 号	11	1
	南宁市人民政府关于印发《南宁市工业企业搬迁改造项目土地收储补偿资金使用监管办法》的通知	南府规〔2017〕18 号	11	3
	南宁市人民政府关于印发《南宁市国有土地上住宅房屋征收货币化安置实施细则》的通知	南府规〔2017〕19 号	11	5
	南宁市人民政府关于印发邕宁水利枢纽工程库区移民安置实施管理办法的通知	南府规〔2017〕20 号	11	6
	南宁市人民政府关于 2017 年高考中考期间严格控制环境噪声污染的通告	南府规〔2017〕21 号	10	1
	南宁市人民政府关于废止部分文件的决定	南府规〔2017〕22 号	11	17
	南宁市人民政府印发《关于限额以上商贸企业和规模以上其他营利性服务业企业发展扶持管理办法》的通知	南府规〔2017〕23 号	12	1
	南宁市人民政府印发《关于进一步加强统计基层基础规范化建设的若干意见》的通知	南府规〔2017〕24 号	12	6
	南宁市人民政府关于印发《南宁市特困人员救助供养办法》的通知	南府规〔2017〕25 号	14	1
	南宁市人民政府关于印发《南宁市城市地下综合管廊有偿使用费收费标准》的通知	南府规〔2017〕26 号	15	1
	南宁市人民政府关于印发《南宁市城镇生活污水处理厂污泥处理处置暂行管理办法》的通知	南府规〔2017〕27 号	16	1
	南宁市人民政府关于印发南宁市车辆停放服务收费管理办法的通知	南府规〔2017〕28 号	18	1
	南宁市人民政府关于印发《南宁市创建安全生产标准化企业奖励办法》的通知	南府规〔2017〕29 号	18	5
	南宁市人民政府关于加快工业转型升级的若干政策意见	南府规〔2017〕30 号	20	1
	南宁市人民政府关于提高城市居民最低生活保障标准的通知	南府规〔2017〕31 号	20	4
	南宁市人民政府关于印发南宁市农业产业化龙头企业扶持资金和项目管理办法的通知	南府规〔2017〕32 号	21	1
	南宁市人民政府关于印发南宁市农业产业化市级重点龙头企业申报认定和运行监测管理办法的通知	南府规〔2017〕33 号	21	3
	南宁市人民政府关于做好优化建设工程防雷许可有关事项的通知	南府规〔2017〕34 号	21	6
	南宁市人民政府关于南宁市建立病死畜禽无害化处理机制的实施意见	南府规〔2017〕35 号	21	8
	南宁市人民政府关于进一步调整完善南宁市户口迁移政策的意见	南府规〔2017〕36 号	22	1
	南宁市人民政府关于政府购买棚户区改造服务的实施意见	南府规〔2017〕37 号	23	1
	南宁市人民政府关于印发南宁市非法集资举报奖励暂行办法的通知	南府规〔2017〕38 号	22	3
	南宁市人民政府关于印发南宁市建设占用耕地耕作层土壤剥离利用实施办法的通知	南府规〔2017〕39 号	22	5
	南宁市人民政府关于深化质量安全监管和检测体制改革工作的实施意见	南府规〔2017〕40 号	22	9
南府字	南宁市人民政府关于对全市防空警报器进行升级改造的通告	南府字〔2015〕1 号	10	1
南府发	南宁市人民政府关于印发《南宁市人民政府工作规则》的通知	南府发〔2016〕25 号	3	22
	南宁市人民政府关于印发南宁市全民健身实施计划(2016—2020 年)的通知	南府发〔2016〕26 号	3	28
	南宁市人民政府关于印发南宁市“十三五”新型城镇化规划(2016—2020)的通知	南府发〔2017〕1 号	7	6
	南宁市人民政府关于印发深化南宁市本级财政科技计划和科技项目管理改革实施方案的通知	南府发〔2017〕2 号	8	11

续表 2

类别	文件	发文字号	期数	页码
南府发	南宁市人民政府关于表扬中国2016亚洲国际集邮展览南宁市筹备和服务工作中成绩突出的单位和个人的通报	南府发〔2017〕3号	8	14
	南宁市人民政府关于印发南宁市现代服务业集聚区发展规划(2016—2020)的通知	南府发〔2017〕4号	8	16
	南宁市人民政府关于落实政府工作报告2017年重点工作分工的通知	南府发〔2017〕6号	9	14
	南宁市人民政府关于2016年度南宁市科学技术奖励的决定	南府发〔2017〕7号	9	62
	南宁市人民政府关于表扬2016年度全市法治政府建设工作表现优异的单位、集体、个人和推进法治政府建设工作表现优异的单位的通报	南府发〔2017〕8号	9	66
	南宁市人民政府转发广西壮族自治区人民政府关于印发政府核准的投资项目目录(广西壮族自治区2017年本)的通知	南府发〔2017〕9号	9	68
	南宁市人民政府关于印发行政许可事项目录的通知	南府发〔2017〕11号	12	9
	南宁市人民政府关于公布实施南宁市城镇土地定级与基准地价更新成果的通知	南府发〔2017〕13号	14	6
	南宁市人民政府关于聘任南宁市人民政府参事的决定	南府发〔2017〕15号	15	3
	南宁市人民政府关于公布市级政府部门权责清单的通知	南府发〔2017〕17号	20	4
	南宁市人民政府关于印发下放广西—东盟经济技术开发区国土资源行政管理事项目录的通知	南府发〔2017〕18号	20	17
	南宁市人民政府关于印发南宁市贯彻广西深化医药卫生体制改革“十三五”规划实施方案的通知	南府发〔2017〕19号	24	1
	南宁市人民政府关于公布广西壮族自治区展览馆等40处不可移动文物为市级文物保护单位的通知	南府发〔2017〕20号	24	11
	南宁市人民政府关于公布南宁市第十三批农业产业化重点龙头企业名单的通知	南府发〔2017〕21号	24	15
南办发	中共南宁市委办公厅南宁市人民政府办公厅关于印发《全市城市工作会议任务分解表》的通知	南办发〔2016〕98号	1	13
	中共南宁市委办公厅南宁市人民政府办公厅关于进一步加快推进重点工作的通知	南办发〔2016〕99号	1	24
	中共南宁市委办公厅南宁市人民政府办公厅印发《南宁市关于深入实施创新驱动发展战略的实施方案》的通知	南办发〔2016〕106号	3	35
南府办	南宁市人民政府办公厅关于印发南宁市金融业发展“十三五”规划的通知	南府办〔2016〕74号	1	26
	南宁市人民政府办公厅关于转发市知识产权局《南宁市深入实施知识产权战略行动计划实施方案(2016—2020年)》的通知	南府办〔2016〕75号	1	52
	南宁市人民政府办公厅关于印发南宁市环境保护“十三五”规划的通知	南府办〔2016〕76号	2	1
	南宁市人民政府办公厅关于印发南宁市旅游业发展“十三五”规划的通知	南府办〔2016〕77号	4	15
	南宁市人民政府办公厅关于调整市长公开电话受理办公室转(交)办事项办理时限的通知	南府办〔2016〕78号	1	56
	南宁市人民政府办公厅关于印发2017南宁月月旅游节活动总体方案的通知	南府办〔2016〕79号	1	56
	南宁市人民政府办公厅关于印发南宁市“十三五”文化产业发展规划的通知	南府办〔2016〕81号	5	29
	南宁市人民政府办公厅关于调整南宁市政务服务中心进驻单位和政务服务事项的通知	南府办〔2016〕82号	5	45
	南宁市人民政府办公厅关于印发南宁市加快先进机械装备制造及新能源汽车产业发展的若干意见的通知	南府办〔2016〕83号	3	44
	南宁市人民政府办公厅关于印发南宁市工业和信息化发展“十三五”规划的通知	南府办〔2016〕84号	6	1
	南宁市人民政府办公厅关于印发南宁市农业和农村经济发展“十三五”规划的通知	南府办〔2016〕88号	7	41
	南宁市人民政府办公厅关于印发南宁市加快政府性融资担保体系建设实施方案的通知	南府办〔2016〕91号	3	48

续表 3

类 别	文 件	发文字号	期 数	页 码
南府办	南宁市人民政府办公厅关于印发南宁市教育事业发展“十三五”规划的通知	南府办〔2017〕1 号	8	63
	南宁市人民政府办公厅关于印发南宁市水利发展“十三五”规划的通知	南府办〔2017〕2 号	10	2
	南宁市人民政府办公厅关于印发南宁市卫生计生事业发展“十三五”规划的通知	南府办〔2017〕3 号	11	18
	南宁市人民政府办公厅关于印发南宁市医疗卫生服务体系规划(2016—2020 年)的通知	南府办〔2017〕4 号	11	42
	南宁市人民政府办公厅关于印发南宁市精神卫生工作实施方案(2016—2020 年)的通知	南府办〔2017〕5 号	11	56
	南宁市人民政府办公厅关于表彰 2015 年度南宁市强优工业企业的通报	南府办〔2017〕6 号	12	69
	南宁市人民政府办公厅关于印发《南宁市集体土地征收综合管理目标责任考核办法(试行)》的通知	南府办〔2017〕7 号	12	69
	南宁市人民政府办公厅关于成立“三街两巷”项目重点片区保护修缮整治改造工作领导小组的通知	南府办〔2017〕8 号	13	1
	南宁市人民政府办公厅关于印发南宁市人口发展“十三五”规划的通知	南府办〔2017〕9 号	13	2
	南宁市人民政府办公厅关于成立南宁市人民政府教育督导委员会的通知	南府办〔2017〕10 号	13	22
	南宁市人民政府办公厅关于印发南宁市防震减灾“十三五”规划的通知	南府办〔2017〕11 号	13	23
	南宁市人民政府办公厅关于印发南宁市跨境电子商务发展规划(2016—2020)的通知	南府办〔2017〕12 号	13	30
	南宁市人民政府办公厅关于印发南宁市人力资源和社会保障事业发展“十三五”规划的通知	南府办〔2017〕13 号	13	55
	南宁市人民政府办公厅关于朱会东同志工作分工的通知	南府办〔2017〕14 号	13	70
	南宁市人民政府办公厅关于深化改革推进出租汽车行业健康发展的意见	南府办〔2017〕15 号	13	70
	南宁市人民政府办公厅关于印发南宁市商贸流通业“十三五”规划的通知	南府办〔2017〕16 号	14	34
	南宁市人民政府办公厅关于调整南宁市全民健身指导委员会成员的通知	南府办〔2017〕17 号	15	3
	南宁市人民政府办公厅关于印发南宁市民政事业发展“十三五”规划的通知	南府办〔2017〕19 号	15	4
	南宁市人民政府办公厅关于印发南宁市综合交通运输发展“十三五”规划的通知	南府办〔2017〕20 号	16	4
	南宁市人民政府办公厅关于调整市招生考试委员会和市高等教育自学考试工作委员会组成人员的通知	南府办〔2017〕23 号	17	1
	南宁市人民政府办公厅关于印发南宁市政务信息资源目录管理暂行办法的通知	南府办〔2017〕24 号	17	2
	南宁市人民政府办公厅关于印发南宁市消防事业发展“十三五”规划的通知	南府办〔2017〕25 号	17	3
	南宁市人民政府办公厅转发广西壮族自治区财政厅关于规范评审劳务费管理工作有关问题的通知	南府办〔2017〕26 号	17	22
	南宁市人民政府办公厅关于印发南宁市城市公立医院医疗服务价格调整和医保支付政策改革工作实施方案的通知	南府办〔2017〕27 号	17	23
	南宁市人民政府办公厅关于印发南宁市安全生产“十三五”规划的通知	南府办〔2017〕28 号	18	8
	南宁市人民政府办公厅关于调整南宁市地下综合管廊规划建设工作领导小组成员的通知	南府办〔2017〕29 号	18	18
	南宁市人民政府办公厅关于印发南宁市人民政府参事选聘暂行办法(试行)的通知	南府办〔2017〕30 号	18	20
	南宁市人民政府办公厅关于市人民政府蒙文虎副秘书长等同志工作分工的通知	南府办〔2017〕31 号	18	21
	南宁市人民政府办公厅关于切实做好预防中小学生溺水工作的紧急通知	南府办〔2017〕32 号	10	54
	南宁市人民政府办公厅关于聘任韦朝辉等 28 名同志为南宁市第二批首席技师的通知	南府办〔2017〕33 号	18	22

续表 4

类 别	文 件	发文字号	期 数	页 码
南府办	南宁市人民政府办公厅关于印发南宁市脱贫攻坚“十三五”规划的通知	南府办〔2017〕34号	18	24
	南宁市人民政府办公厅关于印发应急平台管理制度的通知	南府办〔2017〕35号	18	53
	南宁市人民政府办公厅关于印发南宁市职业病防治“十三五”规划的通知	南府办〔2017〕37号	18	54
	南宁市人民政府办公厅关于印发南宁市能源发展“十三五”规划(2016—2020)的通知	南府办〔2017〕38号	19	1
	南宁市人民政府办公厅关于印发南宁市自然灾害救助应急预案的通知	南府办〔2017〕40号	19	59
	南宁市人民政府办公厅关于印发南宁市“十三五”加快残疾人小康进程规划的通知	南府办〔2017〕42号	19	67
	南宁市人民政府办公厅关于改革和完善国有资产管理体制的实施意见	南府办〔2017〕43号	19	83
	南宁市人民政府办公厅关于印发南宁市食品药品安全“十三五”规划的通知	南府办〔2017〕44号	19	87
	南宁市人民政府办公厅关于印发在市场体系建设中建立公平竞争审查制度实施方案的通知	南府办〔2017〕45号	20	23
	南宁市人民政府办公厅关于市人民政府庄凯副秘书长工作分工的通知	南府办〔2017〕46号	20	26
	南宁市人民政府办公厅关于印发南宁市节能减排降碳和能源消费总量控制“十三五”规划的通知	南府办〔2017〕47号	20	27
	南宁市人民政府办公厅关于成立南宁市投资促进委员会的通知	南府办〔2017〕48号	20	47
	南宁市人民政府办公厅关于印发南宁市城乡基础设施建设“十三五”规划的通知	南府办〔2017〕49号	21	11
	南宁市人民政府办公厅关于印发南宁市物流业发展规划(2017—2020)的通知	南府办〔2017〕50号	21	105
	南宁市人民政府办公厅关于调整我市2017年新能源汽车地方财政补贴标准的通知	南府办〔2017〕51号	21	129
	南宁市人民政府办公厅关于调整完善脱贫攻坚8个实施方案有关政策的通知	南府办〔2017〕52号	22	16
	南宁市人民政府办公厅关于加强和改进企业国有资产监督防止国有资产流失的实施意见	南府办〔2017〕53号	22	52
	南宁市人民政府办公厅关于聘任第四届南宁市人民政府督学的通知	南府办〔2017〕55号	23	3
	南宁市人民政府办公厅关于调整南宁市政务公开工作领导小组的通知	南府办〔2017〕56号	23	5
	南宁市人民政府办公厅关于印发南宁市农业水价综合改革实施方案的通知	南府办〔2017〕57号	23	6
	南宁市人民政府办公厅关于印发进一步深化应急联动机制处置社会联动事项工作方案的通知	南府办〔2017〕58号	23	12
	南宁市人民政府办公厅关于明确市县两级安全生产监督管理部门为行政执法机构的通知	南府办〔2017〕59号	23	17
	南宁市人民政府办公厅关于印发南宁市政府性债务风险应急处置预案的通知	南府办〔2017〕60号	23	18
	南宁市人民政府办公厅关于公布第七批南宁市级非物质文化遗产代表性项目名录和第六批南宁市级非物质文化遗产项目代表性传承人的通知	南府办〔2017〕61号	23	27
	南宁市人民政府办公厅关于印发南宁市国有企业职工家属区“三供一业”分离移交工作实施方案的通知	南府办〔2017〕62号	23	29
	南宁市政府办公厅关于印发市以下财政事权和支出责任划分改革工作方案的通知	南府办〔2017〕66号	23	32
	南宁市人民政府办公厅关于印发南宁市医疗卫生机构能力建设行动计划(2016-2020年)的通知	南府办〔2017〕67号	24	16
	南宁市人民政府办公厅关于印发南宁市健康产业三年专项行动实施方案(2017—2019年)的通知	南府办〔2017〕68号	24	21
	南宁市人民政府办公厅关于印发南宁市健康扶贫攻坚行动计划实施方案(2017—2020年)的通知	南府办〔2017〕69号	24	50

续表 5

类别	文件	发文字号	期数	页码
南府办	南宁市人民政府办公厅关于印发南宁市中医药壮瑶医药发展规划(2016—2020 年)的通知	南府办〔2017〕70 号	24	54
	南宁市人民政府办公厅关于印发南宁市全面推进义务教育学区制管理改革实施方案的通知	南府办〔2017〕71 号	24	68
南府干	关于蓝强等同志退休的通知	南府干〔2016〕68 号	1	73
	关于李森等同志任免职的通知	南府干〔2016〕69 号	1	73
	关于许文同志免职的通知	南府干〔2016〕70 号	1	74
	关于梁艺等同志任职的通知	南府干〔2016〕71 号	1	74
	关于薛东光等同志任免职的通知	南府干〔2017〕1 号	3	52
	关于吴泳樑等同志退休的通知	南府干〔2017〕2 号	3	52
	关于李永芹等同志试用期满正式任用的通知	南府干〔2017〕3 号	3	53
	关于赵春咏等同志任职的通知	南府干〔2017〕4 号	5	90
	关于孙焱林等同志挂职的通知	南府干〔2017〕5 号	3	53
	关于伍光清等同志任职的通知	南府干〔2017〕6 号	3	53
	关于刘强业同志任职的通知	南府干〔2017〕7 号	5	90
	关于葛佩屏等同志退休的通知	南府干〔2017〕8 号	6	80
	关于贺大州等同志任免职的通知	南府干〔2017〕9 号	6	80
	关于李伟时等同志退休的通知	南府干〔2017〕10 号	6	81
	关于尹向东同志任职的通知	南府干〔2017〕11 号	6	81
	关于周圣果等同志任职的通知	南府干〔2017〕12 号	6	81
	关于刘小玉等同志退休的通知	南府干〔2017〕13 号	8	81
	关于熊剑等同志挂职的通知	南府干〔2017〕14 号	8	81
	关于邹柱梁同志任职的通知	南府干〔2017〕15 号	10	62
	关于李南彦等同志退休的通知	南府干〔2017〕16 号	10	62
	关于宋晓燕同志提前退休的通知	南府干〔2017〕17 号	10	62
	关于欧邦庆、何宁宇同志任职的通知	南府干〔2017〕18 号	10	63
	关于吕曦等同志任免职的通知	南府干〔2017〕19 号	10	63
	关于彭敏同志任职的通知	南府干〔2017〕20 号	10	63
	关于黎金球等同志任免职的通知	南府干〔2017〕21 号	13	82
	关于袁树和同志退休的通知	南府干〔2017〕22 号	13	82
	关于何韬佑等同志任免职的通知	南府干〔2017〕23 号	13	82
	关于李秋生等同志退休的通知	南府干〔2017〕24 号	14	71
	关于汪东明等同志任免职的通知	南府干〔2017〕25 号	14	71
	关于庄凯等同志任免职的通知	南府干〔2017〕26 号	14	72
	关于石建中同志免职的通知	南府干〔2017〕27 号	14	72
	关于曾积敏等同志退休的通知	南府干〔2017〕28 号	17	128
	关于侯散万、黄立基同志试用期满正式任用的通知	南府干〔2017〕29 号	17	128

续表 6

类 别	文 件	发文字号	期 数	页 码
南府干	关于周上才同志免职的通知	南府干〔2017〕30 号	17	127
	关于殷海明等同志退休的通知	南府干〔2017〕31 号	18	74
	关于张树辉同志提前退休的通知	南府干〔2017〕32 号	18	74
	关于吴智等同志试用期满正式任用的通知	南府干〔2017〕33 号	22	81
	关于覃善开等同志退休的通知	南府干〔2017〕34 号	22	81
	关于曾肆业等同志任免职的通知	南府干〔2017〕35 号	23	70
	关于韦妮等同志退休的通知	南府干〔2017〕36 号	24	100
	关于梁艺等同志试用期满正式任用的通知	南府干〔2017〕37 号	24	100
其他	南宁市 2016 年政府信息公开工作年度报告		3	54
	南宁住房公积金 2016 年年度报告		8	83

（罗 宁）

2017 年南宁市市区道路命名情况表

表 51

序 号	辖 区	标准路名	起 止	走 向	长(米)	宽(米)
1	江南区	乐信路	东起乐贤路东段，西至乐贤路中段	东西	1500	30
2	江南区	干坪路	北起智兴路，南至乐贤路	南北	600	30
3	江南区	北槐路	北起智兴路，南至乐贤路	南北	600	30
4	江南区	新福里	北起江南大道，南至五一中路	南北	350	15
5	西乡塘区	月禾路	南起江北大道，北至邕隆路	南北	220	25
6	青秀区	禾堂路	北起佛子岭路，南至枫林路	南北	680	24
7	青秀区	凤景路	北起凤凰岭路，南至云景路	南北	750	24
8	青秀区	林坪路	北起枫林路，南至云景路	南北	450	24
9	青秀区	吉岭路	西起林坪路，东至吉祥路	东西	380	24
10	青秀区	那禾巷	西起凤景路，东至禾堂路	东西	150	24
11	青秀区	平田路	北起青林路与仙葫大道交叉口，南至凤岭南路	南北	1800	20
12	青秀区	平田路东一里	西起平田路，东至林里桥路	东西	500	15
13	青秀区	平田路东二里	西起平田路，东至林里桥路	东西	400	12
14	青秀区	平田路东三里	西起平田路，东至林里桥路	东西	430	12
15	青秀区	平田路西一里	西起青环路，东至平田路	东西	200	15
16	青秀区	平田路西二里	西起青环路，东至平田路	东西	500	12
17	青秀区	平田路东一里北巷	南起平田路东一里，北至仙葫大道	南北	300	12
18	西乡塘区	秀东路	南起中华、园湖北路路口，北至明秀东路	南北	1580	40
19	江南区	机场第二高速	第二条机场高速路玉洞大道至机场 T2 航站楼	南北	27000	50
20	西乡塘区	金陵大道	G324 国道邕隆路大学西路口至南坛高速入口段	东西	22000	60
21	西乡塘、青秀区	清厢快速路	东西向快速路厢竹大道至清川大道段	东西	15000	30

续表 1

序　号	辖　区	标准路名	起　止	走　向	长(米)	宽(米)
22	良庆区、青秀区、兴宁区	那安快速路	原外环高速路南宁南(新兰)互通出口至南宁北(安吉)互通出口段	南北	36000	80
23	良庆区	稔叶路	西起玉象路，东至宋窑路	东西	640	35
24	良庆区	宋窑路	北起宋厢路，南至秋月路	南北	700	25
25	良庆区	宋瓦路	北起宋厢路，南至秋月路	南北	740	25
26	良庆区	通湾岭路	西起宋瓦路，东至平乐大道	东西	820	25
27	良庆区	天雀岭路	北起明辉路，南至秋月路	南北	1650	25
28	良庆区	石排岭路	北起龙堤路，南至五象大道	南北	440	25
29	良庆区	缸瓦窑路	北起龙堤路，南至五象大道	南北	460	25
30	良庆区	攀界岭路	北起良堤路，南至五象大道	南北	360	25
31	良庆区	田垌路	西起凤朝路，东至阳峰路	东西	600	25
32	良庆区	顶铺岭路	西起新良路，东至阳峰路	东西	860	25
33	良庆区	坡务路	西起新良路，东至阳峰路	东西	820	25
34	良庆区	玉凤路北一里	北起龙堤路，南至玉凤路	南北	300	15
35	良庆区	玉凤路北二里	北起博艺路，南至玉凤路	南北	230	15
36	良庆区	龙佑街北一里	北起博艺路，南至龙佑街	南北	270	15
37	良庆区	飞云路西一里	西起凯旋路，东至飞云路	东西	680	12
38	良庆区	飞云路西二里	西起金龙路，东至飞云路	东西	380	12
39	良庆区	庆歌路北一里	北起歌海路，南至庆歌路	南北	440	15
40	良庆区	歌韵路西一里	西起庆歌路北一里，东至歌韵路	东西	200	15
41	良庆区	歌韵路东一里	西起歌韵路，东至体强路	东西	260	15
42	良庆区	花林路西一里	西起体强路，东至花林路	东西	250	15
43	良庆区	花林路西二里	西起体强路，东至花林路	东西	260	15
44	良庆区	三定路	西起清风路，东至玉洞大道	东西	2500	35
45	良庆区	新玉路	北起花蕾路，南至良玉大道	南北	1300	25
46	良庆区	六锡路	北起花蕾路，南至良玉大道	南北	1300	25
47	良庆区	楞仙路	北起凤凰路，南至六里路	南北	1350	25
48	良庆区	蕾英路	北起凤凰路，南至六里路	南北	1400	25
49	良庆区	六里路	西起玉岭路，东至坛洋路	东西	2000	35
50	良庆区	那解岭路	西起茨菇岭路，东至振邦路	东西	1000	25
51	良庆区	茨菇岭路	北起那解岭路，南至金良路	南北	660	25
52	良庆区	岗平路	北起那解岭路，南至公岸路	南北	2850	25
53	良庆区	布北岭路	西起平乐大道，东至振邦路	东西	1250	25
54	良庆区	庆显岭路	西起平乐大道，东至振邦路	东西	1150	25
55	良庆区	古井路	西起平乐大道，东至振邦路	东西	1050	25
56	良庆区	坛花路	西起平乐大道，东至振邦路	东西	1000	25

续表 2

序号	辖区	标准路名	起止	走向	长(米)	宽(米)
57	良庆区	那什路	西起岗平路，东至振邦路	东西	680	25
58	良庆区	坛黎路	西起岗平路，东至庆华路	东西	1700	25
59	良庆区	公岸路	西起岗平路，东至良华路	东西	2200	25
60	良庆区	那约路	北起华威路，南至英岭路	南北	4700	25
61	良庆区	平花谷路	北起沙河路，南至英岭路	南北	2100	35
62	良庆区	坛棍路	北起沙河路，南至英岭路	南北	1450	25
63	良庆区	玉德路西一里	西起那福路，东至玉德路	东西	300	15
64	良庆区	六里路北一里	北起良玉大道，南至六里路	南北	270	15
65	良庆区	大雅里	西起银海大道，东至金村路	东西	380	10
66	良庆区	佰佃路	西起云村路，东至银海大道	东西	320	25
67	良庆区	定旧路	南起振良大道，北至沙何路	南北	500	25
68	良庆区	定旧路西一里	西起坛棍路，东至定旧路	东西	570	15
69	青秀区	英华路南一里	南起荔滨大道，北至英华路	南北	600	15
70	青秀区	柳沙路东一里	西起柳沙路，东至柳象路	东西	770	15
71	青秀区	柳兴路	南起荔滨大道，北至柳和路	南北	1200	15
72	青秀区	柳和路(新命名段)	东起柳沙路，西至已命名的柳和路	东西	1400	20
73.	青秀区	柳象路	北起柳沙路，南至五象大桥	南北	950	50
74	青秀区	灵龟路	东起蓉茉大道，西至青环路	东西	3600	30
75	青秀区	傍岭路	东起青环路，环绕东盟文化园西至青环路	东西	3400	28
76	青秀区	石咀巷	南起长湖路，北至凤翔路	南北	330	12
77	青秀区	泰昌路	南起柳和路，北至柳和路	南北	770	15
78	西乡塘区	思均路	东起新村大道，西至思圣路	东西	1080	25
79	西乡塘区	思均路南一里	北起思均路，南至思圣路东一里	南北	140	15
80	西乡塘区	思圣路东一里	西起思圣路，东至思德路	东西	290	15
81	西乡塘区	可林路	东起罗文大道，西至新村大道	东西	1047	25
82	西乡塘区	大利路	南起可林路，北至罗贤路东段	南北	230	25
83	西乡塘区	茶岭路	南起罗文大道，北至罗贤路	南北	432	30
84	江南区	铁山港路	东起友谊路，往西约 2000 米，转北到高岭路	东西	2700	30
85	江南区	防城港路	北起国凯大道，南至铁山港路	南北	1200	25
86	江南区	科发路	北起那洪大道，南至国凯大道	南北	530	25
87	江南区	金友巷	北起金凯路，往南约 410 米，转东至金阳路	南北	560	16
88	兴宁区	虹桥路	南起昆仑大道，北至那安快速路二塘互通出口处	南北	750	30
89	邕宁区	石蚌街	西起良堤路，东至墩蕾街	东西	1620	24
90	邕宁区	邕福街	北起江湾路，南至新邕路；该路段西临利福路	南北	1670	20
91	邕宁区	大村街	北起江湾路，南至五象大道。	南北	2500	20
92	邕宁区	墩蕾街	北起江湾路，南至新邕路；该路段东临永福路。	南北	1540	20

续表 3

序号	辖区	标准路名	起止	走向	长(米)	宽(米)
93	邕宁区	永利街	西起利福路,东至永福路	东西	1100	20
94	邕宁区	坡蕾街	北起龙华路,南至新邕路	南北	710	20
95	邕宁区	那新街	北起那造路,南至新邕路	南北	1120	20
96	邕宁区	龙马街	西起马岭路,东至龙岗大道	东西	1200	20
97	邕宁区	邕平街	北起平沙路,南至新邕路	南北	1470	20
98	邕宁区	六兴街	北起江湾路,南至新邕路	南北	2000	20
99	邕宁区	那灵街	西起江湾路(西段),东至江湾路(东段)	东西	1450	20
100	邕宁区	平湾街	南起邕平街,北至江湾路	南北	1450	20
101	邕宁区	南洲街	北起江湾路,南至新邕路	南北	1360	20
102	邕宁区	江龙街	东起江湾路,西至龙祥路	东西	900	20
103	邕宁区	合沙街	西起龙岗大道,东至那造路	东西	1330	20
104	邕宁区	坛瑶街	北起和江路,南至天坛路	南北	930	20
105	邕宁区	崇柏街	西起和合路,东至江湾路	东西	560	20
106	邕宁区	上湾街	西起寨上街,东至江湾路	东西	700	20
107	邕宁区	寨上街	北起和江路,南至颜村路	南北	1450	20
108	邕宁区	大元路	北起天坛路,南至颜村路;该路段东临龙祥路	南北	750	25
109	邕宁区	坛奎街	北起天坛路,南至颜村路;该路段西临天和路	南北	370	20
110	邕宁区	天和街	北起天坛路,南至五象大道	南北	1050	20
111	邕宁区	马岭路(延长)	北起新邕路,南至邕大北路	南北	1880	36
112	邕宁区	滕福街	西起利福路,东至大村街	东西	600	24
113	邕宁区	五联街	北起联合路,南至五象大道	南北	490	24
114	邕宁区	茶柳街	北起八尺江路,南至公曹路	南北	820	20
115	邕宁区	龙蕾街	北起龙亭路,南至楞蕾街	南北	250	20
116	邕宁区	美塘街	北起龙亭路,南至梁村大道	南北	770	24
117	邕宁区	楞蕾街	西起美塘街,东至龙岗大道	东西	500	24
118	邕宁区	那滑街	西起公曹路,东至邓屋街	东西	440	20
119	邕宁区	邓屋街	北起城关路,南至梁村大道	南北	630	24
120	邕宁区	黄塘街	西起新和路,东至龙岗大道	东西	1050	24
121	邕宁区	平莲街	北起花琅路,南至广良大道	南北	3200	24
122	邕宁区	望贤街	北起梁村大道,南至那望街	南北	2600	24
123	邕宁区	望石街	西起茶亭路,东至龙岗大道;该路段北临茶泉大道	东西	1850	24
124	邕宁区	那望街	西起茶亭路,东至龙岗大道;该路段北临望石街。	东西	1600	24
125	邕宁区	孟达街	西起茶亭路,东至龙岗大道;该路段南临那莲大道	东西	1500	24
126	邕宁区	二郎山街	西起茶亭路,东至龙岗大道;该路段南临广良大道	东西	1500	24
127	邕宁区	广莲街	北起那莲大道,南至广良大道	南北	1000	24
128	邕宁区	广孟街	北起茶泉大道,南至广良大道	南北	1600	24

续表 4

序　号	辖　区	标准路名	起　止	走　向	长(米)	宽(米)
129	邕宁区	孟连路	东起那塘路,西至广莲街	东西	6300	55
130	邕宁区	莲塘里	北起八鲤路,南至梁村大道	南北	530	20
131	邕宁区	郭村路	南起蒲灵路,北至那洞路	南北	2200	45
132	邕宁区	那逻路	北起梁村大道,南至蒲灵路;该路段东临那洞路	南北	1680	30
133	邕宁区	那洞路	北起梁村大道,南至蒲灵路;该路段东临郭林路	南北	1740	30
134	邕宁区	兴旺路	西起那逻路,东至郭村路	东西	1200	30
135	邕宁区	良信路(延长)	西起蒲灵路,东至那洞路	东西	1500	45
136	邕宁区	北�路	北起长美一路,南至新福路	南北	1020	30
137	邕宁区	岩西路	北起迪塘路,南至踏岭路;该路段西临仁福街	南北	680	30
138	邕宁区	岩东路	北起迪塘路,南至踏岭路;该路段东临橙山路	南北	580	36
139	邕宁区	岜新路	北起新福路,南至巧红路。	南北	320	25
140	邕宁区	烟墩路	北起张村路,南至巧红路;该路段西临岜新路	南北	570	50
141	邕宁区	新巧路	北起张村路,南至巧红路;该路段东临平福路	南北	700	25
142	邕宁区	永福南路	北起五象大道,南至梁村大道	南北	2200	50
143	邕宁区	邕大北路	东起龙岗大道,西至永福南路	东西	1050	30
144	邕宁区	龙关路	东起城关路,西至龙蒲路;该路段北临八尺江路	东西	410	22
145	邕宁区	那林里	东起城关路,西至龙蒲路	东西	270	10
146	邕宁区	龙关路北一里	南起龙关路,北至八尺江路;该路段东临城关路	南北	130	7
147	邕宁区	龙关路北二里	南起龙关路,北至八尺江路;该路段西临龙蒲路	南北	200	7
148	邕宁区	龙关路南一里	北起龙关路,南至那林里;该路段东临城关路	南北	150	7
149	邕宁区	龙关路南二里	北起龙关路,南至那林里;该路段西临龙蒲路	南北	120	7

2017 年轨道交通站点及桥梁命名情况表

表 52

序　号	辖　区	名　称	位　置
1	良庆区	东风路站	轨道交通 2 号延长线
2	良庆区	玉岭路站	轨道交通 2 号延长线
3	良庆区	那福路站	轨道交通 2 号延长线
4	良庆区	平良立交站	轨道交通 2 号延长线
5	良庆区	云泽站	轨道交通 2 号延长线
6	青秀区、江南区	英华大桥	位于邕江流沙半岛河段的跨江市政道路
7	青秀区、邕宁区	青山大桥	位置邕江青秀山河段的跨江市政道路
8	青秀区、邕宁区	三岸大桥	“那安快速路”的跨邕江大桥城市道路
9	青秀区、邕宁区	青环立交桥	位于“青山大桥”“良庆大桥”与青环路交汇,地处青环路
10	江南区	智兴东桥	位于智兴路段,三津大道与干坪路之间
11	江南区	智兴西桥	位于智兴路段,津江大道与干坪路之间

(胡小民)

2017年南宁文物保护单位名录

表53

序号	级别	序号	名称	年代	公布年份	位置(地址)
1	国家级	1	顶蛳山遗址	新石器	2001年	邕宁区蒲庙镇新新村九碗坡东面
2		2	昆仑关战役旧址	民国	2006年	昆仑关管委会昆仑镇昆仑村
3		3	智城城址	唐代	2006年	上林县白圩镇爱长村下石检屯
4		4	南宁育才学校旧址	1951年	2013年	西乡塘区心圩街道办和德村九冬坡
5		5	伏波庙	明清	2013年	横县云表镇站圩村东南3千米
6	自治区级	1	豹子头遗址	新石器	1981年	青秀区柳沙园艺场(那坝村)
7		2	灰窑田遗址	新石器	1981年	青秀区三岸园艺场
8		3	中共广西省第二次代表大会旧址	1929年	1981年	青秀区河堤路雷屋
9		4	青龙江口遗址	新石器	1981年	青秀区长塘镇定西村北面的青龙江口
10		5	天窝遗址	新石器	1981年	青秀区长塘镇天窝村东面的邕江南岸
11		6	共青团南宁地委旧址	1926年	1981年	兴宁区北宁街47号
12		7	革命烈士纪念碑	1956年	1963年	兴宁区人民公园内
13		8	新会书院	清代	2000年	兴宁区解放路42号
14		9	石船头遗址	新石器	1981年	良庆区良庆镇那黄村北面邕江南岸
15		10	明秀园	民国	2000年	武鸣区城西郊蒙村附近
16		11	思恩府试院	清代	2000年	宾阳县宾州镇宾阳职业中专内
17		12	宾州南桥	明代	2009年	宾阳县宾州镇南街与三联街交接处
18		13	南宁魁星楼	清代	2009年	江南区江西镇扬美村希望小学内
19		14	邕江防洪古堤	清代	2009年	青秀区邕江北岸距邕江大桥以东约300米处
20		15	邕宁五圣宫	清代	2009年	邕宁区蒲庙镇团结街
21		16	惠迪公祠	清代	2009年	隆安县南圩镇发立村积发屯
22		17	镇宁炮台	民国	2009年	兴宁区公园路人民公园望仙坡西南
23		18	广西高等法院办公楼旧址	民国	2009年	兴宁区朝阳路3-5号
24		19	施恒益大院	民国	2009年	横县横州镇城司街东二巷
25		20	广西省土改工作团第二团团部旧址	1951年至1952年	2009年	江南区江西镇锦江村麻子畲坡
26		21	冬泳亭	1974年	2017年	兴宁区邕江一桥北端西南面
27		22	邕州知州苏缄殉难遗址	北宋	2017年	兴宁区兴宁路西二里
28		23	南宁会议旧址	1958年	2017年	兴宁区新民路明园饭店内
29		24	桂南战役阵亡将士纪念亭	1941年	2017年	青秀区植物路自治区第一保育院内
30		25	斑峰书院	清代	2017年	青秀区刘圩镇刘圩街
31		26	南宁古城墙	明、清	2017年	青秀区邕江一桥北端
32		27	梁烈亚故居	清代	2017年	江南区江西镇扬美村解放路35号
33		28	三江坡汉城址	汉代	2017年	江南区江西镇同江村三江坡东面约200米那城顶上
34		29	新江桥(皇赐桥)	清代	2017年	邕宁区新江镇新江街北端

续表 1

序号	级别	序号	名称	年代	公布年份	位置(地址)
35	自治区级	30	雷婆岭石刻	清代	2017 年	邕宁区那楼镇那蒙村雷婆岭
36		31	徐汉林烈士陵园	1950 年	2017 年	邕宁区新江镇汉林村
37		32	广西民族大学礼堂	1955 年	2017 年	西乡塘区大学东路 118 号广西民族大学内
38		33	元龙坡、安等秧坡古墓群	西周、战国	2017 年	武鸣县马头镇马头社区东面 500 米处
39		34	蔡氏古宅	清代	2017 年	宾阳县古辣镇蔡村
40		35	汇水桥畔碑林	明清	2017 年	上林县三里镇汇水桥畔船山
41		36	南陔革命旧址	1942 年	2017 年	上林县巷贤镇卢柱村大卢屯
42		37	丞露塔	清代	2017 年	横县峦城镇高村西南二千米金龟岭
43		38	翰桥三昆堂(原李萼楼大院)	清代	2017 年	横县马山乡翰桥村
44		39	笔山花屋	清代	2017 年	横县平朗乡笔山村
45		40	石塘北帝庙	清代	2017 年	马山县周鹿镇石塘村北侧
46		41	大龙潭古遗址	新石器时代	2017 年	隆安县乔建镇博浪村
47		42	娅怀洞石器时代遗址	新石器时代	2017 年	隆安县乔建镇博浪村北面大苍头山
48		43	鲤鱼坡遗址	新石器时代	2017 年	隆安县丁当镇佥安村更也屯鲤鱼坡
49	市级	1	新华路水塔	1937 年	1994 年	兴宁区新华路南段
50		2	望火楼	1953 年	2001 年	兴宁区新华路 1 号
51		3	西关路铁桥	1934 年	2001 年	兴宁区西关路北段
52		4	两湖会馆	清代	2001 年	兴宁区解放路 38−40 号
53		5	南宁商会旧址	清代	2002 年	兴宁区解放路 54 号
54		6	安徽会馆	清代	2002 年	兴宁区石巷口 12 号
55		7	董达庭商住楼	民国	2002 年	兴宁区解放路 351 号、37 号
56		8	金狮巷民居群	清代至民国	2002 年	兴宁区兴宁路西二里 50、52、54、56、58、60、62、64、66、68 号
57		9	腾甫墓	宋代	1989 年	兴宁区五塘镇沙平村
58		10	广西壮族自治区展览馆	1958 年	2017 年	兴宁区民主路 12 号
59		11	五塘耕读大学旧址	1964 年	2017 年	兴宁区五塘镇
60		12	黄旭初旧居	民国	2002 年	青秀区明德街 53 号
61		13	邕宁电报局旧址	1922 年	2002 年	青秀区明德街 55 号
62		14	雷沛鸿故居	清代	2001 年	青秀区河堤路雷屋 16 号
63		15	陶公馆	1935 年	2002 年	青秀区河堤一街 37 号
64		16	广西省体育场门楼	1954 年	2002 年	青秀区桃源路 62 号
65		17	中共广西省委机关秘书处旧址(雷经天故居)	1929 年	2001 年	青秀区河堤路雷屋 17 号
66		18	那北咀贝丘遗址	新石器	1989 年	青秀区长塘镇五合村那窝坡南面邕江边
67		19	凌屋贝丘遗址	新石器	1989 年	青秀区长塘镇五合村
68		20	青秀山摩崖石刻	明代	1983 年	青秀山管委会青秀山风景名胜旅游区内
69		21	董泉	明代	1983 年	青秀山管委会青秀山风景名胜旅游区内

续表 2

序号	级别	序号	名称	年代	公布年份	位置(地址)
70	市级	22	凌铁水塔	民国二十三年(1934 年)	2010 年	青秀区植物路 53 号凌铁水厂内
71		23	刘圩大寨屋	20 世纪 70 年代	2010 年	青秀区刘圩镇麓阳村的新阳坡和启蒙坡
72		24	宗圣源祠	明万历十七年(1609 年)	2010 年	青秀区七星路一巷 25 号
73		25	南宁孔庙	明清	2017 年	青秀区青环路 9 号
74		26	钟德祥墓	明清	2017 年	青秀区刘圩镇斑山脚下
75		27	北府庙	明清	2017 年	青秀区柳沙园艺场滕村
76		28	林氏民居	民国	2017 年	青秀区七星路 97 号
77		29	三岸园艺场明清窑址群	明清	2017 年	青秀区津头街道办三岸园艺场三队及五队
78		30	广西学生军抗日烈士纪念碑	20 世纪 80 年代	2017 年	青秀区青秀山风景区内
79		31	烟墩岭烽火台	明代	1996 年	江南区烟墩脚村烟墩岭
80		32	千人坟	1941 年	1996 年	江南区沙井街道乐贤村黄樟岭
81		33	周家坡古建筑群	清末至民国	2010 年	江南区江南街道东南村周家坡
82		34	莫文骅故居	清道光十年(1830 年)	2010 年	江南区亭子莫屋角 12 号
83		35	皇姑坟	明代	2017 年	江南区江西镇同江村三江坡
84		36	苏氏宗祠	清代	2017 年	江南区苏圩镇苏保村
85		37	扬美五叠堂	清代	2017 年	江南区江西镇扬美村解放街
86		38	扬美黄氏庄园	清代	2017 年	江南区江西镇扬美村
87		39	扬美举人屋	清代	2017 年	江南区江西镇扬美村临江街 13 号
88		40	扬美临江街明代民居	清代	2017 年	江南区江西镇扬美村临江街 20 号
89		41	扬美慕义门	清代	2017 年	江南区江西镇扬美村中山街 40 号
90		42	王氏祖祠	清代	2017 年	江南区江西镇智信村坛仓坡
91		43	镇海祠	清代	2017 年	江南区五一东路新屋三里
92		44	慕村小学旧址	1945 年	2017 年	江南区苏圩镇慕村小学
93		45	粤东会馆	清代	1982 年	西乡塘区壮志路 22 号
94		46	那龙恐龙出土点	中生代白垩纪	1996 年	西乡塘区金陵镇大石村石火岭
95		47	黄氏家族民居	清代	2001 年	西乡塘区中尧南路东三里 88 号
96		48	林氏祖屋	明、清	2002 年	西乡塘区心圩街道四联村林屋
97		49	罗文村韦氏祖屋	明、清	2002 年	西乡塘区罗文村
98		50	铜鼓陂水利	清代	2002 年	西乡塘区安宁街道永宁村东北面
99		51	老口村覃氏民居和宗祠	清	2010 年	西乡塘区石埠街道老口村那告坡
100		52	老口村李氏民居	清	2010 年	西乡塘区石埠街道老口村建宁坡
101		53	驮罕码头	民国初年	2010 年	西乡塘区金陵镇龙达村龙江街

续表 3

序号	级别	序号	名称	年代	公布年份	位置(地址)
102	市级	54	驮罕炮楼	民国初年	2010 年	西乡塘区金陵镇龙达村龙江街
103		55	邕宁县第十三区政府旧址	1956 年	2010 年	西乡塘区石埠街道老口村贤湾街 19 号
104		56	老口村黄氏宗祠	清	2010 年	西乡塘区石埠街道老口村三民坡
105		57	刚德村卢氏民居	清同治年间	2010 年	西乡塘区金陵镇刚德村大石坡 154 号
106		58	义利酱园坊	民国至 20 世纪 70 年代	2017 年	西乡塘区金陵镇邓圩村农乐坡
107		59	潘氏宗祠	清代	2017 年	西乡塘区安吉街道大塘村东坡
108		60	周都和烈士纪念塔	1955 年	2017 年	西乡塘区双定镇兴平村兴隆街
109		61	华强坡美伦四方井	清道光年间	2017 年	西乡塘区双定镇和强村华强坡
110		62	定内坡定内宗祠	清代	2017 年	西乡塘区坛洛镇朱湖村定内坡
111		63	稔生坡九龙石桥	清嘉庆六年(1801 年)	2017 年	西乡塘区坛洛镇合志村稔生坡
112		64	楞增渡槽	1975 年	2017 年	西乡塘区坛洛镇中北村楞丁坡
113		65	陈东村陈氏宗祠	清乾隆年间	2017 年	西乡塘区陈东村岭头坡 1 号
114		66	陈东村陈氏祖屋	清代	2017 年	西乡塘区陈东村
115		67	陈东村陈氏老宅	清代	2017 年	西乡塘区陈东村
116		68	广西机电职业技术学院苏式建筑群	1958 年	2017 年	西乡塘区大学东路 101 号广西机电职业技术学院
117		69	那莲戏台	清代	1989 年	邕宁区蒲庙镇孟莲村那莲街
118		70	北帝庙	清代	1989 年	邕宁区蒲庙镇孟莲村那莲街
119		71	团阳杨宅	清代	2017 年	邕宁区新江镇团阳村团阳坡 160 号
120		72	康浪平烈士纪念碑	1989 年	2017 年	邕宁区蒲庙镇孟莲村
121		73	那莲正码头	清代	2017 年	邕宁区蒲庙镇孟莲村那莲街
122		74	北觥古民居	清代	2017 年	邕宁区蒲庙镇仁福村北觥坡
123		75	蕾帽岭摩崖石刻	清代	2010 年	良庆区那陈镇那徐村委和平丙坡之间的蕾帽岭顶峰
124		76	良庆五帝庙	清同治十二年(1873 年)	2010 年	良庆区良庆镇良庆街西二巷
125		77	孔总桥	20 世纪 70 年代	2010 年	良庆区南晓镇团东村平朗坡
126		78	雷般故居	清末	2010 年	良庆区南晓镇晓元村达庄坡 32 号
127		79	陵桂村钟氏民居	清光绪二十年(1894 年)	2010 年	良庆区南晓镇陵桂村大陵坡
128		80	林景云烈士故居	清末	2017 年	良庆区良庆镇缸瓦窑村
129		81	良庆粮仓群	20 世纪 70 年代	2017 年	良庆区良庆镇良庆社区
130		82	黄氏炮楼	明清	2017 年	良庆区那马镇那僚村天龙坡
131		83	水月庵塔林	明清	2017 年	五象新区青龙岗墓园东侧五象岭
132		84	敕勒圳桥	清同治三年(1864 年)	2017 年	南宁高新区滨河路明月湖公园内

说明：县级文物保护单位元龙坡古墓群遗址和安等秧坡古墓群遗址升级为自治区级文物保护单位合并为元龙坡、安等秧坡古墓群，广西民族大学礼堂和三江坡汉城址同年公布为市级文物保护单位和自治区级文物保护单位

2017年南宁市非物质文化遗产名录

表54

项目分类（代码）	序　号	名　称	保护单位	批　次	批准时间	编　号
民间文学(Ⅰ)	1	壮族民间故事百鸟衣	横县文化馆	第四批国家级名录	2014年	1241
传统音乐(Ⅱ)	2	壮族三声部民歌	马山县文化馆	第二批国家级名录	2008年	61
传统戏剧(Ⅳ)	3	邕剧	南宁市民族文化艺术研究院(市非遗保护中心)	第二批国家级名录	2008年	739
	4	粤剧	南宁市民族文化艺术研究院(市非遗保护中心)	第四批国家级名录	2014年	180
民俗(Ⅹ)	5	壮族歌圩	南宁市民族文化艺术研究院(市非遗保护中心)	第一批国家级名录	2006年	494
	6	宾阳炮龙节	宾阳县文化馆	第二批国家级名录	2008年	981
	7	壮族三月三	武鸣区文化馆	第四批国家级名录	2014年	460
民间文学(Ⅰ)	8	宾阳“老窍”故事	宾阳县文化馆	第三批自治区级名录	2010年	112
	9	妈勒访天边传说	南宁市民族文化艺术研究院(市非遗保护中心)	第五批自治区级名录	2014年	292
	10	壮族信歌	南宁市民族文化艺术研究院(市非遗保护中心)	第五批自治区级名录	2014年	293
	11	南宁五象传说	南宁市民族文化艺术研究院(市非遗保护中心)	第五批自治区级名录	2014年	294
	12	白话童谣	南宁市民族文化艺术研究院(市非遗保护中心)	第五批自治区级名录	2014年	295
民间文学(Ⅰ)	13	南宁民谣	兴宁区文化馆	第五批自治区级名录	2014年	298
	14	良庆壮族嘹啰山歌	良庆区文化馆	第五批自治区级名录	2014年	296
	15	壮族传扬歌	马山县文化馆	第五批自治区级名录	2014年	297
	16	起凤山传说	武鸣区文化馆	第六批自治区级名录	2016年	425
传统音乐(Ⅱ)	17	广西八音	邕宁区文化馆	第一批自治区级名录	2007年	25
	18	壮族嘹啰山歌	邕宁区文化馆	第二批自治区级名录	2008年	24
	19	壮族会鼓	马山县文化馆	第二批自治区级名录	2008年	70
	20	松柏汉族多声部平话山歌	兴宁区文化馆	第二批自治区级名录	2008年	64
	21	南宁多声部民歌	南宁市民族文化艺术研究院(市非遗保护中心)	第三批自治区级名录	2010年	123
	22	南宁平话民歌	南宁市民族文化艺术研究院(市非遗保护中心)	第三批自治区级名录	2010年	124

续表 1

项目分类（代码）	序 号	名 称	保护单位	批 次	批准时间	编 号
传统音乐（Ⅱ）	23	上林四六联民歌	上林县文化馆	第四批自治区级名录	2012 年	194
	24	武鸣壮族山歌	武鸣区文化馆	第四批自治区级名录	2012 年	205
	25	南宁壮族哭嫁歌	兴宁区文化馆	第四批自治区级名录	2012 年	206
	26	隆安壮族排歌	隆安县文化馆	第四批自治区级名录	2012 年	201
	27	上林瑶族山歌	上林县文化馆	第四批自治区级名录	2012 年	200
	28	上林壮族八音	上林县文化馆	第四批自治区级名录	2012 年	204
	29	南宁壮族高腔民歌	南宁市民族文化艺术研究院（市非遗保护中心）	第六批自治区级名录	2016 年	432
	30	南宁江南平话民歌	江南区文化馆	第六批自治区级名录	2016 年	433
传统舞蹈（Ⅲ）	31	壮族骆垌舞	武鸣区文化馆	第三批自治区级名录	2010 年	78
	32	青秀区芭蕉香火龙舞	青秀区文化馆	第三批自治区级名录	2010 年	136
	33	南宁壮族春牛舞	江南区文化馆	第三批自治区级名录	2010 年	138
	34	良庆区香火龙舞	良庆区文化馆	第三批自治区级名录	2010 年	136
	35	壮族打扁担	马山县文化馆	第三批自治区级名录	2010 年	74
	36	壮族九莲灯	隆安县文化馆	第三批自治区级名录	2010 年	137
	37	壮族打砻（榔）舞	马山县文化馆	第三批自治区级名录	2010 年	125
	38	南宁傩舞	西乡塘区文化馆	第四批自治区级名录	2012 年	222
	39	壮族麒麟舞	青秀区文化馆	第四批自治区级名录	2012 年	223
	40	马山壮族踩花灯	马山县文化馆	第四批自治区级名录	2012 年	224
	41	上林壮族师公舞	上林县文化馆	第四批自治区级名录	2012 年	217
	42	上林瑶族猴鼓舞	上林县文化馆	第四批自治区级名录	2012 年	221
	43	横县百合茅山舞	横县文化馆	第五批自治区级名录	2014 年	313
	44	瑶族蚩尤舞	马山县文化馆	第五批自治区级名录	2014 年	314
传统戏剧（Ⅳ）	45	丝弦戏	宾阳县文化馆	第二批自治区级名录	2008 年	80
传统戏剧（Ⅳ）	46	宾阳师公戏	宾阳县文化馆	第三批自治区级名录	2010 年	36
	47	横县壮族采茶戏	横县文化馆	第三批自治区级名录	2010 年	6
	48	邕宁壮族采茶戏	邕宁区文化馆	第三批自治区级名录	2010 年	6
	49	上林壮族师公戏	上林县文化馆	第四批自治区级名录	2012 年	235
	50	南宁平话师公戏	高新区文体局	第五批自治区级名录	2014 年	326
	51	古潭邕剧	隆安县文化馆	第六批自治区级名录	2016 年	460
	52	马山丝弦戏	马山县文化馆	第六批自治区级名录	2016 年	461
传统体育、游艺与杂技（Ⅵ）	53	壮族抢花炮	邕宁区文化馆	第一批自治区级名录	2007 年	55
	54	壮族香火球	良庆区文化馆	第二批自治区级名录	2008 年	83
	55	壮族斗竹马	青秀区文化馆	第三批自治区级名录	2010 年	190
	56	壮族迪尺	南宁市民族文化艺术研究院（市非遗保护中心）	第五批自治区级名录	2014 年	339

续表 2

项目分类(代码)	序号	名称	保护单位	批次	批准时间	编号
传统美术(Ⅶ)	57	点米成画	邕宁区文化馆	第六批自治区级名录	2016 年	484
	58	壮族刺绣	马山县文化馆	第六批自治区级名录	2016 年	485
传统技艺(Ⅷ)	59	南宁老友粉	南宁市民族文化艺术研究院(市非遗保护中心)	第二批自治区级名录	2008 年	85
	60	壮族五色糯米饭制作技艺	武鸣区文化馆	第三批自治区级名录	2010 年	158
	61	红良打铁技艺	隆安县文化馆	第三批自治区级名录	2010 年	
	62	扬美豆豉制作技艺	江南区文化馆	第三批自治区级名录	2010 年	157
	63	宾阳壮族织锦技艺	宾阳县文化馆	第三批自治区级名录	2010 年	9
	64	宾阳酸粉制作技艺	宾阳县文化馆	第三批自治区级名录	2010 年	155
	65	横县鱼生制作技艺	横县文化馆	第三批自治区级名录	2010 年	156
	66	横县大粽制作技艺	横县文化馆	第三批自治区级名录	2010 年	159
	67	扬美沙糕制作技艺	江南区文化馆	第四批自治区级名录	2012 年	250
	68	横县茉莉花茶制作技艺	横县文化馆	第四批自治区级名录	2012 年	249
	69	横县南山白毛茶制作技艺	横县文化馆	第四批自治区级名录	2012 年	248
	70	南宁铁鸟酱料制作技艺	兴宁区文化馆	第四批自治区级名录	2012 年	251
	71	隆安构树造纸技艺	隆安县文化馆	第五批自治区级名录	2014 年	350
	72	宾阳油纸伞制作技艺	宾阳县文化馆	第五批自治区级名录	2014 年	349
	73	大罗毛笔制作技艺	宾阳县文化馆	第五批自治区级名录	2014 年	348
	74	横县鱼宴制作技艺	横县文化馆	第五批自治区级名录	2014 年	347
	75	壮族服饰制作技艺	南宁市民族文化艺术研究院(市非遗保护中心)	第五批自治区级名录	2014 年	346
	76	南宁生榨米粉制作技艺	西乡塘区文化馆	第六批自治区级名录	2016 年	493
	77	宾阳邹圩陶器制作技艺	宾阳县文化馆	第六批自治区级名录	2016 年	494
传统医药(Ⅸ)	78	宾阳封氏烧伤创疡治疗术	宾阳县文化馆	第五批自治区级名录	2014 年	377
	79	壮族谭氏草药疗骨法	隆安县文化馆	第五批自治区级名录	2014 年	378
	80	壮医经筋疗法	南宁市民族文化艺术研究院(市非遗保护中心)	第六批自治区级名录	2016 年	522
	81	壮医药物竹罐疗法	南宁市民族文化艺术研究院(市非遗保护中心)	第六批自治区级名录	2016 年	523

续表 3

项目分类（代码）	序　号	名　称	保护单位	批　次	批准时间	编　号
民俗（X）	82	壮族伏波庙会	横县文化馆	第一批自治区级名录	2007 年	56
	83	上林县渡河公	上林县文化馆	第二批自治区级名录	2008 年	101
	84	蛋家婚礼	江南区文化馆	第二批自治区级名录	2008 年	102
	85	宾阳游彩架	宾阳县文化馆	第二批自治区级名录	2008 年	99
	86	横县炮会	横县文化馆	第三批自治区级名录	2010 年	178
	87	那桐农具节	隆安县文化馆	第三批自治区级名录	2010 年	179
	88	壮族亥日	隆安县文化馆	第三批自治区级名录	2010 年	177
	89	上林壮族灯酒节	上林县文化馆	第三批自治区级名录	2010 年	180
	90	上林壮族万寿节	上林县文化馆	第四批自治区级名录	2012 年	274
	91	壮族芒那节	隆安县文化馆	第三批自治区级名录	2010 年	181
	92	军山庙会	青秀区文化馆	第四批自治区级名录	2012 年	275
	93	横县云表壮族歌圩	横县文化馆	第四批自治区级名录	2012 年	273
	94	宾阳“三娘乖”习俗	宾阳县文化馆	第四批自治区级名录	2012 年	272
民俗（X）	95	南宁花婆节	南宁市民族文化艺术研究院（市非遗保护中心）	第五批自治区级名录	2014 年	383
	96	南宁土地诞	南宁市民族文化艺术研究院（市非遗保护中心）	第五批自治区级名录	2014 年	384
	97	壮族毯丝歌会	良庆区文化馆	第五批自治区级名录	2014 年	385
	98	壮族罗波庙会	武鸣区文化馆	第五批自治区级名录	2014 年	386
	99	壮族“四月四”	武鸣区文化馆	第五批自治区级名录	2014 年	387
	100	横县壮族三相圩逢	横县文化馆	第五批自治区级名录	2014 年	388
	101	露圩壮族圩逢	宾阳县文化馆	第五批自治区级名录	2014 年	389
	102	上林壮族龙母节	上林县文化馆	第五批自治区级名录	2014 年	390
	103	更望湖壮族歌圩	隆安县文化馆	第五批自治区级名录	2014 年	391
	104	扬美龙舟上水节	江南区文化馆	第五批自治区级名录	2014 年	392
	105	南宁元宵花灯节	江南区文化馆	第五批自治区级名录	2014 年	393
	106	斑山庙会	青秀区文化馆	第五批自治区级名录	2014 年	394
	107	壮族安龙歌会	西乡塘区文化馆	第五批自治区级名录	2014 年	395
	108	那莲赛巧节	邕宁区文化馆	第五批自治区级名录	2014 年	396
	109	横县笔山人生礼仪	横县文化馆	第五批自治区级名录	2014 年	397

续表 4

项目分类(代码)	序号	名称	保护单位	批次	批准时间	编号
民俗(X)	110	壮族添粮补寿习俗	兴宁区文化馆	第六批自治区级名录	2016 年	527
	111	南宁大王节	西乡塘区文化馆	第六批自治区级名录	2016 年	528
	112	南宁下楞龙舟节	西乡塘区文化馆	第六批自治区级名录	2016 年	529
	113	西乡塘歌圩	西乡塘区文化馆	第六批自治区级名录	2016 年	530
	114	灵水壮族歌圩	武鸣区文化馆	第六批自治区级名录	2016 年	531
	115	三里壮族歌圩	上林县文化馆	第六批自治区级名录	2016 年	532
	116	隆安稻草龙	隆安县文化馆	第六批自治区级名录	2016 年	533
民间文学(Ⅰ)	117	青山流米洞故事	青秀区文化馆	第七批市级名录	2017 年	
	118	青山龙象塔故事	青秀区文化馆	第七批市级名录	2017 年	
传统音乐(Ⅱ)	119	特掘传说	武鸣区文化馆	第七批市级名录	2017 年	
	120	宾阳八音	宾阳县文化馆	第二批市级名录	2008 年	
	121	三津八音	江南区文化馆	第六批市级名录	2015 年	
	122	上林瑶族鼓乐	上林县文化馆	第六批市级名录	2015 年	
	123	瑶族剪刀歌	马山县文化馆	第六批市级名录	2015 年	
传统舞蹈(Ⅲ)	124	壮族竹竿舞	武鸣区文化馆	第六批市级名录	2015 年	
传统戏剧(Ⅳ)	125	上林傩戏	上林县文化馆	第四批市级名录	2011 年	
曲艺(Ⅴ)	126	校椅临江壮歌剧	横县文化馆	第一批市级名录	2007 年	
传统体育、游艺与杂技(Ⅵ)	127	壮拳	南宁市民族文化艺术研究院(市非遗保护中心)	第六批市级名录	2015 年	
	128	加方上刀山下火海	马山县文化馆	第六批市级名录	2015 年	
	129	隆安壮族舞狮	隆安县文化馆	第七批市级名录	2017 年	
	130	露圩传统武术	露圩镇文化体育和广播影视站	第七批市级名录	2017 年	
传统手工	131	扬美梅菜制作技艺	江南区文化馆	第四批市级名录	2011 年	
技艺(Ⅷ)	132	横县芝麻饼制作技艺	横县文化馆	第四批市级名录	2011 年	
	133	雁江粉利制作技艺	隆安县文化馆	第五批市级名录	2013 年	
	134	灵马鲶鱼制作技艺	武鸣区文化馆	第五批市级名录	2013 年	
	135	南宁壮族干栏建筑营造技艺	南宁市民族文化艺术研究院(市非遗保护中心)	第六批市级名录	2015 年	
	136	南宁制陶技艺	南宁市民族文化艺术研究院(市非遗保护中心)	第六批市级名录	2015 年	
	137	化皮猪脚制作技艺	西乡塘区文化馆	第六批市级名录	2015 年	
	138	武鸣壮族刘氏“药仙翁”药茶制作技艺	武鸣区文化馆	第六批市级名录	2015 年	
	139	武鸣壮酒制作技艺	武鸣区文化馆	第六批市级名录	2015 年	
	140	宋家米酒酿造技艺	江南区文化馆	第六批市级名录	2015 年	
	141	都结豆腐制作技艺	隆安县文化馆	第六批市级名录	2015 年	
	142	宾阳竹编技艺	宾阳县文化馆	第六批市级名录	2015 年	

续表 5

项目分类(代码)	序　号	名　称	保护单位	批　次	批准时间	编　号
技艺(Ⅷ)	143	永州米酒制作技艺	马山县文化馆	第七批市级名录	2017 年	
	144	永州鱼片制作技艺	马山县文化馆	第七批市级名录	2017 年	
	145	永州豆腐制作技艺	马山县文化馆	第七批市级名录	2017 年	
	146	布泉酸鱼制作技艺	隆安县文化馆	第七批市级名录	2017 年	
	147	武鸣榨粉	武鸣区文化馆	第七批市级名录	2017 年	
	148	府城土制红糖	武鸣区文化馆	第七批市级名录	2017 年	
	149	高峰柠檬鸭制作技艺	武鸣区文化馆	第七批市级名录	2017 年	
	150	灵马旱藕粉制作技艺	武鸣区文化馆	第七批市级名录	2017 年	
	151	宾阳莞(草)席制作技艺	宾阳县文化馆	第七批市级名录	2017 年	
	152	横县替僧簸箕粉制作技艺	横县文化馆	第七批市级名录	2017 年	
	153	横县红枣马蹄糕制作技艺	横县文化馆	第七批市级名录	2017 年	
	154	横县青桐壮族织锦技艺	横县文化馆	第七批市级名录	2017 年	
传统医药(Ⅸ)	155	龚氏痛症疗法	江南区文化馆	第五批市级名录	2013 年	
	156	壮医目诊	南宁市民族文化艺术研究院(市非遗保护中心)	第五批市级名录	2013 年	
	157	瑶族壁和骨伤疗法	江南区文化馆	第七批市级名录	2017 年	
民俗(Ⅹ)	158	那马龙狮	良庆区文化馆	第一批市级名录	2007 年	
	159	甘棠彩凤	宾阳县文化馆	第二批市级名录	2008 年	
	160	宾阳关公诞	宾阳县文化馆	第二批市级名录	2008 年	
	161	壮族婚俗	隆安县文化馆	第五批市级名录	2013 年	
	162	武鸣壮族服饰	武鸣区文化馆	第六批市级名录	2015 年	
	163	布泉天王庙会	隆安县文化馆	第六批市级名录	2015 年	
	164	上林县二月二卢於春社	上林县文化馆	第六批市级名录	2015 年	
	165	宾阳甘棠圩逢	宾阳县文化馆	第六批市级名录	2015 年	
	166	吴门农氏婆祈福祭典	宾阳县文化馆	第六批市级名录	2015 年	
	167	大明山歌圩	广西大明山国家级自然保护区管理局 南宁大明山风景旅游区管理委员会	第七批市级名录	2017 年	
	168	上林县祭冬民俗	上林县文化馆	第七批市级名录	2017 年	
	169	蒲庙花婆节	邕宁区文化馆	第七批市级名录	2017 年	
	170	南宁观音诞习俗	兴宁区文化馆	第七批市级名录	2017 年	
	171	南宁开年习俗	兴宁区文化馆	第七批市级名录	2017 年	
	172	横县民间“无人售卖市场”习俗	横县文化馆	第七批市级名录	2017 年	
	173	横县青桐壮族圩逢	横县文化馆	第七批市级名录	2017 年	

2017年南宁市非物质文化遗产代表性项目传承人情况表

表55

序号	名称	姓名	性别	出生年份	保护单位	等级	批次
1	壮族歌圩	刘正诚	男	1935	南宁市民族文化艺术研究院(市非遗保护中心)	国家级	2008年第二批
2	邕剧	洪琪	女	1944		国家级	2009年第三批
3	壮族三声部民歌	温桂元	男	1934	马山县文化馆	国家级	2009年第三批
4	壮族三声部民歌	莫花美	女	1957	马山县文化馆	自治区级	2009年第二批
5	广西八音	黄才定	男	1954	邕宁区文化馆	自治区级	2009年第二批
6	广西八音	梁贵加	男	1961		自治区级	2009年第二批
7	壮族会鼓	赖承辉	男	1949	马山县文化馆	自治区级	2009年第二批
8	邕剧	梁克俭	男	1945	南宁市民族文化艺术研究院(市非遗保护中心)	自治区级	2009年第二批
9	邕剧	冯杏元	男	1945		自治区级	2008年第一批
10	丝弦戏	磨长永	男	1943	宾阳县文化馆	自治区级	2009年第二批
11	丝弦戏	关艳	女	1978		自治区级	2009年第二批
12	宾阳炮龙节	伍学规	男	1949		自治区级	2009年第二批
13	宾阳炮龙节	邹玉特	男	1953		自治区级	2009年第二批
14	游彩架	覃凤梧	男	1937	宾阳县文化馆	自治区级	2009年第二批
15	"三月三"歌圩	李超元	男	1948	武鸣区文化馆	自治区级	2009年第二批
16	扬美豆豉制作技艺	杜学芬	男	1969	江南区文化馆	自治区级	2011年第三批
17	南宁壮族春牛舞	奚均仁	男	1932		自治区级	2011年第三批
18	香火龙舞	罗新有	男	1966	良庆区文化馆	自治区级	2011年第三批
19	壮族采茶戏	腾思队	男	1962	邕宁区文化馆	自治区级	2011年第三批
20	宾阳师公戏	莫旭先	男	1951	宾阳县文化馆	自治区级	2011年第三批
21	宾阳织锦技艺	谭湘光	女	1955		自治区级	2011年第三批
22	壮族"打扁担"	莫菊花	女	1954	马山县文化馆	自治区级	2011年第三批
23	壮族会鼓	韦建廷	男	1953	马山县文化馆	自治区级	2011年第三批
24	壮族九莲灯	何方仕	男	1948	隆安县文化馆	自治区级	2011年第三批
25	壮族采茶戏	甘美芬	女	1945	横县文化馆	自治区级	2011年第三批
26	上林县渡河公	黄福连	女	1946	上林县文化馆	自治区级	2011年第三批
27	广西粤剧	冯杏元	男	1945	南宁市民族文化艺术研究院(市非遗保护中心)	自治区级	2015年第四批
28	广西粤剧	梁素梅	女	1963		自治区级	2015年第四批
29	南宁平话民歌	莫若珍	女	1965		自治区级	2015年第四批
30	扬美沙糕制作技艺	杨文凯	男	1980	江南区文化馆	自治区级	2015年第四批
31	马山壮族踩花灯	潘庆福	男	1959	马山县文化馆	自治区级	2015年第四批
32	壮族打榔舞	蓝日志	男	1949		自治区级	2015年第四批
33	横县炮会	黄道敬	男	1940	横县文化馆	自治区级	2015年第四批
34	横县大粽制作技艺	彭金妹	女	1952		自治区级	2015年第四批

续表 1

序号	名称	姓名	性别	出生年份	保护单位	等级	批次
35	红良打铁技艺	林仁超	男	1964	隆安县文化馆	自治区级	2015 年第四批
36	隆安壮族排歌	林碧	男	1953		自治区级	2015 年第四批
37	邕剧	宁靖	男	1980	南宁市民族文化艺术研究院（市非遗保护中心）	自治区级	2017 年第五批
38	粤剧	黄俊成	男	1975		自治区级	2017 年第五批
39	壮族服饰制作技艺	蓝轲	女	1978		自治区级	2017 年第五批
40	壮医药物竹罐疗法	李凤珍	女	1967		自治区级	2017 年第五批
41	武鸣壮族山歌	韦秋岑	女	1977	武鸣区文化馆	自治区级	2017 年第五批
42	壮族骆垌舞	潘家明	男	1948		自治区级	2017 年第五批
43	壮族罗波庙会	陆映春	男	1954		自治区级	2017 年第五批
44	壮族五色糯米饭制作技艺	黄硕英	女	1952		自治区级	2017 年第五批
45	南宁壮族哭嫁歌	黄翠荣	女	1951	兴宁区文化馆	自治区级	2017 年第五批
46	南宁元宵花灯节	黎炳生	男	1934	江南区文化馆	自治区级	2017 年第五批
47	那莲赛巧节	曹文碧	女	1964	邕宁区文化馆	自治区级	2017 年第五批
48	壮族抢花炮	孙子奇	男	1957		自治区级	2017 年第五批
49	大罗毛笔制作技艺	罗儒供	男	1952	宾阳县文化馆	自治区级	2017 年第五批
50	壮族刺绣	蓝淋	女	1974	马山县文化馆	自治区级	2017 年第五批
51	壮族传扬歌	蓝日茂	男	1981	马山县文化馆	自治区级	2017 年第五批
52	壮族谭氏草药疗骨法	谭润丹	男	1976	隆安县文化馆	自治区级	2017 年第五批
53	游彩架	周宏年	男	1946	宾阳县文化馆	市级	2009 年第一批
54	邕剧	李传湘	女	1941	南宁市民族文化艺术研究院（市非遗保护中心）	市级	2010 年第二批
55	壮族骆垌舞	潘腾宗	男	1929	武鸣区文化馆	市级	2010 年第二批
56	宾阳炮龙节	吴荣新	男	1956	宾阳县文化馆	市级	2010 年第二批
57	丝弦戏	熊兴亮	男	1949		市级	2010 年第二批
58	宾阳游彩架	何丹健	男	1953		市级	2010 年第二批
59	百鸟衣	韦其本	男	1941	横县文化馆	市级	2010 年第二批
60	葛麻十六炮会	邓享朝	男	1959		市级	2010 年第二批
61	百合茅山舞	李祖树	男	1950	横县文化馆	市级	2011 年第三批
62	邕剧	黄学超	男	1941	南宁市民族文化艺术研究院（市非遗保护中心）	市级	2011 年第三批
63	宾阳织锦技艺	黄其梅	女	1964	宾阳县文化馆	市级	2011 年第三批
64	宾阳“老穷”故事	黄红新	男	1951		市级	2011 年第三批
65	南宁平话民歌	梁世华	男	1931	南宁市民族文化艺术研究院（市非遗保护中心）	市级	2011 年第三批
66	四六联民歌	韦有创	男	1963	上林县文化馆	市级	2011 年第三批
67	壮族会鼓	王政勤	男	1954	马山县文化馆	市级	2011 年第三批
68	壮族打榔	陆荣艳	女	1965		市级	2011 年第三批

续表 2

序　号	名　称	姓　名	性　别	出生年份	保护单位	等　级	批　次
69	壮族打扁担	蒙雪凤	女	1942	马山县文化馆	市级	2011 年第三批
70	壮族芭蕉香火龙舞	李武康	男	1945	青秀区文化馆	市级	2013 年第四批
71	扬美梅菜制作技艺	梁彩丽	女	1963	江南区文化馆	市级	2013 年第四批
72	南宁傩舞	陈亚弟	男	1966	西乡塘区文化馆	市级	2013 年第四批
73	校椅临江壮歌剧	李建伟	男	1943	横县文化馆	市级	2013 年第四批
74	横县芝麻饼制作技艺	袁广武	男	1965		市级	2013 年第四批
75	隆安壮族排歌	陆金席	男	1952		市级	2013 年第四批
76	壮族三声部民歌	蓝海群	男	1972	马山县文化馆	市级	2013 年第四批
77	上林壮族八音	王志新	男	1938	上林县文化馆	市级	2013 年第四批
78	猴鼓舞	罗廷武	男	1961		市级	2013 年第四批
79	上林瑶族山歌	卢成	男	1967		市级	2013 年第四批
80	壮族师公戏	周宗美	男	1960		市级	2013 年第四批
81	邕剧	梁素梅	女	1963	南宁市民族文化艺术研究院(市非遗保护中心)	市级	2013 年第四批
82	邕剧	何惠临	男	1980		市级	2013 年第四批
83	邕剧	张铁锋	男	1975		市级	2013 年第四批
84	南宁平话民歌	赖钟林	男	1950		市级	2013 年第四批
85	白话童谣	刘子林	男	1942	南宁市民族文化艺术研究院(市非遗保护中心)	市级	2015 年第五批
86	白话童谣	万立仁	男	1942		市级	2015 年第五批
87	广西粤剧	姚艳	女	1975		市级	2015 年第五批
88	广西粤剧	钟晓俊	男	1970		市级	2015 年第五批
89	壮族迪尺	陆显通	男	1989		市级	2015 年第五批
90	壮医经筋疗法	韦英才	男	1966		市级	2015 年第五批
91	壮医目诊	李珪	女	1960		市级	2015 年第五批
92	灵马鲶鱼制作技艺	朱宝书	男	1974	武鸣区文化馆	市级	2015 年第五批
93	壮族三月三	黄天恒	男	1952		市级	2015 年第五批
94	横县南山白毛茶制作技艺	陈雄	男	1959	横县文化馆	市级	2015 年第五批
95	横县茉莉花茶制作技艺	谢大高	男	1964		市级	2015 年第五批
96	横县茉莉花茶制作技艺	徐炳奇	男	1962		市级	2015 年第五批
97	横县鱼生制作技艺	余富	男	1976		市级	2015 年第五批
98	横县云表壮族歌圩	蒙一文	女	1950		市级	2015 年第五批
99	宾阳油纸伞制作技艺	陆云岗	男	1986	宾阳县文化馆	市级	2015 年第五批
100	宾阳封氏烧伤创疡治疗术	封大为	男	1976		市级	2015 年第五批
101	露圩壮族圩逢节	黄桂梅	女	1963		市级	2015 年第五批
102	上林壮族师公舞	雷桂丰	男	1956	上林县文化馆	市级	2015 年第五批
103	上林壮族灯酒节	石二海	男	1978		市级	2015 年第五批
104	更望湖壮族歌圩	黄权海	男	1965	隆安县文化馆	市级	2015 年第五批

续表 3

序号	名称	姓名	性别	出生年份	保护单位	等级	批次
105	南宁铁鸟酱料制作技艺	杜瑜玲	女	1963	兴宁区文化馆	市级	2015 年第五批
106	龚氏痛症疗法	龚俭仪	男	1969	江南区文化馆	市级	2015 年第五批
107	壮族香火球	班继联	男	1961	良庆区文化馆	市级	2015 年第五批
108	起凤山传说	曾麒璋	男	1952	武鸣区文化馆	市级	2017 年第六批
109	壮族竹竿舞	何艺华	女	1973		市级	2017 年第六批
110	武鸣壮酒制作技艺	阮朝鑫	男	1972		市级	2017 年第六批
111	武鸣壮族刘氏“药仙翁”药茶制作技艺	刘力瑞	男	1977		市级	2017 年第六批
112	武鸣壮族服饰	陆兰珍	女	1952		市级	2017 年第六批
113	灵水壮族歌圩	潘宝山	男	1958		市级	2017 年第六批
114	南宁民谣	谢桂友	男	1953	兴宁区文化馆	市级	2017 年第六批
115	松柏汉族多声部平话山歌	潘英雄	女	1937		市级	2017 年第六批
116	妈勒访天边传说	罗世周	男	1964	南宁市民族文化艺术研究院（市非遗保护中心）	市级	2017 年第六批
117	南宁五象传说	莫炜	男	1974		市级	2017 年第六批
118	南宁壮族高腔民歌	陆锦福	男	1962		市级	2017 年第六批
119	邕剧	郝芸	女	1970		市级	2017 年第六批
120	粤剧	颜怡	女	1942		市级	2017 年第六批
121	南宁土地诞	黄焕金	男	1939		市级	2017 年第六批
122	瑶族剪刀歌	陆建情	男	1969	马山县文化馆	市级	2017 年第六批
123	马山丝弦戏	廖玉兰	女	1968		市级	2017 年第六批
124	加方上刀山下火海	蒋智杰	男	1948		市级	2017 年第六批
125	三津八音	黄树华	男	1946	江南区文化馆	市级	2017 年第六批
126	壮族嘹啰山歌	苏兰育	男	1949	邕宁区文化馆	市级	2017 年第六批
127	古潭邕剧	闭加良	男	1944	隆安县文化馆	市级	2017 年第六批
128	都结豆腐制作技艺	梁丽卿	女	1972		市级	2017 年第六批
129	上林傩戏	谭少玉	女	1969	上林县文化馆	市级	2017 年第六批
130	三里壮族歌圩	韦家林	男	1953		市级	2017 年第六批
131	南宁生榨米粉制作技艺	黄天玲	女	1967	西乡塘区文化馆	市级	2017 年第六批
132	化皮猪脚制作技艺	神华生	男	1966	西乡塘区文化馆	市级	2017 年第六批
133	宾阳邹圩陶器制作技艺	颜长希	男	1962	宾阳县邹圩镇文化体育和广播影视站	市级	2017 年第六批
已故							
1	邕剧	蒋耀鸣	男	已故	南宁市邕剧团	自治区级	2009 年第二批
2	壮族嘹啰山歌	李啟梧	男	已故	邕宁区文化馆	自治区级	2009 年第二批
3	松柏汉族多声部平话山歌	潘兆君	男	已故	兴宁区文化馆	自治区级	2009 年第二批
4	松柏汉族多声部平话山歌	农凤英	女	已故	兴宁区文化馆	自治区级	2009 年第二批
5	疍家婚礼	张秀华	女	已故	江南区文化馆	自治区级	2009 年第二批

续表 4

序 号	名 称	姓 名	性 别	出生年份	保护单位	等 级	批 次
6	上林壮族灯酒节	石冠美	男	已故	上林县文化馆	自治区级	2011 年第三批
7	丝弦戏	陈光绍	男	已故	宾阳县文化馆	市级	2009 年第一批
8	红良壮族打铁技艺	林乔万	男	已故	隆安县文化馆	市级	2010 年第二批
9	上林傩戏	陈铭忠	男	已故	上林县文化馆	市级	2013 年第四批
10	上林壮族万寿节	何茂权	男	已故	上林县文化馆	市级	2013 年第四批
11	隆安构树造纸技艺	黄国佳	男	已故	隆安县文化馆	市级	2013 年第四批
12	宾阳油纸伞制作技艺	陆玉贷	男	已故	宾阳县文化馆	市级	2015 年第五批
13	壮族嘹啰山歌	刘正深	男	已故	邕宁区文化馆	市级	2015 年第五批
14	邕剧	杭彪	男	2017 年 6 月故	南宁市民族文化艺术研究院(市非遗保护中心)	市级	2010 年第二批
15	瑶族蚩尤舞	蓝秀神	男	1959	马山县文化馆	市级	2015 年第五批

注明：截至 2017 年 11 月，国家级代表性传承人 3 人，自治区级代表性传承人 58 人，市级代表性传承人 148 人，已故 15 人

（梁　敏）

2017 年南宁市重点建设项目情况表

表 56

建设阶段	名 称	总投资（万元）	建设规模和内容	年计划投资（万元）	项目业主
新开工	广西丰林木业集团股份有限公司年产 30 万立方米均质刨花板生产线技改项目	42009	技改建设 1 条年产 30 万立方米均质刨花板生产线，引进国外生产线设备一套，新建仓库、车间、办公楼、配套设置及保留建筑面积 24.90 万平方米	30000	广西丰林木业集团股份有限公司
新开工	园博园田园风光区(EPC)公益性建设项目	27181	生态综合示范村建设 5 个(孟连村孟达坡，梁村伏坛坡、美梨坡，新新村九碗旧坡、九碗新坡)；旅游配套设施；园区路网建设；景观建设：花海 2 个(贝丘花海、香怡花海)，新建道路 6560 米，改建道路 3450 米	3000	南宁市邕宁区农林水利局
新开工	第十二届中国(南宁)国际园林博览会园博园配套基础设施项目(一期)	300642	包含 6 个子项目，分别为：仲龙路八尺江大桥，龙岗大道三期工程(玉洞大道—茶泉大道段)，长 1346 米，宽 60 米；玉洞大道南北侧道路(那黄大道—龙岗大道)长 4350 米，按新路幅标准(120 米)扩建；仲龙路，邕宁区防洪工程(二期)，八尺江环境综合整治(一期)	30000	南宁纵横时代建设投资有限责任公司、南宁市城市建设投资发展有限责任公司、南宁交通投资集团有限责任公司
新开工	南宁圣名岭东盟文化旅游度区项目(一期)	93000	建设景区大门、祈福广场、特色民宿、宗教文化交流中心、休闲木屋、园区路网、停车场、旅游区休闲配套设施等，总建筑面积 28 万平方米	20000	广西南粤森林旅游开发有限公司
新开工	广西建工集团第一安装有限公司智能制造项目	56000	建设年产压力容器设备及其他非标设备 4.68 万吨，糖机设备 50 台套，钢结构筑 5 万吨的制糖、造纸、化工、冶炼、锅炉发电、粮油、食品、制药等行业所需容器及配套设备	5000	广西建工集团第一安装有限公司
新开工	广西建工集团建筑材料智能生产项目	47000	建材料深加工能力 20 万吨 / 年，年产 PC 构件产品 150 万平方米	5000	广西建工集团大都物流有限责任公司

续表 1

建设阶段	名　称	总投资（万元）	建设规模和内容	年计划投资（万元）	项目业主
新开工	南宁市江南污水处理厂水质提标及三期工程	148400	新增规模日处理污水 24 万立方米，建成后江南污水处理厂日处理污染总规模 72 万立方米	15000	广西绿城水务股份有限公司
新开工	广西科天水性科技产业园项目	287958	年产水性聚氨酯 10 万吨、水性木工板 / 胶合板 600 万张、水性生态板 400 万张、水性木地板 500 万平方米、水性密度板 20 万立方米、水性刨花板 25 万立方米、水性超细纤维革 2000 万米、水性涂料 10 万吨、水性聚氨酯超薄避孕套 10 亿只、无毒全屋定制家具 15 万套	20000	南宁科天水性科技有限责任公司
新开工	南宁教育园区基础设施建设项目（二期）	150335	主干路网含经二路、经四路、经六路支路、经七路、经十一路、纬一路及长庆路西段 7 条道路，总长 11.60 千米	40000	广西武鸣乾鸣投资发展有限责任公司、广西武鸣东输投资发展有限责任公司
新开工	广西建筑现代化产业园一期工程	108500	年加工钢结构 12 万吨，年加工建筑用成品钢筋 5 万吨、建材智能化配送 30 万吨，总建筑面积 11.20 万平方米	20000	广西建工集团建筑产业投资有限公司
新开工	上林县大庙江生态旅游景区项目	76100	建设大庙江音乐漂流、户外运动、星空帐篷营地、树屋、休闲养生度假村、红色旅游、廉政教育基地、乡村生态农业观光体验等生态观览设施；总建筑面积 40 万平方米	10000	广西上林县大庙江旅游投资有限公司
新开工	广西桂物报废机动车拆解处理与综合利用项目	60400	年处理报废机动车 5 万辆，废旧金属材料 7.50 万吨，废旧轮胎 2.50 万吨	15000	广西物资集团有限责任公司
新开工	南宁轨道交通 2 号线东延工程（玉洞－坛兴村）	475109	全长 6.30 千米；设车站 5 座，均为地下站，其中换乘站 1 座（平乐大道站），与 3 号线换乘；设停车场 1 处，主变 1 座	16000	南宁轨道交通集团有限责任公司
新开工	南宁轨道交通 5 号线一期工程	1623093	全长 20.30 千米；设车站 17 座，均为地下站，其中换乘站 6 座；设综合基地 1 座，主变 3 座，其中新建旱塘和金桥主变各 1 座，利用在建五里亭主变 1 座（仅作为远期支援供电用）	22000	南宁轨道交通集团有限责任公司
新开工	南宁屯里油库整体搬迁及配套项目	120000	新建油罐 27 座，总库容 28.20 万立方米；铁路专用线 2.50 千米；新建管输站场及配套设备设施	40000	中石化广西石油分公司
新开工	广西马中粮油有限公司稻谷深加工项目	12000	年加工稻谷 10.80 万吨，年产优质大米 7.56 万吨	6000	广西马中粮油集团有限公司
新开工	南宁市扬美古镇景区配套设施建设项目	24000	南宁市江南区江西至扬美二级公路：全长 7.94 千米；扬美新村建设：总建筑面积 14 万平方米	4000	南宁市江南区人民政府
新开工	南国乡村 · 农村综合旅游景区项目（一期）	60000	建设农村建筑科技博览园，总建筑面积 10.79 万平方米	13000	华蓝集团股份公司
新开工	南宁公路枢纽物流基地牛湾物流园区（一期）	180000	建设物流信息交易、城际快运、城市配送、电子商务、智能停车、甩挂运输、仓储物流、后勤配套、展示展销、物流商务和加工等设施，总建筑面积 30 万平方米	5000	南宁港开发投资发展有限公司
新开工	自治区社会化养老服务试点项目—广西和正康乐城二期项目	650600	建设颐养公寓、颐养会议中心、职工公寓、中华传统文化院、医院及配套设施等，总建筑面积 116.73 万平方米	15000	广西太和投资有限公司

续表 2

建设阶段	名　称	总投资（万元）	建设规模和内容	年计划投资（万元）	项目业主
新开工	柳南高速公路改快速路工程(三岸收费站—那容互通立交)	89890	全长13千米,按城市快速路标准对现有柳南高速(三岸收费站—那容互通立交段)进行改造	10000	南宁纵横时代建设投资有限公司
新开工	南宁新江镇至崇左扶绥县一级公路(南宁段)	208000	一级公路,长47.66千米,路基宽24.50米	20000	南宁交通投资有限责任公司
新开工	沙江河流域综合整治PPP工程	200752	开展河道整治工程、流域截污工程、污水厂建设工程、水环境修复工程(补水)、河道景观工程、海绵城市工程、河道信息化管理工程等	30000	南宁建宁水务投资集团有限责任公司
投产	南宁牛湾港疏港大道(五合大桥南至蒲北二级路)	50079	道路长5785米,路基宽45米	3000	南宁交通投资集团有限公司
投产	南宁六景工业园区经二路工程	6400	市政道路,长3.10千米,路基宽30米	650	广西横县六景工业园区投资发展有限公司
投产	南宁六景工业园区纬八路工程	8500	市政道路,全长2.50千米,路基宽36米	3470	广西横县六景工业园区投资发展有限公司
投产	南宁六景港区疏港大道	7370	市政道路,全长1.70千米,路基宽30~45米	3190	南宁横县六景工业园区投资有限公司
投产	马山县杨圩风电场	40110	总装机容量4.80万千瓦	14000	马山协合风力发电有限公司
投产	南宁市平里静脉产业园——生活垃圾卫生填埋场	69850	日均填埋量1135吨,填埋场总库容606万立方米,渗滤液日处理600吨	3000	南宁建宁水务投资集团有限责任公司
投产	南宁轨道交通2号线工程	1554646	南起玉洞站,北至西津站,全长21千米,设置车站18座	350000	南宁轨道交通集团有限责任公司
投产	广西文化艺术中心	294500	建设艺术中心及配套设施,总建筑面积11.48万平方米	80000	南宁威宁资产经营有限责任公司
续建	广西横县新威林板业有限公司年产22万立方米定向刨花板生产线项目	42000	建设年产22万立方米定向刨花板(OSB)生产线及相关配套设施	15000	横县新威林板业有限公司
续建	南宁明安医院	210000	总建筑面积20.50万平方米,设置1000张床位。其中,一期规划建筑面积15.50万平方米,设置600张综合床位;二期规划建筑面积5万平方米,设置400张专科床位。	20000	南宁市明安医院管理有限公司
续建	南宁市青秀区生态养殖示范基地建设项目	70720	建设肉牛标准化生态养殖基地、饲草饲料种植处理基地、刘圩镇那床村标准化养殖小区一期、刘圩镇那度村标准化养殖小区一期、刘圩镇谭村标准化养殖小区、刘圩镇农村电子商务服务中心等;总建筑面积10万平方米	10000	广西四野牧业有限公司

续表 3

建设阶段	名 称	总投资（万元）	建设规模和内容	年计划投资（万元）	项目业主
续建	南宁园博园项目（第十二届中国国际园林博览会）	395700	按国家级展会公园和国内最高等级综合性公园进行建设，主要建筑有园林艺术馆、东盟馆、地方非物质文化遗产展示馆、体验馆、游客服务中心、演艺中心及清泉塔，建筑面积 10 万平方米	100000	南宁市林业和园林局
续建	广西职业技能公共实训基地（一期）	37200	建设综合楼（含现代电子信息技术实训中心和现代服务业及民族工艺实训中心）、现代制造技术实训中心、食品工程及生物医药实训中心等，总建筑面积 7.60 万平方米	12000	南宁市人力资源和社会保障局
续建	南宁 · 肉禽集散中心项目	54300	建设肉禽市场交易中心、冷链仓储、展示楼（电子交易结算平台）等，总建筑面积 13.40 万平方米	10000	广西清川农贸市场开发有限公司
续建	年产 20 万套新能源汽车轻质合金车身及零部件轻量化项目（南南电子汽车新材料精深加工技术改造一期）	68000	年产 20 万套新能源汽车轻质合金车身及零部件	30000	南南铝业股份有限公司广西南南铝加工有限公司
续建	南宁生物医药产业园二期基础设施建设工程	59051	道路总长 10.02 千米，包括铁山港西路，高岭西路，那历路南延长线，留村路南延长线，铁山港一、二、三支路及海城路	8000	南宁绿港投资建设集团有限公司
续建	南宁大明山朝阳林区防火道路工程	38595	全长 28 千米，其中二级公路 4.50 千米，四级公路 23.50 千米，路基宽 6～30 米。	10000	南宁市城市建设投资发展有限责任公司
续建	邕江综合整治和开发利用工程项目（清川大桥—五象大桥）	277400	南岸长 15.10 千米，北岸长 18.20 千米，建设护岸工程、园林景观工程、旅游码头建设工程和两岸街区建筑整治工程	70000	南宁交通投资集团有限公司、南宁建宁水务投资集团有限责任公司
续建	南宁五象新区总部基地地下空间	199231	包括地下人行系统及地下车库联络道两个部分。地下人行系统建筑面积 5.60 万平方米，地下车库联络道主环总长 1.30 千米，副环总长 1 千米，暗埋段总长 3.30 千米	80000	南宁五象新区建设投资有限责任公司
续建	南宁市主城区地下综合管廊	170000	包含管廊试点项目 12 个，建设管廊总长度 41.36 千米，采用现浇方形断面，断面尺寸双舱至四舱	25000	南宁城建集团、南宁交通投资集团有限公司、南宁绿港建设投资集团有限公司
续建	南宁会展中心升级改造工程	560000	新建展厅及功能用房和室外配套工程，旧场馆技术改造。扩建工程建筑面积 4.90 万平方米	90000	南宁纵横时代建设投资有限公司
续建	宾阳马王风电场	90630	装机规模 10 万千瓦	40000	广西桂冠电力股份有限公司
续建	南宁市凤岭综合客运枢纽站（长途客运站部分）一期工程	53449	一级汽车客运站，总建筑面积 6.88 万平方米	25000	南宁交通投资有限责任公司
续建	上林县明亮扶贫移民安置项目	76840	建设 12.50 万平方米安置房，安置人口 5000 人，修建道路 15 千米，配套建设公共服务设施、就业基地等	35000	上林县振林投资发展有限公司

续表 4

建设阶段	名　称	总投资（万元）	建设规模和内容	年计划投资（万元）	项目业主
续建	南宁现代化建材加工及物流配送中心一期	300000	建设原料仓储、钢管件加工厂房、成型钢筋厂房等设施，总建筑面积63万平方米	50000	广西盛隆冶金有限公司
续建	隆安县震东扶贫移民与城镇化结合示范工程一期	450160	建设安居、公共服务、市政基础设施等，总建筑面积148万平方米，计划安置6461户2.60万人	30000	广西隆安公共投资有限公司
续建	上林县鼓鸣寨养生旅游度假基地项目(一期)	30000	建设生态农业、生态林业示范区和休闲养生度假区等，总建筑面积5万平方米	5000	上林县鼓鸣寨旅游开发有限公司
续建	南宁教育园区基础设施建设项目(一期)	242200	主干路网7条(武鸣)，长19千米，路基宽40～60米，包括经三路、经六路、经五路南段、经八路、长岗大道西段、长岗大道东段、长庆路东段；配建路网6条(东盟经开区)，长15.60千米，路基宽40～60米，包括宝源南路、发展大道、建设南路、永和南路、新庆南路、里建大道东路	100000	广西武鸣东翰投资发展有限责任公司、广西武鸣乾鸣投资发展有限责任公司、南宁华强产业投资有限公司
续建	南宁市体育运动学校工程	109203	建设班级中等专科学校18个，附设初中班级15个、小学班级24个和幼儿园班级10个，总建筑面积13.50万平方米	40000	南宁纵横时代建设投资有限公司
续建	南宁东盟文化旅游项目	280000	建设东盟文化主题公园、文化展示区及停车场等，总建筑面积10.60万平方米	70000	南宁东盟文化博览园有限公司
续建	南宁水锦·顺庄旅游综合开发项目	21050	建设旅游度假区、现代观光农业、农家乐等旅游设施，总建筑面积2.60万平方米	5000	广西顺庄房地产开发有限公司
续建	广西隆安养生休闲旅游项目	61953	建设综合服务区、休闲度假区、休闲养生区、生态农业体验区及相关配套设施等，总建筑面积9.90万平方米	10000	广西郭仁佳吉投资有限公司
续建	南宁农产品交易中心项目(一期)	260000	建设会展功能区、果蔬现货交易区、果蔬冷藏区、物流配送、检验检疫及信息结算中心、综合性商务配套等，总建筑面积74万平方米	80000	南宁农产品交易中心有限责任公司
续建	广西源正新能源汽车有限公司全铝车身新能源汽车生产项目一期	150000	年产全铝车身新能源客车、常规客车5000辆，纯电动功能型专用汽车1万辆	3000	广西源正新能源汽车有限公司
续建	南宁浮法玻璃有限公司浮法玻璃生产线整体搬迁升级改造项目	128800	年产Low—E镀膜玻璃240万平方米，双钢化Low—E中空玻璃360万平方米，平弯钢化玻璃615万平方米，双钢化夹层玻璃40万平方米，超薄超白电子玻璃51.10万箱	35000	南宁浮法玻璃有限公司
续建	南宁轨道交通4号线一期工程	1740865	西起南宁南站，东至新村，全长24.50千米，设置车站19座	180000	南宁轨道交通集团有限公司
续建	南宁伶俐通用机场	85000	建设水陆两用机场，配套建设航管综合楼、塔台、机库、航管、通信、气象站、油料供应库等基础设施	5000	南宁产业投资集团有限公司
续建	广西一遍天原种猪有限公司种猪产业园优质种猪推广示范项目	30000	建设标准化猪舍及附属设施，总建筑面积7.90万平方米，存栏新美系、丹系等原种母猪9000头，年出栏优质美系原种猪20万头	10000	广西一遍天原种猪有限公司
续建	广西壮都(一期)建设项目	80000	建设展示中心、骆越广场、湖滨天地、运动中心及配套设施等，总建筑面积19万平方米	25000	广西吉大丽原投资有限公司

续表 5

建设阶段	名　称	总投资（万元）	建设规模和内容	年计划投资（万元）	项目业主
续建	南宁禾田信息港项目	150000	建设技术研发中心、软件测试中心、软件工程招标中心、数据中心、人才交流与评测中心等，总建筑面积 23 万平方米	40000	南宁禾田信息港发展有限公司
续建	华芝堂中草药保健食品生产基地项目（原广西华辰药业有限公司中草药保健品生产项目）	25000	年产中草药饮品 6800 吨、中草药溶液洗液 4000 吨、药品片剂 / 胶囊 28 亿粒、中草药保健茶剂 2000 吨、中草药膏 30 万瓶 / 罐	1000	广西华辰药业有限公司
续建	南宁市长堽路延长线工程（高环至新外高环）	131210	城市主干道，长 13.20 千米，路基宽 60 米	5000	南宁纵横时代建设投资有限公司
续建	南宁六景工业园区纬十一路道路（含桥梁）工程（北经一路至经一路段）	22750	市政道路，长 2.78 千米（桥梁总长 144 米，桥面宽 45 米），路基宽 45 米	3000	广西横县六景工业园区投资发展有限公司
续建	南宁蒲津路改造工程二期（邕宁区人民医院至五合大桥）	34410	城市主干道，长 4.73 千米，路基宽 35～68 米	6000	南宁交通投资集团有限责任公司
续建	马山县西山庄园绿色农业度假区项目	21000	建设休闲度假山庄、绿色生态农业基地、生态农业科研示范园及附属设施，总建筑面积 2.30 万平方米	5000	广西鼎冠置业有限公司
续建	诺博医疗移动终端设备生产建设项目	51800	年产医疗无线工作站 2 万套，医疗平板电脑 1.50 万台，移动掌上电脑 1.50 万台	10000	南宁诺博科技有限公司
续建	南宁三祥热电有限公司热电联产项目	50900	安装 2 台 90 吨 / 小时及 2 台 130 吨 / 小时高温高压循环流化床锅炉，3 台 15 兆瓦背压式汽轮发电机组	5000	南宁三祥热电有限公司
续建	南宁市现有高速公路东环改快速路一期工程	271930	对现东环高速路进行路面维修，道路全长约 45 千米；建设安吉大道连接线 1.82 千米、8 座立交桥及相关配套工程等	20000	南宁纵横时代建设投资有限公司
续建	隆安县体育中心	31290	一期建设室内健身区、游泳馆、球类运动场及配套设施，二期建设体育馆、田径场等，总建筑面积 5.60 万平方米	2000	隆安县文化广播影视和体育局
续建	斐讯通信南宁产业基地项目（一期）	403653	建设研发大楼、数据中心、仓储物流中心及辅助用房等设施，以及交换机、路由器、平板电脑等生产线，总建筑面积 19 万平方米	2000	上海斐讯数据通信技术有限公司
续建	南宁轨道交通 3 号线一期工程（科园大道－平乐大道）	2068060	南起平乐大道站，北至科园东站，全长 27.65 千米，设置车站 23 座	290000	南宁轨道交通集团有限责任公司
续建	广西上林云里湖现代农业观光园建设项目一期	120000	建设农业种植观光园，休闲旅游设施以及配套服务设施，总建筑面积 53 万平方米	20000	广西上林云里湖现代农业发展有限公司
续建	南宁百会药业集团有限公司系列中成药、西药生产项目一期	77500	年产片剂 50 亿片，胶囊 3 亿粒，颗粒剂 800 吨，锭剂 1.70 亿粒，散剂 160 万包，口服液 15000 吨，注射液 3.75 亿支，原料药 622 吨	5000	广西丰业投资有限公司

续表 6

建设阶段	名 称	总投资(万元)	建设规模和内容	年计划投资(万元)	项目业主
续建	南宁海王健康生物科技有限公司保健品生产项目	151750	年产花草养生茶2000吨、金菊饮料1000万瓶、海王金樽30亿片,维生素C30亿片、海王金牡蛎胶囊20亿粒、黄精参芝颗粒1亿袋、博力达软胶囊34亿粒、逸韵软胶囊20亿粒、银杏叶片50亿片、乳清蛋白粉2000万罐、牛初乳1000万罐等	20000	深圳海王集团南宁市城市建设投资发展有限公司
续建	广西上林县龙母湖国际生态文化旅游项目	460000	大龙湖旅游综合服务区:建设铜鼓观赏区、水上娱乐体验区等,建筑面积16.60万平方米。锦绣田园花卉体验区:建设花卉体验区、田野草地体验区等,建筑面积7.40万平方米。上林县布洛陀山水休闲园:建设布洛陀休闲区、竹海小镇等,建筑面积10.80万平方米。上林县得曼龙文化博览中心,建筑面积17.60万平方米	40000	广西天昌投资有限公司
续建	南宁市邕宁水利枢纽工程	628900	正常蓄水位67米,水电站装机5.80万千瓦	190000	南宁交通投资集团有限责任公司
预备	京东南宁电子商务产业园及运营结算中心项目(一期)	95000	建设4栋双层仓库及配套生活用房、附属用房,仓储建筑面积13.80万平方米,总建筑面积15万平方米		北京京东世纪贸易有限公司
预备	泰康医养综合社区项目(一期)	250000	建设高品质养老社区12万平方米,健康养生社区22万平方米等配套设施,总建筑面积34万平方米		泰康保险集团股份有限公司
预备	南宁市智能数控机械加工装备及PC生产基地	38000	建设智能数控钢筋加工设备生产和年产PC构件智能制造生产厂房150万平方米、科研楼、办公楼以及生活配套用房等,总建筑面积3.18万平方米		广西桂泰耕源投资有限公司
预备	横县年产3000万吨优质骨料项目	100000	年产建筑新材料3000万吨(优质骨料);主要建设矿山原料基地、骨料加工厂;配套建设矿石运输廊道等		横县日昌升新材料有限公司
预备	广西颐养综合服务生态园	380000	健康医疗板块,建筑面积7.80万平方米;度假疗养板块,建筑面积12万平方米;养生养老板块,建筑面积7万平方米;文化商业街区,建筑面积7.20万平方米;农业观光体验区;大数据公共服务平台及配套设施等,总建筑面积34万平方米		广西名都生态科技发展有限公司
预备	美丽南方博物馆	50000	建设美丽南方博物馆展示中心、岭南民居展示馆、广西环境教育基地展示馆、岭南民俗展示馆、创作基地(含养生中心),总建筑面积3.85万平方米		南宁市盛都城市开发有限责任公司
预备	南宁旭庭木业有限公司木材加工示范项目	98000	年产新型环保材料25万立方米(定向刨花板),年产新型建材人造板产品500万平方米(康贝特新材料)		南宁旭庭木业有限公司
预备	G324横县南绕城线(含横州大桥)	115700	一级公路,长18.20千米,桥梁及引道工程2.1千米		横县交通运输局
预备	南宁市邕宁区蒲庙经新江至百济二级公路	45000	二级公路,长46千米,路基宽12米		邕宁区交通运输局
预备	南宁市青秀区二塘煤矿片区棚户区改造工程	497300	总建筑面积97.50万平方米(其中安置住房14.20万平方米),配套建设道路、学校等设施		广西南宁晟宁资产经营投资有限公司

续表 7

建设阶段	名　称	总投资（万元）	建设规模和内容	年计划投资（万元）	项目业主
预备	南宁市羁押中心	109309	建设第二、三、四看守所，武警中队营房，拘留所、收容教育所，安康医院，预审监管支队业务技术用房，警犬训练基地等，总建筑面积 17.45 万平方米		南宁市公安局
预备	南宁港牛湾作业区二期工程	50000	4 个 2000 吨级泊位		南宁港开发投资公司
预备	广西天堂岭东盟文化旅游产业园项目一期—新加坡文化旅游区	233200	建设生态休闲、文化体验、商贸展览、会议交流等旅游设施，总建筑面积 41 万平方米		广西万丽绿庄农业投资有限公司

（阮　珊）

2017 年南宁市工业产品获广西品牌名录

表 57

序　号	企业名称	产品品牌	产品名称
1	广西凯威铁塔有限公司	广威	输电线路铁塔
2	广西田园生化股份有限公司	农博士	电动旋翼植保无人机
3	广西博世科环保科技股份有限公司	博世科	ACM 生物反应器
4	广西南宝特电气制造有限公司	南林	立体三角形卷铁心电力变压器
5	广西南宝特电气制造有限公司	南林	非晶合金变压器
6	广西南宝特电气制造有限公司	南林	有载调容配电变压器
7	广西南宝特电气制造有限公司	南林	低压固定分隔式开关柜
8	广西南慧电缆有限公司	慧缆	电线
9	广西南慧电缆有限公司	慧缆	电缆
10	广西申能达智能技术有限公司	申能达	SND-IM 集成电路(IC)卡读写机
11	南南铝业股份有限公司	南南	铝合金工业型材
12	广西南南铝加工有限公司	南南	地铁用 6005A 铝合金型材
13	广西南南铝加工有限公司	南南	油罐车用 5XXX 铝合金板材
14	广西南南铝加工有限公司	南南	新能源客车蒙皮用 5052 铝合金带材
15	广西南南铝加工有限公司	南南	航空集装箱用 7021 铝合金板材
16	广西南南铝加工有限公司	南南	航空用 7075 铝合金中厚板
17	广西南南铝箔有限责任公司	南南	铝及铝合金圆片
18	广西福美耀节能门窗有限公司	福美耀	金属门窗
19	南南铝业股份有限公司	南南	家电铝合金零组件
20	华润水泥（南宁）有限公司	润丰	通用水泥系列产品
21	广西武鸣锦龙建材有限公司	红狮	普通硅酸盐水泥
22	广西中久电力科技有限责任公司	JY	环形混凝土电杆
23	广西正田节能玻璃有限责任公司	正田玻璃	D ≥ 11.52mm 钢化夹层玻璃

续表 1

序 号	企业名称	产品品牌	产品名称
24	广西正田节能玻璃有限责任公司	正田玻璃	夹胶中空玻璃
25	南宁市佳达纸业有限责任公司	清帕	生活用纸
26	广西天力丰生态材料有限公司	婉庭	卫生纸
27	广西凌晨教学设备有限公司	易书宝	环保集成教具
28	广西黎塘远东化肥有限责任公司	意德	复混肥料
29	广西新方向化学工业有限公司	新方向	生物有机肥
30	广西华纳新材料科技有限公司	华纳	纳米碳酸钙
31	广西农垦糖业集团良圻制糖有限公司	涌泉	白砂糖
32	皇氏集团股份有限公司	皇氏乳业	摩拉菲尔醇养酸牛奶
33	皇氏集团股份有限公司	皇氏乳业	高钙牛奶
34	广西农垦糖业集团金光制糖有限公司	三冠	白砂糖
35	广西顺来茶业有限公司	周顺来	茉莉花茶
36	南宁统一企业有限公司	统一	绿茶 / 冰红茶
37	广西华盛集团廖平糖业有限责任公司糖厂	宝雷	白砂糖
38	广西辽大农业科技集团股份有限公司	辽大、展丰	鱼配合饲料
39	广西地凯科技有限公司	地凯	电涌保护器
40	广西纵览线缆集团有限公司	纵览	聚氯乙烯绝缘电缆电线
41	广西纵览线缆集团有限公司	纵览	电缆
42	南宁市南昌电缆有限责任公司	南慧	电线
43	南宁市南昌电缆有限责任公司	南慧	电缆
44	广西网联电线电缆有限公司	网联	聚氯乙烯绝缘电缆
45	广西网联电线电缆有限公司	网联	聚氯乙烯绝缘电线
46	广西佳微科技股份有限公司	海微	微型投影仪
47	广西华锑科技有限公司	BRIGHTSUN	三氧化二锑
48	南南铝业股份有限公司	南南	铝合金建筑型材
49	广西八桂塑胶有限公司	桂标	塑料板、管、型材
50	广西佳利工贸有限公司	八桂	塑料板、管、型材
51	广西丰林木业集团股份有限公司	丰林	中密度纤维板
52	南宁侨虹新材料股份有限公司	侨虹	无尘纸
53	广西舒雅护理用品有限公司	舒雅	卫生巾(卫生护垫)
54	广西桂华丝绸有限公司	桂华	蚕丝被
55	南宁锦虹棉纺织有限责任公司	锦虹纺织	纯棉纱线系列
56	南宁锦虹棉纺织有限责任公司	锦虹纺织	纯粘胶纱线系列
57	广西易多收生物科技有限公司	易多收	复混肥料
58	广西田园生化股份有限公司	农博士	农药
59	广西易多收生物科技有限公司	易多收	农药

续表 2

序 号	企业名称	产品品牌	产品名称
60	广西田园生化股份有限公司	蔗得金	0.06% 噻虫胺颗粒剂(药肥)
61	南宁市储备粮管理有限责任公司	桂井	大米
62	广西金花茶业有限公司	人间壹香	茉莉花茶
63	广西农垦茶业集团有限公司	大明山	茶叶(红茶、绿茶、乌龙茶、黑茶、花茶)
64	广西南宁新源泉饮料有限公司	五象泉	瓶(桶)装饮用水
65	广西南南铝箔有限责任公司	南南	铝及铝合金箔
66	广西弘毅诚信幕墙门窗有限责任公司	正田玻璃	铝合金门窗
67	广西博世科环保科技股份有限公司	博世科	上流式多相废水处理氧化塔
68	广西博世科环保科技股份有限公司	博世科	甲醇法二氧化氯制备系统
69	广西博世科环保科技股份有限公司	博世科	上流式多级厌氧反应器
70	广西工凯重工制造有限公司	工凯重工	塔式起重机
71	广西建工集团建筑机械制造有限责任公司	牛头	塔式起重机
72	广西亚多漆业有限责任公司	亚多	水性涂料、水性腻子
73	广西申能达智能技术有限公司	申能达	集成电路(IC)卡读写机
74	广西送变电建设有限责任公司铁塔厂	壮峰	输电线路铁塔
75	广西桂越电力科技有限公司	桂越科技	电表箱(配电板)
76	广西桂越电力科技有限公司	桂越科技	低压成套开关设备
77	广西电控电气集团有限公司	GXDK、广控	高压 / 低压预装式变电站
78	广西电控电气集团有限公司	GXDK、广控	户内金属铠装抽出式开关设备(高压)
79	广西电控电气集团有限公司	GXDK、广控	低压配电箱、动力柜
80	广西电控电气集团有限公司	GXDK、广控	低压开关设备
81	广西巨星科技有限公司	Yes!Star	工业射线胶片
82	广西多得乐生物科技有限公司	多得乐	多元高效复混肥
83	广西金雨伞防水装饰有限公司	西牛皮	CPS 反应黏结型湿铺防水卷材
84	广西云燕特种水泥建材有限公司	云燕	白色硅酸盐水泥
85	广西华润红水河水泥有限公司	红水河	普通硅酸盐水泥
86	南宁耀天新材料技术有限公司	耀新	电缆保护套管
87	广西华宏水泥股份有限公司	古庙	普通硅酸盐水泥
88	横县桂华茧丝绸有限责任公司	金花茶	生丝
89	金红叶纸业(南宁)有限公司	清风	面巾纸
90	横县南方茶厂	莉香	茉莉花茶
91	广西华兴食品有限公司	华兴	肉鸭
92	广西震铄木业有限公司	震铄	胶合板
93	广西五丰粮食集团有限公司	骏驰	小麦粉
94	广西金雨伞防水装饰有限公司	金雨衣	CPS 反应黏结型湿铺防水卷材
95	南宁燎旺车灯有限责任公司	瞭望	汽车灯具

续表 3

序号	企业名称	产品品牌	产品名称
96	广西电力线路器材厂	黎塔	输电线路铁塔
97	南宁八菱科技股份有限公司	八菱	汽车散热器
98	广西南宝特电气制造有限公司	南林	400V 低压成套开关设备
99	广西电力线路器材厂	广力	环形混凝土电杆
100	广西雄塑科技发展有限公司	雄塑	塑胶管材管件
101	百洋水产集团股份有限公司	百洋	鱼配合饲料
102	广西辽大饲料集团有限公司	辽大	猪配合饲料
103	广西壮族自治区黎塘工业瓷厂	美洁	卫生陶瓷
104	广西强塑管道制造集团有限公司	强顺管道	塑胶管材管件
105	广西华宏水泥股份有限公司	华宏牌	普通硅酸盐水泥
106	南宁四轩科教办公用品有限公司	四轩	木质家具
107	广西南宁绿园北林木业有限公司	青秀山	胶合板
108	广西舒雅护理用品有限公司	舒雅宝宝	透气婴儿纸尿裤
109	金红叶纸业(南宁)有限公司	清风	清风牌卫生纸
110	广西南宁百洋食品有限公司	贝丰	冻罗非鱼片
111	广西正田节能玻璃有限责任公司	正田玻璃	节能玻璃
112	华润水泥(南宁)有限公司	红水河	普通硅酸盐水泥
113	南宁糖业股份有限公司(明阳糖厂)	明阳	白砂糖
114	南宁糖业股份有限公司(伶俐糖厂)	云鸥	白砂糖
115	南宁糖业股份有限公司(香山糖厂)	大明山	白砂糖
116	南宁糖业股份有限公司(东江糖厂)	古府	白砂糖
117	南宁振宁西南薄板钢管有限公司	邕江	低压流体输送用焊接钢管

(农　湉)

2017 年全国 37 个大中城市综合经济竞争力

表 58

城市	综合经济竞争力		综合增量竞争力		综合效率竞争力	
	指数	排名	指数	排名	指数	排名
南宁	0.097	31	0.197	29	0.007	35
深圳	1.000	1	0.877	5	0.419	1
上海	0.728	2	1.000	1	0.189	2
广州	0.553	3	0.912	4	0.116	3
北京	0.449	4	0.986	2	0.067	8
天津	0.422	5	0.877	5	0.066	9

续表

城市	综合经济竞争力		综合增量竞争力		综合效率竞争力	
	指数	排名	指数	排名	指数	排名
苏州	0.386	6	0.618	7	0.080	6
南京	0.334	7	0.517	10	0.070	7
武汉	0.333	8	0.587	9	0.061	10
无锡	0.288	9	0.313	18	0.088	5
成都	0.288	10	0.591	8	0.042	12
郑州	0.244	11	0.390	14	0.047	11
青岛	0.243	12	0.444	13	0.039	13
长沙	0.235	13	0.466	11	0.034	16
厦门	0.230	14	0.177	30	0.097	4
杭州	0.220	15	0.464	12	0.029	17
重庆	0.215	16	0.913	3	0.009	30
宁波	0.207	17	0.325	16	0.039	13
济南	0.189	18	0.285	20	0.036	15
西安	0.179	19	0.315	17	0.027	19
大连	0.175	20	0.285	20	0.029	17
合肥	0.173	21	0.329	15	0.023	23
沈阳	0.161	22	0.258	24	0.027	19
福州	0.160	23	0.304	19	0.021	24
南昌	0.148	24	0.222	27	0.026	21
石家庄	0.141	25	0.242	25	0.020	25
长春	0.129	26	0.270	23	0.013	28
贵阳	0.128	27	0.222	27	0.017	27
昆明	0.111	28	0.224	26	0.010	29
哈尔滨	0.106	29	0.276	22	0.005	37
太原	0.099	30	0.119	34	0.019	26
乌鲁木齐	0.092	32	0.160	31	0.009	30
呼和浩特	0.089	33	0.152	32	0.008	32
海口	0.088	34	0.077	36	0.024	22
兰州	0.079	35	0.125	33	0.008	32
银川	0.068	36	0.088	38	0.008	32
西宁	0.062	37	0.076	37	0.007	35

2017年全国37个大中城市宜居竞争力

表59

城市	宜居竞争力		优质的教育环境	健康的医疗环境	安全的社会环境	绿色的生态环境	舒适的居住环境	便捷的基础设施	活跃的经济环境
	指数	排名	排名	排名	排名	排名	排名	排名	排名
南宁	0.506	28	25	26	36	6	10	36	27
无锡	0.818	1	17	24	4	15	1	1	9
杭州	0.734	2	28	5	12	9	6	7	7
广州	0.721	3	12	10	29	5	11	8	3
南京	0.710	4	13	22	18	13	7	14	6
宁波	0.697	5	24	36	19	19	2	4	13
深圳	0.694	6	15	25	31	2	18	2	1
厦门	0.693	7	3	30	23	3	30	10	8
上海	0.692	8	2	20	27	8	20	37	10
武汉	0.689	9	6	9	22	21	4	5	36
北京	0.687	10	1	3	16	18	19	9	2
长沙	0.687	10	7	6	35	12	12	18	5
苏州	0.685	12	27	37	7	14	22	3	4
福州	0.648	13	29	35	15	4	8	20	16
大连	0.640	14	4	21	5	10	36	29	21
合肥	0.638	15	22	31	8	17	5	27	14
西安	0.634	16	9	19	32	23	3	16	11
青岛	0.629	17	32	32	9	11	14	11	22
成都	0.625	18	10	4	20	22	29	13	18
南昌	0.623	19	20	29	3	7	25	30	17
济南	0.613	20	31	8	6	29	13	19	29
呼和浩特	0.606	21	19	27	17	28	17	32	20
天津	0.604	22	5	28	11	26	35	6	15
沈阳	0.600	23	11	14	24	24	21	25	23
昆明	0.570	24	30	11	34	20	31	23	19
海口	0.561	25	36	12	21	1	15	22	32
郑州	0.541	26	23	13	2	31	32	21	26
长春	0.536	27	16	23	10	16	28	31	34
哈尔滨	0.502	29	21	18	14	27	23	35	25
贵阳	0.488	30	14	15	28	25	34	12	30
太原	0.476	31	8	1	33	32	26	15	33

续表

城 市	宜居竞争力		优质的教育环境	健康的医疗环境	安全的社会环境	绿色的生态环境	舒适的居住环境	便捷的基础设施	活跃的经济环境
	指 数	排 名	排 名	排 名	排 名	排 名	排 名	排 名	排 名
重 庆	0.455	32	35	34	1	30	24	34	35
乌鲁木齐	0.452	33	26	2	30	33	37	17	12
银 川	0.450	34	18	16	26	34	9	26	31
兰 州	0.429	35	34	17	13	36	16	24	28
西 宁	0.362	36	33	7	25	35	27	33	37
石家庄	0.255	37	37	33	37	37	33	28	24

2017 年全国 37 个大中城市可持续竞争力

表 60

城 市	可持续竞争力		知识城市竞争力	和谐城市竞争力	生态城市竞争力	文化城市竞争力	全域城市竞争力	信息城市竞争力
	指 数	排 名	排 名	排 名	排 名	排 名	排 名	排 名
南 宁	0.441	32	30	36	8	33	34	34
北 京	0.942	1	1	10	9	1	3	2
上 海	0.887	2	2	22	3	7	2	1
深 圳	0.835	3	3	12	4	28	1	3
广 州	0.777	4	5	23	6	9	4	4
杭 州	0.769	5	7	8	11	3	5	7
南 京	0.725	6	4	17	13	4	8	14
武 汉	0.661	7	10	25	22	2	12	15
成 都	0.659	8	9	29	18	14	13	5
青 岛	0.658	9	13	7	5	15	19	10
苏 州	0.658	9	11	6	24	27	6	11
宁 波	0.657	11	16	11	30	6	10	8
天 津	0.655	12	8	14	27	20	7	9
大 连	0.652	13	22	1	1	34	16	17
无 锡	0.645	14	19	3	17	22	9	22
重 庆	0.634	15	6	2	31	25	14	21
西 安	0.624	16	12	32	16	5	22	12
厦 门	0.622	17	20	16	7	31	15	6
济 南	0.589	18	14	9	28	8	23	25
郑 州	0.584	19	21	4	32	16	20	13

续表

城市	可持续竞争力		知识城市竞争力	和谐城市竞争力	生态城市竞争力	文化城市竞争力	全域城市竞争力	信息城市竞争力
	指数	排名	排名	排名	排名	排名	排名	排名
福州	0.572	20	24	18	20	12	25	23
长沙	0.570	21	18	33	15	18	11	26
南昌	0.566	22	27	5	14	17	30	32
沈阳	0.566	22	23	24	21	11	18	29
合肥	0.554	24	15	13	12	30	24	30
长春	0.544	25	25	15	10	21	29	33
哈尔滨	0.522	26	17	19	29	10	28	37
呼和浩特	0.513	27	36	20	2	26	31	35
昆明	0.511	28	26	34	19	23	35	19
银川	0.508	29	33	26	23	13	27	27
海口	0.500	30	32	27	25	24	32	20
太原	0.485	31	29	35	34	19	17	16
兰州	0.441	32	28	21	36	29	37	28
乌鲁木齐	0.433	34	34	30	26	37	21	24
贵阳	0.432	35	31	28	33	36	26	18
石家庄	0.360	36	35	37	35	32	33	31
西宁	0.323	37	37	31	37	35	36	36

2017年度全国部分西部省会城市综合经济竞争力

表61

城市	综合经济竞争力		综合增量竞争力		综合效率竞争力	
	指数	排名	指数	排名	指数	排名
南宁	0.097	5	0.197	5	0.007	9
成都	0.288	1	0.591	1	0.042	2
西安	0.179	2	0.315	3	0.027	3
贵阳	0.128	3	0.222	4	0.170	1
昆明	0.111	4	0.224	3	0.010	4
乌鲁木齐	0.092	6	0.160	6	0.009	5
呼和浩特	0.089	7	0.152	7	0.008	6
兰州	0.079	8	0.125	8	0.008	6
银川	0.068	9	0.088	9	0.008	6
西宁	0.062	10	0.076	10	0.007	9

2017 年全国部分西部省会城市宜居竞争力

表 62

城 市	宜居竞争力		优质的教育环境	健康的医疗环境	安全的社会环境	绿色的生态环境	舒适的居住环境	便捷的基础设施	活跃的经济环境
	指 数	排 名	排 名	排 名	排 名	排 名	排 名	排 名	排 名
南 宁	0.506	5	6	9	10	1	3	10	6
西 安	0.634	1	1	8	8	4	1	3	1
成 都	0.625	2	2	2	3	3	7	2	3
呼和浩特	0.606	3	5	10	2	6	5	8	5
昆 明	0.570	4	8	4	9	2	8	5	4
贵 阳	0.488	6	3	5	6	5	9	1	8
乌鲁木齐	0.452	7	7	1	7	7	10	4	2
银 川	0.450	8	4	6	5	8	2	7	9
兰 州	0.429	9	10	7	1	10	4	6	7
西 宁	0.362	10	9	3	4	9	6	9	10

2017 年全国部分西部省会城市可持续竞争力

表 63

城 市	可持续竞争力		知识城市竞争力	和谐城市竞争力	生态城市竞争力	文化城市竞争力	全域城市竞争力	信息城市竞争力
	指 数	排 名	排 名	排 名	排 名	排 名	排 名	排 名
南 宁	0.441	6	5	10	2	7	7	8
成 都	0.659	1	1	5	4	3	1	1
西 安	0.624	2	2	8	3	1	3	2
呼和浩特	0.513	3	9	1	1	5	6	9
昆 明	0.511	4	3	9	5	4	8	4
银 川	0.508	5	7	3	6	2	5	6
兰 州	0.441	6	4	2	9	6	10	7
乌鲁木齐	0.433	8	8	6	7	10	2	5
贵 阳	0.432	9	6	4	8	9	4	3
西 宁	0.323	10	10	7	10	8	9	10

2017 年广西壮族自治区各城市综合经济竞争力指数排名

表 64

城市	综合经济竞争力		综合增量竞争力		综合效率竞争力		企业本体	当地要素	当地需求	软件环境	硬件环境	全球联系
	指数	排名	指数	排名	指数	排名	排名	排名	排名	排名	排名	排名
南宁	0.097	1	0.197	1	0.007	2	9	1	1	3	7	1
柳州	0.073	2	0.119	2	0.006	3	10	3	4	1	10	9
北海	0.070	3	0.071	5	0.013	1	2	14	6	4	1	4
桂林	0.065	4	0.112	3	0.003	9	6	2	2	2	12	7
玉林	0.061	5	0.084	4	0.005	4	3	7	3	7	4	8
梧州	0.054	6	0.069	7	0.004	6	1	5	9	6	5	6
钦州	0.053	7	0.070	6	0.004	6	5	9	5	8	9	5
防城港	0.048	8	0.049	10	0.005	4	4	13	7	11	2	3
贵港	0.047	9	0.050	9	0.004	6	12	12	10	9	13	13
百色	0.044	10	0.056	8	0.001	13	7	4	11	13	14	10
崇左	0.042	11	0.046	11	0.002	10	11	10	13	12	11	2
来宾	0.037	12	0.033	12	0.002	10	13	11	8	10	8	14
贺州	0.036	13	0.032	13	0.002	10	8	6	12	14	3	11
河池	0.034	14	0.032	13	0.001	13	14	8	14	5	6	12

2017 年广西壮族自治区各城市宜居竞争力指数排名

表 65

城市	宜居竞争力		优质的教育环境	健康的医疗环境	安全的社会环境	绿色的生态环境	舒适的居住环境	便捷的基础设施	活跃的经济环境
	指数	排名	排名	排名	排名	排名	排名	排名	排名
南宁	0.506	1	1	1	7	1	7	14	2
桂林	0.457	2	2	3	11	9	2	13	1
柳州	0.346	3	3	2	8	7	13	12	4
玉林	0.320	4	6	11	9	2	6	6	3
防城港	0.299	5	11	9	2	10	3	1	10
北海	0.287	6	7	6	13	5	5	3	5
百色	0.257	7	5	4	4	13	10	4	12

续表

城市	宜居竞争力		优质的教育环境	健康的医疗环境	安全的社会环境	绿色的生态环境	舒适的居住环境	便捷的基础设施	活跃的经济环境
	指数	排名	排名	排名	排名	排名	排名	排名	排名
钦州	0.257	7	4	5	12	6	11	11	7
来宾	0.225	9	13	10	5	14	1	2	11
梧州	0.220	10	9	7	6	4	8	9	6
河池	0.141	11	8	8	1	12	14	7	13
贺州	0.130	12	10	13	14	8	4	8	8
贵港	0.129	13	14	12	10	11	9	5	9
崇左	0.056	14	12	14	3	3	12	10	14

2017年广西壮族自治区各城市可持续竞争力指数排名

表66

城市	可持续竞争力		知识城市竞争力	和谐城市竞争力	生态城市竞争力	文化城市竞争力	全球城市竞争力	信息城市竞争力
	指数	排名	排名	排名	排名	排名	排名	排名
南宁	0.441	1	1	8	1	2	1	4
桂林	0.388	2	2	9	5	1	2	8
柳州	0.340	3	3	3	3	4	4	6
北海	0.332	4	4	13	2	3	5	3
梧州	0.265	5	6	4	4	5	3	7
防城港	0.204	6	12	2	11	8	7	1
崇左	0.195	7	11	5	6	13	11	2
玉林	0.181	8	7	10	7	6	9	10
河池	0.160	9	10	1	13	7	14	9
百色	0.159	10	5	6	8	9	10	13
钦州	0.141	11	8	12	9	12	6	5
贺州	0.090	12	9	14	10	10	13	12
来宾	0.047	13	13	7	14	11	12	14
贵港	0.044	14	14	11	12	14	8	11

说明：《城市竞争力》中的数据来源于中国社会科学院出版的《中国城市竞争力报告No.16　40年：城市星火已燎原》一书

责任编辑　唐祯麟　李　康

说　明

一、本索引是《南宁年鉴（2018）》内容分析索引。正文（包括条目、文献、资料、图片和表格）中凡具有独立检索意义的完整资料，都可以通过本索引进行检索。

二、本索引按汉语拼音字母（同音字按声调）顺序排列。类目、分目、次分目作索引款目用黑体字排印，其余款目均用宋体字排印。表格、图片、示意图在其款目后分别注明“表”“图”或“示意图”。

三、索引款目后的数字表示内容所在的页码，数字后的拉丁字母（a、b、c）表示栏别（即版面的1、2、3栏）。空2字起排的款目为上一主题的“附见”。同一主题的“参见”，只标页码。内容有交叉的款目，为便于读者检索，在本索引中重复出现。

四、符号、阿拉伯数字开头的款目排在索引的末尾。

A

B

C

D

E

F

G

H

J

K

L

M

N

P

Q

R

S

T

W

X

Y

符号　数字索引

南宁年鉴